Célia Martins dos Santos

Direito Previdenciário

Editora Central de Concursos Ltda.
São Paulo
2016

Coordenador-Editorial
Alexandre Alves Barbosa Neto

Supervisão Metodológica e Didática
Alexandre Alves Barbosa Neto

Diagramação
Cíntia Leal Silva do Nascimento
Richard Estevan Souza Pereira

Capa
Gustavo Gentil Loro

Copydesk e Revisão Final
Sandra Macedo de Oliveira Pires
Jane Cristina Mathias Cantu

SANTOS, Célia Martins dos

Direito Previdenciário – Matéria Básica

São Paulo : Central de Concursos, 2016
420 p.; 21cm X 28cm.

1. Direito Previdenciário 2. Matéria Básica

ISBN 000-00-00000-00-0

Solicitamos a gentileza de, ao término de seus estudos, preencher a carta-resposta que se encontra na última folha e entregá-la em qualquer agência dos Correios. Sua opinião é fundamental para que possamos trabalhar sempre de modo a atender, cada vez mais, às suas expectativas.

Atenciosamente,
Os Editores

editoracao@centraldeconcursos.com.br
www.centraldeconcursos.com.br

Eventuais erratas e complementos referentes a esta publicação estarão disponíveis em nosso site.

INDICAÇÃO DE ESTUDOS

Prezado(a) Candidato(a),

Esta apostila foi elaborada e atualizada pela experiente professora Célia Martins dos Santos, que, por meio de sua atuação em sala de aula, pôde se deparar diretamente com as reais necessidades do aluno que se prepara para concurso público na esfera federal.

Aqueles que se preparam para os concursos do INSS, Receita Federal do Brasil e Polícia Federal, inicialmente leiam a Lei n. 11.457/07 no capítulo 22.

O material aqui apresentado traz em seu bojo explicações relacionadas as Emendas Constitucionais, bem como as Leis ns. 8.212/91 e 8.213/91, o Decreto n. 3.048/99, e aos fundamentos constitucionais relacionados à área. Atualizada em 2015, a apostila traz as alterações das Leis ns. 13.134/15, 13.135/15, Medida Provisória n. 676/15, Lei Complementar n. 150/15 e pelo Estatuto da Pessoa com Deficiência - Lei n. 13.146/15 entre outras.

Indicamos o estudo de toda a apostila àqueles que aspiram à carreira de Delegado da Polícia Federal, e para os que se preparam para Auditor da Receita Federal, Analista da Receita Federal do Brasil, Técnico do Seguro Social e Analista do Seguro Social do INSS, entre outros concursos. Pedimos que identifiquem no sumário os tópicos cobrados no edital, levando em consideração empresas organizadoras diferentes.

O conteúdo atenderá programa exigido pelo CESPE/UNB, ESAF, CESGRANRIO e Fundação CARLOS CHAGAS, FUNRIO e está disposto em 15 capítulos. Na primeira parte o sumário apresenta o tópico com a página correspondente, facilitando a localização do assunto.

No final de cada capítulo há um número variado de questões, as quais foram retiradas de provas anteriores, devidamente recortadas, de acordo com o assunto estudado, destacando, dessa forma, os tópicos mais requisitados. Vale ressaltar a existência de um quadro sinótico ao fim de cada capítulo para auxiliar a compreensão do conteúdo estudado.

Por fim, aproveitamos o ensejo para solicitar-lhe a gentileza de, ao término de seus estudos, preencher a carta-resposta que se encontra na última folha e entregar em qualquer agência dos Correios, pois sua opinião é fundamental para que possamos trabalhar de modo a atender, cada vez mais, às suas expectativas.

O material foi elaborado com muito cuidado, restando apenas desejar que consigam excelente pontuação e recolocação profissional nos próximos concursos.

Célia Martins dos Santos

SUMÁRIO

1. Evolução Histórica e Legislativa da Seguridade Social

1. No Mundo
2. Evolução Histórica e Legislativa Brasileira
3. Evolução Pós-Emenda Constitucional n. 20/98

1. No Mundo

O ponto de partida para o estudo previdenciário ocorreu na Alemanha, em 1883. O sistema alemão visava promover cobertura por meio de benefícios. A participação do trabalhador era compulsória, em conjunto com os empregadores e o governo. O chanceler Otho Von Bismarck teve aprovado o seu projeto com a criação de vários seguros sociais:

- 1883 - seguro obrigatório de enfermidade (seguro doença).
- 1884 - seguro obrigatório de acidente de trabalho.
- 1889 - seguro obrigatório por invalidez e da velhice.

Tem início a proteção garantida pelo Estado, com duas grandes características e que, posteriormente, foram seguidas por outros regimes previdenciários. A saber:

- A Organização Estatal e a Compulsoriedade;

1917 - Tivemos a primeira Constituição no mundo a mencionar seguro social, a do México.

1941 - É colocado em ação o Plano Beveridge, da Inglaterra, que propõe uma rede de proteção que deveria ser prestada do berço ao túmulo. O sistema Beveridge tinha por objetivos:

- A unificação dos seguros sociais já existentes.
- A aplicação do princípio da universalidade, proteção para todos os cidadãos e não apenas aos trabalhadores.
- A igualdade de proteção.
- A forma tríplice de custeio.

Em 1944, o governo inglês apresentou um plano de Previdência Social inspirado no relatório Beveridge. A reforma do sistema previdenciário inglês só foi implantada em 1946.

2. Evolução Histórica e Legislativa Brasileira

Para facilitar a compreensão e o estudo da seguridade social no Brasil, vamos destacar as mudanças pertinentes ocorridas em nossas Constituições.

1824 - Nesta Constituição, o art. 179 preconizava a constituição dos socorros públicos.

1835 - É criado o Montepio Geral dos Servidores do Estado (MONGERAL), sendo a primeira entidade privada a funcionar no país e adotar o sistema de mutualismo (em que várias pessoas se associavam e cotizavam-se para a cobertura de certos riscos sociais, sendo repartido os encargos por todo o grupo de participantes). Com o MONGERAL surge no Brasil a 1ª entidade de previdência complementar, com a finalidade de complementar a renda dos servidores quando deixassem de trabalhar.

1891 - Neste ano tivemos nossa segunda Constituição e a primeira que dispôs sobre aposentadoria para o funcionário público em caso de invalidez a serviço da nação. Este benefício era "dado", pois não havia fonte de custeio (contribuição) para o financiamento do valor pago.

1919 - A Lei n. 3.724 tornou obrigatório o pagamento de uma indenização aos empregados por acidente de trabalho; o pagamento mensal era feito pelos empregadores e a indenização ao empregado era feita por uma instituição privada, não era benefício previdenciário da previdência oficial.

1ª Fase da Evolução Previdenciária

1923 - É considerado o marco inicial da Previdência Social no Brasil. Por meio do Decreto-lei n. 4.682, de 24.01.1923, o Deputado Federal Eloy de Miranda Chaves criou a primeira caixa de aposentadoria e pensões para os ferroviários, que poderiam ser instituídas em todo o território nacional. As conhecidas CAP(s) previam os benefícios de aposentadoria por invalidez, ordinária (exigia-se tempo e idade), pensão por morte e assistência médica. O critério para a criação dessas caixas de aposentadoria e pensões era por "empresa" ferroviária, logo, para cada empresa poderia ser criada uma caixa. Os beneficiários nessas caixas eram apenas os trabalhadores subordinados (empregados), bem como os diaristas que executassem serviços de caráter permanente.

Comemora-se, no dia 24 de janeiro o aniversário da Previdência no Brasil, apesar de haver anteriormente normas que dispunham sobre o assunto. Importa saber que a partir das CAP(s) temos hoje o INSS (Instituto Nacional de Seguro Social).

A fonte de custeio para estas prestações vinham dos trabalhadores (3%) das empresas (1%) outra parte dos usuários dos transportes ferroviários por meio do Estado.

1926 - Por meio do Decreto n. 5.109, foram estendidos os benefícios da Lei Eloy Chaves aos empregados portuários e marítimos.

1928 - É estendido o regime da Lei Eloy Chaves ao pessoal das empresas de serviços telegráficos e radio-telegráficos.

1930 - É criada uma caixa de aposentadorias e pensões para os empregados nos serviços de força, luz e bondes.

As caixas de aposentadoria e pensões eram organizadas por empresa e, posteriormente, de 1926 a 1930, foram estendidas aos empregados em serviços públicos, como marítimos, telégrafos, força e luz.

Em 1930, com o Governo Vargas, houve uma inquietação por parte da sociedade que não tinha proteção social; surge então os Institutos de Aposentadorias e Pensões (IAP), e para a criação desses Institutos de aposentadoria e pensões o critério era por categoria profissional e não mais por "empresa". Os IAP(s) trouxeram benefícios àqueles agrupados por categoria profissional, inclusive os que trabalhavam em empresas ferroviárias pequenas sem condições mínimas para a criação de uma Caixa de Aposentadoria para seus empregados.

2ª Fase da Evolução Previdenciária

1933 - Foi criado o Instituto de Aposentadoria e Pensões dos Marítimos, que atendia aos associados empregados das empresas de navegação marítima e fluvial, e também seus próprios funcionários e prestadores de serviços a elas vinculados. A partir de 1941, passam a fazer parte também do IAPM os armadores de pesca, pescadores e empregados em profissões conexas com a indústria da pesca.

1934 - Foi criado o Instituto de Aposentadoria e Pensões dos Comerciários e dos Bancários, sendo segurado os empregados de bancos ou de casas bancárias. Em 1941 o IAPC foi reformulado, mas sua criação é de 1934.

Em nossa Constituição de 1934 é instituída a "Previdência", mediante contribuição da União, do empregador e do empregado, a favor da velhice, da invalidez, da maternidade e nos casos de acidente de trabalho ou de morte. Fica estabelecido, a partir daí, o "tríplice custeio" (ente público, trabalhadores e empregadores, sendo obrigatória a contribuição).

É importante observar que, pela primeira vez, a Constituição de 1934 traz a expressão "previdência", sem adjetivá-la de "social".

1936 - Foi criado o Instituto de Aposentadoria e Pensões dos Industriários para os empregados da indústria. Era financiado por contribuições de empregados e empregadores sobre remunerações e folha de pagamento, bem como contribuição do Estado. No caso dos donos da Empresa, não poderiam contribuir para este instituto, mas como facultativo (naquela época chamado contribuinte em dobro, custeado apenas por ele).

1937 - Neste ano, a Carta Magna em nada evoluiu quanto à matéria previdenciária e, ao contrário, regrediu ao retornar à expressão "seguro social" em vez de "previdência".

1938 - Foi fundado o Instituto de Aposentadoria e Pensões dos Empregados em Transportes de Cargas (IAPTEC) a partir da Caixa de aposentadoria e pensões dos trabalhadores em trapiches e armazéns, fazendo parte desse instituto os trabalhadores avulsos em carga e descarga, estivadores, conferentes, consertadores e separadores de cargas e condutores profissionais de veículos terrestres.

Na Constituição de 1946 foi usada pela primeira vez a expressão "Previdência Social", substituindo a expressão "seguro social", usada anteriormente na Constituição de 1937. Em 1965, por meio de uma emenda constitucional, ficou proibida a criação de benefício ou serviço sem a correspondente fonte de custeio total.

Explicando melhor, a partir de 1965 "nenhuma prestação de serviço ou de benefício compreendido na Previdência Social poderá ser criada, majorada ou estendida sem a prévia fonte de custeio total". Surge aqui o princípio da precedência da fonte de custeio total.

Em 26.08.1960, foi publicada a Lei n. 3.807 - Lei Orgânica da Previdência Social – LOPS, unificando toda a legislação previdenciária. Nesta oportunidade dispôs a respeito de três novos benefícios: o auxílio-reclusão (benefício pago ao dependente do segurado preso, enquanto ele cumpre pena), auxílio-natalidade e auxílio-funeral, e estendido à assistência social para outras categorias profissionais. A partir da LOPS (Lei Orgânica da Previdência Social), os autônomos passam a ser contribuintes obrigatórios.

Um advogado, engenheiro ou outro profissional liberal passou a recolher em guia de recolhimento como autônomo após esta lei, pois antes desta data não tinha como contribuir nesta situação. Não eram considerados contribuintes obrigatórios.

É importante observar que os IAP(s) somente foram unificados em 1966, por meio do Decreto-lei n. 72, de 21.11.1966.

Refazendo os passos da evolução desde a criação das CAP(s): elas surgem em 1923, são estendidas de 1926 a 1930 aos empregados de empresas marítimas e fluviais, depois aos de empresas de telégrafos, e por fim aos das empresas de força, luz e bonde. Continuaram a existir, mesmo com a criação dos IAP(s), mas em 1953 houve uma fusão de todas as Caixas de aposentadoria e pensões, e chamou-se CAPFESP (Caixa de Aposentadoria e Pensões dos Ferroviários e Empregados em Serviços Públicos), dando origem em 1960 ao IAPFESP (Instituto de Aposentadoria e Pensão dos Trabalhadores em Ferrovias e Serviços Públicos). Em 21.11.1966 houve a unificação de todos os IAP(s), e compreendia o IAPFESP, IAPM, IAPB, IAPC, IAPTEC e o IAPI, dando origem ao INPS (Instituto Nacional de Previdência Social), a partir de 02.01.1967.

A Lei n. 5.316, de 14.09.1967, integrou o seguro de acidentes de trabalho à Previdência Social, fazendo assim desaparecer este seguro como ramo à parte. A partir da EC n. 20/98, há a participação do setor privado (empresas) de forma concorrente para o custeio do seguro decorrente de acidente de trabalho (art. 201, § 10, CF/88). Com a contribuição de 1%, 2% ou 3% sobre a folha de pagamento de empregados e trabalhadores avulsos arrecadada pelas empresas para financiamento do seguro contra o acidente do trabalho e aposentadorias especiais.

A Lei n. 6.439/77 institui o SINPAS (Sistema Nacional de Previdência e Assistência Social), tendo como objetivo a reorganização da Previdência Social.

Este sistema compreendia sete entidades participantes:

1) INPS (Instituto Nacional de Previdência Social) = Responsável pela concessão e manutenção dos benefícios;
2) IAPAS (Instituto de Administração Financeira da Previdência e Assistência Social) = Órgão que tratava da arrecadação e fiscalização;
3) INAMPS (Instituto Nacional de Assistência Médica da Previdência Social) = Prestava assistência médica;
4) LBA (Legião Brasileira de Assistência) = Esta fundação prestava assistência social aos carentes;
5) FUNABEM (Fundação Nacional do Bem-Estar do Menor) = Responsável pela execução da política do bem-estar do menor;
6) DATAPREV (Empresa de Tecnologia e Informação da Previdência Social) = Cuidava do processamento de dados da previdência;
7 CEME (Central de Medicamentos) = Distribuía os medicamentos gratuitamente ou a baixo custo.

O SINPAS foi extinto em 1990.

PÓS CONSTITUIÇÃO DE 1988

1988 - Em nossa Carta Magna, a seguridade social ganha autonomia em relação ao Direito do Trabalho, sendo tratada no capítulo II, do título VIII, "Da ordem social", e como gênero está prevista do art. 194 ao art. 204. A Seguridade Social é entendida como um conjunto integrado de ações nas áreas:

- Saúde;
- Previdência Social; e
- Assistência Social.

Por meio da Lei n. 8.029, de 12.04.1990, foi criada a autarquia federal INSS – Instituto Nacional do Seguro Social, vinculada ao Ministério da Previdência Social, que surge da fusão do INPS com o IAPAS.

O INAMPS foi extinto em 1993, ficando as atribuições relacionadas à saúde a cargo do SUS (Sistema Único de Saúde), previsto na Constituição de 1988. A FUNABEM e LBA foram extintas em 1995, e a CEME, em 1997.

Em 24 de julho de 1991 entraram em vigor os diplomas básicos da Seguridade Social: a Lei n. 8.212 (Plano de Custeio e Organização da Seguridade Social) e a Lei n. 8.213 (Plano de Benefícios da Previdência Social).

3ª Fase da Evolução Previdenciária

Em 15.12.1998, com a Emenda Constitucional n. 20, inicia-se a reforma da Previdência Social; é modificado o sistema de Previdência Social, estabelecendo normas de transição, em especial para aqueles filiados ao Regime Geral de Previdência Social (RGPS).

Estas mudanças serão detalhadas nos capítulos seguintes, mas vamos destacar as mais importantes dos 17 artigos da EC n. 20, de 16.12.1998, pertinentes ao Regime Geral de Previdência Social:

EXIGÊNCIA DE BAIXA RENDA DO SEGURADO
XII - salário-família pago em razão do dependente do trabalhador de baixa renda nos termos da lei;

Até a emenda não havia a limitação "baixa renda". A partir de 16.12.1998, as cotas do salário-família são devidas ao empregado e ao trabalhador avulso com salário de contribuição inferior ou igual a R$ 360,00 (valor em 12/98). O critério baixa renda quer dizer: Os segurados das categorias: empregado e o trabalhador avulso que comprovem mensalmente remuneração até R$ 1.089,72 (valor atualizado a partir de 01/2015), para receber cotas de salário-família por filho ou equiparado até 14 anos ou inválido.

AUMENTOU A IDADE MÍNIMA DE 14 PARA 16 ANOS

XXXIII - proibição de trabalho noturno, perigoso ou insalubre a menores de dezoito e de qualquer trabalho a menores de dezesseis anos, salvo na condição de aprendiz, a partir de quatorze anos;

Anteriormente a idade mínima para qualquer trabalho era de 14 anos, a partir da EC 20/98 a idade mínima é 16 anos com exceção para o aprendiz dos 14 anos aos 24 anos.

VINCULAÇÃO DE UM GRUPO DAS CONTRIBUIÇÕES SOCIAIS PARA O FUNDO DO REGIME GERAL DE PREVIDÊNCIA SOCIAL

Art. 167, XI - É vedada a utilização das contribuições de que trata o art. 195, I, "a", e II, para realização de despesas distintas do pagamento de benefícios do RGPS (Regime Geral de Previdência Social);

Às contribuições das empresas, empregadores e equiparados às empresas, sobre a folha de pagamento e às contribuições dos trabalhadores não poderá ser dada destinação, que não seja pagamento de benefícios do RGPS (Regime Geral da Previdência Social).

A GESTÃO NA SAÚDE, PREVIDÊNCIA E ASSISTÊNCIA SOCIAL QUE FORMAM O GÊNERO SEGURIDADE SOCIAL PASSOU A QUADRIPARTITE

Art. 194, parágrafo único, VII - A gestão da Seguridade Social passa a ter caráter democrático e descentralizado, mediante gestão quadripartite;

A Seguridade Social compreende as três espécies, Saúde, Previdência Social e Assistência Social. Como exemplo de gestão quadripartite, na Previdência Social. Destacamos o órgão colegiado CNPS – Conselho Nacional de Previdência Social –, as decisões são tomadas por representantes dos empregados, empregadores, aposentados e pensionistas e Governo.

CNPS composto por 15 membros:
- 06 representantes do Governo;
- 03 representantes dos empregados;
- 03 representantes dos empregadores;
- 03 representantes dos aposentados e pensionistas.

NO FINANCIAMENTO DA SEGURIDADE SOCIAL, FOI AMPLIADA A FONTE DE CUSTEIO

Art. 195, inciso I – Teve nova redação com a EC n. 20/98.

Art. 195 - A Seguridade social será financiada por toda sociedade, de forma direta e indireta, nos termos da lei, mediante recursos provenientes dos orçamentos da União, dos Estados, do DF e dos Municípios e das seguintes contribuições sociais.

Antes da EC n. 20/98, no inciso I, tínhamos:
I – dos empregadores, incidentes sobre a folha de salários, o faturamento e o lucro;

A mudança é que a partir de 16.12.1998, a Seguridade Social terá contribuições:

I – dos empregadores, empresa e da entidade a ela equiparada na forma da Lei, incidentes sobre:
a) a folha de salários e demais rendimentos do trabalho pagos ou creditados, a qualquer título, à pessoa física que lhe preste serviço, mesmo sem vínculo empregatício;

Com a EC n. 20/98, as contribuições serão sobre a folha de salários, e demais rendimentos que tenham sido pagos ao ex-autônomo (hoje contribuinte individual), que não tenha vínculo empregatício.

b) a receita ou faturamento;

Aqui a contribuição das empresas, COFINS, terá como base de incidência o faturamento para a empresa que comercialize seus produtos ou serviços, mas também aquelas empresas que não emitam fatura mas tenham receitas (a exemplo as instituições financeiras).

c) o lucro;

II – dos trabalhadores;

Antes da EC n. 20/98, a exigência era esta. Mas a partir desta data passou a ser:

II – do trabalhador e dos demais segurados da previdência social, não incidindo contribuição sobre a aposentadoria e pensão concedidas pelo RGPS de que trata o art. 201;

São trabalhadores todos os segurados obrigatórios (nas categorias: empregado, doméstico, trabalhador avulso, contribuinte individual). Por demais segurados temos os facultativos, que contribuem por vontade própria na condição de desempregado, estudante, dona de casa e que queiram fazer parte da rede de proteção da previdência social, e os aposentados de qualquer regime que depois de aposentados tenham uma atividade remunerada abrangida pelo RGPS (contribuirá como segurado obrigatório).

Importante lembrarmos também que é neste inciso II que temos a fundamentação constitucional para a não cobrança de contribuições nos benefícios (aposentadorias, pensão por morte) pagos pelo RGPS.

O GARIMPEIRO FOI EXCLUÍDO DA PREVISÃO PARA ENQUADRAMENTO COMO SEGURADO ESPECIAL

Art. 195, § 8º- O produtor, o parceiro, o meeiro e o arrendatário rurais e o pescador artesanal, bem como os respectivos cônjuges, que exerçam suas atividades em regime de economia familiar, sem empregados permanentes, contribuirão para a seguridade social mediante a aplicação de uma alíquota sobre o resultado da comercialização da produção e farão jus aos benefícios nos termos da lei.

A mudança trazida aqui é a previsão constitucional de uma categoria para os segurados rurais, e que a partir de 24/07/91 pela Lei n. 8.212/91, conhecemos como segurado especial.

O garimpeiro é excluído do parágrafo deixa de ser segurado especial, e deverá, nesta atividade, contribuir como contribuinte individual, tendo ou não empregados.

Art. 195, § 9º - As contribuições sociais previstas no inciso I do caput deste artigo poderão ter alíquotas ou bases de cálculo diferenciadas, em razão da atividade econômica ou da utilização intensiva de mão de obra do porte da empresa ou da condição estrutural do mercado de trabalho.

Versa sobre a forma diferenciada de contribuições sociais pertinentes ao inciso I, do art. 195, e que poderão ter alíquotas ou bases de cálculo diferenciadas, em razão da atividade econômica ou da utilização intensiva de mão de obra. E a partir de 07/2005 com a Emenda Constitucional nº 47 levará em consideração também o porte da empresa e a condição da estrutura do trabalho.

Exemplo: As empresas são devedoras de alíquotas diferenciadas, tais como:

- Alíquota - 20% - sobre folha de pagamento dos trabalhadores.
- Alíquota - 15% - sobre valor da Nota Fiscal de Serviço emitida por cooperativa de trabalho, mas devida e recolhida pela empresa.

Art. 195, § 10º - Lei definirá os critérios de transferências de recursos para o Sistema Único de Saúde e ações de assistência social da União para os Estados, o DF e os Municípios, e dos Estados para os Municípios, observada a respectiva contrapartida de recursos.

Acrescentada pela EC n. 20/98. E para entender é importante saber que o SUS será financiado com recursos do orçamento da seguridade social, da União, Estados, DF e Municípios, além de outras fontes.

Art. 195, § 11º - É vedada a concessão de remissão ou anistia das contribuições sociais de que tratam os incisos I, "a", e II deste artigo, para débitos em montante superior ao fixado em lei complementar.

Remissão é perdão do principal e anistia dos acréscimos legais.

Art. 201 – A previdência social será organizada sob a forma de regime geral, de caráter contributivo e de filiação obrigatória, observados critérios que preservem o equilíbrio financeiro e atuarial, e atenderá nos termos da lei, a:

A Previdência Social é uma das espécies da seguridade social e organizada em Regime Geral de Previdência Social, e o órgão gestor responsável pela concessão e manutenção das prestações previdenciárias é o INSS.

Caráter contributivo – os segurados, para terem direito aos benefícios e serviços da previdência social, deverão contribuir, inclusive, os desempregados na categoria de facultativo.

Filiação obrigatória, para aqueles que exerçam atividade remunerada, e por todas, até atingido o valor do teto previdenciário R$ 4.663,75 (01/2015).

Observar critérios que preservem o equilíbrio financeiro e atuarial:

A partir do Decreto nº 3.265, de 29/11/99, tivemos duas mudanças, que também auxiliam na preservação do equilíbrio;

- a primeira foi a mudança no cálculo das aposentadorias, deixando de ser apurado com a média dos últimos 36 salários de contribuição e passando a ser apurado com a média aritmética simples dos maiores salários de contribuição correspondente a 80% de todo o período contributivo.
- A segunda foi a criação de um fator previdenciário que leva em consideração a idade do segurado na data do requerimento, o tempo de contribuição e a expectativa de sobrevida. Depois de feita a média (salário de benefício). O fator obtido será aplicado no valor do salário de benefício e se o segurado tiver cumprido o tempo de contribuição e, sua expectativa de vida for longa, a tendência será diminuir o valor.

Os incisos do art. 201 da CF também tiveram nova redação, passando a ser:

I – Cobertura dos eventos de doença, invalidez, morte e idade avançada;

O acidente do trabalho continua sendo atendido neste inciso, pois o auxílio-doença poderá ser acidentário ou não, e o benefício pode ter seu início em uma aposentadoria por invalidez concedida direto. O auxílio-reclusão passa a constar do inciso IV, do artigo.

II – Proteção à maternidade, especialmente à gestante;

Benefício para a segurada gestante ou por adoção, e que na data do fator gerador (parto, adoção) esteja nas categorias como segurada obrigatória, facultativa ou desempregada. Esta proteção é à gestante, mesmo a criança nascendo morta, terá direito.

A Lei n. 12.783, de 24/10/2013, dispõe sobre o salário maternidade devido ao segurado e segurada que adotar ou obtiver guarda judicial, para fins de adoção de criança por 120 dias. Não importando a idade da criança adotada.

III – Proteção ao trabalhador em situação de desemprego involuntário;

É o seguro desemprego atendido pela Previdência Social, sendo devido ao empregado e ao pescador artesanal, no segundo caso habilitado no INSS e pago pela CEF com recursos do FAT, a partir de 1º/04/2015.

IV – Salário-família e auxílio-reclusão para os dependentes dos segurados de baixa renda;

A partir de 16.12.1998, para ter direito ao recebimento destes benefícios, o salário de contribuição do segurado deverá ser inferior ou igual ao valor da legislação de regência. Em janeiro de 2015 o valor a ser observado passou a ser igual ou inferior a R$ 1.089,72.

V – Pensão por morte do segurado, homem ou mulher, ao cônjuge ou companheiro e dependentes, observado o disposto no § 2º.

Será devida a pensão ao homem ou à mulher, casado ou com união estável, outros dependentes como filhos, pais ou irmãos. Observado o § 2º do artigo 201, o valor não será inferior ao salário mínimo.

Os outros parágrafos deste artigo estão explicados no capítulo 3 desta apostila.

Não há motivo para preocupação, o que fizemos foi destacar as principais mudanças, mas com a evolução da matéria toda, ela estará atualizada e explicada.

O Decreto que regulamenta as Leis ns. 8.212 e 8.213/91 é o n. 3.048/99 (06.05.1999); é o Regulamento da Previdência Social e dispõe sobre custeio da seguridade e aos benefícios da Previdência Social, com as alterações subsequentes (significa dizer que se há mudança em uma das leis citadas, o decreto regulamentará).

3. Evolução Pós-Emenda Constitucional n. 20/98

1999 – a Lei n. 9.796, de 05.05.1999, dispõe sobre a compensação financeira entre o RGPS (Regime Geral de Previdência Social) e outros regimes de previdência dos servidores ocupantes de cargo efetivo da União, dos Estados, do Distrito Federal e dos Municípios, nos casos de contagem recíproca de tempo de contribuição para efeito de aposentadoria.

Esta lei dá o direito ao regime próprio e ao RGPS de cobrar as contribuições vertidas ao outro regime, sendo o benefício concedido pelo regime instituidor de crédito.

Exemplo: O segurado contribuinte por 15 anos ao RGPS (INSS) passa no concurso para Auditor-Fiscal Receita Federal do Brasil. Daqui a 20 anos, quando implementar as condições para aposentadoria, apresentará no setor de recurso de pessoas uma certidão de tempo de contribuição com os 15 anos ou parte dele, obtida no INSS. Quando o regime próprio federal aposentá-lo, emitirá a cobrança ao Regime de Origem do período trazido do RGPS e utilizado na aposentadoria.

Este procedimento tem amparo legal desde 05/05/1999, conhecido como COMPREV (compensação previdenciária) entre os regimes, é a compensação previdenciária.

1999 – O Decreto nº 3.048, de 06 de maio de 1999, aprovou o regulamento da Previdência Social, contendo neste matéria pertinente ao financiamento (custeio) da Seguridade Social e ao plano de benefícios da previdência social.

1999 – A Lei n. 9.876, de 26.11.1999, regulada pelo Decreto n. 3.265, de 29.11.1999, que alterou o Decreto n. 3.048/99, dispôs sobre:

- É criada a categoria Contribuinte Individual – que engloba o ex-autônomo, empresário e equiparado ao autônomo.
- A contribuição do contribuinte individual (CI) filiado a partir de 29/11/99 (Decreto n. 3265/99) passou a ser de 20% sobre a remuneração auferida (recebida) de uma ou mais empresas ou por conta própria.

Com a finalidade de preservar o equilíbrio financeiro e atuarial da Previdência Social, tivemos após esta data:

I) Alteração da forma de cálculo do salário de benefício, sendo apurado:

- Para aqueles que já estavam contribuindo até 28.11.1999, com direito adquirido a um benefício a partir de 29/11/99, terá o seu salário de benefício apurado na média aritmética simples dos maiores salários de contribuição, correspondentes a 80% de todo o período contributivo decorrido desde julho de 1994 até a data do direito adquirido.
- Para os que se filiaram a partir de 29.11.1999, será obtido o salário de benefício, baseado na média aritmética simples dos maiores salários de contribuição, correspondentes a 80% de todo o período contributivo.
- Para os que já eram segurados e com direito adquirido ao benefício até 28/11/99 na média dos últimos 36 salários de contribuição.

II) A partir de 29/11/99 tivemos a criação do Fator previdenciário – a ser aplicado no cálculo das aposentadorias por tempo de contribuição e aposentadoria por idade; na aposentadoria por idade e, se mais vantajosa para o segurado.

Com o advento LC 142/13 e decreto 8145/13, foi acrescentado ao regulamento da previdência social (Decreto n. 3.048/99) dispositivos a respeito de aposentadorias por tempo de contribuição e por idade devidas ao segurado com deficiência, sendo garantida a aplicação do fator previdenciário, se resultar em renda mensal de valor mais elevado.

Explicando melhor:

Aplica-se fator previdenciário em duas espécies de aposentadorias:

- Por tempo de contribuição, seja para aumentar ou diminuir o salário de benefício;
- Por idade, condicionalmente, será aplicado se for mais vantajosa para o segurado.
- Por tempo de contribuição e por idade devida ao segurado deficiente, condicionalmente, se resultar em valor mais elevado.

Art. 22, § 13, da Lei n. 8.212 – Não se considera como remuneração direta ou indireta, para os efeitos desta lei, os valores despendidos pelas entidades religiosas e instituições de ensino vocacional com ministro de confissão religiosa, membros de instituto de vida consagrada, de congregação ou de ordem religiosa em face do seu mister religioso ou para sua subsistência desde que fornecidos em condições que independam da natureza e da quantidade do trabalho executado.

As Entidades Religiosas neste caso estarão dispensadas de contribuição patronal sobre este valor despendido com os religiosos.

2003 – A Lei n. 10.741, de 03.10.2003, dispõe sobre o Estatuto do Idoso. Traz em seu bojo a redução da idade para o direito ao benefício de prestação continuada da assistência social, com 65 anos completos, a partir de 01.01.2004. O benefício assistencial será custeado de forma direta e indireta, com recursos do orçamento da Seguridade Social, disposto nos arts. 195 e 204 da CF, sendo vedada a utilização das contribuições sociais do art. 195, inciso I, a e inciso II, para a realização de despesas distintas do pagamento de benefícios do Regime Geral de Previdência Social de que trata o art. 201 da CF.

Os recursos para os benefícios assistenciais advêm do FNAS (Fundo Nacional de Assistência Social).

Este benefício assistencial, muitas vezes confundido com aposentadoria por idade, é concedido a partir de janeiro de 2004 ao idoso com mais de 65 anos, sendo que a idade anterior era 67. Mas para fazer jus ao benefício deverá ser verificada a real necessidade. Este assunto encontra-se no capítulo 15.

4ª Fase da Evolução Previdenciária

2003 – A EC n. 41, de 31.12.2003, altera dispositivos nas Leis ns. 8.213/91 (Plano de Benefícios da Previdência Social), 9.717/98 (que dispõe sobre a organização e o funcionamento dos Regimes Próprios pelos Entes Públicos) e 9.783/99 (que dispõe sobre contribuição para o custeio da Previdência Social dos servidores públicos, ativos e inativos, e dos pensionistas dos três Poderes da União e dá outras providências), com sua aplicação disposta na Lei n. 10.887, de 18.06.2004.

Mudanças com a EC 41/31.12.2003:

- No RGPS há a previsão para se criar um sistema especial de inclusão previdenciária para trabalhadores de baixa renda, garantindo-lhes acesso a benefícios de valor igual a um salário mínimo, exceto aposentadoria por tempo de contribuição. Acrescentado o § 12 ao art. 201 da CF.

Visa a inclusão no sistema contributivo de um número expressivo de prestadores de serviço que não estão contribuindo e, consequentemente, sem direito às prestações.

Mas, por meio, da EC 47/2005, o art. 201, § 12, da CF, foi modificado e ficou assim:

- Lei disporá sobre sistema especial de inclusão previdenciária para atender a trabalhadores de baixa renda e àqueles sem renda própria que se dediquem exclusivamente ao trabalho doméstico no âmbito de sua residência, desde que pertencentes a famílias de baixa renda, garantindo-lhes acesso a benefícios de valor igual a um salário mínimo.

Em 12/2003, a previsão era um sistema de inclusão para o trabalhador de baixa renda, excluído do sistema previdenciário, e que mediante uma contribuição menor teria direito a benefícios no valor de um salário mínimo, exceto a aposentadoria por tempo de contribuição.

Com a EC 47/2005, a inclusão será dos trabalhadores de baixa renda bem como os que se dediquem aos trabalhos domésticos sem renda própria, desde que pertençam a famílias de baixa renda, sendo garantido benefícios no valor de um salário mínimo. Esta Emenda Constitucional acrescentou também o § 13.

Art. 201, § 13 da CF - Observadas alíquotas e carência inferiores às vigentes.

Explicação: Além da alíquota de 20% devida sobre o salário de contribuição, há a hipótese de 11% ou 5% sobre o salário mínimo, e aquele que opte pela alíquota reduzida será excluído do direito a aposentadoria por tempo de contribuição.

ALTERAÇÕES PARA SERVIDORES EFETIVOS COM EC 41/2013

- Quanto ao Regime Próprio de Previdência Social do servidor público ocupante de cargo efetivo tivemos alterações após 31.12.2003, publicação da EC n. 41:

- Criação do subteto: O limite de salários e aposentadorias pagos aos servidores públicos estaduais do:
  - Judiciário: Equivalem ao do desembargador de justiça, que é de 90,25% do subsídio do STF (valor do subsídio em JAN/2015 - R$ 33.363,00).
  - Legislativo: O subteto será o salário do deputado estadual.
  - Executivo: Terão como limite o salário do governador.

- Perda da paridade: É a forma de reajuste das aposentadorias e pensões, que eram revistos na mesma proporção e na mesma data sempre que se modificavam a remuneração dos servidores em atividade, sendo também estendidos:
  - Quaisquer benefícios;
  - Vantagens posteriormente concedidas aos ativos;
  - Inclusive quando da transformação ou reclassificação do cargo ou função.

Como ficou a paridade a partir da EC 41/2003:

- Aos que ingressarem após, não terão direito à paridade, e seus benefícios serão reajustados para preservar-lhes, em caráter permanente, o valor real, da mesma forma que são reajustados os benefícios do RGPS.

- O servidor que ingressou a partir de 16/12/98 e antes da EC 41/03 (art. 6º), terá direito a aposentadoria voluntária integral, se:
  Mantém o direito aos proventos integrais. (paridade)
  Tempo de contribuição: H 35 e M 30
  Idade: H 60 e M 55
  Tempo de serviço público: 20 anos
  Tempo de carreira: 10 anos
  Tempo de cargo: 05 anos

- O servidor que ingressou a partir das EC 41/03 e EC 47/2005 terá direito a aposentadoria voluntária, se: CF, art. 40, § 1º, III, "a"
  Sem direito aos proventos integrais. (paridade)
  Cálculo do valor do benefício: Média das maiores remunerações, correspondentes a 80% de todo o período contributivo de 07/94 em diante ou se o ingresso ocorreu depois da data de início em diante.
  Tempo de contribuição: H 35 e M 30
  Idade: H 60 e M 55
  Professor: 30 e professora 25
  Idade: H 55 e M 50
  Tempo de serviço público: 10 anos
  Tempo de cargo: 05 anos

1. Fim da integralidade = A aposentadoria do servidor era pela última remuneração. Mas com as mudanças trazidas pela EC 41/2003, seu provento será calculado com base nos 80% maiores salários de contribuição de 07/1994 até a data do direito adquirido ou para aqueles que ingressaram após 11/99 na média dos 80% maiores salários de contribuição. Remunerações do RPPS e RGPS. Podendo resultar em valor superior ao teto do RGPS, ainda.

05/07/2005 – Emenda Constitucional 47:

- Por meio desta emenda os atuais servidores garantiram o direito de receber os mesmos reajustes dos ativos no dia em que se aposentarem (a paridade), esta garantia havia sido retirada na EC 41/2003. Mas a volta da paridade não foi garantida para os pensionistas quando do falecimento do servidor.

- Outra mudança prevista nesta EC 47/2005 é para os servidores que ingressaram até 15/12/98, e que terão novo período de transição para se aposentarem.

Para cada ano que ultrapassar 30/35 anos de contribuição, será reduzido na idade 55/60 anos (mulher/homem). Mas, para se beneficiar, o servidor deverá possuir 25 anos no serviço público, 15 na carreira e 05 anos no último cargo.

- Portadores de deficiência poderão ter requisitos e critérios diferenciados para concessão de aposentadoria no serviço público, após aprovação por meio de lei complementar.

Quadro Sinótico

Evolução Histórica

No Mundo
- 1883 – Modelo Bismarckiano
  - Organização Estatal
  - Compulsoriedade
- 1917 – Constituição do México, a 1ª a dispor sobre seguro social.
- 1941 – Plano "Beveridge" – deu origem à reforma previdenciária na Inglaterra.

Evolução Histórica Legislativa Brasileira

Constituições

1824 – Autorização para a criação das Caixas de socorros públicos.

1891 – Segunda Constituição – foi criada uma aposentadoria por invalidez para ser "dada" ao servidor público a serviço da nação. Não havia custeio para este benefício.

1934 – Constituição que trouxe o princípio do tríplice custeio, contribuições do empregador, empregado e Estado.

1937 – Esta Constituição volta a usar a expressão "seguro social", sendo entendido como um retrocesso.

1946 – Passa a ser adotada a partir desta Constituição o termo "Previdência Social".

1965 – A EC n. 11 traz o princípio da precedência do custeio.

1967 – Neste ano o seguro acidente do trabalho passa a integrar a Previdência Social. O seguro acidente do trabalho era atendido por instituições privadas.

1988 – CF – O Direito Previdenciário torna-se autônomo em relação ao Direito do Trabalho ganhando lugar de destaque a partir desta Constituição e a Seguridade Social é apresentada como gênero que compreende Previdência Social, saúde e assistência social.

Outras Fontes

1923 – Marco inicial da Previdência Social no Brasil. O Decreto-lei Eloy Chaves cria a Caixa de Aposentadoria e Pensão para os ferroviários. O critério adotado era por empresa ferroviária.

1933 – Criação dos IAP(s).

1960 – Criação da Lei Orgânica da Previdência Social – LOPS.

1966 – Fusão dos IAP(s).

1967 – Implantação do INPS.

1977 – Criação do SINPAS.

1991 – Criação dos dois diplomas legais – Leis ns. 8.212/91 e 8.213/91 – a primeira dispôs a respeito do plano de financiamento da Seguridade Social e a segunda do plano de benefícios.

1998 – Emenda Constitucional n. 20 – foi promulgada a reforma previdenciária, em especial do RGPS.

1999 – Este ano tivemos um decreto e uma lei importante.

- Decreto n. 3.048 (06.05.1999) – Regulamenta as Leis ns. 8.212/91 e 8.213/91, e hoje é o Regulamento da Previdência Social. Em um único decreto temos assunto pertinente a custeio e benefícios.
- Lei n. 9.876 – Regulada pelo Decreto n. 3.265, de 29.11.1999 – Trouxe inovações como: Fator previdenciário, nova forma de apuração do salário de benefício, salário-maternidade para todas as seguradas contribuintes, criação da categoria contribuinte individual.
- Lei n. 9.796 (05.05.1999) – Versa a respeito da Compensação previdenciária.

2002 – Lei n. 10.421, de 15.04.2002 – Estendeu o salário-maternidade à mãe adotante.

2002 – Medida Provisória n. 83, convertida em Lei n. 10.666, de 08.05.2003, e regulada com o Decreto n. 4.729. Trouxe alterações importantes na área de arrecadação com a criação de alíquotas novas, para o financiamento das aposentadorias dos contribuintes individuais (cooperados).

2003 – Lei n. 10.741 – dispôs sobre o Estatuto do Idoso, reduzindo a idade para requerer o amparo assistencial para 65 anos.

- EC 41/2003 - 31/12/2003 - Previu mudanças na concessão de benefícios do servidor público.
- EC 47/2005 – Trouxe mudanças ao sistema de financiamento da previdência social bem como as características do RGPS.

Exercícios de Fixação

Responda utilizando CERTO, ERRADO ou DEIXE EM BRANCO. Cada questão Errada anula uma Certa. Deixando-a em Branco, perde-se apenas esta questão.

PROCURADOR AUTÁRQUICO

01. No Brasil, a Constituição de 1891 foi a primeira a prever o benefício da aposentadoria, conferindo-o aos funcionários públicos em caso de invalidez ocorrida enquanto a serviço à Nação no entanto, esse benefício não contava com a correspondente fonte de custeio.

02. As caixas de aposentadorias e pensões, criadas pela Lei n. 4.682/23, eram estruturadas por empresas, enquanto os institutos de aposentadorias e pensões, que foram surgindo a partir de 1933, eram estruturados por categorias profissionais; no entanto, esses foram unificados pelo Decreto-lei n. 72/66, que centralizou a organização previdenciária no Instituto Nacional de Previdência Social (INPS).

03. A Constituição brasileira de 1937 iniciou uma sistematização constitucional da matéria previdenciária, surgindo, pela primeira vez, a expressão Previdência Social, sendo esta em favor da maternidade e contra as consequências da doença, da velhice, da invalidez e da morte.

04. O Sistema Nacional de Previdência e Assistência Social foi instituído pela Lei n. 6.439/77, tendo como objetivo a reorganização da Previdência Social, integrando as atividades da Previdência Social, da assistência médica, da assistência social e de gestão administrativa, financeira e patrimonial entre as entidades vinculadas ao Ministério da Previdência e Assistência Social.

05. O INSS foi criado mediante a fusão do Instituto Nacional de Previdência Social (INPS) e do Instituto de Assistência Médica da Previdência Social (INAMPS), competindo-lhe, entre outras atribuições, conceder e manter os benefícios e serviços previdenciários.

06. O Regime Geral e o Regime Facultativo Complementar de Previdência Social integram a Previdência Social, sendo o primeiro regulamentado pela Lei dos Planos de Benefícios da Previdência Social, e o segundo, por lei específica, estando ambos sob a administração do Ministério da Previdência Social.

07. Constituição Federal prevê que nenhum benefício ou serviço da seguridade social poderá ser criado, majorado ou estendido sem a correspondente fonte de custeio específica; com isso, a lei que não observar o princípio da preexistência do custeio em relação ao benefício ou serviço deverá ter sua inconstitucionalidade declarada, cabendo ao INSS propor ação judicial para obter essa declaração.

PROVA PARA AFPS

Acerca das origens e da evolução legislativa da seguridade social no Brasil, julgue os itens abaixo.

08. A Lei Eloy Chaves (Decreto Legislativo n. 4.682, de 1923), primeira norma a instituir no Brasil a Previdência Social, que criou as caixas de aposentadorias por invalidez e ordinária, pensão por morte e assistência médica, apenas alcançou os empregados das empresas de estradas de ferro, cujas funções estivessem definidas como de maior risco, em face da atividade empresarial desenvolvida.

09. O Instituto de Aposentadorias e Pensões dos Marítimos, criado pelo Decreto n. 22.872, de 1933, teve como associados, desde a sua criação, os empregados das empresas de navegação marítima e fluvial, seus próprios funcionários, prestadores de serviços subordinados a empresas a elas vinculados, além de armadores de pesca, pescadores e indivíduos empregados em profissões conexas com a indústria de pesca.

10. A Constituição Federal de 1934, além de definir a competência da União para fixar regras de assistência social, reservando ao Congresso a competência para fixar normas sobre aposentadoria, estabeleceu a forma tríplice de custeio do sistema, envolvendo ente público, empregado e empregador, e previu o caráter obrigatório da contribuição.

11. A Carta Magna promulgada em 1946 consagrou a Previdência Social à proteção da maternidade e contra as consequências da doença, da velhice, da invalidez e da morte, além de prever, em caráter programático, a instituição de benefício destinado a suprir o desemprego involuntário, o que apenas foi atendido com a edição, em 1965, da lei que criou o auxílio-desemprego.

12. O Sistema Nacional de Previdência e Assistência Social (SINPAS), introduzido em 1977, buscou reorganizar a Previdência Social, integrando suas diversas atividades, por meio de órgãos tais como: INPS, INAMPS, FUNABEM, DATAPREV e IAPAS.

13. **(Prova: CESPE - 2013 - BACEN – Procurador) Considerando a evolução histórico-legislativa e os princípios da seguridade social no Brasil, assinale a opção correta.**

a) Com o advento da CF, a seguridade social foi adotada e disciplinada sistematicamente pela primeira vez no Brasil, sendo-lhe dedicado um capítulo integral no texto constitucional e implementadas, desde então, significativas mudanças na área, como, por exemplo, a progressiva extinção do critério de escala do salário-base, previsto na Lei de Custeio.

b) A seguridade social no Brasil é organizada com base em vários princípios constitucionais, entre os quais se inclui o princípio da equidade na forma de participação no custeio, segundo o qual é necessária a participação idêntica de todos, com alíquotas iguais, para garantir o atendimento ao princípio da igualdade.

c) A seguridade social é financiada diretamente por toda a sociedade, por meio de recursos provenientes dos orçamentos da União, do Distrito Federal, dos estados e dos municípios, que destinam parte do pagamento dos tributos a esse fim, e, indiretamente, por meio das contribuições do empregador, do empregado ativo e do empregado aposentado.

d) O INSS, importante órgão na estrutura da seguridade social brasileira, foi instituído no Brasil na década de noventa do século XX, como autarquia federal, mediante fusão do Instituto de Administração da Previdência e Assistência Social com o Instituto Nacional de Previdência Social.

e) Desde 1919, já havia legislação sobre acidente de trabalho no Brasil, entretanto, somente com a publicação da Lei Eloy Chaves, em 1946, foram implementadas as primeiras experiências previdenciárias, tendo a referida lei criado caixas de aposentadorias e pensões para os empregados das empresas ferroviárias e aeroferroviárias brasileiras.

14. **(Prova: CESPE - 2013 - SEGER-ES - Analista Executivo) Acerca do conceito, da origem e da evolução legislativa da seguridade social brasileira, assinale a opção correta.**

a) A previdência social, conforme a CF, deve cuidar de proteger a maternidade, mas não trata da questão da gravidez.

b) Para garantir ao atendimento do objetivo de realização do bem-estar e da justiça social, o Estado brasileiro atribuiu à seguridade social brasileira caráter contributivo, sendo imprescindível a contribuição para se ter direito aos benefícios do sistema, tais como o de aposentadoria, saúde pública e assistência social.

c) A Constituição de 1934 foi a primeira a dispor sobre aposentadoria, instituindo-a para os funcionários públicos em caso de invalidez no serviço.

d) A Constituição de 1937 foi a primeira a prever a forma tripartite de custeio da previdência, realizada com contribuições do Estado, do empregado e do empregador.

e) Apesar de não ser a primeira norma a tratar de seguridade social, a Lei Eloy Chaves (Decreto Legislativo n. o 4.682/1923) é considerada pela doutrina majoritária o marco inicial da previdência social brasileira.

15. **(Prova: FCC - 2012 - INSS - Técnico do Seguro Social) O INSS, autarquia federal, resultou da fusão das seguintes autarquias:**

a) INAMPS e SINPAS.
b) IAPAS e INPS.
c) FUNABEM e CEME.
d) DATAPREV e LBA.
e) IAPAS e INAMPS.

16. (Prova: INSTITUTO CIDADES - 2011 - DPE-AM - Defensor Público)
Julgue os itens abaixo:

I. A Carta constitucional de 1937 previa, como forma de atuação do estado, as áreas de saúde, assistência e previdência social, além de inúmeras outras inovações na área da seguridade social.

II. A constituição do sistema de proteção social no Brasil, a exemplo do que ocorreu na Europa, deu-se em razão de longo e vagaroso processo de superação dos postulados do liberalismo clássico, passando o sistema da total ausência de regulação estatal para uma intervenção cada vez mais ativa do Estado que culminou com os atuais sistemas de proteção previdenciária.

III. Somente no século XX veio a lume, no Brasil, normas de caráter geral em matéria de previdência social, já que antes de tal marco temporal a regulação era dispersa em textos legais específicos.

IV. É entendimento doutrinário dominante que o marco inicial da previdência social brasileira foi a publicação do Decreto Legislativo n.º 4.682/1923, Lei Eloy Chaves, que criou as caixas de aposentadoria e pensões nas empresas de estradas de ferro existentes, sendo que tal instrumento normativo foi pioneiro na criação do instituto da aposentadoria.

V. A Carta de 1934 foi pioneira em prever a forma tripartite de custeio, ou seja, a contribuição dos trabalhadores, a dos empregadores e a do poder público.

Assinale a alternativa correta:

a) Somente as alternativas I, II, e III estão corretas
b) Somente as alternativas IV e V estão corretas
c) Somente as alternativas II, IV e V estão corretas
d) Somente as alternativas I, IV e V estão corretas
e) Somente as alternativas II, III e V estão corretas

17. (CEPERJ - 2014 - Rioprevidência - Assistente Previdenciário) A Lei nº. 6.439, de 1977, criou o SINPAS – Sistema Nacional de Previdência e Assistência Social – buscando reorganizar a previdência social. Dentre os órgãos que compunham sua gestão originária, somente está em atividade:

a) o INPS – Instituto Nacional de Previdência Social
b) o INAMPS – Instituto Nacional de Assistência Médica da Previdência Social
c) o IAPAS – Instituto de Administração Financeira da Previdência e Assistência Social
d) a CEME – Central de Medicamentos
e) a DATAPREV – Empresa de Processamento de Dados da Previdência Social

Responda as questões de 18 a 20, utilizando CERTO ou ERRADO

18. Com relação à origem e à evolução legislativa da Seguridade Social no Brasil, julgue o item abaixo.

O seguro-desemprego veio previsto pela primeira vez na CF/1988.

19. Com relação à evolução histórica e à organização institucional da previdência social, julgue o item a seguir.

A Constituição Federal de 1934 inovou a ordem constitucional brasileira no que se refere à fonte do custeio previdenciário, que passou a ser tríplice, provinda de contribuições do Estado, do trabalhador e do empregador.

20. Com vistas a atenuar a condição deficitária das contas previdenciárias, a reforma estabelecida pela Emenda Constitucional n.º 41/2003 fixou limite de idade mínimo para a aposentadoria por tempo de contribuição tanto para o servidor público quanto para o segurado do RGPS.

Gabarito

01. C	**02. C**	**03. E**	**04. C**	**05. E**
06. C	**07. E**	**08. E**	**09. E**	**10. C**
11. C	**12. C**	**13. D**	**14. E**	**15. B**
16. E	**17. E**	**18. E**	**19. C**	**20. E**

2. Legislação da Seguridade Social

1. Conteúdo

Conjunto de leis e atos normativos que ditam o funcionamento do sistema securitário, regendo previdência, assistência social e saúde que formam o tripé do gênero Seguridade Social.

2. Fontes

Temos como fonte do direito e, por extensão, da legislação previdenciária as leis e a jurisprudência.

O conteúdo das normas de Seguridade Social está expresso no conjunto dos seguintes textos legais:

- Decreto n. 70.235/72 - Dispõe sobre o processo administrativo fiscal;
- Constituição Federal (CF) de 1988 – arts. 194 a 204;
- Lei n. 8.080, de 20.09.1990 – Dispõe sobre a promoção, proteção e recuperação da saúde e a organização e o funcionamento dos serviços correspondentes;
- Lei n. 8.212/91 – Dispõe sobre a organização e Plano de custeio da Seguridade Social;
- Lei n. 8.213/91 – Plano de Benefícios da Previdência Social;
- Lei n. 8.742/93 – Lei que trata da organização da assistência social – Lei Orgânica da Assistência Social;
- Decreto n. 3.048/99 – Trata-se do Regulamento da Previdência Social (regula as Leis ns. 8.212 e 8.213/91);
- Emenda Constitucional (EC) n. 20/98 – Emenda que dispõe sobre a reforma previdenciária em 1998;
- EC 41/2003 – Altera o sistema previdenciário para os servidores civis ocupantes de cargos efetivos, e dá outras providências;
- EC 47/2005 – Altera os artigos 37, 40, 195 e 201 da Constituição Federal, para dispor sobre a seguridade social, em especial previdência;
- Lei Complementar 123/2006 - SIMPLES Nacional;
- Instruções Normativas 77/2015 relacionadas a área de benefício e IN/ Receita Federal do Brasil 971/09 relacionada a área de arrecadação das contribuições sociais previdenciárias;
- Lei n. 11.457/2007 – Dispõe sobre a Administração Tributária Federal, com a criação da Secretaria da Receita Federal do Brasil.

A Constituição servirá de fundamento de validade para as normas infraconstitucionais.

Constituição Federal > Emenda Constitucional > Leis Complementares > Leis Ordinárias > Medida Provisória > Decretos Legislativos e Resoluções.

A Medida Provisória, Decretos e as Instruções Normativas são atos do Poder Executivo. As demais advêm do Poder Legislativo.

Devemos lembrar que não há hierarquia entre duas leis básicas da seguridade e previdência (Leis n° 8.212/91 e 8.213/91). Porém, em caso de conflitos de normas, deve-se atentar para algumas regras de prevalência: Norma específica prevalece sobre a genérica e o *in dubio pro misero*.

Atualmente, o direito da Seguridade Social é considerado um ramo autônomo do Direito público por ter normas e objetivos próprios. Isto se deu com a CF/88, que prevê um capítulo próprio sobre o tema. Desde 1988, o gênero Seguridade Social ganhou lugar de destaque no título VIII (Da ordem social), e está disposta do art. 194 a 204 da Carta Magna, prevendo como deverá ser a saúde, a assistência social e a Previdência Social no país.

Quanto à jurisprudência, é fonte de direito, pois suas sentenças são vinculantes para as partes. Dispõe o art.102 da CF no § 2º:

"As decisões definitivas de mérito, proferidas pelo STF, nas ações diretas de inconstitucionalidade e nas ações declaratórias de constitucionalidade produzirão eficácia contra todos e efeito vinculante, relativamente aos demais órgãos do poder judiciário e à administração pública, direta e indireta, nas esferas federal, estadual e municipal."

Ex.: Súmula vinculante n. 8 do STF, que julgou em 12.06.08, pela inconstitucionalidade dos arts. 45 e 46 da Lei n. 8.212/91, que dispunha sobre os prazos de decadência e prescrição de crédito tributário relacionado às contribuições sociais previdenciárias. E os prazos que deverão ser aplicados são os definidos no Código Tributário Nacional, art. 173, incisos I, II, 150 § 4º e art. 174, de 05 anos, para decadência e prescrição, respectivamente.

3. Autonomia

O Direito Previdenciário é autônomo em relação a outros ramos do direito, e sua autonomia decorre da existência de princípios próprios e conceitos exclusivos do direito previdenciário. Após a Lei Maior em 1988, é pacífica a autonomia do Direito Previdenciário do Direito do Trabalho. Na Constituição anterior tínhamos no título Ordem Econômica, disposto os direitos trabalhistas e previdenciários em um único artigo (165). A partir de 05.10.1988, houve a separação do Direito da Seguridade Social do Direito do Trabalho, o primeiro disposto no título ordem social, e o último no capítulo II - "Dos direitos sociais" e "Dos direitos e garantias fundamentais".

4. Aplicação das Normas do Direito da Seguridade Social

Aplicar a lei, ou melhor, enquadrar um evento ocorrido numa previsão legal anteriormente criada. Caso haja mais de uma norma sobre a mesma matéria, para uma interpretação adequada poderão ser aplicados variados processos.

5. Interpretação

Será escolhida a melhor norma jurídica a ser aplicada aos casos concretos. As formas de interpretação da norma jurídica apropriada são:

a) **Gramatical ou Literal (*verba legis*):** Leva em consideração o que está escrito, o significado das palavras utilizadas pelo legislador e deve prevalecer. Deve-se evitar adotar apenas este método.

b) **Lógica (*mens legis*):** É analisado fazendo-se uma conexão entre os vários textos legais a serem interpretados. São verificadas as proposições enunciadas pelo legislador.

c) **Finalística ou Teleológica:** Será aplicada a legislação que atenda o fim almejado pelo legislador. É dado destaque ao objetivo a ser alcançado.

d) **Sistemática:** Neste tipo de interpretação, ela não é feita isolada, é analisada de acordo com o sistema em que está inserida. Será feito um estudo de todas as normas que tratam daquele mesmo assunto.

e) **Histórica:** Esta interpretação busca conhecer e entender o que pensava o legislador na época da edição da lei. Quais os objetivos e motivos alegados na época.

f) **Autêntica:** Feita por quem editou a lei inicialmente, é realizada pelo próprio Legislativo. E terá necessidade de fazer esta interpretação no caso de elaborar uma nova lei, para tirar dúvidas, disciplinar seu alcance, sentido, se isto não ficou bem claro.

g) **Restritiva ou Limitativa:** O intérprete busca a mais correta a ser aplicada, pois neste caso o legislador dispôs além do que era necessário.

h) **Extensiva:** Neste caso o texto é restrito, o legislador disse menos do que se esperava. E exigirá uma análise ampla.

Nas duas últimas, o intérprete não inovará no mundo jurídico. Uma interpretação extensiva que fuja às possibilidades da letra da lei já é, em verdade, integração do direito, e não interpretação.

6. Integração

Haverá integração quando houver necessidade por parte do intérprete da norma jurídica de complementação, a fim de suprir lacuna existente.

O juiz não pode abster-se de julgar alegando a inexistência de lei sobre o assunto. Cabe a este utilizar-se de recursos integrativos, buscando a solução adequada para a lide. As ferramentas para a integração são a analogia, os princípios gerais do direito e a equidade.

Ferramentas para a integração do ordenamento jurídico

- **Analogia** - busca-se a opção que seria feita pelo legislador, baseando-se em previsões similares existentes no ordenamento jurídico.

- **Princípios Gerais do Direito** - são aqueles que fornecem as principais diretrizes do ordenamento jurídico, responsáveis pela fundação de toda a construção jurídica.

- **Equidade** - é a aplicação da justiça social.

7. Eficácia

No tempo

No tempo = Diz respeito à entrada da lei em vigor. Em geral, a vigência da lei é da data nela prevista, com eficácia a partir daí.

Caso não haja esta previsão entra em vigor 45 dias após sua publicação oficial (art. 1º da LICC).

- **Vigência da Lei Previdenciária** - não difere das demais leis, como é o caso das leis relativas às alterações nos benefícios previdenciários, que estabelecem, com frequência, períodos de transição, onde a lei também tem sua eficácia restrita ou reduzida. **Exemplo:** A Lei n. 9.876 de 26/11/99 é regulamentada pelo Decreto n. 3.265 de 29/11/99; a eficácia deu-se de 29/11/99 em diante nos assuntos que não envolvam instituição ou modificação de alíquotas das contribuições sociais previdenciárias.

- **Exceção** - quando a lei se refere às contribuições sociais destinadas ao custeio da seguridade social.

- **Aplicação tanto para a instituição como modificação da contribuição social** (ex.: majorou alíquota sobre a folha de pagamento - eficácia condicionada ao prazo de 90 dias da data da publicação, mesmo que o texto da lei traga data anterior).

O art. 195, § 6º da CF/88 estabelece que as contribuições sociais destinadas ao financiamento da Seguridade Social entram em vigor decorridos 90 dias da data da publicação da lei que as houver instituído ou modificado. Surge aqui o princípio da anterioridade previdenciária, mitigada (aliviada) ou nonagesimal, dando ao contribuinte um período de 90 dias para se adequar à nova contribuição.

Ex.: A MP n. 675/2015 de 22/05/15 ,altera a lei que instituiu a CSLL.

Majora a alíquota da Contribuição sobre o lucro líquido - CSLL de 15% para 20% para as instituições financeiras, a saber:

- Bancos
- distribuidora de valores imobiliários
- corretora de câmbio
- sociedade de crédito, financiamento e investimento
- sociedade de crédito imobiliario
- administradora de cartão de crédito
- leasing (sociedade de arrendamento mercantil)
- cooperativa de crédito e
- associação de poupança e empréstimo.

Efeito da MP: A contribuição majorada será exigida a partir de 1º/09/15. (anterioridade nonagesimal).

No espaço

Para que a norma seja aplicada, é levado em consideração em que território vai ser aplicada.

As leis de Seguridade Social são aplicadas no Brasil, para brasileiros e estrangeiros aqui domiciliados.

8. Seguridade Social

Conceito

Seguridade Social é um conjunto de princípios, normas e instituições destinados a estabelecer um sistema de proteção social aos indivíduos contra contingências que os impeçam de prover suas necessidades pessoais básicas e de suas famílias, integrado por iniciativa dos poderes públicos e da sociedade, visando a assegurar os direitos relativos à saúde, à previdência e à assistência social.

CF art. 194 - A seguridade social compreende um conjunto integrado de ações de iniciativa dos Poderes Públicos e da Sociedade, destinados a assegurar os direitos relativos à:

- **SAÚDE** – Arts. 196 a 200, CF;
- **PREVIDÊNCIA SOCIAL** – Arts. 201 e 202, CF;
- **ASSISTÊNCIA SOCIAL** – Arts. 203 e 204, CF.

A partir de 1988, a Seguridade Social é gênero que engloba os três sistemas, formando o tripé. Quem contribui via previdência social, está custeando os três sistemas, uma vez que saúde e a assistência social não tem caráter contributivo.

Saúde

A partir de 1988, passou a ser um direito universal de todos e dever do Estado, com a criação de um Sistema Único de Saúde, que surgiu para atender a todos, independentemente de contribuição. O Ministério da Saúde, em parceria com Estados e Municípios, desenvolve ações de prevenção a doenças e oferece assistência ambulatorial e hospitalar com acesso a todos, gratuito e igualitário, conforme preceitua o art. 196 da CF.

Art. 198, §1º da CF - O SUS será financiado, nos termos do art. 195, com recursos do orçamento da seguridade social, da União, dos Estados, do DF e dos Municípios, além de outras fontes.

Não guarda qualquer vínculo com o INSS.

Assistência Social

Também não exige contribuição para receber os benefícios ou serviços assistenciais, mas para fazer jus o requerente comprovará real necessidade.

Tem como objetivos:

- A proteção à família, à maternidade, à infância, à adolescência e à velhice;
- Amparo às crianças e adolescentes carentes; (quando deficientes terão direito a um salário mínimo, após exame médico pericial);
- A promoção da integração ao mercado de trabalho;
- A habilitação e a reabilitação das pessoas portadoras de deficiência e a sua integração à vida comunitária;
- Garantia de um salário mínimo de benefício mensal à pessoa portadora de deficiência e ao idoso que comprove não possuir meios de prover a própria manutenção ou de tê-la provida por sua família, conforme dispuser a Lei.

Tem como diretrizes:

- Descentralização e participação da população.

Os benefícios da Assistência Social não são acumuláveis com os benefícios da Previdência Social. Deste modo, os idosos que recebem um salário mínimo, a título de amparo assistencial (Lei Orgânica da Assistência Social – n. 8.742/93), não podem ter outro tipo de benefício pago pela Previdência Social, como a aposentadoria.

Previdência Social

A espécie Previdência Social está disposta nos arts. 40, 201 e 202 da CF.

- Regime próprio dos servidores ocupantes de cargo efetivo - art. 40 da CF;
- Regime Geral de Previdência Social- RGPS – art. 201 da CF;
- Regime de Previdência Complementar – art. 202 da CF e §§14 ao 16 do art.40 da CF.

Características que serão observadas:

- A filiação é obrigatória como premissa básica para que sejam atendidos.
- Nos termos do art. 201 da CF será organizada na forma de Regime Geral de Previdência Social, que atenderá aqueles que regidos pela CLT e que vertem contribuição ao INSS.
- Observar critérios que preservem o equilíbrio financeiro e atuarial.
- Passou a ser observado, de 11/99 em diante, com aplicação do fator previdenciário nas aposentadorias por tempo de contribuição e na aposentadoria por idade desde que mais vantajosa para o segurado;
- Nova forma de calcular o salário de benefício utilizando-se os 80% maiores salários de contribuição de todo período contributivo, deixando de ser pela média dos últimos 03 anos.
- Quantidade de contribuição do segurado (18 contribuições) e tempo de casamento ou união estável (óbito com pelo menos 02 anos da data do casamento), será relevante para fins de manutenção do benefício e definição do tempo de duração.
- Deixará de ser vitalícia, será devida por períodos de 04 meses ou de 3 anos até 20 anos, levando em consideração a expectativa de sobrevida da dependente na data do óbito. Permanecerá com a pensão a dependente cônjuge ou companheira(o) com idade 44 anos ou mais.
- A Previdência Social – RGPS – atende aos beneficiários por meio de benefícios comuns e acidentários: poderá haver um auxílio-doença previdenciário (incapacidade por doença corriqueira) e auxílio-doença com origem em um acidente, podendo inclusive ser um acidente do trabalho.
- Contribuição tem caráter obrigatório, portanto, para ter direito à Previdência Social deve-se contribuir como segurado obrigatório ou facultativo). E caso o segurado do RGPS contribua à Previdência Privada complementar, este procedimento não desobriga o segurado do pagamento da Previdência Oficial.

9. Organização e Objetivos da Seguridade Social

O Direito Previdenciário, como ramo autônomo do Direito, possui princípios próprios. Alguns princípios são exclusivos da Seguridade Social, o que revela sua autonomia didática, enquanto outros são genéricos, aplicáveis a todos os ramos do Direito, inclusive o Securitário.

Entre os princípios gerais, merecem destaque os da Igualdade, Legalidade e do Direito Adquirido.

Não importa a banca organizadora, em regra, será cobrado um dos objetivos da Seguridade Social, a saber:

CF art. 194, parágrafo único:
Compete ao Poder Público, nos termos da lei, organizar a seguridade social, com base nos seguintes objetivos:

I - Universalidade da cobertura e do atendimento (art. 194, parágrafo único, I, CF/88) – Este princípio estabelece que qualquer pessoa pode participar da proteção social patrocinada pelo Estado. Com relação à saúde é regra, mas quanto à assistência social, será prestada a quem provar ter real necessidade, e para ser segurado da previdência social, estar ou ter contribuído é, a princípio, restrito aos que exercem atividade remunerada. E para atender ao mandamento constitucional, foi criada a figura do segurado facultativo por meio da Lei específica 8.212/91 (contribuição na condição de desempregado, estudante, dona de casa).

II - Uniformidade e equivalência dos benefícios e serviços às populações urbanas e rurais (art. 194, parágrafo único, II, CF/88) – As prestações securitárias devem ser idênticas para trabalhadores rurais ou urbanos, não sendo lícito a criação de benefícios diferenciados. Antes da CF/88, os benefícios pagos aos rurais eram a metade de um salário mínimo: desde a Constituição todos os benefícios foram revisados para um único limite mínimo (o salário mínimo).

III - Seletividade e Distributividade na Prestação dos Benefícios e Serviços (art. 194, parágrafo único, III, CF/88) – Algumas prestações serão extensíveis a uma parcela da população, como, por exemplo, salário-família (seletividade) e os benefícios e serviços devem buscar a otimização da distribuição de renda no país, favorecendo os beneficiários mais pobres (distributividade). Este objetivo vem sendo aplicado na concessão do salário-família e auxílio-reclusão. Com a EC n. 20/98, serão para os dependentes do segurado de baixa renda; Auxílio-reclusão depende do último salário de contribuição do segurado preso, levando-se em consideração a data da prisão do segurado. Para reclusão a partir de janeiro/2015, será verificado se o último salário de contribuição foi igual ou inferior a R$ 1.089,72 (valor atualizado em 01/2015).

IV - Irredutibilidade do Valor dos Benefícios (art. 194, parágrafo único, IV, CF/88) - Diz respeito ao reajuste do valor pago pelo benefício, o qual deve ter seu valor atualizado de acordo com a variação do INPC (Índice Nacional de Preços ao Consumidor). É a segurança jurídica dos beneficiários como forma de manter o poder aquisitivo. Em 01/2015 foi publicada Portaria Interministerial n. 13/2015 com reajuste de 6,23 aplicada aos benefícios a partir de janeiro de 2015.

Segundo decisão do Supremo Tribunal Federal, a "irredutibilidade do valor do benefício", diz respeito ao valor nominal ou "quantum", este não poderá sofrer redução.

V - Equidade na Forma de Participação no Custeio (art. 194, parágrafo único, V, CF/88) – Norma dirigida ao legislador, impõe que este crie a contribuição de acordo com a capacidade econômica de cada um dos contribuintes, empresa e trabalhador. Não seria justo que o empregado, que está em situação de desigualdade em relação a outro, tivesse que contribuir da mesma maneira. Observando este princípio, o legislador deverá destinar alíquota maior para quem pode mais e menor para os menos providos.

A seguir adotamos como exemplo de equidade:

A tabela de alíquotas para os empregados, trabalhadores avulsos e domésticos traz três faixas e os trabalhadores serão enquadrados de acordo com o que ganham pelo trabalho (salário de contribuição). Quem pode mais paga mais e os com remunerações menores contribuem com menos.

A partir de janeiro de 2015:

SALÁRIO DE CONTRIBUIÇÃO (R$)	ALÍQUOTA PARA FINS DE RECOLHIMENTO AO INSS (%)
até 1.399,12	8%
de 1.399,13 até 2.331,88	9%
de 2.331,89 até 4.663,75	11 %

De acordo com Portaria Interministerial (MPS/MF) n. 13/2015.

O legislador, ao propor norma de custeio, atua com o propósito indireto de reduzir as desigualdades, mediante a adequada repartição dos encargos sociais.

VI - Diversidade da Base de Financiamento (art. 194, parágrafo único, VI, CF/88) – A base de financiamento da Seguridade Social deve ser a mais variada possível, de modo que oscilações setoriais não venham a comprometer a arrecadação de contribuições. Quanto maior e diferenciada for a base de custeio, menor a probabilidade do aumento do déficit previdenciário.

A Seguridade Social (Saúde, Previdência Social e Assistência Social) no âmbito federal será financiada com recursos da União, das contribuições sociais e de outras fontes. As contribuições previdenciárias das empresas incidem sobre folha de pagamento, do valor bruto de nota fiscal emitida por cooperativa de trabalho que lhe preste serviço, sobre o seu faturamento e lucro.

VII - Caráter Democrático e Descentralizado da Administração, mediante gestão quadripartite com participação dos trabalhadores, dos empregadores, dos aposentados e do governo nos órgãos colegiados (art. 194, parágrafo único, VII, CF/88) – alterado pela EC 20 de 15/12/98 – Visa a participação de representantes dos trabalhadores, empregadores, aposentados, pensionistas e do governo, nos órgãos colegiados que representem a Saúde, Previdência Social e Assistência Social.

Como exemplo podemos citar o órgão colegiado CNPS (Conselho Nacional de Previdência Social) vinculado ao Ministério da Previdência Social, responsável pelas diretrizes e deliberação. A composição do órgão colegiado conta com 15 membros, sendo:
- 06 representantes do governo federal; e
- 09 representantes da sociedade civil (03 dos trabalhadores ativos, 03 dos empregadores e 03 dos aposentados e pensionistas).

Como forma de descentralização o CNPS instituiu os CPS (Conselho de Previdência Social) em todo território nacional, ambos com membros que representam o Governo, os empregadores, os trabalhadores e os representantes dos aposentados e pensionistas. (vide arts. 295 e 296-A do Decreto n. 3.048/99).

10. Orientação dos Tribunais Superiores

- Os Tribunais Superiores são órgãos colegiados de segundo grau, com jurisdição em todo o território nacional, integrantes do Poder Judiciário, como o Supremo Tribunal Federal, o Superior Tribunal de Justiça, o Tribunal Superior do Trabalho, o Tribunal Superior Eleitoral e o Superior Tribunal Militar, são também relevantes na aplicação e interpretação do direito previdenciário.
- Há menção expressa aos Tribunais Superiores no art. 131 da Lei n° 8.213/91 e 352 do Decreto n. 3.048/99, trazendo: o ministro poderá autorizar ao INSS desistir ou abster-se de propor ação e recursos sempre que esta versar sobre matéria para a qual haja declaração de inconstitucionalidade, do STF, súmula ou jurisprudência consolidada pelo STF ou Tribunais Superiores.
- Tal conduta atende ao princípio da eficiência administrativa.

Súmulas Vinculantes Previdenciárias

Súmula Vinculante – ***O art. 103A foi acrescentado à CF por meio da EC 45/04. Com a previsão de súmulas vinculantes. Após diversas decisões judiciais sobre determinada matéria constitucional, se houver decisão do STF (Supremo Tribunal Federal), definitiva, com efeito "erga omnes" (vinculante) estabelecerá conduta considerada obrigatória para a administração pública, inclusive ao poder judiciário.***

Súmula nº 8
São inconstitucionais o parágrafo único do artigo 5º do Decreto-Lei nº 1.569/1977 e os artigos 45 e 46 da Lei nº 8.212/1991, que tratam de prescrição e decadência de crédito tributário.

Súmula Vinculante 24
Não se tipifica crime material contra a ordem tributária, previsto no art. 1º, incisos I a IV, da Lei n. 8.137/90, antes do lançamento definitivo do tributo.

Súmula Vinculante 28
É inconstitucional a exigência de depósito prévio como requisito de admissibilidade de ação judicial na qual se pretenda discutir a exigibilidade de crédito tributário.

Súmula Vinculante 33
Aplicam-se ao servidor público, no que couber, as regras do regime geral da previdência social sobre aposentadoria especial de que trata o artigo 40, § 4º, inciso III da Constituição Federal, até a edição de lei complementar específica.

Súmulas do STJ

Súmula: 497
Os créditos das autarquias federais preferem aos créditos da Fazenda estadual desde que coexistam penhoras sobre o mesmo bem.

Súmula: 483
O INSS não está obrigado a efetuar depósito prévio do preparo por gozar das prerrogativas e privilégios da Fazenda.

Súmula: 461
O contribuinte pode optar por receber, por meio de precatório ou por compensação, o indébito tributário certificado por sentença declaratória transitada em julgado.

Súmula: 460
É incabível o mandado de segurança para convalidar a compensação tributária realizada pelo contribuinte.

Súmula: 458
A contribuição previdenciária incide sobre a comissão paga ao corretor de seguros.

Súmula: 456
É incabível a correção monetária dos salários de contribuição considerados no cálculo do salário de benefício de auxílio-doença, aposentadoria por invalidez, pensão ou auxílio-reclusão concedidos antes da vigência da CF/1988.

Súmula: 452
A extinção das ações de pequeno valor é faculdade da Administração Federal, vedada a atuação judicial de ofício.

Súmula: 448
A opção pelo Simples de estabelecimentos dedicados às atividades de creche, pré-escola e ensino fundamental é admitida somente a partir de 24/10/2000, data de vigência da Lei n. 10.034/2000.

Súmula: 446
Declarado e não pago o débito tributário pelo contribuinte, é legítima a recusa de expedição de certidão negativa ou positiva com efeito de negativa.

Súmula: 437
A suspensão da exigibilidade do crédito tributário superior a quinhentos mil reais para opção pelo Refis pressupõe a homologação expressa do comitê gestor e a constituição de garantia por meio do arrolamento de bens.

Súmula: 436
A entrega de declaração pelo contribuinte reconhecendo débito fiscal constitui o crédito tributário, dispensada qualquer outra providência por parte do Fisco.

Súmula: 435
Presume-se dissolvida irregularmente a empresa que deixar de funcionar no seu domicílio fiscal, sem comunicação aos órgãos competentes, legitimando o redirecionamento da execução fiscal para o sócio-gerente.

Súmula: 430
O inadimplemento da obrigação tributária pela sociedade não gera, por si só, a responsabilidade solidária do sócio-gerente.

Súmula: 427
A ação de cobrança de diferenças de valores de complementação de aposentadoria prescreve em cinco anos contados da data do pagamento.

Súmula: 425
A retenção da contribuição para a seguridade social pelo tomador do serviço não se aplica às empresas optantes pelo Simples.

Súmula: 423
A Contribuição para Financiamento da Seguridade Social – Cofins incide sobre as receitas provenientes das operações de locação de bens móveis.

Súmula: 366
Compete à Justiça estadual processar e julgar ação indenizatória proposta por viúva e filhos de empregado falecido em acidente de trabalho.

Súmula: 360
O benefício da denúncia espontânea não se aplica aos tributos sujeitos a lançamento por homologação regularmente declarados, mas pagos a destempo.

Súmula: 359
Cabe ao órgão mantenedor do Cadastro de Proteção ao Crédito a notificação do devedor antes de proceder à inscrição.

Súmula: 352
A obtenção ou a renovação do Certificado de Entidade Beneficente de Assistência Social (Cebas) não exime a entidade do cumprimento dos requisitos legais supervenientes.

Súmula: 351
A alíquota de contribuição para o Seguro de Acidente do Trabalho (SAT) é aferida pelo grau de risco desenvolvido em cada empresa, individualizada pelo seu CNPJ, ou pelo grau de risco da atividade preponderante quando houver apenas um registro.

Súmula: 340
A Lei aplicável à concessão de pensão previdenciária por morte é aquela vigente na data do óbito do segurado e não aquela da época da designação do dependente pelo segurado.

Súmula: 336
A mulher que renunciou aos alimentos na separação judicial tem direito à pensão previdenciária por morte do ex-marido, comprovada a necessidade econômica superveniente.

Súmula: 310
O Auxílio-creche não integra o salário de contribuição.

Súmula: 291
A ação de cobrança de parcelas de complementação de aposentadoria pela previdência privada prescreve em cinco anos.

Súmula: 290
Nos planos de previdência privada, não cabe ao beneficiário a devolução da contribuição efetuada pelo patrocinador.

Súmula: 289
A restituição das parcelas pagas a plano de previdência privada deve ser objeto de correção plena, por índice que recomponha a efetiva desvalorização da moeda.

Súmula: 272
O trabalhador rural, na condição de segurado especial, sujeito à contribuição obrigatória sobre a produção rural comercializada, somente faz jus à aposentadoria por tempo de serviço, se recolher contribuições facultativas.

Súmula: 250
É legítima a cobrança de multa fiscal de empresa em regime de concordata.

Súmula: 242
Cabe ação declaratória para reconhecimento de tempo de serviço para fins previdenciários.

Súmula: 230
Compete à Justiça Estadual processar e julgar ação movida por trabalhador avulso portuário, em que se impugna ato do órgão gestor de mão de obra de que resulte óbice ao exercício de sua profissão.

Súmula: 226
O Ministério Público tem legitimidade para recorrer na ação de acidente de trabalho, ainda que o segurado esteja assistido por advogado.

Súmula: 212
A compensação de créditos tributários não pode ser deferida por medida cautelar.

Súmula: 204
Os juros de mora nas ações relativas a benefícios previdenciários incidem a partir da citação válida.

Súmula: 189
É desnecessária a intervenção do Ministério Público nas execuções fiscais.

Súmula: 188
Os juros moratórios, na repetição do indébito tributário, são devidos a partir do trânsito em julgado da sentença.

Súmula: 178
O INSS não goza de isenção do pagamento de custas e emolumentos, nas ações acidentárias e de benefícios, propostas na Justiça Estadual.

Súmula: 175
Descabe o depósito prévio nas ações rescisórias propostas pelo INSS.

Súmula: 159
O benefício acidentário, no caso de contribuinte que perceba remuneração variável, deve ser calculado com base na média aritmética dos últimos doze meses de contribuição.

Súmula: 149
A Prova exclusivamente testemunhal não basta à comprovação da atividade rurícola, para efeito da obtenção de benefício previdenciário.

Súmula: 148
Os débitos relativos ao benefício previdenciário, vencidos e cobrados em juízo após a vigência da Lei n. 6.899/81, devem ser corrigidos monetariamente na forma prevista nesse diploma legal.

Súmula: 146
O segurado, vítima de novo infortúnio, faz jus a um único benefício somado ao salário de contribuição vigente no dia do acidente.

Súmula: 111
Os honorários advocatícios, nas ações previdenciárias, não incidem sobre prestações vincendas.

Súmula: 110
A isenção do pagamento de honorários advocatícios, nas ações acidentárias, é restrita ao segurado.

Súmula: 107
Compete à Justiça Comum Estadual processar e julgar crime de estelionato praticado mediante falsificação das guias de recolhimento das contribuições previdenciárias, quando não ocorrente lesão à autarquia federal.

Súmula: 89
A ação acidentária prescinde do exaurimento da via administrativa.

Súmula: 65
O cancelamento, previsto no art. 29 do Decreto-lei 2.303, de 21.11.86, não alcança os débitos previdenciários.

Súmula: 44
A definição, em ato regularmente, de grau mínimo de disacusia, não exclui, por si só, a concessão do benefício previdenciário.

Súmula: 15
Compete à Justiça Estadual processar e julgar os litígios decorrentes de acidente do trabalho.

Súmulas do STF

Súmula: 736
Compete à Justiça do Trabalho julgar as ações que tenham como causa de pedir o descumprimento de normas trabalhistas relativas à segurança, higiene e saúde dos trabalhadores.

Súmula: 732
É constitucional a cobrança da contribuição do salário-educação, seja sob a Carta de 1969, seja sob a Constituição Federal de 1988, e no regime da Lei n. 9.424/96.

Súmula: 729
A decisão na ADC-4 não se aplica à antecipação de tutela em causa de natureza previdenciária.

Súmula: 726
Para efeito de aposentadoria especial de professores, não se computa o tempo de serviço prestado fora da sala de aula.

Súmula: 699
O segurado pode ajuizar ação contra a instituição previdenciária perante o juízo federal do seu domicílio ou nas varas federais da capital do Estado-membro.

Súmula: 688
É legítima a incidência da contribuição previdenciária sobre o 13º salário.

Súmula: 687
A Revisão de que trata o art. 58 do ADCT não se aplica aos benefícios previdenciários concedidos após a promulgação da Constituição de 1988.

Súmula: 613
Os dependentes de trabalhador rural não têm direito à pensão previdenciária, se o óbito ocorreu anteriormente à vigência da Lei Complementar 11/1971.

Súmula: 501
Compete à Justiça Ordinária Estadual o processo e o julgamento, em ambas as instâncias, das causas de acidente do trabalho, ainda que promovidas contra a União, suas autarquias, empresas públicas ou sociedades de economia mista.

Súmula: 466
Não é inconstitucional a inclusão de sócios e administradores de sociedades e titulares de firmas individuais como contribuintes obrigatórios da Previdência Social.

Súmula: 439
Estão sujeitos à fiscalização tributária ou previdenciária quaisquer livros comerciais, limitado o exame aos pontos objeto da investigação.

Súmula: 382
A vida em comum sob o mesmo teto, "More Uxorio", não é indispensável à caracterização do concubinato.

Súmula: 359
Ressalvada a revisão prevista em lei, os proventos da inatividade regulam-se pela lei vigente ao tempo em que o militar, ou servidor civil, reuniu os requisitos necessários (alterada).

Súmula: 241
A contribuição previdenciária incide sobre o abono incorporado ao salário.

Súmula: 235
É competente para a ação de acidente do trabalho a justiça cível comum, inclusive em segunda instância, ainda que seja parte autarquia seguradora.

Súmula: 230
A prescrição da ação de acidente do trabalho conta-se do exame pericial que comprovar a enfermidade ou verificar a natureza da incapacidade.

Súmula: 219
A indenização acidentária não exclui a do direito comum, em caso de dolo ou culpa grave do empregador.

Súmula: 217
Tem direito de retornar ao emprego, ou ser indenizado em caso de recusa do empregador, o aposentado que recupera a capacidade de trabalho dentro de cinco anos, a contar da aposentadoria, que se torna definitiva após esse prazo.

Súmula: 198
As ausências motivadas por acidente do trabalho não são descontáveis do período aquisitivo das férias.

Súmula: 196
Ainda que exerça atividade rural, o empregado de empresa industrial ou comercial é classificado de acordo com a categoria do empregador.

Súmula: 35
Em caso de acidente do trabalho ou de transporte, a concubina tem direito de ser indenizada pela morte do amásio, se entre eles não havia impedimento para o matrimônio.

A partir de 2001 o segurado e contribuintes podem contar com o Juizado Especial Federal, e estes juizados com competência na área cível para processar, conciliar e julgar as causas inferiores a 60 salários mínimos, atualmente R$ 32.700,00 (03/2011).

Estes juizados serão disponibilizados a quem deles precise na capital dos Estados, no Distrito Federal e mediante decisão do Tribunal Regional Federal em outras cidades. A competência destes tribunais é exclusiva para ações previdenciárias.

Nas localidades em que não haja Vara Federal, deverá ser procurado o Juizado Especial Federal mais próximo.

Na hipótese de benefício decorrente de acidente de trabalho, o recurso judicial será encaminhado ao Tribunal de Justiça do Estado, com a petição instruída pela prova de notificação do acidente à Previdência Social, por meio da Comunicação de Acidente do Trabalho.

Súmulas do AGU

"Não há incidência de contribuição previdenciária sobre o vale-transporte pago em pecúnia, considerando o caráter indenizatório da verba". Data publicação 09/12/2011

Quadro Sinótico

Legislação Previdenciária

- Conteúdo
- Fontes
  - Decreto n. 70.235/72 - Procedimento Administrativo Fiscal.
  - Constituição Federal – Carta Magna, 05.10.1988.
  - Leis ns. 8.212 e 8.213/91 – Plano de organização e financeiro da Seguridade Social e Plano de benefício da Previdência Social, de 24.07.1991.
  - Lei n. 8.742/93 – Dispôs sobre a organização da assistência social, de 07.12.1993.
  - Decreto n. 3.048/99 – Decreto que regulamenta a Previdência Social, de 06.05.1999.
  - EC n. 20, de 15.12.98 – Reforma previdenciária, em especial do RGPS.
  - Lei Complementar 123/06 - SIMPLES NACIONAL, de 14.12.2006.
  - Instruções Normativas 03/2005 SRP e 11/2006, dispõem sobre normas gerais de tributação e procedimentos, na área de arrecadação e plano de benefício.
  - Lei n. 11.457/07 - Administração Tributária Federal.
- Hierarquia na aplicabilidade das leis.
- Autonomia

- Formas de aplicação das normas do Direito da Seguridade Social:

1. Interpretação
   - a) gramatical;
   - b) lógica;
   - c) finalística;
   - d) sistemática;
   - e) histórica;
   - f) autêntica;
   - g) restritiva;
   - h) extensiva.

2. Integração: Técnicas utilizadas: Analogia, Equidade. Princípios gerais do direito.

3. Eficácia
   - No tempo;
   - No espaço.

Seguridade Social Gênero – Art. 194:
- Saúde - Constituição Federal, arts. 196 - 200
- Previdência Social - CF, arts. 201 - 202
- Assistência Social - CF, arts. 203 - 204

Organização e Objetivos Constitucionais

Princípio Gerais:
- Legalidade
- Igualdade
- Direito adquirido

Objetivos Constitucionais específicos da Seguridade Social
- I) Universalidade de cobertura e atendimento.
- II) Uniformidade e equivalência de prestações.
- III) Seletividade e distributividade na prestação de benefícios e serviços.
- IV) Irredutibilidade do valor dos benefícios.
- V) Equidade na forma de participação no custeio.
- VI) Diversidade da base de financiamento.
- VII) Caráter democrático e descentralizado da administração.

- Orientação dos Tribunais Superiores - Súmulas

Exercícios de Fixação

Responda com certo, errado ou deixe em branco. Cada questão errada anula uma certa. Deixando-a em branco, perde-se apenas esta questão.

PROVA PARA AFPS

A respeito da Seguridade social e de seus princípios informativos, julgue os itens a seguir.

01. Seguridade social é um conjunto de princípios, normas e instituições destinado a estabelecer um sistema de proteção social aos indivíduos contra contingências que os impeçam de prover as suas necessidades pessoais básicas e de suas famílias, integrado por iniciativa dos poderes públicos e da sociedade, visando assegurar os direitos relativo à saúde, à previdência e à assistência social.

02. O princípio constitucional da universalidade da cobertura e do atendimento, que informa ao ideal de que todos os residentes no país será garantida igual cobertura diante da mesma contingência ou circunstância, desde que atendidos certos requisitos e observadas determinadas condições, definidos pela legislação previdenciária.

03. O princípio da preexistência do custeio em relação ao benefício ou serviço admite apenas uma única exceção, identificável nas prestações da assistência social, para cujo acesso não há necessidade de qualquer contribuição por parte do segurado.

04. O princípio da tríplice forma de custeio, que estatui a obrigação dos entes públicos, empregados e empregadores para a Seguridade social, admite, como única exceção, a receita dos concursos de prognósticos, facultando-se à União, mediante Lei Complementar, instituição de outras contribuições, a partir de fatos geradores contemplados pela legislação fiscal.

Em relação ao direito da Seguridade social e a seus princípios próprios, julgue os itens seguintes.

05. O direito da Seguridade social, detentor de reconhecida autonomia em relação a outros ramos da ciência jurídica e situado no âmbito do direito público, tem como fontes formais a Constituição, as leis complementares e ordinárias, os decretos e outros atos normativos expedidos pelo Poder Executivo.

06. Quando mais de uma norma previdenciária for aplicável à mesma situação de fato, ensejando a concessão de benefícios, prevalecerá a que menos custos acarrete à Previdência Social.

07. Não se admite o uso da analogia ou da equidade no âmbito do direito da Seguridade social, para fins de definição de hipóteses suscetíveis de autorizarem a concessão de benefícios previdenciários, já que o princípio da reserva legal atribui tal função ao exclusivo juízo do legislador ordinário, de acordo com as regras e os princípios que orientam o sistema.

08. As contribuições sociais destinadas ao custeio da Seguridade social apenas serão exigíveis no exercício seguinte ao da publicação da lei que as houver instituído ou modificado, de acordo com o princípio da anualidade, que limita o poder de tributar.

09. Na hipótese de contradição entre dispositivo da Lei n. 8.213/91, que trata dos Planos de Benefícios da Previdência Social, e preceito inserido no decreto que a regulamentou, será aplicável a norma mais favorável ao interesse da autarquia previdenciária.

PROVA AFPS/ CESPE UNB 2003

10. A equidade na forma de participação do custeio, como princípio da Previdência Social, é diretriz dirigida ao legislador ordinário e corolário do princípio da solidariedade, procura estabelecer normas que ajustem a capacidade contributiva dos segurados, podendo, inclusive, variar alíquotas ou diferenciar bases de cálculo em razão da atividade econômica ou da utilização intensiva de mão de obra.

11. A instituição de novas fontes de financiamento destinadas a garantir a manutenção ou a expansão da Seguridade social, além das previstas no texto constitucional, é matéria reservada à competência residual da União, razão pela qual serão observados, entre outros critérios, a exigência de Lei Complementar, a não cumulatividade e a necessidade de que o fato gerador ou a base de cálculo da nova contribuição sejam distintos em relação aos impostos previstos na Constituição.

Assinale a alternativa correta

12. (Técnico Previdenciário/2004) A Seguridade social compreende um conjunto integrado de ações de iniciativa dos poderes públicos e da sociedade, destinado a assegurar os direitos relativos a:

I. saúde;

II. educação;

III. habitação;

IV. assistência social;

V. previdência social.

Estão corretos os itens:

a) IV e V, apenas.
b) I, II e V, apenas.
c) I, IV e V, apenas.
d) II, III e IV, apenas.
e) I, II, III e IV, apenas.

13. (Técnico Previdenciário/2004) A Assistência social é a política social que provê o atendimento das necessidades básicas, traduzidas em proteção à família, à maternidade, à infância, à adolescência, à velhice e à pessoa portadora de deficiência. A esse respeito, pode-se afirmar corretamente que:

a) é exigida a comprovação de ao menos 1(um) recolhimento à seguridade social para ter direito à assistência.
b) é aplicável em caráter exclusivo aos segurados e seus dependentes menores de 21 (vinte e um) anos ou maiores de 70 (setenta) anos.
c) é independente de qualquer contribuição à seguridade social.
d) são beneficiados apenas os dependentes de segurados que tenham cumprido o período de carência previsto em lei.
e) são beneficiados apenas os segurados em dia com as contribuições previdenciárias.

14. (Anal. Previdenciário/2004) NÃO está correto afirmar que a Previdência Social rege-se pelo seguinte princípio ou objetivo:

a) universalidade da cobertura e do atendimento.
b) uniformidade e equivalência dos benefícios e serviços a populações urbanas e rurais.
c) sistema contributivo de capitalização.
d) seletividade e distributividade na prestação dos benefícios.
e) irredutibilidade do valor dos benefícios.

15. (AFRFB/2005) No âmbito da Seguridade social, com sede na Constituição Federal/88 (art. 194), podemos afirmar:

a) A Seguridade social compreende um conjunto de ações de iniciativa dos Poderes Públicos e da sociedade, visando a assegurar os direitos relativos à saúde, à vida, à previdência e à assistência social.
b) A Seguridade social compreende um conjunto integrado de ações de iniciativa dos Poderes Públicos e da sociedade, destinadas a assegurar os direitos relativos à saúde, à previdência e à assistência social.
c) A Seguridade social compreende um conjunto de ações dos Poderes Públicos e da sociedade, destinadas a assegurar os direitos relativos à saúde, à previdência e à assistência social.
d) A Seguridade social compreende um conjunto integrado de ações dos Poderes Públicos e da sociedade, destinadas a assegurar os direitos relativos à saúde, à previdência, à vida e à assistência social.
e) A Seguridade social compreende um conjunto integrado de ações de iniciativa dos Poderes Públicos constituídos e da sociedade, destinado a assegurar os direitos relativos à saúde, à previdência e à assistência social.

16. (AFRFB/2005) Indique qual das opções está correta com relação aos objetivos constitucionais da Seguridade Social:

a) Irredutibilidade do valor dos serviços.
b) Equidade na cobertura.
c) Uniformidade e equivalência dos benefícios e serviços às populações urbanas e rurais.
d) Seletividade na prestação dos benefícios e serviços às populações urbanas e rurais.
e) Diversidade de atendimento.

17. (AFRFB/2005) No âmbito da orientação sumulada dos Tribunais Superiores em matéria previdenciária, é correto afirmar, exceto:

a) Cabe ação declaratória para recolhimento de tempo de serviço para fins previdenciários.
b) Os débitos relativos a benefício previdenciário, vencidos e cobrados em juízo após a vigência da Lei 6.899/81, devem ser corrigidos monetariamente na forma prevista nesse diploma legal.
c) Os juros de mora nas ações relativas a benefícios previdenciários incidem a partir da citação válida.
d) A prova exclusivamente testemunhal basta à comprovação da atividade rurícola, para efeito da obtenção de benefício previdenciário.
e) A revisão de que trata o art. 58 do ADCT/88 não se aplica aos benefícios previdenciários concedidos após a promulgação da Constituição de 1988.

18. **(TRF/2005) A Seguridade social será financiada por toda a sociedade, de forma direta e indireta, nos termos da lei, mediante recursos provenientes dos orçamentos da União, dos Estados, do Distrito Federal e dos Municípios. Será financiada também por contribuições sociais, mas não pela contribuição**
a) do empregador, da empresa e da entidade a ela equiparada na forma da lei, incidentes sobre a folha de salários e demais rendimentos do trabalho pagos ou creditados, a qualquer título, à pessoa física que lhe preste serviço, mesmo sem vínculo empregatício.
b) sobre a receita ou o faturamento, relativo a operações de comércio interno, do empregador, da empresa e da entidade a ela equiparada na forma da lei.
c) sobre o lucro do empregador, da empresa e da entidade a ela equiparada na forma da lei, independentemente de ser sujeito também pelo imposto de renda.
d) do importador de bens ou serviços do exterior, ou de quem a lei a ele equiparar, independentemente da incidência do imposto de importação que no caso couber.
e) sobre os proventos de aposentadoria ou pensão concedidos pelo Regime Geral de Previdência Social ao trabalhador ou demais segurados submetidos a tal regime.

19. **(TRF/2005)A Constituição Federal, no seu art. 194, parágrafo único, elenca os objetivos da Seguridade social. Entre os quais, está correto:**
a) A diversidade de atendimento.
b) A equidade na forma de participação no custeio.
c) A redutibilidade do valor dos benefícios.
d) A universalidade e a equivalência dos benefícios e serviços às populações urbanas e rurais.
e) A unicidade da base de financiamento.

20. **(TRF/2005)Nos termos da CF/88, no seu art. 194, parágrafo único, inciso VII, a gestão da Seguridade social ocorre de forma**
a) descentralizada, monocrática e quadripartite.
b) centralizada, monocrática e quadripartite.
c) centralizada, colegiada e quadripartite.
d) descentralizada, colegiada e tripartite.
e) descentralizada, democrática e quadripartite.

Técnico do Seguro Social/Cargo 18
Caderno BRANCO - CESPE/UNB – INSS/2008

Acerca de princípios da Seguridade social, julgue os itens a seguir.

21. Pelo fato de serem concedidos independentemente de contribuição, os benefícios e serviços prestados na área de assistência social prescindem da respectiva fonte de custeio prévio.

22. De acordo com recentes alterações constitucionais, as contribuições sociais que financiam a seguridade social somente poderão ser exigidas depois de decorridos noventa dias da publicação da lei que as houver instituído ou modificado. Essas alterações também acrescentaram, no que concerne a esse assunto, a exigência da anterioridade do exercício financeiro.

AFRFB - ESAF/2009

23. **À luz da Organização da Seguridade Social, definida na Constituição Federal, julgue os itens abaixo:**
I. **Previdência Social, Educação e Assistência Social são partes da Seguridade Social;**
II. **a Saúde possui abrangência universal, sendo qualquer pessoa por ela amparada;**
III. **a Previdência Social pode ser dada gratuitamente à população rural carente;**
IV. **a Assistência Social, por meio de sistema único e centralizado no poder central federal, pode ser dada a todos os contribuintes individuais da Previdência Social.**

O número de itens errados é:
a) zero
b) um
c) dois
d) três
e) quatro

24. **Maria Clara, empregada doméstica com deficiência física, e Antônio José, empresário dirigente de multinacional sediada no Brasil, desejam contribuir para o Regime Geral de Previdência Social e com isso gozar de todos os benefícios e serviços prestados pela Seguridade Social.**
De acordo com a situação-problema apresentada acima, é correto afirmar que:
a) Maria Clara e Antônio José podem participar da Assistência Social.

b) Só Antônio José pode participar da Previdência Social.
c) Só Antônio José pode participar de benefícios previdenciários.
d) Maria Clara pode usufruir dos serviços de Saúde pública em razão da sua deficiência física.
e) Maria Clara e Antônio José podem participar da Previdência Social.

25. A arrecadação e o recolhimento das contribuições destinadas à seguridade social constituem uma das principais tarefas de gestão tributária. Sobre elas o tempo decorrido mostra-se importante, considerando a jurisprudência dos Tribunais Superiores sobre a legislação previdenciária de custeio. Entre as assertivas a seguir indicadas, assinale a correta.

a) Prazos de prescrição e decadência podem ser definidos em lei ordinária.
b) O prazo decadencial das contribuições da seguridade social é de 5 anos.
c) A arrecadação e o recolhimento das contribuições podem ser feitos em qualquer momento.
d) Valores recolhidos pelo fisco antes do julgamento de recursos extraordinários que discutiam o prazo de prescrição deverão ser devolvidos se forem superiores ao prazo de 5 anos do lançamento.
e) A ação de cobrança do crédito tributário oriundo de contribuição social pode ser impetrada em qualquer momento.

Para responder às questões de números 26 a 28, considere a Lei nº 8.213/91.

26. (FCC - 2014 - TRF - 3ª REGIÃO - Técnico Judiciário - Área Administrativa)
O Conselho Nacional de Previdência Social-CNPS possui como membros, dentre outros, nove representantes da sociedade civil. Os membros do CNPS e seus respectivos suplentes serão nomeados pelo:

a) Ministro da Saúde, tendo os representantes titulares da sociedade civil mandato de 2 anos, podendo ser reconduzidos, de imediato, uma única vez.
b) Presidente da República, tendo os representantes titulares da sociedade civil mandato de 2 anos, vedada a recondução.
c) Presidente da República, tendo os representantes titulares da sociedade civil mandato de 1 ano, vedada a recondução.
d) Ministro da Saúde, tendo os representantes titulares da sociedade civil mandato de 1 ano, vedada a recondução.
e) Presidente da República, tendo os representantes titulares da sociedade civil mandato de 2 anos, podendo ser reconduzidos, de imediato, uma única vez.

27. (CESPE - 2013 - CPRM - Analista em Geociências) Com base nas normas que regem a seguridade social, julgue os itens subsequentes.

O Conselho Nacional de Previdência Social (CNPS), órgão superior de deliberação colegiada, é composto por representantes do governo e da sociedade civil (aposentados e pensionistas, trabalhadores em atividade e empregadores), sendo correto afirmar que a composição do CNPS representa uma forma de concretização do caráter democrático e descentralizado da administração da previdência social.
( ) Certo ( ) Errado

28. (FCC - 2012 - TRF - 2ª REGIÃO - Analista Judiciário - Área Judiciária) Com relação ao Conselho Nacional de Previdência Social - CNPS considere:

I. O Conselho Nacional de Previdência Social é composto por representante do Governo Federal e da Sociedade Civil totalizando onze membros em sua composição.
II. O Conselho Nacional de Previdência Social possui, na sua composição, três membros representantes dos aposentados e pensionistas.
III. Os membros do Conselho Nacional de Previdência Social e seus respectivos suplentes serão nomeados pelo Presidente da República.
IV. O Conselho Nacional de Previdência Social reunir-se-á, ordinariamente, uma vez a cada quinze dias, por convocação de seu Presidente.

De acordo com a Lei n 8.213/91, está correto o que consta APENAS em

a) II, III e IV.
b) I, II e III.
c) II e III.
d) I e IV.
e) I e II

29. (TRT 2R (SP) - 2014 - TRT - 2ª REGIÃO (SP) - Juiz do Trabalho) Em relação ao tratamento constitucional da seguridade e da previdência social, aponte a alternativa correta:

a) A seguridade social se rege pelo princípio democrático, consubstanciado na descentralização de sua administração, mediante gestão tripartite, com participação dos trabalhadores, empregadores e governo nos órgãos colegiados.
b) A previdência social se constitui no conjunto de ações do Poder Público e da sociedade que assegura os direitos relativos à saúde, à seguridade social e à assistência social.
c) São princípios da previdência e da seguridade social a universalidade do atendimento, a seletividade e distributividade na prestação dos serviços e a diversidade da base de financiamento.
d) A seguridade será financiada observando-se o princípio da equidade e abrangerá, entre outros, os lucros, os rendimentos do trabalho pagos ou creditados a qualquer título à pessoa física que preste serviço e aposentadoria concedida pelo regime geral de previdência.
e) A previdência social atenderá, nos termos da lei e de forma universal, entre outros, os eventos de doença, proteção à maternidade, em especial ao nascituro, invalidez, auxílio-reclusão, morte e idade avançada.

30. (FCC - 2012 - INSS - Técnico do Seguro Social) A Seguridade Social encontra-se inserida no título da Ordem Social da Constituição Federal e tem entre seus objetivos:

a) promover políticas sociais que visem à redução da doença.
b) uniformizar o atendimento nacional.
c) universalizar o atendimento da população.
d) melhorar o atendimento da população.
e) promover o desenvolvimento regional.

31. (FCC - 2014 - TRT - 2ª REGIÃO (SP) - Analista Judiciário - Área Judiciária) Segundo a chamada regra constitucional da contrapartida:

a) nenhuma contribuição previdenciária é devida sem que tenha havido efetiva prestação de trabalho pelo segurado.
b) nenhuma contribuição patronal é devida sem que o segurado tenha trazido regular prova de sua documentação pessoal ao empregador.
c) nenhum benefício ou serviço da seguridade social pode ser criado, majorado ou estendido sem a correspondente fonte de custeio total.
d) nenhuma contribuição de seguridade social pode ser exigida antes de 90 dias da data de publicação da lei que a houver instituído ou diminuído.
e) nenhum benefício previdenciário ou assistencial pode ser deferido sem que tenha havido prova das contribuições previdenciárias exigidas a título de carência.

32. (FCC - 2014 - TRT - 2ª REGIÃO (SP) - Analista Judiciário - Área Judiciária) As ações e serviços públicos de saúde constituem um sistema único, organizado de acordo com diretrizes determinadas. Dentre elas, está

a) o caráter contributivo e de filiação obrigatória.
b) a promoção da integração ao mercado de trabalho.
c) a centralização, com direção única no Governo Federal.
d) a observância de critérios que preservem o equilíbrio financeiro e atuarial.
e) o atendimento integral, com prioridade para as atividades preventivas.

TÉCNICO SEGURO SOCIAL/2012 FCC

33. A Seguridade Social encontra-se inserida no título da Ordem Social da Constituição Federal e tem entre seus objetivos:

a) promover políticas sociais que visem à redução da doença.
b) uniformizar o atendimento nacional.
c) universalizar o atendimento da população.
d) melhorar o atendimento da população.
e) promover o desenvolvimento regional.

34. Em relação às fontes do direito previdenciário:

a) o memorando é fonte primária.
b) a orientação normativa é fonte primária.
c) a instrução normativa é fonte secundária.
d) a lei delegada é fonte secundária.
e) a medida provisória é fonte secundária.

35. A interpretação da legislação previdenciária deve observar

a) o costume, quando mais favorável ao segurado.
b) a Jurisprudência do Juizado Especial Federal.
c) a analogia, quando mais favorável ao segurado.
d) os princípios gerais de direito, na omissão legislativa.
e) o princípio do *in dúbio pro societate* em qualquer situação.

36. (ANALISTA INSS/ FUNRIO 2014) Segundo a Constituição da República Federativa do Brasil de 1988, compete ao Poder Público organizar a seguridade social, com base nos seguintes objetivos:

a) Irredutibilidade do valor dos benefícios, diversidade da base de financiamento, uniformidade e equivalência dos benefícios e serviços somente às populações rurais, universalidade da cobertura e do atendimento, equidade na forma de participação no custeio, caráter democrático e descentralizado da administração, mediante gestão quadripartite, com participação dos trabalhadores, dos empregadores, dos aposentados e do Governo nos órgãos colegiados e universalidade da cobertura e do atendimento.

b) Uniformidade e equivalência dos benefícios e serviços às populações urbanas e rurais, redutibilidade do valor dos benefícios, equidade na forma de participação no custeio, diversidade da base de financiamento, caráter democrático e descentralizado da administração, mediante gestão quadripartite, com participação dos trabalhadores, dos empregadores, dos aposentados e do Governo nos órgãos colegiados, universalidade da cobertura e do atendimento, e universalidade da cobertura e do atendimento.

c) Caráter democrático e descentralizado da administração, mediante gestão quadripartite, com participação dos trabalhadores, dos empregadores, dos aposentados e do Governo nos órgãos colegiados, irredutibilidade do valor dos benefícios, uniformidade e equivalência dos benefícios e serviços às populações urbanas e rurais, equidade na forma de participação no custeio, universalidade da cobertura e do atendimento, diversidade da base de financiamento, e restrição da cobertura e do atendimento.

d) Universalidade da cobertura e do atendimento, uniformidade e equivalência dos benefícios e serviços às populações urbanas e rurais, equidade na forma de participação no custeio, universalidade da cobertura e do atendimento, diversidade da base de financiamento, caráter democrático e centralizado da administração, mediante gestão quadripartite, com participação dos trabalhadores, dos empregadores, dos aposentados e do Governo nos órgãos colegiados e irredutibilidade do valor dos benefícios.

e) Irredutibilidade do valor dos benefícios, uniformidade e equivalência dos benefícios e serviços às populações urbanas e rurais, equidade na forma de participação no custeio, universalidade da cobertura e do atendimento, diversidade da base de financiamento, caráter democrático e descentralizado da administração, mediante gestão quadripartite, com participação dos trabalhadores, dos empregadores, dos aposentados e do Governo nos órgãos colegiados e universalidade da cobertura e do atendimento.

Responda as questões de 37 a 46, utilizando CERTO ou ERRADO

37. Com relação à origem, à evolução legislativa, aos princípios constitucionais e à organização da seguridade social no Brasil, julgue o próximo item.

A seguridade social é organizada sob a forma de regime geral único, gerido pelo INSS, de caráter contributivo, observados os critérios que preservem o equilíbrio financeiro e atuarial.

38. A seguridade social rege-se pelo princípio constitucional da solidariedade, segundo o qual nenhum benefício poderá ser criado sem a correspondente fonte de custeio total.

39. Acerca da seguridade social, julgue o item que se segue.

A seguridade social compreende um conjunto integrado de ações destinadas a assegurar os direitos relativos à saúde, à previdência e à assistência social, tendo entre seus objetivos a universalidade da cobertura e do atendimento bem como a uniformidade e a equivalência dos benefícios e serviços às populações urbanas e rurais.

40. Embora a Constituição Federal de 1988 (CF) arrole entre os objetivos da organização da seguridade social o caráter democrático da administração, sua gestão está a cargo exclusivamente do governo federal.

41. A previdência e a assistência social organizam-se com base em regime de caráter contributivo, razão pela qual somente serão prestadas aos segurados adimplentes com suas obrigações, diferentemente do direito à saúde, cujo atendimento independe de prévia contribuição por parte do beneficiário.

Legislação da Seguridade Social

42. Acerca da legislação previdenciária, especialmente no que se refere às suas fontes, autonomia, vigência e interpretação, julgue o item que se segue.

Ao se utilizar do método de interpretação teleológico o intérprete busca compatibilizar o texto legal a ser interpretado com as demais normas que compõem o ordenamento jurídico, visualizando a lei objeto de interpretação como parte de um todo.

43. A vigência da lei de natureza previdenciária segue a regulamentação da Lei de Introdução às Normas do Direito Brasileiro, de modo que, salvo disposição contrária, entra em vigor quarenta e cinco dias depois de oficialmente publicada.

44. As fontes formais do direito previdenciário incluem a CF e as Leis n.º 8.212/1991 e n.º 8.213/1991.

45. O direito previdenciário é classificado como ramo do direito privado, tendo reconhecida, pela doutrina majoritária, sua autonomia didática em relação a outros ramos do direito.

46. A seguridade social compreende um conjunto integrado de ações de iniciativa dos poderes públicos e da sociedade, destinadas a assegurar os direitos relativos à saúde, à previdência e à assistência social, sendo que a universalidade da cobertura e do atendimento, bem como a uniformidade e equivalência dos benefícios e serviços às populações urbanas e rurais estão entre os objetivos em que se baseia a organização da seguridade social no Brasil.

47. (FCC_2010) Publicada lei modificando a contribuição social sobre a receita ou faturamento,

a) só poderá ser exigida tal contribuição após decorridos noventa dias da data da publicação da referida lei.
b) só poderá ser exigida tal contribuição após decorridos cento e oitenta dias da data da publicação da referida lei.
c) não poderá ser exigida tal contribuição no mesmo exercício financeiro em que haja sido publicada a referida lei, independentemente da data de sua publicação.
d) poderá ser exigida tal contribuição imediatamente após a data da publicação da referida lei.
e) só poderá ser exigida tal contribuição após decorridos cento e vinte dias da data da publicação da referida lei.

Gabarito

01. C	02. C	03. E	04. E	05. C
06. E	07. C	08. E	09. E	10. E
11. E	12. C	13. C	14. C	15. B
16. C	17. D	18. E	19. B	20. E
21. E	22. E	23. D	24. E	25. B
26. E	27. C	28. C	29. C	30. C
31. C	32. E	33.C	34. C	35. D
36. E	37. E	38. E	39. C	40. E
41. E	42. E	43. C	44. C	45. E
46. C	47. A			

3. Estrutura do Sistema Previdenciário Brasileiro

1. Regime Geral da Previdência Social
2. Regimes Próprios de Previdência Social dos Servidores Civis Ocupantes de Cargo Efetivo e Militares
3. Regime de Previdência Complementar
4. RGPS - Regime Geral de Previdência Social - Art. 201 da CF e seus parágrafos
5. Segurados

A estrutura previdenciária nacional é formada por quatro regimes instituídos:

1. Regime Geral de Previdência Social (art. 201 da CF);
2. Regime Próprio de Previdência Social do servidor público ocupante de cargo efetivo e dos militares (arts. 40 e 42 da CF);
3. Regime de Previdência Complementar Pública (§§ 14 a 16 do art. 40 da CF) instituído para atender ao servidor público federal;
4. Regime de Previdência Complementar Privada, por meio de entidades abertas ou fechadas. (art. 202 da CF).

1. Regime Geral de Previdência Social

O art. 201 da Constituição Federal dispôs:

Art. 201. A Previdência Social será organizada sob a forma de regime geral, de caráter contributivo e de filiação obrigatória, observados critérios que preservem o equilíbrio financeiro e atuarial, e atenderá, nos termos da lei, a:

Características do RGPS:

- Para os trabalhadores do setor privado, que vertam contribuições para a seguridade social tendo como órgão gestor o INSS;
- A filiação é obrigatória;
- Abrangência nacional;
- Público (previdência oficial básica);
- O sistema previdenciário nacional é de repartição simples: as contribuições atuais são para o pagamento das gerações passadas, que estão recebendo benefícios (aposentadoria, auxílios e pensões);
- Benefício definido: Há limite mínimo para o salário de contribuição e salário de benefício do RGPS (INSS) R$ 788,00 e o teto máximo de contribuição é de R$ 4.663,75 adotados a partir de 01/2015.

O teto não guarda relação em número de salários mínimos.

- Admite Fundo de Previdência Complementar = Para aquele que contribui ao RGPS, é facultativa a contribuição para uma previdência complementar privada, via entidade aberta ou fechada.

Com a instituição da Secretaria da Receita Federal do Brasil por meio da Lei n. 11.457/07, a competência do INSS, deixou de ser:

- arrecadar, fiscalizar, constituir e cobrar as contribuições sociais; e

O INSS além de ter a competência para o reconhecimento inicial do direito aos benefícios, mediante concessão e manutenção.

Passou a ter mais competência, por meio da Lei n. 11.457/07, art. 5º, a saber:

- emissão de certidão de tempo de contribuição;
- gerir o fundo do RGPS; e
- emitir GPS - guia de previdência social, no cálculo das contribuições em atraso, para concessão de benefício.

O Ministério da Previdência Social administra o RGPS (art. 7º do RPS) sendo exercida pelos órgãos e entidades a ele vinculados tais quais o INSS que concede e mantém as prestações previdenciárias e por razões operacionais o benefício de prestação continuada de assistência social da L.O.A.S. (Lei Orgânica da Assistência Social) Lei n. 8.742/93.

2. Regimes Próprios de Previdência Social dos Servidores Civis Ocupantes de Cargo Efetivo e Militares

O art. 40 da CF estabelece:

Art. 40. Aos servidores titulares de cargos efetivos da União, dos Estados, do Distrito Federal e dos Municípios, incluídas suas autarquias e fundações, é assegurado regime de previdência de caráter contributivo e solidário, mediante contribuição do respectivo ente público, dos servidores ativos e inativos e dos pensionistas, observados critérios que preservem o equilíbrio financeiro e atuarial e o disposto neste artigo. (Redação dada pela Emenda Constitucional n. 41/2003)

Haverá regime próprio para os servidores públicos civis ocupantes de cargos efetivos que forem regidos por estatutos e não pela CLT e, para que o Ente (União, Estado, DF, Município) seja entendido como de regime próprio, deverá observar o disposto na Lei n. 9.717/98 e assegurar aos seus servidores, no mínimo, as aposentadorias e pensões previstas no art. 40 da CF.

O regime próprio:

- Em cada Estado, DF ou Município considerado de regime próprio terá um órgão gestor das contribuições dos servidores, somada a dos entes.

Exemplo:
No Estado de São Paulo temos como órgão gestor das contribuições dos servidores civis ocupantes de cargo efetivo a SPPrev. Cada estado tem um órgão gestor.

- Atenderá aos servidores públicos ocupantes de cargos efetivos, podendo ser da União, Estado, DF e Município;
- Será obrigatório e público;
- Atenderá mediante sistema de repartição simples, como ocorre no Regime Geral de Previdência Social;
- Benefício definido: com as mudanças previstas na EC n. 41/2003, deixa de ser apurado pela última remuneração para ser apurado no período básico de cálculo de 07/1994 até a implementação das condições ao benefício, sendo feita média dos 80% maiores salários de contribuição, utilizados os vertidos ao RGPS e as remunerações do regime próprio. Para que o Ente adote o teto previdenciário do RGPS (INSS), houve a necessidade da instituição de regime de previdência complementar para seus servidores ocupantes de cargos efetivos;
- Admite Fundo de Previdência Complementar = Os servidores poderão contratar junto a uma seguradora um plano de previdência complementar aberta, bem como aderir à entidade fechada de previdência complementar, instituída pelos Entes União, Estados ou Municípios, nos dois casos facultativamente.

- Os Regimes Próprios são administrados pelos respectivos governos:
  - O órgão gestor do Município de São Paulo é o IPREM; é para este órgão gestor que os servidores municipais paulistas e o município contribuem;
  - O órgão gestor do Estado de São Paulo é o SPPREV;
  - O órgão gestor dos funcionários públicos federais é o Fundo de Seguridade Social.

3. Regime de Previdência Complementar

O fundamento constitucional será o art. 202 CF.

Art. 202. O regime de previdência privada, de caráter complementar e organizado de forma autônoma em relação ao regime geral de Previdência Social, será facultativo, baseado na constituição de reservas que garantam o benefício contratado, e regulado por Lei Complementar.

A Previdência Complementar Privada tem por objetivo complementar o benefício concedido pelo RGPS (INSS) ou pelo Regime Próprio.

E as opções de contratação de uma previdência complementar podem ser por meio de entidades de previdência complementar:

1. **Abertas:** São constituídas sob a forma de S/A, com o objetivo de comercializar planos de benefícios previdenciários, acessíveis a quaisquer pessoas físicas ou empresa.

2. **Fechadas:** Este tipo de entidade será criada sob a forma de sociedade civil ou fundação, sem fins lucrativos, com a finalidade de instituir e oferecer planos de benefícios previdenciários e atenderá exclusivamente aos empregados de empresa ou grupo de empresa, aos servidores da União, Estado, DF e Município, sociedade de economia mista, empresas concessionárias ou permissionárias de serviços públicos (telefonia, luz, pedágio), e aos membros associados ou filiados a órgão representante de classe (como sindicatos e órgão de classe).

As empresas ou entes que criam as entidades fechadas são as Patrocinadoras (Banco do Brasil S/A criou a PREVI) e os órgãos representantes de classe, que criam as entidades fechadas para atender aos filiados ou associados, são as instituidoras (um conselho de classe ou sindicato cria uma Entidade para complementar os benefícios dos associados).

A filiação a este regime complementar é facultativa, mas é obrigatório ser oferecido a todos os empregados ou associados, e o sistema adotado para os recursos recebidos é o de capitalização (as contribuições do participante somadas as do patrocinador é para sua própria complementação na aposentadoria futura).

Será fiscalizado pelo governo federal: as entidades fechadas são fiscalizadas pela PREVIC- Superintendência Nacional de Previdência Complementar que substituiu a Secretaria de Previdência Complementar, agência reguladora e órgão vinculado ao

Ministério da Previdência Social, com auditores da SRFB, por ela cedidos. (Lei n. 11.457/07, art. 11, § 2º)

Para os servidores públicos do Município, Estado, DF e União é facultada a criação de uma Entidade fechada pública e com contribuição definida pelos Entes (Município, Estado, DF ou União).

A Lei n. 12.618/12 e Decreto n. 7. 808/12 instituiu a fundação FUNPRESP para administrar e executar planos de benefícios para os servidores titulares de cargo efetivo da União, suas autarquias e fundações.

4. RGPS – Regime Geral de Previdência Social - Art. 201 da CF e seus parágrafos

Art. 201, CF – A Previdência Social será organizada sob a forma de regime geral, de caráter contributivo e de filiação obrigatória, observados critérios que preservem o equilíbrio financeiro e atuarial, e atenderá, nos termos da lei, a:

A espécie Previdência Social, a partir da Lei n. 8.212/91 é organizada em forma de regime geral (RGPS), de caráter contributivo e atenderá aos beneficiários (segurados e dependentes).

Àqueles que exercem atividade remunerada a filiação é automática do início da atividade.

Observância do equilíbrio financeiro e atuarial, como hipóteses temos:

- Definição de alíquotas necessária para o prévio custeio das prestações.
- Exigência de requisitos e cumprimento de condições que mantenham por mais tempo o segurado financiando a Seguridade Social.
- Instituição do Plano simplificado de Previdência Social, com alíquotas inferiores às vigentes, aumentando o número de segurados contribuintes e repercutindo positivamente no financiamento da Seguridade Social.

Mudanças por meio da Lei n. 13.135/15: Na concessão de pensão por morte e o auxílio reclusão com óbito ou prisão a partir de 18/06/15.

- Quantidade de contribuição do segurado (18 contribuições) e tempo de casamento ou união estável (óbito com pelo menos 02 anos da data do casamento), será relevante para fins de manutenção do benefício e definição do tempo de duração.
- Deixará de ser vitalícia, sendo devida por período determinado. Levará em consideração a expectativa de sobrevida da dependente na data do óbito. Desde que cumprida a carência mínima de 18 meses de contribuição pelo segurado falecido ou preso e comprovado o período mínimo de 18 meses de casamento ou união estável. Será devida por 03, 06, 09, 12, 15 ou 20 anos, para a dependente com 44 anos ou mais permanecerá recebendo.

I – cobertura dos eventos de doença, invalidez, morte e idade avançada;

A Previdência Social atenderá com recursos do Fundo do Regime Geral de Previdência Social - F.R.G.P.S., à concessão de benefícios por incapacidade como auxílio-doença, aposentadoria por invalidez, morte e aposentadoria por idade, desde que cumpridas as condições como idade, carência mínima exigida, conforme o caso.

II – proteção à maternidade, especialmente à gestante;

A proteção é para a gestante; e é por esse motivo que, havendo aborto não criminoso (a segurada fará jus ao recebimento por 02 semanas) ou natimorto (quando a criança nasce morta em uma gestação superior a 23 semanas), será devido o pagamento de salário-maternidade por 120 dias.

Os eventos geradores desse direito, são:

- parto, antecipado ou não, inclusive natimorto e, adoção: A segurada receberá por 120 dias;
- Por meio da Lei n. 12.873/13, o segurado (homem) que adotar ou obtiver guarda com fins de adoção, fará jus ao salário-maternidade também.

Esta proteção também com recursos do F.R.G.P.S.;

III – proteção ao trabalhador em situação de desemprego involuntário;

- Desemprego involuntário (SEGURO DESEMPREGO) – Lei n. 7.998/90;
- A legislação trata o seguro desemprego para o pescador artesanal como benefício previdenciário, em virtude da fonte de custeio ser contribuição social, mas não faz parte dos benefícios previdenciários quanto ao segurado a cargo do FRGPS - Fundo do Regime Geral de Previdência Social. (Lei n. 8.213/91 inciso I art. 18)
- FAT = formado com as contribuições sociais sobre o faturamento pelas empresas para o PIS e PASEP.

A Medida Provisória n. 665/14, convertida na Lei n. 13.134/15, alterou as duas leis que tratam de seguro-desemprego, saber:

Lei 7.998/98

A Previdência Social atenderá com recursos do FAT – Fundo do Amparo do Trabalhador aos trabalhadores com o seguro Desemprego de 03 a 05 meses. Será operacionalizado nas agências da CEF – Caixa Econômica Federal.

Lei 10.779/2003

A Previdência Social atenderá aos trabalhadores da categoria segurado especial/ pescadores profissionais.

Será devido seguro-desemprego no período do defeso.

Caberá ao Instituto Nacional do Seguro Social-INSS receber e processar os requerimentos e habilitar os beneficiários.

IV – salário-família e auxílio-reclusão para os dependentes dos segurados de baixa renda;

A partir da EC n. 20, de 16.12.1998, estes benefícios passaram a ser concedidos desde que observado o critério baixa renda exigido do segurado que tenha o salário de contribuição igual ou inferior a um valor referência. A partir de janeiro/2015, baixa renda quer dizer: Salário de contribuição do segurado inferior ou igual a R$ 1.089,72;

Dependentes:

- Salário-família: Filhos e equiparados aos filhos (enteado e o tutela) com até 14 anos ou acima de 14 anos se inválidos;
- Auxílio-reclusão: Os mesmos dependentes da pensão por morte.

De acordo com a Lei n. 8.213/91, o Salário-Família é para os dependentes e quanto (devido) ao segurado, enquanto o auxílio-reclusão é para e pago ao dependente.

Com a LC 150/15 que dispõe sobre o contrato do trabalho doméstico, passa a ser devido cota de salário família para os dependentes do empregado doméstico a partir de 2015 e aguarda a regulamentação.

Eram duas e agora passam a ser 03 categorias com direito as cotas de salário família desde que sejam de baixa renda, empregado, trabalhador avulso e empregado doméstico;

V - pensão por morte do segurado, homem ou mulher, ao cônjuge ou companheiro e dependentes obedecido o disposto no parágrafo 2º.

O valor da renda mensal da pensão por morte não terá valor inferior ao salário mínimo.

Outras Características do RGPS - Explicação dos Parágrafos do art. 201 da CF

§ 1º É vedada a adoção de requisitos e critérios diferenciados para a concessão de aposentadoria aos beneficiários do Regime Geral de Previdência Social, ressalvados os casos de atividades exercidas sob condições especiais que prejudiquem a saúde ou a integridade física e quando se tratar de segurados portadores de deficiência, nos termos definidos em lei complementar. (Alterado pela EC 47/2005).

A exceção é prevista para as aposentadorias especiais, concedidas àqueles que trabalharam expostos a agentes nocivos físicos, químicos ou biológicos. Os segurados expostos terão direito a uma aposentadoria com 15, 20 ou 25 anos de contribuição.

E aposentadoria por tempo de contribuição ou por idade aos deficientes será reduzida a idade e tempo de contribuição, levando em consideração o grau de deficiência se leve, moderada ou grave.

§ 2º Nenhum benefício que substitua o salário de contribuição ou o rendimento do trabalho do segurado terá valor mensal inferior ao salário mínimo.

Não haverá benefício que substitua o salário de contribuição ou o rendimento do segurado, inferior ao mínimo.

Exemplo de benefícios substitutos de salário de contribuição – As aposentadorias, auxílio-doença são apurados levando em consideração o salário de contribuição, e se depois de apurado o salário de benefício resultar em valor inferior, será pago o mínimo. (vide art. 32, § 3º e art. 35 do RPS)

§ 3º Todos os salários de contribuição considerados para o cálculo de benefício serão devidamente atualizados, na forma da lei.

Os salários de contribuição que farão parte da média do cálculo do salário de benefício serão corrigidos pelo INPC (Índice Nacional de Preço ao Consumidor) até o mês anterior ao do início do benefício.

Os salários de contribuição utilizados no cálculo dos benefícios previdenciários serão atualizados pelo índice INPC. (art. 29B, Lei 8.213/91).

§ 4º É assegurado o reajustamento dos benefícios para preservar-lhes, em caráter permanente, o valor real, conforme critérios definidos em lei.

Para o beneficiário que receba o salário mínimo, será reajustado quando este aumentar. A partir de 2006, os benefícios em manutenção serão reajustados na mesma data de reajuste do salário mínimo, no mês de janeiro de cada ano. Em 2015 os benefícios acima do salário mínimo foram reajustados de acordo com a Portaria Interministerial MPS/MF 13/2015, com a variação do INPC de 6,23.

Os critérios estão definidos no art. 40 e seus parágrafos do RPS.

§ 5º É vedada a filiação ao Regime Geral de Previdência Social, na qualidade de segurado facultativo, de pessoa participante de regime próprio de previdência.

A pessoa (servidor, militar) vinculada a regime próprio não poderá contribuir na categoria de facultativo no RGPS porque esta é para os sem atividade remunerada. (vide art. 11, § 2º do RPS).

§ 6º A gratificação natalina dos aposentados e pensionistas terá por base o valor dos proventos do mês de dezembro de cada ano.

Trata-se do abono anual pago aos beneficiários do RGPS e serão usados como base para o cálculo a renda mensal do benefício do mês de dezembro. (vide art. 120, do RPS)

Ex.: Se o segurado recebeu aposentadoria com data inicial 05/2014, seu abono foi de 8/12 do valor, da renda mensal recebida em dezembro de 2014, proporcional.

§ 7º É assegurada aposentadoria no Regime Geral de Previdência Social, nos termos da lei, obedecidas as seguintes condições:
I - trinta e cinco anos de contribuição, se homem, e trinta anos de contribuição, se mulher;

Aposentadoria por tempo de contribuição integral equivale a 100% do salário de benefício apurado:

- para o homem – 35 anos de contribuição; e
- para a mulher – 30 anos de contribuição.

Não há exigência de idade mínima, trata-se da espécie de aposentadoria por tempo e não por idade. - vide art. 56 do RPS.

II - sessenta e cinco anos de idade, se homem, e sessenta anos de idade, se mulher, reduzido em cinco anos o limite para os trabalhadores rurais de ambos os sexos e para os que exerçam suas atividades em regime de economia familiar, nestes incluídos o produtor rural, o garimpeiro e o pescador artesanal.

Aposentadoria por idade:

- 65 anos de idade, para o homem; e
- 60 anos de idade, para a mulher – reduzido em 5 anos o limite para os trabalhadores rurais de ambos os sexos, e para os que comprovadamente exerçam suas atividades em regime de economia familiar, nestes incluídos o produtor rural, o garimpeiro e o pescador artesanal. (art. 51 do RPS)

Nas aposentadorias, inclusive por idade, os segurados deverão comprovar a carência mínima (quantidade de contribuições) de:

- Para aqueles que ingressarem a partir de 25.07.1991 (Leis ns. 8.212 e 8.213), deverá comprovar 180 contribuições (15 anos de contribuição);

§ 8º Os requisitos a que se refere o inciso I do parágrafo anterior serão reduzidos em cinco anos, para o professor que comprove exclusivamente tempo de efetivo exercício das funções de magistério na educação infantil e no ensino fundamental e médio.

O tempo de contribuição para o professor será reduzido em 5 anos para aquele que comprove exclusivamente tempo de efetivo exercício das funções de magistério na educação infantil, fundamental e médio.

O professor se aposentará com 30 anos e a professora se aposentará com 25 anos de magistério, com direito a aposentadoria integral (100% do salário de benefício X fator previdenciário). (art. 56, § 1º do RPS)

Atenção: por tratar-se de professor do RGPS, há diminuição de 5 anos no tempo de contribuição, e independe de idade.

Art. 56, § 2º do Decreto n. 3.048/99 - Para os fins do disposto no § 1º, considera-se função de magistério a exercida por professor, quando exercida em estabelecimento de educação básica em seus diversos níveis e modalidades, incluídas, além do exercício da docência, as funções de direção de unidade escolar e as de coordenação e assessoramento pedagógico.

Quanto ao tempo considerado para fins de aposentadoria do professor, do RGPS, serão consideradas como funções de magistério as executadas na direção de unidade escolar e as de coordenação e assessoramento pedagógico.

§ 9º Para efeito de aposentadoria, é assegurada a contagem recíproca do tempo de contribuição na administração pública e na atividade privada, rural e urbana, hipótese em que os diversos regimes de previdência social se compensarão financeiramente, segundo critérios estabelecidos em lei.

Não é para todos os fins. O segurado vinculado ao RGPS bem como o servidor poderão contar com o tempo de contribuição em outro regime para a aposentadoria.

Ex.: Um segurado contribuiu 10 anos para o RGPS (considerado Regime de Origem: para o qual contribuiu e dele não obterá aposentadoria), e como Auditor-Fiscal passou a contribuir para o Regime próprio federal (este é Regime Instituidor: deste obterá aposentadoria). Quando tiver direito adquirido no futuro pedirá ao INSS uma certidão por tempo de contribuição, contará com os 10 anos contribuídos ao RGPS. Na oportunidade de sua aposentadoria como servidor público, o fundo de Seguridade Social cobrará ao FRGPS (Fundo do Regime Geral da Previdência Social) as contribuições vertidas devidamente corrigidas, por intermédio de compensação previdenciária.

§ 10. Lei disciplinará a cobertura do risco de acidente do trabalho, a ser atendida concorrentemente pelo Regime Geral de Previdência Social e pelo setor privado.

A cobertura do risco de acidente do trabalho será atendida pela previdência e no RGPS por meio dos benefícios auxílio-doença acidentário, aposentadoria por invalidez acidentária. Para que haja benefício de natureza acidentária, a lei dispôs sobre a fonte de custeio total, a lei 8.212/91 no inciso II do art. 22 define:

- Que as empresas contribuirão para o financiamento contra o risco de acidente do trabalho com uma alíquota (de 1%, 2% ou 3%) aplicada sobre a remuneração dos empregados e dos trabalhadores avulsos;
- Bem como a LC n. 150/15 alíquota de 0,8 % devida pelo empregador doméstico sobre a remuneração paga ou creditada ao empregado doméstico.
- Segurado especial (trabalhador rural, pescador artesanal) - Contribuirão com 0,1 para financiar o seguro contra o acidente de trabalho.

A fim de atender o previsto neste parágrafo está definido em lei auxílio-doença acidentário do trabalho para as categorias: empregado, trabalhador avulso, segurado especial e empregada doméstica

§ 11. Os ganhos habituais do empregado, a qualquer título, serão incorporados ao salário para efeito de contribuição previdenciária e consequente repercussão em benefícios, nos casos e na forma da lei.

Fica estabelecido, após a EC n. 20/98, que haverá contribuição sobre os ganhos habituais do empregado, sendo as gorjetas, horas extras, comissão. O empregado contribuirá sobre estas verbas, que comporão o salário de contribuição dele; consequentemente, se ele precisar de um benefício estas verbas farão parte também.

§ 12. Lei disporá sobre sistema especial de inclusão previdenciária para atender a trabalhadores de baixa renda e àqueles sem renda própria que se dediquem exclusivamente ao trabalho doméstico no âmbito de sua residência, desde que pertencentes a famílias de baixa renda, garantindo-lhes acesso a benefícios de valor igual a um salário mínimo. (Incluído pela Emenda Constitucional nº 41, 19.12.2003) e atualizada pela EC 47/2005.

Sistema especial de inclusão previdenciária

Além do Plano convencional de previdência social (contribuição de 20% sobre o salário de contribuição).

Os segurados poderão contar com o plano simplificado de previdência social (com alíquotas reduzidas podendo ser de 11% ou 5% sobre o salário mínimo), desde que optem pela exclusão da aposentadoria por tempo de contribuição.

Trabalhadores de baixa renda

Aqueles sem renda própria que se dediquem exclusivamente ao trabalho doméstico no âmbito de sua residência.

Categoria: Facultativo/ dona de casa.

Se comprovar pertencer à família de baixa renda (estar cadastrada no Cadúnico para programas sociais do governo federal e a renda familiar for até 02 salários mínimos) contribuirá com alíquota de 5% X salário mínimo, mas caso não satisfaça um dos requisitos, a alíquota será de 11% X salário mínimo, e nos dois casos excluídos da aposentadoria por tempo de contribuição.

Nas situações apresentadas, caberá a concessão de aposentadoria por tempo de contribuição desde que haja a complementação da diferença entre o percentual pago e o de 20% acrescido de juros moratório.

§ 13. O sistema especial de inclusão previdenciária de que trata § 12 deste artigo terá alíquotas e carências inferiores às vigentes para os demais segurados do regime geral de previdência social.

A alíquota será de 5% sobre o limite mínimo (salário mínimo) e quanto à carência, são as exigidas dos outros segurados.

5. Segurados

São as pessoas físicas que exercem, exerceram ou não alguma atividade, remunerada ou não, efetiva ou eventualmente, com ou sem vínculo empregatício, e que farão jus às prestações previdenciárias. A pessoa jurídica bem como o empregador doméstico não serão segurados e sim contribuintes.

Para a Previdência Social (Regime Geral da Previdência Social), os segurados classificam-se em:

- **Segurados Obrigatórios –** São aqueles que exercem uma atividade remunerada. Inclusive sem vínculo empregatício.
- **Facultativos –** São aqueles que não tiveram uma atividade remunerada, ou deixaram de ter, e se vincularam a previdência por vontade própria, ato volitivo.

Para ser segurado da Previdência Social, a idade mínima de ingresso ao RGPS é de 16 anos, desde 15.12.1998. Não existe idade máxima para filiar-se ao RGPS.

Segurados Obrigatórios – Pelo regulamento da Previdência Social (Decreto n. 3.048/99), temos cinco categorias.

I) Empregado;

II) Empregado Doméstico;

V) Contribuinte Individual – Categoria criada com o Decreto n. 3.265/99 (engloba o ex-autônomo, empresário e equiparado ao autônomo);

VI) Trabalhador Avulso; e

VII) Segurado Especial.

Definições

Estudar o artigo 9º inciso I da alínea "a" até "r" do Decreto 3.048/99.

São considerados Segurados Empregados, dentre outros:

- **"a")** Aquele que presta serviço de natureza urbana ou rural a empresa, em caráter não eventual, sob subordinação e mediante remuneração, inclusive como diretor empregado.

Diretor/S.A. (Sociedade Anônima)	
Empregado	**Contribuinte Individual**
1) participando ou não do risco econômico do empreendimento	1) participando ou não do risco econômico do empreendimento
2) Acesso: contratado ou promovido para cargo	2) Acesso: eleito por assembleia geral dos acionistas
3) mantendo as características inerentes à relação de emprego	3) não mantendo as características inerentes à relação de emprego.

- **Empregado temporário urbano** - (Lei n. 6.019/74)

- **"b")** aquele que, contratado por empresa de trabalho temporário, por prazo não superior a três meses, prorrogável, presta serviço para atender a necessidade transitória de substituição de pessoal regular e permanente ou a acréscimo extraordinário de serviço de outras empresas, na forma da legislação própria; Atividade urbana, não é permitido na área rural;

Outra lei define o trabalho temporário, para o trabalhador rural é a Lei n. 5.889/73, a ser estudada na alínea "r", no final das hipóteses de empregado.

Brasileiro ou Estrangeiro contratado no Brasil para trabalhar no Exterior

alíneas "c", "d" e "e" do inciso I do art. 9 do R.P.S.

São considerados como EMPREGADOS:

- **"c"** - brasileiro ou estrangeiro, domiciliado e contratado no Brasil, para prestar serviço como empregado à sucursal ou agência de empresa constituída sob as leis brasileiras com sede e administração no país.

Alínea "c", Inc. I, art. 9º do Decreto n. 3.048/99.

Ex.: Empregado de uma instituição financeira transferido para o exterior.

- **"d"** - brasileiro ou estrangeiro **domiciliado e contratado no Brasil** para trabalhar como empregado em empresa domiciliada no exterior **com maioria do capital votante pertencente à empresa constituída sob as leis brasileiras**, que tenha **sede e administração no país** e cujo **controle efetivo** esteja **em caráter permanente** sob a **titularidade direta ou indireta de pessoas físicas** domiciliadas e residentes no país ou de entidade de direito público interno;

Alínea "d", Inc. I, art. 9º do Decreto n. 3.048/99

Ex.: Empregado brasileiro ou estrangeiro, contratado e domiciliado aqui no Brasil por uma empresa brasileira que detém mais de 50% do capital votante de outra no exterior. A prestação do serviço será para o banco domiciliado no exterior.

Outras hipóteses de empregados:

- **e)** aquele que presta serviço no Brasil a missão diplomática ou a repartição consular de carreira estrangeira e a órgãos a elas subordinados, ou a membros dessas missões e repartições, excluídos o não-brasileiro sem residência permanente no Brasil e o brasileiro amparado pela legislação previdenciária do país da respectiva missão diplomática ou repartição consular.

Alínea "e", Inc. I, art. 9º do Decreto 3.048/99

ex.: Importante aprender os excluídos e que não serão empregados.

A missão diplomática estrangeira aqui no Brasil, se contar com o serviço de um estrangeiro não domiciliado aqui e se for brasileiro já filiado à previdência do país da missão não estarão enquadrados como empregados.

- "g") brasileiro civil que **presta serviços para a União** no exterior, em **repartições governamentais brasileiras**, lá domiciliado e contratado, inclusive o auxiliar local de que trata o art. 56 e 57 da Lei n. 11.440/06, este, desde que, em razão de proibição legal, não possa se filiar ao sistema previdenciário local.
Alínea "g", Inc. I, art. 9º do Decreto 3.048/99

ex.: Nossas embaixadas no exterior contratarão brasileiros civis que morem lá. Mas se necessitar de auxiliares locais, estes brasileiros ou estrangeiros, havendo proibição para que eles possam se filiar a previdência daquele país, serão empregados em nossas repartições.

- **h) Bolsistas e Estagiários** que exerçam atividades **em desacordo** com a Lei n. 11.788/08.
Alínea "h", Inc. I, art. 9º do Decreto 3.048/99

ex.: Se prestados de acordo com a Lei podem se filiar na condição de facultativos.

- **f) o brasileiro civil que trabalha para a União no exterior, em organismos oficiais internacionais dos quais o Brasil seja membro efetivo, ainda que lá domiciliado e contratado, salvo se amparado por regime próprio de previdência social;**
Alínea"f", Inc. I, art. 9º do Decreto 3.048/99

Ex.: Brasileiro civil que trabalha para a União na Suíça na O.M.S. (Organização Mundial de Saúde), ainda que contratado e domiciliado naquele país, salvo se já estiver aqui no Brasil como servidor efetivo amparado por regime próprio.

Observe a diferença e quando será da categoria contribuinte Individual

- **art. 9º inciso V, d) o brasileiro civil que trabalha no exterior para organismo oficial internacional do qual o Brasil é membro efetivo, ainda que lá domiciliado e contratado, salvo quando coberto por regime próprio de previdência social;**

ex.: Neste caso o brasileiro civil presta serviço direto para o organismo; não está representando a União, exceto se amparado por regime próprio.

- **q) o empregado de organismo oficial internacional ou estrangeiro em funcionamento no Brasil, salvo quando coberto por regime próprio de previdência social;**
Alínea "q", Inc. I, art. 9º do Decreto 3.048/99
Regime próprio de previdência social.

Servidor vinculado ao RGPS na categoria empregado

Prevista a vinculação na CF art. 40 § 13

- **i) o servidor da União, Estado, Distrito Federal ou Município, incluídas suas autarquias e fundações, ocupante, exclusivamente, de cargo em comissão declarado em lei de livre nomeação e exoneração;**
Alínea "i", Inc. I, art. 9º do Decreto 3.048/99

Prestam serviços a órgãos públicos ocupando **exclusivamente** cargos comissionados, os assessores, diretores;

SERÃO EMPREGADOS TAMBÉM:

§16. Aplica-se o disposto na alínea "i" do inciso I do caput ao ocupante de cargo de Ministro de Estado, de Secretário Estadual, Distrital ou Municipal, sem vínculo efetivo com a União, Estados, Distrito Federal e Municípios, suas autarquias, ainda que em regime especial, e fundações.

ex.: Ministros e Secretários estaduais, municipais sem regime próprio, recebem subsídio e contribuem como empregado ao RGPS.

- **l) o servidor contratado pela União, Estado, Distrito Federal ou Município, bem como pelas respectivas autarquias e fundações, por tempo determinado, para atender a necessidade temporária de excepcional interesse público, nos termos do inciso IX do art. 37 da** Constituição Federal;
Alínea "l", Inc. I, art. 9º do Decreto 3.048/99

Servidor por tempo determinado - necessidade temporária e excepcional;

- **m) o servidor da União, Estado, Distrito Federal ou Município, incluídas suas autarquias e fundações, ocupante de emprego público;**
Alínea "m", Inc. I, art. 9º do Decreto 3.048/99

Geralmente vinculados às empresas públicas, autarquias;

Servidor ocupante de cargo efetivo, mas amparado pelo RGPS como empregado

- **j) o servidor do Estado, Distrito Federal ou Município, bem como o das respectivas autarquias e fundações, ocupante de cargo efetivo, desde que, nessa qualidade, não esteja amparado por regime próprio de previdência social;**
Alínea "j", Inc. I, art. 9º do Decreto 3.048/99

Ainda temos esta situação na esfera municipal, porque nos Estados , Distrito Federal e União todos são amparados por regime próprio de previdência social. Os entes asseguram no mínimo as aposentadorias e pensão por morte do art. 40 da CF.

Outras situações de empregados

- **o) o escrevente e o auxiliar contratados por titular de serviços notariais e de registro a partir de 21 de novembro de 1994, bem como aquele que optou pelo Regime Geral de Previdência Social, em conformidade com a Lei nº 8.935, de 18 de novembro de 1994; e Alínea "o", Inc. I, art. 9º do Decreto 3048/99**

Explicação: empregados de cartórios, escreventes e auxiliares contratados pelos titulares, tabelião e o registrador sem relação de emprego com o Estado após 21/11/94, bem como o anteriormente contratado e que tenha optado pelo RGPS.

- **p) o exercente de mandato eletivo federal, estadual ou municipal, desde que não vinculado a regime próprio de previdência social; Alínea "p", Inc. I, art. 9º do Decreto 3048/99**

Podem ser: O Presidente, Deputados federais, Senadores, Governadores, Deputados Estaduais, Prefeito, Vereadores. São enquadrados como empregados desde que não vinculados a regime próprio no cargo de origem anterior à investidura;

Atenção com a situação dos vereadores (prevista no art. 38 inciso III da CF). Se houver compatibilidade de horário o vereador estará vinculado ao RGPS como empregado/ vereador e ao mesmo tempo contribuindo como servidor ocupante de cargo efetivo federal como médico perito. (a título de exemplo).

Empregado por curto período em atividade rural

- **r) o trabalhador rural contratado por produtor rural pessoa física, na forma do art. 14-A da Lei no 5.889, de 8 de junho de 1973, para o exercício de atividades de natureza temporária por prazo não superior a dois meses dentro do período de um ano; (Incluído pelo Decreto nº 6.722, de 2008). Alínea "r", Inc. I, art. 9º do Decreto 3048/99**

Explicação: O grupo familiar do segurado especial poderá contratar esta espécie de empregado por curto período 120 pessoas/ dia, logo poderá contratar 04 por 30 dias, 02 por 60 dias no período de 01 ano. Caso ultrapasse 60 dias o contrato passará a indeterminado.

Empregado Doméstico:

Art. 9º inciso II - Aquele que presta serviço de natureza contínua, mediante remuneração, à pessoa ou à família, no âmbito residencial desta, em atividade sem fins lucrativos;

Explicação:

Esta categoria passou a ser obrigatória com a Lei n. 5.859, de 12.12.1972, sendo exigidas as contribuições após 01/04/73 (aguardou 90 dias da publicação da lei que instituiu a contribuição social – e cumprimento ao princípio da anterioridade nonagesimal).

Lembrar que a Lei nº 5.859/72 foi revogada pela LC 150/15 (01/06/15), que regulamentou a PEC das domésticas. Define inclusive serviço de natureza contínua aquele por mais de 02 dias na semana.

EMPREGADO DOMÉSTICO – babá, motorista, cozinheira

- **Aquele que presta serviço de natureza contínua, mediante remuneração, (LC 150/15 mais de 02 dias na semana)**
- **à pessoa ou à família,**
- **no âmbito residencial desta,**
- **em atividade sem fins lucrativos;**

CONTRIBUINTE INDIVIDUAL- jardineiro, piscineiro, motorista, diarista

- **aquele que presta serviço de natureza não contínua,**
- **por conta própria,**
- **a pessoa ou família,**
- **no âmbito residencial desta,**
- **sem fins lucrativos;**

ATENÇÃO: Não confundir com o contribuinte individual, que presta serviço não contínuo, disposto no RPS art. 9º, § 15, VI.

Contribuinte Individual:

Estudar o artigo 9º inciso V da alínea "a" até "p" e § 15 dos incisos I a XVI.

Dentre os contribuintes individuais, teremos os que exercem atividade por conta própria para pessoas físicas e os que prestam serviço para um tomador empresa ou a ela equiparada.

- **"a" - a pessoa física, proprietária ou não, que explora atividade agropecuária, a qualquer título, em caráter permanente ou temporário, em área, contínua ou descontínua, superior a quatro módulos fiscais; ou, quando em área igual ou inferior a quatro módulos fiscais ou atividade pesqueira ou extrativista, com auxílio de empregados ou por intermédio de prepostos; ou ainda nas hipóteses dos §§ 8º e 23 deste artigo;**

Explicação: O produtor rural em área superior a 04 módulos fiscais será enquadrado como contribuinte individual, bem como se exercer em área até 04 módulos ou se tratar de pescador ou extrativista com empregados ou por intermédio de preposto (quando o produtor rural é parceiro outorgante e repassa para outrem a terra por contrato de parceria ou meação) ou se o produtor rural/ segurado especial, com até 04 módulos fiscais repassa além de 50% (dos 04 módulos), por contrato de parceira ou meação para outro produtor rural. Em todas essas hipóteses a categoria será contribuinte individual.

Conceito de módulo fiscal:

Unidade de medida expressa em hectares fixada para cada município. (Lei n. 6.746/79)

- "b"– a pessoa física, proprietária ou não, que explora atividade de extração mineral – garimpo –, em caráter permanente ou temporário, diretamente ou por intermédio de prepostos, com ou sem o auxílio de empregados, utilizados a qualquer título, ainda que de forma não contínua;

- c) o ministro de confissão religiosa e o membro de instituto de vida consagrada, de congregação ou de ordem religiosa;

Os Sócios e Diretores de Empresas enquadrados como contribuinte individual

São 06 espécies de sociedade empresarial:

1. Empreendedor individual de responsabilidade limitada;
2. Sociedade anônima;
3. Sociedade em nome coletivo;
4. Sociedade limitada;
5. Sociedade comandita simples;
6. Sociedade comandita por ações.

No decreto as 04 primeiras estão enquadradas como contribuinte individuais, a saber:

- O titular de firma individual urbana ou rural;
- O diretor não empregado e o membro de conselho de administração na sociedade anônima;
- Todos os sócios, nas sociedades em nome coletivo e de capital e indústria;
  Explicação: sociedade de capital e indústria foi extinta.
- O sócio-gerente e o sócio-cotista que recebam remuneração decorrente de seu trabalho, e o administrador não empregado na sociedade por cotas de responsabilidade limitada, urbana ou rural;
- O associado eleito para o cargo de direção em cooperativa, associação, bem como o síndico ou administrador eleito para a direção condominial, desde que recebam remuneração;

Pessoa Física que Preste Serviço para Pessoas Físicas ou para Empresas

- **a pessoa física que exerce, por conta própria, atividade econômica de natureza urbana, com fins lucrativos ou não;**

Explicação: As consultoras, promotoras ou vendedores de obras religiosas, que comercializam porta a porta em atividade com fins lucrativos ou não. Estes compram, comercializam e sobre o que auferem serão os responsáveis pelo recolhimento.

- **quem presta serviço de natureza urbana ou rural, em caráter eventual, a uma ou mais empresas, sem relação de emprego;**

Alínea "j", Inc. V do art. 9 º do Decreto 3048/99

Explicação: A pessoa física que preste serviço para empresa e sobre a remuneração ajustada, a empresa que tomou o serviço é que será a responsável pela arrecadação (desconto da contribuição devida pelo o contribuinte individual) e recolhimento.

Os Cooperados: de Cooperativas de Produção ou de Trabalho

- **"n" - o cooperado de cooperativa de produção que, nesta condição, presta serviço à sociedade cooperativa mediante remuneração ajustada ao trabalho executado; e**

Explicação: Estes cooperados detêm com a cooperativa os meios de produção, e trabalham na cooperativa.

- **§ 15 inciso IV- o trabalhador associado a cooperativa que, nessa qualidade, presta serviços a terceiros;**

Explicação: Estes cooperados serão colocados a disposição de terceiros.

- **"p)" - o Micro Empreendedor Individual - MEI de que tratam os arts. 18-A e 18-C da Lei Complementar no 123, de 14 de dezembro de 2006, que opte pelo recolhimento dos impostos e contribuições abrangidos pelo Simples Nacional em valores fixos mensais;**

Explicação: Pessoa física enquadrada pela Lei do Simples Nacional como empreendedor individual, com receita bruta anual até R$ 60.000,00, com um único empregado e que opte por recolhimento dos impostos ICMS e ISS, conforme o caso, e contribuições sociais em valores fixos.
A alíquota da contribuição social corresponde a 5% X S.Min. somada a R$ 1,00 ICMS e R$ 5,00 ISS.

- **"m" - O aposentado de qualquer regime previdenciário nomeado magistrado classista temporário da Justiça do Trabalho, na forma dos incisos II do §1º do art. 111 ou III do art. 115 ou do parágrafo único do art. 116 da Constituição Federal, ou nomeado magistrado da Justiça Eleitoral, na forma dos incisos II do art. 119 ou III do §1º do art. 120 da Constituição Federal;**

Nota: A EC n. 24, de 9 de dezembro de 1999, extinguiu a categoria de magistrado classista temporário da Justiça do Trabalho. Mas no caso de nomeação de magistrado eleitoral já aposentado, em qualque regime, contribuirá pelo subsídio que recebe até o teto como contribuinte individual.

Trabalhador Avulso:

Art. 9º inciso VI - Aquele que, sindicalizado ou não, presta serviço de natureza urbana ou rural a diversas empresas, sem vínculo empregatício, porém com intermediação obrigatória do Órgão gestor de mão de obra (OGMO) ou do sindicato de sua categoria.

De acordo com CF inciso V do art. 8º "ninguém será obrigado a filiar-se ou manter-se filiado a sindicato".

A diferença do trabalhador avulso para um contribuinte individual é a necessária intermediação de um sindicato ou OGMO.

Assim considerados:

a) o trabalhador que exerce atividade portuária de capatazia, estiva, conferência e conserto de carga, vigilância de embarcação e bloco;

b) o trabalhador de estiva de mercadorias de qualquer natureza, inclusive carvão e minério;

c) o trabalhador em alvarenga (embarcação para carga e descarga de navios);

d) o amarrador de embarcação;

e) o ensacador de café, cacau, sal e similares;

f) o trabalhador na indústria de extração de sal;

g) o carregador de bagagem em porto;

h) o prático de barra em porto;

i) o guindasteiro; e

j) o classificador, o movimentador e o empacotador de mercadorias em portos;

Na zona portuária temos:

- Operador portuário: Pessoa jurídica pré-qualificada junto à administração do porto, observando normas expedidas pelo Conselho de Autoridade Portuária, para a execução de movimentação e armazenamento de mercadorias na área do porto organizado. Pode haver mais de um operador portuário em um porto.
- OGMO: Órgão gestor de mão de obra, entidade civil de utilidade pública, sem fins lucrativos, constituída pelos operadores portuários, tendo por finalidade administrar o fornecimento de mão de obra do trabalhador avulso portuário.
- Os trabalhadores avulsos portuários, neste caso, foram contratados com a intermediação do OGMO.

O operador portuário e o OGMO são equiparados à empresa e são solidariamente responsáveis pelo pagamento das contribuições previdenciárias e demais obrigações. (art. 223, do RPS) Existe a responsabilidade solidária, em face dos recursos a serem pagos pelo operador portuário ser entregue ao OGMO, que terá a obrigação de pagar a remuneração aos trabalhadores, inclusive provisões referentes às férias e ao 13º.

Nas outras áreas (urbana, rural):

- EMPRESA – Busca trabalhadores avulsos junto ao sindicato da categoria. Ex: Aeroporto, Ceasa, fazendas.
- SINDICATO – Seleciona os trabalhadores avulsos para a empresa e faz o convênio c/ INSS, para o pagamento do salário-família ao trabalhador.

Na intermediação do sindicato não há solidariedade entre o sindicato e a empresa. O sindicato apenas seleciona e faz o convênio com o INSS, para que os trabalhadores que tiverem direito recebam o salário-família. Mas é a empresa que paga direto aos trabalhadores a remuneração, não passando pelo sindicato.

Segurado Especial:

Previsão constitucional: art. 195, §8º:
O produtor, o parceiro, o meeiro e o arrendatário rurais e o pescador artesanal bem como os respectivos cônjuges, que exerçam suas atividades, em regime de economia familiar, sem empregados permanentes, contribuirão para seguridade social mediante a aplicação de uma alíquota sobre o resultado da comercialização da produção e farão jus aos benefícios nos termos da lei.

Definição de segurado especial segundo o Decreto n. 3.048/99, modificado pelo Decreto n. 6.722/08:

VII – como segurado especial: a pessoa física residente no imóvel rural ou em aglomerado urbano ou rural próximo a ele que, individualmente ou em regime de economia familiar, ainda que com o auxílio eventual de terceiros a título de mútua colaboração, na condição de:

a) produtor, seja proprietário, usufrutuário, possuidor, assentado, parceiro ou meeiro outorgados, comodatário ou arrendatário rurais, que explore atividade:

- **Produtor** – Proprietário ou detentor de posse da terra. Desenvolve atividade agropastoril ou hortifrutigranjeira, por conta própria, individualmente ou em regime de economia familiar.
- **Parceiro** – Mediante contrato ele faz uma parceria com o proprietário da terra ou de animais, dividindo lucros ou riscos.
- **Meeiro** – Haverá um contrato de meação, com o proprietário da terra ou animais, e serão divididos os rendimentos.

- **Arrendatário rural** – É feito mediante contrato, e será pago um aluguel ao proprietário da terra. Como outorgado. Caso alugue parte de sua terra para outrem será outorgante e desconsiderado segurado especial.

1. agropecuária em área de até 4 (quatro) módulos fiscais; ou

Conceito de módulo fiscal:

Unidade de medida expressa em hectares fixada para cada município. (Lei n. 6.746/79)

2. de seringueiro ou extrativista vegetal que exerça suas atividades nos termos do inciso XII do caput do art. 2º da Lei n. 9.985, de 18 de julho de 2000, e faça dessas atividades o principal meio de vida;
b) pescador artesanal ou a este assemelhado, que faça da pesca profissão habitual ou principal meio de vida; e

ex.: Assemelhado ao pescador aquele que realiza atividade de apoio à pesca artesanal, mediante trabalhos de confecção e de reparos de artes e petrechos de pesca e de reparos em embarcações de pequeno porte ou atuando no processamento do produto da pesca artesanal.

c) cônjuge ou companheiro, bem como filho maior de dezesseis anos de idade ou a este equiparado, do segurado de que tratam as alíneas "a" e "b" deste inciso, que, comprovadamente, tenham participação ativa nas atividades rurais ou pesqueiras artesanais, respectivamente, do grupo familiar. (Decreto n. 8.499/15)

ex.: Considera-se segurado especial o produtor rural e o pescador, bem como seus cônjuges ou companheiro com participação ativa nas atividades rurais ou pesqueiras.

§ 5º Entende-se como regime de economia familiar a atividade em que o trabalho dos membros da família é indispensável à própria subsistência e ao desenvolvimento socioeconômico do núcleo familiar e é exercido em condições de mútua dependência e colaboração, sem a utilização de empregados permanentes.

§ 10 da Lei n. 8.212/91. Não é segurado especial o membro de grupo familiar que possuir outra fonte de rendimento, exceto se decorrente de:
I – benefício de pensão por morte, auxílio-acidente ou auxílio-reclusão, cujo valor não supere o do menor benefício de prestação continuada da Previdência Social;
II – benefício previdenciário pela participação em plano de previdência complementar instituído nos termos do inciso IV do § 9º deste artigo;
III – exercício de atividade remunerada em período não superior a 120 (cento e vinte) dias, corridos ou intercalados, no ano civil, observado o disposto no § 13 deste artigo; (Redação dada pela Lei nº 12.873, de 2013)
IV – exercício de mandato eletivo de dirigente sindical de organização da categoria de trabalhadores rurais;
V – exercício de mandato de vereador do município onde desenvolve a atividade rural, ou de dirigente de cooperativa rural constituída exclusivamente por segurados especiais, observado o disposto no § 13 deste artigo;
VI – parceria ou meação outorgada na forma e condições estabelecidas no inciso I do § 9º deste artigo;
VII – atividade artesanal desenvolvida com matéria-prima produzida pelo respectivo grupo familiar, podendo ser utilizada matéria-prima de outra origem, desde que a renda mensal obtida na atividade não exceda ao menor benefício de prestação continuada da Previdência Social; e
VIII – atividade artística, desde que em valor mensal inferior ao menor benefício de prestação continuada da Previdência Social.
§ 14 do art 9° do Decreto n. 3.048/99. Considera-se pescador artesanal aquele que, individualmente ou em regime de economia familiar, faz da pesca sua profissão habitual ou meio principal de vida, desde que:
I - não utilize embarcação; ou (Decreto nº 8.424/2015)
II - utilize embarcação de pequeno porte, nos termos da Lei nº 11.959, de 29 de junho de 2009. (Decreto nº 8.424, de 2015)
III – REVOGADO

§ 14-A. Considera-se assemelhado ao pescador artesanal aquele que realiza atividade de apoio à pesca artesanal, exercendo trabalhos de confecção e de reparos de artes e petrechos de pesca e de reparos em embarcações de pequeno porte ou atuando no processamento do produto da pesca artesanal. (Decreto n. 8.499/15)

Explicação: De acordo com Lei específica, considera-se pequeno porte a embarcação inferior ou igual 20 toneladas de arqueação bruta.

§ 20. Para os fins deste artigo, considera-se que o segurado especial reside em aglomerado urbano ou rural próximo ao imóvel rural onde desenvolve a atividade quando resida no mesmo município de situação do imóvel onde desenvolve a atividade rural, ou em município contíguo ao em que desenvolve a atividade rural.

Hipótese de contratação de empregado por curto período ou tomar o serviço de contribuinte individual

§ 8° do art. 12 da lei n. 8.212/91 - O grupo familiar poderá utilizar-se de empregados contratados por prazo determinado ou por trabalhador de que trata a alínea g do inciso V do caput deste artigo, à razão de no máximo cento e vinte pessoas por dia no ano civil, em períodos corridos ou intercalados ou, ainda, por tempo equivalente em horas de trabalho, não sendo computado nesse prazo o período de afastamento em decorrência da percepção de auxílio-doença.

Explicação: Se o grupo familiar do segurado especial precisar poderão contar com:
Empregado por curto período, sendo 02 até 60 dias no período de 01 ano, bem como tomar o serviço de 02 contribuintes individuais nas mesmas condições.

§ 22. O disposto nos incisos III e V do § 8º deste artigo não dispensa o recolhimento da contribuição devida em relação ao exercício das atividades de que tratam os referidos incisos.

§ 11 do art. 12 da Lei n. 8.212/91. O segurado especial fica excluído dessa categoria:

I - a contar do primeiro dia do mês em que:
a) deixar de satisfazer as condições estabelecidas no inciso VII do caput deste artigo, sem prejuízo do disposto no art. 15 da Lei n. 8.213/91, ou exceder qualquer dos limites estabelecidos no inciso I do § 9° deste artigo;
b) enquadrar-se em qualquer outra categoria de segurado obrigatório do Regime Geral de Previdência Social, ressalvado o disposto nos incisos III, V, VII e VIII do § 10 e no §14 deste artigo, sem prejuízo do disposto no art. 15 da lei 8.213/91.
c) tornar-se segurado obrigatório de outro regime previdenciário; e
d) participar de sociedade empresária, sociedade simples, como empresário individual ou como titular de empresa individual de responsabilidade ltda em desacordo com as limitações impostas no § 14 deste artigo.

II - a contar do primeiro dia do mês subsequente ao da ocorrência, quando o grupo familiar a que pertence exceder o limite de:
a) utilização de trabalhadores nos termos do § 8° deste artigo;
b) dias em atividade remunerada estabelecidos no inciso III do § 10 deste artigo; e
c) dias de hospedagem a que se refere o inciso II do § 9° deste artigo.

§ 12. Aplica-se o disposto na alínea a do inciso V do caput deste artigo ao cônjuge ou companheiro do produtor que participe da atividade rural por este explorada.
§ 13. O disposto nos incisos III e V do § 10 e no § 14 deste artigo não dispensa o recolhimento da contribuição devida em relação ao exercício das atividades de que tratam os referidos dispositivos. (Redação dada pela Lei nº 12.873, de 2013)
§ 14. A participação do segurado especial em sociedade empresária, em sociedade simples, como empresário individual ou como titular de empresa individual de responsabilidade limitada de objeto ou âmbito agrícola, agroindustrial ou agroturístico, considerada microempresa nos termos da Lei Complementar nº 123, de 14 de dezembro de 2006, não o exclui de tal categoria previdenciária, desde que, mantido o exercício da sua atividade rural na forma do inciso VII do caput e do § 1º, a pessoa jurídica componha-se apenas de segurados de igual natureza e sedie-se no mesmo Município ou em Município limítrofe àquele em que eles desenvolvam suas atividades.
§ 24. Aplica-se o disposto na alínea "a" do inciso V do caput deste artigo ao cônjuge ou companheiro do produtor que participe da atividade rural por este explorada.
§ 25. Considera-se processo de beneficiamento ou industrialização artesanal aquele realizado diretamente pelo próprio produtor rural pessoa física, observado o disposto no § 5º do art. 200, desde que não esteja sujeito à incidência do Imposto Sobre Produtos Industrializados - IPI.
§ 26. É considerado MEI o empresário individual a que se refere o art. 966 da Lei no 10.406, de 10 de janeiro de 2002 - Código Civil, que tenha auferido receita bruta, no ano-calendário anterior, de até R$ 36.000,00 (trinta e seis mil reais), optante pelo Simples Nacional e que não esteja impedido de optar pela sistemática de recolhimento mencionada na alínea "p" do inciso V do caput.

Explicação: O código civil define o que é empresário individual (espécie de microempresa à luz da LC 123/06) e o limite de receita bruta no ano-calendário anterior (2014) definido na LC 123/06 (Simples Nacional), a partir de janeiro 2015 R$ 60.000,00. O texto neste parágrafo ainda não foi atualizado.

Segurado Facultativo

Art.11. É segurado facultativo o maior de 16 anos de idade que se filiar ao RGPS, mediante contribuição na forma do art. 199, desde que não esteja exercendo atividade remunerada que o enquadre como segurado obrigatório da Previdência Social.

§ 1º - Podem filiar-se facultativamente, entre outros:
I - Dona de casa;
II - Síndico de condomínio, quando não remunerado;
III - O estudante;
IV - O brasileiro que acompanha cônjuge que presta serviço no exterior;
V - Aquele que deixa de ser segurado obrigatório, por exemplo: pelo desemprego, deixou de ser empresário;
VI - O membro de conselho tutelar, quando não esteja vinculado a qualquer regime de Previdência Social NÃO REMUNERADO;
VII - O bolsista e o estagiário que prestam serviços a empresa de acordo com a Lei n. 11.788/08;
VIII - O bolsista que se dedique em tempo integral à pesquisa, curso de especialização, pós-graduação, mestrado e doutorado, no Brasil ou exterior, desde que não esteja filiado a regime próprio;
IX - O presidiário que não exerce atividade remunerada nem esteja vinculado a qualquer regime de previdência social;
X - O brasileiro residente ou domiciliado no exterior, salvo se filiado a regime previdenciário de país com o qual o Brasil mantenha acordo internacional; e

Exemplos:
Acordo bilateral:
Cabo Verde
Japão
França
Itália
Argentina, Paraguai e Uruguai
(Mercosul)
Alemanha
Bélgica.
Canadá
Grécia
Luxemburgo

Acordo Multilateral:
Bolívia, Colômbia, Costa Rica, Cuba, Equador, El Salvador, Guatemala, Honduras, México, Nicarágua, Panamá, Peru, República Dominicana, Venezuela e Andorra

Acordo bilateral e iberoamericano
Chile
Espanha
Portugal

XI - O segurado recolhido à prisão sob regime fechado ou semiaberto, que, nesta condição, preste serviço, dentro ou fora da unidade penal, a uma ou mais empresas, com ou sem intermediação da organização carcerária ou entidade afim, ou que exerce atividade artesanal por conta própria."

§ 2º É vedada a filiação ao Regime Geral de Previdência Social, na qualidade de segurado facultativo, de pessoa participante de regime próprio de previdência social, salvo na hipótese de afastamento sem vencimento e desde que não permitida, nesta condição, contribuição ao respectivo regime próprio.

A pessoa que esteja exercendo atividade remunerada como servidor ou militar não pode ser ao mesmo tempo facultativo no RGPS. É uma hipótese de contribuição àqueles sem remuneração e que contribui por vontade própria.

Exceto se o servidor estiver sem vencimentos e não seja permitida contribuição ao seu regime.

§ 3º A filiação na qualidade de segurado facultativo representa ato volitivo, gerando efeito somente a partir da inscrição e do primeiro recolhimento, não podendo retroagir e não permitindo o pagamento de contribuições relativas a competências anteriores à data da inscrição, ressalvado o § 3º do art. 28.

Explicação:
Segurado como empregado de:
01/2012 a 12/2012- contribuição como empregado
01/2013 a 05/2013- desempregado sem contribuições
06/2013 a 12/2014- Na condição de empregado e em 12/2014 desemprego.

Primeira hipótese:
JAN/2015 – Recolhida a contribuição de facultativo, no prazo até 15/02/2015.
Segurado anteriormente desempregado, considerado inscrito e filiado a partir de Janeiro de 2015 como facultativo.

Segunda hipótese: (ressalvado o § 3º do art. 28).
Optou por recolher sobre 01 salário mínimo, trimestral e facultativo.
Competências:
JAN/FEV/MARÇO 2015 – Prazo para recolher até 15/04/2015.
O segurado estará inscrito e filiado a partir de janeiro/2015, após o recolhimento no prazo.

§ 4º Após a inscrição, o segurado facultativo somente poderá recolher contribuições em atraso quando não tiver ocorrido perda da qualidade de segurado, conforme o disposto no inciso VI do art. 13.

O facultativo poderá atrasar 06 competências a contar da inscrição formalizada.

QUADRO SINÓTICO

Estrutura do Sistema Previdenciário Brasileiro

- Regime Geral de Previdência Social – CF, art. 201.
- Regime Próprio de Previdência Social dos Servidores Públicos ocupantes de cargo efetivo e os Militares – CF, art. 40 e 42.
- Regime de Previdência Complementar Pública – CF, art. 40 e parágrafos (14, 15 e 16).
- Regime de Previdência Complementar de Natureza Privada, art. 202, CF.

Regime Geral de Previdência Social - Art. 201 da CF

• Outras Características:

- § 1º - Isonomia previdenciária.
- § 2º - Vedação a benefício inferior ao salário mínimo, que substitua salário de contribuição ou remuneração.
- § 3º - Irredutibilidade do valor dos benefícios, de forma a preserva-lhe o poder aquisitivo.
- § 4º - Preservação do valor real dos benefícios.
- § 5º - Vedação da filiação de pessoa pertencente a outro regime, como facultativo no RGPS.
- § 6º - Cálculo da gratificação natalina dos benefícios.
- § 7º - Aposentadorias no RGPS:
  - a) aposentadoria por tempo de contribuição integral; ou aposentadoria por tempo de contribuição proporcional;
  - b) aposentadoria por idade.
- § 8º - Aposentadoria por tempo de contribuição para o professor do RGPS.
- § 9º - Contagem recíproca, para fins de aposentadoria.
- § 10 - Cobertura do risco de acidente do trabalho.
- § 11 - Contribuições sobre ganhos habituais do empregado.
- § 12 - Lei disporá sobre sistema especial de inclusão previdenciária para trabalhadores de baixa renda e àqueles sem renda própria, desde que de famílias de baixa renda.
- § 13 - O sistema previdenciário de que trata o § 12 terá alíquotas e carências inferiores às vigentes para os demais segurados do RGPS.

• Segurados

- obrigatórios (art. 9º do RPS)
  - I - empregado;
  - II - empregado doméstico;
  - V - contribuinte individual;
  - VI - trabalhador avulso;
  - VII - segurado especial.
- facultativo (art. 11 do RPS)

• Empregado – Possui vínculo empregatício com a empresa ou equiparado à empresa.

• Empregado doméstico – Aquele que presta serviço de natureza contínua, mediante remuneração, para pessoa ou família no âmbito residencial, sem fins lucrativos.

• Trabalhador avulso: — A mão de obra será prestada com a intermediação obrigatória. —
- do OGMO; ou
- do Sindicato da categoria.

• Contribuinte individual: —
1 - Aquele que presta serviço por conta própria a pessoa física.
2 - Presta serviço para tomador empresa ou equiparado à empresa.
3 - É associado de uma cooperativa de trabalho ou de produção.
4 - É transportador autônomo, realizando frete, carreto ou transporte de passageiros por conta própria para empresas.
5 - Síndico que receba remuneração ou tenha a isenção da taxa de condomínio.

• Segurado Especial: (art. 195, § 8º da CF) — O produtor, o parceiro, o meeiro e o arrendatário rurais e o pescador artesanal, bem como os respectivos cônjuges, que exerçam suas atividades em regime de economia familiar, sem empregados permanentes, contribuirão para seguridade social mediante aplicação de uma alíquota sobre o resultado da comercialização da produção e farão jus aos benefícios nos termos da lei.

Exercícios de Fixação

Responda com CERTO, ERRADO ou DEIXE EM BRANCO. Cada questão Errada anula uma Certa. Deixando-se em Branco, perde-se apenas esta questão.

Questões de Prova CESPE/UNB 2003

01. A inscrição é o ato pelo qual o segurado é cadastrado no RGPS, por meio de comprovação de dados pessoais e outros elementos.

02. Trabalhador avulso é aquele que presta serviços sem vínculo empregatício, de natureza urbana ou rural, a diversas empresas, com ou sem a intermediação do sindicato ou órgão gestor de mão de obra.

03. Um trabalhador que tenha sido contratado como escrevente por titular de serviços notariais em 02.01.1995 é segurado obrigatório da Previdência Social como empregado.

04. O proprietário de terreno urbano que realize obra de construção civil com finalidade de residência própria é equiparado a empresa para fins previdenciários.

Com relação ao financiamento da Seguridade social e a aplicação das normas previdenciárias, julgue os itens de 05 a 07.

05. A Seguridade social compreende um conjunto integrado de ações de iniciativa dos poderes públicos e da sociedade, destinado a assegurar o direito relativo à saúde, à previdência e à assistência social.

06. A Previdência Social atende, entre outros, a cobertura de eventos de doença, invalidez, morte e idade avançada; a proteção ao trabalhador em situação de desemprego involuntário; a pensão por morte do segurado, homem ou mulher, ao cônjuge ou companheiro e dependentes.

07. A contribuição previdenciária que for instituída ou majorada por meio de lei publicada em 30.11.2003 poderá ser cobrada a partir de 2.1.2004.

Em relação aos segurados e aos benefícios da Previdência Social, julgue o item 08.

08. Uma professora do ensino fundamental de âmbito municipal, que esteja amparada por regime próprio de previdência e ministre aulas particulares em sua residência, estará dispensada de recolher contribuições ao INSS quanto à remuneração que receba proveniente da atividade de professora particular.

PROVA CESPE/UNB AFPS 2003

Durante ação fiscal em um município, verificou-se que o ente federativo instituiu, mediante lei devidamente aprovada pela câmara municipal e sancionada pelo chefe do Poder Executivo local, um regime próprio de Previdência Social para os servidores civis, a partir de janeiro de 1999. Foram garantidos os benefícios de aposentadoria por idade, por tempo de contribuição e por invalidez, inexistindo previsão para aposentadoria compulsória, aposentadoria especial e pensão por morte para os dependentes dos servidores. Entre os servidores civis abrangidos pelo regime próprio, foram incluídos os ocupantes de cargos, exclusivamente, em comissão e os de contrato temporário, além dos titulares de cargos efetivos. A ação fiscal abrangeu as competências de janeiro de 1998 a maio de 2003.

Considerando essa situação hipotética, julgue o item seguinte quanto às normas previdenciárias aplicáveis aos entes federativos e seus regimes próprios.

09. O regime próprio instituído pelo município não atende os requisitos da legislação previdenciária, razão pela qual o auditor-fiscal da Previdência Social deverá vincular ao regime geral de Previdência Social os ocupantes de cargos efetivos, os de cargos, exclusivamente, em comissão, os contratados temporariamente e os agentes políticos, notificando o ente federativo com discriminação clara e precisa dos fatos geradores, das contribuições devidas e dos períodos a que se referem.

Assinale a alternativa correta

10. (Técnico Previdenciário/2004) Antônio Walas, devido a sua notória experiência no mercado financeiro, recebeu proposta para ser diretor-empregado de um grande banco de investimentos, com direito a participação direta nos resultados da empresa. Caso Antônio aceite a proposta, sua inscrição no Regime Geral da Previdência Social será:

a) obrigatória, como empregado.
b) obrigatória, como contribuinte individual.
c) obrigatória, como segurado especial.
d) facultativa, por ter deixado de ser segurado obrigatório.
e) facultativa, como associado eleito para cargo de direção remunerada.

11. (Técnico Previdenciário/2004) Carlos Afonso foi contratado pela esposa de um fazendeiro para ser seu motorista. Sua função é transportá-la da propriedade rural onde mora para os locais que ela desejar, cumprindo jornada diária de 6 (seis) horas de trabalho, com uma folga semanal.

A inscrição de Carlos no Regime Geral de Previdência Social será obrigatória, na qualidade de:

a) empregado.
b) empregado doméstico.
c) trabalhador avulso.
d) contribuinte individual.
e) segurado especial.

12. (Técnico Previdenciário/2004) O artigo 201, parágrafo 4º da Constituição Federal de 1988 assim dispõe: "É assegurado o reajustamento dos benefícios para preservar-lhes, em caráter permanente, o valor real, conforme critérios definidos em lei".

Tal dispositivo disciplina a manutenção do valor real dos benefícios previdenciários, que consiste em:

a) assegurar reajustamentos de modo que a renda mensal seja equivalente ao número de salários mínimos da renda mensal inicial, na data de início do benefício.
b) reajustar o benefício de acordo com a variação inflacionária, de modo a evitar diminuição injusta do seu poder de compra, variação esta que será fixada em lei.
c) corrigir, monetariamente, todos os salários-de-contribuição considerados no cálculo do benefício.
d) adotar critérios de reajustamento dos benefícios previdenciários fixados anualmente pelo Poder Judiciário.
e) aplicar o mesmo índice de reajustamento vigente na data de início do benefício a todo o período de reajuste, durante a existência do benefício.

13. (Anal. Previdenciário/2004) É segurado facultativo do Regime Geral da Previdência Social o:

a) ministro de confissão religiosa e o membro de instituto de vida consagrada, de congregação ou de ordem religiosa.
b) pescador artesanal que exerça sua atividade individualmente ou em regime de economia familiar.
c) prestador de serviço de natureza urbana ou rural, em caráter eventual, a uma ou mais empresas, sem relação de emprego.
d) estudante.
e) síndico de condomínio, desde que receba remuneração.

14. (AFRFB/2005) A Lei de Benefícios da Previdência Social (Lei n. 8.213/91), no art. 11, elenca como segurados obrigatórios da Previdência Social na condição de empregado, entre outros, as seguintes pessoas físicas, exceto:

a) Aquele que presta serviço de natureza urbana ou rural à empresa, em caráter não eventual, sob sua subordinação e mediante remuneração, inclusive como diretor empregado.

b) Aquele que, contratado por empresa de trabalho temporário, definida em legislação específica, presta serviço para atender a necessidade transitória de substituição de pessoal regular e permanente ou a acréscimo extraordinário de serviço de outras empresas.

c) O empregado de organismo oficial internacional ou estrangeiro em funcionamento no Brasil, ainda que coberto por regime próprio de previdência social.

d) O exercente de mandato eletivo federal, estadual ou municipal, desde que não vinculado a regime próprio de previdência social.

e) O brasileiro ou estrangeiro domiciliado e contratado no Brasil para trabalhar como empregado em empresa domiciliada no exterior, cuja maioria do capital votante pertença a empresa brasileira de capital nacional.

15. (TRF/2005)Não está previsto, em caso algum, como segurado-empregado obrigatório da Previdência Social do Brasil.

a) o trabalhador contratado no exterior para trabalhar no Brasil em empresa constituída e funcionando em território nacional segundo as leis brasileiras com salário estipulado em moeda estrangeira.

b) o brasileiro ou estrangeiro domiciliado e contratado no Brasil para trabalhar empregado no exterior, em sucursal ou em agência de empresa constituída sob as leis brasileiras e que tenha sede e administração no País.

c) o brasileiro ou o estrangeiro domiciliado e contratado no Brasil para trabalhar como empregado em empresa domiciliada no exterior, com maioria de capital votante pertencente a empresa constituída sob as leis brasileiras, que tenha sede e administração no País e cujo controle efetivo esteja em caráter permanente sob a titularidade direta ou indireta de pessoas físicas domiciliadas e residentes no Brasil.

d) o estrangeiro que presta serviços no Brasil a missão diplomática ou repartição consular de carreira estrangeira, ainda que sem residência permanente no Brasil, e o brasileiro amparado pela legislação previdenciária do país das respectiva missão diplomática ou da repartição consular.

e) o menor aprendiz, com idade de quatorze a dezoito anos, ainda que à formação técnico-profissional metódica, sob a orientação de entidade qualificada, nos termos da lei.

16. (TRF/2005) Segundo a consolidação administrativa das normas gerais de tributação previdenciária e de arrecadação das contribuições sociais administradas pela Secretaria da Receita Previdenciária – SRP, deve contribuir obrigatoriamente na qualidade de "segurado-empregado":

( ) o diretor empregado que seja promovido para cargo de direção de sociedade anônima, mantendo as características inerentes à relação de trabalho?

( ) o trabalhador contratado em tempo certo, por empresa de trabalho temporário?

( ) aquele que presta serviços de natureza contínua, mediante remuneração, à pessoa, à família ou à entidade familiar, no âmbito residencial desta, em atividade sem fins lucrativos?

a) Sim, sim, sim
b) Sim, não, não
c) Sim, não, sim
d) Sim, sim, não
e) Não, não, não

Técnico do Seguro Social/Cargo 18
Caderno BRANCO - CESPE/UNB – INSS/2008

Em cada um dos itens subsequentes, é apresentada uma situação hipotética acerca da identificação dos segurados da Previdência Social, seguida de uma assertiva a ser julgada.

17. Miguel, civil, brasileiro nato que mora há muito tempo na Suíça, foi contratado em Genebra para trabalhar na Organização Mundial de Saúde. Seu objetivo é trabalhar nessa entidade por alguns anos e retornar ao Brasil, razão pela qual optou por não se filiar ao regime próprio daquela organização. Nessa situação, Miguel é segurado obrigatório da Previdência Social brasileira na qualidade de contribuinte individual.

18. Claudionor tem uma pequena lavoura de feijão em seu sítio e exerce sua atividade rural apenas com o auxílio da família. Dos seus filhos, somente Aparecida trabalha fora do sítio. Embora ajude diariamente na manutenção da plantação, Aparecida também exerce atividade remunerada no grupo escolar próximo à propriedade da família. Nessa situação, Claudionor e toda a sua família são segurados especiais da previdência social.

Ainda em relação à identificação dos segurados da previdência

19. Um síndico de condomínio que resida no condomínio que administra e receba remuneração por essa atividade é segurado da previdência social na qualidade de empregado.

20. Um cidadão belga que seja domiciliado e contratado no Brasil por empresa nacional para trabalhar como engenheiro na construção de uma rodovia em Moçambique é segurado da Previdência Social brasileira na qualidade de empregado.

21. Um tabelião que seja titular do cartório de registro de imóveis em determinado município é vinculado ao respectivo regime de previdência estadual, pois a atividade que exerce é controlada pelo Poder Judiciário.

MTE - ESAF/2010

22. **Com relação aos segurados facultativos, à luz da legislação previdenciária vigente, assinale a opção correta.**
a) Pode ser menor de 14 anos.
b) Pode ser segurado empregado.
c) Pode ser aquele que deixou de ser segurado obrigatório da Previdência Social.
d) Pode ser segurado especial.
e) Pode ser segurado contribuinte individual.

AFRFB - ESAF/2009

23. **Tendo em vista a classificação dos segurados obrigatórios na legislação previdenciária vigente, assinale a assertiva incorreta.**
a) Como empregado – a pessoa física residente no imóvel rural ou em aglomerado urbano ou rural próximo a ele que, individualmente ou em regime de economia familiar, ainda que com o auxílio eventual de terceiros a título de mútua colaboração.
b) Como trabalhador avulso – quem presta, a diversas empresas, sem vínculo empregatício, serviço de natureza urbana ou rural definidos no Regulamento.
c) Como contribuinte individual – o síndico ou administrador eleito para exercer atividade de direção condominial, desde que recebam remuneração.
d) Como empregado – o brasileiro ou estrangeiro domiciliado e contratado no Brasil para trabalhar como empregado em sucursal ou agência de empresa nacional no exterior.
e) Como contribuinte individual – o sócio solidário, o sócio de indústria, o sócio-gerente.

24. **A respeito dos segurados facultativos da Previdência Social, é correto afirmar que:**
a) A pessoa pode ser segurado facultativo independente da sua idade.
b) O síndico de condomínio remunerado pela isenção da taxa de condomínio pode ser segurado facultativo.
c) Aquele que deixou de ser segurado obrigatório da Previdência Social não pode ser segurado facultativo.
d) Não pode ser segurado facultativo aquele que esteve exercendo atividade remunerada que o enquadre como segurado obrigatório da Previdência Social.
e) O estudante maior de quatorze anos.

25. **(FCC - 2012 - TRT - 1ª REGIÃO (RJ) - Juiz do Trabalho) No atual Regime Geral de Previdência Social, a aposentadoria especial é devida**
a) a trabalhadores sujeitos a atividades de risco, nos termos definidos em lei complementar.
b) a trabalhadores portadores de deficiência, nos termos definidos em lei complementar.
c) apenas a trabalhadores cujas atividades sejam exercidas, comprovadamente, sob condições especiais que prejudiquem a saúde ou a integridade física.
d) apenas ao aeronauta e ao jogador de futebol profissional.
e) a professores de educação superior e no ensino fundamental e médio.

26. **(FCC - 2012 - INSS - Técnico do Seguro Social) No tocante à Previdência Social, é correto afirmar que**
a) é organizada sob a forma de regime especial e observa critérios que preservem o equilíbrio financeiro.
b) é descentralizada, de caráter facultativo.
c) tem caráter complementar e autônomo.
d) baseia-se na constituição de reservas que garantam o benefício contratado.
e) é contributiva, de caráter obrigatório.

27. **(FCC - 2012 - TRT - 18ª Região (GO) - Juiz do Trabalho) Dentre os princípios específicos da Previdência Social, NÃO está incluso:**
a) Vinculação entre o valor da contribuição do segurado e o benefício que venha a perceber.
b) Filiação obrigatória de todo trabalhador que se enquadre na condição de segurado.
c) Caráter contributivo independentemente do regime.
d) Equilíbrio financeiro e atuarial, a fim de manter o sistema em condições superavitárias.
e) Correção monetária dos salários de contribuição considerados no cálculo dos benefícios.

28. **(FCC - 2012 - INSS - Perito Médico Previdenciário) Nos termos da legislação específica sobre o tema NÃO são considerados princípios e objetivos da Previdência Social:**
a) uniformidade e equivalência dos benefícios e serviços às populações urbanas e rurais.
b) seletividade e distributividade na prestação dos benefícios.
c) cálculo dos benefícios considerando-se os salários de contribuição corrigidos monetariamente.
d) provimento das ações e serviços através de rede regionalizada e hierarquizada, integrados em sistema único.
e) previdência complementar facultativa, custeada por contribuição adicional.

29. **(FCC - 2012 - INSS - Perito Médico Previdenciário) A previdência social será organizada sob a forma de regime geral, de caráter contributivo e de filiação obrigatória, observados critérios que preservem o equilíbrio financeiro e atuarial, e atenderá, nos termos da lei, à:**
I. cobertura dos eventos de doença, invalidez, morte e idade avançada;
II. proteção à maternidade, especialmente à gestante;
III. proteção ao trabalhador em situação de desemprego voluntário;
IV. salário-família e auxílio-reclusão para os dependentes dos segurados de alta renda.
Completam corretamente o artigo 201 da Constituição Federal, nos termos da lei APENAS os itens:
a) I e II.
b) I e III.
c) I, II e III.
d) I, II e IV.
e) II e IV

30. **(FCC - 2013 - TRT - 15ª Região - Analista Judiciário - Área Judiciária) É segurado obrigatório, no Regime Geral da Previdência Social, como empregado:**
a) o exercente de mandato eletivo federal, estadual ou municipal, desde que não vinculado a regime próprio de previdência social.
b) aquele que presta serviço de natureza contínua a pessoa ou família, no âmbito residencial desta, em atividades sem fins lucrativos.
c) aquele que presta serviço de natureza urbana ou rural à empresa, em caráter não eventual, sob sua subordinação e mediante remuneração, excluídos quaisquer diretores.
d) o servidor público ocupante de cargo em comissão, com vínculo efetivo com a União, autarquias e fundações públicas federais.
e) o ministro de confissão religiosa e o membro de instituto de vida consagrada, de congregação ou de ordem religiosa.

31. **(CESPE - 2013 - DPE-RR - Defensor Público / Direito Previdenciário) É considerado segurado obrigatório da Previdência Social como**
a) contribuinte individual o brasileiro civil que trabalhe no exterior para organismo oficial internacional de que o Brasil seja membro efetivo, ainda que lá domiciliado e contratado e coberto por regime próprio de previdência social.
b) trabalhador avulso que preste, a diversas empresas, com vínculo empregatício, serviço de natureza urbana ou rural definidos em regulamento.
c) empregado aquele que preste serviço de natureza urbana ou rural à empresa, em caráter eventual ou não, sob sua subordinação e mediante remuneração.
d) empregado o brasileiro ou o estrangeiro domiciliado e contratado no exterior para trabalhar como empregado em sucursal ou agência de empresa nacional no exterior.
e) empregado doméstico aquele que preste serviço de natureza contínua a pessoa ou família, no âmbito residencial desta, em atividades sem fins lucrativos.

32. **(CEPERJ - 2014 - Rioprevidência - Assistente Previdenciário) Nos termos da Constituição Federal, a União, os Estados, o Distrito Federal e os Municípios, desde que instituam regime de previdência complementar para os seus respectivos servidores titulares de cargo efetivo, poderão fixar, para o valor das aposentadorias e pensões a serem concedidas pelo regime de que trata esse artigo, o limite máximo estabelecido para os benefícios do Regime Geral de Previdência Social. A lei que institui esse regime é de iniciativa do:**

a) Poder Executivo
b) Poder Judiciário
c) Poder Legislativo
d) Ministério Público
e) Defensoria Pública

33. **(CEPERJ - 2014 - Rioprevidência - Assistente Previdenciário) Nos termos da lei federal que regula as prestações previdenciárias, o Regime Geral de Previdência Social – RGPS garante a cobertura de várias situações, exceto uma que é regulada por lei especial, que é a situação de:**

a) incapacidade
b) desemprego involuntário
c) idade avançada
d) tempo de serviço
e) prisão

34. **(CEPERJ - 2014 - Rioprevidência - Assistente Previdenciário) Consoante os termos da lei federal que regula o custeio da previdência sob regime geral, a condição de segurado especial é mantida quando aquele que exerce atividade rural é eleito:**

a) diretor de escola
b) dirigente de sociedade
c) vereador
d) presidente de clube
e) gerente de empresa

35. **(CEPERJ - 2014 - Rioprevidência - Especialista em Previdência Social - Finanças Públicas) Nos termos da lei federal que regula o custeio da previdência pública pelo regime geral, é considerada segurada especial a pessoa física:**

a) que presta serviço de natureza urbana à empresa, em caráter não eventual, sob sua subordinação e mediante remuneração.
b) residente em imóvel rural na condição de seringueiro autorizado e que tal atividade seja seu principal meio de vida.
c) empregado de organismo oficial internacional ou estrangeiro em funcionamento no Brasil, salvo quando coberto por regime próprio de previdência social.
d) exercente de mandato eletivo federal, estadual ou municipal, desde que não vinculado a regime próprio de previdência social.
e) ocupante de cargo em comissão, sem vínculo efetivo com a União, autarquias, inclusive em regime especial, e fundações públicas federais.

Responda as questões de 36 a 46, utilizando CERTO ou ERRADO

36. A pessoa física que presta serviço no Brasil a missão diplomática ou a repartição consular de carreira estrangeira e a órgãos a elas subordinados é segurada obrigatória da previdência social, na qualidade de empregado.

37. **Em relação aos segurados do RGPS e seus dependentes, julgue os itens abaixo.**

Aquele que, como contrapartida pelo desempenho das atividades de síndico do condomínio edilício onde resida, seja dispensado do pagamento da taxa condominial, sem receber qualquer outro tipo de remuneração, enquadra-se como segurado facultativo do RGPS.

38. O fato de um dos integrantes do seu núcleo familiar desempenhar atividade urbana não implica, por si só, a descaracterização do trabalhador rural como segurado especial, devendo-se proceder à análise do caso concreto.

39. O bolsista remunerado que se dedica em tempo integral à pesquisa e o segurado recolhido à prisão sob regime fechado — e que, nesta condição, exerça atividade artesanal por conta própria dentro da unidade prisional — são segurados obrigatórios do RGPS.

40. É segurado obrigatório da Previdência Social, como empregado, o membro de instituto de vida consagrada.

41. A CF prevê a possibilidade da adoção de requisitos e critérios diferenciados para a concessão de aposentadoria especial aos segurados portadores de deficiência.

42. Com base no que dispõem a CF e a legislação previdenciária, julgue o item a seguir.

A previdência social atenderá, nos termos da lei, ao pagamento de auxílio-reclusão aos dependentes do segurado do RGPS, independentemente da renda do referido segurado.

43. Segundo disposição constitucional, a previdência social deverá ser organizada sob a forma de regime geral, de caráter contributivo, porém de filiação facultativa.

44. Julgue o item a seguir, relativo a acidente do trabalho.

A cobertura do risco de acidente do trabalho será atendida concorrentemente pelo RGPS e pelo setor privado.

Julgue os itens abaixo relativos à seguridade social.

45. O servidor público federal ocupante de cargo em comissão, sem vínculo efetivo com a União, autarquias ou fundações públicas federais, é segurado obrigatório do RGPS na condição de empregado.

46. Para fins de concessão dos benefícios previstos no RGPS ou no serviço público é assegurada a contagem recíproca do tempo de contribuição na atividade privada e do tempo de serviço na administração pública, hipótese em que os diferentes sistemas de previdência social se compensarão financeiramente.

47. (FCC_2015) No Regime Próprio de Previdência Social, preenchidos os demais requisitos constitucionais, a aposentadoria voluntária com proventos integrais, como regra, observará as seguintes condições:

a) 65 anos de idade e 30 anos de contribuição para os homens.
b) 55 anos de idade e 25 anos de contribuição para as mulheres.
c) 60 anos de idade e 30 anos de contribuição tanto para homens quanto para mulheres.
d) 55 anos de idade e 30 anos de contribuição para as mulheres.
e) 65 anos de idade para os homens e 60 anos de idade para as mulheres, com 10 anos de contribuição no mínimo.

48. (FCC_2015) Em relação à Previdência Social no Brasil, conforme legislação vigente, é INCORRETO afirmar:

a) Há previsão legal de dois regimes previdenciários de caráter obrigatório e um de caráter facultativo.
b) O Regime Próprio da Previdência Social – RPPS é aquele aplicável aos servidores públicos titulares de cargos efetivos da União, dos Estados, do Distrito Federal e dos Municípios, incluídas suas autarquias e fundações.
c) O Regime Próprio da Previdência Social – RPPS tem caráter obrigatório, contributivo e solidário.
d) O Regime de Previdência Complementar tem natureza facultativa e caráter duplo, ou seja, pode ser instituído tanto por um ente privado como por uma entidade de natureza pública.
e) O Regime Geral da Previdência Social – RGPS possui caráter facultativo, contributivo e, no que couber, socorrer-se-á dos requisitos e critérios que estão fixados no regime próprio, conforme expressa previsão constitucional.

Gabarito

01. C	02. E	03. C	04. C	05. C
06. C	07. E	08. E	09. C	10. A
11. B	12. B	13. D	14. C	15. D
16. D	17. C	18. E	19. E	20. C
21. E	22. C	23. A	24. D	25. C
26. E	27. A	28. D	29. A	30. A
31. E	32. A	33. B	34. C	35. B
36. E	37. E	38. C	39. E	40. E
41. C	42. E	43. E	44. C	45. E
46. E	47. D*	48. E		

*Vide art. 40, inciso III, alínea "a", da CF

4. Inscrição e Filiação

1. Dos Segurados Obrigatórios e dos Facultativos

Arts. 18 ao 21 do Regulamento da Previdência Social, o Decreto n. 3.048/99 (06.05.1999).

Inscrição

Art. 18. Considera-se inscrição de segurado para os efeitos da previdência social o ato pelo qual o segurado é cadastrado no Regime Geral de Previdência Social, mediante comprovação dos dados pessoais e de outros elementos necessários e úteis a sua caracterização, observado o disposto no art. 330 e seu parágrafo único, na seguinte forma:

- Ato administrativo pelo qual o segurado é cadastrado no RGPS e obtém um NIT - Número de Identificação do Trabalhador.
- Feita mediante comprovação de dados pessoais e de outros elementos necessários e úteis à sua caracterização perante a Previdência Social.
- Em regra inicialmente temos a filiação do segurado e depois a inscrição;

Art. 330. Com a implantação do Cadastro Nacional de Informações Sociais, todos os segurados serão identificados pelo Número de Identificação do Trabalhador, que será único, pessoal e intransferível, independentemente de alterações de categoria profissional e formalizado pelo Documento de Cadastramento do Trabalhador.

Explicação: O Cadastro Nacional de Informações Sociais foi implantado a partir de 1991. Para aquele segurado como empregado o número de identificação do trabalhador foi o PIS ou PASEP. Na hipótese de deixar de ser empregado o NIT (no caso dele o PIS ou PASEP) continua por ser único, pessoal e intransferível havendo mudança apenas na categoria.

Parágrafo único. Ao segurado já cadastrado no Programa de Integração Social/Programa de Assistência ao Servidor Público não caberá novo cadastramento.

Explicação: Se o segurado foi cadastrado com o NIT criado pelo INSS na categoria de empregado doméstico, contribuinte individual ou facultativo, e depois passou a ser empregado, nesta hipótese caberá a criação de um novo NIT (PIS ou PASEP) providenciado pela empresa.

I - o empregado e trabalhador avulso - pelo preenchimento dos documentos que os habilitem ao exercício da atividade, formalizado pelo contrato de trabalho, no caso de empregado, observado o disposto no § 2º do art. 20, e pelo cadastramento e registro no sindicato ou órgão gestor de mão de obra, no caso de trabalhador avulso; (Redação dada pelo Decreto n. 6.722/08).

A inscrição do empregado e do trabalhador avulso será efetuada diretamente na empresa, sindicato ou órgão gestor de mão de obra e a dos demais segurados no INSS.

II - empregado doméstico - pela apresentação de documento que comprove a existência de contrato de trabalho;
III - contribuinte individual - pela apresentação de documento que caracterize a sua condição ou o exercício de atividade profissional, liberal ou não;

Explicação: O contribuinte individual quando trabalhe por conta própria será responsável por providenciar a inscrição. E quando prestar para empresa, desde abril de 2003, será a empresa que deverá providenciar o número de inscrição dele.

Decreto n. 3.048/99 art. 216 inciso XII - a empresa que remunera contribuinte individual é obrigada a fornecer a este comprovante do pagamento do serviço prestado consignando, além dos valores da remuneração e do desconto feito, o número da inscrição do segurado no Instituto Nacional do Seguro Social;

IV - segurado especial - pela apresentação de documento que comprove o exercício de atividade rural; e

Hipótese para o Segurado Especial

Art. 18, § 5º - Presentes os pressupostos da filiação, admite-se a inscrição *post mortem* do segurado especial.

Explicação: É a única inscrição que pode ser feita após a morte do segurado, neste caso, a dependente apresentará as provas de atividade dele como segurado especial (INCRA, ITR, Notas fiscais).

Texto da Lei n. 8.213/91 Atualizada

§ 4º A inscrição do segurado especial será feita de forma a vinculá-lo ao respectivo grupo familiar e conterá, além das informações pessoais, a identificação da propriedade em que desenvolve a atividade e a que título, se nela reside ou o Município onde reside e, quando for o caso, a identificação e inscrição da pessoa responsável pelo grupo familiar. (Redação dada pela Lei nº 12.873, de 2013)

Explicação: A inscrição é feita pela pessoa responsável pelo grupo, que detiver a condição de proprietário, parceiro, meeiro, comodatário, arrendatário, usufrutuário, pescador artesanal ou assemelhado, e seu grupo familiar. Para o segurado especial na condição de produtor rural o tamanho da área (até 04 módulos fiscais), se reside no município ou vizinho.

V - facultativo - pela apresentação de documento de identidade e declaração expressa de que não exerce atividade que o enquadre na categoria de segurado obrigatório.
(...)

Filiação

Art.20. Filiação é o vínculo que se estabelece entre pessoas que contribuem para a previdência social e esta, do qual decorrem direitos e obrigações.
§ 1º A filiação à previdência social decorre automaticamente do exercício de atividade remunerada para os segurados obrigatórios, observado o disposto no § 2º, e da inscrição formalizada com o pagamento da primeira contribuição para o segurado facultativo. (Renumerado pelo Decreto nº 6.722,de 30/12/2008)

Explicação: O momento da filiação para os segurados obrigatórios e os facultativos não serão os mesmos, para os obrigatórios automaticamente do exercício de atividade remunerada. Para o facultativo da inscrição e do primeiro pagamento.

§ 2º A filiação do trabalhador rural contratado por produtor rural pessoa física por prazo de até dois meses dentro do período de um ano, para o exercício de atividades de natureza temporária, decorre automaticamente de sua inclusão na GFIP, mediante identificação específica.

Explicação: O trabalhador rural em tela é da categoria obrigatória empregado, mas sua filiação será automática desde a inclusão de seu número de identificação do trabalhador na declaração GFIP, feita pelo contratante.

O empregado rural foi contratado para trabalhar por 40 dias, de outubro a novembro de 2014, por um produtor rural pessoa física.

O produtor rural pessoa física declarou até 07/11/14 o NIT do empregado rural temporário, na GFIP, logo o empregado foi considerado filiado a partir de outubro/14.

Atenção:

GFIP (Guia de recolhimento de FGTS e informações previdenciárias), a partir de 2015 será por meio do Sistema e-Social gradativamente.

Fica regulamentado o e-Social como instrumento de unificação da prestação das informações referentes à escrituração das obrigações fiscais, previdenciárias e trabalhistas, que padroniza sua transmissão, validação, armazenamento e distribuição. (Decreto 8.373/2014 e Resolução NR 01 de 24/02/2015)

Quanto ao recolhimento trimestral temos, Decreto n. 3.048/99:

Art. 216 §15. É facultado aos segurados contribuinte individual e facultativo, cujos salários de contribuição sejam iguais ao valor de um salário mínimo, optarem pelo recolhimento trimestral das contribuições previdenciárias, com vencimento no dia quinze do mês seguinte ao de cada trimestre civil, prorrogando-se o vencimento para o dia útil subsequente quando não houver expediente bancário no dia quinze.

Esta modalidade de recolhimento poderá ser feita por:

- Segurados contribuintes individuais e facultativos desde que recolham pelo salário mínimo, e deverão observar o trimestre civil, janeiro/fevereiro/março = a contribuição deste trimestre vencerá até 15 de abril.

Art. 216 § 16. Aplica-se o disposto no parágrafo anterior ao empregador doméstico relativamente aos empregados a seu serviço, cujos salários de contribuição sejam iguais ao valor de um salário mínimo, ou inferiores nos casos de admissão, dispensa ou fração do salário em razão de gozo de benefício.

Ex.: É facultado ao empregador doméstico o recolhimento trimestral.

Desde que o salário de contribuição do seu empregado seja iqual ao salário mínimo ou inferior em virtude de admissão, dispensa ou fração de mês por estar em auxílio-doença ou salário-maternidade.

Exemplo de recolhimento trimestral

1ª situação MENSAL:

JANEIRO/2014
José fez inscrição como facultativo e pagou a competência janeiro/2014 até 15.02.2014; neste caso, está inscrito e filiado desde a inscrição em janeiro de 2014.

2ª situação MENSAL:

JANEIRO/2014
José fez inscrição como facultativo neste mês.

- Não efetuou pagamento até 15/02, no plano mensal.
- A 1ª competência recolhida foi em 20/04/2014 (referente ao mês de abril/2014, pois março já venceu em 15/04/2014).
- Pelo salário mínimo;
- Poderá pagar de janeiro a março /2014, e sua inscrição será a contar de janeiro/2014 e filiação será considerada a partir da competência de abril/2014.

3ª situação TRIMESTRAL:

JANEIRO/2014
José, segurado facultativo, fez inscrição no mês de janeiro, vai recolher baseado no salário mínimo e opção trimestral.
Como optou pelo pagamento trimestral, terá até 15/04/2014 para efetuar o pagamento. E estará inscrito e filiado desde janeiro de 2014.

O valor pago até 15/04/2014 será;
20 % do salário mínimo X 3 meses
Ou
11% do salário mínimo X 3 meses

Caso José deixe de pagar até 15/04/2014, não poderá mais fazê-lo para o primeiro trimestre.

§ 2º A inscrição do segurado em qualquer categoria mencionada neste artigo exige a idade mínima de dezesseis anos.

Idade mínima para a inscrição: Após a EC n. 20 (16.12.1998), passou a ser de 16 anos, com exceção do aprendiz a partir dos 14 anos (aprendiz - categoria empregado) até 24 anos.

Atividade concomitante no RGPS: se exercer mais de uma atividade remunerada, será obrigatoriamente inscrito em relação a cada uma delas (art. 18, §3º).

Exemplo: Uma segurada com o NIT e nele consta exercendo categoria como doméstica desde 03/2014 e no mesmo NIT constará a categoria contribuinte individual/diarista. Por exercer as duas ao mesmo tempo estará inscrita e filiada por cada uma delas no mesmo NIT.

§ 19. Os segurados de que trata o art. 199-A terão identificação específica nos registros da Previdência Social. (acrescentado pelo Decreto n. 6.042, de 2007)

As duas categorias contidas no artigo 199-A são contribuinte individual e facultativo, que por opção contribuam com 11% sobre o limite mínimo (com efeito a partir de 04/2007), sem direito a aposentadoria por tempo de contribuição. Esses terão identificação específica (código de pagamento) na Previdência facilitando a identificação e diferenciação dos outros na mesma categoria.

Art. 18, § 5º - Presentes os pressupostos da filiação, admite-se a inscrição *post mortem* do segurado especial.

A inscrição é feita, preferencialmente, pela pessoa que detiver a condição de proprietário, parceiro, meeiro, comodatário, arrendatário, usufrutuário, pescador artesanal ou assemelhado.

Explicação: É a única inscrição que pode ser feita após a morte do segurado, neste caso, a dependente apresentará as provas de atividade dele como segurado especial (escritura da terra, declaração do INCRA, contrato de comodato, Notas fiscais etc.).

Art. 18, § 6º - A comprovação dos dados pessoais e de outros elementos necessários e úteis à caracterização do segurado poderá ser exigida quando da concessão do benefício.

Contratos sociais, para ser verificada a data do registro deste nos órgãos competentes; no caso do doméstico a CTPS assinada.

Inversão do Ônus da Prova

Art. 19. Os dados constantes do Cadastro Nacional de Informações Sociais - CNIS relativos a vínculos, remunerações e contribuições valem como prova de filiação à Previdência Social, tempo de contribuição e salários-de-contribuição.

Ex: Na concessão dos benefícios previdenciários a análise do direito será feita com base nas informações constantes no Cadastro Nacional de Informações Sociais-CNIS, os vínculos, as remunerações e contribuições. Este mecanismo facilitará a concessão das aposentadorias por idade, que requer do segurado a idade mínima de 65 e o cumprimento da carência mínima de 180 contribuições (15 anos).

Caso ele tenha cumprido a carência de janeiro 1994 até janeiro 2009 (15 anos de contribuição) e tenha a idade de 65 (homem) ou 60 anos (mulher), o INSS, baseado nos dados constantes no CNIS (Cadastro Nacional de Informações Sociais), emitirá correspondência orientando ao segurado para agendar e requerer a aposentadoria, para sua concessão.

Art. 19, § 1º O segurado poderá solicitar, a qualquer momento, a inclusão, exclusão ou retificação das informações constantes do CNIS, com a apresentação de documentos comprobatórios dos dados divergentes, conforme critérios definidos pelo INSS, independentemente de requerimento de benefício, exceto na hipótese do art. 142.

O CNIS (Cadastro Nacional de Informações Sociais) reúne informações do segurado, tais como:

- Dados pessoais.
- Início e fim da atividade.
- Remuneração, salário de contribuição e contribuição e se trabalha exposto a agentes nocivos.
- Se alguma destas informações não corresponde a realidade, mediante a apresentação de documentos hábeis será feita a inclusão de um dado, exclusão ou retificação.

Art. 19, § 2º Informações inseridas extemporaneamente no CNIS, independentemente de serem inéditas ou retificadoras de dados anteriormente informados, somente serão aceitas se corroboradas por documentos que comprovem a sua regularidade.

Ex.: Se inserido, em janeiro/2013, por meio da GFIP tempo de contribuição de janeiro/2004 até Janeiro/2008, em atividade com exposição aos agentes nocivos.

Para o segurado contar com este tempo de contribuição, 04 anos, incluído de forma extemporânea (fora de época), deverá apresentar, a ficha de registro do empregado, a CTPS com a função, o perfil profissiográfico previdenciário, enfim documentos que comprovem o exercício no período.

§ 3º Respeitadas as definições vigentes sobre a procedência e origem das informações, considera-se extemporânea a inserção de dados:
I - relativos à data de início de vínculo, sempre que decorrentes de documento apresentado após o transcurso de até cento e vinte dias do prazo estabelecido pela legislação, cabendo ao INSS dispor sobre a redução desse prazo;
II - relativos a remunerações, sempre que decorrentes de documento apresentado:
a) após o último dia do quinto mês subsequente ao mês da data de prestação de serviço pelo segurado, quando se tratar de dados informados por meio da Guia de Recolhimento do Fundo de Garantia do Tempo de Serviço e Informações à Previdência Social - GFIP; e
b) após o último dia do exercício seguinte ao a que se referem as informações, quando se tratar de dados informados por meio da Relação Anual de Informações Sociais - RAIS;
III - relativos a contribuições, sempre que o recolhimento tiver sido feito sem observância do estabelecido em lei.
§ 4º A extemporaneidade de que trata o inciso I do § 3º será relevada após um ano da data do documento que tiver gerado a informação, desde que, cumulativamente:
I - o atraso na apresentação do documento não tenha excedido o prazo de que trata a alínea "a" do inciso II do § 3º;
II – REVOGADO; e
III - o segurado não tenha se valido da alteração para obter benefício cuja carência mínima seja de até doze contribuições mensais.
§ 5º Não constando do CNIS informações sobre contribuições ou remunerações, ou havendo dúvida sobre a regularidade do vínculo, motivada por divergências ou insuficiências de dados relativos ao empregador, ao segurado, à natureza do vínculo, ou a procedência da informação, esse período respectivo somente será confirmado mediante a apresentação pelo segurado da documentação comprobatória solicitada pelo INSS.
§ 6º O INSS poderá definir critérios para apuração das informações constantes da GFIP que ainda não tiver sido processada, bem como para aceitação de informações relativas a situações cuja regularidade depende de atendimento de critério estabelecido em lei.
§ 7º Para os fins de que trata os §§ 2º a 6º, o INSS e a DATAPREV adotarão as providências necessárias para que as informações constantes do CNIS sujeitas à comprovação sejam identificadas e destacadas dos demais registros.
§ 8º Constarão no CNIS as informações do segurado relativas aos períodos com deficiência leve, moderada e grave, fixadas em decorrência da avaliação médica e funcional.

Explicação: Os primeiros requerimentos de aposentadorias por tempo de contribuição e por idade pelos deficientes foram acatados pelo INSS a partir do início de 2014, e as primeiras aguardam a avaliação médica e depois avaliação social. Àqueles que forem considerados deficientes nos termos da lei, terão esse enquadramento registrado no CNIS-Cadastro Nacional de Informações Sociais.

Art. 19-A. Para fins de benefícios de que trata este Regulamento, os períodos de vínculos que corresponderem a serviços prestados na condição de servidor estatutário somente serão considerados mediante apresentação de Certidão de Tempo de Contribuição fornecida pelo órgão público competente, salvo se o órgão de vinculação do servidor não tiver instituído regime próprio de previdência social.

Art. 19-B. A comprovação de vínculos e remunerações de que trata o art. 62 poderá ser utilizada para suprir omissão do empregador, para corroborar informação inserida ou retificada extemporaneamente ou para subsidiar a avaliação dos dados do CNIS.

Art. 21 (Decreto n. 3.048): Anotação de dado pessoal deve ser feita da CP e/ou CTPS à vista de documento comprobatório do fato.

Em caso de mudança de nome pelo casamento, à vista de certidão de casamento.

2. Trabalhadores Excluídos do RGPS

Art. 10. O servidor civil ocupante de cargo efetivo ou o militar da União, Estado, Distrito Federal ou Município, bem como o das respectivas autarquias e fundações, são excluídos do Regime Geral de Previdência Social consubstanciado neste Regulamento, desde que amparados por regime próprio de previdência social.

Os servidores civis em municípios que não garantirão aposentadorias e pensão no regime próprio serão segurados obrigatórios do RGPS (INSS), bem como os comissionados em cargos de livre nomeação e exoneração. Entende-se por regime próprio o que assegura pelo menos as aposentadorias e pensão, ao servidor ocupante de cargo efetivo.

Art. 10, §2º Caso o servidor ou o militar venham a exercer, concomitantemente, uma ou mais atividades abrangidas pelo Regime Geral de Previdência Social, tornar-se-ão segurados obrigatórios em relação a essas atividades.

Ex.: O servidor público é enfermeiro do Hospital do Servidor em São Paulo; neste caso, ele está amparado por um regime próprio, e contribui para o SPPrev; caso exerça outra atividade remunerada abrangida pelo RGPS, haverá inscrição neste bem como recolhimento como segurado obrigatório.

§ 3º Entende-se por regime próprio de previdência social o que assegura pelo menos as aposentadorias e pensão por morte previstas no art. 40 da Constituição Federal.

ex.: A União, os Estados, DF amparam seus servidores civis ocupantes de cargo efetivo com as aposentadorias e pensão previstas na CF art. 40, em suas leis específicas. Mas nem todos os munícipios asseguram, nesse caso têm servidores concursados ocupantes de cargos efetivos, mas que contribuem para o RGPS INSS).

3. Matrícula da Empresa

A matrícula da empresa, assim como a inscrição do segurado, tem como objetivo cadastrá-los perante a SRFB (Secretaria da Receita Federal do Brasil), para o devido controle de arrecadação das contribuições.

Lei n. 8.212/91, **art. 49: A matrícula da empresa será efetuada nos termos e condições estabelecidos pela Secretaria da Receita Federal do Brasil.**

§ 1º No caso de obra de construção civil, a matrícula deverá ser efetuada mediante comunicação obrigatória do responsável por sua execução, no prazo de trinta dias contados do início de suas atividades, quando obterá número cadastral básico, de caráter permanente.

Na hipótese da construção civil, em que não tenha sido providenciado pelo responsável a devida matrícula, caberá a lavratura do auto de infração.

Cada estabelecimento ou obra possui uma matrícula.

§ 3º O Departamento Nacional de Registro do Comércio - DNRC, por intermédio das Juntas Comerciais, bem como os Cartórios de Registro Civil de Pessoas Jurídicas, prestarão, obrigatoriamente, à Secretaria da Receita Federal do Brasil todas as informações referentes aos atos constitutivos e alterações posteriores relativos a empresas e entidades neles registradas.

As juntas comerciais e cartórios de registros de pessoas jurídicas prestarão às SRFB informações sobre a constituição, distrato e alteração da empresa, pedido que será atendido sem ônus para a Receita Federal do Brasil.

4. Empresa e Empregador Doméstico

Conceito Previdenciário

Art. 12 do RPS

I – empresa – Considera-se a firma individual ou a sociedade que assume o risco de atividade econômica urbana ou rural, com fins lucrativos ou não, bem como os órgãos e as entidades da administração pública direta, indireta e fundacional; e

Os órgãos da administração pública direta, tais como: prefeituras, câmaras, assembleias legislativas e secretarias, se contratarem empregados, estes serão filiados ao RGPS, pois não são detentores de cargos via concurso e efetivos. Neste exemplo, o órgão público equipara-se a uma empresa, tendo a obrigação de arrecadar e recolher a alíquota destes empregados com as de sua competência.

II – empregador doméstico – Aquele que admite a seu serviço, mediante remuneração, sem finalidade lucrativa, o empregado doméstico.

Se o empregado doméstico tem sua atividade desvirtuada para outra com fins lucrativos, deixa de ser doméstico e passa a ser empregado. E neste caso, se a empregadora era uma segurada facultativa/dona de casa, deverá alterar sua inscrição também para contribuinte individual, obter junto à Secretaria da Receita Federal do Brasil uma matrícula na condição de equiparado à empresa.

Equiparam-se à Empresa

RPS, art. 12, parágrafo único:
I. Contribuinte Individual, em relação a segurado que lhe presta serviço;
II. A cooperativa, a associação ou a entidade de qualquer natureza ou finalidade, inclusive a missão diplomática e a repartição consular de carreiras estrangeiras;
III. O operador portuário e o OGMO (órgão gestor de mão de obra);
IV. O proprietário ou dono de obra de construção civil, quando pessoa física, em relação ao segurado que lhe preste serviço.

Quadro Sinótico

- Segurados Obrigatórios e Facultativos:
  - Inscrição - arts. 18 e 19 do RPS;
  - Filiação - art. 20 do RPS.

- Formalização das inscrições:
  1 – Empregado e trabalhador avulso;
  2 – Empregado doméstico;
  3 – Contribuinte individual;
  4 – Segurado Especial.

- Segurados Facultativos:
  - Inscrição;
  - Filiação.

- Opção de Pagamento trimestral:
  - Contribuinte individual e Facultativo - art. 216, § 15 do RPS;
  - Doméstico - art. 216, § 16 do RPS;

- Trabalhadores excluídos do RGPS - arts. 10 e 11 § 2º do RPS.

- Cadastro e matrícula das empresas:
  - CNPJ - art. 49 da Lei n. 8.212/91;
  - Matrícula na SRFB.

Conceito previdenciário de empresa - art. 12 do RPS:
I) Empresa;
II) Empregador doméstico;
Parágrafo único: Equiparados à empresa. (incisos do I a IV).

Exercícios de Fixação

Responda com certo, errado ou deixe em branco. Cada questão errada e nula uma certa, deixando em branco, perde-se apenas esta questão.

Questões de Prova CESPE/UNB 2003

Considere a seguinte situação hipotética:

A Associação para ajuda juvenil (AAJ) – sociedade civil que presta serviço aos seus sócios, sem finalidade lucrativa remunera, pelos seus serviços prestados como empregados, uma atendente, um digitador, um zelador e uma cozinheira e, eventualmente, utiliza-se dos serviços de uma faxineira.

01. Não é empresa, pois não possui fins lucrativos.

02. Deverá descontar contribuições da remuneração da atendente e do digitador, como segurados empregados.

03. Está obrigada a calcular e recolher as contribuições do zelador e da cozinheira na categoria de empregados domésticos, em razão da ausência da finalidade lucrativa.

04. Não possui obrigações previdenciárias em relação à faxineira, pois não está configurada a existência, entre esta e a AAJ, de vínculo empregatício.

Determinado município previu, por meio de Lei municipal, a concessão de aposentadoria e pensão a seus servidores. Nesse município:

- **Aldo, servidor da Fundação de Ensino Médio (FEM), foi aprovado em concurso público, para ocupar cargo efetivo;**
- **A professora Júlia foi contratada pela FEM pelo período de 4 meses, para substituir outra, que estava em gozo de licença-maternidade;**
- **Os servidores da Cia. Municipal de Água (CMA) são contratados pelo Regime da Consolidação das Leis do Trabalho;**
- **Alfredo foi designado para ocupar cargo em comissão de livre nomeação e exoneração na FEM;**
- **Adalberto, recém-empossado em cargo público, pretende contar como tempo de contribuição aquele em que frequentou curso superior.**

05. Aldo não faz parte do RGPS, pois é segurado de regime próprio de previdência.

06. A professora Júlia não é segurada do Regime de previdência da prefeitura.

07. Os servidores da CMA não serão vinculados ao RGPS, pois estão amparados pelo Regime próprio municipal.

08. O servidor do Município que se aposentar pelo RGPS e continuar a trabalhar como prestador eventual de serviços à prefeitura sem vínculo empregatício não estará obrigado a recolher contribuições ao RGPS, visto que não poderá mais obter novo benefício de aposentadoria.

09. Alfredo não será incluído no RGPS por já estar amparado pelo Regime de Previdência Municipal.

10. Adalberto poderá inscrever-se e recolher as contribuições ao RGPS, relativas ao período de estudante, na qualidade de segurado facultativo.

Acerca da legislação previdenciária, julgue os itens 11 e 12.

11. Entre as várias situações cobertas pela Previdência Social, está a concessão do salário-família e do auxílio-reclusão para os dependentes dos segurados que recebam remuneração até o teto de contribuição do INSS.

12. A previdência tem caráter democrático nos órgãos colegiados e descentralizados da administração, mediante gestão tripartite, com participação dos trabalhadores, dos empregadores e do governo.

PROVA CESPE/UNB AFPS 2003

13. Rodolfo Rodriguez, paraguaio, residente e domiciliado em Foz do Iguaçu, foi contratado naquela cidade para trabalhar em um banco de seu país, cuja maioria do capital votante pertence a banco brasileiro, com sede e administração em São Paulo, controlado efetiva e permanentemente por pessoas físicas domiciliadas e residentes nesta cidade. Nessa situação, Rodolfo é segurado obrigatório da Previdência Social brasileira.

14. Eduardo é empregado de uma sociedade de economia mista estadual que atua como banco comercial, tendo sido eleito para compor a diretoria dessa empresa com mandato de 2 anos, conforme previsão no regimento interno dos empregados. Nessa situação, Eduardo, durante o exercício do mandato, estará vinculado ao Regime Geral da Previdência Social na qualidade de contribuinte individual.

15. Célio é médico, clínico geral, e trabalha como plantonista nos prontos-socorros dos Hospitais São Carlos e São Tomé, empresas distintas, no período de 0h às 6h, duas vezes por semana em cada estabelecimento. O acerto financeiro e a frequência são controlados por meio de uma planilha que apresenta, inclusive, um resumo sucinto quanto às ocorrências do plantão e os procedimentos adotados. Nessa situação, Célio, profissional liberal, é segurado da Previdência Social na qualidade de empregado.

Técnico do Seguro Social/Cargo 18
Caderno BRANCO - CESPE/UNB – INSS/2008

16. Otávio, contador, é aposentado por regime próprio de previdência social e começou a prestar serviços de contabilidade em sua residência. Dada a qualidade de seus serviços, logo foi contratado para dar expediente em uma grande empresa da cidade. Nessa situação, Otávio não é segurado do regime geral, tanto por ter pertencido a um regime próprio, quanto por ser aposentado.

17. Um adolescente de 14 anos de idade, menor aprendiz, contratado de acordo com a Lei n. 10.097/2000, apesar de ter menos de 16 anos de idade, que é o piso para inscrição na previdência social, é segurado empregado do regime geral.

18. Para a previdência social, uma pessoa que administra a construção de uma casa, contratando pedreiros e auxiliares para edificação da obra, é considerada contribuinte individual.

Em cada um dos itens que se seguem, é apresentada uma situação hipotética, seguida de uma assertiva a ser julgada.

19. Célia, professora de uma universidade, eventualmente, presta serviços de consultoria na área de educação. Por isso, Célia é segurada empregada pela atividade de docência e contribuinte individual quando presta consultoria. Nessa situação, Célia tem uma filiação para cada atividade.

20. **(CESPE - 2013 - TCE-RO - Auditor de Controle Externo) Com relação à inscrição e à filiação no RGPS, julgue os itens seguintes.**

A inscrição do segurado trabalhador avulso no RGPS ocorre pelo cadastramento e registro no sindicato ou órgão gestor de mão de obra.

( ) Certo ( ) Errado

21. **(CESPE - 2008 - DPE-CE - Defensor Público) Julgue os itens subsequentes, relativos ao RGPS. Não há limite mínimo de idade para inscrição no RGPS, considerando-se a necessária proteção ao trabalhador, em especial a universalidade do atendimento.**

( ) Certo ( ) Errado

22. **(FCC - 2013 - TRT - 1ª REGIÃO (RJ) - Juiz) Entre outros, pode optar por receber menor cobertura do regime geral de previdência social (mediante exclusão do direito ao benefício de aposentadoria por tempo de contribuição), pagando menor quantidade (alíquota inferior ao nível normal de 20%, a incidir sobre base de cálculo de um salário mínimo) de contribuição previdenciária mensal:**

a) Contribuinte individual enquadrado como microempreendedor individual, nos termos da legislação do SIMPLES Nacional, e o segurado facultativo.
b) Segurado empregado que pertença a família de baixa renda, assim considerada simplesmente aquela cuja renda mensal seja de até um salário mínimo.
c) Empregada doméstica que pertença a família de baixa renda, assim considerada aquela inscrita no Cadastro Único para Programas Sociais do Governo Federal - CadÚnico, cuja renda mensal seja de até dois salários mínimos.
d) Empregada doméstica que pertença a família de baixa renda, assim considerada simplesmente aquela cuja renda mensal seja de até um salário mínimo.
e) Contribuinte individual que trabalhe para cooperativa ou empresa, auferindo rendimentos mensais inferiores a dois salários mínimos.

23. (FCC - 2013 - TRT - 5ª Região (BA) - Analista Judiciário - Área Judiciária) Considere as afirmações:

I. No âmbito do Direito Previdenciário, as expressões "seguridade social" e "assistência social" são sinônimas puras, revelando sistemas idênticos, que são universalizados, contributivos e contam com a participação obrigatória da União, de empregadores e empregados.

II. Em Direito Previdenciário, torna-se possível a solução de controvérsias mediante aplicação da equidade, de que é exemplo a concessão de salário-maternidade para o segurado homem que, em relação homoafetiva, adota criança.

III. As normas internacionais entre organismos estrangeiros e o Brasil, tais como tratados, acordos ou convenções, quando versem sobre matéria previdenciária, devem ser interpretados como lei especial, nos termos do artigo 85-A, da Lei nº 8.212/1991.

IV. Previdência Social engloba um conceito amplo, universal, sendo em verdade o gênero da qual são espécies a assistência social, a saúde e a seguridade social.

Está correto o que se afirma APENAS em

a) I, II e III.
b) II e IV.
c) II e III.
d) III e IV.
e) I, III e IV.

24. (CESPE - 2013 - TRF - 2ª REGIÃO - Juiz Federal) A Lei n.º 8.212/1991, que institui o plano de custeio da seguridade social, distingue as pessoas que são consideradas empresas daquelas que se equiparam a empresas. Entre as que se equiparam a empresa encontram-se as

a) fundações públicas.
b) cooperativas.
c) firmas individuais.
d) sociedades que assumam o risco de atividade econômica rural com fins lucrativos.
e) autarquias.

ARFBR 2014/ESAF

25. Sobre o conceito previdenciário de empresa e empregador doméstico, assinale a opção incorreta.

a) Empregador doméstico é a pessoa ou família que admite a seu serviço, com ou sem finalidade lucrativa, empregado doméstico.
b) Embora o empregador doméstico não se enquadre como empresa, há algumas obrigações acessórias que lhe são exigíveis.
c) O empregador doméstico não se classifica, em virtude desta condição, como segurado obrigatório do Regime Geral de Previdência Social (RGPS).
d) Uma dona de casa, ainda que empregadora doméstica, caso não exerça qualquer atividade remunerada vinculante ao RGPS, poderá, caso deseje, filiar-se como segurada facultativa.
e) As contribuições do empregador doméstico somente visam ao custeio das prestações previdenciárias concedidas aos empregados domésticos.

Gabarito

01. E	02. C	03. E	04. E	05. C
06. C	07. E	08. E	09. E	10. E
11. E	12. E	13. C	14. E	15. C
16. E	17. C	18. C	19. C	20. C
21. E	22. A	23. C	24. B	25. A

5. Financiamento da Seguridade Social

1. Financiamento da Seguridade Social
2. Receitas das Contribuições Sociais
3. Forma não-Cumulativa: Categorias - Empregado, Trabalhador Avulso e Empregado Doméstico
4. Da Contribuição dos Segurados Contribuinte Individual e Facultativo
5. Plano Simplificado de Previdência Social

1. Financiamento da Seguridade Social

Como está previsto o Custeio da Seguridade Social na Constituição Federal?

Art. 195, CF – A seguridade social será financiada por toda sociedade, de forma direta e indireta, nos termos da lei, mediante recursos provenientes dos orçamentos da União, dos Estados, do Distrito Federal e dos Municípios, e das seguintes contribuições sociais:
I - Do empregador, da empresa e da entidade, a ele equiparada na forma da lei, incidentes sobre:

a) A folha de salários e demais rendimentos do trabalho pago ou creditado, a qualquer título, à pessoa física que lhe preste serviço, mesmo sem vínculo empregatício;

Ex.: A cota patronal de uma empresa em regra é de 20% sobre o valor pago ou creditado, devido aos segurados que lhe prestem serviços, mesmo os sem vínculo empregatício.

b) A receita ou o faturamento;

Temos a COFINS (Contribuição para Financiamento da Seguridade) e o PIS/PASEP devidas pelas empresas sobre seu faturamento ou receita. Faturamento compreende o montante das faturas emitidas.

Receita é toda a entrada de numerário na empresa, sem que necessariamente tenha emitido fatura; é o exemplo dos bancos; estes têm receita.

A partir de 2004, a alíquota que as empresas recolhem para a COFINS passou de 3% para 7,6%, para as empresas tributadas sobre lucro real de forma "não cumulativa"; e permanece 3% sobre o faturamento para as empresas que contribuam sobre o lucro presumido.

c) O lucro:

Trata-se da Contribuição Sobre o Lucro Líquido (CSLL); a partir de 01.01.2003 (Lei n.10.637/02) passou a ser 9%.

Obs.: Com o fim da cobrança da CPMF, a CSLL das instituições financeiras passou de 9% para 15%. (Lei n. 11.727, de 2008)

Com a MP 675/15 a Lei n. 7.689/88 foi alterada, majorando a alíquota da C.S.L.L. de 15% para 20%, no caso das pessoas jurídicas de seguros privados, das de capitalização. (Instituições financeiras)

II - Do trabalhador e dos demais segurados da Previdência Social, não incidindo contribuição sobre aposentadoria e pensão concedidas pelo Regime Geral de Previdência Social de que trata o art. 201;

- Contribuição do trabalhador – Poderá ser do empregado, trabalhador avulso e doméstico; estes contribuem de acordo com uma tabela e é arrecadada (descontada) deles de 8%, 9% ou 11% sobre a remuneração auferida, como salário de contribuição.

- Contribuição do contribuinte individual – Quando prestar serviço por conta própria para pessoas físicas a contribuição a seu cargo será 20% do salário mínimo até o teto previdenciário. Se a remuneração auferida for salário mínimo poderá optar pela exclusão de aposentadoria por tempo de contribuição e contribuir com a alíquota de 11% X salário mínimo.

  E se for empreendedor individual, pela Lei do SIMPLES, a alíquota será 5% X limite mínimo, excluído da aposentadoria por tempo de contribuição. A partir de janeiro de 2015:
  Limite mínimo – R$ 788,00
  Teto máximo- R$ 4.663,75

- Dos demais segurados – Trata-se dos segurados facultativos, que contribuem por vontade própria, sobre valor declarado como as donas de casa, desempregados. A alíquota será de 20% sobre o valor declarado por eles, até o teto previdenciário. (art. 199 do RPS), mas se optarem por exclusão de aposentadoria por tempo de contribuição as alíquotas serão de 11% ou 5% X o salário mínimo.

Neste inciso temos uma imunidade. A previsão constitucional de não incidência da contribuição sobre os benefícios previdenciários, aposentadorias e pensão, pagos pelo Regime Geral de Previdência

Social (RGPS-INSS). Sendo assim, quando o beneficiário está recebendo as prestações, sob a forma de benefícios, não será descontada contribuição.

III - Sobre receita de concursos de prognósticos.

Há uma contribuição para financiamento da seguridade, sobre a renda líquida das loterias, percentual sobre as receitas dos prados de corridas e sorteios de números, símbolos.

IV - Do importador de bens ou serviços do exterior, ou de quem a lei a ele equiparar.

Esta fonte de financiamento, prevista na EC n. 42 de dezembro/2003.

Trata-se da PIS/PASEP e a COFINS - Importação.

§ 1º – As receitas dos Estados, do Distrito Federal e dos Municípios destinadas à Seguridade Social constarão dos respectivos orçamentos, não integrando o orçamento da União.

Os entes federados descentralizados têm seu orçamento da seguridade social distinto do orçamento da União.

§ 2º – A proposta de orçamento da Seguridade Social será elaborada de forma integrada pelos órgãos responsáveis pela saúde, Previdência Social e assistência social, tendo em vista as metas e prioridades estabelecidas na lei de diretrizes orçamentárias, assegurada a cada área a gestão de seus recursos.

Será elaborada por comissão integrada por 3 representantes das áreas de saúde, de previdência social e de assistência social. (Lei n. 8.212/91, art. 8º)

§ 3º – A pessoa jurídica em débito com o sistema da seguridade social, como estabelecido em lei, não poderá contratar com o Poder Público nem dele receber benefícios ou incentivos fiscais ou creditícios.

Para contratar com o poder público (participar de uma licitação), será exigida a comprovação da inexistência de débito com a Seguridade Social, logo, a empresa deverá apresentar a Certidão negativa de débito expedida pela Secretaria da Receita Federal do Brasil e PGFN (Procuradoria Nacional da Fazenda Nacional), conforme o estabelecido no Decreto n. 8.302/14 e atos da SRFb.

§ 4º – A lei poderá instituir outras fontes destinadas a garantir a manutenção ou expansão da seguridade social, obedecido o disposto no art. 154, I.

Trata-se da competência residual da União para instituir contribuições sociais como outras fontes de financiamento.

Por meio de lei complementar.

O art. 154, I, dispõe que à União poderá instituir, por meio de Lei Complementar, os impostos ainda não previstos. Caso a União institua nova contribuição social com base de incidência não autorizada neste artigo (art. 195), será por meio de Lei Complementar.

O STF declarou inconstitucional o disposto no inciso IV do art. 22 da Lei n. 8.212/91.

A partir de 1999 uma lei ordinária acrescentou à Lei n. 8.212/91 a obrigação para a empresa que tomasse serviço por meio de cooperativa, o recolhimento de alíquota de 15 % sobre o valor bruto da Nota Fiscal.

Descumpriu a exigência do inciso I do art. 154 da CF, por meio de lei complementar.

§ 5º – Nenhum benefício ou serviço da Seguridade Social poderá ser criado, majorado ou estendido sem a correspondente fonte de custeio total.

A criação está relacionada a um benefício ou serviço novo. Ocorrerá a majoração quando aplicado o índice maior do que foi definido e esperado em Lei. Como estendido temos como exemplo o benefício de prestação continuada da assistência social, por meio da LOAS (Lei Orgânica da Assistência Social) que passou a ser devido aos idosos com 65 anos ou mais, a partir de 01/2004, 01 salário mínimo. Com a diminuição da idade de 67 para 65 anos, o benefício foi estendido para um número maior de idosos.

A COFINS (contribuição para o financiamento da seguridade social) aumentou para as empresas tributadas baseada no lucro real de 3% para 7,6% em 2004 também.

§ 6º – As contribuições sociais de que trata este artigo só poderão ser exigidas após decorridos noventa dias da data da publicação da lei que as houver instituído ou modificado, não se lhes aplicando o disposto no art. 150, III, b.

A anterioridade nonagesimal é aplicada na cobrança das contribuições sociais; aguarda-se um período de 90 dias após a publicação da Lei que as instituiu ou modificou, para exigi-las.

Ex.: Mudanças na cobrança de contribuições com a Lei n. 9.876, de 26.11.99, só foram exigidas após 01.03.2000. Período de adaptação para o contribuinte que precisou ter mais esta despesa.

§ 7º – São isentas de contribuição para a Seguridade Social as entidades beneficentes de assistência social que atendam às exigências estabelecidas em lei.

As conhecidas como entidades beneficentes de assistencia social - EBAS, para gozarem da imunidade das contribuições sociais, cotas patronais, precisam atender requisitos em lei (L.12.101/09). Neste parágrafo não está definida a área de atuação, matéria cabe a lei.

§ 8º- O produtor, o parceiro, o meeiro e o arrendatário rurais e o pescador artesanal, bem como os respectivos cônjuges, que exerçam suas atividades em regime de economia familiar, sem empregados permanentes, contribuirão para a seguridade social mediante a aplicação de uma alíquota sobre o resultado da comercialização da produção e farão jus aos benefícios nos termos da lei.

A mudança trazida aqui é a previsão constitucional de uma categoria para os segurados rurais, e que a partir de 24/07/91 pela Lei n. 8.212/91, conhecemos como categoria segurado especial.

Hipótese de contratação de empregado por curto período pelo Segurado Especial

L. n. 8.212/91 art. 12 § 8º O grupo familiar poderá utilizar-se de empregados contratados por prazo determinado ou trabalhador de que trata a alínea g do inciso V do caput deste artigo, à razão de no máximo 120 (cento e vinte) pessoas por dia no ano civil, em períodos corridos ou intercalados ou, ainda, por tempo equivalente em horas de trabalho, não sendo computado nesse prazo o período de afastamento em decorrência da percepção de auxílio-doença.

Ex.: 01 por 120 dias ou 02 por 60 dias ou 04 por 30 dias, assim sendo, poderá também tomar o serviço de 120 pessoas por um dia.

§ 9º – As contribuições sociais previstas no inciso I do caput deste artigo poderão ter alíquotas ou bases de cálculo diferenciadas, em razão da atividade econômica, da utilização intensiva de mão de obra, do porte da empresa ou da condição estrutural do mercado de trabalho.

As empresas poderão ter alíquotas ou base de incidência diferenciadas, tais como:

- 20% sobre a folha de pagamento de seus trabalhadores;
- 2,6% sobre o valor bruto da comercialização rural, recolhida por agroindústria;
- 22,5% sobre remuneração de empregado, trabalhador avulso e contribuinte individual devida pelas instituições financeiras; e
- 1%, 2% ou 3% devido pelas empresas sobre a remuneração de seus empregados e trabalhadores avulsos e desde 01/2010 multiplicado pelo Fator Acidentário de Prevenção-FAP.

§ 10 – A lei definirá os critérios de transferência de recursos para o sistema único de saúde e ações de assistência social da União para os Estados, o Distrito Federal e os Municípios, e dos Estados para os Municípios, observada a respectiva contrapartida de recursos.

A transferência de recursos para o SUS terá seus critérios definidos em lei.

A lei que trata do Plano de Custeio da Seguridade Social é a Lei n. 8.212/91. E está prevista receita destinada ao Sistema Único de Saúde no art. 27, parágrafo único.

§ 11 – É vedada a concessão de remissão ou anistia das contribuições sociais de que tratam os incisos I, a, e II deste artigo, para débitos em montante superior ao fixado em Lei Complementar.

É vedado o perdão do débito principal bem como dos acessórios (acréscimos legais), das contribuições sociais dos incisos I (dos empregadores, empresa ou a ela equiparado, sobre o valor pago a seus trabalhadores) e também das contribuições dos trabalhadores e outros contribuintes para débitos em montante superior a R$ 10.000,00 (dez mil reais) de acordo com o definido na Lei n. 11.941/09.

§ 12 – A lei definirá os setores de atividade econômica para os quais as contribuições incidentes na forma dos incisos I, b, e IV do caput serão não-cumulativas.

As contribuições aqui citadas são: COFINS/PIS, sobre faturamento ou receita, que para as empresas tributadas sobre lucro real, será de forma não-cumulativa.

A Lei n. 12.546/2011 trata da desoneração na folha de pagamento, para empresas de aproximadamente 60 segmentos da economia.

Em alguns casos a contribuição previdenciária da empresa 20% sobre a folha de salários foi substituída pela alíquota da PIS/COFINS.

> ATENÇÃO:
> Em Fev/2015 foi publicada a MP 669/2015 – Que reformula e reduz a desoneração anteriormente aprovada. Mas revogada pela MP 671/15.

§ 13 – Aplica-se o disposto no § 12 inclusive na hipótese de substituição gradual, total ou parcial, da contribuição incidente na forma do inciso I, a, pela incidente sobre a receita ou o faturamento.

Explicação: Algumas empresas estão financiando a Seguridade Social por meio PIS/COFINS, em substituição a cota patronal de 20 % sobre a folha de pagamento. Lei 13.043/2014.

Estudamos a previsão constitucional de que a "Seguridade Social será financiada por toda a sociedade, de forma direta e indireta, nos termos da lei, mediante recursos provenientes dos orçamentos da União, dos Estados, do Distrito Federal e dos Municípios e das contribuições sociais", dispostas nos incisos do art. 195 da Constituição Federal.

O custeio será de forma direta por meio das contribuições sociais (de empregados, empresas) e de forma indireta pela União, com recursos adicionais quando houver insuficiência, que serão transferidos do orçamento fiscal para o da Seguridade Social.

Destinação exclusiva das contribuições previdenciárias

CF, art. 167 – São vedados:

XI – a utilização dos recursos provenientes das contribuições sociais de que trata o art. 195, I, a , e II, para a realização de despesas distintas do pagamento de benefícios do Regime Geral de Previdência Social de que trata o art. 201.

Definida na Lei n. 11.457/07, art. 2º, § 1º. As contribuições sociais previdenciárias e acréscimos legais serão creditados ao Fundo do RGPS, para serem utilizadas exclusivamente no pagamento dos benefícios de Regime Geral.

Financiamento da Seguridade de Acordo com o Decreto n. 3.048/99

Art. 195. (Decreto n. 3.048) – No âmbito federal, o orçamento da seguridade social é composto de receitas provenientes:
I - da União;
II - das Contribuições sociais; e
III - de outras fontes.

Receitas da União

Art. 196. (Decreto n. 3.048) – A contribuição da União é constituída de recursos adicionais do Orçamento Fiscal, fixados obrigatoriamente na Lei Orçamentária anual.

A União é responsável por eventuais insuficiências financeiras, no Regime Geral da Previdência Social, devendo destinar verbas do orçamento fiscal o da Seguridade Social.

Art.197. Para pagamento dos encargos previdenciários da União poderão contribuir os recursos da seguridade social referidos no inciso VI do parágrafo único do art. 195, na forma da Lei Orçamentária anual, assegurada a destinação de recursos para as ações de saúde e assistência social.

Art. 195, Parágrafo Único. Constituem Contribuições Sociais:

I - as das empresas, incidentes sobre a remuneração paga, devida ou creditada aos segurados e demais pessoas físicas a seu serviço, mesmo sem vínculo empregatício.

A contribuição tratada aqui é a da empresa, e neste caso é sobre a remuneração, que compreende o valor recebido habitualmente pelo empregado e trabalhador avulso pela prestação de serviços, caso tome serviço de contribuinte individual é responsável pelo pagamento de cota patronal.

Deve-se ter atenção que a base de incidência para a empresa é a remuneração (sem limite; se a empresa pagou remuneração no total de R$ 5.000,00, sua contribuição social é de 20% sobre este valor), diferente da base de contribuição do empregado e trabalhador avulso, que será salário de contribuição (e, neste caso, ele recebendo R$ 5.000,00, em 01/2015 terá descontado pela empresa 11% limitado ao teto, logo 11% X 4.663,75 = R$ 513,01, este será o valor arrecadado (descontado) pela empresa do trabalhador).

A cota patronal não está limitada ao teto previdenciário, incide sobre a totalidade da remuneração paga. Para os segurados há um teto previdenciário que desde janeiro de 2015 é R$ 4.663,75.

II - as dos empregadores domésticos, incidente sobre o salário de contribuição dos empregados domésticos a seu serviço.

Com a PEC da doméstica convertida em lei complementar 150/15, o art. 24 da Lei 8.212/91 foi modificado. A alíquota do empregador doméstico é 12% e permanecerá até SET/15, com a modificação por meio da LC n. 150/15 a cota patronal do empregador doméstico a partir de outubro/15 será de 8% sobre a remuneração paga ou devida no mês anterior ao empregado doméstico a seu serviço.

Será encargo do empregador doméstico, a saber:

- Arrecadar (descontar) do empregado ao seu serviço alíquota de 8% a 11% sobre o salário de contribuição;
- Somar e recolher com a contribuição previdenciária patronal 8%; e
- A contribuição para financiar o seguro contra acidente de trabalho – SAT de 0,8 %; e
- 8 % de recolhimento para o FGTS; e
- 3,2 % para formação de fundo a ser utilizado como indenização.

O total da alíquota será de 20% para o empregador, que contempla contribuição previdenciária e os depósitos.

A partir de outubro de 2015 deixará de ser GPS - Guia de Previdência Social, passando a ser por Documento de Arrecadação Único - DAU. O vencimento foi alterado a partir da competência junho/2015. Prazo até dia 07 do mês seguinte ao da prestação de serviço, junho/2015 venceu até 07/07/2015.

III - as dos trabalhadores, incidentes sobre seu salário de contribuição.

A contribuição dos trabalhadores será sobre o salário de contribuição. Entenda o porquê:

Dos empregados/trabalhadores avulsos e os empregados domésticos serão arrecadadas de seu salário de contribuição, observando o teto previdenciário, as alíquotas:

SALÁRIO DE CONTRIBUIÇÃO (R$)	ALÍQUOTA PARA FINS DE RECOLHIMENTO AO INSS (%)
até 1.399,12	8,00
de 1.399,13 até 2.331,88	9,00
de 2.331,89 até 4.663,75	11,00

Atualizada por meio da Portaria Interministerial MPS/MF n. 13/2015 face ao reajuste dos benefícios previdenciários.

Exemplos:

- Empregado: Se sua remuneração foi de R$ 4.000,00 (salário) + R$ 2.000,00 (horas extras) + R$ 800,00 (comissão) de função, totalizou R$ 6.800,00, mas como ele contribuirá observando o limite máximo do salário de contribuição, sua contribuição será de 11% X teto previdenciário (4.663,75) = R$ 513,01.
- Doméstico e trabalhadores avulsos seguem a mesma linha de raciocínio.

Como outra categoria que contribui sobre seu salário de contribuição, temos:

- Contribuintes individuais: Trabalhadores que prestam serviço de natureza urbana ou rural, em caráter eventual, a uma ou mais empresa(s), sem relação de emprego. Para esta categoria de contribuinte deve ser observado também o limite mínimo (R$ 788,00) e o teto máximo (R$ 4.663,75). O salário de contribuição desta categoria desde 29/11/99 será a somatória de toda remuneração auferida dentro de uma competência, observando-se o limite máximo.

A categoria do segurado especial será abordada quando explicarmos contribuição social sobre o valor bruto da comercialização rural.

IV - as das associações desportivas que mantêm equipe de futebol profissional, incidentes sobre a receita bruta decorrente dos espetáculos desportivos de que participem em todo território nacional em qualquer modalidade desportiva, inclusive jogos internacionais, e de qualquer forma de patrocínio, licenciamento de uso de marcas e símbolos, publicidade, propaganda e transmissão de espetáculos desportivos;

Trata-se de contribuição substitutiva àquela normalmente recolhida pelas empresas. A associação desportiva contribui com 5% sobre a receita bruta arrecadada dos eventos desportivos, bem como do valor recebido nos patrocínios. O responsável pelo recolhimento é a entidade promotora do espetáculo esportivo até 2 dias úteis do evento e na hipótese de patrocínio pela empresa ou entidade patrocinadora que deverá reter 5% do valor pago a título de patrocínio, propaganda, até dia 20 do mês seguinte ao do pagamento.

Associação Desportiva, que Mantém Equipe de Futebol Profissional

Art. 205 do RPS. Dispõe sobre a contribuição de forma substitutiva das associações desportivas que mantém equipe de futebol profissional.

5% – da receita bruta decorrente de espetáculos desportivos de que participem, em todo território nacional, em qualquer modalidade desportiva, inclusive jogos internacionais. A entidade promotora é responsável pelo recolhimento até 2 dias úteis após o evento.

Art. 205, § 1º: Caberá à entidade promotora – Pode ser a federação, confederação ou liga descontar 5% da receita bruta e recolher até 2 dias úteis.

Espetáculos – Valor arrecadado na venda de ingressos para jogos, sorteios, bingos e shows.

Art. 205, § 3º: Caberá a empresa ou entidade patrocinadora, descontar 5% da receita bruta decorrente de patrocínio, licenciamento de uso de marcas e símbolos, publicidade, propaganda e transmissão de espetáculos esportivos, inadmitida qualquer dedução.

A empresa ou entidade patrocinadora é responsável pelo recolhimento da GPS (Guia de Previdência Social), com 5% sobre a receita do patrocínio, transmissão até dia 20 do mês seguinte ou antecipa.

A alíquota é a mesma, o que difere são os responsáveis pelo recolhimento. Nos espetáculos desportivos (jogos), a responsável pelo recolhimento é a entidade promotora (federação, confederação ou liga de esportes). E o prazo do recolhimento é de até 02 dias úteis após o evento.

Nos patrocínios, transmissões, uso de símbolos, marcas, temos a empresa que tenha pago o patrocínio ou a entidade patrocinadora, que serão responsáveis pela retenção dos 5% e recolhimento até dia 20 do mês seguinte ao da operação.

Art. 205, § 7º – As demais entidades desportivas que não mantêm clube de futebol profissional contribuem na forma das empresas em geral.

Atenção: Nem todas as associações mantém equipe de futebol profissional, possuem outras modalidades, mas não possuem futebol.

As Associações, que financiam de forma substitutiva continuam obrigadas:

As associações desportivas contribuem com uma alíquota substitutiva, mas restam algumas obrigações, a saber:

- 4,5% – Destinada a outras entidades e fundos, sendo (2,5 para Salário-educação (FNDE) + 0,2 para o INCRA + 1,5 para o SESC + 0,3 SEBRAE) incidentes sobre remuneração dos segurados empregados e trabalhadores avulsos.
- 20% – sobre remuneração paga ou creditada, a contribuinte individual de quem ela tenha tomado o serviço.
- 15% – incidente sobre valor bruto de NF, da fatura ou recibo de prestação de serviços, relativamente aos serviços prestados por cooperados por intermédio de cooperativa de trabalho.

A cota patronal sobre a remuneração dos empregados (inclusive jogadores de futebol) estão substituídas, mas a contribuição patronal sobre a remuneração paga ou creditada ao contribuinte individual é devida.

As Associações Desportivas também serão Obrigadas a Arrecadar (descontar) e Recolher:

- Arrecadar e recolher as contribuições dos empregados (atletas ou não), a dos trabalhadores avulsos, e a partir de 01.04.2003 a dos contribuintes individuais.
- Arrecadar e recolher a contribuição incidente sobre a comercialização rural, quando adquirida de segurado especial ou produtor rural pessoa física. Neste caso ela será empresa adquirente, e estará sub-rogada com a obrigação de descontar os 2,1% somado a 0,2 SENAR e recolher até dia 20 do mês seguinte ao da comercialização ou antecipa.
- Efetuar a retenção de 11%, sobre o valor bruto da nota fiscal emitida por uma empresa contratada, decorrente de serviços executados mediante cessão de mão de obra ou empreitada. (art. 219)

Ex.: Se uma empresa contratada colocar seus empregados para fazer a limpeza do estádio, a associação desportiva, como contratante, fará a retenção dos 11%. Reterá esta alíquota do valor bruto da nota fiscal a ser pago à contratada/empreitada, e recolherá o valor no CNPJ da prestadora.

V - as incidentes sobre a receita bruta proveniente da comercialização da produção rural;

Contribuição incidente sobre a receita bruta proveniente da comercialização da produção rural.

Este tipo de contribuição está previsto na CF, art. 195, § 8º, para a categoria do segurado especial.

Outros contribuintes financiam a seguridade sobre a receita bruta da comercialização tais como:

- Produtor rural pessoa Física Contribuinte Individual e Consórcio Simplificado de Produtores rurais.
- Produtor rural pessoa jurídica, agroindústria e Cooperativa de Produtores rurais.

É importante saber que esta contribuição social substitui:

- a cota patronal de 20%, art. 201, inciso I.
- o RAT de 1%, 2% ou 3%, art. 202, incisos I ao III.

VI - as das empresas, incidentes sobre a receita ou o faturamento e o lucro; e

As empresas em regra financiam sobre o faturamento com a COFINS (Contribuição para o Financiamento da Seguridade) e sobre o lucro com a CSLL (Contribuição Social sobre o Lucro Líquido).

As alíquotas dependem do regime de tributação da empresa para o recolhimento do imposto de renda se é sobre lucro real, lucro presumido ou optante do SIMPLES Nacional, e estarão definidas em lei específica.

VII - as incidentes sobre a receita de concursos de prognósticos.

É todo e qualquer sorteio de números, loterias, símbolos, apostas e prados de corridas. Na esfera federal, estadual, DF e municipal.

A cota de custeio é a receita líquida de tais concursos, depois de descontado o valor do pagamento do prêmio, impostos e taxa de administração. Haverá detalhamento deste assunto no capítulo que explica as contribuições sociais.

Receitas de Outras Fontes

Art. 213. Constituem outras receitas da seguridade social:
I - as multas, a atualização monetária e os juros moratórios.

Cobradas nos pagamentos fora do vencimento e as punitivas.

II - a remuneração recebida pela prestação de serviços de arrecadação, fiscalização e cobrança prestados a terceiros.

O assunto tratado neste dispositivo deve ser estudado pela **Lei n. 11.457/07, artigo 3º e parágrafos:**

Art. 3º As atribuições de que trata o art. 2º desta Lei se estendem às contribuições devidas a terceiros, assim entendidas outras entidades e fundos, na forma da legislação em vigor, aplicando-se em relação a essas contribuições, no que couber, as disposições desta Lei.

Trata-se das contribuições destinadas ao SESC, SENAC, SEBRAE, SESI, FNDE (Fundo Nacional de Desenvolvimento para Educação) e outros.

O órgão arrecadador, fiscalizador e cobrador dessas contribuições, que não são sociais previdenciárias, é a SRFB (Secretaria da Receita Federal do Brasil).

§ 1º A retribuição pelos serviços referidos no caput deste artigo será de 3,5% (três inteiros e cinco décimos por cento) do montante arrecadado, salvo percentual diverso estabelecido em lei específica.
(...)
§ 4º A remuneração de que trata o § 1º deste artigo será creditada ao Fundo Especial de Desenvolvimento e Aperfeiçoamento das Atividades de Fiscalização - FUNDAF, instituído pelo Decreto-Lei no 1.437, de 17 de dezembro de 1975.

Para que a SRFB preste o serviço às entidades ou fundos acima citados, cobrará uma retribuição de 3,5% sobre o valor arrecadado com esta finalidade. E será creditada ao fundo especial de Desenvolvimento e Aperfeiçoamento das Atividades de Fiscalização - FUNDAF (Lei n. 11.457/07 art. 3º § 4º).

Mas há, além destas, o Salário - Educação (FNDE), que tem como finalidade financiar o ensino público. A alíquota é de 2,5%, que as empresas recolhem sobre a remuneração paga, devida ou creditada aos empregados. E a remuneração cobrada pela SRFB será, neste caso, de 1,0% (Decreto n. 6.003/2006).

As empresas são responsáveis pelo recolhimento das alíquotas destinadas a estas entidades parafiscais; A Secretaria da Receita Federal do Brasil ao receber, irá repassá-las às entidades destinatárias. Atualmente as entidades e suas alíquotas correspondentes são:

- Entidade: SESC – Serviço Social do Comércio.
  Alíquota: 1,5%.
  Base de Incidência: Folha de pagamento.
  Sujeito Passivo: Estabelecimento Comercial.

- Entidade: SENAC – Serviço Nacional de Aprendizagem Comercial.
  Alíquota: 1%.
  Base de Incidência: Folha de pagamento.
  Sujeito Passivo: Estabelecimento Comercial.

- Entidade: SENAI – Serviço Nacional de Aprendizagem Industrial.
  Alíquota: 1%.
  Base de Incidência: Folha de pagamento.
  Sujeito Passivo: Estabelecimento Industrial.

- Entidade: SESI – Serviço Social da Indústria.
  Alíquota: 1,5%.
  Base de Incidência: Folha de pagamento.
  Sujeito Passivo: Estabelecimento Industrial.

- Entidade: SENAT – Serviço Nacional de Transporte.
  Alíquota: 1%.
  Base de Incidência: Folha de pagamento.
  Sujeito Passivo: Frete ou carreto para o transportador autônomo, transportadoras.

- Entidade: SEST – Serviço Social de Transporte.
  Alíquota: 1,5%.
  Base de Incidência: Folha de Pagamento.
  Sujeito Passivo: Frete ou carreto para o transportador autônomo, transportadoras.

- Entidade: SENAR – Serviço Nacional de Aprendizagem Rural.
  Segurado especial e Produtor pessoa física: 0,2%.

- Entidade: SEBRAE – Serviço Brasileiro de Apoio à Micro e Pequenas Empresas.
  Alíquota: 0,3%.
  Base de Incidência: Sobre a mesma base de incidência do SESC/SENAC, SESI/SENAI.
  Sujeito Passivo: Os que contribuem SESC/SENAC, SESI/SENAI.

- Entidade: DPC – Departamento de Portos e Costas.
  Alíquota: 2,5%.
  Base de Incidência: Sobre a folha do trabalhador avulso.
  Sujeito Passivo: OGMO.

- Entidade: INCRA – Instituto Nacional de Colonização e Reforma Agrária.
  Alíquota: 0,2%.
  Base de Incidência: A folha de pagamento.
  Sujeito Passivo: Empresa.

- Entidade: SESCOOP – Serviço Nacional de Aprendizagem do Cooperativismo.
  Alíquota: 2,5%.
  Base de Incidência: A folha dos empregados das cooperativas.
  Sujeito Passivo: Cooperativas.

III - as receitas provenientes de prestação de outros serviços e de fornecimento ou arrendamento de bens;

Se o beneficiário da Previdência Social necessita de cópia de um processo, será cobrado um pequeno valor por cópia, sendo mais uma receita.

IV - as demais receitas patrimoniais, industriais e financeiras;

Valor oriundo de resultado financeiro de bem mobiliário e imobiliário (aluguéis e receita de aplicação financeira).

Quanto às industrias poderão ser de natureza editorial ou gráfica.

V - as doações, legados, subvenções e outras receitas eventuais;

O valor de uma pensão por morte poderá ser doada à seguridade social, com a renúncia dos beneficiários legais.

VI - 50% da receita obtida na forma do parágrafo único do art. 243 da Constituição Federal, repassados pelo INSS aos órgãos responsáveis pelas ações de proteção à saúde e a ser aplicada no tratamento e recuperação de viciados em entorpecentes e drogas afins;

50% serão utilizados para a recuperação dos viciados em entorpecentes e drogas afins. Bens que tenham sido apreendidos do tráfico ilícito serão confiscados e reverterão em benefício de instituições e pessoal especializado no tratamento e recuperação de viciados e no aparelhamento e custeio de atividade de fiscalização.

CF MODIFICADA PELA EC 81 /2014
"Art. 243. As propriedades rurais e urbanas de qualquer região do País onde forem localizadas culturas ilegais de plantas psicotrópicas ou a exploração de trabalho escravo na forma da lei serão expropriadas e destinadas à reforma agrária e a programas de habitação popular, sem qualquer indenização ao proprietário e sem prejuízo de outras sanções previstas em lei, observado, no que couber, o disposto no art. 5º.
Parágrafo único. Todo e qualquer bem de valor econômico apreendido em decorrência do tráfico ilícito de entorpecentes e drogas afins e da exploração de trabalho escravo será confiscado e reverterá a fundo especial com destinação específica, na forma da lei." (NR)

Atenção: Destinam-se à seguridade social e não apenas à previdência social.

VII - 40% do resultado dos leilões dos bens apreendidos pela Secretaria da Receita Federal; e

Bens apreendidos pela Receita Federal do Brasil, do produto do leilão, 40% destina-se à seguridade social.

VIII - outras receitas previstas em legislação específica.

Parágrafo único. As companhias seguradoras que mantém seguro obrigatório de danos pessoais causados por veículos automotores de vias terrestres ou por sua carga, às pessoas transportadas ou não. (DPVAT), de que trata a Lei n. 6.194/74, deverão repassar à Seguridade Social 50% do valor total do prêmio recolhido, destinados ao Sistema Único de Saúde, para custeio da assistência médico-hospitalar dos segurados vitimados em acidentes de trânsito.

Apesar de a Lei n. 8.212/91 (art. 27, parágrafo único) dispor em 50% do valor total do prêmio recolhido, a Lei n. 9.503/97 (Código Nacional de Trânsito), no seu art. 78, parágrafo único, destina 10% da arrecadação previdenciária, ou seja, 5% do total, ao Coordenador do

Sistema Nacional de Trânsito para aplicação exclusiva em programas destinados à prevenção de acidentes.

Logo, temos: 45% será creditado ao Fundo Nacional de Saúde, para custeio da assistência médico-hospitalar dos segurados vitimados em acidentes de trânsito.

2. Receitas das Contribuições Sociais

Dos Segurados Empregado, Empregado Doméstico e Trabalhador Avulso.

Da Contribuição do Segurado Empregado, Empregado Doméstico e Trabalhador Avulso.

Art. 198. A contribuição do segurado empregado, inclusive o doméstico, e do trabalhador avulso é calculada mediante a aplicação da correspondente alíquota, de forma não-cumulativa, sobre o seu salário de contribuição mensal, observado o disposto no art. 214 (este artigo define o que é salário de contribuição para cada tipo de segurado), de acordo com a seguinte tabela.

A tabela a seguir será aplicada aos empregados/trabalhadores avulsos e domésticos. De forma não-cumulativa, significa dizer que se um empregado recebe de três empresas, ele deverá comunicar a cada uma delas o seu salário, para que cada uma desconte pela proporcionalidade. A soma do desconto nas três não ultrapassará a alíquota de 11% pelo teto previdenciário, que é o máximo.

Mas ainda resta uma dúvida: sobre o quê?

Estes segurados contribuem sobre o salário de contribuição, que é a remuneração recebida de uma ou mais empresas, e a remuneração trata-se de todos os ganhos recebidos habitualmente pelo empregado, inclusos aqui salário, horas extras, comissões e gorjetas.

O salário de contribuição tem limite mínimo (salário mínimo vigente R$ 788,00) e teto máximo (R$ 4.663,75).

Atualizada partir de janeiro de 2015, esta tabela será aplicada às 03 categorias de segurados (Empregado, trabalhado avulso e empregado doméstico):

SALÁRIO DE CONTRIBUIÇÃO[1]	ALÍQUOTA (%)[2]
até 1.399,12	8,00%
de 1.399,13 até 2.331,88	9,00%
de 2.331,89 até 4.663,75	11,00%

[1] Esta tabela é de desconto para Empregado/Trabalhador Avulso e Doméstico.
[2] Esta é a alíquota a ser descontada mensalmente do segurado.

De acordo com a Portaria Interministerial n. 13/2015, valores atualizados face aos reajustes dos benefícios previdenciários, pelo INPC de 6,23.

Nota: O empregado que trabalha em dois empregos estará sujeito à contribuição sobre a somatória (forma não cumulativa) dos ganhos habituais pelo trabalho em todas as atividades, respeitando o limite máximo de R$ 4.663,75.

Parágrafo único. A contribuição do segurado trabalhador rural a que se refere à alínea "r" do inciso I do art. 9º é de oito por cento sobre o respectivo salário de contribuição definido no inciso I do art. 214.

Do trabalhador rural na condição de empregado temporário (para o exercício de atividades de natureza temporária por prazo não superior a dois meses dentro do período de um ano), **será arrecadada (descontada pelo produtor rural que tenha contratado) a alíquota definida em lei de 8% sobre seu salário de contribuição (do mínimo até o teto).**

3. Forma Não-Cumulativa: Categorias - Empregado, Trabalhador Avulso e Empregado Doméstico

Formas de Aplicação das Alíquotas – Atividades Simultâneas

Alíquota de contribuição é o percentual a ser adotado, que será utilizado para o cálculo da contribuição previdenciária dos segurados.

Multiplicando-se a alíquota pela base de cálculo do fato gerador, obtém-se o valor da contribuição mensal.

De forma não cumulativa – É a somatória da remuneração auferida em mais de uma atividade como empregado, e o valor encontrado multiplicado pela alíquota de 8%, 9% ou 11%.

Ex.: Um empregado que recebe um salário mínimo; seu desconto será de:

- 8,00% X R$ 788,00 (base de cálculo) = R$ 63,04 será o valor descontado pela empresa, empregador doméstico ou Órgão Gestor de Mão de Obra.

A seguir hipóteses de um segurado na categoria empregado (onde as empresas estão obrigadas a descontar a contribuição), como e quem terá obrigação:

1ª HIPÓTESE

Categoria empregado com 02 vínculos:

ex.: empresa A: paga R$ 500,00
empresa B: paga R$ 800,00

Soma remunerações SC: R$ 1.300,00 até R$ 1.399,12 - alíquota 8,00%.

Valor contribuição social A: 8,00% (alíquota) x R$ 500,00 (base de cálculo da soma das remunerações) = R$ 40,00
Valor contribuição social B: 8,00% (alíquota) x R$ 800,00 (base de cálculo da soma das remunerações) = R$ 64,00
Valor contribuição social: .... = R$ 104,00

Cada empresa deverá descontar 8%, porque a soma da remuneração recebida nas duas está na primeira faixa do valor do salário de contribuição (Até R$ 1.399,12 alíquota 8 %).

Obs.: Nesta hipótese não há necessidade de comunicar às empresas, cada uma arrecadará (descontará) 8%.

2ª HIPÓTESE

ex.: empresa C: paga R$ 1.000,00
empresa D: paga R$ 800,00

soma remunerações das duas SC: R$ 1.800,00
de R$ 1.399,13 a até 2.331,88
- alíquota 9,00%

Valor contribuição social C: 9,00%(alíquota) x R$ 1.000,00 (base de cálculo da soma das remunerações) = R$ 90,00
Valor contribuição social D: 9,00% (alíquota) x R$ 800,00 (base de cálculo da soma das remunerações) = R$ 72,00
Valor contribuição social: .... = R$ 162,00

Nesta hipótese há necessidade de comunicar às empresas, para que seja descontada a alíquota de 9% sobre os R$ 1.000,00 e R$ 800,00.

3ª HIPÓTESE

Cálculo pela proporcionalidade até o teto previdenciário (limite máximo de contribuição social), veja:

- **Segurado empregado/trabalhador avulso ou empregado doméstico que possua múltiplos vínculos**

Exemplo: Daciel empregado nas empresas, que são três:
"A" recebe R$ 1.500,00; na
"B" recebe R$ 2.000,00 e na
"C" recebe R$ 1.500,00

A soma dos rendimentos ultrapassa o limite máximo de R$ 4.663,75
R$ 1.500,00 + R$ 2.000,00 + R$ 1.500,00 = R$ 5.000,00

Valor máximo que o segurado deve contribuir:
R$ 4.663,75 x 11% = R$ 513,01

- **Cálculo da contribuição que será arrecadada do empregado ou trabalhador avulso na empresa "A"**
Valor devido até o teto 11% de R$ 4.663,75 (R$ 513,01) x Salário recebido na "A" (1.500,00) / pela soma do valor recebido nas três empresas (5.000,00) = R$ 153,90
- **Cálculo da contribuição descontado do empregado ou trabalhador avulso pela empresa "B"**
Valor devido (R$ 513,01) x Salário recebido na "B" (2.000,00)/pela soma do valor recebido nas três empresas (5.000,00) = R$ 205,20
- **Cálculo da contribuição descontado do empregado ou trabalhador avulso pela empresa "C"**
Valor devido (R$ 513,01) x Salário recebido na "C" (1.500,00)/pela soma do valor recebido nas três empresas (5.000,00) = R$ 153,90
Total arrecadado pelas empresas do trabalhador: 11% X R$ 4.663,75 = R$ 513,01

Agora que você já sabe de que forma contribui os segurados empregados, doméstico e trabalhador avulso, vai entender como é feita a contribuição da categoria contribuinte individual e a dos segurados facultativos.

4. Da Contribuição dos Segurados Contribuinte Individual e Facultativo

Art. 199. A alíquota de contribuição dos segurados contribuinte individual e facultativo é de vinte por cento aplicada sobre o respectivo salário de contribuição, observado os limites que se referem os §§ 3º e 5º do art. 214.

A alíquota definida aqui: 20% será devida por 02 categorias
- contribuinte individual (ex-autônomos); e
- facultativo contribuem

Contribuem sobre o salário de contribuição e, neste caso, para o primeiro é toda remuneração auferida de pessoa física, empresa ou mais de uma empresa.

Para o facultativo (desempregado, dona de casa), salário de contribuição é o valor declarado por ele, sendo que todo mês poderá escolher o valor a pagar, observando o limite mínimo e o teto máximo.

Limite mínimo: Salário mínimo R$ 788,00, a partir de janeiro de 2015.

Teto máximo: R$ 4.663,75, a partir de janeiro de 2015 (Portaria Interministerial n. 13/2015)

O contribuinte individual e o segurado facultativo que optem por recolher a alíquota 20%, farão jus a todas as prestações. Não estão excluídos da aposentadoria por tempo de contribuição.

SITUAÇÃO 1 (RPS art. 199) - CONTRIBUINTE INDIVIDUAL POR CONTA PRÓPRIA

Se ele prestou serviço para outra pessoa física, prestou serviço por conta própria. Deverá contribuir pelo total da remuneração auferida até o teto, multiplicando-a por 20%, e recolhendo na Guia de Previdência Social (GPS) até dia 15 do mês seguinte ao da prestação de serviços.

SITUAÇÃO 2 - CONTRIBUINTE INDIVIDUAL QUE PRESTA SERVIÇO À EMPRESA

Art. 216, § 26. A alíquota de contribuição a ser descontada pela empresa da remuneração paga, devida ou creditada ao contribuinte individual a seu serviço, observado o limite máximo do salário de contribuição, é de onze por cento no caso das empresas em geral e de vinte por cento quando se tratar de entidade beneficente de assistência social isenta das contribuições sociais patronais.

Outra hipótese é a de o contribuinte individual ter prestado serviço para uma empresa, é obrigação da empresa tomadora do serviço:

- ela providenciará a inscrição dele na Previdência Social se ainda não estiver inscrito, obtendo o número identificador (PIS, PASEP ou NIT);
- e arrecadará (descontará) do valor pago ou creditado para ele, 11% limitado ao teto, e recolherá juntamente com a alíquota de 20% ao seu cargo até dia 20 do mês seguinte ao fato gerador.
- Logo, o contribuinte individual não deverá recolher mais nada, pois muitos têm dúvidas se é necessário complementar com 9%.

Exemplo: A empresa que tomou os serviços de um engenheiro para prestar um serviço no mês de FEV/2015 e pagou R$ 5.500,00; descontou da remuneração paga ou creditada a ele 11% (até o teto da previdência R$ 4.663,75 X 11% = R$ 513,01), e recolheu somada a cota patronal até o dia 20/03/2015.

SITUAÇÃO 3 - ATIVIDADE CONCOMITANTE COMO CONTRIBUINTE INDIVIDUAL

Art. 216, § 28 – Caberá ao próprio C.I. que prestar serviço na mesma competência a mais de uma empresa e que supere o teto máximo, comprovar as que sucederem à primeira o valor ou valores sobre os quais já tenha incidido desconto da contribuição de forma a se observar o limite máximo do salário de contribuição.

Se o contribuinte individual prestou serviço para mais de uma empresa e a somatória dos valores recebidos for até o teto máximo, cada empresa fará o desconto de 11%.

Mas se o total auferido em mais de uma empresa ultrapassar o teto previdenciário, neste caso, cabe ao segurado comunicar às empresas que sucederem, para que elas descontem até o teto.

Exemplo: O contribuinte individual/dentista prestou serviço para 3 clínicas no mês de 01/2015, valor do teto previdenciário em janeiro de 2015 R$ 4.663,75.

Clínica "Dentinho" - auferiu - R$ 2.500,00 – Esta arrecadou 11% deste valor (R$ 275,00).

Na Clínica " Bentinho" - auferiu - R$ 2.500,00 – O contribuinte individual/dentista comunicou a esta a respeito dos R$ 2.500,00 e **foi descontada alíquota de 11% sobre a diferença até o teto (11% X R$ 2.163,75= R$ 238,01)**; e na clínica

Clínica "Cantinho" - auferiu - R$ 1.000,00 – Esta será comunicada pelo prestador de serviço sobre as duas retenções feitas pelas duas primeiras. Não cabendo nenhum desconto, pois já contribuiu no teto previdenciário.

SITUAÇÃO 4 (art. 216, §31 do RPS) - CONTRIBUINTE INDIVIDUAL EM COOPERATIVA DE TRABALHO

§ 31. A cooperativa de trabalho é obrigada a descontar onze por cento do valor da quota distribuída ao cooperado por serviços por ele prestados, por seu intermédio, a empresas e vinte por cento em relação aos serviços prestados a pessoas físicas e recolher o produto dessa arrecadação no dia vinte do mês seguinte ao da competência a que se referir, antecipando-se o vencimento para o dia útil imediatamente anterior quando não houver expediente bancário no dia vinte.

Explicação: Não há mais esta obrigação.

O STF julgou e declarou ser inconstitucional o disposto no inciso IV do art. 22 da lei n. 8.212.

Por considerar que uma Lei Ordinária 9876/99, que revogou dispositivo de LC 84/96, e acrescentou a Lei n. 8.212/91 dispositivo que transferiu a obrigação pelo recolhimento de contribuição social patronal (sujeição passiva), bem como ampliou a base de cálculo ferindo o contido no art. 195, inciso I alínea "a" da CF e § 4º do art. 195 CF.

Uma nova fonte de financiamento da seguridade social poderia ser instituída pela União (competência residual), desde que por meio de lei complementar.

EM NOV/99 COM A LEI 9.876/99

COOPERATIVA DE TRABALHO - DISPONIBILIZAVA O CONTRIBUINTE INDIVIDUAL/ COOPERADO - PARA PRESTAR SERVIÇOS À EMPRESA.

Antes desta lei a contribuição foi devida pela cooperativa de trabalho sobre a remuneração paga, creditada ou distribuida ao segurado cooperado; (sujeição passiva foi da cooperativa de trabalho e a base de cálculo prevista na CF art. 195 inciso I alínea "a").

Após a Lei 9.876/99 a sujeição passiva é transferida da cooperativa de trabalho para a empresa tomadora do serviço, bem como a base de cálculo deixa de ser sobre a remuneração paga ou creditada e passa a ser o valor bruto da nota fiscal emitida pela cooperativa de trabalho.

Percebam que a base de cálculo valor bruto da NF não está prevista na CF no art. 195 inciso I alínea"a", neste caso a União poderia usar da competência residual para instituir nova fonte de financiamento para a seguridade social, mas em obediência ao previsto no § 4º do art. 195, desde que por meio de lei complementar.

Como a alteração foi por lei ordinária (l9.876/99) daí a declaração de inconstitucionalidade.

CONCLUSÃO:

Ato declaratório interpretativo - ADE número 14/15 de 26/05/2015 Receita Federal do Brasil

A partir de maio/2015 não é mais devida a alíquota de 15% X o valor bruto da NF emitida pela cooperativa de trabalho, nem de 5%, 7% ou 9% para financiamento da aposentadoria especial dos cooperados desta espécie de cooperativa.

Logo, o contribuinte individual cooperado deverá recolher sua contribuição mediante alíquota de 20% sobre a remuneração paga ou creditada até dia 15 do mês seguinte ao da prestação do serviço.

SITUAÇÃO 5 - HIPÓTESE NA QUAL O CONTRIBUINTE INDIVIDUAL PODERÁ DEDUZIR 45% DA CONTRIBUIÇÃO DEVIDA PELA EMPRESA, RECOLHIDA OU DECLARADA, LIMITADA A 9% DO SALÁRIO DE CONTRIBUIÇÃO. D. n. 3.048/ 99 *Art. 216 §§ 20, 21, 23, 32 e 33.*

Quando o contribuinte individual prestar serviço aos equiparados à empresa:

- contribuinte individual equiparado a empresa ou
- produtor rural pessoa física ou
- missão diplomática e repartição consular de carreira estrangeira.

Poderá deduzir de sua contribuição mensal 45% da contribuição da empresa, efetivamente recolhida ou declarada, limitada a 9% do salário de contribuição.

CÁLCULO DA DEDUÇÃO FEITA PELO CONTRIBUINTE INDIVIDUAL

CONTRIBUIÇÃO DOS EQUIPARADOS À EMPRESA
R$ 5.000,00 x 20% = R$ 1.000,00

DEDUÇÃO
R$ 1.000,00 X 45% da contribuição da empresa = R$ 450,00

OUTRO CÁLCULO DEVERÁ SER FEITO PELO CONTRIBUINTE INDIVIDUAL:

CONTRIBUIÇÃO DO SEGURADO
R$ 4.663,75 X 20 % = R$ 932,75

DEDUÇÃO LIMITADA A 9% DO SALÁRIO DE CONTRIBUIÇÃO
R$ 4.663,75 X 9% = R$ 419,74

CONTRIBUIÇÃO DO CONTRIBUINTE INDIVIDUAL PRESTADOR DE SERVIÇO APÓS A DEDUÇÃO LIMITADA:

R$ 932,75 – R$ 419,74 (limitado a este valor) = R$ 513,01, este será o valor devido e recolhido por ele, desde que o valor tenha sido informado em GFIP (Guia de Recolhimento do FGTS e de informações previdenciárias) ou ele tenha uma declaração do tomador de serviço (do equiparado a empresa).

A partir de 2015 a obrigação da empresa declarar o fato gerador de contribuição previdenciária na GFIP, será feita pelo Sistema e-Social.

Art. 216, § 32 – São excluídos da obrigação de arrecadar a contribuição do contribuinte individual que lhe preste serviço o produtor rural pessoa física, a missão diplomática, a repartição consular e o contribuinte individual. (Decreto n. 4.729/2003)

Quando o contribuinte individual prestar serviços para:

- Produtor rural pessoa física;
- A missão diplomática;
- A repartição consular; e
- Ao contribuinte individual equiparado a empresa.

São excluídos da obrigação de arrecadar. (descontar)

Próximo parágrafo acrescentado pelo Decreto n. 6.042/2007

§ 33. Na hipótese prevista no § 32, cabe ao contribuinte individual recolher a própria contribuição, sendo a alíquota, neste caso, de vinte por cento, observado o disposto nos §§ 20, 21 e 23

O contribuinte individual que prestar serviço aos tomadores Produtor rural pessoa física; à missão diplomática; à repartição consular; e ao contribuinte individual equiparado a empresa. É o devedor e responsável pela contribuição com alíquota de 20%. Podendo deduzir na forma do § 20, art. 216, do decreto resultando em 11%, sobre seu salário de contribuição.

5. Plano Simplificado de Previdência Social

Situação diferenciada para o facultativo.

Previsão constitucional: Artigo 201, §§ 12 e 13:

§ 12. Lei disporá sobre sistema especial de inclusão previdenciária para atender a trabalhadores de baixa renda e àqueles sem renda própria que se dediquem exclusivamente ao trabalho doméstico no âmbito de sua residência, desde que pertencentes a famílias de baixa renda, garantindo-lhes acesso a benefícios de valor igual a um salário mínimo. (Incluído pela Emenda Constitucional nº 41, 19.12.2003) e atualizada pela EC 47/2005.

De acordo com a Lei n. 8.212/1991 atualizada em 2014, temos:

Art. 21 § 2º No caso de opção pela exclusão do direito ao benefício de aposentadoria por tempo de contribuição, a alíquota de contribuição, incidente sobre o limite mínimo mensal do salário de contribuição, será de:

II – 5%

b) do segurado facultativo sem renda própria que se dedique exclusivamente ao trabalho doméstico no âmbito de sua residência, desde que pertencente a família de baixa renda.

ex.: Categoria facultativo/ dona de casa

Desde que pertença a grupo familiar de baixa renda com CADÚNICO.

Cabe arrependimento, desde que, complemente com a diferença para 20%, poderá aposentar por tempo de contribuição.

CF art. 201, §13. O sistema especial de inclusão previdenciária de que trata § 12 deste artigo terá alíquotas e carências inferiores às vigentes para os demais segurados do Regime Geral de Previdência Social.

Em regra a contribuição é de 20%, com direito ao plano convencional previdenciário do Regime Geral de Previdência Social - RGPS com direito a todos os benefícios.

Mas foi instiuída uma contribuição com alíquota inferior (5 % X S M), como forma de inclusão do segurado. E quanto a carência permanecem as mesmas exigidas para demais segurados.

RECEITA DAS CONTRIBUIÇÕES SOCIAIS

Artigo 195, Parágrafo Único, Decreto n. 3.048/99 incisos I ao VII

TRIBUTADOS	INCIDÊNCIA	ALÍQUOTA	SUJEITOS	FINALIDADE	PRAZO
"**I - Das Empresas** Artigo 201, Decreto n. 3.048/99"	Contribuição social sobre a remuneração paga, devida ou creditada aos segurados e demais pessoas físicas mesmo sem vínculo empregatício.	**20% X Remuneração**	Paga, devida ou creditada aos Empregados e Trabalhador Avulso e o valor da compensação pecuniária a ser paga no âmbito do Programa de Proteção ao Emprego - PPE		Empresa deve recolher as alíquotas a seu cargo, somadas as contribuições descontadas dos empregados, dos T.Avulsos e C.I., **até dia 20 do mês seguinte ou antecipa.**
		"Em razão da atividade preponderante da empresa: 1% = grau de risco leve 2% = grau de risco médio ou 3% = grau de risco grave sobre a **Remuneração"**	Paga, devida ou creditada aos Empregados e Trabalhador Avulso.	Custeio aposentadoria especial e dos benefícios concedidos em razão do grau de incidência de incapacidade laborativa e dos riscos do ambiente do trabalho. (G.I.I.L.R.A.T.) art. 202.	
		"Alíquota adicional da empresa para financiar aposentadoria especial, aos: 25 Anos = 6 % 20 anos = 9 % ; ou 15 anos = 12 % sobre a **Remuneração"**	Paga, devida ou creditada aos Segurados Empregado e Trabalhador Avulso.	"Financiar aposentadoria especial dos empregados e trabalhador avulso, que trabalhem em condições especiais. (art. 202, §1)"	
		20 % X Remuneração	Paga ou creditada aos C.I.		
"**II - Dos Empregadores Domésticos** Artigo 211, Decreto n. 3.048/99"	"Sobre o **Salário de Contribuição** dos empregados domésticos a seu serviço. **SC** = remuneração na CTPS"	"8 % do empregador* + 0,8 % S A T sobre o SC do empregado a seu serviço. (*) devida também no período da licença-maternidade da doméstica."	Responsável pelo recolhimento será o Empregador doméstico.	"Lim. Mín: piso legal ou normativo da categoria, inexistindo este o S. Minímo Teto Previdenciário: R$ 4.663,75 (para F.G. 10/15)"	Recolher alíquota a seu cargo e a do empregado até dia 07 do mês seguinte. Por meio de Simples doméstico. Com demais alíquotas para depósitos e impostos se houver.
"**III - Dos Trabalhadores** sobre seu Salário de Contribuição (SC) "	" Dos Empregados, Empregado Doméstico e Trabalhador avulso (Art. 198)"	"Tabela para as 03 categorias: S.C. até 1.399,12 => 8% R$ 1.399,13 a 2.331,88 => 9% R$ 2.331,89 a R$ 4.663,75 => 11%"	"Artigo 198, Parágrafo Único A alíquota do trabalhador rural temporário será de 8% incidente sobre **SC.**"	Alíquota conforme tabela, aplicada de forma não cumulativa X **SC** (Art. 198)	
	CI * e Facultativo (Art. 199)	**20%** sobre **SC**	Salário de Contribuição para C.I. é a Remuneração Auferida.	"Salário de contribuição para Facultativo é o Valor Declarado."	O próprio recolhe **até dia 15 do mês seguinte.**
	CI prestador para Empresa	Parte do C.I. => **11%** sobre **SC**	Remuneração paga ou creditada pela empresa.	Arrecadada e recolhida p/ empresa.	**até dia 20, antecipa.**
	Segurado Especial	Financia sobre o **valor da comercialização.**		Contribui com **2,1%** sobre a comercialização da produção.	**até dia 20, antecipa** (incisos I e II do art. 200)
	"CF art. 201 § 12 e § 13, Dec n. 3.048/99, art. 199A (Plano Simplificado de Previdência Social)"	"I - CI por conta própria, sem relação de trabalho com empresa; II - Facultativo; e III - MEI/C.I. - com receita bruta anual, no ano anterior, até 60.000,00 (Lei Complementar 123/06 at. 18 A e C)."	"§1º => Hipótese de Complemento §2º => Complementação exigida a qualquer tempo, sob pena de indeferir ou cancelar o benefício."	A partir da competência que o segurado fizer a opção para exclusão da aposentadoria por Tempo de Contribuição, mediante recolhimento utilizando o código de identificação específica. 11% sobre o limite mínimo do **SC**.	**até dia 15 do mês seguinte ao do Fato Gerador ou prorroga.** O M.E.I./C.I. até dia 20 do mês subsequente ou antecipa.

<table>
<tr><td rowspan="2">IV - Das Associações Desportivas que mantêm equipe de futebol profissional (RPS - Art. 205)</td><td rowspan="2">"5% sobre Receita Bruta

Esta alíquota ""substitui"" as devidas por empresas, sobre remuneração dos empregados e trabalhadores avulsos (art. 201, inciso I e art. 202)."</td><td>Dos espetáculos desportivos de que participe em todo BR, qualquer modalidade, jogos internacionais; e</td><td>A Entidade promotora é obrigada a descontar 5% e (art. 205, §1º)</td><td></td><td>Recolher até 2 dias úteis do evento.</td></tr>
<tr><td>dos patrocínios, licenciamento de uso de marcas e símbolos, publicidade, propaganda e transmissão de espetáculos desportivos.</td><td>Cabe a empresa ou entidade que repassar recursos à associação reter 5%</td><td></td><td>Recolher até dia 20 do mês seguinte ou antecipa.</td></tr>
<tr><td colspan="6">* Confederação desportiva (seleção brasileira) não é associação e, portanto, não contribui na forma do art. 205 e sim como empresa em regra.</td></tr>
<tr><td rowspan="3">V - As incidentes sobre a receita bruta proveniente da comercialização da produção rural;</td><td rowspan="3">"Segurado Especial, Empregador Rural P Física e Produtor Rural P Jurídica: sobre a receita bruta da comercialização rural (venda ou consignação) "</td><td>2% Seguridade Social + 0,1% Risco do ambiente de trabalho = 2,1 %</td><td>Do Segurado Especial e Empregador Rural P Física contribuem sobre valor bruto da comercialização da produção rural.</td><td>O ER Pessoa Física que possua empregado e T.A. (trabalhador avulso) contribui com a alíquota 2,1% sobre a venda em substituição a: 20% + RAT (1 %, 2% ou 3%) sobre a remuneração.</td><td>Recolher até dia 20 do mês seguinte ou antecipa.</td></tr>
<tr><td>"2,5% Seguridade Social (201, IV) + 0,1% Risco do Ambiente de Trabalho (202, §8º) = 2,6 %"</td><td>"2,6% devida pelo Produtor rural Pessoa Jurídica (art. 201, IV e art. 202 §8º)"</td><td>PRPJ que tenha como fim apenas a atividade de produção rural. Se explorar outra ativ. (comércio, serviço) contribuirá como empresa em regra.§ 22</td><td>Recolher até dia 20 do mês seguinte ao da comercialização ou antecipa.</td></tr>
<tr><td>2,5% Seguridade Social (art. 201, IV) + 0,1% Risco do Ambiente de Trabalho (art. 202, §8º) = 2,6 %</td><td>2,6% devida pela Agroindústria (art. 201 A). Cuja atividade econômica seja industrialização de produção própria ou de própria e a adquirida de terceiros.</td><td>Alíquota de 2,6% não se aplica às cooperativas e às agroindústrias de piscicultura, carcinicultura, avicultura e suinocultura e a PJ que se dedique apenas a florestamento e reflorestamento como matéria-prima. (art. 201-A, §4º, I e II)</td><td>Recolher até dia 20 do mês seguinte ao da comercialização ou antecipa.</td></tr>
<tr><td colspan="6">* Segunda forma de "alíquota substitutiva" ou "renúncia fiscal": os contribuintes no inciso V não são devedores da quota patronal como empresa (em regra); sobre a remuneração dos empregados e T.A.</td></tr>
<tr><td>VI - das Empresas</td><td>"Incidentes sobre faturamento ou receita e o lucro."</td><td>COFINS, PIS/PASEP e a C.S.L.L.</td><td>Das empresas</td><td>"COFINS e CSLL => financiam Saúde e Assistência Social e Encargos Previdenciários da União; PIS/PASEP => financia Seguro desemprego, Abono e Programas BNDES."</td><td>Alíquotas e prazos de acordo com lei específica.</td></tr>
<tr><td>VII - As incidentes sobre a receita de concursos de prognósticos.</td><td>Art. 212 => constitui receita da Seguridade social a Renda líquida dos concursos de prognósticos, excetuando-se os valores destinados ao programa de crédito educativo.</td><td>" I - Renda líquida, destinada a seguridade de sua esfera de governo;
II - 5% do movimento global em prados de corridas; e
III - 5% do movimento global de sorteios de numeros e qualquer modalidade de símbolos."</td><td>Arrecadada do público nos jogos.</td><td></td><td></td></tr>
</table>

SUB-ROGAÇÃO

Artigo 200 §7	**A contribuição de que trata este artigo, será recolhida:**
Inciso I	Empresa adquirente, consumidora ou consignatária ou a cooperativa, independentemente de terem comercializado direto com os S.E. ou o PRPF ou com intermediário pessoa física que não esteja no inciso III. Recolhimento até dia 20 do mês seguinte.
Inciso II	Pela pessoa física não produtor rural, que fica sub-rogada no cumprimento das obrigações do PRPFísica/ CI e do Segurado especial, quando adquire produção para venda, no varejo, a consumidor PF. Ou
Inciso III	Pelo PRPF e o SE que comercializem produção com adquirente domiciliado no exterior, diretamente no varejo, a consumidor PF, a outro PRPFísica ou a outro S. Especial.

Foi devida contribuição social sobre receita de exportação para F.G.até 11/12/2001, véspera da EC 33/2001.
A contar de 12/12/2001 há imunidade das contribuições sociais sobre receitas das exportações. - C.F. 149, art. 149, § 2º, inciso I

Quadro Sinótico

• Financiamento da Seguridade Social Prevista na Constituição art. 195 do inciso I ao IV.

• Financiamento da Seguridade Social de acordo com o Decreto n. 3.048/99 art. 195:
- I) Receitas da União;
- II) Contribuições Sociais; e de
- III) Outras Fontes.

Contribuição Social art. 195 parágrafo único do Decreto n. 3.048/99:
- I – Empresas e equiparados a empresas.
- II – Empregados domésticos.
- III – Trabalhadores.
- IV – Associações Desportivas.
- V – Da comercialização da Produção Rural.
- VI – Receita ou faturamento e o lucro – COFINS e CSLL.
- VII – Receitas de concursos de prognósticos.

• Receitas das contribuições sociais.

Dos Segurados:
- Empregado doméstico e Trabalhador avulso.
- Contribuinte individual e facultativo.
- Plano Simplificado de Previdência Social – Art. 199-A do Decreto n. 3.048/99.
- Atividade Concomitante como Contribuinte Individual.

Exercícios de Fixação

Responda com CERTO, ERRADO ou DEIXE EM BRANCO. Cada questão Errada anula uma Certa. Deixando-a em Branco, perde-se apenas esta questão.

Questões de Prova CESPE/UNB 2003

Quanto ao financiamento da seguridade social, julgue os itens.

01. As contribuições previdenciárias das empresas incidem sobre a remuneração paga, devida ou creditada aos segurados e demais pessoas físicas a seu serviço, com ou sem vínculo empregatício.

02. As contribuições a cargo da empresa, provenientes do faturamento e o lucro, destinadas à Seguridade social são arrecadadas, normatizadas, fiscalizadas e cobradas pelo INSS.

03. No caso de empregado doméstico, a contribuição previdenciária do empregador é de 20% sobre a remuneração paga ao empregado, da mesma forma que ocorre com as empresas em geral.

04. Com exceção da opção pelo recolhimento trimestral de contribuições, o segurado facultativo não pode retroagir sua filiação, estando vedado pagamento de contribuição relativa a competências anteriores à data de sua inscrição e do seu primeiro recolhimento.

Considere a seguinte situação hipotética:

Uma senhora foi admitida como empregada doméstica em 5.3.2003, tendo sido registrado em sua Carteira de Trabalho e Previdência Social (CTPS) um salário de R$ 200,00, que correspondia, na época, a um salário mínimo.

05. Nessa situação, a contribuição previdenciária será devida a partir da competência abril/2003, pois a competência março/2003 tem base de cálculo abaixo do limite de um salário mínimo em razão do número de dias trabalhados ter sido inferior a 30.

Considere a seguinte situação hipotética:

06. O Banco Austral S.A. oferece previdência complementar privada aberta para todos empregados e dirigentes da empresa por intermédio da Superprev S.A. Nessa situação, os valores das contribuições para a previdência privada efetivamente pagas pelo banco, embora não sejam considerados base de cálculo das contribuições previdenciárias, podem ser deduzidos do recolhimento à Previdência Social das contribuições a cargo da empresa.

07. O Ministério da Previdência Social poderá, com base nas estatísticas de acidentes do trabalho, apuradas em inspeção, alterar o enquadramento das empresas em relação aos riscos ambientais no trabalho, a fim de estimular investimentos em prevenção de acidentes.

08. O INSS é o órgão competente para instituir, arrecadar e fiscalizar o recolhimento das contribuições sociais, entre outras, devidas pelas empresas e incidentes sobre a remuneração paga, devida ou creditada aos segurados e demais pessoas físicas a seu serviço, com ou sem vínculo empregatício.

Assinale a alternativa correta:

09. (AFRFB/2005) Quanto ao financiamento da seguridade social, de acordo com o estabelecido na CF/88 e na legislação do respectivo custeio, assinale a opção correta.

a) A lei não pode instituir outras fontes de custeio além daquelas previstas na Constituição Federal.
b) São isentas de contribuição para a seguridade social as entidades beneficentes de assistência social que atendem às exigências estabelecidas em lei.
c) As contribuições sociais criadas podem ser exigidas no ano seguinte à publicação da respectiva lei.
d) Há possibilidade de criar benefício previdenciário sem prévio custeio.
e) Mesmo em débito com o sistema da seguridade social, pode a pessoa jurídica contratar com o poder público.

10. (AFRFB/2005) Com relação às contribuições sociais, no âmbito da seguridade social, é correto afirmar:

a) As contribuições sociais, de que trata o art. 195 da CF/88, só poderão ser exigidas após decorridos noventa dias da data de publicação da lei que as houver instituído ou modificado, não se lhes aplicando o disposto no art. 150, III, b, da Carta Magna.
b) As contribuições sociais de que trata o art. 195, da CF/88, só poderão ser exigidas após decorridos cento e oitenta dias da data de publicação da lei que as houver instituído ou modificado, não se lhes aplicando o disposto no art. 150, III, b, da Carta Magna.
c) São isentas de contribuição para a seguridade social todas as entidades de assistência social que atendam às exigências estabelecidas em lei complementar.
d) As contribuições sociais de que trata o art. 195, da CF/88, só poderão ser exigidas após decorridos noventa dias da assinatura da lei que as houver instituído ou modificado, não se lhes aplicando o disposto no art. 150, III, b, da Carta Magna.
e) As contribuições sociais de que trata o art. 195, da CF/88, só poderão ser criadas e exigidas após decorridos noventa dias da publicação da lei que as houver instituído ou modificado, não se lhes aplicando o disposto no art. 150, III, b, da Carta Magna.

11. (AFRFB/2005) Leia cada um dos assertos abaixo e assinale (V) ou (F), conforme seja verdadeiro ou falso. Depois, marque a opção que contenha a exata sequência.

( ) A contribuição social previdenciária dos segurados empregados, empregado doméstico e trabalhador avulso é calculada mediante a aplicação da alíquota de oito, nove ou onze por cento sobre o seu salário-de-contribuição, de acordo com a faixa salarial constante de tabela publicada periodicamente pelo MPS.

( ) O segurado empregado, inclusive o doméstico, que possuir mais de um vínculo, deverá comunicar mensalmente ao primeiro empregador a remuneração recebida até o limite máximo do salário de contribuição, envolvendo os vínculos adicionais.

( ) No que couberem, as obrigações de comunicar a existência de pluralidade de fontes pagadoras aplicam-se ao trabalhador avulso que, concomitantemente, exerça atividade de empregado.

a) VFV b) VVF c) VVV
d) VFF e) FFF

12. (TRF/2005) Leia cada um dos assertos abaixo e assinale (V) ou (F), conforme seja verdadeiro ou falso. Depois, marque a opção que contenha a exata sequência.

( ) A contribuição da União para a Seguridade Social é constituída de recursos adicionais do Orçamento Fiscal.

( ) Os recursos adicionais do Orçamento Fiscal para a Seguridade Social serão fixados obrigatoriamente na lei orçamentária anual.

( ) A União é responsável pela cobertura de insuficiências financeiras da Seguridade Social, quando decorrentes do pagamento de benefícios de prestação continuada da Previdência Social.

a) VVV
b) FFF
c) FVV
d) VVF
e) FFV

13. (TRF/2005) De acordo com os princípios constitucionais da Seguridade Social, é incorreta a seguinte opção:

a) não incidirá contribuição sobre aposentadoria e pensão concedidas pelo Regime Geral da Previdência Social de que trata o art. 201 da CF/88.
b) poderá ser instituída contribuição social do trabalhador sobre o lucro e o faturamento.
c) podem ter alíquotas diferenciadas as contribuições sociais da empresa.
d) os entes federados descentralizados têm seu orçamento da Seguridade Social distinto do orçamento da União.
e) a transferência de recursos para o Sistema Único de Saúde terá seus critérios definidos em lei.

AFRFB - ESAF/2009

14. A respeito do Financiamento da Seguridade Social, nos termos da Constituição Federal e da legislação de custeio previdenciária, assinale a opção correta.

a) A pessoa jurídica em débito com o sistema de seguridade social pode contratar com o poder público federal.
b) Lei ordinária pode instituir outras fontes de custeio além das previstas na Constituição Federal.
c) Podem-se criar benefícios previdenciários para inativos por meio de decreto legislativo.
d) As contribuições sociais criadas podem ser exigidas noventa dias após a publicação da lei.
e) São isentas de contribuição para a seguridade social todas entidades beneficentes de utilidade pública distrital e municipal.

15. (CESPE - 2013 - TC-DF - Procurador) Acerca da seguridade social, julgue os itens a seguir.

Uma norma legal que apenas altere o prazo de recolhimento das contribuições sociais destinadas à previdência social não se sujeitará ao princípio da anterioridade.

( ) Certo ( ) Errado

16. (FCC - 2012 - TRT - 4ª REGIÃO (RS) - Juiz do Trabalho) NÃO incidem contribuições sociais de seguridade sobre

a) folha de pagamentos de empresas públicas e sociedades de economia mista federais.
b) folha de pagamentos de partidos políticos, inclusive suas fundações, e entidades sindicais dos trabalhadores.
c) remunerações auferidas por segurados já aposentados pelo regime geral de previdência social.
d) a parcela da folha de pagamento de empresas relativa a contribuições a planos de previdência complementar disponível à totalidade de seus empregados e dirigentes.
e) folha de salários de missão diplomática e repartição consular de carreira estrangeiras.

17. (TRT 24R (MS) - 2012 - TRT - 24ª REGIÃO (MS) - Juiz do Trabalho) Assinale a alternativa INCORRETA:

a) O financiamento da seguridade social advém de recursos provenientes dos orçamentos da União, dos Estados, do Distrito Federal e dos Municípios e da contribuição social do empregador da empresa e da entidade a ela equiparada.
b) A contribuição social do empregador da empresa e da entidade a ela equiparada para o custeio da seguridade social incide sobre a folha de salários e demais rendimentos do trabalho pagos ou creditados, a qualquer título, à pessoa física que lhe preste serviço, mesmo sem vínculo empregatício, a receita ou faturamento e o lucro.
c) É devida a contribuição social do trabalhador e dos demais segurados da previdência social para custeio da seguridade social.
d) Não é devida contribuição social para custeio da seguridade social incidente sobre a receita de concursos de prognósticos.
e) É devida contribuição social para custeio da seguridade social do importador de bens ou serviços do exterior, ou de quem a lei a ele equiparar.

18. (CESPE - 2013 - TRT - 5ª Região (BA) - Juiz do Trabalho) Entre as receitas que custeiam a seguridade social incluem-se as provenientes das contribuições sociais devidas

a) pelos trabalhadores, incidentes sobre sua remuneração.
b) pelas empresas, incidentes sobre a sua participação no Programa de Integração na Seguridade Social.
c) pelas empresas, incidentes sobre o salário de contribuição dos empregados a seu serviço.
d) pelos trabalhadores, incidentes sobre o salário de contribuição.
e) pelas empresas, incidentes sobre a renda dos trabalhadores a seu serviço.

19. (CESPE - 2013 - TRF - 2ª REGIÃO - Juiz Federal) Conforme a CF, a seguridade social será financiada por toda a sociedade, de forma direta e indireta, nos termos da lei, mediante recursos provenientes dos orçamentos da União, dos estados, do Distrito Federal e dos municípios, e de determinadas contribuições. Nesse sentido, as contribuições sociais constitucionalmente previstas incluem a contribuição

a) sobre o domínio econômico incidente sobre a venda de petróleo e derivados.
b) do exportador de serviços para o exterior.
c) do aposentado pelo RGPS.
d) da pensionista de trabalhador falecido que se tenha aposentado pelo RGPS.
e) da entidade equiparada a empresa, na forma da lei, incidente sobre o faturamento.

20. (FCC - 2013 - DPE-AM - Defensor Público) Em relação à Organização e Custeio da Seguridade Social, analise as afirmações abaixo.

I. As propostas orçamentárias anuais ou plurianuais da Seguridade Social serão elaboradas por comissão integrada por 3 (três) representantes, sendo 1 (um) de cada área: saúde, previdência social e assistência social.

II. A contribuição do empregado doméstico, bem como a do trabalhador avulso é de 12% (doze por cento) do seu salário de contribuição mensal.

III. A União não é responsável pela cobertura de eventuais insuficiências financeiras da Seguridade Social, quando decorrentes do pagamento de benefícios de prestação continuada da Previdência Social, por falta de previsão da Lei Orçamentária Anual.

IV. Constitui receita da Seguridade Social 40% (quarenta por cento) do resultado dos leilões dos bens apreendidos pelo Departamento da Receita Federal.

V. Caberá à entidade promotora do espetáculo a responsabilidade de efetuar o desconto de cinco por cento da receita bruta decorrente dos espetáculos desportivos e o respectivo recolhimento ao INSS, no prazo de até dois dias úteis após a realização do evento.

Está correto o que se afirma APENAS em

a) I, II e III.
b) I, III e V.
c) II, III e IV.
d) II, IV e V.
e) I, IV e V

21. (FCC - 2012 - INSS - Técnico do Seguro Social) Entre as fontes de financiamento da Seguridade Social encontra-se

a) o imposto de renda.
b) o imposto sobre circulação de mercadorias.
c) a contribuição do Fundo de Garantia do Tempo de Serviço.
d) a contribuição social sobre a folha de salários.
e) a contribuição de melhoria.

22. (FCC - 2012 - TRT - 20ª REGIÃO (SE) - Juiz do Trabalho) A seguridade social será financiada por toda a sociedade, de forma direta e indireta, nos termos da lei, mediante recursos provenientes dos orçamentos da União, dos Estados, do Distrito Federal e dos Municípios, e das contribuições sociais:

a) do empregador doméstico, da empresa e da entidade a ela equiparada, incidentes sobre a folha de salários e demais rendimentos pagos ou creditados, a qualquer título, à pessoa física que lhe preste serviço, mesmo sem vínculo empregatício.
b) do empregador e da entidade a ele equiparado na forma da lei, incidentes sobre a folha de salários e demais rendimentos do trabalho pagos ou creditados, a qualquer título, à pessoa física que lhe preste serviço, somente com vínculo empregatício.
c) do empregador, da empresa e da entidade a ela equiparada na forma da lei, incidentes sobre a folha de salários e demais rendimentos do trabalho pagos ou creditados, a qualquer título, à pessoa física que lhe preste serviço, mesmo sem vínculo empregatício.
d) do empregador, da empresa e da entidade a ela equiparada na forma da lei, incidentes sobre a folha de salários e demais rendimentos do trabalho pagos ou creditados, a qualquer título, à pessoa física que lhe preste serviço, somente com vínculo empregatício.
e) do empregador e da empresa, incidentes sobre a folha de salários e demais rendimentos do trabalho pagos ou creditados, a qualquer título, à pessoa jurídica que lhe preste serviço, mesmo sem vínculo empregatício.

Responda as questões de 23 a 28, utilizando CERTO ou ERRADO

23. Rita foi contratada para trabalhar na residência de Zuleica, em atividade sem fins lucrativos, mediante o recebimento de um salário mínimo por mês.

Nessa situação hipotética, a contribuição destinada à seguridade social a cargo de:
Rita será de 8% sobre o valor de um salário mínimo.

24. **Julgue o próximo item, referente ao custeio da seguridade social.**

Produtor rural que exerça sua atividade em regime de economia familiar, sem empregados permanentes, será isento de contribuição para a seguridade social.

25. A contribuição destinada ao financiamento da seguridade social não incide sobre a aposentadoria concedida pelo RGPS. Todavia, o aposentado pelo RGPS que voltar a exercer atividade abrangida por esse regime será segurado obrigatório em relação a essa atividade, ficando sujeito a contribuições para fins de custeio da seguridade social.

26. Todas as entidades beneficentes ou filantrópicas são constitucionalmente isentas do pagamento de contribuição para a seguridade social.

27. A contribuição social destinada ao financiamento da seguridade social a cargo do empregador incide sobre a folha de salários e sobre os demais rendimentos do trabalho pagos à pessoa física que lhe preste serviço, ainda que sem vínculo empregatício.

28. **Julgue o próximo item, referente ao custeio da seguridade social.**

A contribuição social destinada ao financiamento da seguridade social a cargo da empresa poderá ter alíquota diferenciada unicamente em razão do porte da empresa e da atividade econômica por ela exercida.

Gabarito

01. C	02. E	03. E	04. C	05. E
06. E	07. C	08. E	09. B	10. A
11. A	12. A	13. B	14. D	15. C
16. D	17.D	18. D	19.E	20. E
21. D	22. C	23. C	24. E	25. C
26. E	27. C	28. E		

6. Receitas das Contribuições Sociais da Empresa

1. Receitas das Contribuições Sociais da Empresa

Art. 201. (Decreto n. 3.048) - A contribuição a cargo da empresa, destinada à seguridade social, é de:
I – 20% sobre o total das remunerações pagas, devidas ou creditadas, a qualquer título, no decorrer do mês, aos segurados empregado e trabalhador avulso, além das contribuições previstas nos arts. 202 e 204 (para o financiamento das aposentadorias especiais e das contribuições da COFINS E CSLL);

<u>A Lei nº 8.212, de 24 de julho de 1991, passa a vigorar com as seguintes alterações: (MP n. 680/15)</u>

"Art. 22. ....

I - vinte por cento sobre o total das remunerações pagas, devidas ou creditadas a qualquer título, durante o mês, aos segurados empregados e trabalhadores avulsos que lhe prestem serviços, destinadas a retribuir o trabalho, qualquer que seja a sua forma, inclusive as gorjetas, o valor da compensação pecuniária a ser paga no âmbito do Programa de Proteção ao Emprego - PPE, os ganhos habituais sob a forma de utilidades e os adiantamentos decorrentes de reajuste salarial, quer pelos serviços efetivamente prestados, quer pelo tempo à disposição do empregador ou tomador de serviços, nos termos da lei ou do contrato ou, ainda, de convenção ou acordo coletivo de trabalho ou sentença normativa.

Remuneração é a importância recebida de uma ou mais empresas, assim entendida a totalidade dos rendimentos pagos, devidos ou creditados a qualquer título, durante o mês, destinados a retribuir o trabalho, qualquer que seja a sua forma, inclusive os ganhos habituais sob a forma de utilidades (um imóvel cedido pelo empregador ao empregado), e excetuado o lucro distribuído ao segurado empresário (lucro não é pro labore, retirada). A remuneração será devida ao empregado e trabalhador avulso. Devida porque é regime de competência. Terminado o mês de trabalho o empregado aguarda até o 5º dia útil para recebê-lo. E a empresa recolherá (sua parte e a do trabalhador) na GPS (guia de previdência social) até o dia 20 do mês seguinte àquele a que se referirem as remunerações, antecipando-se o vencimento para o dia útil imediatamente anterior quando não houver expediente bancário no dia 20.

Pagos = É o efetivamente recebido pelo trabalhador.
Devidos = Refere-se ao regime de competência.
Creditados = Documento com declaração do valor a que o trabalhador tem direito (recibo, contrato, sentença judicial, registros contábeis, entre outros).

Valor da Compensação Pecuniária a ser Paga no Âmbito do Programa de Proteção ao Emprego - PPE

O empregado em empresa que aderiu ao PPE, que passará a trabalhar com redução da jornada de trabalho em até 30%. 50% deste valor ele receberá sob o título de compensação.

<u>Com receitas do FAT (contribuições do PIS/PASEP).</u>

Empregado com remuneração de R$ 3.000,00

Empresa aderiu PPE e a partir de outubro/15 todos os empregados terão reduzida a jornada de trabalho em 20%; logo a remuneração após redutor será R$ 2.400,00.

Fará jus a uma compensação com recursos do FAT de 50 % do redutor, no exemplo, R$ 300,00.

O valor do Salário de contribuição de outubro será R$ 2.400,00 + R$ 300,00= R$ 2.700,00

Decreto 3048/99 art. 201 inciso II – 20% sobre o total das remunerações ou retribuições pagas ou creditadas no decorrer do mês ao segurado contribuinte individual;

Trata-se da contribuição de uma empresa que tomou o serviço de um contribuinte individual (professor, médico, mecânico, tradutor, outros); sua cota patronal é de 20% do valor da remuneração paga ou creditada ao contribuinte individual. Ao término da prestação de serviço, o contribuinte individual recebe e por ser eventual não aguardará até o 5º dia útil do mês seguinte, logo não será remuneração devida, será paga ou creditada. Lembrar que em todas as situações em que haja cota patronal esta será sobre a totalidade das remunerações.

Integra a remuneração a bolsa de estudos paga ou creditada ao médico-residente (Lei n. 6.932, de 1981). O participante do programa de residência médica não é estagiário/bolsista, e sim contribuinte individual. (art. 9º § 15, X e art. 201, § 2º, II)

O valor que o médico residente recebe da empresa tomadora de serviço (hospital) como contribuinte individual ou o valor recebido por ele pela cooperativa de trabalho integra seu salário de contribuição e financiará a seguridade social como contribuinte individual (não confundir com estagiários que recebem bolsa e poderão contribuir como facultativo na forma da Lei n. 11.788/08).

§ 4º – A remuneração paga ou creditada a condutor autônomo de veículo rodoviário, ou ao auxiliar de condutor autônomo de veículo rodoviário, em automóvel cedido em regime de colaboração, nos termos da Lei n. 6.094, de 30 de agosto de 1974, pelo frete, carreto ou transporte de passageiros, realizado por conta própria, corresponde a 20% do rendimento bruto.

Neste inciso, § 4º, trata-se também da remuneração paga ou creditada ao condutor autônomo ou ao seu auxiliar, pelo frete, carreto ou transporte de passageiros. Os trabalhadores aqui citados são contribuintes individuais (não são empresas transportadoras), transportando passageiros ou cargas com seu veículo. Atenção, o valor do frete por ele cobrado é considerado rendimento bruto, não é remuneração; neste valor estão contidas as despesas com o veículo e, sendo assim, a remuneração dele representa 20% do valor recebido (rendimento bruto).

O Sr. Elias, contribuinte individual/condutor, recebeu de uma empresa R$ 30.000,00 no mês de 01/2015 pelo transporte de passageiros de uma cidade do interior para a capital; a empresa primeiro apurou 20% sobre o valor cobrado pelo transportador autônomo (rendimento bruto) o valor encontrado: R$ 6.000,00 (é a remuneração) e será multiplicado por 20% = R$ 1.200,00; este valor é a cota patronal, devida pela empresa.

A empresa deverá descontar dele 11% X R$ 4.663,75 (teto 01/2015) = R$ 513,01 e ainda as contribuições para o SENAT (Serviço Nacional de Transporte) e SEST (Serviço Social de Transporte) de 1% e 1,5%, respectivamente sobre seu salário de contribuição.

A cota patronal de uma empresa começa com 20% sobre o valor pago, devido ou creditado àqueles que lhe prestem serviços, mesmo sem vínculo empregatício.

Art. 202. A contribuição da empresa, destinada ao financiamento da aposentadoria especial, nos termos dos arts. 64 a 70, e dos benefícios concedidos em razão do grau de incidência de incapacidade laborativa decorrente dos riscos ambientais do trabalho corresponde à aplicação dos seguintes percentuais, incidentes sobre o total da remuneração paga, devida ou creditada a qualquer título, no decorrer do mês, ao segurado empregado e trabalhador avulso:
I - um por cento para a empresa em cuja atividade preponderante o risco de acidente do trabalho seja considerado leve;
II - dois por cento para a empresa em cuja atividade preponderante o risco de acidente do trabalho seja considerado médio; ou
III - três por cento para a empresa em cuja atividade preponderante o risco de acidente do trabalho seja considerado grave.

Mas há uma contribuição que tem como finalidade custear as aposentadorias especiais e os benefícios concedidos em razão do grau de incidência da incapacidade laborativa dos riscos do ambiente do trabalho. A empresa, por meio desta alíquota, custeia o seguro contra o acidente do trabalho.

Além da alíquota de 20% sobre remuneração paga, devida ou creditada aos empregados e trabalhador avulso será devida a alíquota de 1, 2 ou 3%.

A empresa mensalmente fará o enquadramento, verificando em que atividade está o maior número de empregados e trabalhadores avulsos em todas as unidades da empresa, e a atividade que compreender o maior número, nesta será feito o seu enquadramento. Se uma empresa, com 2.000 empregados e trabalhadores avulsos, na matriz e filial, possui 1.200 trabalhando em consultoria de informática, grau de risco leve, a atividade preponderante será esta, e o recolhimento será de 1% sobre a folha de todos na categoria de empregados e trabalhador avulso.

- Grau 1 – Correspondente ao grau de risco leve – alíquota 1% sobre a remuneração paga, devida ou creditada aos seus empregados e trabalhadores avulsos. Ex.: consultoria de informática.

- Grau 2 – Correspondente ao grau de risco médio sua alíquota será 2%. Ex.: atividade relacionada à área de saúde.
- Grau 3 – Correspondente ao grau de risco grave contribuirá com 3%. Ex.: fabricação de máquinas, transportes de passageiros.

§ 1º As alíquotas constantes do caput serão acrescidas de doze, nove ou seis pontos percentuais, respectivamente, se a atividade exercida pelo segurado a serviço da empresa ensejar a concessão de aposentadoria especial após quinze, vinte ou vinte e cinco anos de contribuição.

Sobre a remuneração do segurado empregado e a do trabalhador avulso que trabalhe exposto a agente nocivo, que enseje a aposentadoria especial, a empresa será devedora desse acréscimo.

§ 2º O acréscimo de que trata o parágrafo anterior incide exclusivamente sobre a remuneração do segurado sujeito às condições especiais que prejudiquem a saúde ou a integridade física.

Os 20% sobre a remuneração serão sobre todos os segurados (artigo 201), a alíquota de 1% , 2% ou 3% sobre todos os empregados e trabalhadores avulsos (artigo 202), mas as alíquotas de 6%, 9% ou 12% incidirão sobre os empregados e trabalhadores avulsos que trabalhem expostos a agentes nocivos e tenham direito a aposentadoria especial com 25, 20 ou 15 anos respectivamente.

§ 3º Considera-se preponderante a atividade que ocupa, na empresa, o maior número de segurados empregados e trabalhadores avulsos.
§ 4º A atividade econômica preponderante da empresa e os respectivos riscos de acidentes do trabalho compõem a Relação de Atividades Preponderantes e correspondentes Graus de Risco, prevista no Anexo V.
§ 5º É de responsabilidade da empresa realizar o enquadramento na atividade preponderante, cabendo à Secretaria da Receita Previdenciária do Ministério da Previdência Social revê-lo a qualquer tempo.

Alterado pelo Decreto n. 6.042/2007.

§ 6º Verificado erro no auto enquadramento, a Secretaria da Receita Previdenciária adotará as medidas necessárias à sua correção, orientará o responsável pela empresa em caso de recolhimento indevido e procederá à notificação dos valores devidos. (Alterado pelo Decreto n. 6.042/2007)

FATOR ACIDENTÁRIO DE PREVENÇÃO

Art. 202-A. As alíquotas constantes nos incisos I a III do art. 202 serão reduzidas em até cinquenta por cento ou aumentadas em até cem por cento, em razão do desempenho da empresa em relação à sua respectiva atividade, aferido pelo Fator Acidentário de Prevenção - FAP.

Contexto Atual:

- São definidos níveis de grau de risco:
  Leve – 1%,
  Médio – 2% ou
  Grave – 3%
  por empresa (por CNPJ) de acordo com a atividade preponderante;

- Correspondem às alíquotas de contribuição diferenciadas, por atividade econômica. As empresas de um mesmo segmento financiam com a mesma alíquota;

- As alíquotas definidas, quanto a forma que é feito o enquadramento não beneficia a empresa que investe em prevenção.

O FAP – Fator Acidentário de Prevenção

Trata-se de um índice por empresa (por CNPJ), compreendido entre 0,5 e 2, que será multiplicado pelas atuais alíquotas de 1%, 2% e 3%, a partir de 01/2010, com base em indicador de desempenho calculado a partir dos índices: frequência, gravidade e custo segundo metodologia aprovada pelo Conselho Nacional de Previdência Social (CNPS), levando-se em conta:
I - Índice de frequência, a quantidade de benefícios incapacitantes cujos agravos causadores da incapacidade tenham gerado benefício com significância estatística capaz de estabelecer nexo epidemiológico entre a atividade da empresa e a entidade mórbida, acrescentada da quantidade de benefícios de pensão por morte acidentária;
II - Índice de gravidade, a somatória, expressa em dias, da duração do benefício incapacitante considerado nos termos do inciso I, tomada a expectativa de vida como parâmetro para a definição da data de cessação de auxílio-acidente e pensão por morte acidentária; e
III - Índice de custo, a somatória do valor correspondente ao salário de benefício diário de cada um dos benefícios considerados no inciso I, multiplicado pela respectiva gravidade. (art. 202, parágrafo 4º)

Metodologia - Aprovada pelo CNPS (Conselho Nacional de Previdência Social)

Ex.: A empresa/indústria metalúrgica com alíquota de 3%, a partir da vigência do FAP poderá ter a redução em até 50% ou aumento em até 100% desta alíquota.

ETAPAS ATÉ A APLICAÇÃO DO FAP:
- Decretos n. 6.042/07 e n. 6.257/07

a) O MPS disponibilizou pela Internet, até 30/11/2007, o NIT - Número de identificação do trabalhador relativo aos benefícios – Para avaliação do desempenho de maio de 2004 a 31 de dezembro de 2006, para apuração do FAP;

b) A empresa pode impugnar, até 30 dias da publicação, os eventos (ocorrências por incapacidade) demonstrando inconsistência, e resultado do julgamento das impugnações será divulgado em setembro de 2009;

c) art. 202, § 6º - O FAP produzirá efeitos tributários a partir do primeiro dia do quarto mês subsequente ao de sua divulgação.

d) O FAP foi divulgado pelo MPS em setembro/2009, será aplicado a partir da competência 01/2010, reduzindo-as ou aumentando-as.

Art. 202-B. O FAP atribuído às empresas pelo Ministério da Previdência Social poderá ser contestado perante o Departamento de Políticas de Saúde e Segurança Ocupacional da Secretaria de Políticas de Previdência Social do Ministério da Previdência Social, no prazo de trinta dias da sua divulgação oficial. (Decreto nº 7.126, de 2010)

Explicação: Se um benefício é negado no INSS caberá recurso ao Conselho de Recursos da Previdência Social-MPS, ao contribuinte que discorde de um auto de infração lavrado poderá interpor recurso ao Conselho de Contribuintes-MF e à empresa que queira questionar o FAP o recurso poderá ser interposto à Secretaria de Políticas da Previdência Social-MPS.

§ 1º A contestação de que trata o caput deverá versar, exclusivamente, sobre razões relativas a divergências quanto aos elementos previdenciários que compõem o cálculo do FAP.
§ 2º Da decisão proferida pelo Departamento de Políticas de Saúde e Segurança Ocupacional, caberá recurso, no prazo de trinta dias da intimação da decisão, para a Secretaria de Políticas de Previdência Social, que examinará a matéria em caráter terminativo.
§ 3º O processo administrativo de que trata este artigo tem efeito suspensivo.

Art. 203. A fim de estimular investimentos destinados a diminuir os riscos ambientais no trabalho, o Ministério da Previdência e Assistência Social poderá alterar o enquadramento de empresa que demonstre a melhoria das condições do trabalho, com redução dos agravos à saúde do trabalhador, obtida através de investimentos em prevenção e em sistemas gerenciais de risco.

O Ministério da Previdência Social poderá alterar o enquadramento das empresas em razão dos investimentos que reduzam os acidentes de trabalho.

Contribuição das empresas sobre o valor da nota fiscal emitida pela cooperativa de trabalho

Art. 201, III – Quinze por cento sobre o valor bruto da nota fiscal ou fatura de prestação de serviços, relativamente a serviços que lhes são prestados por cooperados por intermédio de cooperativas de trabalho, observado, no que couber, as disposições dos §§ 7º e 8º do art. 219;

O STF julgou e declarou ser inconstitucional o disposto no inciso IV do art. 22 da Lei n. 8.212/91.

Por considerar que uma Lei Ordinária n. 9.876/99, que revogou dispositivo de LC 84/96, e acrescentou a Lei n. 8.212/91 dispositivo que transferiu a obrigação pelo recolhimento de contribuição social patronal (sujeição passiva), bem como ampliou a base de cálculo ferindo o contido no art. 195, inciso I alínea "a" da CF.

Explicação:
EM NOV/99 COM A LEI 9.876/99
COOPERATIVA DE TRABALHO - DISPONIBILIZAVA O CONTRIBUINTE INDIVIDUAL/ COOPERADO - PARA PRESTAR SERVIÇOS À EMPRESA.

Antes desta lei a contribuição foi devida pela cooperativa de trabalho sobre a remuneração paga, creditada ou distribuída ao segurado cooperado; (sujeição passiva foi da cooperativa de trabalho e a base de cálculo prevista na CF art. 195 inciso I alínea "a")

Após a Lei n. 9.876/99 a sujeição passiva é transferida da cooperativa de trabalho para a empresa tomadora do serviço, bem como a base de cálculo deixa de ser sobre a remuneração paga ou creditada e passa a ser o valor bruto da nota fiscal emitida pela cooperativa de trabalho.

Percebam que a base de cálculo valor bruto da NF não está prevista na CF no art. 195 inciso I alínea"a", neste caso a União poderia usar da competência residual para instituir nova fonte de financiamento para a seguridade social, mas em obediência ao previsto no § 4º do art. 195, desde que por meio de lei complementar.

Como a alteração foi por lei ordinária (Lei n. 9.876/99) daí a declaração de inconstitucionalidade.

CONCLUSÃO:
Ato declaratório - ADE número 14 de 26/05/2015 Receita Federal do Brasil

A partir de maio/2015 não é mais devida a alíquota de 15% X o valor bruto da NF emitida pela cooperativa de trabalho.

Logo, o contribuinte individual cooperado deverá recolher sua contribuição mediante alíquota de 20% sobre a remuneração paga ou creditada até dia 15 do mês seguinte ao da prestação do serviço.

E o cooperado da cooperativa de trabalho, terá direito à aposentadoria especial?

Não.

Com a decisão do STF pela inconstitucionalidade da alíquota de 15% sobre o valor bruto da Nota fiscal, o mesmo se aplica a alíquota adicional de 5%, 7% ou 9%.

Art. 202, § 11. Será devida contribuição adicional de nove, sete ou cinco pontos percentuais, a cargo da empresa tomadora de serviços de cooperado filiado a cooperativa de trabalho, incidente sobre o valor bruto da nota fiscal ou fatura de prestação de serviços, conforme a atividade exercida pelo cooperado permita a concessão de aposentadoria especial após quinze, vinte ou vinte e cinco anos de contribuição, respectivamente.

Para prestação de serviço de Abril/ 2003 até abril/2015, a contribuição em relação ao cooperado em cooperativa de trabalho (contribuinte individual), foi assim:

A Lei n. 10.666/03, para fato gerador a partir de 01/04/2003, houve previsão de custeio por parte das empresas que tomaram o serviço de cooperados (contribuintes individuais). Para fato gerador ocorrido de 01.04.2003 em diante, temos: Se um médico cooperado tiver seu serviço tomado por um hospital e a atividade exercida der ensejo a uma aposentadoria especial (exposição a agente biológico) com 25 anos de contribuição, o hospital tomador do serviço contribuiu com:

- 15% sobre o valor bruto da NF apresentada pela cooperativa de trabalho; e
- 25 anos – 5% sobre o valor bruto da nota fiscal também para fato gerador a contar de 01.04.2003.
- 20 anos – 7%; ou
- 15 anos- 9%

A partir do ato declaratório nr 14 de 26/05/2015, maio/2015, não é mais devida a alíquota de 15% X o valor bruto da NF emitida pela cooperativa de trabalho nem a alíquota adicional de 5%, 7% ou 9% para o financiamento da aposentadoria especial de cooperados em cooperativa de trabalho..

Logo, o contribuinte individual cooperado mesmo que trabalhe com exposição a agente nocivo, a partir de maio de 2015 não haverá alíquota para o custeio total nem o direito a aposentadoria especial futuramente.

O segurado contribuinte individual por meio de cooperativa de trabalho, deverá recolher sua contribuição mediante alíquota de 20% sobre a remuneração paga ou creditada até dia 15 do mês seguinte ao da prestação do serviço.

O próximo parágrafo foi acrescentado ao artigo 202, pelo Decreto n. 6.042/2007. (02/07)

§ 13. A empresa informará mensalmente, por meio da Guia de Recolhimento do Fundo de Garantia do Tempo de Serviço e Informações à Previdência Social - GFIP, a alíquota correspondente ao seu grau de risco, a respectiva atividade preponderante e a atividade do estabelecimento, apuradas de acordo com o disposto nos §§ 3º e 5º.

A empresa cumpre, mensalmente, a obrigação de informar por meio da GFIP (até o dia 07 de cada mês) dados cadastrais, todos os fatos geradores de contribuições sociais, e outras informações de interesse da Secretaria da Receita Federal do Brasil. Este parágrafo dispõe que a empresa informará a alíquota que corresponda a seu grau de risco (art. 202 do RPS), qual a atividade preponderante (reúne maior número de empregados e trabalhadores avulsos), e atividade do estabelecimento.

A partir de 2015 a obrigação da empresa declarar fato gerador de contribuição previdenciária na GFIP, será feita pelo Sistema e-Social.

Art. 201, IV – 2,5 % sobre o total da receita bruta proveniente da comercialização da produção rural, em substituição às contribuições previstas no inciso I do caput e no art. 202, quando se tratar de pessoa jurídica que tenha como fim apenas a atividade de produção rural.

Financiam sobre o produto da comercialização da produção, mediante 2,5%:

1. Produtor Rural Pessoa Jurídica (PRPJ): empresa constituída com CNPJ (Cadastro Nacional de Pessoas Jurídicas) junto a SRFB (Secretaria da Receita Federal do Brasil) e que tenha como fim apenas atividade de produção rural. Perde o direito de recolher a alíquota de 2,5% + 0,1% para o financiamento da seguridade social, caso exerça outra atividade econômica autônoma. (serviços, comércios etc)

A agroindústria (art. 201-A do RPS), empresa que financia a seguridade social mediante alíquota substitutiva de 2,6% sobre a comercialização de sua produção e sobre a adquirida de terceiros. Terá a obrigação de contribuir com 20% sobre a mão de obra, caso industrialize a produção de terceiros sem adquiri-la, ou nas atividades de piscicultura, carcinicultura (crustáceos), suinocultura e avicultura.

2. Receita da Contribuição do Produtor Rural Pessoa Física e do Segurado Especial

Art. 200. A contribuição do empregador rural pessoa física, em substituição à contribuição de que tratam o inciso I do art. 201 e o art. 202, e a do segurado especial, incidente sobre a receita bruta da comercialização da produção rural, é de:
I – 2,0 % para a seguridade social; e
II – 0,1 % para o financiamento dos benefícios concedidos em razão do grau de incidência de incapacidade laborativa decorrente dos riscos ambientais do trabalho.

TOTAL = 2,1% sobre o valor bruto da comercialização rural.

2. **Produtor Rural Pessoa Física (PRPF):** é o produtor rural que tenha segurado que lhe preste serviço e que possua a matrícula obtida na Receita Federal do Brasil sem CNPJ.

- Segurado especial: o conceito desta categoria foi explicado no final do capítulo 03, na forma do Decreto n. 3.048/99, art.9º, inciso VII, modificado em dezembro de 2008.

O produtor ou empregador rural pessoa física (aquele que tenha empregado) está enquadrado como contribuinte individual e o segurado especial (trabalha individualmente, com sua família ou auxílio eventual de terceiros) contribuem de acordo com este artigo, para o financiamento da Seguridade.

No caso do empregador rural pessoa física, financia de forma substitutiva por ter segurados a seus serviços e o segurado especial é sua contribuição por não contribuir em regra sobre salário de contribuição.

Atenção à alíquota do inciso II deste artigo (0,1%): sua base de cálculo é a mesma do inciso I, receita bruta da comercialização rural, e a finalidade é o financiamento dos benefícios (natureza acidentária), concedidos em razão do grau de incidência de incapacidade laborativa decorrente dos riscos ambientais do trabalho. As empresas, em regra, também têm a obrigação de contribuir com esta alíquota (de 1% a 3%); mas observar que a base de cálculo é outra: a folha de pagamento dos empregados e trabalhadores avulsos. Esta diferença poderá induzi-lo ao erro.

Art. 200. § 2º O segurado especial referido neste artigo, além da contribuição obrigatória de que tratam os incisos I e II do caput, poderá contribuir, facultativamente, na forma do art. 199.

Além da contribuição de 2,1% sobre o valor bruto da comercialização rural, o segurado especial poderá contribuir, facultativamente, na forma do art. 199 do Regulamento. Logo a alíquota será de 20% sobre o salário de contribuição, como segurado obrigatório.

O **produtor rural pessoa física** é equiparado à empresa, poderá ter empregado, será devedor obrigatório sobre sua remuneração auferida. Deverá ter, além da matrícula, um número de inscrição (NIT, PIS, PASEP) e recolher como contribuinte individual para fazer jus aos benefícios previdenciários. Recolherá sobre o valor bruto da comercialização (2,1%) a título de substituição, a alíquota de 20% mais a GIIL-RAT (Grau de Incidência de Incapacidade Laborativa dos Riscos do Ambiente do Trabalho) de 1% a 3% que seria devida sobre a remuneração dos empregados e trabalhadores avulsos a seus serviços e sobre sua remuneração auferida (20%) como contribuinte individual para ter direito as prestações.

Temos também o Consórcio simplificado de produtores rurais:

Art. 200-A. Equipara-se ao empregador rural pessoa física o consórcio simplificado de produtores rurais, formado pela união de produtores rurais pessoas físicas, que outorgar a um deles poderes para contratar, gerir e demitir trabalhadores rurais, na condição de empregados, para prestação de serviços, exclusivamente, aos seus integrantes, mediante documento registrado em cartório de títulos e documentos.

- Formado com a união de produtores rurais pessoas físicas.
- O consórcio será registrado em cartório de títulos e documentos.
- Os produtores rurais participantes outorgam a um deles poderes para contratar, gerir e demitir trabalhadores empregados, que prestem serviços exclusivamente aos participantes deste consórcio.
- Quanto à forma de contribuição equipara-se ao empregador rural pessoa física.
- Todos são solidários.

Sub-rogação - Art. 200, §7º, incs. I e II

Substituição de uma pessoa por outra em uma mesma relação jurídica.

§ 7º A contribuição de que trata este artigo será recolhida:
I - pela empresa adquirente, consumidora ou consignatária ou a cooperativa, que ficam sub-rogadas no cumprimento das obrigações do produtor rural pessoa física de que trata a alínea "a" do inciso V do caput do art. 9º e do segurado especial, independentemente de as operações de venda ou consignação

terem sido realizadas diretamente com estes ou com intermediário pessoa física, exceto nos casos do inciso III;
II - pela pessoa física não produtor rural, que fica sub-rogada no cumprimento das obrigações do produtor rural pessoa física de que trata a alínea "a" do inciso V do caput do art. 9º e do segurado especial, quando adquire produção para venda, no varejo, a consumidor pessoa física; ou

A contribuição de 2,1%, que os sub-rogados descontaram da nota fiscal quando efetuaram o pagamento ao segurado especial ou produtor rural pessoa física, deverá ser recolhida até o dia 20 do mês subsequente ao da operação de venda ou consignação da produção rural.

III - pela pessoa física de que trata alínea "a" do inciso V do caput do art. 9º e pelo segurado especial, caso comercializem sua produção com adquirente domiciliado no exterior, diretamente, no varejo, a consumidor pessoa física, a outro produtor rural pessoa física ou a outro segurado especial.

Neste caso, será recolhida pelos segurados especiais e PRPF.

- Foram os responsáveis pelo recolhimento quando comercializaram, diretamente com adquirente domiciliado no exterior para venda até 11/12/01 véspera da EC 33/01, a partir de 12/12/2001 não cabe contribuição social sobre receitas de exportação (Imunidade);
- No varejo a pessoa física, segurado especial ou produtor rural pessoa física.

Cabe ao PRPJ e à Agroindústria o recolhimento de suas contribuições.

Art. 200, § 8º – O produtor rural pessoa física continua obrigado a arrecadar e recolher ao INSS a contribuição do segurado empregado e do trabalhador avulso a seu serviço, descontando-a da respectiva remuneração, nos mesmos prazos e segundo as mesmas normas aplicadas às empresas em geral.

Caso o produtor (empregador) rural pessoa física tome o serviço de um contribuinte individual é responsável pelo recolhimento da parte patronal de 20% sobre a remuneração paga ou creditada e o contribuinte individual que prestou o serviço recolherá em lugar de 20%, 11% sobre seu salário de contribuição. Este assunto está no art. 216, §§ 20 e 32.

O produtor rural pessoa física que tomou o serviço está excluído da obrigação de arrecadar (descontar) a contribuição do contribuinte individual que lhe prestou o serviço, mas é responsável pelo recolhimento da cota patronal de 20% sobre a remuneração paga ou creditada.

§ 9º - Sem prejuízo do disposto no inciso III do § 7º, o produtor rural pessoa física e o segurado especial são obrigados a recolher, diretamente, a contribuição incidente sobre a receita bruta proveniente:
I - da comercialização de artigos de artesanato elaborados com matéria-prima produzida pelo respectivo grupo familiar;
II - de comercialização de artesanato ou do exercício de atividade artística, observado o disposto nos incisos VII e VIII do § 8º do art. 9º; e
III - de serviços prestados, de equipamentos utilizados e de produtos comercializados no imóvel rural, desde que em atividades turísticas e de entretenimento desenvolvidas no próprio imóvel, inclusive hospedagem, alimentação, recepção, recreação e atividades pedagógicas, bem como taxa de visitação e serviços especiais.
§ 10. O segurado especial é obrigado a arrecadar a contribuição de trabalhadores a seu serviço e a recolhê-la no prazo referido na alínea "b" do inciso I do art. 216.

O segurado especial que contrate empregado ou tome serviço de contribuinte individual por curto período é obrigado a descontar a alíquota e recolhê-la até o dia 20 do mês seguinte ao da comercialização.

Companhia Nacional de Abastecimento – CONAB Responsável pelo Recolhimento

(...)
§ 34, art. 216-D. 3048/99 - O recolhimento da contribuição do produtor rural pessoa física ou produtor rural pessoa jurídica, quando houver, será efetuado pela Companhia Nacional de Abastecimento - CONAB, à conta do Programa de Aquisição de Alimentos, instituído pelo art. 19 da Lei nº 10.696, de 2 de julho de 2003, na aquisição de produtos agropecuários no âmbito do referido Programa . (Incluído pelo Decreto nº 6.722,de 30/12/2008)

3. Receitas das Empresas quando forem Instituições Financeiras

Art. 201, § 6º – No caso de banco comercial, banco de investimento, banco de desenvolvimento, caixa econômica, sociedade de crédito, financiamento e investimento, sociedade de crédito imobiliário, inclusive associação de poupança e empréstimo, sociedade corretora, distribuidora de títulos e valores mobiliários, inclusive bolsa de mercadorias e de valores, empresa de arrendamento mercantil, cooperativa de crédito, empresa de seguros privados e de capitalização, agente autônomo de seguros privados e de crédito e entidade de previdência privada, aberta e fechada, além da cota patronal sobre remuneração paga devida e creditada aos segurados que lhe prestem serviços e da alíquota para financiamento do seguro acidente do trabalho, da COFINS e da CSLL, é devida a contribuição adicional de 2,5% sobre a base de cálculo definida nos incisos I e II do art. 201.

Uma entidade de previdência privada fechada (Fundo de Pensão) pagou a um empregado R$ 3.000,00 e para um Contribuinte Individual/Avaliador de Gestão de Fundo de Pensão (CI) R$ 4.000,00. Sua contribuição foi de:

Cota patronal 20% + (1%, 2% ou 3%) + 2,5% sobre a remuneração paga, devida ou creditada ao empregado e 20% mais 2,5% sobre a remuneração paga ou creditada ao contribuinte individual.

Lembrar: O acréscimo será sobre remuneração do empregado, trabalhador avulso e contribuinte individual por conta própria. Não incide 2,5% sobre a remuneração do contribuinte individual da cooperativa de trabalho.

Exemplo: Um banco toma o serviço de um atuário, contribuinte individual; será devido 22,5 % sobre a remuneração paga ou creditada.

Mas se o prestador de serviço for um contribuinte individual de cooperativa de trabalho, a contribuição previdenciária dos bancos será 15% sobre o valor bruto da nota fiscal emitida pela cooperativa de trabalho.

4. Contribuição do Empregador Doméstico

Art. 211. A contribuição do empregador doméstico é de 12% do salário de contribuição do empregado doméstico a seu serviço.

Diferente da base de cálculo das empresas, elas contribuem sobre a remuneração paga, devida ou creditada aos segurados que lhe prestem serviços.

Com a PEC da doméstica convertida em lei complementar 150/15, o art. 24 da Lei n. 8.212/91 foi modificado.

- A alíquota definida neste artigo de 12 % sobre o salário de contribuição do doméstico será devida até a competência de Setembro/15;
- Prazo para o empregador doméstico mudou a partir da competência de junho/15 venceu até dia 07/07/15, antes foi até dia 15 do mês seguinte;
- A partir de outubro/2015 a parte do empregador doméstico será 8% sendo devida também 0,8% para financiamento do seguro contra o acidente de trabalho.

Com a LC 150/15 o encargo total do empregador doméstico contempla contribuições previdenciárias, depósitos, impostos, a saber:

Arrecadar (descontar) do empregado ao seu serviço alíquota de 8% a 11% sobre o salário de contribuição;

Somar e recolher com a contribuição previdenciária patronal 8%; e

A contribuição para financiar o seguro contra acidente de trabalho – SAT de 0,8 %; e

8 % de recolhimento para o FGTS; e

3,2 % para formação de fundo a ser utilizado como indenização.

O total da alíquota será de 20% para o empregador, que contempla contribuição previdenciária e os depósitos.

A partir de outubro de 2015, recolhimento via simples doméstico, deixando de ser GPS - guia de previdência social, passando a ser por documento de arrecadação único - DAU. Até dia 07 do mês seguinte ao da prestação do serviço. Deixou de ser dia 15 a partir de junho/15.

5. Receita da Contribuição das Associações Desportivas

Atenção!

Esta contribuição somente substitui as contribuições patronais sobre as remunerações de empregados e avulsos e o seguro acidente de trabalho (inciso I do art. 201 e art. 202 do RPS).

Art. 205. A contribuição empresarial da associação desportiva que mantém equipe de futebol profissional, destinada à seguridade social, em substituição às previstas no inciso I do caput do art. 201 e no art. 202, corresponde a 5,0% da receita bruta decorrente dos espetáculos desportivos de que participe em todo território nacional, em qualquer modalidade desportiva, inclusive jogos internacionais, e de qualquer forma de patrocínio, licenciamento de uso de marcas e símbolos, publicidade, propaganda e transmissão de espetáculos desportivos.

A associação desportiva que mantenha equipe de futebol profissional e que seja filiada à federação de futebol do respectivo Estado, ainda que tenha outras modalidades desportivas, contribui com 5% sobre a receita bruta decorrente dos espetáculos desportivos (venda de ingressos) e sobre qualquer forma de patrocínio, uso de marcas, propaganda.

Esta forma de contribuição é substitutiva, uma vez que estas associações desportivas, que mantêm equipe de futebol profissional, deixarão de contribuir com:

- Cota patronal, de 20%, sobre a remuneração paga, devida ou creditada aos empregados e trabalhadores avulsos.
- Não contribuirá com 1%, 2% ou 3% sobre a folha de pagamento de empregados e trabalhadores avulsos, com a finalidade de financiar as aposentadorias especiais e os benefícios concedidos em razão do grau de incidência de incapacidade laborativa decorrente dos riscos ambientais do trabalho.

Mas continua obrigada a contribuir:

- Se tomar serviço de um contribuinte individual, com 20% sobre a remuneração, e descontará dele 11% até o teto previdenciário.
- Para COFINS E CSLL continuará havendo contribuição.
- Com 15% sobre o valor da Nota Fiscal, quando contratar contribuinte individual, cooperado.
- Os terceiros das associações desportivas: SESC, SEBRAE.

§ 1º – Cabe à ENTIDADE PROMOTORA do espetáculo a responsabilidade de efetuar o desconto de 5% da receita bruta decorrente dos espetáculos desportivos e o respectivo recolhimento ao INSS, no prazo de até 02 dias úteis após a realização do evento.

Para que o evento desportivo (campeonato, torneio) ocorra, será promovido por uma entidade promotora, podendo ser, neste caso:

- Federação, Confederação ou a Liga de esportes responsável pela realização.

Exemplo:

Houve no domingo uma disputa, envolvendo uma associação paulista e outra carioca. Sobre a receita bruta arrecadada com a venda de ingressos, é obrigação da entidade promotora (federação) descontar 5% sobre a receita bruta e recolher até dois dias úteis da realização do evento à Secretaria da Receita Federal do Brasil. Haverá o desconto, independentemente da modalidade, quando pelo menos um dos participantes do espetáculo estiver vinculado a um clube de futebol profissional.

As competições internacionais dentro do território nacional estarão abrangidas; as competições fora do país, não.

§ 3º – Cabe à EMPRESA OU ENTIDADE que repassar recursos à associação desportiva que mantém equipe de futebol profissional, a título de patrocínio, licenciamento de uso de marcas e símbolos, publicidade, propaganda e transmissão de espetáculos, a responsabilidade de reter e recolher, no prazo estabelecido na alínea "b" do inciso I do art. 216, o percentual de 5% da receita bruta, inadmitida qualquer dedução.

O assunto tratado aqui é o valor pago por uma empresa ou entidade patrocinadora à associação desportiva que mantém equipe de futebol a título de patrocínio, uso de marcas, propaganda, transmissão. Se esta empresa repassou à associação desportiva R$ 400.000,00 a título de patrocínio, será responsável pela retenção dos 5% sobre o valor bruto e o recolhimento desta contribuição, sendo, neste caso, até o dia 20 do mês seguinte ao fato gerador da obrigação ou até o dia útil imediatamente anterior, se não houver expediente bancário naquele dia.

§ 7º – O disposto neste artigo não se aplica às demais entidades desportivas, que continuam a contribuir na forma dos arts. 201 (cota patronal da empresa), 202 (alíquota para financiamento das aposentadorias especiais) e 204 (COFINS e CSLL), a partir da competência de novembro de 1991.

Será de grande valia observar o texto da questão, associação desportiva profissional, que possui diversas modalidades, mas que não mantenha equipe de futebol profissional, e que não financiará a seguridade social com esta alíquota substitutiva de 5%.

6. Contribuição sobre a Receita de Concursos de Prognósticos

Não se trata de contribuição substituta, como na comercialização rural e dos clubes de futebol, mas como contribuição adicional definida no Decreto n. 3.048/99, a saber:

Art. 212. Constitui receita da seguridade social a renda líquida dos concursos de prognósticos, excetuando-se os valores destinados ao Programa de Crédito Educativo.

Este tipo de contribuição social incidirá sobre a receita de concursos de prognósticos, sendo considerados os sorteios de números, loteria, apostas, no âmbito municipal, estadual e federal, a saber: loto, sena, loteria federal e estadual, esportiva.

Os valores destinados ao programa de crédito educativo estão definidos na lei que instituiu cada concurso de prognóstico.

Art. 212, I - Renda líquida dos concursos de prognósticos realizados pelos órgãos do Poder público, destinada à seguridade social de sua esfera de governo.

Órgão do poder público - Caixas Econômicas Federais ou Estaduais.

Renda líquida = TOTAL ARRECADADO EM UM CONCURSO DE LOTERIA - VALORES PARA PAGAMENTO DO PRÊMIO, IMPOSTOS E DESPESAS DE ADMINISTRAÇÃO. (RPS, ART. 212, §3º, I)

Art. 212, II - cinco por cento sobre o movimento global de apostas em prado de corridas; e

- 5% sobre o movimento global, nos prados de corrida de cavalos.

Art. 212, III - cinco por cento sobre o movimento global de sorteio de números ou de quaisquer modalidades de símbolos.

- 5% sobre o movimento global de sorteio de números ou de quaisquer tipo de símbolo, como cartelas, sendo promovidas por sociedades civis ou comerciais.

Até aqui foi estudado dentre as fontes de financiamento da Seguridade social:

- As da União;
- As contribuições sociais; e
- Outras fontes.

7. Reclamação Trabalhista

Lei nº 8.212/91

Art. 43. Nas ações trabalhistas de que resultar o pagamento de direitos sujeitos à incidência de contribuição previdenciária, o juiz, sob pena de responsabilidade, determinará o imediato recolhimento das importâncias devidas à Seguridade Social.
§ 1º Nas sentenças judiciais ou nos acordos homologados em que não figurarem, discriminadamente, as parcelas legais relativas às contribuições sociais, estas incidirão sobre o valor total apurado em liquidação de sentença ou sobre o valor do acordo homologado.

Quadro Sinótico

1) Receitas das Empresas:

- Art. 201, I e II – Cota Patronal de 20% sobre a folha dos empregados, trabalhadores avulsos e contribuintes individuais.
- Art. 202, I, II e III – Alíquota de 1%, 2% ou 3% para financiamento das aposentadorias especiais e do seguro contra acidente do trabalho.
- Art. 202, § 1º – Adicional de 6%, 9% ou 12% para financiamento das aposentadorias especiais.
- Arts. 200, 201, inciso IV e 201-A – Contribuição sobre o valor bruto da comercialização rural, quando for segurado especial, produtor rural pessoa física, jurídica e agroindústria.
- Art. 202-H - Fator Acidentário de Prevenção.

2) Sub-Rogação, quando segurado especial e produtor rural pessoa física comercializarem com:

- Empresa Adquirente.
- Empresa Consumidora, Consignatária ou Cooperativa realizada com estas ou com intermediário de pessoa física; ou
- Pessoa Física não produtor rural, quando adquire produção para vender, no varejo, a consumidor pessoa física. (incisos I e II do §7º art. 200 do RPS)

Obs.: contribuições dos:

3) Consórcio simplificado de produtores rurais pessoa física. (art. 200-A)

4) Instituições Financeiras. (art. 201,§ 6º)

5) Empregador doméstico. (art. 211)

6) Contribuição das Associações Desportivas que mantêm equipe de futebol profissional. (art. 205)

7) Receita dos Concursos de Prognósticos. (art. 212)

Exercícios de Fixação

Responda com CERTO, ERRADO ou DEIXE EM BRANCO. Cada questão Errada anula uma Certa. Deixando em branco, perde-se apenas esta questão.

Questões da Prova CESPE/UNB Delegado Federal 2000

Alex e seu irmão Daniel constituíram a microempresa Pizzaria Dominó Ltda. (PD) uma sociedade comercial que visa atuar na produção e entrega de pizzas. Nessa pessoa jurídica, ambos os irmãos são remunerados pelas suas atividades na pizzaria, mas enquanto Daniel é simplesmente sócio cotista, Alex é o sócio-gerente.

Para iniciar a produção, a microempresa alugou uma sala onde foi instalada uma cozinha industrial, sendo que, para construir os balcões da pizzaria, estabeleceram contrato de empreitada com o marceneiro Isaías.

Para promover o serviço de entrega, a sociedade comprou duas motocicletas e contratou dois empregados, para proceder às entregas, Eva e Élder, tendo sido a primeira contratada por prazo indeterminado e o segundo, por prazo determinado de um ano. Em contraprestação a seu trabalho, cada um recebe um salário de R$ 500,00, além das gorjetas recebidas dos clientes, que nunca ultrapassam, se somadas, R$ 400,00 por mês para cada um.

Para fins tributários e previdenciários, a PD optou pelo Sistema Integrado de Pagamento de Impostos e Contribuições das Microempresas e das empresas de Pequeno Porte (SIMPLES), inscrevendo-se como microempresa no Cadastro Geral de Contribuintes do Ministério da Fazenda (CGC/MF).

Com relação à situação hipotética apresentada acima, julgue os seguintes itens.

01. Isaías, Daniel e Élder são segurados obrigatórios do INSS, os dois primeiros na qualidade de contribuintes individuais e o último na qualidade de empregado.

02. Considerando que Eva tem como única fonte de renda o seu trabalho na PD, é correto afirmar que seu salário-de-contribuição será a totalidade dos rendimentos auferidos durante o mês, incluindo o décimo terceiro salário, as gorjetas recebidas dos clientes e, se for o caso, o salário-maternidade.

03. Caso Eva seja demitida e interrompa o recolhimento de contribuições previdenciárias, conservará ela a qualidade de segurada por três meses, período dentro do qual terá direito aos mesmos benefícios a que faria jus se continuasse empregada. Porém, se findo esse prazo Eva não conseguir outro emprego e desejar continuar mantendo a sua qualidade de segurada da previdência, ela terá de filiar-se como segurada facultativa.

04. Por ser optante do SIMPLES, a PD não precisaria recolher de forma específica a contribuição para financiamento da seguridade social (COFINS), pois essa contribuição está incluída entre os tributos pagos de forma unificada pelo optante do SIMPLES. Porém, a opção pelo SIMPLES não desonera a PD do dever de arrecadar e recolher ao INSS a contribuição para a seguridade social relativa a Élder.

05. Em adição à situação hipotética acima, considere que Alex, julgando excelente o trabalho prestado por Isaías à PD, convidou o marceneiro para reformar os armários da casa em que ele vive com sua família, proposta essa que foi prontamente aceita. Alex e Isaías estabeleceram, então, contrato civil de empreitada de lavor, por meio da qual Alex comprometeu-se a comprar os materiais necessários e pagar a Isaías a quantia de R$ 500,00 pela mão de obra. Nesse caso, é incorreto afirmar que Alex enquadra-se no conceito previdenciário de empresa, pois não atua com finalidade lucrativa; porém, é correto afirmar que ele se enquadra no conceito previdenciário de empregador doméstico e que, portanto, tem a obrigação de recolher ao INSS a contribuição previdenciária respectiva.

06. Destina-se à Previdência Social 50% da receita obtida em relação a todo e qualquer bem de valor econômico apreendido em decorrência do tráfico ilícito de entorpecentes e drogas afins que serão utilizados, pelo INSS nas ações de prevenção e proteção à saúde, bem como na aplicação para tratamento e recuperação de segurados viciados.

Considere a seguinte situação hipotética:

Uma sociedade civil constituída de 6 sócios, todos médicos, tem como objeto social prestar serviços de anestesiologia nos centros cirúrgicos dos hospitais e pagou a seus sócios, a título de antecipação dos lucros, R$ 10.000,00 por mês, durante todo o exercício de 2002, não tendo sido discriminada a remuneração decorrente do trabalho e a proveniente do capital social.

07. Nessa situação, em relação aos valores distribuídos aos sócios, a contribuição da empresa será de 20% sobre o total das remunerações pagas mensalmente durante o exercício.

AFRFB - ESAF/2009

08. Além das contribuições sociais, a seguridade social conta com outras receitas. Não constituem outras receitas da seguridade social:

a) as multas.
b) receitas patrimoniais.
c) doações.
d) juros moratórios.
e) sessenta por cento do resultado dos leilões dos bens apreendidos pela Secretaria da Receita Federal do Brasil.

09. (FCC - 2012 - TRT - 1ª REGIÃO (RJ) - Juiz do Trabalho) Pode optar pela proteção previdenciária mínima, com exclusão do direito ao benefício de aposentadoria por tempo de contribuição, visando pagar contribuição previdenciária mensal pela alíquota de apenas 5% incidente sobre o limite mínimo mensal do salário de contribuição, o pertencente a família de baixa renda na condição de segurado

a) empregado ou avulso.
b) facultativo sem renda própria, que se dedique exclusivamente ao trabalho doméstico no âmbito de sua residência.
c) empregado doméstico.
d) contribuinte individual que trabalhe por conta própria, sem relação de trabalho com empresa ou equiparado.
e) contribuinte individual, desde que enquadrado como diarista doméstico eventual.

10. (FCC - 2012 - TRF - 2ª REGIÃO - Analista Judiciário - Área Judiciária) Na reclamação trabalhista proposta por Natália em face de sua ex-empregadora, a empresa "A", foi proferida sentença de mérito julgando a reclamação parcialmente procedente. Em liquidação de sentença, foi apurado o valor da condenação determinado em sentença em R$ 100.000,00. As partes, após o trânsito em julgado da sentença e a sua regular liquidação, celebraram acordo no valor de R$ 40.000,00. Neste caso, de acordo com a Lei no 8.212/91, a contribuição previdenciária será calculada com base em

a) R$ 40.000,00 acrescido de 10%.
b) R$ 100.000,00.
c) R$ 50.000,00.
d) R$ 40.000,00.
e) R$ 40.000,00 acrescido de 20%.

11. (FCC - 2012 - INSS - Técnico do Seguro Social)João montou seu próprio negócio em 2010, obteve receita bruta, no ano-calendário anterior, de R$ 30.000,00 (trinta mil reais) e é optante do Simples Nacional. João não pretende receber aposentadoria por tempo de contribuição. Nessa situação, a contribuição previdenciária a ser recolhida por João é de:

a) 20% (vinte por cento) do limite mínimo do salário de contribuição.
b) 11% (onze por cento) do limite mínimo do salário de contribuição.
c) 8% (oito por cento) do limite mínimo do salário de contribuição.
d) 9% (nove por cento) do limite mínimo do salário de contribuição.
e) 5% (cinco por cento) do limite mínimo do salário de contribuição.

12. (FCC - 2012 - INSS - Técnico do Seguro Social) Em relação às contribuições previdenciárias devidas pelos contribuintes da Previdência Social, é correto afirmar que

a) o segurado especial está dispensado de recolhê-las.
b) presume-se o recolhimento das contribuições do empregado.
c) presume-se o recolhimento das contribuições do trabalhador eventual.
d) o prazo de vencimento da contribuição das empresas é no dia 10 de cada mês.
e) o empregado doméstico deve recolher sua contribuição até o dia 10 de cada mês.

13. (FCC - 2012 - INSS - Técnico do Seguro Social) Em relação às contribuições previdenciárias, assinale a alternativa correta.

a) O pequeno produtor rural está isento de recolhimento da contribuição.
b) O empregado, em qualquer caso, recolhe o percentual de 11% (onze por cento) sobre o salário de contribuição.
c) O trabalhador autônomo não está obrigado a recolher contribuição.
d) O empregador doméstico recolhe o mesmo percentual de contribuição que as empresas em geral.
e) A contribuição da empresa para financiamento da aposentadoria especial tem alíquotas variáveis de doze, nove ou seis pontos percentuais.

14. (FCC - 2012 - TRT - 20ª REGIÃO (SE) - Juiz do Trabalho) Sobre os pagamentos feitos pela indústria empregadora, no mês, a todos os empregados e avulsos incidem as seguintes alíquotas, a título de contribuição previdenciária:

a) 20%, acrescida de 1%, 2% ou 3%, conforme o grau de risco de acidente do trabalho na atividade preponderante da empresa.
b) 22,5%, acrescida de 1%, 2% ou 3%, conforme o grau de risco de acidente do trabalho na atividade preponderante da empresa.
c) 20%, acrescida de 6%, 9% ou 12%, conforme o grau de risco de acidente do trabalho na atividade preponderante da empresa.
d) 20%, acrescida de 6%, 9% ou 12%, se a atividade preponderante da empresa ensejar a concessão de aposentadoria especial após 25, 20 ou 15 anos de contribuição.
e) 20%, acrescida de 1%, 2% e 3%, se a atividade preponderante da empresa ensejar a concessão de aposentadoria especial após 25, 20 ou 15 anos de contribuição.

15. (FCC - 2012 - TRT - 20ª REGIÃO (SE) - Juiz do Trabalho) NÃO incide contribuição social previdenciária sobre a ajuda de custo, paga em

a) duas parcelas e recebida por conta do desgaste do automóvel do empregado, além das diárias para viagens, desde que não excedam a 50% da remuneração mensal.
b) duas parcelas e recebida exclusivamente em decorrência de mudança de local de trabalho do empregado, além das diárias para viagens, desde que não excedam a 50% da remuneração mensal.
c) parcela única e recebida por conta do desgaste do automóvel do empregado, além das diárias para viagens, ainda que excedam a 50% da remuneração mensal.
d) parcela única e recebida exclusivamente em decorrência de mudança de local de trabalho do empregado, além das diárias para viagens, desde que não excedam a 50% da remuneração mensal.
e) duas parcelas e recebida exclusivamente em decorrência de mudança de local de trabalho do empregado, além das diárias para viagens, ainda que excedam a 50% da remuneração mensal.

16. (FCC - 2012 - TRT - 20ª REGIÃO (SE) - Juiz do Trabalho) A contribuição social previdenciária de 8%, 9% ou 11% sobre o respectivo salário-de--contribuição mensal é aplicada aos segurados:

a) empregado, exceto o doméstico, e trabalhador avulso, de forma não cumulativa.
b) empregado, inclusive o doméstico, e trabalhador avulso, de forma cumulativa.
c) empregado, inclusive o doméstico, exceto o trabalhador avulso, de forma cumulativa.
d) empregado, inclusive o doméstico, e trabalhador avulso, de forma não cumulativa.
e) empregado doméstico, exceto a do empregado, e trabalhador avulso, de forma não cumulativa.

Responda a questão abaixo, utilizando CERTO ou ERRADO

17. Rita foi contratada para trabalhar na residência de Zuleica, em atividade sem fins lucrativos, mediante o recebimento de um salário mínimo por mês.

Nessa situação hipotética, a contribuição destinada à seguridade social a cargo de Zuleica será de 20% sobre o total das remunerações pagas, devidas ou creditadas, a qualquer título, no decorrer do mês, à segurada.

Gabarito

01. C	02. C	03. E	04. C	05. E
06. E	07. C	08. E	09. B	10. D
11. E	12. B	13. E	14. A	15. D
16. D	17. E			

7. Salário de Contribuição

1. Conceito
2. Parcelas Integrantes do Salário de Contribuição
3. Outras Parcelas Integrantes
4. Parcelas Não Integrantes do Salário de Contribuição

Vide art. 214 do Decreto n. 3.048/99.

1. Conceito

Salário de contribuição é a denominação da base de cálculo da contribuição a ser recolhida pelos segurados. Além de ser utilizado para a obtenção da contribuição devida, é parâmetro para cálculo do salário de benefício. Na apuração da maioria dos benefícios previdenciários (aposentadorias, pensões e auxílio-doença) são utilizados os salários de contribuição do segurado.

A remuneração é o somatório do salário, gorjetas e conquistas sociais (13° salário, Descanso Semanal Remunerado, férias gozadas etc.), mas a contribuição do segurado será de acordo com limites: Mínimo (art. 214, parágrafo 3º inciso II) e máximo (R$ 4.663,75).

O salário de contribuição inclui também as parcelas não pagas, mas devidas ao empregado ou trabalhador avulso. Trata-se de crédito jurídico e, a partir do momento em que exista remuneração devida ao empregado ou trabalhador avulso, a contribuição deve ser paga. O prazo para o pagamento destes trabalhadores será até o 5º dia útil.

O segurado empregado ou trabalhador avulso trabalhou o mês de dezembro/2013: a empresa teve até o dia 20 do mês de janeiro/2014 para recolher as contribuições a seu cargo (e se recair em dia sem expediente bancário antecipa), e as contribuições descontadas.

Ao expor as parcelas integrantes (§2º a §8º do art. 214) e não-integrantes (§9º e incisos do art. 214), o legislador busca separar as parcelas remuneratórias das indenizatórias e/ou ressarcitórias, respectivamente. As duas últimas, por não serem responsáveis pelo sustento do trabalhador, não devem ser substituídas pelo benefício previdenciário e, por conseguinte, não sofrem a incidência da contribuição social. Ex.: Daciel, segurado empregado, vendeu 10 dias das férias referente ao mês de janeiro/2013, mas em junho/2013 doente e incapacitado para o trabalho, requereu auxílio-doença. Na apuração da média (salário de benefício), foram utilizados 80 % dos maiores salários de contribuição.

Ao informar o salário de contribuição do mês de janeiro de 2013, não entrará o valor das férias vendidas, pois trata-se de uma indenização, e sobre ela não houve a incidência de contribuição na época em que recebeu.

Limite mínimo do Salário de Contribuição

Quanto ao limite mínimo, está disposto no art. 214, § 3º, do Decreto n. 3.048/99:

I - Para os segurados contribuinte individual e facultativo, ao salário mínimo; e

O valor do salário mínimo em 2015 passou de R$ 724,00 para R$ 788,00.

II - Para os segurados empregados, inclusive o doméstico, e trabalhador avulso ao piso salarial legal ou normativo da categoria ou, inexistindo este, ao salário mínimo, tomado no seu valor mensal, diário ou horário, conforme o ajustado, e o tempo de trabalho efetivo durante o mês."

Para as três categorias, o limite mínimo observará o piso salarial legal, ou normativo da categoria ou, inexistindo este, o salário mínimo. Lembrar que o piso nacional é R$ 788,00 e alguns estados (RS, PR, RJ e SP) instituíram o piso regional de acordo com a Lei Complementar n. 103/00, este piso será estendido aos empregados domésticos.

Os Estados e o DF que não tenham instituído por lei piso regional, será considerado o salário mínimo nacional, tomado em seu valor:

Com o Decreto n. 8.381/2014, o salário mínimo nacional a partir de janeiro/2015 passou a ser:

- mensal - R$ 788,00
- valor diário corresponde a um trinta avos – R$ 26,27; e
- valor horário corresponde a um duzentos avos do valor mensal - R$ 3,58.

Limite máximo do salário de contribuição

§ 5º O valor do limite máximo do salário de contribuição será publicado mediante portaria do Ministério da Previdência e Assistência Social, sempre que ocorrer alteração do valor dos benefícios.

Na Portaria Interministerial (MPS e MF) n. 13/2015, temos definido como teto previdenciário a partir de janeiro/2015 o valor de R$ 4.663,75.

Entende-se por salário de contribuição:

Do Empregado e do Trabalhador Avulso

Art. 214, I - para o empregado e o trabalhador avulso: a remuneração auferida em uma ou mais empresas, assim entendida a totalidade dos rendimentos pagos, devidos ou creditados a qualquer título, durante o mês, destinados a retribuir o trabalho, qualquer que seja a sua forma, inclusive as gorjetas, os ganhos habituais sob a forma de utilidades e os adiantamentos decorrentes de reajuste salarial, quer pelos serviços efetivamente prestados, quer pelo tempo à disposição do empregador ou tomador de serviços, nos termos da lei ou do contrato ou, ainda, de convenção ou acordo coletivo de trabalho ou sentença normativa;

Serão consideradas remuneração as gorjetas recebidas de forma espontânea ou mediante contrato de trabalho; rendimento recebido de terceiros espontâneo ou pré pactuado.

Salário de Contribuição do Empregado Doméstico

Art. 214, II - para o empregado doméstico: a remuneração registrada na Carteira Profissional e/ou na Carteira de Trabalho e Previdência Social, observados os limites mínimo e máximo previstos nos §§ 3º e 5º;

Salário de Contribuição do Contribuinte Individual

Art. 214, III - para o contribuinte individual: a remuneração auferida em uma ou mais empresas ou pelo exercício de sua atividade por conta própria, durante o mês, observados os limites (mínimo e máximo) a que se referem os §§ 3º e 5º;

Temos o contribuinte individual por conta própria, que sendo responsável pela contribuição, contribui com 20% sobre a remuneração auferida na competência, não podendo, neste caso, ser inferior ao salário mínimo nem maior do que o teto máximo.

No caso de contribuinte individual que preste serviço eventual para uma ou mais empresas. Este não é responsável pelo recolhimento, para prestação de serviço a partir de abril/2003 em diante (Lei n. 10.666/03), a responsabilidade pelo recolhimento da contribuição não é dele e sim do "tomador empresa". E a alíquota a ser descontada é fixa de 11% da remuneração paga ou creditada, limitada ao teto previdenciário (R$ 4.663,75).

Para o contribuinte individual na condição de cooperado em cooperativa de trabalho, a contribuição a partir de maio/2015 é de 20% sobre a remuneração auferida no mês, obedecidos os limites.

O limite mínimo do salário de contribuição para contribuinte individual e a categoria facultativo é o salário mínimo nacional.

Oswaldo prestou um serviço em janeiro de 2014 para uma empresa durante 05 dias e auferiu R$ 400,00, sendo inferior ao mínimo e sua única remuneração nesta competência. Ele deverá complementar com pagamento via GPS com o complemento 20% X R$ 488,00 = R$ 97,60, como contribuinte individual. (art. 216, § 27) R$ 400,00 + R$ 488,00 = R$ 788,00 salário mínimo, que ingressará em seu número de segurado (PIS) no mês.

Salário de Contribuição do Empregado Dirigente Sindical

Art. 214, IV - para o dirigente sindical na qualidade de empregado: a remuneração paga, devida ou creditada pela entidade sindical, pela empresa ou por ambas; e

Atenção: o dirigente sindical pode estar sendo remunerado pela empresa, pela entidade sindical ou se compatível à carga horária, nas duas.

Salário de Contribuição do Trabalhador Avulso Dirigente Sindical

Art. 214, V - para o dirigente sindical na qualidade de trabalhador avulso: a remuneração paga, devida ou creditada pela entidade sindical.

Para o trabalhador avulso, ele receberá da entidade sindical.

Salário de Contribuição do Facultativo

Art. 214, VI - para o segurado facultativo: o valor por ele declarado, observados os limites mínimo e máximo;

O salário de contribuição do facultativo é o valor declarado por ele, que não pode ser inferior ao salário mínimo e nem superar o teto. Ele faz a inscrição e contribui pelo valor que deseja, observando o mínimo (R$ 788,00) e o valor máximo (R$ 4.663,75), valores atualizados em janeiro/2015.

Proporcionalidade

Art. 214, § 1º Quando a admissão, a dispensa, o afastamento ou a falta do empregado, inclusive o doméstico, ocorrer no curso do mês, o salário de contribuição será proporcional ao número de dias efetivamente trabalhados, observadas as normas estabelecidas pelo INSS.

Exemplificando:

Uma doméstica foi registrada em 21.03.2013, com remuneração de salário mínimo (R$ 678,00); logo, seu salário de contribuição da competência de 03/2013 a ser recolhido pelo empregador até o dia 15 de abril com alíquota de 20% x R$ 226,00 (referente aos 10 dias trabalhados x R$ 22,60) = R$ 45,20. Se o valor for inferior a R$ 10,00, deverá ser observada as regras da SRFB (Secretaria da Receita Federal do Brasil), e aguardar a próxima competência para recolher as duas juntas. Não caberá remissão (perdão).

2. Parcelas Integrantes do Salário de Contribuição

Decreto n. 3.048/99.

Art. 214, § 2º O salário-maternidade é considerado salário de contribuição.

O salário-maternidade é o único benefício que será considerado salário de contribuição, ou seja, seu valor é utilizado para cálculo de contribuição previdenciária. Essa verba recebida tem natureza salarial. Durante os 120 dias de licença-maternidade, as seguradas abaixo relacionadas sofrerão descontos no valor do benefício, com exceção da segurada especial (esta não tem como base de cálculo salário de contribuição e sim valor da comercialização), lembre-se de que sua contribuição é sobre o valor bruto da comercialização da produção:

Seguradas Obrigatórias, contribuem quando recebem o salário-maternidade a saber:

- **Empregada** – Será arrecadada pela empresa de acordo com a tabela a alíquota de 8%, 9% ou 11% sobre o salário de contribuição.
- **Empregada doméstica** – É descontada a alíquota de acordo com a tabela, do valor do benefício pelo INSS. O empregador continua responsável pelo recolhimento dos 12% sobre o salário de contribuição registrado no CTPS durante o período da licença-maternidade.
- **Trabalhadora avulsa** – É descontada alíquota de 8%, 9% ou 11% do valor do benefício pelo INSS, no pagamento do benefício.
- **Contribuinte individual** – Também será atendido direto na Previdência Social - INSS. Se a segurada na data do evento gerador ao direito contribui na forma do art. 199 do Decreto n. 3.048/99, será descontado 20% do benefício; se na forma do art. 199-A, Decreto n. 3.048/99, será descontado 11% sobre o limite mínimo.
- **Segurada Especial** – Não há desconto, não é base de cálculo.

Segurada Facultativa:

- Facultativa – Pelo INSS: se contribui na forma do art. 199, será descontado 20% do valor do benefício; se na forma do art. 199-A, será descontado 11% sobre o limite mínimo. (artigos do Decreto n. 3.048/99)

Segurada Desempregada:

- Descontada pelo INSS - pela última alíquota arrecadada dela, antes de entrar na qualidade de segurada.

A Lei n. 11.770/08 cria o Programa Empresa Cidadã, destinado à prorrogação da licença-maternidade por 60 dias mediante concessão de incentivo fiscal, e altera a Lei n. 8.212/91.

A pessoa jurídica tributada com base no lucro real poderá deduzir do imposto devido, em cada período de apuração, o total da remuneração integral da empregada pago nos 60 (sessenta) dias de prorrogação de sua licença-maternidade.

Não é deduzido nas contribuições previdenciárias, logo o período de 60 dias não é reembolsável pela empresa.

No setor privado entrou em vigor em 2010, o salário-maternidade que estudaremos, continua por 120 dias e reembolsável pela empresa.

Art. 214, § 4º – A remuneração adicional de férias de que trata o inciso XVII do art. 7º da Constituição Federal integra o salário de contribuição.

Trata-se do 1/3 constitucional sobre as férias. As férias gozadas estão sujeitas à composição da base de cálculo; este adicional também estará sujeito. O acessório acompanha o principal.

Férias pagas antecipadamente - a incidência de contribuição ocorrerá no mês do descanso.

Há empresas que antecipam o crédito das férias no mês anterior, nesta situação o mês de incidência será o do gozo e não o do crédito.

Art. 214, § 6º – A gratificação natalina – décimo terceiro salário – integra o salário de contribuição, exceto para o cálculo do salário de benefício, sendo devida a contribuição quando do pagamento ou crédito da última parcela ou na rescisão do contrato de trabalho.

Há incidência sobre o 13º recebido, mas desde o advento da Lei n. 8.870/94 (15.04.1994), gratificação natalina recebida pelo empregado, trabalhador avulso e doméstico, não é utilizada na apuração do salário de benefício dos beneficiários (segurados e dependentes).

Ex.: A aposentadoria de um empregado em 02/2012 foi calculada com os salários de contribuição desde 07/94 até 01/2012, mas não integrou a contribuição do 13º; tivemos 12 competências de janeiro a dezembro, a 13ª competência não integrou o cálculo.

- A contribuição sobre a gratificação natalina incidirá sobre o valor bruto da gratificação, sem compensação dos adiantamentos pagos, mediante aplicação, em separado, de acordo com a tabela de desconto dos empregados, domésticos e trabalhadores avulsos;

Para o empregado que tenha recebido a metade do 13º no mês de maio/2013, quando recebeu a última parcela até dezembro/2013, o desconto referente à contribuição previdenciária foi sobre o valor bruto da remuneração de dezembro/2013, sem deduzir o adiantamento feito em maio.

Será aplicada em separado: se este empregado ganhava R$ 4.900,00, houve o desconto de 11% para o 13º e mais 11% pela contribuição do mês de novembro/2013, limitado ao teto. Logo, no mês de dezembro/2013, teve duas contribuições:

- Até o dia 20.12.2013, a empresa recolheu a GPS de novembro/2013, juntamente com os 11% da remuneração de 11/2013;

- Até o dia 20.12.2013 a empresa recolheu a GPS, referente ao 13º, juntamente com os 11% do empregado.

Dia 20/12/2013 recaiu em dia útil, mas se fosse dia sem expediente bancário, a empresa deveria antecipar o recolhimento para o dia útil anterior, nos dois casos.

Em virtude de rescisão será pago nesta oportunidade, e haverá a incidência.

- Para os segurados empregados com remuneração variável, o recolhimento da parcela apurada de 21/12 a 31/12, será até o dia 20/01/2014. Nos casos de parcela variável, o vencimento da GPS do 13º será a da competência de dezembro (já foi questão de prova) até 20/01/14.

Art. 214, § 8º – O valor das diárias para viagens, quando excedente a cinquenta por cento da remuneração mensal do empregado, integra o salário de contribuição pelo seu valor total.

As diárias são valores pagos ao trabalhador para que ele possa arcar com despesas extraordinárias em atividade fora de seu local habitual de trabalho (alimentação, transporte, hospedagem), sendo conceito distinto do reembolso. Para as diárias não é necessária a comprovação de despesas, ao contrário dos valores que são reembolsados mediante recibo apresentado à empresa.

O que vale a pena lembrar: esta verba quando exceder a 50% da remuneração do empregado incidirá levando-se em consideração a totalidade, até o teto previdenciário.

Exemplo:

O representante comercial/empregado recebeu as verbas:
R$ 1.800,00 (remuneração mensal) + R$ 950,00 (a título de diárias para viagens) = R$ 2.750,00; a contribuição dele será 11% de R$ 2.750,00, pelo valor total em razão das diárias que excederam 50% da remuneração, a contribuição dele e da empresa será sobre seu salário de contribuição, os R$ 2.750,00.

Art. 214, § 9º, inciso V, alínea F – Aviso prévio indenizado

A partir de 13/01/09, esta verba é base de incidência de contribuição para a empresa e o empregado.

Valor da Compensação Pecuniária a ser Paga no Âmbito do Programa de Proteção ao Emprego - PPE

O empregado em empresa que aderiu ao PPE, que passará a trabalhar com redução da jornada de trabalho em até 30%. 50% deste valor ele receberá sob o título de compensação.

Com receitas do FAT (contribuições do PIS/PASEP).

Empregado com remuneração de R$ 3.000,00

Empresa aderiu PPE e a partir de outubro/15 todos os empregados terão reduzida a jornada de trabalho em 20%; logo a remuneração após redutor será R$ 2.400,00.

Fará jus a uma compensação com recursos do FAT de 50 % do redutor, no exemplo, R$ 300,00.

O valor do Salário de contribuição de outubro será R$ 2.400,00 + R$ 300,00= R$ 2.700,00

3. Outras Parcelas Integrantes

Comissões e Porcentagens

O primeiro é um pagamento decorrente de vendas, possuindo um valor determinado. A porcentagem é uma alíquota que incidirá sobre a venda para cálculo da retribuição ao segurado. Nos dois casos incidirá contribuição previdenciária.

Adicionais

Haverá incidência de contribuição sobre:

- os adicionais por tempo de serviço;
- noturno;
- horas extras; e
- insalubridade e periculosidade.

Estes adicionais serão somados à remuneração, e haverá incidência de contribuição.

Para auxiliá-los no aprendizado, segue a tabela de incidência do salário de contribuição.

§ 15. O valor mensal do auxílio-acidente integra o salário de contribuição, para fins de cálculo do salário de benefício de qualquer aposentadoria, observado, no que couber, o disposto no art. 32.

Explicação: Este benefício de caráter indenizatório, que equivale a uma renda mensal de 50% do salário de benefício que o antecedeu. Quando recebido concomitante com salário de contribuição, no cálculo de salário de benefício para apurar o valor de uma aposentadoria, o valor do auxílio-acidente será somado ao salário de contribuição.

Verbas	Explicação	Incidência
1. Salário	Este benefício é salário de contribuição. As seguradas, ao receber o benefício do INSS, tem descontada a contribuição e a empresa tem o desconto feito pela empregada. A empresa continua a contribuir com sua cota patronal durante a licença como se ela estivesse trabalhando.	Sim
2. Férias	Quando gozadas haverá incidência.	Sim
3. Remuneração Adicional de Férias, Inciso XVII, Art. 7º, CF	Esta remuneração adicional é 1/3 constitucional sobre as férias gozadas.	Sim
4. Gratificação Natalina. Se no dia 20/12 não houver expediente bancário, antecipará. O 13º e a entrega da GFIP até dia 7 do mês seguinte ao do fato gerador, são as duas obrigações previdenciárias que antecipam; as demais prorrogam.	Integra o salário de contribuição, exceto para o cálculo dos benefícios. Ao calcular em benefício, apesar de ter contribuído com 13º, só entrará na média 12. Há incidência de contribuição no 13º, recolhimento até 20 de dezembro, pela totalidade, sem abater a parcela antecipada até 30/11. Se a remuneração for variável (comissionados), do dia 21 ao dia 30 a contribuição será paga com a competência de dezembro, que vence até 20/01.	Sim
5. Diárias para Viagem	Trata-se de um pagamento de despesas tidas em função de relação de emprego: • Até 50% da remuneração, não há incidência; • Superior a 50% da remuneração, incidência pelo total.	Sim, se superior a 50%
6. Gorjetas	Remuneração por terceiros de forma espontânea ou compulsória.	Sim
7. Adicionais de:	Trabalho noturno, insalubridade, periculosidade, tempo de serviço e horas extras. Serão somados à remuneração e haverá incidência.	Sim
8. Verba Em Utilidade (Imóvel)	Cessão de imóvel ao empregado, sem vinculação à atividade realizada. É uma liberdade do empregador. Terá o valor somado ao salário de contribuição.	Sim
9. Aviso-Prévio	Se trabalhado haverá incidência. Na hipótese de não trabalhar no aviso prévio (indenizado), haverá incidência também.	Sim
10. Cesta Básica	Quando a empresa paga ao empregado, mas não está incluída no PAT (Programa de Alimentação ao Trabalhador).	Sim
11. Comissões	De qualquer espécie; e haverá a incidência no mês que for feito o pagamento.	Sim
12. Fretes, Carretos e Transportes	• Quando pagos à pessoa física, há incidência; • Serviços prestados por cooperados (pessoa física ou jurídica).	Sim
13. Bolsas de Aprendizagem	Importância paga ao aprendiz (empregado) com mais de 14 anos até 24 anos.	Sim

4. Parcelas Não Integrantes do Salário de Contribuição

Artigo 214, § 9º – Não integram o salário de contribuição, exclusivamente:
I - os benefícios da previdência social, nos termos e limites legais, ressalvado o disposto no § 2º;

Para os beneficiários do RGPS, que recebam benefícios previdenciários (aposentadorias, pensão), não há desconto de contribuição, exceção o disposto no § 2º, o salário-maternidade; sobre este incide durante os 120 dias do salário-maternidade.

II - a ajuda de custo e o adicional mensal recebidos pelo aeronauta, nos termos da Lei n. 5.929, de 30 de outubro de 1973;

A ajuda de custo (por deslocamento permanente) está relacionada à mudança de base do aeronauta e o adicional mensal relacionado aos deslocamentos de caráter indenizatório. Sobre nenhum deles haverá incidência.

III - a parcela in natura recebida de acordo com programa de alimentação aprovado pelo MTE, nos termos da Lei n. 6.321, de 14 de abril de 1976;

Parcela in natura pode ser a moradia, a alimentação, o vestuário e outras prestações.

Trata-se de prestação em utilidades sem natureza salarial, o decreto que regula o programa de alimentação ao trabalhador não prevê o pagamento em dinheiro.

Trata-se de incentivo fiscal, para concessão de alimentação ao trabalhador. O pagamento em pecúnia, integrará a base de cálculo. E deve haver um convênio entre a empresa e o PAT (Programa de Alimentação do Trabalhador).

IV - as importâncias recebidas a título de férias indenizadas e respectivo adicional constitucional, inclusive o valor correspondente à dobra da remuneração de férias de que trata o art. 137 da Consolidação das Leis do Trabalho;

Férias indenizadas por rescisão contratual, e seu respectivo adicional constitucional de 1/3. Não farão parte do salário de contribuição. Bem como, férias pagas em dobro pela empresa em virtude de não ter observado o vencimento do segundo período aquisitivo de férias.

V - as importâncias recebidas a título de:

Lembre-se de que não haverá incidência sobre verbas indenizatórias, na forma da lei, por não terem natureza salarial. Se não é salário, não há incidência.

a) indenização compensatória de 40% do montante depositado no FGTS, como proteção à relação de emprego contra despedida arbitrária ou sem justa causa, conforme disposto no inciso I do art. 10 do Ato das Disposições Constitucionais Transitórias;

A Lei Complementar n. 110, de 30/06/2001, instituiu contribuição social devida pelos empregadores em caso de despedida de empregado sem justa causa, à alíquota de 10% sobre o montante dos depósitos devidos, referentes ao FGTS, durante a vigência do contrato de trabalho.

b) indenização por tempo de serviço, anterior a 5 de outubro de 1988, do empregado não optante pelo FGTS;
c) indenização por despedida sem justa causa do empregado nos contratos por prazo determinado, conforme estabelecido no art. 479 da Consolidação das Leis do Trabalho;
d) indenização do tempo de serviço do safrista, quando da expiração normal do contrato, conforme disposto no art. 14 da Lei n. 5.889, de 8 de junho de 1973;
e) incentivo à demissão;

Trata-se de um valor pago a título de prêmio incentivando ao empregado à demissão.

f) revogado pelo Decreto n. 6.727/09 (aviso prévio indenizado);

A partir de 13/01/09, o aviso prévio indenizado é base de incidência de contribuição para a empresa e empregado.

g) indenização por dispensa sem justa causa no período de trinta dias que antecede a correção salarial a que se refere o art. 9º da Lei n. 7.238, de 29 de outubro de 1984;
h) indenizações previstas nos art. 496 e 497 da Consolidação das Leis do Trabalho;
i) abono de férias na forma dos art. 143 e 144 da Consolidação das Leis do Trabalho;

Na forma do art. 143 – é facultado ao empregado converter um terço do período de férias a que tiver direito em abono pecuniário.

Na forma do art. 144 – o abono de férias de que trata o artigo anterior, bem como o concedido em virtude de cláusula do contrato do trabalho, do regulamento da empresa, de convenção ou acordo coletivo, desde que, não excedente de 20 dias do salário.

j) ganhos eventuais e abonos expressamente desvinculados do salário por força de lei;

Na hipótese de uma lei que institua um abono, mencionando que não tem natureza salarial.

l) licença-prêmio indenizada; e

O empregado vende a licença-prêmio, que corresponde a um mês de descanso.

m) outras indenizações, desde que expressamente previstas em lei.

VI - a parcela recebida a título de vale-transporte, na forma da legislação própria;

Vale-transporte não tem natureza salarial. Não há previsão na lei específica, de pagamento em pecúnia; se feito desta forma é salário de contribuição.

VII - a ajuda de custo, em parcela única, recebida exclusivamente em decorrência de mudança de local de trabalho do empregado, na forma do art. 470 da Consolidação das Leis do Trabalho;

Recebe-se uma ajuda única para mudança: passagens aéreas. A finalidade é a de cobrir despesas resultante da transferência por conta do empregador. Se for mensal trata-se de remuneração.

VIII - as diárias para viagens, desde que não excedam a cinquenta por cento da remuneração mensal do empregado;

Até 50%, o valor recebido a título de diárias para viagem.

IX - a importância recebida a título de bolsa de complementação educacional de estagiário, quando paga nos termos da Lei n. 6.494, de 1977;

Atenção: Os estagiários que prestam serviço nos termos da Lei n. 11.788/08 receberão um valor como bolsa de complementação educacional que não é considerada remuneração. (salário de contribuição).

Por vontade própria, se desejarem poderão filiar-se como facultativo/estudante.

O salário de contribuição para a categoria facultativo (art. 214, inciso VI) é o valor por ele declarado, observado os limites mínimo e o teto.

X - a participação do empregado nos lucros ou resultados da empresa, quando paga ou creditada de acordo com lei específica; (A participação nos lucros está disciplinada na Lei n. 10.101/00, originária da MP 794/94.)

É importante observar se está sendo paga de acordo com esta lei, a empresa poderá dar este tipo de participação aos seus empregados 2 vezes ao ano. Se pago além disto será somado no salário do empregado e considerado como salário de contribuição havendo incidência.

Não confundir com distribuição de lucros ou dividendos aos acionistas, por ser a remuneração do capital. Também não é salário decontribuição.

XI - o abono do Programa de Integração Social/ Programa de Assistência ao Servidor Público; (PIS/PASEP)

Ex.: É assegurado o recebimento de abono salarial anual, no valor máximo de 1 (um) salário-mínimo vigente na data do respectivo pagamento, aos empregados. Desde que cadastrados a pelo menos 05 anos no PIS/PASEP e tenham recebido de empregadores que contribuam para o PIS/PASEP pelo menos 02 salários mínimos médios de remuneração no período trabalhado, e no mínimo tenha exercido atividade remunerada por 30 dias no ano que servirá de base.

Calculado na proporção de 1/12 (um doze avos) do valor do salário-mínimo vigente na data do respectivo pagamento, multiplicado pelo número de meses trabalhados no ano correspondente.

XII - os valores correspondentes a transporte, alimentação e habitação fornecidos pela empresa ao empregado contratado para trabalhar em localidade distante da sua residência, em canteiro de obras ou local que, por força da atividade, exija deslocamento e estada, observadas as normas de proteção estabelecidas pelo Ministério do Trabalho e Emprego;

XIII - a importância paga ao empregado a título de complementação ao valor do auxílio-doença desde que este direito seja extensivo à totalidade dos empregados da empresa;

Algumas empresas, por convenção, pagam este complemento aos seus empregados, por um determinado período.

A Previdência Social atenderá com o auxílio-doença mediante renda mensal de 91% do salário de benefício, e se for o caso a empresa complementará com a importância que faltou para sua remuneração. Sobre este valor a título de complemento não contribui a empresa nem o empregado, desde que extensivo para todos os empregados na empresa.

XIV - as parcelas destinadas à assistência ao trabalhador da agroindústria canavieira de que trata o art. 36 da Lei n. 4.870, de 1º de dezembro de 1965;

XV - o valor das contribuições efetivamente pago pela pessoa jurídica relativo a programa de previdência complementar privada, aberta ou fechada, desde que disponível à totalidade de seus empregados e dirigentes, observados, no que couber, os art. 9º e 468 da Consolidação das Leis do Trabalho.

Se a empresa desembolsa uma determinada quantia para patrocinar (custear) plano de previdência complementar de seus empregados e dirigentes. Este valor não será somado à remuneração como salário de contribuição.

XVI - o valor relativo à assistência prestada por serviço médico ou odontológico, próprio da empresa ou com ela conveniado, inclusive o reembolso de despesas com medicamentos, óculos, aparelhos ortopédicos, despesas médico-hospitalares e outras similares, desde que a cobertura abranja a totalidade dos empregados e dirigentes da empresa;
XVII - o valor correspondente a vestuários, equipamentos e outros acessórios fornecidos ao empregado e utilizados no local do trabalho para prestação dos respectivos serviços.

Uniformes, rádio-transmissores.

XVIII - o ressarcimento de despesas pelo uso de veículo do empregado, quando devidamente comprovadas.

No caso do inciso XIX o assunto mudou na Lei n. 8.212/91, mas aguarda regulamentação.

Lei 8212/91 art.28 § 9º
t) o valor relativo a plano educacional, ou bolsa de estudo, que vise à educação básica de empregados e seus dependentes e, desde que vinculada às atividades desenvolvidas pela empresa, à educação profissional e tecnológica de empregados, nos termos da Lei nº 9.394, de 20 de dezembro de 1996, e:
1. não seja utilizado em substituição de parcela salarial; e
2. o valor mensal do plano educacional ou bolsa de estudo, considerado individualmente, não ultrapasse 5% (cinco por cento) da remuneração do segurado a que se destina ou o valor correspondente a uma vez e meia o valor do limite mínimo mensal do salário-de-contribuição, o que for maior;

Explicação: Deve cumprir as 02 exigências, a saber: a parcela garantida aos empregados com fins educacionais não substitui parte do salário e seu valor mensal não ultrapasse 5% da remuneração ou 01 salário mínimo e meio; o que for maior. (R$ 1.182,00)

XXI - os valores recebidos em decorrência da cessão de direitos autorais;

Os direitos autorais são decorrentes do lucro obtido com o desenvolvimento de trabalho definido, como a publicação de um livro.

Sobre o valor recebido não haverá incidência.

XXII - o valor da multa paga ao empregado em decorrência da mora no pagamento das parcelas constantes do instrumento de rescisão do contrato de trabalho, conforme previsto no § 8º do art. 477 da Consolidação das Leis do Trabalho.

Multas referentes à rescisão, por não observar o prazo de quitação das verbas.

XXIII - o reembolso creche pago em conformidade com a legislação trabalhista, observado o limite máximo de 06 anos de idade da criança, quando devidamente comprovadas as despesas;

A empregada recebe um valor para o auxílio creche, por criança até 6 anos, e apresenta os comprovantes da creche. De acordo com a EC n. 53/2006 foi dada nova redação ao art. 7º, XXV (Assistência gratuita e dependentes desde o nascimento até 5 anos de idade em creches e pré-escola); aguardamos mudança na Lei e sua regulamentação.

XXIV - o reembolso babá, limitado ao menor salário de contribuição mensal e condicionado à comprovação do registro na CTPS da empregada, do pagamento da remuneração e do recolhimento da contribuição previdenciária, pago em conformidade com a legislação trabalhista, observado o limite máximo de seis anos de idade da criança; e

É pago à empregada um salário mínimo, para o pagamento do auxílio - babá, e a criança deverá ter até 6 anos.

XXV - o valor das contribuições efetivamente pago pela pessoa jurídica relativo a prêmio de seguro de vida em grupo, desde que previsto em acordo ou convenção coletiva de trabalho e disponível à totalidade de seus empregados e dirigentes, observados, no que couber, os arts. 9º e 468 da Consolidação das Leis do Trabalho.

SALÁRIO DE CONTRIBUIÇÃO DOS RELIGIOSOS

Acrescentado o parágrafo 14 ao artigo 22 da Lei n. 8.212/91 (Lei n. 13.137/15)

§ 13. Não se considera como remuneração direta ou indireta, para os efeitos desta Lei, os valores despendidos pelas entidades religiosas e instituições de ensino vocacional com ministro de confissão religiosa, membros de instituto de vida consagrada, de congregação ou de ordem religiosa em face do seu mister religioso ou para sua subsistência desde que fornecidos em condições que independam da natureza e da quantidade do trabalho executado. (Incluído pela Lei nº 10.170, de 2000).

§ 14. Para efeito de interpretação do § 13 deste artigo: (Incluído pela Lei nº 13.137, de 2015)

I - os critérios informadores dos valores despendidos pelas entidades religiosas e instituições de ensino vocacional aos ministros de confissão religiosa, membros de vida consagrada, de congregação ou de ordem religiosa não são taxativos e sim exemplificativos; (Incluído pela Lei nº 13.137, de 2015)

II - os valores despendidos, ainda que pagos de forma e montante diferenciados, em pecúnia ou a título de ajuda de custo de moradia, transporte, formação educacional, vinculados exclusivamente à atividade religiosa não configuram remuneração direta ou indireta. (Incluído pela Lei nº 13.137, de 2015)

Explicação: O religioso (padre, pastor etc.) está enquadrado na categoria contribuinte individual. O salário de contribuição do contribuinte individual é a remuneração auferida de empresa ou por conta própria, obedecidos os limites mínimo e máximo.

No caso do religioso valores recebidos em montante diferenciados, em dinheiro ou como ajuda de custo paa moradia, transporte, educação relacionado exclusivamente à atividade religiosa não é considerada remuneração direta ou indireta.

Os critérios definidos no § 13 de valores despendidos são exemplificativos.

Verbas	Explicação	Incidência
14. Previdência Privada Complementar	Desde que disponível à totalidade de seus empregos e dirigentes, não haverá a incidência de contribuição.	Não
15. Reembolso-Babá	Pago à empregada pela empresa, o valor do menor salário de contribuição, observado o limite de idade da criança que deverá ter até 6 anos e 11 meses.	Não
16. Reembolso-Creche	Pago em conformidade com a legislação trabalhista, observando a idade da criança, até 6 anos e 11 meses, quando devidamente comprovada as despesas.	Não
17. Os Benefícios da Previdência Social	Não há contribuição sobre os benefícios do Regime Geral de Previdência Social, exceto salário-maternidade.	Não
18. Valores pagos ao Aeronauta	Ajuda de custo = Valor que o aeronauta recebe pela mudança de base. Adicional mensal = Relacionado ao deslocamento, é de caráter indenizatório.	Não
19. Férias Indenizadas	Quando houver rescisão do contrato de trabalho.	Não
20. Incentivo à Demissão	Quando a empresa disponibiliza aos empregados um plano de demissão voluntária, e indeniza para cada ano trabalhado com determinada quantia.	Não
21. Bolsa do Estagiário	Valor recebido de acordo com a Lei n. 11.788, de 2008; trata-se do estagiário e não do menor aprendiz.	Não
22. Transporte, Alimentação e Habitação	Fornecido pela empresa ao empregado contratado para trabalhar em localidade distante de sua residência, e exija deslocamento, estada no local.	Não

Quadro Sinótico

• Salário de contribuição para o
- Empregado/Trabalhador Avulso/Doméstico.
- Contribuinte Individual.
- Facultativo.
- Segurado Especial - Não é base de cálculo, contribui diferente.
- Sobre o valor bruto da comercialização rural.

• Limite mínimo e máximo do Salário de contribuição para:
1) Empregado/Doméstico/Trabalhador avulso.
2) Contribuinte Individual e Facultativo.

• Parcelas Integrantes do Salário de contribuição:
1 – Salário-maternidade;
2 – Férias gozadas;
3 – Gratificação natalina;
4 – Diárias p/ viagem desde que exceda 50% da remuneração;
5 – Comissões e porcentagens;

6 – Adicionais:
- horas extras;
- periculosidade;
- insalubridade;
- noturno;
- tempo de serviço.

7 – Gorjetas;
8 – Em utilidades (aluguel, automóvel);
9 – Aviso prévio, trabalhado;
10 – Cesta básica em desacordo com o PAT;
11 – Fretes, carretos e transporte de passageiros, feito por:
a) Transportador pessoa física autônomo ou seu auxiliar;

• Parcelas que não integram o Salário de contribuição:
1 – Indenizações;
2 – Valor pago pela empresa para custeio de previdência privada complementar de seus empregados;
3 – Reembolso - babá;
4 – Reembolso - creche;
5 – Os benefícios da Previdência Social;

6 – Valores pagos ao aeronauta:
- ajuda de custo
- adicional mensal

7 – Férias indenizadas;
8 – Incentivo à demissão;
9 – Bolsa paga ao estagiário de acordo com a Lei n. 11.788/08;
10 – Transporte/ alimentação/ habitação paga ao trabalhador: Contratado para trabalhar em localidade distante de sua residência ou que exija deslocamento.

Exercício de Fixação

Responda com CERTO, ERRADO ou DEIXE EM BRANCO. Cada questão Errada anula uma Certa. Deixando em branco, perde-se apenas esta questão.

Prova CESPE/UNB Março 2003

Cláudio, contador de uma empresa atacadista está elaborando um manual de orientação para as pessoas que o ajudam a confeccionar a folha de pagamento da empresa.

A respeito dessa situação hipotética, julgue os itens 01 a 06, correspondentes às orientações que Cláudio está redigindo para incluir no manual.

01. Sobre despesas com alimentação, habitação e transporte fornecidos pela empresa ao empregado contratado para trabalhar em localidade distante da sua residência, em canteiro de obras ou local que, por força da atividade, exija deslocamento e estada, observadas as normas de proteção estabelecidas pelo MTE, não incide contribuição previdenciária.

02. Sobre o abono de férias – valor correspondente à conversão em dinheiro de um terço das férias – incide contribuição previdenciária.

03. Sobre o aviso prévio trabalhado incide contribuição previdenciária.

04. Incide contribuição previdenciária sobre os valores correspondentes a adicionais de insalubridade, de periculosidade, por trabalho noturno, por tempo de serviço, por transferência de local de trabalho ou função.

05. Sobre férias normais usufruídas na vigência do contrato de trabalho, excetuado o terço constitucional, incide contribuição previdenciária.

06. Incide contribuição previdenciária sobre o saldo de salário recebido na rescisão de contrato de trabalho.

Julgue os itens de 07 a 11 quanto ao plano de benefícios da Previdência Social.

Considere a seguinte situação hipotética:

O Banco Austral S.A. oferece previdência complementar privada aberta para todos os empregados e dirigentes da empresa por intermédio da Superprev S.A.

07. O décimo terceiro salário integra o salário de contribuição para todos os fins, sendo devida a contribuição quando do pagamento ou crédito da última parcela ou na rescisão do contrato de trabalho.

08. A inscrição de dependente na Previdência Social não pode ser feita antes do requerimento do benefício a que este tiver direito.

09. O médico residente, contratado na forma da Lei n. 6.932/81, e o estagiário que presta serviços à empresa em desacordo com a Lei n. 6.494/77 são segurados obrigatórios como empregados.

10. O contribuinte individual pode, desde que provado o exercício da atividade, recolher contribuições relativas a competências anteriores à sua primeira contribuição, que serão computadas inclusive para efeito de carência.

11. Para os segurados facultativos, a filiação – vínculo que se estabelece entre a Previdência Social e a pessoa que para ela contribui – decorre da inscrição formalizada e do pagamento da primeira contribuição.

Joaquina, dona de casa, segurada facultativa da Previdência Social, emprega, em sua residência, Maria, como empregada doméstica. Após conhecer os dotes culinários de Maria, Joaquina passou a utilizar-se dos seus serviços para preparar biscoitos e doces que são vendidos em uma feira.

Com base na situação hipotética acima, julgue os itens 12 e 13.

12. Joaquina poderá continuar a recolher à Previdência Social suas contribuições como segurada facultativa.

13. Em razão das atividades desenvolvidas, as contribuições relativas à remuneração de Maria devem ser recolhidas como segurada empregada.

Uma empresa celebrou acordo coletivo de trabalho em que foram estipuladas, entre outras, as seguintes cláusulas: pagamento de participação nos lucros referente ao exercício de 2002, em 4 parcelas trimestrais, no valor correspondente a R$ 300,00 cada uma, por empregado; pagamento mensal de vale-refeição no valor de R$ 120,00 para cada empregado; e complementação do valor do auxílio-doença para os empregados expostos, efetivamente, a riscos ambientais no ambiente do trabalho.

Considerando essa situação hipotética, julgue os itens a seguir, relacionados aos salários de contribuição:

14. O pagamento a título de complementação do auxílio-doença não constitui fato gerador da obrigação previdenciária, haja vista sua evidente natureza assistencial.

15. O vale-refeição não será considerado salário de contribuição caso tenha sido feita a necessária adesão, pela empresa, ao Programa de Alimentação do Trabalhador e os termos da Lei n. 6.321/76 estejam sendo cumpridos.

16. A participação nos lucros é garantia constitucional do trabalhador e, da forma como foi concedida atende à legislação específica, determinando a não-incidência da contribuição previdenciária sobre ela.

CESPE/UNB MARÇO 2003

17. Se uma mulher encontra-se em gozo de salário-maternidade, então o valor do benefício que ela recebe não integra a base de cálculo das contribuições previdenciárias que o seu empregador terá de recolher ao INSS.

18. Um contribuinte individual da Previdência Social, sócio-gerente de uma sociedade limitada, poderá, na competência em que não auferir remuneração, contribuir como facultativo.

Assinale a alternativa correta.

19. **(AFRFB/2005) Para os segurados empregados e trabalhadores avulsos, entende-se por salário de contribuição:**

a) a remuneração auferida, sem dependência da fonte pagadora, em uma ou mais empresas ou pelo exercício de sua atividade por conta própria, durante o mês, observados os limites mínimo e máximo do salário de contribuição.
b) o valor recebido pelo cooperado, ou a ele creditado, resultante da prestação de serviços a terceiros, pessoas físicas ou jurídicas, por intermédio da cooperativa.
c) o valor por eles declarado, observados os limites mínimo e máximo do salário de contribuição.
d) vinte por cento do valor bruto auferido pelo frete, carreto, transporte, não se admitindo a dedução de qualquer valor relativo aos dispêndios com combustível e manutenção do veículo, ainda que parcelas a este título figurem discriminadas no documento.
e) a remuneração auferida em uma ou mais empresas, assim entendida a totalidade dos rendimentos que lhe são pagos, devidos ou creditados a qualquer título, durante o mês.

20. **(TRF/2005) Preencha as lacunas com as palavras que lhe parecerem adequadas e escolha a opção que as contenha.**

_____ da obrigação previdenciária é ___________. Como regra geral, quando a remuneração do segurado empregado, inclusive do trabalhador avulso, for___________ durante o mês, o salário de contribuição será a remuneração efetivamente paga, devida ou a ele creditada.

a) Fator gerador – o salário de contribuição – reduzido ou majorado
b) Base de cálculo – o limite mínimo e máximo do salário de contribuição – por causa das horas extras, maior que o normalmente pago
c) Salário de contribuição – o valor que serve de base para os benefícios – variável
d) Base de cálculo – salário de contribuição – proporcional ao número de dias trabalhados
e) Alíquota – específica ou ad valorem – uniforme

Técnico do Seguro Social/Cargo 18 Caderno BRANCO - CESPE/UNB – INSS/2008

Em cada um dos itens seguintes, apresenta-se uma situação hipotética referente à aplicação do conceito de salário-de-contribuição, seguida de uma assertiva a ser julgada.

21. Maria, segurada empregada da previdência social, encontra-se afastada de suas atividades profissionais devido ao nascimento de seu filho, mas recebe salário-maternidade. Nessa situação, apesar de ser um benefício previdenciário, o salário-maternidade que Maria recebe é considerado salário-de-contribuição para efeito de incidência.

22. Mateus trabalha em uma empresa de informática e recebe o vale-transporte junto às demais rubricas que compõem sua remuneração, que é devidamente depositada em sua conta bancária. Nessa situação, incide contribuição previdenciária sobre os valores recebidos por Mateus a título de vale-transporte.

23. Luís é vendedor em uma grande empresa que comercializa eletrodomésticos. A título de incentivo, essa empresa oferece aos empregados do setor de vendas um plano de previdência privada. Nessa situação, incide contribuição previdenciária sobre os valores pagos, pela empresa, a título de contribuição para a previdência privada, a Luís.

24. Claudionor recebe da empresa onde trabalha alguns valores a título de décimo-terceiro salário. Nessa situação, os valores recebidos por Claudionor não são considerados para efeito do cálculo do salário benefício, integrando-se apenas o cálculo do salário de contribuição.

25. A empresa em que Maurício trabalha paga a ele, a cada mês, um valor referente à participação nos lucros, que é apurado mensalmente. Nessa situação, incide contribuição previdenciária sobre o valor recebido mensalmente por Maurício a título de participação nos lucros.

26. Rodrigo trabalha na gerência comercial de uma grande rede de supermercados e visita regularmente cada uma das lojas da rede. Para atendimento a necessidades do trabalho que faz durante as viagens, Rodrigo recebe diárias que excedem, todos os meses, 50% de sua remuneração normal. Nessa situação, não incide contribuição previdenciária sobre os valores recebidos por Rodrigo a título dessas diárias.

27. **(CESPE - 2013 - TRT - 5ª Região (BA) - Juiz do Trabalho) Assinale a opção correspondente a remuneração considerada para o cálculo do salário de contribuição.**

a) importâncias recebidas a título de adicional constitucional de férias
b) importâncias recebidas a título de incentivo à demissão
c) salário-maternidade
d) benefícios da previdência social
e) importâncias recebidas a título de férias indenizadas

28. **(ESAF - 2012 - Receita Federal - Auditor Fiscal da Receita Federal) Assinale a opção incorreta.**

a) A base de cálculo da contribuição social devida pela empresa é a soma da remuneração paga, devida ou creditada aos segurados e às demais pessoas físicas a seu serviço, mesmo sem vínculo empregatício.
b) O salário de contribuição dos empregados domésticos é a base de cálculo da contribuição social por eles devida.
c) No caso dos segurados especiais, sua contribuição social incide sobre a receita bruta proveniente da comercialização da produção rural.
d) Os trabalhadores, de forma geral, contribuem com alíquota incidente sobre seu salário de contribuição.
e) No caso do produtor rural registrado sob a forma de pessoa jurídica, sua contribuição social recairá sobre o total de sua receita líquida.

29. **(ESAF - 2012 - Receita Federal - Auditor Fiscal da Receita Federal) Sobre as verbas que não integram o salário de contribuição, analise os itens a seguir, classificando-os como corretos ou incorretos, para, a seguir, assinalar a assertiva que corresponda à sua opção.**

I. A ajuda de custo, em parcela única, recebida exclusivamente em decorrência de mudança de local de trabalho do empregado.
II. A importância recebida a título de bolsa de complementação educacional de estagiário quando paga nos termos da Lei n. 6.494/77.
III. A participação nos lucros ou resultados da empresa, quando paga ou creditada de acordo e nos limites de lei específica.
IV. O abono do Programa de Integração Social-PIS e do Programa de Assistência ao Servidor Público-PASEP.
V. A importância paga ao empregado a título de complementação ao valor do auxílio-doença, desde que este direito seja extensivo aos demais empregados da empresa.

Estão corretos apenas os itens:

a) I, II e IV.
b) II, IV e V.
c) II e V.
d) I e V.
e) Todos os itens estão corretos.

Salário de Contribuição

30. (ESAF - 2012 - Receita Federal - Auditor Fiscal da Receita Federal) Sobre o conceito de salário de contribuição, analise os itens a seguir, classificando-os como corretos ou incorretos, para, a seguir, assinalar a assertiva que corresponda à sua opção.

I. Para os segurados empregado e trabalhador avulso, a remuneração auferida em uma ou mais empresas, assim entendida a totalidade dos rendimentos que lhe são pagos, devidos ou creditados a qualquer título, durante o mês, destinados a retribuir o trabalho, qualquer que seja a sua forma, inclusive as gorjetas, os ganhos habituais sob a forma de utilidades e os adiantamentos decorrentes de reajuste salarial, quer pelos serviços efetivamente prestados, quer pelo tempo à disposição do empregador ou tomador de serviços, nos termos da lei ou do contrato ou, ainda, de convenção ou de acordo coletivo de trabalho ou de sentença normativa, observados os limites mínimo e máximo.

II. Para o segurado empregado doméstico, a remuneração registrada em sua CTPS ou comprovada mediante recibos de pagamento, observados os limites mínimo e máximo.

III. Para o segurado contribuinte individual, independentemente da data de filiação ao RGPS, considerando os fatos geradores ocorridos desde 1º de abril de 2003, a remuneração auferida em uma ou mais empresas ou pelo exercício de sua atividade por conta própria, durante o mês, observados os limites mínimo e máximo do salário de contribuição.

IV. Para o segurado especial que usar da faculdade de contribuir individualmente, o valor por ele declarado.

Estão corretos apenas os itens:

a) I, III e IV.
b) III e IV.
c) II, III e IV.
d) II e IV.
e) Todos os itens estão corretos.

31. (FCC - 2012 - TRT - 1ª REGIÃO (RJ) - Juiz do Trabalho) Entende-se por salário de contribuição,

a) para contribuinte individual e segurado facultativo, o valor livremente declarado no mês, observados os limites mínimo e máximo.
b) para o empregado doméstico, a remuneração formalmente registrada na CTPS, não incidindo contribuições sobre valores diretamente pagos em dinheiro, desde que clara e inequivocamente assim tenha sido ajustado.
c) para empregado e autônomo, o salário auferido em uma ou mais empresas, a qualquer título e valor, durante o mês, quer pelos serviços efetivamente prestados, quer pelo tempo à disposição da empresa tomadora.
d) para empregado e avulso, a remuneração auferida em uma ou mais empresas, a qualquer título, durante o mês, quer pelos serviços efetivamente prestados, quer pelo tempo à disposição da empresa.
e) para empregado e avulso, a remuneração auferida em uma ou mais empresas, a qualquer título e valor, durante o mês, exclusivamente pelos serviços efetivamente prestados.

Responda as questões 32 e 33, utilizando CERTO ou ERRADO

32. Para o empregado doméstico, considera-se salário de contribuição a remuneração registrada na Carteira de Trabalho e Previdência Social, observadas as disposições normativas pertinentes.

33. As gorjetas não integram o salário-de-contribuição do segurado empregado filiado ao RGPS, assim como também não o integra a parcela recebida a título de vale-transporte.

Gabarito

01. C	02. E	03. C	04. C	05. E
06. C	07. E	08. C	09. E	10. E
11. C	12. E	13. C	14. E	15. C
16. E	17. E	18. C	19. E	20. D
21. C	22. C	23. C	24. C	25. C
26. E	27. C	28. E	29. E	30. D
31. D	32. C	33. E		

8. Arrecadação e Recolhimento das Contribuições Destinadas à Seguridade Social

1. Obrigações da Empresa e Demais Contribuintes e Prazos de Recolhimento
2. Obrigação do Empregador Doméstico
3. Obrigação da Empresa e das "Isentas" em Relação ao Contribuinte Individual
4. Retenção dos 11% na Cessão ou Empreitada de Mão de Obra

1. Obrigações da Empresa e Demais Contribuintes e Prazos de Recolhimento

Art. 216, I do Decreto n. 3.048/99 – A Empresa é Obrigada a:

a) Arrecadar a contribuição do segurado empregado, do trabalhador avulso e do contribuinte individual a seu serviço, descontando-a da respectiva remuneração.

- Do empregado e do trabalhador avulso – Deverá descontar as alíquotas conforme a tabela, de 8%, 9% ou 11%.
- Do contribuinte individual – A empresa tomadora do serviço descontará dele 11%, para fato gerador a partir de 01.04.2003. (Lei n. 10.666/03)

A empresa descontará observado o limite máximo do salário de contribuição, até o teto previdenciário 01/2015 – R$ 4.663,75.

b) Recolher o produto arrecadado na forma da alínea "a" e as contribuições a seu cargo incidentes sobre as remunerações pagas, devidas ou creditadas, a qualquer título, inclusive adiantamentos decorrentes de reajuste salarial, acordo ou convenção coletiva, aos segurados empregado, contribuinte individual e trabalhador avulso a seu serviço, e sobre o valor bruto da nota fiscal ou fatura de serviço, relativo a serviços que lhe tenham sido prestados por cooperados, por intermédio de cooperativas de trabalho, até o dia vinte do mês seguinte àquele a que se referirem as remunerações, bem como as importâncias retidas na forma do art. 219, até o dia vinte do mês seguinte àquele da emissão da nota fiscal ou fatura, antecipando-se o vencimento para o dia útil imediatamente anterior quando não houver expediente bancário no dia vinte;

É obrigação principal da empresa, se contrata empregado e trabalhador avulso, descontar destes a alíquota conforme a tabela de 8% até 11%, e se tomar o serviço de um contribuinte individual arrecadar a alíquota fixada em 11%, até o teto previdenciário e recolher até o dia 20 do mês seguinte ao da prestação do serviço somada a sua parte ou até o dia útil imediatamente anterior caso não haja expediente bancário.

A partir de maio/2015, a empresa que tomar serviço de cooperativa de trabalho, não será devedora de cota patronal e responsável pelo recolhimento de:

- 15% sobre o valor bruto da nota fiscal ou fatura de serviço, relativo a serviços prestados pelos cooperados da cooperativa de trabalho.

Nem devedores de:

- 9%, 7% ou 5%: Sobre o valor bruto da nota fiscal ou fatura de prestação de serviços emitida pela cooperativa de trabalho em relação aos serviços prestados por cooperados com direito a aposentadoria especial.

A alíquota de 15 % bem como as alíquotas (5%, 7% ou 9%) para financiamento de aposentadoria especial do cooperado foram devidas no período a partir de abril/2003 (Lei n. 10.666/03), até abril/2015.

Ex.: Se um médico cirurgião é contribuinte individual/cooperado, e trabalhe exposto a condições especiais que deem ensejo a concessão de aposentadoria especial com 25 anos de tempo de contribuição.

A cooperativa de trabalho em que ele está associado emitiu nota fiscal para o hospital tomador do serviço no período de abril/2003 até abril/2015 (12 anos), a empresa tomadora do serviço da cooperativa foi obrigada a recolher cota patronal de 15% + 5% sobre o valor bruto da nota fiscal.

Esta base de incidência (valor bruto da NF) disposta na Lei n. 8.212/91 foi considerada inconstitucional pelo Supremo Tribunal, e por meio de um ato declaratório a Secretaria da Receita Federal do Brasil, determina que a empresa tomadora desse serviço está desobrigada ao recolhimento.

Atenção, a cota patronal de 20% será suportada e paga pela cooperativa de produção. É uma espécie de cooperativa que detêm os meios de produção a serem utilizados por seus trabalhadores cooperados.

Logo, eles irão trabalhar na própria cooperativa (ex. reciclagem de lixo, costura); neste exemplo, a obrigação do recolhimento do adicional de 6%, 9% ou 12% sobre a remuneração paga ou creditada aos cooperados é da própria cooperativa.

c) Recolher as contribuições de que trata o art. 204, na forma e prazos definidos pela legislação tributária federal.

A empresa é obrigada a recolher as contribuições sociais provenientes do faturamento e do lucro (COFINS, PIS/PASEP, CSLL).

Contribuinte Individual Responsável pelo Recolhimento

Art. 216, inciso II - Os segurados contribuinte individual, quando exercer atividade econômica por conta própria ou prestar serviço a pessoa física ou a outro contribuinte individual, produtor rural pessoa física, missão diplomática ou repartição consular de carreira estrangeira, ou quando tratar-se de brasileiro civil que trabalha no exterior para organismo oficial internacional do qual o Brasil seja membro efetivo, ou ainda, na hipótese do § 28, e o facultativo estão obrigados a recolher sua contribuição, por iniciativa própria, até o dia quinze do mês seguinte àquele a que as contribuições se referirem, prorrogando-se o vencimento para o dia útil subsequente quando não houver expediente bancário no dia quinze, facultada a opção prevista no § 15;

O contribuinte individual que preste serviço para empresa ou cooperativa terá alíquota descontada pela tomadora de seu serviço.

O próprio contribuinte individual recolherá sua contribuição, mediante alíquota de 20 %;

- Se prestar serviço por conta própria para pessoas físicas; e
- prestar serviço no exterior para organismo oficial internacional (ONU, OMS), salvo quando coberto por regime próprio Decreto n. 3.048/99 art.9, V, "d";

O próprio contribuinte individual recolherá sua contribuição com alíquota de 20% (Decreto n. 3.048/99 art. 216 § 33), mas com direito a dedução de 45% da contribuição do tomador do serviço, limitada a 9% do salário de contribuição, nos casos: Decreto n. 3.048/99 art. 216 § 20, 21, 23 e 32.

- Prestou serviço a outro contribuinte individual;
- Ao Produtor Rural Pessoa Física;
- Missão diplomática; ou repartição consular;

E a categoria facultativo está obrigada a recolher a contribuição por iniciativa própria.

Prazo: até dia 15, e prorroga.

Podendo as duas categorias, se o salário de contribuição for igual ao salário mínimo, optarem pelo recolhimento trimestral.

Sub-Rogação na Comercialização Rural

Art. 216 III - a empresa adquirente, consumidora ou consignatária ou a cooperativa são obrigadas a recolher a contribuição de que trata o art. 200 no prazo referido na alínea "b" do inciso I, no mês subsequente ao da operação de venda ou consignação da produção rural, independentemente de estas operações terem sido realizadas diretamente com o produtor ou com o intermediário pessoa física;

Vide capítulo 06

VI - a pessoa física não produtor rural que adquire produção para venda, no varejo, a consumidor pessoa física é obrigada a recolher a contribuição de que trata o art. 200 no prazo referido na alínea "b" do inciso I, no mês subsequente ao da operação de venda;

Os incisos III e VI – É a respeito da obrigação na comercialização da produção rural. Vide tema: Sub-Rogação art. 200, § 7º, incisos I e II, no capítulo 06.

Art. 216 § 34. O recolhimento da contribuição do produtor rural pessoa física ou produtor rural pessoa jurídica, quando houver, será efetuado pela Companhia Nacional de Abastecimento - CONAB, à conta do Programa de Aquisição de Alimentos, instituído pelo art. 19 da Lei n. 10.696, de 2 de julho de 2003, na aquisição de produtos agropecuários no âmbito do referido Programa.

O que deve ser observado é a comercialização entre o PRPJ e a CONAB, porque o responsável pelo recolhimento será a Companhia.

2. Obrigação do Empregador Doméstico

Art. 216 VIII - o empregador doméstico é obrigado a arrecadar a contribuição do segurado empregado doméstico a seu serviço e recolhê-la, assim como a parcela a seu cargo, no prazo referido no inciso II, cabendo-lhe durante o período da licença-maternidade da empregada doméstica apenas o recolhimento da contribuição a seu cargo, facultada a opção prevista no § 16;

O empregador doméstico é obrigado a arrecadar 8%, 9% ou 11% do salário de contribuição do empregado a seu serviço e recolher com a parcela a seu cargo 12% do salário de contribuição até dia o 7 do mês seguinte ou prorroga se o vencimento recair em data sem expediente.

Inclusive no período do salário-maternidade.

Durante a licença o empregador doméstico contribui com 12%. A alíquota correspondente à doméstica será descontada pela Previdência Social, ao pagar o benefício salário-maternidade.

Tabela aplicada aos: Empregados Domésticos/ Empregado/Trabalhador avulso: (Portaria Interministerial n. 13/2015)

SALÁRIO DE CONTRIBUIÇÃO (R$)	ALÍQUOTA PARA FINS DE RECOLHIMENTO AO INSS (%)
até 1.399,12	8,00
de 1.399,13 até 2.331,88	9,00
de 2.331,89 até 4.663,75	11,00

Ex.: Se a doméstica ganha R$ 2.000,00, a contribuição será de 11% descontado dela.

É facultado ao empregador doméstico o recolhimento trimestral relativamente aos empregados a seu serviço, cujo salário de contribuição seja igual ao salário mínimo ou inferior por motivo de admissão, dispensa ou fração no caso de gozo de benefício.

Art. 216, inciso XIII - cabe ao empregador, durante o período de licença-maternidade da empregada, recolher apenas a parcela da contribuição a seu cargo.

O empregador doméstico no período do salário-maternidade de sua doméstica deverá recolher a alíquota de 12% até a competência de Set/15 com vencimento em 07/10/15.

Em virtude da LC 150/15, a partir de out/2015 com vencimento até 07/11/2015 a alíquota do empregador doméstico passará à:

- De contribuição social previdenciária: 8%
- Contribuição para o SAT- Seguro contra o acidente do trabalho: 0,8%
- Depósitos de FGTS: 8 %
- depósito para fundo de indenização: 3,2%
- Imposto de renda, quando houver.

A parte do empregador doméstico a título de contribuição previdenciária será de 8,8% + depósitos 11,2%, totalizando 20% sobre a remuneração paga ou creditada ao empregado doméstico.

Art. 216 § 1º-A. O empregador doméstico pode recolher a contribuição do segurado empregado a seu serviço e a parcela a seu cargo relativas à competência novembro até o dia 20 de dezembro, juntamente com a contribuição referente à gratificação natalina - décimo terceiro salário - utilizando-se de um único documento de arrecadação.

Sem acréscimo legal, sobre a competência de novembro.

§ 2º Se for o caso, a contribuição de que trata o § 1º será atualizada monetariamente a partir da data prevista para o seu recolhimento, utilizando-se o mesmo indexador definido para as demais contribuições arrecadadas pelo Instituto Nacional do Seguro Social.

Na hipótese de 20 de dezembro recair no final de semana (domingo), antecipa para sexta-feira. Se for paga na segunda-feira será acrescido de multa.

3. Obrigação da Empresa e das "Isentas" em Relação ao Contribuinte Individual

Art. 216 § 26. A alíquota de contribuição a ser descontada pela empresa da remuneração paga, devida ou creditada ao contribuinte individual a seu serviço, observado o limite máximo do salário de contribuição, é de onze por cento no caso das empresas em geral e de vinte por cento quando se tratar de entidade beneficente de assistência social isenta das contribuições sociais patronais.

Empresa em regra deverá arrecadar 11% sobre o salário de contribuição pago ou creditado ao contribuinte individual e se a empresa for considerada ISENTA das contribuições sociais previdenciárias será obrigada a arrecadar 20% do SC pago ou creditado ao contribuinte individual, inclusive o cooperado de cooperativa de trabalho.

Art. 216, inciso XII – a empresa que remunera contribuinte individual é obrigada a fornecer a este comprovante do pagamento do serviço prestado consignando, além dos valores da remuneração e do desconto feito, o nº da inscrição do segurado do INSS;

Este inciso XII é uma obrigação da empresa tomadora de serviço de contribuinte individual:

- Fornecer ao contribuinte individual comprovante de pagamento;

- Valor da remuneração;
- Valor descontado;
- Número de inscrição do segurado.

Art. 216 § 27. O contribuinte individual contratado por pessoa jurídica obrigada a proceder à arrecadação e ao recolhimento da contribuição por ele devida, cuja remuneração recebida ou creditada no mês, por serviços prestados a ela, for inferior ao limite mínimo do salário de contribuição, é obrigado a complementar sua contribuição mensal, diretamente, mediante a aplicação da alíquota estabelecida no art. 199 sobre o valor resultante da subtração do valor das remunerações recebidas das pessoas jurídicas do valor mínimo do salário de contribuição mensal.

4. Retenção dos 11% na Cessão ou Empreitada de Mão de Obra

Retenção dos 11%: Em nossa Constituição está prevista a responsabilidade por substituição, como segue:

Art. 150 § 7º - A lei poderá atribuir a sujeito passivo da obrigação tributária a condição de responsável pelo pagamento de imposto ou contribuição, cujo fato gerador deva ocorrer posteriormente, assegurada a imediata e preferencial restituição da quantia paga, caso não se realize o fato gerador presumido.

Esta substituição tributária decorre da prestação de serviço por uma empresa a outra por meio de contrato de cessão ou empreitada de mão de obra; neste caso a contratante deverá reter 11% sobre o valor bruto da nota fiscal de prestação de serviço emitida pela empresa contratada, trazida com a Lei n. 9.711/98, com efeitos a partir de 02/99, disposto na lei.

Ficando mantida a solidariedade para contratação até Jan/99.

Que empresa estará sujeita à Retenção dos 11% sobre o valor da nota fiscal?

Art. 219. A empresa contratante de serviços executados mediante cessão ou empreitada de mão de obra, inclusive em regime de trabalho temporário, deverá reter onze por cento do valor bruto da nota fiscal, fatura ou recibo de prestação de serviços e recolher a importância retida em nome da empresa contratada, observado o disposto no § 5º do art. 216. (Redação dada pelo Decreto nº 4.729, de 2003)

A empresa contratante de serviços prestados mediante cessão de mão de obra ou empreitada, inclusive trabalho temporário na forma da Lei n. 6.019/74, para fato gerador a partir de 02/99, deverá reter 11% do valor bruto da NF/Fatura ou recibo de prestação de serviços e recolher à Previdência Social a importância retida, com a denominação social e CNPJ (Cadastro Nacional de Pessoa Jurídica) da empresa contratada.

Aqui a empresa contratante substitui a contratada, na obrigação de recolher.

Haverá uma antecipação da contribuição social previdenciária devida pela contratada, facilitando a arrecadação e o trabalho da fiscalização.

Este instituto ocorre na prestação de serviço entre duas empresas. Mas o que é empreitada, cessão de mão de obra?

Empreitada: É a execução, contratualmente estabelecida, de tarefa, obra ou serviço, por preço ajustado, com ou sem fornecimento de material ou equipamentos, que podem ou não ser utilizados, realizadas na dependência da empresa contratante, nas de terceiro ou na da contratada, tendo como objeto um resultado pretendido. (Conceito art. 144)

Cessão de mão de obra é a colocação à disposição do contratante, em suas dependências ou na de terceiros, de segurados que realizem serviços contínuos, relacionados ou não com a atividade-fim da empresa, independentemente da natureza e da forma de contratação, inclusive por meio de trabalho temporário na forma da Lei n. 6.019/74. (art. 219 § 1º)

Serviços contínuos, os que constituem necessidade permanente da empresa contratante, de natureza repetitiva, ligados ou não à sua atividade-fim, ainda que sua execução seja intermitente, ou executada por diferentes trabalhadores.

Trabalho temporário, de acordo com a Lei n. 6.019/74, será permitido por prazo não superior a 3 meses em situação de substituição de mão de obra, ou em razão de acréscimo inesperado de serviços.

Os serviços relacionados a seguir estarão sujeitos à retenção de 11% quando prestados por meio de cessão de mão de obra, inclusive por meio de serviço temporário de acordo com a Lei n. 6.019/74 (art. 219, § 2º):

I – Limpeza, conservação e zeladoria.
II – Vigilância e segurança.
III – Construção civil.
IV – Serviços rurais.
V – Digitação e preparação de dados para processamento.
VI – Embalagem, acabamento.
VII – Cobrança.

VIII – Coleta e reciclagem de lixo e resíduos.
IX – Copa e hotelaria.
X – Corte e ligação de serviços públicos.
XI – Distribuição.
XII – Treinamento e ensino.
XIII - Entrega de contas e documentos.
XIV – Ligação e leitura de medidores.
XV – Manutenção de instalações de máquinas e de equipamentos.
XVI – Montagem.
XVII – Operação de máquinas, de equipamentos e de veículo.
XVIII – Operação de pedágio e de terminal de transporte.
XIX – Operação de transporte de passageiros, inclusive nos casos de concessão ou sub-concessão (Dec. n. 4.729/03).
XX – Portaria, recepção e ascensorista.
XXI – Recepção, triagem e movimentação de materiais.
XXII – Promoção de vendas e eventos.
XXIII – Secretaria e expediente.
XXIV – Saúde.
XXV – Telefonia, inclusive telemarketing.

Do inciso I ao XXV quando o serviço for prestado por uma empresa a outra mediante contrato de cessão de mão de obra e se ocorreu nas dependências da contratante ou na de terceiros, se feito desta forma deverá ser retido 11% sobre a nota fiscal emitida pela contratada.

Art. 219, § 3º Os serviços relacionados nos incisos I a V também estão sujeitos à retenção de que trata o caput quando contratados mediante empreitada de mão de obra.

Do inciso I a V se o serviço for prestado por meio de empreitada também estão sujeitos a retenção dos 11% sobre o valor da nota fiscal e independe o local da prestação.

Obrigação da Empresa Contratada

Art. 219, § 5º O contratado deverá elaborar folha de pagamento e Guia de Recolhimento do Fundo de Garantia do Tempo de Serviço e Informações à Previdência Social distintas para cada estabelecimento ou obra de construção civil da empresa contratante do serviço.

Obrigação da Empresa Contratante

Art. 219, § 6º A empresa contratante do serviço deverá manter em boa guarda, em ordem cronológica e por contratada, as correspondentes notas fiscais, faturas ou recibos de prestação de serviços, Guias da Previdência Social e Guias de Recolhimento do Fundo de Garantia do Tempo de Serviço e Informações à Previdência Social com comprovante de entrega.

Obrigação da Empresa Contratante para o Custeio da Aposentadoria Especial do Segurado Empregado da Empresa Contratada

§ 12. O percentual previsto no caput será acrescido de quatro, três ou dois pontos percentuais, relativamente aos serviços prestados pelos segurados empregado, cuja atividade permita a concessão de aposentadoria especial, após quinze, vinte ou vinte e cinco anos de contribuição, respectivamente.

- Quando os empregados da empresa contratada estiverem nas dependências da empresa contratante, exercendo atividade com exposição a agentes nocivos será acrescida aos 11% uma alíquota de:
  - 4%, 3% ou 2%: Esta alíquota será retida pela empresa contratante, por meio de cessão de mão de obra ou empreitada. Estes percentuais são relativos ao valor dos serviços prestados pelos segurados empregados (da contratada) cuja atividade permita concessão de aposentadoria especial após 15, 20 ou 25 anos de contribuição, respectivamente.

No exemplo temos:

O hospital tem em suas dependências empregados de outra empresa prestadora, que trabalham em serviço de limpeza hospitalar por meio de cessão de mão de obra ou empreitada. A obrigação do hospital, como empresa contratante, é de reter os 11%, e se for o caso, deverá acrescentar as alíquotas de:

- 2% - para financiar aposentadoria especial com 25 anos, exemplo: expostos a ruído;
- 3% - para financiar aposentadoria com 20 anos de contribuição nesta exposição; ou
- 4% - para financiar aposentadoria com 15 anos de contribuição nesta exposição.

O hospital deverá reter 11% sobre o valor da NF + 2% sobre a remuneração dos que tenham atividades especiais com direito a aposentadoria com 25 anos de contribuição, da empresa prestadora e recolher até dia 20 do mês subsequente no nome (CNPJ) da contratada.

Art. 224-A. O disposto nesta Seção não se aplica à contratação de serviços por intermédio de cooperativa de trabalho.

A retenção dos 11% não se aplica, quando a empresa contratante toma serviço de uma cooperativa de trabalho. A retenção dos 11% sobre a NF é uma forma de antecipação de parte da contribuição da empresa contratada.

Empresa contratante que deixe de reter os 11% sobre a nota fiscal emitida pela contratada

§ 5º, art. 216 - O desconto da contribuição e da consignação legalmente determinado sempre se presumirá feito, oportuna e regularmente, pela empresa, pelo empregador doméstico, pelo adquirente, consignatário e cooperativa a isso obrigados, não lhes sendo lícito alegarem qualquer omissão para se eximirem do recolhimento, ficando os mesmos diretamente responsáveis pelas importâncias que deixarem de descontar ou tiverem descontado em desacordo com este Regulamento.

Tabela de Arrecadação e Prazos de Recolhimento das Contribuições Sociais

CONTRIBUINTES	RESPONSÁVEL PELO RECOLHIMENTO	COTA PATRONAL Das empresas	COTA DOS SEGURADOS	PRAZOS DE RECOLHIMENTO
EMPRESAS	A própria	Alíquotas de: 20% + RAT(1%, 2% ou 3%) + alíquotas que financiam as aposentadorias especiais de (6%, 9% ou 12%)	A empresa descontará dos: - Empregados e trabalhadores avulsos De 8% até 11% conforme tabela do art. 198 do dec. n. 3.048/99(abaixo) e do Contribuinte Individual 11%.	Recolherá as cotas patronais, somadas às contribuições que arrecadou (descontou) dos empregados, trabalhadores avulsos e dos C.I. **Até dia 20 do mês seguinte** ao do fato gerador (prestação de serviço) **ou antecipa. (sem expediente)**
EMPREGADOR DOMÉSTICO	O próprio recolhe 8% + 0,8% (SAT) sobre o salário de contribuição até o teto previdenciário; e 8% FGTS 3,2% depósito para indenização.	-	TABELA SOCIAL S.C. até R$ 1.399,12 - 8 % 1.399,13 até 2.331,88 - 9% 2.331,89 até 4.663,75 - 11% Será descontada dos domésticos de acordo com esta tabela e até o teto de R$ 4.663,75.	O empregador doméstico descontará de 8% até 11% e somará aos 20% a seu cargo, sobre o salário de contribuição. (a partir de out/15) **Recolherá até dia 7 do mês seguinte em documento de arrecadação.**
CI que trabalha por **conta própria.**	O próprio		20% x Salário de contribuição, obedecido os limites mínimo e teto.	O próprio **até dia 15 do mês seguinte ao da prestação do serviço e prorroga.**
CI que presta serviço para **empresa.**	A empresa	20% x remuneração paga ou creditada ao C.I.	11% x SC até teto, será descontado pela empresa.	**Até dia 20** se recair em dia não útil, **antecipa.**
CI que presta serviço **à empresa optante do SIMPLES.**	A empresa	Incluída na alíquota do SIMPLES NACIONAL.	11% x SC até teto.	A **empresa até dia 20 ou antecipa.**
CI que presta serviço para **entidade beneficente de assistência social-IMUNE.**	A empresa	As empresas são isentas de Contribuições sociais patronais.	Descontará do contribuinte individual 20% x SC até teto, inclusive do contribuinte individual cooperado na de trabalho.	A **empresa até dia 20 ou antecipa.**
CI que presta serviço, **à: 1) outro CI equiparado a empresa; 2) PRPF ou 3) missão diplomática e repartição consular de carreira estrangeiras.**	O próprio Contribuinte Individual. Por que os tomadores de serviço estão desobrigados de descontar os 11% dele (artigo 216, § 32) mas continuam responsáveis pelo pagamento de cota patronal de 20%.	20% x remuneração paga ou creditada ao C.I.	11% x SC até o teto. Recolhida pelo próprio C.I. Caso tenha a prova do efetivo recolhimento ou declaração do contratante.	**Equiparado à empresa até dia 20** – a alíquota a seu cargo. E a alíquota do **CI prestador até dia 15** e se recair em dia não útil **prorroga.**
CI associado a **cooperativa de trabalho** que presta serviço para terceiros.	A cooperativa não descontará do C.I./ cooperado. A partir de maio/15	15% sobre o valor bruto da NF foi devida pela empresa. Não será mais devida a contar de maio/15	Por não haver cota patronal, o próprio contribuinte individual cooperado será o responsável pela alíquota de 20 % sobre a remuneração paga ou creditada.	O cooperado recolherá até dia 15 do mês seguinte, se não houver expediente bancário prorroga.

CONTRIBUINTES	RESPONSÁVEL PELO RECOLHIMENTO	COTA PATRONAL Das empresas	COTA DOS SEGURADOS	PRAZOS DE RECOLHIMENTO
CI condutor autônomo que presta **serviço de frete, carreto ou transporte de passageiros** à Pessoa Jurídica **(empresas).**	A empresa	20% x Remuneração remuneração=20% X (valor do frete).	11% X SC até o teto.	A empresa **até dia 20 ou antecipa.**
FACULTATIVO Que optaram pelo PLANO SIMPLIFICADO DE PREVIDÊNCIA SOCIAL.	O próprio • Baixa Renda; • Grupo familiar Baixa renda		De acordo com o art. 21 § 2º, inciso II alínea "b" da lei n. 8.212/91: 5 % sobre o limite mínimo (R$ 788,00).	**Até dia 15 do mês seguinte ou prorroga.** Aqueles que **fizerem esta opção estão excluídos da espécie aposentadoria por tempo de contribuição. Cabe complementar em caso de arrependimento.**
ASSOCIAÇÕES DESPORTIVAS QUE MANTÊM EQUIPE DE FUTEBOL PROFISSIONAL.	**A associação é o sujeito passivo da obrigação, mas os responsáveis pelo recolhimento são:** **• Quando houver evento desportivo, a entidade promotora do evento.** **• No caso de recebimento de patrocínio, a entidade ou empresa patrocinadora.**	5% sobre a receita bruta dos: • Eventos desportivos (jogos); e • Recebimento de patrocínio, propaganda, publicidade, transmissão.		**A entidade promotora do evento desportivo** (federações de futebol, liga de esportes), **descontará 5% sobre a receita bruta e recolherá até 02 dias úteis.** **e** **A empresa ou entidade patrocinadora reterá do valor pago a associação desportiva 5% e recolherá até dia 20 do mês seguinte ou antecipa.**
SEGURADO ESPECIAL E EMPREGADOR RURAL PESSOA FÍSICA.	O próprio		Alíquotas: 2,0 +0,1 RAT **2,1% sobre o valor bruto da comercialização da produção rural**	**Quando comercializarem** no varejo direto com pessoas físicas, com segurado especial ou produtor rural pessoa física. **Até dia 20 ou antecipa.**
SUB-ROGAÇÃO	**Dec. n. 3.048/99, art. 200 parágrafo 7º: As empresas que comercializem com o SE e o PRPF, ficam responsáveis pelo recolhimento das contribuições previdenciárias:** **Empresas adquirente, consumidora, consignatária ou cooperativa; e a pessoa física, não produtora rural, que compre para vender no varejo às pessoas físicas. (o intermediário feirante).**	Os sub-rogados, descontarão do valor a ser pago ao SE e PRPF as alíquotas de: Alíquotas: 2,0 +0,1 RAT **2,1% sobre o valor bruto da comercialização da produção rural** **E recolherão.**		**Até dia 20 do mês seguinte ao da comercialização ou antecipa.**
Produtor Rural Pessoa Jurídica e Agroindústria	**O próprio**	Financiam mediante alíquota **"substitutiva"** de : **2,5 + 0,1=2,6% Sobre o valor bruto da comercialização rural.**		**Até dia 20 do mês seguinte ao da comercialização ou antecipa.**

Quadro Sinótico

Arrecadação e recolhimento das contribuições destinadas à Seguridade social

• Obrigações da Empresa (art. 216 do RPS)

a) arrecadar de:

- Empregados/Trabalhadores Avulsos – sobre salário de contribuição conforme tabela (8% a 11%) até o teto previdenciário.
- Contribuinte Individual – 11% da remuneração ou 20%, quando se tratar de entidade beneficente de assistência social isenta da cota patronal. (art. 216, § 26 do RPS).

b) recolher com:

• Cota patronal de 20% sobre a remuneração paga, devida e creditada aos empregados e trabalhadores avulsos. (art. 201, I);
• Cota patronal de 20% sobre a remuneração paga ou creditada ao contribuinte individual que preste serviço (art. 201, II);
• Alíquota de 1% a 3% para financiamento dos benefícios concedidos em razão do grau de incidência de incapacidade laborativa decorrentes dos riscos do ambiente do trabalho (art. 202, I a III);
• Adicional de 12%, 9% ou 6%, para financiamento das aposentadorias especiais com 15, 20 ou 25 anos de contribuição, respectivamente (art. 202, §1º);
• 11% = alíquota referente à retenção de uma empresa que toma serviço de uma outra, em serviços por meio de cessão de mão de obra ou empreitada (art. 219);
• Adicional de 2%, 3% ou 4%, para financiamento das aposentadorias especiais dos segurados empregados, das empresas contratadas que realizaram suas atividades, por meio de cessão de mão de obra ou empreitada (art. 219, §12);
• Contribuição sobre o valor bruto da comercialização da produção rural:
- Segurado Especial e PRPF – 2,1%: para seguridade social (art. 200, I e II)
- PRP Jurídica – 2,6%: para seguridade social (arts. 201, IV e 202, §8º)
- Agroindústria – 2,6%: para seguridade social (art. 201-A)
• Contribuição sobre faturamento ou receita e sobre o lucro – COFINS/PIS e CSLL (art. 204);

• Obrigações do empregador doméstico (art. 216, VIII):
- Arrecadar de 8% a 11% e recolher somada à cota patronal a seu cargo até dia 07 (a partir do vencimento do mês de junho/15) do mês seguinte. Via G.P.S.
Para o mês de out/15 em diante, com vencimento em 07/11/15, o empregador doméstico recolherá por meio de DUA- documento único de arrecadação e o total da alíquota será de 20% do empregador doméstico.

• Obrigações dos que remuneram o dirigente sindical:
a) empresa (art. 216, IX);
b) entidade sindical (art. 216, X e XI)

• Obrigações do recolhimento das contribuições das associações desportivas que mantém equipe de futebol profissional:

- Art. 205, §1º: Cabe à entidade promotora descontar 5% sobre a receita bruta decorrente dos espetáculos desportivos e recolher até 2 dias úteis. Ex.: Federação, Confederação ou Liga de esportes.

- Art. 205, § 3º: Cabe à empresa ou entidade patrocinadora que repassar recursos a associações desportivas a responsabilidade de reter 5% e recolher até dia 20, inadmitida qualquer dedução.

Exercícios de Fixação

Responda com CERTO, ERRADO ou DEIXE EM BRANCO. Cada questão Errada anula uma Certa; Deixando em branco, perde-se apenas esta questão.

PROVA CESPE/UNB AFPS 2003

01. Uma empresa que, na qualidade de cedente de mão de obra, preste serviços de conservação e limpeza para diversos bancos, deve elaborar folhas de pagamento e guias de recolhimento do fundo de garantia por tempo de serviço e informações da Previdência Social (GFIP) distintas para cada estabelecimento da empresa contratante de serviço.

02. Constitui obrigação das empresas manter atualizado o perfil profissiográfico previdenciário, abrangendo as atividades desenvolvidas pelos segurados empregados e contribuintes individuais, bem como fornecer a estes, na rescisão do contrato de trabalho ou ao término da prestação do serviço, cópia autenticada deste documento, sob pena de multa por descumprimento de obrigação acessória da legislação previdenciária.

Em relação às contribuições previdenciárias, julgue os itens subsequentes:

03. A cooperativa de produção é uma sociedade cujos associados produzem em comum bens e serviços, detendo, eles mesmos, os meios de produção. A contribuição previdenciária da cooperativa é de 20% do total das remunerações pagas ou creditadas a qualquer título, no decorrer do mês, aos segurados contribuintes individuais que lhe prestem serviços e, caso a atividade exercida pelo cooperado o exponha a agentes nocivos que permitam a concessão de aposentadoria especial após 15, 20 ou 25 anos de contribuição, respectivamente, serão adicionadas as alíquotas de 12, 9 ou 6 pontos percentuais.

04. A Lei n. 9.876, de 28.11.1999, entre outras medidas, revogou a Lei Complementar n. 84/1996 e majorou a alíquota dos contribuintes individuais para 20%, todavia, esse aumento só passou a ser cobrado a partir de 03/2000, em razão do princípio da anterioridade, que, para as contribuições sociais, obedece o prazo de 90 dias.

Considere a seguinte situação hipotética:

Entre os meses de abril e junho de 2003, a Fábrica de Papelão Soares passou por sérias dificuldades financeiras, que impediram o pagamento dos salários a seus empregados. Pelo fato de isso jamais ter acontecido, os obreiros compreenderam a situação e continuaram a trabalhar. A partir da competência de julho de 2003, os salários recomeçaram a ser pagos em dia, como tinham sido ajustados com o empregador que os 3 meses sem salários seriam quitados a partir da competência janeiro de 2004, em 03 parcelas.

05. Nessa situação, nas competências de abril a junho de 2003, não houve fato gerador das contribuições previdenciárias e a empresa não terá de recolher qualquer importância à seguridade social. Em relação aos valores que deixaram de ser recebidos, incidirá contribuição previdenciária na oportunidade em que a empresa pagar as parcelas ajustadas a partir de janeiro de 2004.

06. O custeio dos benefícios concedidos em razão do grau de incidência de incapacidade laborativa decorrente dos riscos ambientais do trabalho é feito mediante as contribuições sobre a remuneração paga a qualquer título no decorrer do mês ao segurado empregado, ao trabalhador avulso e ao contribuinte individual, incidindo um percentual de um, dois ou três pontos percentuais, a depender da atividade preponderante da empresa ter grau de risco leve, médio ou grave, cujas alíquotas podem ser acrescidas em doze, nove ou seis pontos percentuais, respectivamente, caso a atividade exercida pelo segurado, a serviço da empresa, ensejar a concessão de aposentadoria especial após 15, 20 ou 25 anos de contribuição.

Em relação à cessão de mão de obra, restituição e compensação, julgue os itens seguintes.

Considere a seguinte situação hipotética:

Um supermercado empreitou com uma prestadora de serviços o asseio de um galpão para ser utilizado como depósito. Concluída a tarefa, foi emitida nota fiscal de serviço em 30.05.2003, tendo sido retido o montante de R$ 8.000,00. A contribuição previdenciária mensal da empresa prestadora, nas competências de maio a agosto de 2003, parte patronal e segurados empregados, exceto os valores destinados a terceiros, equivale a R$ 2.000,00.

07. Nessa situação, a contratada poderá compensar o valor retido com o valor devido integral a partir da competência de maio de 2003 e posteriores, até que o saldo a seu favor deixe de existir ou optar por requerer a restituição a qualquer tempo.

Considere a seguinte situação hipotética:

Um laboratório contratou uma empresa de telemarketing para auxiliar no lançamento de um produto no mercado de cremes, consistindo o serviço em contatar médicos dermatologistas das principais capitais litorâneas do país e informar as características do novo produto. Os operadores de telemarketing foram postos à disposição do contratante nas dependências da contratada, utilizando os equipamentos desta.

08. Nessa situação, a empresa contratante dos serviços de mão de obra está obrigada a reter 11% do valor bruto da nota fiscal relativa à prestação dos serviços e recolher essa importância retida em nome da contratada.

09. Se a atividade executada pelos segurados vinculados à empresa contratada para a prestação de serviço mediante cessão de mão de obra permitir a concessão de aposentadoria especial após 15, 20 ou 25 anos de contribuição, o percentual de 11% a ser retido pela contratante será acrescido de 4, 3 ou 2 pontos percentuais, respectivamente.

AFRFB - ESAF/2009

10. Hermano, advogado autônomo, possui escritório no qual mantém relação de vínculo empregatício com Lia (advogada e assistente de Hermano) e Léa (secretária).
A construtora ABC Empreendimentos, pessoa jurídica cadastrada na Junta Comercial, possui na sua folha de pagamentos 10 empregados e 20 autônomos que prestam serviços para distintas construtoras na área de assentamento de mármore e granito.
De acordo com a situação-problema apresentada acima e do conceito previdenciário de empresa, é correto afirmar que:

a) Hermano deve contribuir só como contribuinte individual.
b) A construtora ABC pode contribuir como contribuinte individual autônomo.
c) Hermano e a construtora ABC devem contribuir sobre a folha de pagamento de seus empregados.
d) Hermano não pode contribuir como empresa, pois é pessoa natural.
e) a construtora ABC não deve contribuir sobre a folha de pagamento de seus empregados, pois eles prestam serviços a terceiros.

11. Nos termos do Regulamento da Previdência Social, analise as assertivas a respeito das obrigações acessórias de retenção e responsabilidade solidária da contribuição social, assinalando a incorreta.

a) As empresas que integram grupo econômico cuja matriz tem sede em Brasília respondem entre si, solidariamente, pelas obrigações decorrentes do disposto no Regulamento da Previdência Social.
b) A empresa contratante de serviços executados mediante cessão ou empreitada de mão de obra deverá reter onze por cento do valor bruto da nota fiscal, fatura ou recibo de prestação de serviços e recolher a importância retida em nome da empresa contratada.
c) Considera-se construtor, para os efeitos do Regulamento da Previdência Social, a pessoa física ou jurídica que executa obra sob sua responsabilidade, no todo ou em parte.
d) O proprietário, o incorporador definido na Lei n. 4.591, de 1964, o dono da obra ou condômino da unidade imobiliária cuja contratação da construção, reforma ou acréscimo não envolva cessão de mão de obra, são solidários com o construtor.
e) Exclui-se da responsabilidade solidária perante a seguridade social o adquirente de prédio ou unidade imobiliária que realize a operação com empresa de comercialização.

12. (ESAF - 2012 - Receita Federal - Analista Tributário da Receita Federal - Prova 2 - Área Informática) Avalie as afirmações abaixo e marque a opção correspondente:

I. a empresa é desobrigada a arrecadar a contribuição do contribuinte individual;
II. a empresa é obrigada a arrecadar a contribuição do segurado empregado e do trabalhador avulso;
III. contribuinte individual, quando exercer atividade econômica por conta própria é obrigado a recolher sua contribuição, por iniciativa própria, até o dia quinze do mês seguinte àquele a que as contribuições se referirem.

a) As duas primeiras afirmações são corretas, e errada a outra.
b) A primeira afirmação é correta, sendo erradas as demais.
c) As três afirmações são corretas.
d) A primeira afirmação é errada, sendo corretas as demais.
e) As três afirmações são erradas.

13. (CESPE - 2010 - TRT - 1ª REGIÃO (RJ) - Juiz do Trabalho) Com base na disciplina referente a arrecadação e recolhimento das contribuições previdenciárias, assinale a opção correta.

a) A empresa é obrigada a recolher as contribuições a seu cargo incidentes sobre as remunerações pagas, devidas ou creditadas - a qualquer título, excluídos os adiantamentos decorrentes de reajuste salarial, acordo ou convenção coletiva – ao segurado contribuinte individual a seu serviço.

b) O empregador doméstico é obrigado a arrecadar a contribuição do segurado empregado doméstico a seu serviço e a recolhê-la, assim como a parcela a seu cargo, salvo durante o período da licença-maternidade da empregada doméstica.

c) A pessoa jurídica de direito privado beneficente de assistência social que atenda aos requisitos legais e seja beneficiada pela isenção das contribuições previdenciárias fica desobrigada de arrecadar e recolher a contribuição do segurado empregado e do trabalhador avulso a seu serviço.

d) A missão diplomática está excluída da obrigação de arrecadar a contribuição do contribuinte individual, cabendo ao contribuinte recolher a própria contribuição.

e) O desconto da contribuição do segurado incidente sobre o valor bruto da gratificação natalina é devido quando do pagamento ou do crédito de cada parcela e deverá ser calculado em separado.

14. (TRT - 2ª REGIÃO (SP) - Juiz do Trabalho) Em se tratando de ação que tenha no polo passivo uma entidade beneficente de assistência social, advindo a condenação ao pagamento de verbas de natureza salarial, a mesma deve recolher a parcela previdenciária:

a) De vinte por cento sobre o total das parcelas de natureza salarial.

b) De vinte por cento sobre o total das parcelas de natureza salarial e de 1%, 2% ou 3% para o financiamento do benefício previsto nos arts. 57 e 58 da Lei n° 8.213, de 24 de julho de 1991, e daqueles concedidos em razão do grau de incidência de incapacidade laborativa decorrente dos riscos ambientais do trabalho.

c) De vinte por cento sobre o total das parcelas de natureza salarial e os valores destinados ao sistema "S" (TERCEIROS).

d) De 1%, 2% ou 3% para o financiamento do benefício previsto nos arts. 57 e 58 da Lei n° 8.213, de 24 de julho de 1991, e daqueles concedidos em razão do grau de incidência de incapacidade laborativa decorrente dos riscos ambientais do trabalho e os valores destinados ao sistema "S" (TERCEIROS).

e) Nenhuma das anteriores.

15. (ESAF - 2012 - Receita Federal - Auditor Fiscal da Receita Federal) Nos termos da legislação previdenciária em vigor, constituem obrigações da empresa, exceto,

a) a arrecadação, mediante desconto, e o recolhimento da contribuição do produtor rural pessoa física e do segurado especial incidente sobre a comercialização da produção, quando adquirir ou comercializar o produto rural recebido em consignação, somente nos casos em que essas operações tiverem sido realizadas diretamente com o produtor.

b) a arrecadação, mediante desconto no respectivo salário de contribuição, e o recolhimento da contribuição ao SEST e ao SENAT, devida pelo segurado contribuinte individual transportador autônomo de veículo rodoviário (inclusive o taxista) que lhe presta serviços.

c) o recolhimento das contribuições incidentes sobre a remuneração dos segurados empregados, trabalhadores avulsos e contribuintes individuais.

d) a arrecadação, mediante desconto, e o recolhimento da contribuição incidente sobre a receita bruta decorrente de qualquer forma de patrocínio, de licenciamento de uso de marcas e símbolos, de publicidade, de propaganda e transmissão de espetáculos desportivos, devida pela associação desportiva que mantém equipe de futebol profissional.

e) a arrecadação, mediante desconto, e o recolhimento da contribuição incidente sobre a receita bruta da realização de evento desportivo, devida pela associação desportiva que mantém equipe de futebol profissional, quando se tratar de entidade promotora de espetáculo desportivo.

Gabarito

01. C	02. E	03. C	04. E	05. E
06. E	07. E	08. E	09. C	10. C
11. A	12.D	13. D	14. E	15. A

9. Competência da Secretaria da Receita Federal do Brasil e Exame da Contabilidade

1. Competência da SRFB - Secretaria da Receita Federal do Brasil
2. Competência do INSS - Instituto Nacional de Seguro Social
3. Exame da Contabilidade - Perrogativa da SRFB
4. Obrigações das Empresas e Demais Contribuintes
5. Obrigações da Administração Direta e Indireta
6. Obrigações Acessórias Específicas
7. Infrações à Legislação Previdenciária

1. Competência da SRFB - Secretaria da Receita Federal do Brasil

Em virtude da Lei n. 11.457 que dispõe sobre a Administração Tributária Federal, em que a Secretaria da Receita Federal passou a denominar-se Secretaria da Receita Federal do Brasil, órgão da Administração direta subordinado ao Ministério de Estado da Fazenda.

A União é sujeito ativo dos tributos federais, das contribuições sociais e inclusive das previdenciárias.

Na Lei n. 8.212/91, temos:

Art. 33: À Secretaria da Receita Federal do Brasil compete planejar, executar, acompanhar e avaliar as atividades relativas a tributação, fiscalização, arrecadação, cobrança e recolhimento das contribuições sociais previstas no parágrafo único do art. 11, as contribuições incidentes a título de substituição e as devidas a outras entidades e fundos.

Cabendo a esta nova secretaria além das competências que ela possui as de **planejar, executar, acompanhar e avaliar as atividades relativas a tributação, fiscalização, arrecadação, cobrança e recolhimento das contribuições sociais previstas nas alíneas *a*, *b* e *c* do parágrafo único do art. 11** da Lei n. 8.212/91 e das contribuições instituídas a título **de substituição**, bem como as devidas aos terceiros.

Lei n. 8212/91, art. 11, parágrafo único;

a) das empresas, incidentes sobre a remuneração paga ou creditada aos segurados ao seu serviço;
b) dos empregadores domésticos;
c) dos trabalhadores, incidentes sobre seu salário de contribuição.

Instituídas a título de substituição, quer dizer: As das associações desportivas e as incidentes sobre o valor bruto da comercialização da produção rural.

2. Competência do INSS - Instituto Nacional de Seguro Social

À Luz do Decreto n. 7556/2011 - Da Natureza, Sede e Competência

Art. 1º O Instituto Nacional do Seguro Social - INSS, autarquia federal, com sede em Brasília - Distrito Federal, **vinculada ao Ministério da Previdência Social,** instituída com fundamento no disposto no art. 17 da Lei nº 8.029, de 12 de abril de 1990, tem por **finalidade promover o reconhecimento, pela Previdência Social, de direito ao recebimento de benefícios por ela administrados,** assegurando agilidade, comodidade aos seus usuários e ampliação do controle social.

O decreto define a estrutura da autarquia, instituída mediante fusão do INPS (Instituto Nacional de Previdência Social) e IAPAS (Instituto da Administração financeira da Previdência e Assistência Social), em 1990.

Com a atribuição de: **Reconhecer o direito ao recebimento de benefícios por ela administrados**, assegurando agilidade, comodidade aos seus usuários (beneficiários e aos destinatários do benefício assistencial) e ampliação do controle social.

Mas à Luz da Lei n. 11.457/07 – que dispõe sobre a Administração Tributária Federal, a competência do INSS é:

Art. 5º Além das demais competências estabelecidas na legislação que lhe é aplicável, cabe ao INSS:
I - emitir certidão relativa a tempo de contribuição;

Há previsão na CF art. 201, §9º e no Decreto n. 3.048/99 no art. 125, I a emissão de certidão de tempo de contribuição, pelo INSS, para utilização, de tempo comprovado no RGPS, na concessão de benefício no regime próprio.

II - gerir o Fundo do Regime Geral de Previdência Social;

O produto da arrecadação das contribuições previdenciárias (previstas no art. 195, único, incisos I ao V, do Decreto n. 3048/99) e acréscimos legais incidentes serão destinados, em caráter exclusivo, ao pagamento dos benefícios do RGPS e creditados diretamente ao FRGPS- Fundo do Regime Geral de Previdência Social e tem como órgão gestor a autarquia INSS.

III - calcular o montante das contribuições referidas no art. 2º desta Lei e emitir o correspondente documento de arrecadação, com vistas no atendimento conclusivo para concessão ou revisão de benefício requerido.

O INSS emitirá a GPS (Guia de Previdência Social) quando necessário o cálculo de contribuições sociais previdenciárias, em atraso, na concessão ou revisão de benefícios. Na hipótese de parcelamento o contribuinte fará o acordo na Secretaria da Receita Federal do Brasil.

3. Exame da Contabilidade - Prerrogativa da SRFB

Art. 33., Lei n. 8.212/91 (...)
§ 1º É prerrogativa da Secretaria da Receita Federal do Brasil, por intermédio dos Auditores-Fiscais da Receita Federal do Brasil, o exame da contabilidade das empresas, ficando obrigados a prestarem todos os esclarecimentos e informações solicitados, o segurado e os terceiros responsáveis pelo recolhimento das contribuições previdenciárias e das contribuições devidas a outras entidades e fundos.

É prerrogativa da Secretaria da Receita Federal do Brasil, baseada na Lei n. 10.593/2002, art. 6º, examinar a contabilidade de sociedades empresariais, empresários, órgãos, entidades, fundos e demais contribuintes, não se lhes aplicando restrições previstas no Código Civil.

Art. 33 (...)
§ 2º A empresa, o segurado da Previdência Social, o serventuário da Justiça, o síndico ou seu representante, o comissário e o liquidante de empresa em liquidação judicial ou extrajudicial são obrigados a exibir todos os documentos e livros relacionados com as contribuições previstas nesta Lei.

Súmula 439 do STF: *"estão sujeitos à fiscalização tributária ou previdenciária quaisquer livros comerciais, limitado o exame aos pontos objeto da investigação"*.

§ 3º Ocorrendo recusa ou sonegação de qualquer documento ou informação, ou sua apresentação deficiente, a Secretaria da Receita Federal do Brasil pode, sem prejuízo da penalidade cabível, lançar de ofício a importância devida, cabendo à empresa ou ao segurado o ônus da prova em contrário.

Na hipótese de ter elaborado o documento, mas não apresentar ou de não ter elaborado a GFIP(Guia de Recolhimento do FGTS e Informações à Previdência Social), DCTF (Declaração de Débitos e Créditos Tributários Federais), PPP (Perfil Profissiográfico Previdenciário) ou informá-los com divergência e que não represente a realidade, a SRFB pode:

- **Fazer lançamento de ofício** – Para constituir um crédito que ainda não foi lançado ou que contém informações deficientes.

Se constatada pelo órgão, será expedida uma notificação (Decreto n. 70.235/72, art. 10) e se pelo auditor fiscal caberá a lavratura do auto de infração. (Decreto. 70.235/72, art. 11) por descumprimento de obrigação principal (de recolher).

ATENÇÃO:
A partir de 2015 a obrigação da empresa declarar o fato gerador de contribuição previdenciária na GFIP, será feita pelo Sistema e-Social.

§ 4º Na falta de prova regular e formalizada, o montante dos salários pagos pela execução de obra de construção civil pode ser obtido mediante cálculo da mão de obra empregada, proporcional à área construída, de acordo com critérios estabelecidos pela Secretaria da Receita Federal do Brasil, cabendo ao proprietário, dono da obra, condômino da unidade imobiliária ou empresa corresponsável o ônus da prova em contrário.

- **Proprietário** – Pessoa física ou jurídica detentora da titularidade do imóvel.
- **Dono da obra** – Pessoa física ou jurídica, não proprietária, investida na posse, mas que execute obra diretamente ou por intermédio de terceiros.
- **Condômino da unidade imobiliária ou empresa corresponsável.**

Aferição indireta na construção civil

O lançamento de ofício na construção civil aplica-se às contribuições que deixaram de ser recolhidas. E nesta hipótese o agente da fiscalização poderá obter o valor levando em consideração o tamanho da obra e o padrão de execução da obra.

Depois da aferição e do lançamento, caberá ao responsável pela obra o ônus da prova em contrário.

§ 6º Se, no exame da escrituração contábil e de qualquer outro documento da empresa, a fiscalização constatar que a contabilidade não registra o movimento real da remuneração dos segurados a seu serviço, do faturamento e do lucro, serão apuradas, por aferição indireta, as contribuições efetivamente devidas, cabendo à empresa o ônus da prova em contrário.

A partir de 2008 foi implantado o SPED - Sistema Público de Escrituração Digital da Receita Federal do Brasil, que permite a análise tributária sem fiscalização física. Unificará informações fiscais de contribuintes do ICMS e do IPI e tributos federais. Este sistema é composto por:

- EFD: Escrituração Fiscal Digital – substituirá livros nos formatos físicos;
- ECD: Escrituração Contábil Digital – exigida das empresas tributadas baseada em lucro real a partir de 2008, substitui livros de escrituração mercantil (arquivos referentes a livro, diário, livros de balancete e balanço);
- NFE: Nota Fiscal Eletrônica.

Constituição do Crédito da Seguridade Social

§ 7º O crédito da seguridade social é constituído por meio de notificação de lançamento, de auto de infração e de confissão de valores devidos e não recolhidos pelo contribuinte.

Não confundir com o crédito da Previdência Social.

Formas de constituição do crédito

- **Com lançamento de ofício:**

a) quando verificada a falta de recolhimento pelo órgão, será expedida a notificação;

b) quando verificada a falta de recolhimento ou descumprimento de obrigação acessória pelo agente da fiscalização, será lavrado o auto de infração.

- **Por confissão da dívida:**

a) GFIP (Guia de Recolhimento do FGTS e Informações à Previdência) ou DCTF (Declaração de Débito e Crédito dos Tributos Fiscais) informada sem pagamento total, caberá o lançamento complementar de eventual diferença a maior, mas não informada; A partir de 2015 a obrigação da empresa declarar o fato gerador de contribuição previdenciária na GFIP, será feita pelo Sistema e-Social.

b) o sujeito passivo reconhece a obrigação em razão de parcelamento.

4. Obrigações das Empresas e Demais Contribuintes

Obrigações das Empresas em Geral

- **Obrigação Principal:** Recolher contribuição previdenciária em lei. (art. 216, do RPS)

- **Obrigação Acessória:** Fazer ou deixar de fazer algo no interesse da administração (prevista na legislação). Pelo descumprimento de obrigação acessória, o contribuinte fica sujeito à multa imposta por meio de auto de infração lavrado pela fiscalização.

Obs.: A penalidade pecuniária converte-se em obrigação principal.

Obrigações Acessórias

Lei n. 8.212/91 - Art. 32. A empresa é também obrigada a:

I - preparar folhas de pagamento das remunerações pagas ou creditadas a todos os segurados a seu serviço, de acordo com os padrões e normas estabelecidos pelo órgão competente da Seguridade Social;

A folha de pagamento deverá ser elaborada mensalmente, de forma coletiva por estabelecimento da empresa, por obra de construção civil e por tomador de serviços. Com a correspondente totalização, deverá: discriminar o nome dos segurados, indicando cargo, função ou serviço prestado; Agrupar os segurados por categoria, assim entendido: segurado empregado, trabalhador avulso, contribuinte individual; Destacar as seguradas em gozo de salário-maternidade; Destacar as parcelas integrantes e não integrantes da remuneração e os descontos legais; e indicar o número de quotas de salário-família atribuídas a cada segurado empregado ou trabalhador avulso.

A partir de 2015 a obrigação da empresa declarar o fato gerador de contribuição previdenciária na GFIP, será feita pelo Sistema e-Social. Conhecido como folha de pagamento digital.

II – lançar mensalmente em títulos próprios de sua contabilidade, de forma discriminada, os fatos geradores de todas as contribuições, o montante das quantias descontadas, as contribuições da empresa e os totais recolhidos;

Serão exigidos pela fiscalização após 90 dias contados da ocorrência dos fatos geradores das contribuições sociais, os lançamentos devidamente escriturados nos livros diários e razão.

A empresa deverá disponibilizar à fiscalização códigos e abreviaturas que identifiquem as rubricas utilizadas na elaboração das folhas, bem como usadas na escrituração contábil.

III - Prestar à Secretaria da Receita Federal do Brasil todas as informações cadastrais, financeiras e contábeis de seu interesse, na forma por ela estabelecida, bem como os esclarecimentos necessários à fiscalização;

Inicialmente a empresa presta informações cadastrais à SRFB (Secretaria da Receita Federal do Brasil), para a obtenção do CNPJ (Cadastro Nacional da Pessoa Jurídica) e simultaneamente à Matrícula. (art. 49 da Lei n. 8.212/91)

As financeiras e contábeis por meio de declarações.

As empresas consideradas imunes das contribuições sociais devem cumprir também.

IV - Declarar à Secretaria da Receita Federal do Brasil e ao Conselho Curador do Fundo de Garantia do Tempo de Serviço - FGTS, na forma, prazo e condições estabelecidos por esses órgãos, dados relacionados a fatos geradores, base de cálculo e valores devidos da contribuição previdenciária e outras informações de interesse do INSS ou do Conselho Curador do FGTS;

Explicação: A declaração será feita via GFIP. Leia texto abaixo.

GFIP – Guia de Recolhimento do Fundo de Garantia por Tempo de Serviço e Informações à Previdência Social

A GFIP foi criada com o objetivo principal de abastecer o Cadastro Nacional de Informações Sociais (CNIS) com as informações relativas aos segurados, empregadores. Neste documento as empresas informam dados de todos os segurados (empregados e trabalhadores avulsos e contribuinte individual) que lhe prestem serviço, tais como:

- nome, remuneração, categoria (empregado, avulso etc.), exposição a agentes nocivos (ruído, bactérias, poeira, calor).

Objetivo da GFIP:

Estas informações irão subsidiar a concessão de benefícios, após declaradas pela empresa constarão em um grande banco de dados, o CNIS, auxiliando na identificação da categoria do segurado e o cumprimento de determinados requisitos, como, por exemplo, carência (número mínimo de contribuições), salário-de-contribuição. (art. 32, § 2º da Lei n. 8.212/91)

A partir de 2015 a obrigação da empresa declarar o fato gerador de contribuição previdenciária na GFIP, será feita pelo Sistema e-Social.

Exemplo: Na concessão de benefício, a Previdência Social (INSS) não exige mais a comprovação dos salários de contribuição, porque utilizará os que estejam no banco de dados CNIS (é a inversão do ônus da prova em contrário).

Prazo para GFIP e no e-Social que a substituirá:

- a entrega deverá ser feita até dia 07 do mês seguinte àquele a que se referirem à informação; se não houver expediente, antecipa para o dia útil anterior.

• § 2º A declaração de que trata o inciso IV constitui confissão de dívida e instrumento hábil e suficiente para a exigência do crédito tributário, e suas informações comporão a base de dados para fins de cálculo e concessão dos benefícios previdenciários.

A GFIP também é documento a ser utilizado como confissão de dívida por parte da empresa, pois esta informará todos os valores pagos aos trabalhadores que lhe prestaram serviço, informando, inclusive, o valor total devido. E de posse destas informações, se não recolhidos os valores declarados até o vencimento, dará ensejo a inscrição na dívida ativa e a execução.

A partir de 2015 a obrigação da empresa declarar o fato gerador de contribuição previdenciária na GFIP, será feita pelo Sistema e-Social

• § 9º A empresa deverá apresentar o documento a que se refere o inciso IV ainda que não ocorram fatos geradores de contribuição previdenciária, aplicando-se, quando couber, a penalidade prevista no art. 32-A.

A empresa deverá apresentar a GFIP, mesmo quando não ocorrerem fatos geradores de contribuição previdenciária. Ex.: Atividade sazonal, que ocorra em algum período do ano.

A partir de 2015 a obrigação da empresa declarar o fato gerador de contribuição previdenciária na GFIP, será feita pelo Sistema e-Social.

Pelo descumprimento:

• § 10. O descumprimento do disposto no inciso IV impede a expedição da certidão de prova de regularidade fiscal perante a Fazenda Nacional.

A falta de entrega da GFIP é condição impeditiva para expedição da prova de inexistência de débito (Certidão negativa de débito) à Seguridade Social expedida pela Secretaria da Receita Federal do Brasil.

Obrigação da empresa, a partir de:

Esta guia é exigida para fato gerador, ocorrido a partir de janeiro de 1999.

A partir de 2015, a obrigação da empresa declarar o fato gerador de contribuição previdenciária na GFIP será feita pelo Sistema e-Social.

• § 11. Em relação aos créditos tributários, os documentos comprobatórios do cumprimento das obrigações de que trata este artigo devem ficar arquivados na empresa até que ocorra a prescrição relativa aos créditos decorrentes das operações a que se refiram.

Os documentos comprobatórios da entrega da GFIP devem ficar arquivados na empresa até que ocorra a prescrição relativa aos créditos decorrentes das operações a que se referem.

Auto de Infração Relacionado à GFIP

A fiscalização lavrará desta forma para infrações a contar da competência 11/2008 com prazo até 07/12 (data após a publicação da MP n. 449/2008).

Por descumprir a obrigação de declarar a GFIP, até a competência de 10/2008, deverá ser comparado o auto de infração pela lei anterior e a atual, e aplicar a penalidade mais benéfica ao contribuinte. O efeito retroativo está garantido no (CTN, art. 106, inciso II, alínea "c".) aos processos que aguardam decisão administrativa ou judicial.

CTN (Código Tributário Nacional) - Aplicação da Legislação Tributária

Art. 106. A lei aplica-se a ato ou fato pretérito
II - tratando-se de ato não definitivamente julgado:
c) quando lhe comine penalidade menos severa que a prevista na lei vigente ao tempo da sua prática.

Lei n. 8.212/91, Art. 32-A. O contribuinte que deixar de apresentar a declaração de que trata o inciso IV do caput do art. 32 desta Lei no prazo fixado ou que a apresentar com incorreções ou omissões será intimado a apresentá-la ou a prestar esclarecimentos e sujeitar-se-á às seguintes multas:
I - de R$ 20,00 (vinte reais) para cada grupo de 10 (dez) informações incorretas ou omitidas; e

A cobrança é por campo, sem importar se está relacionado ou não com o fato gerador de contribuições sociais previdenciárias.

Se um campo informado com incorreção ou omisso acarretar em outros na mesma condição, a multa será por nº de campos. Não se aplica, neste caso, o limite mínimo do § 3º.

A empresa com 100 contribuintes individuais, que informou-os com salário de contribuição inferior ao efetivamente pago repercutirá em 100 campos com salário de contribuição incorretos, 100 campos com contribuição descontada na mesma condição; são 200 campos com incorreções e R$ 400,00 de auto.

II - de 2% (dois por cento) ao mês-calendário ou fração, incidentes sobre o montante das contribuições informadas, ainda que integralmente pagas, no caso de falta de entrega da declaração ou entrega após o prazo, limitada a 20% (vinte por cento), observado o disposto no § 3º deste artigo.

Caberá este percentual de 2% ao mês ou fração, à empresa que apresentou a declaração fora do prazo ou informou com incorreções ou omissões. Limitada a 20%.
Competência: Novembro/2013
Prazo para a empresa declarar a GFIP: 07/12/2013 (sábado), deveria ter declarado um dia útil antes 06/12/2013.
Apresentada a GFIP (ref. NOV/12) em 10/10/2013, fora do prazo, no 10º mês.
Caberá a cobrança de multa até a data da entrega:
10 meses x 2% = 20%, limitada a 20% na hipótese de ultrapassar 10 meses de atraso na entrega.

Caso a empresa não declare a GFIP até o fim do procedimento fiscal, será aplicada a multa mínima prevista no § 3º.

De R$ 200,00 ou R$ 500,00, por GFIP faltante.

§ 1º Para efeito de aplicação da multa prevista no inciso II do caput deste artigo, será considerado como termo inicial o dia seguinte ao término do prazo fixado para entrega da declaração e como termo final a data da efetiva entrega ou, no caso de não-apresentação, a data da lavratura do auto de infração ou da notificação de lançamento.

A empresa deixou de declarar a GFIP da competência de 09/2013, prazo até 07/10/2013 valor das contribuições sociais previdenciárias R$ 20.000,00; cumpriu a obrigação em 15/12/2013.

2% referente a outubro + 2% novembro + 2% dezembro, mês considerado como termo final, se houver entrega ou da lavratura do auto ou notificação = 6% X R$ 20.000,00 (auto de infração de R$ 1.200,00), a cobrança de 2% ao mês limitada a 20%.

§ 2º Observado o disposto no § 3º, as multas serão reduzidas:

As multas podem ser atenuadas em até 50%.

I - à metade, quando a declaração for apresentada após o prazo, mas antes de qualquer procedimento de ofício; ou

A empresa declarou GFIP de OUT/2013, em 07/02/2014.

Prazo para cumprir a obrigação 07/11/2013, neste caso 2% x 4 meses (2% por NOV, DEZ, JAN e FEV) = 8%, caberá o redutor pela metade por ter declarado, antes de qualquer procedimento fiscal. Logo será devido 4% sobre as contribuições previdenciárias declaradas.

II - a setenta e cinco por cento, se houver apresentação da declaração no prazo fixado em intimação.

A empresa é alvo da fiscalização, e foi intimada e com prazo até 12/02/2014 a entregar a GFIP de setembro/2013. Se declarar dentro do prazo fixado na intimação, gozará de um redutor de 25%, respondendo com 75% do valor do auto de infração.

§ 3º A multa mínima a ser aplicada será de:
I - R$ 200,00 (duzentos reais), tratando-se de omissão de declaração sem ocorrência de fatos geradores de contribuição previdenciária; e
II - R$ 500,00 (quinhentos reais), nos demais casos.

Obrigação da Empresa em relação ao empregado

L 8212/91 art. 32 VI – Comunicar, mensalmente, aos empregados, por intermédio de documento a ser definido em regulamento, os valores recolhidos sobre o total de sua remuneração ao INSS.

Obrigação da Empresa que Realize Venda Direta

RPS. Art. 225, VII – Informar, anualmente, à Secretaria da Receita Federal do Brasil, na forma por ela estabelecida, o nome, o número de inscrição na previdência social e o endereço completo dos segurados de que trata o inciso III do § 15 do art. 9º, por ela utilizados no período, a qualquer título, para distribuição ou comercialização de seus produtos, sejam eles de fabricação própria ou de terceiros, sempre que se tratar de empresa que realize vendas diretas.

Decreto n. 3.048/99 Art. 9º, § 15, inciso III – Aquele que, pessoalmente, por conta própria e a seu risco, exerce pequena atividade comercial em via pública ou de porta em porta, como comerciante ambulante, nos termos da Lei n. 6.586/78.

As empresas de vendas diretas, segmento cosméticos, miudezas, alimentício estão obrigadas a informar à SRFB as pessoas que comprem seus produtos para comercializarem ou distribuírem, enquadrados como segurados obrigatórios/contribuinte individual.

5. Obrigações da Administração Direta e Indireta

LEI N. 8.212/91 ART 32-B. Os órgãos da administração direta, as autarquias, as fundações e as empresas públicas da União, dos Estados, do Distrito Federal e dos Municípios, cujas Normas Gerais de Direito Financeiro para elaboração e controle dos orçamentos estão definidas pela Lei nº 4.320/64, e pela Lei Complementar nº 101/00, ficam obrigados, na forma estabelecida pela Secretaria da Receita Federal do Brasil do Ministério da Fazenda, a apresentar: (Incluído pela Lei nº 12.810, de 2013)

Não se aplica a toda administração indireta, na sociedade de economia mista será exigido o estudado anteriormente no art. 32 da Lei 8.212/91.

I - a contabilidade entregue ao Tribunal de Controle Externo; e
II - a folha de pagamento.
Parágrafo único. As informações de que trata o caput deverão ser apresentadas até o dia 30 de abril do ano seguinte ao encerramento do exercício.

6. Obrigações Acessórias Específicas

Específicas por não serem das empresas, mas de municípios e de titulares de cartórios, a saber:

D. 3048/99 Art. 226. O Município, por intermédio do órgão competente, fornecerá ao Instituto Nacional do Seguro Social, para fins de fiscalização, mensalmente, relação de todos os alvarás para construção civil e documentos de "habite-se" concedidos, de acordo com critérios estabelecidos pelo referido Instituto.
§ 1º A relação a que se refere o caput será encaminhada ao INSS até o dia dez do mês seguinte àquele a que se referirem os documentos.

Explicação: O órgão competente poderá ser a Prefeitura, que fornecerá mensalmente a relação de alvarás na construção civil e documentos de habite-se concedidos.

Este tipo de informação auxiliará a fiscalização no levantamento da dívida fiscal na construção civil.

§ 2º O encaminhamento da relação fora do prazo ou a sua falta e a apresentação com incorreções ou omissões sujeitará o dirigente do órgão municipal à penalidade prevista na alínea "f" do inciso I do art. 283.

Explicação: O auto de infração será lavrado ao Município, e não mais ao dirigente; o art. 41 da Lei n. 8.212/91 que imputava responsabilidade pessoal pelo auto de infração ao dirigente do órgão, foi revogado.

Art. 228. O titular de cartório de registro civil e de pessoas naturais fica obrigado a comunicar, até o dia 10 de cada mês, na forma estabelecida pelo Instituto Nacional do Seguro Social, o registro dos óbitos ocorridos no mês imediatamente anterior, devendo da comunicação constar o nome, a filiação,

a data e o local de nascimento da pessoa falecida. Parágrafo único. No caso de não haver sido registrado nenhum óbito, deverá o titular do cartório comunicar esse fato ao Instituto Nacional do Seguro Social, no prazo estipulado no caput.

Explicação: O Conselho Nacional de Justiça instituiu em 2014 a **Central de informações de Registro Civil de Pessoas Naturais-CRC**

Objetivo: Interligar os Cartórios de Registros Civis das Pessoas Naturais, para intercâmbio de documentos eletrônicos e o tráfico de informações e dados.

Por meio do Decreto 8.270/2014 **desenvolvido o SIRC – Sistema Nacional de Informações de Registro Civil**, com funcionalidade que permite recepcionar, diariamente dados advindos das CRC, comunicados pelos oficiais de registros civis.
Projeto-piloto implantado em Santa Catarina.
A partir de dezembro de 2014 os cartórios de Santa Catarina encaminham os respetivos nascimento, casamento e óbito para a CRC e as mesmas informações ao SIRC, cumprindo a obrigatoriedade na Lei 8270/2014. Ficando dispensados de comunicar os registros ao INSS, por meio do SISOBI- Sistema Informatizado de Controle de óbito.

Evita-se assim o pagamento indevido do benefício, ao dependente após o óbito daquele que estava na condição de segurado. O auto de infração imputado ao titular do cartório será de R$ 1.812,87 (01/2014).

A partir de 29.11.1999 (Decreto n. 3.265) a fim de evitar que as empresas descumpram com suas obrigações elas sofrerão restrições, a saber:

Das Penalidades em Geral

Das Restrições

D. 3048/99 - Art. 279. A empresa que transgredir as normas deste Regulamento, além de outras sanções previstas, sujeitar-se-á às seguintes restrições:
I - suspensão de empréstimos e financiamentos, por instituições financeiras oficiais;
II - revisão de incentivo fiscal de tratamento tributário especial;
III - inabilitação para licitar e contratar com qualquer órgão ou entidade da administração pública direta ou indireta federal, estadual, do Distrito Federal ou municipal;
IV - interdição para o exercício do comércio, se for sociedade mercantil ou comerciante individual;
V - desqualificação para impetrar concordata; e
VI - cassação de autorização para funcionar no País, quando for o caso.

No art. 225, foi estudada a obrigação acessória da empresa, e que ela será autuada por deixar de cumprir o disposto naquele artigo.

E será também autuada caso faça:
Lei n. 8.212/91 – Art. 52. Às empresas, enquanto estiverem em débito não garantido com a União, aplica-se o disposto no art. 32 da Lei no 4.357, de 16 de julho de 1964. (Redação dada pela Lei nº 11.941, de 2009).

Lei n. 4.357/64 (atualizada em 2009) - Art 32. As pessoas jurídicas, enquanto estiverem em débito, não garantido, para com a União e suas autarquias de Previdência e Assistência Social, por falta de recolhimento de imposto, taxa ou contribuição, no prazo legal, não poderão:
a) distribuir ... (VETADO) ... quaisquer bonificações a seus acionistas;

Não há impedimento quanto a "dividendo".

b) dar ou atribuir participação de lucros a seus sócios ou quotistas, bem como a seus diretores e demais membros de órgãos dirigentes, fiscais ou consultivos;
§ 1º A inobservância do disposto neste artigo importa em multa que será imposta: (Redação dada pela Lei nº 11.051, de 2004)
I - às pessoas jurídicas que distribuírem ou pagarem bonificações ou remunerações, em montante igual a 50% (cinquenta por cento) das quantias distribuídas ou pagas indevidamente; e (Redação dada pela Lei nº 11.051, de 2004)
§ 2º A multa referida nos incisos I e II do § 1º deste artigo fica limitada, respectivamente, a 50% (cinquenta por cento) do valor total do débito não garantido da pessoa jurídica. (Incluído pela Lei nº 11.051, de 2004)

50% do débito não garantido, considerando a totalidade de débitos com a União.

7. Infrações à Legislação Previdenciária

Art.283 – Por infração a qualquer dispositivo das Leis n. 8.212 e 8.213, ambas de 1991, e 10.666 de 08.05.2003, para qual não haja penalidade expressamente cominada neste regulamento, fica o responsável sujeito a multa variável de R$ 636,17 a R$ 63.617,35, conforme a gravidade da infração, aplicando-se-lhe o disposto nos artigos 290 a 292 e de acordo com os valores:

O valor mínimo da multa punitiva a partir de janeiro/2015 é de R$ R$ 1.925,81 até R$ R$ 192.578,66. (Portaria Interministerial 13/2015).

I – a partir de R$ 1.925,81 (portaria interministerial 13/2015) nas seguintes infrações:

Alíneas "a" até "h"

Art. 283, § 2º A falta de inscrição do segurado sujeita o responsável à multa de R$ 1.812,87, por segurado não inscrito.

II – A partir de R$ 19.257,83, nas seguintes infrações:

Alíneas "a" até "n"

Circunstâncias Agravantes da Penalidade

Art. 290. Constituem circunstâncias agravantes da infração, das quais dependerá a gradação da multa, ter o infrator:
I - tentado subornar servidor dos órgãos competentes;

Basta a tentativa, para que haja a representação fiscal com fim penal;

Valor mínimo da multa X 3 (descumpriu o disposto no art. 283, será lavrado auto de infração no valor R$ 1.925,81 X 3 ou R$ 19.257,83)

II - agido com dolo, fraude ou má-fé;

Basta a conduta culposa (negligência, erro) do agente para estar configurada a situação e emitido o auto de infração.

Valor mínimo da multa X 3 (descumpriu o disposto no art. 283, será lavrado auto de infração no valor de R$ 1.925,81 X 3 ou R$ 19.257,83)

III - desacatado, no ato da ação fiscal, o agente da fiscalização;

Valor mínimo da multa X 2

IV - obstado a ação da fiscalização; ou

Pode ser físico ou qualquer dificuldade que impeça a ação fiscal.

Valor mínimo da multa X 2

V - incorrido em reincidência.
Parágrafo único. Caracteriza reincidência a prática de nova infração a dispositivo da legislação por uma mesma pessoa ou por seu sucessor, dentro de cinco anos da data em que se tornar irrecorrível administrativamente a decisão condenatória, da data do pagamento ou da data em que se configurou a revelia, referentes à autuação anterior. (Redação dada pelo Decreto nº 6.032, de 2007)

Se ocorrer mais de uma das agravantes expostas acima, será aplicada a maior.

Da Gradação das Multas

Art. 292. As multas serão aplicadas da seguinte forma:
I - na ausência de agravantes, serão aplicadas nos valores mínimos estabelecidos nos incisos I e II e no § 3º do art. 283 e nos arts. 286 e 288, conforme o caso;

À empresa que deixou de preparar folha de pagamento, caberá a lavratura de um auto de infração por descumprimento de obrigação acessória na forma do art. 283, I – valor mínimo da multa punitiva estabelecida na portaria interministerial 01/2015 R$ 1.925,81.

II - as agravantes dos incisos I e II do art. 290 elevam a multa em três vezes;

Tentativa de suborno ou fraude, dolo ou má-fé. R$ 1.925,81 X 3.

O autuado que deixou de preparar a folha, tentou subornar o servidor.

III - as agravantes dos incisos III e IV do art. 290 elevam a multa em duas vezes;

Se houver desacato ao agente fiscal ou obstado a ação da fiscalização.

IV - a agravante do inciso V do art. 290 eleva a multa em três vezes a cada reincidência no mesmo tipo de infração, e em duas vezes em caso de reincidência em infrações diferentes, observados os valores máximos estabelecidos no caput dos arts. 283 e 286, conforme o caso; e
V - revogado pelo Decreto n. 6.727/09.
Parágrafo único. Na aplicação da multa a que se refere o art. 288, aplicar-se-á apenas as agravantes referidas nos incisos III a V do art. 290, as quais elevam a multa em duas vezes.

Quadro Sinótico

Competências
- SRFB - Secretaria da Receita Federal do Brasil – Lei n. 8.212/91 art. 33;
- INSS - Instituto Nacional de Seguro Social à luz do Decreto n. 5.870/06 e à luz da Lei n. 11.457/07 – que dispõe sobre a Administração Tributária Federal.

- Exame de Contabilidade - Prerrogativa da SRFB - Lei n. 8.212/91, art. 33.

- Constituição do Crédito da Seguridade Social - Lei n. 8.212/91, art. 33, § 7º.

- Obrigações das Empresas e Demais Contribuintes
- Obrigações principais das Empresas em Geral – Decreto n. 3.048/99, art. 216 incisos e parágrafos;
- Obrigações Acessórias - Lei n. 8.212/91 - Art. 32. A incisos I, II, III e IV.

Auto de Infração Relacionado à GFIP - Lei n. 8.212/91 - Art. 32-A

- Obrigações Acessórias Específicas, dos:
- Município – D. 3.048/99 art. 226
- Das instituições financeiras – art. 227, do Decreto n. 3.048/99
- Titular de cartório de registro civil e de pessoas naturais – art. 228 do Decreto n. 3.048/99

Infrações à legislação previdenciária

- Limite mínimo do valor da multa punitiva – R$ 1.925,81, art. 283, inciso I alíneas "a" até "h"
- de R$ 19.257,83, nas seguintes infrações: Alíneas "a" até "n", art. 283, inciso II
- e máximo de R$ 192.578,66. (Portaria Interministerial n. 13/15).

Circunstâncias Agravantes da Penalidade - Art. 290 do Decreto n. 3.048/99

I - tentado subornar servidor dos órgãos competentes;
valor R$ 1.925,81 X 3 ou R$ 19.257,83 X 3

II - agido com dolo, fraude ou má-fé;
valor R$ 1.925,81 X 3 ou R$ 19.257,83 X 3

III - desacatado, no ato da ação fiscal, o agente da fiscalização;
valor mínimo da multa X 2

IV - obstado a ação da fiscalização; ou
Pode ser físico ou qualquer dificuldade que impeça a ação fiscal.
valor mínimo da multa X 2

V - incorrido em reincidência.

Exercícios de Fixação

Responda com CERTO, ERRADO ou DEIXE EM BRANCO. Cada questão Errada anula uma Certa; deixando em branco, perde-se apenas esta questão.

PROVA CESPE/UNB AFPS 2003

Quanto às obrigações acessórias previdenciárias e à opção pelo SIMPLES, julgue os itens a seguir:

01. A elaboração da folha de pagamento dos empregados da empresa, entre outras formalidades, deve ser mensal, coletiva e segmentada por estabelecimento, obra de construção civil e tomador de serviços, com a correspondente totalização das rubricas, discriminando e agrupando os segurados por categoria, destacando as que estiverem em gozo de salário-maternidade e indicando o número de quotas de salário-família atribuídas a cada segurado.

Considere a seguinte situação hipotética.

A empresa Comercial Têxtil Ltda. deixou de informar na GFIP, no campo das remunerações, a rubrica adicional por tempo de serviço, durante todo o ano de 2002, correspondendo a um montante de R$ 10.000,00 por competência. Todos os empregados recebiam o mencionado adicional.

02. Nessa situação, a empresa será autuada pela fiscalização por descumprimento de obrigação acessória, sendo o valor da multa equivalente a um multiplicador proporcional ao número de segurados da empresa sobre o valor mínimo vigente na data da lavratura do auto de infração.

03. As empresas obrigadas a apresentação de escrituração contábil devem lançar mensalmente em títulos próprios de sua contabilidade, discriminadamente, os fatos geradores das contribuições, o montante das quantias descontadas, as contribuições da empresa e os totais recolhidos, devidamente escriturados nos livros Diário e Razão, exigíveis após 90 dias do encerramento do exercício financeiro.

04. As multas aplicadas pela fiscalização do INSS decorrentes do descumprimento de obrigações acessórias serão atenuadas em 50%, caso não tenha ocorrido agravante durante o procedimento fiscal e tenha sido promovida a correção da falta.

A respeito dos crimes relacionados à legislação previdenciária, bem como às sanções aplicáveis em outras instâncias, julgue os itens que se seguem.

05. A empresa que descumpre a legislação previdenciária, em especial o Regulamento da Previdência Social, pode sofrer, entre outras medidas restritivas, a interdição para o exercício do comércio, se for sociedade mercantil ou comerciante individual, bem como sua desqualificação para impetrar concordata.

06. A omissão dolosa do nome de qualquer segurado, bem como de seus dados pessoais, sua remuneração, a vigência do contrato de trabalho ou de prestação de serviço é tipo penal que pretende coibir, mediante a respectiva sanção criminal, a prática de ato que acarrete prejuízo para a Previdência Social, bem como os segurados.

07. **(TRF/2005) Assinale abaixo o item que contenha uma informação errônea, sobre a obrigação acessória da empresa relativamente à Previdência Social.**

É obrigação da empresa

a) inscrever, no Regime Geral de Previdência Social, os segurados empregados, mas não os trabalhadores avulsos a seu serviço.
b) inscrever, quando pessoa jurídica, como contribuintes individuais no Regime Geral de Previdência Social, mas só a partir de 1º de abril de 2003, as pessoas físicas contratadas sem vínculo empregatício.
c) elaborar folha de pagamento mensal da remuneração paga, devida ou creditada a todos os segurados a seu serviço, de forma coletiva por estabelecimento, mas deverá fazê-lo por obra de construção civil e por tomador de serviços, com a correspondente totalização e resumo geral.
d) lançar mensalmente em títulos próprios de sua contabilidade, de forma discriminada, os fatos geradores de todas as contribuições sociais a cargo da empresa.
e) fornecer ao contribuinte individual que lhes presta serviços, comprovante do pagamento de remuneração.

Gabarito

01. C 02. E 03. E 04. E 05. C
06. C 07. A

10. Processo Administrativo Fiscal

1. Processo Administrativo Fiscal - Notificação e Auto de Infração

De acordo com a Lei n. 8.212/91, o art. 37 passou a vigorar com a seguinte redação:

Art. 37. Constatado o não-recolhimento total ou parcial das contribuições tratadas nesta Lei, não declaradas na forma do art. 32, a falta de pagamento de benefício reembolsado ou o descumprimento de obrigação acessória, será lavrado auto de infração ou notificação de lançamento.

Se a fiscalização verificar o não recolhimento do todo ou parte das contribuições sociais não declaradas na GFIP, bem como a falta de pagamento dos benefícios (salário-maternidade e quotas de salário-família) ou descumprimento das obrigações acessórias (positivas e negativas).

A GFIP será substituída pelo Sistema e-Social a partir de 2015.

Caberá a lavratura pelo auditor fiscal de:
- AI-OP – auto de infração por descumprimento de obrigação principal (de recolher);
- AI-OA – auto de infração por descumprimento de obrigação acessória (multa punitiva que se transforma em principal).

Auto de infração por Descumprimento da Obrigação Principal e Obrigação Acessória

Decreto n. 70.235/72 - Art. 10. O auto de infração será lavrado por servidor competente, no local da verificação da falta, e conterá obrigatoriamente:
I - a qualificação do autuado;
II - o local, a data e a hora da lavratura;
III - a descrição do fato;
IV - a disposição legal infringida e a penalidade aplicável;
V - a determinação da exigência e a intimação para cumpri-la ou impugná-la no prazo de trinta dias;
VI - a assinatura do autuante e a indicação de seu cargo ou função e o número de matrícula.

O órgão (SRFB) expedirá notificação de lançamento.

Notificação de Lançamento Expedida pelo Órgão

Decreto n. 70.235/72 - Art. 11. A notificação de lançamento será expedida pelo órgão que administra o tributo e conterá obrigatoriamente:
I - a qualificação do notificado;
II - o valor do crédito tributário e o prazo para recolhimento ou impugnação;
III - a disposição legal infringida, se for o caso;
IV - a assinatura do chefe do órgão expedidor ou de outro servidor autorizado e a indicação de seu cargo ou função e o número de matrícula.
Parágrafo único. Prescinde de assinatura a notificação de lançamento emitida por processo eletrônico.

Processo: Notificação Fiscal de Lançamento de Débito

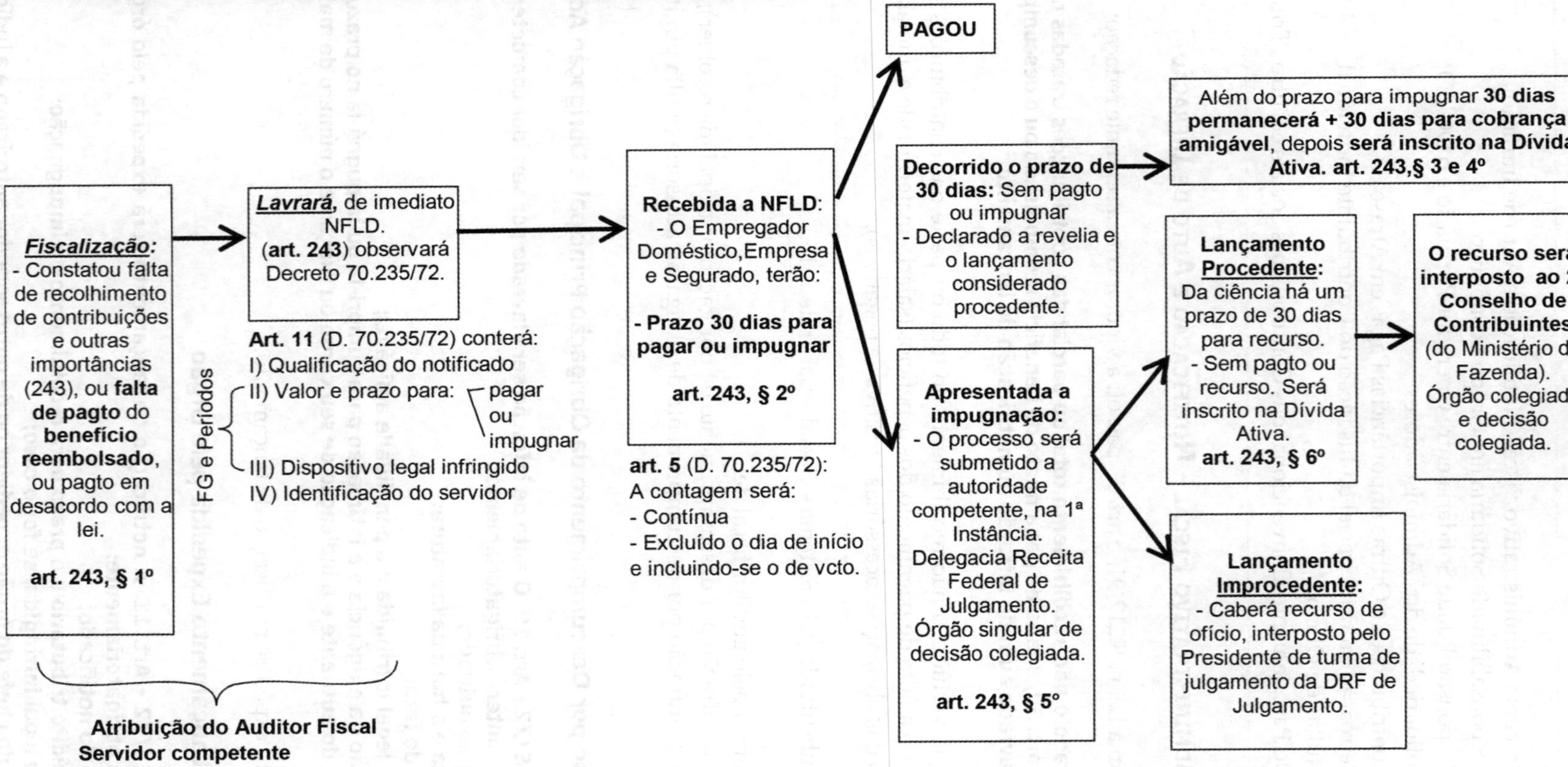

Responsabilidade Solidária

Objetiva garantir a arrecadação, transferindo o ônus do pagamento a terceiro, vinculado ao sujeito passivo diretamente. A responsabilidade não se presume, resulta da lei ou da vontade das partes.

ART.124 - CTN – são solidariamente obrigadas:
a) as pessoas que tenham interesse comum na situação que constitua o Fato Gerador da Obrigação tributária; (inclusive das contribuições previdenciárias).
b) as pessoas designadas por lei;
C) não comporta benefício de ordem – O pagamento feito por um beneficia os demais.

Teremos responsabilidade solidária: (Decreto n. 3.048/99)

- Na construção civil; (art. 220)
- Entre as empresas participantes de grupos econômicos e os produtores rurais que formem consórcios simplificados; (art. 222)
- Entre o OGMO e o operador portuário; (art. 223)
- Solidariedade dos Administradores. (art. 224)

Na Construção Civil

Art. 220 ao 221, RPS n. 3.048/99

Art. 220. O proprietário, o incorporador definido na Lei n. 4.591, de 1964, o dono da obra ou condômino da unidade imobiliária cuja contratação da construção, reforma ou acréscimo não envolva cessão de mão de obra, são solidários com o construtor, e este e aqueles com a subempreiteira, pelo cumprimento das obrigações para com a seguridade social, ressalvado o seu direito regressivo contra o executor ou contratante da obra e admitida a retenção de importância a este devida para garantia do cumprimento dessas obrigações, não se aplicando, em qualquer hipótese, o benefício de ordem.

De acordo com o artigo e gráfico a seguir, temos que, se um proprietário contrata um construtor para construir, reformar ou acrescentar a edificação, responderá solidariamente com ele pelas obrigações com a Seguridade Social e, ambos com a subempreiteira. Será admitida a retenção de 11% sobre a importância ao construtor ou subempreiteira devida, para a garantia do cumprimento das obrigações previdenciárias.

Aquele, notificado e cobrado primeiro, será responsável pela totalidade. Sendo beneficiado o outro que esteja solidário.

1. O proprietário;
2. O incorporador;
3. O dono da obra; ou
4. Condômino da unidade imobiliária.

- São solidários com o construtor pessoa física ou jurídica que execute obra sob sua responsabilidade no todo ou em parte.
- Os primeiros e o construtor, com a subempreiteira.

Art. 220, § 1º – Não se considera cessão de mão de obra, para os fins deste artigo, a contratação de construção civil em que a empresa construtora assuma a responsabilidade direta e total pela obra ou repasse o contrato integralmente.

Considera-se empreitada total aquela na qual a empresa contratada assuma a responsabilidade direta pela execução total da obra, ou repasse o contrato integral nas mesmas condições.

Obrigação do Executor e da Empresa Contratante

§ 2º O executor da obra deverá elaborar, distintamente para cada estabelecimento ou obra de construção civil da empresa contratante, folha de pagamento, Guia de Recolhimento do Fundo de Garantia do Tempo de Serviço e Informações à Previdência Social e Guia da Previdência Social, cujas cópias deverão ser exigidas pela empresa contratante quando da quitação da nota fiscal ou fatura, juntamente com o comprovante de entrega daquela Guia.

O executor da obra ou empresa contratada deverá elaborar, distintamente para cada estabelecimento ou obra de construção civil da empresa contratante:

- Folha de pagamento.
- Guia de Recolhimento do Fundo de Garantia do Tempo de Serviço e Informações à Previdência Social e Guia da Previdência Social (GPS), cujas cópias deverão ser exigidas pela empresa contratante quando da quitação da nota fiscal ou fatura, juntamente com o comprovante de entrega daquela Guia (GFIP).

Elisão da Solidariedade

§ 3º A responsabilidade solidária de que trata o caput será elidida:
I - pela comprovação, na forma do parágrafo anterior, do recolhimento das contribuições incidentes sobre a remuneração dos segurados, incluída em nota fiscal ou fatura correspondente aos serviços executados, quando corroborada por escrituração contábil; e
II - pela comprovação do recolhimento das contribuições incidentes sobre a remuneração dos segurados, aferidas indiretamente nos termos, forma e percentuais previstos pelo Instituto Nacional do Seguro Social.
III - pela comprovação do recolhimento da retenção permitida no caput deste artigo, efetivada nos termos do art. 219.

Elisão: Busca-se suprimir, total ou parcialmente a carga tributária. Ocorre com a prova do recolhimento da retenção na forma do art. 219 § 2º, III – Construção Civil, mediante cessão ou empreitada de mão de obra.

Art. 221. Exclui-se da responsabilidade solidária perante a seguridade social o adquirente de prédio ou unidade imobiliária que realize a operação com empresa de comercialização ou com incorporador de imóveis definido na Lei n. 4.591, de 1964, ficando estes solidariamente responsáveis com o construtor, na forma prevista no art. 220.

- Exclusão: É a impossibilidade da cobrança do crédito tributário.

O fato de ter adquirido um apartamento não torna o condômino solidário com a empresa que comercializou ou com o incorporador.

Art. 278. Nenhuma contribuição é devida à seguridade social se a construção residencial for unifamiliar, com área total não superior a setenta metros quadrados, destinada a uso próprio, do tipo econômico e tiver sido executada sem a utilização de mão de obra assalariada.

2. Responsabilidade Solidária em Grupo Econômico

Art. 222. As empresas que integram grupo econômico de qualquer natureza, bem como os produtores rurais integrantes do consórcio simplificado de que trata o art. 200-A, respondem entre si, solidariamente, pelas obrigações decorrentes do disposto neste Regulamento.

Grupo econômico é um agrupamento de empresas, juridicamente independentes e economicamente sujeitas a direção única.

Exemplo: Os produtores rurais pessoa física que tenham formado um consórcio simplificado, respondem solidariamente pelo cumprimento das obrigações previdenciárias, sendo outorgado poder para um deles. Poderá contratar, demitir e gerir a contratação de empregados para os consorciados.

3. Responsabilidade Solidária entre Operador Portuário e o OGMO

Art. 223. O operador portuário e o órgão gestor de mão de obra são solidariamente responsáveis pelo pagamento das contribuições previdenciárias e demais obrigações, inclusive acessórias, devidas à seguridade social, arrecadadas pelo Instituto Nacional do Seguro Social, relativamente à requisição de mão de obra de trabalhador avulso, vedada a invocação do benefício de ordem.

No capítulo III, após definirmos o trabalhador avulso na área portuária, foi explicado como é o cadastro ou filiação deles para serviços portuários. Neste capítulo, estamos explicando a respeito da solidariedade que haverá entre operador portuário e OGMO (Órgão Gestor de Mão de Obra), ambos equiparados a empresa:

- No recolhimento das contribuições previdenciárias.
- E demais obrigações com terceiros, inclusive as acessórias estudadas no art. 225.

Não haverá benefício de ordem, se o levantamento fiscal for no OGMO ou operador portuário. O notificado ou autuado responderá pelo todo, e cobrará do outro conforme o caso.

4. Solidariedade dos Administradores

Art. 224. Os administradores de autarquias e fundações públicas, criadas ou mantidas pelo Poder Público, de empresas públicas e de sociedades de economia mista sujeitas ao controle da União, dos Estados, do Distrito Federal ou dos Municípios, que se encontrarem em mora por mais de trinta dias, no recolhimento das contribuições previstas neste Regulamento, tornam-se solidariamente responsáveis pelo respectivo pagamento, ficando ainda sujeitos às proibições do art. 1º e às sanções dos arts. 4º e 7º do Decreto-lei nº 368, de 19 de dezembro de 1968.

As autarquias, fundações públicas são empresas, em relação aos empregados públicos, de cargos não efetivos. Nesta situação, se as contribuições a seu cargo não forem recolhidas por mais de 30 dias, a responsabilidade solidária será entre o administrador e a entidade pela mora (juros e multa de mora).

Da mesma forma é para os administradores das empresas públicas e sociedade de economia mista.

Art. 224-A. O disposto nesta Seção não se aplica à contratação de serviços por intermédio de cooperativa de trabalho.

5. Contribuições e Outras Importâncias Pagas em Atraso

Lei n. 8.212/91, modificada pela Lei nº 11.941/09

Art. 35. Os débitos com a União decorrentes das contribuições sociais previstas nas alíneas a, b e c do parágrafo único do art. 11 desta Lei, das contribuições instituídas a título de substituição e das contribuições devidas a terceiros, assim entendidas outras entidades e fundos, não pagos nos prazos previstos em legislação, serão acrescidos de multa de mora e juros de mora, nos termos do art. 61 da Lei nº 9.430, de 27 de dezembro de 1996.

O artigo dispõe que as contribuições sociais previdenciárias e de outras entidades e fundos, pagas em atraso, sofrerão os acréscimos legais, na forma da Lei n. 9.430/96, a saber:

Lei n. 9.430/96 - Acréscimos Moratórios - Multas e Juros

Art. 61. Os débitos para com a União, decorrentes de tributos e contribuições administrados pela Secretaria da Receita Federal, cujos fatos geradores ocorrerem a partir de 1º de janeiro de 1997, não pagos nos prazos previstos na legislação específica, serão acrescidos de multa de mora, calculada à taxa de trinta e três centésimos por cento, por dia de atraso.

Exemplo: 0,33 % ao dia, limitado a 20% de multa de mora. No caso das contribuições sociais previdenciárias, para pagamentos a partir de dezembro/2008, inclusive o 13º.

§ 1º A multa de que trata este artigo será calculada a partir do primeiro dia subsequente ao do vencimento do prazo previsto para o pagamento do tributo ou da contribuição até o dia em que ocorrer o seu pagamento.
§ 2º O percentual de multa a ser aplicado fica limitado a vinte por cento.

Exemplo: Passa a ser menos oneroso; o percentual máximo de multa será de 20% sobre o principal.

Difere da legislação anterior, em que a multa de mora foi de 8% até 20% sem notificação do devedor, de 24% até 50% pago após a notificação ou autuação e a partir da inscrição na dívida ativa de 60% até 100%.

§ 3º Sobre os débitos a que se refere este artigo incidirão juros de mora calculados à taxa a que se refere o § 3º do art. 5º, a partir do primeiro dia do mês subsequente ao vencimento do prazo até o mês anterior ao do pagamento e de um por cento no mês de pagamento.

Exemplo: Juros de mora, será a taxa SELIC, somada a partir do mês seguinte ao do vencimento da obrigação, e 1% cobrado pelo mês do pagamento.

Regra atual: Empresa que recolha contribuição social fato Gerador de Setembro/2014 (vcto da obrigação 20/outubro/2014), pago em 03/01/2015, foi cobrado de acréscimos legais:
Taxas SELIC a partir do primeiro dia do mês subsequente ao vencimento (no exemplo:
SELIC de novembro/2015 – 0,84; e
SELIC de dezembro/2015 – 0,96) e 1% pelo mês de Janeiro/2015 (mês do pagamento),
Juros devidos: 2,80

Contribuição em Atraso sem Lançamento de Ofício

Pessoas físicas e empresas terão suas contribuições atrasadas calculadas pelas regras já expostas, de acordo com a Lei n. 8.212/91, art. 32.

Exemplo: Contribuinte Individual

- Competência em atraso: Set./2013 (vencimento até 15/10/2013)
- Paga em: 05/02/2014
- Cálculo: Salário de contribuição R$ 3.000,00
- Contribuição (20%) R$ 600,00
- Multa 0,33 ao dia R$ 120,00

(por ter mais de 60 dias, limitou-se a 20%)

- juros de mora - 3,36 R$ 20,16
(soma das taxas SELIC) de:
Novembro/13 - 0,72
Dezembro/13 - 0,79
até Janeiro de 2014 – 0,85 + 1% pelo mês de fevereiro de 2014 = 3,36

Total da competência Setembro/13 = R$ 740,16 recolhida em 05/02/2014

6. Retroação da Data Inicial da Inscrição do Contribuinte Individual

Lei n. 8.212/91, passa a vigorar acrescida do art. 45-A, por meio da LC n. 128/2008

Art. 45-A. O contribuinte individual que pretenda contar como tempo de contribuição, para fins de obtenção de benefício no Regime Geral de Previdência Social ou de contagem recíproca do tempo de contribuição, período de atividade remunerada alcançada pela decadência deverá indenizar o INSS.

Ex.: Segurado contribuinte individual (advogado) comprova em seu benefício de aposentadoria atividade remunerada como advogado, de 01/1991 a 12/1995; será então exigida a contribuição de todo o período, não sendo aplicado aqui o instituto da decadência.

Por se tratar de comprovação do exercício de atividade obrigatória que fará parte de tempo de contribuição em benefício, para que ele possa contar com este tempo, há necessidade de contribuição para o período de 01/91 a 12/95.

§ 1º O valor da indenização a que se refere o caput deste artigo e o § 1º do art. 55 da Lei n. 8.213, de 24 de julho de 1991, corresponderá a 20% (vinte por cento):

Ex.: A alíquota devida em regra por um contribuinte individual é de 20% sobre o salário de contribuição. A seguir as duas formas de calcular as contribuições devidas dentro de prazo decadencial, para os que comprovem ter exercido atividade como contribuinte individual.

O contribuinte individual requer sua aposentadoria em 05/2015, mas há um periodo de 03 anos em que ele conprova o exercício de atividade como contribuinte individual mas não recolheu na época.

Período de: 01/2006 a 12/2008 - 03 anos e dentro de prazo decadencial. (mais de 05 anos do pedido)

Para aplicar o inciso I ou II, precisamos saber a finalidade do cálculo, se for para utilizar no RGPS, exemplo na aposentadoria, aplica-se o disposto no I, mas se para contar com esses 03 anos no Regime próprio e utilizá-lo no futuro em sua aposentadoria, aplicar o inciso II para calcular.

I – da média aritmética simples dos maiores salários de contribuição, reajustados, correspondentes a 80% (oitenta por cento) de todo o período contributivo decorrido desde a competência julho de 1994; ou

Ex.: Caso o contribuinte individual esteja vinculado ao RGPS e queira indenizar a Fazenda Pública pelo período de atividade remunerada transcorridos mais de 05 anos (decadência). A forma de apurar o valor que será utilizado como salário de contribuição para que ele contribua sobre ele com 20%.

Será feita uma média aritmética simples com os 80% dos salários-de-contribuição de julho/1994 (plano real) em diante.

E para contar com o período em decadência nos benefícios do RGPS.

II – da remuneração sobre a qual incidem as contribuições para o regime próprio de previdência social a que estiver filiado o interessado, no caso de indenização para fins da contagem recíproca de que tratam os arts. 94 a 99 da Lei n. 8.213, de 24 de julho de 1991, observados o limite máximo previsto no art. 28 e o disposto em regulamento.

Ex.: Mas se o sujeito passivo estiver vinculado ao Regime próprio federal, estadual ou municipal, será utilizado como parâmetro o valor de sua remuneração na data do pedido de reconhecimento de período. (Limitado ao teto do RGPS R$ 4.663,75).

Documento solicitado de um servidor hoje, mas que pretenda pagar período em decadência, o último contracheque como servidor, para utilizar a remuneração como salário de contribuição, obedecido o limite máximo do RGPS.

§ 2º Sobre os valores apurados na forma do § 1º deste artigo incidirão juros moratórios de 0,5% (cinco décimos por cento) ao mês, capitalizados anualmente, limitados ao percentual máximo de 50% (cinquenta por cento), e multa de 10% (dez por cento).

Ex.: Serão cobrados acréscimos legais de 0,5 % ao mês, capitalizados anualmente, limitado ao máximo de 50% e cobrada a multa fixa de 10%.

§ 3º O disposto no § 1º deste artigo não se aplica aos casos de contribuições em atraso não alcançadas pela decadência do direito de a Previdência constituir o respectivo crédito, obedecendo-se, em relação a elas, as disposições aplicadas às empresas em geral.

Ex.: Na hipótese do contribuinte individual que comprove período de exercício, dentro de 05 anos, em que ainda não tenha havido a decadência. Incidirá acréscimos legais: Multa de 0,33% ao dia, limitada a 20% e no mês subsequente ao do vencimento da competência será devido juros, baseado na taxa SELIC e 1% pelo mês do pagamento.

7. Multas de Ofício

Lei n. 8.212/91 "Art. 35-A. Nos casos de lançamento de ofício relativos às contribuições referidas no art. 35, aplica-se o disposto no art. 44 da Lei n. 9.430, de 1996."

Multas de Mora Relacionadas ao Lançamento de Ofício – De acordo com a Lei n. 9.430/96

Art. 44. Nos casos de lançamento de ofício, serão aplicadas as seguintes multas:

Com autuação ou notificação, há o agravamento da multa de mora.

I - de 75% (setenta e cinco por cento) sobre a totalidade ou diferença de imposto ou contribuição nos casos de falta de pagamento ou recolhimento, de falta de declaração e nos de declaração inexata;

Ex.:

1ª situação:

O Contribuinte Individual/Advogado, com salário de contribuição no teto previdenciário, mas que pagou a menor pelo salário mínimo, se verificada a diferença pela SRFB será expedida notificação de lançamento, com o valor do principal acrescido de multa de 75%, mais o juros.

2ª situação:

O AFRFB lavrou auto de infração em fevereiro/2014, referente a Fato Gerador de agosto/2013, que a empresa deixou de informar na GFIP até 07/09/2013, sobre a diferença que a empresa deixou de declarar foi cobrada uma multa de 75%.

II - de 50% (cinquenta por cento), exigida isoladamente, sobre o valor do pagamento mensal:

§1º O percentual de multa de que trata o inciso I do caput deste artigo será duplicado nos casos previstos nos arts. 71, 72 e 73 da Lei n. 4.502, de 30 de novembro de 1964, independentemente de outras penalidades administrativas ou criminais cabíveis.

Ex.: Será de 150% nas hipóteses de fraude, sonegação ou conluio contra a fazenda nacional.

§ 2º Os percentuais de multa a que se referem o inciso I do caput e o § 1º deste artigo serão aumentados de metade, nos casos de não atendimento pelo sujeito passivo, no prazo marcado, de intimação para:

Ex.: A multa de ofício de 75% será aumentada de metade, resultando em 112,5% e de 150% passará a 225%.

I - prestar esclarecimentos;
II - apresentar os arquivos ou sistemas de que tratam os arts. 11 a 13 da Lei n. 8.218, de 29 de agosto de 1991;
III - apresentar a documentação técnica de que trata o art. 38 desta Lei.

Lei n. 8.218/ 91 – Hipóteses da Redução das Multas de Ofício em até 50%

Art. 6º - Ao sujeito passivo que, notificado, efetuar o pagamento, a compensação ou o parcelamento dos tributos administrados pela Secretaria da Receita Federal do Brasil, inclusive das contribuições sociais previstas nas alíneas "a", "b" e "c" do parágrafo único do art. 11 da Lei nº 8.212, de 24 de julho de 1991, das contribuições instituídas a título de substituição e das contribuições devidas a terceiros, assim entendidas outras entidades e fundos, será concedida redução da multa de lançamento de ofício nos seguintes percentuais:
I - cinquenta por cento se for efetuado o pagamento ou a compensação no prazo de trinta dias, contados da data em que o sujeito passivo foi notificado do lançamento;

Ex.: Se o sujeito passivo notificado pela Receita Federal do Brasil, dentro do prazo de 30 dias, pagar ou compensar, gozará de um redutor de 50% sobre o auto de infração de ofício (Lei n. 9.430/96, art. 44), responderá com 37,5% de multa de ofício sobre as contribuições previdenciárias e de terceiros que deixou de pagar ou declarar na GFIP ou que tenha informado valor inexato.

Ex.: Mês de janeiro/2013 a SRFB verificou a falta de recolhimento e expediu a notificação de lançamento, a saber:

Notificação em 02/01/14

- **Em 28/01/2014**, dentro de 30 dias da notificação, o sujeito passivo:

- **Pagou ou compensou** com = Redutor de 50% na multa de ofício; se

- **Requereu parcelamento** até 30 dias da notificação = Redução de 40% (inciso II).

II - quarenta por cento se o sujeito passivo requerer o parcelamento no prazo de trinta dias, contados da data em que foi notificado do lançamento;

Ex.: Se o sujeito passivo dentro do prazo de 30 dias, requer parcelamento, a multa será com redutor de 40%.

III - trinta por cento, se for efetuado o pagamento ou a compensação no prazo de trinta dias, contados da data em que o sujeito passivo foi notificado da decisão administrativa de primeira instância; e

Ex.: Se o sujeito passivo dentro do prazo de 30 dias, da notificação da decisão de 1ª Instância, Delegacia da Receita Federal de Julgamento, efetue pagamento ou compense, gozará de um redutor de 30%.

Notificação da decisão de 1ª Instância (DRF Julgamento)

Se o sujeiro passivo efetuar o pagamento ou compensar dentro de 30 dias, será com redução de 30% e se parcelar 20%.

IV - vinte por cento, se o sujeito passivo requerer o parcelamento no prazo de trinta dias, contados da data em que foi notificado da decisão administrativa de primeira instância.

Ex.: Se o sujeito passivo dentro do prazo de 30 dias, da notificação da decisão de 1ª Instância (Delegacia da Receita Federal de Julgamento), requeira o parcelamento, o redutor será de 20%.

§ 1º No caso de provimento a recurso de ofício interposto por autoridade julgadora de primeira instância, aplica-se a redução prevista no inciso III, para o caso de pagamento ou compensação, e no inciso IV, para o caso de parcelamento.

Ex.: A dinâmica é: Se o notificado regulariza dentro de 30 dias da ciência da notificação gozará de um redutor na multa de ofício de 50% ou 40%.

Se regularizar dentro de 30 dias da ciência a decisão administrativa de 1ª Instância (decisão da Delegacia da Receita Federal de Julgamento), a multa de ofício será reduzida de 30% ou 20%.

Se deixar de regularizar dentro dos 30 dias da decisão de 1ª instância, não gozará de redução alguma.

Para o recurso de ofício encaminhado pela SRFB ao CARF (Conselho Administrativo de Recursos Fiscais), a lei contempla um redutor da multa de ofício (30% ou 20%) caso o CARF anule a decisão da 1ª instância em que tenha anulado ou julgado improcedente o lançamento efetuado.

8. Do Parcelamento Convencional das Contribuições Sociais e Outros Tributos Federais

Os acordos a partir de dezembro de 2008 observarão a Lei n. 10.522/2002.

Art. 10. Os débitos de qualquer natureza para com a Fazenda Nacional poderão ser parcelados em até sessenta parcelas mensais, a exclusivo critério da autoridade fazendária, na forma e condições previstas nesta Lei.

São passíveis de parcelamento os tributos federais e as contribuições sociais previdenciárias, bem como as de terceiros. O acordo independe de se o sujeito passivo foi notificado ou não; isto fará diferença na aplicação da multa de mora. Número máximo de parcelas, em até 60 meses.

Em Recuperação Judicial - Parcelamento

Art. 10-A. O empresário ou a sociedade empresária que pleitear ou tiver deferido o processamento da recuperação judicial, nos termos dos arts. 51, 52 e 70 da Lei nº 11.101, de 9 de fevereiro de 2005, poderão parcelar seus débitos com a Fazenda Nacional, em 84 (oitenta e quatro) parcelas mensais e consecutivas, calculadas observando-se os seguintes percentuais mínimos, aplicados sobre o valor da dívida consolidada: (Incluído pela Lei nº 13.043/2014)

Explicação: Parcelamento convencional até 60 parcelas e em processo de recuperação judicial em 84 parcelas mensais.

I - da 1ª a 12ª prestação: 0,666% (seiscentos e sessenta e seis milésimos por cento);

II - da 13ª a 24ª prestação: 1% (um por cento);

III - da 25ª a 83ª prestação: 1,333% (um inteiro e trezentos e trinta e três milésimos por cento); e

IV - 84ª prestação: saldo devedor remanescente.

Explicação: Valor da dívida consolidada R$ 1.000.000,00, empresa em processo de recuperação judicial, aguardando o deferimento ou já deferida. O valor das parcelas será progressivo da 1ª a 12 ª - pagará da dívida consolidada R$ 79.920,00 (0,666 % dos R$ 1.000.000,00 ao mês);

Da 13ª a 24ª – 12 parcelas que representarão R$ 120.000,00;
Da 25ª até 83ª – Equivale a 59 parcelas no total de R$ 786.470,00;
84ª – Saldo remanescente R$ 13.610,00

§ 1º O disposto neste artigo aplica-se à totalidade dos débitos do empresário ou da sociedade empresária constituídos ou não, inscritos ou não em Dívida Ativa da União, mesmo que discutidos judicialmente em ação proposta pelo sujeito passivo ou em fase de execução fiscal já ajuizada, ressalvados exclusivamente os débitos incluídos em parcelamentos regidos por outras leis.

§ 2º No caso dos débitos que se encontrarem sob discussão administrativa ou judicial, submetidos ou não à causa legal de suspensão de exigibilidade, o sujeito passivo deverá comprovar que desistiu expressamente e de forma irrevogável da impugnação ou do recurso interposto, ou da ação judicial, e, cumulativamente, renunciou a quaisquer alegações de direito sobre as quais se fundem a ação judicial e o recurso administrativo.

§ 3º O empresário ou a sociedade empresária poderá, a seu critério, desistir dos parcelamentos em curso, independentemente da modalidade, e solicitar que eles sejam parcelados nos termos desta lei.

§ 4º Além das hipóteses previstas no art. 14-B, é causa de rescisão do parcelamento a não concessão da recuperação judicial de que trata o art. 58 da Lei nº 11.101, de 9 de fevereiro de 2005, bem como a decretação da falência da pessoa jurídica.

Explicação: É causa de rescisão do parcelamento:

- a falta de pagamento de 3 (três) parcelas, consecutivas ou não; ou de 1 (uma) parcela, estando pagas todas as demais.
- Recuperação judicial não concedida;
- Decretada a falência da pessoa jurídica.

§ 5º O empresário ou a sociedade empresária poderá ter apenas um parcelamento de que trata o caput, cujos débitos constituídos, inscritos ou não em Dívida Ativa da União, poderão ser incluídos até a data do pedido de parcelamento.

§ 6º A concessão do parcelamento não implica a liberação dos bens e direitos do devedor ou de seus responsáveis que tenham sido constituídos em garantia dos respectivos créditos.

§ 7º O parcelamento referido no caput observará as demais condições previstas nesta Lei, ressalvado o disposto no § 1º do art. 11, no inciso II do § 1º do art. 12, nos incisos I, II e VIII do art. 14 e no §2º do art. 14-A. (Incluído pela Lei nº 13.043, de 13 de novembro de 2014)

Formalização Condicionada

Art. 11. O parcelamento terá sua formalização condicionada ao prévio pagamento da primeira prestação, conforme o montante do débito e o prazo solicitado, observado o disposto no § 1º do art. 13 desta Lei.

Explicação: Valor mínimo de cada prestação fixado pela SRFB e Procuradoria. (§ 1º do art. 13).

§ 1º Observados os limites e as condições estabelecidos em portaria do Ministro de Estado da Fazenda, em se tratando de débitos inscritos em Dívida Ativa, a concessão do parcelamento fica condicionada à apresentação, pelo devedor, de garantia real ou fidejussória, inclusive fiança bancária, idônea e suficiente para o pagamento do débito, exceto quando se tratar de microempresas e empresas de pequeno porte optantes pela inscrição no Sistema Integrado de Pagamento de Impostos e Contribuições das Microempresas e das Empresas de Pequeno Porte – Simples, de que trata a Lei no 9.317, de 5 de dezembro de 1996.

Explicação: Não se aplica ao pedido de parcelamento das empresas que optaram pelo SIMPLES Nacional.

Poderão também ser oferecidos como garantia o faturamento ou os rendimentos do devedor.

§ 2º Enquanto não deferido o pedido, o devedor fica obrigado a recolher, a cada mês, como antecipação, valor correspondente a uma parcela.
§ 3º O não-cumprimento do disposto neste artigo implicará o indeferimento do pedido.

Hipótese de constituição de crédito

Art. 12 – O pedido de parcelamento deferido constitui confissão de dívida e instrumento hábil e suficiente para a exigência do crédito tributário, podendo a exatidão dos valores parcelados ser objeto de verificação.

Se o sujeito passivo pedir parcelamento e deixar de cumpri-lo, terá a dívida inscrita na dívida ativa da União e posterior exigência via judicial.

§ 1º Cumpridas as condições estabelecidas no art. 11 desta Lei, o parcelamento será:
I – consolidado na data do pedido; e
II – considerado automaticamente deferido quando decorrido o prazo de 90 (noventa) dias, contado da data do pedido de parcelamento sem que a Fazenda Nacional tenha se pronunciado.
§ 2º Enquanto não deferido o pedido, o devedor fica obrigado a recolher, a cada mês, como antecipação, valor correspondente a uma parcela.

Juros de Mora sobre as Parcelas

Art. 13. O valor de cada prestação mensal, por ocasião do pagamento, será acrescido de juros equivalentes à taxa referencial do Sistema Especial de Liquidação e de Custódia – SELIC para títulos federais, acumulada mensalmente, calculados a partir do mês subsequente ao da consolidação até o mês anterior ao do pagamento, e de 1% (um por cento) relativamente ao mês em que o pagamento estiver sendo efetuado.

Ex.: O sujeito passivo requer o parcelamento. A Fazenda Nacional apura o montante divide pelo número de parcelas mensais permitidas. A partir do mês subsequente ao da consolidação até o mês anterior ao do pagamento serão cobradas as taxas SELIC acumuladas, e de 1% relativo ao mês de pagamento.

§ 1º O valor mínimo de cada prestação será fixado em ato conjunto do Secretário da Receita Federal do Brasil e do Procurador-Geral da Fazenda Nacional.
§ 2º No caso de parcelamento de débito inscrito em Dívida Ativa da União, o devedor pagará custas, emolumentos e demais encargos legais.

As Contribuições Sociais que não Podem ser Parceladas

Art. 14. É vedada a concessão de parcelamento de débitos relativos a:
I - tributos passíveis de retenção na fonte, de desconto de terceiros ou de sub-rogação;

Ex.: Não poderão ser objeto de parcelamento, e, se não recolhidas, tratar-se-á de Crime de Apropriação Indébita Previdenciária.

As contribuições sociais previdenciárias:

- Descontadas do segurado empregado, dos trabalhadores avulsos, dos domésticos e dos contribuintes individuais;
- Descontadas pela empresa adquirente, consumidora, cooperativa e pela pessoa física intermediária, que estejam sub-rogados pelo recolhimento das contribuições sociais do segurado especial e produtor rural pessoa física;
- Retidas pela empresa contratante quando tomar serviço de outra empresa, por meio de cessão de mão de obra, de empreitada e, inclusive, de serviço temporário.

II - Imposto sobre Operações de Crédito, Câmbio e Seguro e sobre Operações relativas a Títulos e Valores Mobiliários – IOF, retido e não recolhido ao Tesouro Nacional;

III - valores recebidos pelos agentes arrecadadores não recolhidos aos cofres públicos.

Ex.: Os tributos e contribuições sociais previdenciárias, recebidos pelo agente arrecadador, não recolhido. Hipótese do crime de apropriação previdenciária.

VIII – tributo ou outra exação qualquer, enquanto não integralmente pago parcelamento anterior relativo ao mesmo tributo ou exação, salvo nas hipóteses previstas no art. 14-A desta Lei;

Explicação:

Ex.: O sujeito passivo com um parcelamento não pode assumir outro da mesma espécie de tributo, exceto para pedir reparcelamento.

IX – tributos devidos por pessoa jurídica com falência decretada ou por pessoa física com insolvência civil decretada; e

Reparcelamento

Art. 14-A. Observadas as condições previstas neste artigo, será admitido reparcelamento de débitos constantes de parcelamento em andamento ou que tenha sido rescindido.
§ 1º No reparcelamento de que trata o caput deste artigo poderão ser incluídos novos débitos.

Poderão ser incluídos novos débitos.

§ 2º A formalização do pedido de reparcelamento previsto neste artigo fica condicionada ao recolhimento da primeira parcela em valor correspondente a:
I – 10% (dez por cento) do total dos débitos consolidados; ou
II – 20% (vinte por cento) do total dos débitos consolidados, caso haja débito com histórico de reparcelamento anterior.
§ 3º Aplicam-se subsidiariamente aos pedidos de que trata este artigo as demais disposições relativas ao parcelamento previstas nesta Lei.

Rescisão do Acordo de Parcelamento

Art. 14-B. Implicará imediata rescisão do parcelamento e remessa do débito para inscrição em Dívida Ativa da União ou prosseguimento da execução, conforme o caso, a falta de pagamento:
O acordo será imediatamente rescindido e o débito inscrito na dívida ativa da União, salvo se já inscrito e neste caso a Procuradoria prosseguirá com a execução judicial.
I – de 3 (três) parcelas, consecutivas ou não; ou
II – de 1 (uma) parcela, estando pagas todas as demais.
Art. 14-C. Poderá ser concedido, de ofício ou a pedido, parcelamento simplificado, importando o pagamento da primeira prestação em confissão de dívida e instrumento hábil e suficiente para a exigência do crédito tributário.
Parágrafo único. Ao parcelamento de que trata o caput deste artigo não se aplicam as vedações estabelecidas no art. 14 desta Lei.

Parcelamento dos Entes (Estados, DF ou Municípios)

"Art. 14-D. Os parcelamentos concedidos a Estados, Distrito Federal ou Municípios conterão cláusulas em que estes autorizem a retenção do Fundo de Participação dos Estados – FPE ou do Fundo de Participação dos Municípios – FPM.

Explicação: 48 % do produto da arrecadação do IR e do IPI serão repassados pela União aos Estados, DF ou Municípios por meio de Fundo de Participação (FPE e DF e FPM), na forma das alíneas "a", "b" e "d" do art. 159 da CF. Os Entes que tenham acordo de parcelamento autorizarão a retenção do valor da parcela mensal.

Na hipótese dos Estados, DF ou os Municípios celebrarem acordo (de parcelamento), em virtude de dívidas que envolvam contribuições sociais previdenciárias, este deverá conter cláusula com a autorização para a retenção da parcela e o valor será repassado à União na ocasião da transferência dos Fundo de Participação Estadual ou Municipal.

Parágrafo único. O valor mensal das obrigações previdenciárias correntes, para efeito deste artigo, será apurado com base na respectiva Guia de Recolhimento do Fundo de Garantia do Tempo de Serviço e de Informações à Previdência Social - GFIP ou, no caso de sua não-apresentação no prazo legal, estimado, utilizando-se a média das últimas 12 (doze) competências recolhidas anteriores ao mês da retenção prevista no caput deste artigo, sem prejuízo da cobrança ou restituição ou compensação de eventuais diferenças."
"Art. 14-E. Mensalmente, a Secretaria da Receita Federal do Brasil e a Procuradoria-Geral da Fazenda Nacional divulgarão, em seus sítios na internet, demonstrativos dos parcelamentos concedidos no âmbito de suas competências."
"Art. 14-F. A Secretaria da Receita Federal do Brasil e a Procuradoria-Geral da Fazenda Nacional, no âmbito de suas competências, editarão atos necessários à execução do parcelamento de que trata esta Lei."

Prova de Inexistência de Débito

O Decreto n. 8.302/14 revogou o Decreto 6.106/07 que dispunha a respeito de 02 tipos de certidões, a específica e a conjunta.

A Portaria do Ministério da Fazenda 358/14 define:

"A prova de regularidade fiscal perante a Fazenda Nacional será efetuada mediante apresentação de certidão expedida conjuntamente pela Secretaria da Receita Federal do Brasil - RFB e pela Procuradoria-Geral da Fazenda Nacional - PGFN, referente a todos os tributos federais e à Dívida Ativa da União - DAU por elas administrados", tendo a certidão validade de 180 dias.

Explicação: As certdições expedidas anteriormente permanecem válidas, mas quando vencidas se o contribuinte precisar provar regularidade fiscal necessitará da certidão expedida conjuntamente pela SRFBrasil e a Procuradoria.

Situações em que será Exigida a Comprovação de Inexistência de Débito

De acordo a portaria MF 358/14

Art. 1º A prova de regularidade fiscal perante a Fazenda Nacional será efetuada mediante apresentação de certidão expedida conjuntamente pela Secretaria da Receita Federal do Brasil - RFB e pela Procuradoria-Geral da Fazenda Nacional - PGFN, referente a todos os tributos federais e à Dívida Ativa da União - DAU por elas administrados.

Explicação: Deixou de ser emitida a certidão específica para as contribuições previdenciárias, passando a ser expedida uma única certidão como prova de regularidade.

Parágrafo único: A certidão a que se refere o caput não obsta a emissão de certidão com finalidade determinada, quando exigida por lei, relativa aos tributos federais e à Dívida Ativa da União.

Art. 2º As certidões emitidas na forma desta Portaria terão prazo de validade de 180 (cento e oitenta) dias, contado de sua emissão.

Art. 3º A RFB e a PGFN poderão regulamentar a expedição das certidões a que se refere esta Portaria.

Art. 4º A validade das certidões emitidas pela RFB e PGFN depende de verificação de autenticidade pelo órgão responsável pela exigência da regularidade fiscal.

Explicação: Pode ser feita via internet.

Art. 5º As certidões de prova de regularidade fiscal emitidas nos termos do Decreto nº 6.106, de 30 de abril de 2007, e desta Portaria têm eficácia durante o prazo de validade nelas constante.

Explicação: As certidões expedidas anteriormente permanecem válidas pelo prazo nelas constantes.

Certidão Negativa – Empresas optantes pelo SIMPLES NACIONAL

LC 123/2006 - Art. 9º O registro dos atos constitutivos, de suas alterações e extinções (baixas), referentes a empresários e pessoas jurídicas em qualquer órgão dos 3 (três) âmbitos de governo ocorrerá independentemente da regularidade de obrigações tributárias, previdenciárias ou trabalhistas, principais ou acessórias, do empresário, da sociedade, dos sócios, dos administradores ou de empresas de que participem, sem prejuízo das responsabilidades do empresário, dos titulares, dos sócios ou dos administradores por tais obrigações, apuradas antes ou após o ato de extinção. (Redação dada pela Lei Complementar nº 147, de 2014)
§ 1º O arquivamento, nos órgãos de registro, dos atos constitutivos de empresários, de sociedades empresárias e de demais equiparados que se enquadrarem como microempresa ou empresa de pequeno porte bem como o arquivamento de suas alterações são dispensados das seguintes exigências:
I - certidão de inexistência de condenação criminal, que será substituída por declaração do titular ou administrador, firmada sob as penas da lei, de não estar impedido de exercer atividade mercantil ou a administração de sociedade, em virtude de condenação criminal;
II - prova de quitação, regularidade ou inexistência de débito referente a tributo ou contribuição de qualquer natureza.
§ 2º Não se aplica às microempresas e às empresas de pequeno porte o disposto no § 2º do art. 1º da Lei n. 8.906, de 4 de julho de 1994.

Explicação: Lei 8.906/94- § 2º Os atos e contratos constitutivos de pessoas jurídicas, sob pena de nulidade, só podem ser admitidos a registro, nos órgãos competentes, **quando visados por advogados.**

No caso das empresas optantes não será exigido.

4º A baixa do empresário ou da pessoa jurídica não impede que, posteriormente, sejam lançados ou cobrados tributos, contribuições e respectivas penalidades, decorrentes da falta do cumprimento de obrigações ou da prática comprovada e apurada em processo administrativo ou judicial de outras irregularidades praticadas pelos empresários, pelas pessoas jurídicas ou por seus titulares, sócios ou administradores.

PROVA DE REGULARIDADE NO CASO DOS ENTES

Decreto 3.048/99 - Art. 264. A inexistência de débito em relação às contribuições devidas ao Instituto Nacional do Seguro Social é condição necessária para que os Estados, o Distrito Federal e os Municípios possam receber as transferências dos recursos do Fundo de Participação dos Estados e do Distrito Federal e do Fundo de Participação dos Municípios, celebrar acordo, contrato, convênio ou ajuste, bem como receber empréstimo, financiamento, aval ou subvenção em geral de órgão ou entidade da administração direta e indireta da União.

Os Estados, Distrito Federal e os Municípios para receberem a transferência dos recursos do(s) **Fundos de participação (CF art. 159):**

- **Dos Estados e Distrito Federal** – Estes recebem mensalmente 21,5% das receitas do IR (Imposto de Renda) e do IPI (Imposto sobre Produtos Industrializados) que são repassadas pela União.
- **E os Municípios recebem** - 21,5% do IR e do IPI da União, por meio do Fundo de Participação dos Municípios. E no mês de dezembro de cada ano os Municípios recebem 23,5%.

Processo Administrativo Fiscal

Para que a União repasse estes recursos, é necessária a comprovação da regularidade fiscal pelos entes, será **por meio do certificado de regularização previdenciária.**

- Em situação de débito, devem assinar um acordo para que a parcela da dívida seja abatida no repasse das do Fundo de Participação Municipal e Fundo de Participação Estadual.

Mas com o advento do Decreto n. 3.788 de 11/04/01, foi instituído o Certificado de regularidade previdenciária. Com sua aplicação e finalidade disposta na Portaria Ministerial n. 204/2008, tais como:

Art. 4º
I - realização de transferências voluntárias de recursos pela União;
II - celebração de acordos, contratos, convênios ou ajustes, bem como recebimento de empréstimos, financiamentos, avais e subvenções em geral de órgãos ou entidades da Administração direta e indireta da União;
III - liberação de recursos de empréstimos e financiamentos por instituições financeiras federais; e
IV - pagamento dos valores devidos pelo Regime Geral de Previdência Social - RGPS, em razão do disposto na Lei nº 9.796, de 5 de maio de 1999.

Este Certificado será expedido pela SPPS – Secretaria de Políticas de Previdência Social – vinculada ao MPS, aos órgãos ou entidades da administração pública direta e indireta da União, eletrônico, com validade de 60 dias da data da emissão.

Parágrafo único. Para recebimento do Fundo de Participação dos Estados e do Distrito Federal e do Fundo de Participação dos Municípios e para a consecução dos demais instrumentos citados no caput, os Estados, o Distrito Federal e os Municípios deverão apresentar aos órgãos ou entidades responsáveis pela liberação dos fundos, celebração de acordos, contratos, convênios ou ajustes, concessão de empréstimos, financiamentos, avais ou subvenções, em geral os comprovantes de recolhimento das suas contribuições ao INSS referentes aos 03 meses anteriores ao mês previsto para a efetivação daqueles procedimentos.

Art. 265. Os Estados, o Distrito Federal e os Municípios serão, igualmente, obrigados a apresentar, para os fins do disposto no art. 264, comprovação de pagamento da parcela mensal referente aos débitos com o Instituto Nacional do Seguro Social objeto do parcelamento.

Além de comprovar estar quite com as contribuições dos 3 meses anteriores, também eventuais parcelas de acordos para parcelamento.

Quadro Sinótico

Processo Administrativo Fiscal
- Auto de Infração - Decreto n. 70.235/72 art. 10
- Notificação de lançamento - Decreto n. 70.235/72 art. 11

- Lançamento de Ofício – Lei n. 8.212/91, art. 37.

Processo Administrativo Fiscal
- na construção civil - art. 220
- entre operador portuário e o OGMO - art. 223
- entre empresas que formam grupo econômico, bem como pessoas físicas que integrem consórcio simplificado de produtores rurais - art. 222
- dos administradores das entidades da administração pública indireta - art. 224

- Contribuições e Outras Importâncias Pagas em Atraso - Lei n. 8.212/91 art. 35, na forma da Lei n. 9.430/96 art. 61;

- Multas de Ofício - Lei n. 8.212/91 art. 35-A, na forma da Lei n. 9.430/96 art. 44;

- Redução das Multas de Ofício em até 50 % - Lei n. 8.218/91 art. 6º;

- Do Parcelamento das Contribuições Sociais - Lei n. 10.522/02;

- Prova de Inexistência de Débito - Decreto n. 8302/14 e Portaria 358/14 do Ministério do Fazenda.

Exercícios de Fixação

Responda com CERTO, ERRADO ou DEIXE EM BRANCO. Cada questão Errada <u>anula</u> uma Certa; deixando em branco, perde-se apenas esta questão.

01. Considere a seguinte situação hipotética.
A empresa Beta Ltda., desde janeiro de 2002, vem arrecadando de seus empregados as contribuições previdenciárias devidas por estes à Previdência Social; todavia, em razão de graves dificuldades financeiras, não tem repassado esses valores ao INSS. Nessa situação, a empresa não poderá parcelar as contribuições devidas ao INSS.

02. Uma microempresa merece um tratamento diferenciado, que vise incentivá-la por meio da simplificação de suas obrigações administrativas, tributárias, previdenciárias e creditícias, ou, até mesmo, pela eliminação ou redução dessas mediante lei, conforme orientação expressa da Constituição da República. Nesse sentido, é correto afirmar que a Certidão Negativa de Débito (CND) não será exigida para as microempresas quando do arquivamento de seus atos constitutivos nas juntas comerciais, inclusive de alterações e extinção de firma individual ou sociedade.

PROVA CESPE/UNB DELEGADO DA PF

Agentes públicos da Secretaria da Receita Federal (SRF) e do INSS realizaram operação conjunta de fiscalização na Viações Aéreas Matrix S.A. (VAM), com o objetivo de apurar sua situação fiscal e previdenciária. Durante a fiscalização, os agentes públicos não apenas descobriram uma série de irregularidades previdenciárias e fiscais, mas também identificaram que a situação econômico-financeira da VAM era precária, estando a empresa à beira da falência.

Com relação à situação hipotética apresentada acima, julgue os itens a seguir:

03. Caso as informações prestadas pela VAM acerca da remuneração paga aos empregados não coincidam com a realidade efetivamente constatada pelos fiscais, o INSS poderá lançar, de ofício, a importância que reputar devida, cabendo a VAM o ônus da prova em contrário.

04. Se a fiscalização identificar que, nos últimos nove anos, a VAM não recolheu a contribuição a cargo da empresa, incidente sobre décimo terceiro salário pago aos seus empregados, o INSS poderá cobrar todo o valor sonegado, corrigido monetariamente e acrescido de juros de mora e multa, pois a constituição de créditos previdenciários é sujeita a prazo prescricional de dez anos.

05. Em adição à situação hipotética proposta, considere que Luís, um dos fiscais da SRF envolvidos na fiscalização da VAM, tenha exigido R$ 10.000,00 de Sérgio, o presidente da empresa, para não tornar pública a informação de que a VAM estava próxima da falência. Nesse caso, é correto afirmar que a conduta de Luís configura crime de corrupção passiva e que, caso Luís viesse a tornar públicas as informações acerca do estado da VAM, ele cometeria crime de violação de sigilo profissional, além de violar a regra administrativa que determina que os agentes da SRF não podem divulgar informações sobre a situação econômica ou financeira das entidades, obtidas em razão de ofício, nem mesmo a outros órgãos da administração pública.

06. Não configuraria elisão fiscal o fato de a VAM reduzir fraudulentamente o valor do imposto de importação por meio de falsificação dos contratos de compra e venda de alguns aviões importados.

07. Em adição à situação hipotética acima, considere que, inicialmente, os empregados da VAM franquearam livre acesso aos fiscais, exibindo-lhes todos os documentos pedidos. Porém, quando os agentes públicos entraram na sala de Sérgio, presidente da empresa, e solicitaram que fosse examinado o conteúdo de um cofre que ali havia, Sérgio negou-se a abri-lo, argumentando que nele estavam guardadas apenas informações acerca do seu patrimônio pessoal, bem como dados sigilosos relativos aos planos de expansão da empresa e as promoções previstas para o mês seguinte, informações estas que não tinham nenhuma relação com a matéria tributária e previdenciária e que, portanto, ele não tinha o dever de exibi-las aos fiscais. Inconformados, os agentes deram ordem expressa a Sérgio para que o cofre fosse aberto, ao que ele respondeu que os agentes poderiam solicitar a exibição de qualquer documento pertinente às suas áreas de fiscalização e esse documento lhes seria mostrado, mas reafirmou sua intenção de não abrir o cofre. Nesse caso, é correto afirmar que a recusa de Sérgio em abrir o cofre possibilita que os fiscais solicitem auxílio de agentes da Polícia Federal para garantir o devido cumprimento das suas funções, podendo os policiais prender Sérgio em flagrante delito pelo crime de desacato à autoridade.

Com referência aos procedimentos de notificação, às prerrogativas da fiscalização e à comprovação da inexistência de débito, julgue os itens a seguir:

Considere a seguinte situação hipotética:

Em uma ação fiscal na empresa Sol Nascente Ltda., foi constatada a falta de recolhimento das contribuições devidas à seguridade social em diversos períodos. Por essa razão, foi lavrada notificação fiscal com discriminação clara e precisa dos fatos geradores, constituindo, assim, o crédito previdenciário.

08. Nessa situação, após o recebimento da notificação, a empresa terá o prazo de quinze dias para efetuar o pagamento ou apresentar sua defesa. Findo esse prazo, caso não haja qualquer manifestação do contribuinte, será declarada a revelia e o devido encaminhamento à procuradoria para que se proceda à inscrição em dívida ativa.

Considere a seguinte situação hipotética:

A empresa foi notificada para pagamento da contribuição previdenciária em relação às diversas rubricas que, segundo a fiscalização, não foram consideradas como salário de contribuição, entre elas o total das diárias pagas que excederam a 50% da remuneração mensal dos empregados. No dia 01.08.2003, o contribuinte recebeu a notificação e tomou conhecimento do término da ação fiscal. No mesmo mês, a empresa precisou do comprovante de inexistência de débito para participar de licitação, razão pela qual, no dia 14.08.2003, antes de terminar o prazo de defesa, apresentou sua impugnação, não contestando nem pagando os valores referentes às diárias excedentes.

09. Nessa situação, o contribuinte, enquanto não for emitida a decisão da autoridade julgadora da primeira instância administrativa, terá direito à emissão do documento que comprove a inexistência do débito, pois o processo encontra-se pendente de decisão no contencioso administrativo.

10. A concessão de crédito rural, em qualquer de suas modalidades, por meio de constituição de garantia em favor da instituição de crédito, pública ou privada, ao produtor rural pessoa física que comercialize sua produção diretamente, no varejo, a consumidor pessoa física, sem a apresentação do documento comprobatório de inexistência de débito, constitui ato nulo para todos os efeitos, acarretando a responsabilidade solidária do contratante que deixou de cumprir a exigência.

Assinale a alternativa correta.

11. (AFRFB/2005) No campo da responsabilidade dos sócios pelos débitos da Seguridade Social, é verdade afirmar que:

a) A responsabilidade solidária dos sócios comporta benefício de ordem, se a sociedade, indiscutivelmente, possuir patrimônio mais do que suficiente para arcar com a dívida.
b) A responsabilidade solidária não inclui os sócios das sociedades de responsabilidade limitada.
c) A responsabilidade solidária dos sócios não fica limitada ao pagamento do débito da sociedade no período posterior à Lei n. 8.620/93, que, pela relevância social do débito para com a Seguridade Social, retroage para alcançar o patrimônio dos sócios para pagamentos anteriores à sua entrada em vigor.
d) A responsabilidade dos sócios por dívidas contraídas pela sociedade para com a Seguridade Social, decorrentes do descumprimento das obrigações previdenciárias, é solidária e encontra respaldo no art. 13 da Lei n. 8.620/93 e no art. 124 do Código Tributário Nacional.
e) A Lei n. 8.620/93 não trouxe inovação ao ordenamento jurídico vigente, permanecendo a responsabilidade dos sócios pelos débitos da Seguridade Social como subsidiária e regulada pelo art. 135 do Código Tributário Nacional, que exige a comprovação de que o não-recolhimento da exação decorreu de ato praticado com violação à lei, ao contrato social ou ao estatuto da empresa pelo sócio-gerente.

12. **(AFRFB/2005) Leia cada um dos assertos abaixo e assinale (V) ou (F), conforme seja verdadeiro ou falso. Depois, marque a opção que contenha a exata sequência.**

( ) **O tratamento dado às empresas concordatárias é idêntico ao dispensado às empresas em situação regular, inclusive quanto à identificação dos corresponsáveis e à cobrança dos encargos legais, mas não incidirão multas de qualquer espécie.**

( ) **Segundo a tradição da fiscalização da receita previdenciária, NFLD distingue-se de Auto deInfração, porque aquela diz respeito à obrigação principal e este às obrigações acessórias e à respectiva penalidade pecuniária.**

( ) **O desconto da contribuição social previdenciária, por parte do responsável pelo recolhimento, sempre se presumirão feitos, oportuna e regularmente, mesmo que provada a omissão na sua realização.**

a) VVV
b) FFF
c) VVF
d) VFF
e) FVV

13. **(TRF/2005) Leia cada um dos assertos abaixo e assinale (V) ou (F), conforme seja verdadeiro ou falso. Depois, marque a opção que contenha a exata sequência.**

( ) **Para fatos geradores a partir de janeiro de 1995 não há atualização monetária.**

( ) **Para fatos geradores ocorridos a partir de janeiro de 1995 serão aplicados como juros de mora um por cento no mês de vencimento e um por cento no mês de pagamento, fora a taxa própria para os meses intermediários.**

( ) **A taxa de juros aplicada às contribuições sociais não recolhidas em época própria não poderá ser inferior a um por cento ao mês ou fração.**

a) VVV
b) FFF
c) VVF
d) VVF
e) FFV

AFRFB - ESAF/2014

14. **Sobre o recolhimento das contribuições previdenciárias em atraso, assinale a opção incorreta.**

a) No lançamento de ofício, aplica-se, a título de multa, um percentual sobre a totalidade ou diferença de contribuição nos casos de falta de pagamento ou recolhimento, de falta de declaração e nos de declaração inexata.
b) Os juros constituem verdadeira indenização a ser paga pelo sujeito passivo, em razão de sua disponibilidade financeira indevida, obtida pela empresa ao não recolher o devido em época própria. Possuem, portanto, caráter punitivo.
c) Caso o sujeito passivo, uma vez notificado, efetue o pagamento, a compensação ou o parcelamento de seu débito, será concedida a redução da multa de lançamento de ofício.
d) A rescisão do parcelamento implica restabelecimento do montante da multa proporcionalmente ao valor da receita não satisfeita.
e) A correção monetária tem como função única a atualização da expressão monetária utilizada, de tal maneira que inexiste qualquer alteração no valor real da contribuição devida, que permanece imutável no seu equivalente em poder de compra.

Gabarito

01. C	02. E	03. C	04. E	05. E
06. C	07. E	08. E	09. C	10. C
11. D	12. E	13. D	14. B	

11. Decadência e Prescrição

- **Decadência e prescrição** – Prazos para matéria relacionada em benefícios, consta do programa de direito previdenciário e apresentada neste capítulo;
- **Decadência e prescrição** – Prazos para a Fazenda pública apurar, constituir e cobrar seus créditos, este assunto em regra, consta no programa de direito tributário. É assunto estudado no direito tributário de acordo com artigos do Código Tributário Nacional.

1. Decadência para Revisão do Ato de Concessão de Benefício

O instituto que faz perecer o direito pelo transcurso de tempo é denominado decadência. É a perda do direito de ação. Quando tratar-se de benefícios, é a perda do direito por parte dos beneficiários de pedir revisão do ato de concessão.

Prazo de Decadência para os Beneficiários

Lei n. 8.213/91
Art. 103. É de dez anos o prazo de decadência de todo e qualquer direito ou ação do segurado ou beneficiário para a revisão do ato de concessão de benefício, a contar do dia primeiro do mês seguinte ao do recebimento da primeira prestação ou, quando for o caso, do dia em que tomar conhecimento da decisão indeferitória definitiva no âmbito administrativo.

O prazo deste artigo foi aumentado de 05 para 10 anos, por meio da Lei n. 10.839 de 2004.

Um segurado requereu sua aposentadoria por tempo de contribuição:
Em 04/2004, e
concedida em 10/07/2004, mas
recebeu a primeira prestação (o 1º benefício) em 08/2004; neste caso, terá um prazo decadencial de 10 anos a contar do dia 1º de setembro de 2004, para pedir revisão do ato de concessão do benefício. Logo terá até setembro de 2014, para pedir e se houver diferenças a receber da Previdência Social fará jus apenas aos últimos 05 anos de Set/2009 a Set/2014 na forma do **§ 1º do 103.**

DICA PARA PROVA!!!
Súmula 81 da TNU - Turma Nacional de Uniformização dos Juizados Especiais Federais
Publicação: 24/06/15

Não incide o prazo decadencial previsto no art. 103, caput, da Lei n. 8.213/91, nos casos de indeferimento e cessação de benefícios, bem como em relação às questões não apreciadas pela Administração no ato da concessão

Prazo Prescricional para receber benefícios vencidos ou restituições ou diferenças devidas pela Previdência Social

ex.: São três hipóteses nas quais não correrá prazo decadencial de 10 anos, a saber:

- Pedido de benefício negado;
- benefício já mantido (pago) for cessado, e
- No requerimento o beneficiário apresentou documentos que não foram considerados no ato de concessão.

Art. 103 - § 1º - Prescreve em cinco anos, a contar da data em que deveriam ter sido pagas, toda e qualquer ação para haver prestações vencidas ou quaisquer restituições ou diferenças devidas pela previdência social, salvo o direito dos menores, incapazes e ausentes, na forma do Código Civil.

Ação para haver prestações vencidas, trata-se do beneficiário/dependente que tenha deixado de ir receber na rede bancária sua pensão por morte de segurado falecido. Comparece em 04/2013 na agência da previdência requerendo o período que ficou sem receber, e alegando que deixou de receber desde 2007 porque passou a ter um companheiro e pensou não fazer mais jus ao benefício pensão. Ele terá direito às prestações vencidas em haver dos últimos 5 anos, da data do requerimento de recebimento das prestações vencidas.

Não confundir com o dependente que deixou de requerer a pensão e só o fez após 30 dias do óbito, neste caso receberá da data do requerimento. Salvo no caso de menores, incapazes e ausentes, para estes será pago desde o óbito ou da data em que tenha deixado de ter recebido, se não houver outros habilitados.

Exceção para menores, incapazes e ausentes, a saber:

Código Civil - Art. 198. Também não corre a prescrição:
I - contra os incapazes de que trata o art. 3º;
II - contra os ausentes do País em serviço público da União, dos Estados ou dos Municípios;
III - contra os que se acharem servindo nas Forças Armadas, em tempo de guerra.

Art. 3º São absolutamente incapazes de exercer pessoalmente os atos da vida civil:
I - os menores de dezesseis anos;
II - os que, por enfermidade ou deficiência mental, não tiverem o necessário discernimento para a prática desses atos;
III - os que, mesmo por causa transitória, não puderem exprimir sua vontade.

Art. 103-A. O direito da Previdência Social de anular os atos administrativos de que decorram efeitos favoráveis para os seus beneficiários decai em dez anos, contados da data em que foram praticados, salvo comprovada má-fé.
§ 1º No caso de efeitos patrimoniais contínuos, o prazo decadencial contar-se-á da percepção do primeiro pagamento.
§ 2º Considera-se exercício do direito de anular qualquer medida de autoridade administrativa que importe impugnação à validade do ato.

Da Prescrição Aplicável à Restituição ou à Compensação

Art. 253. O direito de pleitear restituição ou de realizar compensação de contribuições ou de outras importâncias extingue-se em cinco anos, contados da data:
I - do pagamento ou recolhimento indevido; ou
II - em que se tornar definitiva a decisão administrativa ou passar em julgado a sentença judicial que tenha reformado, anulado ou revogado a decisão condenatória.

O direito do contribuinte pessoa física ou jurídica de pleitear a restituição ou de realizar a compensação de contribuições ou de outras importâncias extingue-se em 5 anos, contados:

1. Do pagamento ou do recolhimento indevido;

O contribuinte terá 5 anos da data do pagamento indevido, e não do vencimento da competência.

Para a empresa que contratou serviço de cooperativa de trabalho;

No mês 06/2010 recolheu em atraso a alíquota de 15 % sobre o valor da nota fiscal em 10/2010;

Com a decisão do STF pela inconstitucionalidade desta cota patronal, a empresa pode pedir a restituição dos últimos 05 anos, sendo considerada a data do pagamento ou recolhimento indevido e não o vencimento da obrigação.

2. Em que se tornar definitiva a decisão administrativa ou passar em julgado a decisão judicial que tenha reformado, anulado, revogado ou rescindido a decisão condenatória.

O contribuinte foi notificado a pagar um montante, interpôs o recurso e em decisão definitiva pelo CARF – Conselho Administrativo de Recursos Fiscal foi reformada a decisão, sendo devedor da metade do valor. Se refeitos os cálculos, gerar valor a restituir, receberá os últimos 5 anos.

2. Da Restituição e de Contribuições e Outras Importâncias

Lei n. 8.212/91 - Art. 89. As contribuições sociais previstas nas alíneas "a", "b" e "c" do parágrafo único do art. 11, as contribuições instituídas a título de substituição e as contribuições devidas a terceiros somente poderão ser restituídas ou compensadas nas hipóteses de pagamento ou recolhimento indevido ou maior que o devido, nos termos e condições estabelecidos pela Secretaria da Receita Federal do Brasil.

Este dispositivo foi modificado pela Lei n. 11.941, de 2009.

Poderá pedir a restituição ou realizar a compensação quando houver pagamento ou recolhimento indevido ou a maior.

Não está mais definida na lei, que somente poderá compensar entre as previdenciárias. Mas a Secretaria ainda não definiu a operacionalização.

Poderá compensar, sem observar a limitação de 30% em cada competência.

§ 4º O valor a ser restituído ou compensado será acrescido de juros obtidos pela aplicação da taxa referencial do Sistema Especial de Liquidação e de Custódia - SE-

LIC para títulos federais, acumulada mensalmente, a partir do mês subsequente ao do pagamento indevido ou a maior que o devido até o mês anterior ao da compensação ou restituição e de um por cento relativamente ao mês em que estiver sendo efetuada.

Os valores a restituir serão atualizados com a soma das taxas SELIC(s) + 1% referente ao mês em que estiver sendo efetuada.

§ 8º Verificada a existência de débito em nome do sujeito passivo, o valor da restituição será utilizado para extingui-lo, total ou parcialmente, mediante compensação. (Incluído pela Lei nº 11.196, de 2005).

O AFRFBrasil verificará, na efetiva devolução se há débito, neste caso será extinto total ou em parte.

§ 9º Os valores compensados indevidamente serão exigidos com os acréscimos moratórios de que trata o art. 35 desta Lei. (Incluído pela Medida Provisória nº 449, de 2008)

Do sujeito passivo que recolha a GPS deduzindo crédito a seu valor indevidamente, serão exigidos pela Receita Federal do Brasil com os acréscimos.

§ 10. Na hipótese de compensação indevida, quando se comprove falsidade da declaração apresentada pelo sujeito passivo, o contribuinte estará sujeito à multa isolada aplicada no percentual previsto no inciso I do caput do art. 44 da Lei n. 9.430, de 1996, aplicado em dobro, e terá como base de cálculo o valor total do débito indevidamente compensado. (Incluído pela Medida Provisória nº 449, de 2008)

Se o sujeito passivo compensar baseado em declaração falsa a multa cobrada dele será 75% em dobro, logo 150%, sobre o valor do débito.

§ 11. Aplica-se aos processos de restituição das contribuições de que trata este artigo e de reembolso de salário-família e salário-maternidade o rito do Decreto n. 70.235, de 6 de março de 1972. (Incluído pela Medida Provisória nº 449, de 2008)

3. Reembolso de Pagamento

Decreto n. 3.048, art. 255. A empresa será reembolsada pelo pagamento do valor bruto do salário-maternidade, observado o disposto no art. 248 da CF, incluída a gratificação natalina proporcional ao período da correspondente licença e das cotas do salário-família pago ao segurado, empregado e trabalhador avulso, de acordo com este Regulamento, mediante dedução do respectivo valor, no ato do recolhimento das contribuições devidas, na forma estabelecida pelo INSS.

O art. 248 da CF preve:

"Os benefícios pagos, a qualquer título, pelo órgão responsável pelo regime geral de previdência social, ainda que à conta do Tesouro Nacional, e os não sujeitos aos limites máximos de valor fixado para os benefícios concedidos por esse regime observarão os limites fixados no art. 37, XI."

O reembolso ocorre quando a empresa paga o benefício (salário-maternidade à empregada de empresa e salário-família aos segurados empregados e trabalhadores avulsos), desde que de baixa renda, diretamente ao segurado e deduz (desconta) estes valores das contribuições sociais devidas.

Ex.: A empresa tem uma GPS a recolher no valor de R$ 89.000,00 (contribuição social), referente à competência janeiro de 2015.

Valor a reembolsar: Cotas de Salário-família referentes ao mês de janeiro/2015 (valor de cada cota atualizado em 01/2015 - R$ 37,18 ou R$ R$ 26,20)

Valor a reembolsar: Valor da remuneração integral paga às empregadas pelo mês de janeiro de 2015, referente ao salário-maternidade.

Hoje o reembolso é restrito ao salário-família e o salário-maternidade pago a empregada pela empresa, para afastamentos a partir 01.09.2003 (Lei n.10.710/2003).

O reembolso distingue-se da compensação tradicional na medida em que não obedece qualquer limite, podendo, inclusive, trazer a zero o valor a recolher à Previdência Social na competência.

Ex.: Uma empresa pequena optante do SIMPLES com 150 empregadas e 20 gestantes afastadas para licença-maternidade (índice de grávidas aumenta no mês do carnaval). Na competência de 12/2014 sua GPS a ser recolhida tem valor menor do que o valor a ser reembolsado, em razão de um número elevado de empregadas com direito ao salário-maternidade com afastamento a partir de 11/2014 até 02/2015 (120 dias).

Lembre-se: o reembolso é feito em relação à competência da licença-maternidade. Se não houver a dedução na guia referente ao afastamento não caberá mais o reembolso, mas caberá a compensação ou pedido de restituição, observando o prazo prescricional de 5 anos.

Decadência e Prescrição

§ 1º - Se da dedução prevista no caput resultar saldo favorável, a empresa receberá, no ato da quitação, a importância correspondente.

Este recebimento será por meio de restituição e ressarcimento, que a partir de 2009 é feito por pedido eletrônico.

4. Da Certificação das Entidades Beneficentes de Assistência Social e a Isenção de Contribuições para a Seguridade Social

- Isenção é a dispensa, por via legal, do pagamento de tributo diferente da imunidade que é a não-incidência prevista na Constituição.

Previsão Constitucional de Imunidade para as Entidades Beneficentes

CF/88 – Art. 195, § 7º – São isentas de contribuição para a seguridade social as entidades beneficentes de assistência social que atendam às exigências estabelecidas em lei.

A lei que disciplina esta matéria é a Lei n. 12.101/2009

DESTINA-SE A QUE ESPÉCIE DE ENTIDADE:

- À Pessoa Jurídica de Direito Privado, sem fins lucrativos, reconhecida como EBAS – Entidade Beneficente de Assistência Social;
- Prestar serviços nas áreas de assistência social, saúde ou educação;
- Deverão obedecer ao princípio da universalidade do atendimento, sendo vedado dirigir suas atividades exclusivamente a seus associados ou a categoria profissional.

DA CERTIFICAÇÃO

A certificação ou sua renovação será concedida à EBAS – entidade beneficente que demonstre, no exercício fiscal anterior ao do requerimento, observado o período mínimo de 12 (doze) meses de constituição da entidade, o cumprimento de condições na área da: Saúde, Educação, Assistência Social, e cumpra, cumulativamente, os seguintes requisitos:

Art. 3º - I - seja constituída como pessoa jurídica nos termos do caput do art. 1o; e
II - preveja, em seus atos constitutivos, em caso de dissolução ou extinção, a destinação do eventual patrimônio remanescente a entidade sem fins lucrativos congêneres ou a entidades públicas.

Parágrafo único. O período mínimo de cumprimento dos requisitos de que trata este artigo poderá ser reduzido se a entidade for prestadora de serviços por meio de convênio ou instrumento congênere com o Sistema Único de Saúde - SUS ou com o Sistema Único de Assistência Social - SUAS, em caso de necessidade local atestada pelo gestor do respectivo sistema.

SAÚDE

Art. 4º Para ser considerada beneficente e fazer jus à certificação, a entidade de saúde deverá, nos termos do regulamento:
I - celebrar contrato, convênio ou instrumento congênere com o gestor do SUS; (Redação dada pela Lei nº 12.868, de 2013)
II - ofertar a prestação de seus serviços ao SUS no percentual mínimo de 60% (sessenta por cento);

Explicação: Pode ser individualizado por estabelecimento ou pelo conjunto de estabelecimentos de saúde da pessoa jurídica, desde que não abranja outra entidade com personalidade jurídica própria que seja por ela mantida.

Inclusive por contrato de gestão.

III - comprovar, anualmente, da forma regulamentada pelo Ministério da Saúde, a prestação dos serviços de que trata o inciso II, com base nas internações e nos atendimentos ambulatoriais realizados. (Redação dada pela Lei nº 12.453, de 2011)

Quando a disponibilidade de cobertura assistencial da população pela rede pública de determinada área for insuficiente, **os gestores do SUS deverão observar, para a contratação de serviços privados, a preferência de participação das entidades beneficentes de saúde e das sem fins lucrativos. (art, 7º)**

CF - Art. 199 – A assistência à saúde é livre; a iniciativa privada.

As instituições privadas poderão participar de forma complementar do SUS, segundo diretrizes deste, mediante contrato público ou convênio, tendo preferência as entidades filantrópicas e as sem fins lucrativos.

Art. 6º A entidade de saúde que presta serviços exclusivamente na área ambulatorial deverá observar o disposto nos incisos I e II do art. 4º, comprovando, anualmente, a prestação dos serviços no percentual mínimo de 60% (sessenta por cento).
Art. 6º-A. Para os requerimentos de renovação de certificado, caso a entidade de saúde não cumpra o disposto no inciso III do caput do art. 4º no exercício fiscal anterior ao exercício do requerimento, o Ministério da Saúde avaliará o cumprimento do requisito com base na média do total de prestação de serviços ao SUS de que trata o inciso III do caput do art. 4o

pela entidade durante todo o período de certificação em curso, que deverá ser de, no mínimo, 60% (sessenta por cento). (Incluído pela Lei nº 12.868, de 2013)

§ 1º Para fins do disposto no caput, apenas será admitida a avaliação pelo Ministério da Saúde caso a entidade tenha cumprido, no mínimo, 50% (cinquenta por cento) da prestação de seus serviços ao SUS de que trata o inciso III do caput do art. 4º em cada um dos anos do período de certificação. (Incluído pela Lei nº 12.868, de 2013)

§ 2º A comprovação da prestação dos serviços, conforme regulamento do Ministério da Saúde, será feita com base nas internações, nos atendimentos ambulatoriais e nas ações prioritárias realizadas. (Incluído pela Lei nº 12.868, de 2013)

Art. 7º Quando a disponibilidade de cobertura assistencial da população pela rede pública de determinada área for insuficiente, os gestores do SUS deverão observar, para a contratação de serviços privados, a preferência de participação das entidades beneficentes de saúde e das sem fins lucrativos.

Art. 7º-A. As instituições reconhecidas nos termos da legislação como serviços de atenção em regime residencial e transitório, incluídas as comunidades terapêuticas que prestem ao SUS serviços de atendimento e acolhimento, a pessoas com transtornos decorrentes do uso, abuso ou dependência de substância psicoativa poderão ser certificadas, desde que: (Incluído pela Lei nº 12.868, de 2013)

I - sejam qualificadas como entidades de saúde; e (Incluído pela Lei nº 12.868, de 2013)

II - comprovem a prestação de serviços de que trata o caput. (Incluído pela Lei nº 12.868, de 2013)

§ 1º O cumprimento dos requisitos estabelecidos nos incisos I e II do caput deverá observar os critérios definidos pelo Ministério da Saúde. (Incluído pela Lei nº 12.868, de 2013)

§ 2º A prestação dos serviços prevista no caput será pactuada com o gestor local do SUS por meio de contrato, convênio ou instrumento congênere. (Incluído pela Lei nº 12.868, de 2013)

§ 3º O atendimento dos requisitos previstos neste artigo dispensa a observância das exigências previstas no art. 4º. (Incluído pela Lei nº 12.868, de 2013)

Art. 8º Não havendo interesse do gestor local do SUS na contratação dos serviços de saúde ofertados pela entidade de saúde ou de contratação abaixo do percentual mínimo a que se refere o inciso II do art. 4º, a entidade deverá comprovar a aplicação de percentual da sua receita em gratuidade na área da saúde, da seguinte forma: (Redação dada pela Lei nº 12.868, de 2013)

I - 20% (vinte por cento), quando não houver interesse de contratação pelo gestor local do SUS ou se o percentual de prestação de serviços ao SUS for inferior a 30% (trinta por cento); (Redação dada pela Lei nº 12.868, de 2013)

II - 10% (dez por cento), se o percentual de prestação de serviços ao SUS for igual ou superior a 30% (trinta por cento) e inferior a 50% (cinquenta por cento); ou (Redação dada pela Lei nº 12.868, de 2013)

III - 5% (cinco por cento), se o percentual de prestação de serviços ao SUS for igual ou superior a 50% (cinquenta por cento). (Redação dada pela Lei nº 12.868, de 2013)

Parágrafo único. (VETADO)

§ 2º A receita prevista no caput será a efetivamente recebida da prestação de serviços de saúde. (Incluído pela Lei nº 12.453, de 2011)

Art. 8º-A. Excepcionalmente, será admitida a certificação de entidades que atuem exclusivamente na promoção da saúde sem exigência de contraprestação do usuário pelas ações e serviços de saúde realizados, nos termos do regulamento.

§ 1º A oferta da totalidade de ações e serviços sem contraprestação do usuário dispensa a observância das exigências previstas no art. 4º. (Incluído pela Lei nº 12.868, de 2013)

§ 2º A execução de ações e serviços de gratuidade em promoção da saúde será previamente pactuada por meio de contrato, convênio ou instrumento congênere com o gestor local do SUS. (Incluído pela Lei nº 12.868, de 2013)

§ 3º Para efeito do disposto no caput, são consideradas ações e serviços de promoção da saúde as atividades voltadas para redução de risco à saúde, desenvolvidas em áreas como: (Incluído pela Lei nº 12.868, de 2013)

I - nutrição e alimentação saudável; (Incluído pela Lei nº 12.868, de 2013)

II - prática corporal ou atividade física; (Incluído pela Lei nº 12.868, de 2013)

III - prevenção e controle do tabagismo; (Incluído pela Lei nº 12.868, de 2013)

IV - prevenção ao câncer, ao vírus da imunodeficiência humana (HIV), às hepatites virais, à tuberculose, à hanseníase, à malária e à dengue; (Incluído pela Lei nº 12.868, de 2013)

V - redução da morbimortalidade em decorrência do uso abusivo de álcool e outras drogas; (Incluído pela Lei nº 12.868, de 2013)

VI - redução da morbimortalidade por acidentes de trânsito; (Incluído pela Lei nº 12.868, de 2013)

VII - prevenção da violência; e (Incluído pela Lei nº 12.868, de 2013)

VIII - redução da morbimortalidade nos diversos ciclos de vida. (Incluído pela Lei nº 12.868, de 2013)

Art. 8º-B. Excepcionalmente, será admitida a certificação de entidades que prestam serviços de atenção em regime residencial e transitório, incluídas as comunidades terapêuticas, que executem exclusivamente ações de promoção da saúde voltadas para pessoas com transtornos decorrentes do uso, abuso ou dependência de drogas, desde que comprovem a aplicação de, no mínimo, 20% (vinte por cento) de sua receita bruta em ações de gratuidade. (Incluído pela Lei nº 12.868, de 2013)

§ 1º Para fins do cálculo de que trata o caput, as receitas provenientes de subvenção pública e as despesas decorrentes não devem incorporar a receita bruta e o percentual aplicado em ações de gratuidade. (Incluído pela Lei nº 12.868, de 2013)

§ 2º A execução das ações de gratuidade em promoção da saúde será previamente pactuada com o gestor local do SUS, por meio de contrato, convênio ou instrumento congênere. (Incluído pela Lei nº 12.868, de 2013)

§ 3º O atendimento dos requisitos previstos neste artigo dispensa a observância das exigências previstas no art. 4º. (Incluído pela Lei nº 12.868, de 2013)

Art. 9º (VETADO)

Art. 10. Em hipótese alguma será admitida como aplicação em gratuidade a eventual diferença entre os valores pagos pelo SUS e os preços praticados pela entidade ou pelo mercado.

Art. 11. A entidade de saúde de reconhecida excelência poderá, alternativamente, para dar cumprimento ao requisito previsto no art. 4o, realizar projetos de apoio ao desenvolvimento institucional do SUS, celebrando ajuste com a União, por intermédio do Ministério da Saúde, nas seguintes áreas de atuação:

I - estudos de avaliação e incorporação de tecnologias;

II - capacitação de recursos humanos;

III - pesquisas de interesse público em saúde; ou

IV - desenvolvimento de técnicas e operação de gestão em serviços de saúde.

§ 1º O Ministério da Saúde definirá os requisitos técnicos essenciais para o reconhecimento de excelência referente a cada uma das áreas de atuação previstas neste artigo.

§ 2º O recurso despendido pela entidade de saúde no projeto de apoio não poderá ser inferior ao valor da isenção das contribuições sociais usufruída.

§ 3º O projeto de apoio será aprovado pelo Ministério da Saúde, ouvidas as instâncias do SUS, segundo procedimento definido em ato do Ministro de Estado.

§ 4º As entidades de saúde que venham a se beneficiar da condição prevista neste artigo poderão complementar as atividades relativas aos projetos de apoio com a prestação de serviços ambulatoriais e hospitalares ao SUS não remunerados, mediante pacto com o gestor local do SUS, observadas as seguintes condições:

I - a complementação não poderá ultrapassar 30% (trinta por cento) do valor usufruído com a isenção das contribuições sociais;

II - a entidade de saúde deverá apresentar ao gestor local do SUS plano de trabalho com previsão de atendimento e detalhamento de custos, os quais não poderão exceder o valor por ela efetivamente despendido;

III - a comprovação dos custos a que se refere o inciso II poderá ser exigida a qualquer tempo, mediante apresentação dos documentos necessários; e

IV - as entidades conveniadas deverão informar a produção na forma estabelecida pelo Ministério da Saúde, com observação de não geração de créditos.

§ 5º A participação das entidades de saúde ou de educação em projetos de apoio previstos neste artigo não poderá ocorrer em prejuízo das atividades beneficentes prestadas ao SUS.

§ 6º O conteúdo e o valor das atividades desenvolvidas em cada projeto de apoio ao desenvolvimento institucional e de prestação de serviços ao SUS deverão ser objeto de relatórios anuais, encaminhados ao Ministério da Saúde para acompanhamento e fiscalização, sem prejuízo das atribuições dos órgãos de fiscalização tributária.

DA EDUCAÇÃO

Art. 13. Para fins de concessão ou renovação da certificação, a entidade de educação que atua nas diferentes etapas e modalidades da educação básica, regular e presencial, deverá: (Redação dada pela Lei nº 12.868, de 2013)

I - demonstrar sua adequação às diretrizes e metas estabelecidas no Plano Nacional de Educação (PNE), na forma do art. 214 da Constituição Federal; (Incluído pela Lei nº 12.868, de 2013)

II - atender a padrões mínimos de qualidade, aferidos pelos processos de avaliação conduzidos pelo Ministério da Educação; e (Incluído pela Lei nº 12.868, de 2013)

III - conceder anualmente bolsas de estudo na proporção de 1 (uma) bolsa de estudo integral para cada 5 (cinco) alunos pagantes. (Incluído pela Lei nº 12.868, de 2013)

§ 1º Para o cumprimento da proporção descrita no inciso III do caput, a entidade poderá oferecer bolsas de estudo parciais, observadas as seguintes condições: (Redação dada pela Lei nº 12.868, de 2013)

I - no mínimo, 1 (uma) bolsa de estudo integral para cada 9 (nove) alunos pagantes; e (Redação dada pela Lei nº 12.868, de 2013)

II - bolsas de estudo parciais de 50% (cinquenta por cento), quando necessário para o alcance do número mínimo exigido, conforme definido em regulamento; (Redação dada pela Lei nº 12.868, de 2013)

§ 2º Será facultado à entidade substituir até 25% (vinte e cinco por cento) da quantidade das bolsas de estudo definidas no inciso III do caput e no § 1º por benefícios concedidos a beneficiários cuja renda familiar mensal per capita não exceda o valor de um salário mínimo e meio, tais como transporte, uniforme, material didático, moradia, alimentação e outros benefícios, ações e serviços definidos em ato do Ministro de Estado da Educação. (Redação dada pela Lei nº 13.043, de 2014)

§ 3º Admite-se o cumprimento do percentual disposto no § 2º com projetos e atividades para a garantia da educação em tempo integral para alunos matriculados na educação básica em escolas públicas, desde que em articulação com as respectivas instituições públicas de ensino, na forma definida pelo Ministério da Educação. (Redação dada pela Lei nº 12.868, de 2013)

§ 4º Para fins do cumprimento da proporção de que trata o inciso III do caput: (Redação dada pela Lei nº 12.868, de 2013)

I - cada bolsa de estudo integral concedida a aluno com deficiência, assim declarado ao Censo da Educação Básica, equivalerá a 1,2 (um inteiro e dois décimos) do valor da bolsa de estudo integral; e (Redação dada pela Lei nº 12.868, de 2013)

II - cada bolsa de estudo integral concedida a aluno matriculado na educação básica em tempo integral equivalerá a 1,4 (um inteiro e quatro décimos) do valor da bolsa de estudo integral; (Redação dada pela Lei nº 12.868, de 2013)

III - (revogado). (Redação dada pela Lei nº 12.868, de 2013)

§ 5º As equivalências previstas nos incisos I e II do § 4º não poderão ser cumulativas. (Redação dada pela Lei nº 12.868, de 2013)

§ 6º Considera-se, para fins do disposto nos §§ 3º e 4º, educação básica em tempo integral a jornada escolar com duração igual ou superior a 7 (sete) horas diárias, durante todo o período letivo, e compreende tanto o tempo em que o aluno permanece na escola como aquele em que exerce atividades escolares em outros espaços educacionais, conforme definido pelo Ministério da Educação. (Redação dada pela Lei nº 12.868, de 2013)

§ 7º As entidades de educação que prestam serviços integralmente gratuitos deverão garantir a observância da proporção de, no mínimo, 1 (um) aluno cuja renda familiar mensal per capita não exceda o valor de um salário mínimo e meio para cada 5 (cinco) alunos matriculados. (Incluído pela Lei nº 12.868, de 2013)

Art. 13-A. Para fins de concessão e de renovação da certificação, as entidades que atuam na educação superior e que aderiram ao Programa Universidade para Todos (Prouni), na forma do caput do art. 11 da Lei nº 11.096, de 13 de janeiro de 2005, deverão atender às condições previstas nos incisos do caput e nos §§ 1º, 2º e 7º do art. 13 desta Lei. (Incluído pela Lei nº 12.868, de 2013)

§ 1º As entidades que atuam concomitantemente no nível de educação superior e que tenham aderido ao Prouni e no de educação básica estão obrigadas a cumprir os requisitos exigidos no art. 13, para cada nível de educação, inclusive quanto à complementação eventual da gratuidade por meio da concessão de bolsas de estudo parciais de 50% (cinquenta por cento) e de benefícios, conforme previsto nos §§ 1º e 2º do art. 13. (Redação dada pela Lei nº 13.043, de 2014)

§ 2º Somente serão aceitas no âmbito da educação superior bolsas de estudo vinculadas ao Prouni, salvo as bolsas integrais ou parciais de 50% (cinquenta por cento) para pós-graduação stricto sensu. (Incluído pela Lei nº 12.868, de 2013)

§ 3º Excepcionalmente, serão aceitas como gratuidade, no âmbito da educação superior, as bolsas de estudo integrais ou parciais de 50% (cinquenta por cento) oferecidas fora do Prouni aos alunos enquadrados nos arts. 14 e 15, desde que a entidade tenha cumprido a proporção de uma bolsa de estudo integral para cada 9 (nove) alunos pagantes no Prouni e que tenha ofertado bolsas no âmbito do Prouni que não tenham sido preenchidas. (Incluído pela Lei nº 12.868, de 2013)

§ 4º Para os fins do disposto neste artigo, somente serão computadas as bolsas concedidas em cursos de graduação ou sequencial de formação específica regulares, além das bolsas para pós-graduação stricto sensu previstas no § 2º. (Incluído pela Lei nº 12.868, de 2013)

Art. 13-B. Para os fins da concessão da certificação, as entidades que atuam na educação superior e que não tenham aderido ao Prouni na forma do art. 10 da Lei nº 11.096, de 13 de janeiro de 2005, deverão: (Incluído pela Lei nº 12.868, de 2013)

I - atender ao disposto nos incisos I e II do caput do art. 13; e (Incluído pela Lei nº 12.868, de 2013)

II - conceder anualmente bolsas de estudo na proporção de 1 (uma) bolsa de estudo integral para cada 4 (quatro) alunos pagantes. (Incluído pela Lei nº 12.868, de 2013)

§ 1º Para o cumprimento da proporção descrita no inciso II do caput, a entidade poderá oferecer bolsas de estudo parciais, desde que conceda: (Incluído pela Lei nº 12.868, de 2013)

I - no mínimo, 1 (uma) bolsa de estudo integral para cada 9 (nove) alunos pagantes; e (Incluído pela Lei nº 12.868, de 2013)

II - bolsas de estudo parciais de 50% (cinquenta por cento), quando necessário para o alcance do número mínimo exigido, conforme definido em regulamento. (Incluído pela Lei nº 12.868, de 2013)

§ 2º Será facultado à entidade substituir até 25% (vinte e cinco por cento) da quantidade das bolsas de estudo definidas no inciso II do caput e no § 1º por benefícios concedidos a beneficiários cuja renda familiar mensal per capita não exceda o valor de um salário mínimo e meio, tais como transporte, uniforme, material didático, moradia, alimentação e outros benefícios, ações e serviços definidos em ato do Ministro de Estado da Educação. (Redação dada pela Lei nº 13.043, de 2014)

§ 3º Sem prejuízo da proporção definida no inciso II do caput, a entidade de educação deverá ofertar, em cada uma de suas instituições de ensino superior, no mínimo, 1 (uma) bolsa integral para cada 25 (vinte e cinco) alunos pagantes.

§ 4º A entidade deverá ofertar bolsa integral em todos os cursos de todas as instituições de ensino superior por ela mantidos. (Incluído pela Lei nº 12.868, de 2013)

§ 5º As entidades que atuam concomitantemente na educação superior e na educação básica são obrigadas a cumprir os requisitos exigidos no art. 13 e neste artigo de maneira segregada, por nível de educação, inclusive quanto à eventual complementação da gratuidade por meio da concessão de bolsas de estudo parciais de 50% (cinquenta por cento) e de benefícios. (Redação dada pela Lei nº 13.043, de 2014)

§ 6º Para os fins do disposto neste artigo, somente serão computadas as bolsas concedidas em cursos de graduação ou sequencial de formação específica regulares. (Incluído pela Lei nº 12.868, de 2013)

Art. 13-C. Consideram-se alunos pagantes, para fins de aplicação das proporções previstas nos arts. 13, 13-A e 13-B, o total de alunos que não possuem bolsas de estudo integrais. (Incluído pela Lei nº 12.868, de 2013)

§ 1º Na aplicação das proporções previstas nos arts. 13-A e 13-B, serão considerados os alunos pagantes matriculados em cursos de graduação ou sequencial de formação específica regulares. (Incluído pela Lei nº 12.868, de 2013)

§ 2º Não se consideram alunos pagantes os inadimplentes por período superior a 90 (noventa) dias, cujas matrículas tenham sido recusadas no período letivo imediatamente subsequente ao inadimplemento, conforme definido em regulamento. (Incluído pela Lei nº 12.868, de 2013)

Art. 14. Para os efeitos desta Lei, a bolsa de estudo refere-se às semestralidades ou anuidades escolares fixadas na forma da lei, vedada a cobrança de taxa de matrícula e de custeio de material didático.

§ 1º A bolsa de estudo integral será concedida ao aluno cuja renda familiar mensal per capita não exceda o valor de 1 1/2 (um e meio) salário mínimo.

§ 2º A bolsa de estudo parcial será concedida ao aluno cuja renda familiar mensal per capita não exceda o valor de 3 (três) salários mínimos.

Art. 15. Para fins da certificação a que se refere esta Lei, o aluno a ser beneficiado será pré-selecionado

pelo perfil socioeconômico e, cumulativamente, por outros critérios definidos pelo Ministério da Educação.
§ 1º Os alunos beneficiários das bolsas de estudo de que trata esta Lei ou seus pais ou responsáveis, quando for o caso, respondem legalmente pela veracidade e autenticidade das informações socioeconômicas por eles prestadas.
§ 2º Compete à entidade de educação aferir as informações relativas ao perfil socioeconômico do candidato.
§ 3º As bolsas de estudo poderão ser canceladas a qualquer tempo, em caso de constatação de falsidade da informação prestada pelo bolsista ou seu responsável, ou de inidoneidade de documento apresentado, sem prejuízo das demais sanções cíveis e penais cabíveis.
Art. 16. É vedado qualquer discriminação ou diferença de tratamento entre alunos bolsistas e pagantes.
Art. 17. No ato de concessão ou de renovação da certificação, as entidades de educação que não tenham concedido o número mínimo de bolsas previsto nos arts. 13, 13-A e 13-B poderão compensar o número de bolsas devido nos 3 (três) exercícios subsequentes com acréscimo de 20% (vinte por cento) sobre o percentual não atingido ou o número de bolsas não concedido, mediante a assinatura de Termo de Ajuste de Gratuidade, nas condições estabelecidas pelo Ministério da Educação. (Redação dada pela Lei nº 12.868, de 2013)
§ 1º Após a publicação da decisão relativa ao julgamento do requerimento de concessão ou de renovação da certificação na primeira instância administrativa, as entidades de educação a que se refere o caput disporão do prazo improrrogável de 30 (trinta) dias para requerer a assinatura do Termo de Ajuste de Gratuidade. (Redação dada pela Lei nº 12.868, de 2013)
§ 2º Na hipótese de descumprimento do Termo de Ajuste de Gratuidade, a certificação da entidade será cancelada relativamente a todo o seu período de validade. (Redação dada pela Lei nº 12.868, de 2013)
§ 3º O Termo de Ajuste de Gratuidade poderá ser celebrado somente uma vez com a mesma entidade a cada período de 10 (dez) anos, a contar da data da assinatura do último termo e desde que este tenha sido devidamente cumprido. (Redação dada pela Lei nº 13.043, de 2014)
§ 4º As bolsas de pós-graduação stricto sensu poderão integrar o percentual de acréscimo de compensação de 20% (vinte por cento), desde que se refiram a áreas de formação definidas pelo Ministério da Educação. (Incluído pela Lei nº 12.868, de 2013)

ASSISTÊNCIA SOCIAL

Art. 18. A certificação ou sua renovação será concedida à entidade de assistência social que presta serviços ou realiza ações socioassistenciais, de forma gratuita, continuada e planejada, para os usuários e para quem deles necessitar, sem discriminação, observada a Lei nº 8.742, de 7 de dezembro de 1993. (Redação dada pela Lei nº 12.868, de 2013)

- EBAS que prestam, sem fins lucrativos, atendimento e assessoramento aos beneficiários, bem como as que atuam na defesa e garantia de seus direitos.
- As entidades que prestam serviços de habilitação e reabilitação de pessoa com deficiência e de promoção da sua integração à vida comunitária e aquelas abrangidas pelo disposto no art. 35 da Lei no 10.741, de 1º de outubro de 2003, poderão ser certificadas, desde que comprovem a oferta de, no mínimo, 60% (sessenta por cento) de sua capacidade de atendimento ao sistema de assistência social.

§ 1º Consideram-se entidades de assistência social aquelas que prestam, sem fins lucrativos, atendimento e assessoramento aos beneficiários abrangidos pela Lei nº 8.742, de 7 de dezembro de 1993, e as que atuam na defesa e garantia de seus direitos. (Redação dada pela Lei nº 12.868, de 2013)
§ 2º Observado o disposto no caput e no § 1o, também são consideradas entidades de assistência social: (Redação dada pela Lei nº 12.868, de 2013)
I - as que prestam serviços ou ações socioassistenciais, sem qualquer exigência de contraprestação dos usuários, com o objetivo de habilitação e reabilitação da pessoa com deficiência e de promoção da sua inclusão à vida comunitária, no enfrentamento dos limites existentes para as pessoas com deficiência, de forma articulada ou não com ações educacionais ou de saúde; (Incluído pela Lei nº 12.868, de 2013)
II - as de que trata o inciso II do art. 430 da Consolidação das Leis do Trabalho (CLT), aprovada pelo Decreto-Lei no 5.452, de 1o de maio de 1943, desde que os programas de aprendizagem de adolescentes, de jovens ou de pessoas com deficiência sejam prestados com a finalidade de promover a integração ao mercado de trabalho, nos termos da Lei nº 8.742, de 7 de dezembro de 1993, observadas as ações protetivas previstas na Lei nº 8.069, de 13 de julho de 1990; e (Incluído pela Lei nº 12.868, de 2013)
III - as que realizam serviço de acolhimento institucional provisório de pessoas e de seus acompanhantes, que estejam em trânsito e sem condições de autossustento, durante o tratamento de doenças graves fora da localidade de residência, observada a Lei nº 8.742, de 7 de dezembro de 1993. (Incluído pela Lei nº 12.868, de 2013)
§ 3º Desde que observado o disposto no caput e no § 1º deste artigo e no art. 19, exceto a exigência de gratuidade, as entidades referidas no art. 35 da Lei nº 10.741, de 1º de outubro de 2003, poderão ser certificadas, com a condição de que eventual cobrança de participação do idoso no custeio da entidade se dê nos termos e limites do § 2º do art. 35 da Lei nº 10.741, de 1º de outubro de 2003. (Redação dada pela Lei nº 12.868, de 2013)
§ 4º As entidades certificadas como de assistência social terão prioridade na celebração de convênios, contratos ou instrumentos congêneres com o poder público para a execução de programas, projetos e ações de assistência social. (Redação dada pela Lei nº 12.868, de 2013)
Art. 19. Constituem ainda requisitos para a certificação de uma entidade de assistência social:
I - estar inscrita no respectivo Conselho Municipal de Assistência Social ou no Conselho de Assistência Social do Distrito Federal, conforme o caso, nos termos do art. 9º da Lei nº 8.742, de 7 de dezembro de 1993; e

II - integrar o cadastro nacional de entidades e organizações de assistência social de que trata o inciso XI do art. 19 da Lei nº 8.742, de 7 de dezembro de 1993.
§ 1º Quando a entidade de assistência social atuar em mais de um Município ou Estado ou em quaisquer destes e no Distrito Federal, deverá inscrever suas atividades no Conselho de Assistência Social do respectivo Município de atuação ou do Distrito Federal, mediante a apresentação de seu plano ou relatório de atividades e do comprovante de inscrição no Conselho de sua sede ou de onde desenvolva suas principais atividades.
§ 2º Quando não houver Conselho de Assistência Social no Município, as entidades de assistência social dever-se-ão inscrever nos respectivos Conselhos Estaduais.
Art. 20. A comprovação do vínculo da entidade de assistência social à rede socioassistencial privada no âmbito do SUAS é condição suficiente para a concessão da certificação, no prazo e na forma a serem definidos em regulamento.

DA CONCESSÃO E DO CANCELAMENTO

Art. 21. A análise e decisão dos requerimentos de concessão ou de renovação dos certificados das entidades beneficentes de assistência social serão apreciadas no âmbito dos seguintes Ministérios:
I - da Saúde, quanto às entidades da área de saúde;
II - da Educação, quanto às entidades educacionais; e
III - do Desenvolvimento Social e Combate à Fome, quanto às entidades de assistência social.
§ 2º A tramitação e a apreciação do requerimento deverão obedecer à ordem cronológica de sua apresentação, salvo em caso de diligência pendente, devidamente justificada.
O prazo de validade da certificação será fixado em regulamento, com prazo mínimo de 1 (um) ano e máximo de 5 (cinco) anos.
(...)
§ 4º O prazo de validade da certificação será de 1 (um) a 5 (cinco) anos, conforme critérios definidos em regulamento. (Redação dada pela Lei nº 12.868, de 2013)
(...)
§ 6º Os Ministérios responsáveis pela certificação deverão manter, nos respectivos sítios na internet, lista atualizada com os dados relativos aos certificados emitidos, seu período de vigência e sobre as entidades certificadas, incluindo os serviços prestados por essas dentro do âmbito certificado e recursos financeiros a elas destinados.
Art. 22. A entidade que atue em mais de uma das áreas especificadas no art. 1o deverá requerer a certificação e sua renovação no Ministério responsável pela área de atuação preponderante da entidade.
Parágrafo único. Considera-se área de atuação preponderante aquela definida como atividade econômica principal no Cadastro Nacional da Pessoa Jurídica do Ministério da Fazenda.
Art. 23-A As entidades de que trata o inciso I do § 2º do art. 18 serão certificadas exclusivamente pelo Ministério do Desenvolvimento Social e Combate à Fome, ainda que exerçam suas atividades em articulação com ações educacionais ou de saúde, dispensadas a manifestação do Ministério da Saúde e do Ministério da Educação e a análise do critério da atividade preponderante previsto no art. 22. (Incluído pela Lei nº 12.868, de 2013)
Parágrafo único. Para a certificação das entidades de que trata o inciso I do § 2º do art. 18, cabe ao Ministério do Desenvolvimento Social e Combate à Fome verificar, além dos requisitos do art. 19, o atendimento ao disposto: (Incluído pela Lei nº 12.868, de 2013)
I - no parágrafo único do art. 5º, pelas entidades que exerçam suas atividades em articulação com ações de saúde; e (Incluído pela Lei nº 12.868, de 2013)
II - no parágrafo único do art. 12, pelas entidades que exerçam suas atividades em articulação com ações educacionais. (Incluído pela Lei nº 12.868, de 2013)
Art. 24. Os Ministérios referidos no art. 21 deverão zelar pelo cumprimento das condições que ensejaram a certificação da entidade como beneficente de assistência social, cabendo-lhes confirmar que tais exigências estão sendo atendidas por ocasião da apreciação do pedido de renovação da certificação.
§ 1º Será considerado tempestivo o requerimento de renovação da certificação protocolado no decorrer dos 360 (trezentos e sessenta) dias que antecedem o termo final de validade do certificado. (Redação dada pela Lei nº 12.868, de 2013)
§ 2º A certificação da entidade permanecerá válida até a data da decisão sobre o requerimento de renovação tempestivamente apresentado.
§ 3º Os requerimentos protocolados antes de 360 (trezentos e sessenta) dias do termo final de validade do certificado não serão conhecidos. (Incluído pela Lei nº 12.868, de 2013)
Art. 25. Constatada, a qualquer tempo, a inobservância de exigência estabelecida neste Capítulo será cancelada a certificação, nos termos de regulamento, assegurado o contraditório e a ampla defesa.

DOS RECURSOS E DA REPRESENTAÇÃO

Art. 26. Da decisão que indeferir o requerimento para concessão ou renovação de certificação e da decisão que cancelar a certificação caberá recurso por parte da entidade interessada, assegurados o contraditório, a ampla defesa e a participação da sociedade civil, na forma definida em regulamento, no prazo de 30 (trinta) dias, contado da publicação da decisão.
§ 1º O disposto no caput não impede o lançamento de ofício do crédito tributário correspondente. (Incluído pela Lei nº 12.868, de 2013)
§ 2º Se o lançamento de ofício a que se refere o § 1º for impugnado no tocante aos requisitos de certificação, a autoridade julgadora da impugnação aguardará o julgamento da decisão que julgar o recurso de que trata o caput. (Incluído pela Lei nº 12.868, de 2013)
§ 3º O sobrestamento do julgamento de que trata o § 2º não impede o trâmite processual de eventual processo administrativo fiscal relativo ao mesmo ou outro lançamento de ofício, efetuado por descumprimento aos requisitos de que trata o art. 29. (Incluído pela Lei nº 12.868, de 2013)
§ 4º Se a decisão final for pela procedência do recurso, o lançamento fundado nos requisitos de certificação, efetuado nos termos do § 1º, será objeto

de comunicação, pelo ministério certificador, à Secretaria da Receita Federal do Brasil, que o cancelará de ofício. (Incluído pela Lei nº 12.868, de 2013)

Art. 27. Verificado prática de irregularidade na entidade certificada, são competentes para representar, motivadamente, ao Ministério responsável pela sua área de atuação, sem prejuízo das atribuições do Ministério Público:

I - o gestor municipal ou estadual do SUS ou do SUAS, de acordo com a sua condição de gestão, bem como o gestor da educação municipal, distrital ou estadual;

II - a Secretaria da Receita Federal do Brasil;

III - os conselhos de acompanhamento e controle social previstos na Lei nº 11.494, de 20 de junho de 2007, e os Conselhos de Assistência Social e de Saúde; e

IV - o Tribunal de Contas da União.

Parágrafo único. A representação será dirigida ao Ministério que concedeu a certificação e conterá a qualificação do representante, a descrição dos fatos a serem apurados e, sempre que possível, a documentação pertinente e demais informações relevantes para o esclarecimento do seu objeto.

Art. 28. Caberá ao Ministério competente:

I - dar ciência da representação à entidade, que terá o prazo de 30 (trinta) dias para apresentação de defesa; e

II - decidir sobre a representação, no prazo de 30 (trinta) dias a contar da apresentação da defesa.

§ 1º Se improcedente a representação de que trata o inciso II, o processo será arquivado.

§ 2º Se procedente a representação de que trata o inciso II, após decisão final ou transcorrido o prazo para interposição de recurso, a autoridade responsável deverá cancelar a certificação e dar ciência do fato à Secretaria da Receita Federal do Brasil.

§ 3º O representante será cientificado das decisões de que tratam os §§ 1º e 2º.

REQUISITOS PARA A ISENÇÃO

Art. 29. A entidade beneficente certificada na forma do Capítulo II fará jus à isenção do pagamento das contribuições de que tratam os arts. 22 e 23 da Lei nº 8.212, de 24 de julho de 1991, desde que atenda, cumulativamente, aos seguintes requisitos:

Explicação: Contribuições sociais da empresa sobre a remuneração de empregados, trabalhadores avulsos, contribuintes individuais, bem como as provenientes do faturamento e lucro.

I – não percebam seus diretores, conselheiros, sócios, instituidores ou benfeitores remuneração, vantagens ou benefícios, direta ou indiretamente, por qualquer forma ou título, em razão das competências, funções ou atividades que lhes sejam atribuídas pelos respectivos atos constitutivos, exceto no caso de associações assistenciais ou fundações, sem fins lucrativos, cujos dirigentes poderão ser remunerados, desde que atuem efetivamente na gestão executiva, respeitados como limites máximos os valores praticados pelo mercado na região correspondente à sua área de atuação, devendo seu valor ser fixado pelo órgão de deliberação superior da entidade, registrado em ata, com comunicação ao Ministério Público, no caso das fundações; (Redação dada pela Lei nº 13.151, de 2015)

II - aplique suas rendas, seus recursos e eventual superávit integralmente no território nacional, na manutenção e desenvolvimento de seus objetivos institucionais;

III - apresente certidão negativa ou certidão positiva com efeito de negativa de débitos relativos aos tributos administrados pela Secretaria da Receita Federal do Brasil e certificado de regularidade do Fundo de Garantia do Tempo de Serviço - FGTS;

IV - mantenha escrituração contábil regular que registre as receitas e despesas, bem como a aplicação em gratuidade de forma segregada, em consonância com as normas emanadas do Conselho Federal de Contabilidade;

V - não distribua resultados, dividendos, bonificações, participações ou parcelas do seu patrimônio, sob qualquer forma ou pretexto;

VI - conserve em boa ordem, pelo prazo de 10 (dez) anos, contado da data da emissão, os documentos que comprovem a origem e a aplicação de seus recursos e os relativos a atos ou operações realizados que impliquem modificação da situação patrimonial;

VII - cumpra as obrigações acessórias estabelecidas na legislação tributária;

VIII - apresente as demonstrações contábeis e financeiras devidamente auditadas por auditor independente legalmente habilitado nos Conselhos Regionais de Contabilidade quando a receita bruta anual auferida for superior ao limite fixado pela Lei Complementar nº 123, de 14 de dezembro de 2006.

§ 1º A exigência a que se refere o inciso I do caput não impede: (Incluído pela Lei nº 12.868, de 2013)

I - a remuneração aos diretores não estatutários que tenham vínculo empregatício; (Incluído pela Lei nº 12.868, de 2013)

II - a remuneração aos dirigentes estatutários, desde que recebam remuneração inferior, em seu valor bruto, a 70% (setenta por cento) do limite estabelecido para a remuneração de servidores do Poder Executivo federal. (Incluído pela Lei nº 12.868, de 2013)

§ 2º A remuneração dos dirigentes estatutários referidos no inciso II do § 1º deverá obedecer às seguintes condições: (Incluído pela Lei nº 12.868, de 2013)

I - nenhum dirigente remunerado poderá ser cônjuge ou parente até 3º (terceiro) grau, inclusive afim, de instituidores, sócios, diretores, conselheiros, benfeitores ou equivalentes da instituição de que trata o caput deste artigo; e (Incluído pela Lei nº 12.868, de 2013)

II - o total pago a título de remuneração para dirigentes, pelo exercício das atribuições estatutárias, deve ser inferior a 5 (cinco) vezes o valor correspondente ao limite individual estabelecido neste parágrafo. (Incluído pela Lei nº 12.868, de 2013)

§ 3º O disposto nos §§ 1º e 2º não impede a remuneração da pessoa do dirigente estatutário ou diretor que, cumulativamente, tenha vínculo estatutário e empregatício, exceto se houver incompatibilidade de jornadas de trabalho. (Incluído pela Lei nº 12.868, de 2013)

Art. 30. A isenção de que trata esta Lei não se estende a entidade com personalidade jurídica própria constituída e mantida pela entidade à qual a isenção foi concedida.

RECONHECIMENTO E SUSPENSÃO DO DIREITO À ISENÇÃO

Art. 31. O direito à isenção das contribuições sociais poderá ser exercido pela entidade a contar da data da publicação da concessão de sua certificação, desde que atendido o disposto na Seção I deste Capítulo. Desde que cumpridos os requisitos cumulativamente.
Art. 32. Constatado o descumprimento pela entidade dos requisitos indicados na Seção I deste Capítulo, a fiscalização da Secretaria da Receita Federal do Brasil lavrará o auto-de-infração relativo ao período correspondente e relatará os fatos que demonstram o não atendimento de tais requisitos para o gozo da isenção.
§ 1º Considerar-se-á automaticamente suspenso o direito à isenção das contribuições referidas no art. 31 durante o período em que se constatar o descumprimento de requisito na forma deste artigo, devendo o lançamento correspondente ter como termo inicial a data da ocorrência da infração que lhe deu causa.
§ 2º O disposto neste artigo obedecerá ao rito do processo administrativo fiscal vigente.

Explicação: Aplica-se o rito do Decreto n. 70.235/72.

Art. 33. A entidade que atue em mais de uma das áreas a que se refere o art. 1º deverá, na forma de regulamento, manter escrituração contábil segregada por área, de modo a evidenciar o patrimônio, as receitas, os custos e as despesas de cada atividade desempenhada.

REGRA DE TRANSIÇÃO

Art. 35. Os pedidos de renovação de Certificado de Entidade Beneficente de Assistência Social protocolados e ainda não julgados até a data de publicação desta Lei serão julgados pelo Ministério da área no prazo máximo de 180 (cento e oitenta) dias a contar da referida data. (Vide Lei nº 12.868, de 2013)
§ 1º As representações em curso no CNAS, em face da renovação do certificado referido no caput, serão julgadas no prazo máximo de 180 (cento e oitenta) dias após a publicação desta Lei.
§ 2º Das decisões de indeferimento proferidas com base no caput caberá recurso no prazo de 30 (trinta) dias, com efeito suspensivo, dirigido ao Ministro de Estado responsável pela área de atuação da entidade.
Art. 36. Constatada a qualquer tempo alguma irregularidade, considerar-se-á cancelada a certificação da entidade desde a data de lavratura da ocorrência da infração, sem prejuízo da exigibilidade do crédito tributário e das demais sanções previstas em lei.
Art. 41. As entidades isentas na forma desta Lei deverão manter, em local visível ao público, placa indicativa contendo informações sobre a sua condição de beneficente e sobre sua área de atuação, conforme o disposto no art. 1º.

Quadro Sinótico

Isenção de Contribuição Social (Lei n. 12.101/2009)

- Da concessão e do cancelamento – ART. 21
- Dos recursos e da representação para as entidades beneficentes de assistência social – art. 26
- Requisitos para a isenção- art. 29
- Reconhecimento e suspensão do direito à isenção – art. 31
- Regra de transição – art. 35

Exercícios de Fixação

Responda com CERTO, ERRADO ou DEIXE EM BRANCO. Cada questão Errada anula uma Certa. Deixando em branco, perde-se apenas essa questão.

PROVA CESPE/UNB MARÇO 2003

01. Considere a seguinte situação hipotética:

Carlos – segurado obrigatório da Previdência Social como empregado – teve sua contribuição previdenciária referente à competência de janeiro de 2003, descontada com um valor superior ao efetivamente devido. Tal erro só foi detectado quando o empregador já havia recolhido a guia da Previdência Social.

Nessa situação, a restituição da contribuição descontada indevidamente de Carlos somente poderá ser feita a ele ou ao seu procurador, exceto se seu empregador, ao requerer a restituição, comprovar que efetuou a devolução da quantia indevidamente descontada.

02. O direito de pleitear restituição ou de realizar compensação de contribuições extingue-se em dez anos, contados da data do pagamento ou recolhimento indevido ou em que se transitar em julgado a sentença judicial que tenha reformado, anulado ou revogado a decisão condenatória.

Considere a seguinte situação hipotética:

No mês de fevereiro de 2003, Lauro, autônomo, exercendo por conta própria atividade econômica, realizou diversos reparos nas instalações elétricas da Santa Casa de Misericórdia, entidade beneficente de assistência social e isenta das contribuições sociais patronais, prestando serviços, nessa competência, apenas à Santa Casa e recebendo R$ 1.000,00 pelo trabalho.

03. Nessa situação, a entidade beneficente está obrigada a descontar, do total a ser pago a Lauro, o equivalente a 11% de sua remuneração, bem como a efetuar o repasse em favor da Previdência Social.

04. No mês de abril de 2003, Fábio, autônomo, exercendo por conta própria atividade econômica, prestou serviços apenas ao mercado Santana Ltda., empresa optante do SIMPLES, recebendo R$ 1.500,00.

Nessa situação, do total recebido por Fábio, a empresa deverá descontar o equivalente a 11%, bem como efetuar o repasse em favor da Previdência Social.

05. Se um orfanato cumprir os requisitos da legislação previdenciária e obtiver isenção das contribuições previdenciárias, os estabelecimentos que estejam sob a dependência desse orfanato serão contemplados com a mencionada isenção, exceto as eventuais obras de construção civil da entidade, quando por ela executadas e destinadas a uso próprio.

06. Se um orfanato deixar de ser considerado de utilidade pública federal, a sua isenção de contribuição previdenciária será cancelada, não lhe sendo possível interpor recurso ao Conselho de Recursos da Previdência Social.

CESPE/UNB AFPS 2003

07. As pessoas jurídicas que se dediquem, exclusivamente, a atividades de creche, pré-escola, ensino fundamental e médio, agências lotéricas, centros de formação de condutores de veículos automotores de transporte terrestre de passageiros e de carga e agências terceirizadas de correios podem optar pelo sistema integrado de pagamento de impostos e contribuições.

Assinale a alternativa correta.

08. **(AFRFB/2005) Indique qual dos benefícios listados abaixo, de acordo com a legislação previdenciária, é reembolsado à empresa:**

a) Auxílio-acidente.
b) Aposentadoria por idade.
c) Salário-família pago aos segurados a seu serviço.
d) Aposentadoria por invalidez.
e) Pensão por morte.

09. (TRF/2005) De acordo com a Constituição Federal/88, as instituições poderão participar do Sistema Único de Saúde, segundo diretrizes deste, mediante contrato de direito público ou convênio, tendo preferência as entidades filantrópicas e as sem fins lucrativos, podendo elas participar de forma

a) alternativa.
b) supletiva.
c) complementar.
d) contributiva.
e) suspensiva.

Técnico do Seguro Social/Cargo 18
Caderno BRANCO - CESPE/UNB – INSS/2008

Com relação ao auxílio-doença, julgue o próximo item.

10. Uma segurada empregada que tenha ficado afastada do serviço durante dezoito meses em virtude de um acidente de trabalho não pode ser demitida durante os primeiros doze meses após seu retorno às atividades laborais.

11. Luciana possuía em dezembro de 1998, 21 (vinte e um) anos de contribuição para a Previdência Social, e continuou trabalhando até julho de 2005, quando completou 48 (quarenta e oito) anos de idade. Nessa situação, Luciana terá direito a

a) aposentadoria integral por tempo de contribuição.
b) aposentadoria especial.
c) aposentadoria por idade.
d) aposentadoria proporcional por tempo de contribuição.
e) aposentadoria por invalidez.

12. José trabalhou como empregado na empresa São João Ltda., no período de 01/09/2004 a 01/09/2007, quando pediu demissão do emprego. Voltou a trabalhar em julho de 2010 e no terceiro mês de trabalho, outubro de 2010, foi acometido de apendicite que o impedia de exercer suas atividades habituais. Nessa situação, José

a) terá direito ao auxílio-doença.
b) terá direito à aposentadoria por invalidez.
c) terá direito ao auxílio-acidente.
d) não terá direito à aposentadoria por invalidez.
e) não terá direito ao auxílio-doença.

Responda a questão abaixo, utilizando CERTO ou ERRADO

13. O termo inicial para a contagem do prazo decadencial para a previdência social anular o ato administrativo do qual decorram efeitos favoráveis para o beneficiário é de dez anos a partir da data em que for praticado o ato, ainda que se comprove má-fé do beneficiário.

Decadência e Prescrição

Gabarito

01. C	**02. E**	**03. E**	**04. C**	**05. E**
06. C	**07. E**	**08. C**	**09. C**	**10. E**
11. D	**12. E**	**13. E**		

12. Recursos das Decisões Administrativas

1. Estrutura Organizacional do Ministério da Previdência Social - Decreto n. 7.078/10
2. Dos Recursos das Decisões Administrativas
3. Plano de Benefícios da Previdência Social
4. Espécies de Prestações
5. Carência
6. Salário de Benefício

1. Estrutura Organizacional do Ministério da Previdência Social - Decreto n. 7.078/10

O Ministério da Previdência Social, órgão de administração federal direta, tem como áreas de competência:

I) Previdência Social

II) Previdência Complementar

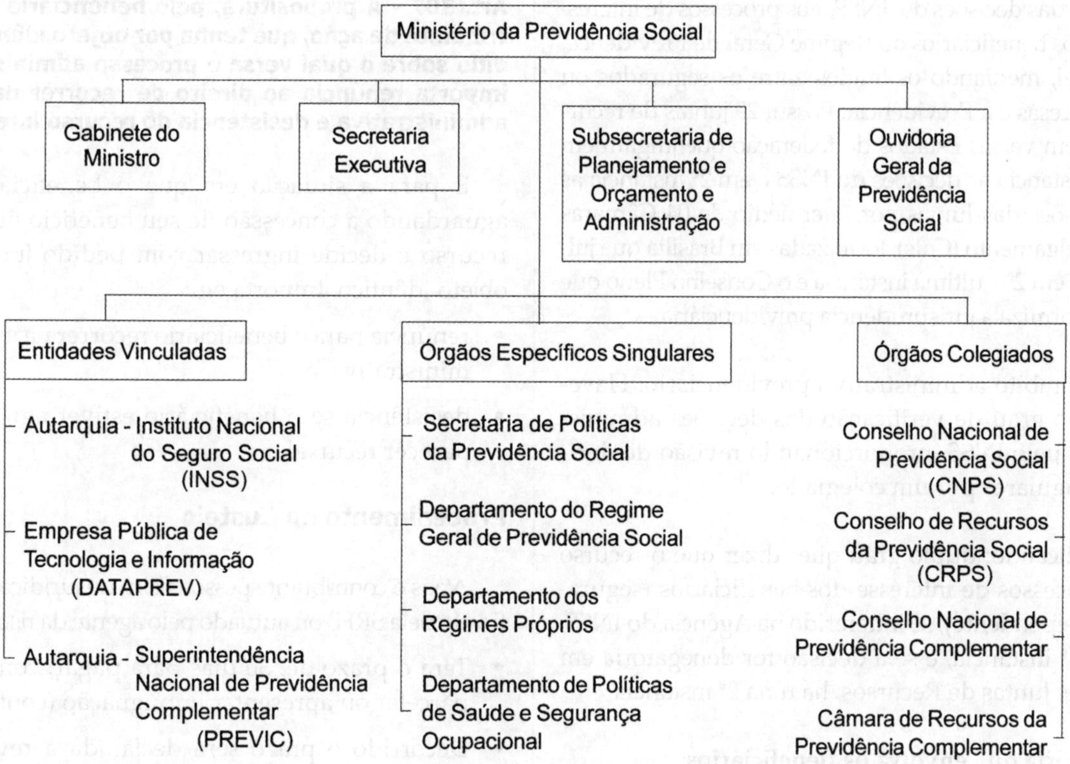

Há 4 (quatro) conselhos vinculados ao Ministério da Previdência Social:

- O CNPS – órgão superior de deliberação colegiada e responsável pela coordenação da política da Previdência Social e pela gestão do sistema previdenciário (quadripartite) presidido pelo ministro do MPS, composto por 15 membros:

  06 membros - representam o governo federal
  03 membros - representam aposentados e pensionistas
  03 membros - representam trabalhadores em atividade
  03 membros - representam empregadores

2. Dos Recursos das Decisões Administrativas

"Art. 305. Das decisões do INSS nos processos de interesse dos beneficiários caberá recurso para o CRPS, conforme o disposto neste Regulamento e no regimento interno do CRPS.

Das decisões do INSS nos processos de interesse dos segurados e dependentes caberá recurso ao CRPS do Ministério da Previdência Social e dos contribuintes caberá recurso ao Conselho Administrativo de Recursos Fiscais do Ministério da Fazenda.

Para entender a posição do Conselho de Recursos da Previdência Social, apresentamos a estrutura do Ministério da Previdência Social.

- CRPS – Compete a jurisdição administrativa e o controle das decisões do INSS, nos processos de interesse dos beneficiários do Regime Geral de Previdência Social, mediando os litígios entre os segurados ou empresas e a Previdência. Possui 29 juntas de recursos em vários Estados da federação que julgam em 1ª instância as decisões do INSS e em 2ª instância as decisões das Juntas por intermédio de 04 Câmaras de julgamento (CaJs), localizadas em Brasília que julgam em 2ª e última instância e o Conselho Pleno que uniformiza a jurisprudência previdenciária.

No âmbito administrativo previdenciário: Haverá duplo grau de verificação das decisões administrativas pelo INSS, proporcionando revisão de decisões singulares por um colegiado.

Explicando: duplo grau quer dizer que o recurso nos processos de interesse dos beneficiários (segurado ou dependente), se indeferido na Agência do INSS, terá a 1ª instância, e se a decisão for denegatória em uma das Juntas de Recursos, há uma 2ª instância.

- **Matéria que envolva os Beneficiários:** Segurado ou dependente tem seu benefício indeferido, terá 30 dias da ciência para protocolar o pedido de recurso à 1ª instância. O INSS terá 30 dias também para apresentar contrarrazões da data da interposição do recurso. A partir do recurso e apresentação de contrarrazões será encaminhado à 1ª instância, uma das juntas de recursos do CRPS.

- 1ª INSTÂNCIA ADMINISTRATIVA
  O pedido será analisado por uma das 29 juntas. Se a decisão for desfavorável ao beneficiário, caberá ainda recurso à 2ª instância, uma das Câmaras de Julgamento em Brasília.

- 2ª INSTÂNCIA ADMINISTRATIVA
  Uma das 4 Câmaras de julgamento em Brasília julgará, ainda na esfera administrativa, se o despacho será concessório ou denegatório.

  Os recursos são dirigidos ao CRPS (Conselho de Recursos da Previdência Social), que é composto por:

  - 29 Juntas de Recurso em todo Brasil para julgar em 1ª instância recursos contra as decisões dos órgãos regionais do INSS, em matéria de interesse de seus beneficiários (segurados ou dependentes); e
  - 4 Câmaras de Julgamento (CAJ) em Brasília para julgar em 2ª instância os recursos contra decisões proferidas pelas Juntas de Recurso.

Recursos das Decisões Administrativas

Art. 307 - A propositura, pelo beneficiário ou contribuinte de ação, que tenha por objeto idêntico pedido sobre o qual versa o processo administrativo, importa renúncia ao direito de recorrer na esfera administrativa e desistência do recurso interposto.

É para a situação em que o beneficiário está aguardando a concessão de seu benefício ou de seu recurso e decide ingressar com pedido judicial de objeto idêntico. Importa em:

- renúncia para o beneficiário recorrer na esfera administrativa; e
- desistência se o beneficiário estiver aguardando parecer recursal.

Procedimento no Custeio

Após o contribuinte pessoa física ou jurídica ser notificado pela SRFB ou autuado pelo agente da fiscalização:

- Terá o prazo de: 30 dias para pagar, compensar, parcelar ou apresentar impugnação (contestar);
- Decorrido o prazo será declarada à revelia e o lançamento fe ito considerado procedente, permanecendo o processo no órgão preparador pelo prazo de 30 dias para cobrança amigável;
- Da decisão do SRFB cabe recurso para o CARF - Conselho Administrativo de Recursos Fiscais (Ministério da Fazenda), no prazo de 30 dias.

- CNPC – Este Conselho Nacional de Previdência Complementar delibera, coordena, controla e avalia a execução da política de previdência complementar das entidades fechadas de previdência privada.

3. Plano de Benefícios da Previdência Social

Beneficiários - Segurados

Art. 8º, Decreto n. 3.048/99 – São beneficiários do Regime Geral da Previdência Social as pessoas físicas classificadas como segurados e dependentes.

a) Segurados – Aqueles vinculados ao RGPS, como obrigatórios por exercerem atividade remunerada ou como facultativo (vontade própria), bem como os que estejam no período de qualidade.

b) Dependentes – São aqueles que não dependem de contribuição para fazer jus aos benefícios, mas deverão possuir qualidade de dependente.

Os Segurados dividem-se em:

Obrigatórios – Os obrigatórios enquadram-se nas categorias (empregado, trabalhador avulso, empregado doméstico, contribuinte individual e segurado especial).

Facultativos – Aqueles que queiram ter direito aos benefícios e não estejam exercendo nenhuma atividade obrigatória. Recolherão como segurado facultativo.

Para estudarmos a matéria pertinente aos benefícios, temos que conhecer pré-requisitos como:

- Qualidade de segurado: manutenção, perda e recuperação.
- Quem é considerado dependente.
- Carência.

Qualidade de Segurado: Manutenção

Iniciaremos com qualidade de segurado. Por quanto tempo, sem que esteja contribuindo, o segurado ou dependente será atendido pela Previdência Social- RGPS?

Os prazos de manutenção de segurado estão definidos no art. 13, do Decreto n. 3.048/99.

O fato de um segurado ter contribuído com apenas um mês em toda sua vida contributiva – se ele parar de contribuir, porque deixou de exercer atividade remunerada, permanecerá na qualidade de segurado por até 12 meses. Caso ele sofra um acidente de qualquer natureza dentro do período de 01 ano (em que estará na qualidade de segurado), poderá requerer e fará jus ao auxílio-doença acidentário.

Se o segurado tivesse (acima de 120 contribuições) 10 anos de contribuição e houvesse rescisão, saída de um contrato social ou baixa de uma inscrição como contribuinte individual, estaria na qualidade pelo período disposto no art. 13, inciso II § 1º, até 24 meses da cessação da contribuição. Logo, na hipótese do segurado falecer estará cumprida a carência de 24 meses para que seja devida uma pensão com óbito a partir de 1º/03/2015.

A partir de 14.06.2007 (Decreto n. 6.122/07) é devido o benefício salário-maternidade para as seguradas desempregadas, demissão a pedido ou por justa causa, bastando o parto, a adoção ou o aborto espontâneo ocorrer no período que estejam na qualidade.

Prazos de Manutenção de Qualidade

Art. 13, RPS – Mantém a qualidade de segurado independentemente de contribuições:
I - Sem limite de prazo, quem está em gozo de benefício.

Os segurados em gozo de benefício previdenciário, como auxílio-doença, aposentadoria por invalidez, auxílio-acidente ou suplementar manterá a qualidade por todo o período.

II - Até 12 meses após a cessação de benefício por Incapacidade (auxílio-doença) ou após a cessação das contribuições (rescisão ou distrato social), o segurado que deixar de exercer atividade remunerada, ou estiver suspenso ou licenciado sem remuneração.

O segurado teve seu benefício (auxílio-doença ou aposentadoria por invalidez) cessado, manterá a qualidade de segurado por até 12 meses após a cessação.

Após a rescisão, distrato social ou exoneração do serviço público, manterá a qualidade por até 12 meses.

III - Até 12 meses após cessar a segregação, o segurado acometido de doença de segregação compulsória.

Para as doenças que exijam segregação. O segurado manterá a qualidade com direito a benefícios até o prazo de 12 meses após a segregação.

IV - Até 12 meses após o livramento, o segurado detido ou recluso.

Para o segurado que estivesse na qualidade de segurado antes de ser preso.

V - Até 03 meses após o licenciamento, o segurado incorporado às Forças Armadas para prestar serviço militar; e

O segurado incorporado ao Exército, à Aeronáutica ou à Marinha após prestar o serviço militar terá até 3 meses na qualidade.

VI - Até 06 meses após a cessação das contribuições, o segurado facultativo.

Significa dizer que o segurado fez sua inscrição em 01/2015 na categoria facultativo e pagou-a em dia até 15/02/2015, estava inscrito e filiado a contar do mês janeiro/2015, mas se deixou atrasar os meses de 02/2015 até 07/2015, pagando a competência 07/2015 (15/08/2015) como facultativo manterá a qualidade como facultativo. E se passar desta data sem contribuição?

Poderia recolher a competência 08/2015 até 15.09.2015, como contribuinte individual por alguma atividade remunerada exercida no mês de agosto, permanecendo na qualidade. (art. 14)

§ 1º – O prazo do inciso II será acrescido para até 24 meses, se o segurado tiver pago mais de 120 contribuições, sem interrupção que acarrete a perda da qualidade de segurado.

7 anos		9 meses		3 anos	
07/02	07/09	09/09	06/10	05/11	05/14

Última contribuição em 05/2014.

Esta interrupção é o tempo que o segurado fica entre dois vínculos sem contribuir, ou entre vínculo e inscrição como contribuinte individual.

Primeira interrupção: de 07/09 até 09/09, não houve a perda da qualidade porque o segurado, por motivo de desemprego em Julho/09, possuía 7 anos de contribuição, permanecendo na qualidade por até 12 meses, e, se recebeu seguro-desemprego, mais 12 meses.

Segunda interrupção: de 06/10 até 05/11, também não houve perda da qualidade. Ele tem de contribuição, sem interrupção que acarrete perda da qualidade, 7 anos e 9 meses. Permaneceria na qualidade até 12 meses. Se comprovou situação de desemprego, mais 12 meses.

A partir da competência 05/2014 manterá a qualidade até o vencimento da competência 05/2016, por comprovar mais de 120 contribuições, sua qualidade de segurado foi acrescida para até 24 meses.

§ 2º O prazo do inciso II ou do § 1º será acrescido de doze meses para o segurado desempregado, desde que comprovada essa situação por registro no órgão próprio do Ministério do Trabalho e Emprego.

O prazo do inciso II ou do § 1º será acrescido de 12 meses para o segurado desempregado, desde que comprovada essa situação por registro no órgão próprio (SINE - Sistema Nacional de Empregos) do Ministério do Trabalho e Emprego e recebimento do seguro desemprego.

Prazo do inciso II do art. 13 - O segurado com 01 até 120 contribuições (10anos), após a cessação da atividade obrigatória permanece na qualidade de segurado até 12 meses

Ex.: Segurado empregado contribuiu até 12/2013 - Houve desemprego.

- Possuía até 120 contribuições (de 01 até 10 anos) qualidade de segurado mantida até o vencimento do mês 12/2014 em 15/01/2015.

Se após 12/2013 comprovou situação de desemprego, os 12 meses iniciais serão acrescidos de mais 12 meses.

Mantendo a qualidade ate o vencimento do mês 12/2015 em 15/01/2016

Prazo do § 1º do art. 13 - O segurado com mais de 120 contribuições (10 anos), após a cessação da atividade obrigatória permanece na qualidade de segurado até 24 meses

Ex.: Segurado empregado contribuiu até 12/2013 - Houve desemprego.

- Possuía mais de 120 contribuições (acima de 10 anos, sem interrupções que acarrete a perda), manteve a qualidade de segurado até 24 meses, quando vencer 12/2015 em 15/01/2016.

Se após 12/2013 comprovou situação de desemprego, os 24 meses iniciais serão acrescidos de mais 12 meses.

Mantendo a qualidade ate o vencimento do mês 12/2016 em 15/01/2017

SÚMULA 27 - TNU (TURMA NACIONAL DE UNIFORMIZAÇÃO) - Publicação: 26/08/05

A ausência de registro em órgão do Ministério do Trabalho não impede a comprovação do desemprego por outros meios admitidos em Direito.

Ex.: Para editais que exijam orientação dos tribunais superiores é apreciável saber esta súmula.

Art. 13, § 5º – A perda da qualidade de segurado não será considerada para a concessão das aposentadorias por tempo de contribuição e especial.

Para aquele segurado que tenha cumprido as exigências, para:

- Aposentadoria por tempo de contribuição (integral, proporcional ou a do professor), e
- Aposentadoria especial (em condições especiais por 15, 20 ou 25 anos) se aposentará mesmo com perda

da qualidade, sem a necessidade de contribuir com 1/3 de 180 contribuições (5 anos) após a perda.

Exemplo:
Sexo: Feminino
Tempo de contribuição: 27 anos e **44 anos**
Tempo sem contribuir: 4 anos de interrupção
10/2006: completou a idade 48 anos, condição que faltava
Conclusão: Fez jus ao benefício aposentadoria por tempo de contribuição proporcional, mesmo com a perda da qualidade de segurado por ter cumprido as condições exigidas **(25 TC + 2 anos de pedágio + idade mínima 48 anos).**

§ 6º – Aplica-se o disposto no § 5º à aposentadoria por idade, desde que o segurado conte com, no mínimo, o número de contribuições mensais exigido para efeito de carência na data do requerimento do benefício.

O segurado terá direito a se aposentar por idade, o homem com 65 anos e a mulher aos 60 anos, desde que tenha a carência mínima, que é a quantidade de contribuição mínima, sendo para aqueles:

- Que tenham ingressado na Previdência Social a partir de 24.07.1991 Lei n. 8.213/1991, será exigido 180 contribuições (15 anos).

Segurada filiada em 08/91 e com 12 anos ou 144 contribuições em 09/2003, fez 60 anos em 2005. Não terá ainda o direito à aposentadoria por idade. Por ter sua inscrição a partir da publicação da Lei n. 8.213/91, só terá direito à aposentadoria por idade quando implementar as 180 contribuições como carência (15 anos).

O segurado filiado em 07/1995 e que contribuiu por 180 contribuições (15 anos) até 08/2010 e completou 65 anos se homem ou 60 anos se mulher, poderá se aposentar por idade.

Mas, se as 180 contribuições foram de: 05/1975 até 06/1990 e ficou muito tempo sem contribuir, perdendo a qualidade de segurado completando a idade para aposentadoria por idade em 2013, poderá se aposentar também.

Art. 180. Ressalvado o disposto nos §§ 5º e 6º do art. 13, a perda da qualidade de segurado importa em caducidade dos direitos inerentes a essa qualidade. (Redação dada pelo Decreto nº 4.729, de 2003)

ex.: Perdeu a qualidade em 12/2014 e adoeceu com inicio de incapacidade em 05/2015 não terá direito ao auxílio-doença.

§ 1º A perda da qualidade de segurado não prejudica o direito à aposentadoria para cuja concessão tenham sido preenchidos todos os requisitos, segundo a legislação em vigor à época em que estes requisitos foram atendidos.

ex.: Segurada cumpriu 30 anos de tempo de contribuição e idade 47 anos, em 10/2011.

Simulou aposentadoria por tempo de contribuição e não concordou com a perda em virtude do fator previdenciário.

Em 11/2011 desempregou e deixou de contribuir até 03/2015.

Perdeu a qualidade de segurada mas poderá requerer a aposentadoria, por ter cumprido a carência de 180 contribuições, bem como os 30 anos de tempo.

§ 2º Não será concedida pensão por morte aos dependentes do segurado que falecer após a perda desta qualidade, nos termos dos arts. 13 a 15, salvo se preenchidos os requisitos para obtenção de aposentadoria na forma do parágrafo anterior, observado o disposto no art. 105.

ex.: Segurado com 15 anos de contribuição em 12/2000, mas só completou 65 anos em 02/ janeiro/2005, faleceu em 10/01/2015 e por desconhecer seu direito sem ter requererido a aposentadoria.

Se deixou dependentes foi devida a pensão. O segurado falecido cumpriu a carência mínima de 180 contribuições e a idade 65 anos/ homem.

Se o óbito ocorresse em 01/01/2005 não seria devida, por não cumprir um dos requisitos, a idade.

Perda da Qualidade de Segurado

Art. 14. O reconhecimento da perda da qualidade de segurado no termo final dos prazos fixados no art. 13 ocorrerá no dia seguinte ao do vencimento da contribuição do CI, relativa ao mês imediatamente posterior ao término daqueles prazos.

- Segurado com mais de 120 contribuições,
- permanece na qualidade, com direito a benefícios até 24 meses, após a cessação.
- Cessou na competência 01/2012, permaneceu na qualidade até o vencimento da competência 01/2014 (15.02.2014).
- Mas foi reconhecida a perda no dia seguinte ao vencimento da competência imediatamente posterior (mês 02/2014 com vencimento até 15/03/2014). O segurado perdeu a qualidade de segurado a contar de 16.03.2014. (dia 16 do 26º mês)

Recuperação da Qualidade de Segurado

Art. 27-A. Havendo perda da qualidade de segurado, as contribuições anteriores a essa perda somente serão computadas para efeito de carência depois que o segurado contar, a partir da nova filiação ao Regime Geral de Previdência Social, com, no mínimo, um terço do número de contribuições exigidas para o cumprimento da carência definida no art. 29. Parágrafo único. Aplica-se o disposto no caput ao segurado oriundo de regime próprio de previdência social que se filiar ao Regime Geral de Previdência Social após os prazos a que se refere o inciso II do caput e o § 1º do art. 13.

Após um período contributivo, havendo a perda da qualidade de segurado, para recuperá-la o segurado deverá contribuir da data da nova filiação com no mínimo 1/3 da carência exigida para o benefício que ele necessite, a saber:

- Auxílio-doença e aposentadoria por invalidez ambos previdenciários: 1/3 x 12 contribuições = no mínimo 4 contribuições serão exigidas do segurado após a nova filiação e que somadas as anteriores deverão totalizar no mínimo 12.
- Salário-maternidade (quando da categoria CI, facultativa e segurada especial): 1/3 x 10 contribuições ou atividade = no mínimo 3 contribuições ou meses em atividade serão exigidas da segurada a partir da nova filiação.

Ex.: Período contributivo:

01/2009 10/2009 **P.Q.S** 01/2014 04/2014

10 contribuições 4 contribuições

*PQS - **Perda de Qualidade de Segurado***

Para o segurado que contribuiu 10 meses, depois perdeu a qualidade de segurado, e filiou-se novamente em janeiro/2014.

Da nova filiação em 01/2014 se o segurado precisar de um auxílio-doença previdenciário.

Deverá contribuir no mínimo 1/3 X 12 contribuições = 04 contribuições, recuperando a qualidade para a concessão do auxílio-doença e aposentadoria por invalidez, ambos previdenciários, se houver a incapacidade a partir de 05/2014.

- O exemplo acima aplica-se ao segurado com 10 contribuições até 10/2009, sem cadastro como desempregado no Sistema Nacional de Empregos (SINE). Manteve a qualidade até o vencimento do mês 10/2010 (16/11/2010 e terá mais um mês de graça 11/2010 se exerceu atividade remunerada como contribuinte individual. A perda da qualidade de segurada ocorreu a partir de 16/12/2010 (1 dia após o vencimento da 13ª competência como Contribuinte Individual).
- Após a perda de qualidade de segurado, houve nova filiação em 01/2014, e após contribuir com no mínimo 04 competência (1/3 x 12 contribuições).
- O segurado passou a contar com 10 contribuições somadas com as 04 após a nova filiação, totalizando 14, se ficar incapacitado para o trabalho ou sua atividade habitual a partir de maio/14 poderá ser atendido com o benefício auxílio-doença ou aposentadoria por invalidez previdenciários.

Beneficiários–Dependentes: Lei n. 8.213/1991 atualizada pela Lei n. 13.135/15

Art. 16. São beneficiários do Regime Geral de Previdência Social, na condição de dependentes do segurado:
I - o cônjuge, a companheira, o companheiro e o filho não emancipado, de qualquer condição, menor de 21 (vinte e um) anos ou inválido ou que tenha deficiência intelectual ou mental ou deficiência grave; L. n. 13.146/15 Estatuto da pessoa deficiente

Trata-se de classe de dependente preferencial.

Em regra não comprovam dependência econômica.

Em relação ao filho deficiente intelectual, mental ou grave não será exigida apresentação de termo de curatela de titular ou de beneficiário com deficiência, observados os procedimentos a serem estabelecidos em regulamento.

A invalidez será comprovada mediante exame médico-pericial a cargo do Instituto Nacional do Seguro Social

II - os pais;

III - o irmão não emancipado, de qualquer condição, menor de 21 (vinte e um) anos ou inválido ou que tenha deficiência intelectual ou mental ou deficiência grave; Lei n. 13.146/15 (Estatuto da Pessoa Deficiente)

ex.: Em relação ao irmão deficiente intelectual, mental ou grave não será exigida apresentação de termo de curatela de titular ou de beneficiário com deficiência, observados os procedimentos a serem estabelecidos em regulamento. A invalidez será comprovada mediante exame médico-pericial a cargo do Instituto Nacional do Seguro Social

§ 1º A existência de dependente de qualquer das classes deste artigo exclui do direito às prestações os das classes seguintes.

Se um segurado falece, deixando cônjuge e dois filhos de um primeiro casamento, sem ter a separação de direito, e deixa ainda companheira que comprove união estável e filho. A pensão será rateada por todos em partes iguais, todos são dependentes preferenciais na mesma classe. Mas se ele deixar também uma mãe carente, que dependia dele esta não fará jus, pois está na classe II, havendo dependente na classe I, elimina o direito aos demais.

A dependência econômica:

- Os dependentes da classe I, em regra não comprovam dependência econômica, é presumida;
- Classes II e III: Deverá comprovar a dependência econômica para fazer jus ao pagamento de um benefício.

O dependente será inscrito quando do requerimento do benefício a que tiver direito. Não há mais a figura da inscrição meramente declaratória ou pessoa designada, no RGPS, feita antes do direito ao benefício.

- Tanto a dependência econômica (exigida dos pais ou irmão) como a união estável (exigida da companheira ou companheiro) será comprovada mediante a apresentação de no mínimo 03 documentos constantes do artigo 22, § 3º, no RPS, conforme o caso.

Decreto n. 3.048/99 art.22
§ 3º Para comprovação do vínculo e da dependência econômica, conforme o caso, devem ser apresentados no mínimo três dos seguintes documentos: (Redação dada pelo Decreto nº 3.668, de 2000)
I - certidão de nascimento de filho havido em comum;
II - certidão de casamento religioso;
III - declaração do imposto de renda do segurado, em que conste o interessado como seu dependente;
IV - disposições testamentárias;
V - (Revogado pelo Decreto nº 5.699, de 2006)

A anotação de inscrição de dependente feita na CTPS não valerá como uma das provas de vínculo.

VI - declaração especial feita perante tabelião;
VII - prova de mesmo domicílio;
VIII - prova de encargos domésticos evidentes e existência de sociedade ou comunhão nos atos da vida civil;
IX - procuração ou fiança reciprocamente outorgada;
X - conta bancária conjunta;
XI - registro em associação de qualquer natureza, onde conste o interessado como dependente do segurado;
XII - anotação constante de ficha ou livro de registro de empregados;
XIII - apólice de seguro da qual conste o segurado como instituidor do seguro e a pessoa interessada como sua beneficiária;
XIV - ficha de tratamento em instituição de assistência médica, da qual conste o segurado como responsável;
XV - escritura de compra e venda de imóvel pelo segurado em nome de dependente;
XVI - declaração de não emancipação do dependente menor de vinte e um anos; ou
XVII - quaisquer outros que possam levar à convicção do fato a comprovar.
§ 6º Considera-se união estável aquela configurada na convivência pública, contínua e duradoura entre o homem e a mulher, estabelecida com intenção de constituição de família, observado o § 1º do art. 1.723 do Código Civil, instituído pela Lei nº 10.406, de 10 de janeiro de 2002.

Será preciso ler o Código Civil §1º do art. 1.723 bem como o art. 1.521.

DA UNIÃO ESTÁVEL
Art. 1.723. É reconhecida como entidade familiar a união estável entre o homem e a mulher, configurada na convivência pública, contínua e duradoura e estabelecida com o objetivo de constituição de família.
§ 1º A união estável não se constituirá se ocorrerem os impedimentos do art. 1.521; não se aplicando a incidência do inciso VI no caso de a pessoa casada se achar separada de fato ou judicialmente.

Ex.: O INSS não reconhecerá o direito à pensão ou auxílio-reclusão àqueles impedidos na forma do art. 1.521 do Código Civil, exceto a situação do inciso VI (pessoa casada se houver separação, de fato ou de direito. (pode haver união estável).

DOS IMPEDIMENTOS
Art. 1.521. Não podem casar:
I - os ascendentes com os descendentes, seja o parentesco natural ou civil;

Ex.: Pais e avós (ascendentes) com filhos e netos (descendentes).

II - os afins em linha reta;

Ex.: Sogro, sogra, cunhado(a) ou cônjuge, ter união com parentes consanguíneos do outro cônjuge.

III - o adotante com quem foi cônjuge do adotado e o adotado com quem o foi do adotante;

Ex.: O adotante manter união estável com a nora ou genro.

IV - os irmãos, unilaterais ou bilaterais, e demais colaterais, até o terceiro grau inclusive;

Ex.: Irmãos por parte de mãe, pai bem como tio e sobrinha(o), estes são de 3º grau.

V - o adotado com o filho do adotante;
VI - as pessoas casadas;
VII - o cônjuge sobrevivente com o condenado por homicídio ou tentativa de homicídio contra o seu consorte.

Perda da Qualidade de Dependente

Decreto n. 3.048/99 Art.17. A perda da qualidade de dependente ocorre:
I - para o cônjuge, pela separação judicial ou divórcio, enquanto não lhe for assegurada a prestação de

alimentos, pela anulação do casamento, pelo óbito ou por sentença judicial transitada em julgado;
II - para a companheira ou companheiro, pela cessação da união estável com o segurado ou segurada, enquanto não lhe for garantida a prestação de alimentos;
III - para o filho e o irmão, de qualquer condição, ao completarem vinte e um anos de idade, salvo se inválidos, desde que a invalidez tenha ocorrido antes: (Alterado pelo Decreto n. 6.939/2009)
a) de completarem vinte e um anos de idade;
b) do casamento;
c) do início do exercício de emprego público efetivo;
d) da constituição de estabelecimento civil ou comercial ou da existência de relação de emprego, desde que, em função deles, o menor com dezesseis anos completos tenha economia própria; ou
e) da concessão de emancipação, pelos pais, ou de um deles na falta do outro, mediante instrumento público, independentemente de homologação judicial, ou por sentença do juiz, ouvido o tutor, se o menor tiver dezesseis anos completos; e
IV - para os dependentes em geral:
a) pela cessação da invalidez; ou
b) pelo falecimento.

4. Espécies de Prestações

Lei n. 8.213, art. 18 – O RGPS compreende as seguintes prestações, expressas em benefícios e serviços:

I – Quanto ao SEGURADO:
a) Aposentadoria por Invalidez;
b) Aposentadoria por Idade;
c) Aposentadoria por tempo de contribuição;
d) Aposentadoria especial;
e) Auxílio-doença;
f) Salário-família;
g) Salário-maternidade; e
h) Auxílio-acidente;

Explicação:
- São 08 benefícios quanto ao segurado.
- A cota do salário-família prevista na CF art. 201 inciso IV para os dependentes de segurado de baixa renda, mas o pagamento realizado ao segurado empregado ou trabalhador avulso com filhos até 14 anos ou inválidos.
- A partir de Janeiro de 2013 é devida aposentadoria por tempo de contribuição ou por idade à pessoa deficiente.

II – Quanto ao DEPENDENTE:
a) Pensão por morte;
b) Auxílio-reclusão.

III – Quanto ao segurado e dependente:
a) Reabilitação profissional;
b) Serviço Social.

§ 1º Somente poderão beneficiar-se do auxílio-acidente os segurados incluídos nos incisos I, II, VI e VII do art. 11 desta Lei. (Redação dada pela Lei Complementar nº 150, de 2015)

Explicação: Categorias com direito ao auxílio acidente empregado, trabalhador avulso, segurado especial e a mais recente a do empregado doméstico.

5. Carência

Decreto n. 3.048/99 Art. 26, RPS – Período de Carência é o tempo correspondente ao número mínimo de contribuições mensais indispensáveis para que o beneficiário (segurado) faça jus ao benefício, consideradas a partir do transcurso do 1º dia dos meses de suas competências.
§ 1º – Para o segurado especial, considera-se período de carência o tempo mínimo de efetivo exercício de atividade rural, ainda que de forma descontínua, igual ao número de meses necessários à concessão do benefício requerido;

Forma descontínua: quando há período de atividade rural, vínculo empregatício ou sem atividade. Será considerado para carência o período em atividade rural (contado período de exercício e de vínculo rural).

Exemplo:
Aposentadoria por idade:
Trabalhador rural na condição de Segurado especial, 60 anos para o homem e 55 anos se mulher, completos em 06/2013;
Data do requerimento: 06/2013;
Carência: comprovou exercício de atividade rural de 05/99 até 05/2014, por 15 anos (180 meses);
Carência exigida: 180 contribuições;

Conclusão: terá direito a aposentadoria por implementar as condições, idade e carência.

§ 4º – Para efeito de carência, considera-se presumido o recolhimento das contribuições do segurado empregado, do trabalhador avulso e, relativamente ao Contribuinte Individual, a partir da competência 04/2003, as contribuições dele descontadas pela empresa na forma do art. 216.

ex.: A responsabilidade pelo recolhimento é da empresa.

DE ACORDO COM A LEI n. 13.135/15

Para fato gerador a partir de 18/06/15

Lei n. 8.213/91 Art. 27. Para cômputo do período de carência, serão consideradas as contribuições: (Redação dada pela Lei Complementar nº 150, de 2015)
I - referentes ao período a partir da data de filiação ao Regime Geral de Previdência Social (RGPS), no caso dos segurados empregados, inclusive os domésticos, e dos trabalhadores avulsos; (Redação dada pela Lei Complementar nº 150, de 2015)

Explicação: Foi acrescentada a categoria empregada doméstica.

II - realizadas a contar da data de efetivo pagamento da primeira contribuição sem atraso, não sendo consideradas para este fim as contribuições recolhidas com atraso referentes a competências anteriores, no caso dos segurados contribuinte individual, especial e facultativo, referidos, respectivamente, nos incisos V e VII do art. 11 e no art. 13. (Redação dada pela Lei Complementar nº 150, de 2015)

Para o segurado contribuinte individual, facultativo e o segurado especial que contribua facultativamente na forma do art. 199 (contribuinte individual) a carência será contada a partir da primeira sem atraso.

Exemplo:

Categoria: contribuinte individual/ diarista

Aposentadoria por idade: requerida em 03/14;

Comprovou como contribuinte individual: de 02/99 a 02/14;

1ª contribuição em dia: 06/99 (recolhida até 15/07/99);

Conclusão: Será indeferida e fará jus ao benefício aposentadoria por idade após cumprida a carência de 180 contribuições a contar de 06/99 (em 07/15) e 60 anos de idade.

Exemplo: O segurado na categoria de facultativo, que contribua sobre o valor do salário mínimo, poderá optar pelo pagamento trimestral. Fez inscrição em janeiro, e aguardará até 15 de abril para o recolhimento do primeiro trimestre civil, nesse caso a carência contará da data da inscrição (desde janeiro) e pagamento (art. 216, § 15).

§ 1º Para o segurado especial que não contribui na forma do § 2º do art. 200, o período de carência de que trata o § 1º do art. 26 é contado a partir do efetivo exercício da atividade rural, mediante comprovação, na forma do disposto no art. 62.

O segurado especial (produtor, parceiros, meeiros) que não contribua facultativamente (com 20% sobre um salário de contribuição), para fazer jus aos benefícios, comprova o período exigido de carência em atividade; quanto ao art. 62 dispõe sobre a contemporaneidade do documento, e que possua a data de início e fim da atividade.

ALTERAÇÕES POR MEIO DA Lei n. 13.135/15

Lei n. 8.213/91

Art. 25. A concessão das prestações pecuniárias do Regime Geral de Previdência Social depende dos seguintes períodos de carência, ressalvado o disposto no art. 26:

I - auxílio-doença e aposentadoria por invalidez: 12 (doze) contribuições mensais;

Explicação: Em caso de incapacidade para o trabalho ou atividade habitual por doença comum, e se for por acidente será isento de carência.

II - aposentadoria por idade, aposentadoria por tempo de serviço e aposentadoria especial: 180 contribuições mensais.

III - salário-maternidade para as seguradas de que tratam os incisos V e VII do art. 11 e o art. 13: dez contribuições mensais, respeitado o disposto no parágrafo único do art. 39 desta Lei.

Explicação: São 07 hipóteses com direito ao salário-maternidade.

Isentas de carência: Empregada, empregada doméstica, trabalhadora avulsa e a desempregada.

Deverão comprovar carência: Contribuinte individual, a segurada especial e a facultativa.

Parágrafo único. Em caso de parto antecipado, o período de carência a que se refere o inciso III será reduzido em número de contribuições equivalente ao número de meses em que o parto foi antecipado.

Explicação: A carência de 10 meses exigida das categorias contribuinte individual, facultativa e segurada especial, será reduzida em número de meses em que o parto tenha antecipado.

Art. 26. Independe de carência a concessão das seguintes prestações:

I - pensão por morte, auxílio-reclusão, salário-família e auxílio-acidente;

ex.: Não é exigida carência nos benefícios para os dependentes, os três primeiros nem com origem em acidente.

Evite confundir carência com período que será exigido do segurado falecido ou preso (18 meses), para definir por quanto tempo a dependente receberá o benefício levando em consideração também sua expectativa de sobrevida.

II - auxílio-doença e aposentadoria por invalidez nos casos de acidente de qualquer natureza ou causa e de doença profissional ou do trabalho, bem como nos casos de segurado que, após filiar-se ao RGPS, for acometido de alguma das doenças e afecções especificadas em lista elaborada pelos Ministérios da Saúde e da Previdência Social, atualizada a cada 3 (três) anos, de acordo com os critérios de estigma, deformação, mutilação, deficiência ou outro fator que lhe confira especificidade e gravidade que mereçam tratamento particularizado; (Redação dada pela Lei nº 13.135, de 2015)

III - os benefícios concedidos na forma do inciso I do art. 39, aos segurados especiais referidos no inciso VII do art. 11 desta Lei;

IV - serviço social;

V - reabilitação profissional.

VI – salário-maternidade para as seguradas empregada, trabalhadora avulsa e empregada doméstica.

<table>
<tr><th colspan="2">Benefícios</th><th>Carência</th></tr>
<tr><td colspan="2">Auxílio-doença e previdenciários.
Aposentadoria por invalidez.</td><td>12 Contribuições</td></tr>
<tr><td colspan="2">Aposentadoria por idade.
Aposentadoria por tempo de contribuição.
Aposentadoria especial.</td><td>180 Contribuições</td></tr>
<tr><td rowspan="2">Salário-Maternidade</td><td>1) Contribuinte Individual, Especial e Facultativa.
Obs.: Em caso de parto antecipado, o período de carência será reduzido em número de contribuições equivalente ao número de meses em que o parto foi antecipado.
Uma seguradora gestante, individual (dentista), programou-se e estava contribuindo para ter direito ao salário-maternidade. Começou a recolher em 01/2003 e permaneceria recolhendo até completar as 10 contribuições, mas o parto foi antecipado em 2 meses; neste caso ela terá direito com 8 competências pagas.</td><td>10 Contribuições</td></tr>
<tr><td>2) Segurada empregada, empregada doméstica e trabalhadora avulsa a partir de 14/06/07 Decreto n. 6.122, a desempregada em prazo de manutenção da qualidade de segurados.</td><td>ISENTO</td></tr>
<tr><td colspan="2">Salário-família, auxílio-acidente, pensão por morte e auxílio-reclusão.</td><td>ISENTO</td></tr>
<tr><td colspan="2">Auxílio-doença e aposentadoria por invalidez previdenciários
Obs.: Decorrentes de acidente de qualquer natureza ou causa, inclusive do trabalho, bem como nos casos de segurado que, após filiar-se ao Regime Geral da Previdência Social, for acometido de alguma das doenças ou afecções especificadas em lista elaborada pelos Ministérios da Saúde e da Previdência Social, de acordo com os critérios de estigma, deformação, mutilação, deficiência ou outro fator que lhe confira especificidade e gravidade que mereçam tratamento particularizado.
Entende-se como acidente de qualquer natureza ou causa aquele de origem traumática e por exposição a agentes exógenos (físicos – ruídos, químicos – toner e biológicos – fungos), que acarrete lesão corporal ou perturbação funcional que cause a morte, a perda ou a redução permanente ou temporária da capacidade laborativa.
Portaria Interministerial n. 2.998/01, art. 1º - As doenças ou afecções abaixo indicadas excluem exigência de carência para a concessão de auxílio-doença ou de aposentadoria por invalidez ao segurados do RGPS, mas permanece a necessidade de estar na qualidade. Logo, não será concedido o benefício se a doença teve origem em período que o segurado não tivesse a qualidade.
I – tuberculose ativa;
II – hanseníase (lepra);
III – alienação mental (loucura);
IV – neoplasia maligna (câncer);
V – cegueira;
VI – paralisia irreversível e incapacitante;
VII – cardiopatia grave (doença grave do coração);
VIII – doença de Parkinson (tremores e rigidez);
IX – espondiloartrose anquilosante (artrose aguda nas vértebras);
X – nefropatia grave (mau funcionamento ou Insuficiência renal);
XI – estado avançado da doença de Paget (osteíte deformante, inflamação que deforma os ossos);
XII – síndrome da deficiência imunológica adquirida – Aids;
XIII – contaminação por radiação, com base em conclusão da medicina especializada; e
XIV – hepatopatia grave (mau funcionamento ou insuficiência do fígado).</td><td>ISENTO</td></tr>
<tr><td>Segurados Especiais
Art. 30, IV – aposentadoria por idade ou por invalidez, auxílio-doença, auxílio-reclusão ou pensão por morte aos segurados especiais, que provem o exercício de atividade rural no período imediatamente anterior ao requerimento do benefício, ainda que de forma descontínua, igual ao número de meses correspondentes à carência do benefício requerido.
Forma descontínua é período em atividade e período contributivo</td><td>Aposentadoria por idade.
Aposentadoria por invalidez.
Auxílio-doença.</td><td rowspan="2">ISENTO de contribuições – Comprovação de carência em atividade</td></tr>
<tr><td colspan="2">Desde que comprovem o exercício de atividade rural no período imediatamente anterior ao requerimento do benefício, ainda que de forma descontínua, igual ao número de meses correspondente à carência do benefício requerido.</td></tr>
<tr><td colspan="2">Reabilitação Profissional e serviço social (para segurado e dependente).</td><td>ISENTO</td></tr>
</table>

Carência Exigida nas Aposentadorias por Tempo de Contribuição, por Idade e Especial, pela Tabela Progressiva

Art. 182, RPS - A carência das aposentadorias por idade, tempo de contribuição e especial para os segurados inscritos na Previdência Social urbana até 24 de julho de 1991, bem como para os trabalhadores e empregadores rurais amparados pela Previdência Social rural, obedecerá à seguinte tabela, levando-se em conta o ano em que o segurado implementou todas as condições necessárias à obtenção do benefício:

Esta tabela surgiu com a Lei n. 8.213/91; para o ano de 1991 exigia-se 60 contribuições (5 anos) de carência; para 1992, também; mas de 1993 em diante exigiu-se 5 anos e 6 meses. E a cada ano esta tabela vai sendo aumentada em 6 meses. A segurada que completou 60 anos de idade em 2004 precisou, além da idade, de uma carência mínima de 138 contribuições de acordo com a tabela (11 anos e 6 meses).

1998	102 meses de contribuições
1999	108 meses
2000	114 meses
2001	120 meses
2002	126 meses
2003	132 meses
2004	138 meses, equivale a 11 anos e 06 meses
2005	144 meses
2006	150 meses (12 anos e 06 meses)
2007	156 meses
2008	162 meses (13 anos e 06 meses)
2009	168 meses (14 anos)
2010	174 meses (14 anos e 06 meses)
2011	180 meses deixará de aplicar a carência por esta tabela.

Obs.: Para o segurado que tenha 65 ou 60 anos de idade em 2010 será exigida uma carência de 174 contribuições ou 14 anos e seis meses, desde que inscrito até 24/07/91. (Há hipótese de segurado que requer em 2014, mas com direito adquirido em 2010).

Para os segurados inscritos a partir de 07/91 a carência exigida passou a ser única para as aposentadorias 180 contribuições (15 anos).

§ 22 do art. 32 - Considera-se período contributivo: (Incluído pelo Decreto n. 6.939/09)

I - para o empregado, empregado doméstico e trabalhador avulso: o conjunto de meses em que houve ou deveria ter havido contribuição em razão do exercício de atividade remunerada sujeita a filiação obrigatória ao regime de que trata este Regulamento; ou

Exemplo:

- O período de recebimento do salário-maternidade, exceto para a segurada especial, que não contribui facultativamente.

A segurada empregada contribuiu 9 meses e tem o afastamento para salário-maternidade, após os 120 dias, retornou ao trabalho e foi acometida de depressão pós-parto. Precisará de um auxílio-doença previdenciário, mas para a concessão deste benefício há necessidade de 12 meses de carência. Ela terá direito, pois reúne 13 meses de carência (09 + 04 do salário-maternidade).

- O período de de 15 dias, à conta da empresa, que antecede os benefícios por incapacidade da categoria empregado para incapacidade no período de:
  - 1º/03/2015 até 17/06/2015 - 30 dias (MP 664/2014)
  - A partir de 18/06/15 - Os 15 dias do afastamento. (Lei n. 13.135/15)

A partir de 18/06/2015 publicação da Lei n. 13.135/15, a empresa volta a ser responsável pelos 15 dias do afastamento para a categoria empregado.

- O período de contribuições vertidas a regime próprio de Previdência Social, certificado na forma da contagem recíproca.

Exemplo: O servidor foi exonerado ou demitido do serviço público, e faz sua inscrição e filiação no RGPS, após filiado contará com o período contribuído no outro regime como carência. E trará este tempo por meio de uma certidão de contagem recíproca (certidão de tempo de contribuição).

II - para os demais segurados, inclusive o facultativo: o conjunto de meses de efetiva contribuição ao regime de que trata este Regulamento.

Explicação: Para o contribuinte individual e facultativo, contará como tempo de contribuição apenas as competências totalmente recolhidas.

Não será computado como carência:

- O tempo de serviço militar.
- O período de recebimento de benefício por incapacidade, ainda que decorrente de acidente do trabalho, aí incluídos o auxílio-acidente e o auxílio-suplementar sem que esteja contribuindo.

6. Salário de Benefício

Arts. 31 a 36, RPS.

Ao se aposentar ou obter um benefício por incapacidade, o segurado terá calculado o seu salário-de-benefício, e por meio deste será definida a renda mensal que ele receberá da Previdência Social (ex.: renda mensal de um auxílio-doença: 91% do salário-de-benefício).

O salário de benefício é calculado utilizando os salários de contribuição do segurado.

Art. 31. Salário-de-benefício é o valor básico utilizado para o cálculo da renda mensal dos benefícios de prestação continuada, inclusive os regidos por normas especiais, exceto o salário-família, a pensão por morte, o salário-maternidade e os demais benefícios de legislação especial.

Desde 29/11/99 com o Decreto n. 3.265, temos duas formas de apuração do cálculo do salário de benefício, uma para aqueles que se filiaram à Previdência Social após a publicação do decreto e outra para os segurados que já estavam filiados antes da mudança da lei.

Ex:. Para os segurados que se filiaram após o Decreto nº 3.265, a partir de 29.11.1999 e cumpram as condições para aposentadoria por tempo de contribuição e idade terá seu benefício calculado desta forma:

MUDANÇAS INTRODUZIDAS PELA LEI N. 13.135/15

Lei n. 8. 213/91
Art. 29. O salário-de-benefício consiste:
I - para os benefícios de que tratam as alíneas b e c do inciso I do art. 18, na média aritmética simples dos maiores salários-de-contribuição correspondentes a oitenta por cento de todo o período contributivo, multiplicada pelo fator previdenciário;

Explicação: média para apurar o valor da aposentadoria por idade e a de tempo de contribuição e depois multiplicar pelo fator previdenciário.
Ex.: Segurada filiada ao RGPS em janeiro de 2000, após NOV/99, terá 30 anos de tempo de contribuição em fevereiro/2030, seu salário de benefício será apurado mediante média aritmética simples que compreende os 80% maiores salários de contribuições dos 30 anos.

APLICAÇÃO DO FATOR PREVIDENCIÁRIO NAS APOSENTADORIAS POR IDADE OPCIONALMENTE

Art. 181-A. Fica garantido ao segurado com direito à aposentadoria por idade a opção pela não aplicação do fator previdenciário, devendo o Instituto Nacional do Seguro Social, quando da concessão do benefício, proceder ao cálculo da renda mensal inicial com e sem o fator previdenciário.

A aplicação do fator previdenciário na aposentadoria por idade será opcional sendo calculada a renda mensal com e sem ele e pago o valor mais vantajoso para o segurado.

Diferente do que ocorre na aposentadoria por tempo de contribuição, será aplicado sempre.

II - para os benefícios de que tratam as alíneas a, d, e e h do inciso I do art. 18, na média aritmética simples dos maiores salários-de-contribuição correspondentes a oitenta por cento de todo o período contributivo.

Explicação: Aposentadoria por invalidez, especial e o auxílio-acidente.

§ 2º O valor do salário-de-benefício não será inferior ao de um salário mínimo, nem superior ao do limite máximo do salário-de-contribuição na data de início do benefício.

Explicação: Ao apurar o salário de benefício se resultar em valor inferior ao salário mínimo, será o mínimo nacional R$ 788,00.

§ 3º Serão considerados para cálculo do salário-de-benefício os ganhos habituais do segurado empregado, a qualquer título, sob forma de moeda corrente ou de utilidades, sobre os quais tenha incidido contribuições previdenciárias, exceto o décimo-terceiro salário (gratificação natalina).

Explicação: No capítulo 07 foi explicado o tema verbas que integram o salário de contribuição, e sobre a gratificação natalina incide contribuição mas não integra o cálculo dos benefícios.

§ 4º Não será considerado, para o cálculo do salário-de-benefício, o aumento dos salários-de-contribuição que exceder o limite legal, inclusive o voluntariamente concedido nos 36 (trinta e seis) meses imediatamente anteriores ao início do benefício, salvo se homologado pela Justiça do Trabalho, resultante de promoção regulada por normas gerais da empresa, admitida pela legislação do trabalho, de sentença normativa ou de reajustamento salarial obtido pela categoria respectiva.
§ 5º Se, no período básico de cálculo, o segurado tiver recebido benefícios por incapacidade, sua duração será contada, considerando-se como saláriode-contribuição, no período, o salário-de-benefício que serviu de base para o cálculo da renda mensal, reajustado nas mesmas épocas e bases dos benefícios em geral, não podendo ser inferior ao valor de 1 (um) salário mínimo.

Explicação: Aposentadoria por idade requerida em Dez/2014
Tempo de contribuição e carência: de OUT/99 até NOV/2014
Período em que recebeu auxílio-doença: JAN/2013 a DEZ/2013
Salário de benefício do Auxílio-doença: R$ 1.000,00
Renda mensal do auxílio-doença 91%: R$ 910,00
No cálculo da aposentadoria por idade utilizar o salário de benefício e não a renda mensal.

§ 6º O salário-de-benefício do segurado especial consiste no valor equivalente ao salário-mínimo, ressalvado o disposto no inciso II do art. 39 e nos §§ 3º e 4º do art. 48 desta Lei.

Explicação: Os segurados especiais (produtor rural, pescador artesanal) terá direito aos benefícios se comprovada a carência em atividade, contribuirá sobre o valor da comercialização, e fará jus aos benefícios no valor de um salário mínimo.

Exceto:

A hipótese do segurado especial que além da contribuição sobre a receita bruta da comercialização, contribuiu com alíquota de 20% sobre um salário de contribuição (entre o mínimo e o máximo).

§ 7º O fator previdenciário será calculado considerando-se a idade, a expectativa de sobrevida e o tempo de contribuição do segurado ao se aposentar, segundo a fórmula constante do Anexo desta Lei.

Explicação: A tábua de expectativa de sobrevida é nacional, e não regional.

Para ambos os sexos.

Ex.:

Aposentadoria com direito adquirido em 12/13;

Total de contribuições devidas entre 07/94 e 11/13;

Será feita a média aritmética dos 80% maiores salários de contribuições no período.

Após encontrado o valor do salário de benefício, será aplicado o fator previdenciário e paga uma renda mensal (um percentual) de acordo com a espécie do benefício (91%, 100% etc).

- Para os segurados filiados à Previdência Social a partir do Decreto n. 3.265/99 (29.11.1999) o salário de benefício será calculado com base nos 80% maiores salários de contribuição, da data de início de contribuição até a competência anterior a do requerimento, sendo o fator previdenciário aplicado sobre o valor do salário de benefício.
- Os segurados com direito à aposentadoria por idade: fica garantida a opção pela não aplicação do Fator Previdenciário, devendo o INSS, quando da concessão do benefício, proceder ao cálculo da renda mensal inicial com e sem o Fator Previdenciário. (art. 181-A)

Este é o Fator a ser multiplicado pelo salário de benefício. Lembre-se de que será aplicado obrigatoriamente por se tratar de uma aposentadoria por tempo de contribuição (integral, proporcional ou a de professor); na hipótese de aposentadoria por idade, só será aplicado se vantajoso para o segurado.

§ 8º Para efeito do disposto no § 7º, a expectativa de sobrevida do segurado na idade da aposentadoria será obtida a partir da tábua completa de mortalidade construída pela Fundação Instituto Brasileiro de Geografia e Estatística - IBGE, considerando-se a média nacional única para ambos os sexos. (Incluído pela Lei nº 9.876, de 26.11.99)

§ 9º Para efeito da aplicação do fator previdenciário, ao tempo de contribuição do segurado serão adicionados:

I - cinco anos, quando se tratar de mulher;

II - cinco anos, quando se tratar de professor que comprove exclusivamente tempo de efetivo exercício das funções de magistério na educação infantil e no ensino fundamental e médio;

III - dez anos, quando se tratar de professora que comprove exclusivamente tempo de efetivo exercício das funções de magistério na educação infantil e no ensino fundamental e médio.

Explicação: De forma que em todas as hipóteses resultem em 35 anos.

§ 10. O auxílio-doença não poderá exceder a média aritmética simples dos últimos 12 (doze) salários-de--contribuição, inclusive em caso de remuneração variável, ou, se não alcançado o número de 12 (doze), a média aritmética simples dos salários-de-contribuição existentes. (Incluído pela Lei nº 13.135, de 2015)

Explicação: O auxílio doença com data de afastamento a partir de 1º/03/2015

A renda mensal inicial terá um limitador, a saber:

1º) Cálculo do salário do benefício = média dos 80 % maiores salários de contribuição, valor encontrado R$ 2.000,00

2º) Renda mensal inicial 91% = R$ 1.820,00

3º) Renda mensal de acordo com a Lei n. 13.135/15 (MP664/14), média simples dos 12 últimos salários de contribuição = R$ 1.600,00

Será devido de auxílio-doença R$ 1.600,00.

CÁLCULO DE APOSENTADORIA PRECEDIDA DE AUXÍLIO-ACIDENTE

Decreto n. 3.048/99 art. 32

§ 8º – Para fins de apuração do salário-de-benefício de qualquer aposentadoria precedida de auxílio-acidente, o valor mensal deste será somado ao salário-de-contribuição antes da aplicação da correção a que se refere o art. 33, não podendo o total apurado ser superior ao limite máximo do salário-de-contribuição.

O segurado esteve de auxílio-doença acidentário, e não havendo possibilidade de retornar à mesma função na empresa foi concedido o auxílio-acidente; ele retornou para o emprego, após a reabilitação profissional, em outra função, e passou a receber da Previdência Social uma renda mensal de 50% do salário de benefício que deu origem ao auxílio-doença acidentário (100%), e continuou a receber sua remuneração da empresa. No cálculo de uma aposentadoria em 06/2013, será apurado o seu salário de benefício com média de 07/1994 até 05/2013 e no período em que ele recebeu concomitantemente da Previdência Social o auxílio-acidente e a remuneração da empresa. Os dois serão somados, depois corrigidos pelo INPC, feito isto, utilizados para obtenção do salário de benefício, limitado ao teto.

CÁLCULO DE SALÁRIO DE BENEFÍCIO DE SEGURADO ORIUNDO DO REGIME PRÓPRIO

§ 15 – No cálculo do salário-de-benefício serão considerados os salários-de-contribuição vertidos para regime próprio de Previdência Social de segurado oriundo desse regime, após a sua filiação ao Regime Geral de Previdência Social, de acordo com o disposto no art. 214.

Ex.: A segurada contribuiu 15 anos para a previdência social; passou em um concurso e como ocupante de cargo efetivo contribuiu mais 15 anos no Regime Jurídico Único (órgão gestor estadual paulista- SPPrev); pediu exoneração e filiou-se novamente à Previdência Social (RGPS=INSS). Agora, devidamente filiada e contando com a somatória de 30 anos de contribuição, poderá pedir a aposentadoria por tempo de contribuição. O salário de benefício será apurado com a média aritmética simples dos maiores salários de contribuição correspondente a 80% de todo período contributivo (de julho/1994 até a data do requerimento).

§ 23. É garantida a aplicação do fator previdenciário no cálculo das aposentadorias por tempo de contribuição e por idade devidas ao segurado com deficiência, se resultar em renda mensal de valor mais elevado, devendo o INSS, quando da concessão do benefício, proceder ao cálculo da renda mensal inicial com e sem a aplicação do fator previdenciário. (Incluído pelo Decreto nº 8.145, de 2013)

Explicação: Com a Lei Complementar 142/2013, a partir de 2013 os segurados deficientes puderam requerer aposentadoria por tempo de contribuição ou por idade, e no cálculo do salário de benefício com a média dos salários de contribuição, será multiplicado pelo fator previdenciário se for mais vantajoso, tal qual ocorre nas aposentadorias por idade para demais segurados.

§ 24. Para efeitos do disposto no § 23, na aplicação do fator previdenciário, será considerado o tempo de contribuição computado para fins de cálculo do salário-de-benefício.

Fator Previdenciário

Surge com a Lei n. 9.876/99, passando a ser multiplicado pelo salário de benefício, nas aposentadorias por tempo de contribuição e nas aposentadorias por idade. É calculado considerando-se:

§ 11 – O fator previdenciário será calculado considerando-se a idade, a expectativa de sobrevida e o tempo de contribuição do segurado ao se aposentar, mediante a fórmula:

$$f = \frac{TC \times a}{Es} \times \left[1 + \frac{(Id + TC \times a)}{100} \right]$$

Aplicável às aposentadorias por tempo de contribuição e por idade.

Explicando a fórmula, temos:

f = fator previdenciário.
TC = tempo de contribuição do segurado. *
a = alíquota de contribuição do segurado, fixada em 0,31.
Es = expectativa de sobrevida do segurado na data da aposentadoria. **
Id = Idade do segurado na data da aposentadoria.

* Neste campo será somado 5 anos a mais no tempo de contribuição da segurada mulher e do professor e 10 anos no tempo da professora.
** A expectativa de sobrevida será obtida mediante tábua completa de mortalidade, emitida pela Fundação IBGE, que emitirá no 1º dia de dezembro a tábua referente ao ano anterior.

A tábua de expectativa de sobrevida é nacional, e não regional.

Para ambos os sexos.

Ex.:
Aposentadoria com direito adquirido em 12/13;
Total de contribuições devidas entre 07/94 e 11/13;
Será feita a média aritmética dos 80% maiores salários de contribuições no período.

Após encontrado o valor do salário de benefício, será aplicado o fator previdenciário e paga uma renda mensal (um percentual) de acordo com a espécie do benefício (91 %, 100% etc).

- Para os segurados filiados à Previdência Social a partir do Decreto n. 3.265/99 (29.11.1999) o salário de benefício será calculado com base nos 80% maiores salários de contribuição, da data de início de contribuição até a competência anterior a do requerimento, sendo o fator previdenciário aplicado sobre o valor do salário de benefício.
- Os segurados com direito à aposentadoria por idade: fica garantida a opção pela não aplicação do Fator Previdenciário, devendo o INSS, quando da concessão do benefício, proceder ao cálculo da renda mensal inicial com e sem o Fator Previdenciário. (art. 181-A)

Este é o Fator a ser multiplicado pelo salário de benefício.

Lembre-se de que será aplicado obrigatoriamente por se tratar de uma aposentadoria por tempo de contribuição (integral, proporcional ou a de professor); na hipótese de aposentadoria por idade, só será aplicado se vantajoso para o segurado.

Até o fechamento desta edição, estava em discussão no Senado o projeto de Lei que defende a retirada da aplicação do Fator às aposentadorias do RGPS.

OPÇÃO DO CÁLCULO DE APOSENTADORIA POR TEMPO DE CONTRIBUIÇÃO SEM APLICAÇÃO DO FATOR PREVIDENCIÁRIO

Lei n. 8.213/91 Art. 29-C. O segurado que preencher o requisito para a aposentadoria por tempo de contribuição poderá optar pela não incidência do fator previdenciário, no cálculo de sua aposentadoria, quando o total resultante da soma de sua idade e de seu tempo de contribuição, incluídas as frações, na data de requerimento da aposentadoria, for: (Incluído pela Medida Provisória nº 676, de 2015)
I - igual ou superior a noventa e cinco pontos, se homem, observando o tempo mínimo de contribuição de trinta e cinco anos; ou (Incluído pela Medida Provisória nº 676, de 2015)
II - igual ou superior a oitenta e cinco pontos, se mulher, observando o tempo mínimo de contribuição de trinta anos. (Incluído pela Medida Provisória nº 676, de 2015)

Explicação:
Para o segurado com direito adquirido a partir de 18/06/2015

1º) COM FATOR PREVIDENCIÁRIO
Caso o segurado homem comprove 35 de tempo de contribuição; e
a segurada mulher 30 anos de tempo de contribuição
Terão direito adquirido e poderão requerer a aposentadoria por tempo de contribuição, mas depois de feita a média dos salários de contribuição de 07/1994 (plano real) até a data do requerimento, o valor encontrado (salário de benefício) será multiplicado pelo fator previdenciário, e representará uma perda em média de 30 %.

2º) FATOR 95/85 SEM FATOR PREVIDENCIÁRIO
Se o mesmo segurado do exemplo 01, além dos 35 anos (homem) e 30 anos (mulher) comprovar a idade de 60 anos e 55 anos, comprovando na soma 95 e 85, farão jus ao benefício. Será feita a média e pago o valor encontrado sem multiplicar o fator previdenciário.

§ 1º As somas de idade e de tempo de contribuição previstas no caput serão majoradas em um ponto em: (Incluído pela Medida Provisória nº 676, de 2015)

I - 1º de janeiro de 2017; (Incluído pela Medida Provisória nº 676, de 2015)

Explicação: A partir de 18/06/15 até 31/12/2016 para fazer jus a aposentadoria por tempo de contribuição, sem aplicar o fator previdenciário. O segurado homem deverá comprovar fator 95 (no mínimo 35 TC e a idade de 60 anos) e a mulher fator 85 (no mínimo 30 anos de TC e idade 60 anos).
A partir de 1º/01/2017
O FATOR será 96/86
Homem no mínimo 35 TC e idade 61 anos
mulher no minimo 30 TC e idade 56 anos
para receberem a média encontrada sem aplicar o fator previdenciário.

II - 1º de janeiro de 2019; (Incluído pela Medida Provisória nº 676, de 2015)

Explicação: A partir de 1º/01/2019
O FATOR será 97/87
Homem no mínimo 35 TC e idade 62 anos
mulher no mínimo 30 TC e idade 57 anos
para receberem a média encontrada sem aplicar o fator previdenciário.

III - 1º de janeiro de 2020; (Incluído pela Medida Provisória nº 676, de 2015)

Explicação: A partir de 1º/01/2020
O FATOR será 98/88
Homem no mínimo 35 TC e idade 63 anos
mulher no minimo 30 TC e idade 58 anos
para receberem a média encontrada sem aplicar o fator previdenciário.

IV - 1º de janeiro de 2021; e (Incluído pela Medida Provisória nº 676, de 2015)

Explicação: A partir de 1º/01/2021
O FATOR será 99/89
Homem no mínimo 35 TC e idade 64 anos
mulher no minimo 30 TC e idade 59 anos
para receberem a média encontrada sem aplicar o fator previdenciário.

V - 1º de janeiro de 2022. (Incluído pela Medida Provisória nº 676, de 2015)

Explicação: A partir de 1º/01/2022
O FATOR será 100/90
Homem no mínimo 35 TC e idade 65 anos
mulher no minimo 30 TC e idade 60 anos
para receberem a média encontrada sem aplicar o fator previdenciário.

A partir de 2022 terá direito se a somatória resultar 100/90.

§ 2º Para efeito de aplicação do disposto no caput e no § 1º, serão acrescidos cinco pontos à soma da idade com o tempo de contribuição do professor e da professora que comprovarem exclusivamente tempo de efetivo exercício de magistério na educação infantil e no ensino fundamental e médio. (Incluído pela Medida Provisória nº 676, de 2015)

Explicação: Na aposentadoria por tempo de contribuição para os professores será somado 05 pontos, se comprovado exclusivamente tempo efetivo em sala de aula.

Exemplo: A partir de 18/06/2015
Segurado homem professor, ensino médio exclusivamente em sala de aula.

Comprova 30 anos TC + 05 pontos e idade 60 anos, implementou 95 pontos e terá direito a aposentadoria por tempo sem a aplicação do fator previdenciário.

IMPORTANTE PARA A PROVA:

Aposentadoria por tempo de contribuição para o professor, exclusivamente, função de magistério infantil, fundamental e ensino médio:

• MENOS 05 ANOS NO TEMPO - HOMEM 30 E MULHER 25 ANOS

Com fator previdenciário (na fórmula há 03 variáveis):

• SOMAR NA VARIÁVEL TEMPO 10 ANOS PARA A MULHER E 05 ANOS PARA O HOMEM.

COM FATOR 95/85 - Direito adquirido a partir de 18/06/15 até 31/12/2016

• SOMAR 05 PONTOS INDEPENDE SE PROFESSOR OU PROFESSORA DESDE QUE NO MÍNIMO COMPROVEM 30 E 25 ANOS DE TEMPO DE CONTRIBUIÇÃO, RESPECTIVAMENTE.

H 30 + 60 idade + 05 PONTOS = 95
M 25 + 55 idade + 05 PONTOS = 85

Renda Mensal do Benefício

Arts. 35 ao 39, Decreto n. 3.048/99

Art. 35. A renda mensal do benefício de prestação continuada que substituir o salário-de-contribuição ou o rendimento do trabalho do segurado não terá valor inferior ao do salário mínimo nem superior ao limite máximo do salário-de-contribuição, exceto no caso previsto no art. 45*.

Exemplo: na apuração do cálculo de um auxílio-doença, o valor do salário de benefício encontrado é salário mínimo, a renda mensal devida é de 91% deste valor, não podendo ser inferior ao mínimo, se estiver substituindo a remuneração do segurado. Logo não caberá o pagamento de 91% de um salário mínimo.

MUDANÇA POR MEIO DA LC N. 150/15

LEI N. 8.213/91

Art. 34. No cálculo do valor da renda mensal do benefício, inclusive o decorrente de acidente do trabalho, serão computados: (Redação dada pela Lei Complementar nº 150, de 2015)
I - para o segurado empregado, inclusive o doméstico, e o trabalhador avulso, os salários de contribuição referentes aos meses de contribuições devidas, ainda que não recolhidas pela empresa ou pelo empregador doméstico, sem prejuízo da respectiva cobrança e da aplicação das penalidades cabíveis, observado o disposto no § 5º do art. 29-A; (Redação dada pela Lei Complementar nº 150, de 2015)

Explicação: A partir de Junho de 2015 foi acrescentada a categoria empregada doméstica.

Renda mensal de benefício é um percentual devido. Exemplo:

Auxílio-doença: 91% limitada a média dos 12 últimos salários de contribuição.

Aposentadoria por invalidez: 100% do salário de benefício.

Para calcular o salário de benefício (média dos salários de contribuição) que servirá de base para pagar a renda mensal (percentuais 91%, 100 %, etc).

Para 03 categorias, empregada, trabalhadora avulsa e empregada doméstica: A renda mensal será por meio do cálculo da média dos salários de contribuição devidos, ainda que tenha vencido o prazo de recolhimento sem o pagamento.

Cabendo a aplicação de penalidades por descumprimento da obrigação principal (a de recolher) e as acessórias (de fazer).

Observado o §5 ° do art. 29A, quer dizer:

O INSS utilizará os salários de contribuições constantes no Cadastro Nacional de Informações Sociais – CNIS, para fins de cálculo do salário de benefício, comprovação de filiação ao Regime Geral de Previdência Social, tempo de contribuição e relação de emprego.

Mas:
Havendo dúvida sobre a regularidade do vínculo incluído no CNIS e inexistência de remunerações e contribuições, o INSS exigirá documentos que serviram de base à anotação, sob pena de exclusão do período.

II - para o segurado empregado, inclusive o doméstico, o trabalhador avulso e o segurado especial, o valor mensal do auxílio-acidente, considerado como salário de contribuição para fins de concessão de qualquer aposentadoria, nos termos do art. 31; (Redação dada pela Lei Complementar nº 150, de 2015)

Explicação:
São 04 (quatro) categorias (empregado, inclusive o doméstico, o trabalhador avulso e o segurado especial) têm direito ao auxílio-acidente, após ter permanecido em auxílio-doença acidentário e com sequelas definitivas.

Se um segurado de uma destas categorias solicitar aposentadoria em 07/2015, mas no período que antecedeu a este requerimento (01/2012 a 06/2015) ele estava recebendo um auxílio-acidente (50%), este valor será considerado salário de contribuição e somado à remuneração, se houver.

III - para os demais segurados, os salários-de-contribuição referentes aos meses de contribuições efetivamente recolhidas.

Contribuição como Contribuinte Individual a Menor

Enquanto as contribuições do contribuinte individual que tenha recolhido 11% não forem complementadas, o salário-de-contribuição será computado, para efeito de benefício, proporcionalmente à contribuição efetivamente recolhida.

Ex.: O Produtor Rural Pessoa Física/contribuinte individual tomou os serviços de outros segurados e devedor de cota patronal de 20% sobre a remuneração paga ou creditada ao contribuinte individual e nesta condição este comprovando que o tomador fez seu recolhimento, será devedor de 11%. Mas se não houver o efetivo recolhimento ou declaração por parte do tomador, terá o seu benefício calculado apenas com sua contribuição. E se ela for inferior ao salário mínimo, deverá ser complementada.

No exemplo anterior, sem a comprovação do recolhimento pelo tomador (Ex.: Produtor Rural Pessoa Física) não serão considerados como tempo de contribuição, para o fim de concessão de benefício previdenciário, enquanto as contribuições não forem complementadas o período correspondente às competências em que se verificar recolhimento de contribuição sobre salário de contribuição menor que o salário mínimo.

Art. 36. Para o segurado empregado doméstico que, tendo satisfeito as condições exigidas para a concessão do benefício requerido, não comprovar o efetivo recolhimento das contribuições devidas, será concedido o benefício de valor mínimo, devendo sua renda ser recalculada quando da apresentação da prova do recolhimento das contribuições.

Explicação: Condições exigidas para aposentadoria por idade, homem idade 65 anos e 180 meses de carência. Categoria empregado doméstico.
Periodo contributivo: DE MAIO/2000 ATÉ JUNHO/2015
Período sem comprovação de recolhimento: JUNHO 2014 até 12/2014
Se excluído este período não teria direito a aposentadoria, mas de acordo com este artigo, o doméstico contará com estes meses, provando a carência mínima de 180 contribuições, mas o valor do benefício será salário mínimo, se comprovado o recolhimento para o período o benefício será revisto.

Percentual da Renda Mensal de Benefício

Foi explicado que o beneficiário não recebe salário de benefício (a média), ele fará jus a uma renda mensal inicial. Qual será o percentual?

Decreto n. 3. 048/99 Art. 39. A renda mensal do benefício de prestação continuada será calculada aplicando-se sobre o salário-de-benefício os seguintes percentuais:

I - auxílio-doença – 91% por cento do salário-de--benefício;
II - aposentadoria por invalidez – 100% por cento do salário-de-benefício;
III - aposentadoria por idade – 70% por cento do salário-de-benefício, mais 1% por cento deste por grupo de doze contribuições mensais, até o máximo de 30% por cento.
IV - aposentadoria por tempo de contribuição:
a) para a mulher – 100% do salário-de-benefício aos trinta anos de contribuição;
b) para o homem – 100% do salário-de-benefício aos trinta e cinco anos de contribuição; e
c) 100% do salário-de-benefício, para o professor aos 30 anos, e para a professora aos 25 anos de contribuição e de efetivo exercício em função de magistério na educação infantil, no ensino fundamental ou no ensino médio;
d) 100% do salário-de-benefício, para o segurado que comprovar, na condição de pessoa com deficiência, o tempo de contribuição disposto no art. 70-B; (Incluído pelo Decreto nº 8.145, de 2013)
V - aposentadoria especial – 100% do salário-de-benefício; e
VI - auxílio-acidente – 50% do salário-de-benefício.

Reajustamento do Valor do Benefício

Lei n. 8.213/91, modificada pela Lei n. 11.665/08

Art. 41-A. O valor dos benefícios em manutenção será reajustado, anualmente, na mesma data do reajuste do salário mínimo, pro rata, de acordo com suas respectivas datas de início ou do último reajustamento, com base no Índice Nacional de Preços ao Consumidor - INPC, apurado pela Fundação Instituto Brasileiro de Geografia e Estatística - IBGE.

No capítulo 03 explicamos o art. 201 da CF e seus parágrafos, com as características da Previdência Social a ser observada pelo Regime Geral de Previdência Social. No art. 201, § 4º, temos como característica a preservação do valor real do benefício, e nesta oportunidade vamos estudá-la de acordo com a legislação específica.

Os benefícios em manutenção pela Previdência Social serão anualmente reajustados com base na variação do INPC, sendo o reajuste desde a data de sua concessão ou último reajustamento. Para 2015, o índice de acordo com a Portaria Interministerial n. 13/2015, foi de 6,23 %. (Janeiro 2015).

§ 1º Nenhum benefício reajustado poderá exceder o limite máximo do salário-de-benefício na data do reajustamento, respeitados os direitos adquiridos. (Incluído pela Lei nº 11.430, de 2006)

Os benefícios mantidos (pagos) pelo RGPS serão reajustados uma vez por ano, no mês em que for reajustado o salário mínimo, mas não quer dizer que será pelo mesmo índice. Pro rata, na proporcionalidade da data de início do pagamento pela previdência ou do último reajuste. O índice será o INPC.

§ 2º Os benefícios com renda mensal superior a um salário mínimo serão pagos do primeiro ao quinto dia útil do mês subsequente ao de sua competência, observada a distribuição proporcional do número de beneficiários por dia de pagamento.

O pagamento dos benefícios ocorrerá do primeiro ao quinto dia útil do mês subsequente ao de sua competência. Para os beneficiários com renda mensal superior ao salário mínimo.

§ 3º Os benefícios com renda mensal no valor de até um salário mínimo serão pagos no período compreendido entre o quinto dia útil que anteceder o final do mês de sua competência e o quinto dia útil do mês subsequente, observada a distribuição proporcional dos beneficiários por dia de pagamento.
§ 4º Para os efeitos dos §§ 2º e 3º, considera-se dia útil aquele de expediente bancário com horário normal de atendimento.
§ 5º O primeiro pagamento do benefício será efetuado até quarenta e cinco dias após a data da apresentação, pelo segurado, da documentação necessária à sua concessão.
§ 6º Para os benefícios que tenham sido majorados devido à elevação do salário mínimo, o referido aumento deverá ser compensado quando da aplicação do disposto no caput, de acordo com os procedimentos estabelecidos pelo Ministério da Previdência Social.

Art. 42. Nenhum benefício reajustado poderá ser superior ao limite máximo do salário-de-contribuição, nem inferior ao valor de um salário mínimo.
Parágrafo único. O auxílio-acidente, o abono de permanência em serviço, o auxílio-suplementar, o salário-família e a parcela a cargo do Regime Geral de Previdência Social dos benefícios por totalização, concedidos com base em acordos internacionais de previdência social, poderão ter valor inferior ao do salário mínimo.

Auxílio-acidente – Por ser uma renda mensal de 50% do salário de benefício, do benefício anterior (auxílio-doença acidentário), se este era salário mínimo, será a metade.

Abono permanência em serviço – Extinto, equivale a 25% de uma aposentadoria que ele viesse a ter direito.

Auxílio-suplementar – Equivale a 20% no máximo, de um auxílio-doença acidentário. Não é mais concedido, mas continua sendo pago em manutenção.

Salário-família – O valor deste benefício surgiu como sendo 5% do salário mínimo em 1963, e seu valor atualizado a contar de janeiro/2014 será cota mensal paga ao empregado, trabalhador avulso e empregado doméstico por filho até 14 anos, é de R$ 26,20 ou R$ 37,18, desde que o segurado em uma das categorias seja de baixa renda, seu salário de contribuição seja igual ou inferior a R$ 1.089,72 (01/2015).

Benefícios por totalização ou por cotização – Aquele benefício concedido por meio de acordo bilateral ou multilateral internacional.

O segurado que comprove tempo de contribuição no Brasil e tempo de contribuição em outro país que tenha assinado acordo bilateral ou multilateral. Na apuração do valor ele receberá parte daqui e outra parte do outro país, podendo ser inferior ao mínimo o valor que receberá aqui.

VALOR MENSAL DA PENSÃO POR MORTE

Lei n. 8.213/91
Art. 75. O valor mensal da pensão por morte será de cem por cento do valor da aposentadoria que o segurado recebia ou daquela a que teria direito se estivesse aposentado por invalidez na data de seu falecimento, observado o disposto no art. 33 desta lei.

Explicação:
Com a MP 664/14 houve alteração do percentual da renda mensal, mas foi vetada na conversão na Lei n. 13.135/15.

Logo o texto permaneceu como antes, sem mudança.

Para óbitos a partir de 18/06/2015 Lei n.13.134/15 (conversão da MP 664/15)

A renda mensal voltou a ser de 100% como consta no art. 75

PENSÃO POR MORTE DE SEGURADO COM DIREITO ADQUIRIDO A APOSENTADORIA E AUXÍLIO-ACIDENTE

Decreto n. 3.048/99 Art. 39, § 4º – Se na data do óbito o segurado estiver recebendo aposentadoria e auxílio-acidente, o valor mensal da pensão por morte será calculado conforme o disposto no parágrafo anterior, não incorporando o valor do auxílio-acidente.

Se o segurado, ao falecer, recebia cumulativamente aposentadoria e auxílio-acidente, a aposentadoria será revertida em pensão e o dependente não terá direito ao auxílio-acidente. O pagamento deste benefício mensal em caráter indenizatório é pago ao segurado até a véspera de uma aposentadoria ou até o óbito.

Não Acúmulo de Benefícios

Decreto n. 3.048/99 Art.167. Salvo no caso de direito adquirido, não é permitido o recebimento conjunto dos seguintes benefícios da previdência social, inclusive quando decorrentes de acidente do trabalho:

I- aposentadoria com auxílio-doença;
Ex.: O segurado empregado aposentado, que retornou ou permaneceu em atividade obrigatória, contribui, mas se ficar incapacitado temporariamente por mais de 15 dias consecutivos, os 15 primeiros dias serão pagos pela empresa e do 16º dia em diante ficará em repouso só recebendo a aposentadoria, não acumula com auxílio-doença.

II- mais de uma aposentadoria;
Ex.: Aposentou-se por tempo de contribuição proporcionalmente, continuou a contribuir por exercer atividade

obrigatória, e depois completou a idade 60 anos mulher ou 65 homem. Não terá direito a outra aposentadoria.

III- aposentadoria com abono de permanência em serviço;

Ex. Extinto.

IV- salário-maternidade com auxílio-doença;

Ex.: Se a segurada gestante ficar incapacitada para o trabalho antes de 28 dias da data do parto, terá direito ao auxílio-doença, e se no período que esteja recebendo a renda mensal de 91%, haja o parto, ela fará jus ao recebimento deste, não acumulando os dois.

V- mais de um auxílio-acidente;

Ex.: Trata-se de um benefício de natureza indenizatória, com origem em auxílio-doença acidentário, e que resultou em sequela. Não será devido mais de um auxílio-acidente. (Renda mensal 50% do salário de benefício anterior).

VI- mais de uma pensão deixada por cônjuge;

Ex.: A segurada pensionista, casou de novo, continua com sua pensão anterior, caso haja o óbito do cônjuge atual, é facultado ao dependente optar pela mais vantajosa.

VII - mais de uma pensão deixada por companheiro ou companheira;
VIII - mais de uma pensão deixada por cônjuge e companheiro ou companheira; e
IX - auxílio-acidente com qualquer aposentadoria.

Ex.: Até NOV/97 o segurado tinha direito a acumular aposentadoria e auxílio-acidente, por meio de uma lei não cabe mais o pagamento dos dois. O auxílio-acidente deixou de ser vitalício, e cessará na véspera de qualquer aposentadoria ou no óbito do segurado.

§ 1º No caso dos incisos VI, VII e VIII é facultado ao dependente optar pela pensão mais vantajosa.
§ 2º É vedado o recebimento conjunto do seguro-desemprego com qualquer benefício de prestação continuada da previdência social, exceto pensão por morte, auxílio-reclusão, auxílio-acidente, auxílio-suplementar ou abono de permanência em serviço.
§ 3º É permitida a acumulação dos benefícios previstos neste Regulamento com o benefício de que trata a Lei nº 7.070, de 20 de dezembro de 1982, que não poderá ser reduzido em razão de eventual aquisição de capacidade laborativa ou de redução de incapacidade para o trabalho ocorrida após a sua concessão.
§ 4º O segurado recluso, ainda que contribua na forma do § 6º do art. 116, não faz jus aos benefícios de auxílio-doença e de aposentadoria durante a percepção, pelos dependentes, do auxílio-reclusão, permitida a opção, desde que manifestada, também, pelos dependentes, pelo benefício mais vantajoso. (Parágrafo acrescentado pelo Decreto nº 4.729, de 9/06/2003)

ex.: O segurado recluso tem direito a auxílio-doença e a aposentadoria.

Mas se ele estiver recluso, e tiver sido concedido o auxílio-reclusão para seu dependente, e depois ele pretenda pedir auxílio-doença ou aposentadoria, poderá mas com a anuência do dependente e a sua.

Cessará o auxílio-reclusão, para a concessão de benefício ao segurado.

PROCURAÇÃO

Art. 156. O benefício será pago diretamente ao beneficiário, salvo em caso de ausência, moléstia contagiosa ou impossibilidade de locomoção, quando será pago a procurador, cujo mandato não terá prazo superior a doze meses, podendo ser renovado ou revalidado pelos setores de benefícios do Instituto Nacional do Seguro Social.

Explicação: O segurado ou dependente precisam de procurador para receber seus benefícios, nas hipóteses de:

- ausência: Procuração e declaração do segurado (outorgante) contendo se a viagem é no Brasil ou exterior e período.
- moléstica contagiosa - Procuração outorgada por esse motivo e atestado médico.
- impossibilidade de locomoção: procuração outurgada por esse motivo e atestado que comprove essa situação, atestado de recolhimento à prisão ou declaração de internação em casa de recuperação de dependente químico, quando for o caso.

Os atestados no prazo máximo de 30 dias.

Parágrafo único. O procurador do beneficiário deverá firmar, perante o Instituto Nacional do Seguro Social, termo de responsabilidade mediante o qual se comprometa a comunicar ao Instituto qualquer evento que possa anular a procuração, principalmente o óbito do outorgante, sob pena de incorrer nas sanções criminais cabíveis.

Art. 157. O Instituto Nacional do Seguro Social apenas poderá negar-se a aceitar procuração quando se manifestar indício de inidoneidade do documento ou do mandatário, sem prejuízo, no entanto, das providências que se fizerem necessárias.

Art. 158. Na constituição de procuradores, observar-se-á subsidiariamente o disposto no Código civil.

Art. 159. Somente será aceita a constituição de procurador com mais de uma procuração, ou procurações coletivas, nos casos de representantes credenciados de leprosários, sanatórios, asilos e outros estabelecimentos congêneres, nos casos de parentes de primeiro grau, ou, em outros casos, a critério do Instituto Nacional do Seguro Social.

Art. 160. Não poderão ser procuradores:
I - os servidores públicos civis ativos e os militares ativos, salvo se parentes até o segundo grau; e
II - os incapazes para os atos da vida civil, ressalvado o disposto no art. 666 do Código Civil. (Redação dada pelo Decreto nº 4.729, de 2003)
Parágrafo único. Podem outorgar procuração às pessoas maiores ou emancipadas, no gozo dos direitos civis.

Quadro Sinótico

Estrutura do Ministério da Previdência Social – Decreto n. 6.417/08

- Administração do RGPS a cargo do MPS, por meio de suas entidades (INSS e Dataprev) e órgãos (CNPS,CRPS, CNPC) – art. 7º do Decreto n. 3.048/99; e Decreto n. 7.078/10
- CNPS – Responsável pela organização e deliberação, mediante gestão quadripartite, art. 295 do Decreto n. 3.048/99.

Recursos das Decisões Administrativas – Ao CRPS - Conselho de Recursos da Previdência Social – art. 305 do Decreto n. 3.048/99

- 29 Juntas de Recursos no território nacional;
- 04 Câmaras de Julgamento; e
- 01 Conselho Pleno

Plano de Benefícios da Previdência Social

- Beneficiários do RGPS – Segurados e dependentes art. 8º do Decreto n. 3.048/99;
- Qualidade de Segurado – Manutenção, perda ou recuperação, art. 13, 14 e 27;
- Beneficiário na condição de dependentes do RGPS – art. 16 do Decreto n. 3.048/99; e
- Prestações do RGPS.

Espécies de Prestações- Benefícios e Serviços

- Quanto ao segurado – art. 18, I da Lei n. 8.213/91;
- Quanto ao dependente – art. 18, II Lei n. 8.213/91; e
- Quanto aos dois – art. 18, III da Lei n. 8.213/91.

Carência

- Conceito – art. 26 do RPS
- Contagem a partir – art. 28 e incisos

Salário-de-Benefício – Valor básico encontrado a partir de uma média

- Das aposentadorias por tempo de contribuição e por idade: art. 32, inciso I multiplicado pelo Fator previdenciário art. 32 parágrafo 15;
- Do auxílio-doença, aposentadoria por invalidez, aposentadoria especial e auxílio-acidente: art. 32 , inciso II, não se aplica o fator.

Renda Mensal Inicial – art. 39, incisos I, II e III, do Decreto n. 3.048/99

- Auxílio-doença: renda mensal 91% do salário-de-benefício;
- Aposentadoria por invalidez – renda mensal 100%;
- Aposentadoria por idade – renda mensal 70% + 1% por cada ano que o segurado comprove a carência mínima, limitado a 30%.

Reajustamento do Valor dos benefícios – Lei n. 8.213/91, art. 41-A.

Não Acúmulo de benefícios no RGPS, salvo direito adquirido – art. 167

- **PROCURAÇÃO – art. 156 do decreto n. 3.048/99**

Exercícios de Fixação

Responda com CERTO, ERRADO ou DEIXE EM BRANCO. Cada questão Errada anula uma Certa. Deixando em branco, perde-se apenas esta questão.

PROVA CESPE/UNB ANALISTA - 2003

Os temas relacionados a crimes, renúncias e diversas obrigações acessórias são considerados pontos críticos para a Previdência Social. Nesse contexto, julgue o item 01.

01. Uma das condutas típicas do crime de apropriação indébita previdenciária é deixar de recolher, no prazo legal, contribuição ou outra importância destinada à previdência que tenha sido descontada de pagamento efetuado a segurados, a terceiros ou arrecadada do público, sendo passível de aplicação de pena de reclusão e multa. Todavia, a punibilidade poderá ser extinta se o agente, espontaneamente, declarar, confessar e efetuar o pagamento de contribuições, importâncias ou valores e prestar as informações devidas à Previdência Social, na forma definida em lei ou regulamento, até o recebimento da denúncia pelo juiz.

Juliana começou a prestar serviços a Fábio em agosto de 2002 como empregada doméstica. Em novembro de 2002, ao ser cientificado de que Juliana estava grávida e que seu parto estava previsto para abril de 2003, Fábio assinou a CTPS dela com uma remuneração de R$ 200,00 e iniciou os recolhimentos à Previdência Social. Em janeiro de 2003, Fábio aumentou a remuneração de Juliana para R$ 1.500,00, passando a calcular a contribuição previdenciária sobre este valor.

02. Juliana receberá o salário-maternidade da Previdência Social no valor mensal de R$ 1.500,00.

03. Caso o parto de Juliana seja antecipado para março de 2003, após 36 semanas de gravidez, e a criança nasça morta, comprovando-se tal fato via atestado médico, ainda assim o salário-maternidade será concedido por 120 dias, sem necessidade de avaliação médico-pericial do INSS.

04. Considere ainda que, em dezembro de 2002, em razão de complicações da gravidez, Juliana tenha ficado incapacitada para o trabalho por vinte dias. Nessa situação, Juliana teve direito a receber auxílio-doença da Previdência Social.

CESPE/UNB AFPS/2003

05. Das decisões do INSS nos processos de interesse dos contribuintes da seguridade social caberá recurso ao Conselho de Recursos da Previdência Social. O recorrente pessoa física não está obrigado a apresentar prova de depósito correspondente a 30% da exigência fiscal a título de garantia de instância.

Assinale a alternativa correta.

06. (Técnico Previdenciário/2004) A Previdência Social é o segmento da Seguridade Social que visa a propiciar os meios indispensáveis à subsistência da pessoa humana, quando ocorrer certa contingência prevista em lei. São beneficiários das prestações previdenciárias.

a) somente os segurados.
b) segurados e seus dependentes.
c) toda e qualquer pessoa que já tiver contribuído para a Previdência Social, pelo menos com 01 (uma) contribuição mensal, sendo indiferente o período de tal recolhimento.
d) aqueles que sofrerem riscos sociais, tais como incapacidade laborativa e idade avançada, independente de contribuição à Previdência Social.
e) todos os brasileiros, independente de contribuição à Previdência Social.

07. (Técnico Previdenciário/2004) São dependentes do segurado do Regime Geral da Previdência Social:

a) todos aqueles que dependem economicamente do segurado, sendo irrelevante o vínculo conjugal ou consanguíneo.
b) todos aqueles indicados como dependentes, nos termos da legislação tributária do imposto de renda.
c) as pessoas designadas pelo segurado para serem dependentes.
d) cônjuge, companheiro(a), filho(a) não emancipado(a), de qualquer condição, menor de 21 (vinte e um) anos ou inválido(a), pais, irmão(ã) não emancipado(a), de qualquer condição, menor de 21 (vinte e um) anos ou inválido(a).
e) cônjuge, companheiro(a), filho(a) não emancipado(a), de qualquer condição, menor de 18 (dezoito) anos ou inválido(a), pais, irmão(ã) não emancipado(a), de qualquer condição, menor de 18 (dezoito) anos ou inválido(a).

08. (Técnico Previdenciário/2004) A inscrição do(a) companheiro(a) do segurado no Regime Geral da Previdência Social será promovida, na qualidade de dependente, quando do requerimento do benefício a que tiver direito. Para a comprovação do vínculo e da dependência econômica do(a) companheiro(a), é suficiente a apresentação de:

a) certidão de nascimento de filho havido em comum.
b) prova testemunhal de que o segurado e o dependente mantêm ou mantiveram união estável.
c) disposições testamentárias, prova do mesmo domicílio e conta bancária conjunta.
d) declaração do(a) companheiro(a) de que viveu uma relação de companheirismo com o segurado, mesmo que este tenha terminado anos antes do ato de inscrição.
e) sentença homologatória em procedimento judicial de justificação que se presta a colher prova testemunhal, em juízo, da existência da união estável.

09. (Técnico Previdenciário/2004) Período de Carência é o número de contribuições mensais indispensáveis para que o beneficiário faça jus ao benefício. O dia de início da contagem do período de carência é o (a):

a) primeiro dia do mês de filiação ao Regime Geral de Previdência Social, para o segurado empregado doméstico.
b) primeiro dia do mês de filiação ao Regime Geral da Previdência Social, para todos os segurados, obrigatórios ou facultativos.
c) primeiro dia do mês em que se iniciou a execução de atividade remunerada, como segurado empregado, sendo presumida a contribuição.
d) data do efetivo recolhimento da primeira contribuição sem atraso, para o trabalhador avulso.
e) data do efetivo recolhimento da primeira contribuição sem atraso, para todos os segurados, obrigatórios ou facultativos.

10. (Técnico Previdenciário/2004) A respeito do cálculo do valor do benefício previdenciário, assinale a afirmativa incorreta.

a) Atualmente, o salário-de-benefício da aposentadoria por idade consiste na média aritmética simples dos maiores salários-de-contribuição correspondente a 80% de todo o período contributivo, multiplicado pelo fator previdenciário.
b) Atualmente, o salário-de-benefício da aposentadoria por tempo de contribuição consiste na média dos 36 (trinta e seis) últimos salários-de-contribuição, corrigidos monetariamente mês a mês.
c) O auxílio-doença tem como base de cálculo o salário-de-benefício do segurado.
d) Atualmente, o salário-de-benefício da aposentadoria por invalidez consiste na média aritmética simples dos maiores salários-de-contribuição correspondentes a 80% de todo o período contributivo.
e) O fator previdenciário será calculado considerando-se a idade, a expectativa de sobrevida e o tempo de contribuição do segurado.

11. (Anal. Previdenciário/2004) Tício, marido de Martha, faleceu, em julho de 2004, desempregado. Havia trabalhado como empregado, durante 20 (vinte) anos, para a empresa "Carro dos Sonhos Ltda", tendo terminado o seu contrato de trabalho com a referida empresa de julho de 1999. Em agosto de 2004, Martha formulou requerimento administrativo de pensão de morte em uma Agência da Previdência Social e teve seu pedido indeferido. A correta justificativa para o indeferimento da pensão por morte nesse caso é:

a) perda da qualidade de segurado do instituidor da pensão.
b) ausência de inscrição de Martha como dependente designado por Tício, antes de seu falecimento.
c) o fato de que Martha não comprovou a sua dependência econômica de Tício, requisito este indispensável para qualificação de cônjuge como dependente.
d) o fato de Martha não ser segurada do Regime Geral da Previdência Social.
e) o fato de o período de carência fixado por lei para a concessão de pensão por morte não ter sido cumprido.

12. (Anal. Previdenciário/2004) Caio, segurado do Regime Geral da Previdência Social, divorciou-se de Dora, em julho de 1999, ficando ajustado que pagaria uma pensão alimentícia no valor de 20% do seu salário. Em janeiro de 2003, Caio casa-se com Ana e, fruto da relação, nasce Márvio. Com o falecimento de Caio em agosto de 2004, quem tem direito ao recebimento de pensão por morte, na qualidade de seu dependente?

a) Ana, somente.
b) Márvio, somente.
c) Ana e Márvio, somente.
d) Dora e Márvio, somente.
e) Dora, Ana e Márvio.

13. (Anal. Previdenciário/2004) Das decisões proferidas pelas Agências da Previdência Social, referentes ao recolhimento de direitos na concessão, na atualização ou na revisão de benefícios, bem como na emissão de CTC (Certidão de Tempo de Contribuição), poderão os interessados, quando não conformados, recorrer

às Juntas de Recursos ou às Câmaras de Julgamento do CRPS (Conselho de Recursos da Previdência Social). Quanto a esta espécie de recurso, assinale a afirmativa correta.

a) Nos casos de conclusão médica contrária, o processo será encaminhado para a Perícia Médica da Agência da Previdência Social, a fim de ser realizado exame por junta médica, a qual emitirá parecer conclusivo.

b) Na contagem do prazo para sua interposição, será incluído o dia do conhecimento da decisão, salvo se não for dia útil, ocasião em que o curso do prazo iniciar-se-á no primeiro dia útil seguinte ao dia do conhecimento.

c) O prazo para a interposição desse recurso pelo segurado ou beneficiário será de 10 (dez) dias.

d) O prazo para sua interposição não será prorrogado em hipótese alguma, antecipando-se para o último dia útil quando o seu vencimento recair em dia em que não haja expediente integral no setor responsável pelo recebimento do recurso.

e) A ciência da decisão será efetuada por notificação por edital, quando o interessado estiver em local certo.

14. (TRF/2005) Leia cada um dos assertos abaixo e assinale (V) ou (F), conforme seja verdadeiro ou falso. Depois, marque a opção que contenha a exata sequência.

( ) **O segurado que deixar de exercer atividade remunerada abrangida pela Previdência Social, ou estiver suspenso ou licenciado sem remuneração, que deixar de contribuir perde automaticamente a qualidade de segurado, para fins de receber benefícios.**

( ) **O irmão não emancipado, menor de 21 anos, válido para o trabalho, alista-se entre os beneficiários do Regime Geral de Previdência Social, na condição de dependente do segurado.**

( ) **Se cônjuge que se divorcia abre mão dos alimentos, processa-se o cancelamento da inscrição de dependente, para fins de benefícios previdenciários.**

a) VVV
b) FFF
c) FVV
d) VVF
e) FFV

Técnico do Seguro Social/Cargo 18
Caderno BRANCO - CESPE/UNB – INSS/2008

15. Alzira, estudante, filiou-se facultativamente ao Regime Geral de Previdência Social, passando a contribuir regularmente. Em razão de dificuldades financeiras, Alzira deixou de efetuar esse recolhimento por oito meses. Nessa situação, Alzira não deixou de ser segurada, uma vez que a condição de segurado permanece por até doze meses após a cessação das contribuições.

16. Ronaldo, afastado de suas atividades laborais, tem recebido auxílio-doença. Nessa situação, a condição de segurado de Ronaldo será mantida sem limite de prazo, enquanto estiver no gozo do benefício, independentemente de contribuição para a Previdência social.

Com relação ao período de carência, julgue os itens a seguir.

17. Uma profissional liberal que seja segurada contribuinte individual da Previdência Social há três meses e esteja grávida de seis meses terá direito ao salário-maternidade, caso recolha antecipadamente as sete contribuições que faltam para completar a carência.

18. Uma segurada empregada do regime de previdência social que tenha conseguido seu primeiro emprego e, logo na primeira semana, sofra um grave acidente que determine seu afastamento do trabalho por quatro meses não terá direito ao auxílio-doença pelo fato de não ter cumprido a carência de doze contribuições.

19. Se uma empregada doméstica estiver devidamente inscrita na Previdência Social, será considerado, para efeito do início da contagem do período de carência dessa segurada, o dia em que sua carteira de trabalho tenha sido assinada.

É apresentada, em cada um dos itens que se seguem, uma situação hipotética relacionada aos dependentes e ao período de carência, seguida de uma assertiva a ser julgada.

20. Célio, segurado empregado da Previdência Social, tem um filho, com 28 anos de idade, que sofre de doença degenerativa em estágio avançado, sendo, portanto, inválido. Nessa condição, o filho de Célio é considerado seu dependente, mesmo tendo idade superior a dezoito anos.

21. César, segurado da Previdência Social, vive com seus pais e com seu irmão, Getúlio, de 15 anos idade. Nessa situação, o falecimento de César somente determina o pagamento de benefícios previdenciários a seus pais e a seu irmão se estes comprovarem dependência econômica com relação a César.

22. Gilmar, inválido, e Solange são comprovadamente dependentes econômicos do filho Gilberto, segurado da Previdência Social, que, por sua vez, tem um filho. Nessa situação, Gilmar e Solange concorrem em igualdade de condições com o filho de Gilberto para efeito de recebimento eventual de benefícios

23. Roberto, produtor rural, é segurado especial e não faz recolhimento para a Previdência Social como contribuinte individual. Nessa situação, para recebimento dos benefícios a que Roberto tem direito, não é necessário o recolhimento para a contagem dos prazos de carência, sendo suficiente a comprovação da atividade rural por igual período.

24. Como ficou desempregado por mais de quatro anos, Mauro perdeu a qualidade de segurado. Recentemente, conseguiu emprego em um supermercado, mas ficou impossibilitado de receber o salário-família pelo fato de não poder contar com anteriores para efeito de contagem do tempo de carência, que, para este benefício, é de doze meses. Nessa situação, Mauro poderá contar o prazo anterior à perda da qualidade de segurado depois de contribuir por quatro meses no novo emprego, prazo exigido pela legislação.

MTE - ESAF/2010

25. Considerando a teoria geral dos benefícios e serviços da Previdência Social na Lei n. 8.213/91, julgue os itens abaixo relativos aos beneficiários da Previdência Social:

I. só são beneficiários da Previdência Social os segurados que contribuem para o caixa previdenciário.
II. dona de casa não pode ser beneficiária da Previdência Social.
III. pessoa jurídica pode ser beneficiária do sistema de Previdência Social.
IV. só os dependentes que contribuem podem ser beneficiários da Previdência Social.

a) I e II estão corretos.
b) Somente I está incorreto.
c) II e IV estão corretos.
d) Todos estão incorretos.
e) III e IV estão corretos.

26. Assinale a opção correta, entre as assertivas abaixo, relacionada aos benefícios que os dependentes da Previdência Social têm direito à luz da Lei n. 8.213/91.

a) Aposentadoria por tempo de contribuição.
b) Auxílio-doença.
c) Auxílio-acidente.
d) Aposentadoria por invalidez.
e) Pensão por morte.

TÉCNICO SEGURO SOCIAL/INSS-FCC 2012

27. Em relação ao valor da renda mensal dos benefícios, é correto afirmar que

a) o auxílio-doença corresponde a 100% (cem por cento) do salário de benefício.
b) a aposentadoria por invalidez corresponde a 91% (noventa e um) por cento do salário de benefício.
c) a aposentadoria por idade corresponde a 70% (setenta por cento) do salário de benefício.
d) a renda mensal da aposentadoria especial não está sujeita ao fator previdenciário.
e) a renda mensal da aposentadoria por tempo de contribuição não está sujeita ao fator previdenciário.

28. Como regra, o beneficiário deve receber diretamente o benefício devido pelo INSS. Porém, admite-se a constituição de procurador. Nessa situação,

a) a procuração tem validade de 6 (seis) meses, podendo ser revalidada ou renovada pelo INSS.
b) a procuração poderá ser outorgada a parente de servidores públicos civis ativos até o terceiro grau.
c) pode ser outorgada procuração coletiva nos casos de representantes de asilos.
d) a procuração tem validade de 12 (doze) meses, não se admitindo a renovação.
e) pode ser outorgada procuração aos militares ativos, sem grau de parentesco com o beneficiário.

29. Em relação ao salário-maternidade e ao salário-família pagos às seguradas empregadas, é correto afirmar que são

a) pagos pela empresa que poderá compensá-los com as contribuições incidentes sobre a folha de salários.
b) pagos pelo INSS.
c) pagos pelas empresas sem direito à compensação.
d) pagos pela Assistência Social.
e) indevidos às seguradas autônomas.

PERITO MÉDICO/INSS FCC 2012

30. Rita de Cássia foi empregada durante 26 (vinte e seis) anos e aposentou-se por tempo de contribuição. Após dois anos de sua aposentadoria, ela retornou a trabalhar em outro emprego. Na situação ora proposta, em relação ao novo contrato de trabalho e à cumulação de benefícios, é correto afirmar que Rita de Cássia

a) poderá cumular os benefícios de aposentadoria e auxílio-doença.
b) sendo demitida sem justa causa terá direito ao seguro-desemprego.
c) sendo demitida sem justa causa é vedado o recebimento conjunto do seguro-desemprego com o benefício de aposentadoria por tempo de serviço.
d) poderá cumular os benefícios de aposentadoria e auxílio-acidente.
e) recebendo aposentadoria por tempo de contribuição e voltando a exercer atividade remunerada, não terá de contribuir, obrigatoriamente, para o INSS.

31. Apenas em relação aos segurados, NÃO fazem parte das prestações previdenciárias compreendidas pelo Regime Geral de Previdência Social:

a) auxílio-acidente e aposentadoria por idade.
b) aposentadoria por invalidez e salário família.
c) auxílio-reclusão e reabilitação profissional.
d) auxílio-doença e aposentadoria especial.
e) salário-maternidade e aposentadoria por tempo de contribuição.

32. Cecília filiou-se pela primeira vez à Previdência Social na qualidade de segurada empregada em razão de contrato de trabalho firmado com a empresa Alfa Comunicações.
Após 11 (onze) meses de labor, Cecília pediu demissão para cursar pós-graduação no exterior, com duração de 3 (três) anos. Durante o curso Cecília não contribuiu para a Previdência Social. Um mês antes do término do curso, Cecília veio a falecer. Passados 2 (dois) anos do óbito de Cecília, seu marido Joaquim requereu administrativamente o benefício da pensão por morte, sendo indeferido o seu pedido. Neste caso, o indeferimento do benefício da pensão por morte se justifica em razão de que

a) apenas a esposa pode postular o benefício da pensão por morte do marido.
b) Cecília já havia perdido a qualidade de segurada antes da solicitação do benefício.
c) Joaquim não era segurado do Regime Geral da Previdência Social.
d) Joaquim não comprovou a sua dependência econômica em relação à Cecília.
e) não foi cumprido o período de carência previsto em lei para ser concedido o benefício da pensão por morte.

33. Os beneficiários do Regime Geral de Previdência Social classificam-se como segurados e dependentes. Nos termos da legislação previdenciária é correto afirmar que

a) é segurado obrigatório o maior de 12 (doze) anos que se filiar ao Regime Geral da Previdência Social, mediante contribuição.
b) dependentes são pessoas que, por contribuírem para a Previdência Social, podem ser beneficiários.
c) os filhos e a esposa, por serem dependentes da classe diferente, não concorrem em igualdade para o benefício.
d) o segurado facultativo mantém a qualidade de segurado, independente de contribuições, até 12 (doze) meses após a cessação das contribuições.
e) A existência de dependentes de uma classe exclui do benefício os das classes seguintes.

34. Maria trabalhou de 02 de janeiro de 1990 até 02 de fevereiro de 2005 como empregada de uma empresa, desligando-se do emprego para montar um salão de beleza.
Apesar de ter passado à categoria de contribuinte individual, deixou de recolher contribuições para a Previdência Social durante dois anos, até fevereiro de 2007. Nessa situação, o período de graça de Maria é de

a) 12 (doze) meses.
b) 24 (vinte e quatro) meses.
c) 36 (trinta e seis) meses.
d) 48 (quarenta e oito) meses.
e) 60 (sessenta) meses.

35. Para fins de cálculo do salário de benefício, é correto afirmar que

a) o trabalhador doméstico está dispensado de provar os recolhimentos à Previdência Social.
b) poderão ser utilizados os salários de contribuição constantes do CNIS – Cadastro Nacional de Informações Sociais para os segurados em geral.
c) o empregado deve apresentar os recibos de pagamento para fins de cálculo do valor do benefício.
d) o contribuinte individual não poderá valer-se das informações constantes do CNIS – Cadastro Nacional de Informações Sociais.
e) o segurado especial deverá comprovar o recolhimento das contribuições para fins de cálculo do salário de benefício.

36. Maria requereu aposentadoria especial e teve seu pedido indeferido pela Agência da Previdência Social. Nessa situação, Maria poderá interpor recurso para:

a) Câmara de Julgamento.
b) Ministério da Previdência Social.
c) Junta de Recursos da Previdência Social.
d) Gerência Executiva.
e) Juizado Especial Federal.

Responda as questões de 36 a 46, utilizando CERTO ou ERRADO

37. A respeito do regime geral de previdência social, julgue o item a seguir.

A dependência econômica do irmão menor de vinte e um anos de idade na condição de dependente do segurado é presumida para fins de obtenção de benefício previdenciário.

38. A lei de benefícios previdenciários prevê expressamente que o menor sob guarda do segurado filiado ao RGPS é seu dependente, havendo discussão jurisprudencial a respeito do tema, dada a existência de normas contrárias no ordenamento jurídico nacional.

39. Acerca da carência, dos períodos de graça e da condição de segurado, julgue o item a seguir.

O salário-maternidade pago à segurada empregada, à segurada doméstica e à segurada avulsa, o auxílio-reclusão e o salário-família prescindem de carência.

40. A lei prevê que o período de graça do segurado obrigatório seja acrescido de doze meses no caso de ele estar desempregado, exigindo-se, em todo caso, conforme entendimento do STJ e da Turma Nacional de Uniformização (TNU), que essa situação seja comprovada por registro no órgão próprio do MTE.

41. Em regra, mantêm a qualidade de segurado por até doze meses, independentemente de contribuições, o segurado empregado, o avulso, o doméstico e o facultativo.

42. A respeito dos benefícios e serviços do RGPS, julgue o próximo item.

É vedada a cumulação da pensão por morte de trabalhador rural com o benefício da aposentadoria por invalidez, uma vez que ambos os casos apresentam pressupostos fáticos e fatos geradores análogos.

43. A lei vigente veda a cumulação de auxílio-acidente com aposentadoria.

44. Julgue o item abaixo, relativo a regimes previdenciários.

Segundo a legislação, é vedado ao segurado receber mais de uma aposentadoria do RGPS. Entretanto, não há impedimento a que o segurado receba aposentadoria por idade desse regime e aposentadoria por tempo de contribuição do serviço público.

45. No que se refere ao regime geral de previdência social, julgue o item a seguir.

É presumida, por força de lei, a dependência econômica dos pais do segurado para fins de atribuição da qualidade de dependentes

46. O cidadão em gozo de benefício previdenciário mantém a qualidade de segurado, sem limite de prazo, independentemente de contribuições.

Gabarito

01. E	02. C	03. C	04. E	05. E
06. B	07. D	08. C	09. C	10. B
11. A	12. E	13. A	14. C	15. E
16. C	17. E	18. E	19. E	20. C
21. E	22. E	23. C	24. E	25. D
26. E	27. D	28. C	29. A	30. C
31. C	32. B	33. E	34. B	35. B
36. C	37. E	38. E	39. C	40. E
41. E	42. E	43. C	44. C	45. E
46. C				

13. Benefícios Previdenciários

1. Salário-Família
2. Salário-Maternidade
3. Pensão por Morte
4. Auxílio-Reclusão
5. Auxílio-Doença
6. Auxílio-Acidente
7. Abono Anual

1. Salário-Família

Arts. 81 ao 92 do Decreto n. 3.048/99 (Regulamento da Previdência Social).

Carência: Não há.

Quem tem direito: O dependente do segurado na categoria empregado, empregado doméstico e trabalhador avulso desde que em cada mês comprove a baixa renda.

Cota mensal do Salário-Família: O valor da cota do salário-família por filho ou equiparado de qualquer condição, até 14 anos de idade, ou inválido de qualquer idade, a partir de Janeiro/2015 (Portaria Interministerial 13/2015), é de:

- R$ 37,18 para o segurado com remuneração mensal não superior a R$ 725,02;
- R$ 26,20 para o segurado com remuneração mensal superior a R$ 725,03 e igual ou inferior a R$ 1.089,72.

Equiparam-se aos filhos, o enteado e o tutelado, mediante declaração escrita pelo segurado, e desde que não possua bens suficientes para o seu sustento e educação, ficando comprovada a dependência econômica.

Atualização por meio da LC 150/15

Lei n. 8.213/91 Art. 65. O salário-família será devido, mensalmente, ao segurado empregado, inclusive o doméstico, e ao segurado trabalhador avulso, na proporção do respectivo número de filhos ou equiparados nos termos do § 2º do art. 16 desta Lei, observado o disposto no art. 66. (Redação dada pela Lei Complementar nº 150, de 2015)

O salário-família será devido, mensalmente, observada a baixa renda. Terão direito os segurados empregados, empregados domésticos e os trabalhadores avulsos com salário de contribuição igual ou inferior R$ 1.089,72 (Portaria Interministerial n. 13/2015), sendo devida cotas no valor de R$ 26,20 ou R$ 37,18 pelo número de filhos ou equiparados até 14 anos.

- No caso do trabalhador avulso, independe do número de dias trabalhados no mês, devendo o seu valor corresponder ao valor integral da cota.

Art. 68. As cotas do salário-família serão pagas pela empresa ou pelo empregador doméstico, mensalmente, junto com o salário, efetivando-se a compensação quando do recolhimento das contribuições, conforme dispuser o Regulamento. (Redação dada pela Lei Complementar nº 150, de 2015)

Explicação:

O empregado receberá as cotas da empresa e o doméstico do empregador. Mas atenção com o trabalhador avulso, se for da área portuária; ele receberá do OGMO (Órgão Gestor de Mão de Obra) e se nas outras áreas, pelo sindicato.

Cabendo a empresa compensar os valores das cotas pagas aos empregados, mediante desconto nos valores a serem pagos de contribuições sociais sobre a folha de salários.

Quanto a forma de compensação a ser feita pelo empregador doméstico depende de regulamentação.

§ 1º A empresa ou o empregador doméstico conservarão durante 10 (dez) anos os comprovantes de pagamento e as cópias das certidões correspondentes, para fiscalização da Previdência Social. (Redação dada pela Lei Complementar nº 150, de 2015)

Explicação:

Os comprovantes de pagamento das cotas de salário-família, bem como as certidões devem ser mantidos pela empresa e empregador doméstico por 10 anos, prazo decadencial.

A comprovação do pagamento deste benefício reembolsável deve ser mantida à disposição da fiscalização do SRFB (Secretaria da Receita Federal do Brasil) durante 10 anos.

§ 2º Quando o pagamento do salário não for mensal, o salário-família será pago juntamente com o último pagamento relativo ao mês.

INÍCIO DO PAGAMENTO

Art. 67. O pagamento do salário-família é condicionado à apresentação da certidão de nascimento do filho ou da documentação relativa ao equiparado ou ao inválido, e à apresentação anual de atestado de vacinação obrigatória e de comprovação de freqüência à escola do filho ou equiparado, nos termos do regulamento. (Redação Dada pela Lei nº 9.876, de 26.11.99)

Explicação:

Não confundir a comprovação para início de pagamento com documentos exigidos para a manutenção do recebimento pelo segurado.

O empregado deverá entregar na empresa a certidão de nascimento dos filhos, e em relação ao equiparado (tutelado ou enteado) a tutela ou a declaração de que o enteado dependente economicamente.

Ao completar 14 anos, cessa o pagamento do salário-família ao segurado, mas se esse filho, ou equiparado a filho for inválido, e comprovado pelo exame médico pericial do INSS, o pagamento será feito após essa idade.

Para a manutenção do pagamento das cotas, o segurado deverá comprovar a frequência semestral à escola em relação aos filhos acima de 07 anos, e de atestado anual de vacinação até 06 anos de idade.

A não apresentação dos documentos implica na suspensão do pagamento das cotas.

Características:

- A partir da EC n. 20, de 16.12.1998, este benefício passou a ser devido ao segurado desde que de baixa renda que tivesse salário de contribuição igual ou inferior a R$ 360,00, mas este valor é atualizado todo ano, multiplicado pelo índice de reajuste de benefícios previdenciários.

Cotas salário-família	EC 20/1998	Exigência
Despesa maior na Previdência	**A partir de 16/12/98**	Passou a ser exigida baixa renda do segurado diminuindo o nº de benefícios devidos. Preservando o equilíbrio financeiro.

A última atualização foi em Janeiro/2015 elevando este limite para igual ou inferior a R$ 1.089,72.

Parágrafo único. O empregado doméstico deve apresentar apenas a certidão de nascimento referida no caput. (Incluído pela Lei Complementar nº 150, de 2015)

EM CASO DE DIVÓRCIO E PERDA DO PODER FAMILIAR
DECRETO n. 3.048/99 Art. 87 - Tendo havido divórcio, separação judicial ou de fato dos pais, ou em caso de abandono legalmente caracterizado ou perda do pátrio-poder, o salário-família passará a ser pago diretamente àquele a cujo cargo ficar o sustento do menor, ou a outra pessoa, se houver determinação judicial.

DECRETO n. 3.048/99 Art. 88 - SALÁRIO-FAMÍLIA CESSA AUTOMATICAMENTE:
I - Por morte do filho ou equiparado, a contar do mês seguinte ao do óbito;
II - Quando o filho ou equiparado completar 14 anos, salvo se inválido, a contar do mês seguinte ao da data do aniversário;
III - Pela recuperação da capacidade do filho ou equiparado inválido, ao contar do mês seguinte ao da cessação da incapacidade;
IV - Pelo desemprego do segurado;

Atenção! Caso o segurado empregado, requeira auxílio-doença, desde que sua remuneração seja de baixa renda, permanecerá com as cotas de salário-família. Mas se ficar desempregado e nesta condição (dentro do prazo de qualidade de segurado) passar a receber benefício por incapacidade, não terá direito.

DECRETO n. 3.048/99 Art. 92 – As cotas do salário-família não serão incorporadas, para qualquer efeito, ao salário ou ao benefício.

Não há incidência de contribuição sobre o salário-família e ele não será utilizado no cálculo do salário de benefício.

2. Salário-Maternidade

Arts. 93 ao 103, RPS.

Este benefício visa a proteção da parturiente, portanto, se a criança nascer morta, a segurada terá direito ao benefício por 120 dias. Está disposto no art. 201 parágrafo II da CF.

Eventos Geradores do Pagamento de Salário-Maternidade

Período:

- Parto (inclusive natimorto, nascimento da criança morta, gestação com mais de 23 semanas) – 120 dias de salário-maternidade;
- Aborto não criminoso – 2 semanas de licença (15 dias);

- Adoção – Licença 120 dias, não é mais de acordo com a idade da criança adotada.

Adoção ou Guarda Judicial com Fins de Adoção:

- O salário-maternidade é devido à segurada que adotar ou obtiver a guarda judicial, para fim de adoção, desde que esteja contribuindo e a adoção tenha sido a contar de 15.04.2002, publicação da Lei n. 10.421.

A segurada aposentada, que retorne à atividade, e adote uma criança, também terá direito. Mas o benefício será calculado tendo como base a sua remuneração ou salário de contribuição, e não o valor do benefício previdenciário.

Para o segurado homem que adote também.

Período da Licença por Adoção: de 120 dias.

ISENTA DE CARÊNCIA PARA AS CATEGORIAS:

- Empregada, empregada doméstica e trabalhadora avulsa e da desempregada. Não precisa de número mínimo de contribuições para que ela faça jus.

SERÁ EXIGIDA CARÊNCIA:

- Para a segurada contribuinte individual e facultativa: há necessidade de 10 contribuições mensais, e
- Para a segurada especial: que seja comprovado o exercício de atividade rural nos últimos 10 meses, imediatamente anteriores ao requerimento do benefício, mesmo que de forma descontínua.

Art. 93. O salário-maternidade é devido à segurada da Previdência Social, durante cento e vinte dias, com início vinte e oito dias antes e término noventa e um dias depois do parto, podendo ser prorrogado na forma prevista no § 3º.

Início do Benefício: Terá início até 28 dias anteriores ao parto e término 91 dias depois dele, considerando, inclusive, o dia do parto.

Exemplo: Data prevista para o parto 29/01/2015
Afastamento em 10/12/2014 por incapacidade;
Como não está compreendido dentro de 28 dias, não se trata de salário-maternidade, se cumprida a carência, pode ser auxílio-doença.

Quem tem direito: Todas as seguradas que no afastamento ou data do parto estejam contribuindo na condição de:

1) empregada;
2) doméstica;
3) trabalhadora avulsa;
4) contribuinte individual;
5) segurada especial;
6) facultativa; e
7) a desempregada com parto ou adoção no período em que esteja na qualidade de segurada, a depender do motivo da demissão.

Lembrar que a forma de contribuição da segurada especial é sobre o valor bruto da comercialização da produção rural, e terá direito aos benefícios comprovando carência em atividade com o valor de um salário mínimo. Não é base de cálculo (não desconta nenhum percentual do benefício do salário mínimo), o benefício da especial não é calculado como o das demais, seu valor está disposto no RPS, art. 101. Mas se ela optasse por contribuir facultativamente como 20% sobre um salário de contribuição, seria feita uma média para saber quanto ela teria direito.

Art. 93, § 4º – Em caso de parto antecipado ou não, a segurada tem direito aos cento e vinte dias previstos neste artigo.

Se o parto ocorre no 7º mês de gestação, a licença-maternidade contará desta data em diante 120 dias.

Art. 29 – Parágrafo Único – Em caso de parto antecipado, o período de carência, quando exigido, será reduzido em número de contribuições equivalente ao número de meses em que o parto foi antecipado.

Só será exigida carência para as:

I) Contribuintes Individuais - 10 contribuições;
II) Facultativas - 10 contribuições; e
III) Seguradas Especiais, 10 meses em atividade.

Para as contribuintes individuais e facultativas precisam de 10 contribuições, mas se o parto ocorrer com 7 meses, a carência será reduzida em 2 meses, passando a ser exigido, neste caso, 8 meses de contribuição ou atividade a título de carência.

A segurada filiou-se em 01/2014 como contribuinte individual, e obteve a informação que para ter direito ao salário-maternidade seria necessário comprovar 10 contribuições como carência. A partir de 11/2014, com 10 contribuições, ela poderia requerer seu benefício. Mas, o parto antecipou e a criança nasceu 2 meses antes. Neste caso, a carência foi reduzida em 2 meses, ela terá direito ao salário-maternidade com 8 meses de carência.

LEI N. 8.213/91, ALTERADA PELA 12.873/13

Art. 71-A. Ao segurado ou segurada da Previdência Social que adotar ou obtiver guarda judicial para fins de adoção de criança é devido salário-maternidade pelo período de 120 (cento e vinte) dias. (Redação dada pela Lei nº 12.873, de 2013)

Explicação: Com a mudança passou a ser devido para homem ou mulher que adote.

§ 1º O salário-maternidade de que trata este artigo será pago diretamente pela Previdência Social.

Explicação: No caso de segurada categoria empregada em virtude de parto receberá da empresa, que compensará quando recolher as contribuições previdenciárias. Mas se adotar a segurada (o) fará o pedido nas agências do INSS.

§ 2º Ressalvado o pagamento do salário-maternidade à mãe biológica e o disposto no art. 71-B, não poderá ser concedido o benefício a mais de um segurado, decorrente do mesmo processo de adoção ou guarda, ainda que os cônjuges ou companheiros estejam submetidos a Regime Próprio de Previdência Social. (Incluído pela Lei nº 12.873, de 2013)

Art. 71-B. No caso de falecimento da segurada ou segurado que fizer jus ao recebimento do salário-maternidade, o benefício será pago, por todo o período ou pelo tempo restante a que teria direito, ao cônjuge ou companheiro sobrevivente que tenha a qualidade de segurado, exceto no caso do falecimento do filho ou de seu abandono, observadas as normas aplicáveis ao salário-maternidade. (Incluído pela Lei nº 12.873, de 2013)

Explicação: A segurada(o) adotou uma criança, com direito a 120 dias de licença e salário-maternidade, faleceu 01 mês após em um acidente. Seu cônjuge ou companheiro se for segurado da previdência social fará jus aos 03 meses em haver.

§ 1º O pagamento do benefício de que trata o caput deverá ser requerido até o último dia do prazo previsto para o término do salário-maternidade originário. (Incluído pela Lei nº 12.873, de 2013)
§ 2º O benefício de que trata o caput será pago diretamente pela Previdência Social durante o período entre a data do óbito e o último dia do término do salário-maternidade originário e será calculado sobre: (Incluído pela Lei nº 12.873, de 2013)
I - a remuneração integral, para o empregado e trabalhador avulso; (Incluído pela Lei nº 12.873, de 2013)
II - o último salário-de-contribuição, para o empregado doméstico; (Incluído pela Lei nº 12.873, de 2013)
III - 1/12 (um doze avos) da soma dos 12 (doze) últimos salários de contribuição, apurados em um período não superior a 15 (quinze) meses, para o contribuinte individual, facultativo e desempregado; e (Incluído pela Lei nº 12.873, de 2013)
IV - o valor do salário mínimo, para o segurado especial. (Incluído pela Lei nº 12.873, de 2013)
§ 3º Aplica-se o disposto neste artigo ao segurado que adotar ou obtiver guarda judicial para fins de adoção. (Incluído pela Lei nº 12.873, de 2013)
Art. 71-C. A percepção do salário-maternidade, inclusive o previsto no art. 71-B, está condicionada ao afastamento do segurado do trabalho ou da atividade desempenhada, sob pena de suspensão do benefício.

Explicação: Com o óbito da segurada no parto, e que não tenha requerido o salário-maternidade com atestado médico ou certidão de nascimento, o cônjuge ou companheiro se for segurado, fará o requerimento para receber o salário maternidade por 120 dias ou por período não recebido. O benefício é habilitado em nome dele, e afasta-se de seu trabalho pelo período da licença.

De acordo com a Lei n. 8.213/1991:
"Art. 72.
§ 3º O salário-maternidade devido à trabalhadora avulsa e à empregada do microempreendedor individual de que trata o art. 18-A da Lei Complementar no 123, de 14 de dezembro de 2006, será pago diretamente pela Previdência Social."

Art. 97. O salário-maternidade da segurada empregada será devido pela Previdência Social enquanto existir relação de emprego, observadas as regras quanto ao pagamento desse benefício pela empresa.

Ex.: O salário-maternidade da segurada empregada será devido enquanto existir relação de emprego.

Parágrafo único. Durante o período de graça a que se refere o art. 13, a segurada desempregada fará jus ao recebimento do salário-maternidade nos casos de demissão antes da gravidez, ou, durante a gestação, nas hipóteses de dispensa por justa causa ou a pedido, situações em que o benefício será pago diretamente pela Previdência Social.

Ex.: Quando a segurada grávida pede demissão ou é demitida por justa causa ou se ficou grávida após a demissão, e durante o período em que esteja na qualidade de segurado.

E ocorra parto, adoção ou aborto não criminoso com data a partir de 14/06/07, mas dentro de um período em que ela ainda esteja na qualidade de segurada, conforme o caso, terá direito a receber 120 dias de salário-maternidade.

Art. 102. O salário-maternidade não pode ser acumulado com benefício por incapacidade.
Parágrafo único. Quando ocorrer incapacidade em concomitância com o período de pagamento do salário-maternidade, o benefício por incapacidade, conforme o caso, deverá ser suspenso enquanto perdurar o referido pagamento, ou terá sua data de início adiada para o primeiro dia seguinte ao término do período de cento e vinte dias.

Ex.: Na hipótese da segurada gestante precisar se afastar antes do parto por doença, neste caso, será auxílio-doença previdenciário (e exigida carência de 12 contribuições); e se durante a percepção do benefício por incapacidade ocorrer o parto, o pagamento do auxílio-doença (91%) será suspenso passando a ser pago o salário-maternidade (com a renda mensal de acordo com a categoria) por 120 dias.

Mas se o benefício recebido por empregada, trabalhadora avulsa ou segurada especial for um auxílio-acidente (50%) não será suspenso o pagamento. A segurada acumulará os dois, o salário-maternidade e o benefício de caráter indenizatório.

Art. 103 – A segurada aposentada que retornar à atividade fará jus ao pagamento do salário-maternidade, de acordo com o disposto no art. 93.

A segurada aposentada fará jus como gestante bem como por adoção, devendo por adoção ser protocolado direto na Previdência Social. O importante é que ela tenha retornado a uma atividade remunerada e contribua.

Renda Mensal do Salário-Maternidade:

- O valor não poderá ser inferior a um salário mínimo. É o mandamento constitucional. Nenhum benefício que substitua salário de contribuição ou remuneração poderá ser inferior ao salário mínimo.

Art. 101. O salário-maternidade, observado o disposto nos arts. 35 e 198 ou 199, pago diretamente pela Previdência Social, consistirá:

- Para a categoria, empregada e trabalhadora avulsa, consiste numa renda mensal igual à sua remuneração integral (até o subsídio do ministro do STF = R$ 33.763,00).

Uma segurada, empregada ou trabalhadora avulsa, que tenha remuneração fixa de R$ 17.000,00, receberá de benefício por 120 dias este valor mensalmente e a empresa deduzirá no recolhimento da GPS (terá direito até o valor do subsídio do STF R$ 33.763,00).

I - em valor correspondente ao do seu último salário-de-contribuição, para a segurada empregada doméstica;

- Para a doméstica, o último salário de contribuição, o registrado na carteira de trabalho, limitado ao teto. (R$ 4.663,75 - valor atualizado em 01/2015)

II - em um salário mínimo, para a segurada especial;

- Para a segurada especial que contribuiu sobre o valor bruto da comercialização da produção rural, o valor é o salário mínimo. Para fazer jus a um benefício de valor maior poderá contribuir facultativamente como contribuinte individual pela remuneração auferida.

III - em um doze avos da soma dos doze últimos salários-de-contribuição, apurados em período não superior a quinze meses, para as seguradas contribuinte individual, facultativa e para as que mantenham a qualidade de segurada na forma do art. 13.

- Para a contribuinte individual e facultativa, será apurada média de 1/12 da soma dos 12 últimos salários de contribuição, apurado em período não superior a 15 meses.

O afastamento de uma segurada contribuinte individual ocorreu no mês 04/2014, o benefício será apurado com uma média nos últimos 12 meses, de 04/2013 a 03/2014, no período de 01/2013 até 03/2014 (15 meses anteriores ao afastamento para a licença-maternidade).

§ 3º O documento comprobatório para requerimento do salário-maternidade da segurada que mantenha esta qualidade é a certidão de nascimento do filho, exceto nos casos de aborto espontâneo, quando deverá ser apresentado atestado médico, e no de adoção ou guarda para fins de adoção, casos em que serão observadas as regras do art. 93-A, devendo o evento gerador do benefício ocorrer, em qualquer hipótese, dentro do período previsto no art. 13. (Incluído pelo Decreto nº 6.122, de 2007)

Nesta hipótese o documento exigido para concessão é a certidão de nascimento do filho, se ocorreu aborto não criminoso, o atestado médico e documentos referentes a adoção ou a guarda.

3. Pensão por Morte

Art. 71 a art. 79, Lei n. 8.213/91
Arts. 105 ao 115, RPS.

Benefício concedido ao dependente do segurado por morte física ou presumida.

MUDANÇAS POR MEIO DA LEI N. 13.135/15

Exigências para óbitos e reclusões a partir de 18/06/15

Em relação ao segurado falecido ou recluso, e serve para definir o prazo que será devido o benefício à conjuge ou companheira.
1) Óbito ocorrer sem que o segurado tenha vertido 18 (contribuições) mensais; ou
2) Se o casamento ou a união estável tiverem sido iniciados em menos de 02 anos antes do óbito do segurado.

Se não cumpriu uma delas (1 ou 2) a cônjuge ou companheira terá direito à percepção a cota individual por 04 meses.

Caso a cônjuge ou companheira cumpra cumulativamento as duas exigências:

O prazo de recebimento para a cônjuge ou companheira será de acordo com esta tabela:

Prazo	expectativa de sobrevida da cônjuge ou companheira no óbito
Por 03 anos	menos de 21 anos na data do óbito
Por 06 anos	mais de 21 até 26 anos
Por 10 anos	mais de 27 até 29 anos
Por 15 anos	mais de 30 até 40 anos
Por 20 anos	mais de 41 até 43 anos
Vitalícia	para o dependente com 44 anos ou mais de idade na data do óbito.

Data de Início do Benefício

Lei n. 8.213 Art. 74. A pensão por morte será devida ao conjunto dos dependentes do segurado que falecer, aposentado ou não, a contar da data:

I - do óbito, quando requerida até noventa dias depois deste;

Explicação: O agendamento para requerer a pensão deve ser feito até 90 dias do óbito.

II - do requerimento, quando requerida após o prazo previsto no inciso anterior;

Explicação: Se o requerimento ocorrer com mais de 30 dias a pensão será devida a partir desta data.

O segurado faleceu em 05/2012, foi requerida a pensão em 03/2015 por cônjuge ou companheira. Será calculada uma aposentadoria por invalidez até a data do óbito (05/2012) e com data inicial do benefício pensão por morte em 05/2012(óbito). Como requereu após 30 dias do óbito, será paga da data do requerimento em diante não sendo devidas as prestações anteriores.

IMPORTANTE PARA A PROVA: Para aqueles que tenham requerido após 30 dias do óbito.

A data de início do benefício será a data do óbito e a data de início de pagamento a data da entrada do requerimento.

D.I.B = D.O. e D.I.P.=D.E.R.

III - da decisão judicial, no caso de morte presumida.

Explicação: Será paga a pensão provisória, a partir da data declaratória judicial de ausência ou a contar do desaparecimento no caso de (catástrofe, acidente ou desastre) mediante prova hábil.

- Reaparecendo o segurado, cessa-se o pagamento da pensão, ficando desobrigados da reposição dos valores recebidos, salvo se houve má-fé.

DEPENDENTE HOMICIDA

§ 1º Perde o direito à pensão por morte, após o trânsito em julgado, o condenado pela prática de crime de que tenha dolosamente resultado a morte do segurado. (Incluído pela Lei nº 13.135, de 2015)

§ 2º Perde o direito à pensão por morte o cônjuge, o companheiro ou a companheira se comprovada, a qualquer tempo, simulação ou fraude no casamento ou na união estável, ou a formalização desses com o fim exclusivo de constituir benefício previdenciário, apuradas em processo judicial no qual será assegurado o direito ao contraditório e à ampla defesa. (Incluído pela Lei nº 13.135, de 2015)

Decreto n. 3.048/99 Art. 108. A pensão por morte somente será devida ao filho e ao irmão cuja invalidez tenha ocorrido antes da emancipação ou de completar a idade de vinte e um anos, desde que reconhecida ou comprovada, pela perícia médica do INSS, a continuidade da invalidez até a data do óbito do segurado. (Decreto n. 6.939/09)

A data do início de invalidez deverá ser antes da emancipação ou de completar 21 anos, desde que a perícia reconheça a invalidez até o óbito do segurado.

Se o dependente já estava emancipado, nos termos do art. 5º do código civil, antes da data da invalidez ou ficou inválido após os 21 anos, não fará jus a benefício como dependente.

Ex.: Se o pensionista/filho emancipa na forma do Código Civil (art. 5º) ou completa 21 anos, a cota dele reverte para os outros dependentes da mesma classe; não será devida para os de outra classe.

Renda Mensal da Pensão:

Lei n. 8.213/ 91 Art. 75. O valor mensal da pensão por morte será de cem por cento do valor da aposentadoria que o segurado recebia ou daquela a que teria direito se estivesse aposentado por invalidez na data de seu falecimento, observado o disposto no art. 33 desta lei.

Explicação: Quando o segurado falecido estiver aposentado, será paga uma renda mensal de 100 % como pensão, dividida em partes iguais. Mas na hipótese de não estar aposentado será calculada uma aposentadoria por invalidez até a data do falecimento e pago aos pensionistas uma renda mensal de 100 % dividida entre os pensionistas.

Art. 76. A concessão da pensão por morte não será protelada pela falta de habilitação de outro possível dependente, e qualquer inscrição ou habilitação posterior que importe em exclusão ou inclusão de dependente só produzirá efeito a contar da data da inscrição ou habilitação.

Explicação: Segurado falecido deixou 02 filhos de casamentos ou união distintos.

Foi requerida a pensão por um dos filhos com 17 anos dentro de 30 dias do óbito, e o outro filho só requereu 04 meses após. Importa em inclusão de dependente, mas só receberá da data do requerimento da sua parte (cota).

OU

Segurado falecido e quem requer inicialmente é sua mãe (classe II), alguns meses depois em outro estado o filho do segurado requer, importa a exclusão da mãe do segurado e inclusão do filho do segurado. Não será devido ao filho o período já pago a outro dependente, ele terá direito do requerimento em diante.

Lei n. 8.213/91 Art. 77. A pensão por morte, havendo mais de um pensionista, será rateada entre todos em parte iguais.

Explicação:

No RGPS temos três classes de dependentes. Uma pensão deixada por segurado(a) será rateada em partes iguais por todos os pensionistas, a priori, da classe I, a preferencial. Havendo a extinção da cota do último dependente nesta classe, a pensão é encerrada, não passará para as classes seguintes.

§ 1º Reverterá em favor dos demais a parte daquele cujo direito à pensão cessar. (Redação dada pela Lei nº 9.032, de 1995)

Ex.: Se o pensionista/filho emancipa na forma do Código Civil (art. 5º) ou completa 21 anos, a cota dele reverte para os outros dependentes da mesma classe; não será devida para os de outra classe.

Exemplo:
Segurado aposentado com renda mensal: R$ 3.000,00
Dependentes pensionistas habilitados: Cônjuge e 02 filhos menores de 21 anos.
Rateada em partes iguais: 100% da aposentadoria que ele recebia será paga como pensão e dividida por 03 sendo R$ 1.000,00 para cada pensionista.

<u>Situações de Cessação do Pagamento das cotas na Pensão por morte:</u>

§ 2º O direito à percepção de cada cota individual cessará: (Redação dada pela Lei nº 13.135, de 2015)

I - pela morte do pensionista; (Incluído pela Lei nº 9.032, de 1995)

Explicação: O segurado falecido deixou dependentes, e alguns comprovaram reunir os requisitos para serem pensionistas. Logo, cessará a cota do pensionista falecido.

No caso de ser devida a pensão para dois irmãos no valor total de R$ 2.000,00, um com 14 anos sendo a responsável a mãe, e o outro com 19 anos recebendo a sua parte. O mais velho falece em acidente de trânsito. Sua parte individual se extingue e reverte para o outro pensionista.

II - para o filho, a pessoa a ele equiparada ou o irmão, de ambos os sexos, ao completar vinte e um anos de idade, salvo se for inválido ou tiver deficiência intelectual ou mental ou deficiência grave (Redação dada pela Lei nº 13.183, de 2015)

Explicação: Cessará a parte (cota) do filho ou equiparado (tutelado ou enteado que dependa do segurado) ou irmão, ao completar 21 anos, exceto se for inválido (reconhecida a invalidez pela perícia médica do INSS) ou deficiência ainda será regulamentado.

Duas irmãs dividem a pensão deixada pelos pais falecidos, R$ 6.000,00 somatório do pai e mãe. A pensionista de 18 anos passa no concurso para o Banco do Brasil, está emancipada e extingue sua parte revertendo para a outra irmã.

Outra situação em que cessa a parte do pensionista é quando completa 21 anos, no dia seguinte cessará.

E tem a hipótese do pensionista com menos de 21 anos, sofrer um acidente em que fique comprovada a invalidez, permanecerá recebendo a pensão após os 21 anos.

III - para filho ou irmão inválido, pela cessação da invalidez; (Redação dada pela Lei nº 13.135, de 2015)

Explicação: Para filho ou irmão pela cessação da invalidez, reconhecida pela perícia médica do INSS.

IV - pelo decurso do prazo de recebimento de pensão pelo cônjuge, companheiro ou companheira, nos termos do § 5º. (Incluído pela Medida Provisória nº 664, de 2014) (Vigência) (Vide Lei nº 13.135, de 2015)

Explicação:
Para óbitos a contar de 18/06/15, bem como auxílio-reclusão.

Se cumprida as duas condições: A carência de 18 meses (do segurado) e a comprovação por período mínimo de casamento ou união estável de 02 anos.

O prazo para recebimento da pensão será de 03 anos até vitalícia, considerando a expectativa de sobrevida da dependente.

V - para cônjuge ou companheiro: (Incluído pela Lei nº 13.135, de 2015)

a) se inválido ou com deficiência, pela cessação da invalidez ou pelo afastamento da deficiência, respeitados os períodos mínimos decorrentes da aplicação das alíneas "b" e "c"; (Incluído pela Lei nº 13.135, de 2015)

b) em 4 (quatro) meses, se o óbito ocorrer sem que o segurado tenha vertido 18 (dezoito) contribuições mensais ou se o casamento ou a união estável tiverem sido iniciados em menos de 2 (dois) anos antes do óbito do segurado; (Incluído pela Lei nº 13.135, de 2015)

c) transcorridos os seguintes períodos, estabelecidos de acordo com a idade do beneficiário na data de óbito do segurado, se o óbito ocorrer depois de vertidas 18 (dezoito) contribuições mensais e pelo menos 2 (dois) anos após o início do casamento ou da união estável: (Incluído pela Lei nº 13.135, de 2015)

1) 3 (três) anos, com menos de 21 (vinte e um) anos de idade; (Incluído pela Lei nº 13.135, de 2015)

2) 6 (seis) anos, entre 21 (vinte e um) e 26 (vinte e seis) anos de idade; (Incluído pela Lei nº 13.135, de 2015)

3) 10 (dez) anos, entre 27 (vinte e sete) e 29 (vinte e nove) anos de idade; (Incluído pela Lei nº 13.135, de 2015)

4) 15 (quinze) anos, entre 30 (trinta) e 40 (quarenta) anos de idade; (Incluído pela Lei nº 13.135, de 2015)

5) 20 (vinte) anos, entre 41 (quarenta e um) e 43 (quarenta e três) anos de idade; (Incluído pela Lei nº 13.135, de 2015)

6) vitalícia, com 44 (quarenta e quatro) ou mais anos de idade. (Incluído pela Lei nº 13.135, de 2015)

§ 2º-A. Serão aplicados, conforme o caso, a regra contida na alínea "a" ou os prazos previstos na alínea "c", ambas do inciso V do § 2o, se o óbito do segurado decorrer de acidente de qualquer natureza ou de doença profissional ou do trabalho, independentemente do recolhimento de 18 (dezoito) contribuições mensais ou da comprovação de 2 (dois) anos de casamento ou de união estável. (Incluído pela Lei nº 13.135, de 2015)

§ 2º-B. Após o transcurso de pelo menos 3 (três) anos e desde que nesse período se verifique o incremento mínimo de um ano inteiro na média nacional única, para ambos os sexos, correspondente à expectativa de sobrevida da população brasileira ao nascer, poderão ser fixadas, em números inteiros, novas idades para os fins previstos na alínea "c" do inciso V do § 2o, em ato do Ministro de Estado da Previdência Social, limitado o acréscimo na comparação com as idades anteriores ao referido incremento. (Incluído pela Lei nº 13.135, de 2015)

§ 3º Com a extinção da parte do último pensionista a pensão extinguir-se-á. (Incluído pela Lei nº 9.032, de 1995)

Explicação: Pensão rateada por três pensionistas na classe I, e todos deixam de ter direito por razões diversas.

Com a pensão extinta o dependente da classe II (os pais) não poderá se habilitar.

§ 5º O tempo de contribuição a Regime Próprio de Previdência Social (RPPS) será considerado na contagem das 18 (dezoito) contribuições mensais de que tratam as alíneas "b" e "c" do inciso V do § 2º. (Incluído pela Lei nº 13.135, de 2015)

Explicação: O período para receber a pensão dependerá da comprovação de 02 anos de casamento e carência mínima de 18 meses de contribuição do segurado.

Na carência de 18 meses, conta-se o tempo de contribuição no RGPS e no Regime Próprio (Municipal, estadual, federal).

4. Auxílio-Reclusão

Arts. 116 ao 119, RPS.

Este benefício é para os dependentes do segurado de baixa renda, preso em regime fechado ou semiaberto, inclusive o preso maior de 16 e o menor de 18 anos, mediante certidão do despacho de internação e testado de recolhimento a órgão subordinado ao Juiz da infância e juventude).

Dependentes: Os mesmos que possam se habilitar à pensão. (Vide o capítulo anterior – Dependentes)

Mudanças por meio da Lei n. 13.135/15

Exigências para óbitos e reclusões a partir de 18/06/15

Em relação ao segurado falecido ou recluso, e serve para definir o prazo que será devido o benefício à conjuge ou companheira.

1) Óbito ocorrer sem que o segurado tenha vertido 18 (contribuições)mensais; ou
2) Se o casamento ou a união estável tiverem sido iniciados em menos de 02 anos antes do óbito do segurado.

Se não cumpriu uma delas (1 ou 2) a cônjuge ou companheira terá direito à percepção a cota individual por por 04 meses.

Caso a cônjuge ou companheira cumpra cumulativamento as duas exigências:

O prazo de recebimento pela cônjuge ou companheira será de acordo com esta tabela:

Prazo	expectativa de sobrevida da cônjuge ou companheira no óbito
Por 03 anos	menos de 21 anos na data do óbito
Por 06 anos	mais de 21 até 26 anos
Por 10 anos	mais de 27 até 29 anos
Por 15 anos	mais de 30 até 40 anos
Por 20 anos	mais de 41 até 43 anos
Vitalícia	para o dependente com 44 anos ou mais de idade na data do óbito.

Quem tem direito:

D. n. 3.048/99 Art. 116. O auxílio-reclusão será devido, nas mesmas condições da pensão por morte, aos dependentes do segurado recolhido à prisão que não receber remuneração da empresa nem estiver em gozo de auxílio-doença, aposentadoria ou abono de permanência em serviço, desde que o seu último salário-de-contribuição seja inferior ou igual a R$ 360,00 (trezentos e sessenta reais). (Valor de 12/98.)

Ex.: Nas mesmas condições da pensão por morte quer dizer:

- Mesmos dependentes à pensão por morte;
- Rateada em partes iguais;
- E as mudanças por meio da Lei n. 13.135/15 aplicar-se-ão ao auxílio-reclusão também.
- O diferencial é a exigência de baixa renda do segurado preso em seu último salário de contribuição.

Esta limitação de baixa renda passou a ser exigida nesse benefício a partir de 16.12.1998, com a EC n. 20. Antes desta data não havia limitação, e o segurado mesmo com o último salário de contribuição no teto previdenciário gerava o direito ao seu dependente.

Auxílio-Reclusão	EC 20/1998	Exigência
Despesa maior na Previdência	**A partir de 16/12/98**	Passou a ser exigida baixa renda do segurado diminuindo o nº de benefícios devidos.

A última atualização foi em Janeiro/2015 elevando este limite para igual ou inferior a R$ 1.089,72. Na concessão de auxílio-reclusão com o último SC de janeiro 2015 até dezembro de 2015.

Logo, este benefício previsto na CF art. 201 IV foi modificado a partir de 16.12.1998 (EC n. 20), fixando o direito ao recebimento do auxílio-reclusão somente aos dependentes dos segurados de baixa renda, tendo como valores, desde sua aplicação:

Valor do Salário-de-Contribuição	Tomado em Seu Valor Mensal
De 16.12.1998 a 31.05.1999	igual ou inferior R$ 360,00
De 01.06.1999 a 31.05.2000	igual ou inferior R$ 376,60
De 01.06.2000 a 31.05.2001	igual ou inferior R$ 398,48
De 01.06.2001 a 31.05.2002	igual ou inferior R$ 429,00
De 01.06.2002 a 31.05.2003	igual ou inferior R$ 468,47
De 01.06.2003 a 31.04.2004	igual ou inferior R$ 560,81
De 01.05.2004 a 31.04.2005	igual ou inferior R$ 586,19
De 01.05.2005 a 31.07.2006	igual ou inferior R$ 623,44
De 01.08.2006 a 31.03.2007	igual ou inferior R$ 654,67
De 01.04.2007 a 29.02.2008	igual ou inferior R$ 676,27
De 01.03.2008 a 31.01.2009	igual ou inferior R$ 710,28
De 01.02.2009 a 31.12.2009	igual ou inferior R$ 752,12
De 01.01.2010 a 31.12.2010	igual ou inferior R$ 798,30
De 01.01.2011 a 31.12.2011	igual ou inferior R$ 862,11
De 01.01.2012 a 31.12.2012	igual ou inferior R$ 915,05
De 01.01.2013 a 31.12.2013	igual ou inferior R$ 971,78
De 01.01.2014 a 31.12.2014	igual ou inferior R$ 1.025,81
De 01.01.2015 a 31.12.2015	igual ou inferior R$ 1.089,72
De 01/01/2016...aguardar a portaria interministerial de janeiro 2016	

Se a data da prisão recair em período anterior a 15.12.1998, aplicar-se-á a legislação vigente àquela época, não estando limitado a estes valores, baixa renda.

Ex.: Se na questão da prova, a situação apresentada tiver ocorrido anteriormente a 16.12.1998, o salário de contribuição do preso pode ser qualquer um, não havia esta limitação.

Renda Mensal: é de 100% do valor da aposentadoria que o segurado teria direito se estivesse aposentado por invalidez, calculada até a data do efetivo recolhimento à prisão.

§ 1º – É devido auxílio-reclusão aos dependentes do segurado quando não houver salário-de-contribuição na data do seu efetivo recolhimento à prisão, desde que mantida a qualidade de segurado.

Ex.: O fato do segurado estar desempregado, mas na qualidade de segurado, permitirá aos seus dependentes a concessão do benefício, desde que ele seja de baixa renda.

E quanto ao período que os dependentes (cônjuge e filhos menores de 21 anos) terão direito a receber dependerá do cumprimento dos requisitos, a saber:

Será exigida da cônjuge ou companheira(o):

1) estar na qualidade na data da prisão e comprovar 18 contribuições; ou

2) casamento ou união estável por no mínimo 02 anos na data da prisão.

Se na data da prisão o segurado não comprovar pelo menos uma delas, a cônjuge fará jus durante a pena, mas limitado o prazo a 04 meses.

Se na data da prisão o segurado comprovar uma delas, o dependente fará jus durante a pena, limitado a tabela que leva em consideração a expectativa de sobrevida da cônjuge dependente.

Será exigida para concessão aos filhos, pais ou irmãos:

1) que o segurado esteja na qualidade do segurado e seu último salário de contribuição seja de baixa renda.

§ 5º – O auxílio-reclusão é devido, apenas, durante o período em que o segurado estiver recolhido à prisão sob regime fechado ou semiaberto.

- O benefício será mantido enquanto o segurado Permanecer recluso nos dois regimes, a fim de comprovar a dependente deverá apresentar o atestado trimestral de permanência carcerária, emitido pela autoridade competente.

§ 6º – O exercício de atividade remunerada pelo segurado recluso em cumprimento de pena em regime fechado ou semiaberto que contribuir na condição de segurado de que trata a alínea "o" do inciso V do art. 9º ou do inciso IX do § 1º do art. 11 não acarreta perda do direito ao recebimento do auxílio-reclusão pelos seus dependentes.

Na hipótese de o segurado contribuir como segurado facultativo, não acarreta a perda do direito ao recebimento do auxílio-reclusão pelos dependentes.

Alínea "o" do inciso V, do art. 9º - hipótese de contribuinte individual/preso foi revogada em 2009. Temos o preso na condição de facultativo.

<u>Suspensão do Pagamento de Benefício:</u>

Art. 117. O auxílio-reclusão será mantido enquanto o segurado permanecer detento ou recluso.
§ 1º – O beneficiário deverá apresentar trimestralmente atestado de que o segurado continua detido ou recluso, firmado pela autoridade competente.

Ex.: Essa prova de permanência carcerária é cobrada do beneficiário (o dependente).

§ 2º – No caso de fuga, o benefício será suspenso e, se houver recaptura do segurado, será restabelecido a contar da data em que esta ocorrer, desde que esteja ainda mantida a qualidade de segurado.

Instrução normativa 77/2015
Art. 394 – O auxílio-reclusão cessa:
IX – pela fuga do recluso;

Explicação: Se o recluso fugir, o pagamento do benefício será cessado.

Art. 118. Falecendo o segurado detido ou recluso, o auxílio-reclusão que estiver sendo pago será automaticamente convertido em pensão por morte.

O auxílio-reclusão será convertido, porque é calculado da mesma forma que uma pensão por morte.

Art. 119. É vedada a concessão do auxílio-reclusão após a soltura do segurado.

5. Auxílio-Doença

Art. 71 ao 80, RPS.

Este benefício é concedido em razão de incapacidade total, mas de natureza temporária, será devido a todas as categorias de segurados. Para a categoria empregado será devido auxílio-doença a partir do 31º dia do afastamento, demais categorias a partir da incapacidade.

Decreto n. 3.048/99 Art. 71. O auxílio-doença será devido ao segurado que, após cumprida, quando for o caso, a carência exigida, ficar incapacitado para o seu trabalho ou para a sua atividade habitual por mais de quinze dias consecutivos.

Explicação: Quando a incapacidade tiver início em acidente ou doença degenerativa em lista do ministério da saúde, será isenta de carência.

§ 1º Não será devido auxílio-doença ao segurado que se filiar ao Regime Geral de Previdência Social já portador de doença ou lesão invocada como causa para a concessão do benefício, salvo quando a incapacidade sobrevier por motivo de progressão ou agravamento dessa doença ou lesão.

Explicação:
A Previdência social tem caráter contributivo, filiação obrigatória e atende aqueles na qualidade de segurado. Caso uma pessoa não segurada (nunca contribuiu) adoeça, não poderá ser atendida.

§ 2º Será devido auxílio-doença, independentemente de carência, aos segurados obrigatório e facultativo, quando sofrerem acidente de qualquer natureza.

Explicação: Quando a incapacidade tiver início em acidente, o segurado será atendido sem exigência de 12 contribuições a título de carência.

Decreto n. 3.048/99 Art. 72. O auxílio-doença consiste numa renda mensal calculada na forma do inciso I do caput do art. 39 e será devido:

Explicação:
SALÁRIO DE BENEFÍCIO
Média aritmética dos 80% maiores salários de contribuição, e não poderá exceder a média aritmética simples dos últimos 12 salários de contribuição, inclusive no caso de remuneração variável ou, se não alcançado o número de 12, a média dos salários existentes.

RENDA MENSAL SOBRE O SALÁRIO DE BENEFÍCIO
Renda mensal 91% do salário de benefício.

I - a contar do décimo sexto dia do afastamento da atividade para o segurado empregado, exceto o doméstico; (Redação dada pelo Decreto nº 3.265, de 1999)

Explicação: Categoria empregado, se a incapacidade for superior a 15 dias, a previdência social atenderá a partir do 16º com auxílio doença ou a contar do requerimento se o empregado só fizer o pedido do benefício após os 30 dias.

II - a contar da data do início da incapacidade, para os demais segurados; ou

Explicação: Outras categorias poderão pedir o auxílio-doença a partir da incapacidade.

III - a contar da data de entrada do requerimento, quando requerido após o trigésimo dia do afastamento da atividade, para todos os segurados.

§ 1º Quando o acidentado não se afastar do trabalho no dia do acidente, os quinze dias de responsabilidade da empresa pela sua remuneração integral são contados a partir da data do afastamento.

§ 3º O auxílio-doença será devido durante o curso de reclamação trabalhista relacionada com a rescisão do contrato de trabalho, ou após a decisão final, desde que implementadas as condições mínimas para a concessão do benefício, observado o disposto nos §§ 2º e 3º do art. 36.

ex.: desde que cumprida a carência, conforme o caso.

Art. 73. O auxílio-doença do segurado que exercer mais de uma atividade abrangida pela previdência social será devido mesmo no caso de incapacidade apenas para o exercício de uma delas, devendo a perícia médica ser conhecedora de todas as atividades que o mesmo estiver exercendo.

Explicação: Trata-se de segurado empregado/recepcionista em um hospital e como contribuinte individual/mototaxista ao mesmo tempo.
Comprova incapacidade na atividade como empregado, mas não está para a outra.
Por exercer concomitantemente 02 atividades obrigatórias, constará no CNIS (cadastro nacional de informações sociais) em seu NIT (número de identificação do trabalhador) a inscrição e filiação nas duas.

§ 1º - Na hipótese deste artigo, o auxílio-doença será concedido em relação à atividade para a qual o segurado estiver incapacitado, considerando-se para efeito de carência somente as contribuições relativas a essa atividade.

Explicação: No exemplo anterior a carência de 12 contribuições será exigida na condição de empregado.

§ 4º – Ocorrendo a hipótese do § 1º, o valor do auxílio-doença poderá ser inferior ao salário mínimo desde que somado às demais remunerações recebidas resultar valor superior a este.

O auxílio-doença será calculado com os salários de contribuição da atividade em que está havendo o afastamento e incapacidade. E se a renda mensal do auxílio-doença (91%) deste for inferior ao salário mínimo, será pago desta forma porque não está substituindo o salário de contribuição dele, uma vez que ele ainda continua na outra.

Mudança trazida com o Decreto n. 4.729/03.

Art. 74. Quando o segurado que exerce mais de uma atividade se incapacitar definitivamente para uma delas, o auxílio-doença será mantido indefinidamente, não cabendo sua transformação em aposentadoria por invalidez, enquanto essa incapacidade não se estender às demais atividades.

Ficará recebendo o auxílo-doença por todo o período, até que a incapacidade se estenda a outra atividade que exerça concomitantemente.

Art. 75, § 3º – Se concedido novo benefício decorrente da mesma doença dentro de 60 dias contados da cessação do benefício anterior, a empresa fica desobrigada do pagamento relativo aos 15 primeiros dias de afastamento, prorrogando-se o benefício anterior e descontando-se os dias trabalhados, se for o caso.

Alterações por meio do Decreto n. 5.545/2005:

§ 4º – Se o segurado empregado, por motivo de doença, afastar-se do trabalho durante quinze dias, retornando à atividade no décimo sexto dia, e se dela voltar a se afastar dentro de sessenta dias desse retorno, em decorrência da mesma doença, fará jus ao auxílio-doença a partir da data do novo afastamento.
Art. 76. A previdência social deve processar de ofício o benefício, quando tiver ciência da incapacidade do segurado sem que este tenha requerido auxílio-doença.

Processar de ofício é reconhecer a incapacidade do segurado que tenha falecido antes da data da perícia. A dependente comparecerá na perícia com os relatórios médicos e certidão de óbito. Se reconhecida a incapacidade, será devida a pensão por morte como se o segurado falecido estivesse em auxílio-doença.

Art. 76-A. É facultado à empresa protocolar requerimento de auxílio-doença ou documento dele originário de seu empregado ou de contribuinte individual a ela vinculado ou a seu serviço, na forma estabelecida pelo INSS.

Explicação: A empresa poderá requerer o auxílio-doença de empregado e contribuinte individual que lhe prestem serviços.

Art. 77. O segurado em gozo de auxílio-doença está obrigado, independentemente de sua idade e sob pena de suspensão do benefício, a submeter-se a exame médico a cargo da Previdência Social, processo de reabilitação profissional por ela prescrito e custeado e tratamento dispensado gratuitamente, exceto o cirúrgico e a transfusão de sangue, que são facultativos.

A obrigação é o exame médico na previdência, a reabilitação profissional e o tratamento.

Quanto à Exigência de Carência:

- Em regra a carência exigida é de 12 contribuições mensais.

MODIFICADA PELA LEI N. 13.135/15
Lei n. 8.213/91
Art. 26. Independe de carência a concessão das seguintes prestações:
II - auxílio-doença e aposentadoria por invalidez nos casos de acidente de qualquer natureza ou causa e de doença profissional ou do trabalho, bem como nos casos de segurado que, após filiar-se ao RGPS, for acometido de alguma das doenças e afecções especificadas em lista elaborada pelos Ministérios da Saúde e da Previdência Social, atualizada a cada 3 (três) anos, de acordo com os critérios de estigma, deformação, mutilação, deficiência ou outro fator que lhe confira especificidade e gravidade que mereçam tratamento particularizado; (Redação dada pela Lei nº 13.135, de 2015)

I) Tuberculose ativa
II) Hanseníase (Lepra)
III) Alienação mental (Loucura)
IV) Neoplasia maligna (Câncer)
V) Cegueira
VI) Paralisia irreversível e incapacitante
VII) Cardiopatia grave (Doença grave do coração)
VIII) Doença de Parkinson (Tremores e rigidez facial)
IX) Espondiloartrose anquilosante (Artrose aguda nas vértebras)
X) Nefropatia grave
XI) Estado avançado da doença de Paget (osteíte deformante) (Inflamação e deformação dos ossos)
XII) Síndrome da deficiência imunológica adquirida – Aids
XIII) Contaminação por radiação, com base em conclusão da medicina especializada; e
XIV) Hepatopatia grave. (Mau funcionamento ou insuficiência do fígado)

CÁLCULO DO SALÁRIO DE BENEFÍCIO

Decreto n. 3.048/99 - Art. 32 – O salário-de-benefício consiste:
II – para as aposentadorias por invalidez e especial, auxílio-doença e auxílio-acidente na média aritmética simples dos maiores salários-de-contribuição correspondentes a 80% de todo o período contributivo;

Explicação: Auxílio-doença com afastamento em 28/02/2015.
Segurado empregado contribuiu: de Janeiro de 2000 até Janeiro de 2015.
Salário de benefício: média aritmética dos 80% maiores salários de contribuição de 2000 até janeiro/2015.
Salário benefício encontrado: R$ 2.000,00

Decreto n. 3.048/99
Art. 39. A renda mensal do benefício de prestação continuada será calculada aplicando-se sobre o salário-de-benefício os seguintes percentuais:
I - auxílio-doença - noventa e um por cento do salário-de-benefício;

Segurado empregado contribuiu: de Janeiro de 2000 até maio de 2015
1º) Salário de benefício: média aritmética dos 80% maiores salários de contribuição de 2000 até maio/2015.
Salário benefício encontrado: R$ 2.000,00
renda mensal 91 % X R$ 2.000,00 = R$ 1.820,00

Mas além deste cálculo precisa fazer o disposto na Lei n. 8.213/91 art. 29 § 10, a seguir:

LIMITAÇÃO NO VALOR DA RENDA MENSAL DO AUXÍLIO DOENÇA - l 13135/15

Lei n. 8.213/91
Art. 29. ....
§ 10. O auxílio-doença não poderá exceder a média aritmética simples dos últimos 12 (doze) salários-de-contribuição, inclusive em caso de remuneração variável, ou, se não alcançado o número de 12 (doze), a média aritmética simples dos salários-de-contribuição existentes. (Incluído pela Lei nº 13.135, de 2015)

Explicação: No exemplo anterior foi feita a média com os 80 % maiores salários de contribuição (salário de benefício) e multiplicado por 91 % que resultou em R$ 1.820,00, limitada a média dos 12 últimos salários de contribuição.

Caso a média dos 12 últimos salários de contribuição for R$ 1.750,00 este será o valor devido pelo auxílio-doença, o menor.

Garantia da manutenção do contrato de trabalho

Art. 346. O segurado que sofreu o acidente a que se refere o art. 336 (acidente do trabalho, doença profissional ou do trabalho, e os equiparados) tem garantida, pelo prazo mínimo de doze meses, a manutenção do seu contrato de trabalho na empresa, após a cessação do auxílio-doença acidentário, independentemente da percepção de auxílio-acidente.

O segurado empregado terá a garantia do contrato de trabalho pelo prazo mínimo de 12 meses contado da data de cessação do auxílio-doença acidentário. Recebendo ou não o benefício indenizatório (auxílio-acidente com renda mensal 50%).

Quanto ao benefício por incapacidade acidentário

Das disposições gerais, no Decreto n. 3.048/99, com alterações, parágrafos acrescentados pelo Decreto n. 6.042/2007.

Efeitos a partir do 1º dia do mês de abril de 2007.

Art. 337. O acidente do trabalho será caracterizado tecnicamente pela perícia médica do INSS, mediante a identificação do nexo entre o trabalho e o agravo.

O que caracteriza o benefício auxílio-doença, acidente do trabalho, é identificar nexo entre trabalho e o agravo. Deixando de ser entre o acidente e a lesão, doença e o trabalho e causa mortis e o acidente.

§1º - O setor de benefícios do INSS reconhecerá o direito do segurado a habilitação do benefício acidentário.

É competência da autarquia o reconhecimento inicial de direito relacionado a concessão de benefícios. No caso dessa espécie, por incapacidade, será o reconhecimento de nexo técnico epidemiológico, entre a entidade mórbida e a classe de CNAE (cadastro nacional de atividades econômicas) indicada na lista B do anexo II, do Decreto n. 3.048/99.

§ 2º - Será considerado agravamento do acidente aquele sofrido pelo acidentado quando estiver sob a responsabilidade da reabilitação profissional.

§ 3º Considera-se estabelecido o nexo entre o trabalho e o agravo quando se verificar nexo técnico epidemiológico entre a atividade da empresa e a entidade mórbida motivadora da incapacidade, elencada na Classificação Internacional de Doenças - CID em conformidade com o disposto na Lista C do Anexo II deste Regulamento. (Decreto n. 6.957/09)

Conforme o CID e a atividade empresarial, estará estabelecido o nexo entre trabalho e o agravo.

§ 4º Para os fins deste artigo, considera-se agravo a lesão, doença, transtorno de saúde, distúrbio, disfunção ou síndrome de evolução aguda, subaguda ou crônica, de natureza clínica ou subclínica, inclusive morte, independentemente do tempo de latência.
§ 5º Reconhecidos pela perícia médica do INSS a incapacidade para o trabalho e o nexo entre o trabalho e o agravo, na forma do § 3º, serão devidas as prestações acidentárias a que o beneficiário tenha direito.

Se de forma cumulativa, será benefício por incapacidade, isento de carência.

Se na prova tivéssemos incapacidade para o trabalho sem nexo entre o trabalho e o agravo, caberia a concessão de benefício por incapacidade, desde que cumprida a carência, conforme o caso.

§ 6º A perícia médica do INSS deixará de aplicar o disposto no § 3º quando demonstrada a inexistência de nexo entre o trabalho e o agravo, sem prejuízo do disposto nos §§ 7º e 12.
§ 7º A empresa poderá requerer ao INSS a não aplicação do nexo técnico epidemiológico ao caso concreto mediante a demonstração de inexistência de correspondente nexo causal entre o trabalho e o agravo.

Uma das hipóteses, quando houver remanejamento do trabalhador.

§ 8º O requerimento de que trata o § 7º poderá ser apresentado no prazo de quinze dias da data para a entrega, na forma do inciso IV do art. 225, da GFIP que registre a movimentação do trabalhador, sob pena de não conhecimento da alegação em instância administrativa.

Quando a empresa movimentar trabalhador, para outro trabalho em que não haja nexo entre o trabalho e o agravo. Poderá requerer ao INSS, a não aplicação do nexo epidemiológico, apresentado no prazo de 15 dias da data para entrega da GFIP, pela empresa (15 dias a contar do dia 07 e se recair em dia sem expediente bancário, será antecipado). Não será tomado conhecimento se alegar em instância administrativa.

§ 9º Caracterizada a impossibilidade de atendimento ao disposto no § 8º, motivada pelo não conhecimento tempestivo do diagnóstico do agravo, o requerimento de que trata o § 7º poderá ser apresentado no prazo de quinze dias da data em que a empresa tomar ciência da decisão da perícia médica do INSS referida no § 5º.

Na hipótese de o segurado ter a concessão de benefício por incapacidade, sem que a empresa tivesse o conhecimento que foi reconhecido pela perícia médica do INSS como acidentário, com nexo entre o trabalho e o agravo. A empresa poderá requerer dentro de 15 dias da ciência a decisão da perícia médica, o não reconhecimento do nexo técnico epidemiológico.

§ 10. Juntamente com o requerimento de que tratam os §§ 8º e 9º, a empresa formulará as alegações que entender necessárias e apresentará as provas que possuir demonstrando a inexistência de nexo entre o trabalho e o agravo.
§ 11. A documentação probatória poderá trazer, entre outros meios de prova, evidências técnicas circunstanciadas e tempestivas à exposição do segurado, podendo ser produzidas no âmbito de programas de gestão de risco, a cargo da empresa, que possuam responsável técnico legalmente habilitado.
§ 12. O INSS informará ao segurado sobre a contestação da empresa, para, querendo, impugná-la, obedecendo quanto à produção de provas o disposto no § 10, sempre que a instrução do pedido evidenciar a possibilidade de reconhecimento de inexistência do nexo causal entre o trabalho e o agravo.

O segurado poderá impugnar a contestação da empresa.

§ 13. Da decisão do requerimento de que trata o § 7º cabe recurso, com efeito suspensivo, por parte da empresa ou, conforme o caso, do segurado ao Conselho de Recursos da Previdência Social, nos termos dos arts. 305 a 310.

6. Auxílio-Acidente

Art. 104, RPS.

Art. 104. O auxílio-acidente será concedido, como indenização, ao segurado empregado, exceto o doméstico, ao trabalhador avulso e ao segurado especial quando, após a consolidação das lesões decorrentes do acidente de qualquer natureza*, resulta sequela definitiva, conforme as situações discriminadas no anexo III, que implique:
I) Redução da capacidade para o trabalho que habitualmente exerciam;

Ex.: Aparelho visual, aparelho auditivo, aparelho de fonação, prejuízo estético, perda de segmentos e membros;

II) Redução da capacidade para o trabalho que habitualmente exerciam e exija maior esforço para o desempenho da mesma;
III) Impossibilidade de desempenho da atividade que exerciam à época do acidente, porém permita o desempenho de outra, após a reabilitação profissional.

* Entende-se como acidente de qualquer natureza ou causa aquele de origem traumática e por exposição a agentes exógenos (físicos, químicos e biológicos), que acarrete lesão corporal ou perturbação funcional que cause a morte, a perda, ou a redução permanente ou temporária da capacidade laborativa.

Carência: Não há necessidade de carência para o auxílio-acidente, porque ele tem origem em outro benefício, que é o auxílio-doença acidentário.

Renda Mensal de Benefício: Corresponderá a 50% do salário de benefício que deu origem ao auxílio-doença do segurado (não confundir com 50% do auxílio-doença), corrigido até o mês anterior ao do início do auxílio-acidente, sendo devido até a véspera do início de uma aposentadoria ou até a data do óbito. Poderá ter seu valor inferior ao salário mínimo, e o segurado recebe o benefício da Previdência Social, mesmo contribuindo em atividade remunerada ou não.

Este benefício poderá ser inferior ao salário mínimo. Se o salário de benefício, que deu origem ao auxílio-doença, for salário mínimo, o auxílio-acidente será a metade.

Art. 104, § 3º – O recebimento de salário ou concessão de outro benefício, exceto de aposentadoria, não prejudicará a continuidade do recebimento do auxílio-acidente.

- Vedada sua acumulação com qualquer aposentadoria, mas se o segurado volta a se afastar por novo evento (doença ou acidente), poderá acumular o novo auxílio-doença com o auxílio-acidente que ele recebe.

Existindo nova sequela, não haverá a concessão de novo auxílio-acidente, ele ficará com um deles.

Mas se recebe um auxílio-acidente, 50% do salário-de-benefício do auxílio-doença acidentário e volta a acidentar-se no trabalho dando origem a outro auxílio-doença acidentário, receberá os dois. Após a reabilitação profissional, se for constatado que ele terá direito a outro auxílio-acidente pelo 2º evento, desta feita não acumulará dois auxílios-acidente.

§ 5º A perda da audição, em qualquer grau, somente proporcionará a concessão do auxílio-acidente quando, além do reconhecimento do nexo entre o trabalho e o agravo, resultar, comprovadamente, na redução ou perda da capacidade para o trabalho que o segurado habitualmente exercia.
§ 6º – No caso de reabertura de auxílio-doença por acidente de qualquer natureza que tenha dado origem a auxílio-acidente, este será suspenso até a cessação do auxílio-doença reaberto, quando será reativado.

- Reaberto o auxílio-doença que gerou o auxílio-acidente, este ficará suspenso enquanto aquele estiver sendo pago.

Isto ocorre para o segurado que já está recebendo o auxílio-acidente, 50% e há a necessidade de reabertura do auxílio-doença acidentário que deu origem ao benefício recebido. Enquanto estiver sendo pago o auxílio-doença acidentário, 91%, o auxílio-acidente será suspenso.

§ 7º Cabe a concessão de auxílio-acidente oriundo de acidente de qualquer natureza ocorrido durante o período de manutenção da qualidade de segurado, desde que atendidas às condições inerentes à espécie.

Para o segurado empregado, trabalhador autonômo e segurado especial, que no período de qualidade de segurado sofra acidente de qualquer natureza, e que resulte em redução ou impossibilidade.

7. Abono Anual

Art. 120, RPS.
Previsto o seu pagamento no art. 201, § 6º na CF.

Trata-se da gratificação natalina dos beneficiários, segurados e dependentes do RGPS.

Art.120. Será devido abono anual ao segurado e ao dependente que, durante o ano, recebeu auxílio-doença, auxílio-acidente, aposentadoria, salário-maternidade, pensão por morte ou auxílio-reclusão.

Não será pago àqueles que recebam o benefício de prestação continuada - Lei Orgânica da Assistência Social. (LOAS)

Carência: Não há.

Renda Mensal: Renda mensal do mês de dezembro X o n. de meses que recebeu benefício, dividido por 12.

Quadro Sinótico

• Benefícios previdenciários:
1) Salário-família;
2) Salário-maternidade;
3) Pensão por morte;
4) Auxílio-reclusão;
5) Auxílio-doença;
6) Auxílio-acidente;
7) Abono anual.

Requisitos:
- Carência;
- Qualidade de segurado ou de dependente;
- Quem terá direito ao benefício;
- Natureza do benefício;
- Cota mensal paga;
- Início do pagamento;
- Características;
- Será pago a quem;
- Eventos geradores do pagamento;
- Por quanto tempo é pago, ou mantido pelo INSS;
- Situações de suspensão ou cessação do benefício.

Exercícios de Fixação

Responda com CERTO, ERRADO ou DEIXE EM BRANCO. Cada questão Errada anula uma Certa. Deixando em Branco, perde-se apenas esta questão.

PROVA CESPE/UNB MARÇO 2003

01. Considere a seguinte situação hipotética.
O casal Adacir e Ana, ambos segurados da Previdência Social como empregados, tem cinco filhos na faixa etária de dois a onze anos de idade. Adacir recebe remuneração mensal de R$ 250,00 e Ana, de R$ 350,00.
Nessa situação, Adacir e Ana têm direito a receber, cada um, cinco cotas de salário-família.

02. O auxílio-acidente será devido ao segurado da Previdência Social em gozo de auxílio-doença ou aposentadoria por invalidez decorrente de acidente de qualquer natureza do qual resulte sequela definitiva.

03. A renda mensal dos dependentes relativa à pensão por morte do segurado que falecer em atividade corresponderá a 100% do valor da aposentadoria a que esse segurado teria direito caso se aposentasse por invalidez.

04. Considere a seguinte situação hipotética.
Adalgisa exerceu, por conta própria, atividade econômica de natureza urbana até dezembro de 1999, quando suspendeu os recolhimentos à Previdência Social, após tê-los feito ao longo de 180 meses, pois deixou de exercer atividade remunerada. Em fevereiro de 2003, aos 66 anos de idade, Adalgisa faleceu.
Nessa situação, embora Adalgisa já contasse com 180 contribuições mensais à Previdência Social, seus dependentes não farão jus à pensão, pois ocorreu a perda da qualidade de segurada.

PROVA CESPE/UNB DELEGADO DA PF 2000

Bartolomeu e Adriana, ambos segurados obrigatórios da Previdência Social na qualidade de contribuintes individuais, constituem uma união estável e têm dois filhos, ambos estudantes economicamente dependentes dos pais: Flávia, de doze anos de idade, e Gustavo, de dezesseis. Além dos filhos, também vive na residência do casal a mãe de Adriana, Irene, que depende economicamente da filha. Para auxiliar a família nos serviços domésticos, o casal contratou, em julho de 2002, Rosana como empregada, pagando-lhe remuneração mensal de R$ 500,00, regularmente registrada em sua carteira de trabalho e Previdência Social (CTPS). Adriana envolveu-se em um acidente automobilístico em agosto de 2001, tendo sofrido traumatismos múltiplos que exigiram a sua internação em hospital por três meses, mas, felizmente, os ferimentos não deixaram sequelas que limitassem quaisquer de suas atividades habituais. Na mesma semana em que ocorreu o acidente, foi requerida perante o INSS a concessão de auxílio-doença para Adriana. Findo o período de internação, Adriana voltou para casa, mas, por determinação médica, permaneceu em repouso por mais dois meses, antes de retomar suas atividades profissionais.

Em face da situação hipotética apresentada, julgue os itens seguintes.

05. Considerando que Adriana era segurada da Previdência Social há apenas seis meses, é correto afirmar que mesmo assim ela teria o direito de receber benefício de auxílio-doença durante todo o tempo em que permaneceu impossibilitada de trabalhar, a contar da data em que ocorreu o acidente.

06. Caso Adriana viesse a falecer em virtude do acidente, os seus dependentes teriam direito ao benefício de pensão por morte, cuja renda mensal corresponderia ao valor total da aposentadoria a que Adriana teria direito se estivesse aposentada por invalidez na data de sua morte, quantia essa que deveria ser dividida igualmente entre Bartolomeu, Gustavo, Flávia e Irene.

07. Caso Rosana viesse a ser demitida sem justa causa em agosto de 2001, teria direito ao aviso prévio e à percepção do seguro-desemprego.

08. Adicionalmente a situação hipotética apresentada, considere que, para diminuir os encargos previdenciários, Rosana acertou com seus patrões que, na CTPS, seria registrada remuneração de apenas R$ 300,00, sendo que os outros R$ 200,00 da remuneração seriam pagos informalmente, sem o recolhimento da contribuição previdenciária devida. Nessa hipótese, é correto afirmar que o registro na CTPS de salário menor que o efetivamente pago configura crime de sonegação previdenciária e que, portanto, Rosana tem direito a exigir judicialmente que Bartolomeu e Adriana promovam o recolhimento da contribuição previdenciária incidente sobre a diferença entre o salário registrado na CTPS e a remuneração efetivamente paga.

09. Ao contrário de Flávia, Gustavo tem direito a filiar-se ao Regime Geral de Previdência Social, na qualidade de segurado facultativo; porém, caso Gustavo proceda à sua filiação, o que deve ser feito mediante a inscrição na Previdência Social e recolhimento da primeira contribuição, ele perderá a qualidade de dependente de seus pais perante o direito previdenciário.

10. A pensão por morte será devida a partir do pedido feito pelos dependentes, ainda que o falecido já esteja em gozo de aposentadoria, inexistindo previsão legal para conversão automática do benefício de aposentadoria. O requerimento por parte dos dependentes do segurado falecido, aposentado ou não é obrigatório, constituindo crime o recebimento de aposentadoria em nome de segurado já falecido, devendo ser restituídos ao INSS os valores indevidamente recebidos.

11. O auxílio-reclusão é benefício previdenciário devido aos dependentes do segurado quando não houver salário-de-contribuição na data do seu efetivo recolhimento à prisão, desde que mantida a qualidade de segurado. Falecendo o segurado detido ou recluso, o auxílio-reclusão que estiver sendo pago será convertido automaticamente em pensão por morte.

CESPE/UNB MARÇO 2003

João, casado com Sônia, é beneficiário da Previdência Social na condição de segurado, João tem 01 filho, José, com 20 anos de idade, de união anterior; um irmão inválido, chamado Mário, com 23 anos de idade; e um menor sob sua tutela, Luis, com 06 anos de idade. Sônia tem um filho, Pedro, com 20 anos de idade, de pai falecido. Em comum, João e Sônia têm 02 filhos: Josué, com 05 anos de idade, e Paulo, com 19 anos, que é inválido. Mário, Luis e Pedro não possuem bens suficientes para seu sustento e educação.

12. João pode, a qualquer momento, inscrever Sônia, os filhos de ambos e seu irmão Mário na Previdência Social como dependentes.

13. Caso João faleça, Sônia e os filhos de ambos, em comum ou não, concorrerão para o recebimento de pensão.

14. Em caso de falecimento de João, na distribuição de cotas de pensão, Sônia receberá 50% do valor, enquanto os outros 50% serão igualmente distribuídos entre os demais dependentes.

15. O aposentado por invalidez não poderá, sem prejuízo do recebimento desse benefício, desempenhar atividade profissional, ainda que diversa daquela que originou a aposentadoria.

Assinale a alternativa correta.

16. **(Técnico Previdenciário/2004) Caio, em maio de 2000, separou-se, judicialmente, de Maria. Na referida separação, acordou-se, judicialmente, que Caio não iria pagar pensão alimentícia à ex-esposa e que só iria pagar tal encargo para Ana, filha do casal, 19 anos. Em agosto de 2002, Caio conhece Teresa, com a qual vem a morar e manter união estável. Em agosto de 2004, Caio falece. Quem tem direito à pensão por morte, na qualidade de dependente de Caio?**

a) Maria, Ana e Teresa.
b) Maria e Ana.
c) Ana e Teresa.
d) Ana
e) Teresa.

17. **(Anal. Previdenciário/2004) A que percentual do salário-de-benefício correspondem, respectivamente, as rendas mensais iniciais do auxílio-doença, do auxílio-acidente e da aposentadoria por invalidez?**

a) 100%, 91% e 50%
b) 91%, 100% e 70%
c) 91%, 50% e 100%
d) 91%, 50% e 70%
e) 50%, 91% e 100%

18. **(Anal. Previdenciário/2004) Salário-maternidade é o benefício previdenciário pago à segurada gestante durante o período de afastamento de suas atividades. Consiste em uma renda mensal inicial igual à remuneração integral, equivalente a 01 (um) mês de trabalho, para:**

a) todas as espécies de seguradas.
b) a segurada especial.
c) a trabalhadora avulsa.
d) a empregada doméstica.
e) a contribuinte individual.

19. **(AFRFB/2005) De acordo com a Lei n. 8.213/91, na parte relativa ao auxílio-doença, indique qual das opções está incorreta:**

a) é um benefício de caráter continuado.
b) é devido ao segurado.
c) a sua extinção ocorre diante da recuperação da capacidade para o trabalho.
d) em regra, possui prazo de carência para a sua concessão.
e) é concedido diante da incapacidade permanente para o trabalho.

20. **(TRF/2005) A seguinte prestação (benefício) somente é concedida aos dependentes, não ao segurado:**

a) salário-família
b) auxílio- reclusão
c) salário-maternidade
d) auxílio-acidente
e) aposentadoria por invalidez

Técnico do Seguro Social/Cargo 18 Caderno BRANCO - CESPE/UNB – INSS/2008

21. Fernanda foi casada com Lucas, ambos segurados da Previdência Social. Há muito tempo separados, resolveram formalizar o divórcio e, pelo fato de ambos trabalharem, não foi necessária a prestação de alimentos entre eles. Nessa situação, Fernanda e Lucas, após o divórcio, deixarão de ser dependentes um do outro junto à Previdência Social.

22. Osvaldo cumpriu pena de reclusão devido à prática de crime de fraude contra a empresa em que trabalhava. No período em que esteve na empresa, Osvaldo era segurado da previdência social. Nessa situação, Osvaldo tem direito de continuar como segurado da Previdência Social por até dezoito meses após o seu livramento.

23. Paulo é, de forma comprovada, dependente economicamente de seu filho, Juliano, que, em viagem a trabalho, sofreu um acidente e veio a falecer. Juliano à época do acidente era casado com Raquel. Nessa situação, Paulo e Raquel poderão requerer o benefício de pensão por morte, que deverá ser rateado entre ambos.

24. Edson é menor de idade sob guarda de Coutinho, segurado da Previdência Social. Nessa situação, Coutinho não pode requerer o pagamento do salário-família em relação a Edson, já que este não é seu dependente.

Julgue a assertiva que se segue a cada uma das situações hipotéticas referentes ao salário-família apresentadas em cada um dos itens subsequentes.

25. Rubens e sua esposa Amélia têm, juntos, dois filhos, trabalham e são segurados do regime geral da previdência social, além de serem considerados trabalhadores de baixa renda. Nessa situação, o salário-família somente será pago a um dos cônjuges.

26. Dalila, que é empregada doméstica e segurada do Regime Geral da Previdência Social, tem três filhos, mas não recebe salário-família. Nessa situação, apesar de ser considerada trabalhadora de baixa renda, Dalila não tem o direito de receber esse benefício.

Em cada um dos itens seguintes, é apresentada uma situação hipotética acerca do salário-maternidade, seguida de uma assertiva a ser julgada.

27. Helena, grávida de nove meses de seu primeiro filho, trabalha em duas empresas de telemarketing. Nessa situação, Helena terá direito ao salário-maternidade em relação a cada uma das empresas, mesmo que a soma desses valores seja superior ao teto dos benefícios da Previdência Social.

28. Há oito meses, Edna, profissional liberal, fez sua inscrição na Previdência Social, na qualidade de contribuinte individual, passando a recolher regularmente as suas contribuições mensais. Dois meses depois da inscrição, descobriu que estava grávida de 1 mês, vindo seu filho a nascer, prematuramente, com sete meses. Nessa situação, não há nada que impeça Edna de receber o salário-maternidade, pois a carência do benefício será reduzida na quantidade de meses em que o parto foi antecipado.

29. Cláudia está grávida e exerce atividade rural, sendo segurada especial da previdência. Nessa situação, ela tem direito ao salário-maternidade desde que comprove o exercício da atividade rural nos últimos dez meses imediatamente anteriores à data do parto ou do requerimento do benefício, quando solicitado antes do parto, mesmo que a atividade tenha sido realizada de forma descontínua.

Observação para itens 30 e 31: Observar data da prova houve mudança na legislação por adoção.

30. Adriana, segurada da previdência, adotou Paula, uma menina de 9 anos de idade. Nessa situação, Adriana não tem direito ao salário-maternidade.

31. Rute, professora em uma escola particular, impossibilitada de ter filhos, adotou gêmeas recém-nascidas cuja mãe falecera logo após o parto e que não tinham parentes que pudessem cuidar delas. Nessa situação, Rute terá direito a dois salários-maternidade.

Em cada um dos itens seguintes, é apresentada uma situação hipotética relacionada à pensão por morte, seguida de uma assertiva a ser julgada.

32. Ernani, segurado do Regime Geral da Previdência Social, faleceu, e sua esposa requereu pensão 60 dias após o óbito. Nessa situação, esse benefício será iniciado na data do requerimento apresentado pela esposa de Ernani, visto que o pedido foi feito após o prazo definido pela legislação que dá direito a esse benefício.

33. José tem 20 anos de idade e recebe a pensão decorrente do falecimento de seu pai, Silas, de quem é filho único. Nessa situação, quando José completar a idade de 21 anos, o benefício será extinto, haja vista a inexistência de outros dependentes da mesma classe.

34. Alexandre, caminhoneiro, sempre trabalhou por conta própria e jamais se inscreveu no Regime Geral da Previdência Social. Após sofrer um grave acidente, resolveu filiar-se à previdência. Seis meses depois, sofreu novo acidente e veio a falecer, deixando esposa e três filhos. Nessa situação, os filhos e a esposa de Alexandre não receberão a pensão por morte pelo fato de não ter sido cumprida a carência de doze meses.

Com relação ao auxílio-doença, julgue o próximo item.

35. Uma segurada da previdência que esteja recebendo auxílio-doença é obrigada a submeter-se a exame pelo médico perito da Previdência Social e a realizar o processo de reabilitação profissional para desenvolver novas competências.

36. Uma segurada contribuinte individual que tenha sofrido algum acidente que tenha determinado sua incapacidade temporária para a atividade laboral tem direito a receber auxílio-doença, cujo termo inicial deve corresponder à data do início da incapacidade, desde que o requerimento seja apresentado junto à previdência antes de se esgotar o prazo de 30 dias.

37. Um segurado empregado do regime geral que tenha sofrido acidente no trajeto de sua casa para o trabalho tem direito ao recebimento do auxílio-doença pela previdência social a partir do primeiro dia de afastamento do trabalho.

Em cada um dos itens seguintes, é apresentada uma situação hipotética acerca do auxílio-reclusão, seguida de uma assertiva a ser julgada.

38. Hugo, segurado do regime geral de previdência há menos de 10 anos, desempregado há seis meses, envolveu-se em atividades ilícitas, o que determinou sua prisão em flagrante.
Nessa condição, caso Hugo seja casado, sua esposa faz jus ao auxílio-reclusão junto à Previdência Social.

39. Fabiano, segurado do regime geral de previdência, encontra-se preso e participa de atividades laborais na prisão, fato que lhe permite manter suas contribuições para a previdência social na qualidade de contribuinte individual. Sua esposa, Catarina, recebe auxílio-reclusão, por serem, Fabiano e ela, considerados, respectivamente, segurado e dependente de baixa renda. Nessa situação, enquanto Catarina receber o auxílio-reclusão, Fabiano não terá direito a nenhum tipo de aposentadoria nem a auxílio-doença.

Em cada um dos itens subsequentes, é apresentada uma situação hipotética que trata de cumulação de benefícios, seguida de uma assertiva a ser julgada.

40. Tereza encontra-se afastada de suas atividades laborais e recebe o auxílio-doença. Nessa situação, caso engravide e tenha um filho, Tereza não poderá receber, ao mesmo tempo, o auxílio-doença e o salário-maternidade.

41. Sofia, pensionista da previdência social em decorrência da morte de seu primeiro marido, João, resolveu casar-se com Eduardo, segurado empregado. Seis meses após o casamento, Eduardo faleceu em trágico acidente. Nessa situação, Sofia poderá acumular as duas pensões, caso o total recebido não ultrapasse o teto determinado pela Previdência Social.

42. Pedro recebe auxílio-acidente decorrente da consolidação de lesões que o deixaram com sequelas definitivas. Nessa condição, Pedro não poderá cumular o benefício que atualmente recebe com o de aposentadoria por invalidez que eventualmente venha a receber.

43. Fábio recebe auxílio-acidente decorrente da consolidação de lesões que o deixaram com sequelas definitivas. Nessa situação, Fábio poderá cumular o benefício que atualmente recebe com o auxílio-doença decorrente de outro evento.

MTE - ESAF/2010

44. Assinale a opção correta, entre as assertivas abaixo, relativas aos benefícios previdenciários de acidente de trabalho previstos na Lei n. 8.213/91.

a) Equiparam-se ao acidente do trabalho a doença proveniente de contaminação acidental do empregado no exercício de sua atividade.
b) A empresa não é responsável pela adoção e uso de medidas coletivas e individuais de proteção e segurança da saúde do trabalhador.
c) O acidente de trabalho deve ser pago pelo INSS em caso de doença degenerativa.
d) A empresa deverá comunicar o acidente do trabalho à Previdência Social até o 100 (décimo) dia útil seguinte ao da ocorrência, haja ou não morte.
e) Os sindicatos de classe não poderão acompanhar a cobrança, pela Previdência Social, de multas oriundas de desrespeito às normas acidentárias.

TÉCNICO DO SEGURO SOCIAL/INSS/FCC 2012

45. Silvia trabalhou na empresa X, de janeiro de 2009 a janeiro de 2010, como digitadora, quando foi acometida de tendinite, por 30 dias, que a impedia de exercer suas atividades habituais. Submetida a tratamento médico, recuperou-se para suas atividades. Nessa situação, Silvia teve direito a receber

a) auxílio-acidente.
b) aposentadoria por invalidez.
c) auxílio-doença.
d) reabilitação profissional.
e) tratamento médico fornecido pelo INSS.

46. Cláudio exerceu atividade de caldeireiro na fábrica X de 01 de janeiro de 2009 a 01 de julho de 2009 e sofreu acidente de trabalho que acarretou a perda de dois dedos da mão. Nessa situação, Cláudio

a) não terá direito a receber benefício previdenciário por ausência do cumprimento do período de carência.
b) receberá auxílio-doença e após a consolidação da perda dos dedos, auxílio-acidente.
c) terá direito à reabilitação profissional e aposentadoria por invalidez.
d) não terá direito a benefício.
e) terá direito a auxílio-acidente e aposentadoria por invalidez, após a consolidação da perda dos dedos.

47. Maria adotou uma criança de 6 (seis) anos de idade, sendo que a mãe biológica da criança já havia recebido o salário-maternidade. Nessa situação, Maria: (Adaptada com alteração da legislação de 2013)

a) não tem direito ao salário-maternidade.
b) tem direito ao salário-maternidade por 120 (cento e vinte) dias a contar da data da adoção.
c) tem direito ao salário-maternidade por 60 (sessenta) dias a contar da data da adoção.
d) tem direito ao salário-maternidade por 90 (noventa) dias a contar da data da adoção.
e) tem direito ao salário-maternidade por 30 (trinta) dias a contar da data da adoção.

48. Maria é advogada, empregada de uma empresa desde 1990 e, a caminho do Fórum, bateu seu automóvel por cruzar o farol vermelho, sofrendo ferimentos que se agravaram em razão de Maria ser portadora de diabetes e a incapacitaram para suas atividades habituais, por mais de 15 (quinze) dias. Nessa situação, Maria

a) não terá direito a receber benefício acidentário, em razão de o acidente não ter ocorrido no local de trabalho.
b) não terá direito a benefício acidentário em razão de a incapacidade decorrer da diabetes.
c) receberá aposentadoria por invalidez acidentária.
d) não receberá benefício acidentário por estar dirigindo veículo próprio e não da empresa.
e) receberá auxílio-doença acidentário.

49. João fora casado com Maria, com quem teve três filhos, João Junior, de 22 anos e universitário; Marília, com 18 anos e Renato com 16 anos, na data do óbito de João, ocorrido em dezembro de 2011. João se divorciara de Maria que renunciou ao direito a alimentos para si. Posteriormente, João veio a contrair novas núpcias com Norma, com quem manteve união estável até a data de seu óbito. Norma possui uma filha, Miriam, que mora com a mãe e foi por João sustentada. Nessa situação, são dependentes de João, segundo a legislação previdenciária:

a) João Junior, Marília e Renato.
b) João Junior, Maria, Marília, Renato e Norma.
c) Marília, Renato, Miriam e Norma.
d) Maria, João Junior, Marília, Renato e Norma.
e) João Junior, Marília, Renato, Maria, Norma e Miriam.

50. João fora casado com Maria, com quem teve dois filhos, Artur e Lia de 6 e 8 anos respectivamente, na data do óbito de João, ocorrido em 2011. Maria já fora casada com Márcio, de quem teve uma filha, Rosa, de 10 anos, que era mantida por João, porque Márcio não tivera condições de prover seu sustento. O falecido ajudava financeiramente, também, sua mãe, Sebastiana e seu irmão, Antônio que era inválido. Nessa situação, a pensão por morte de João será concedida a:

a) Artur, Lia, Maria e Rosa.
b) Artur, Lia, Maria, Rosa e Sebastiana.
c) Artur, Lia, Rosa e Sebastiana.
d) Artur, Lia e Sebastiana.
e) Artur, Lia, Sebastiana e Antônio.

51. José foi segurado da Previdência Social até janeiro de 2010 e recebia a título de auxílio-doença R$ 580,00 (quinhentos e oitenta) reais. Nessa ocasião, envolveu-se com drogas e foi recolhido à prisão em regime fechado, fugindo em julho de 2011. Ele foi casado com Lídia com quem teve dois filhos, menores de 21 anos, na data do recolhimento à prisão. Posteriormente à prisão, Lídia separou-se de José e casou-se com João, em janeiro de 2011. Nessa situação,

a) Lídia não poderá receber auxílio-reclusão.
b) nenhum dependente poderá receber o auxílio-reclusão.
c) o auxílio-reclusão será devido a todos os dependentes, da data do recolhimento à prisão até a data da fuga.
d) o auxílio-reclusão será devido à Lídia, desde a data da prisão até suas novas núpcias.
e) o auxílio-reclusão será devido aos filhos de José, desde o recolhimento à prisão até que completem 21 anos.

52. Em relação ao auxílio-acidente, assinale a resposta INCORRETA.

a) Tem caráter indenizatório.
b) Cessa com o advento de qualquer aposentadoria.
c) Corresponde a 50% (cinquenta por cento) do salário de benefício.
d) Somente é devido após a consolidação das lesões decorrentes de acidente.
e) É devido se não houver a concessão do auxílio-doença previamente.

53. Maria trabalhou de 02 de janeiro de 2006 a 02 de julho de 2006 como empregada de uma empresa, vindo a contrair moléstia não relacionada ao trabalho, com prejuízo do exercício de suas atividades habituais. Nessa situação, Maria

a) não terá direito ao recebimento do auxílio-doença, por ausência do cumprimento da carência.
b) terá direito à aposentadoria por invalidez, que independe do cumprimento de carência.
c) terá direito ao auxílio-acidente, que não exige carência.
d) terá direito ao auxílio-doença, que independe de carência.
e) poderá receber aposentadoria por invalidez, se recolher mais duas contribuições.

54. Segundo a legislação previdenciária NÃO é considerado caso de suspensão ou de cancelamento automático do benefício previdenciário

a) o retorno voluntário ao trabalho de segurado aposentado por invalidez.
b) a não apresentação do segurado beneficiário de aposentadoria por invalidez para a realização de exame médico-pericial periódico a cargo do INSS.
c) o reaparecimento do segurado considerado falecido por decisão judicial que havia declarado morte presumida que originou o pagamento de pensão provisória aos dependentes.
d) a continuidade do exercício de trabalho ou atividade que sujeite o segurado beneficiário de aposentadoria especial a condições nocivas à saúde ou à integridade física que foram considerados para fins da concessão da aposentadoria especial.
e) o exercício de atividade remunerada pelo segurado recluso em cumprimento de pena em regime fechado ou semiaberto que contribuir na condição de segurado contribuinte individual ou facultativo, em relação ao recebimento do auxílio-reclusão pelos seus dependentes.

55. Por motivo de disputa relacionada ao trabalho, o empregado Antunes sofre agressão física intencional de terceiro, Marcos, no refeitório da empresa durante o seu horário de almoço. Em razão da desavença Antunes fraturou um dedo da mão direita, o que lhe ocasionou uma redução temporária da capacidade de trabalho. Nesta situação, nos termos da legislação previdenciária, pode-se afirmar que Antunes

a) não sofreu acidente de trabalho por estar em horário de refeição, portanto não estar trabalhando.
b) não sofreu acidente de trabalho porque a agressão foi provocada por terceiro e não colega de trabalho ou outro empregado da empresa.
c) é portador de doença profissional que se equipara a acidente de trabalho.
d) sofreu evento equiparado a acidente de trabalho para os efeitos da Lei nº 8.213/91.
e) não sofreu acidente de trabalho porque a lesão foi pequena e a redução da capacidade de trabalho foi temporária.

56. Conforme prevê a legislação previdenciária, em relação ao benefício da aposentadoria por invalidez é correto afirmar que

a) a sua concessão dependerá da verificação da condição de incapacidade mediante exame médico-pericial a cargo da Previdência Social.
b) por sua natureza em nenhuma situação dependerá de período de carência.
c) será devida apenas se o segurado estiver em gozo de auxílio-doença.
d) não é devida ao segurado empregado doméstico.
e) durante os primeiros trinta dias de afastamento da atividade por motivo de invalidez, caberá à empresa pagar ao segurado empregado o salário.

57. Renato, empregado da Gráfica Alfa por dois anos, em 26/01/2010 ao manusear uma máquina de corte sofreu fratura na mão esquerda. Após ter sido socorrido na enfermaria da empresa, foi encaminhado a um hospital e ficou afastado por três meses, período em que recebeu prestação previdenciária de auxílio-doença acidentário. Em razão do acidente, houve necessidade de intervenção cirúrgica. Nesta situação, Renato ainda terá direito ao benefício previdenciário de

a) aposentadoria especial, em razão do acidente típico de trabalho sofrido.
b) auxílio-acidente, se após consolidadas as lesões resultarem sequelas que impliquem em redução da capacidade para o trabalho que habitualmente exercia.
c) aposentadoria por invalidez, caso tenha havido redução parcial da capacidade de trabalho, mas suscetível de reabilitação.
d) auxílio-acidente em razão do acidente de trabalho, mesmo que não tenha havido nenhuma sequela.
e) pecúlio por acidente típico de trabalho, uma vez que se acidentou no local de trabalho.

Responda as questões de 58 a 59, utilizando CERTO ou ERRADO

58. Pedro mantém vínculo com o Regime Geral da Previdência Social (RGPS) há doze anos e quatro meses, em função do exercício de atividade laboral na condição de empregado de empresa privada urbana. Pedro é viúvo e mora em companhia de seu único filho, Jorge, de dezenove anos de idade.

Com referência a essa situação hipotética, julgue o seguinte item.

Se Pedro vier a falecer no presente mês, seu filho Jorge terá direito a pensão por morte, que consiste em renda mensal correspondente a 91% da média aritmética simples dos maiores salários-de-contribuição de Pedro.

59. **Julgue o item a seguir, relativo a acidente do trabalho.**

Equipara-se a acidente do trabalho o acidente sofrido pelo segurado na prestação espontânea de qualquer serviço à empresa para lhe evitar prejuízo ou proporcionar proveito, ainda que fora do local e horário de trabalho.

Gabarito

01. C	02. E	03. C	04. E	05. C
06. E	07. E	08. E	09. E	10. E
11. E	12. E	13. C	14. E	15. E
16. E	17. C	18. C	19. E	20. B
21. C	22. E	23. E	24. C	25. E
26. C	27. C	28. C	29. C	30. C*
31. E	32. E	33. C	34. E	35. C
36. C	37. E	38. E	39. C	40. C
41. E	42. C	43. C	44. A	45. C
46. B	47. B	48. E	49. C	50. A
51. B	52. E	53. A	54. E	55. D
56. A	57. B	58. E	59. C	

* (Prova a partir de 2013 a questão estaria errada, pois não há mais o limitador na idade da criança.)

14. Benefícios Previdenciários e Compensação Previdenciária

1. Aposentadoria por Invalidez

Arts. 43 ao 50, RPS.

Art. 43. A aposentadoria por invalidez, uma vez cumprida a carência exigida, quando for o caso, será devida ao segurado que, estando ou não em gozo de auxílio-doença, for considerado incapaz para o trabalho e insuscetível de reabilitação para o exercício de atividade que lhe garanta a subsistência, e ser-lhe-á paga enquanto permanecer nessa condição.

Nas aposentadorias por invalidez em virtude de acidente de qualquer natureza ou causa, ou em razão de uma das doenças da lista elaborada pelo Ministério da Saúde e MPS não será exigida carência.

Exame Médico-Pericial:

Art. 43, § 1º – A concessão de aposentadoria por invalidez dependerá da verificação da condição de incapacidade, mediante exame médico-pericial a cargo da Previdência Social, podendo o segurado, às suas expensas, fazer-se acompanhar de médico de sua confiança.

Art. 44, § 3º - A concessão de aposentadoria por invalidez, inclusive mediante transformação de auxílio-doença concedido na forma do art. 73 (auxílio-doença), está condicionada ao afastamento de todas as atividades.

- Caso o segurado exerça mais de uma atividade, será devida a aposentadoria por invalidez, se houver afastamento de todas as atividades.

Art. 45. O valor da aposentadoria por invalidez do segurado que necessitar da assistência permanente de outra pessoa será acrescido de 25%, observada a relação constante do anexo1, e:
I - devido ainda que o valor da aposentadoria atinja o limite máximo legal; e
II - recalculado quando o benefício que lhe deu origem for reajustado.
Parágrafo único. O acréscimo de que trata o caput cessará com a morte do aposentado, não sendo incorporado ao valor da pensão por morte.

- Para esta aposentadoria há previsão de um acréscimo de 25% sobre a renda mensal da aposentadoria, quando houver a necessidade de assistência permanente de outra pessoa. Este acréscimo é reajustável quando aumenta a aposentadoria e não será incorporado à pensão. E será devido mesmo que a somatória da renda mensal com o acréscimo dos 25% ultrapasse o teto previdenciário.

Início do Benefício:

- Será devido a contar do dia imediato ao da cessação do auxílio-doença, mas se mediante conclusão da perícia médica inicial pela existência de incapacidade total e definitiva para o trabalho, será devido ao segurado empregado a contar do 31º dia do afastamento da atividade ou a partir da data do requerimento, se entre o afastamento e o requerimento decorrerem mais de 45 dias. Os 30 primeiros dias serão pagos pela empresa.
- Para o segurado empregado doméstico, contribuinte individual, trabalhador avulso, especial ou facultativo, a contar da data do início da incapacidade ou da data do requerimento, se entre essas datas decorrerem mais de 30 dias.

Art. 46. O segurado aposentado por invalidez está obrigado, a qualquer tempo, sem prejuízo do disposto no § único e independentemente de sua idade e sob pena de suspensão do benefício, a submeter-se a exame médico a cargo da previdência social, processo de reabilitação profissional por ela prescrito e custeado e tratamento dispensado

gratuitamente, exceto o cirúrgico e a transfusão de sangue, que são facultativos.
Parágrafo único. Observado o disposto no caput, o aposentado por invalidez fica obrigado, sob pena de sustação do pagamento do benefício, a submeter-se a exames médico-periciais, a realizarem-se bienalmente.

Ex.: Aos aposentados por invalidez, será dispensado tratamento de reabilitação profissional e perícia médica, ficando obrigado, sob pena de sustação do pagamento do benefício, a submeter-se a exames médico-periciais, a realizarem-se bienalmente.

Carência:

- 12 contribuições mensais.
- Independe de carência em tempo de contribuição a concessão da aposentadoria por invalidez aos segurados especiais, desde que comprovem o exercício de atividade rural no período imediatamente anterior ao requerimento do benefício, ainda que de forma descontínua, igual ao número de meses correspondente à carência do benefício requerido.
- Não há obrigatoriedade de uma aposentadoria por invalidez ter início em um auxílio-doença.
- Independe de carência a concessão nos casos de acidente de qualquer natureza ou causa, bem como nos casos de segurado que, após filiar-se ao RGPS, seja acometido de alguma das doenças da lista.

Salário de Benefício:

- Obtido com a média aritmética simples dos maiores salários de contribuição correspondentes a 80% de todo o período contributivo;

Renda Mensal do Benefício: 100% do salário de benefício apurado.

Cessação do Benefício:

Art. 48. O aposentado por invalidez que retornar voluntariamente à atividade terá sua aposentadoria automaticamente cessada, a partir da data do retorno.

Neste caso o segurado retornou sem perícia médica. Cessará automaticamente, do retorno.

Art. 49. Verificada a recuperação da capacidade de trabalho do aposentado por invalidez, excetuando-se a situação prevista no art. 48 (retorno voluntário), serão observadas as normas seguintes:

Verificada pela perícia médica da Previdência Social.

I - Quando a recuperação for total e ocorrer dentro de 05 anos contados da data de início da aposentadoria por incapacidade ou do auxílio-doença que a antecedeu sem interrupção, o benefício cessará:

a) De imediato, para o empregado que tiver direito a retornar à função que desempenhava na empresa ao se aposentar.

De imediato quer dizer que cessará o pagamento do benefício pelo INSS.

b) Após tantos meses quantos forem os anos de duração do auxílio-doença e da aposentadoria por invalidez, para os demais segurados; e

Aos segurados das outras categorias, que tenham permanecido 4 anos entre auxílio-doença e aposentadoria por invalidez, o benefício cessará após 4 meses.

II - Quando a recuperação for parcial ou ocorrer após o período de 05 anos, ou ainda quando o segurado for declarado apto para o exercício de trabalho diverso do qual ele exercia, a aposentadoria será mantida, sem prejuízo da volta à atividade:
a) Pelo valor integral, durante 06 meses da data da recuperação;
b) Com redução de 50%, no período seguinte de 06 meses.
c) Com redução de 75%, por igual período de 06 meses, ao término do qual cessará definitivamente.

Como se pode perceber, o segurado, após verificada a recuperação, continuará trabalhando e recebendo por até 18 meses a aposentadoria por invalidez sendo reduzida gradualmente.

O tempo em gozo do benefício será computado como tempo de contribuição, entre períodos de atividade.

Explicando: A segurada permaneceu em benefício 3 anos, teve recuperação total, e retornou ao trabalho; estes 3 anos contam como tempo de contribuição. Mas não contam como carência.

2. Aposentadoria por Tempo de Contribuição

Arts. 56 ao 63, RPS.

Art. 56. A aposentadoria por tempo de contribuição será devida ao segurado após trinta e cinco anos de contribuição, se homem, ou trinta anos, se mulher, observado o disposto no art. 199-A.

Esta espécie de aposentadoria é por tempo de contribuição. A observação, quanto ao artigo 199 A, é referente ao segurado que opte por contribuir como contribuinte individual ou facultativo, com uma alíquota de 11% OU 5% sobre o limite mínimo do salário de contribuição. Os segurados que escolham essa forma de contribuição com alíquota menor não farão jus a aposentadoria por tempo de contribuição.

Carência: 180 contribuições.

Como exemplo, uma segurada que tenha completado 30 anos de contribuição em 01/2015 precisa comprovar dentro dos 30 anos no mínimo 15 anos considerados como carência.

Aposentadoria por tempo de contribuição exigência:
- Para o homem com 35 anos de contribuição;
- Para a mulher com 30 anos de contribuição;

Sendo que após o cálculo do salário de benefício, será multiplicado o valor encontrado pelo FATOR PREVIDENCIÁRIO.

MUDANÇA COM A MP 676/15

APOSENTADORIA POR TEMPO DE CONTRIBUIÇÃO SEM O FATOR PREVIDENCIÁRIO, DESDE QUE COMPROVEM O FATOR 95/85 DE FORMA PROGRESSIVA de 2017 a 2022.

Lei n. 8.213/91 Art. 29-C. O segurado que preencher o requisito para a aposentadoria por tempo de contribuição poderá optar pela não incidência do fator previdenciário, no cálculo de sua aposentadoria, quando o total resultante da soma de sua idade e de seu tempo de contribuição, incluídas as frações, na data de requerimento da aposentadoria, for: (Incluído pela Medida Provisória nº 676, de 2015)

EXPLICAÇÃO:

Preencher os requisitos tais como:
- no mínimo: H 35 anos e M 30 anos de tempo de contribuição;
- 180 meses de carência.
- Poderá optar pela não incidência do fator previdenciário, desde que a soma de idade e tempo resulte em:
  - 2015 = Homem 95 (35 + 60 anos) e Mulher 85 (30 + 55 anos)
  - no mínimo para o Homem 35 anos e da Mulher 30 anos.

I - igual ou superior a noventa e cinco pontos, se homem, observando o tempo mínimo de contribuição de trinta e cinco anos; ou (Incluído pela Medida Provisória nº 676, de 2015)

Explicação: exigido daqueles com direito adquirido de 18/06/2015 até 31/12/2016

II - igual ou superior a oitenta e cinco pontos, se mulher, observando o tempo mínimo de contribuição de trinta anos. (Incluído pela Medida Provisória nº 676, de 2015)

Explicação: exigido daqueles com direito adquirido de 18/06/2015 até 31/12/2016.

§ 1º As somas de idade e de tempo de contribuição previstas no caput serão majoradas em um ponto em: (Incluído pela Medida Provisória nº 676, de 2015)

I - 1º de janeiro de 2017; (Incluído pela Medida Provisória nº 676, de 2015)

Explicação:

A partir de janeiro de 2017 até o final de 2018 será exigido do homem o fator 96 e da mulher 86.

No mínimo 35 TC e 30TC

Para o segurado se aposentar sem aplicar o fator em 2017, deverá comprovar no mínimo 35 de TC + 61 anos de idade.

II - 1º de janeiro de 2019; (Incluído pela Medida Provisória nº 676, de 2015)

No ano de 2019 será exigido do homem o fator 97 e da mulher 87

No mínimo 35 TC e 30TC

Para o segurado se aposentar sem aplicar o fator em 2019, deverá comprovar no mínimo 35 de TC + 62 anos de idade.

III - 1º de janeiro de 2020; (Incluído pela Medida Provisória nº 676, de 2015)

No ano de 2020 será exigido do homem o fator 98 e da mulher 88

No mínimo 35 TC e 30TC

Para o segurado se aposentar sem aplicar o fator em 2017, deverá comprovar no mínimo 35 de TC + 63 anos de idade.

IV - 1º de janeiro de 2021; e (Incluído pela Medida Provisória nº 676, de 2015)

Em 2021 será exigido do homem o fator 99 e da mulher 89

No mínimo 35 TC e 30TC

Para o segurado se aposentar sem aplicar o fator em 2017, deverá comprovar no mínimo 35 de TC + 64 anos de idade.

V - 1º de janeiro de 2022. (Incluído pela Medida Provisória nº 676, de 2015)

Em 2022 será exigido do homem o fator 100 e da mulher 90

No mínimo 35 TC e 30TC

Para o segurado se aposentar sem aplicar o fator em 2017, deverá comprovar no mínimo 35 de TC + 65 anos de idade.

APOSENTADORIA POR TEMPO DE CONTRIBUIÇÃO PARA O PROFESSOR COM O FATOR PREVIDENCIÁRIO

Decreto 3048/99 § 1º A aposentadoria por tempo de contribuição do professor que comprove, exclusivamente, tempo de efetivo exercício em função de magistério na educação infantil, no ensino fundamental ou no ensino médio, será devida ao profes-

sor aos trinta anos de contribuição e à professora aos vinte e cinco anos de contribuição. (Nova redação dada pelo Decreto nº 6.722,de 30/12/2008)

Ex.:

- Para o professor com 30 anos de efetivo exercício do magistério no ensino infantil, fundamental e no médio;
- Para a professora com 25 anos de efetivo exercício do magistério no ensino infantil, fundamental e no médio.

§ 2º Para os fins do disposto no § 1º, considera-se função de magistério a exercida por professor, quando exercida em estabelecimento de educação básica em seus diversos níveis e modalidades, incluídas, além do exercício da docência, as funções de direção de unidade escolar e as de coordenação e assessoramento pedagógico. (Redação dada pelo Decreto nº 6.722,de 30/12/2008)

OPÇÃO DE APOSENTADORIA POR TEMPO DE CONTRIBUIÇÃO PARA O PROFESSOR SEM APLICAÇÃO DE FATOR PREVIDENCIÁRIO DESDE QUE CUMPRIDO O FATOR 95/85 (MP 676/15)

Lei n. 8.213/91 art. 29 C
§ 2º Para efeito de aplicação do disposto no caput e no § 1º, serão acrescidos cinco pontos à soma da idade com o tempo de contribuição do professor e da professora que comprovarem exclusivamente tempo de efetivo exercício de magistério na educação infantil e no ensino fundamental e médio. (Incluído pela Medida Provisória nº 676, de 2015)

Explicação: Os professores poderão optar pela aposentadoria por tempo de contribuição com a opção sem fator previdenciário, no caso deles deverá ser somado 05 anos ao tempo de contribuição.

A partir de 18/06/2015

Professor comprove 30 TC magistério + 60 idade = 90 pontos + 05 anos de acréscimo de acordo com o parágrafo 2º.

Fará jus em 2015 até 31/12/2016 a aposentadoria por tempo de contribuição para o professor sem aplicação do fator previdenciário.

3. Aposentadoria Especial

Arts. 64 ao 70, RPS.

A concessão desta aposentadoria dependerá de comprovação pelo segurado, perante a Previdência Social, de tempo de trabalho permanente, não ocasional nem intermitente, em condições especiais que prejudiquem a saúde ou a integridade física, durante o período mínimo fixado.

Art. 64. A aposentadoria especial, uma vez cumprida a carência exigida, será devida ao segurado empregado, trabalhador avulso e contribuinte individual, este somente quando cooperado filiado a cooperativa de trabalho ou de produção, que tenha trabalhado durante 15, 20 ou 25 anos, conforme o caso, sujeito a condições especiais que prejudiquem a saúde ou a integridade física.

A aposentadoria especial será devida para as três categorias: empregado, trabalhador avulso e contribuinte individual das cooperativas de trabalho e produção.

Só para estas três, porque nesta condição há prévio custeio, por parte da empresa e cooperativas. No caso do doméstico, contribuinte individual por conta própria, facultativo e especial não há.

§ 1º A concessão da aposentadoria especial prevista neste artigo dependerá da comprovação, durante o período mínimo fixado no caput:

Explicação: 15, 20 ou 25 anos

I - do tempo de trabalho permanente, não ocasional nem intermitente; e (Incluído pelo Decreto nº 8.123, de 2013)

Explicação: Modo permanente: O segurado ficou exposto a condições especiais durante toda a jornada. Não ocasional nem intermitente: A exposição não foi alternada com atividade comum.

II - da exposição do segurado aos agentes nocivos químicos, físicos, biológicos ou a associação de agentes prejudiciais à saúde ou à integridade física.

Carência: 180 contribuições;

Quem tem direito:

O empregado urbano ou rural e trabalhadores avulsos, sendo que a MP n. 83/02 estendeu aposentadoria especial aos cooperados de cooperativa de trabalho e de produção, e a contribuição deles é como contribuinte individual. Sendo custeada pela empresa tomadora no caso da cooperativa de trabalho e pela cooperativa de produção na segunda hipótese.

- A comprovação da efetiva exposição aos agentes nocivos será feita por meio do Perfil Profissiográfico Previdenciário (obrigatório desde 01/2004), emitido pela empresa ou cooperativa, preenchido com base em laudo técnico ambiental do trabalho, expedido por médico do trabalho ou engenheiro de segurança do trabalho. O PPP é um histórico-laboral do trabalhador.
- A empresa deverá elaborar e manter atualizado o perfil profissiográfico, e fornecer ao trabalhador, quando da rescisão, cópia autêntica, sob pena de multa (art. 283, do RPS).

Salário de Benefício: Consiste na média aritmética simples dos maiores salários de contribuição, correspondentes a 80% de todo o período contributivo para aqueles que tenham sua filiação a partir de 29/11/1999. (Decreto n. 3.265/99)

Renda Mensal: Calculada aplicando-se um percentual sobre o salário de benefício, será de 100%.

Data de Início do Benefício: Seu início será fixado da seguinte forma:

Para o segurado empregado:

- A partir da data do desligamento do emprego, quando requerida até 90 dias da demissão.
- Da data do requerimento, se não houver desligamento ou quando for requerida após 90 dias.

Para os outros segurados (trabalhador avulso e contribuinte individual na condição de cooperado):

- Da data do requerimento.

Cessação do Benefício: Arts. 69 e 48, do RPS

- Morte do segurado;
- Não deverá o segurado permanecer ou retornar às atividades que o sujeitem aos agentes nocivos, sob a pena de ter o benefício cessado automaticamente da data do retorno à atividade.

SÚMULA 09 - TNU (Turma Nacional de Uniformização) - 17/10/2003

O uso de Equipamento de Proteção Individual (EPI), ainda que elimine a insalubridade, no caso de exposição a ruído, não descaracteriza o tempo de serviço especial prestado.

Ex.: O fato de no PPP perfil profissiográfico previdenciário constar o uso de equipamento de proteção individual e que elimine total ou parcialmente o grau de ruído, não descaracteriza o tempo trabalhado como especial.

4. Aposentadoria por Tempo de Contribuição do Segurado com Deficiência

Art. 70-A. A concessão da aposentadoria por tempo de contribuição ou por idade ao segurado que tenha reconhecido, em avaliação médica e funcional realizada por perícia própria do INSS, grau de deficiência leve, moderada ou grave, está condicionada à comprovação da condição de pessoa com deficiência na data da entrada do requerimento ou na data da implementação dos requisitos para o benefício. (Incluído pelo Decreto nº 8.145, de 2013)

Explicação: A previsão constitucional está no § 1º do art. 201 da CF.

Art. 70-B. A aposentadoria por tempo de contribuição do segurado com deficiência, cumprida a carência, é devida ao segurado empregado, inclusive o doméstico, trabalhador avulso, contribuinte individual e facultativo, observado o disposto no art. 199-A e os seguintes requisitos: (Incluído pelo Decreto nº 8.145, de 2013)

Carência exigida: Para aposentadoria no mínimo 180 contribuições no período comprovado como deficiente.

I - aos 25 anos de tempo de contribuição na condição de pessoa com deficiência, se homem, e 20 anos, se mulher, no caso de segurado com deficiência grave; (Incluído pelo Decreto nº 8.145, de 2013)
Explicação: Para deficiência grave o redutor no tempo de contribuição será de 10 anos.
II - aos 29 anos de tempo de contribuição na condição de pessoa com deficiência, se homem, e 24 anos, se mulher, no caso de segurado com deficiência moderada; e (Incluído pelo Decreto nº 8.145, de 2013)

Explicação: Grau de deficiência moderada diminui o tempo em 06 anos.

III - aos 33 anos de tempo de contribuição na condição de pessoa com deficiência, se homem, e 28 anos, se mulher, no caso de segurado com deficiência leve. (Incluído pelo Decreto nº 8.145, de 2013)

Explicação: Deficiência leve carência reduzida em 02 anos.

Parágrafo único. A aposentadoria de que trata o caput é devida aos segurados especiais que contribuam facultativamente, de acordo com o disposto no art. 199 e no § 2º do art. 200. (Incluído pelo Decreto nº 8.145, de 2013)

Explicação: Os segurados especiais (produtor rural, pescador) que contribuam por opção com alíquota de 20 % X salário de contribuição (partir de 11/91) e se permaneceu contribuindo nessa condição e for deficiente poderá aposentar-se de forma diferenciada também, com o tempo reduzido.

5. Aposentadoria por Idade do Segurado com Deficiência

Art. 70-C. A aposentadoria por idade da pessoa com deficiência, cumprida a carência, é devida ao segurado aos sessenta anos de idade, se homem, e cinquenta e cinco anos de idade, se mulher. (Incluído pelo Decreto nº 8.145, de 2013)

Explicação: Do segurado que comprove a deficiência, cumpra a carência mínima de 15 anos será exigida a idade com menos 05 anos, para o homem 60 e mulher 55 anos. A mesma idade exigida para o trabalhador rural.

§ 1º Para efeitos de concessão da aposentadoria de que trata o caput, o segurado deve contar com no mínimo quinze anos de tempo de contribuição, cumpridos na condição de pessoa com deficiência, independentemente do grau, observado o disposto no art. 70-D. (Incluído pelo Decreto nº 8.145, de 2013)

§ 2º Aplica-se ao segurado especial com deficiência o disposto nos §§ 1º a 4º do art. 51, e na hipótese do § 2º será considerada a idade prevista no caput deste artigo, desde que o tempo exigido para a carência da aposentadoria por idade seja cumprido na condição de pessoa com deficiência. (Incluído pelo Decreto nº 8.145, de 2013)

Explicação: Do segurado especial (produtor rural, pescador) deficiente será exigida a carência comprovada em exercício de atividade rural, pesqueira, extrativista. Todo o período de carência como deficiente.

Art. 70-D. Para efeito de concessão da aposentadoria da pessoa com deficiência, compete à perícia própria do INSS, nos termos de ato conjunto do Ministro de Estado Chefe da Secretaria de Direitos Humanos da Presidência da República, dos Ministros de Estado da Previdência Social, da Fazenda, do Planejamento, Orçamento e Gestão e do Advogado-Geral da União: (Incluído pelo Decreto nº 8.145, de 2013)

Explicação: Para as 02 espécies, tempo de contribuição ou idade, é obrigatória a perícia médica e depois agendada a avaliação social.

I - avaliar o segurado e fixar a data provável do início da deficiência e o seu grau; e (Incluído pelo Decreto nº 8.145, de 2013)

Explicação: O segurado apresenta documentos, laudos e outros elementos que comprovem o início da deficiência.

II - identificar a ocorrência de variação no grau de deficiência e indicar os respectivos períodos em cada grau. (Incluído pelo Decreto nº 8.145, de 2013)

Explicação: Se o grau de deficiência é grave, moderada ou leve.

§ 1º A comprovação da deficiência anterior à data da vigência da Lei Complementar no 142, de 8 de maio de 2013, será instruída por documentos que subsidiem a avaliação médica e funcional, vedada a prova exclusivamente testemunhal. (Incluído pelo Decreto nº 8.145, de 2013)

§ 2º A avaliação da pessoa com deficiência será realizada para fazer prova dessa condição exclusivamente para fins previdenciários. (Incluído pelo Decreto nº 8.145, de 2013)

§ 3º Considera-se pessoa com deficiência aquela que tem impedimentos de longo prazo de natureza física, mental, intelectual ou sensorial, os quais, em interação com diversas barreiras, podem obstruir sua participação plena e efetiva na sociedade em igualdade de condições com as demais pessoas. (Incluído pelo Decreto nº 8.145, de 2013)

§ 4º Ato conjunto do Ministro de Estado Chefe da Secretaria de Direitos Humanos da Presidência da República, dos Ministros de Estado da Previdência Social, da Fazenda, do Planejamento, Orçamento e Gestão e do Advogado-Geral da União definirá impedimento de longo prazo para os efeitos deste Decreto. (Incluído pelo Decreto nº 8.145, de 2013)

Art. 70-E. Para o segurado que, após a filiação ao RGPS, tornar-se pessoa com deficiência, ou tiver seu grau alterado, os parâmetros mencionados nos incisos I, II e III do caput do art. 70-B serão proporcionalmente ajustados e os respectivos períodos serão somados após conversão, conforme as tabelas abaixo, considerando o grau de deficiência preponderante, observado o disposto no art. 70-A: (Incluído pelo Decreto nº 8.145/13)

MULHER				
TEMPO A CONVERTER	MULTIPLICADORES			
	Para 20 anos	Para 24 anos	Para 28 anos	Para 30 anos
De 20 anos	1,00	1,20	1,40	1,50
De 24 anos	0,83	1,00	1,17	1,25
De 28 anos	0,71	0,86	1,00	1,07
De 30 anos	0,67	0,80	0,93	1,00

HOMEM				
TEMPO A CONVERTER	MULTIPLICADORES			
	Para 25 anos	Para 29 anos	Para 33 anos	Para 35 anos
De 25 anos	1,00	1,16	1,32	1,40
De 29 anos	0,86	1,00	1,14	1,21
De 33 anos	0,76	0,88	1,00	1,06
De 35 anos	0,71	0,83	0,94	1,00

Explicação: Hipótese de Segurada que contribuiu 02 Anos até 1993, e a partir de janeiro 1994 em virtude de acidente de moto é considerada deficiente, permanece contribuindo até junho de 2014. Com 52 anos de idade e comprovado o tempo de contribuição: 02 anos + 20 anos como deficiente.

Este período será convertido por um multiplicador: 20 anos TC deficiente X 1,40 (para segurada com deficiência leve com direito a aposentadoria se comprovado 28 anos) = 28 anos após conversão.

Poderá de aposentar: 02 + 28 = 30 anos de contribuição, fará jus aposentadoria por tempo de contribuição, e com a vantagem de aplicar fator previdenciário se resultar em valor maior.

§ 1º O grau de deficiência preponderante será aquele em que o segurado cumpriu maior tempo de contribuição, antes da conversão, e servirá como parâmetro para definir o tempo mínimo necessário para a aposentadoria por tempo de contribuição da pessoa com deficiência e para a conversão. (Incluído pelo Decreto nº 8.145, de 2013)

§ 2º Quando o segurado contribuiu alternadamente na condição de pessoa sem deficiência e com deficiência, os respectivos períodos poderão ser somados, após aplicação da conversão de que trata o caput. (Incluído pelo Decreto nº 8.145, de 2013)

Art. 70-F. A redução do tempo de contribuição da pessoa com deficiência não poderá ser acumulada, no mesmo período contributivo, com a redução aplicada aos períodos de contribuição relativos a atividades exercidas sob condições especiais que prejudiquem a saúde ou a integridade física. (Incluído pelo Decreto nº 8.145, de 2013)

Explicação: Hipótese de segurada empregada no período de 2000 até 2010, como gráfica e em trabalho com exposição aos agentes nocivos, bem como deficiente. Este período de 10 anos será utilizado em aposentadoria especial (com 15, 20 ou 25 anos) ou na aposentadoria para deficiente.

§ 1º É garantida a conversão do tempo de contribuição cumprido em condições especiais que prejudiquem a saúde ou a integridade física do segurado, inclusive da pessoa com deficiência, para fins da aposentadoria de que trata o art. 70-B, se resultar mais favorável ao segurado, conforme tabela abaixo: (Incluído pelo Decreto nº 8.145, de 2013)

MULHER					
TEMPO A CONVERTER	MULTIPLICADORES				
	Para 15 anos	Para 20 anos	Para 24 anos	Para 25 anos	Para 28 anos
De 15 anos	1,00	1,33	1,60	1,67	1,87
De 20 anos	0,75	1,00	1,20	1,25	1,40
De 24 anos	0,63	0,83	1,00	1,04	1,17
De 25 anos	0,60	0,80	0,96	1,00	1,12
De 28 anos	0,54	0,71	0,86	0,89	1,00

HOMEM					
TEMPO A CONVERTER	MULTIPLICADORES				
	Para 15 anos	Para 20 anos	Para 25 anos	Para 29 anos	Para 33 anos
De 15 anos	1,00	1,33	1,67	1,93	2,20
De 20 anos	0,75	1,00	1,25	1,45	1,65
De 25 anos	0,60	0,80	1,00	1,16	1,32
De 29 anos	0,52	0,69	0,86	1,00	1,14
De 33 anos	0,45	0,61	0,76	0,88	1,00

§ 2º É vedada a conversão do tempo de contribuição da pessoa com deficiência para fins de concessão da aposentadoria especial de que trata a Subseção IV da Seção VI do Capítulo II. (Incluído pelo Decreto nº 8.145, de 2013)

§ 3º Para fins da aposentadoria por idade da pessoa com deficiência é assegurada a conversão do período de exercício de atividade sujeita a condições especiais que prejudiquem a saúde ou a integridade física, cumprido na condição de pessoa com deficiência, exclusivamente para efeito de cálculo do valor da renda mensal, vedado o cômputo do tempo convertido para fins de carência. (Incluído pelo Decreto nº 8.145, de 2013)

Explicação: Quando aplicar o multiplicador para converter um período, aumentará o tempo, esse acréscimo não conta como carência, mas no cálculo da renda mensal repercutirá.

Art.70-G. É facultado ao segurado com deficiência optar pela percepção de qualquer outra espécie de aposentadoria do RGPS que lhe seja mais vantajosa. (Incluído pelo Decreto nº 8.145, de 2013)

Art. 70-H. A critério do INSS, o segurado com deficiência deverá, a qualquer tempo, submeter-se a perícia própria para avaliação ou reavaliação do grau de deficiência. (Incluído pelo Decreto nº 8.145, de 2013)

Parágrafo único. Após a concessão das aposentadorias na forma dos arts. 70-B e 70-C, será observado o disposto nos arts. 347 e 347-A. (Incluído pelo Decreto nº 8.145, de 2013)

Explicação: Prazo decadencial é de 10 anos.

Art. 70-I. Aplicam-se à pessoa com deficiência as demais normas relativas aos benefícios do RGPS. (Incluído pelo Decreto nº 8.145, de 2013)

6. Aposentadoria por Idade

Arts. 51 ao 55 do RPS.

Art. 51. A aposentadoria por idade, uma vez cumprida a carência exigida, será devida ao segurado que completar 65 anos de idade, se homem, ou 60 anos, se mulher, reduzidos esses limites para 60 e 55 anos de idade para os trabalhadores rurais, respectivamente homem e mulher, referidos na alínea "a" do inciso I, na alínea "j" do inciso V e nos incisos VI e VII do caput do art. 9º, bem como para os garimpeiros que trabalhem, comprovadamente, em regime de economia familiar, conforme definido no § 5º do art. 9º.

Explicando: Para o trabalhador urbano: homem com 65 anos e mulher com 60 anos.

Para o trabalhador rural: homem, 60 e mulher, 55 anos:

- Empregado na área rural (alínea "a" do inciso I, art. 9º);
- O contribuinte individual na área rural (alínea "j" do inciso V, art. 9º);
- O trabalhador avulso – com a intermediação de seu sindicato (inciso VI do art. 9º);
- O segurado especial - art. 9º, inciso VII;
- O garimpeiro, que trabalha em regime de economia familiar (§ 5º do art. 9º).

Carência exigida para aposentadoria por idade:

- 180 contribuições, para os segurados que ingressaram na previdência a partir de 24.07.1991; (Lei n. 8.213)
- Para o segurado especial, o tempo de carência será comprovado em atividade mesmo que de forma descontínua;
- Período de carência, constante da tabela progressiva, para os segurados inscritos até 24.07.1991 (para 2010 = 14 anos e 06 meses). (art. 182, Decreto n. 3.048/99)

A MP n. 83/02 dispôs sobre a concessão da aposentadoria por idade, tempo de contribuição e especial, desde que cumprida a carência em qualquer época, inclusive com a perda da qualidade de segurado. Ex.: A partir de 12/2002 o segurado que possua a carência mínima e fique por um lapso temporal, em que venha a perder a qualidade de segurado, e complete a idade. Terá direito ao benefício por idade.

As aposentadorias por idade, tempo de contribuição e especial são irreversíveis e irrenunciáveis, caso o benefício tenha sido regularmente concedido.

Renda Mensal do Benefício: 70% do salário de benefício + 1% por grupo de 12 contribuições, até o máximo de 30%.

O segurado que comprove 37 anos de contribuição, e deseje aposentar-se por idade será apurada:

70% + 30% = 100%, não será devido 107% (soma 70 + 37).

Mas será aplicado ao salário de benefício deste segurado o fator previdenciário, e se o valor for mais vantajoso será pago desta forma, até o teto previdenciário.

Data do Início do Benefício:
Art. 52. A aposentadoria por idade será devida:
I - ao segurado empregado, inclusive o doméstico:
a) a partir da data do desligamento do emprego, quando requerida até noventa dias depois dela; ou
b) a partir da data do requerimento, quando não houver desligamento do emprego ou quando for requerida após o prazo da alínea "a"; e
II - para os demais segurados, a partir da data da entrada do requerimento.
Art. 54. A aposentadoria por idade pode ser requerida pela empresa, desde que o segurado tenha cumprido a carência, quando este completar setenta anos de idade, se do sexo masculino, ou sessenta e cinco, se do sexo feminino, sendo compulsória, caso em que será garantida ao empregado a indenização prevista na legislação trabalhista, considerada como data da rescisão do contrato de trabalho a imediatamente anterior à do início da aposentadoria.

Trata-se de aposentadoria por idade do RGPS para o empregado, desde que cumprida a carência de forma compulsória. Diferente da aposentadoria compulsória no regime próprio onde o verbo é "deverá".

7. Serviços do RGPS

<u>I) Serviço Social:</u>

Art. 161 – O serviço social constitui atividade auxiliar do seguro social e visa prestar ao beneficiário orientação e apoio no que concerne à solução dos problemas pessoais e familiares e à melhoria da sua interrelação com a Previdência Social, para a solução de questões referentes a benefícios, bem como, quando necessário à obtenção de outros recursos sociais da comunidade.

Para os segurados e dependentes, consiste:

- Parecer socioeconômico – Na concessão do benefício assistencial (a LOAS - Lei Orgânica da Assistência Social - 8.742/93);
- Pesquisa social;
- Assistência de natureza jurídica – Orientação ao segurado sem documentos, prova de identidade;
- Auxílio material;
- Convênio para habilitação de benefícios – Na hipótese de asilos e casa de repouso para idosos.

Carência: Não há necessidade de carência para fazer jus a este serviço.

<u>II) Habilitação e Reabilitação Profissional:</u>

Art. 136. A assistência (re)educativa e de (re)adaptação profissional, instituída sob a denominação genérica de habilitação e reabilitação profissional, visa proporcionar aos beneficiários, incapacidados parcial ou totalmente para o trabalho, em caráter obrigatório, independentemente de carência, e às pessoas portadoras de deficiência, os meios indicados para proporcionar o reingresso no mercado de trabalho e no contexto em que vivem.

Serviço previdenciário que propicia o ingresso ou reingresso no mercado de trabalho dos beneficiários (segurados ou dependentes) e também dos deficientes. Obrigatórios para os segurados e facultado o atendimento aos dependentes.

- A reabilitação e habilitação profissional compreende o fornecimento de prótese ou de órtese aos segurados, inclusive aposentados, bem como a substituição ou reparo destas quando indispensáveis ao desenvolvimento do processo de reabilitação, e, na medida das possibilidades da Previdência Social, aos seus dependentes.
- Bem como fornecimento de alimentação e transporte urbano aos segurados, e, na medida da possibilidade da Previdência Social, aos seus dependentes.

Art. 141. A empresa com 100 ou mais empregados está obrigada a preencher de 2% a 5% de seus cargos com beneficiários reabilitados ou pessoas portadoras de deficiência, habilitadas, na seguinte proporção:
I) até 200 empregados, 2%;
II) de 201 empregados a 500, 3%;
III) de 501 empregados a 1.000, 4% ou
IV) mais de 1.000 empregados, 5%.

Ex.: Até 99 empregados sem exigência.

É de empregados, e não de segurados que lhe prestem serviços.

A dispensa de empregado nessa condição, em contrato do trabalho por tempo superior a 90 dias ou imotivada, no contrato por tempo indeterminado, somente poderá ocorrer após a contratação de empregado substituto em condições semelhantes.

8. Contagem Recíproca de Tempo de Contribuição

Art. 125 – Para efeitos de contagem recíproca, hipótese em que diferentes sistemas de previdência social compensar-se-ão financeiramente, é assegurado:

- Para fins de concessão de benefícios é admitida a contagem recíproca de tempo de contribuição entre o RGPS e a administração pública federal direta, autárquica e fundacional, desde que haja compensação financeira entre os regimes. A Lei n. 9.796, de 05.05.1999 regulou essa compensação entre os regimes.

I - o cômputo do tempo de contribuição na administração pública, para fins de concessão de benefícios previstos no Regime Geral de Previdência Social, inclusive de aposentadoria em decorrência de tratado, convenção ou acordo internacional; e

Será possível a utilização de tempo de contribuição na administração pública, na concessão de benefício em decorrência de tratado, convenção ou acordo internacional, que o Brasil possui com outros países.

II - para fins de emissão de certidão de tempo de contribuição, pelo INSS, para utilização no serviço público, o cômputo do tempo de contribuição na atividade privada, rural e urbana, observado o disposto no § 4º deste artigo e no parágrafo único do art. 123, § 13 do art. 216 e § 8º do art. 239.

Na hipótese do segurado requerer certidão por tempo de contribuição, poderá contar com este período em outro regime, observando-se:

- Se quiser contar com tempo de serviço como trabalhador rural, anterior a novembro de 1991, somente será reconhecido após ter sido indenizado ao RGPS. (parágrafo único do art. 123);
- Na hipótese do segurado do RGPS pretender contar com período de filiação obrigatória ou não no regime próprio do qual faça parte, o valor utilizado como base de incidência será a remuneração na data do requerimento, observado o limite mínimo e máximo do RGPS. (§ 13 do 216);
- Caso o segurado contribuinte individual queira comprovar atividade remunerada com vistas à concessão de benefício, a qualquer tempo será exigida contribuição, e se o período comprovado tiver sido alcançado pela decadência, sobre essas contribuições incidirão juros moratórios de cinco décimos por cento ao mês, capitalizados anualmente, limitados ao percentual máximo de cinquenta por cento, e multa de dez por cento. (art. 45, Lei n. 8.212/91)

§ 1º Para os fins deste artigo, é vedada: (Redação dada pelo Decreto nº 8.145, de 2013)
I - conversão do tempo de contribuição exercido em atividade sujeita às condições especiais, nos termos dos arts. 66 e 70;
II - conversão do tempo cumprido pelo segurado com deficiência, reconhecida na forma do art. 70-D, em tempo de contribuição comum; e
III - a contagem de qualquer tempo de serviço fictício.

Não cabe conversão de tempo de contribuição especial em comum, nem de tempo como deficiente convertido para contar com esse em outro regime previdenciário.

§ 2º Admite-se a aplicação da contagem recíproca de tempo de contribuição no âmbito dos tratados, convenções ou acordos internacionais de previdência social.

Será admitida a contagem de tempo em outros regimes nos benefícios concedidos por meio de tratados, convenções ou acordos internacionais.

§ 3º É permitida a emissão de certidão de tempo de contribuição para períodos de contribuição posteriores à data da aposentadoria no RGPS. (Decreto n. 4.729/2003)

Aquele segurado aposentado que contribuiu após a aposentadoria no RGPS poderá contar com esse período, em outro regime por meio de uma certidão de contagem recíproca.

§ 4º Para efeito de contagem recíproca, o período em que o segurado contribuinte individual e o facultativo tiverem contribuído na forma do art. 199-A só será computado se forem complementadas as contribuições na forma do § 1º do citado artigo."

O segurado contribuinte individual e o facultativo que optem por contribuir com a alíquota de 11% sobre o salário mínimo (com efeito a partir de abril de 2007) não farão jus a aposentadoria por tempo de contribuição, e se pretenderem no futuro contar com este período em que contribuíram com 11% sobre o limite mínimo em outro regime, só será computado se forem complementadas as contribuições.

§ 5º A certidão referente ao tempo de contribuição com deficiência deverá identificar os períodos com deficiência e seus graus. (Incluído pelo Decreto nº 8.145, de 2013)

Explicação: Não existe certidão com tempo convertido, mas o requerente levará a certidão com os períodos efetivamente recolhidos, e deverá constar em quais períodos foi considerado no RGPS como deficiente e em que grau.

9. Acordos Internacionais

Resolução INSS Nº 422 DE 01/07/2014

- os acordos internacionais vigentes em matéria de Previdência Social;

- o art. 85-A da Lei nº 8.212, de 24 de julho de 1991, e o art. 382 do Regulamento da Previdência Social, aprovado pelo Decreto nº 3.048, de 6 de maio de 1999, que estabelecem que os tratados, convenções e outros acordos internacionais em que o estado estrangeiro ou organismo internacional e o Brasil sejam partes e que versem sobre matéria previdenciária, serão interpretados como lei especial;

Os Acordos Internacionais permitem ao segurado e seus dependentes residentes ou em trânsito nos países em que haja acordo bilateral, multilateral, iberoamericano garantir os direitos em matéria de Previdência Social previstos na legislação dos países assinantes do acordo.

No Brasil, o órgão gestor é o INSS, e são beneficiários os segurados e dependentes sujeitos ao Regime de Previdência Social.

Os acordos são aprovados pelo Congresso Nacional e promulgados por decreto assinado pelo Presidente.

Os benefícios são concedidos de acordo com a legislação de cada país e pagos em regime de cotização, mediante mecanismos operacionais previamente estabelecidos.

O Brasil possui acordo bilateral, a saber::

- Cabo Verde;
- Japão;
- França;
- Itália;
- Alemanha;
- Canadá;
- Grécial;
- Luxemburgo
- Estados Unidos

Acordo Bilateral/ Iberoamericana

- Chile;
- Portugal;
- Espanha

Bilateral/ Multilateral Mercosul Iberoamericano

- Argentina;
- Paraguai;
- Uruguai;

Multilateral/ Iberoamericano

- Bolívia;
- Colômbia;
- Costa Rica;
- Cuba;
- Equador;
- El Salvador;
- Guatemala;
- Honduras;
- México;
- Nicarágua;
- Panamá;
- Peru;
- República Dominicana;
- Venezuela;
- Andorra.

Benefícios e Serviços Previstos no Brasil pelo Acordo Internacional

- Incapacidade para o trabalho (temporário ou permanente);
- Tempo de Contribuição;
- Velhice;
- Morte;
- Reabilitação profissional;
- Certificado de deslocamento/isenção de contribuição previdenciária.

O requerimento deverá ser feito no INSS, entidade gestora do país de residência de interessado.

Ao empregado, que viaja a um desses países a trabalho a empresa solicitará ao INSS o Certificado de deslocamento temporário. Com este documento ele estará isento de contribuição, no país contratante, pois já é contribuinte no Brasil.

O período de deslocamento, inicialmente 12 meses, podendo ser prorrogado, observados prazos e condições fixados em cada acordo.

10. Crimes contra a Previdência Social

Com o advento da Lei n. 9.983, de 14.07.2000, os crimes previdenciários passam a fazer parte do Código Penal (Decreto-lei n. 2.848/1940), deixando de ser regulados pela Lei n. 8.212/91.

Foram acrescidos ao Código Penal os seguintes tipos penais:

1) Crime de Apropriação Indébita Previdenciária

Art. 168-A. Deixar de repassar à Previdência Social as contribuições recolhidas dos contribuintes, no prazo e forma legal ou convencional:
Pena – reclusão de 2 (dois) a 5 (cinco) anos, e multa.
§ 1º – Nas mesmas penas incorre quem deixar de:
I – recolher, no prazo legal, contribuição ou outra importância destinada à Previdência Social que tenha sido descontada de pagamento efetuado a segurados, a terceiros ou arrecadada do público;

Ex.: Deixar de recolher as contribuições dos empregados e a dos contribuintes individuais para fato gerador a partir de 01.04.2003 (MP 183/2002), bem como as contribuições retidas na prestação de serviço por meio de cessão de mão de obra ou arrecadada do público, como exemplo, as dos eventos desportivos.

II – recolher contribuições devidas à Previdência Social que tenham integrado despesas contábeis ou custos relativos à venda de produtos ou à prestação de serviços;
III - pagar benefício devido ao segurado, quando as respectivas cotas ou valores já tiverem sido reembolsados à empresa pela Previdência Social.

Ex.: A empresa que deixou de pagar à empregada gestante o valor do salário-maternidade ou a cota salário-família, alegando dificuldade financeira, mas fez o reembolso se apropriando do valor.

Extinção da Punibilidade

§ 2º – É extinta a punibilidade se o agente, espontaneamente, declara, confessa e efetua o pagamento das contribuições, importâncias ou valores e presta as informações devidas à Previdência Social, na forma definida em lei ou regulamento, antes do início da ação fiscal.

A ação fiscal inicia com o mandado de procedimento fiscal, em que o contribuinte será cientificado do levantamento fiscal. Logo deverá antecedê-lo.

§ 3º – É facultado ao juiz deixar de aplicar a pena ou aplicar somente a de multa se o agente for primário e de bons antecedentes, desde que:
I – tenha promovido, após o início da ação fiscal e antes de oferecida a denúncia, o pagamento da contribuição social previdenciária, inclusive acessórios; ou

Ex.: O juíz poderá dar o perdão judicial ou fixar uma pena pecuniária.

A empresa contratante retém 11% sobre o valor da NF de serviços da contratada. Regulariza o recolhimento desta alíquota apropriada, depois de procedimento de fiscalização, mas antes de oferecida a denúncia.

II – o valor das contribuições devidas, inclusive acessórios, seja igual ou inferior àquele estabelecido pela Previdência Social, administrativamente, como sendo o mínimo para o ajuizamento de suas execuções fiscais.

2) Crime de Sonegação de Contribuição Previdenciária

Pena – reclusão de 2 (dois) a 5 (cinco) anos, e multa.

Art. 337-A. Suprimir ou reduzir contribuição social previdenciária (total ou parcialmente) e qualquer acessório, mediante as seguintes condutas:
I – omitir de folha de pagamento da empresa ou de documento de informações previsto pela legislação previdenciária segurado empregado, empresário, trabalhador avulso ou trabalhador autônomo ou a este equiparado que lhe prestem serviços;
II – deixar de lançar mensalmente nos títulos próprios da contabilidade da empresa as quantias descontadas dos segurados ou as devidas pelo empregador ou pelo tomador de serviços;
III – omitir, total ou parcialmente, receitas ou lucros auferidos, remunerações pagas ou creditadas e demais fatos geradores de contribuições sociais previdenciárias.

Extinção da Punibilidade

§ 1º – É extinta a punibilidade se o agente, espontaneamente, declara e confessa as contribuições, importâncias ou valores e presta as informações devidas à Previdência Social, na forma definida em lei ou regulamento, antes do início da ação fiscal.

Sempre antes da ação fiscal.

§ 2º – É facultado ao juiz deixar de aplicar a pena ou aplicar somente a de multa se o agente for primário e de bons antecedentes, desde que:
I – (VETADO)
II – o valor das contribuições devidas, inclusive acessórios, seja igual ou inferior àquele estabelecido pela Previdência Social, administrativamente, como sendo o mínimo para o ajuizamento de suas execuções fiscais.
§ 3º – Se o empregador não é pessoa jurídica e sua folha de pagamento mensal não ultrapassa R$ 2.841,77 (atualizado pela portaria interministerial 48/2009), o juiz poderá reduzir a pena de um terço até a metade ou aplicar apenas a de multa;

Explicação: valor referência atualizado em 1/01/2015 pela Portaria Interministerial 13/2015 = R$ 4.117,35

§ 4º – O valor a que se refere o parágrafo anterior será reajustado nas mesmas datas e nos mesmos índices do reajuste dos benefícios da Previdência Social.

3) Crime de Falsificação de Documento Público

Art. 297 - Falsificar, no todo ou em parte, documento público, ou alterar documento público verdadeiro:
Pena - reclusão de 2 (dois) a 6 (seis) anos, e multa.
§ 1º – Se o agente é funcionário público, e comete o crime prevalecendo-se do cargo, aumenta-se a pena de sexta parte.
§ 2º – Para efeitos penais equiparam-se a documento público o emanado de entidade paraestatal, o título ao portador ou transmissível por endosso, as ações de sociedade comercial os livros mercantis e o testamento particular.

Equipara-se a funcionário público quem exerce cargo, emprego ou função em entidade paraestatal, e quem trabalha para empresa prestadora de serviço contratada ou conveniada para a execução de atividade típica da Administração Pública.

Empresa conveniada tem empregado que possui acesso ao sistema da previdência para acompanhamento de benefícios.

(Código Penal, art. 297 foi alterado) – Foram acrescidos os §§ 3º e 4º.

§ 3º Nas mesmas penas incorre quem insere ou faz inserir:
I – na folha de pagamento ou em documento de informações que seja destinado a fazer prova perante a Previdência Social, pessoa que não possua a qualidade de segurado obrigatório.

Ser inserido o nome de alguém que não seja empregado, trabalhador avulso ou contribuinte individual na GFIP de sua empresa.

II – na Carteira de Trabalho e Previdência Social do empregado ou em documento que deva produzir efeito perante a Previdência Social, declaração falsa ou diversa da que deveria ter sido escrita.

Inserir na ficha de registro de um segurado já falecido o nome de uma companheira (como dependente), levando o analista da previdência a concessão de uma pensão indevida.

III – em documento contábil ou em qualquer outro documento relacionado com as obrigações da empresa perante a Previdência Social, declaração falsa ou diversa da que deveria ter constado.

Na retenção dos 11%, a contratada, a fim de não ter descontado pela contratante a alíquota pertinente, declara não possuir empregado e auferir valor inferior ou igual ao do teto previdenciário.

§ 4º – Nas mesmas penas incorre quem omite, nos documentos mencionados no § 3º, nome do segurado e seus dados pessoais, a remuneração, a vigência do contrato de trabalho ou de prestação de serviços.

Ex.: Omissão de contribuinte individual na GFIP, pela empresa.

Quadro Sinótico

• Benefícios Previdenciários e Compensação Previdenciária:

1) Aposentadoria por invalidez
2) Aposentadoria por tempo de contribuição
3) Aposentadoria especial
4) Aposentadoria por tempo de contribuição do segurado com deficiência
5) Aposentadoria por idade do segurado com deficiência
6) Aposentadoria por idade
7) Servidor do RGPS

- Carência.
- Há necessidade de qualidade de segurado ou de dependente.
- Quem terá direito ao benefício.
- Natureza do benefício.
- Cota mensal paga.
- Início do pagamento.
- Características.
- Será pago a quem.
- Eventos geradores do pagamento.
- Por quanto tempo é pago.
- Situações de suspensão ou cessação do benefício.

• Contagem recíproca
• Acordos internacionais.
• Recursos administrativos na área de benefícios.
• Representação fiscal para fins penais, Lei n. 9.983/00.

Crimes

- Apropriação indébita previdenciária - art. 168-A
- Sonegação da contribuição previdenciária - art. 337-A
- Falsificação de documento público - art. 297

Exercícios de Fixação

Responda com CERTO, ERRADO ou DEIXE EM BRANCO. Cada questão Errada anula uma Certa; Deixando-se em branco, perde-se apenas esta questão.

PROVA CESPE/UNB MARÇO 2003

Considere a seguinte situação hipotética.

Joana, trabalhadora rural como empregada, acabou de completar 55 anos de idade e está em gozo de auxílio-doença. Ela já conta com 185 contribuições mensais para a Previdência Social, anteriores ao início do auxílio-doença.

01. Nessa situação, Joana poderá pedir a transformação do benefício em aposentadoria por idade. *(Revogado pelo Decreto 6722/2008)*

02. Suponha que Mariana, com 65 anos de idade, seja segurada empregada, e já conte com 190 contribuições mensais à Previdência Social. Nesse caso, a empresa em que ela trabalha poderá, independentemente da vontade de Mariana, requerer a sua aposentadoria compulsória.

PROVA CESPE/UNB AFPS/2003

Em cada um dos itens seguintes, é apresentada uma situação hipotética, relativa aos segurados da Previdência Social, seguida de uma assertiva a ser julgada:

03. Carlos é aposentado especial do RGPS e trabalhou durante muito tempo na indústria química. Para aumentar sua renda, aceitou proposta para retornar ao trabalho em outra empresa, também da indústria química, na mesma atividade que exercia antes de se aposentar. Nessa situação, não há óbice para que Carlos retorne à atividade e, por essa razão, será segurado obrigatório da Previdência Social, ficando sujeito às contribuições para o Regime Geral da Previdência Social.

04. A aposentadoria por invalidez decorrente de doença mental somente será paga mediante a apresentação do termo de curatela, ainda que provisória, e, caso seja verificada a capacidade de trabalho do curatelado, o benefício será cancelado.

Assinale a alternativa correta.

05. (Técnico Previdenciário/2004) Assinale o único benefício cuja percepção NÃO enseja o pagamento do abono anual.

a) Auxílio-doença.
b) Auxílio-acidente.
c) Auxílio-reclusão.
d) Salário-maternidade.
e) Salário-família.

06. (Anal. Previdenciário/2004) A respeito das prestações previdenciárias do Regime Geral da Previdência Social, assinale a afirmativa correta.

a) A reabilitação profissional, serviço abrangido pelo Regime Geral de Previdência Social, compreende, entre outros serviços, o reembolso das despesas realizadas para a aquisição de próteses ou de órteses e outros recursos materiais não prescritos ou não autorizados pelas unidades de reabilitação profissional do INSS.
b) A cota do salário-família será incorporada, para qualquer efeito, ao salário ou ao benefício.
c) O auxílio-reclusão será devido nas mesmas condições da pensão por morte aos dependentes do segurado recolhido à prisão, bastando que o detento ou o recluso seja segurado do Regime Geral, sendo indiferente se o mesmo estiver em gozo de qualquer benefício previdenciário.
d) O salário-família será devido, mensalmente, ao segurado empregado, ao segurado doméstico e ao segurado trabalhador avulso, na proporção do respectivo número de filhos ou equiparados nos termos da legislação previdenciária.
e) Os serviços de habilitação e reabilitação profissional serão prestados pelo INSS aos segurados, inclusive aposentados e, de acordo com as possibilidades administrativas, técnicas, financeiras e as condições locais do órgão, aos seus dependentes.

07. (AFRFB/2005) Com relação à aposentadoria por invalidez, prevista na Lei n. 8.213/91, é incorreto afirmar:

a) A aposentadoria por invalidez não será concedida ao trabalhador avulso.
b) A concessão de aposentadoria por invalidez dependerá da verificação da condição de incapacidade mediante exame médico-pericial a cargo da Previdência.
c) A aposentadoria por invalidez, uma vez cumprida, quando for o caso, a carência exigida, será devida ao segurado que, estando ou não em gozo de auxílio-doença, for considerado incapaz.
d) A aposentadoria por invalidez, inclusive a decorrente de acidente do trabalho, consistirá numa renda mensal correspondente a 100% (cem por cento) do salário-de-benefício.
e) A aposentadoria por invalidez será concedida ao trabalhador doméstico.

08. (AFRFB/2005) No contexto dos Crimes contra a Previdência Social, em particular das inovações advindas da Lei n. 9.983/2000, é correto afirmar:

a) O crime tipificado no art. 168-A do Código Penal não se consuma com o simples não-recolhimento das contribuições previdenciárias descontadas dos empregados no prazo legal.

b) O crime previsto na alínea "d" do art. 95 da Lei n. 8.212/91 não foi revogado pelo art. 3º do referido diploma legal, que não tipifica a mesma conduta no art. 168-A do Código Penal.

c) O elemento subjetivo da infração penal prevista no art. 168-A do Código Penal exige a demonstração do especial fim de agir ou o dolo específico de fraudar a Previdência.

d) O art.3º do referido diploma legal apenas transmudou a base legal da imputação do crime da alínea "d" do art. 95 da Lei n. 8.212/91 para o art. 168-A do Código Penal.

e) A teor da dicção do art. 168-A do Código Penal, a penhora de bens é causa de extinção de punibilidade da infração penal.

Técnico do Seguro Social/Cargo 18
Caderno BRANCO - CESPE/UNB – INSS/2008

Em cada um dos itens subsequentes, é apresentada uma situação hipotética a respeito da aposentadoria por tempo de contribuição, seguida de uma assertiva a ser julgada.

09. Renato era servidor municipal vinculado a regime próprio de previdência social havia 16 anos, quando resolveu trabalhar na iniciativa privada, em 1999. Nessa situação, o tempo de serviço prestado por Renato em outro regime é contado como tempo de contribuição, desde que haja a devida comprovação, certificada pelo ente público instituidor do regime próprio.

10. Durval, inscrito na Previdência Social na qualidade de contribuinte individual, trabalha por conta própria, recolhendo 11% do valor mínimo mensal do salário de contribuição. Nessa situação, para Durval fazer jus ao benefício de aposentadoria por tempo de contribuição, deverá recolher mais 9% daquele valor, acrescidos de juros.

11. Mário, segurado inscrito na Previdência Social desde 1972, requereu sua aposentadoria por tempo de contribuição. Nessa situação, a renda inicial da aposentadoria de Mário corresponderá à média aritmética simples dos salários-de-contribuição desde 1972, multiplicada pelo fator previdenciário.

12. Leonardo, segurado empregado, trabalhou em uma empresa cujo prédio foi destruído por um incêndio na década de 80 do século XX, situação evidenciada por meio de registro junto à autoridade policial que acompanhou os fatos. Nessa situação, Leonardo poderá comprovar, com auxílio de testemunhas, o tempo trabalhado na empresa cujo prédio foi destruído, averbando esse período em pedido de aposentadoria por tempo de contribuição.

13. Firmino foi professor do ensino fundamental durante vinte anos e trabalhou mais doze anos como gerente financeiro em uma empresa de exportação. Nessa situação, excluindo-se as regras de transição, Firmino pode requerer o benefício integral de aposentadoria por tempo de contribuição, haja vista a possibilidade de computar o tempo em sala de aula em quantidade superior ao efetivamente trabalhado, dada a natureza especial da prestação de serviço.

Em cada um dos próximos itens, é apresentada uma situação hipotética a respeito do auxílio-acidente, seguida de uma assertiva a ser julgada.

14. Tomás, segurado empregado do Regime Geral da Previdência Social, teve sua capacidade laborativa reduzida por sequelas decorrentes de grave acidente. Nessa situação, se não tiver cumprido a carência de doze meses, Tomás não poderá receber o auxílio-acidente.

15. Marcela, empregada doméstica, após ter sofrido grave acidente enquanto limpava a vidraça da casa de sua patroa, recebeu auxílio-doença por três meses. Depois desse período, foi comprovadamente constatada a redução de sua capacidade laborativa. Nessa situação, Marcela terá direito ao auxílio-acidente correspondente a 50% do valor que recebia a título de auxílio-doença.

Em cada um dos itens que se seguem, apresenta-se uma situação hipotética relacionada à aposentadoria por invalidez, seguida de uma assertiva a ser julgada.

16. Daniel, aposentado por invalidez, retornou à sua atividade laboral voluntariamente. Nessa situação, o benefício da aposentadoria por invalidez será cassado a partir da data desse retorno.

17. Rui sofreu grave acidente que o deixou incapaz para o trabalho, não havendo qualquer condição de reabilitação, conforme exame médico pericial realizado pela Previdência Social. Nessa situação, Rui não poderá receber imediatamente o benefício de aposentadoria por invalidez, pois esta somente lhe será concedida após o período de doze meses relativo ao auxílio-doença que Rui já esteja recebendo.

18. Tomé já havia contribuído para a Previdência Social durante 28 anos quando foi acometido de uma doença profissional que determinou sua aposentadoria por invalidez, após ter recebido o auxílio-doença por quatro anos. Nessa situação, depois de receber por três anos a aposentadoria por invalidez, Tomé poderá requerer a conversão do beneficio em aposentadoria por tempo de contribuição.

19. José perdeu a mão direita em grave acidente ocorrido na fábrica em que trabalhava, e, por isso, foi aposentado por invalidez. Nessa situação, José não tem o direito de receber o adicional de 25% pago aos segurados que necessitam de assistência permanente, já que ele pode cuidar de si apenas com uma das mãos.

20. Moacir, aposentado por invalidez pelo Regime Geral de Previdência Social, recusa-se a submeter-se a tratamento cirúrgico por meio do qual poderá recuperar sua capacidade laborativa. Nessa situação, devido à recusa, Moacir terá seu benefício cancelado imediatamente.

Em cada um dos itens que se seguem, é apresentada uma situação hipotética acerca da aposentadoria especial, seguida de uma assertiva a ser julgada.

21. Leandro, segurado da Previdência Social, recebe adicional de periculosidade da empresa em que trabalha. Nessa situação, a condição de Leandro é suficiente para que ele esteja habilitado ao recebimento de aposentadoria especial, cujo tempo de contribuição é mitigado.

22. João trabalha, há dez anos, exposto, de forma não-ocasional nem intermitente, a agentes químicos nocivos. Nessa situação, João terá direito a requerer, no futuro, aposentadoria especial, sendo-lhe possível, a fim de completar a carência, converter tempo comum trabalhado anteriormente, isto é, tempo em que não esteve exposto aos agentes nocivos, em tempo de contribuição para a aposentadoria do tipo especial.

23. Getúlio julga-se na condição de requerer aposentadoria especial. Nessa situação, ele deverá instruir seu pedido com o perfil profissiográfico previdenciário, documento emitido pela empresa em que trabalha e embasado no laudo técnico das condições ambientais do trabalho que comprove as condições para habilitação de benefícios previdenciários especiais.

TÉCNICO SEGUROS SOCIAL/INSS-FCC 2012

24. Lúcia exerce a atividade de professora do ensino fundamental desde dezembro de 1986, tem 56 anos de idade e pretende obter benefício previdenciário em dezembro de 2011. Nessa situação, segundo o INSS, Lúcia tem direito a

a) aposentadoria por idade.
b) auxílio-doença.
c) aposentadoria especial.
d) aposentadoria por invalidez.
e) aposentadoria por tempo de contribuição.

Benefícios Previdenciários e Compensação Previdenciária

25. João montou seu próprio negócio em 2010, obteve receita bruta, no ano-calendário anterior, de R$ 30.000,00 (trinta mil reais) e é optante do Simples Nacional. João não pretende receber aposentadoria por tempo de contribuição. Nessa situação, a contribuição previdenciária a ser recolhida por João é de

a) 20% (vinte por cento) do limite mínimo do salário de contribuição.
b) 11% (onze por cento) do limite mínimo do salário de contribuição.
c) 8% (oito por cento) do limite mínimo do salário de contribuição.
d) 9% (nove por cento) do limite mínimo do salário de contribuição.
e) 5% (cinco por cento) do limite mínimo do salário de contribuição.

26. João é carpinteiro, exerce atividade como empregado da empresa Carpintaria São José desde dezembro de 2010.
Ele sofreu acidente não relacionado ao trabalho, ocasião em que teve limitada a flexão de seu membro superior direito, lesão esta já consolidada. João passou por reabilitação profissional e foi treinado para outra profissão e não se recolocou ainda no mercado de trabalho. Nessa situação, João tem direito a

a) auxílio-doença seguido de auxílio-acidente.
b) aposentadoria especial.
c) aposentadoria por invalidez.
d) aposentadoria especial.
e) aposentadoria por invalidez seguida de auxílio-acidente.

27. José recebe aposentadoria especial no Regime Geral de Previdência Social. Nessa situação, José

a) não poderá retornar ao mercado de trabalho.
b) não poderá retornar à função que ocupava anteriormente à aposentadoria.
c) gozará de isenção da contribuição previdenciária se retornar ao mercado de trabalho.
d) está inválido para o exercício da atividade laborativa.
e) deve provar o nexo de causalidade entre o agente nocivo e o trabalho desempenhado.

28. Luciana possuía em dezembro de 1998, 21 (vinte e um) anos de contribuição para a Previdência Social, e continuou trabalhando até julho de 2005, quando completou 48 (quarenta e oito) anos de idade. Nessa situação, Luciana terá direito a

a) aposentadoria integral por tempo de contribuição.
b) aposentadoria especial.
c) aposentadoria por idade.
d) aposentadoria proporcional por tempo de contribuição.
e) aposentadoria por invalidez.

29. José pleiteou aposentadoria por tempo de contribuição perante o INSS, que foi deferida pela autarquia e pretende a revisão do ato de concessão do benefício para alterar o valor da renda mensal inicial. O prazo decadencial para o pedido de José é de

a) dez anos contados a partir do primeiro dia do mês seguinte ao do recebimento da primeira prestação.
b) cinco anos contados a partir do primeiro dia do mês seguinte ao do recebimento da primeira prestação.
c) três anos contados a partir do primeiro dia do mês seguinte ao do recebimento da primeira prestação.
d) cinco anos contados da ciência da decisão que deferiu o benefício.
e) dez anos contados da ciência da decisão que deferiu o benefício.

PERITO MÉDICO/INSS FCC 2012

30. Segundo a Lei no 8.213/91, a habilitação e a reabilitação profissional e social deverão proporcionar ao beneficiário incapacitado parcial ou totalmente para o trabalho, e às pessoas portadoras de deficiência, os meios para a (re) educação e de (re)adaptação profissional e social indicados para participar do mercado de trabalho e do contexto em que vive. Conforme previsão legal, em relação a reabilitação profissional, é INCORRETO afirmar:

a) O fornecimento de aparelho de prótese, órtese e instrumentos de auxílio para locomoção, independentemente do fato da perda ou redução da capacidade funcional puderam ser atenuadas por seu uso.
b) A reparação ou a substituição dos aparelhos de prótese, órtese e instrumentos de auxílio para locomoção, desgastados pelo uso normal ou por ocorrência estranha à vontade do beneficiário.

c) O transporte do acidentado do trabalho, quando necessário.

d) A concessão de auxílio para tratamento ou exame fora do domicílio do beneficiário, conforme dispuser o Regulamento.

e) A dispensa imotivada no contrato por prazo indeterminado de um trabalhador reabilitado, só poderá ocorrer após a contratação de substituto de condição semelhante.

Responda as questões de 31 a 40, utilizando CERTO ou ERRADO

31. Com relação aos benefícios da Previdência Social, julgue o item subsecutivo.

Os beneficiários de aposentadoria por invalidez do Regime Geral de Previdência Social devem se submeter a perícia médica anualmente, qualquer que seja a sua idade.

32. Com relação aos benefícios da Previdência Social, julgue o item subsecutivo.

A todos os indivíduos que tenham exercido exclusivamente a função de magistério, em qualquer nível de ensino, e iniciado a carreira profissional em 2001, é garantida a redução em cinco anos dos requisitos de idade e de tempo de contribuição para fins de aposentadoria voluntária.

33. Em relação à aposentadoria especial e à carência na aposentadoria urbana por idade, julgue o item subsecutivo.

Conforme entendimento do STF, o direito à aposentadoria especial pressupõe a efetiva exposição do trabalhador a agente nocivo à sua saúde, de modo que, se o equipamento de proteção individual for realmente capaz de neutralizar a nocividade, não haverá respaldo à concessão constitucional de aposentadoria especial.

34. O contribuinte individual que trabalhe por conta própria — sem vinculação a pessoa jurídica, portanto — e o segurado facultativo que optarem pelo regime simplificado de recolhimento — com arrecadação baseada na alíquota de 11% — não terão direito a aposentar-se por tempo de contribuição

35. O fator previdenciário só incidirá na aposentadoria por idade quando a sua aplicação for mais vantajosa ao segurado.

36. Para o professor que comprove exclusivamente tempo de efetivo exercício das funções de magistério na educação infantil e no ensino fundamental e médio, os requisitos de idade e de tempo de contribuição, quando se tratar de aposentadoria por idade, serão reduzidos em cinco anos.

37. Pedro mantém vínculo com o Regime Geral da Previdência Social (RGPS) há doze anos e quatro meses, em função do exercício de atividade laboral na condição de empregado de empresa privada urbana. Pedro é viúvo e mora em companhia de seu único filho, Jorge, de dezenove anos de idade.

Com referência a essa situação hipotética, julgue o seguinte item.

Caso, no mês em curso, Pedro complete sessenta e cinco anos de idade, então, a partir do próximo mês ele terá direito ao benefício da aposentadoria por idade, cujo valor da renda mensal deverá ser de 100% do valor do salário-de-benefício.

38. O professor que comprovar tempo exclusivo de dedicação ao magistério na educação fundamental e nos ensinos médio e superior terá direito a regra especial de aposentadoria, consistente na redução de cinco anos nos requisitos fixados para a aposentadoria por tempo de contribuição.

39. Julgue o item a seguir, relativos aos benefícios do regime geral de previdência social.

Considere que um indivíduo, antes de aderir ao regime geral de previdência social, estivesse enfermo de uma moléstia incapacitante para o trabalho. Nessa situação, se não tiver havido posterior progressão ou agravamento da enfermidade, tal doença não dará a esse indivíduo o direito de obter a aposentadoria por invalidez.

40. Julgue os itens seguintes, relativos aos benefícios do regime geral de previdência social.

As professoras, após vinte e cinco anos de efetivo magistério, têm direito à aposentadoria por tempo de serviço, com renda mensal correspondente à totalidade de seu salário-benefício.

Gabarito

01. C*	02. C	03. E	04. C	05. E
06. E	07. A	08. D	09. C	10. C
11. E	12. C	13. E	14. E	15. E
16. C	17. E	18. C	19. C	20. E
21. E	22. E	23. C	24.E	25. E
26. A	27. B	28. D	29. A	30. A
31. E	32. E	33. C	34. C	35. C
36. E	37. E	38. E	39. C	40. E

*(A partir de 2008 estaria errada - Não se transforma auxílio doença em aposentadoria por idade, sem que haja perícia médica.)

15. Benefícios Assistenciais

Dispõe sobre a organização da Assistência Social e dá outras providências

1. Lei Orgânica da Assistência Social - LOAS Lei n. 8.742/1993

(Esta lei consta na íntegra no capítulo 18)

Dispõe sobre a organização da Assistência Social e dá outras providências

Carência exigida: Não há.

Quem tem direito:

Art. 20. O benefício de prestação continuada é a garantia de um salário-mínimo mensal à pessoa com deficiência e ao idoso com 65 (sessenta e cinco) anos ou mais que comprovem não possuir meios de prover a própria manutenção nem de tê-la provida por sua família.

ex.: Terá direito a pessoa idosa com mais de 65 anos, homem e mulher. E também para a pessoa portador de deficiência independente de idade.

Nos dois casos será exigida a comprovação de hipossuficiência. Fazer parte de grupo familiar em que a **renda percapita seja inferior a ¼ do salário mínimo.**

Valor do benefício: 01 salário mínimo mensalmente. Sem direito a anono anual. (gratificação natalina)

Idade mínima: Homem e mulher com 65 anos.

Pessoa com deficiência:

Art. 20, § 2º Para efeito de concessão deste benefício, considera-se pessoa com deficiência aquela que tem impedimentos de longo prazo de natureza física, mental, intelectual ou sensorial, os quais, em interação com diversas barreiras, podem obstruir sua participação plena e efetiva na sociedade em igualdade de condições com as demais pessoas.

ex.: Esses impedimentos de longo prazo serão avaliados pelo serviço social e posteriormente pela perícia médica.

§ 5º A condição de acolhimento em instituições de longa permanência não prejudica o direito do idoso ou da pessoa com deficiência ao benefício de prestação continuada.

ex.: Na hipótese dessas pessoas estarem em asilos ou instituições similares, poderá ser requerido mediante procuração.

§ 6º A concessão do benefício ficará sujeita à avaliação da deficiência e do grau de impedimento de que trata o § 2º, composta por avaliação médica e avaliação social realizadas por médicos peritos e por assistentes sociais do Instituto Nacional de Seguro Social - INSS.

§ 9º A remuneração da pessoa com deficiência na condição de aprendiz não será considerada para fins do cálculo a que se refere o § 3º deste artigo.

ex.: Se a pessoa for aprendiz em alguma empresa, sua remuneração não integrará o cálculo para verificar se é de real necessidade.

§ 10. Considera-se impedimento de longo prazo, para os fins do § 2º deste artigo, aquele que produza efeitos **pelo prazo mínimo de 2 (dois) anos.**

Condição para ter direito a pessoa com mais de 65 anos, bem como o deficiente:

Comprovar real necessidade.

Art.20 § 3º Considera-se incapaz de prover a manutenção da pessoa com deficiência ou idosa a família cuja renda mensal per capita seja inferior a 1/4 (um quarto) do salário-mínimo.

> a família é composta pelo requerente, o cônjuge ou companheiro, os pais e, na ausência de um deles, a madrasta ou o padrasto, os irmãos solteiros, os filhos e enteados solteiros e os menores tutelados, desde que vivam sob o mesmo teto

ex.: Caso o requerente homem com 65 anos.

Grupo familiar formado por:

- o idoso
- Cônjuge aposentada com salário mínimo
- filhos solteiros 03 sem renda nenhuma.

São 05 pessoas, e a cônjuge está aposentada com 01 slário minímo R$ 724,00 dividido por 05 pessoas resultou em valor inferior a ¼ do salário mínimo.

O benefício será concedido ao idoso.

Benefícios Assistenciais

Do acúmulo

Art. 20 § 4º O benefício de que trata este artigo não pode ser acumulado pelo beneficiário com qualquer outro no âmbito da seguridade social ou de outro regime, salvo os da assistência médica e da pensão especial de natureza indenizatória.

Ex.: Na hipótese de uma mulher receber 01 salário mínimo de natureza indenizatória exemplos:

– Pensão Especial (Hanseníase) – Lei nº 11.520/2007.

Ao completar 65 anos, e sem cumprir os requisitos para uma aposentadoria desde os 60 anos de idade.

Seu grupo familiar:

- ela
- companheira(o)
- 02 filhos desempregados.

São 04 pessoas e renda de R$ 788,00 não impedirá a concessão da LOAS/Idoso para ela pois as pensões de natureza indenizatórias não impedem a concessão.

Será concedido.

Revisão

Art. 21. O benefício de prestação continuada deve ser revisto a cada 2 (dois) anos para avaliação da continuidade das condições que lhe deram origem.

ex.: Trata-se de revisão administrativa de ofício.

Cessação do benefício assistencial

Art. 21 § 1º O pagamento do benefício cessa no momento em que forem superadas as condições referidas no caput, ou em caso de morte do beneficiário.

ex.: Se a pessoa que recebe a LOAS falecer cessará na data do óbito, não gerará direito a pensão por morte.

E se no grupo familiar um dos participantes passar a ter renda, tais como: aposentadoria, salário de contribuição, o cálculo no grupo familiar será refeito e se superar ¼ do salário mínimo por pessoa cessará o benefício assistencial.

§ 3º O desenvolvimento das capacidades cognitivas, motoras ou educacionais e a realização de atividades não remuneradas de habilitação e reabilitação, entre outras, não constituem motivo de suspensão ou cessação do benefício da pessoa com deficiência

§ 4º A cessação do benefício de prestação continuada concedido à pessoa com deficiência não impede nova concessão do benefício, desde que atendidos os requisitos definidos em regulamento.

ex.: A cada pedido comprova-se com apresentação dos documentos.

Cancelamento do benefício

Art. 21 § 2º O benefício será cancelado quando se constatar irregularidade na sua concessão ou utilização.

ex.: Declarações falsas, documento inidôneo. Após devido processo administrativo legal.

Suspensão do benefício à pessoa deficientes

Art. 21-A. O benefício de prestação continuada será suspenso pelo órgão concedente quando a pessoa com deficiência exercer atividade remunerada, inclusive na condição de microempreendedor individual.

ex.: Com a remuneração pode ser que não haja mais a real necessidade anteriormente comprovada. Por isso inicialmente suspende o pagamento para verificação.

§ 1º Extinta a relação trabalhista ou a atividade empreendedora de que trata o caput deste artigo e, quando for o caso, encerrado o prazo de pagamento do seguro-desemprego e não tendo o beneficiário adquirido direito a qualquer benefício previdenciário, poderá ser requerida a continuidade do pagamento do benefício suspenso, sem necessidade de realização de perícia médica ou reavaliação da deficiência e do grau de incapacidade para esse fim, respeitado o período de revisão previsto no caput do art. 21.

ex.: Princípio da economicidade, o processo continua válido apenas suspenso, se por ventura deixar de ter remuneração, após pedido poderá ser restabelecido.

§ 2º A contratação de pessoa com deficiência como aprendiz não acarreta a suspensão do benefício de prestação continuada, limitado a 2 (dois) anos o recebimento concomitante da remuneração e do benefício.

2. Lei n. 12.815/13 art. 73

Portaria Interministerial MPS/MF/MP/MDS/SEP nº 1 DE 01/08/2014

Dispõe sobre a concessão e manutenção do benefício assistencial devido aos trabalhadores portuários avulsos de que trata o art. 73 da Lei n° 12.815, de 5 de junho de 2013, o art.45 do Decreto n° 8.033, de 27 de julho de 2013.

DEFINIÇÕES

Art. 1º É assegurado o benefício assistencial mensal de um salário mínimo, aos trabalhadores portuários avulsos, a partir dos sessenta anos de idade, que não cumprirem os requisitos para a aquisição das modalidades de aposentadorias por invalidez, por idade, por tempo de contribuição e especial, previstas nos artigos 42, 48, 52 e 57 da Lei nº 8.213/91, e que não possuam meios para prover a sua subsistência.

ex.: A categoria de segurado obrigatório trabalhador avulso, presta o serviço mediante intermediação obrigatória do Órgão Gestor de Mão Obra- OGMO ou do sindicato da categoria.

Em regra poderão se aposentar por invalidez, por idade, por tempo de contribuição e aposentadoria especial.

Mas, com essa mudança na lei, caso o segurado complete 60 anos de idade e não implemente as condições para se aposentar :

- por tempo (não comprova 35 anos de contribuição);
- por invalidez (via perícia médica não há incapacidade permanente para o trabalho);
- aposentadoria especial (não comprova ter exercido atividade sob exposição de agentes nocivos por 15, 20 ou 25 anos);
- aposentadoria por idade (ainda não completou 65 anos e nem cumpriu a carência de 15 anos de contribuição).

E cumulativamente não possua meios de prover sua subsistência fará jus a um benefício assistencial (não é previdenciário), no valor de um salário mínimo.

§ 1º Considera-se trabalhador portuário avulso, para fins do caput, aquele que possui domicílio no Brasil e cadastro ativo ou registro ativo junto ao OGMO - Órgão Gestor de Mão de Obra do Trabalho Portuário Avulso.

ex.: Para esse benefício assistencial há necessidade de domicílio no Brasil e cadastro ativo no O.G.M.O. (não é de sindicato).

§ 2º A ausência de meios para prover a subsistência é caracterizada pela renda média auferida pelo trabalhador portuário avulso nos últimos doze meses anteriores ao requerimento, no valor inferior a um salário mínimo mensal.

Ex.: Será preenchido um formulário pelo O.G.M.O com os meses nos quais ele prestou o serviço e as remunerações e salários de contribuições, inclusive o 13º.

§ 3º O benefício de que trata o caput não pode ser acumulado com qualquer outro no âmbito da seguridade social ou de outro regime, salvo os da assistência médica e das pensões especiais de natureza indenizatória.

ex.: O requerente não poderá receber este benefício com outro da Seguridade Social, exceto as pensões indenizatórias, por exemplo: pensão às vítimas da hemodiálise em Caruaru-PE, pensão aos portadores de hanseníase, pensão devida às vítimas da talidomida, etc.

CONCESSÃO

Art. 2º Para fazer jus ao benefício assistencial o interessado deverá comprovar junto ao INSS - Instituto Nacional do Seguro Social:
I - idade de sessenta anos ou mais;
II - renda média mensal individual inferior ao valor de um salário mínimo mensal, calculada com base na média aritmética simples dos últimos doze meses anteriores ao requerimento, incluindo-se no cômputo a renda proveniente de décimo terceiro salário, se houver;
III - domicílio no Brasil;
IV - quinze anos, no mínimo, de cadastro ou registro ativo como trabalhador portuário avulso;
V - comparecimento, no mínimo, a oitenta por cento das chamadas realizadas pelo respectivo órgão de gestão de mão de obra; e
VI - comparecimento, no mínimo, a oitenta por cento dos turnos de trabalho para os quais tenha sido escalado no período.

ex.: Apresentará documentos de identificação pessoal para comprovar a idade, certidões expedidas pelos OGMO(s) a fim de comprovar a renda média mensal individual inferior a 01 salário mínimo, inclusive o valor recebido a título de 13º, e o comparecimento às escalas e para o trabalho no mínimo 80%.

Art. 3º A comprovação dos requisitos de que tratam os incisos IV, V e VI do art. 2º será realizada por meio de certidão emitida pelo Órgão Gestor de Mão de Obra - OGMO conforme modelo constante do Anexo e deverá ser fornecida em duas vias, em papel timbrado da entidade, com numeração sequencial controlada e ininterrupta, e conter as seguintes informações:
I - identificação e qualificação pessoal do requerente: nome, data de nascimento, filiação, Carteira de Identidade ou Carteira Profissional, CPF, título de eleitor e endereço;

Benefícios Assistenciais

II - número e data do Registro ou Cadastro no OGMO;
III - percentual de comparecimento às chamadas e aos turnos de trabalho;
IV - identificação da entidade: CNPJ e endereço; e
V - identificação e qualificação pessoal do emissor: nome, carteira de identidade, CPF, assinatura e cargo/função.

ex.: Obterá junto ao (s) OGMO (s) pelos quais tenha trabalhado as certidões para provar a data dos cadastramentos iniciais, que estarão compatíveis com as informações contidas nas carteiras de portuário e dados no C.N.I.S. (Cadastro Nacional de Informações Sociais).

Art. 4º Para fins de apuração da média mensal de que trata o § 2º do art. 1º, o INSS utilizará as informações constantes das bases de dados dos sistemas corporativos da Previdência Social.

ex.: A média mensal inferior a 01 salário mínimo será obtida pelo INSS baseado nas informações do CNIS.

Entrará e, vigor a partir de NOV/14:

Para facilitar a compreensão: O trabalhador prestou serviço no mês de junho/2014, o OGMO apurou o valor total da remuneração e o de salário de contribuição no mês, efetua o pagamento ao trabalhador avulso, no mês seguinte até o dia 07/julho, cumpriu a obrigação acessória e declarou na GFIP (Guia de Recolhimento de FGTS e de Informações Previdenciárias) o PIS do trabalhador com todas as informações importantes para o INSS, e recolheu a contribuição devida na guia de previdência social (GPS) até dia 20 de julho.

Ao declarar o fato gerador (a prestação do trabalho) na GFIP, essas informações alimentam um banco de dados que é o CNIS (Cadastro Nacional de Informações Sociais). São essas informações utilizadas pela autarquia.

Art. 5º Ao trabalhador que preencher todos os requisitos para a concessão de qualquer das aposentadorias previstas no art. 1º não é devida opção ao benefício assistencial de que trata esta Portaria.

ex.: Caso o segurado preencha todos os requisitos para uma aposentadoria previdenciária, não poderá optar por este assistencial. As aposentadorias ensejam o recebimento de gratificação natalina (abono anual) e este não.

Art. 6º Da decisão de indeferimento ou de cessação do benefício cabe recurso ao Conselho de Recursos da Previdência Social, no prazo de trinta dias, a contar do recebimento da comunicação.

ex.: Da data da ciência da decisão negando o benefício ou cessando, o requerente terá 30 dias para interpôr recurso ao CRPS (Conselho de Recursos da Previdência Social).

§ 1º A segunda via da Certidão deverá ser mantida na própria entidade, com numeração sequencial em ordem crescente, à disposição do INSS e demais órgãos de fiscalização e controle.

ex.: Essa certidão poderá ser objeto de pesquisa por parte do INSS ou exigida em fiscalização por parte da Receita federal do Brasil.

§ 2º A Certidão deve consignar os documentos e informações que serviram de base para a sua emissão, inclusive o nome, números de RG e CPF do responsável pelo OGMO, bem como, se for o caso, a origem dos dados extraídos de registros existentes na própria entidade declarante ou em outro órgão, entidade ou empresa, desde que idôneos e acessíveis à Previdência Social.
§ 3º Caso seja identificado indício de irregularidades na emissão da declaração de que trata este artigo, o processo deverá ser devidamente instruído, adotando-se os critérios disciplinados em normas do Monitoramento Operacional de Benefícios do INSS.

MANUTENÇÃO DO BENEFÍCIO

Art. 7º O benefício será pago diretamente ao beneficiário ou ao seu representante legal, conforme as regras estabelecidas pelo INSS.

ex.: Será pago ao segurado, seu procurador, e se incapaz ao seu curador.

Art. 8º O Benefício Assistencial não está sujeito a consignações derivadas de empréstimos, financiamentos e operações de arrendamento mercantil, contratados junto a instituições financeiras e sociedades de arrendamento mercantil na forma da Lei nº 10.820/03.

ex.: Não é permitido empréstimos consignados nesse benefício de natureza assistencial.

Art. 9º A gratificação natalina não é devida no benefício assistencial mensal de que trata esta Portaria.

ex.: Não é devido o abono anual.

Art. 10. O benefício assistencial de que trata esta Portaria é pessoal e intransferível e não gera direito à pensão por morte aos herdeiros ou sucessores.

ex.: Falecendo o beneficiário, não será devida pensão por morte.

Parágrafo único. O valor do resíduo não recebido em vida pelo beneficiário será pago aos seus herdeiros ou sucessores, na forma da lei civil, mediante alvará judicial ou escritura pública, observada a legislação aplicável.

ex.: Para óbito ocorrido em 10/06/2014. Até a data do óbito será devido esses dias, mas para os herdeiros receberem necessitarão de alvará.

SUSPENSÃO E CESSAÇÃO

Art. 11. O pagamento do benefício assistencial será suspenso quando identificada irregularidade na sua concessão ou manutenção, observados os procedimentos previstos para os benefícios do Regime Geral de Previdência Social, sem prejuízo do direito do interessado de apresentar, no prazo legal, defesa escrita, provas e documentos que dispuser, bem como ter vista do processo administrativo.

ex.: Em caso de irregularidade suspende-se o pagamento, para a apuração. E após todo trâmite do processo administraivo, se confirmada o benefício cessará.

Parágrafo único. Os rendimentos advindos do trabalho do beneficiário entre a data do início do benefício e a data da revisão anual, somente caracterizarão superação das condições se a renda média mensal individual, a que se refere o inciso II do art. 2º, for igual ou superior ao valor do salário mínimo.

ex.: Caberá revisão anual. A depender da quantidade de meses e valores auferidos na prestação do serviço será cessado ou não.

Art. 12. O pagamento do benefício cessa:
I - no caso de morte do beneficiário;
II - no caso de morte presumida ou de ausência do beneficiário, declarada em juízo;
III - no caso de concessão de qualquer benefício do RGPS ou de outro regime de previdência; e
IV - quando identificada irregularidade na concessão ou manutenção do benefício.

Art. 13. Cabe ao INSS, sem prejuízo da aplicação de outras medidas legais, adotar as providências necessárias à cobrança da restituição do valor do benefício pago indevidamente, observados os procedimentos previstos para os benefícios do Regime Geral de Previdência Social.

ex.: Na hipótese de ter sido recebido indevidamente, o beneficiário restituirá à Previdência.

REVISÃO

Art. 14. O benefício assistencial de que trata esta Portaria deverá ser revisto a cada ano para avaliação do critério referente à subsistência do beneficiário, conforme dispõe o § 2º do art. 1º.

ex.: Anualmente serão revisados. Para verificar se houve renda que supere 01 salário minímo no último ano.

§ 1º A revisão será realizada apurando-se a média da renda do beneficiário nos 12 últimos meses anteriores à competência da revisão, com base nas informações constantes nos sistemas coorporativos da previdência social.

ex.: Mediante informações contidas no CNIS.

§ 2º O benefício será cessado na data da revisão quando verificado o não atendimento ao critério referente à subsistência.
§ 3º O valor do benefício não será computado no cálculo da renda mensal para fins de apuração do critério de renda elegível ao benefício.

Art. 15. O benefício pode ser revisto a qualquer tempo motivado por solicitação formal dos órgãos de controle, por denúncias fundadas ou por indícios de irregularidade fundamentados.

Art. 17. Compete ao INSS administrar os requerimentos, os pagamentos, a revisão e demais medidas necessárias à operacionalização do benefício.

Art. 18. Fica o INSS obrigado a emitir e enviar ao requerente o aviso de concessão ou de indeferimento do benefício, e, neste caso, com indicação do motivo.

ex.: A partir da ciência o requerente terá 30 dias para interpôr recurso adiministrativo ao CRPS.

Art. 19. O benefício assistencial de que trata esta Portaria será solicitado ao INSS por meio de prévio agendamento através da Central Telefônica 135 ou da internet, pelo endereço eletrônico www. previdencia.gov.br.

Art. 20. O Benefício Assistencial ao trabalhador portuário avulso será devido com o cumprimento de todos os requisitos legais e regulamentares exigidos para a sua concessão, devendo o seu primeiro pagamento ser efetuado em até quarenta e cinco dias depois de cumpridas todas as exigências.

Art. 21. Esta Portaria entra em vigor após noventa dias a contar da data da sua publicação.

ex.: Operacionalizado a partir de 11/2014.

Exercícios de Fixação

Responda as questões de 01 a 03, utilizando CERTO ou ERRADO

No que se refere à Lei Orgânica da Assistência Social (LOAS), julgue os itens a seguir.

01. O benefício de prestação continuada é um benefício vitalício garantido a idosos com mais de sessenta anos de idade e a pessoas com deficiência, desde que eles sejam considerados incapazes de prover a sua própria manutenção ou de tê-la provida por suas famílias.

02. Conforme a LOAS, é responsabilidade do Estado conduzir a política de assistência social em cada esfera de governo, cabendo ao Estado assegurar as condições financeiras, institucionais e políticas necessárias à materialização dessa política.

03. Com a transformação do Fundo Nacional de Combate à Fome em Fundo Nacional de Assistência Social, os estados, o DF e os municípios ficaram dispensados da exigência de comprovação orçamentária dos recursos próprios destinados à assistência social, alocados em seus respectivos fundos de assistência social.

Gabarito

01. E **02. C** **03. E**

16. Lei n. 8.212, de 24 de Julho de 1991

Dispõe sobre a organização da Seguridade Social, institui Plano de Custeio, e dá outras providências

O PRESIDENTE DA REPÚBLICA

Faço saber que o Congresso Nacional decreta e eu sanciono a seguinte Lei:

LEI ORGÂNICA DA SEGURIDADE SOCIAL

TÍTULO I
CONCEITUAÇÃO E PRINCÍPIOS CONSTITUCIONAIS

Art. 1º A Seguridade Social compreende um conjunto integrado de ações de iniciativa dos poderes públicos e da sociedade, destinado a assegurar o direito relativo à saúde, à previdência e à assistência social.

Parágrafo único. A Seguridade Social obedecerá aos seguintes princípios e diretrizes:

a) universalidade da cobertura e do atendimento;

b) uniformidade e equivalência dos benefícios e serviços às populações urbanas e rurais;

c) seletividade e distributividade na prestação dos benefícios e serviços;

d) irredutibilidade do valor dos benefícios;

e) eqüidade na forma de participação no custeio;

f) diversidade da base de financiamento;

g) caráter democrático e descentralizado da gestão administrativa com a participação da comunidade, em especial de trabalhadores, empresários e aposentados.

TÍTULO II
DA SAÚDE

Art. 2º A Saúde é direito de todos e dever do Estado, garantido mediante políticas sociais e econômicas que visem à redução do risco de doença e de outros agravos e ao acesso universal e igualitário às ações e serviços para sua promoção, proteção e recuperação.

Parágrafo único. As atividades de saúde são de relevância pública e sua organização obedecerá aos seguintes princípios e diretrizes:

a) acesso universal e igualitário;

b) provimento das ações e serviços através de rede regionalizada e hierarquizada, integrados em sistema único;

c) descentralização, com direção única em cada esfera de governo;

d) atendimento integral, com prioridade para as atividades preventivas;

e) participação da comunidade na gestão, fiscalização e acompanhamento das ações e serviços de saúde;

f) participação da iniciativa privada na assistência à saúde, obedecidos os preceitos constitucionais.

TÍTULO III
DA PREVIDÊNCIA SOCIAL

Art. 3º A Previdência Social tem por fim assegurar aos seus beneficiários meios indispensáveis de manutenção, por motivo de incapacidade, idade avançada, tempo de serviço, desemprego involuntário, encargos de família e reclusão ou morte daqueles de quem dependiam economicamente.

Parágrafo único. A organização da Previdência Social obedecerá aos seguintes princípios e diretrizes:

a) universalidade de participação nos planos previdenciários, mediante contribuição;

b) valor da renda mensal dos benefícios, substitutos do salário-de-contribuição ou do rendimento do trabalho do segurado, não inferior ao do salário mínimo;

c) cálculo dos benefícios considerando-se os salários-de-contribuição, corrigidos monetariamente;

d) preservação do valor real dos benefícios;

e) previdência complementar facultativa, custeada por contribuição adicional.

TÍTULO IV
DA ASSISTÊNCIA SOCIAL

Art. 4º A Assistência Social é a política social que provê o atendimento das necessidades básicas, traduzidas em proteção à família, à maternidade, à infância, à adolescência, à velhice e à pessoa portadora de deficiência, independentemente de contribuição à Seguridade Social.

Parágrafo único. A organização da Assistência Social obedecerá às seguintes diretrizes:

a) descentralização político-administrativa;

b) participação da população na formulação e controle das ações em todos os níveis.

TÍTULO V
DA ORGANIZAÇÃO DA SEGURIDADE SOCIAL

Art. 5º As ações nas áreas de Saúde, Previdência Social e Assistência Social, conforme o disposto no Capítulo II do Título VIII da Constituição Federal, serão organizadas em Sistema Nacional de Seguridade Social, na forma desta Lei.

Art. 6º *(Revogado pela MP 2216-37/2001)*

Art. 7º *(Revogado pela MP 2216-37/2001)*

Art. 8º As propostas orçamentárias anuais ou plurianuais da Seguridade Social serão elaboradas por Comissão integrada por 3 (três) representantes, sendo 1 (um) da área da saúde, 1 (um) da área da previdência social e 1 (um) da área de assistência social.

Art. 9º As áreas de Saúde, Previdência Social e Assistência Social são objeto de leis específicas, que regulamentarão sua organização e funcionamento.

TÍTULO VI
DO FINANCIAMENTO DA SEGURIDADE SOCIAL
INTRODUÇÃO

Art. 10. A Seguridade Social será financiada por toda sociedade, de forma direta e indireta, nos termos do Art. 195 da Constituição Federal e desta Lei, mediante recursos provenientes da União, dos Estados, do Distrito Federal, dos Municípios e de contribuições sociais.

Art. 11. No âmbito federal, o orçamento da Seguridade Social é composto das seguintes receitas:

I - receitas da União;

II - receitas das contribuições sociais;

III - receitas de outras fontes.

Parágrafo único. Constituem contribuições sociais:

a) as das empresas, incidentes sobre a remuneração paga ou creditada aos segurados a seu serviço;

b) as dos empregadores domésticos;

c) as dos trabalhadores, incidentes sobre o seu salário-de-contribuição;

d) as das empresas, incidentes sobre faturamento e lucro;

e) as incidentes sobre a receita de concursos de prognósticos.

CAPÍTULO I
DOS CONTRIBUINTES
Seção I
Dos Segurados

Art. 12. São segurados obrigatórios da Previdência Social as seguintes pessoas físicas:

I - como empregado:

a) aquele que presta serviço de natureza urbana ou rural à empresa, em caráter não eventual, sob sua subordinação e mediante remuneração, inclusive como diretor empregado;

b) aquele que, contratado por empresa de trabalho temporário, definida em legislação específica, presta serviço para atender a necessidade transitória de substituição de pessoal regular e permanente ou a acréscimo extraordinário de serviços de outras empresas;

c) o brasileiro ou estrangeiro domiciliado e contratado no Brasil para trabalhar como empregado em sucursal ou agência de empresa nacional no exterior;

d) aquele que presta serviço no Brasil a missão diplomática ou a repartição consular de carreira estrangeira e a órgãos a ela subordinados, ou a membros dessas missões e repartições, excluídos o não-brasileiro sem residência permanente no Brasil e o brasileiro amparado pela legislação previdenciária do país da respectiva missão diplomática ou repartição consular;

e) o brasileiro civil que trabalha para a União, no exterior, em organismos oficiais brasileiros ou internacionais dos quais o Brasil seja membro efetivo, ainda que lá domiciliado e contratado, salvo se segurado na forma da legislação vigente do país do domicílio;

f) o brasileiro ou estrangeiro domiciliado e contratado no Brasil para trabalhar como empregado em empresa domiciliada no exterior, cuja maioria do capital votante pertença a empresa brasileira de capital nacional;

g) o servidor público ocupante de cargo em comissão, sem vínculo efetivo com a União, Autarquias, inclusive em regime especial, e Fundações Públicas Federais;

h) (Execução suspensa pela RSF nº 26, de 2005)

i) o empregado de organismo oficial internacional ou estrangeiro em funcionamento no Brasil, salvo quando coberto por regime próprio de previdência social;

j) o exercente de mandato eletivo federal, estadual ou municipal, desde que não vinculado a regime próprio de previdência social;

II - como empregado doméstico: aquele que presta serviço de natureza contínua a pessoa ou família, no âmbito residencial desta, em atividades sem fins lucrativos;

III - *(Revogado pela Lei nº 9.876, de 26.11.99)*

IV - *(Revogado pela Lei nº 9.876, de 26.11.99)*

V - como contribuinte individual:

a) a pessoa física, proprietária ou não, que explora atividade agropecuária, a qualquer título, em caráter permanente ou temporário, em área superior a 4 (quatro) módulos fiscais; ou, quando em área igual ou inferior a 4 (quatro) módulos fiscais ou atividade pesqueira, com auxílio de empregados ou por intermédio de prepostos; ou ainda nas hipóteses dos §§ 10 e 11 deste artigo; *(Redação dada pela Lei nº 11.718, de 2008)*

b) a pessoa física, proprietária ou não, que explora atividade de extração mineral - garimpo, em caráter permanente ou temporário, diretamente ou por intermédio de prepostos, com ou sem o auxílio de empregados, utilizados a qualquer título, ainda que de forma não contínua;

c) o ministro de confissão religiosa e o membro de instituto de vida consagrada, de congregação ou de ordem religiosa; *(Redação dada pela Lei nº 10.403, de 8.1.2002)*

d) *(alínea revogada pela Lei nº 9.876, de 26.11.99)*

e) o brasileiro civil que trabalha no exterior para organismo oficial internacional do qual o Brasil é membro efetivo, ainda que lá domiciliado e contratado, salvo quando coberto por regime próprio de previdência social;

f) o titular de firma individual urbana ou rural, o diretor não empregado e o membro de conselho de administração de sociedade anônima, o sócio solidário, o sócio de indústria, o sócio gerente e o sócio cotista que recebam remuneração decorrente de seu trabalho em empresa urbana ou rural, e o associado eleito para cargo de direção em cooperativa, associação ou entidade de qualquer natureza ou finalidade, bem como o síndico ou administrador eleito para exercer atividade de direção condominial, desde que recebam remuneração;

g) quem presta serviço de natureza urbana ou rural, em caráter eventual, a uma ou mais empresas, sem relação de emprego;

h) a pessoa física que exerce, por conta própria, atividade econômica de natureza urbana, com fins lucrativos ou não;

VI - como trabalhador avulso: quem presta, a diversas empresas, sem vínculo empregatício, serviços de natureza urbana ou rural definidos no regulamento;

VII – como segurado especial: a pessoa física residente no imóvel rural ou em aglomerado urbano ou rural próximo a ele que, individualmente ou em regime de economia familiar, ainda que com o auxílio eventual de terceiros a título de mútua colaboração, na condição de: *(Redação dada pela Lei nº 11.718, de 2008)*

a) produtor, seja proprietário, usufrutuário, possuidor, assentado, parceiro ou meeiro outorgados, comodatário ou arrendatário rurais, que explore atividade: *(Incluído pela Lei nº 11.718, de 2008)*

1. agropecuária em área de até 4 (quatro) módulos fiscais; ou *(Incluído pela Lei nº 11.718, de 2008)*

2. de seringueiro ou extrativista vegetal que exerça suas atividades nos termos do inciso XII do caput do art. 2º da Lei nº 9.985, de 18 de julho de 2000, e faça dessas atividades o principal meio de vida; *(Incluído pela Lei nº 11.718, de 2008)*

b) pescador artesanal ou a este assemelhado, que faça da pesca profissão habitual ou principal meio de vida; e *(Incluído pela Lei nº 11.718, de 2008)*

c) cônjuge ou companheiro, bem como filho maior de 16 (dezesseis) anos de idade ou a este equiparado, do segurado de que tratam as alíneas *a* e *b* deste inciso, que, comprovadamente, trabalhem com o grupo familiar respectivo. *(Incluído pela Lei nº 11.718, de 2008)*

§ 1º Entende-se como regime de economia familiar a atividade em que o trabalho dos membros da família é indispensável à própria subsistência e ao desenvolvimento socioeconômico do núcleo familiar e é exercido em condições de mútua dependência e colaboração, sem a utilização de empregados permanentes. *(Redação dada pela Lei nº 11.718, de 2008)*

§ 2º Todo aquele que exercer, concomitantemente, mais de uma atividade remunerada sujeita ao Regime Geral de Previdência Social é obrigatoriamente filiado em relação a cada uma delas.

§ 3º *(Revogado pela Lei nº 11.718, de 2008)*

I - *(Revogado pela Lei nº 11.718, de 2008)*

II - *(Revogado pela Lei nº 11.718, de 2008)*

§ 4º O aposentado pelo Regime Geral de Previdência Social-RGPS que estiver exercendo ou que voltar a exercer atividade abrangida por este Regime é segurado obrigatório em relação a essa atividade, ficando sujeito às contribuições de que trata esta Lei, para fins de custeio da Seguridade Social.

§ 5º O dirigente sindical mantém, durante o exercício do mandato eletivo, o mesmo enquadramento no Regime Geral de Previdência Social-RGPS de antes da investidura.

§ 6º Aplica-se o disposto na alínea *g* do inciso I do *caput* ao ocupante de cargo de Ministro de Estado, de Secretário Estadual, Distrital ou Municipal, sem vínculo efetivo com a União, Estados, Distrito Federal e Municípios, suas autarquias, ainda que em regime especial, e fundações.

§ 7º Para serem considerados segurados especiais, o cônjuge ou companheiro e os filhos maiores de 16 (dezesseis) anos ou os a estes equiparados deverão ter participação ativa nas atividades rurais do grupo familiar. *(Incluído pela Lei nº 11.718, de 2008)*

§ 8º O grupo familiar poderá utilizar-se de empregados contratados por prazo determinado ou trabalhador de que trata a alínea g do inciso V do caput deste artigo, à razão de no máximo 120 (cento e vinte) pessoas por dia no ano civil, em períodos corridos ou intercalados ou, ainda, por tempo equivalente em horas de trabalho, não sendo computado nesse prazo o período de afastamento em decorrência da percepção de auxílio-doença. *(Redação dada pela Lei nº 12.873, de 2013)*

§ 9º Não descaracteriza a condição de segurado especial: *(Incluído pela Lei nº 11.718, de 2008)*

I – a outorga, por meio de contrato escrito de parceria, meação ou comodato, de até 50% (cinqüenta por cento) de imóvel rural cuja área total não seja superior a 4 (quatro) módulos fiscais, desde que outorgante e outorgado continuem a exercer a respectiva atividade, individualmente ou em regime de economia familiar; *(Incluído pela Lei nº 11.718, de 2008)*

II – a exploração da atividade turística da propriedade rural, inclusive com hospedagem, por não mais de 120 (cento e vinte) dias ao ano; *(Incluído pela Lei nº 11.718, de 2008)*

III – a participação em plano de previdência complementar instituído por entidade classista a que seja associado, em razão da condição de trabalhador rural ou de produtor rural em regime de economia familiar; *(Incluído pela Lei nº 11.718, de 2008)*

IV – ser beneficiário ou fazer parte de grupo familiar que tem algum componente que seja beneficiário de programa assistencial oficial de governo; *(Incluído pela Lei nº 11.718, de 2008)*

V – a utilização pelo próprio grupo familiar, na exploração da atividade, de processo de beneficiamento ou industrialização artesanal, na forma do § 11 do art. 25 desta Lei; e *(Incluído pela Lei nº 11.718, de 2008)*

VI - a associação em cooperativa agropecuária ou de crédito rural; e *(Redação dada pela Lei nº 13.183, de 2015)*

VII - a incidência do Imposto Sobre Produtos Industrializados - IPI sobre o produto das atividades desenvolvidas nos termos do § 14 deste artigo. *(Incluído pela Lei nº 12.873, de 2013)*

§ 10. Não é segurado especial o membro de grupo familiar que possuir outra fonte de rendimento, exceto se decorrente de: *(Incluído pela Lei nº 11.718, de 2008)*

I – benefício de pensão por morte, auxílio-acidente ou auxílio-reclusão, cujo valor não supere o do menor benefício de prestação continuada da Previdência Social; *(Incluído pela Lei nº 11.718, de 2008)*

II – benefício previdenciário pela participação em plano de previdência complementar instituído nos termos do inciso IV do § 9º deste artigo;

III - exercício de atividade remunerada em período não superior a 120 (cento e vinte) dias, corridos ou intercalados, no ano civil, observado o disposto no § 13 deste artigo; *(Redação dada pela Lei nº 12.873, de 2013)*
IV – exercício de mandato eletivo de dirigente sindical de organização da categoria de trabalhadores rurais; *(Incluído pela Lei nº 11.718, de 2008)*
V – exercício de mandato de vereador do município onde desenvolve a atividade rural, ou de dirigente de cooperativa rural constituída exclusivamente por segurados especiais, observado o disposto no § 13 deste artigo; *(Incluído pela Lei nº 11.718, de 2008)*
VI – parceria ou meação outorgada na forma e condições estabelecidas no inciso I do § 9º deste artigo; *(Incluído pela Lei nº 11.718, de 2008)*
VII – atividade artesanal desenvolvida com matéria-prima produzida pelo respectivo grupo familiar, podendo ser utilizada matéria-prima de outra origem, desde que a renda mensal obtida na atividade não exceda ao menor benefício de prestação continuada da Previdência Social; e *(Incluído pela Lei nº 11.718, de 2008)*
VIII – atividade artística, desde que em valor mensal inferior ao menor benefício de prestação continuada da Previdência Social. *(Incluído pela Lei nº 11.718, de 2008)*
§ 11. O segurado especial fica excluído dessa categoria: *(Incluído pela Lei nº 11.718, de 2008)*
I – a contar do primeiro dia do mês em que: *(Incluído pela Lei nº 11.718, de 2008)*
a) deixar de satisfazer as condições estabelecidas no inciso VII do caput deste artigo, sem prejuízo do disposto no art. 15 da Lei nº 8.213, de 24 de julho de 1991, ou exceder qualquer dos limites estabelecidos no inciso I do § 9º deste artigo; *(Incluído pela Lei nº 11.718, de 2008)*
b) enquadrar-se em qualquer outra categoria de segurado obrigatório do Regime Geral de Previdência Social, ressalvado o disposto nos incisos III, V, VII e VIII do § 10 e no § 14 deste artigo, sem prejuízo do disposto no art. 15 da Lei no 8.213, de 24 de julho de 1991; *(Redação dada pela Lei nº 12.873, de 2013)*
c) tornar-se segurado obrigatório de outro regime previdenciário; e *(Redação dada pela Lei nº 12.873, de 2013)*
d) participar de sociedade empresária, de sociedade simples, como empresário individual ou como titular de empresa individual de responsabilidade limitada em desacordo com as limitações impostas pelo § 14 deste artigo; *(Incluído pela Lei nº 12.873, de 2013)*
II – a contar do primeiro dia do mês subseqüente ao da ocorrência, quando o grupo familiar a que pertence exceder o limite de: *(Incluído pela Lei nº 11.718, de 2008)*
a) utilização de trabalhadores nos termos do § 8º deste artigo; *(Incluído pela Lei nº 11.718, de 2008)*
b) dias em atividade remunerada estabelecidos no inciso III do § 10 deste artigo; e *(Incluído pela Lei nº 11.718, de 2008)*
c) dias de hospedagem a que se refere o inciso II do § 9º deste artigo. *(Incluído pela Lei nº 11.718, de 2008)*
§ 12. Aplica-se o disposto na alínea *a* do inciso V do caput deste artigo ao cônjuge ou companheiro do produtor que participe da atividade rural por este explorada. *(Incluído pela Lei nº 11.718, de 2008)*
§ 13. O disposto nos incisos III e V do § 10 e no § 14 deste artigo não dispensa o recolhimento da contribuição devida em relação ao exercício das atividades de que tratam os referidos dispositivos. *(Redação dada pela Lei nº 12.873, de 2013)*
§ 14. A participação do segurado especial em sociedade empresária, em sociedade simples, como empresário individual ou como titular de empresa individual de responsabilidade limitada de objeto ou âmbito agrícola, agroindustrial ou agroturístico, considerada microempresa nos termos da Lei Complementar nº 123, de 14 de dezembro de 2006, não o exclui de tal categoria previdenciária, desde que, mantido o exercício da sua atividade rural na forma do inciso VII do caput e do § 1º, a pessoa jurídica componha-se apenas de segurados de igual natureza e sedie-se no mesmo Município ou em Município limítrofe àquele em que eles desenvolvam suas atividades. *(Incluído pela Lei nº 12.873, de 2013)*
§ 15. *(VETADO)*. *(Incluído pela Lei nº 12.873, de 2013)*
Art. 13. O servidor civil ocupante de cargo efetivo ou o militar da União, dos Estados, do Distrito Federal ou dos Municípios, bem como o das respectivas autarquias e fundações, são excluídos do Regime Geral de Previdência Social consubstanciado nesta Lei, desde que amparados por regime próprio de previdência social. *(Redação dada pela Lei nº 9.876, de 26.11.99)*
§ 1º Caso o servidor ou o militar venham a exercer, concomitantemente, uma ou mais atividades abrangidas pelo Regime Geral de Previdência Social, tornar-se-ão segurados obrigatórios em relação a essas atividades. *(Redação dada pela Lei nº 9.876, de 26.11.99)*
§ 2º Caso o servidor ou o militar, amparados por regime próprio de previdência social, sejam requisitados para outro órgão ou entidade cujo regime previdenciário não permita a filiação nessa condição, permanecerão vinculados ao regime de origem, obedecidas as regras que cada ente estabeleça acerca de sua contribuição.
Art. 14. É segurado facultativo o maior de 14 (quatorze) anos de idade que se filiar ao Regime Geral de Previdência Social, mediante contribuição, na forma do Art. 21, desde que não incluído nas disposições do Art. 12.

Seção II
Da Empresa e do Empregador Doméstico

Art. 15. Considera-se:
I - empresa - a firma individual ou sociedade que assume o risco de atividade econômica urbana ou rural, com fins lucrativos ou não, bem como os órgãos e entidades da administração pública direta, indireta e fundacional;
II - empregador doméstico - a pessoa ou família que admite a seu serviço, sem finalidade lucrativa, empregado doméstico.

Parágrafo único. Equiparam-se a empresa, para os efeitos desta Lei, o contribuinte individual e a pessoa física na condição de proprietário ou dono de obra de construção civil, em relação a segurado que lhe presta serviço, bem como a cooperativa, a associação ou a entidade de qualquer natureza ou finalidade, a missão diplomática e a repartição consular de carreira estrangeiras. *(Redação dada pela Lei nº 13.202, de 2015)*

CAPÍTULO II
DA CONTRIBUIÇÃO DA UNIÃO

Art. 16. A contribuição da União é constituída de recursos adicionais do Orçamento Fiscal, fixados obrigatoriamente na lei orçamentária anual.

Parágrafo único. A União é responsável pela cobertura de eventuais insuficiências financeiras da Seguridade Social, quando decorrentes do pagamento de benefícios de prestação continuada da Previdência Social, na forma da Lei Orçamentária Anual.

Art. 17. Para pagamento dos encargos previdenciários da União, poderão contribuir os recursos da Seguridade Social referidos na alínea "d" do parágrafo único do Art. 11 desta Lei, na forma da Lei Orçamentária anual, assegurada a destinação de recursos para as ações desta Lei de Saúde e Assistência Social.

Art. 18. Os recursos da Seguridade Social referidos nas alíneas "a", "b", "c" e "d" do parágrafo único do Art. 11 desta Lei poderão contribuir, a partir do exercício de 1992, para o financiamento das despesas com pessoal e administração geral apenas do Instituto Nacional do Seguro Social-INSS, do Instituto Nacional de Assistência Médica da Previdência Social-INAMPS, da Fundação Legião Brasileira de Assistência-LBA e da Fundação Centro Brasileira para Infância e Adolescência.

Art. 19. O Tesouro Nacional repassará mensalmente recursos referentes às contribuições mencionadas nas alíneas "d" e "e" do parágrafo único do Art. 11 desta Lei, destinados à execução do Orçamento da Seguridade Social.

CAPÍTULO III
DA CONTRIBUIÇÃO DO SEGURADO
Seção I
Da Contribuição dos Segurados Empregado, Empregado Doméstico e Trabalhador Avulso

Art. 20. A contribuição do empregado, inclusive o doméstico, e a do trabalhador avulso é calculada mediante a aplicação da correspondente alíquota sobre o seu salário-de-contribuição mensal, de forma não cumulativa, observado o disposto no Art. 28, de acordo com a seguinte tabela:

Salário-de-contribuição	Alíquota em %
Até R$ 249,80	8,00
de R$ 249,81 até R$ 416,33	9,00
de R$ 416,34 até R$ 832,66	11,00

TABELA DE CONTRIBUIÇÃO DOS SEGURADOS EMPREGADO, EMPREGADO DOMÉSTICO E TRABALHADOR AVULSO - Portaria MPS e MF 19/2014 VIGENTE A PARTIR DE 09.01.2015

SALÁRIO-DE-CONTRIBUIÇÃO (R$)	ALÍQUOTAS %
Até 1.399,12	8,00
de 1.399,13 até 2.331,88	9,00
de 2.331,89 até 4.663,75	11,00

§ 1º Os valores do salário-de-contribuição serão reajustados, a partir da data de entrada em vigor desta Lei, na mesma época e com os mesmos índices que os do reajustamento dos benefícios de prestação continuada da Previdência Social.

§ 2º O disposto neste artigo aplica-se também aos segurados empregados e trabalhadores avulsos que prestem serviços a microempresas.

Seção II
Da Contribuição dos Segurados Contribuinte Individual e Facultativo

Art. 21. A alíquota de contribuição dos segurados contribuinte individual e facultativo será de vinte por cento sobre o respectivo salário-de-contribuição.

I - *(Revogado pela Lei nº 9.711, de 20.11.98)*;

II - *(Revogado pela Lei nº 9.711, de 20.11.98)*.

§ 1º Os valores do salário-de-contribuição serão reajustados, a partir da data de entrada em vigor desta Lei , na mesma época e com os mesmos índices que os do reajustamento dos benefícios de prestação continuada da Previdência Social. *(Renumerado pela Lei Complementar nº 123, de 2006)*

§ 2º No caso de opção pela exclusão do direito ao benefício de aposentadoria por tempo de contribuição, a alíquota de contribuição incidente sobre o limite mínimo mensal do salário de contribuição será de: *(Redação dada pela Lei nº 12.470, de 2011)*

I - 11% (onze por cento), no caso do segurado contribuinte individual, ressalvado o disposto no inciso II, que trabalhe por conta própria, sem relação de trabalho com empresa ou equiparado e do segurado facultativo, observado o disposto na alínea b do inciso II deste parágrafo; *(Incluído pela Lei nº 12.470, de 2011)*

II - 5% (cinco por cento): *(Incluído pela Lei nº 12.470, de 2011)*

a) no caso do microempreendedor individual, de que trata o art. 18-A da Lei Complementar no 123, de 14 de dezembro de 2006; e *(Incluído pela Lei nº 12.470, de 2011) (Produção de efeito)*

b) do segurado facultativo sem renda própria que se dedique exclusivamente ao trabalho doméstico no âmbito de sua residência, desde que pertencente a família de baixa renda. *(Incluído pela Lei nº 12.470, de 2011)*

§ 3º O segurado que tenha contribuído na forma do § 2º deste artigo e pretenda contar o tempo de contribuição correspondente para fins de obtenção da aposentadoria por tempo de contribuição ou da contagem recíproca do tempo de contribuição a que se refere o art. 94 da Lei nº 8.213, de 24 de julho de 1991, deverá complementar a contribuição mensal mediante recolhimento, sobre o valor correspondente ao limite mínimo mensal do salário-de-contribuição em vigor na competência a ser complementada, da diferença entre o percentual pago e o de 20% (vinte por cento), acrescido dos juros moratórios de que trata o § 3º do art. 5º da Lei nº 9.430, de 27 de dezembro de 1996. *(Redação dada pela Lei nº 12.470, de 2011) (Produção de efeito)*

§ 4º Considera-se de baixa renda, para os fins do disposto na alínea b do inciso II do § 2º deste artigo, a família inscrita no Cadastro Único para Programas Sociais do Governo Federal - CadÚnico cuja renda mensal seja de até 2 (dois) salários mínimos. *(Redação dada pela Lei nº 12.470, de 2011)*

§ 5º A contribuição complementar a que se refere o § 3º deste artigo será exigida a qualquer tempo, sob pena de indeferimento do benefício. *(Incluído pela Lei nº 12.507, de 2011)*

CAPÍTULO IV
DA CONTRIBUIÇÃO DA EMPRESA

Art. 22. A contribuição a cargo da empresa, destinada à Seguridade Social, além do disposto no Art. 23, é de:

I - vinte por cento sobre o total das remunerações pagas, devidas ou creditadas a qualquer título, durante o mês, aos segurados empregados e trabalhadores avulsos que lhe prestem serviços, destinadas a retribuir o trabalho, qualquer que seja a sua forma, inclusive as gorjetas, os ganhos habituais sob a forma de utilidades e os adiantamentos decorrentes de reajuste salarial, quer pelos serviços efetivamente prestados, quer pelo tempo à disposição do empregador ou tomador de serviços, nos termos da lei ou do contrato ou, ainda, de convenção ou acordo coletivo de trabalho ou sentença normativa. *(Redação dada pela Lei nº 9.876, de 1999).*

II - para o financiamento do benefício previsto nos arts. 57 e 58 da Lei nº 8.213, de 24 de julho de 1991, e daqueles concedidos em razão do grau de incidência de incapacidade laborativa decorrente dos riscos ambientais do trabalho, sobre o total das remunerações pagas ou creditadas, no decorrer do mês, aos segurados empregados e trabalhadores avulsos:

a) 1% (um por cento) para as empresas em cuja atividade preponderante o risco de acidentes do trabalho seja considerado leve;

b) 2% (dois por cento) para as empresas em cuja atividade preponderante esse risco seja considerado médio;

c) 3% (três por cento) para as empresas em cuja atividade preponderante esse risco seja considerado grave.

III - vinte por cento sobre o total das remunerações pagas ou creditadas a qualquer título, no decorrer do mês, aos segurados contribuintes individuais que lhe prestem serviços;

IV - quinze por cento sobre o valor bruto da nota fiscal ou fatura de prestação de serviços, relativamente a serviços que lhe são prestados por cooperados por intermédio de cooperativas de trabalho.

§ 1º No caso de bancos comerciais, bancos de investimentos, bancos de desenvolvimento, caixas econômicas, sociedades de crédito, financiamento e investimento, sociedades de crédito imobiliário, sociedades corretoras, distribuidoras de títulos e valores mobiliários, empresas de arrendamento mercantil, cooperativas de crédito, empresas de seguros privados e de capitalização, agentes autônomos de seguros privados e de crédito e entidades de previdência privada abertas e fechadas, além das contribuições referidas neste artigo e no art. 23, é devida a contribuição adicional de dois vírgula cinco por cento sobre a base de cálculo definida nos incisos I e III deste artigo.

§ 2º Não integram a remuneração as parcelas de que trata o § 9º do art. 28.

§ 3º O Ministério do Trabalho e da Previdência Social poderá alterar, com base nas estatísticas de acidentes do trabalho, apuradas em inspeção, o enquadramento de empresas para efeito da contribuição a que se refere o inciso II deste artigo, a fim de estimular investimentos em prevenção de acidentes.

§ 4º O Poder Executivo estabelecerá, na forma da lei, ouvido o Conselho Nacional da Seguridade Social, mecanismos de estímulo às empresas que se utilizem de empregados portadores de deficiências física, sensorial e/ou mental com desvio do padrão médio.

§ 5º *(Revogado pela Lei nº 10.256, de 9.7.2001)*

§ 6º A contribuição empresarial da associação desportiva que mantém equipe de futebol profissional destinada à Seguridade Social, em substituição à prevista nos incisos I e II deste artigo, corresponde a cinco por cento da receita bruta, decorrente dos espetáculos desportivos de que participem em todo território nacional em qualquer modalidade desportiva, inclusive jogos internacionais, e de qualquer forma de patrocínio, licenciamento de uso de marcas e símbolos, publicidade, propaganda e de transmissão de espetáculos desportivos.

§ 7º Caberá à entidade promotora do espetáculo a responsabilidade de efetuar o desconto de cinco por cento da receita bruta decorrente dos espetáculos desportivos e o respectivo recolhimento ao Instituto Nacional do Seguro Social, no prazo de até dois dias úteis após a realização do evento.

§ 8º Caberá à associação desportiva que mantém equipe de futebol profissional informar à entidade promotora do espetáculo desportivo todas as receitas auferidas no evento, discriminando-as detalhadamente.

§ 9º No caso de a associação desportiva que mantém equipe de futebol profissional receber recursos de empresa ou entidade, a título de patrocínio, licenciamento de uso de marcas e símbolos, publicidade, propaganda e transmissão de espetáculos, esta última ficará com a responsabilidade de reter e recolher o percentual de cinco por cento da receita bruta decorrente do evento, inadmitida qualquer dedução, no prazo estabelecido na alínea "b", inciso I, do art. 30 desta Lei.

§ 10. Não se aplica o disposto nos §§ 6º ao 9º às demais associações desportivas, que devem contribuir na forma dos incisos I e II deste artigo e do art. 23 desta Lei.

§ 11. O disposto nos §§ 6º ao 9º deste artigo aplica-se à associação desportiva que mantenha equipe de futebol profissional e atividade econômica organizada para a produção e circulação de bens e serviços e que se organize regularmente, segundo um dos tipos regulados nos arts. 1.039 a 1.092 da Lei nº 10.406, de 10 de janeiro de 2002 - Código Civil. *(Redação dada pela Lei nº 11.345, de 2006)*

§ 11-A. O disposto no § 11 deste artigo aplica-se apenas às atividades diretamente relacionadas com a manutenção e administração de equipe profissional de futebol, não se estendendo às outras atividades econômicas exercidas pelas referidas sociedades empresariais beneficiárias. *(Incluído pela Lei nº 11.505, de 2007)*

§ 12. (VETADO) *(Incluído pela Lei nº 10.170, de 29.12.2000)*

§ 13. Não se considera como remuneração direta ou indireta, para os efeitos desta Lei, os valores despendidos pelas entidades religiosas e instituições de ensino vocacional com ministro de confissão religiosa, membros de instituto de vida consagrada, de congregação ou de ordem religiosa em face do seu mister religioso ou para sua subsistência desde que fornecidos em condições que independam da natureza e da quantidade do trabalho executado. *(Incluído pela Lei nº 10.170, de 29.12.2000)*

§ 14. Para efeito de interpretação do § 13 deste artigo: *(Incluído pela Lei nº 13.137, de 2015)*

I - os critérios informadores dos valores despendidos pelas entidades religiosas e instituições de ensino vocacional aos ministros de confissão religiosa, membros de vida consagrada, de congregação ou de ordem religiosa não são taxativos e sim exemplificativos; *(Incluído pela Lei nº 13.137, de 2015)*

II - os valores despendidos, ainda que pagos de forma e montante diferenciados, em pecúnia ou a título de ajuda de custo de moradia, transporte, formação educacional, vinculados exclusivamente à atividade religiosa não configuram remuneração direta ou indireta. *(Incluído pela Lei nº 13.137, de 2015)*

§ 15. Na contratação de serviços de transporte rodoviário de carga ou de passageiro, de serviços prestados com a utilização de trator, máquina de terraplenagem, colheitadeira e assemelhados, a base de cálculo da contribuição da empresa corresponde a 20% (vinte por cento) do valor da nota fiscal, fatura ou recibo, quando esses serviços forem prestados por condutor autônomo de veículo rodoviário, auxiliar de condutor autônomo de veículo rodoviário, bem como por operador de máquinas. *(Incluído pela Lei nº 13.202, de 2015)*

Art. 22-A. A contribuição devida pela agroindústria, definida, para os efeitos desta Lei, como sendo o produtor rural pessoa jurídica cuja atividade econômica seja a industrialização de produção própria ou de produção própria e adquirida de terceiros, incidente sobre o valor da receita bruta proveniente da comercialização da produção, em substituição às previstas nos incisos I e II do Art. 22 desta Lei, é de:

I - dois vírgula cinco por cento destinados à Seguridade Social;

II - zero vírgula um por cento para o financiamento do benefício previsto nos arts. 57 e 58 da Lei nº 8.213, de 24 de julho de 1991, e daqueles concedidos em razão do grau de incidência de incapacidade para o trabalho decorrente dos riscos ambientais da atividade.

§ 1º (VETADO)

§ 2º O disposto neste artigo não se aplica às operações relativas à prestação de serviços a terceiros, cujas contribuições previdenciárias continuam sendo devidas na forma do Art. 22 desta Lei.

§ 3º Na hipótese do § 2º, a receita bruta correspondente aos serviços prestados a terceiros será excluída da base de cálculo da contribuição de que trata o caput.

§ 4º O disposto neste artigo não se aplica às sociedades cooperativas e às agroindústrias de piscicultura, carcinicultura, suinocultura e avicultura.

§ 5º O disposto no inciso I do Art. 3º da Lei nº 8.315, de 23 de dezembro de 1991, não se aplica ao empregador de que trata este artigo, que contribuirá com o adicional de zero vírgula vinte e cinco por cento da receita bruta proveniente da comercialização da produção, destinado ao Serviço Nacional de Aprendizagem Rural (SENAR).

§ 6º Não se aplica o regime substitutivo de que trata este artigo à pessoa jurídica que, relativamente à atividade rural, se dedique apenas ao florestamento e reflorestamento como fonte de matéria-prima para industrialização própria mediante a utilização de processo industrial que modifique a natureza química da madeira ou a transforme em pasta celulósica.

§ 7º Aplica-se o disposto no § 6º ainda que a pessoa jurídica comercialize resíduos vegetais ou sobras ou partes da produção, desde que a receita bruta decorrente dessa comercialização represente menos de um por cento de sua receita bruta proveniente da comercialização da produção.

Art. 22-B. As contribuições de que tratam os incisos I e II do Art. 22 desta Lei são substituídas, em relação à remuneração paga, devida ou creditada ao trabalhador rural contratado pelo consórcio simplificado de produtores rurais de que trata o Art. 25A, pela contribuição dos respectivos produtores rurais, calculada na forma do Art. 25 desta Lei.

Art. 23. As contribuições a cargo da empresa provenientes do faturamento e do lucro, destinadas à Seguridade Social, além do disposto no Art. 22, são calculadas mediante a aplicação das seguintes alíquotas:

I - 2% (dois por cento) sobre sua receita bruta, estabelecida segundo o disposto no § 1º do Art. 1º do Decreto-lei nº 1.940, de 25 de maio de 1982, com a redação dada pelo Art. 22, do Decreto-lei nº 2.397, de 21 de dezembro de 1987, e alterações posteriores;

II - 10% (dez por cento) sobre o lucro líquido do período-base, antes da provisão para o Imposto de Renda, ajustado na forma do Art. 2º da Lei nº 8.034, de 12 de abril de 1990.

§ 1º No caso das instituições citadas no § 1º do Art. 22 desta Lei, a alíquota da contribuição prevista no inciso II é de 15% (quinze por cento).

§ 2º O disposto neste artigo não se aplica às pessoas de que trata o Art. 25.

CAPÍTULO V
DA CONTRIBUIÇÃO DO EMPREGADOR DOMÉSTICO

Art. 24. A contribuição do empregador doméstico incidente sobre o salário de contribuição do empregado doméstico a seu serviço é de: *(Redação dada pela Lei nº 13.202, de 2015*

I - 8% (oito por cento); e *(Incluído pela Lei nº 13.202, de 2015)*

II - 0,8% (oito décimos por cento) para o financiamento do seguro contra acidentes de trabalho. *(Incluído pela Lei nº 13.202, de 2015)*

Parágrafo único. Presentes os elementos da relação de emprego doméstico, o empregador doméstico não poderá contratar microempreendedor individual de que trata o art. 18-A da Lei Complementar nº 123, de 14 de dezembro de 2006, sob pena de ficar sujeito a todas as obrigações dela decorrentes, inclusive trabalhistas, tributárias e previdenciárias. *(Incluído pela Lei nº 12.470, de 2011)*

CAPÍTULO VI
DA CONTRIBUIÇÃO DO PRODUTOR RURAL E DO PESCADOR

Art. 25. A contribuição do empregador rural pessoa física, em substituição à contribuição de que tratam os incisos I e II do Art. 22, e a do segurado especial, referidos, respectivamente, na alínea a do inciso V e no inciso VII do Art. 12 desta Lei, destinada à Seguridade Social, é de:

I - 2% da receita bruta proveniente da comercialização da sua produção;

II - 0,1% da receita bruta proveniente da comercialização da sua produção para financiamento das prestações por acidente do trabalho.

§ 1º O segurado especial de que trata este artigo, além da contribuição obrigatória referida no *caput*, poderá contribuir, facultativamente, na forma do Art. 21 desta Lei.

§ 2º A pessoa física de que trata a alínea "a" do inciso V do Art. 12 contribui, também, obrigatoriamente, na forma do Art. 21 desta Lei.

§ 3º Integram a produção, para os efeitos deste artigo, os produtos de origem animal ou vegetal, em estado natural ou submetidos a processos de beneficiamento ou industrialização rudimentar, assim compreendidos, entre outros, os processos de lavagem, limpeza, descaroçamento, pilagem, descascamento, lenhamento, pasteurização, resfriamento, secagem, fermentação, embalagem, cristalização, fundição, carvoejamento, cozimento, destilação, moagem, torrefação, bem como os subprodutos e os resíduos obtidos através desses processos.

§ 4º *(Revogado pela Lei nº 11.718, de 2008)*

§ 5º *(VETADO na Lei nº 8.540, de 22.12.92)*

§ 6º *(Parágrafo revogado pela Lei nº 10.256, de 9.7.2001)*

§ 7º *(Parágrafo revogado pela Lei nº 10.256, de 9.7.2001)*

§ 8º *(Parágrafo revogado pela Lei nº 10.256, de 9.7.2001)*

§ 9º *(VETADO na Lei nº 10.256, de 9.7.2001)*

§ 10. Integra a receita bruta de que trata este artigo, além dos valores decorrentes da comercialização da produção relativa aos produtos a que se refere o § 3º deste artigo, a receita proveniente: *(Incluído pela Lei nº 11.718, de 2008)*

I – da comercialização da produção obtida em razão de contrato de parceria ou meação de parte do imóvel rural; *(Incluído pela Lei nº 11.718, de 2008)*

II – da comercialização de artigos de artesanato de que trata o inciso VII do § 10 do art. 12 desta Lei; *(Incluído pela Lei nº 11.718, de 2008)*

III – de serviços prestados, de equipamentos utilizados e de produtos comercializados no imóvel rural, desde que em atividades turística e de entretenimento desenvolvidas no próprio imóvel, inclusive hospedagem, alimentação, recepção, recreação e atividades pedagógicas, bem como taxa de visitação e serviços especiais; *(Incluído pela Lei nº 11.718, de 2008)*

IV – do valor de mercado da produção rural dada em pagamento ou que tiver sido trocada por outra, qualquer que seja o motivo ou finalidade; e *(Incluído pela Lei nº 11.718, de 2008)*

V – de atividade artística de que trata o inciso VIII do § 10 do art. 12 desta Lei. *(Incluído pela Lei nº 11.718, de 2008)*

§ 11. Considera-se processo de beneficiamento ou industrialização artesanal aquele realizado diretamente pelo próprio produtor rural pessoa física, desde que não esteja sujeito à incidência do Imposto Sobre Produtos Industrializados – IPI. *(Incluído pela Lei nº 11.718, de 2008)*

Art. 25-A. Equipara-se ao empregador rural pessoa física o consórcio simplificado de produtores rurais, formado pela união de produtores rurais pessoas físicas, que outorgar a um deles poderes para contratar, gerir e demitir trabalhadores para prestação de serviços, exclusivamente, aos seus integrantes, mediante documento registrado em cartório de títulos e documentos.

§ 1º O documento de que trata o caput deverá conter a identificação de cada produtor, seu endereço pessoal e o de sua propriedade rural, bem como o respectivo registro no Instituto Nacional de Colonização e Reforma Agrária - INCRA ou informações relativas a parceria, arrendamento ou equivalente e a matrícula no Instituto Nacional do Seguro Social - INSS de cada um dos produtores rurais.

§ 2º O consórcio deverá ser matriculado no INSS em nome do empregador a quem hajam sido outorgados os poderes, na forma do regulamento.

§ 3º Os produtores rurais integrantes do consórcio de que trata o caput serão responsáveis solidários em relação às obrigações previdenciárias.

§ 4º (VETADO) (n*a Lei nº 10.256, de 9.7.2001*)

CAPÍTULO VII
DA CONTRIBUIÇÃO SOBRE A RECEITA DE CONCURSOS DE PROGNÓSTICOS

Art. 26. Constitui receita da Seguridade Social a renda líquida dos concursos de prognósticos, excetuando-se os valores destinados ao Programa de Crédito Educativo.

§ 1º Consideram-se concursos de prognósticos todos e quaisquer concursos de sorteios de números, loterias, apostas, inclusive as realizadas em reuniões hípicas, nos âmbitos federal, estadual, do Distrito Federal e municipal.

§ 2º Para efeito do disposto neste artigo, entende-se por renda líquida o total da arrecadação, deduzidos os valores destinados ao pagamento de prêmios, de impostos e de despesas com a administração, conforme fixado em lei, que inclusive estipulará o valor dos direitos a serem pagos às entidades desportivas pelo uso de suas denominações e símbolos.

§ 3º Durante a vigência dos contratos assinados até a publicação desta Lei com o Fundo de Assistência Social-FAS é assegurado o repasse à Caixa Econômica Federal-CEF dos valores necessários ao cumprimento dos mesmos.

CAPÍTULO VIII
DAS OUTRAS RECEITAS

Art. 27. Constituem outras receitas da Seguridade Social:

I - as multas, a atualização monetária e os juros moratórios;

II - a remuneração recebida por serviços de arrecadação, fiscalização e cobrança prestados a terceiros;

III - as receitas provenientes de prestação de outros serviços e de fornecimento ou arrendamento de bens;

IV - as demais receitas patrimoniais, industriais e financeiras;

V - as doações, legados, subvenções e outras receitas eventuais;

VI - 50% (cinqüenta por cento) dos valores obtidos e aplicados na forma do parágrafo único do Art. 243 da Constituição Federal;

VII - 40% (quarenta por cento) do resultado dos leilões dos bens apreendidos pelo Departamento da Receita Federal;

VIII - outras receitas previstas em legislação específica.

Parágrafo único. As companhias seguradoras que mantêm o seguro obrigatório de danos pessoais causados por veículos automotores de vias terrestres, de que trata a Lei nº 6.194, de dezembro de 1974, deverão repassar à Seguridade Social 50% (cinqüenta por cento) do valor total do prêmio recolhido e destinado ao Sistema Único de Saúde-SUS, para custeio da assistência médico-hospitalar dos segurados vitimados em acidentes de trânsito.

CAPÍTULO IX
DO SALÁRIO-DE-CONTRIBUIÇÃO

Art. 28. Entende-se por salário-de-contribuição:

I - para o empregado e trabalhador avulso: a remuneração auferida em uma ou mais empresas, assim entendida a totalidade dos rendimentos pagos, devidos ou creditados a qualquer título, durante o mês, destinados a retribuir o trabalho, qualquer que seja a sua forma, inclusive as gorjetas, os ganhos habituais sob a forma de utilidades e os adiantamentos decorrentes de reajuste salarial, quer pelos serviços efetivamente prestados, quer pelo tempo à disposição do empregador ou tomador de serviços nos termos da lei ou do contrato ou, ainda, de convenção ou acordo coletivo de trabalho ou sentença normativa;

II - para o empregado doméstico: a remuneração registrada na Carteira de Trabalho e Previdência Social, observadas as normas a serem estabelecidas em regulamento para comprovação do vínculo empregatício e do valor da remuneração;

III - para o contribuinte individual: a remuneração auferida em uma ou mais empresas ou pelo exercício de sua atividade por conta própria, durante o mês, observado o limite máximo a que se refere o § 5º;

IV - para o segurado facultativo: o valor por ele declarado, observado o limite máximo a que se refere o 5º.

§ 1º Quando a admissão, a dispensa, o afastamento ou a falta do empregado ocorrer no curso do mês, o salário-de-contribuição será proporcional ao número de dias de trabalho efetivo, na forma estabelecida em regulamento.

§ 2º O salário-maternidade é considerado salário-de-contribuição.

§ 3º O limite mínimo do salário-de-contribuição corresponde ao piso salarial, legal ou normativo, da categoria ou, inexistindo este, ao salário mínimo, tomado no seu valor mensal, diário ou horário, conforme o ajustado e o tempo de trabalho efetivo durante o mês.

§ 4º O limite mínimo do salário-de-contribuição do menor aprendiz corresponde à sua remuneração mínima definida em lei.

§ 5º O limite máximo do salário-de-contribuição é de Cr$ 170.000,00 (cento e setenta mil cruzeiros), reajustado a partir da data da entrada em vigor desta Lei, na mesma época e com os mesmos índices que os do reajustamento dos benefícios de prestação continuada da Previdência Social.

§ 6º No prazo de 180 (cento e oitenta) dias, a contar da data de publicação desta Lei, o Poder Executivo encaminhará ao Congresso Nacional projeto de lei estabelecendo a previdência complementar, pública e privada, em especial para os que possam contribuir acima do limite máximo estipulado no parágrafo anterior deste artigo.

§ 7º O décimo-terceiro salário (gratificação natalina) integra o salário-de-contribuição, exceto para o cálculo de benefício, na forma estabelecida em regulamento.

§ 8º Integram o salário-de-contribuição pelo seu valor total:

a) o total das diárias pagas, quando excedente a cinqüenta por cento da remuneração mensal;

b) *(VETADA na Lei nº 9.528, de 10.12.97)*

c) *(Revogada pela Lei nº 9.711, de 20.11.98)*

§ 9º Não integram o salário-de-contribuição para os fins desta Lei, exclusivamente:

a) os benefícios da previdência social, nos termos e limites legais, salvo o salário-maternidade;

b) as ajudas de custo e o adicional mensal recebidos pelo aeronauta nos termos da Lei nº 5.929, de 30 de outubro de 1973;

c) a parcela *"in natura"* recebida de acordo com os programas de alimentação aprovados pelo Ministério do Trabalho e da Previdência Social, nos termos da Lei nº 6.321, de 14 de abril de 1976;

d) as importâncias recebidas a título de férias indenizadas e respectivo adicional constitucional, inclusive o valor correspondente à dobra da remuneração de férias de que trata o Art. 137 da Consolidação das Leis do Trabalho-CLT;

e) as importâncias:
1. previstas no inciso I do Art. 10 do Ato das Disposições Constitucionais Transitórias;
2. relativas à indenização por tempo de serviço, anterior a 5 de outubro de 1988, do empregado não optante pelo Fundo de Garantia do Tempo de Serviço-FGTS;
3. recebidas a título da indenização de que trata o Art. 479 da CLT;
4. recebidas a título da indenização de que trata o Art. 14 da Lei nº 5.889, de 8 de junho de 1973;
5. recebidas a título de incentivo à demissão;
6. recebidas a título de abono de férias na forma dos arts. 143 e 144 da CLT;
7. recebidas a título de ganhos eventuais e os abonos expressamente desvinculados do salário;
8. recebidas a título de licença-prêmio indenizada;
9. recebidas a título da indenização de que trata o Art. 9º da Lei nº 7.238, de 29 de outubro de 1984;
f) a parcela recebida a título de vale-transporte, na forma da legislação própria;
g) a ajuda de custo, em parcela única, recebida exclusivamente em decorrência de mudança de local de trabalho do empregado, na forma do Art. 470 da CLT;
h) as diárias para viagens, desde que não excedam a 50% (cinqüenta por cento) da remuneração mensal;
i) a importância recebida a título de bolsa de complementação educacional de estagiário, quando paga nos termos da Lei nº 6.494, de 7 de dezembro de 1977;
j) a participação nos lucros ou resultados da empresa, quando paga ou creditada de acordo com lei específica;
l) o abono do Programa de Integração Social-PIS e do Programa de Assistência ao Servidor Público-PASEP;
m) os valores correspondentes a transporte, alimentação e habitação fornecidos pela empresa ao empregado contratado para trabalhar em localidade distante da de sua residência, em canteiro de obras ou local que, por força da atividade, exija deslocamento e estada, observadas as normas de proteção estabelecidas pelo Ministério do Trabalho;
n) a importância paga ao empregado a título de complementação ao valor do auxílio-doença, desde que este direito seja extensivo à totalidade dos empregados da empresa;
o) as parcelas destinadas à assistência ao trabalhador da agroindústria canavieira, de que trata o Art. 36 da Lei nº 4.870, de 1º de dezembro de 1965;
p) o valor das contribuições efetivamente pago pela pessoa jurídica relativo a programa de previdência complementar, aberto ou fechado, desde que disponível à totalidade de seus empregados e dirigentes, observados, no que couber, os arts. 9º e 468 da CLT;
q) o valor relativo à assistência prestada por serviço médico ou odontológico, próprio da empresa ou por ela conveniado, inclusive o reembolso de despesas com medicamentos, óculos, aparelhos ortopédicos, despesas médico-hospitalares e outras similares, desde que a cobertura abranja a totalidade dos empregados e dirigentes da empresa;
r) o valor correspondente a vestuários, equipamentos e outros acessórios fornecidos ao empregado e utilizados no local do trabalho para prestação dos respectivos serviços;
s) o ressarcimento de despesas pelo uso de veículo do empregado e o reembolso creche pago em conformidade com a legislação trabalhista, observado o limite máximo de seis anos de idade, quando devidamente comprovadas as despesas realizadas;
t) o valor relativo a plano educacional, ou bolsa de estudo, que vise à educação básica de empregados e seus dependentes e, desde que vinculada às atividades desenvolvidas pela empresa, à educação profissional e tecnológica de empregados, nos termos da Lei nº 9.394, de 20 de dezembro de 1996, e: *(Redação dada pela Lei nº 12.513, de 2011)*
1. não seja utilizado em substituição de parcela salarial; e *(Incluído pela Lei nº 12.513, de 2011)*
2. o valor mensal do plano educacional ou bolsa de estudo, considerado individualmente, não ultrapasse 5% (cinco por cento) da remuneração do segurado a que se destina ou o valor correspondente a uma vez e meia o valor do limite mínimo mensal do salário-de-contribuição, o que for maior; *(Incluído pela Lei nº 12.513, de 2011)*
u) a importância recebida a título de bolsa de aprendizagem garantida ao adolescente até quatorze anos de idade, de acordo com o disposto no art. 64 da Lei nº 8.069, de 13 de julho de 1990; *(Alínea acrescentada pela Lei nº 9.528, de 10.12.97)*
v) os valores recebidos em decorrência da cessão de direitos autorais; *(Alínea acrescentada pela Lei nº 9.528, de 10.12.97)*
x) o valor da multa prevista no § 8º do art. 477 da CLT. *(Alínea acrescentada pela Lei nº 9.528, de 10.12.97)*
y) o valor correspondente ao vale-cultura. *(Incluído pela Lei nº 12.761, de 2012)*

§ 10. Considera-se salário-de-contribuição, para o segurado empregado e trabalhador avulso, na condição prevista no § 5º do Art. 12, a remuneração efetivamente auferida na entidade sindical ou empresa de origem.

§ 11. Considera-se remuneração do contribuinte individual que trabalha como condutor autônomo de veículo rodoviário, como auxiliar de condutor autônomo de veículo rodoviário, em automóvel cedido em regime de colaboração, nos termos da Lei nº 6.094, de 30 de agosto de 1974, como operador de trator, máquina de terraplenagem, colheitadeira e assemelhados, o montante correspondente a 20% (vinte por cento) do valor bruto do frete, carreto, transporte de passageiros ou do serviço prestado, observado o limite máximo a que se refere o § 5º. *(Incluído pela Lei nº 13.202, de 2015)*

Art. 29. *(Artigo revogado pela Lei nº 9.876, de 26.11.99)*

CAPÍTULO X
DA ARRECADAÇÃO E RECOLHIMENTO DAS CONTRIBUIÇÕES

Art. 30. A arrecadação e o recolhimento das contribuições ou de outras importâncias devidas à Seguridade Social obedecem às seguintes normas:
I - a empresa é obrigada a:

a) arrecadar as contribuições dos segurados empregados e trabalhadores avulsos a seu serviço, descontando-as da respectiva remuneração;
b) recolher os valores arrecadados na forma da alínea *a* deste inciso, a contribuição a que se refere o inciso IV do art. 22 desta Lei, assim como as contribuições a seu cargo incidentes sobre as remunerações pagas, devidas ou creditadas, a qualquer título, aos segurados empregados, trabalhadores avulsos e contribuintes individuais a seu serviço até o dia 20 (vinte) do mês subsequente ao da competência; (Redação dada pela Lei nº 11.933, de 2009). (Produção de efeitos).
c) recolher as contribuições de que tratam os incisos I e II do Art. 23, na forma e prazos definidos pela legislação tributária federal vigente;
II - os segurados contribuinte individual e facultativo estão obrigados a recolher sua contribuição por iniciativa própria, até o dia quinze do mês seguinte ao da competência;
III - a empresa adquirente, consumidora ou consignatária ou a cooperativa são obrigadas a recolher a contribuição de que trata o art. 25 até o dia 20 (vinte) do mês subsequente ao da operação de venda ou consignação da produção, independentemente de essas operações terem sido realizadas diretamente com o produtor ou com intermediário pessoa física, na forma estabelecida em regulamento; *(Redação dada pela Lei nº 11.933, de 2009). (Produção de efeitos).*
IV - a empresa adquirente, consumidora ou consignatária ou a cooperativa ficam sub-rogadas nas obrigações da pessoa física de que trata a alínea "a" do inciso V do Art. 12 e do segurado especial pelo cumprimento das obrigações do Art. 25 desta Lei, independentemente de as operações de venda ou consignação terem sido realizadas diretamente com o produtor ou com intermediário pessoa física, exceto no caso do inciso X deste artigo, na forma estabelecida em regulamento;
V - o empregador doméstico é obrigado a arrecadar e a recolher a contribuição do segurado empregado a seu serviço, assim como a parcela a seu cargo, até o dia 7 do mês seguinte ao da competência; *(Redação dada pela Lei Complementar nº 150, de 2015)*
VI - o proprietário, o incorporador definido na Lei nº 4.591, de 16 de dezembro de 1964, o dono da obra ou condômino da unidade imobiliária, qualquer que seja a forma de contratação da construção, reforma ou acréscimo, são solidários com o construtor, e estes com a subempreiteira, pelo cumprimento das obrigações para com a Seguridade Social, ressalvado o seu direito regressivo contra o executor ou contratante da obra e admitida a retenção de importância a este devida para garantia do cumprimento dessas obrigações, não se aplicando, em qualquer hipótese, o benefício de ordem;
VII - exclui-se da responsabilidade solidária perante a Seguridade Social o adquirente de prédio ou unidade imobiliária que realizar a operação com empresa de comercialização ou incorporador de imóveis, ficando estes solidariamente responsáveis com o construtor;
VIII - nenhuma contribuição à Seguridade Social é devida se a construção residencial unifamiliar, destinada ao uso próprio, de tipo econômico, for executada sem mão-de-obra assalariada, observadas as exigências do regulamento;
IX - as empresas que integram grupo econômico de qualquer natureza respondem entre si, solidariamente, pelas obrigações decorrentes desta Lei;
X - a pessoa física de que trata a alínea "a" do inciso V do Art. 12 e o segurado especial são obrigados a recolher a contribuição de que trata o Art. 25 desta Lei no prazo estabelecido no inciso III deste artigo, caso comercializem a sua produção:
a) no exterior;
b) diretamente, no varejo, ao consumidor pessoa física;
c) à pessoa física de que trata a alínea "a" do inciso V do Art. 12;
d) ao segurado especial;
XI - aplica-se o disposto nos incisos III e IV deste artigo à pessoa física não produtor rural que adquire produção para venda no varejo a consumidor pessoa física.
XII – sem prejuízo do disposto no inciso X do caput deste artigo, o produtor rural pessoa física e o segurado especial são obrigados a recolher, diretamente, a contribuição incidente sobre a receita bruta proveniente: *(Incluído pela Lei nº 11.718, de 2008)*
a) da comercialização de artigos de artesanato elaborados com matéria-prima produzida pelo respectivo grupo familiar; *(Incluído pela Lei nº 11.718, de 2008)*
b) de comercialização de artesanato ou do exercício de atividade artística, observado o disposto nos incisos VII e VIII do § 10 do art. 12 desta Lei; e *(Incluído pela Lei nº 11.718, de 2008)*
c) de serviços prestados, de equipamentos utilizados e de produtos comercializados no imóvel rural, desde que em atividades turística e de entretenimento desenvolvidas no próprio imóvel, inclusive hospedagem, alimentação, recepção, recreação e atividades pedagógicas, bem como taxa de visitação e serviços especiais; *(Incluído pela Lei nº 11.718, de 2008)*
XIII – o segurado especial é obrigado a arrecadar a contribuição de trabalhadores a seu serviço e a recolhê-la no prazo referido na alínea *b* do inciso I do caput deste artigo. *(Incluído pela Lei nº 11.718, de 2008)*
§ 1º *(Revogado pela Lei nº 9.032, de 28.4.95)*
§ 2º Se não houver expediente bancário nas datas indicadas: *(Redação dada pela Lei nº 11.933, de 2009). (Produção de efeitos).*
I - no inciso II do caput, o recolhimento deverá ser efetuado até o dia útil imediatamente posterior; e *(Redação dada pela Lei nº 13.202, de 2015)*
II - na alínea b do inciso I e nos incisos III, V, X e XIII do caput, até o dia útil imediatamente anterior. *(Redação dada pela Lei nº 13.202, de 2015)*
§ 3º Aplica-se à entidade sindical e à empresa de origem o disposto nas alíneas "a" e "b" do inciso I, relativamente à remuneração do segurado referido no § 5º do Art. 12.

§ 4º Na hipótese de o contribuinte individual prestar serviço a uma ou mais empresas, poderá deduzir, da sua contribuição mensal, quarenta e cinco por cento da contribuição da empresa, efetivamente recolhida ou declarada, incidente sobre a remuneração que esta lhe tenha pago ou creditado, limitada a dedução a nove por cento do respectivo salário-de-contribuição.

§ 5º Aplica-se o disposto no § 4º ao cooperado que prestar serviço a empresa por intermédio de cooperativa de trabalho.

§ 6º - *(Revogado pela Lei nº 13.202, de 2015)*

§ 7º A empresa ou cooperativa adquirente, consumidora ou consignatária da produção fica obrigada a fornecer ao segurado especial cópia do documento fiscal de entrada da mercadoria, para fins de comprovação da operação e da respectiva contribuição previdenciária. *(Incluído pela Lei nº 11.718, de 2008)*

§ 8º Quando o grupo familiar a que o segurado especial estiver vinculado não tiver obtido, no ano, por qualquer motivo, receita proveniente de comercialização de produção deverá comunicar a ocorrência à Previdência Social, na forma do regulamento. *(Incluído pela Lei nº 11.718, de 2008)*

§ 9º Quando o segurado especial tiver comercializado sua produção do ano anterior exclusivamente com empresa adquirente, consignatária ou cooperativa, tal fato deverá ser comunicado à Previdência Social pelo respectivo grupo familiar. *(Incluído pela Lei nº 11.718, de 2008)*

Art. 31. A empresa contratante de serviços executados mediante cessão de mão de obra, inclusive em regime de trabalho temporário, deverá reter 11% (onze por cento) do valor bruto da nota fiscal ou fatura de prestação de serviços e recolher, em nome da empresa cedente da mão de obra, a importância retida até o dia 20 (vinte) do mês subsequente ao da emissão da respectiva nota fiscal ou fatura, ou até o dia útil imediatamente anterior se não houver expediente bancário naquele dia, observado o disposto no § 5º do art. 33 desta Lei. *(Redação dada pela Lei nº 11.933, de 2009).*

§ 1º O valor retido de que trata o caput deste artigo, que deverá ser destacado na nota fiscal ou fatura de prestação de serviços, poderá ser compensado por qualquer estabelecimento da empresa cedente da mão de obra, por ocasião do recolhimento das contribuições destinadas à Seguridade Social devidas sobre a folha de pagamento dos seus segurados. *(Redação dada pela Lei nº 11.941, de 2009)*

§ 2º Na impossibilidade de haver compensação integral na forma do parágrafo anterior, o saldo remanescente será objeto de restituição.

§ 3º Para os fins desta Lei, entende-se como cessão de mão-de-obra a colocação à disposição do contratante, em suas dependências ou nas de terceiros, de segurados que realizem serviços contínuos, relacionados ou não com a atividade-fim da empresa, quaisquer que sejam a natureza e a forma de contratação.

§ 4º Enquadram-se na situação prevista no parágrafo anterior, além de outros estabelecidos em regulamento, os seguintes serviços:

I - limpeza, conservação e zeladoria;

II - vigilância e segurança;

III - empreitada de mão-de-obra;

IV - contratação de trabalho temporário na forma da Lei nº 6.019, de 3 de janeiro de 1974.

§ 5º O cedente da mão-de-obra deverá elaborar folhas de pagamento distintas para cada contratante.

§ 6º Em se tratando de retenção e recolhimento realizados na forma do caput deste artigo, em nome de consórcio, de que tratam os arts. 278 e 279 da Lei nº 6.404, de 15 de dezembro de 1976, aplica-se o disposto em todo este artigo, observada a participação de cada uma das empresas consorciadas, na forma do respectivo ato constitutivo. *(Incluído pela Lei nº 11.941, de 2009)*

Art. 32. A empresa é também obrigada a:

I - preparar folhas-de-pagamento das remunerações pagas ou creditadas a todos os segurados a seu serviço, de acordo com os padrões e normas estabelecidos pelo órgão competente da Seguridade Social;

II - lançar mensalmente em títulos próprios de sua contabilidade, de forma discriminada, os fatos geradores de todas as contribuições, o montante das quantias descontadas, as contribuições da empresa e os totais recolhidos;

III – prestar à Secretaria da Receita Federal do Brasil todas as informações cadastrais, financeiras e contábeis de seu interesse, na forma por ela estabelecida, bem como os esclarecimentos necessários à fiscalização; *(Redação dada pela Lei nº 11.941, de 2009)*

IV – declarar à Secretaria da Receita Federal do Brasil e ao Conselho Curador do Fundo de Garantia do Tempo de Serviço – FGTS, na forma, prazo e condições estabelecidos por esses órgãos, dados relacionados a fatos geradores, base de cálculo e valores devidos da contribuição previdenciária e outras informações de interesse do INSS ou do Conselho Curador do FGTS; *(Redação dada pela Lei nº 11.941, de 2009)*

V – (VETADO) *(Incluído pela Lei nº 10.403, de 2002).*

VI – comunicar, mensalmente, aos empregados, por intermédio de documento a ser definido em regulamento, os valores recolhidos sobre o total de sua remuneração ao INSS. *(Incluído pela Lei nº 12.692, de 2012)*

§ 1º (Revogado). *(Redação dada pela Lei nº 11.941, de 2009)*

§ 2º A declaração de que trata o inciso IV do caput deste artigo constitui instrumento hábil e suficiente para a exigência do crédito tributário, e suas informações comporão a base de dados para fins de cálculo e concessão dos benefícios previdenciários. *(Redação dada pela Lei nº 11.941, de 2009)*

§ 3º (Revogado). *(Redação dada pela Lei nº 11.941, de 2009)*

§ 4º (Revogado). *(Redação dada pela Lei nº 11.941, de 2009)*

§ 5º (Revogado). *(Redação dada pela Lei nº 11.941, de 2009)*

§ 6º (Revogado). *(Redação dada pela Lei nº 11.941, de 2009)*

§ 7º (Revogado). *(Redação dada pela Lei nº 11.941, de 2009)*

§ 8º (Revogado). *(Redação dada pela Lei nº 11.941, de 2009)*

§ 9º A empresa deverá apresentar o documento a que se refere o inciso IV ainda que não ocorram fatos geradores de contribuição previdenciária, aplicando-se, quando couber, a penalidade prevista no art. 32-A.

§ 10. O descumprimento do disposto no inciso IV do caput deste artigo impede a expedição da certidão de prova de regularidade fiscal perante a Fazenda Nacional. *(Redação dada pela Lei nº 11.941, de 2009)*

§ 11. Em relação aos créditos tributários, os documentos comprobatórios do cumprimento das obrigações de que trata este artigo devem ficar arquivados na empresa até que ocorra a prescrição relativa aos créditos decorrentes das operações a que se refiram. *(Redação dada pela Lei nº 11.941, de 2009)*

§ 12. *(VETADO). (Incluído pela Lei nº 12.692, de 2012)*

Art. 32-A. O contribuinte que deixar de apresentar a declaração de que trata o inciso IV do caput do art. 32 desta Lei no prazo fixado ou que a apresentar com incorreções ou omissões será intimado a apresentá-la ou a prestar esclarecimentos e sujeitar-se-á às seguintes multas: *(Incluído pela Lei nº 11.941, de 2009).*

I – de R$ 20,00 (vinte reais) para cada grupo de 10 (dez) informações incorretas ou omitidas; e *(Incluído pela Lei nº 11.941, de 2009).*

II – de 2% (dois por cento) ao mês-calendário ou fração, incidentes sobre o montante das contribuições informadas, ainda que integralmente pagas, no caso de falta de entrega da declaração ou entrega após o prazo, limitada a 20% (vinte por cento), observado o disposto no § 3º deste artigo. *(Incluído pela Lei nº 11.941, de 2009).*

§ 1º Para efeito de aplicação da multa prevista no inciso II do caput deste artigo, será considerado como termo inicial o dia seguinte ao término do prazo fixado para entrega da declaração e como termo final a data da efetiva entrega ou, no caso de não-apresentação, a data da lavratura do auto de infração ou da notificação de lançamento. *(Incluído pela Lei nº 11.941, de 2009).*

§ 2º Observado o disposto no § 3º deste artigo, as multas serão reduzidas: *(Incluído pela Lei nº 11.941, de 2009).*

I – à metade, quando a declaração for apresentada após o prazo, mas antes de qualquer procedimento de ofício; ou *(Incluído pela Lei nº 11.941, de 2009).*

II – a 75% (setenta e cinco por cento), se houver apresentação da declaração no prazo fixado em intimação. *(Incluído pela Lei nº 11.941, de 2009).*

§ 3º A multa mínima a ser aplicada será de: *(Incluído pela Lei nº 11.941, de 2009).*

I – R$ 200,00 (duzentos reais), tratando-se de omissão de declaração sem ocorrência de fatos geradores de contribuição previdenciária; e *(Incluído pela Lei nº 11.941, de 2009).*

II = R$ 500,00 (quinhentos reais), nos demais casos. *(Incluído pela Lei nº 11.941, de 2009).*

Art. 32-B. Os órgãos da administração direta, as autarquias, as fundações e as empresas públicas da União, dos Estados, do Distrito Federal e dos Municípios, cujas Normas Gerais de Direito Financeiro para elaboração e controle dos orçamentos estão definidas pela Lei nº 4.320, de 17 de março de 1964, e pela Lei Complementar nº 101, de 4 de maio de 2000, ficam obrigados, na forma estabelecida pela Secretaria da Receita Federal do Brasil do Ministério da Fazenda, a apresentar: *(Incluído pela Lei nº 12.810, de 2013)*

I - a contabilidade entregue ao Tribunal de Controle Externo; e *(Incluído pela Lei nº 12.810, de 2013)*

II - a folha de pagamento. *(Incluído pela Lei nº 12.810, de 2013)*

Parágrafo único. As informações de que trata o caput deverão ser apresentadas até o dia 30 de abril do ano seguinte ao encerramento do exercício. *(Incluído pela Lei nº 12.810, de 2013)*

Art. 32-C. O segurado especial responsável pelo grupo familiar que contratar na forma do § 8o do art. 12 apresentará as informações relacionadas ao registro de trabalhadores, aos fatos geradores, à base de cálculo e aos valores das contribuições devidas à Previdência Social e ao Fundo de Garantia do Tempo de Serviço - FGTS e outras informações de interesse da Secretaria da Receita Federal do Brasil, do Ministério da Previdência Social, do Ministério do Trabalho e Emprego e do Conselho Curador do FGTS, por meio de sistema eletrônico com entrada única de dados, e efetuará os recolhimentos por meio de documento único de arrecadação. *(Incluído pela Lei nº 12.873, de 2013)*

§ 1º Os Ministros de Estado da Fazenda, da Previdência Social e do Trabalho e Emprego disporão, em ato conjunto, sobre a prestação das informações, a apuração, o recolhimento e a distribuição dos recursos recolhidos e sobre as informações geradas por meio do sistema eletrônico e da guia de recolhimento de que trata o caput. *(Incluído pela Lei nº 12.873, de 2013)*

§ 2º As informações prestadas no sistema eletrônico de que trata o caput têm caráter declaratório, constituem instrumento hábil e suficiente para a exigência dos tributos e encargos apurados e substituirão, na forma regulamentada pelo ato conjunto que prevê o § 1º, a obrigatoriedade de entrega de todas as informações, formulários e declarações a que está sujeito o grupo familiar, inclusive as relativas ao recolhimento do FGTS. *(Incluído pela Lei nº 12.873, de 2013)*

§ 3º O segurado especial de que trata o caput está obrigado a arrecadar as contribuições previstas nos incisos X, XII e XIII do caput do art. 30, os valores referentes ao FGTS e os encargos trabalhistas sob sua responsabilidade, até o dia 7 (sete) do mês seguinte ao da competência. *(Incluído pela Lei nº 12.873, de 2013)*

§ 4º Os recolhimentos devidos, nos termos do § 3º, deverão ser pagos por meio de documento único de arrecadação. *(Incluído pela Lei nº 12.873, de 2013)*

§ 5º Se não houver expediente bancário na data indicada no § 3º, o recolhimento deverá ser antecipado para o dia útil imediatamente anterior. *(Incluído pela Lei nº 12.873, de 2013)*

§ 6º Os valores não pagos até a data do vencimento sujeitar-se-ão à incidência de acréscimos e encargos legais na forma prevista na legislação do Imposto sobre a Renda e Proventos de Qualquer Natureza para as contribuições de caráter tributário, e conforme o art. 22 da Lei nº 8.036, de 11 de maio de 1990, para os depósitos do

FGTS, inclusive no que se refere às multas por atraso. *(Incluído pela Lei nº 12.873, de 2013)*

§ 7º O recolhimento do valor do FGTS na forma deste artigo será creditado diretamente em conta vinculada do trabalhador, assegurada a transferência dos elementos identificadores do recolhimento ao agente operador do fundo. *(Incluído pela Lei nº 12.873, de 2013)*

§ 8º O ato de que trata o § 1o regulará a compensação e a restituição dos valores dos tributos e dos encargos trabalhistas recolhidos, no documento único de arrecadação, indevidamente ou em montante superior ao devido. *(Incluído pela Lei nº 12.873, de 2013)*

§ 9º A devolução de valores do FGTS, depositados na conta vinculada do trabalhador, será objeto de norma regulamentar do Conselho Curador e do Agente Operador do Fundo de Garantia do Tempo de Serviço. *(Incluído pela Lei nº 12.873, de 2013)*

§ 10. O produto da arrecadação de que trata o § 3º será centralizado na Caixa Econômica Federal. *(Incluído pela Lei nº 12.873, de 2013)*

§ 11. A Caixa Econômica Federal, com base nos elementos identificadores do recolhimento, disponíveis no sistema de que trata o caput deste artigo, transferirá para a Conta Única do Tesouro Nacional os valores arrecadados dos tributos e das contribuições previstas nos incisos X, XII e XIII do caput do art. 30. *(Incluído pela Lei nº 12.873, de 2013)*

§ 12. A impossibilidade de utilização do sistema eletrônico referido no caput será objeto de regulamento, a ser editado pelo Ministério da Fazenda e pelo Agente Operador do FGTS. *(Incluído pela Lei nº 12.873, de 2013)*

§ 13. A sistemática de entrega das informações e recolhimentos de que trata o caput poderá ser estendida pelas autoridades previstas no § 1o para o produtor rural pessoa física de que trata a alínea a do inciso V do caput do art. 12. *(Incluído pela Lei nº 12.873, de 2013)*

§ 14. Aplica-se às informações entregues na forma deste artigo o disposto no §2o do art. 32 e no art. 32-A. *(Incluído pela Lei nº 12.873, de 2013)*

Art. 33. À Secretaria da Receita Federal do Brasil compete planejar, executar, acompanhar e avaliar as atividades relativas à tributação, à fiscalização, à arrecadação, à cobrança e ao recolhimento das contribuições sociais previstas no parágrafo único do art. 11 desta Lei, das contribuições incidentes a título de substituição e das devidas a outras entidades e fundos. *(Redação dada pela Lei nº 11.941, de 2009).*

§ 1º É prerrogativa da Secretaria da Receita Federal do Brasil, por intermédio dos Auditores-Fiscais da Receita Federal do Brasil, o exame da contabilidade das empresas, ficando obrigados a prestar todos os esclarecimentos e informações solicitados o segurado e os terceiros responsáveis pelo recolhimento das contribuições previdenciárias e das contribuições devidas a outras entidades e fundos. *(Redação dada pela Lei nº 11.941, de 2009).*

§ 2º A empresa, o segurado da Previdência Social, o serventuário da Justiça, o síndico ou seu representante, o comissário e o liquidante de empresa em liquidação judicial ou extrajudicial são obrigados a exibir todos os documentos e livros relacionados com as contribuições previstas nesta Lei. *(Redação dada pela Lei nº 11.941, de 2009).*

§ 3º Ocorrendo recusa ou sonegação de qualquer documento ou informação, ou sua apresentação deficiente, a Secretaria da Receita Federal do Brasil pode, sem prejuízo da penalidade cabível, lançar de ofício a importância devida. *(Redação dada pela Lei nº 11.941, de 2009).*

§ 4º Na falta de prova regular e formalizada pelo sujeito passivo, o montante dos salários pagos pela execução de obra de construção civil pode ser obtido mediante cálculo da mão de obra empregada, proporcional à área construída, de acordo com critérios estabelecidos pela Secretaria da Receita Federal do Brasil, cabendo ao proprietário, dono da obra, condômino da unidade imobiliária ou empresa corresponsável o ônus da prova em contrário. *(Redação dada pela Lei nº 11.941, de 2009).*

§ 5º O desconto de contribuição e de consignação legalmente autorizadas sempre se presume feito oportuna e regularmente pela empresa a isso obrigada, não lhe sendo lícito alegar omissão para se eximir do recolhimento, ficando diretamente responsável pela importância que deixou de receber ou arrecadou em desacordo com o disposto nesta Lei.

§ 6º Se, no exame da escrituração contábil e de qualquer outro documento da empresa, a fiscalização constatar que a contabilidade não registra o movimento real de remuneração dos segurados a seu serviço, do faturamento e do lucro, serão apuradas, por aferição indireta, as contribuições efetivamente devidas, cabendo à empresa o ônus da prova em contrário.

§ 7º O crédito da seguridade social é constituído por meio de notificação de lançamento, de auto de infração e de confissão de valores devidos e não recolhidos pelo contribuinte. *(Redação dada pela Lei nº 11.941, de 2009).*

§ 8º Aplicam-se às contribuições sociais mencionadas neste artigo as presunções legais de omissão de receita previstas nos §§ 2º e 3º do art. 12 do Decreto-Lei nº 1.598, de 26 de dezembro de 1977, e nos arts. 40, 41 e 42 da Lei nº 9.430, de 27 de dezembro de 1996. *(Incluído pela Lei nº 11.941, de 2009).*

Art. 34. *(Revogado pela Lei nº 11.941, de 2009)*

Parágrafo único. *(Revogado pela Lei nº 11.941, de 2009)*

Art. 35. Os débitos com a União decorrentes das contribuições sociais previstas nas alíneas *a*, *b* e *c* do parágrafo único do art. 11 desta Lei, das contribuições instituídas a título de substituição e das contribuições devidas a terceiros, assim entendidas outras entidades e fundos, não pagos nos prazos previstos em legislação, serão acrescidos de multa de mora e juros de mora, nos termos do art. 61 da Lei nº 9.430, de 27 de dezembro de 1996. *(Redação dada pela Lei nº 11.941, de 2009).*

I – (revogado): *(Redação dada pela Lei nº 11.941, de 2009).*

a) (revogada); *(Redação dada pela Lei nº 11.941, de 2009).*

b) (revogada); *(Redação dada pela Lei nº 11.941, de 2009).*

c) (revogada); *(Redação dada pela Lei nº 11.941, de 2009).*

II – (revogado): *(Redação dada pela Lei nº 11.941, de 2009).*
a) (revogada); *(Redação dada pela Lei nº 11.941, de 2009).*
b) (revogada); *(Redação dada pela Lei nº 11.941, de 2009).*
c) (revogada); *(Redação dada pela Lei nº 11.941, de 2009).*
d) (revogada); *(Redação dada pela Lei nº 11.941, de 2009).*
III – (revogado): *(Redação dada pela Lei nº 11.941, de 2009).*
a) (revogada); *(Redação dada pela Lei nº 11.941, de 2009).*
b) (revogada); *(Redação dada pela Lei nº 11.941, de 2009).*
c) (revogada); *(Redação dada pela Lei nº 11.941, de 2009).*
d) (revogada). *(Redação dada pela Lei nº 11.941, de 2009).*
§ 1º (Revogado). *(Redação dada pela Lei nº 11.941, de 2009).*
§ 2º (Revogado). *(Redação dada pela Lei nº 11.941, de 2009).*
§ 3º (Revogado). *(Redação dada pela Lei nº 11.941, de 2009).*
§ 4º (Revogado). *(Redação dada pela Lei nº 11.941, de 2009).*

Art. 35-A. Nos casos de lançamento de ofício relativos às contribuições referidas no art. 35 desta Lei, aplica-se o disposto no art. 44 da Lei nº 9.430, de 27 de dezembro de 1996. *(Incluído pela Lei nº 11.941, de 2009).*

Art. 36. *(Revogado pela Lei nº 8.218, de 29.8.91)*

Art. 37. Constatado o não-recolhimento total ou parcial das contribuições tratadas nesta Lei, não declaradas na forma do art. 32 desta Lei, a falta de pagamento de benefício reembolsado ou o descumprimento de obrigação acessória, será lavrado auto de infração ou notificação de lançamento. *(Redação dada pela Lei nº 11.941, de 2009).*
§ 1º (Revogado). *(Redação dada pela Lei nº 11.941, de 2009).*
§ 2º (Revogado) *(Redação dada pela Lei nº 11.941, de 2009).*

Art. 38. *(Revogado pela Lei nº 11.941, de 2009)*

Art. 39. O débito original e seus acréscimos legais, bem como outras multas previstas em lei, constituem dívida ativa da União, promovendo-se a inscrição em livro próprio daquela resultante das contribuições de que tratam as alíneas *a*, *b* e *c* do parágrafo único do art. 11 desta Lei. *(Redação dada pela Lei nº 11.457, de 2007)*
§ 1º *(Revogado pela Lei nº 11.501, de 2007)*
§ 2º É facultado aos órgãos competentes, antes de ajuizar a cobrança da dívida ativa de que trata o **caput** deste artigo, promover o protesto de título dado em garantia, que será recebido **pro solvendo**. *(Redação dada pela Lei nº 11.457, de 2007)*
§ 3º Serão inscritas como dívida ativa da União as contribuições que não tenham sido recolhidas ou parceladas resultantes das informações prestadas no documento a que se refere o inciso IV do art. 32 desta Lei. *(Redação dada pela Lei nº 11.457, de 2007)*

Art. 40. (VETADO)

Art. 41. *(Revogado pela Lei nº 11.941, de 2009)*

Art. 42. Os administradores de autarquias e fundações públicas, criadas e mantidas pelo Poder Público, de empresas públicas e de sociedades de economia mista sujeitas ao controle da União, dos Estados, do Distrito Federal ou dos Municípios, que se encontrarem em mora, por mais de 30 (trinta) dias, no recolhimento das contribuições previstas nesta Lei, tornam-se solidariamente responsáveis pelo respectivo pagamento, ficando ainda sujeitos às proibições do Art. 1º e às sanções dos arts. 4º e 7º do Decreto-lei nº 368, de 19 de dezembro de 1968.

Art. 43. Nas ações trabalhistas de que resultar o pagamento de direitos sujeitos à incidência de contribuição previdenciária, o juiz, sob pena de responsabilidade, determinará o imediato recolhimento das importâncias devidas à Seguridade Social.
§ 1º Nas sentenças judiciais ou nos acordos homologados em que não figurarem, discriminadamente, as parcelas legais relativas às contribuições sociais, estas incidirão sobre o valor total apurado em liquidação de sentença ou sobre o valor do acordo homologado. *(Incluído pela Lei nº 11.941, de 2009).*
§ 2º Considera-se ocorrido o fato gerador das contribuições sociais na data da prestação do serviço. *(Incluído pela Lei nº 11.941, de 2009).*
§ 3º As contribuições sociais serão apuradas mês a mês, com referência ao período da prestação de serviços, mediante a aplicação de alíquotas, limites máximos do salário-de-contribuição e acréscimos legais moratórios vigentes relativamente a cada uma das competências abrangidas, devendo o recolhimento ser efetuado no mesmo prazo em que devam ser pagos os créditos encontrados em liquidação de sentença ou em acordo homologado, sendo que nesse último caso o recolhimento será feito em tantas parcelas quantas as previstas no acordo, nas mesmas datas em que sejam exigíveis e proporcionalmente a cada uma delas. *(Incluído pela Lei nº 11.941, de 2009).*
§ 4º No caso de reconhecimento judicial da prestação de serviços em condições que permitam a aposentadoria especial após 15 (quinze), 20 (vinte) ou 25 (vinte e cinco) anos de contribuição, serão devidos os acréscimos de contribuição de que trata o § 6º do art. 57 da Lei nº 8.213, de 24 de julho de 1991. *(Incluído pela Lei nº 11.941, de 2009).*
§ 5º Na hipótese de acordo celebrado após ter sido proferida decisão de mérito, a contribuição será calculada com base no valor do acordo. *(Incluído pela Lei nº 11.941, de 2009).*
§ 6º Aplica-se o disposto neste artigo aos valores devidos ou pagos nas Comissões de Conciliação Prévia de que trata a Lei nº 9.958, de 12 de janeiro de 2000.

Art. 44. *(Revogado pela Lei n. 11.501, de 2007)*

Art. 45. *(Revogado pela Lei Complementar nº 128, de 2008)*
I - *(Revogado pela Lei Complementar nº 128, de 2008)*
II - *(Revogado pela Lei Complementar nº 128, de 2008)*
§ 1º *(Revogado pela Lei Complementar nº 128, de 2008)*
§ 2º *(Revogado pela Lei Complementar nº 128, de 2008)*
§ 3º *(Revogado pela Lei Complementar nº 128, de 2008)*
§ 4º *(Revogado pela Lei Complementar nº 128, de 2008)*
§ 5º *(Revogado pela Lei Complementar nº 128, de 2008)*
§ 6º *(Revogado pela Lei Complementar nº 128, de 2008)*
§ 7º *(Revogado pela Lei Complementar nº 128, de 2008)*

Art. 45-A. O contribuinte individual que pretenda contar como tempo de contribuição, para fins de obtenção de benefício no Regime Geral de Previdência Social ou de contagem recíproca do tempo de contribuição, período de atividade remunerada alcançada pela decadência deverá indenizar o INSS. *(Incluído pela Lei Complementar nº 128, de 2008)*
§ 1º O valor da indenização a que se refere o caput deste artigo e o § 1º do art. 55 da Lei nº 8.213, de 24 de julho

de 1991, corresponderá a 20% (vinte por cento): *(Incluído pela Lei Complementar nº 128, de 2008)*
I – da média aritmética simples dos maiores salários-de-contribuição, reajustados, correspondentes a 80% (oitenta por cento) de todo o período contributivo decorrido desde a competência julho de 1994; ou *(Incluído pela Lei Complementar nº 128, de 2008)*
II – da remuneração sobre a qual incidem as contribuições para o regime próprio de previdência social a que estiver filiado o interessado, no caso de indenização para fins da contagem recíproca de que tratam os arts. 94 a 99 da Lei nº 8.213, de 24 de julho de 1991, observados o limite máximo previsto no art. 28 e o disposto em regulamento. *(Incluído pela Lei Complementar nº 128, de 2008)*
§ 2º Sobre os valores apurados na forma do § 1º deste artigo incidirão juros moratórios de 0,5% (cinco décimos por cento) ao mês, capitalizados anualmente, limitados ao percentual máximo de 50% (cinqüenta por cento), e multa de 10% (dez por cento). *(Incluído pela Lei Complementar nº 128, de 2008)*
§ 3º O disposto no § 1º deste artigo não se aplica aos casos de contribuições em atraso não alcançadas pela decadência do direito de a Previdência constituir o respectivo crédito, obedecendo-se, em relação a elas, as disposições aplicadas às empresas em geral. *(Incluído pela Lei Complementar nº 128, de 2008)*
Art. 46. *(Revogado pela Lei Complementar nº 128, de 2008)*

CAPÍTULO XI
DA PROVA DE INEXISTÊNCIA DE DÉBITO

Art. 47. É exigida Certidão Negativa de Débito-CND, fornecida pelo órgão competente, nos seguintes casos:
I - da empresa:
a) na contratação com o Poder Público e no recebimento de benefícios ou incentivo fiscal ou creditício concedido por ele;
b) na alienação ou oneração, a qualquer título, de bem imóvel ou direito a ele relativo;
c) na alienação ou oneração, a qualquer título, de bem móvel de valor superior a Cr$ 2.500.000,00 (dois milhões e quinhentos mil cruzeiros) incorporado ao ativo permanente da empresa;
d) no registro ou arquivamento, no órgão próprio, de ato relativo a baixa ou redução de capital de firma individual, redução de capital social, cisão total ou parcial, transformação ou extinção de entidade ou sociedade comercial ou civil e transferência de controle de cotas de sociedades de responsabilidade limitada;
II - do proprietário, pessoa física ou jurídica, de obra de construção civil, quando de sua averbação no registro de imóveis, salvo no caso do inciso VIII do Art. 30.
§ 1º A prova de inexistência de débito deve ser exigida da empresa em relação a todas as suas dependências, estabelecimentos e obras de construção civil, independentemente do local onde se encontrem, ressalvado aos órgãos competentes o direito de cobrança de qualquer débito apurado posteriormente.
§ 2º A prova de inexistência de débito, quando exigível ao incorporador, independe da apresentada no registro de imóveis por ocasião da inscrição do memorial de incorporação.
§ 3º Fica dispensada a transcrição, em instrumento público ou particular, do inteiro teor do documento comprobatório de inexistência de débito, bastando a referência ao seu número de série e data da emissão, bem como a guarda do documento comprobatório à disposição dos órgãos competentes.
§ 4º O documento comprobatório de inexistência de débito poderá ser apresentado por cópia autenticada, dispensada a indicação de sua finalidade, exceto no caso do inciso II deste artigo.
§ 5º O prazo de validade da Certidão Negativa de Débito - CND é de sessenta dias, contados da sua emissão, podendo ser ampliado por regulamento para até cento e oitenta dias.
§ 6º Independe de prova de inexistência de débito:
a) a lavratura ou assinatura de instrumento, ato ou contrato que constitua retificação, ratificação ou efetivação de outro anterior para o qual já foi feita a prova;
b) a constituição de garantia para concessão de crédito rural, em qualquer de suas modalidades, por instituição de crédito pública ou privada, desde que o contribuinte referido no Art. 25, não seja responsável direto pelo recolhimento de contribuições sobre a sua produção para a Seguridade Social;
c) a averbação prevista no inciso II deste artigo, relativa a imóvel cuja construção tenha sido concluída antes de 22 de novembro de 1966.
d) o recebimento pelos Municípios de transferência de recursos destinados a ações de assistência social, educação, saúde e em caso de calamidade pública. *(Incluído pela Lei nº 11.960, de 2009)*
e) a averbação da construção civil localizada em área objeto de regularização fundiária de interesse social, na forma da Lei no 11.977, de 7 de julho de 2009. *(Incluído pela Lei nº 12.424, de 2011)*
§ 7º O condômino adquirente de unidades imobiliárias de obra de construção civil não incorporada na forma da Lei nº 4.591, de 16 de dezembro de 1964, poderá obter documento comprobatório de inexistência de débito, desde que comprove o pagamento das contribuições relativas à sua unidade, conforme dispuser o regulamento.
§ 8º *(Revogado pela Lei nº 11.941, de 2009)*
Art. 48. A prática de ato com inobservância do disposto no artigo anterior, ou o seu registro, acarretará a responsabilidade solidária dos contratantes e do oficial que lavrar ou registrar o instrumento, sendo o ato nulo para todos os efeitos.
§ 1º Os órgãos competentes podem intervir em instrumento que depender de prova de inexistência de débito, a fim de autorizar sua lavratura, desde que o débito seja pago no ato

ou o seu pagamento fique assegurado mediante confissão de dívida fiscal com o oferecimento de garantias reais suficientes, na forma estabelecida em regulamento.

§ 2º Em se tratando de alienação de bens do ativo de empresa em regime de liquidação extrajudicial, visando à obtenção de recursos necessários ao pagamento dos credores, independentemente do pagamento ou da confissão de dívida fiscal, o Instituto Nacional do Seguro Social-INSS poderá autorizar a lavratura do respectivo instrumento, desde que o valor do crédito previdenciário conste, regularmente, do quadro geral de credores, observada a ordem de preferência legal.

§ 3º O servidor, o serventuário da Justiça, o titular de serventia extrajudicial e a autoridade ou órgão que infringirem o disposto no artigo anterior incorrerão em multa aplicada na forma estabelecida no Art. 92, sem prejuízo da responsabilidade administrativa e penal cabível.

TÍTULO VII
DAS DISPOSIÇÕES GERAIS

Art. 49. A matrícula da empresa será efetuada nos termos e condições estabelecidos pela Secretaria da Receita Federal do Brasil. *(Redação dada pela Lei nº 11.941, de 2009).*

I – (revogado); *(Redação dada pela Lei nº 11.941, de 2009).*

II – (revogado). *(Redação dada pela Lei nº 11.941, de 2009).*

§ 1º No caso de obra de construção civil, a matrícula deverá ser efetuada mediante comunicação obrigatória do responsável por sua execução, no prazo de 30 (trinta) dias, contado do início de suas atividades, quando obterá número cadastral básico, de caráter permanente. *(Redação dada pela Lei nº 11.941, de 2009).*

a) (revogada); *(Redação dada pela Lei nº 11.941, de 2009).*

b) (revogada). *(Redação dada pela Lei nº 11.941, de 2009).*

§ 2º (Revogado). *(Redação dada pela Lei nº 11.941, de 2009).*

§ 3º O não cumprimento do disposto no § 1º deste artigo sujeita o responsável a multa na forma estabelecida no art. 92 desta Lei. *(Redação dada pela Lei nº 11.941, de 2009).*

§ 4º O Departamento Nacional de Registro do Comércio – DNRC, por intermédio das Juntas Comerciais bem como os Cartórios de Registro Civil de Pessoas Jurídicas prestarão, obrigatoriamente, à Secretaria da Receita Federal do Brasil todas as informações referentes aos atos constitutivos e alterações posteriores relativos a empresas e entidades neles registradas. *(Redação dada pela Lei nº 11.941, de 2009).*

§ 5º A matrícula atribuída pela Secretaria da Receita Federal do Brasil ao produtor rural pessoa física ou segurado especial é o documento de inscrição do contribuinte, em substituição à inscrição no Cadastro Nacional de Pessoa Jurídica – CNPJ, a ser apresentado em suas relações com o Poder Público, inclusive para licenciamento sanitário de produtos de origem animal ou vegetal submetidos a processos de beneficiamento ou industrialização artesanal, com as instituições financeiras, para fins de contratação de operações de crédito, e com os adquirentes de sua produção ou fornecedores de sementes, insumos, ferramentas e demais implementos agrícolas. *(Incluído pela Lei nº 11.718, de 2008).*

§ 6º O disposto no § 5º deste artigo não se aplica ao licenciamento sanitário de produtos sujeitos à incidência de Imposto sobre Produtos Industrializados ou ao contribuinte cuja inscrição no Cadastro Nacional de Pessoa Jurídica – CNPJ seja obrigatória. *(Incluído pela Lei nº 11.718, de 2008).*

Art. 50. Para fins de fiscalização do INSS, o Município, por intermédio do órgão competente, fornecerá relação de alvarás para construção civil e documentos de "habite-se" concedidos.

Art. 51. O crédito relativo a contribuições, cotas e respectivos adicionais ou acréscimos de qualquer natureza arrecadados pelos órgãos competentes, bem como a atualização monetária e os juros de mora, estão sujeitos, nos processos de falência, concordata ou concurso de credores, às disposições atinentes aos créditos da União, aos quais são equiparados.

Parágrafo único. O Instituto Nacional do Seguro Social-INSS reivindicará os valores descontados pela empresa de seus empregados e ainda não recolhidos.

Art. 52. Às empresas, enquanto estiverem em débito não garantido com a União, aplica-se o disposto no art. 32 da Lei nº 4.357, de 16 de julho de 1964. *(Redação dada pela Lei nº 11.941, de 2009).*

I – (revogado); *(Redação dada pela Lei nº 11.941, de 2009).*

II – (revogado). *(Redação dada pela Lei nº 11.941, de 2009).*

Parágrafo único. *(Revogado). (Redação dada pela Lei nº 11.941, de 2009).*

Art. 53. Na execução judicial da dívida ativa da União, suas autarquias e fundações públicas, será facultado ao exeqüente indicar bens à penhora, a qual será efetivada concomitantemente com a citação inicial do devedor.

§ 1º Os bens penhorados nos termos deste artigo ficam desde logo indisponíveis.

§ 2º Efetuado o pagamento integral da dívida executada, com seus acréscimos legais, no prazo de 2 (dois) dias úteis contados da citação, independentemente da juntada aos autos do respectivo mandado, poderá ser liberada a penhora, desde que não haja outra execução pendente.

§ 3º O disposto neste artigo aplica-se também às execuções já processadas.

§ 4º Não sendo opostos embargos, no caso legal, ou sendo eles julgados improcedentes, os autos serão conclusos ao juiz do feito, para determinar o prosseguimento da execução.

Art. 54. Os órgãos competentes estabelecerão critério para a dispensa de constituição ou exigência de crédito de valor inferior ao custo dessa medida.

Art. 55. *(Revogado pela Lei nº 12.101, de 2009)*

Art. 56. A inexistência de débitos em relação às contribuições devidas ao Instituto Nacional do Seguro Social-INSS, a partir da publicação desta Lei, é condição necessária para que os Estados, o Distrito Federal e os Municípios possam receber as transferências dos recursos do Fundo de Participação dos Estados e do Distrito Federal - FPE e do Fundo de Participação dos Municípios-FPM, celebrar acordos, contratos, convênios ou ajustes, bem como receber empréstimos, financiamentos, avais e subvenções em geral de órgãos ou entidades da administração direta e indireta da União.

Parágrafo único. *(Revogado pela MP 2183-13/2001)*

§ 1º *(Revogado pela Medida Provisória no 2187-13, de 2001). (Renumerado do parágrafo único e Incluído pela Lei nº 12.810, de 2013)*

§ 2º Os recursos do FPE e do FPM não transferidos em decorrência da aplicação do caput deste artigo poderão ser utilizados para quitação, total ou parcial, dos débitos relativos às contribuições de que tratam as alíneas a e c do parágrafo único do art. 11 desta Lei, a pedido do representante legal do Estado, Distrito Federal ou Município. *(Incluído pela Lei nº 12.810, de 2013)*

Art. 57. Os Estados, o Distrito Federal e os Municípios serão, igualmente, obrigados a apresentar, a partir de 1º de junho de 1992, para os fins do disposto no artigo anterior, comprovação de pagamento da parcela mensal referente aos débitos com o Instituto Nacional do Seguro Social-INSS, existentes até 1º de setembro de 1991, renegociados nos termos desta Lei.

Art. 58. Os débitos dos Estados, do Distrito Federal e dos Municípios para com o Instituto Nacional do Seguro Social-INSS, existentes até 1º de setembro de 1991, poderão ser liquidados em até 240 (duzentos e quarenta) parcelas mensais.

§ 1º Para apuração dos débitos será considerado o valor original atualizado pelo índice oficial utilizado pela Seguridade Social para correção de seus créditos.

§ 2º As contribuições descontadas até 30 de junho de 1992 dos segurados que tenham prestado serviços aos Estados, ao Distrito Federal e aos Municípios poderão ser objeto de acordo para parcelamento em até doze meses, não se lhes aplicando o disposto no § 1º do artigo 38 desta Lei.

Art. 59. O Instituto Nacional do Seguro Social-INSS implantará, no prazo de 90 (noventa) dias a contar da data da publicação desta Lei, sistema próprio e informatizado de cadastro dos pagamentos e débitos dos Governos Estaduais, do Distrito Federal e das Prefeituras Municipais, que viabilize o permanente acompanhamento e fiscalização do disposto nos arts. 56, 57 e 58 e permita a divulgação periódica dos devedores da Previdência Social.

Art. 60. O pagamento dos benefícios da Seguridade Social será realizado por intermédio da rede bancária ou por outras formas definidas pelo Ministério da Previdência Social. *(Redação dada pela Lei nº 11.941, de 2009).*

Art. 61. As receitas provenientes da cobrança de débitos dos Estados e Municípios e da alienação, arrendamento ou locação de bens móveis ou imóveis pertencentes ao patrimônio do Instituto Nacional do Seguro Social-INSS, deverão constituir reserva técnica, de longo prazo, que garantirá o seguro social estabelecido no Plano de Benefícios da Previdência Social.

Parágrafo único. É vedada a utilização dos recursos de que trata este artigo, para cobrir despesas de custeio em geral, inclusive as decorrentes de criação, majoração ou extensão dos benefícios ou serviços da Previdência Social, admitindo-se sua utilização, excepcionalmente, em despesas de capital, na forma da lei de orçamento.

Art. 62. A contribuição estabelecida na Lei nº 5.161, de 21 de outubro de 1966, em favor da Fundação Jorge Duprat Figueiredo de Segurança e Medicina do Trabalho-FUNDACENTRO, será de 2% (dois por cento) da receita proveniente da contribuição a cargo da empresa, a título de financiamento da complementação das prestações por acidente do trabalho, estabelecida no inciso II do Art. 22.

Parágrafo único. Os recursos referidos neste artigo poderão contribuir para o financiamento das despesas com pessoal e administração geral da Fundação Jorge Duprat Figueiredo de Segurança e Medicina do Trabalho-Fundacentro.

TÍTULO VIII
DAS DISPOSIÇÕES FINAIS E TRANSITÓRIAS
CAPÍTULO I
DA MODERNIZAÇÃO DA PREVIDÊNCIA SOCIAL

Art. 63. *(Revogado pela MP 2216-37/2001)*

Art. 64 *(Revogado pela MP 2216-37/2001)*

Art. 65. *(Revogado pela MP 2216-37/2001)*

Art. 66. *(Revogado pela MP 2216-37/2001)*

Art. 67. Até que seja implantado o Cadastro Nacional do Trabalhador-CNT, as instituições e órgãos federais, estaduais, do Distrito Federal e municipais, detentores de cadastros de empresas e de contribuintes em geral, deverão colocar à disposição do Instituto Nacional do Seguro Social-INSS, mediante a realização de convênios, todos os dados necessários à permanente atualização dos cadastros da Previdência Social.

Art. 68. O Titular do Cartório de Registro Civil de Pessoas Naturais fica obrigado a comunicar, ao INSS, até o dia 10 de cada mês, o registro dos óbitos ocorridos no mês imediatamente anterior, devendo da relação constar a filiação, a data e o local de nascimento da pessoa falecida.

§ 1º No caso de não haver sido registrado nenhum óbito, deverá o Titular do Cartório de Registro Civil de Pessoas Naturais comunicar este fato ao INSS no prazo estipulado no *caput* deste artigo.

§ 2º A falta de comunicação na época própria, bem como o envio de informações inexatas, sujeitará o Titular de Cartório de Registro Civil de Pessoas Naturais à penalidade prevista no Art. 92 desta Lei.

§ 3º A comunicação deverá ser feita por meio de for-mulários para cadastramento de óbito, conforme modelo aprovado pelo Ministério da Previdência e Assistência Social.

§ 4º No formulário para cadastramento de óbito deverá constar, além dos dados referentes à identificação do Cartório de Registro Civil de Pessoas Naturais, pelo menos uma das seguintes informações relativas à pessoa falecida:

a) número de inscrição do PIS/PASEP;

b) número de inscrição no Instituto Nacional do Seguro Social - INSS, se contribuinte individual, ou número de

benefício previdenciário - NB, se a pessoa falecida for titular de qualquer benefício pago pelo INSS;
c) número do CPF;
d) número de registro da Carteira de Identidade e respectivo órgão emissor;
e) número do título de eleitor;
f) número do registro de nascimento ou casamento, com informação do livro, da folha e do termo;
g) número e série da Carteira de Trabalho.

Art. 69. O Ministério da Previdência e Assistência Social e o Instituto Nacional do Seguro Social-INSS manterão programa permanente de revisão da concessão e da manutenção dos benefícios da Previdência Social, a fim de apurar irregularidades e falhas existentes.

§ 1º Havendo indício de irregularidade na concessão ou na manutenção de benefício, a Previdência Social notificará o beneficiário para apresentar defesa, provas ou documentos de que dispuser, no prazo de trinta dias.

§ 2º A notificação a que se refere o parágrafo anterior far-se-á por via postal com aviso de recebimento e, não comparecendo o beneficiário nem apresentando defesa, será suspenso o benefício, com notificação ao beneficiário por edital resumido publicado uma vez em jornal de circulação na localidade.

§ 3º Decorrido o prazo concedido pela notificação postal ou pelo edital, sem que tenha havido resposta, ou caso seja considerada pela Previdência Social como insuficiente ou improcedente a defesa apresentada, o benefício será cancelado, dando-se conhecimento da decisão ao beneficiário.

§ 4º Para efeito do disposto no caput deste artigo, o Ministério da Previdência Social e o Instituto Nacional do Seguro Social - INSS procederão, no mínimo a cada 5 (cinco) anos, ao recenseamento previdenciário, abrangendo todos os aposentados e pensionistas do regime geral de previdência social. *(Acrescentado pela Lei n. 10.887, de 18.06.2004)*

Art. 70. Os beneficiários da Previdência Social, aposentados por invalidez, ficam obrigados, sob pena de sustação do pagamento do benefício, a submeterem-se a exames médico-periciais, estabelecidos na forma do regulamento, que definirá sua periodicidade e os mecanismos de fiscalização e auditoria.

Art. 71. O Instituto Nacional do Seguro Social-INSS deverá rever os benefícios, inclusive os concedidos por acidente do trabalho, ainda que concedidos judicialmente, para avaliar a persistência, atenuação ou agravamento da incapacidade para o trabalho alegada como causa para a sua concessão.

Parágrafo único. Será cabível a concessão de liminar nas ações rescisórias e revisional, para suspender a execução do julgado rescindendo ou revisando, em caso de fraude ou erro material comprovado.

Art. 72. O Instituto Nacional do Seguro Social-INSS promoverá, no prazo de 180 (cento e oitenta) dias a contar da publicação desta Lei, a revisão das indenizações associadas a benefícios por acidentes do trabalho, cujos valores excedam a Cr$ 1.700.000,00 (um milhão e setecentos mil cruzeiros).

Art. 73. O setor encarregado pela área de benefícios no âmbito do Instituto Nacional do Seguro Social-INSS deverá estabelecer indicadores qualitativos e quantitativos para acompanhamento e avaliação das concessões de benefícios realizadas pelos órgãos locais de atendimento.

Art. 74. Os postos de benefícios deverão adotar como prática o cruzamento das informações declaradas pelos segurados com os dados de cadastros de empresas e de contribuintes em geral quando da concessão de benefícios.

Art. 75. *(Revogado pela Lei nº 9.711, de 20.11.98)*

Art. 76. O Instituto Nacional do Seguro Social-INSS deverá proceder ao recadastramento de todos aqueles que, por intermédio de procuração, recebem benefícios da Previdência Social.

Parágrafo único. O documento de procuração deverá, a cada semestre, ser revalidado pelos órgãos de atendimento locais.

Art. 77. *(Revogado pela MP 2216-37/2001)*

Art. 78. O Instituto Nacional do Seguro Social-INSS, na forma da legislação específica, fica autorizado a contratar auditorias externas, periodicamente, para analisar e emitir parecer sobre demonstrativos econômico-financeiros e contábeis, arrecadação, cobrança e fiscalização das contribuições, bem como pagamento dos benefícios, submetendo os resultados obtidos à apreciação do Conselho Nacional da Seguridade Social.

Art. 79. *(Artigo revogado pela Lei nº 9.711, de 20.11.98)*

Art. 80. Fica o Instituto Nacional do Seguro Social-INSS obrigado a:

I – enviar às empresas e aos seus segurados, quando solicitado, extrato relativo ao recolhimento das suas contribuições; *(Redação pela Lei nº 12.692, de 2012)*

II - *(Revogado pela Lei nº 11.941, de 2009)*

III - emitir e enviar aos beneficiários o Aviso de Concessão de Benefício, além da memória de cálculo do valor dos benefícios concedidos;

IV - reeditar versão atualizada, nos termos do Plano de Benefícios, da Carta dos Direitos dos Segurados;

V - divulgar, com a devida antecedência, através dos meios de comunicação, alterações porventura realizadas na forma de contribuição das empresas e segurados em geral;

VI - descentralizar, progressivamente, o processamento eletrônico das informações, mediante extensão dos programas de informatização de postos de atendimento e de Regiões Fiscais.

VII - disponibilizará ao público, inclusive por meio de rede pública de transmissão de dados, informações atualizadas sobre as receitas e despesas do regime geral de previdência social, bem como os critérios e parâmetros adotados para garantir o equilíbrio financeiro e atuarial do regime. *(Acrescentado pela Lei n. 10.887, de 18.06.2004)*

Art. 81. *(Revogado pela Lei nº 11.941, de 2009)*

Art. 82. A Auditoria e a Procuradoria do Instituto Nacional do Seguro Social-INSS deverão, a cada trimestre, elaborar relação das auditorias realizadas e dos trabalhos executados, bem como dos resultados obtidos, enviando-a a apreciação do Conselho Nacional da Seguridade Social.

Art. 83. O Instituto Nacional do Seguro Social-INSS deverá implantar um programa de qualificação e treinamento sistemático de pessoal, bem como promover a reciclagem e redistribuição de funcionários conforme as demandas dos órgãos regionais e locais, visando a melhoria da qualidade do atendimento e o controle e a eficiência dos sistemas de arrecadação e fiscalização de contribuições, bem como de pagamento de benefícios.

Art. 84. *(Revogado pela MP 2216-37/2001)*

CAPÍTULO II
DAS DEMAIS DISPOSIÇÕES

Art. 85. O Conselho Nacional da Seguridade Social será instalado no prazo de 30 (trinta) dias após a promulgação desta Lei.

Art. 85-A. Os tratados, convenções e outros acordos internacionais de que Estado estrangeiro ou organismo internacional e o Brasil sejam partes, e que versem sobre matéria previdenciária, serão interpretados como lei especial.

Art. 86. *(Revogado pela MP 2216-37/2001)*

Art. 87. Os orçamentos das pessoas jurídicas de direito público e das entidades da administração pública indireta devem consignar as dotações necessárias ao pagamento das contribuições da Seguridade Social, de modo a assegurar a sua regular liquidação dentro do exercício.

Art. 88. Os prazos de prescrição de que goza a União aplicam-se à Seguridade Social, ressalvado o disposto no Art. 46.

Art. 89. As contribuições sociais previstas nas alíneas *a*, *b* e *c* do parágrafo único do art. 11 desta Lei, as contribuições instituídas a título de substituição e as contribuições devidas a terceiros somente poderão ser restituídas ou compensadas nas hipóteses de pagamento ou recolhimento indevido ou maior que o devido, nos termos e condições estabelecidos pela Secretaria da Receita Federal do Brasil. *(Redação dada pela Lei nº 11.941, de 2009).*

§ 1º (Revogado). *(Redação dada pela Lei nº 11.941, de 2009).*

§ 2º (Revogado). *(Redação dada pela Lei nº 11.941, de 2009).*

§ 3º (Revogado). *(Redação dada pela Lei nº 11.941, de 2009).*

§ 4º O valor a ser restituído ou compensado será acrescido de juros obtidos pela aplicação da taxa referencial do Sistema Especial de Liquidação e de Custódia – SELIC para títulos federais, acumulada mensalmente, a partir do mês subsequente ao do pagamento indevido ou a maior que o devido até o mês anterior ao da compensação ou restituição e de 1% (um por cento) relativamente ao mês em que estiver sendo efetuada. *(Redação dada pela Lei nº 11.941, de 2009).*

§ 5º (Revogado). *(Redação dada pela Lei nº 11.941, de 2009).*

§ 6º (Revogado). *(Redação dada pela Lei nº 11.941, de 2009).*

§ 7º (Revogado). *(Redação dada pela Lei nº 11.941, de 2009).*

§ 8º Verificada a existência de débito em nome do sujeito passivo, o valor da restituição será utilizado para extingui-lo, total ou parcialmente, mediante compensação. *(Incluído pela Lei nº 11.196, de 2005).*

§ 9º Os valores compensados indevidamente serão exigidos com os acréscimos moratórios de que trata o art. 35 desta Lei. *(Incluído pela Lei nº 11.941, de 2009).*

§ 10. Na hipótese de compensação indevida, quando se comprove falsidade da declaração apresentada pelo sujeito passivo, o contribuinte estará sujeito à multa isolada aplicada no percentual previsto no inciso I do caput do art. 44 da Lei nº 9.430, de 27 de dezembro de 1996, aplicado em dobro, e terá como base de cálculo o valor total do débito indevidamente compensado. *(Incluído pela Lei nº 11.941, de 2009).*

§ 11. Aplica-se aos processos de restituição das contribuições de que trata este artigo e de reembolso de salário-família e salário-maternidade o rito previsto no Decreto nº 70.235, de 6 de março de 1972. *(Incluído pela Lei nº 11.941, de 2009).*

Art. 90. O Conselho Nacional da Seguridade Social, dentro de 180 (cento e oitenta) dias da sua instalação, adotará as providências necessárias ao levantamento das dívidas da União para com a Seguridade Social.

Art. 91. Mediante requisição da Seguridade Social, a empresa é obrigada a descontar, da remuneração paga aos segurados a seu serviço, a importância proveniente de dívida ou responsabilidade por eles contraída junto à Seguridade Social, relativa a benefícios pagos indevidamente.

Art. 92. A infração de qualquer dispositivo desta Lei para a qual não haja penalidade expressamente cominada sujeita o responsável, conforme a gravidade da infração, a multa variável de Cr$ 100.000,00 (cem mil cruzeiros) a Cr$ 10.000.000,00 (dez milhões de cruzeiros), conforme dispuser o regulamento.

Art. 93. *(Caput revogado pela Lei nº 9.639, de 25.5.98)*

Parágrafo único. *(Revogado pela Lei nº 11.941, de 2009)*

Art. 94. *(Revogado pela Lei n. 11.501, de 2007)*

Art. 95. Caput. Revogado"

§ 1º Revogado

§ 2º A empresa que transgredir as normas desta Lei, além das outras sanções previstas, sujeitar-se-á, nas condições em que dispuser o regulamento: *(Vide Lei 9.964 de 2000)*

a) à suspensão de empréstimos e financiamentos, por instituições financeiras oficiais;

b) à revisão de incentivos fiscais de tratamento tributário especial;

c) à inabilitação para licitar e contratar com qualquer órgão ou entidade da administração pública direta ou indireta federal, estadual, do Distrito Federal ou municipal;

d) à interdição para o exercício do comércio, se for sociedade mercantil ou comerciante individual;

e) à desqualificação para impetrar concordata;

f) à cassação de autorização para funcionar no país, quando for o caso.

§ 3º Revogado. *(Redação dada pela Lei nº 9.983, de 2000).*

§ 4º Revogado. *(Redação dada pela Lei nº 9.983, de 2000).*

§ 5º Revogado. *(Redação dada pela Lei nº 9.983, de 2000).*

Art. 96. O Poder Executivo enviará ao Congresso Nacional, anualmente, acompanhando a Proposta

Orçamentária da Seguridade Social, projeções atuariais relativas à Seguridade Social, abrangendo um horizonte temporal de, no mínimo, 20 (vinte) anos, considerando hipóteses alternativas quanto às variáveis demográficas, econômicas e institucionais relevantes.

Art. 97. Fica o Instituto Nacional do Seguro Social--INSS autorizado a proceder a alienação ou permuta, por ato da autoridade competente, de bens imóveis de sua propriedade considerados desnecessários ou não vinculados às suas atividades operacionais.

§ 1º Na alienação a que se refere este artigo será observado o disposto no Art. 18 e nos incisos I, II e III do Art. 19, da Lei nº 8.666, de 21 de junho de 1993, alterada pelas Leis nºs 8.883, de 8 de junho de 1994, e *Lei nº 9.032, de 28.4.95.*

§ 2º *(VETADO na Lei nº 9.528, de 10.12.97)*

Art. 98. Nas execuções fiscais da dívida ativa do INSS, o leilão judicial dos bens penhorados realizar-se-á por leiloeiro oficial, indicado pelo credor, que procederá à hasta pública:

I - no primeiro leilão, pelo valor do maior lance, que não poderá ser inferior ao da avaliação;

II - no segundo leilão, por qualquer valor, excetuado o vil.

§ 1º Poderá o juiz, a requerimento do credor, autorizar seja parcelado o pagamento do valor da arrematação, na forma prevista para os parcelamentos administrativos de débitos previdenciários.

§ 2º Todas as condições do parcelamento deverão constar do edital de leilão.

§ 3º O débito do executado será quitado na proporção do valor de arrematação.

§ 4º O arrematante deverá depositar, no ato, o valor da primeira parcela.

§ 5º Realizado o depósito, será expedida carta de arrematação, contendo as seguintes disposições:

a) valor da arrematação, valor e número de parcelas mensais em que será pago;

b) constituição de hipoteca do bem adquirido, ou de penhor, em favor do credor, servindo a carta de título hábil para registro da garantia;

c) indicação do arrematante como fiel depositário do bem móvel, quando constituído penhor;

d) especificação dos critérios de reajustamento do saldo e das parcelas, que será sempre o mesmo vigente para os parcelamentos de débitos previdenciários.

§ 6º Se o arrematante não pagar, no vencimento, qualquer das parcelas mensais, o saldo devedor remanescente vencerá antecipadamente, que será acrescido em cinqüenta por cento de seu valor a título de multa, e, imediatamente inscrito em dívida ativa e executado.

§ 7º Se no primeiro ou no segundo leilões a que se refere o *caput* não houver licitante, o INSS poderá adjudicar o bem por cinqüenta por cento do valor da avaliação.

§ 8º Se o bem adjudicado não puder ser utilizado pelo INSS, e for de difícil venda, poderá ser negociado ou doado a outro órgão ou entidade pública que demonstre interesse na sua utilização.

§ 9º Não havendo interesse na adjudicação, poderá o juiz do feito, de ofício ou a requerimento do credor, determinar sucessivas repetições da hasta pública.

§ 10. O leiloeiro oficial, a pedido do credor, poderá ficar como fiel depositário dos bens penhorados e realizar a respectiva remoção.

§ 11. O disposto neste artigo aplica-se às execuções fiscais da Dívida Ativa da União. *(Parágrafo acrescentado pela Lei nº 10.522, de 19 de julho de 2002)*

Art. 99. O Instituto Nacional do Seguro Social-INSS poderá contratar leiloeiros oficiais para promover a venda administrativa dos bens, adjudicados judicialmente ou que receber em dação de pagamento.

Parágrafo único. O INSS, no prazo de sessenta dias, providenciará alienação do bem por intermédio do leiloeiro oficial.

Art. 100. *(Revogado pela Lei nº 9.528, de 10.12.97)*

Art. 101. *(Revogado pela MP n. 2187-13/2001)*

Art. 102. Os valores expressos em moeda corrente nesta Lei serão reajustados nas mesmas épocas e com os mesmos índices utilizados para o reajustamento dos benefícios de prestação continuada da Previdência Social.

§ 1º O disposto neste artigo não se aplica às penalidades previstas no art. 32-A desta Lei. *(Incluído pela Lei nº 11.941, de 2009).*

§ 2º O reajuste dos valores dos salários-de-contribuição em decorrência da alteração do salário-mínimo será descontado por ocasião da aplicação dos índices a que se refere o caput deste artigo. *(Incluído pela Lei nº 11.941, de 2009).*

Art. 103. O Poder Executivo regulamentará esta Lei no prazo de 60 (sessenta) dias a partir da data de sua publicação.

Art. 104. Esta Lei entrará em vigor na data de sua publicação.

Art. 105. Revogam-se as disposições em contrário.

Brasília, em 24 de julho de 1991; 170º da Independência e 103º da República.

LUIZ INÁCIO LULA DA SILVA

Orçamentária da Seguridade Social, projeções atuariais relativas à Seguridade Social, abrangendo um horizonte temporal de, no mínimo, 20 (vinte) anos, considerando hipóteses alternativas quanto às variáveis demográficas, econômicas e institucionais relevantes.

Art. 97. Fica o Instituto Nacional do Seguro Social – INSS autorizado a proceder a alienação ou permuta, por ato da autoridade competente, de bens imóveis de sua propriedade considerados desnecessários ou não vinculados às suas atividades operacionais.

§ 1º Na alienação a que se refere o caput será observado o disposto no art. 18 e nos incisos I, II e III do art. 19, da Lei nº 8.666, de 21 de junho de 1993, alterada pelas Leis nºs 8.883, de 8 de junho de 1994, e 9.032, de 28.4.95.

§ 2º (VETADO) *(Incluído pela Lei nº 9.528, de 10.12.97)*

Art. 98. Nas execuções fiscais da dívida ativa do INSS, o leilão judicial dos bens penhorados realizar-se-á por leiloeiro oficial, indicado pelo credor, que procederá à hasta pública:

I - no primeiro leilão, pelo valor do maior lance, que não poderá ser inferior ao da avaliação;

II - no segundo leilão, por qualquer valor, excetuado o vil.

§ 1º Poderá o juiz, a requerimento do credor, autorizar seja parcelado o pagamento do valor da arrematação, na forma prevista para os parcelamentos administrativos de débitos previdenciários.

§ 2º Todas as condições do parcelamento deverão constar do edital de leilão.

§ 3º O débito do executado será quitado na proporção do valor de arrematação.

§ 4º O arrematante deverá depositar, no ato, o valor da primeira parcela.

§ 5º Realizado o depósito, será expedida carta de arrematação, contendo as seguintes disposições:

a) valor da arrematação, valor e número de parcelas mensais em que será pago;

b) constituição de hipoteca do bem adquirido, ou de penhor, em favor do credor, servindo a carta de título hábil para registro da garantia;

c) indicação do arrematante como fiel depositário do bem móvel, quando constituído penhor;

d) especificação dos critérios de reajustamento do saldo e das parcelas, que será sempre o mesmo vigente para os parcelamentos de débitos previdenciários.

§ 6º Se o arrematante não pagar, no vencimento, qualquer das parcelas mensais, o saldo devedor remanescente vencerá antecipadamente, que será acrescido em cinquenta por cento de seu valor a título de multa, e, imediatamente inscrito em dívida ativa e executado.

§ 7º Se no primeiro ou no segundo leilões a que se refere o caput não houver licitante, o INSS poderá adjudicar o bem por cinquenta por cento do valor da avaliação.

§ 8º Se o bem adjudicado não puder ser utilizado pelo INSS, e for de difícil venda, poderá ser negociado ou doado a outro órgão ou entidade pública que demonstre interesse na sua utilização.

§ 9º Não havendo interesse na adjudicação, poderá o juiz do feito, de ofício ou a requerimento do credor, determinar sucessivas repetições da hasta pública.

§ 10. O leiloeiro oficial, a pedido do credor, poderá ficar como fiel depositário dos bens penhorados e realizar a respectiva remoção.

§ 11. O disposto neste artigo aplica-se às execuções fiscais da Dívida Ativa da União. *(Parágrafo acrescentado pela Lei nº 10.522, de 19.07.2002)*

Art. 99. O Instituto Nacional do Seguro Social-INSS poderá contratar leiloeiros oficiais para promover a venda administrativa dos bens, adjudicados judicialmente ou que receber em dação de pagamento.

Parágrafo único. O INSS, no prazo de sessenta dias, providenciará alienação do bem por intermédio do leiloeiro oficial.

Art. 100. *(Revogado pela Lei nº 9.528, de 10.12.97)*

Art. 101. *(Revogado pela MP nº 2187-13/2001)*

Art. 102. Os valores expressos em moeda corrente nesta Lei serão reajustados nas mesmas épocas e com os mesmos índices utilizados para o reajustamento dos benefícios de prestação continuada da Previdência Social.

§ 1º O disposto neste artigo não se aplica às penalidades previstas no art. 32-A desta Lei. *(Incluído pela Lei nº 11.941, de 2009)*

§ 2º O reajuste dos valores dos salários-de-contribuição em decorrência da alteração do salário-mínimo será descontado por ocasião da aplicação dos índices a que se refere o caput deste artigo. *(Incluído pela Lei nº 11.941, de 2009)*

Art. 103. O Poder Executivo regulamentará esta Lei no prazo de 60 (sessenta) dias a partir da data de sua publicação.

Art. 104. Esta Lei entrará em vigor na data de sua publicação.

Art. 105. Revogam-se as disposições em contrário.

Brasília, em 24 de julho de 1991; 170º da Independência e 103º da República.

LUIZ INÁCIO LULA DA SILVA

17. LEI N. 8.213, DE 24 DE JULHO DE 1991

DISPÕE SOBRE OS PLANOS DE BENEFÍCIOS DA PREVIDÊNCIA SOCIAL E DÁ OUTRAS PROVIDÊNCIAS

O PRESIDENTE DA REPÚBLICA
Faço saber que o Congresso Nacional decreta e eu sanciono a seguinte Lei:

TÍTULO I
DA FINALIDADE E DOS PRINCÍPIOS BÁSICOS DA PREVIDÊNCIA SOCIAL

Art. 1º A Previdência Social, mediante contribuição, tem por fim assegurar aos seus beneficiários meios indispensáveis de manutenção, por motivo de incapacidade, desemprego involuntário, idade avançada, tempo de serviço, encargos familiares e prisão ou morte daqueles de quem dependiam economicamente.

Art. 2º A Previdência Social rege-se pelos seguintes princípios e objetivos:
I - universalidade de participação nos planos previdenciários;
II - uniformidade e equivalência dos benefícios e serviços às populações urbanas e rurais;
III - seletividade e distributividade na prestação dos benefícios;
IV-cálculo dos benefícios considerando-se os salários-de-contribuição corrigidos monetariamente;
V - irredutibilidade do valor dos benefícios de forma a preservar-lhes o poder aquisitivo;
VI - valor da renda mensal dos benefícios substitutos do salário-de-contribuição ou do rendimento do trabalho do segurado não inferior ao do salário mínimo;
VII - previdência complementar facultativa, custeada por contribuição adicional;
VIII - caráter democrático e descentralizado da gestão administrativa, com a participação do governo e da comunidade, em especial de trabalhadores em atividade, empregadores e aposentados.
Parágrafo único. A participação referida no inciso VIII deste artigo será efetivada a nível federal, estadual e municipal.

Art. 3º Fica instituído o Conselho Nacional de Previdência Social-CNPS, órgão superior de deliberação colegiada, que terá como membros:
I - seis representantes do Governo Federal;
II - nove representantes da sociedade civil, sendo:
a) três representantes dos aposentados e pensionistas;
b) três representantes dos trabalhadores em atividade;
c) três representantes dos empregadores.
§ 1º Os membros do CNPS e seus respectivos suplentes serão nomeados pelo Presidente da República, tendo os representantes titulares da sociedade civil mandato de 2 (dois) anos, podendo ser reconduzidos, de imediato, uma única vez.
§ 2º Os representantes dos trabalhadores em atividade, dos aposentados, dos empregadores e seus respectivos suplentes serão indicados pelas centrais sindicais e confederações nacionais.
§ 3º O CNPS reunir-se-á, ordinariamente, uma vez por mês, por convocação de seu Presidente, não podendo ser adiada a reunião por mais de 15 (quinze) dias se houver requerimento nesse sentido da maioria dos conselheiros.
§ 4º Poderá ser convocada reunião extraordinária por seu Presidente ou a requerimento de um terço de seus membros, conforme dispuser o regimento interno do CNPS.
§ 5º *(Revogado pela Lei nº 9.528, de 10.12.97)*
§ 6ºAs ausências ao trabalho dos representantes dos trabalhadores em atividade, decorrentes das atividades do Conselho, serão abonadas, computando-se como jornada efetivamente trabalhada para todos os fins e efeitos legais.
§ 7º Aos membros do CNPS, enquanto representantes dos trabalhadores em atividade, titulares e suplentes, é assegurada a estabilidade no emprego, da nomeação até um ano após o término do mandato de representação, somente podendo ser demitidos por motivo de falta grave, regularmente comprovada através de processo judicial.
§ 8º Competirá ao Ministério do Trabalho e da Previdência Social proporcionar ao CNPS os meios necessários ao exercício de suas competências, para o que contará com uma Secretaria-Executiva do Conselho Nacional de Previdência Social.
§ 9º O CNPS deverá se instalar no prazo de 30 (trinta) dias a contar da publicação desta Lei.

Art. 4º Compete ao Conselho Nacional de Previdência Social–CNPS:
I - estabelecer diretrizes gerais e apreciar as decisões de políticas aplicáveis à Previdência Social;
II - participar, acompanhar e avaliar sistematicamente a gestão previdenciária;
III - apreciar e aprovar os planos e programas da Previdência Social;
IV - apreciar e aprovar as propostas orçamentárias da Previdência Social, antes de sua consolidação na proposta orçamentária da Seguridade Social;
V - acompanhar e apreciar, através de relatórios gerenciais por ele definidos, a execução dos planos, programas e orçamentos no âmbito da Previdência Social;
VI - acompanhar a aplicação da legislação pertinente à Previdência Social;
VII - apreciar a prestação de contas anual a ser remetida ao Tribunal de Contas da União, podendo, se for necessário, contratar auditoria externa;
VIII - estabelecer os valores mínimos em litígio, acima dos quais será exigida a anuência prévia do Procurador-Geral ou do Presidente do INSS para formalização de desistência ou transigência judiciais, conforme o disposto no art. 132;
IX - elaborar e aprovar seu regimento interno.

Parágrafo único. As decisões proferidas pelo CNPS deverão ser publicadas no Diário Oficial da União.

Art. 5º Compete aos órgãos governamentais:

I - prestar toda e qualquer informação necessária ao adequado cumprimento das competências do CNPS, fornecendo inclusive estudos técnicos;

II - encaminhar ao CNPS, com antecedência mínima de 2 (dois) meses do seu envio ao Congresso Nacional, a proposta orçamentária da Previdência Social, devidamente detalhada.

Art. 6º Haverá, no âmbito da Previdência Social, uma Ouvidoria-Geral, cujas atribuições serão definidas em regulamento. *(Redação dada pela Lei nº 9.711, de 20.11.98)*

Art. 7º *(Revogado pela MP n. 2216-37 de 2001)*

Art. 8º *(Revogado pela MP n. 2216-37 de 2001)*

TÍTULO II
DO PLANO DE BENEFÍCIOS DA PREVIDÊNCIA SOCIAL
CAPÍTULO ÚNICO
DOS REGIMES DE PREVIDÊNCIA SOCIAL

Art .9º A Previdência Social compreende:

I - o Regime Geral de Previdência Social;

II - o Regime Facultativo Complementar de Previdência Social.

§ 1º O Regime Geral de Previdência Social - RGPS garante a cobertura de todas as situações expressas no art. 1º desta Lei, exceto as de desemprego involuntário, objeto de lei específica, e de aposentadoria por tempo de contribuição para o trabalhador de que trata o § 2º do art. 21 da Lei nº 8.212, de 24 de julho de 1991. *(Redação dada pela Lei Complementar nº 123, de 2006)*

§ 2º O Regime Facultativo Complementar de Previdência Social será objeto de lei especifica.

TÍTULO III
DO REGIME GERAL DE PREVIDÊNCIA SOCIAL
CAPÍTULO I
DOS BENEFICIÁRIOS

Art. 10. Os beneficiários do Regime Geral de Previdência Social classificam-se como segurados e dependentes, nos termos das Seções I e II deste capítulo.

Seção I
Dos Segurados

Art. 11. São segurados obrigatórios da Previdência Social as seguintes pessoas físicas:

I - como empregado:

a) aquele que presta serviço de natureza urbana ou rural à empresa, em caráter não eventual, sob sua subordinação e mediante remuneração, inclusive como diretor empregado;

b) aquele que, contratado por empresa de trabalho temporário, definida em legislação específica, presta serviço para atender a necessidade transitória de substituição de pessoal regular e permanente ou a acréscimo extraordinário de serviços de outras empresas;

c) o brasileiro ou o estrangeiro domiciliado e contratado no Brasil para trabalhar como empregado em sucursal ou agência de empresa nacional no exterior;

d) aquele que presta serviço no Brasil a missão diplomática ou a repartição consular de carreira estrangeira e a órgãos a elas subordinados, ou a membros dessas missões e repartições, excluídos o não-brasileiro sem residência permanente no Brasil e o brasileiro amparado pela legislação previdenciária do país da respectiva missão diplomática ou repartição consular;

e) o brasileiro civil que trabalha para a União, no exterior, em organismos oficiais brasileiros ou internacionais dos quais o Brasil seja membro efetivo, ainda que lá domiciliado e contratado, salvo se segurado na forma da legislação vigente do país do domicílio;

f) o brasileiro ou estrangeiro domiciliado e contratado no Brasil para trabalhar como empregado em empresa domiciliada no exterior, cuja maioria do capital votante pertença a empresa brasileira de capital nacional;

g) o servidor público ocupante de cargo em comissão, sem vínculo efetivo com a União, Autarquias, inclusive em regime especial, e Fundações Públicas Federais.

h) o exercente de mandato eletivo federal, estadual ou municipal, desde que não vinculado a regime próprio de previdência social;

i) o empregado de organismo oficial internacional ou estrangeiro em funcionamento no Brasil, salvo quando coberto por regime próprio de previdência social;

j) o exercente de mandato eletivo federal, estadual ou municipal, desde que não vinculado a regime próprio de previdência social; (Incluído pela Lei nº 10.887, de 2004)

II - como empregado doméstico: aquele que presta serviço de natureza contínua a pessoa ou família, no âmbito residencial desta, em atividades sem fins lucrativos;

III - *(Revogado pela Lei nº 9.876, de 26.11.99);*

IV - *(Revogado pela Lei nº 9.876, de 26.11.99);*

V - como contribuinte individual:

a) a pessoa física, proprietária ou não, que explora atividade agropecuária, a qualquer título, em caráter permanente ou temporário, em área superior a 4 (quatro) módulos fiscais; ou, quando em área igual ou inferior a 4 (quatro) módulos fiscais ou atividade pesqueira, com auxílio de empregados ou por intermédio de prepostos; ou ainda nas hipóteses dos §§ 9º e 10 deste artigo; *(Redação dada pela Lei nº 11.718, de 2008)*

b) a pessoa física, proprietária ou não, que explora atividade de extração mineral - garimpo, em caráter permanente ou temporário, diretamente ou por intermédio de prepostos, com ou sem o auxílio de empregados, utilizados a qualquer título, ainda que de forma não contínua;

c) o ministro de confissão religiosa e o membro de instituto de vida consagrada, de congregação ou de ordem religiosa; (*Redação dada pela Lei nº 10.403, de 8.1.2002*)

d) *(Revogada pela Lei nº 9.876, de 26.11.99);*

e) o brasileiro civil que trabalha no exterior para organismo oficial internacional do qual o Brasil é membro efetivo, ainda que lá domiciliado e contratado, salvo quando coberto por regime próprio de previdência social;

f) o titular de firma individual urbana ou rural, o diretor não empregado e o membro de conselho de administração de sociedade anônima, o sócio solidário, o sócio de indústria, o sócio gerente e o sócio cotista que recebam remuneração decorrente de seu trabalho em empresa urbana ou rural, e o associado eleito para cargo de direção em cooperativa, associação ou entidade de qualquer natureza ou finalidade, bem como o síndico ou administrador eleito para exercer atividade de direção condominial, desde que recebam remuneração;

g) quem presta serviço de natureza urbana ou rural, em caráter eventual, a uma ou mais empresas, sem relação de emprego;

h) a pessoa física que exerce, por conta própria, atividade econômica de natureza urbana, com fins lucrativos ou não;

VI - como trabalhador avulso: quem presta, a diversas empresas, sem vínculo empregatício, serviço de natureza urbana ou rural definidos no Regulamento;

VII – como segurado especial: a pessoa física residente no imóvel rural ou em aglomerado urbano ou rural próximo a ele que, individualmente ou em regime de economia familiar, ainda que com o auxílio eventual de terceiros, na condição de: *(Redação dada pela Lei nº 11.718, de 2008)*

a) produtor, seja proprietário, usufrutuário, possuidor, assentado, parceiro ou meeiro outorgados, comodatário ou arrendatário rurais, que explore atividade: *(Incluído pela Lei nº 11.718, de 2008)*

1. agropecuária em área de até 4 (quatro) módulos fiscais; *(Incluído pela Lei nº 11.718, de 2008)*

2. de seringueiro ou extrativista vegetal que exerça suas atividades nos termos do inciso XII do caput do art. 2º da Lei nº 9.985, de 18 de julho de 2000, e faça dessas atividades o principal meio de vida; *(Incluído pela Lei nº 11.718, de 2008)*

b) pescador artesanal ou a este assemelhado que faça da pesca profissão habitual ou principal meio de vida; e *(Incluído pela Lei nº 11.718, de 2008)*

c) cônjuge ou companheiro, bem como filho maior de 16 (dezesseis) anos de idade ou a este equiparado, do segurado de que tratam as alíneas a e *b* deste inciso, que, comprovadamente, trabalhem com o grupo familiar respectivo. *(Incluído pela Lei nº 11.718, de 2008)*

§ 1º Entende-se como regime de economia familiar a atividade em que o trabalho dos membros da família é indispensável à própria subsistência e ao desenvolvimento socioeconômico do núcleo familiar e é exercido em condições de mútua dependência e colaboração, sem a utilização de empregados permanentes. *(Redação dada pela Lei nº 11.718, de 2008)*

§ 2º Todo aquele que exercer, concomitantemente, mais de uma atividade remunerada sujeita ao Regime Geral de Previdência Social é obrigatoriamente filiado em relação a cada uma delas.

§ 3º O aposentado pelo Regime Geral de Previdência Social–RGPS que estiver exercendo ou que voltar a exercer atividade abrangida por este Regime é segurado obrigatório em relação a essa atividade, ficando sujeito às contribuições de que trata a Lei nº 8.212, de 24 de julho de 1991, para fins de custeio da Seguridade Social.

§ 4º O dirigente sindical mantém, durante o exercício do mandato eletivo, o mesmo enquadramento no Regime Geral de Previdência Social-RGPS de antes da investidura.

§ 5º Aplica-se o disposto na alínea *g* do inciso I do *caput* ao ocupante de cargo de Ministro de Estado, de Secretário Estadual, Distrital ou Municipal, sem vínculo efetivo com a União, Estados, Distrito Federal e Municípios, suas autarquias, ainda que em regime especial, e fundações.

§ 6º Para serem considerados segurados especiais, o cônjuge ou companheiro e os filhos maiores de 16 (dezesseis) anos ou os a estes equiparados deverão ter participação ativa nas atividades rurais do grupo familiar. *(Incluído pela Lei nº 11.718, de 2008)*

§ 7º O grupo familiar poderá utilizar-se de empregados contratados por prazo determinado ou de trabalhador de que trata a alínea g do inciso V do caput, à razão de no máximo 120 (cento e vinte) pessoas por dia no ano civil, em períodos corridos ou intercalados ou, ainda, por tempo equivalente em horas de trabalho, não sendo computado nesse prazo o período de afastamento em decorrência da percepção de auxílio-doença. *(Redação dada pela Lei nº 12.873, de 2013)*

§ 8º Não descaracteriza a condição de segurado especial: *(Incluído pela Lei nº 11.718, de 2008)*

I – a outorga, por meio de contrato escrito de parceria, meação ou comodato, de até 50% (cinqüenta por cento) de imóvel rural cuja área total não seja superior a 4 (quatro) módulos fiscais, desde que outorgante e outorgado continuem a exercer a respectiva atividade, individualmente ou em regime de economia familiar; *(Incluído pela Lei nº 11.718, de 2008)*

II – a exploração da atividade turística da propriedade rural, inclusive com hospedagem, por não mais de 120 (cento e vinte) dias ao ano; *(Incluído pela Lei nº 11.718, de 2008)*

III – a participação em plano de previdência complementar instituído por entidade classista a que seja associado em razão da condição de trabalhador rural ou de produtor rural em regime de economia familiar; e *(Incluído pela Lei nº 11.718, de 2008)*

IV – ser beneficiário ou fazer parte de grupo familiar que tem algum componente que seja beneficiário de programa assistencial oficial de governo; *(Incluído pela Lei nº 11.718, de 2008)*

V – a utilização pelo próprio grupo familiar, na exploração da atividade, de processo de beneficiamento ou industrialização artesanal, na forma do § 11 do art. 25 da Lei nº 8.212, de 24 de julho de 1991; e *(Incluído pela Lei nº 11.718, de 2008)*

VI - a associação em cooperativa agropecuária ou de crédito rural; e *(Redação dada pela Lei nº 13.183, de 2015)*

VII - a incidência do Imposto Sobre Produtos Industrializados - IPI sobre o produto das atividades desenvolvidas nos termos do § 12. *(Incluído pela Lei nº 12.873, de 2013)*

§ 9º Não é segurado especial o membro de grupo familiar que possuir outra fonte de rendimento, exceto se decorrente de: *(Incluído pela Lei nº 11.718, de 2008)*

I – benefício de pensão por morte, auxílio-acidente ou auxílio-reclusão, cujo valor não supere o do menor benefício de prestação continuada da Previdência Social; *(Incluído pela Lei nº 11.718, de 2008)*

II – benefício previdenciário pela participação em plano de previdência complementar instituído nos termos do inciso IV do § 8º deste artigo; *(Incluído pela Lei nº 11.718, de 2008)*

III - exercício de atividade remunerada em período não superior a 120 (cento e vinte) dias, corridos ou intercalados, no ano civil, observado o disposto no § 13 do art. 12 da Lei nº 8.212, de 24 de julho de 1991; *(Redação dada pela Lei nº 12.873, de 2013)*

IV – exercício de mandato eletivo de dirigente sindical de organização da categoria de trabalhadores rurais; *(Incluído pela Lei nº 11.718, de 2008)*
V – exercício de mandato de vereador do Município em que desenvolve a atividade rural ou de dirigente de cooperativa rural constituída, exclusivamente, por segurados especiais, observado o disposto no § 13 do art. 12 da Lei nº 8.212, de 24 de julho de 1991; *(Incluído pela Lei nº 11.718, de 2008)*
VI – parceria ou meação outorgada na forma e condições estabelecidas no inciso I do § 8º deste artigo; *(Incluído pela Lei nº 11.718, de 2008)*
VII – atividade artesanal desenvolvida com matéria-prima produzida pelo respectivo grupo familiar, podendo ser utilizada matéria-prima de outra origem, desde que a renda mensal obtida na atividade não exceda ao menor benefício de prestação continuada da Previdência Social; e *(Incluído pela Lei nº 11.718, de 2008)*
VIII – atividade artística, desde que em valor mensal inferior ao menor benefício de prestação continuada da Previdência Social. *(Incluído pela Lei nº 11.718, de 2008)*
§ 10. O segurado especial fica excluído dessa categoria: *(Incluído pela Lei nº 11.718, de 2008)*
I – a contar do primeiro dia do mês em que: *(Incluído pela Lei nº 11.718, de 2008)*
a) deixar de satisfazer as condições estabelecidas no inciso VII do caput deste artigo, sem prejuízo do disposto no art. 15 desta Lei, ou exceder qualquer dos limites estabelecidos no inciso I do § 8º deste artigo; *(Incluído pela Lei nº 11.718, de 2008)*
b) enquadrar-se em qualquer outra categoria de segurado obrigatório do Regime Geral de Previdência Social, ressalvado o disposto nos incisos III, V, VII e VIII do § 9º e no § 12, sem prejuízo do disposto no art. 15; *(Redação dada pela Lei nº 12.873, de 2013)*
c) tornar-se segurado obrigatório de outro regime previdenciário; e *(Redação dada pela Lei nº 12.873, de 2013)*
d) participar de sociedade empresária, de sociedade simples, como empresário individual ou como titular de empresa individual de responsabilidade limitada em desacordo com as limitações impostas pelo § 12; *(Incluído pela Lei nº 12.873, de 2013)*
II – a contar do primeiro dia do mês subseqüente ao da ocorrência, quando o grupo familiar a que pertence exceder o limite de: *(Incluído pela Lei nº 11.718, de 2008)*
a) utilização de terceiros na exploração da atividade a que se refere o § 7º deste artigo; *(Incluído pela Lei nº 11.718, de 2008)*
b) dias em atividade remunerada estabelecidos no inciso III do § 9º deste artigo; e *(Incluído pela Lei nº 11.718, de 2008)*
c) dias de hospedagem a que se refere o inciso II do § 8º deste artigo. *(Incluído pela Lei nº 11.718, de 2008)*
§ 11. Aplica-se o disposto na alínea *a* do inciso V do caput deste artigo ao cônjuge ou companheiro do produtor que participe da atividade rural por este explorada. *(Incluído pela Lei nº 11.718, de 2008)*
§ 12. A participação do segurado especial em sociedade empresária, em sociedade simples, como empresário individual ou como titular de empresa individual de responsabilidade limitada de objeto ou âmbito agrícola, agroindustrial ou agroturístico, considerada microempresa nos termos da Lei Complementar nº 123, de 14 de dezembro de 2006, não o exclui de tal categoria previdenciária, desde que, mantido o exercício da sua atividade rural na forma do inciso VII do caput e do § 1º, a pessoa jurídica componha-se apenas de segurados de igual natureza e sedie-se no mesmo Município ou em Município limítrofe àquele em que eles desenvolvam suas atividades. *(Incluído pela Lei nº 12.873, de 2013)*
§ 13. *(VETADO)*. *(Incluído pela Lei nº 12.873, de 2013)*
Art. 12. O servidor civil ocupante de cargo efetivo ou o militar da União, dos Estados, do Distrito Federal ou dos Municípios, bem como o das respectivas autarquias e fundações, são excluídos do Regime Geral de Previdência Social consubstanciado nesta Lei, desde que amparados por regime próprio de previdência social.
§ 1º Caso o servidor ou o militar venham a exercer, concomitantemente, uma ou mais atividades abrangidas pelo Regime Geral de Previdência Social, tornar-se-ão segurados obrigatórios em relação a essas atividades.
§ 2º Caso o servidor ou o militar, amparados por regime próprio de previdência social, sejam requisitados para outro órgão ou entidade cujo regime previdenciário não permita a filiação, nessa condição, permanecerão vinculados ao regime de origem, obedecidas as regras que cada ente estabeleça acerca de sua contribuição. *(Parágrafo acrescentado pela Lei nº 9.876, de 26.11.99)*
Art. 13. É segurado facultativo o maior de 14 (quatorze) anos que se filiar ao Regime Geral de Previdência Social, mediante contribuição, desde que não incluído nas disposições do Art. 11.
Art. 14. Consideram-se:
I - empresa - a firma individual ou sociedade que assume o risco de atividade econômica urbana ou rural, com fins lucrativos ou não, bem como os órgãos e entidades da administração pública direta, indireta ou fundacional;
II - empregador doméstico - a pessoa ou família que admite a seu serviço, sem finalidade lucrativa, empregado doméstico.
Parágrafo único. Equiparam-se a empresa, para os efeitos desta Lei, o contribuinte individual e a pessoa física na condição de proprietário ou dono de obra de construção civil, em relação a segurado que lhe presta serviço, bem como a cooperativa, a associação ou entidade de qualquer natureza ou finalidade, a missão diplomática e a repartição consular de carreira estrangeiras. *(Redação dada pela Lei nº 13.202, de 2015)*
Art. 15. Mantém a qualidade de segurado, independentemente de contribuições:
I - sem limite de prazo, quem está em gozo de benefício;
II - até 12 (doze) meses após a cessação das contribuições, o segurado que deixar de exercer atividade remunerada abrangida pela Previdência Social ou estiver suspenso ou licenciado sem remuneração;
III - até 12 (doze) meses após cessar a segregação, o segurado acometido de doença de segregação compulsória;
IV - até 12 (doze) meses após o livramento, o segurado retido ou recluso;

V - até 3 (três) meses após o licenciamento, o segurado incorporado às Forças Armadas para prestar serviço militar;

VI - até 6 (seis) meses após a cessação das contribuições, o segurado facultativo.

§ 1º O prazo do inciso II será prorrogado para até 24 (vinte e quatro) meses se o segurado já tiver pago mais de 120 (cento e vinte) contribuições mensais sem interrupção que acarrete a perda da qualidade de segurado.

§ 2º Os prazos do inciso II ou do § 1º serão acrescidos de 12 (doze) meses para o segurado desempregado, desde que comprovada essa situação pelo registro no órgão próprio do Ministério do Trabalho e da Previdência Social.

§ 3º Durante os prazos deste artigo, o segurado conserva todos os seus direitos perante a Previdência Social.

§ 4º A perda da qualidade de segurado ocorrerá no dia seguinte ao do término do prazo fixado no Plano de Custeio da Seguridade Social para recolhimento da contribuição referente ao mês imediatamente posterior ao do final dos prazos fixados neste artigo e seus parágrafos.

Seção II
Dos Dependentes

Art. 16. São beneficiários do Regime Geral de Previdência Social, na condição de dependentes do segurado:

I - o cônjuge, a companheira, o companheiro e o filho não emancipado, de qualquer condição, menor de 21 (vinte e um) anos ou inválido ou que tenha deficiência intelectual ou mental ou deficiência grave; *(Redação dada pela Lei nº 13.146, de 2015)*

II - os pais;

III - o irmão não emancipado, de qualquer condição, menor de 21 (vinte e um) anos ou inválido ou que tenha deficiência intelectual ou mental ou deficiência grave; *(Redação dada pela Lei nº 13.146, de 2015)*

IV - *(Revogado pela Lei nº 9.032, de 28.4.95)*

§ 1ºA existência de dependente de qualquer das classes deste artigo exclui do direito às prestações os das classes seguintes.

§ 2º O enteado e o menor tutelado equiparam-se a filho mediante declaração do segurado e desde que comprovada a dependência econômica na forma estabelecida no Regulamento.

§ 3º Considera-se companheira ou companheiro a pessoa que, sem ser casada, mantém união estável com o segurado ou com a segurada, de acordo com o § 3º do Art. 226 da Constituição Federal.

§ 4ºA dependência econômica das pessoas indicadas no inciso I é presumida e a das demais deve ser comprovada.

Seção III
Das Inscrições

Art. 17. O Regulamento disciplinará a forma de inscrição do segurado e dos dependentes.

§ 1º Incumbe ao dependente promover a sua inscrição quando do requerimento do benefício a que estiver habilitado.*(Redação dada pela Lei nº 10.403, de 8.1.2002)*

§ 2º *(Revogado pela Lei nº 13.135, de 2015)*

§ 3º *(Revogado pela Lei nº 11.718, de 2008)*

§ 4º A inscrição do segurado especial será feita de forma a vinculá-lo ao respectivo grupo familiar e conterá, além das informações pessoais, a identificação da propriedade em que desenvolve a atividade e a que título, se nela reside ou o Município onde reside e, quando for o caso, a identificação e inscrição da pessoa responsável pelo grupo familiar. *(Redação dada pela Lei nº 12.873, de 2013)*

§ 5º O segurado especial integrante de grupo familiar que não seja proprietário ou dono do imóvel rural em que desenvolve sua atividade deverá informar, no ato da inscrição, conforme o caso, o nome do parceiro ou meeiro outorgante, arrendador, comodante ou assemelhado. *(Incluído Lei nº 11.718, de 2008)*

§ 6º *(Revogado pela Lei nº 12.873, de 2013)*

CAPÍTULO II
DAS PRESTAÇÕES EM GERAL
Seção I
Das Espécies de Prestações

Art. 18. O Regime Geral de Previdência Social compreende as seguintes prestações, devidas inclusive em razão de eventos decorrentes de acidente do trabalho, expressas em benefícios e serviços:

I - quanto ao segurado:

a) aposentadoria por invalidez;

b) aposentadoria por idade;

c) aposentadoria por tempo de contribuição *(Redação dada pela Lei Complementar n. 123, de 2006)*;

d) aposentadoria especial;

e) auxílio-doença;

f) salário-família;

g) salário-maternidade;

h) auxílio-acidente;

i) *(Revogada pela Lei nº 8.870, de 15.4.94)*

II - quanto ao dependente:

a) pensão por morte;

b) auxílio-reclusão;

III - quanto ao segurado e dependente:

a) *(Revogada pela Lei nº 9.032, de 28.4.95)*

b) serviço social;

c) reabilitação profissional.

§ 1º Somente poderão beneficiar-se do auxílio-acidente os segurados incluídos nos incisos I, II, VI e VII do art. 11 desta Lei. *(Redação dada pela Lei Complementar nº 150, de 2015)*

§ 2º O aposentado pelo Regime Geral de Previdência Social–RGPS que permanecer em atividade sujeita a este Regime, ou a ele retornar, não fará jus a prestação alguma da Previdência Social em decorrência do exercício dessa atividade, exceto ao salário-família e à reabilitação profissional, quando empregado.

§ 3º O segurado contribuinte individual, que trabalhe por conta própria, sem relação de trabalho com empresa ou equiparado, e o segurado facultativo que contribuam na forma do § 2º do art. 21 da Lei nº 8.212, de 24 de julho de 1991, não farão jus à aposentadoria por tempo de contribuição. *(Incluído pela Lei Complementar nº 123, de 2006)*

Art. 19. Acidente do trabalho é o que ocorre pelo exercício do trabalho a serviço de empresa ou de empregador doméstico ou pelo exercício do trabalho dos segurados referidos no inciso VII do art. 11 desta Lei, provocando lesão corporal ou perturbação funcional que cause a morte ou a perda ou redução, permanente ou temporária, da capacidade para o trabalho. *(Redação dada pela Lei Complementar nº 150, de 2015)*

§ 1º A empresa é responsável pela adoção e uso das medidas coletivas e individuais de proteção e segurança da saúde do trabalhador.

§ 2º Constitui contravenção penal, punível com multa, deixar a empresa de cumprir as normas de segurança e higiene do trabalho.

§ 3º É dever da empresa prestar informações pormenorizadas sobre os riscos da operação a executar e do produto a manipular.

§ 4º O Ministério do Trabalho e da Previdência Social fiscalizará e os sindicatos e entidades representativas de classe acompanharão o fiel cumprimento do disposto nos parágrafos anteriores, conforme dispuser o Regulamento.

Art. 20. Consideram-se acidente do trabalho, nos termos do artigo anterior, as seguintes entidades mórbidas:

I - doença profissional, assim entendida a produzida ou desencadeada pelo exercício do trabalho peculiar a determinada atividade e constante da respectiva relação elaborada pelo Ministério do Trabalho e da Previdência Social;

II - doença do trabalho, assim entendida a adquirida ou desencadeada em função de condições especiais em que o trabalho é realizado e com ele se relacione diretamente, constante da relação mencionada no inciso I.

§ 1º Não são consideradas como doença do trabalho:

a) a doença degenerativa;

b) a inerente a grupo etário;

c) a que não produza incapacidade laborativa;

d) a doença endêmica adquirida por segurado habitante de região em que ela se desenvolva, salvo comprovação de que é resultante de exposição ou contato direto determinado pela natureza do trabalho.

§ 2º Em caso excepcional, constatando-se que a doença não incluída na relação prevista nos incisos I e II deste artigo resultou das condições especiais em que o trabalho é executado e com ele se relaciona diretamente, a Previdência Social deve considerá-la acidente do trabalho.

Art. 21. Equiparam-se também ao acidente do trabalho, para efeitos desta Lei:

I - o acidente ligado ao trabalho que, embora não tenha sido a causa única, haja contribuído diretamente para a morte do segurado, para redução ou perda da sua capacidade para o trabalho, ou produzido lesão que exija atenção médica para a sua recuperação;

II - o acidente sofrido pelo segurado no local e no horário do trabalho, em conseqüência de:

a) ato de agressão, sabotagem ou terrorismo praticado por terceiro ou companheiro de trabalho;

b) ofensa física intencional, inclusive de terceiro, por motivo de disputa relacionada ao trabalho;

c) ato de imprudência, de negligência ou de imperícia de terceiro ou de companheiro de trabalho;

d) ato de pessoa privada do uso da razão;

e) desabamento, inundação, incêndio e outros casos fortuitos ou decorrentes de força maior;

III - a doença proveniente de contaminação acidental do empregado no exercício de sua atividade;

IV - o acidente sofrido pelo segurado ainda que fora do local e horário de trabalho:

a) na execução de ordem ou na realização de serviço sob a autoridade da empresa;

b) na prestação espontânea de qualquer serviço à empresa para lhe evitar prejuízo ou proporcionar proveito;

c) em viagem a serviço da empresa, inclusive para estudo quando financiada por esta dentro de seus planos para melhor capacitação da mão-de-obra, independentemente do meio de locomoção utilizado, inclusive veículo de propriedade do segurado;

d) no percurso da residência para o local de trabalho ou deste para aquela, qualquer que seja o meio de locomoção, inclusive veículo de propriedade do segurado.

§ 1º Nos períodos destinados a refeição ou descanso, ou por ocasião da satisfação de outras necessidades fisiológicas, no local do trabalho ou durante este, o empregado é considerado no exercício do trabalho.

§ 2º Não é considerada agravação ou complicação de acidente do trabalho a lesão que, resultante de acidente de outra origem, se associe ou se superponha às conseqüências do anterior.

Art. 21-A. A perícia médica do Instituto Nacional do Seguro Social (INSS) considerará caracterizada a natureza acidentária da incapacidade quando constatar ocorrência de nexo técnico epidemiológico entre o trabalho e o agravo, decorrente da relação entre a atividade da empresa ou do empregado doméstico e a entidade mórbida motivadora da incapacidade elencada na Classificação Internacional de Doenças (CID), em conformidade com o que dispuser o regulamento. *(Redação dada pela Lei Complementar nº 150, de 2015)*

§ 1º A perícia médica do INSS deixará de aplicar o disposto neste artigo quando demonstrada a inexistência do nexo de que trata o caput deste artigo. *(Incluído pela Lei nº 11.430, de 2006)*

§ 2º A empresa ou o empregador doméstico poderão requerer a não aplicação do nexo técnico epidemiológico, de cuja decisão caberá recurso, com efeito suspensivo, da empresa, do empregador doméstico ou do segurado ao Conselho de Recursos da Previdência Social. *(Redação dada pela Lei Complementar nº 150, de 2015)*

Art. 22. A empresa ou o empregador doméstico deverão comunicar o acidente do trabalho à Previdência Social até o primeiro dia útil seguinte ao da ocorrência e, em caso de morte, de imediato, à autoridade competente, sob pena de multa variável entre o limite mínimo e o limite máximo do salário de contribuição, sucessivamente aumentada nas reincidências, aplicada e cobrada pela Previdência Social. *(Redação dada pela Lei Complementar nº 150, de 2015)*

§ 1º Da comunicação a que se refere este artigo receberão cópia fiel o acidentado ou seus dependentes, bem como o sindicato a que corresponda a sua categoria.

§ 2º Na falta de comunicação por parte da empresa, podem formalizá-la o próprio acidentado, seus dependentes, a entidade sindical competente, o médico que o assistiu ou qualquer autoridade pública, não prevalecendo nestes casos o prazo previsto neste artigo.

§ 3º A comunicação a que se refere o § 2º não exime a empresa de responsabilidade pela falta do cumprimento do disposto neste artigo.

§ 4º Os sindicatos e entidades representativas de classe poderão acompanhar a cobrança, pela Previdência Social, das multas previstas neste artigo.

§ 5º A multa de que trata este artigo não se aplica na hipótese do caput do art. 21-A. *(Incluído pela Lei nº 11.430, de 2006)*

Art. 23. Considera-se como dia do acidente, no caso de doença profissional ou do trabalho, a data do início da incapacidade laborativa para o exercício da atividade habitual, ou o dia da segregação compulsória, ou o dia em que for realizado o diagnóstico, valendo para este efeito o que ocorrer primeiro.

Seção II
Dos Períodos de Carência

Art. 24. Período de carência é o número mínimo de contribuições mensais indispensáveis para que o beneficiário faça jus ao benefício, consideradas a partir do transcurso do primeiro dia dos meses de suas competências.

Parágrafo único. Havendo perda da qualidade de segurado, as contribuições anteriores a essa data só serão computadas para efeito de carência depois que o segurado contar, a partir da nova filiação à Previdência Social, com, no mínimo, 1/3 (um terço) do número de contribuições exigidas para o cumprimento da carência definida para o benefício a ser requerido.

Art. 25. A concessão das prestações pecuniárias do Regime Geral de Previdência Social depende dos seguintes períodos de carência, ressalvado o disposto no Art. 26:

I - auxílio-doença e aposentadoria por invalidez: 12 (doze) contribuições mensais;

II - aposentadoria por idade, aposentadoria por tempo de serviço e aposentadoria especial: 180 contribuições mensais.

III - salário-maternidade para as seguradas de que tratam os incisos V e VII do Art. 11 e o Art. 13: dez contribuições mensais, respeitado o disposto no parágrafo único do Art. 39 desta Lei.

Parágrafo único. Em caso de parto antecipado, o período de carência a que se refere o inciso III será reduzido em número de contribuições equivalente ao número de meses em que o parto foi antecipado.

Art. 26. Independe de carência a concessão das seguintes prestações:

I - pensão por morte, auxílio-reclusão, salário-família e auxílio-acidente; *(Redação dada pela Lei nº 9.876, de 26.11.99)*

II - auxílio-doença e aposentadoria por invalidez nos casos de acidente de qualquer natureza ou causa e de doença profissional ou do trabalho, bem como nos casos de segurado que, após filiar-se ao RGPS, for acometido de alguma das doenças e afecções especificadas em lista elaborada pelos Ministérios da Saúde e da Previdência Social, atualizada a cada 3 (três) anos, de acordo com os critérios de estigma, deformação, mutilação, deficiência ou outro fator que lhe confira especificidade e gravidade que mereçam tratamento particularizado; *(Redação dada pela Lei nº 13.135, de 2015)*

III - os benefícios concedidos na forma do inciso I do Art. 39, aos segurados especiais referidos no inciso VII do Art. 11 desta Lei;

IV - serviço social;

V - reabilitação profissional.

VI - salário-maternidade para as seguradas empregada, trabalhadora avulsa e empregada doméstica.

Art. 27. Para cômputo do período de carência, serão consideradas as contribuições: *(Redação dada pela Lei Complementar nº 150, de 2015)*

I - referentes ao período a partir da data de filiação ao Regime Geral de Previdência Social (RGPS), no caso dos segurados empregados, inclusive os domésticos, e dos trabalhadores avulsos; *(Redação dada pela Lei Complementar nº 150, de 2015)*

II - realizadas a contar da data de efetivo pagamento da primeira contribuição sem atraso, não sendo consideradas para este fim as contribuições recolhidas com atraso referentes a competências anteriores, no caso dos segurados contribuinte individual, especial e facultativo, referidos, respectivamente, nos incisos V e VII do art. 11 e no art. 13. *(Redação dada pela Lei Complementar nº 150, de 2015)*

Seção III
Do Cálculo do Valor dos Benefícios
Subseção I
Do Salário-de-Benefício

Art. 28. O valor do benefício de prestação continuada, inclusive o regido por norma especial e o decorrente de acidente do trabalho, exceto o salário-família e o salário-maternidade, será calculado com base no salário-de-benefício.

§ 1º *(Revogado pela Lei nº 9.032, de 28.4.95)*

§ 2º *(Revogado pela Lei nº 9.032, de 28.4.95)*

§ 3º *(Revogado pela Lei nº 9.032, de 28.4.95)*

§ 4º*(Revogado pela Lei nº 9.032, de 28.4.95)*

Art. 29. O salário-de-benefício consiste:

I - para os benefícios de que tratam as alíneas *b* e *c* do inciso I do Art. 18, na média aritmética simples dos maiores salários-de-contribuição correspondentes a oitenta por cento de todo o período contributivo, multiplicada pelo fator previdenciário;

II - para os benefícios de que tratam as alíneas *a*, *d*, *e* e *h* do inciso I do Art. 18, na média aritmética simples dos maiores salários-de-contribuição correspondentes a oitenta por cento de todo o período contributivo.

§ 1º *(Revogado pela Lei nº 9.876, de 26.11.99)*

§ 2º O valor do salário-de-benefício não será inferior ao de um salário mínimo, nem superior ao do limite máximo do salário-de-contribuição na data de início do benefício.

§ 3º Serão considerados para cálculo do salário-de-benefício os ganhos habituais do segurado empregado, a qualquer título, sob forma de moeda corrente ou de utilidades, sobre os quais tenha incidido contribuições previdenciárias, exceto o décimo-terceiro salário (gratificação natalina).

§ 4º Não será considerado, para o cálculo do salário-de-benefício, o aumento dos salários-de-contribuição que exceder o limite legal, inclusive o voluntariamente concedido nos 36 (trinta e seis) meses imediatamente anteriores ao início do benefício, salvo se homologado pela Justiça do Trabalho, resultante de promoção regulada por normas gerais da empresa, admitida pela legislação do trabalho, de sentença normativa ou de reajustamento salarial obtido pela categoria respectiva.

§ 5º Se, no período básico de cálculo, o segurado tiver recebido benefícios por incapacidade, sua duração será contada, considerando-se como salário-de-contribuição, no período, o salário-de-benefício que serviu de base para o cálculo da renda mensal, reajustado nas mesmas épocas e bases dos benefícios em geral, não podendo ser inferior ao valor de 1 (um) salário mínimo.

§ 6º O salário-de-benefício do segurado especial consiste no valor equivalente ao salário-mínimo, ressalvado o disposto no inciso II do art. 39 e nos §§ 3º e 4º do art. 48 desta Lei. *(Redação dada pela Lei nº 11.718, de 2008)*

I - *(Revogado pela Lei nº 11.718, de 2008)*

II - *(Revogado pela Lei nº 11.718, de 2008)*

§ 7º O fator previdenciário será calculado considerando-se a idade, a expectativa de sobrevida e o tempo de contribuição do segurado ao se aposentar, segundo a fórmula constante do Anexo desta Lei.

§ 8º Para efeito do disposto no § 7º, a expectativa de sobrevida do segurado na idade da aposentadoria será obtida a partir da tábua completa de mortalidade construída pela Fundação Instituto Brasileiro de Geografia e Estatística - IBGE, considerando-se a média nacional única para ambos os sexos.

§ 9º Para efeito da aplicação do fator previdenciário, ao tempo de contribuição do segurado serão adicionados:

I - cinco anos, quando se tratar de mulher;

II - cinco anos, quando se tratar de professor que comprove exclusivamente tempo de efetivo exercício das funções de magistério na educação infantil e no ensino fundamental e médio;

III - dez anos, quando se tratar de professora que comprove exclusivamente tempo de efetivo exercício das funções de magistério na educação infantil e no ensino fundamental e médio.

§ 10. O auxílio-doença não poderá exceder a média aritmética simples dos últimos 12 (doze) salários-de-contribuição, inclusive em caso de remuneração variável, ou, se não alcançado o número de 12 (doze), a média aritmética simples dos salários-de-contribuição existentes. *(Incluído pela Lei nº 13.135, de 2015)*

§ 11. (VETADO). *(Incluído pela Lei nº 13.135, de 2015)*

§ 12. (VETADO). *(Incluído pela Lei nº 13.135, de 2015)*

§ 13. (VETADO). *(Incluído pela Lei nº 13.135, de 2015)*

Art. 29-A. O INSS utilizará as informações constantes no Cadastro Nacional de Informações Sociais – CNIS sobre os vínculos e as remunerações dos segurados, para fins de cálculo do salário-de-benefício, comprovação de filiação ao Regime Geral de Previdência Social, tempo de contribuição e relação de emprego. *(Redação dada pela Lei Complementar nº 128, de 2008)*

§ 1º O INSS terá até 180 (cento e oitenta) dias, contados a partir da solicitação do pedido, para fornecer ao segurado as informações previstas no *caput* deste artigo.

§ 2º O segurado poderá solicitar, a qualquer momento, a inclusão, exclusão ou retificação de informações constantes do CNIS, com a apresentação de documentos comprobatórios dos dados divergentes, conforme critérios definidos pelo INSS. *(Redação dada pela Lei Complementar nº 128, de 2008)*

§ 3º A aceitação de informações relativas a vínculos e remunerações inseridas extemporaneamente no CNIS, inclusive retificações de informações anteriormente inseridas, fica condicionada à comprovação dos dados ou das divergências apontadas, conforme critérios definidos em regulamento. *(Incluído pela Lei Complementar nº 128, de 2008)*

§ 4º Considera-se extemporânea a inserção de dados decorrentes de documento inicial ou de retificação de dados anteriormente informados, quando o documento ou a retificação, ou a informação retificadora, forem apresentados após os prazos estabelecidos em regulamento. *(Incluído pela Lei Complementar nº 128, de 2008)*

§ 5º Havendo dúvida sobre a regularidade do vínculo incluído no CNIS e inexistência de informações sobre remunerações e contribuições, o INSS exigirá a apresentação dos documentos que serviram de base à anotação, sob pena de exclusão do período. *(Incluído pela Lei Complementar nº 128, de 2008)*

Art. 29-B. Os salários-de-contribuição considerados no cálculo do valor do benefício serão corrigidos mês a mês de acordo com a variação integral do Índice Nacional de Preços ao Consumidor - INPC, calculado pela Fundação Instituto Brasileiro de Geografia e Estatística - IBGE. *(Incluído pela Lei nº 10.877, de 2004)*

Art. 29-C. O segurado que preencher o requisito para a aposentadoria por tempo de contribuição poderá optar pela não incidência do fator previdenciário no cálculo de sua aposentadoria, quando o total resultante da soma de sua idade e de seu tempo de contribuição, incluídas as frações, na data de requerimento da aposentadoria, for: *(Incluído pela Lei nº 13.183, de 2015)*

I - igual ou superior a noventa e cinco pontos, se homem, observando o tempo mínimo de contribuição de trinta e cinco anos; ou *(Incluído pela Lei nº 13.183, de 2015)*

II - igual ou superior a oitenta e cinco pontos, se mulher, observado o tempo mínimo de contribuição de trinta anos. *(Incluído pela Lei nº 13.183, de 2015)*

§ 1º Para os fins do disposto no caput, serão somadas as frações em meses completos de tempo de contribuição e idade. *(Incluído pela Lei nº 13.183, de 2015)*

§ 2º As somas de idade e de tempo de contribuição previstas no caput serão majoradas em um ponto em: *(Incluído pela Lei nº 13.183, de 2015)*

I - 31 de dezembro de 2018; *(Incluído pela Lei nº 13.183, de 2015)*

II - 31 de dezembro de 2020; *(Incluído pela Lei nº 13.183, de 2015)*

III - 31 de dezembro de 2022; *(Incluído pela Lei nº 13.183, de 2015)*

IV - 31 de dezembro de 2024; e *(Incluído pela Lei nº 13.183, de 2015)*

V - 31 de dezembro de 2026. *(Incluído pela Lei nº 13.183, de 2015)*

§ 3º Para efeito de aplicação do disposto no caput e no § 2º, o tempo mínimo de contribuição do professor e da professora que comprovarem exclusivamente tempo de efetivo exercício de magistério na educação infantil e no ensino fundamental e médio será de, respectivamente, trinta e vinte e cinco anos, e serão acrescidos cinco pontos à soma da idade com o tempo de contribuição. *(Incluído pela Lei nº 13.183, de 2015)*

§ 4º Ao segurado que alcançar o requisito necessário ao exercício da opção de que trata o caput e deixar de requerer aposentadoria será assegurado o direito à opção com a aplicação da pontuação exigida na data do cumprimento do requisito nos termos deste artigo. *(Incluído pela Lei nº 13.183, de 2015)*

§ 5º *(VETADO)." (Incluído pela Lei nº 13.183, de 2015)*

Art. 29-D. *(VETADO). (Incluído pela Lei nº 13.183, de 2015)*

Art. 30. *Revogado pela Lei nº 9.032, de 28.4.95)*

Art. 31. O valor mensal do auxílio-acidente integra o salário-de-contribuição, para fins de cálculo do salário-de-benefício de qualquer aposentadoria, observado, no que couber, o disposto no Art. 29 e no Art. 86, § 5º.

Art. 32. O salário-de-benefício do segurado que contribuir em razão de atividades concomitantes será calculado com base na soma dos salários-de-contribuição das atividades exercidas na data do requerimento ou do óbito, ou no período básico de cálculo, observado o disposto no Art. 29 e as normas seguintes:

I - quando o segurado satisfizer, em relação a cada atividade, as condições do benefício requerido, o salário-de-benefício será calculado com base na soma dos respectivos salários-de-contribuição;

II - quando não se verificar a hipótese do inciso anterior, o salário-de-benefício corresponde à soma das seguintes parcelas:

a) o salário-de-benefício calculado com base nos salários-de-contribuição das atividades em relação às quais são atendidas as condições do benefício requerido;

b) um percentual da média do salário-de-contribuição de cada uma das demais atividades, equivalente à relação entre o número de meses completo de contribuição e os do período de carência do benefício requerido;

III - quando se tratar de benefício por tempo de serviço, o percentual da alínea "b" do inciso II será o resultante da relação entre os anos completos de atividade e o número de anos de serviço considerado para a concessão do benefício.

§ 1º O disposto neste artigo não se aplica ao segurado que, em obediência ao limite máximo do salário-de- contribuição, contribuiu apenas por uma das atividades concomitantes.

§ 2º Não se aplica o disposto neste artigo ao segurado que tenha sofrido redução do salário-de-contribuição das atividades concomitantes em respeito ao limite máximo desse salário.

Subseção II
Da Renda Mensal do Benefício

Art. 33. A renda mensal do benefício de prestação continuada que substituir o salário-de-contribuição ou o rendimento do trabalho do segurado não terá valor inferior ao do salário mínimo, nem superior ao do limite máximo do salário-de-contribuição, ressalvado o disposto no Art. 45 desta Lei.

Art. 34. No cálculo do valor da renda mensal do benefício, inclusive o decorrente de acidente do trabalho, serão computados: *(Redação dada pela Lei Complementar nº 150, de 2015)*

I - para o segurado empregado, inclusive o doméstico, e o trabalhador avulso, os salários de contribuição referentes aos meses de contribuições devidas, ainda que não recolhidas pela empresa ou pelo empregador doméstico, sem prejuízo da respectiva cobrança e da aplicação das penalidades cabíveis, observado o disposto no § 5º do art. 29-A; *(Redação dada pela Lei Complementar nº 150, de 2015)*

II - para o segurado empregado, inclusive o doméstico, o trabalhador avulso e o segurado especial, o valor mensal do auxílio-acidente, considerado como salário de contribuição para fins de concessão de qualquer aposentadoria, nos termos do art. 31; *(Redação dada pela Lei Complementar nº 150, de 2015)*

III - para os demais segurados, os salários-de-contribuição referentes aos meses de contribuições efetivamente recolhidas.

Art. 35. Ao segurado empregado, inclusive o doméstico, e ao trabalhador avulso que tenham cumprido todas as condições para a concessão do benefício pleiteado, mas não possam comprovar o valor de seus salários de contribuição no período básico de cálculo, será concedido o benefício de valor mínimo, devendo esta renda ser recalculada quando da apresentação de prova dos salários de contribuição. *(Redação dada pela Lei Complementar nº 150, de 2015)*

Art. 36. Para o segurado empregado doméstico que, tendo satisfeito as condições exigidas para a concessão do benefício requerido, não comprovar o efetivo recolhimento das contribuições devidas, será concedido o benefício de valor mínimo, devendo sua renda ser recalculada quando da apresentação da prova do recolhimento das contribuições.

Art. 37. A renda mensal inicial, recalculada de acordo com o disposto no art. 35, deve ser reajustada como a dos benefícios correspondentes com igual data de início e substituirá, a partir da data do requerimento de revisão do valor do benefício, a renda mensal que prevalecia até então. *(Redação dada pela Lei Complementar nº 150, de 2015)*

Art. 38. Sem prejuízo do disposto no art. 35, cabe à Previdência Social manter cadastro dos segurados com todos os informes necessários para o cálculo da renda mensal dos benefícios. *(Redação dada pela Lei Complementar nº 150, de 2015)*

Art. 38-A. O Ministério da Previdência Social desenvolverá programa de cadastramento dos segurados especiais, observado o disposto nos §§ 4º e 5º do art. 17 desta Lei, podendo para tanto firmar convênio com órgãos federais, estaduais ou do Distrito Federal e dos Municípios, bem como com entidades de classe, em especial as respectivas confederações ou federações. *(Incluído pela Lei nº 11.718, de 2008)*

§ 1º O programa de que trata o caput deste artigo deverá prever a manutenção e a atualização anual do cadastro e conter todas as informações necessárias à caracterização da condição de segurado especial. *(Redação dada pela Lei nº 13.134, de 2015)*

§ 2º Da aplicação do disposto neste artigo não poderá resultar nenhum ônus para os segurados, sejam eles filiados ou não às entidades conveniadas. *(Incluído pela Lei nº 11.718, de 2008)*

§ 3º O INSS, no ato de habilitação ou de concessão de benefício, deverá verificar a condição de segurado especial e, se for o caso, o pagamento da contribuição previdenciária, nos termos da Lei no 8.212, de 24 de julho de 1991, considerando, dentre outros, o que consta do Cadastro Nacional de Informações Sociais (CNIS) de que trata o art. 29-A desta Lei. *(Incluído pela Lei nº 13.134, de 2015)*

Art. 38-B. O INSS utilizará as informações constantes do cadastro de que trata o art. 38-A para fins de comprovação do exercício da atividade e da condição do segurado especial e do respectivo grupo familiar. *(Incluído pela Lei nº 13.134, de 2015)*

Parágrafo único. Havendo divergências de informações, para fins de reconhecimento de direito com vistas à concessão de benefício, o INSS poderá exigir a apresentação dos documentos previstos no art. 106 desta Lei. *(Incluído pela Lei nº 13.134, de 2015)*

Art. 39. Para os segurados especiais, referidos no inciso VII do Art. 11 desta Lei, fica garantida a concessão:

I - de aposentadoria por idade ou por invalidez, de auxílio-doença, de auxílio-reclusão ou de pensão, no valor de 1 (um) salário mínimo, e de auxílio-acidente, conforme disposto no art. 86, desde que comprove o exercício de atividade rural, ainda que de forma descontínua, no período, imediatamente anterior ao requerimento do benefício, igual ao número de meses correspondentes à carência do benefício requerido; ou *(Redação dada pela Lei nº 12.873, de 2013)*

II - dos benefícios especificados nesta Lei, observados os critérios e a forma de cálculo estabelecidos, desde que contribuam facultativamente para a Previdência Social, na forma estipulada no Plano de Custeio da Seguridade Social.

Parágrafo único. Para a segurada especial fica garantida a concessão do salário-maternidade no valor de 1 (um) salário mínimo, desde que comprove o exercício de atividade rural, ainda que de forma descontínua, nos 12 (doze) meses imediatamente anteriores ao do início do benefício.

Art. 40. É devido abono anual ao segurado e ao dependente da Previdência Social que, durante o ano, recebeu auxílio-doença, auxílio-acidente ou aposentadoria, pensão por morte ou auxílio-reclusão. *(Vide Decreto nº 8.064, de 2013)*

Parágrafo único. O abono anual será calculado, no que couber, da mesma forma que a Gratificação de Natal dos trabalhadores, tendo por base o valor da renda mensal do benefício do mês de dezembro de cada ano.

Seção IV
Do Reajustamento do Valor dos Benefícios

Art. 41. *(Revogado pela Lei n. 11.430, de 2006)*

Art. 41-A. O valor dos benefícios em manutenção será reajustado, anualmente, na mesma data do reajuste do salário mínimo, pro rata, de acordo com suas respectivas datas de início ou do último reajustamento, com base no Índice Nacional de Preços ao Consumidor - INPC, apurado pela Fundação Instituto Brasileiro de Geografia e Estatística - IBGE. *(Incluído pela Lei nº 11.430, de 2006)*

§ 1º Nenhum benefício reajustado poderá exceder o limite máximo do salário-de-benefício na data do reajustamento, respeitados os direitos adquiridos. *(Incluído pela Lei nº 11.430, de 2006)*

§ 2º Os benefícios com renda mensal superior a um salário mínimo serão pagos do primeiro ao quinto dia útil do mês subseqüente ao de sua competência, observada a distribuição proporcional do número de beneficiários por dia de pagamento. *(Redação dada pela Lei nº 11.665, de 2008)*

§ 3º Os benefícios com renda mensal no valor de até um salário mínimo serão pagos no período compreendido entre o quinto dia útil que anteceder o final do mês de sua competência e o quinto dia útil do mês subseqüente, observada a distribuição proporcional dos beneficiários por dia de pagamento. *(Redação dada pela Lei nº 11.665, de 2008)*

§ 4º Para os efeitos dos §§ 2º e 3º, considera-se dia útil aquele de expediente bancário com horário normal de atendimento. *(Redação dada pela Lei nº 11.665, de 2008)*

§ 5º O primeiro pagamento do benefício será efetuado até quarenta e cinco dias após a data da apresentação, pelo segurado, da documentação necessária à sua concessão. *(Incluído pela Lei nº 11.665, de 2008)*

§ 6º Para os benefícios que tenham sido majorados devido à elevação do salário mínimo, o referido aumento deverá ser compensado no momento da aplicação do disposto no **caput**, de acordo com as normas a serem baixadas pelo Ministério da Previdência Social. *(Incluído pela Lei nº 11.665, de 2008)*

Seção V
Dos Benefícios
Subseção I
Da Aposentadoria por Invalidez

Art. 42. A aposentadoria por invalidez, uma vez cumprida, quando for o caso, a carência exigida, será devida ao segurado que, estando ou não em gozo de auxílio-doença, for considerado incapaz e insusceptível de reabilitação para o exercício de atividade que lhe garanta a subsistência, e ser-lhe-á paga enquanto permanecer nesta condição.

§ 1º A concessão de aposentadoria por invalidez dependerá da verificação da condição de incapacidade mediante exame médico-pericial a cargo da Previdência Social, podendo o segurado, às suas expensas, fazer-se acompanhar de médico de sua confiança.

§ 2º A doença ou lesão de que o segurado já era portador ao filiar-se ao Regime Geral de Previdência Social não lhe conferirá direito à aposentadoria por invalidez, salvo quando a incapacidade sobrevier por motivo de progressão ou agravamento dessa doença ou lesão.

Art. 43. A aposentadoria por invalidez será devida a partir do dia imediato ao da cessação do auxílio-doença, ressalvado o disposto nos §§ 1º, 2º e 3º deste artigo.

§ 1º Concluindo a perícia médica inicial pela existência de incapacidade total e definitiva para o trabalho, a aposentadoria por invalidez será devida:

a) ao segurado empregado, a contar do décimo sexto dia do afastamento da atividade ou a partir da entrada do requerimento, se entre o afastamento e a entrada do requerimento decorrerem mais de trinta dias; *(Redação Dada pela Lei nº 9.876, de 26.11.99)*

b) ao segurado empregado doméstico, trabalhador avulso, contribuinte individual, especial e facultativo, a contar da data do início da incapacidade ou da data da entrada do requerimento, se entre essas datas decorrerem mais de trinta dias. *(Redação Dada pela Lei nº 9.876, de 26.11.99)*

§ 2º Durante os primeiros quinze dias de afastamento da atividade por motivo de invalidez, caberá à empresa pagar ao segurado empregado o salário. *(Redação Dada pela Lei nº 9.876, de 26.11.99)*

§ 3º *(Revogado pela Lei nº 9.032, de 28.4.95)*

Art. 44. A aposentadoria por invalidez, inclusive a decorrente de acidente do trabalho, consistirá numa renda mensal correspondente a 100% (cem por cento) do salário-de-benefício, observado o disposto na Seção III, especialmente no Art. 33 desta Lei.

§ 1º *(Revogado pela Lei nº 9.528, de 10.12.97)*

§ 2º Quando o acidentado do trabalho estiver em gozo de auxílio-doença, o valor da aposentadoria por invalidez será igual ao do auxílio-doença se este, por força de reajustamento, for superior ao previsto neste artigo.

Art. 45. O valor da aposentadoria por invalidez do segurado que necessitar da assistência permanente de outra pessoa será acrescido de 25% (vinte e cinco por cento).

Parágrafo único. O acréscimo de que trata este artigo:

a) será devido ainda que o valor da aposentadoria atinja o limite máximo legal;

b) será recalculado quando o benefício que lhe deu origem for reajustado;

c) cessará com a morte do aposentado, não sendo incorporável ao valor da pensão.

Art. 46. O aposentado por invalidez que retornar voluntariamente à atividade terá sua aposentadoria automaticamente cancelada, a partir da data do retorno.

Art. 47. Verificada a recuperação da capacidade de trabalho do aposentado por invalidez, será observado o seguinte procedimento:

I - quando a recuperação ocorrer dentro de 5 (cinco) anos, contados da data do início da aposentadoria por invalidez ou do auxílio-doença que a antecedeu sem interrupção, o benefício cessará:

a) de imediato, para o segurado empregado que tiver direito a retornar à função que desempenhava na empresa quando se aposentou, na forma da legislação trabalhista, valendo como documento, para tal fim, o certificado de capacidade fornecido pela Previdência Social; ou

b) após tantos meses quantos forem os anos de duração do auxílio-doença ou da aposentadoria por invalidez, para os demais segurados;

II - quando a recuperação for parcial, ou ocorrer após o período do inciso I, ou ainda quando o segurado for declarado apto para o exercício de trabalho diverso do qual habitualmente exercia, a aposentadoria será mantida, sem prejuízo da volta à atividade:

a) no seu valor integral, durante 6 (seis) meses contados da data em que for verificada a recuperação da capacidade;

b) com redução de 50% (cinqüenta por cento), no período seguinte de 6 (seis) meses;

c) com redução de 75% (setenta e cinco por cento), também por igual período de 6 (seis) meses, ao término do qual cessará definitivamente.

Subseção II
Da Aposentadoria por Idade

Art. 48. A aposentadoria por idade será devida ao segurado que, cumprida a carência exigida nesta Lei, completar 65 (sessenta e cinco) anos de idade, se homem, e 60 (sessenta), se mulher.

§ 1º Os limites fixados no *caput* são reduzidos para sessenta e cinqüenta e cinco anos no caso de trabalhadores rurais, respectivamente homens e mulheres, referidos na alínea *a* do inciso I, na alínea *g* do inciso V e nos incisos VI e VII do Art. 11.

§ 2º Para os efeitos do disposto no § 1º deste artigo, o trabalhador rural deve comprovar o efetivo exercício de atividade rural, ainda que de forma descontínua, no período imediatamente anterior ao requerimento do benefício, por tempo igual ao número de meses de contribuição correspondente à carência do benefício pretendido, computado o período a que se referem os incisos III a VIII do § 9º do art. 11 desta Lei. *(Redação dada pela Lei nº 11,718, de 2008)*

§ 3º Os trabalhadores rurais de que trata o § 1º deste artigo que não atendam ao disposto no § 2º deste artigo, mas que satisfaçam essa condição, se forem considerados períodos de contribuição sob outras categorias do segurado, farão jus ao benefício ao completarem 65 (sessenta e cinco) anos de idade, se homem, e 60 (sessenta) anos, se mulher. *(Incluído pela Lei nº 11,718, de 2008)*

§ 4º Para efeito do § 3º deste artigo, o cálculo da renda mensal do benefício será apurado de acordo com o disposto no inciso II do caput do art. 29 desta Lei, considerando-se como salário-de-contribuição mensal do período como segurado especial o limite mínimo de salário-de-contribuição da Previdência Social. *(Incluído pela Lei nº 11,718, de 2008)*

Art. 49. A aposentadoria por idade será devida:

I - ao segurado empregado, inclusive o doméstico, a partir:

a) da data do desligamento do emprego, quando requerida até essa data ou até 90 (noventa) dias depois dela; ou

b) da data do requerimento, quando não houver desligamento do emprego ou quando for requerida após o prazo previsto na alínea "a";

II - para os demais segurados, da data da entrada do requerimento.

Art. 50. A aposentadoria por idade, observado o disposto na Seção III deste Capítulo, especialmente no Art. 33, consistirá numa renda mensal de 70% (setenta por cento) do salário-de-benefício, mais 1% (um por cento) deste, por grupo de 12 (doze) contribuições, não podendo ultrapassar 100% (cem por cento) do salário-de-benefício.

Art. 51. A aposentadoria por idade pode ser requerida pela empresa, desde que o segurado empregado tenha cumprido o período de carência e completado 70 (setenta) anos de idade, se do sexo masculino, ou 65 (sessenta e cinco) anos, se do sexo feminino, sendo compulsória, caso em que será garantida ao empregado a indenização prevista na legislação trabalhista, considerada como data da rescisão do contrato de trabalho a imediatamente anterior à do início da aposentadoria.

Subseção III
Da Aposentadoria por Tempo de Serviço

Art. 52. A aposentadoria por tempo de serviço será devida, cumprida a carência exigida nesta Lei, ao segurado que completar 25 (vinte e cinco) anos de serviço, se do sexo feminino, ou 30 (trinta) anos, se do sexo masculino.

Art. 53. A aposentadoria por tempo de serviço, observado o disposto na Seção III deste Capítulo, especialmente no Art. 33, consistirá numa renda mensal de:

I - para a mulher: 70% (setenta por cento) do salário-de-benefício aos 25 (vinte e cinco) anos de serviço, mais 6% (seis por cento) deste, para cada novo ano completo de atividade, até o máximo de 100% (cem por cento) do salário-de-benefício aos 30 (trinta) anos de serviço;

II - para o homem: 70% (setenta por cento) do salário-de-benefício aos 30 (trinta) anos de serviço, mais 6% (seis por cento) deste, para cada novo ano completo de atividade, até o máximo de 100% (cem por cento) do salário-de-benefício aos 35 (trinta e cinco) anos de serviço.

Art. 54. A data do início da aposentadoria por tempo de serviço será fixada da mesma forma que a da aposen-tadoria por idade, conforme o disposto no Art. 49.

Art. 55. O tempo de serviço será comprovado na forma estabelecida no Regulamento, compreendendo, além do correspondente às atividades de qualquer das categorias de segurados de que trata o Art. 11 desta Lei, mesmo que anterior à perda da qualidade de segurado:

I - o tempo de serviço militar, inclusive o voluntário, e o previsto no § 1° do Art. 143 da Constituição Federal, ainda que anterior à filiação ao Regime Geral de Previdência Social, desde que não tenha sido contado para inatividade remunerada nas Forças Armadas ou aposentadoria no serviço público;

II - o tempo intercalado em que esteve em gozo de auxílio-doença ou aposentadoria por invalidez;

III - o tempo de contribuição efetuada como segurado facultativo;

IV - o tempo de serviço referente ao exercício de mandato eletivo federal, estadual ou municipal, desde que não tenha sido contado para efeito de aposentadoria por outro regime de previdência social;

V - o tempo de contribuição efetuado por segurado depois de ter deixado de exercer atividade remunerada que o enquadrava no Art. 11 desta Lei;

VI - o tempo de contribuição efetuado com base nos artigos 8° e 9° da Lei n° 8.162, de 8 de janeiro de 1991, pelo segurado definido no artigo 11, inciso I, alínea "g", desta Lei, sendo tais contribuições computadas para efeito de carência.

§ 1° A averbação de tempo de serviço durante o qual o exercício da atividade não determinava filiação obrigatória ao anterior Regime de Previdência Social Urbana só será admitida mediante o recolhimento das contribuições correspondentes, conforme dispuser o Regulamento, observado o disposto no § 2°.

§ 2° O tempo de serviço do segurado trabalhador rural, anterior à data de início de vigência desta Lei, será computado independentemente do recolhimento das contribuições a ele correspondentes, exceto para efeito de carência, conforme dispuser o Regulamento.

§ 3° A comprovação do tempo de serviço para os efeitos desta Lei, inclusive mediante justificação administrativa ou judicial, conforme o disposto no Art. 108, só produzirá efeito quando baseada em início de prova material, não sendo admitida prova exclusivamente testemunhal, salvo na ocorrência de motivo de força maior ou caso fortuito, conforme disposto no Regulamento.

§ 4° Não será computado como tempo de contribuição, para efeito de concessão do benefício de que trata esta subseção, o período em que o segurado contribuinte individual ou facultativo tiver contribuído na forma do § 2° do art. 21 da Lei n° 8.212, de 24 de julho de 1991, salvo se tiver complementado as contribuições na forma do § 3° do mesmo artigo. *(Incluído pela Lei Complementar n° 123, de 2006)*

Art. 56. O professor, após 30 (trinta) anos, e a professora, após 25 (vinte e cinco) anos de efetivo exercício em funções de magistério poderão aposentar-se por tempo de serviço, com renda mensal correspondente a 100% (cem por cento) do salário-de-benefício, observado o disposto na Seção III deste Capítulo.

Subseção IV
Da Aposentadoria Especial

Art. 57. A aposentadoria especial será devida, uma vez cumprida a carência exigida nesta Lei, ao segurado que tiver trabalhado sujeito a condições especiais que prejudiquem a saúde ou a integridade física, durante 15 (quinze), 20 (vinte) ou 25 (vinte e cinco) anos, conforme dispuser a lei.

§ 1° A aposentadoria especial, observado o disposto no Art. 33 desta Lei, consistirá numa renda mensal equivalente a 100% (cem por cento) do salário-de-benefício.

§ 2° A data de início do benefício será fixada da mesma forma que a da aposentadoria por idade, conforme o disposto no Art. 49.

§ 3° A concessão da aposentadoria especial dependerá de comprovação pelo segurado, perante o Instituto Nacional do Seguro Social–INSS, do tempo de trabalho permanente, não ocasional nem intermitente, em condições especiais que prejudiquem a saúde ou a integridade física, durante o período mínimo fixado.

§ 4° O segurado deverá comprovar, além do tempo de trabalho, exposição aos agentes nocivos químicos, físicos, biológicos ou associação de agentes prejudiciais à saúde ou à integridade física, pelo período equivalente ao exigido para a concessão do benefício.

§ 5° O tempo de trabalho exercido sob condições especiais que sejam ou venham a ser consideradas prejudiciais à saúde ou à integridade física será somado, após a respectiva conversão ao tempo de trabalho exercido em atividade comum, segundo critérios estabelecidos pelo Ministério da Previdência e Assistência Social, para efeito de concessão de qualquer benefício.

§ 6º O benefício previsto neste artigo será financiado com os recursos provenientes da contribuição de que trata o inciso II do Art. 22 da Lei nº 8.212, de 24 de julho de 1991, cujas alíquotas serão acrescidas de doze, nove ou seis pontos percentuais, conforme a atividade exercida pelo segurado a serviço da empresa permita a concessão de aposentadoria especial após quinze, vinte ou vinte e cinco anos de contribuição, respectivamente.

§ 7º O acréscimo de que trata o parágrafo anterior incide exclusivamente sobre a remuneração do segurado sujeito às condições especiais referidas no *caput*.

§ 8º Aplica-se o disposto no Art. 46 ao segurado aposentado nos termos deste artigo que continuar no exercício de atividade ou operação que o sujeite aos agentes nocivos constantes da relação referida no Art. 58 desta Lei.

Art. 58. A relação dos agentes nocivos químicos, físicos e biológicos ou associação de agentes prejudiciais à saúde ou à integridade física considerados para fins de concessão da aposentadoria especial de que trata o artigo anterior será definida pelo Poder Executivo.

§ 1º A comprovação da efetiva exposição do segurado aos agentes nocivos será feita mediante formulário, na forma estabelecida pelo Instituto Nacional do Seguro Social-INSS, emitido pela empresa ou seu preposto, com base em laudo técnico de condições ambientais do trabalho expedido por médico do trabalho ou engenheiro de segurança do trabalho nos termos da legislação trabalhista.

§ 2º Do laudo técnico referido no parágrafo anterior deverão constar informação sobre a existência de tecnologia de proteção coletiva ou individual que diminua a intensidade do agente agressivo a limites de tolerância e recomendação sobre a sua adoção pelo estabelecimento respectivo.

§ 3º A empresa que não mantiver laudo técnico atualizado com referência aos agentes nocivos existentes no ambiente de trabalho de seus trabalhadores ou que emitir documento de comprovação de efetiva exposição em desacordo com o respectivo laudo estará sujeita à penalidade prevista no Art. 133 desta Lei.

§ 4º A empresa deverá elaborar e manter atualizado perfil profissiográfico abrangendo as atividades desenvolvidas pelo trabalhador e fornecer a este, quando da rescisão do contrato de trabalho, cópia autêntica desse documento.

Subseção V
Do Auxílio-Doença

Art. 59. O auxílio-doença será devido ao segurado que, havendo cumprido, quando for o caso, o período de carência exigido nesta Lei, ficar incapacitado para o seu trabalho ou para a sua atividade habitual por mais de 15 (quinze) dias consecutivos.

Parágrafo único. Não será devido auxílio-doença ao segurado que se filiar ao Regime Geral de Previdência Social já portador da doença ou da lesão invocada como causa para o benefício, salvo quando a incapacidade sobrevier por motivo de progressão ou agravamento dessa doença ou lesão.

Art. 60. O auxílio-doença será devido ao segurado empregado a contar do décimo sexto dia do afastamento da atividade, e, no caso dos demais segurados, a contar da data do início da incapacidade e enquanto ele permanecer incapaz. *(Redação dada pela Lei nº 9.876, de 26.11.99)*

§ 1º Quando requerido por segurado afastado da atividade por mais de 30 (trinta) dias, o auxílio-doença será devido a contar da data da entrada do requerimento.

§ 2º *(Revogado pela Lei nº 9.032, de 28.4.95)*

§ 3º Durante os primeiros quinze dias consecutivos ao do afastamento da atividade por motivo de doença, incumbirá à empresa pagar ao segurado empregado o seu salário integral. *(Redação Dada pela Lei nº 9.876, de 26.11.99)*

§ 4º A empresa que dispuser de serviço médico, próprio ou em convênio, terá a seu cargo o exame médico e o abono das faltas correpondentes ao período referido no § 3º, somente devendo encaminhar o segurado à perícia médica da Previdência Social quando a incapacidade ultrapassar 15 (quinze) dias.

§ 5º Nos casos de impossibilidade de realização de perícia médica pelo órgão ou setor próprio competente, assim como de efetiva incapacidade física ou técnica de implementação das atividades e de atendimento adequado à clientela da previdência social, o INSS poderá, sem ônus para os segurados, celebrar, nos termos do regulamento, convênios, termos de execução descentralizada, termos de fomento ou de colaboração, contratos não onerosos ou acordos de cooperação técnica para realização de perícia médica, por delegação ou simples cooperação técnica, sob sua coordenação e supervisão, com: *(Incluído pela Lei nº 13.135, de 2015)*

I - órgãos e entidades públicos ou que integrem o Sistema Único de Saúde (SUS); *(Incluído pela Lei nº 13.135, de 2015)*

II - (VETADO); *(Incluído pela Lei nº 13.135, de 2015)*

III - (VETADO). *(Incluído pela Lei nº 13.135, de 2015)*

§ 6º O segurado que durante o gozo do auxílio-doença vier a exercer atividade que lhe garanta subsistência poderá ter o benefício cancelado a partir do retorno à atividade. *(Incluído pela Lei nº 13.135, de 2015)*

§ 7º Na hipótese do § 6º, caso o segurado, durante o gozo do auxílio-doença, venha a exercer atividade diversa daquela que gerou o benefício, deverá ser verificada a incapacidade para cada uma das atividades exercidas. *(Incluído pela Lei nº 13.135, de 2015)*

Art. 61. O auxílio-doença, inclusive o decorrente de acidente do trabalho, consistirá numa renda mensal correspondente a 91% (noventa e um por cento) do salário-de-benefício, observado o disposto na Seção III, especialmente no Art. 33 desta Lei.

Art. 62. O segurado em gozo de auxílio-doença, insusceptível de recuperação para sua atividade habitual, deverá submeter-se a processo de reabilitação profissional para o exercício de outra atividade. Não cessará o benefício até que seja dado como habilitado para o desempenho de nova atividade que lhe garanta a subsistência ou, quando considerado não-recuperável, for aposentado por invalidez.

Art. 63. O segurado empregado, inclusive o doméstico, em gozo de auxílio-doença será considerado pela empresa e pelo empregador doméstico como licenciado. *(Redação dada pela Lei Complementar nº 150, de 2015)*

Parágrafo único. A empresa que garantir ao segurado licença remunerada ficará obrigada a pagar-lhe durante o período de auxílio-doença a eventual diferença entre o valor deste e a importância garantida pela licença.

Art. 64. *(Revogado pela Lei nº 9.032, de 28.4.95)*

Subseção VI
Do Salário-Família

Art. 65. O salário-família será devido, mensalmente, ao segurado empregado, inclusive o doméstico, e ao segurado trabalhador avulso, na proporção do respectivo número de filhos ou equiparados nos termos do § 2º do art. 16 desta Lei, observado o disposto no art. 66. *(Redação dada pela Lei Complementar nº 150, de 2015).*

Parágrafo único. O aposentado por invalidez ou por idade e os demais aposentados com 65 (sessenta e cinco) anos ou mais de idade, se do sexo masculino, ou 60 (sessenta) anos ou mais, se do feminino, terão direito ao salário-família, pago juntamente com a aposentadoria.

Art. 66. O valor da cota do salário-família por filho ou equiparado de qualquer condição, até 14 (quatorze) anos de idade ou inválido de qualquer idade é de:

I - Cr$ 1.360,00 (um mil trezentos e sessenta cruzeiros), para o segurado com remuneração mensal não superior a Cr$ 51.000,00 (cinqüenta e um mil cruzeiros),

II - Cr$ 170,00 (cento e setenta cruzeiros), para o segurado com remuneração mensal superior a Cr$ 51.000,00 (cinqüenta e um mil cruzeiros).

Art. 67. O pagamento do salário-família é condicio-nado à apresentação da certidão de nascimento do filho ou da documentação relativa ao equiparado ou ao inválido, e à apresentação anual de atestado de vacinação obrigatória e de comprovação de freqüência à escola do filho ou equiparado, nos termos do regulamento.

Parágrafo único. O empregado doméstico deve apresentar apenas a certidão de nascimento referida no caput. *(Incluído pela Lei Complementar nº 150, de 2015)*

Art. 68. As cotas do salário-família serão pagas pela empresa ou pelo empregador doméstico, mensalmente, junto com o salário, efetivando-se a compensação quando do recolhimento das contribuições, conforme dispuser o Regulamento. *(Redação dada pela Lei Complementar nº 150, de 2015)*

§ 1º A empresa ou o empregador doméstico conservarão durante 10 (dez) anos os comprovantes de pagamento e as cópias das certidões correspondentes, para fiscalização da Previdência Social. *(Redação dada pela Lei Complementar nº 150, de 2015)*

§ 2º Quando o pagamento do salário não for mensal, o salário-família será pago juntamente com o último pagamento relativo ao mês.

Art. 69. O salário-família devido ao trabalhador avulso poderá ser recebido pelo sindicato de classe respectivo, que se incumbirá de elaborar as folhas correspondentes e de distribuí-lo.

Art. 70. A cota do salário-família não será incorporada, para qualquer efeito, ao salário ou ao benefício.

Subseção VII
Do Salário-Maternidade

Art. 71. O salário-maternidade é devido à segurada da Previdência Social, durante 120 (cento e vinte) dias, com início no período entre 28 (vinte e oito) dias antes do parto e a data de ocorrência deste, observadas as situações e condições previstas na legislação no que concerne à proteção à maternidade. *(Redação dada pela Lei n. 10.710 , de 2003)*

Parágrafo único. *(Revogado pela Lei nº 9.528, de 10.12.97)*

Art. 71-A. Ao segurado ou segurada da Previdência Social que adotar ou obtiver guarda judicial para fins de adoção de criança é devido salário-maternidade pelo período de 120 (cento e vinte) dias. *(Redação dada pela Lei nº 12.873, de 2013)*

§ 1º O salário-maternidade de que trata este artigo será pago diretamente pela Previdência Social. *(Redação dada pela Lei nº 12.873, de 2013)*

§ 2º Ressalvado o pagamento do salário-maternidade à mãe biológica e o disposto no art. 71-B, não poderá ser concedido o benefício a mais de um segurado, decorrente do mesmo processo de adoção ou guarda, ainda que os cônjuges ou companheiros estejam submetidos a Regime Próprio de Previdência Social. *(Incluído pela Lei nº 12.873, de 2013)*

Art. 71-B. No caso de falecimento da segurada ou segurado que fizer jus ao recebimento do salário-maternidade, o benefício será pago, por todo o período ou pelo tempo restante a que teria direito, ao cônjuge ou companheiro sobrevivente que tenha a qualidade de segurado, exceto no caso do falecimento do filho ou de seu abandono, observadas as normas aplicáveis ao salário-maternidade. *(Incluído pela Lei nº 12.873, de 2013)*

§ 1º O pagamento do benefício de que trata o caput deverá ser requerido até o último dia do prazo previsto para o término do salário-maternidade originário. *(Incluído pela Lei nº 12.873, de 2013)*

§ 2º O benefício de que trata o caput será pago diretamente pela Previdência Social durante o período entre a data do óbito e o último dia do término do salário-maternidade originário e será calculado sobre: *(Incluído pela Lei nº 12.873, de 2013)*

I - a remuneração integral, para o empregado e trabalhador avulso; *(Incluído pela Lei nº 12.873, de 2013)*

II - o último salário-de-contribuição, para o empregado doméstico; *(Incluído pela Lei nº 12.873, de 2013)*

III - 1/12 (um doze avos) da soma dos 12 (doze) últimos salários de contribuição, apurados em um período não superior a 15 (quinze) meses, para o contribuinte individual, facultativo e desempregado; e *(Incluído pela Lei nº 12.873, de 2013)*

IV - o valor do salário mínimo, para o segurado especial. *(Incluído pela Lei nº 12.873, de 2013)*

§ 3º Aplica-se o disposto neste artigo ao segurado que adotar ou obtiver guarda judicial para fins de adoção. *(Incluído pela Lei nº 12.873, de 2013)*

Art. 71-C. A percepção do salário-maternidade, inclusive o previsto no art. 71-B, está condicionada ao afastamento do segurado do trabalho ou da atividade desempenhada, sob pena de suspensão do benefício. *(Incluído pela Lei nº 12.873, de 2013)*

Art. 72. O salário-maternidade para a segurada empregada ou trabalhadora avulsa consistirá numa renda mensal igual a sua remuneração integral.

§ 1º Cabe à empresa pagar o salário-maternidade devido à respectiva empregada gestante, efetivando-se a compensação, observado o disposto no art. 248 da Constituição Federal, quando do recolhimento das contribuições incidentes sobre a folha de salários e demais rendimentos pagos ou creditados, a qualquer título, à pessoa física que lhe preste serviço. *(Parágrafo único pela Lei nº 10.710 - de 5 de agosto de 2003)*

§ 2º A empresa deverá conservar durante 10 (dez) anos os comprovantes dos pagamentos e os atestados correspondentes para exame pela fiscalização da Previdência Social. *(Parágrafo único pela Lei nº 10.710 - de 5 de agosto de 2003)*

§ 3º O salário-maternidade devido à trabalhadora avulsa e à empregada do microempreendedor individual de que trata o art. 18-A da Lei Complementar nº 123, de 14 de dezembro de 2006, será pago diretamente pela Previdência Social. *(Redação dada pela Lei nº 12.470, de 2011)*

Art. 73. Assegurado o valor de um salário-mínimo, o salário-maternidade para as demais seguradas, pago diretamente pela Previdência Social, consistirá *(Texto alterado pela Lei nº 10.710 - de 5 de agosto de 2003)*

I - em um valor correspondente ao do seu último salário-de-contribuição, para a segurada empregada doméstica; *(Inciso acrescentado pela Lei nº 9.876, de 26.11.99)*

II - em um doze avos do valor sobre o qual incidiu sua última contribuição anual, para a segurada especial;

III - em um doze avos da soma dos doze últimos salários-de-contribuição, apurados em um período não superior a quinze meses, para as demais seguradas.

Subseção VIII
Da Pensão por Morte

Art. 74. A pensão por morte será devida ao conjunto dos dependentes do segurado que falecer, aposentado ou não, a contar da data:

I - do óbito, quando requerida até noventa dias depois deste; *(Incluído pela Lei nº 13.183, de 2015)*

II - do requerimento, quando requerida após o prazo previsto no inciso anterior;

III - da decisão judicial, no caso de morte presumida.

§ 1º Perde o direito à pensão por morte, após o trânsito em julgado, o condenado pela prática de crime de que tenha dolosamente resultado a morte do segurado. *(Incluído pela Lei nº 13.135, de 2015)*

§ 2º Perde o direito à pensão por morte o cônjuge, o companheiro ou a companheira se comprovada, a qualquer tempo, simulação ou fraude no casamento ou na união estável, ou a formalização desses com o fim exclusivo de constituir benefício previdenciário, apuradas em processo judicial no qual será assegurado o direito ao contraditório e à ampla defesa. *(Incluído pela Lei nº 13.135, de 2015)*

Art. 75. O valor mensal da pensão por morte será de cem por cento do valor da aposentadoria que o segurado recebia ou daquela a que teria direito se estivesse aposentado por invalidez na data de seu falecimento, observado o disposto no art. 33 desta lei. *(Redação dada pela Lei nº 9.528, de 1997)*

Art. 76. A concessão da pensão por morte não será protelada pela falta de habilitação de outro possível dependente, e qualquer inscrição ou habilitação posterior que importe em exclusão ou inclusão de dependente só produzirá efeito a contar da data da inscrição ou habilitação.

§ 1º O cônjuge ausente não exclui do direito à pensão por morte o companheiro ou a companheira, que somente fará jus ao benefício a partir da data de sua habilitação e mediante prova de dependência econômica.

§ 2º O cônjuge divorciado ou separado judicialmente ou de fato que recebia pensão de alimentos concorrerá em igualdade de condições com os dependentes referidos no inciso I do Art. 16 desta Lei.

Art. 77. A pensão por morte, havendo mais de um pensionista, será rateada entre todos em parte iguais.

§ 1º Reverterá em favor dos demais a parte daquele cujo direito à pensão cessar.

§ 2º O direito à percepção de cada cota individual cessará: *(Redação dada pela Lei nº 13.135, de 2015)*

I - pela morte do pensionista; *(Incluído pela Lei nº 9.032, de 1995)*

II - para o filho, a pessoa a ele equiparada ou o irmão, de ambos os sexos, ao completar vinte e um anos de idade, salvo se for inválido ou tiver deficiência intelectual ou mental ou deficiência grave; *(Redação dada pela Lei nº 13.183, de 2015)*

III - para filho ou irmão inválido, pela cessação da invalidez; *(Redação dada pela Lei nº 13.135, de 2015)*

IV - pelo decurso do prazo de recebimento de pensão pelo cônjuge, companheiro ou companheira, nos termos do § 5º *(Incluído pela Medida Provisória nº 664, de 2014)*

IV - para filho ou irmão que tenha deficiência intelectual ou mental ou deficiência grave, pelo afastamento da deficiência, nos termos do regulamento; *(Incluído pela Lei nº 13.135, de 2015)* **– inciso entrará em vigor em 17 de junho de 2017.**

V - para cônjuge ou companheiro: *(Incluído pela Lei nº 13.135, de 2015)*

a) se inválido ou com deficiência, pela cessação da invalidez ou pelo afastamento da deficiência, respeitados os períodos mínimos decorrentes da aplicação das alíneas "b" e "c"; *(Incluído pela Lei nº 13.135, de 2015)*

b) em 4 (quatro) meses, se o óbito ocorrer sem que o segurado tenha vertido 18 (dezoito) contribuições mensais ou se o casamento ou a união estável tiverem sido iniciados em menos de 2 (dois) anos antes do óbito do segurado; *(Incluído pela Lei nº 13.135, de 2015)*

c) transcorridos os seguintes períodos, estabelecidos de acordo com a idade do beneficiário na data de óbito do segurado, se o óbito ocorrer depois de vertidas 18 (dezoito) contribuições mensais e pelo menos 2 (dois) anos após o início do casamento ou da união estável: *(Incluído pela Lei nº 13.135, de 2015)*
1) 3 (três) anos, com menos de 21 (vinte e um) anos de idade; *(Incluído pela Lei nº 13.135, de 2015)*
2) 6 (seis) anos, entre 21 (vinte e um) e 26 (vinte e seis) anos de idade; *(Incluído pela Lei nº 13.135, de 2015)*
3) 10 (dez) anos, entre 27 (vinte e sete) e 29 (vinte e nove) anos de idade; *(Incluído pela Lei nº 13.135, de 2015)*
4) 15 (quinze) anos, entre 30 (trinta) e 40 (quarenta) anos de idade; *(Incluído pela Lei nº 13.135, de 2015)*
5) 20 (vinte) anos, entre 41 (quarenta e um) e 43 (quarenta e três) anos de idade; *(Incluído pela Lei nº 13.135, de 2015)*
6) vitalícia, com 44 (quarenta e quatro) ou mais anos de idade. *(Incluído pela Lei nº 13.135, de 2015)*

§ 2º-A. Serão aplicados, conforme o caso, a regra contida na alínea "a" ou os prazos previstos na alínea "c", ambas do inciso V do § 2º, se o óbito do segurado decorrer de acidente de qualquer natureza ou de doença profissional ou do trabalho, independentemente do recolhimento de 18 (dezoito) contribuições mensais ou da comprovação de 2 (dois) anos de casamento ou de união estável. *(Incluído pela Lei nº 13.135, de 2015)*

§ 2º-B. Após o transcurso de pelo menos 3 (três) anos e desde que nesse período se verifique o incremento mínimo de um ano inteiro na média nacional única, para ambos os sexos, correspondente à expectativa de sobrevida da população brasileira ao nascer, poderão ser fixadas, em números inteiros, novas idades para os fins previstos na alínea "c" do inciso V do § 2º, em ato do Ministro de Estado da Previdência Social, limitado o acréscimo na comparação com as idades anteriores ao referido incremento. *(Incluído pela Lei nº 13.135, de 2015)*

§ 3º Com a extinção da parte do último pensionista a pensão extinguir-se-á. *(Incluído pela Lei nº 9.032, de 1995)*

§ 4º *(Revogado). (Redação dada pela Lei nº 13.135, de 2015)*

§ 5º O tempo de contribuição a Regime Próprio de Previdência Social (RPPS) será considerado na contagem das 18 (dezoito) contribuições mensais de que tratam as alíneas "b" e "c" do inciso V do § 2º. *(Incluído pela Lei nº 13.135, de 2015)*

§ 6º O exercício de atividade remunerada, inclusive na condição de microempreendedor individual, não impede a concessão ou manutenção da parte individual da pensão do dependente com deficiência intelectual ou mental ou com deficiência grave. *(Incluído pela Lei nº 13.183, de 2015)*

Art. 78. Por morte presumida do segurado, declarada pela autoridade judicial competente, depois de 6 (seis) meses de ausência, será concedida pensão provisória, na forma desta Subseção.

§ 1º Mediante prova do desaparecimento do segurado em conseqüência de acidente, desastre ou catástrofe, seus dependentes farão jus à pensão provisória independentemente da declaração e do prazo deste artigo.

§ 2º Verificado o reaparecimento do segurado, o pagamento da pensão cessará imediatamente, desobrigados os dependentes da reposição dos valores recebidos, salvo má-fé.

Art. 79. Não se aplica o disposto no Art. 103 desta Lei ao pensionista menor, incapaz ou ausente, na forma da lei.

Subseção IX
Do Auxílio-Reclusão

Art. 80. O auxílio-reclusão será devido, nas mesmas condições da pensão por morte, aos dependentes do segurado recolhido à prisão, que não receber remuneração da empresa nem estiver em gozo de auxílio-doença, de aposentadoria ou de abono de permanência em serviço.

Parágrafo único. O requerimento do auxílio-reclusão deverá ser instruído com certidão do efetivo recolhimento à prisão, sendo obrigatória, para a manutenção do benefício, a apresentação de declaração de permanência na condição de presidiário.

Subseção X
Dos Pecúlios

Art. 81. *(Revogado pela Lei nº 9.129, de 20.11.95)*
Art. 82. *(Revogado pela Lei nº 9.032, de 28.4.95)*
Art. 83. *(Revogado pela Lei nº 9.032, de 28.4.95)*
Art. 84. *(Revogado pela Lei nº 8.870, de 15.4.94)*
Art. 85. *(Revogado pela Lei nº 9.032, de 28.4.95)*

Subseção XI
Do Auxílio-Acidente

Art. 86. O auxílio-acidente será concedido, como indenização, ao segurado quando, após consolidação das lesões decorrentes de acidente de qualquer natureza, resultarem seqüelas que impliquem redução da capacidade para o trabalho que habitualmente exercia.

§ 1º O auxílio-acidente mensal corresponderá a cinqüenta por cento do salário-de-benefício e será devido, observado o disposto no § 5º, até a véspera do início de qualquer aposentadoria ou até a data do óbito do segurado.

§ 2º O auxílio-acidente será devido a partir do dia seguinte ao da cessação do auxílio-doença, independentemente de qualquer remuneração ou rendimento auferido pelo acidentado, vedada sua acumulação com qualquer aposentadoria.

§ 3º O recebimento de salário ou concessão de outro benefício, exceto de aposentadoria, observado o disposto no § 5º, não prejudicará a continuidade do recebimento do auxílio-acidente.

§ 4º A perda da audição, em qualquer grau, somente proporcionará a concessão do auxílio-acidente, quando, além do reconhecimento de causalidade entre o trabalho e a doença, resultar, comprovadamente, na redução ou perda da capacidade para o trabalho que habitualmente exercia.

§ 5º (Vetado pela *Lei nº 9.528, de 10.12.97)*

Subseção XII
Do Abono de Permanência em Serviço

Art. 87. *Revogado pela Lei nº 8.870, de 15.4.94)*

Seção VI
Dos Serviços
Subseção I
Do Serviço Social

Art. 88. Compete ao Serviço Social esclarecer junto aos beneficiários seus direitos sociais e os meios de exercê-los e estabelecer conjuntamente com eles o processo de solução dos problemas que emergirem da sua relação com a Previdência Social, tanto no âmbito interno da instituição como na dinâmica da sociedade.

§ 1º Será dada prioridade aos segurados em benefício por incapacidade temporária e atenção especial aos aposentados e pensionistas.

§ 2º Para assegurar o efetivo atendimento dos usuários serão utilizadas intervenção técnica, assistência de natureza jurídica, ajuda material, recursos sociais, intercâmbio com empresas e pesquisa social, inclusive mediante celebração de convênios, acordos ou contratos.

§ 3º O Serviço Social terá como diretriz a participação do beneficiário na implementação e no fortalecimento da política previdenciária, em articulação com as associações e entidades de classe.

§ 4º O Serviço Social, considerando a universalização da Previdência Social, prestará assessoramento técnico aos Estados e Municípios na elaboração e implantação de suas propostas de trabalho.

Subseção II
Da Habilitação e da Reabilitação Profissional

Art. 89. A habilitação e a reabilitação profissional e social deverão proporcionar ao beneficiário incapacitado parcial ou totalmente para o trabalho, e às pessoas portadoras de deficiência, os meios para a (re)educação e de (re) adaptação profissional e social indicados para participar do mercado de trabalho e do contexto em que vive.

Parágrafo único. A reabilitação profissional compreende:

a) o fornecimento de aparelho de prótese, órtese e instrumentos de auxílio para locomoção quando a perda ou redução da capacidade funcional puder ser atenuada por seu uso e dos equipamentos necessários à habilitação e reabilitação social e profissional;

b) a reparação ou a substituição dos aparelhos mencionados no inciso anterior, desgastados pelo uso normal ou por ocorrência estranha à vontade do beneficiário;

c) o transporte do acidentado do trabalho, quando necessário.

Art. 90. A prestação de que trata o artigo anterior é devida em caráter obrigatório aos segurados, inclusive aposentados e, na medida das possibilidades do órgão da Previdência Social, aos seus dependentes.

Art. 91. Será concedido, no caso de habilitação e reabilitação profissional, auxílio para tratamento ou exame fora do domicílio do beneficiário, conforme dispuser o Regulamento.

Art. 92. Concluído o processo de habilitação ou reabilitação social e profissional, a Previdência Social emitirá certificado individual, indicando as atividades que poderão ser exercidas pelo beneficiário, nada impedindo que este exerça outra atividade para a qual se capacitar.

Art. 93. A empresa com 100 (cem) ou mais empregados está obrigada a preencher de 2% (dois por cento) a 5% (cinco por cento) dos seus cargos com beneficiários reabilitados ou pessoas portadoras de deficiência, habilitadas, na seguinte proporção:

I - até 200 empregados....................2%;
II - de 201 a 500....................3%;
III - de 501 a 1.000....................4%;
IV - de 1.001 em diante....................5%.

§ 1º A dispensa de pessoa com deficiência ou de beneficiário reabilitado da Previdência Social ao final de contrato por prazo determinado de mais de 90 (noventa) dias e a dispensa imotivada em contrato por prazo indeterminado somente poderão ocorrer após a contratação de outro trabalhador com deficiência ou beneficiário reabilitado da Previdência Social. *(Redação dada pela Lei nº 13.146, de 2015)*

§ 2º Ao Ministério do Trabalho e Emprego incumbe estabelecer a sistemática de fiscalização, bem como gerar dados e estatísticas sobre o total de empregados e as vagas preenchidas por pessoas com deficiência e por beneficiários reabilitados da Previdência Social, fornecendo-os, quando solicitados, aos sindicatos, às entidades representativas dos empregados ou aos cidadãos interessados. *(Redação dada pela Lei nº 13.146, de 2015)*

§ 3º Para a reserva de cargos será considerada somente a contratação direta de pessoa com deficiência, excluído o aprendiz com deficiência de que trata a Consolidação das Leis do Trabalho (CLT), aprovada pelo Decreto-Lei no 5.452, de 1º de maio de 1943. *(Redação dada pela Lei nº 13.146, de 2015)*

§ 4º *(VETADO)*. *(Redação dada pela Lei nº 13.146, de 2015)*

Seção VII
Da Contagem Recíproca de Tempo de Serviço

Art. 94. Para efeito dos benefícios previstos no Regime Geral de Previdência Social ou no serviço público é assegurada a contagem recíproca do tempo de contribuição na atividade privada, rural e urbana, e do tempo de contribuição ou de serviço na administração pública, hipótese em que os diferentes sistemas de previdência social se compensarão financeiramente.

§ 1º A compensação financeira será feita ao sistema a que o interessado estiver vinculado ao requerer o benefício pelos demais sistemas, em relação aos respectivos tempos de contribuição ou de serviço, conforme dispuser o Regulamento. *(Renumerado pela Lei Complementar nº 123, de 2006)*

§ 2º Não será computado como tempo de contribuição, para efeito dos benefícios previstos em regimes próprios de previdência social, o período em que o segurado contribuinte individual ou facultativo tiver contribuído na forma do § 2º do art. 21 da Lei nº 8.212, de 24 de julho de 1991, salvo se complementadas as contribuições na forma do § 3º do mesmo artigo. *(Incluído pela Lei Complementar nº 123, de 2006)*

Art. 95. *(Revogado pela MP n. 2187-13 de 2001)*

Art. 96. O tempo de contribuição ou de serviço de que trata esta Seção será contado de acordo com a legislação pertinente, observadas as normas seguintes:

I - não será admitida a contagem em dobro ou em outras condições especiais;

II - é vedada a contagem de tempo de serviço público com o de atividade privada, quando concomitantes;

III - não será contado por um sistema o tempo de serviço utilizado para concessão de aposentadoria pelo outro;

IV - O tempo de serviço anterior ou posterior à obrigatoriedade de filiação à Previdência Social só será contado mediante indenização da contribuição correspondente ao período respectivo, com acréscimo de juros moratórios de um por cento ao mês e multa de dez por cento. *(Redação dada pela Lei nº 9.528, de 10.12.97)*

V - *(Inciso excluído pela Lei nº 9.528, de 10.12.97)*

Art. 97. A aposentadoria por tempo de serviço, com contagem de tempo na forma desta Seção, será concedida ao segurado do sexo feminino a partir de 25 (vinte e cinco) anos completos de serviço, e, ao segurado do sexo masculino, a partir de 30 (trinta) anos completos de serviço, ressalvadas as hipóteses de redução previstas em lei.

Art. 98. Quando a soma dos tempos de serviço ultrapassar 30 (trinta) anos, se do sexo feminino, e 35 (trinta e cinco) anos, se do sexo masculino, o excesso não será considerado para qualquer efeito.

Art. 99. O benefício resultante de contagem de tempo de serviço na forma desta Seção será concedido e pago pelo sistema a que o interessado estiver vinculado ao requerê-lo, e calculado na forma da respectiva legislação.

Seção VIII
Das Disposições Diversas Relativas às Prestações

Art. 100. (VETADO)

Art. 101. O segurado em gozo de auxílio-doença, aposentadoria por invalidez e o pensionista inválido estão obrigados, sob pena de suspensão do benefício, a submeter-se a exame médico a cargo da Previdência Social, processo de reabilitação profissional por ela prescrito e custeado, e tratamento dispensado gratuitamente, exceto o cirúrgico e a transfusão de sangue, que são facultativos. *(Redação dada pela Lei nº 9.032, de 1995)*

§ 1º O aposentado por invalidez e o pensionista inválido estarão isentos do exame de que trata o caput após completarem 60 (sessenta) anos de idade. *(Incluído pela Lei nº 13.063, de 2014)*

§ 2º A isenção de que trata o § 1º não se aplica quando o exame tem as seguintes finalidades: *(Incluído pela Lei nº 13.063, de 2014)*

I - verificar a necessidade de assistência permanente de outra pessoa para a concessão do acréscimo de 25% (vinte e cinco por cento) sobre o valor do benefício, conforme dispõe o art. 45; *(Incluído pela Lei nº 13.063, de 2014)*

II - verificar a recuperação da capacidade de trabalho, mediante solicitação do aposentado ou pensionista que se julgar apto; *(Incluído pela Lei nº 13.063, de 2014)*

III - subsidiar autoridade judiciária na concessão de curatela, conforme dispõe o art. 110. *(Incluído pela Lei nº 13.063, de 2014)*

Art. 102. A perda da qualidade de segurado importa em caducidade dos direitos inerentes a essa qualidade.

§ 1º A perda da qualidade de segurado não prejudica o direito à aposentadoria para cuja concessão tenham sido preenchidos todos os requisitos, segundo a legislação em vigor à época em que estes requisitos foram atendidos.

§ 2º Não será concedida pensão por morte aos dependentes do segurado que falecer após a perda desta qualidade, nos termos do Art. 15 desta Lei, salvo se preenchidos os requisitos para obtenção da aposentadoria na forma do parágrafo anterior.

Art. 103. É de dez anos o prazo de decadência de todo e qualquer direito ou ação do segurado ou beneficiário para a revisão do ato de concessão de benefício, a contar do dia primeiro do mês seguinte ao do recebimento da primeira prestação ou, quando for o caso, do dia em que tomar conhecimento da decisão indeferitória definitiva no âmbito administrativo. *(Redação dada pela Lei nº 10.839, de 5 de fevereiro de 2004)*

Parágrafo único. Prescreve em cinco anos, a contar da data em que deveriam ter sido pagas, toda e qualquer ação para haver prestações vencidas ou quaisquer restituições ou diferenças devidas pela Previdência Social, salvo o direito dos menores, incapazes e ausentes, na forma do Código Civil.

Art. 103-A. O direito da Previdência Social de anular os atos administrativos de que decorram efeitos favoráveis para os seus beneficiários decai em dez anos, contados da data em que foram praticados, salvo comprovada má-fé. *(Redação dada pela Lei nº 10.839, de 5 de fevereiro de 2004)*

§ 1º No caso de efeitos patrimoniais contínuos, o prazo decadencial contar-se-á da percepção do primeiro pagamento. *(Redação dada pela Lei nº 10.839, de 5 de fevereiro de 2004)*

§ 2º Considera-se exercício do direito de anular qualquer medida de autoridade administrativa que importe impugnação à validade do ato. *(Redação dada pela Lei nº 10.839, de 5 de fevereiro de 2004)*

Art. 104. As ações referentes à prestação por acidente do trabalho prescrevem em 5 (cinco) anos, observado o disposto no Art. 103 desta Lei, contados da data:

I - do acidente, quando dele resultar a morte ou a incapacidade temporária, verificada esta em perícia médica a cargo da Previdência Social; ou

II - em que for reconhecida pela Previdência Social, a incapacidade permanente ou o agravamento das seqüelas do acidente.

Art. 105. A apresentação de documentação incompleta não constitui motivo para recusa do requerimento de benefício.

Art. 106. A comprovação do exercício de atividade rural será feita, alternativamente, por meio de: *(Redação dada pela Lei nº 11.718, de 2008)*

I – contrato individual de trabalho ou Carteira de Trabalho e Previdência Social; *(Redação dada pela Lei nº 11.718, de 2008)*

II – contrato de arrendamento, parceria ou comodato rural; *(Redação dada pela Lei nº 11.718, de 2008)*

III – declaração fundamentada de sindicato que represente o trabalhador rural ou, quando for o caso, de sindicato ou colônia de pescadores, desde que homologada pelo Instituto Nacional do Seguro Social – INSS; *(Redação dada pela Lei nº 11.718, de 2008)*

IV – comprovante de cadastro do Instituto Nacional de Colonização e Reforma Agrária – INCRA, no caso de produtores em regime de economia familiar; *(Redação dada pela Lei nº 11.718, de 2008)*

V – bloco de notas do produtor rural; *(Redação dada pela Lei nº 11.718, de 2008)*

VI – notas fiscais de entrada de mercadorias, de que trata o § 7º do art. 30 da Lei nº 8.212, de 24 de julho de 1991, emitidas pela empresa adquirente da produção, com indicação do nome do segurado como vendedor; *(Incluído pela Lei nº 11.718, de 2008)*

VII – documentos fiscais relativos a entrega de produção rural à cooperativa agrícola, entreposto de pescado ou outros, com indicação do segurado como vendedor ou consignante; *(Incluído pela Lei nº 11.718, de 2008)*

VIII – comprovantes de recolhimento de contribuição à Previdência Social decorrentes da comercialização da produção; *(Incluído pela Lei nº 11.718, de 2008)*

IX – cópia da declaração de imposto de renda, com indicação de renda proveniente da comercialização de produção rural; ou *(Incluído pela Lei nº 11.718, de 2008)*

X – licença de ocupação ou permissão outorgada pelo Incra. *(Incluído pela Lei nº 11.718, de 2008)*

Art. 107. O tempo de serviço de que trata o Art. 55 desta Lei será considerado para cálculo do valor da renda mensal de qualquer benefício.

Art. 108. Mediante justificação processada perante a Previdência Social, observado o disposto no § 3º do Art. 55 e na forma estabelecida no Regulamento, poderá ser suprida a falta de documento ou provado ato do interesse de beneficiário ou empresa, salvo no que se refere a registro público.

Art. 109. O benefício será pago diretamente ao beneficiário, salvo em caso de ausência, moléstia contagiosa ou impossibilidade de locomoção, quando será pago a procurador, cujo mandato não terá prazo superior a doze meses, podendo ser renovado. *(Redação dada pela Lei nº 8.870, de 15.4.94)*

Parágrafo único. A impressão digital do beneficiário incapaz de assinar, aposta na presença de servidor da Previdência Social, vale como assinatura para quitação de pagamento de benefício.

Art. 110. O benefício devido ao segurado ou dependente civilmente incapaz será feito ao cônjuge, pai, mãe, tutor ou curador, admitindo-se, na sua falta e por período não superior a 6 (seis) meses, o pagamento a herdeiro necessário, mediante termo de compromisso firmado no ato do recebimento.

Parágrafo único. Para efeito de curatela, no caso de interdição do beneficiário, a autoridade judiciária pode louvar-se no laudo médico-pericial da Previdência Social.

Art. 110-A. No ato de requerimento de benefícios operacionalizados pelo INSS, não será exigida apresentação de termo de curatela de titular ou de beneficiário com deficiência, observados os procedimentos a serem estabelecidos em regulamento. *(Redação dada pela Lei nº 13.146, de 2015)*

Art. 111. O segurado menor poderá, conforme dispuser o Regulamento, firmar recibo de benefício, independentemente da presença dos pais ou do tutor.

Art. 112. O valor não recebido em vida pelo segurado só será pago aos seus dependentes habilitados à pensão por morte ou, na falta deles, aos seus sucessores na forma da lei civil, independentemente de inventário ou arrolamento.

Art. 113. O benefício poderá ser pago mediante depósito em conta corrente ou por autorização de pagamento, conforme se dispuser em regulamento.

Parágrafo único. *(Revogado pela Lei nº 9.876, de 26.11.99)*

Art. 114. Salvo quanto a valor devido à Previdência Social e a desconto autorizado por esta Lei, ou derivado da obrigação de prestar alimentos reconhecida em sentença judicial, o benefício não pode ser objeto de penhora, arresto ou seqüestro, sendo nula de pleno direito a sua venda ou cessão, ou a constituição de qualquer ônus sobre ele, bem como a outorga de poderes irrevogáveis ou em causa própria para o seu recebimento.

Art. 115. Podem ser descontados dos benefícios:

I - contribuições devidas pelo segurado à Previdência Social;

II - pagamento de benefício além do devido;

III - Imposto de Renda retido na fonte;

IV - pensão de alimentos decretada em sentença judicial;

V - mensalidades de associações e demais entidades de aposentados legalmente reconhecidas, desde que autorizadas por seus filiados.

VI - pagamento de empréstimos, financiamentos, cartões de crédito e operações de arrendamento mercantil concedidos por instituições financeiras e sociedades de arrendamento mercantil, ou por entidades fechadas ou abertas de previdência complementar, públicas e privadas, quando expressamente autorizado pelo beneficiário, até o limite de 35% (trinta e cinco por cento) do valor do benefício, sendo 5% (cinco por cento) destinados exclusivamente para: *(Redação dada pela Lei nº 13.183, de 2015)*

a)amortização de despesas contraídas por meio de cartão de crédito; ou *(Redação dada pela Lei nº 13.183, de 2015)*

b) utilização com a finalidade de saque por meio do cartão de crédito. *(Redação dada pela Lei nº 13.183, de 2015)*

§ 1º Na hipótese do inciso II, o desconto será feito em parcelas, conforme dispuser o regulamento, salvo má-fé. *(Renumerado do Parágrafo único pela Lei nº 10.820, de 17.12.2003)*

§ 2º Na hipótese dos incisos II e VI, haverá prevalência do desconto do inciso II. *(Incluído pela Lei nº 10.820, de 17.12.2003)*

Art. 116. Será fornecido ao beneficiário demonstrativo minucioso das importâncias pagas, discriminando-se o valor da mensalidade, as diferenças eventualmente pagas com o período a que se referem e os descontos efetuados.

Art. 117. A empresa, o sindicato ou a entidade de aposentados devidamente legalizada poderá, mediante convênio com a Previdência Social, encarregar-se, relativamente a seu empregado ou associado e respectivos dependentes, de:

I - processar requerimento de benefício, preparando-o e instruindo-o de maneira a ser despachado pela Previdência Social;

II - submeter o requerente a exame médico, inclusive complementar, encaminhando à Previdência Social o respectivo laudo, para efeito de homologação e posterior concessão de benefício que depender de avaliação de incapacidade;

III - pagar benefício.

Parágrafo único. O convênio poderá dispor sobre o reembolso das despesas da empresa, do sindicato ou da entidade de aposentados devidamente legalizada, correspondente aos serviços previstos nos incisos II e III, ajustado por valor global conforme o número de empregados ou de associados, mediante dedução do valor das contribuições previdenciárias a serem recolhidas pela empresa.

Art. 118. O segurado que sofreu acidente do trabalho tem garantida, pelo prazo mínimo de doze meses, a manutenção do seu contrato de trabalho na empresa, após a cessação do auxílio-doença acidentário, independentemente de percepção de auxílio-acidente.

Parágrafo único. *(Revogado pela Lei nº 9.032, de 28.4.95)*

Art. 119. Por intermédio dos estabelecimentos de ensino, sindicatos, associações de classe, Fundação Jorge Duprat Figueiredo de Segurança e Medicina do Trabalho-FUNDACENTRO, órgãos públicos e outros meios, serão promovidas regularmente instrução e formação com vistas a incrementar costumes e atitudes prevencionistas em matéria de acidente, especialmente do trabalho.

Art. 120. Nos casos de negligência quanto às normas padrão de segurança e higiene do trabalho indicados para a proteção individual e coletiva, a Previdência Social proporá ação regressiva contra os responsáveis.

Art. 121. O pagamento, pela Previdência Social, das prestações por acidente do trabalho não exclui a responsabilidade civil da empresa ou de outrem.

Art. 122. Se mais vantajoso, fica assegurado o direito à aposentadoria, nas condições legalmente previstas na data do cumprimento de todos os requisitos necessários à obtenção do benefício, ao segurado que, tendo completado 35 anos de serviço, se homem, ou trinta anos, se mulher, optou por permanecer em atividade.

Art. 123. *(Revogado pela Lei nº 9.032, de 28.4.95)*

Art. 124. Salvo no caso de direito adquirido, não é permitido o recebimento conjunto dos seguintes benefícios da Previdência Social:

I - aposentadoria e auxílio-doença;

II - mais de uma aposentadoria;

III - aposentadoria e abono de permanência em serviço;

IV - salário-maternidade e auxílio-doença;

V - mais de um auxílio-acidente;

VI - mais de uma pensão deixada por cônjuge ou companheiro, ressalvado o direito de opção pela mais vantajosa.

Parágrafo único. É vedado o recebimento conjunto do seguro-desemprego com qualquer benefício de prestação continuada da Previdência Social, exceto pensão por morte ou auxílio-acidente.

TÍTULO IV
DAS DISPOSIÇÕES FINAIS E TRANSITÓRIAS

Art. 125. Nenhum benefício ou serviço da Previdência Social poderá ser criado, majorado ou estendido, sem a correspondente fonte de custeio total.

Art. 125-A. Compete ao Instituto Nacional do Seguro Social – INSS realizar, por meio dos seus próprios agentes, quando designados, todos os atos e procedimentos necessários à verificação do atendimento das obrigações não tributárias impostas pela legislação previdenciária e à imposição da multa por seu eventual descumprimento. *(Incluído pela Lei nº 11.941, de 2009)*

§ 1º A empresa disponibilizará a servidor designado por dirigente do INSS os documentos necessários à comprovação de vínculo empregatício, de prestação de serviços e de remuneração relativos a trabalhador previamente identificado. *(Incluído pela Lei nº 11.941, de 2009)*

§ 2º Aplica-se ao disposto neste artigo, no que couber, o art. 126 desta Lei. *(Incluído pela Lei nº 11.941, de 2009)*

§ 3º O disposto neste artigo não abrange as competências atribuídas em caráter privativo aos ocupantes do cargo de Auditor-Fiscal da Receita Federal do Brasil previstas no inciso I do caput do art. 6º da Lei nº 10.593, de 6 de dezembro de 2002. *(Incluído pela Lei nº 11.941, de 2009)*

Art. 126. Das decisões do Instituto Nacional do Seguro Social-INSS nos processos de interesse dos beneficiários e dos contribuintes da Seguridade Social caberá recurso para o Conselho de Recursos da Previdência Social, conforme dispuser o Regulamento.

§ 1º *(Revogado pela Lei nº 11.727, de 2008)*

§ 2º *(Revogado pela Lei nº 11.727, de 2008)*

§ 3º A propositura, pelo beneficiário ou contribuinte, de ação que tenha por objeto idêntico pedido sobre o qual versa o processo administrativo importa renúncia ao direito de recorrer na esfera administrativa e desistência do recurso interposto.

Art. 127. *(Revogado pela Lei nº 9.711, de 20.11.98)*

Art. 128. As demandas judiciais que tiverem por objeto o reajuste ou a concessão de benefícios regulados nesta Lei cujos valores de execução não forem superiores a R$ 5.180,25 (cinco mil, cento e oitenta reais e vinte e cinco centavos) por autor poderão, por opção de cada um dos exeqüentes, ser quitadas no prazo de até sessenta dias após a intimação do trânsito em julgado da decisão, sem necessidade da expedição de precatório.

Nota:
A partir de 1º de Janeiro de 2015 (Portaria MPS n. 13/15):
Art. 8º...
Parágrafo Único. O valor das demandas judiciais de que trata o art. 128 da Lei nº 8.213, de 24 de julho de 1991, é limitado em R$ 47.280,00 (quarenta e sete mil duzentos e oitenta reais).

Art. 129. Os litígios e medidas cautelares relativos a acidentes do trabalho serão apreciados:

I - na esfera administrativa, pelos órgãos da Previdência Social, segundo as regras e prazos aplicáveis às demais prestações, com prioridade para conclusão; e

II - na via judicial, pela Justiça dos Estados e do Distrito Federal, segundo o rito sumaríssimo, inclusive durante as férias forenses, mediante petição instruída pela prova de efetiva notificação do evento à Previdência Social, através de Comunicação de Acidente do Trabalho–CAT.
Parágrafo único. O procedimento judicial de que trata o inciso II deste artigo é isento do pagamento de quaisquer custas e de verbas relativas à sucumbência.
Art. 130. Na execução contra o Instituto Nacional do Seguro Social-INSS, o prazo a que se refere o art. 730 do Código de Processo Civil é de trinta dias.
Parágrafo único. *(Parágrafo excluído pela Lei nº 9.528, de 10.12.97)*
Art. 131. O Ministro da Previdência e Assistência Social poderá autorizar o INSS a formalizar a desistência ou abster-se de propor ações e recursos em processos judiciais sempre que a ação versar matéria sobre a qual haja declaração de inconstitucionalidade proferida pelo Supremo Tribunal Federal - STF, súmula ou jurisprudência consolidada do STF ou dos tribunais superiores.
Parágrafo único. O Ministro da Previdência e Assistência Social disciplinará as hipóteses em que a administração previdenciária federal, relativamente aos créditos previdenciários baseados em dispositivo declarado inconstitucional por decisão definitiva do Supremo Tribunal Federal, possa:
a) abster-se de constituí-los;
b) retificar o seu valor ou declará-los extintos, de ofício, quando houverem sido constituídos anteriormente, ainda que inscritos em dívida ativa;
c) formular desistência de ações de execução fiscal já ajuizadas, bem como deixar de interpor recursos de decisões judiciais.
Art. 132. A formalização de desistência ou transigência judiciais, por parte de procurador da Previdência Social, será sempre precedida da anuência, por escrito, do Procurador-Geral do Instituto Nacional do Seguro Social - INSS, ou do presidente desse órgão, quando os valores em litígio ultrapassarem os limites definidos pelo Conselho Nacional de Previdência Social - CNPS.
§ 1º Os valores, a partir dos quais se exigirá a anuência do Procurador-Geral ou do presidente do INSS, serão definidos periodicamente pelo CNPS, através de resolução própria.
§ 2º Até que o CNPS defina os valores mencionados neste artigo, deverão ser submetidos à anuência prévia do Procurador-Geral ou do presidente do INSS a formalização de desistência ou transigência judiciais, quando os valores, referentes a cada segurado considerado separadamente, superarem, respectivamente, 10 (dez) ou 30 (trinta) vezes o teto do salário-de-benefício.
Art. 133. A infração a qualquer dispositivo desta Lei, para a qual não haja penalidade expressamente cominada, sujeita o responsável, conforme a gravidade da infração, à multa variável de Cr$ 100.000,00 (cem mil cruzeiros) a Cr$ 10.000.000,00 (dez milhões de cruzeiros).
Parágrafo único. *(Revogado pela Lei nº 11.941, de 2009)*
Art. 134. Os valores expressos em cruzeiros nesta Lei serão reajustados, a partir de maio de 1991, nas mesmas épocas e com os mesmos índices utilizados para o reajustamento dos benefícios.
Art. 135. Os salários-de-contribuição utilizados no cálculo do valor de benefício serão considerados respeitando-se os limites mínimo e máximo vigentes nos meses a que se referirem.
Art. 136. Ficam eliminados o menor e o maior valor-teto para cálculo do salário-de-benefício.
Art. 137. Fica extinto o Programa de serviço da Previdência Social poderá ser criado, majorado ou estendido, sem a correspondente fonte de custeio total.
Art. 138. Ficam extintos os regimes de Previdência Social instituídos pela Lei Complementar nº 11, de 25 de maio de 1971, e pela Lei nº 6.260, de 6 de novembro de 1975, sendo mantidos, com valor não inferior ao do salário mínimo, os benefícios concedidos até a vigência desta Lei.
Parágrafo único. Para os que vinham contribuindo regularmente para os regimes a que se refere este artigo, será contado o tempo de contribuição para fins do Regime Geral de Previdência Social, conforme disposto no Regulamento.
Art. 139. *(Revogado pela Lei nº 9.528, de 10.12.97)*
Art. 140. *(Revogado pela Lei nº 9.528, de 10.12.97)*
Art. 141. *(Revogado pela Lei nº 9.528, de 10.12.97)*
Art. 142. Para o segurado inscrito na Previdência Social Urbana até 24 de julho de 1991, bem como para o trabalhador e o empregador rural cobertos pela Previdência Social Rural, a carência das aposentadorias por idade, por tempo de serviço e especial obedecerá à seguinte tabela, levando-se em conta o ano em que o segurado implementou todas as condições necessárias à obtenção do benefício:

Ano de implementação das condições	Meses de contribuição exigidos
1991	60 meses
1992	60 meses
1993	66 meses
1994	72 meses
1995	78 meses
1996	90 meses
1997	96 meses
1998	102 meses
1999	108 meses
2000	114 meses
2001	120 meses
2002	126 meses
2003	132 meses
2004	138 meses
2005	144 meses
2006	150 meses
2007	156 meses
2008	162 meses
2009	168 meses
2010	174 meses
2011	180 meses

Art. 143. O trabalhador rural ora enquadrado como segurado obrigatório no Regime Geral de Previdência Social, na forma da alínea "a" do inciso I, ou do inciso IV ou VII do art. 11 desta Lei, pode requerer aposentadoria por idade, no valor de um salário mínimo, durante quinze anos, contados a partir da data de vigência desta Lei, desde que comprove o exercício de atividade rural, ainda que descontínua, no período imediatamente anterior ao requerimento do benefício, em número de meses idêntico à carência do referido benefício. *(Redação dada pela Lei nº. 9.063, de 1995) (Vide Lei nº 11.718, de 2008)*

Art. 144. *(Revogado pela MP n. 2187-13 de 2001)*

Art. 145. *(Revogado pela MP n. 2187-13 de 2001)*

Art. 146. *(Revogado pela MP n. 2187-13 de 2001)*

Art. 147. *(Revogado pela MP n. 2187-13 de 2001)*

Art. 148. *(Revogado pela Lei nº 9.528, de 10.12.97)*

Art. 149. As prestações, e o seu financiamento, referentes aos benefícios de ex-combatente e de ferroviário servidor público ou autárquico federal ou em regime especial que não optou pelo regime da Consolidação das Leis do Trabalho, na forma da Lei nº 6.184, de 11 de dezembro de 1974, bem como seus dependentes, serão objeto de legislação específica.

Art. 150. *(revogado pela Lei nº 10.559, de 13.12.2002)*

Art. 151. Até que seja elaborada a lista de doenças mencionada no inciso II do art. 26, independe de carência a concessão de auxílio-doença e de aposentadoria por invalidez ao segurado que, após filiar-se ao RGPS, for acometido das seguintes doenças: tuberculose ativa, hanseníase, alienação mental, esclerose múltipla, hepatopatia grave, neoplasia maligna, cegueira, paralisia irreversível e incapacitante, cardiopatia grave, doença de Parkinson, espondiloartrose anquilosante, nefropatia grave, estado avançado da doença de Paget (osteíte deformante), síndrome da deficiência imunológica adquirida (aids) ou contaminação por radiação, com base em conclusão da medicina especializada. *(Redação dada pela Lei nº 13.135, de 2015)*

Art. 152. *(Revogado pela Lei nº 9.528, de 10.12.97)*

Art. 153. O Regime Facultativo Complementar de Previdência Social será objeto de lei especial, a ser submetida à apreciação do Congresso Nacional dentro do prazo de 180 (cento e oitenta) dias.

Art. 154. O Poder Executivo regulamentará esta Lei no prazo de 60 (sessenta) dias a partir da data da sua publicação.

Art. 155. Esta Lei entra em vigor na data de sua publicação.

Art. 156. Revogam-se as disposições em contrário.

Brasília, em 24 de julho de 1991;
170º da Independência e 103º da República.

ANEXO
CÁLCULO DO FATOR PREVIDENCIÁRIO

$$f = \frac{Tc \times a}{Es} \times \left[1 + \frac{(Id + Tc \times a)}{100}\right]$$

Onde:

f = fator previdenciário;
Es = expectativa de sobrevida no momento da aposentadoria;
Tc = tempo de contribuição até o momento da aposentadoria;
Id = idade no momento da aposentadoria;
a = alíquota de contribuição correspondente a 0,31.

18. Lei n. 8.742, de 7 de Dezembro de 1993

Dispõe sobre a organização da Assistência Social e dá outras providências

O PRESIDENTE DA REPÚBLICA, faço saber que o Congresso Nacional decreta e eu sanciono a seguinte lei:

LEI ORGÂNICA DA ASSISTÊNCIA SOCIAL

CAPÍTULO I

Das Definições e dos Objetivos

Art. 1º A assistência social, direito do cidadão e dever do Estado, é Política de Seguridade Social não contributiva, que provê os mínimos sociais, realizada através de um conjunto integrado de ações de iniciativa pública e da sociedade, para garantir o atendimento às necessidades básicas.

Art. 2º A assistência social tem por objetivos: *(Redação dada pela Lei nº 12.435, de 2011)*

I - a proteção social, que visa à garantia da vida, à redução de danos e à prevenção da incidência de riscos, especialmente: *(Redação dada pela Lei nº 12.435, de 2011)*

a) a proteção à família, à maternidade, à infância, à adolescência e à velhice; *(Incluído pela Lei nº 12.435, de 2011)*

b) o amparo às crianças e aos adolescentes carentes; *(Incluído pela Lei nº 12.435, de 2011)*

c) a promoção da integração ao mercado de trabalho; *(Incluído pela Lei nº 12.435, de 2011)*

d) a habilitação e reabilitação das pessoas com deficiência e a promoção de sua integração à vida comunitária; e *(Incluído pela Lei nº 12.435, de 2011)*

e) a garantia de 1 (um) salário-mínimo de benefício mensal à pessoa com deficiência e ao idoso que comprovem não possuir meios de prover a própria manutenção ou de tê-la provida por sua família; *(Incluído pela Lei nº 12.435, de 2011)*

II - a vigilância socioassistencial, que visa a analisar territorialmente a capacidade protetiva das famílias e nela a ocorrência de vulnerabilidades, de ameaças, de vitimizações e danos; *(Redação dada pela Lei nº 12.435, de 2011)*

III - a defesa de direitos, que visa a garantir o pleno acesso aos direitos no conjunto das provisões socioassistenciais. *(Redação dada pela Lei nº 12.435, de 2011)*

Parágrafo único. Para o enfrentamento da pobreza, a assistência social realiza-se de forma integrada às políticas setoriais, garantindo mínimos sociais e provimento de condições para atender contingências sociais e promovendo a universalização dos direitos sociais. *(Redação dada pela Lei nº 12.435, de 2011)*

Art. 3º Consideram-se entidades e organizações de assistência social aquelas sem fins lucrativos que, isolada ou cumulativamente, prestam atendimento e assessoramento aos beneficiários abrangidos por esta Lei, bem como as que atuam na defesa e garantia de direitos. *(Redação dada pela Lei nº 12.435, de 2011)*

§ 1º São de atendimento aquelas entidades que, de forma continuada, permanente e planejada, prestam serviços, executam programas ou projetos e concedem benefícios de prestação social básica ou especial, dirigidos às famílias e indivíduos em situações de vulnerabilidade ou risco social e pessoal, nos termos desta Lei, e respeitadas as deliberações do Conselho Nacional de Assistência Social (CNAS), de que tratam os incisos I e II do art. 18. *(Incluído pela Lei nº 12.435, de 2011)*

§ 2º São de assessoramento aquelas que, de forma continuada, permanente e planejada, prestam serviços e executam programas ou projetos voltados prioritariamente para o fortalecimento dos movimentos sociais e das organizações de usuários, formação e capacitação de lideranças, dirigidos ao público da política de assistência social, nos termos desta Lei, e respeitadas as deliberações do CNAS, de que tratam os incisos I e II do art. 18. *(Incluído pela Lei nº 12.435, de 2011)*

§ 3º São de defesa e garantia de direitos aquelas que, de forma continuada, permanente e planejada, prestam serviços e executam programas e projetos voltados prioritariamente para a defesa e efetivação dos direitos socioassistenciais, construção de novos direitos, promoção da cidadania, enfrentamento das desigualdades sociais, articulação com órgãos públicos de defesa de direitos, dirigidos ao público da política de assistência social, nos termos desta Lei, e respeitadas as deliberações do CNAS, de que tratam os incisos I e II do art. 18. *(Incluído pela Lei nº 12.435, de 2011)*

CAPÍTULO II

Dos Princípios e das Diretrizes

SEÇÃO I

Dos Princípios

Art. 4º A assistência social rege-se pelos seguintes princípios:

I - supremacia do atendimento às necessidades sociais sobre as exigências de rentabilidade econômica;

II - universalização dos direitos sociais, a fim de tornar o destinatário da ação assistencial alcançável pelas demais políticas públicas;

III - respeito à dignidade do cidadão, à sua autonomia e ao seu direito a benefícios e serviços de qualidade, bem como à convivência familiar e comunitária, vedando-se qualquer comprovação vexatória de necessidade;

IV - igualdade de direitos no acesso ao atendimento, sem discriminação de qualquer natureza, garantindo-se equivalência às populações urbanas e rurais;

V - divulgação ampla dos benefícios, serviços, programas e projetos assistenciais, bem como dos recursos oferecidos pelo Poder Público e dos critérios para sua concessão.

SEÇÃO II
Das Diretrizes

Art. 5º A organização da assistência social tem como base as seguintes diretrizes:

I - descentralização político-administrativa para os Estados, o Distrito Federal e os Municípios, e comando único das ações em cada esfera de governo;

II - participação da população, por meio de organizações representativas, na formulação das políticas e no controle das ações em todos os níveis;

III - primazia da responsabilidade do Estado na condução da política de assistência social em cada esfera de governo.

CAPÍTULO III
Da Organização e da Gestão

Art. 6º A gestão das ações na área de assistência social fica organizada sob a forma de sistema descentralizado e participativo, denominado Sistema Único de Assistência Social (Suas), com os seguintes objetivos: *(Redação dada pela Lei nº 12.435, de 2011)*

I - consolidar a gestão compartilhada, o cofinanciamento e a cooperação técnica entre os entes federativos que, de modo articulado, operam a proteção social não contributiva; (Incluído pela Lei nº 12.435, de 2011)

II - integrar a rede pública e privada de serviços, programas, projetos e benefícios de assistência social, na forma do art. 6º-C; *(Incluído pela Lei nº 12.435, de 2011)*

III - estabelecer as responsabilidades dos entes federativos na organização, regulação, manutenção e expansão das ações de assistência social;

IV - definir os níveis de gestão, respeitadas as diversidades regionais e municipais; *(Incluído pela Lei nº 12.435, de 2011)*

V - implementar a gestão do trabalho e a educação permanente na assistência social; *(Incluído pela Lei nº 12.435, de 2011)*

VI - estabelecer a gestão integrada de serviços e benefícios; e *(Incluído pela Lei nº 12.435, de 2011)*

VII - afiançar a vigilância socioassistencial e a garantia de direitos. *(Incluído pela Lei nº 12.435, de 2011)*

§ 1º As ações ofertadas no âmbito do Suas têm por objetivo a proteção à família, à maternidade, à infância, à adolescência e à velhice e, como base de organização, o território.*(Incluído pela Lei nº 12.435, de 2011)*

§ 2º O Suas é integrado pelos entes federativos, pelos respectivos conselhos de assistência social e pelas entidades e organizações de assistência social abrangidas por esta Lei. *(Incluído pela Lei nº 12.435, de 2011)*

§ 3º A instância coordenadora da Política Nacional de Assistência Social é o Ministério do Desenvolvimento Social e Combate à Fome. *(Incluído pela Lei nº 12.435, de 2011)*

Art. 6º-A. A assistência social organiza-se pelos seguintes tipos de proteção: *(Incluído pela Lei nº 12.435, de 2011)*

I - proteção social básica: conjunto de serviços, programas, projetos e benefícios da assistência social que visa a prevenir situações de vulnerabilidade e risco social por meio do desenvolvimento de potencialidades e aquisições e do fortalecimento de vínculos familiares e comunitários; *(Incluído pela Lei nº 12.435, de 2011)*

II - proteção social especial: conjunto de serviços, programas e projetos que tem por objetivo contribuir para a reconstrução de vínculos familiares e comunitários, a defesa de direito, o fortalecimento das potencialidades e aquisições e a proteção de famílias e indivíduos para o enfrentamento das situações de violação de direitos. *(Incluído pela Lei nº 12.435, de 2011)*

Parágrafo único. A vigilância socioassistencial é um dos instrumentos das proteções da assistência social que identifica e previne as situações de risco e vulnerabilidade social e seus agravos no território. *(Incluído pela Lei nº 12.435, de 2011)*

Art. 6º-B. As proteções sociais básica e especial serão ofertadas pela rede socioassistencial, de forma integrada, diretamente pelos entes públicos e/ou pelas entidades e organizações de assistência social vinculadas ao Suas, respeitadas as especificidades de cada ação. *(Incluído pela Lei nº 12.435, de 2011)*

§ 1º A vinculação ao Suas é o reconhecimento pelo Ministério do Desenvolvimento Social e Combate à Fome de que a entidade de assistência social integra a rede socioassistencial. *(Incluído pela Lei nº 12.435, de 2011)*

§ 2º Para o reconhecimento referido no § 1º, a entidade deverá cumprir os seguintes requisitos: *(Incluído pela Lei nº 12.435, de 2011)*

I - constituir-se em conformidade com o disposto no art. 3º; *(Incluído pela Lei nº 12.435, de 2011)*

II - inscrever-se em Conselho Municipal ou do Distrito Federal, na forma do art. 9º; *(Incluído pela Lei nº 12.435, de 2011)*

III - integrar o sistema de cadastro de entidades de que trata o inciso XI do art. 19. *(Incluído pela Lei nº 12.435, de 2011)*

§ 3º As entidades e organizações de assistência social vinculadas ao Suas celebrarão convênios, contratos, acordos ou ajustes com o poder público para a execução, garantido financiamento integral, pelo Estado, de serviços, programas, projetos e ações de assistência social, nos limites da capacidade instalada, aos beneficiários abrangidos por esta Lei, observando-se as disponibilidades orçamentárias. *(Incluído pela Lei nº 12.435, de 2011)*

§ 4º O cumprimento do disposto no § 3o será informado ao Ministério do Desenvolvimento Social e Combate à Fome pelo órgão gestor local da assistência social. *(Incluído pela Lei nº 12.435, de 2011)*

Art. 6º-C. As proteções sociais, básica e especial, serão ofertadas precipuamente no Centro de Referência de Assistência Social (Cras) e no Centro de Referência Especializado de Assistência Social (Creas), respectivamente, e pelas entidades sem fins lucrativos de assistência social de que trata o art. 3º desta Lei. *(Incluído pela Lei nº 12.435, de 2011)*

§ 1º O Cras é a unidade pública municipal, de base territorial, localizada em áreas com maiores índices de vulnerabilidade e risco social, destinada à articulação dos serviços socioassistenciais no seu território de abrangência e à prestação de serviços, programas e projetos socioassistenciais de proteção social básica às famílias. *(Incluído pela Lei nº 12.435, de 2011)*

§ 2º O Creas é a unidade pública de abrangência e gestão municipal, estadual ou regional, destinada à prestação de serviços a indivíduos e famílias que se encontram em situação de risco pessoal ou social, por violação de direitos ou contingência, que demandam intervenções especializadas da proteção social especial. *(Incluído pela Lei nº 12.435, de 2011)*

§ 3º Os Cras e os Creas são unidades públicas estatais instituídas no âmbito do Suas, que possuem interface com as demais políticas públicas e articulam, coordenam e ofertam os serviços, programas, projetos e benefícios da assistência social. *(Incluído pela Lei nº 12.435, de 2011)*

Art. 6º-D. As instalações dos Cras e dos Creas devem ser compatíveis com os serviços neles ofertados, com espaços para trabalhos em grupo e ambientes específicos para recepção e atendimento reservado das famílias e indivíduos, assegurada a acessibilidade às pessoas idosas e com deficiência. *(Incluído pela Lei nº 12.435, de 2011)*

Art. 6º-E. Os recursos do cofinanciamento do Suas, destinados à execução das ações continuadas de assistência social, poderão ser aplicados no pagamento dos profissionais que integrarem as equipes de referência, responsáveis pela organização e oferta daquelas ações, conforme percentual apresentado pelo Ministério do Desenvolvimento Social e Combate à Fome e aprovado pelo CNAS. *(Incluído pela Lei nº 12.435, de 2011)*

Parágrafo único. A formação das equipes de referência deverá considerar o número de famílias e indivíduos referenciados, os tipos e modalidades de atendimento e as aquisições que devem ser garantidas aos usuários, conforme deliberações do CNAS. *(Incluído pela Lei nº 12.435, de 2011)*

Art. 7º As ações de assistência social, no âmbito das entidades e organizações de assistência social, observarão as normas expedidas pelo Conselho Nacional de Assistência Social (CNAS), de que trata o art. 17 desta lei.

Art. 8º A União, os Estados, o Distrito Federal e os Municípios, observados os princípios e diretrizes estabelecidos nesta lei, fixarão suas respectivas Políticas de Assistência Social.

Art. 9º O funcionamento das entidades e organizações de assistência social depende de prévia inscrição no respectivo Conselho Municipal de Assistência Social, ou no Conselho de Assistência Social do Distrito Federal, conforme o caso.

§ 1º A regulamentação desta lei definirá os critérios de inscrição e funcionamento das entidades com atuação em mais de um município no mesmo Estado, ou em mais de um Estado ou Distrito Federal.

§ 2º Cabe ao Conselho Municipal de Assistência Social e ao Conselho de Assistência Social do Distrito Federal a fiscalização das entidades referidas no caput na forma prevista em lei ou regulamento.

§ 3º *(Revogado pela Lei nº 12.101, de 2009)*

§ 4º As entidades e organizações de assistência social podem, para defesa de seus direitos referentes à inscrição e ao funcionamento, recorrer aos Conselhos Nacional, Estaduais, Municipais e do Distrito Federal.

Art. 10. A União, os Estados, os Municípios e o Distrito Federal podem celebrar convênios com entidades e organizações de assistência social, em conformidade com os Planos aprovados pelos respectivos Conselhos.

Art. 11. As ações das três esferas de governo na área de assistência social realizam-se de forma articulada, cabendo a coordenação e as normas gerais à esfera federal e a coordenação e execução dos programas, em suas respectivas esferas, aos Estados, ao Distrito Federal e aos Municípios.

Art. 12. Compete à União:

I - responder pela concessão e manutenção dos benefícios de prestação continuada definidos no art. 203 da Constituição Federal;

II - cofinanciar, por meio de transferência automática, o aprimoramento da gestão, os serviços, os programas e os projetos de assistência social em âmbito nacional; *(Redação dada pela Lei nº 12.435, de 2011)*

III - atender, em conjunto com os Estados, o Distrito Federal e os Municípios, às ações assistenciais de caráter de emergência.

IV - realizar o monitoramento e a avaliação da política de assistência social e assessorar Estados, Distrito Federal e Municípios para seu desenvolvimento. *(Incluído pela Lei nº 12.435, de 2011)*

Art. 12-A. A União apoiará financeiramente o aprimoramento à gestão descentralizada dos serviços, programas, projetos e benefícios de assistência social, por meio do Índice de Gestão Descentralizada (IGD) do Sistema Único de Assistência Social (Suas), para a utilização no âmbito dos Estados, dos Municípios e do Distrito Federal, destinado, sem prejuízo de outras ações a serem definidas em regulamento, a: *(Incluído pela Lei nº 12.435, de 2011)*

I - medir os resultados da gestão descentralizada do Suas, com base na atuação do gestor estadual, municipal e do Distrito Federal na implementação, execução e monitoramento dos serviços, programas, projetos e benefícios de assistência social, bem como na articulação intersetorial; *(Incluído pela Lei nº 12.435, de 2011)*

II - incentivar a obtenção de resultados qualitativos na gestão estadual, municipal e do Distrito Federal do Suas; e *(Incluído pela Lei nº 12.435, de 2011)*

III - calcular o montante de recursos a serem repassados aos entes federados a título de apoio financeiro à gestão do Suas. *(Incluído pela Lei nº 12.435, de 2011)*

Lei n. 8.742/1993

§ 1º Os resultados alcançados pelo ente federado na gestão do Suas, aferidos na forma de regulamento, serão considerados como prestação de contas dos recursos a serem transferidos a título de apoio financeiro. *(Incluído pela Lei nº 12.435, de 2011)*

§ 2º As transferências para apoio à gestão descentralizada do Suas adotarão a sistemática do Índice de Gestão Descentralizada do Programa Bolsa Família, previsto no art. 8o da Lei no 10.836, de 9 de janeiro de 2004, e serão efetivadas por meio de procedimento integrado àquele índice. *(Incluído pela Lei nº 12.435, de 2011)*

§ 3º *(VETADO). (Incluído pela Lei nº 12.435, de 2011)*

§ 4º Para fins de fortalecimento dos Conselhos de Assistência Social dos Estados, Municípios e Distrito Federal, percentual dos recursos transferidos deverá ser gasto com atividades de apoio técnico e operacional àqueles colegiados, na forma fixada pelo Ministério do Desenvolvimento Social e Combate à Fome, sendo vedada a utilização dos recursos para pagamento de pessoal efetivo e de gratificações de qualquer natureza a servidor público estadual, municipal ou do Distrito Federal. *(Incluído pela Lei nº 12.435, de 2011)*

Art. 13. Compete aos Estados:

I - destinar recursos financeiros aos Municípios, a título de participação no custeio do pagamento dos benefícios eventuais de que trata o art. 22, mediante critérios estabelecidos pelos Conselhos Estaduais de Assistência Social; *(Redação dada pela Lei nº 12.435, de 2011)*

II - apoiar técnica e financeiramente os serviços, os programas e os projetos de enfrentamento da pobreza em âmbito regional ou local;

III - atender, em conjunto com os Municípios, às ações assistenciais de caráter de emergência;

IV - estimular e apoiar técnica e financeiramente as associações e consórcios municipais na prestação de serviços de assistência social;

V - prestar os serviços assistenciais cujos custos ou ausência de demanda municipal justifiquem uma rede regional de serviços, desconcentrada, no âmbito do respectivo Estado.

VI - realizar o monitoramento e a avaliação da política de assistência social e assessorar os Municípios para seu desenvolvimento. *(Incluído pela Lei nº 12.435, de 2011)*

Art. 14. Compete ao Distrito Federal:

I - destinar recursos financeiros para custeio do pagamento dos benefícios eventuais de que trata o art. 22, mediante critérios estabelecidos pelos Conselhos de Assistência Social do Distrito Federal; *(Redação dada pela Lei nº 12.435, de 2011)*

II - efetuar o pagamento dos auxílios natalidade e funeral;

III - executar os projetos de enfrentamento da pobreza, incluindo a parceria com organizações da sociedade civil;

IV - atender às ações assistenciais de caráter de emergência;

V - prestar os serviços assistenciais de que trata o art. 23 desta lei.

VI - cofinanciar o aprimoramento da gestão, os serviços, os programas e os projetos de assistência social em âmbito local; *(Incluído pela Lei nº 12.435, de 2011)*

VII - realizar o monitoramento e a avaliação da política de assistência social em seu âmbito. *(Incluído pela Lei nº 12.435, de 2011)*

Art. 15. Compete aos Municípios:

I - destinar recursos financeiros para custeio do pagamento dos benefícios eventuais de que trata o art. 22, mediante critérios estabelecidos pelos Conselhos Municipais de Assistência Social; *(Redação dada pela Lei nº 12.435, de 2011)*

II - efetuar o pagamento dos auxílios natalidade e funeral;

III - executar os projetos de enfrentamento da pobreza, incluindo a parceria com organizações da sociedade civil;

IV - atender às ações assistenciais de caráter de emergência;

V - prestar os serviços assistenciais de que trata o art. 23 desta lei.

VI - cofinanciar o aprimoramento da gestão, os serviços, os programas e os projetos de assistência social em âmbito local; *(Incluído pela Lei nº 12.435, de 2011)*

VII - realizar o monitoramento e a avaliação da política de assistência social em seu âmbito. *(Incluído pela Lei nº 12.435, de 2011)*

Art. 16. As instâncias deliberativas do Suas, de caráter permanente e composição paritária entre governo e sociedade civil, são: *(Redação dada pela Lei nº 12.435, de 2011)*

I - o Conselho Nacional de Assistência Social;

II - os Conselhos Estaduais de Assistência Social;

III - o Conselho de Assistência Social do Distrito Federal;

IV - os Conselhos Municipais de Assistência Social.

Parágrafo único. Os Conselhos de Assistência Social estão vinculados ao órgão gestor de assistência social, que deve prover a infraestrutura necessária ao seu funcionamento, garantindo recursos materiais, humanos e financeiros, inclusive com despesas referentes a passagens e diárias de conselheiros representantes do governo ou da sociedade civil, quando estiverem no exercício de suas atribuições. (Incluído pela Lei nº 12.435, de 2011)

Art. 17. Fica instituído o Conselho Nacional de Assistência Social (CNAS), órgão superior de deliberação colegiada, vinculado à estrutura do órgão da Administração Pública Federal responsável pela coordenação da Política Nacional de Assistência Social, cujos membros, nomeados pelo Presidente da República, têm mandato de 2 (dois) anos, permitida uma única recondução por igual período.

§ 1º O Conselho Nacional de Assistência Social (CNAS) é composto por 18 (dezoito) membros e respectivos suplentes, cujos nomes são indicados ao órgão da Administração Pública Federal responsável pela coordenação da Política Nacional de Assistência Social, de acordo com os critérios seguintes:

I - 9 (nove) representantes governamentais, incluindo 1 (um) representante dos Estados e 1 (um) dos Municípios;

II - 9 (nove) representantes da sociedade civil, dentre representantes dos usuários ou de organizações de usuários, das entidades e organizações de assistência social e dos trabalhadores do setor, escolhidos em foro próprio sob fiscalização do Ministério Público Federal.

§ 2º O Conselho Nacional de Assistência Social (CNAS) é presidido por um de seus integrantes, eleito dentre seus membros, para mandato de 1 (um) ano, permitida uma única recondução por igual período.

§ 3º O Conselho Nacional de Assistência Social (CNAS) contará com uma Secretaria Executiva, a qual terá sua estrutura disciplinada em ato do Poder Executivo.

§ 4º Os Conselhos de que tratam os incisos II, III e IV do art. 16, com competência para acompanhar a execução da política de assistência social, apreciar e aprovar a proposta orçamentária, em consonância com as diretrizes das conferências nacionais, estaduais, distrital e municipais, de acordo com seu âmbito de atuação, deverão ser instituídos, respectivamente, pelos Estados, pelo Distrito Federal e pelos Municípios, mediante lei específica. *(Redação dada pela Lei nº 12.435, de 2011)*

Art. 18. Compete ao Conselho Nacional de Assistência Social:

I - aprovar a Política Nacional de Assistência Social;

II - normatizar as ações e regular a prestação de serviços de natureza pública e privada no campo da assistência social;

III - acompanhar e fiscalizar o processo de certificação das entidades e organizações de assistência social no Ministério do Desenvolvimento Social e Combate à Fome; *(Redação dada pela Lei nº 12.101, de 2009)*

IV - apreciar relatório anual que conterá a relação de entidades e organizações de assistência social certificadas como beneficentes e encaminhá-lo para conhecimento dos Conselhos de Assistência Social dos Estados, Municípios e do Distrito Federal; *(Redação dada pela Lei nº 12.101, de 2009)*

V - zelar pela efetivação do sistema descentralizado e participativo de assistência social;

VI - a partir da realização da II Conferência Nacional de Assistência Social em 1997, convocar ordinariamente a cada quatro anos a Conferência Nacional de Assistência Social, que terá a atribuição de avaliar a situação da assistência social e propor diretrizes para o aperfeiçoamento do sistema; *(Inciso alterado pela Lei n. 9.720, de 26.4.1991)*

VII - (Vetado.)

VIII - apreciar e aprovar a proposta orçamentária da Assistência Social a ser encaminhada pelo órgão da Administração Pública Federal responsável pela coordenação da Política Nacional de Assistência Social;

IX - aprovar critérios de transferência de recursos para os Estados, Municípios e Distrito Federal, considerando, para tanto, indicadores que informem sua regionalização mais eqüitativa, tais como: população, renda per capita, mortalidade infantil e concentração de renda, além de disciplinar os procedimentos de repasse de recursos para as entidades e organizações de assistência social, sem prejuízo das disposições da Lei de Diretrizes Orçamentárias;

X - acompanhar e avaliar a gestão dos recursos, bem como os ganhos sociais e o desempenho dos programas e projetos aprovados;

XI - estabelecer diretrizes, apreciar e aprovar os programas anuais e plurianuais do Fundo Nacional de Assistência Social (FNAS);

XII - indicar o representante do Conselho Nacional de Assistência Social (CNAS) junto ao Conselho Nacional da Seguridade Social;

XIII - elaborar e aprovar seu regimento interno;

XIV - divulgar, no Diário Oficial da União, todas as suas decisões, bem como as contas do Fundo Nacional de Assistência Social (FNAS) e os respectivos pareceres emitidos.

Parágrafo único. *(Revogado pela Lei nº 12.101, de 2009)*

Art. 19. Compete ao órgão da Administração Pública Federal responsável pela coordenação da Política Nacional de Assistência Social:

I - coordenar e articular as ações no campo da assistência social;

II - propor ao Conselho Nacional de Assistência Social (CNAS) a Política Nacional de Assistência Social, suas normas gerais, bem como os critérios de prioridade e de elegibilidade, além de padrões de qualidade na prestação de benefícios, serviços, programas e projetos;

III - prover recursos para o pagamento dos benefícios de prestação continuada definidos nesta lei;

IV - elaborar e encaminhar a proposta orçamentária da assistência social, em conjunto com as demais da Seguridade Social;

V - propor os critérios de transferência dos recursos de que trata esta lei;

VI - proceder à transferência dos recursos destinados à assistência social, na forma prevista nesta lei;

VII - encaminhar à apreciação do Conselho Nacional de Assistência Social (CNAS) relatórios trimestrais e anuais de atividades e de realização financeira dos recursos;

VIII - prestar assessoramento técnico aos Estados, ao Distrito Federal, aos Municípios e às entidades e organizações de assistência social;

IX - formular política para a qualificação sistemática e continuada de recursos humanos no campo da assistência social;

X - desenvolver estudos e pesquisas para fundamentar as análises de necessidades e formulação de proposições para a área;

XI - coordenar e manter atualizado o sistema de cadastro de entidades e organizações de assistência social, em articulação com os Estados, os Municípios e o Distrito Federal;

XII - articular-se com os órgãos responsáveis pelas políticas de saúde e previdência social, bem como com os demais responsáveis pelas políticas sócio-econômicas setoriais, visando à elevação do patamar mínimo de atendimento às necessidades básicas;

XIII - expedir os atos normativos necessários à gestão do Fundo Nacional de Assistência Social (FNAS), de acordo com as diretrizes estabelecidas pelo Conselho Nacional de Assistência Social (CNAS);

XIV - elaborar e submeter ao Conselho Nacional de Assistência Social (CNAS) os programas anuais e plurianuais de aplicação dos recursos do Fundo Nacional de Assistência Social (FNAS).

CAPÍTULO IV
Dos Benefícios, dos Serviços, dos Programas e dos Projetos de Assistência Social
SEÇÃO I
Do Benefício de Prestação Continuada

Art. 20. O benefício de prestação continuada é a garantia de um salário-mínimo mensal à pessoa com deficiência e ao idoso com 65 (sessenta e cinco) anos ou mais que comprovem não possuir meios de prover a própria manutenção nem de tê-la provida por sua família. *(Redação dada pela Lei nº 12.435, de 2011)*

§ 1º Para os efeitos do disposto no caput, a família é composta pelo requerente, o cônjuge ou companheiro, os pais e, na ausência de um deles, a madrasta ou o padrasto, os irmãos solteiros, os filhos e enteados solteiros e os menores tutelados, desde que vivam sob o mesmo teto. *(Redação dada pela Lei nº 12.435, de 2011)*

§ 2º Para efeito de concessão do benefício de prestação continuada, considera-se pessoa com deficiência aquela que tem impedimento de longo prazo de natureza física, mental, intelectual ou sensorial, o qual, em interação com uma ou mais barreiras, pode obstruir sua participação plena e efetiva na sociedade em igualdade de condições com as demais pessoas. *(Redação dada pela Lei nº 13.146, de 2015)*

§ 3º Considera-se incapaz de prover a manutenção da pessoa com deficiência ou idosa a família cuja renda mensal per capita seja inferior a 1/4 (um quarto) do salário-mínimo. *(Redação dada pela Lei nº 12.435, de 2011)*

§ 4º O benefício de que trata este artigo não pode ser acumulado pelo beneficiário com qualquer outro no âmbito da seguridade social ou de outro regime, salvo os da assistência médica e da pensão especial de natureza indenizatória. *(Redação dada pela Lei nº 12.435, de 2011)*

§ 5º A condição de acolhimento em instituições de longa permanência não prejudica o direito do idoso ou da pessoa com deficiência ao benefício de prestação continuada. *(Redação dada pela Lei nº 12.435, de 2011)*

§ 6º A concessão do benefício ficará sujeita à avaliação da deficiência e do grau de impedimento de que trata o § 2º, composta por avaliação médica e avaliação social realizadas por médicos peritos e por assistentes sociais do Instituto Nacional de Seguro Social - INSS. *(Redação dada pela Lei nº 12.470, de 2011)*

§ 7º Na hipótese de não existirem serviços no município de residência do beneficiário, fica assegurado, na forma prevista em regulamento, o seu encaminhamento ao município mais próximo que contar com tal estrutura. *(Parágrafo alterado pela Lei n. 9.720, de 30.11.1998)*

§ 8º A renda familiar mensal a que se refere o § 3º deverá ser declarada pelo requerente ou seu representante legal, sujeitando-se aos demais procedimentos previstos no regulamento para o deferimento do pedido.*(Parágrafo incluído pela Lei n. 9.720, de 30.11.1998)*

§ 9º Os rendimentos decorrentes de estágio supervisionado e de aprendizagem não serão computados para os fins de cálculo da renda familiar per capita a que se refere o § 3º deste artigo. *(Redação dada pela Lei nº 13.146, de 2015)*

§ 10. Considera-se impedimento de longo prazo, para os fins do § 2º deste artigo, aquele que produza efeitos pelo prazo mínimo de 2 (dois) anos. *(Inclído pela Lei nº 12.470, de 2011)*

§ 11. Para concessão do benefício de que trata o caput deste artigo, poderão ser utilizados outros elementos probatórios da condição de miserabilidade do grupo familiar e da situação de vulnerabilidade, conforme regulamento. *(Incluído dada pela Lei nº 13.146, de 2015)*

Art. 21. O benefício de prestação continuada deve ser revisto a cada 2 (dois) anos para avaliação da continuidade das condições que lhe deram origem.

§ 1º O pagamento do benefício cessa no momento em que forem superadas as condições referidas no caput, ou em caso de morte do beneficiário.

§ 2º O benefício será cancelado quando se constatar irregularidade na sua concessão ou utilização.

§ 3º O desenvolvimento das capacidades cognitivas, motoras ou educacionais e a realização de atividades não remuneradas de habilitação e reabilitação, entre outras, não constituem motivo de suspensão ou cessação do benefício da pessoa com deficiência. *(Incluído pela Lei nº 12.435, de 2011)*

§ 4º A cessação do benefício de prestação continuada concedido à pessoa com deficiência não impede nova concessão do benefício, desde que atendidos os requisitos definidos em regulamento. *(Redação dada pela Lei nº 12.470, de 2011)*

Art. 21-A. O benefício de prestação continuada será suspenso pelo órgão concedente quando a pessoa com deficiência exercer atividade remunerada, inclusive na condição de microempreendedor individual. *(Incluído pela Lei nº 12.470, de 2011)*

§ 1º Extinta a relação trabalhista ou a atividade empreendedora de que trata o caput deste artigo e, quando for o caso, encerrado o prazo de pagamento do seguro-desemprego e não tendo o beneficiário adquirido direito a qualquer benefício previdenciário, poderá ser requerida a continuidade do pagamento do benefício suspenso, sem necessidade de realização de perícia médica ou reavaliação da deficiência e do grau de incapacidade para esse fim, respeitado o período de revisão previsto no caput do art. 21. *(Incluído pela Lei nº 12.470, de 2011)*

§ 2º A contratação de pessoa com deficiência como aprendiz não acarreta a suspensão do benefício de prestação continuada, limitado a 2 (dois) anos o recebimento concomitante da remuneração e do benefício. *(Incluído pela Lei nº 12.470, de 2011)*

SEÇÃO II
Dos Benefícios Eventuais

Art. 22. Entendem-se por benefícios eventuais as provisões suplementares e provisórias que integram organicamente as garantias do Suas e são prestadas aos cidadãos e às famílias em virtude de nascimento, morte, situações de vulnerabilidade temporária e de calamidade pública. *(Redação dada pela Lei nº 12.435, de 2011)*

§ 1º A concessão e o valor dos benefícios de que trata este artigo serão definidos pelos Estados, Distrito Federal e Municípios e previstos nas respectivas leis orçamentárias anuais, com base em critérios e prazos definidos pelos respectivos Conselhos de Assistência Social. *(Redação dada pela Lei nº 12.435, de 2011)*

§ 2º O CNAS, ouvidas as respectivas representações de Estados e Municípios dele participantes, poderá propor, na medida das disponibilidades orçamentárias das 3 (três) esferas de governo, a instituição de benefícios subsidiários no valor de até 25% (vinte e cinco por cento) do salário-mínimo para cada criança de até 6 (seis) anos de idade. *(Redação dada pela Lei nº 12.435, de 2011)*

§ 3º Os benefícios eventuais subsidiários não poderão ser cumulados com aqueles instituídos pelas Leis nº 10.954, de 29 de setembro de 2004, e nº 10.458, de 14 de maio de 2002. *(Redação dada pela Lei nº 12.435, de 2011)*

SEÇÃO III
Dos Serviços

Art. 23. Entendem-se por serviços socioassistenciais as atividades continuadas que visem à melhoria de vida da população e cujas ações, voltadas para as necessidades básicas, observem os objetivos, princípios e diretrizes estabelecidos nesta Lei. *(Redação dada pela Lei nº 12.435, de 2011)*

§ 1º O regulamento instituirá os serviços socioassistenciais. *(Incluído pela Lei nº 12.435, de 2011)*

§ 2º Na organização dos serviços da assistência social serão criados programas de amparo, entre outros: *(Incluído pela Lei nº 12.435, de 2011)*

I - às crianças e adolescentes em situação de risco pessoal e social, em cumprimento ao disposto no art. 227 da Constituição Federal e na Lei nº 8.069, de 13 de julho de 1990 *(Estatuto da Criança e do Adolescente); (Incluído pela Lei nº 12.435, de 2011)*

II - às pessoas que vivem em situação de rua. *(Incluído pela Lei nº 12.435, de 2011)*

SEÇÃO IV
Dos Programas de Assistência Social

Art. 24. Os programas de assistência social compreendem ações integradas e complementares com objetivos, tempo e área de abrangência definidos para qualificar, incentivar e melhorar os benefícios e os serviços assistenciais.

§ 1º Os programas de que trata este artigo serão definidos pelos respectivos Conselhos de Assistência Social, obedecidos os objetivos e princípios que regem esta lei, com prioridade para a inserção profissional e social.

§ 2º Os programas voltados para o idoso e a integração da pessoa com deficiência serão devidamente articulados com o benefício de prestação continuada estabelecido no art. 20 desta Lei. *(Redação dada pela Lei nº 12.435, de 2011)*

Art. 24-A. Fica instituído o Serviço de Proteção e Atendimento Integral à Família (Paif), que integra a proteção social básica e consiste na oferta de ações e serviços socioassistenciais de prestação continuada, nos Cras, por meio do trabalho social com famílias em situação de vulnerabilidade social, com o objetivo de prevenir o rompimento dos vínculos familiares e a violência no âmbito de suas relações, garantindo o direito à convivência familiar e comunitária. *(Incluído pela Lei nº 12.435, de 2011)*

Parágrafo único. Regulamento definirá as diretrizes e os procedimentos do Paif. *(Incluído pela Lei nº 12.435, de 2011)*

Art. 24-B. Fica instituído o Serviço de Proteção e Atendimento Especializado a Famílias e Indivíduos (Paefi), que integra a proteção social especial e consiste no apoio, orientação e acompanhamento a famílias e indivíduos em situação de ameaça ou violação de direitos, articulando os serviços socioassistenciais com as diversas políticas públicas e com órgãos do sistema de garantia de direitos. *(Incluído pela Lei nº 12.435, de 2011)*

Parágrafo único. Regulamento definirá as diretrizes e os procedimentos do Paefi. *(Incluído pela Lei nº 12.435, de 2011)*

Art. 24-C. Fica instituído o Programa de Erradicação do Trabalho Infantil (Peti), de caráter intersetorial, integrante da Política Nacional de Assistência Social, que, no âmbito do Suas, compreende transferências de renda, trabalho social com famílias e oferta de serviços socioeducativos para crianças e adolescentes que se encontrem em situação de trabalho. *(Incluído pela Lei nº 12.435, de 2011)*

§ 1º O Peti tem abrangência nacional e será desenvolvido de forma articulada pelos entes federados, com a participação da sociedade civil, e tem como objetivo contribuir para a retirada de crianças e adolescentes com idade inferior a 16 (dezesseis) anos em situação de trabalho, ressalvada a condição de aprendiz, a partir de 14 (quatorze) anos. *(Incluído pela Lei nº 12.435, de 2011)*

§ 2º As crianças e os adolescentes em situação de trabalho deverão ser identificados e ter os seus dados inseridos no Cadastro Único para Programas Sociais do Governo Federal (CadÚnico), com a devida identificação das situações de trabalho infantil. *(Incluído pela Lei nº 12.435, de 2011)*

SEÇÃO V
Dos Projetos de Enfrentamento da Pobreza

Art. 25. Os projetos de enfrentamento da pobreza compreendem a instituição de investimento econômico-social nos grupos populares, buscando subsidiar, financeira e tecnicamente, iniciativas que lhes garantam meios, capacidade produtiva e de gestão para melhoria das condições gerais de subsistência, elevação do padrão da qualidade de vida, a preservação do meio-ambiente e sua organização social.

Art. 26. O incentivo a projetos de enfrentamento da pobreza assentar-se-á em mecanismos de articulação e de participação de diferentes áreas governamentais e em sistema de cooperação entre organismos governamentais, não governamentais e da sociedade civil.

CAPÍTULO V
Do Financiamento da Assistência Social

Art. 27. Fica o Fundo Nacional de Ação Comunitária (Funac), instituído pelo Decreto n. 91.970, de 22 de novembro de 1985, ratificado pelo Decreto Legislativo n. 66, de 18 de dezembro de 1990, transformado no Fundo Nacional de Assistência Social (FNAS).

Art. 28. O financiamento dos benefícios, serviços, programas e projetos estabelecidos nesta lei far-se-á com os recursos da União, dos Estados, do Distrito Federal e dos Municípios, das demais contribuições sociais previstas no art. 195 da Constituição Federal, além daqueles que compõem o Fundo Nacional de Assistência Social (FNAS).

§ 1º Cabe ao órgão da Administração Pública responsável pela coordenação da Política de Assistência Social nas 3 (três) esferas de governo gerir o Fundo de Assistência Social, sob orientação e controle dos respectivos Conselhos de Assistência Social. *(Redação dada pela Lei nº 12.435, de 2011)*

§ 2º O Poder Executivo disporá, no prazo de 180 (cento e oitenta) dias a contar da data de publicação desta lei, sobre o regulamento e funcionamento do Fundo Nacional de Assistência Social (FNAS).

§ 3º O financiamento da assistência social no Suas deve ser efetuado mediante cofinanciamento dos 3 (três) entes federados, devendo os recursos alocados nos fundos de assistência social ser voltados à operacionalização, prestação, aprimoramento e viabilização dos serviços, programas, projetos e benefícios desta política. *(Incluído pela Lei nº 12.435, de 2011)*

Art. 28-A. Constitui receita do Fundo Nacional de Assistência Social, o produto da alienação dos bens imóveis da extinta Fundação Legião Brasileira de Assistência.

Art. 29. Os recursos de responsabilidade da União destinados à assistência social serão automaticamente repassados ao Fundo Nacional de Assistência Social (FNAS), à medida que se forem realizando as receitas.

Parágrafo único. Os recursos de responsabilidade da União destinados ao financiamento dos benefícios de prestação continuada, previstos no art. 20, poderão ser repassados pelo Ministério da Previdência e Assistência Social diretamente ao INSS, órgão responsável pela sua execução e manutenção. *(Parágrafo incluído pela Lei n. 9.720, de 30.11.1998)*

Art. 30. É condição para os repasses, aos Municípios, aos Estados e ao Distrito Federal, dos recursos de que trata esta lei, a efetiva instituição e funcionamento de:

I - Conselho de Assistência Social, de composição paritária entre governo e sociedade civil;

II - Fundo de Assistência Social, com orientação e controle dos respectivos Conselhos de Assistência Social;

III - Plano de Assistência Social.

Parágrafo único. É, ainda, condição para transferência de recursos do FNAS aos Estados, ao Distrito Federal e aos Municípios a comprovação orçamentária dos recursos próprios destinados à Assistência Social, alocados em seus respectivos Fundos de Assistência Social, a partir do exercício de 1999. *(Parágrafo incluído pela Lei n. 9.720, de 30.11.1998)*

Art. 30-A. O cofinanciamento dos serviços, programas, projetos e benefícios eventuais, no que couber, e o aprimoramento da gestão da política de assistência social no Suas se efetuam por meio de transferências automáticas entre os fundos de assistência social e mediante alocação de recursos próprios nesses fundos nas 3 (três) esferas de governo. *(Incluído pela Lei nº 12.435, de 2011)*

Parágrafo único. As transferências automáticas de recursos entre os fundos de assistência social efetuadas à conta do orçamento da seguridade social, conforme o art. 204 da Constituição Federal, caracterizam-se como despesa pública com a seguridade social, na forma do art. 24 da Lei Complementar nº 101, de 4 de maio de 2000. *(Incluído pela Lei nº 12.435, de 2011)*

Art. 30-B. Caberá ao ente federado responsável pela utilização dos recursos do respectivo Fundo de Assistência Social o controle e o acompanhamento dos serviços, programas, projetos e benefícios, por meio dos respectivos órgãos de controle, independentemente de ações do órgão repassador dos recursos. *(Incluído pela Lei nº 12.435, de 2011)*

Art. 30-C. A utilização dos recursos federais descentralizados para os fundos de assistência social dos Estados, dos Municípios e do Distrito Federal será declarada pelos entes recebedores ao ente transferidor, anualmente, mediante relatório de gestão submetido à apreciação do respectivo Conselho de Assistência Social, que comprove a execução das ações na forma de regulamento. *(Incluído pela Lei nº 12.435, de 2011)*

Parágrafo único. Os entes transferidores poderão requisitar informações referentes à aplicação dos recursos oriundos do seu fundo de assistência social, para fins de análise e acompanhamento de sua boa e regular utilização. *(Incluído pela Lei nº 12.435, de 2011)*

CAPÍTULO VI
Das Disposições Gerais e Transitórias

Art. 31. Cabe ao Ministério Público zelar pelo efetivo respeito aos direitos estabelecidos nesta lei.

Art. 32. O Poder Executivo terá o prazo de 60 (sessenta) dias, a partir da publicação desta lei, obedecidas as normas por ela instituídas, para elaborar e encaminhar projeto de lei dispondo sobre a extinção e reordenamento dos órgãos de assistência social do Ministério do Bem-Estar Social.

§ 1º O projeto de que trata este artigo definirá formas de transferências de benefícios, serviços, programas, projetos, pessoal, bens móveis e imóveis para a esfera municipal.

§ 2º O Ministro de Estado do Bem-Estar Social indicará Comissão encarregada de elaborar o projeto de lei de que trata este artigo, que contará com a participação das organizações dos usuários, de trabalhadores do setor e de entidades e organizações de assistência social.

Art. 33. Decorrido o prazo de 120 (cento e vinte) dias da promulgação desta lei, fica extinto o Conselho

Nacional de Serviço Social (CNSS), revogando-se, em conseqüência, os Decretos-Lei n.s 525, de 1º de julho de 1938, e 657, de 22 de julho de 1943.

§ 1º O Poder Executivo tomará as providências necessárias para a instalação do Conselho Nacional de Assistência Social (CNAS) e a transferência das atividades que passarão à sua competência dentro do prazo estabelecido no caput, de forma a assegurar não haja solução de continuidade.

§ 2º O acervo do órgão de que trata o caput será transferido, no prazo de 60 (sessenta) dias, para o Conselho Nacional de Assistência Social (CNAS), que promoverá, mediante critérios e prazos a serem fixados, a revisão dos processos de registro e certificado de entidade de fins filantrópicos das entidades e organização de assistência social, observado o disposto no art. 3º desta lei.

Art. 34. A União continuará exercendo papel supletivo nas ações de assistência social, por ela atualmente executadas diretamente no âmbito dos Estados, dos Municípios e do Distrito Federal, visando à implementação do disposto nesta lei, por prazo máximo de 12 (doze) meses, contados a partir da data da publicação desta lei.

Art. 35. Cabe ao órgão da Administração Pública Federal responsável pela coordenação da Política Nacional de Assistência Social operar os benefícios de prestação continuada de que trata esta lei, podendo, para tanto, contar com o concurso de outros órgãos do Governo Federal, na forma a ser estabelecida em regulamento.

Parágrafo único. O regulamento de que trata o caput definirá as formas de comprovação do direito ao benefício, as condições de sua suspensão, os procedimentos em casos de curatela e tutela e o órgão de credenciamento, de pagamento e de fiscalização, dentre outros aspectos.

Art. 36. As entidades e organizações de assistência social que incorrerem em irregularidades na aplicação dos recursos que lhes foram repassados pelos poderes públicos terão a sua vinculação ao Suas cancelada, sem prejuízo de responsabilidade civil e penal. *(Redação dada pela Lei nº 12.435, de 2011)*

Art. 37. O benefício de prestação continuada será devido após o cumprimento, pelo requerente, de todos os requisitos legais e regulamentares exigidos para a sua concessão, inclusive apresentação da documentação necessária, devendo o seu pagamento ser efetuado em até quarenta e cinco dias após cumpridas as exigências de que trata este artigo. *(Artigo alterado pela Lei n. 9.720, de 30.11.1998)*

I - 12 (doze) meses, para os portadores de deficiência;

II - 18 (dezoito) meses, para os idosos.

Parágrafo único. No caso de o primeiro pagamento ser feito após o prazo previsto no **caput**, aplicar-se-á na sua atualização o mesmo critério adotado pelo INSS na atualização do primeiro pagamento de benefício previdenciário em atraso. *(Parágrafo incluído pela Lei n. 9.720, de 30.11.1998)*

Art. 38. *(Revogado pela Lei nº 12.435, de 2011)*

Art. 39. O Conselho Nacional de Assistência Social (CNAS), por decisão da maioria absoluta de seus membros, respeitados o orçamento da seguridade social e a disponibilidade do Fundo Nacional de Assistência Social (FNAS), poderá propor ao Poder Executivo a alteração dos limites de renda mensal per capita definidos no § 3º do art. 20 e caput do art. 22.

Art. 40. Com a implantação dos benefícios previstos nos arts. 20 e 22 desta lei, extinguem-se a renda mensal vitalícia, o auxílio-natalidade e o auxílio-funeral existentes no âmbito da Previdência Social, conforme o disposto na Lei n. 8.213, de 24 de julho de 1991.

§ 1º A transferência dos beneficiários do sistema previden-ciário para a assistência social deve ser estabelecida de forma que o atendimento à população não sofra solução de continuidade. *(Parágrafo alterado pela Lei n. 9.711, de 20.11.1998)*

§ 2º É assegurado ao maior de setenta anos e ao inválido o direito de requerer a renda mensal vitalícia junto ao INSS até 31 de dezembro de 1995, desde que atenda, alternativamente, aos requisitos estabelecidos nos incisos I, II ou III do § 1º do art. 139 da Lei n. 8.213, de 24 de julho de 1991. *(Parágrafo alterado pela Lei n. 9.711, de 20.11.1998)*

Art. 40-A. Os benefícios monetários decorrentes do disposto nos arts. 22, 24-C e 25 desta Lei serão pagos preferencialmente à mulher responsável pela unidade familiar, quando cabível. *(Incluído pela Lei n. 13.014, de 2014)*

Art. 41. Esta lei entra em vigor na data da sua publicação.

Art. 42. Revogam-se as disposições em contrário.

Brasília, 7 de dezembro de 1993,
172º da Independência e 105º da República.

ITAMAR FRANCO
Jutahy Magalhães Júnior

Nacional de Serviço Social (CNSS), revogando-se, em consequência, os Decretos-Lei nºs 525, de 1º de julho de 1938, e 657, de 22 de julho de 1943.

§ 1º O Poder Executivo tomará as providências necessárias para a instalação do Conselho Nacional de Assistência Social (CNAS) e a transferência das atividades que passarão à sua competência dentro do prazo estabelecido no caput, de forma a assegurar não haja solução de continuidade.

§ 2º O acervo do órgão de que trata o caput será transferido, no prazo de 60 (sessenta) dias, para o Conselho Nacional de Assistência Social (CNAS), que promoverá, mediante critérios e prazos a serem fixados, a revisão dos processos de registro e certificado de entidade de fins filantrópicos das entidades e organização de assistência social, observado o disposto no art. 3º desta lei.

Art. 34. A União continuará exercendo papel supletivo nas ações de assistência social, por ela atualmente executadas diretamente no âmbito dos Estados, dos Municípios e do Distrito Federal, visando à implementação do disposto nesta lei, por prazo máximo de 12 (doze) meses, contados a partir da data da publicação desta lei.

Art. 35. Cabe ao órgão da Administração Pública Federal responsável pela coordenação da Política Nacional de Assistência Social operar os benefícios de prestação continuada de que trata esta lei, podendo, para tanto, contar com o concurso de outros órgãos do Governo Federal, na forma a ser estabelecida em regulamento.

Parágrafo único. O regulamento de que trata o caput definirá as formas de comprovação do direito ao benefício, as condições de sua suspensão, os procedimentos em casos de curatela e tutela e o órgão de credenciamento, de pagamento e de fiscalização, dentre outros aspectos.

Art. 36. As entidades e organizações de assistência social que incorrerem em irregularidades na aplicação dos recursos que lhes foram repassados pelos poderes públicos terão a sua vinculação ao Suas cancelada, sem prejuízo de responsabilidade civil e penal. *(Redação dada pela Lei nº 12.435, de 2011)*

Art. 37. O benefício de prestação continuada será devido após o cumprimento, pelo requerente, de todos os requisitos legais e regulamentares exigidos para a sua concessão, inclusive apresentação da documentação necessária, devendo o seu pagamento ser efetuado em até quarenta e cinco dias após cumpridas as exigências de que trata este artigo. *(Redação dada pela Lei nº 9.720, de 30.11.1998)*

I - 12 (doze) meses, para os portadores de deficiência;

II - 18 (dezoito) meses, para os idosos.

Parágrafo único. No caso de o primeiro pagamento ser feito após o prazo previsto no caput, aplicar-se-á na sua atualização o mesmo critério adotado pelo INSS na atualização do primeiro pagamento de benefício previdenciário em atraso. *(Incluído pela Lei nº 9.720, de 30.11.1998)*

Art. 38. *(Revogado pela Lei nº 12.435, de 2011)*

Art. 39. O Conselho Nacional de Assistência Social (CNAS), por decisão da maioria absoluta de seus membros, respeitados o orçamento da seguridade social e a disponibilidade do Fundo Nacional de Assistência Social (FNAS), poderá propor ao Poder Executivo a alteração dos limites de renda mensal per capita definidos no § 3º do art. 20 e caput do art. 22.

Art. 40. Com a implantação dos benefícios previstos nos arts. 20 e 22 desta lei, extinguem-se a renda mensal vitalícia, o auxílio-natalidade e o auxílio-funeral existentes no âmbito da Previdência Social, conforme o disposto na Lei nº 8.213, de 24 de julho de 1991.

§ 1º A transferência dos beneficiários do sistema previdenciário para a assistência social deve ser estabelecida de forma que o atendimento à população não sofra solução de continuidade. *(Redação dada pela Lei nº 9.711, de 20.11.1998)*

§ 2º É assegurado ao maior de setenta anos e ao inválido o direito de requerer a renda mensal vitalícia junto ao INSS até 31 de dezembro de 1995, desde que atenda, alternativamente, aos requisitos estabelecidos nos incisos I, II ou III do § 1º do art. 139 da Lei nº 8.213, de 24 de julho de 1991. *(Redação dada pela Lei nº 9.711, de 20.11.1998)*

Art. 40-A. Os benefícios monetários decorrentes do disposto nos arts. 22, 24-C e 25 desta Lei serão pagos preferencialmente à mulher responsável pela unidade familiar, quando cabível. *(Incluído pela Lei nº 13.014, de 2014)*

Art. 41. Esta lei entra em vigor na data da sua publicação.

Art. 42. Revogam-se as disposições em contrário.

Brasília, 7 de dezembro de 1993, 172º da Independência e 105º da República.

ITAMAR FRANCO

Jutahy Magalhães Júnior

19. DECRETO N. 3.048, DE 6 DE MAIO DE 1999

APROVA O REGULAMENTO DA PREVIDÊNCIA SOCIAL, E DÁ OUTRAS PROVIDÊNCIAS

O PRESIDENTE DA REPÚBLICA, no uso da atribuição que lhe confere o art. 84, inciso IV, da Constituição Federal, e de acordo com a Emenda Constitucional nº 20, de 1998, as Leis Complementares nºs 70, de 30 de dezembro de 1991, e 84, de 18 de janeiro de 1996, e as Leis nºs 8.138, de 28 de dezembro de 1990, 8.212, de 24 de julho de 1991, 8.213, de 24 de julho de 1991, 8.218, de 29 de agosto de 1991, 8.383, de 30 de dezembro de 1991, 8.398, de 7 de janeiro de 1992, 8.436, de 25 de junho de 1992, 8.444, de 20 de julho de 1992, 8.540, de 22 de dezembro de 1992, 8.542, de 23 de dezembro de 1992, 8.619, de 5 de janeiro de 1993, 8.620, de 5 de janeiro de 1993, 8.630, de 25 de fevereiro de 1993, 8.647, de 13 de abril de 1993, 8.742, de 7 de dezembro de 1993, 8.745, de 9 de dezembro de 1993, 8.861, de 25 de março de 1994, 8.864, de 28 de março de 1994, 8.870, de 15 de abril de 1994, 8.880, de 27 de maio de 1994, 8.935, de 18 de novembro de 1994, 8.981, de 20 de janeiro de 1995, 9.032, de 28 de abril de 1995, 9.063, de 14 de junho de 1995, 9.065, de 20 de junho de 1995, 9.069, de 29 de junho de 1995, 9.129, de 20 de novembro de 1995, 9.249, de 26 de dezembro de 1995, 9.250, de 26 de dezembro de 1995, 9.317, de 5 de dezembro de 1996, 9.429, de 26 de dezembro de 1996, 9.476, de 23 de julho de 1997, 9.506, de 30 de outubro de 1997, 9.528, de 10 de dezembro de 1997, 9.601, de 21 de janeiro de 1998, 9.615, de 24 de março de 1998, 9.639, de 25 de maio de 1998, 9.649, de 27 de maio de 1998, 9.676, de 30 de junho de 1998, 9.703, de 17 de novembro de 1998, 9.711, de 20 de novembro de 1998, 9.717, de 27 de novembro de 1998, 9.718, de 27 de novembro de 1998, 9.719, de 27 de novembro de 1998, 9.720, de 30 de novembro de 1998, 9.732, de 11 de dezembro de 1998, e 9.876, de 26 de novembro de 1999,

DECRETA:

Art. 1º O Regulamento da Previdência Social passa a vigorar na forma do texto apenso ao presente Decreto, com seus anexos.

Art. 2º Este Decreto entra em vigor na data de sua publicação.

Art. 3º Ficam revogados os Decretos n.s 33.335, de 20 de julho de 1953, 36.911, de 15 de fevereiro de 1955, 65.106, de 5 de setembro de 1969, 69.382, de 19 de outubro de 1971, 72.771, de 6 de setembro de 1973, 73.617, de 12 de fevereiro de 1974, 73.833, de 13 de março de 1974, 74.661, de 7 de outubro de 1974, 75.478, de 14 de março de 1975, 75.706, de 8 de maio de 1975, 75.884, de 19 de junho de 1975, 76.326, de 23 de setembro de 1975, 77.210, de 20 de fevereiro de 1976, 79.037, de 24 de dezembro de 1976, 79.575, de 26 de abril de 1977, 79.789, de 7 de junho de 1977, 83.080, de 24 de janeiro de 1979, 83.081, de 24 de janeiro de 1979, 85.745, de 23 de fevereiro de 1981, 85.850, de 30 de março 1981, 86.512, de 29 de outubro de 1981, 87.374, de 8 de julho de 1982, 87.430, de 28 de julho de 1982, 88.353, de 6 de junho de 1983, 88.367, de 7 de junho de 1983, 88.443, de 29 de junho de 1983, 89.167, de 9 de dezembro de 1983, 89.312, de 23 de janeiro de 1984, 90.038, de 9 de agosto de 1984, 90.195, de 12 de setembro de 1984, 90.817, de 17 de janeiro de 1985, 91.406, de 5 de julho de 1985, 92.588, de 25 de abril de 1986, 92.700, de 21 de maio de 1986, 92.702, de 21 de maio de 1986, 92.769, de 10 de junho de 1986, 92.770, de 10 de junho de 1986, 92.976, de 22 de julho de 1986, 94.512, de 24 de junho de 1987, 96.543, de 22 de agosto de 1988, 96.595, de 25 de agosto de 1988, 98.376, de 7 de novembro de 1989, 99.301, de 15 de junho de 1990, 99.351, de 27 de junho 1990, 1.197, de 14 de julho de 1994, 1.514, de 5 de junho de 1995, 1.826, de 29 de fevereiro de 1996, 1.843, de 25 de março de 1996, 2.172, de 5 de março de 1997, 2.173, de 5 de março de 1997, 2.342, de 9 de outubro de 1997, 2.664, de 10 de julho de 1998, 2.782, de 14 de setembro de 1998, 2.803, de 20 de outubro de 1998, 2.924, de 5 de janeiro de 1999, e 3.039, de 28 de abril de 1999.

Brasília, 6 de maio 1999;
178º da Independência e 111º da República.

FERNANDO HENRIQUE CARDOSO
Waldeck Ornélas

REGULAMENTO DA PREVIDÊNCIA SOCIAL

LIVRO I
DA FINALIDADE E DOS PRINCÍPIOS BÁSICOS
TÍTULO I
DA SEGURIDADE SOCIAL

Art. 1º A seguridade social compreende um conjunto integrado de ações de iniciativa dos poderes públicos e da sociedade, destinado a assegurar o direito relativo à saúde, à previdência e à assistência social.

Parágrafo único. A seguridade social obedecerá aos seguintes princípios e diretrizes:

I - universalidade da cobertura e do atendimento;

II -uniformidade e equivalência dos benefícios e serviços às populações urbanas e rurais;

III - seletividade e distributividade na prestação dos benefícios e serviços;
IV - irredutibilidade do valor dos benefícios, de forma a preservar-lhe o poder aquisitivo;
V - eqüidade na forma de participação no custeio;
VI - diversidade da base de financiamento; e
VII-caráter democrático e descentralizado da administração, mediante gestão quadripartite, com participação dos trabalhadores, dos empregadores, dos aposentados e do governo nos órgãos colegiados.

TÍTULO II
DA SAÚDE

Art. 2º A saúde é direito de todos e dever do Estado, garantido mediante políticas sociais e econômicas que visem à redução do risco de doença e de outros agravos e ao acesso universal e igualitário às ações e serviços para sua promoção, proteção e recuperação.
Parágrafo único. As atividades de saúde são de relevância pública, e sua organização obedecerá aos seguintes princípios e diretrizes:
I - acesso universal e igualitário;
II - provimento das ações e serviços mediante rede regionalizada e hierarquizada, integrados em sistema único;
III - descentralização, com direção única em cada esfera de governo;
IV - atendimento integral, com prioridade para as atividades preventivas;
V - participação da comunidade na gestão, fiscalização e acompanhamento das ações e serviços de saúde; e
VI-participação da iniciativa privada na assistência à saúde, em obediência aos preceitos constitucionais.

TÍTULO III
DA ASSISTÊNCIA SOCIAL

Art. 3º A assistência social é a política social que provê o atendimento das necessidades básicas, traduzidas em proteção à família, à maternidade, à infância, à adolescência, à velhice e à pessoa portadora de deficiência, independentemente de contribuição à seguridade social.
Parágrafo único. A organização da assistência social obedecerá às seguintes diretrizes:
I - descentralização político-administrativa; e
II - participação da população na formulação e controle das ações em todos os níveis.

TÍTULO IV
DA PREVIDÊNCIA SOCIAL

Art. 4º A previdência social rege-se pelos seguintes princípios e objetivos:
I - universalidade de participação nos planos previdenciários;
II - uniformidade e equivalência dos benefícios e serviços às populações urbanas e rurais;
III - seletividade e distributividade na prestação dos benefícios;
IV-cálculo dos benefícios considerando-se os salários-de-contribuição corrigidos monetariamente;
V - irredutibilidade do valor dos benefícios, de forma a preservar-lhe o poder aquisitivo;
VI - valor da renda mensal dos benefícios substitutos do salário-de-contribuição ou do rendimento do trabalho do segurado não inferior ao do salário mínimo; e
VII - caráter democrático e descentralizado da administração, mediante gestão quadripartite, com participação dos trabalhadores, dos empregadores, dos aposentados e do governo nos órgãos colegiados.
Art. 5º A previdência social será organizada sob a forma de regime geral, de caráter contributivo e de filiação obrigatória, observados critérios que preservem o equilíbrio financeiro e atuarial, e atenderá a:
I - cobertura de eventos de doença, invalidez, morte e idade avançada;
II - proteção à maternidade, especialmente à gestante;
III - proteção ao trabalhador em situação de desemprego involuntário;
IV - salário-família e auxílio-reclusão para os dependentes dos segurados de baixa renda; e
V - pensão por morte do segurado, homem ou mulher, ao cônjuge ou companheiro e dependentes.

LIVRO II
DOS BENEFÍCIOS DA PREVIDÊNCIA SOCIAL
TÍTULO I
DOS REGIMES DA PREVIDÊNCIA SOCIAL

Art. 6º A previdência social compreende:
I - o Regime Geral de Previdência Social; e
II - os regimes próprios de previdência social dos servidores públicos e dos militares.
Parágrafo único. O Regime Geral de Previdência Social garante a cobertura de todas as situações expressas no art. 5º, exceto a de desemprego involuntário, observado o disposto no art. 199-A quanto ao direito à aposentadoria por tempo de contribuição. *(Redação dada pelo Decreto nº 6.042, de 2007).*
Art. 7º A administração do Regime Geral de Previdência Social é atribuída ao Ministério da Previdência e Assistência Social, sendo exercida pelos órgãos e entidades a ele vinculados.

TÍTULO II
DO REGIME GERAL DE PREVIDÊNCIA SOCIAL
CAPÍTULO I
DOS BENEFICIÁRIOS

Art. 8º São beneficiários do Regime Geral de Previdência Social as pessoas físicas classificadas como segurados e dependentes, nos termos das Seções I e II deste Capítulo.

Seção I
Dos Segurados

Art. 9º São segurados obrigatórios da previdência social as seguintes pessoas físicas:
I - como empregado:
a) aquele que presta serviço de natureza urbana ou rural a empresa, em caráter não eventual, sob sua subordinação e mediante remuneração, inclusive como diretor empregado;

b) aquele que, contratado por empresa de trabalho temporário, por prazo não superior a três meses, prorrogável, presta serviço para atender a necessidade transitória de substituição de pessoal regular e permanente ou a acréscimo extraordinário de serviço de outras empresas, na forma da legislação própria;

c) o brasileiro ou o estrangeiro domiciliado e contratado no Brasil para trabalhar como empregado no exterior, em sucursal ou agência de empresa constituída sob as leis brasileiras e que tenha sede e administração no País;

d) o brasileiro ou o estrangeiro domiciliado e contratado no Brasil para trabalhar como empregado em empresa domiciliada no exterior com maioria do capital votante pertencente a empresa constituída sob as leis brasileiras, que tenha sede e administração no País e cujo controle efetivo esteja em caráter permanente sob a titularidade direta ou indireta de pessoas físicas domiciliadas e residentes no País ou de entidade de direito público interno;

e) aquele que presta serviço no Brasil a missão diplomática ou a repartição consular de carreira estrangeira e a órgãos a elas subordinados, ou a membros dessas missões e repartições, excluídos o não-brasileiro sem residência permanente no Brasil e o brasileiro amparado pela legislação previdenciária do país da respectiva missão diplomática ou repartição consular;

f) o brasileiro civil que trabalha para a União no exterior, em organismos oficiais internacionais dos quais o Brasil seja membro efetivo, ainda que lá domiciliado e contratado, salvo se amparado por regime próprio de previdência social;

g) o brasileiro civil que presta serviços à União no exterior, em repartições governamentais brasileiras, lá domiciliado e contratado, inclusive o auxiliar local de que tratam os arts. 56 e 57 da Lei nº 11.440, de 29 de dezembro de 2006, este desde que, em razão de proibição legal, não possa filiar-se ao sistema previdenciário local; *(Redação dada pelo Decreto nº 6.722, de 2008).*

h) o bolsista e o estagiário que prestam serviços a empresa, em desacordo com a Lei nº 11.788, de 25 de setembro de 2008; *(Redação dada pelo Decreto nº 6.722, de 2008).*

i) o servidor da União, Estado, Distrito Federal ou Município, incluídas suas autarquias e fundações, ocupante, exclusivamente, de cargo em comissão declarado em lei de livre nomeação e exoneração;

j) o servidor do Estado, Distrito Federal ou Município, bem como o das respectivas autarquias e fundações, ocupante de cargo efetivo, desde que, nessa qualidade, não esteja amparado por regime próprio de previdência social;

l) o servidor contratado pela União, Estado, Distrito Federal ou Município, bem como pelas respectivas autarquias e fundações, por tempo determinado, para atender a necessidade temporária de excepcional interesse público, nos termos do inciso IX do art. 37 da Constituição Federal;

m) o servidor da União, Estado, Distrito Federal ou Município, incluídas suas autarquias e fundações, ocupante de emprego público;

n) *(Revogado pelo Decreto n. 3.265, de 29/11/99)*

o) o escrevente e o auxiliar contratados por titular de serviços notariais e de registro a partir de 21 de novembro de 1994, bem como aquele que optou pelo Regime Geral de Previdência Social, em conformidade com a Lei n. 8.935, de 18 de novembro de 1994; e

p) o exercente de mandato eletivo federal, estadual ou municipal, desde que não vinculado a regime próprio de previdência social; *(Redação dada pelo Decreto nº 5.545, de 2005)*

q) o empregado de organismo oficial internacional ou estrangeiro em funcionamento no Brasil, salvo quando coberto por regime próprio de previdência social; *(Alínea acrescentada pelo Decreto n. 3.265, de 29/11/99)*

r) o trabalhador rural contratado por produtor rural pessoa física, na forma do art. 14-A da Lei nº 5.889, de 8 de junho de 1973, para o exercício de atividades de natureza temporária por prazo não superior a dois meses dentro do período de um ano; *(Incluído pelo Decreto nº 6.722, de 2008).*

II - como empregado doméstico - aquele que presta serviço de natureza contínua, mediante remuneração, a pessoa ou família, no âmbito residencial desta, em atividade sem fins lucrativos;

III - *(Revogado pelo Decreto n. 3.265, de 29/11/99)*

IV - *(Revogado pelo Decreto n. 3.265, de 29/11/99)*

V - como contribuinte individual: *(Inciso e alíneas com redação dada pelo Decreto n. 3.265, de 29/11/99)*

a) a pessoa física, proprietária ou não, que explora atividade agropecuária, a qualquer título, em caráter permanente ou temporário, em área, contínua ou descontínua, superior a quatro módulos fiscais; ou, quando em área igual ou inferior a quatro módulos fiscais ou atividade pesqueira ou extrativista, com auxílio de empregados ou por intermédio de prepostos; ou ainda nas hipóteses dos §§ 8º e 23 deste artigo; *(Redação dada pelo Decreto nº 6.722, de 2008).*

b) a pessoa física, proprietária ou não, que explora atividade de extração mineral - garimpo -, em caráter permanente ou temporário, diretamente ou por intermédio de prepostos, com ou sem o auxílio de empregados, utilizados a qualquer título, ainda que de forma não contínua;

c) o ministro de confissão religiosa e o membro de instituto de vida consagrada, de congregação ou de ordem religiosa; *(Redação dada pelo Decreto n. 4.079, de 9/01/2002)*

d) o brasileiro civil que trabalha no exterior para organismo oficial internacional do qual o Brasil é membro efetivo, ainda que lá domiciliado e contratado, salvo quando coberto por regime próprio de previdência social;

e) o titular de firma individual urbana ou rural;

f) o diretor não empregado e o membro de conselho de administração na sociedade anônima;

g) todos os sócios, nas sociedades em nome coletivo e de capital e indústria;

h) o sócio gerente e o sócio cotista que recebam remuneração decorrente de seu trabalho e o administrador não empregado na sociedade por cotas de responsabilidade limitada, urbana ou rural; *(Redação dada pelo Decreto n. 4.729, de 9/06/2003)*

i) o associado eleito para cargo de direção em cooperativa, associação ou entidade de qualquer natureza ou finalidade, bem como o síndico ou administrador eleito para exercer atividade de direção condominial, desde que recebam remuneração;
j) quem presta serviço de natureza urbana ou rural, em caráter eventual, a uma ou mais empresas, sem relação de emprego;
l) a pessoa física que exerce, por conta própria, atividade econômica de natureza urbana, com fins lucrativos ou não;
m) o aposentado de qualquer regime previdenciário nomeado magistrado classista temporário da Justiça do Trabalho, na forma dos incisos II do §1º do art. 111 ou III do art. 115 ou do parágrafo único do art. 116 da Constituição Federal, ou nomeado magistrado da Justiça Eleitoral, na forma dos incisos II do art. 119 ou III do §1º do art. 120 da Constituição Federal;
n) o cooperado de cooperativa de produção que, nesta condição, presta serviço à sociedade cooperativa mediante remuneração ajustada ao trabalho executado; e *(Alínea acrescentada pelo Decreto n. 4.032, de 26/11/2001)*
o) *(Revogado pelo Decreto nº 7.054, de 2009)*
p) o Micro Empreendedor Individual - MEI de que tratam os arts. 18-A e 18-C da Lei Complementar nº 123, de 14 de dezembro de 2006, que opte pelo recolhimento dos impostos e contribuições abrangidos pelo Simples Nacional em valores fixos mensais; *(Incluído pelo Decreto nº 6.722, de 2008).*
VI - como trabalhador avulso - aquele que, sindicalizado ou não, presta serviço de natureza urbana ou rural, a diversas empresas, sem vínculo empregatício, com a intermediação obrigatória do órgão gestor de mão-de-obra, nos termos da Lei n. 8.630, de 25 de fevereiro de 1993, ou do sindicato da categoria, assim considerados:
a) o trabalhador que exerce atividade portuária de capatazia, estiva, conferência e conserto de carga, vigilância de embarcação e bloco;
b) o trabalhador de estiva de mercadorias de qualquer natureza, inclusive carvão e minério;
c) o trabalhador em alvarenga (embarcação para carga e descarga de navios);
d) o amarrador de embarcação;
e) o ensacador de café, cacau, sal e similares;
f) o trabalhador na indústria de extração de sal;
g) o carregador de bagagem em porto;
h) o prático de barra em porto;
i) o guindasteiro; e
j) o classificador, o movimentador e o empacotador de mercadorias em portos; e
VII - como segurado especial: a pessoa física residente no imóvel rural ou em aglomerado urbano ou rural próximo que, individualmente ou em regime de economia familiar, ainda que com o auxílio eventual de terceiros, na condição de: *(Redação dada pelo Decreto nº 6.722, de 2008).*
a) produtor, seja ele proprietário, usufrutuário, possuidor, assentado, parceiro ou meeiro outorgados, comodatário ou arrendatário rurais, que explore atividade: *(Incluído pelo Decreto nº 6.722, de 2008).*
1. agropecuária em área contínua ou não de até quatro módulos fiscais; ou *(Incluído pelo Decreto nº 6.722, de 2008).*
2. de seringueiro ou extrativista vegetal na coleta e extração, de modo sustentável, de recursos naturais renováveis, e faça dessas atividades o principal meio de vida; *(Incluído pelo Decreto nº 6.722, de 2008).*
b) pescador artesanal ou a este assemelhado, que faça da pesca profissão habitual ou principal meio de vida; e *(Incluído pelo Decreto nº 6.722, de 2008).*
c) cônjuge ou companheiro, bem como filho maior de dezesseis anos de idade ou a este equiparado, do segurado de que tratam as alíneas "a" e "b" deste inciso, que, comprovadamente, tenham participação ativa nas atividades rurais ou pesqueiras artesanais, respectivamente, do grupo familiar. *(Redação dada pelo Decreto nº 8.499, de 2015)*
§ 1º O aposentado pelo Regime Geral de Previdência Social que voltar a exercer atividade abrangida por este regime é segurado obrigatório em relação a essa atividade, ficando sujeito às contribuições de que trata este Regulamento.
§ 2º Considera-se diretor empregado aquele que, participando ou não do risco econômico do empreendimento, seja contratado ou promovido para cargo de direção das sociedades anônimas, mantendo as características inerentes à relação de emprego.
§ 3º Considera-se diretor não empregado aquele que, participando ou não do risco econômico do empreendimento, seja eleito, por assembléia geral dos acionistas, para cargo de direção das sociedades anônimas, não mantendo as características inerentes à relação de emprego.
§ 4º Entende-se por serviço prestado em caráter não eventual aquele relacionado direta ou indiretamente com as atividades normais da empresa.
§ 5º Entende-se como regime de economia familiar a atividade em que o trabalho dos membros da família é indispensável à própria subsistência e ao desenvolvimento socioeconômico do núcleo familiar e é exercido em condições de mútua dependência e colaboração, sem a utilização de empregados permanentes. *(Redação dada pelo Decreto nº 6.722, de 2008).*
§ 6º Entende-se como auxílio eventual de terceiros o que é exercido ocasionalmente, em condições de mútua colaboração, não existindo subordinação nem remuneração.
§ 7º Para efeito do disposto na alínea "a" do inciso VI do **caput**, entende-se por:
I - capatazia - a atividade de movimentação de mercadorias nas instalações de uso público, compreendendo o recebimento, conferência, transporte interno, abertura de volumes para conferência aduaneira, manipulação, arrumação e entrega, bem como o carregamento e descarga de embarcações, quando efetuados por aparelhamento portuário;

II - estiva - a atividade de movimentação de mercadorias nos conveses ou nos porões das embarcações principais ou auxiliares, incluindo transbordo, arrumação, peação e despeação, bem como o carregamento e a descarga das mesmas, quando realizados com equipamentos de bordo;
III - conferência de carga - a contagem de volumes, anotação de suas características, procedência ou destino, verificação do estado das mercadorias, assistência à pesagem, conferência do manifesto e demais serviços correlatos, nas operações de carregamento e descarga de embarcações;
IV - conserto de carga - o reparo e a restauração das embalagens de mercadoria, nas operações de carregamento e descarga de embarcações, reembalagem, marcação, remarcação, carimbagem, etiquetagem, abertura de volumes para vistoria e posterior recomposição;
V - vigilância de embarcações - a atividade de fiscalização da entrada e saída de pessoas a bordo das embarcações atracadas ou fundeadas ao largo, bem como da movimentação de mercadorias nos portalós, rampas, porões, conveses, plataformas e em outros locais da embarcação; e
VI - bloco - a atividade de limpeza e conservação de embarcações mercantes e de seus tanques, incluindo batimento de ferrugem, pintura, reparo de pequena monta e serviços correlatos.
§ 8º Não é segurado especial o membro de grupo familiar que possuir outra fonte de rendimento, exceto se decorrente de: *(Redação dada pelo Decreto nº 6.722, de 2008).*
I - benefício de pensão por morte, auxílio-acidente ou auxílio-reclusão, cujo valor não supere o do menor benefício de prestação continuada da previdência social; *(Redação dada pelo Decreto nº 6.722, de 2008).*
II - benefício previdenciário pela participação em plano de previdência complementar instituído nos termos do inciso III do § 18 deste artigo; *(Redação dada pelo Decreto nº 6.722, de 2008).*
III - exercício de atividade remunerada em período de entressafra ou do defeso, não superior a cento e vinte dias, corridos ou intercalados, no ano civil, observado o disposto no § 22 deste artigo; *(Incluído pelo Decreto nº 6.722, de 2008).*
IV - exercício de mandato eletivo de dirigente sindical de organização da categoria de trabalhadores rurais; *(Incluído pelo Decreto nº 6.722, de 2008).*
V - exercício de mandato de vereador do município onde desenvolve a atividade rural, ou de dirigente de cooperativa rural constituída exclusivamente por segurados especiais, observado o disposto no § 22 deste artigo; *(Incluído pelo Decreto nº 6.722, de 2008).*
VI - parceria ou meação outorgada na forma e condições estabelecidas no inciso I do § 18 deste artigo; *(Incluído pelo Decreto nº 6.722, de 2008).*
VII - atividade artesanal desenvolvida com matéria-prima produzida pelo respectivo grupo familiar, podendo ser utilizada matéria-prima de outra origem, desde que, nesse caso, a renda mensal obtida na atividade não exceda ao menor benefício de prestação continuada da previdência social; e *(Incluído pelo Decreto nº 6.722, de 2008).*
VIII - atividade artística, desde que em valor mensal inferior ao menor benefício de prestação continuada da previdência social. *(Incluído pelo Decreto nº 6.722, de 2008).*
§ 9º Para os fins previstos nas alíneas "a" e "b" do inciso V do **caput**, entende-se que a pessoa física, proprietária ou não, explora atividade através de prepostos quando, na condição de parceiro outorgante, desenvolve atividade agropecuária, pesqueira ou de extração de minerais por intermédio de parceiros ou meeiros.
§ 10. O dirigente sindical mantém, durante o exercício do mandato, o mesmo enquadramento no Regime Geral de Previdência Social de antes da investidura no cargo.
§ 11. O magistrado da Justiça Eleitoral, nomeado na forma do inciso II do art. 119 ou III do § 1º do art. 120 da Constituição Federal, mantém o mesmo enquadramento no Regime Geral de Previdência Social de antes da investidura no cargo. *(Redação dada pelo Decreto n. 4.729, de 9/06/2003)*
§ 12. O exercício de atividade remunerada sujeita a filiação obrigatória ao Regime Geral de Previdência Social.
§ 13. Aquele que exerce, concomitantemente, mais de uma atividade remunerada sujeita ao Regime Geral de Previdência Social - RGPS é obrigatoriamente filiado em relação a cada uma dessas atividades, observada, para os segurados inscritos até 29 de novembro de 1999 e sujeitos a salário-base, a tabela de transitoriedade de que trata o § 2º do art. 278-A e, para os segurados inscritos a partir daquela data, o disposto no inciso III do *caput* do art. 214. *(Redação dada pelo Decreto n. 3.452, de 9/05/2000)*
§ 14. Considera-se pescador artesanal aquele que, individualmente ou em regime de economia familiar, faz da pesca sua profissão habitual ou meio principal de vida, desde que: *(Redação dada pelo Decreto n. 3.668, de 22/11/2000)*
I - não utilize embarcação; ou *(Redação dada pelo Decreto nº 8.424, de 2015)*
II - utilize embarcação de pequeno porte, nos termos da Lei nº 11.959, de 29 de junho de 2009. *(Redação dada pelo Decreto nº 8.424, de 2015)*
III – *(Revogado pelo Decreto nº 8.424, de 2015)*
§ 14-A. Considera-se assemelhado ao pescador artesanal aquele que realiza atividade de apoio à pesca artesanal, exercendo trabalhos de confecção e de reparos de artes e petrechos de pesca e de reparos em embarcações de pequeno porte ou atuando no processamento do produto da pesca artesanal. *(Incluído pelo Decreto nº 8.499, de 2015)*
§ 15. Enquadram-se nas situações previstas nas alíneas "j" e "l" do inciso V do **caput**, entre outros: *(Redação dada pelo Decreto n. 3.265, de 29/11/99)*
I - o condutor autônomo de veículo rodoviário, assim considerado aquele que exerce atividade profissional sem vínculo empregatício, quando proprietário, co-proprietário ou promitente comprador de um só veículo;
II - aquele que exerce atividade de auxiliar de condutor autônomo de veículo rodoviário, em automóvel cedido em regime de colaboração, nos termos da Lei n. 6.094, de 30 de agosto de 1974;
III - aquele que, pessoalmente, por conta própria e a seu risco, exerce pequena atividade comercial em via pública ou de porta em porta, como comerciante ambulante, nos termos da Lei n. 6.586, de 6 de novembro de 1978;

IV - o trabalhador associado a cooperativa que, nessa qualidade, presta serviços a terceiros;

V - o membro de conselho fiscal de sociedade por ações;

VI - aquele que presta serviço de natureza não contínua, por conta própria, a pessoa ou família, no âmbito residencial desta, sem fins lucrativos;

VII - o notário ou tabelião e o oficial de registros ou registrador, titular de cartório, que detêm a delegação do exercício da atividade notarial e de registro, não remunerados pelos cofres públicos, admitidos a partir de 21 de novembro de 1994;

VIII - aquele que, na condição de pequeno feirante, compra para revenda produtos hortifrutigranjeiros ou assemelhados;

IX - a pessoa física que edifica obra de construção civil;

X - o médico residente de que trata a Lei n. 6.932, de 7 de julho de 1981. *(Redação dada pelo Decreto n. 4.729, de 9/06/2003)*

XI - o pescador que trabalha em regime de parceria, meação ou arrendamento, em embarcação de médio ou grande porte, nos termos da Lei nº 11.959, de 2009; *(Redação dada pelo Decreto nº 8.424, de 2015)*

XII - o incorporador de que trata o art. 29 da Lei n. 4.591, de 16 de dezembro de 1964.

XIII - o bolsista da Fundação Habitacional do Exército contratado em conformidade com a Lei n. 6.855, de 18 de novembro de 1980; e *(Inciso acrescentado pelo Decreto n. 3.265, de 29/11/99)*

XIV - o árbitro e seus auxiliares que atuam em conformidade com a Lei n. 9.615, de 24 de março de 1998. *(Inciso acrescentado pelo Decreto n. 3.265, de 29/11/99)*

XV - o membro de conselho tutelar de que trata o art. 132 da Lei n. 8.069, de 13 de julho de 1990, quando remunerado; *(Inciso acrescentado pelo Decreto n. 4.032, de 26/11/2001)*

XVI - o interventor, o liquidante, o administrador especial e o diretor fiscal de instituição financeira de que trata o § 6º do art. 201. *(Inciso acrescentado pelo Decreto n. 4.032, de 26/11/2001)*

§16. Aplica-se o disposto na alínea "i" do inciso I do **caput** ao ocupante de cargo de Ministro de Estado, de Secretário Estadual, Distrital ou Municipal, sem vínculo efetivo com a União, Estados, Distrito Federal e Municípios, suas autarquias, ainda que em regime especial, e fundações. *(Parágrafo acrescentado pelo Decreto n. 3.265, de 29/11/99)*

§17. *(Revogado pelo Decreto nº 8.424, de 2015)*

§ 18. Não descaracteriza a condição de segurado especial: *(Redação dada pelo Decreto nº 6.722, de 2008).*

I - a outorga, por meio de contrato escrito de parceria, meação ou comodato, de até cinqüenta por cento de imóvel rural cuja área total, contínua ou descontínua, não seja superior a quatro módulos fiscais, desde que outorgante e outorgado continuem a exercer a respectiva atividade, individualmente ou em regime de economia familiar; *(Incluído pelo Decreto nº 6.722, de 2008).*

II - a exploração da atividade turística da propriedade rural, inclusive com hospedagem, por não mais de cento e vinte dias ao ano; *(Incluído pelo Decreto nº 6.722, de 2008).*

III - a participação em plano de previdência complementar instituído por entidade classista a que seja associado, em razão da condição de trabalhador rural ou de produtor rural em regime de economia familiar; *(Incluído pelo Decreto nº 6.722, de 2008).*

IV - a participação como beneficiário ou integrante de grupo familiar que tem algum componente que seja beneficiário de programa assistencial oficial de governo; *(Incluído pelo Decreto nº 6.722, de 2008).*

V - a utilização pelo próprio grupo familiar de processo de beneficiamento ou industrialização artesanal, na exploração da atividade, de acordo com o disposto no § 25; e *(Incluído pelo Decreto nº 6.722, de 2008).*

VI - a associação a cooperativa agropecuária. *(Incluído pelo Decreto nº 6.722, de 2008).*

§ 19. Os segurados de que trata o art. 199-A terão identificação específica nos registros da Previdência Social. *(Incluído pelo Decreto nº 6.042, de 2007).*

§ 20. Para os fins deste artigo, considera-se que o segurado especial reside em aglomerado urbano ou rural próximo ao imóvel rural onde desenvolve a atividade quando resida no mesmo município de situação do imóvel onde desenvolve a atividade rural, ou em município contíguo ao em que desenvolve a atividade rural. *(Incluído pelo Decreto nº 6.722, de 2008).*

§ 21. O grupo familiar poderá utilizar-se de empregado, inclusive daquele referido na alínea "r" do inciso I do **caput** deste artigo, ou de trabalhador de que trata a alínea "j" do inciso V, em épocas de safra, à razão de no máximo cento e vinte pessoas/dia dentro do ano civil, em períodos corridos ou intercalados ou, ainda, por tempo equivalente em horas de trabalho, à razão de oito horas/dia e quarenta e quatro horas/semana. *(Incluído pelo Decreto nº 6.722, de 2008).*

§ 22. O disposto nos incisos III e V do § 8º deste artigo não dispensa o recolhimento da contribuição devida em relação ao exercício das atividades de que tratam os referidos incisos. *(Incluído pelo Decreto nº 6.722, de 2008).*

§ 23. O segurado especial fica excluído dessa categoria: *(Incluído pelo Decreto nº 6.722, de 2008).*

I - a contar do primeiro dia do mês em que: *(Incluído pelo Decreto nº 6.722, de 2008).*

a) deixar de satisfazer as condições estabelecidas no inciso VII do **caput** deste artigo, sem prejuízo do disposto no art. 13, ou exceder qualquer dos limites estabelecidos no inciso I do § 18 deste artigo; *(Incluído pelo Decreto nº 6.722, de 2008).*

b) se enquadrar em qualquer outra categoria de segurado obrigatório do Regime Geral de Previdência Social, ressalvado o disposto nos incisos III, V, VII e VIII do § 8º deste artigo, sem prejuízo do disposto no art. 13; e *(Incluído pelo Decreto nº 6.722, de 2008).*

c) se tornar segurado obrigatório de outro regime previdenciário; *(Incluído pelo Decreto nº 6.722, de 2008).*

II - a contar do primeiro dia do mês subseqüente ao da ocorrência, quando o grupo familiar a que pertence exceder o limite de: *(Incluído pelo Decreto nº 6.722, de 2008).*

a) utilização de trabalhadores nos termos do § 21 deste artigo; *(Incluído pelo Decreto nº 6.722, de 2008).*

b) dias em atividade remunerada estabelecidos no inciso III do § 8º deste artigo; e *(Incluído pelo Decreto nº 6.722, de 2008).*
c) dias de hospedagem a que se refere o inciso II do § 18 deste artigo. *(Incluído pelo Decreto nº 6.722, de 2008).*
§ 24. Aplica-se o disposto na alínea "a" do inciso V do **caput** deste artigo ao cônjuge ou companheiro do produtor que participe da atividade rural por este explorada. *(Incluído pelo Decreto nº 6.722, de 2008).*
§ 25. Considera-se processo de beneficiamento ou industrialização artesanal aquele realizado diretamente pelo próprio produtor rural pessoa física, observado o disposto no § 5º do art. 200, desde que não esteja sujeito à incidência do Imposto Sobre Produtos Industrializados - IPI.§ 26. É considerado MEI o empresário individual a que se refere o art. 966 da Lei nº 10.406, de 10 de janeiro de 2002 - Código Civil, que tenha auferido receita bruta, no ano-calendário anterior, de até R$ 36.000,00 (trinta e seis mil reais), optante pelo Simples Nacional e que não esteja impedido de optar pela sistemática de recolhimento mencionada na alínea "p" do inciso V do **caput**. *(Incluído pelo Decreto nº 6.722, de 2008).*
Art. 10. O servidor civil ocupante de cargo efetivo ou o militar da União, Estado, Distrito Federal ou Município, bem como o das respectivas autarquias e fundações, são excluídos do Regime Geral de Previdência Social consubstanciado neste Regulamento, desde que amparados por regime próprio de previdência social. *(Redação dada pelo Decreto n. 3.265, de 29/11/99)*
§ 1º Caso o servidor ou o militar, amparados por regime próprio de previdência social, sejam requisitados para outro órgão ou entidade cujo regime previdenciário não permita a filiação nessa condição, permanecerão vinculados ao regime de origem, obedecidas às regras que cada ente estabeleça acerca de sua contribuição. *(Redação dada pelo Decreto n. 3.265, de 29/11/99)*
§ 2º Caso o servidor ou o militar venham a exercer, concomitantemente, uma ou mais atividades abrangidas pelo Regime Geral de Previdência Social, tornar-se-ão segurados obrigatórios em relação a essas atividades. *(Redação dada pelo Decreto n. 3.265, de 29/11/99)*
§ 3º Entende-se por regime próprio de previdência social o que assegura pelo menos as aposentadorias e pensão por morte previstas no art. 40 da Constituição Federal. *(Redação dada pelo Decreto n. 3.452, de 9/05/2000)*
Art. 11. É segurado facultativo o maior de dezesseis anos de idade que se filiar ao Regime Geral de Previdência Social, mediante contribuição, na forma do art. 199, desde que não esteja exercendo atividade remunerada que o enquadre como segurado obrigatório da previdência social.
§ 1º Podem filiar-se facultativamente, entre outros:
I - a dona-de-casa;
II - o síndico de condomínio, quando não remunerado;
III - o estudante;
IV - o brasileiro que acompanha cônjuge que presta serviço no exterior;
V - aquele que deixou de ser segurado obrigatório da previdência social;
VI - o membro de conselho tutelar de que trata o art. 132 da Lei n. 8.069, de 13 de julho de 1990, quando não esteja vinculado a qualquer regime de previdência social;
VII - o bolsista e o estagiário que prestam serviços a empresa de acordo com a Lei n. 6.494, de 1977;
VIII - o bolsista que se dedique em tempo integral a pesquisa, curso de especialização, pós-graduação, mestrado ou doutorado, no Brasil ou no exterior, desde que não esteja vinculado a qualquer regime de previdência social;
IX - o presidiário que não exerce atividade remunerada nem esteja vinculado a qualquer regime de previdência social; *(Redação dada pelo Decreto nº 7.054, de 2009)*
X - o brasileiro residente ou domiciliado no exterior, salvo se filiado a regime previdenciário de país com o qual o Brasil mantenha acordo internacional; e *(Redação dada pelo Decreto nº 7.054, de 2009)*
XI - o segurado recolhido à prisão sob regime fechado ou semi-aberto, que, nesta condição, preste serviço, dentro ou fora da unidade penal, a uma ou mais empresas, com ou sem intermediação da organização carcerária ou entidade afim, ou que exerce atividade artesanal por conta própria. *(Incluído pelo Decreto nº 7.054, de 2009)*
§ 2º É vedada a filiação ao Regime Geral de Previdência Social, na qualidade de segurado facultativo, de pessoa participante de regime próprio de previdência social, salvo na hipótese de afastamento sem vencimento e desde que não permitida, nesta condição, contribuição ao respectivo regime próprio.
§ 3º A filiação na qualidade de segurado facultativo representa ato volitivo, gerando efeito somente a partir da inscrição e do primeiro recolhimento, não podendo retroagir e não permitindo o pagamento de contribuições relativas a competências anteriores à data da inscrição, ressalvado o § 3º do art. 28.
§ 4º Após a inscrição, o segurado facultativo somente poderá recolher contribuições em atraso quando não tiver ocorrido perda da qualidade de segurado, conforme o disposto no inciso VI do art. 13.
Art. 12. Consideram-se:
I - empresa - a firma individual ou a sociedade que assume o risco de atividade econômica urbana ou rural, com fins lucrativos ou não, bem como os órgãos e as entidades da administração pública direta, indireta e fundacional; e
II - empregador doméstico - aquele que admite a seu serviço, mediante remuneração, sem finalidade lucrativa, empregado doméstico.
Parágrafo único.Equiparam-se a empresa, para os efeitos deste Regulamento: *(Redação dada pelo Decreto n. 3.265, de 29/11/99)*
I - o contribuinte individual, em relação a segurado que lhe presta serviço; *(Redação dada pelo Decreto n. 3.265, de 29/11/99)*
II - a cooperativa, a associação ou a entidade de qualquer natureza ou finalidade, inclusive a missão diplomática e a repartição consular de carreiras estrangeiras;

III - o operador portuário e o órgão gestor de mão-de-obra de que trata a Lei n. 8.630, de 1993; e

IV - o proprietário ou dono de obra de construção civil, quando pessoa física, em relação a segurado que lhe presta serviço.

Subseção Única
Da Manutenção e da Perda da Qualidade de Segurado

Art. 13. Mantém a qualidade de segurado, independentemente de contribuições:

I - sem limite de prazo, quem está em gozo de benefício;

II - até doze meses após a cessação de benefício por incapacidade ou após a cessação das contribuições, o segurado que deixar de exercer atividade remunerada abrangida pela previdência social ou estiver suspenso ou licenciado sem remuneração;

III - até doze meses após cessar a segregação, o segurado acometido de doença de segregação compulsória;

IV - até doze meses após o livramento, o segurado detido ou recluso;

V - até três meses após o licenciamento, o segurado incorporado às Forças Armadas para prestar serviço militar; e

VI - até seis meses após a cessação das contribuições, o segurado facultativo.

§ 1º O prazo do inciso II será prorrogado para até vinte e quatro meses, se o segurado já tiver pago mais de cento e vinte contribuições mensais sem interrupção que acarrete a perda da qualidade de segurado.

§ 2º O prazo do inciso II ou do § 1º será acrescido de doze meses para o segurado desempregado, desde que comprovada essa situação por registro no órgão próprio do Ministério do Trabalho e Emprego.

§ 3º Durante os prazos deste artigo, o segurado conserva todos os seus direitos perante a previdência social.

§4º Aplica-se o disposto no inciso II do **caput** e no §1º ao segurado que se desvincular de regime próprio de previdência social. *(Parágrafo acrescentado pelo Decreto n. 3.265, de 29/11/99)*

§ 5º A perda da qualidade de segurado não será considerada para a concessão das aposentadorias por tempo de contribuição e especial. *(Parágrafo acrescentado pelo Decreto n. 4.729, de 9/06/2003)*

§ 6º Aplica-se o disposto no § 5º à aposentadoria por idade, desde que o segurado conte com, no mínimo, o número de contribuições mensais exigido para efeito de carência na data do requerimento do benefício. *(Parágrafo acrescentado pelo Decreto n. 4.729, de 9/06/2003)*

Art. 14. O reconhecimento da perda da qualidade de segurado no termo final dos prazos fixados no art. 13 ocorrerá no dia seguinte ao do vencimento da contribuição do contribuinte individual relativa ao mês imediatamente posterior ao término daqueles prazos. *(Redação dada pelo Decreto n. 4.032, de 26/11/2001)*

Art. 15. *(Revogado pelo Decreto n. 4.032, de 26/11/2001)*

Seção II
Dos Dependentes

Art. 16. São beneficiários do Regime Geral de Previdência Social, na condição de dependentes do segurado:

I - o cônjuge, a companheira, o companheiro e o filho não emancipado de qualquer condição, menor de vinte e um anos ou inválido;

II - os pais; ou

III - o irmão não emancipado, de qualquer condição, menor de vinte e um anos ou inválido.

§ 1º Os dependentes de uma mesma classe concorrem em igualdade de condições.

§ 2º A existência de dependente de qualquer das classes deste artigo exclui do direito às prestações os das classes seguintes.

§ 3º Equiparam-se aos filhos, nas condições do inciso I, mediante declaração escrita do segurado, comprovada a dependência econômica na forma estabelecida no § 3º do art. 22, o enteado e o menor que esteja sob sua tutela e desde que não possua bens suficientes para o próprio sustento e educação. *(Redação dada pelo Decreto n. 4.032, de 26/11/2001)*

§ 4º O menor sob tutela somente poderá ser equiparado aos filhos do segurado mediante apresentação de termo de tutela.

§ 5º Considera-se companheira ou companheiro a pessoa que mantenha união estável com o segurado ou segurada.

§ 6º Considera-se união estável aquela configurada na convivência pública, contínua e duradoura entre o homem e a mulher, estabelecida com intenção de constituição de família, observado o § 1º do art. 1.723 do Código Civil, instituído pela Lei nº 10.406, de 10 de janeiro de 2002. *(Redação dada pelo Decreto nº 6.384, de 2008)*

§ 7º A dependência econômica das pessoas de que trata o inciso I é presumida e a das demais deve ser comprovada.

Art. 17. A perda da qualidade de dependente ocorre:

I - para o cônjuge, pela separação judicial ou divórcio, enquanto não lhe for assegurada a prestação de alimentos, pela anulação do casamento, pelo óbito ou por sentença judicial transitada em julgado;

II - para a companheira ou companheiro, pela cessação da união estável com o segurado ou segurada, enquanto não lhe for garantida a prestação de alimentos;

III - para o filho e o irmão, de qualquer condição, ao completarem vinte e um anos de idade, salvo se inválidos, desde que a invalidez tenha ocorrido antes: *(Redação dada pelo Decreto nº 6.939, de 2009)*

a) de completarem vinte e um anos de idade; *(Incluído pelo Decreto nº 6.939, de 2009)*

b) do casamento; *(Incluído pelo Decreto nº 6.939, de 2009)*

c) do início do exercício de emprego público efetivo; *(Incluído pelo Decreto nº 6.939, de 2009)*

d) da constituição de estabelecimento civil ou comercial ou da existência de relação de emprego, desde que, em função deles, o menor com dezesseis anos completos tenha economia própria; ou *(Incluído pelo Decreto nº 6.939, de 2009)*

e) da concessão de emancipação, pelos pais, ou de um deles na falta do outro, mediante instrumento público, indepen-

dentemente de homologação judicial, ou por sentença do juiz, ouvido o tutor, se o menor tiver dezesseis anos completos; e *(Incluído pelo Decreto nº 6.939, de 2009)*
IV - para os dependentes em geral:
a) pela cessação da invalidez; ou
b) pelo falecimento.

Seção III
Das Inscrições
Subseção I
Do Segurado

Art. 18. Considera-se inscrição de segurado para os efeitos da previdência social o ato pelo qual o segurado é cadastrado no Regime Geral de Previdência Social, mediante comprovação dos dados pessoais e de outros elementos necessários e úteis a sua caracterização, observado o disposto no art. 330 e seu parágrafo único, na seguinte forma: *(Redação dada pelo Decreto n. 3.265, de 29/11/99)*

I - o empregado e trabalhador avulso - pelo preenchimento dos documentos que os habilitem ao exercício da atividade, formalizado pelo contrato de trabalho, no caso de empregado, observado o disposto no § 2º do art. 20, e pelo cadastramento e registro no sindicato ou órgão gestor de mão-de-obra, no caso de trabalhador avulso; *(Redação dada pelo Decreto nº 6.722, de 2008).*

II - empregado doméstico - pela apresentação de documento que comprove a existência de contrato de trabalho;

III - contribuinte individual-pela apresentação de documento que caracterize a sua condição ou o exercício de atividade profissional, liberal ou não; *(Redação dada pelo Decreto n. 3.265, de 29/11/99)*

IV - segurado especial-pela apresentação de documento que comprove o exercício de atividade rural; e *(Renumerado pelo Decreto n. 3.265, de 29/11/99)*

V - facultativo-pela apresentação de documento de identidade e declaração expressa de que não exerce atividade que o enquadre na categoria de segurado obrigatório. *(Renumerado pelo Decreto n. 3.265, de 29/11/99)*

§ 1º A inscrição do segurado de que trata o inciso I será efetuada diretamente na empresa, sindicato ou órgão gestor de mão-de-obra e a dos demais no Instituto Nacional do Seguro Social. *(Redação dada pelo Decreto n. 3.265, de 29/11/99)*

§ 2º A inscrição do segurado em qualquer categoria mencionada neste artigo exige a idade mínima de dezesseis anos.

§ 3º Todo aquele que exercer, concomitantemente, mais de uma atividade remunerada sujeita ao Regime Geral de Previdência Social será obrigatoriamente inscrito em relação a cada uma delas.

§ 4º *(Revogado pelo Decreto nº 6.722, de 2008).*

§ 5º Presentes os pressupostos da filiação, admite-se a inscrição **post mortem** do segurado especial. *(Parágrafo acrescentado pelo Decreto n. 3.265, de 29/11/99)*

§ 6º A comprovação dos dados pessoais e de outros elementos necessários e úteis à caracterização do segurado poderá ser exigida quando da concessão do benefício. *(Parágrafo acrescentado pelo Decreto n. 3.265, de 29/11/99)*

§ 7º A inscrição do segurado especial será feita de forma a vinculá-lo ao seu respectivo grupo familiar e conterá, além das informações pessoais, a identificação da forma do exercício da atividade, se individual ou em regime de economia familiar; da condição no grupo familiar, se titular ou componente; do tipo de ocupação do titular de acordo com tabela do Código Brasileiro de Ocupações; da forma de ocupação do titular vinculando-o à propriedade ou embarcação em que trabalha, da propriedade em que desenvolve a atividade, se nela reside ou o município onde reside e, quando for o caso, a identificação e inscrição da pessoa responsável pelo grupo familiar. *(Incluído pelo Decreto nº 6.722, de 2008).*

§ 8º O segurado especial integrante de grupo familiar que não seja proprietário do imóvel rural ou da embarcação em que desenvolve sua atividade deve informar, no ato da inscrição, conforme o caso, o nome e o CPF do parceiro ou meeiro outorgante, arrendador, comodante ou assemelhado. *(Incluído pelo Decreto nº 6.722, de 2008).*

Art. 19. Os dados constantes do Cadastro Nacional de Informações Sociais - CNIS relativos a vínculos, remunerações e contribuições valem como prova de filiação à previdência social, tempo de contribuição e salários-de-contribuição. *(Redação dada pelo Decreto nº 6.722, de 2008).*

§ 1º O segurado poderá solicitar, a qualquer momento, a inclusão, exclusão ou retificação das informações constantes do CNIS, com a apresentação de documentos comprobatórios dos dados divergentes, conforme critérios definidos pelo INSS, independentemente de requerimento de benefício, exceto na hipótese do art. 142. *(Redação dada pelo Decreto nº 6.722, de 2008).*

§ 2º Informações inseridas extemporaneamente no CNIS, independentemente de serem inéditas ou retificadoras de dados anteriormente informados, somente serão aceitas se corroboradas por documentos que comprovem a sua regularidade. *(Redação dada pelo Decreto nº 6.722, de 2008).*

§ 3º Respeitadas as definições vigentes sobre a procedência e origem das informações, considera-se extemporânea a inserção de dados: *(Redação dada pelo Decreto nº 6.722, de 2008).*

I - relativos à data de início de vínculo, sempre que decorrentes de documento apresentado após o transcurso de até cento e vinte dias do prazo estabelecido pela legislação, cabendo ao INSS dispor sobre a redução desse prazo; *(Redação dada pelo Decreto nº 7.223, de 2010)*

II - relativos a remunerações, sempre que decorrentes de documento apresentado: *(Incluído pelo Decreto nº 6.722, de 2008).*

a) após o último dia do quinto mês subseqüente ao mês da data de prestação de serviço pelo segurado, quando se tratar de dados informados por meio da Guia de Recolhimento do Fundo de Garantia do Tempo de Serviço e Informações à Previdência Social - GFIP; e *(Incluído pelo Decreto nº 6.722, de 2008).*

b) após o último dia do exercício seguinte ao a que se referem as informações, quando se tratar de dados informados por meio da Relação Anual de Informações Sociais - RAIS; *(Incluído pelo Decreto nº 6.722, de 2008).*

III - relativos a contribuições, sempre que o recolhimento tiver sido feito sem observância do estabelecido em lei. *(Incluído pelo Decreto nº 6.722, de 2008).*

§ 4º A extemporaneidade de que trata o inciso I do § 3º será relevada após um ano da data do documento que tiver gerado a informação, desde que, cumulativamente: *(Incluído pelo Decreto nº 6.722, de 2008).*

I - o atraso na apresentação do documento não tenha excedido o prazo de que trata a alínea "a" do inciso II do § 3º; *(Incluído pelo Decreto nº 6.722, de 2008).*

II - *(Revogado pelo Decreto nº 7.223, de 2010)*

III - o segurado não tenha se valido da alteração para obter benefício cuja carência mínima seja de até doze contribuições mensais. *(Incluído pelo Decreto nº 6.722, de 2008).*

§ 5º Não constando do CNIS informações sobre contribuições ou remunerações, ou havendo dúvida sobre a regularidade do vínculo, motivada por divergências ou insuficiências de dados relativos ao empregador, ao segurado, à natureza do vínculo, ou a procedência da informação, esse período respectivo somente será confirmado mediante a apresentação pelo segurado da documentação comprobatória solicitada pelo INSS. *(Incluído pelo Decreto nº 6.722, de 2008).*

§ 6º O INSS poderá definir critérios para apuração das informações constantes da GFIP que ainda não tiver sido processada, bem como para aceitação de informações relativas a situações cuja regularidade depende de atendimento de critério estabelecido em lei. *(Incluído pelo Decreto nº 6.722, de 2008).*

§ 7º Para os fins de que trata os §§ 2º a 6º, o INSS e a DATAPREV adotarão as providências necessárias para que as informações constantes do CNIS sujeitas à comprovação sejam identificadas e destacadas dos demais registros. *(Incluído pelo Decreto nº 6.722, de 2008).*

§ 8º Constarão no CNIS as informações do segurado relativas aos períodos com deficiência leve, moderada e grave, fixadas em decorrência da avaliação médica e funcional. *(Incluído pelo Decreto nº 8.145, de 2013).*

Art. 19-A. Para fins de benefícios de que trata este Regulamento, os períodos de vínculos que corresponderem a serviços prestados na condição de servidor estatutário somente serão considerados mediante apresentação de Certidão de Tempo de Contribuição fornecida pelo órgão público competente, salvo se o órgão de vinculação do servidor não tiver instituído regime próprio de previdência social. *(Incluído pelo Decreto nº 6.722, de 2008).*

Art. 19-B. A comprovação de vínculos e remunerações de que trata o art. 62 poderá ser utilizada para suprir omissão do empregador, para corroborar informação inserida ou retificada extemporaneamente ou para subsidiar a avaliação dos dados do CNIS. *(Incluído pelo Decreto nº 6.722, de 2008).*

Art. 20. Filiação é o vínculo que se estabelece entre pessoas que contribuem para a previdência social e esta, do qual decorrem direitos e obrigações.

§ 1º A filiação à previdência social decorre automaticamente do exercício de atividade remunerada para os segurados obrigatórios, observado o disposto no § 2º, e da inscrição formalizada com o pagamento da primeira contribuição para o segurado facultativo. *(Incluído pelo Decreto nº 6.722, de 2008).*

§ 2º A filiação do trabalhador rural contratado por produtor rural pessoa física por prazo de até dois meses dentro do período de um ano, para o exercício de atividades de natureza temporária, decorre automaticamente de sua inclusão na GFIP, mediante identificação específica. *(Incluído pelo Decreto nº 6.722, de 2008).*

Art. 21. Para fins do disposto nesta Seção, a anotação de dado pessoal deve ser feita na Carteira Profissional e/ ou na Carteira de Trabalho e Previdência Social à vista do documento comprobatório do fato.

Subseção II
Do Dependente

Art. 22. A inscrição do dependente do segurado será promovida quando do requerimento do benefício a que tiver direito, mediante a apresentação dos seguintes documentos: *(Redação dada pelo Decreto n. 4.079, de 9/01/2002)*

I - para os dependentes preferenciais:

a) cônjuge e filhos - certidões de casamento e de nascimento;

b) companheira ou companheiro - documento de identidade e certidão de casamento com averbação da separação judicial ou divórcio, quando um dos companheiros ou ambos já tiverem sido casados, ou de óbito, se for o caso; e

c) equiparado a filho - certidão judicial de tutela e, em se tratando de enteado, certidão de casamento do segurado e de nascimento do dependente, observado o disposto no § 3º do art. 16;

II - pais - certidão de nascimento do segurado e documentos de identidade dos mesmos; e

III - irmão - certidão de nascimento.

§ 1º *(Revogado pelo Decreto n. 4.079, de 9/01/2002)*

§ 2º *(Revogado pelo Decreto n. 4.079, de 9/01/2002)*

§ 3º Para comprovação do vínculo e da dependência econômica, conforme o caso, devem ser apresentados no mínimo três dos seguintes documentos: *(Redação dada pelo Decreto n. 3.668, de 22/11/2000)*

I - certidão de nascimento de filho havido em comum;

II - certidão de casamento religioso;

III - declaração do imposto de renda do segurado, em que conste o interessado como seu dependente;

IV - disposições testamentárias;

V - *(Revogado pelo Decreto nº 5.699, de 2006)*

VI - declaração especial feita perante tabelião;

VII - prova de mesmo domicílio;

VIII - prova de encargos domésticos evidentes e existência de sociedade ou comunhão nos atos da vida civil;

IX - procuração ou fiança reciprocamente outorgada;

X - conta bancária conjunta;

XI - registro em associação de qualquer natureza, onde conste o interessado como dependente do segurado;

XII - anotação constante de ficha ou livro de registro de empregados;
XIII - apólice de seguro da qual conste o segurado como instituidor do seguro e a pessoa interessada como sua beneficiária;
XIV - ficha de tratamento em instituição de assistência médica, da qual conste o segurado como responsável;
XV - escritura de compra e venda de imóvel pelo segurado em nome de dependente;
XVI - declaração de não emancipação do dependente menor de vinte e um anos; ou
XVII - quaisquer outros que possam levar à convicção do fato a comprovar.

§ 4º O fato superveniente que importe em exclusão ou inclusão de dependente deve ser comunicado ao Instituto Nacional do Seguro Social, com as provas cabíveis.

§ 5º *(Revogado pelo Decreto n. 4.079, de 9/01/2002)*

§ 6º Somente será exigida a certidão judicial de adoção quando esta for anterior a 14 de outubro de 1990, data da vigência da Lei n. 8.069, de 1990.

§ 7º *(Revogado pelo Decreto n. 3.668, de 22/11/2000)*

§ 8º *(Revogado pelo Decreto n. 3.668, de 22/11/2000)*

§ 9º No caso de dependente inválido, para fins de inscrição e concessão de benefício, a invalidez será comprovada mediante exame médico-pericial a cargo do Instituto Nacional do Seguro Social.

§ 10. No ato de inscrição, o dependente menor de vinte e um anos deverá apresentar declaração de não emancipação. *(Redação dada pelo Decreto n. 4.079, de 9/01/2002)*

§ 11 *(Revogado pelo Decreto n. 4.079, de 9/01/2002)*

§ 12. Os dependentes excluídos de tal condição em razão de lei têm suas inscrições tornadas nulas de pleno direito.

§ 13. No caso de equiparado a filho, a inscrição será feita mediante a comprovação da equiparação por documento escrito do segurado falecido manifestando essa intenção, da dependência econômica e da declaração de que não tenha sido emancipado. *(Parágrafo acrescentado pelo Decreto n. 4.079, de 9/01/2002)*

Art. 23. *(Revogado pelo Decreto n. 4.079, de 9/01/2002)*

Art. 24. Os pais ou irmãos deverão, para fins de concessão de benefícios, comprovar a inexistência de dependentes preferenciais, mediante declaração firmada perante o Instituto Nacional do Seguro Social.

CAPÍTULO II
DAS PRESTAÇÕES EM GERAL
Seção I
Das Espécies de Prestação

Art. 25. O Regime Geral de Previdência Social compreende as seguintes prestações, expressas em benefícios e serviços:
I - quanto ao segurado:
a) aposentadoria por invalidez;
b) aposentadoria por idade;
c) aposentadoria por tempo de contribuição;
d) aposentadoria especial;
e) auxílio-doença;
f) salário-família;
g) salário-maternidade; e
h) auxílio-acidente;
II - quanto ao dependente:
a) pensão por morte; e
b) auxílio-reclusão; e
III - quanto ao segurado e dependente: reabilitação profissional.

Seção II
Da Carência

Art. 26. Período de carência é o tempo correspondente ao número mínimo de contribuições mensais indispensáveis para que o beneficiário faça jus ao benefício, consideradas a partir do transcurso do primeiro dia dos meses de suas competências.

§ 1º Para o segurado especial, considera-se período de carência o tempo mínimo de efetivo exercício de atividade rural, ainda que de forma descontínua, igual ao número de meses necessário à concessão do benefício requerido.

§ 2º Será considerado, para efeito de carência, o tempo de contribuição para o Plano de Seguridade Social do Servidor Público anterior à Lei n. 8.647, de 13 de abril de 1993, efetuado pelo servidor público ocupante de cargo em comissão sem vínculo efetivo com a União, autarquias, ainda que em regime especial, e fundações públicas federais.

§ 3º Não é computado para efeito de carência o tempo de atividade do trabalhador rural anterior à competência novembro de 1991.

§ 4º Para efeito de carência, considera-se presumido o recolhimento das contribuições do segurado empregado, do trabalhador avulso e, relativamente ao contribuinte individual, a partir da competência abril de 2003, as contribuições dele descontadas pela empresa na forma do art. 216. *(Redação dada pelo Decreto n. 4.729, de 9/06/2003)*

§ 5º Observado o disposto no §4º do art. 13, as contribuições vertidas para regime próprio de previdência social serão consideradas para todos os efeitos, inclusive para os de carência. *(Parágrafo acrescentado pelo Decreto n. 3.265, de 29/11/99)*

Art. 27. *Revogado pelo Decreto nº 5.399, de 24 de Março de 2005*

Art. 27-A. Havendo perda da qualidade de segurado, as contribuições anteriores a essa perda somente serão computadas para efeito de carência depois que o segurado contar, a partir da nova filiação ao Regime Geral de Previdência Social, com, no mínimo, um terço do número de contribuições exigidas para o cumprimento da carência definida no art. 29. *(Incluído pelo Decreto nº 5.545, de 2005)*

Parágrafo único. Aplica-se o disposto no **caput** ao segurado oriundo de regime próprio de previdência social que se filiar ao Regime Geral de Previdência Social após os prazos a que se refere o inciso II do **caput** e o § 1º do art. 13. *(Incluído pelo Decreto nº 5.545, de 2005)*

Art. 28. O período de carência é contado:

I - para o segurado empregado e trabalhador avulso, da data de filiação ao Regime Geral de Previdência Social; e

II - para o segurado empregado doméstico, contribuinte individual, observado o disposto no § 4º do art. 26, e facultativo, inclusive o segurado especial que contribui na forma do § 2º do art. 200, da data do efetivo recolhimento da primeira contribuição sem atraso, não sendo consideradas para esse fim as contribuições recolhidas com atraso referentes a competências anteriores, observado, quanto ao segurado facultativo, o disposto nos §§ 3º e 4º do art. 11. *(Redação dada pelo Decreto nº 6.042, de 2007).*

§ 1º Para o segurado especial que não contribui na forma do § 2º do art. 200, o período de carência de que trata o § 1º do art. 26 é contado a partir do efetivo exercício da atividade rural, mediante comprovação, na forma do disposto no art. 62. *(Redação dada pelo Decreto nº 6.042, de 2007).*

§ 2º O período a que se refere o inciso XVIII do art. 60 será computado para fins de carência.

§ 3º Para os segurados a que se refere o inciso II, optantes pelo recolhimento trimestral na forma prevista nos §§ 15 e 16 do art. 216, o período de carência é contado a partir do mês de inscrição do segurado, desde que efetuado o recolhimento da primeira contribuição no prazo estipulado no referido § 15.

Art. 29. A concessão das prestações pecuniárias do Regime Geral de Previdência Social, ressalvado o disposto no art. 30, depende dos seguintes períodos de carência:

I - doze contribuições mensais, nos casos de auxílio-doença e aposentadoria por invalidez; e

II - cento e oitenta contribuições mensais, nos casos de aposentadoria por idade, tempo de contribuição e especial.

III - dez contribuições mensais, no caso de salário-maternidade, para as seguradas contribuinte individual, especial e facultativa, respeitado o disposto no § 2º do art. 93 e no inciso II do art. 101. *(Redação dada pelo Decreto n. 3.452, de 9/05/2000)*

Parágrafo único.Em caso de parto antecipado, o período de carência a que se refere o inciso III será reduzido em número de contribuições equivalente ao número de meses em que o parto foi antecipado. *(Parágrafo acrescentado pelo Decreto n. 3.265, de 29/11/99)*

Art. 30. Independe de carência a concessão das seguintes prestações:

I - pensão por morte, auxílio-reclusão, salário-família e auxílio-acidente de qualquer natureza;

II - salário-maternidade, para as seguradas empregada, empregada doméstica e trabalhadora avulsa; *(Redação dada pelo Decreto n. 3.265, de 29/11/99)*

III - auxílio-doença e aposentadoria por invalidez nos casos de acidente de qualquer natureza ou causa, bem como nos casos de segurado que, após filiar-se ao Regime Geral de Previdência Social, for acometido de alguma das doenças ou afecções especificadas em lista elaborada pelos Ministérios da Saúde e da Previdência e Assistência Social a cada três anos, de acordo com os critérios de estigma, deformação, mutilação, deficiência ou outro fator que lhe confira especificidade e gravidade que mereçam tratamento particularizado;

IV - aposentadoria por idade ou por invalidez, auxílio-doença, auxílio-reclusão ou pensão por morte aos segurados especiais, desde que comprovem o exercício de atividade rural no período imediatamente anterior ao requerimento do benefício, ainda que de forma descontínua, igual ao número de meses correspondente à carência do benefício requerido; e

V - reabilitação profissional.

Parágrafo único. Entende-se como acidente de qualquer natureza ou causa aquele de origem traumática e por exposição a agentes exógenos (físicos, químicos e biológicos), que acarrete lesão corporal ou perturbação funcional que cause a morte, a perda, ou a redução permanente ou temporária da capacidade laborativa.

Seção III
Do Salário-de-benefício

Art. 31. Salário-de-benefício é o valor básico utilizado para cálculo da renda mensal dos benefícios de prestação continuada, inclusive os regidos por normas especiais, exceto o salário-família, a pensão por morte, o salário-maternidade e os demais benefícios de legislação especial.

Nota: Valor atualizado a partir de janeiro de 2015 pela Portaria MPS n. 13/2015:
Art. 3º A partir de 1º de janeiro de 2015:
I - não terão valor inferior a R$ 788,00 (setecentos e oitenta e oito reais):
a) os benefícios de prestação continuada pagos pela Previdência Social correspondentes a aposentadorias, auxílio-doença, auxílio-reclusão (valor global) e pensão por morte (valor global);

Parágrafo único. O INSS terá até cento e oitenta dias, contados da data do pedido, para fornecer ao segurado as informações constantes do CNIS sobre contribuições e remunerações utilizadas no cálculo do salário-de-benefício. *(Parágrafo único acrescentado pelo Decreto n. 4.079, de 9/01/2002)*

Art. 32. O salário-de-benefício consiste: *(Redação dada pelo Decreto n. 3.265, de 29/11/99, com inclusão de incisos)*

I - para as aposentadorias por idade e por tempo de contribuição, na média aritmética simples dos maiores salários-de-contribuição correspondentes a oitenta por cento de todo o período contributivo, multiplicada pelo fator previdenciário;

II - para as aposentadorias por invalidez e especial, auxílio-doença e auxílio-acidente na média aritmética simples dos maiores salários-de-contribuição correspondentes a oitenta por cento de todo o período contributivo; *(Redação dada pelo Decreto nº 5.545, de 2005)*

III - *(Revogado pelo Decreto nº 5.545, de 2005)*

§ 1º *(Revogado pelo Decreto n. 3.265, de 29/11/99)*

§2º *(Revogado pelo Decreto n. 5.399, de 24 de Março de 2005)*

§ 3º O valor do salário-de-benefício não será inferior ao de um salário mínimo, nem superior ao limite máximo do salário-de-contribuição na data de início do benefício.

Nota: Valor atualizado a partir de janeiro de 2015 pela Portaria MPS n. 13/2015:
Art. 2º A partir de 1º de janeiro de 2015, o salário-de-benefício e o salário-de-contribuição não poderão ser inferiores a R$ 788,00 (setecentos e oitenta e oito reais), nem superiores a R$ 4.663,75 (quatro mil seiscentos e sessenta e três reais e setenta e cinco centavos).

§ 4º Serão considerados para cálculo do salário-de-benefício os ganhos habituais do segurado empregado, a qualquer título, sob forma de moeda corrente ou de utilidades, sobre os quais tenha incidido contribuição previdenciária.

§ 5º Não será considerado, no cálculo do salário-de-benefício, o aumento dos salários-de-contribuição que exceder o limite legal, inclusive o voluntariamente concedido nos trinta e seis meses imediatamente anteriores ao início do benefício, salvo se homologado pela Justiça do Trabalho, resultante de promoção regulada por normas gerais da empresa, admitida pela legislação do trabalho, de sentença normativa ou de reajustamento salarial obtido pela categoria respectiva.

§ 6º Se, no período básico de cálculo, o segurado tiver recebido benefício por incapacidade, considerar-se-á como salário-de-contribuição, no período, o salário-de-benefício que serviu de base para o cálculo da renda mensal, reajustado nas mesmas épocas e nas mesmas bases dos benefícios em geral, não podendo ser inferior ao salário mínimo nem superior ao limite máximo do salário-de-contribuição.

§ 7º Exceto para o salário-família e o auxílio-acidente, será pago o valor mínimo de benefício para as prestações referidas no art. 30, quando não houver salário-de-contribuição no período básico de cálculo.

§ 8º Para fins de apuração do salário-de-benefício de qualquer aposentadoria precedida de auxílio-acidente, o valor mensal deste será somado ao salário-de-contribuição antes da aplicação da correção a que se refere o art. 33, não podendo o total apurado ser superior ao limite máximo do salário-de-contribuição.

§ 9º No caso dos §§3º e 4º do art. 56, o valor inicial do benefício será calculado considerando-se como período básico de cálculo os meses de contribuição imediatamente anteriores ao mês em que o segurado completou o tempo de contribuição, trinta anos para a mulher e trinta e cinco anos para o homem, observado o disposto no §2º do art. 35 e a legislação de regência. *(Redação dada pelo Decreto n. 3.265, de 29/11/99)*

§ 10. Para os segurados contribuinte individual e facultativo optantes pelo recolhimento trimestral na forma prevista no §15 do art. 216, que tenham solicitado qualquer benefício previdenciário, o salário-de-benefício consistirá na média aritmética simples de todos os salários-de-contribuição integrantes da contribuição trimestral, desde que efetivamente recolhidos. *(Redação dada pelo Decreto n. 3.265, de 29/11/99)*

§ 11. O fator previdenciário será calculado considerando-se a idade, a expectativa de sobrevida e o tempo de contribuição do segurado ao se aposentar, mediante a fórmula: *(Parágrafo e fórmula acrescentados pelo Decreto n. 3.265, de 29/11/99)*

$$f = \frac{Tc \times a}{Es} \times \left[1 + \frac{(Id + Tc \times a)}{100}\right]$$

onde:
f = fator previdenciário;
Es = expectativa de sobrevida no momento da aposentadoria;
Tc = tempo de contribuição até o momento da aposentadoria;
Id = idade no momento da aposentadoria; e
a = alíquota de contribuição correspondente a 0,31.

§ 12. Para efeito do disposto no parágrafo anterior, a expectativa de sobrevida do segurado na idade da aposentadoria será obtida a partir da tábua completa de mortalidade construída pela Fundação Instituto Brasileiro de Geografia e Estatística, para toda a população brasileira, considerando-se a média nacional única para ambos os sexos. *(Parágrafo acrescentado pelo Decreto n. 3.265, de 29/11/99)*

§ 13. Publicada a tábua de mortalidade, os benefícios previdenciários requeridos a partir dessa data considerarão a nova expectativa de sobrevida. *(Parágrafo acrescentado pelo Decreto n. 3.265, de 29/11/99)*

§ 14. Para efeito da aplicação do fator previdenciário ao tempo de contribuição do segurado serão adicionados: *(Parágrafo e incisos acrescentados pelo Decreto n. 3.265, de 29/11/99)*

I - cinco anos, quando se tratar de mulher; ou

II - cinco ou dez anos, quando se tratar, respectivamente, de professor ou professora, que comprovem exclusivamente tempo de efetivo exercício das funções de magistério na educação infantil e no ensino fundamental e médio.

§ 15. No cálculo do salário-de-benefício serão considerados os salário-de-contribuição vertidos para regime próprio de previdência social de segurado oriundo desse regime, após a sua filiação ao Regime Geral de Previdência Social, de acordo com o disposto no art. 214. *(Parágrafo acrescentado pelo Decreto n. 3.265, de 29/11/99)*

§ 16. Na hipótese do §23 do art. 216, enquanto as contribuições não forem complementadas, o salário-de-contribuição será computado, para efeito de benefício, proporcionalmente à contribuição efetivamente recolhida. *(Parágrafo acrescentado pelo Decreto n. 3.265, de 29/11/99)*

§ 17. No caso do parágrafo anterior, não serão considerados como tempo de contribuição, para o fim de concessão de benefício previdenciário, enquanto as contribuições não forem complementadas, o período correspondente às competências em que se verificar recolhimento de contribuição sobre salário-de-contribuição menor que um salário mínimo. *(Parágrafo acrescentado pelo Decreto n. 3.265, de 29/11/99)*

§ 18. O salário-de-benefício, para fins de cálculo da prestação teórica dos benefícios por totalização, no âmbito dos acordos internacionais, do segurado com contribuição para a previdência social brasileira, será apurado: *(Parágrafo e incisos acrescentados pelo Decreto n. 4.729, de 9/06/2003)*

I - quando houver contribuído, no Brasil, em número igual ou superior a sessenta por cento do número de meses decorridos desde a competência julho de 1994, mediante a aplicação do disposto no art. 188-A e seus §§ 1º e 2º;

II - quando houver contribuído, no Brasil, em número inferior ao indicado no inciso I, com base no valor da média aritmética simples de todos os salários-de-contribuição correspondentes a todo o período contributivo contado desde julho de 1994, multiplicado pelo fator previdenciário, observados o § 2º do art. 188-A, o § 19 e, quando for o caso, o § 14, ambos deste artigo; e

III - sem contribuição, no Brasil, a partir da competência julho de 1994, com base na média aritmética simples de todo o período contributivo, multiplicado pelo fator previdenciário, observados o disposto no § 2º do art. 188-A e, quando for o caso, no § 14 deste artigo.

§ 19. Para a hipótese de que trata o § 18, o tempo de contribuição a ser considerado na aplicação da fórmula do fator previdenciário é o somatório do tempo de contribuição para a previdência social brasileira e o tempo de contribuição para a previdência social do país acordante. *(Parágrafo acrescentado pelo Decreto n. 4.729, de 9/06/2003)*

§ 20. *(Revogado pelo Decreto nº 6.939, de 2009)*

§ 21. O salário-de-benefício do segurado especial consiste no valor equivalente ao salário-mínimo, ressalvado o disposto no inciso II do § 2º do art. 39 deste Regulamento. *(Incluído pelo Decreto nº 6.722, de 2008).*

§ 22. Considera-se período contributivo: *(Incluído pelo Decreto nº 6.939, de 2009)*

I - para o empregado, empregado doméstico e trabalhador avulso: o conjunto de meses em que houve ou deveria ter havido contribuição em razão do exercício de atividade remunerada sujeita a filiação obrigatória ao regime de que trata este Regulamento; ou *(Incluído pelo Decreto nº 6.939, de 2009)*

II - para os demais segurados, inclusive o facultativo: o conjunto de meses de efetiva contribuição ao regime de que trata este Regulamento. *(Incluído pelo Decreto nº 6.939, de 2009)*

§ 23. É garantida a aplicação do fator previdenciário no cálculo das aposentadorias por tempo de contribuição e por idade devidas ao segurado com deficiência, se resultar em renda mensal de valor mais elevado, devendo o INSS, quando da concessão do benefício, proceder ao cálculo da renda mensal inicial com e sem a aplicação do fator previdenciário. *(Incluído pelo Decreto nº 8.145, de 2013)*

§ 24. Para efeitos do disposto no § 23, na aplicação do fator previdenciário, será considerado o tempo de contribuição computado para fins de cálculo do salário-de-benefício. *(Incluído pelo Decreto nº 8.145, de 2013)*

Art. 33. Todos os salários-de-contribuição utilizados no cálculo do salário-de-benefício serão corrigidos, mês a mês, de acordo com a variação integral do Índice Nacional de Preço ao Consumidor - INPC, referente ao período decorrido a partir da primeira competência do salário-de-contribuição que compõe o período básico de cálculo até o mês anterior ao do início do benefício, de modo a preservar o seu valor real. *(Redação dada pelo Decreto nº 5.545, de 2005)*

Art. 34. O salário-de-benefício do segurado que contribui em razão de atividades concomitantes será calculado com base na soma dos salários-de-contribuição das atividades exercidas até a data do requerimento ou do óbito ou no período básico de cálculo, observado o disposto no art. 32 e nas normas seguintes:

I - quando o segurado satisfizer, em relação a cada atividade, as condições para obtenção do benefício requerido, o salário-de-benefício será calculado com base na soma dos respectivos salários-de-contribuição;

II - quando não se verificar a hipótese do inciso anterior, o salário-de-benefício corresponderá à soma das seguintes parcelas:

a) o salário-de-benefício calculado com base nos salários-de-contribuição das atividades em relação às quais são atendidas as condições do benefício requerido; e

b) um percentual da média do salário-de-contribuição de cada uma das demais atividades, equivalente à relação entre o número de meses completos de contribuição e os do período da carência do benefício requerido; e

III - quando se tratar de benefício por tempo de contribuição, o percentual de que trata a alínea "b" do inciso anterior será o resultante da relação entre os anos completos de atividade e o número de anos de contribuição considerado para a concessão do benefício.

§ 1º O disposto neste artigo não se aplica ao segurado que, em obediência ao limite máximo do salário-de-contribuição, contribuiu apenas por uma das atividades concomitantes.

§ 2º Quando o exercício de uma das atividades concomitantes se desdobrar por atividades sucessivas, o tempo a ser considerado para os efeitos deste artigo será a soma dos períodos de contribuição correspondentes.

§ 3º Se o segurado se afastar de uma das atividades antes da data do requerimento ou do óbito, porém em data abrangida pelo período básico de cálculo do salário-de-benefício, o respectivo salário-de-contribuição será computado, observadas, conforme o caso, as normas deste artigo.

§ 4º O percentual a que se referem a alínea "b" do inciso II e o inciso III do **caput** não pode ser superior a cem por cento do limite máximo do salário-de-contribuição.

§ 5º No caso do § 3º do art. 73, o salário-de-benefício da aposentadoria por invalidez deve corresponder à soma das parcelas seguintes:

I - o valor do salário-de-benefício do auxílio-doença a ser transformado em aposentadoria por invalidez, reajustado na forma do § 6º do art. 32; e

II - o valor correspondente ao percentual da média dos salários-de-contribuição de cada uma das demais atividades não consideradas no cálculo do auxílio-doença a ser transformado, percentual este equivalente à relação entre os meses completos de contribuição, até o máximo de doze, e os estipulados como período de carência para a aposentadoria por invalidez.

§ 6º Não se aplica o disposto neste artigo ao segurado que tenha sofrido redução dos salários-de-contribuição das atividades concomitantes em respeito ao limite desse salário.

Seção IV
Da Renda Mensal do Benefício

Art. 35. A renda mensal do benefício de prestação continuada que substituir o salário-de-contribuição ou o rendimento do trabalho do segurado não terá valor inferior ao do salário mínimo nem superior ao limite máximo do salário-de-contribuição, exceto no caso previsto no art. 45.

§ 1º A renda mensal dos benefícios por totalização, concedidos com base em acordos internacionais de previdência social, pode ter valor inferior ao do salário mínimo.

§ 2º A renda mensal inicial, apurada na forma do § 9º do art. 32, será reajustada pelos índices de reajustamento aplicados aos benefícios, até a data da entrada do requerimento, não sendo devido qualquer pagamento relativamente a período anterior a esta data.

§ 3º Na hipótese de a média apurada na forma do art. 32 resultar superior ao limite máximo do salário-de--contribuição vigente no mês de início do benefício, a diferença percentual entre esta média e o referido limite será incorporada ao valor do benefício juntamente com o primeiro reajuste do mesmo após a concessão, observado que nenhum benefício assim reajustado poderá superar o limite máximo do salário-de-contribuição vigente na competência em que ocorrer o reajuste.

Art. 36. No cálculo do valor da renda mensal do benefício serão computados:

I - para o segurado empregado e o trabalhador avulso, os salários-de-contribuição referentes aos meses de contribuições devidas, ainda que não recolhidas pela empresa, sem prejuízo da respectiva cobrança e da aplicação das penalidades cabíveis; e

II - para o segurado empregado, o trabalhador avulso e o segurado especial, o valor do auxílio-acidente, considerado como salário-de-contribuição para fins de concessão de qualquer aposentadoria, nos termos do § 8º do art. 32.

§ 1º Para os demais segurados somente serão computados os salários-de-contribuição referentes aos meses de contribuição efetivamente recolhida.

§ 2º No caso de segurado empregado ou de trabalhador avulso que tenham cumprido todas as condições para a concessão do benefício pleiteado, mas não possam comprovar o valor dos seus salários-de-contribuição no período básico de cálculo, considerar-se-á para o cálculo do benefício, no período sem comprovação do valor do salário-de-contribuição, o valor do salário mínimo, devendo esta renda ser recalculada quando da apresentação de prova dos salários-de-contribuição. *(Redação dada pelo Decreto n. 3.265, de 29/11/99)*

§ 3º Para o segurado empregado doméstico que, mesmo tendo satisfeito as condições exigidas para a concessão do benefício requerido, não possa comprovar o efetivo recolhimento das contribuições devidas, será concedido o benefício de valor mínimo, devendo sua renda ser recalculada quando da apresentação da prova do recolhimento das contribuições.

§ 4º Nos casos dos §§ 2º e 3º, após a concessão do benefício, o órgão concessor deverá notificar o setor de arrecadação do Instituto Nacional do Seguro Social, para adoção das providências previstas nos arts. 238 a 246.

§ 5º Sem prejuízo do disposto nos §§ 2º e 3º, cabe à previdência social manter cadastro dos segurados com todos os informes necessários para o cálculo da renda mensal.

§ 6º Para o segurado especial que não contribui facultativamente, o disposto no inciso II será aplicado somando-se ao valor da aposentadoria a renda mensal do auxílio-acidente vigente na data de início da referida aposentadoria, não sendo, neste caso, aplicada a limitação contida no inciso I do § 2º do art. 39 e do art. 183.

§ 7º A renda mensal inicial da aposentadoria por invalidez concedida por transformação de auxílio-doença será de cem por cento do salário-de-benefício que serviu de base para o cálculo da renda mensal inicial do auxílio doença, reajustado pelos mesmos índices de correção dos benefícios em geral.

Art. 37. A renda mensal inicial, recalculada de acordo com o disposto nos §§ 2º e 3º do art. 36, deve ser reajustada como a dos benefícios correspondentes com igual data de início e substituirá, a partir da data do requerimento de revisão do valor do benefício, a renda mensal que prevalecia até então.

Parágrafo único. Para fins da substituição de que trata o **caput**, o requerimento de revisão deve ser aceito pelo Instituto Nacional do Seguro Social a partir da concessão do benefício em valor provisório e processado quando da apresentação de prova dos salários-de-contribuição ou de recolhimento das contribuições.

Art. 38. Para o cálculo da renda mensal do benefício referido no inciso III do **caput** do art. 39, deverá ser considerado o tempo de contribuição de que trata o art. 60.

Art. 39. A renda mensal do benefício de prestação continuada será calculada aplicando-se sobre o salário--de-benefício os seguintes percentuais:

I - auxílio-doença - noventa e um por cento do salário--de-benefício;

II - aposentadoria por invalidez - cem por cento do salário-de-benefício;

III - aposentadoria por idade - setenta por cento do salário-de-benefício, mais um por cento deste por grupo de doze contribuições mensais, até o máximo de trinta por cento;

IV - aposentadoria por tempo de contribuição:
a) para a mulher - cem por cento do salário-de-benefício aos trinta anos de contribuição;
b) para o homem - cem por cento do salário-de-benefício aos trinta e cinco anos de contribuição; e
c) cem por cento do salário-de-benefício, para o professor aos trinta anos, e para a professora aos vinte e cinco anos de contribuição e de efetivo exercício em função de magistério na educação infantil, no ensino fundamental ou no ensino médio;
d) cem por cento do salário-de-benefício, para o segurado que comprovar, na condição de pessoa com deficiência, o tempo de contribuição disposto no art. 70-B; *(Incluído pelo Decreto nº 8.145, de 2013)*
V - aposentadoria especial - cem por cento do salário-de-benefício; e
VI - auxílio-acidente - cinqüenta por cento do salário-de-benefício.
§ 1º Para efeito do percentual de acréscimo de que trata o inciso III do **caput**, assim considerado o relativo a cada grupo de doze contribuições mensais, presumir-se-á efetivado o recolhimento correspondente, quando se tratar de segurado empregado ou trabalhador avulso.
§ 2º Para os segurados especiais, inclusive os com deficiência, é garantida a concessão, alternativamente: *(Redação dada pelo Decreto nº 8.145, de 2013)*
I - de aposentadoria por idade ou por invalidez, de auxílio-doença, de auxílio-reclusão ou de pensão por morte, no valor de um salário mínimo, observado o disposto no inciso III do art. 30; ou
II - dos benefícios especificados neste Regulamento, observados os critérios e a forma de cálculo estabelecidos, desde que contribuam, facultativamente, de acordo com o disposto no § 2º do art. 200.
§ 3º O valor mensal da pensão por morte ou do auxílio-reclusão será de cem por cento do valor da aposentadoria que o segurado recebia ou daquela a que teria direito se estivesse aposentado por invalidez na data de seu falecimento, observado o disposto no § 8º do art. 32.
§ 4º Se na data do óbito o segurado estiver recebendo aposentadoria e auxílio-acidente, o valor mensal da pensão por morte será calculado conforme o disposto no parágrafo anterior, não incorporando o valor do auxílio-acidente.
§ 5º Após a cessação do auxílio-doença decorrente de acidente de qualquer natureza ou causa, tendo o segurado retornado ou não ao trabalho, se houver agravamento ou seqüela que resulte na reabertura do benefício, a renda mensal será igual a noventa e um por cento do salário-de-benefício do auxílio-doença cessado, corrigido até o mês anterior ao da reabertura do benefício, pelos mesmos índices de correção dos benefícios em geral.

Seção V
Do Reajustamento do Valor do Benefício

Art. 40. É assegurado o reajustamento dos benefícios para preservar-lhes, em caráter permanente, o valor real da data de sua concessão.
§ 1º Os valores dos benefícios em manutenção serão reajustados, anualmente, na mesma data do reajuste do salário mínimo, **pro rata**, de acordo com suas respectivas datas de início ou do último reajustamento, com base no Índice Nacional de Preços ao Consumidor - INPC, apurado pela Fundação Instituto Brasileiro de Geografia e Estatística - IBGE. *(Redação dada pelo Decreto nº 6.042, de 2007).*
§ 2º Os benefícios com renda mensal superior a um salário mínimo serão pagos do primeiro ao quinto dia útil do mês subseqüente ao de sua competência, observada a distribuição proporcional do número de beneficiários por dia de pagamento. *(Redação dada pelo Decreto nº 6.722, de 2008).*
§ 3º *(Revogado pelo Decreto nº 6.042, de 2007).*
§ 4º Os benefícios com renda mensal no valor de até um salário mínimo serão pagos no período compreendido entre o quinto dia útil que anteceder o final do mês de sua competência e o quinto dia útil do mês subseqüente, observada a distribuição proporcional dos beneficiários por dia de pagamento. *(Redação dada pelo Decreto nº 6.722, de 2008).*
§ 5º Para os efeitos dos §§ 2º e 4º, considera-se dia útil aquele de expediente bancário com horário normal de atendimento. *(Incluído pelo Decreto nº 6.722, de 2008).*
§ 6º Para os benefícios que tenham sido majorados devido à elevação do salário mínimo, o referido aumento deverá ser compensado no momento da aplicação do disposto no § 1º, de acordo com normas a serem baixadas pelo Ministério da Previdência Social. *(Incluído pelo Decreto nº 6.722, de 2008).*
Art. 41 O valor mensal do abono de permanência em serviço, do auxílio-suplementar e do auxílio-acidente será reajustado na forma do disposto no art. 40 e não varia de acordo com o salário-de-contribuição do segurado.
Art. 42. Nenhum benefício reajustado poderá exceder o limite máximo do salário-de-benefício na data do reajustamento, respeitados os direitos adquiridos, nem inferior ao valor de um salário mínimo. *(Redação dada pelo Decreto nº 6.722, de 2008).*
Parágrafo único. O auxílio-acidente, o abono de permanência em serviço, o auxílio-suplementar, o salário-família e a parcela a cargo do Regime Geral de Previdência Social dos benefícios por totalização, concedidos com base em acordos internacionais de previdência social, poderão ter valor inferior ao do salário mínimo.

Seção VI
Dos Benefícios
Subseção I
Da Aposentadoria por Invalidez

Art. 43. A aposentadoria por invalidez, uma vez cumprida a carência exigida, quando for o caso, será devida ao segurado que, estando ou não em gozo de auxílio-doença, for considerado incapaz para o trabalho e insuscetível de reabilitação para o exercício de atividade que lhe garanta a subsistência, e ser-lhe-á paga enquanto permanecer nessa condição.
§ 1º A concessão de aposentadoria por invalidez dependerá da verificação da condição de incapacidade,

mediante exame médico-pericial a cargo da previdência social, podendo o segurado, às suas expensas, fazer-se acompanhar de médico de sua confiança.

§ 2º A doença ou lesão de que o segurado já era portador ao filiar-se ao Regime Geral de Previdência Social não lhe conferirá direito à aposentadoria por invalidez, salvo quando a incapacidade sobrevier por motivo de progressão ou agravamento dessa doença ou lesão.

Art. 44. A aposentadoria por invalidez consiste numa renda mensal calculada na forma do inciso II do **caput** do art. 39 e será devida a contar do dia imediato ao da cessação do auxílio-doença, ressalvado o disposto no § 1º.

§ 1º Concluindo a perícia médica inicial pela existência de incapacidade total e definitiva para o trabalho, a aposentadoria por invalidez será devida:

I - ao segurado empregado a contar do décimo sexto dia do afastamento da atividade ou a partir da data da entrada do requerimento, se entre o afastamento e a entrada do requerimento decorrerem mais de trinta dias; e *(Redação dada pelo Decreto n. 3.265, de 29/11/99)*

II - ao segurado empregado doméstico, contribuinte individual, trabalhador avulso, especial ou facultativo, a contar da data do início da incapacidade ou da data da entrada do requerimento, se entre essas datas decorrerem mais de trinta dias. *(Redação dada pelo Decreto n. 3.265, de 29/11/99)*

§ 2º Durante os primeiros quinze dias de afastamento consecutivos da atividade por motivo de invalidez, caberá à empresa pagar ao segurado empregado o salário. *(Redação dada pelo Decreto n. 3.265, de 29/11/99)*

§ 3º A concessão de aposentadoria por invalidez, inclusive mediante transformação de auxílio-doença concedido na forma do art. 73, está condicionada ao afastamento de todas as atividades.

Art. 45. O valor da aposentadoria por invalidez do segurado que necessitar da assistência permanente de outra pessoa será acrescido de vinte e cinco por cento, observada a relação constante do Anexo I, e:

I - devido ainda que o valor da aposentadoria atinja o limite máximo legal; e

II - recalculado quando o benefício que lhe deu origem for reajustado.

Parágrafo único. O acréscimo de que trata o **caput** cessará com a morte do aposentado, não sendo incorporado ao valor da pensão por morte.

Art. 46. O segurado aposentado por invalidez está obrigado, a qualquer tempo, sem prejuízo do disposto no parágrafo único e independentemente de sua idade e sob pena de suspensão do benefício, a submeter-se a exame médico a cargo da previdência social, processo de reabilitação profissional por ela prescrito e custeado e tratamento dispensado gratuitamente, exceto o cirúrgico e a transfusão de sangue, que são facultativos.

Parágrafo único. Observado o disposto no **caput,** o aposentado por invalidez fica obrigado, sob pena de sustação do pagamento do benefício, a submeter-se a exames médico-periciais, a realizarem-se bienalmente.

Art. 47. O aposentado por invalidez que se julgar apto a retornar à atividade deverá solicitar a realização de nova avaliação médico-pericial.

Parágrafo único. Se a perícia médica do Instituto Nacional do Seguro Social concluir pela recuperação da capacidade laborativa, a aposentadoria será cancelada, observado o disposto no art. 49.

Art. 48. O aposentado por invalidez que retornar voluntariamente à atividade terá sua aposentadoria automaticamente cessada, a partir da data do retorno.

Art. 49. Verificada a recuperação da capacidade de trabalho do aposentado por invalidez, excetuando-se a situação prevista no art. 48, serão observadas as normas seguintes:

I - quando a recuperação for total e ocorrer dentro de cinco anos contados da data do início da aposentadoria por invalidez ou do auxílio-doença que a antecedeu sem interrupção, o benefício cessará:

a) de imediato, para o segurado empregado que tiver direito a retornar à função que desempenhava na empresa ao se aposentar, na forma da legislação trabalhista, valendo como documento, para tal fim, o certificado de capacidade fornecido pela previdência social; ou

b) após tantos meses quantos forem os anos de duração do auxílio-doença e da aposentadoria por invalidez, para os demais segurados; e

II - quando a recuperação for parcial ou ocorrer após o período previsto no inciso I, ou ainda quando o segurado for declarado apto para o exercício de trabalho diverso do qual habitualmente exercia, a aposentadoria será mantida, sem prejuízo da volta à atividade:

a) pelo seu valor integral, durante seis meses contados da data em que for verificada a recuperação da capacidade;

b) com redução de cinqüenta por cento, no período seguinte de seis meses; e

c) com redução de setenta e cinco por cento, também por igual período de seis meses, ao término do qual cessará definitivamente.

Art. 50. O segurado que retornar à atividade poderá requerer, a qualquer tempo, novo benefício, tendo este processamento normal.

Parágrafo único. Se o segurado requerer qualquer benefício durante o período citado no artigo anterior, a aposentadoria por invalidez somente será cessada, para a concessão do novo benefício, após o cumprimento do período de que tratam as alíneas "b" do inciso I e "a" do inciso II do art. 49.

Subseção II
Da Aposentadoria por Idade

Art. 51. A aposentadoria por idade, uma vez cumprida a carência exigida, será devida ao segurado que completar sessenta e cinco anos de idade, se homem, ou sessenta, se mulher, reduzidos esses limites para sessenta e cinqüenta e cinco anos de idade para os trabalhadores rurais, respectivamente homens e mulheres, referidos na alínea "a" do inciso I, na alínea "j" do inciso V e nos incisos VI e VII do **caput** do art. 9º, bem como para os segurados garimpeiros que trabalhem, comprovadamente, em regime de economia familiar, conforme definido no §5º do art. 9º. *(Redação dada pelo Decreto n. 3.265, de 29/11/99)*

§ 1º Para os efeitos do disposto no **caput**, o trabalhador rural deve comprovar o efetivo exercício de atividade rural, ainda que de forma descontínua, no período imediatamente anterior ao requerimento do benefício ou, conforme o caso, ao mês em que cumpriu o requisito etário, por tempo igual ao número de meses de contribuição correspondente à carência do benefício pretendido, computado o período a que se referem os incisos III a VIII do § 8º do art. 9º. *(Incluído pelo Decreto nº 6.722, de 2008).*

§ 2º Os trabalhadores rurais de que trata o **caput** que não atendam ao disposto no § 1º, mas que satisfaçam essa condição, se forem considerados períodos de contribuição sob outras categorias do segurado, farão jus ao benefício ao completarem sessenta e cinco anos de idade, se homem, e sessenta anos, se mulher. *(Incluído pelo Decreto nº 6.722, de 2008).*

§ 3º Para efeito do § 2º, o cálculo da renda mensal do benefício será apurado na forma do disposto no inciso II do **caput** do art. 32, considerando-se como salário-de-contribuição mensal do período como segurado especial o limite mínimo do salário-de-contribuição da previdência social. *(Incluído pelo Decreto nº 6.722, de 2008).*

§ 4º Aplica-se o disposto nos §§ 2º e 3º ainda que na oportunidade do requerimento da aposentadoria o segurado não se enquadre como trabalhador rural. *(Incluído pelo Decreto nº 6.722, de 2008).*

Art. 52. A aposentadoria por idade será devida:

I - ao segurado empregado, inclusive o doméstico:

a) a partir da data do desligamento do emprego, quando requerida até noventa dias depois dela; ou

b) a partir da data do requerimento, quando não houver desligamento do emprego ou quando for requerida após o prazo da alínea "a"; e

II - para os demais segurados, a partir da data da entrada do requerimento.

Art. 53. A aposentadoria por idade consiste numa renda mensal calculada na forma do inciso III do **caput** do art. 39.

Art. 54. A aposentadoria por idade pode ser requerida pela empresa, desde que o segurado tenha cumprido a carência, quando este completar setenta anos de idade, se do sexo masculino, ou sessenta e cinco, se do sexo feminino, sendo compulsória, caso em que será garantida ao empregado a indenização prevista na legislação trabalhista, considerada como data da rescisão do contrato de trabalho a imediatamente anterior à do início da aposentadoria.

Art. 55. *(Revogado pelo Decreto nº 6.722, de 2008).*

Subseção III
Da Aposentadoria por Tempo de Contribuição

Art. 56. A aposentadoria por tempo de contribuição será devida ao segurado após trinta e cinco anos de contribuição, se homem, ou trinta anos, se mulher, observado o disposto no art. 199-A. *(Redação dada pelo Decreto nº 6.042, de 2007).*

§ 1º A aposentadoria por tempo de contribuição do professor que comprove, exclusivamente, tempo de efetivo exercício em função de magistério na educação infantil, no ensino fundamental ou no ensino médio, será devida ao professor aos trinta anos de contribuição e à professora aos vinte e cinco anos de contribuição. *(Redação dada pelo Decreto nº 6.722, de 2008).*

§ 2º Para os fins do disposto no § 1º, considera-se função de magistério a exercida por professor, quando exercida em estabelecimento de educação básica em seus diversos níveis e modalidades, incluídas, além do exercício da docência, as funções de direção de unidade escolar e as de coordenação e assessoramento pedagógico. *(Redação dada pelo Decreto nº 6.722, de 2008).*

§ 3º Se mais vantajoso, fica assegurado o direito à aposentadoria, nas condições legalmente previstas na data do cumprimento de todos os requisitos previstos no **caput**, ao segurado que optou por permanecer em atividade.

§ 4º Para efeito do disposto no parágrafo anterior, o valor inicial da aposentadoria, apurado conforme o § 9º do art. 32, será comparado com o valor da aposentadoria calculada na forma da regra geral deste Regulamento, mantendo-se o mais vantajoso, considerando-se como data de inicio do benefício a data da entrada do requerimento.

§ 5º O segurado oriundo de regime próprio de previdência social que se filiar ao Regime Geral de Previdência Social a partir de 16 de dezembro de 1998 fará jus à aposentadoria por tempo de contribuição nos termos desta Subseção, não se lhe aplicando o disposto no art. 188. *(Parágrafo acrescentado pelo Decreto n. 3.265, de 29/11/99)*

Art. 57. A aposentadoria por tempo de contribuição consiste numa renda mensal calculada na forma do inciso IV do **caput** do art. 39.

Art. 58. A data do início da aposentadoria por tempo de contribuição será fixada conforme o disposto nos incisos I e II do art. 52.

Art. 59. Considera-se tempo de contribuição o tempo, contado de data a data, desde o início até a data do requerimento ou do desligamento de atividade abrangida pela previdência social, descontados os períodos legalmente estabelecidos como de suspensão de contrato de trabalho, de interrupção de exercício e de desligamento da atividade.

§ 1º Cabe ao contribuinte individual comprovar a interrupção ou o encerramento da atividade pela qual vinha contribuindo, sob pena de ser considerado em débito no período sem contribuição. *(Parágrafo acrescentado pelo Decreto n. 4.729, de 9/06/2003)*

§ 2º A comprovação da interrupção ou encerramento da atividade do contribuinte individual será feita, no caso dos segurados enquadrados nas alíneas "j" e "l" do inciso V do art. 9º, mediante declaração, ainda que extemporânea, e, para os demais, com base em distrato social, alteração contratual ou documento equivalente emitido por junta comercial, secretaria federal, estadual, distrital ou municipal ou por outros órgãos oficiais, ou outra forma admitida pelo INSS. *(Parágrafo acrescentado pelo Decreto n. 4.729, de 9/06/2003)*

Art. 60. Até que lei específica discipline a matéria, são contados como tempo de contribuição, entre outros:

I - o período de exercício de atividade remunerada abrangida pela previdência social urbana e rural, ainda que anterior à sua instituição, respeitado o disposto no inciso XVII;

II - o período de contribuição efetuada por segurado depois de ter deixado de exercer atividade remunerada que o enquadrava como segurado obrigatório da previdência social;

III - o período em que o segurado esteve recebendo auxílio-doença ou aposentadoria por invalidez, entre períodos de atividade;

IV - o tempo de serviço militar, salvo se já contado para inatividade remunerada nas Forças Armadas ou auxiliares, ou para aposentadoria no serviço público federal, estadual, do Distrito Federal ou municipal, ainda que anterior à filiação ao Regime Geral de Previdência Social, nas seguintes condições:

a) obrigatório ou voluntário; e

b) alternativo, assim considerado o atribuído pelas Forças Armadas àqueles que, após alistamento, alegarem imperativo de consciência, entendendo-se como tal o decorrente de crença religiosa e de convicção filosófica ou política, para se eximirem de atividades de caráter militar;

V - o período em que a segurada esteve recebendo salário-maternidade;

VI - o período de contribuição efetuada como segurado facultativo;

VII - o período de afastamento da atividade do segurado anistiado que, em virtude de motivação exclusivamente política, foi atingido por atos de exceção, institucional ou complementar, ou abrangido pelo Decreto Legislativo n. 18, de 15 de dezembro de 1961, pelo Decreto-Lei n. 864, de 12 de setembro de 1969, ou que, em virtude de pressões ostensivas ou expedientes oficiais sigilosos, tenha sido demitido ou compelido ao afastamento de atividade remunerada no período de 18 de setembro de 1946 a 5 de outubro de 1988;

VIII - o tempo de serviço público federal, estadual, do Distrito Federal ou municipal, inclusive o prestado a autarquia ou a sociedade de economia mista ou fundação instituída pelo Poder Público, regularmente certificado na forma da Lei n. 3.841, de 15 de dezembro de 1960, desde que a respectiva certidão tenha sido requerida na entidade para a qual o serviço foi prestado até 30 de setembro de 1975, véspera do início da vigência da Lei n. 6.226, de 14 de junho de 1975;

IX - o período em que o segurado esteve recebendo benefício por incapacidade por acidente do trabalho, intercalado ou não;

X - o tempo de serviço do segurado trabalhador rural anterior à competência novembro de 1991;

XI - o tempo de exercício de mandato classista junto a órgão de deliberação coletiva em que, nessa qualidade, tenha havido contribuição para a previdência social;

XII - o tempo de serviço público prestado à administração federal direta e autarquias federais, bem como às estaduais, do Distrito Federal e municipais, quando aplicada a legislação que autorizou a contagem recíproca de tempo de contribuição;

XIII - o período de licença remunerada, desde que tenha havido desconto de contribuições;

XIV - o período em que o segurado tenha sido colocado pela empresa em disponibilidade remunerada, desde que tenha havido desconto de contribuições;

XV - o tempo de serviço prestado à Justiça dos Estados, às serventias extrajudiciais e às escrivanias judiciais, desde que não tenha havido remuneração pelos cofres públicos e que a atividade não estivesse à época vinculada a regime próprio de previdência social;

XVI - o tempo de atividade patronal ou autônoma, exercida anteriormente à vigência da Lei n. 3.807, de 26 de agosto de 1960, desde que indenizado conforme o disposto no art. 122;

XVII - o período de atividade na condição de empregador rural, desde que comprovado o recolhimento de contribuições na forma da Lei n. 6.260, de 6 de novembro de 1975, com indenização do período anterior, conforme o disposto no art. 122;

XVIII - o período de atividade dos auxiliares locais de nacionalidade brasileira no exterior, amparados pela Lei n. 8.745, de 9 de dezembro de 1993, anteriormente a 1º de janeiro de 1994, desde que sua situação previdenciária esteja regularizada junto ao Instituto Nacional do Seguro Social;

XIX - o tempo de exercício de mandato eletivo federal, estadual, distrital ou municipal, desde que tenha havido contribuição em época própria e não tenha sido contado para efeito de aposentadoria por outro regime de previdência social;

XX - o tempo de trabalho em que o segurado esteve exposto a agentes nocivos químicos, físicos, biológicos ou associação de agentes prejudiciais à saúde ou à integridade física, observado o disposto nos arts. 64 a 70; e

XXI - o tempo de contribuição efetuado pelo servidor público de que tratam as alíneas "i", "j" e "l" do inciso I do **caput** do art. 9º e o § 2º do art. 26, com base nos arts. 8º e 9º da Lei n. 8.162, de 8 de janeiro de 1991, e no art. 2º da Lei n. 8.688, de 21 de julho de 1993.

XXII - o tempo exercido na condição de aluno-aprendiz referente ao período de aprendizado profissional realizado em escola técnica, desde que comprovada a remuneração, mesmo que indireta, à conta do orçamento público e o vínculo empregatício. *(Incluído pelo Decreto nº 6.722, de 2008).*

§ 1º Não será computado como tempo de contribuição o já considerado para concessão de qualquer aposentadoria prevista neste Regulamento ou por outro regime de previdência social.

§ 2º *(Revogado pelo Decreto n. 3.265, de 29/11/99)*

§ 3º O tempo de contribuição de que trata este artigo será considerado para cálculo do valor da renda mensal de qualquer benefício.

§ 4º O segurado especial que contribui na forma do § 2º do art. 200 somente fará jus à aposentadoria por idade, tempo de contribuição e especial após o cumprimento da carência exigida para estes benefícios, não sendo considerado como período de carência o tempo de atividade rural não contributivo.

§ 5º Não se aplica o disposto no inciso VII ao segurado demitido ou exonerado em razão de processos administrativos ou de aplicação de política de pessoal do governo, da empresa ou da entidade a que estavam vinculados, assim como ao segurado ex-dirigente ou ex-representante sindical que não comprove prévia existência do vínculo empregatício mantido com a empresa ou sindicato e o conseqüente afastamento da atividade remunerada em razão dos atos mencionados no referido inciso.

§ 6º Caberá a cada interessado alcançado pelas disposições do inciso VII comprovar a condição de segurado obrigatório da previdência social, mediante apresentação dos documentos contemporâneos dos fatos ensejadores da demissão ou afastamento da atividade remunerada, assim como apresentar o ato declaratório da anistia, expedido pela autoridade competente, e a conseqüente comprovação da sua publicação oficial.

§ 7º Para o cômputo do período a que se refere o inciso VII, o Instituto Nacional do Seguro Social deverá observar se no ato declaratório da anistia consta o fundamento legal no qual se fundou e o nome do órgão, da empresa ou da entidade a que estava vinculado o segurado à época dos atos que ensejaram a demissão ou o afastamento da atividade remunerada.

§ 8º É indispensável para o cômputo do período a que se refere o inciso VII a prova da relação de causa entre a demissão ou afastamento da atividade remunerada e a motivação referida no citado inciso.

Art. 61. Observado o disposto no art. 19, são contados como tempo de contribuição, para efeito do disposto nos §§ 1º e 2º do art. 56: *(Redação dada pelo Decreto n. 4.079, de 9/01/2002)*

I - o de serviço público federal, estadual, do Distrito Federal ou municipal;

II - o de recebimento de benefício por incapacidade, entre períodos de atividade; e

III - o de benefício por incapacidade decorrente de acidente do trabalho, intercalado ou não.

§ 1º A comprovação da condição de professor far-se-á mediante a apresentação:

I - do respectivo diploma registrado nos órgãos competentes federais e estaduais, ou de qualquer outro documento que comprove a habilitação para o exercício do magistério, na forma de lei específica; e

II - dos registros em Carteira Profissional e/ou Carteira de Trabalho e Previdência Social complementados, quando for o caso, por declaração do estabelecimento de ensino onde foi exercida a atividade, sempre que necessária essa informação, para efeito e caracterização do efetivo exercício da função de magistério, nos termos do § 2º do art. 56.

§ 2º É vedada a conversão de tempo de serviço de magistério, exercido em qualquer época, em tempo de serviço comum.

Art. 62. A prova de tempo de serviço, considerado tempo de contribuição na forma do art. 60, observado o disposto no art. 19 e, no que couber, as peculiaridades do segurado de que tratam as alíneas "j" e "l" do inciso V do **caput** do art. 9º e do art. 11, é feita mediante documentos que comprovem o exercício de atividade nos períodos a serem contados, devendo esses documentos ser contemporâneos dos fatos a comprovar e mencionar as datas de início e término e, quando se tratar de trabalhador avulso, a duração do trabalho e a condição em que foi prestado. *(Redação dada pelo Decreto n. 4.079, de 9/01/2002)*

§ 1º As anotações em Carteira Profissional e/ou Carteira de Trabalho e Previdência Social relativas a férias, alterações de salários e outras que demonstrem a seqüência do exercício da atividade podem suprir possível falha de registro de admissão ou dispensa. *(Parágrafo restabelecido pelo Decreto n. 4.729, de 9/06/2003)*

§ 2º Subsidiariamente ao disposto no art. 19, servem para a prova do tempo de contribuição que trata o **caput**: *(Redação dada pelo Decreto nº 6.722, de 2008).*

I - para os trabalhadores em geral, os documentos seguintes: *(Redação dada pelo Decreto nº 6.722, de 2008).*

a) o contrato individual de trabalho, a Carteira Profissional, a Carteira de Trabalho e Previdência Social, a carteira de férias, a carteira sanitária, a caderneta de matrícula e a caderneta de contribuições dos extintos institutos de aposentadoria e pensões, a caderneta de inscrição pessoal visada pela Capitania dos Portos, pela Superintendência do Desenvolvimento da Pesca, pelo Departamento Nacional de Obras Contra as Secas e declarações da Secretaria da Receita Federal do Brasil; *(Incluído pelo Decreto nº 6.722, de 2008).*

b) certidão de inscrição em órgão de fiscalização profissional, acompanhada do documento que prove o exercício da atividade; *(Incluído pelo Decreto nº 6.722, de 2008).*

c) contrato social e respectivo distrato, quando for o caso, ata de assembléia geral e registro de empresário; ou *(Incluído pelo Decreto nº 6.722, de 2008).*

d) certificado de sindicato ou órgão gestor de mão-de-obra que agrupa trabalhadores avulsos; *(Incluído pelo Decreto nº 6.722, de 2008).*

II - de exercício de atividade rural, alternativamente: *(Redação dada pelo Decreto nº 6.722, de 2008).*

a) contrato individual de trabalho ou Carteira de Trabalho e Previdência Social; *(Incluído pelo Decreto nº 6.722, de 2008).*

b) contrato de arrendamento, parceria ou comodato rural; *(Incluído pelo Decreto nº 6.722, de 2008).*

c) declaração fundamentada de sindicato que represente o trabalhador rural ou, quando for o caso, de sindicato ou colônia de pescadores, desde que homologada pelo INSS; *(Incluído pelo Decreto nº 6.722, de 2008).*

d) comprovante de cadastro do Instituto Nacional de Colonização e Reforma Agrária - INCRA; *(Incluído pelo Decreto nº 6.722, de 2008).*

e) bloco de notas do produtor rural; *(Incluído pelo Decreto nº 6.722, de 2008).*

f) notas fiscais de entrada de mercadorias, de que trata o § 24 do art. 225, emitidas pela empresa adquirente da produção, com indicação do nome do segurado como vendedor; *(Incluído pelo Decreto nº 6.722, de 2008).*

g) documentos fiscais relativos a entrega de produção rural à cooperativa agrícola, entreposto de pescado ou outros, com indicação do segurado como vendedor ou consignante; *(Incluído pelo Decreto nº 6.722, de 2008).*

h) comprovantes de recolhimento de contribuição à Previdência Social decorrentes da comercialização da produção; *(Incluído pelo Decreto nº 6.722, de 2008).*

i) cópia da declaração de imposto de renda, com indicação de renda proveniente da comercialização de produção rural; *(Incluído pelo Decreto nº 6.722, de 2008).*

j) licença de ocupação ou permissão outorgada pelo INCRA; ou *(Incluído pelo Decreto nº 6.722, de 2008).*

l) certidão fornecida pela Fundação Nacional do Índio - FUNAI, certificando a condição do índio como trabalhador rural, desde que homologada pelo INSS. *(Incluído pelo Decreto nº 6.722, de 2008).*

III - *(Revogado pelo Decreto nº 6.722, de 2008).*

IV - *(Revogado pelo Decreto nº 6.722, de 2008).*

V - *(Revogado pelo Decreto nº 6.722, de 2008).*

VI - *(Revogado pelo Decreto nº 6.722, de 2008).*

VII - *(Revogado pelo Decreto nº 6.722, de 2008).*

VIII - *(Revogado pelo Decreto nº 6.722, de 2008).*

§ 3º Na falta de documento contemporâneo podem ser aceitos declaração do empregador ou seu preposto, atestado de empresa ainda existente, certificado ou certidão de entidade oficial dos quais constem os dados previstos no **caput** deste artigo, desde que extraídos de registros efetivamente existentes e acessíveis à fiscalização do Instituto Nacional do Seguro Social. *(Parágrafo restabelecido pelo Decreto n. 4.729, de 9/06/2003)*

§ 4º Se o documento apresentado pelo segurado não atender ao estabelecido neste artigo, a prova exigida pode ser complementada por outros documentos que levem à convicção do fato a comprovar, inclusive mediante justificação administrativa, na forma do Capítulo VI deste Título. *(Parágrafo restabelecido pelo Decreto n. 4.729, de 9/06/2003)*

§ 5º A comprovação realizada mediante justificação administrativa ou judicial só produz efeito perante a previdência social quando baseada em início de prova material. *(Parágrafo restabelecido pelo Decreto n. 4.729, de 9/06/2003)*

§ 6º A prova material somente terá validade para a pessoa referida no documento, não sendo permitida sua utilização por outras pessoas. *(Parágrafo restabelecido pelo Decreto n. 4.729, de 9/06/2003)*

§ 7º A empresa colocará à disposição de servidor designado por dirigente do Instituto Nacional do Seguro Social as informações ou registros de que dispuser, relativamente a segurado a seu serviço e previamente identificado, para fins de instrução ou revisão de processo de reconhecimento de direitos e outorga de benefícios do Regime Geral de Previdência Social. *(Incluído pelo Decreto nº 6496, de 2008)*

§ 8º A declaração mencionada na alínea "c" do inciso II do § 2º, além da identificação da entidade e do emitente da declaração, com indicação do respectivo mandato: *(Incluído pelo Decreto nº 6.722, de 2008).*

I - deverá ser fornecida em duas vias, em papel timbrado da entidade, com numeração seqüencial controlada e ininterrupta; *(Incluído pelo Decreto nº 6.722, de 2008).*

II - deverá conter a identificação, a qualificação pessoal do beneficiário e a categoria de produtor a que pertença; *(Incluído pelo Decreto nº 6.722, de 2008).*

III - deverá consignar os documentos e informações que serviram de base para a sua emissão, bem como, se for o caso, a origem dos dados extraídos de registros existentes na própria entidade declarante ou em outro órgão, entidade ou empresa, desde que idôneos e acessíveis à previdência social; *(Incluído pelo Decreto nº 6.722, de 2008).*

IV - não poderá conter informação referente a período anterior ao início da atividade da entidade declarante, salvo se baseada em documento que constitua prova material do exercício da atividade; e *(Incluído pelo Decreto nº 6.722, de 2008).*

V - deverá consignar dados relativos ao período e forma de exercício da atividade rural na forma estabelecida pelo INSS. *(Incluído pelo Decreto nº 6.722, de 2008).*

§ 9º Sempre que a categoria de produtor informada na declaração de que trata a alínea "c" do inciso II do § 2º for de parceiro, meeiro, arrendatário, comodatário, ou outra modalidade de outorgado, o documento deverá identificar e qualificar o outorgante. *(Incluído pelo Decreto nº 6.722, de 2008).*

§ 10. A segunda via da declaração prevista na alínea "c" do inciso II do § 2º deverá ser mantida na própria entidade, com numeração seqüencial em ordem crescente, à disposição do INSS e demais órgãos de fiscalização e controle. *(Incluído pelo Decreto nº 6.722, de 2008).*

§ 11. Na hipótese de inexistência de sindicato que represente o trabalhador rural, a declaração mencionada na alínea "c" do inciso II do § 2º poderá ser suprida pela apresentação de duas declarações firmadas por autoridades administrativas ou judiciárias locais, desde que exerçam cargos ou funções de juízes federais ou estaduais ou do Distrito Federal, promotores de justiça, delegados de polícia, comandantes de unidades militares do Exército, Marinha, Aeronáutica ou de forças auxiliares, titulares de representação local do Ministério do Trabalho e Emprego e de diretores titulares de estabelecimentos públicos de ensino fundamental e médio. *(Incluído pelo Decreto nº 6.722, de 2008).*

§ 12. As autoridades mencionadas no § 11 somente poderão fornecer declaração relativa a período anterior à data do início das suas funções na localidade se puderem fundamentá-la com documentos contemporâneos do fato declarado, que evidenciem plena convicção de sua veracidade. *(Incluído pelo Decreto nº 6.722, de 2008).*

§ 13. A declaração de que trata o § 11, sujeita à homologação pelo INSS, e a certidão a que se refere a alínea "l" do inciso II do § 2º deverão obedecer, no que couber, ao disposto no § 8º. *(Incluído pelo Decreto nº 6.722, de 2008).*

§ 14. A homologação a que se refere a alínea "l" do inciso II do § 2º se restringe às informações relativas à atividade rural, em especial o atendimento dos incisos II, III e V do § 8º. *(Incluído pelo Decreto nº 6.939, de 2009)*

Art. 63. Não será admitida prova exclusivamente testemunhal para efeito de comprovação de tempo de serviço ou de contribuição, salvo na ocorrência de motivo de força maior ou caso fortuito, observado o disposto no § 2º do art. 143.

Subseção IV
Da Aposentadoria Especial

Art. 64. A aposentadoria especial, uma vez cumprida a carência exigida, será devida ao segurado empregado, trabalhador avulso e contribuinte individual, este somente quando cooperado filiado a cooperativa de trabalho ou de produção, que tenha trabalhado durante quinze, vinte ou vinte e cinco anos, conforme o caso, sujeito a condições especiais que prejudiquem a saúde ou a integridade física. *(Redação dada pelo Decreto n. 4.729, de 9/06/2003)*

§ 1º A concessão da aposentadoria especial prevista neste artigo dependerá da comprovação, durante o período mínimo fixado no caput: *(Redação dada pelo Decreto nº 8.123, de 2013)*

I - do tempo de trabalho permanente, não ocasional nem intermitente; e *(Incluído pelo Decreto nº 8.123, de 2013)*

II - da exposição do segurado aos agentes nocivos químicos, físicos, biológicos ou a associação de agentes prejudiciais à saúde ou à integridade física. *(Incluído pelo Decreto nº 8.123, de 2013)*

§ 2º Consideram-se condições especiais que prejudiquem a saúde e a integridade física aquelas nas quais a exposição ao agente nocivo ou associação de agentes presentes no ambiente de trabalho esteja acima dos limites de tolerância estabelecidos segundo critérios quantitativos ou esteja caracterizada segundo os critérios da avaliação qualitativa dispostos no § 2º do art. 68. *(Redação dada pelo Decreto nº 8.123, de 2013)*

Art. 65. Considera-se tempo de trabalho permanente aquele que é exercido de forma não ocasional nem intermitente, no qual a exposição do empregado, do trabalhador avulso ou do cooperado ao agente nocivo seja indissociável da produção do bem ou da prestação do serviço. *(Redação dada pelo Decreto nº 8.123, de 2013)*

Parágrafo único. Aplica-se o disposto no caput aos períodos de descanso determinados pela legislação trabalhista, inclusive férias, aos de afastamento decorrentes de gozo de benefícios de auxílio-doença ou aposentadoria por invalidez acidentários, bem como aos de percepção de salário-maternidade, desde que, à data do afastamento, o segurado estivesse exposto aos fatores de risco de que trata o art. 68. *(Redação dada pelo Decreto nº 8.123, de 2013)*

Art. 66. Para o segurado que houver exercido duas ou mais atividades sujeitas a condições especiais prejudiciais à saúde ou à integridade física, sem completar em qualquer delas o prazo mínimo exigido para a aposentadoria especial, os respectivos períodos de exercício serão somados após conversão, devendo ser considerada a atividade preponderante para efeito de enquadramento. *(Redação dada pelo Decreto nº 8.123, de 2013)*

§ 1º Para fins do disposto no caput, não serão considerados os períodos em que a atividade exercida não estava sujeita a condições especiais, observado, nesse caso, o disposto no art. 70. *(Redação dada pelo Decreto nº 8.123, de 2013)*

§ 2º A conversão de que trata o caput será feita segundo a tabela abaixo: *(Redação dada pelo Decreto nº 8.123, de 2013)*

TEMPO A CONVERTER	PARA 15	PARA 20	PARA 25
DE 15 ANOS	-	1,33	1,67
DE 20 ANOS	0,75	-	1,25
DE 25 ANOS	0,60	0,80	-

Art. 67. A renda mensal inicial da aposentadoria especial será equivalente a cem por cento do salário de benefício, observado, quanto à data de início do benefício, o disposto na legislação previdenciária. *(Redação dada pelo Decreto nº 8.123, de 2013)*

Art. 68. A relação dos agentes nocivos químicos, físicos, biológicos ou associação de agentes prejudiciais à saúde ou à integridade física, considerados para fins de concessão de aposentadoria especial, consta do Anexo IV.

§ 1º As dúvidas sobre o enquadramento dos agentes de que trata o caput, para efeito do disposto nesta Subseção, serão resolvidas pelo Ministério do Trabalho e Emprego e pelo Ministério da Previdência e Assistência Social.

§ 2º A avaliação qualitativa de riscos e agentes nocivos será comprovada mediante descrição: *(Redação dada pelo Decreto nº 8.123, de 2013)*

I - das circunstâncias de exposição ocupacional a determinado agente nocivo ou associação de agentes nocivos presentes no ambiente de trabalho durante toda a jornada; *(Incluído pelo Decreto nº 8.123, de 2013)*

II - de todas as fontes e possibilidades de liberação dos agentes mencionados no inciso I; e *(Incluído pelo Decreto nº 8.123, de 2013)*

III - dos meios de contato ou exposição dos trabalhadores, as vias de absorção, a intensidade da exposição, a frequência e a duração do contato. *(Incluído pelo Decreto nº 8.123, de 2013)*

§ 3º A comprovação da efetiva exposição do segurado aos agentes nocivos será feita mediante formulário emitido pela empresa ou seu preposto, com base em laudo técnico de condições ambientais do trabalho expedido por médico do trabalho ou engenheiro de segurança do trabalho. *(Redação dada pelo Decreto nº 8.123, de 2013)*

§ 4º A presença no ambiente de trabalho, com possibilidade de exposição a ser apurada na forma dos §§ 2º e 3º, de agentes nocivos reconhecidamente cancerígenos em humanos, listados pelo Ministério do Trabalho e Emprego, será suficiente para a comprovação de efetiva exposição do trabalhador. *(Redação dada pelo Decreto nº 8.123, de 2013)*

§ 5º No laudo técnico referido no § 3o, deverão constar informações sobre a existência de tecnologia de proteção coletiva ou individual, e de sua eficácia, e deverá ser elaborado com observância das normas editadas pelo Ministério do Trabalho e Emprego e dos procedimentos estabelecidos pelo INSS. *(Redação dada pelo Decreto nº 8.123, de 2013)*

§ 6º A empresa que não mantiver laudo técnico atualizado com referência aos agentes nocivos existentes no ambiente de trabalho de seus trabalhadores ou que emitir documento de comprovação de efetiva exposição em desacordo com o respectivo laudo estará sujeita às penalidades previstas na legislação. *(Redação dada pelo Decreto nº 8.123, de 2013)*

§ 7º O INSS estabelecerá os procedimentos para fins de concessão de aposentadoria especial, podendo, se necessário, confirmar as informações contidas nos documentos mencionados nos § 2º e 3º.

§ 8º A empresa deverá elaborar e manter atualizado o perfil profissiográfico do trabalhador, contemplando as atividades desenvolvidas durante o período laboral, documento que a ele deverá ser fornecido, por cópia autêntica, no prazo de trinta dias da rescisão do seu contrato de trabalho, sob pena de sujeição às sanções previstas na legislação aplicável. *(Redação dada pelo Decreto nº 8.123, de 2013)*

§ 9º Considera-se perfil profissiográfico, para os efeitos do § 8º, o documento com o históricolaboral do trabalhador, segundo modelo instituído pelo INSS, que, entre outras informações, deve conter o resultado das avaliações ambientais, o nome dos responsáveis pela monitoração biológica e das avaliações ambientais, os resultados de monitoração biológica e os dados administrativos correspondentes. *(Redação dada pelo Decreto nº 8.123, de 2013)*

§ 10. O trabalhador ou seu preposto terá acesso às informações prestadas pela empresa sobre o seu perfil profissiográfico, podendo inclusive solicitar a retificação de informações quando em desacordo com a realidade do ambiente de trabalho, conforme orientação estabelecida em ato do Ministro de Estado da Previdência Social. *(Redação dada pelo Decreto nº 8.123, de 2013)*

§ 11. A cooperativa de trabalho e a empresa contratada para prestar serviços mediante cessão ou empreitada de mão de obra atenderão ao disposto nos §§ 3o, 4o e 5o com base nos laudos técnicos de condições ambientais de trabalho emitidos pela empresa contratante, quando o serviço for prestado em estabelecimento da contratante. *(Redação dada pelo Decreto nº 8.123, de 2013)*

§ 12. Nas avaliações ambientais deverão ser considerados, além do disposto no Anexo IV, a metodologia e os procedimentos de avaliação estabelecidos pela Fundação Jorge Duprat Figueiredo de Segurança e Medicina do Trabalho - FUNDACENTRO. *(Incluído pelo Decreto nº 8.123, de 2013)*

§ 13. Na hipótese de não terem sido estabelecidos pela FUNDACENTRO a metodologia e procedimentos de avaliação, cabe ao Ministério do Trabalho e Emprego definir outras instituições que os estabeleçam. *(Incluído pelo Decreto nº 8.123, de 2013)*

Art. 69. A data de início da aposentadoria especial será fixada: *(Redação dada pelo Decreto nº 8.123, de 2013)*

I - para o segurado empregado: *(Incluído pelo Decreto nº 8.123, de 2013)*

a) a partir da data do desligamento do emprego, quando requerida a aposentadoria especial, até noventa dias após essa data; ou *(Incluída pelo Decreto nº 8.123, de 2013)*

b) a partir da data do requerimento, quando não houver desligamento do emprego ou quando a aposentadoria for requerida após o prazo estabelecido na alínea "a"; e *(Incluída pelo Decreto nº 8.123, de 2013)*

II - para os demais segurados, a partir da data da entrada do requerimento. *(Incluído pelo Decreto nº 8.123, de 2013)*

Parágrafo único. O segurado que retornar ao exercício de atividade ou operação que o sujeite aos riscos e agentes nocivos constantes do Anexo IV, ou nele permanecer, na mesma ou em outra empresa, qualquer que seja a forma de prestação do serviço ou categoria de segurado, será imediatamente notificado da cessação do pagamento de sua aposentadoria especial, no prazo de sessenta dias contado da data de emissão da notificação, salvo comprovação, nesse prazo, de que o exercício dessa atividade ou operação foi encerrado. *(Redação dada pelo Decreto nº 8.123, de 2013)*

Art. 70. A conversão de tempo de atividade sob condições especiais em tempo de atividade comum dar-se-á de acordo com a seguinte tabela: *(modificado pelo Decreto n. 4.827, de 3 setembro de 2003)*

TEMPO A CONVERTER	MULTIPLICADORES	
	MULHER (PARA 30)	HOMEM (PARA 35)
DE 15 ANOS	2,00	2,33
DE 20 ANOS	1,50	1,75
DE 25 ANOS	1,20	1,40

(modificado pelo Decreto n. 4.827 - de 3 de setembro 2003)

§1º A caracterização e a comprovação do tempo de atividade sob condições especiais obedecerá ao disposto na legislação em vigor na época da prestação do serviço. *(Incluído pelo Decreto n. 4.827, de 3 de setembro de 2003)*

§2º As regras de conversão de tempo de atividade sob condições especiais em tempo de atividade comum constantes deste artigo aplicam-se ao trabalho prestado em qualquer período. *(Incluído pelo Decreto n. 4.827, de 3 de setembro de 2003)*

Subseção IV-A

(Incluído pelo Decreto nº 8.145, de 2013)

Das Aposentadorias por Tempo de Contribuição e por Idade do Segurado com Deficiência

Art. 70-A. A concessão da aposentadoria por tempo de contribuição ou por idade ao segurado que tenha reconhecido, em avaliação médica e funcional realizada por perícia própria do INSS, grau de deficiência leve, moderada ou grave, está condicionada à comprovação da condição de pessoa com deficiência na data da entrada do requerimento ou na data da implementação dos requisitos para o benefício. *(Incluído pelo Decreto nº 8.145, de 2013)*

Art. 70-B. A aposentadoria por tempo de contribuição do segurado com deficiência, cumprida a carência, é devida ao segurado empregado, inclusive o doméstico, trabalhador avulso, contribuinte individual e facultativo, observado o disposto no art. 199-A e os seguintes requisitos: *(Incluído pelo Decreto nº 8.145, de 2013)*

I - aos vinte e cinco anos de tempo de contribuição na condição de pessoa com deficiência, se homem, e vinte anos, se mulher, no caso de segurado com deficiência grave; *(Incluído pelo Decreto nº 8.145, de 2013)*

II - aos vinte e nove anos de tempo de contribuição na condição de pessoa com deficiência, se homem, e vinte e quatro anos, se mulher, no caso de segurado com deficiência moderada; e *(Incluído pelo Decreto nº 8.145, de 2013)*

III - aos trinta e três anos de tempo de contribuição na condição de pessoa com deficiência, se homem, e vinte e oito anos, se mulher, no caso de segurado com deficiência leve. *(Incluído pelo Decreto nº 8.145, de 2013)*

Parágrafo único. A aposentadoria de que trata o caput é devida aos segurados especiais que contribuam facultativamente, de acordo com o disposto no art. 199 e no § 2º do art. 200. *(Incluído pelo Decreto nº 8.145, de 2013)*

Art. 70-C. A aposentadoria por idade da pessoa com deficiência, cumprida a carência, é devida ao segurado aos sessenta anos de idade, se homem, e cinquenta e cinco anos de idade, se mulher. *(Incluído pelo Decreto nº 8.145, de 2013)*

§ 1º Para efeitos de concessão da aposentadoria de que trata o caput, o segurado deve contar com no mínimo quinze anos de tempo de contribuição, cumpridos na condição de pessoa com deficiência, independentemente do grau, observado o disposto no art. 70-D. *(Incluído pelo Decreto nº 8.145, de 2013)*

§ 2º Aplica-se ao segurado especial com deficiência o disposto nos §§ 1º a 4º do art. 51, e na hipótese do § 2º será considerada a idade prevista no caput deste artigo, desde que o tempo exigido para a carência da aposentadoria por idade seja cumprido na condição de pessoa com deficiência. *(Incluído pelo Decreto nº 8.145, de 2013)*

Art. 70-D. Para efeito de concessão da aposentadoria da pessoa com deficiência, compete à perícia própria do INSS, nos termos de ato conjunto do Ministro de Estado Chefe da Secretaria de Direitos Humanos da Presidência da República, dos Ministros de Estado da Previdência Social, da Fazenda, do Planejamento, Orçamento e Gestão e do Advogado-Geral da União: *(Incluído pelo Decreto nº 8.145, de 2013)*

I - avaliar o segurado e fixar a data provável do início da deficiência e o seu grau; e *(Incluído pelo Decreto nº 8.145, de 2013)*

II - identificar a ocorrência de variação no grau de deficiência e indicar os respectivos períodos em cada grau. *(Incluído pelo Decreto nº 8.145, de 2013)*

§ 1º A comprovação da deficiência anterior à data da vigência da Lei Complementar no 142, de 8 de maio de 2013, será instruída por documentos que subsidiem a avaliação médica e funcional, vedada a prova exclusivamente testemunhal. *(Incluído pelo Decreto nº 8.145, de 2013)*

§ 2º A avaliação da pessoa com deficiência será realizada para fazer prova dessa condição exclusivamente para fins previdenciários. *(Incluído pelo Decreto nº 8.145, de 2013)*

§ 3º Considera-se pessoa com deficiência aquela que tem impedimentos de longo prazo de natureza física, mental, intelectual ou sensorial, os quais, em interação com diversas barreiras, podem obstruir sua participação plena e efetiva na sociedade em igualdade de condições com as demais pessoas. *(Incluído pelo Decreto nº 8.145, de 2013)*

§ 4º Ato conjunto do Ministro de Estado Chefe da Secretaria de Direitos Humanos da Presidência da República, dos Ministros de Estado da Previdência Social, da Fazenda, do Planejamento, Orçamento e Gestão e do Advogado-Geral da União definirá impedimento de longo prazo para os efeitos deste Decreto. *(Incluído pelo Decreto nº 8.145, de 2013)*

Art. 70-E. Para o segurado que, após a filiação ao RGPS, tornar-se pessoa com deficiência, ou tiver seu grau alterado, os parâmetros mencionados nos incisos I, II e III do caput do art. 70-B serão proporcionalmente ajustados e os respectivos períodos serão somados após conversão, conforme as tabelas abaixo, considerando o grau de deficiência preponderante, observado o disposto no art. 70-A: *(Incluído pelo Decreto nº 8.145, de 2013)*

MULHER				
TEMPO A CONVERTER	MULTIPLICADORES			
	Para 20 anos	Para 24 anos	Para 28 anos	Para 30 anos
De 20 anos	1,00	1,20	1,40	1,50
De 24 anos	0,83	1,00	1,17	1,25
De 28 anos	0,71	0,86	1,00	1,07
De 30 anos	0,67	0,80	0,93	1,00

HOMEM				
TEMPO A CONVERTER	MULTIPLICADORES			
	Para 25 anos	Para 29 anos	Para 33 anos	Para 35 anos
De 25 anos	1,00	1,16	1,32	1,40
De 29 anos	0,86	1,00	1,14	1,21
De 33 anos	0,76	0,88	1,00	1,06
De 35 anos	0,71	0,83	0,94	1,00

§ 1º O grau de deficiência preponderante será aquele em que o segurado cumpriu maior tempo de contribuição, antes da conversão, e servirá como parâmetro para definir o tempo mínimo necessário para a aposentadoria por tempo de contribuição da pessoa com deficiência e para a conversão. *(Incluído pelo Decreto nº 8.145, de 2013)*

§ 2º Quando o segurado contribuiu alternadamente na condição de pessoa sem deficiência e com deficiência, os respectivos períodos poderão ser somados, após aplicação da conversão de que trata o caput. *(Incluído pelo Decreto nº 8.145, de 2013)*

Art. 70-F. A redução do tempo de contribuição da pessoa com deficiência não poderá ser acumulada, no mesmo período contributivo, com a redução aplicada aos períodos de contribuição relativos a atividades exercidas sob condições especiais que prejudiquem a saúde ou a integridade física. *(Incluído pelo Decreto nº 8.145, de 2013)*

§ 1º É garantida a conversão do tempo de contribuição cumprido em condições especiais que prejudiquem a saúde ou a integridade física do segurado, inclusive da pessoa com deficiência, para fins da aposentadoria de que trata o art. 70-B, se resultar mais favorável ao segurado, conforme tabela abaixo: *(Incluído pelo Decreto nº 8.145, de 2013)*

MULHER					
TEMPO A CONVERTER	MULTIPLICADORES				
	Para 15 anos	Para 20 anos	Para 24 anos	Para 25 anos	Para 28 anos
De 15 anos	1,00	1,33	1,60	1,67	1,87
De 20 anos	0,75	1,00	1,20	1,25	1,40
De 24 anos	0,63	0,83	1,00	1,04	1,17
De 25 anos	0,60	0,80	0,96	1,00	1,12
De 28 anos	0,54	0,71	0,86	0,89	1,00

HOMEM					
TEMPO A CONVERTER	MULTIPLICADORES				
	Para 15 anos	Para 20 anos	Para 25 anos	Para 29 anos	Para 33 anos
De 15 anos	1,00	1,33	1,67	1,93	2,20
De 20 anos	0,75	1,00	1,25	1,45	1,65
De 25 anos	0,60	0,80	1,00	1,16	1,32
De 29 anos	0,52	0,69	0,86	1,00	1,14
De 33 anos	0,45	0,61	0,76	0,88	1,00

§ 2º É vedada a conversão do tempo de contribuição da pessoa com deficiência para fins de concessão da aposentadoria especial de que trata a Subseção IV da Seção VI do Capítulo II. *(Incluído pelo Decreto nº 8.145, de 2013)*

§ 3º Para fins da aposentadoria por idade da pessoa com deficiência é assegurada a conversão do período de exercício de atividade sujeita a condições especiais que prejudiquem a saúde ou a integridade física, cumprido na condição de pessoa com deficiência, exclusivamente para efeito de cálculo do valor da renda mensal, vedado o cômputo do tempo convertido para fins de carência. *(Incluído pelo Decreto nº 8.145, de 2013)*

Art.70-G. É facultado ao segurado com deficiência optar pela percepção de qualquer outra espécie de aposentadoria do RGPS que lhe seja mais vantajosa. *(Incluído pelo Decreto nº 8.145, de 2013)*

Art. 70-H. A critério do INSS, o segurado com deficiência deverá, a qualquer tempo, submeter-se a perícia própria para avaliação ou reavaliação do grau de deficiência. *(Incluído pelo Decreto nº 8.145, de 2013)*

Parágrafo único. Após a concessão das aposentadorias na forma dos arts. 70-B e 70-C, será observado o disposto nos arts. 347 e 347-A. *(Incluído pelo Decreto nº 8.145, de 2013)*

Art. 70-I. Aplicam-se à pessoa com deficiência as demais normas relativas aos benefícios do RGPS. *(Incluído pelo Decreto nº 8.145, de 2013)*

Subseção V
Do Auxílio-doença

Art. 71. O auxílio-doença será devido ao segurado que, após cumprida, quando for o caso, a carência exigida, ficar incapacitado para o seu trabalho ou para a sua atividade habitual por mais de quinze dias consecutivos.

§ 1º Não será devido auxílio-doença ao segurado que se filiar ao Regime Geral de Previdência Social já portador de doença ou lesão invocada como causa para a concessão do benefício, salvo quando a incapacidade sobrevier por motivo de progressão ou agravamento dessa doença ou lesão.

§ 2º Será devido auxílio-doença, independentemente de carência, aos segurados obrigatório e facultativo, quando sofrerem acidente de qualquer natureza.

Art. 72. O auxílio-doença consiste numa renda mensal calculada na forma do inciso I do caput do art. 39 e será devido:

I-a contar do décimo sexto dia do afastamento da atividade para o segurado empregado, exceto o doméstico; *(Redação dada pelo Decreto n. 3.265, de 29/11/99)*

II - a contar da data do início da incapacidade, para os demais segurados; ou

III - a contar da data de entrada do requerimento, quando requerido após o trigésimo dia do afastamento da atividade, para todos os segurados.

§ 1º Quando o acidentado não se afastar do trabalho no dia do acidente, os quinze dias de responsabilidade da empresa pela sua remuneração integral são contados a partir da data do afastamento.

§ 2º *(Revogado pelo Decreto n. 3.668, de 22/11/2000)*

§ 3º O auxílio-doença será devido durante o curso de reclamação trabalhista relacionada com a rescisão do contrato de trabalho, ou após a decisão final, desde que implementadas as condições mínimas para a concessão do benefício, observado o disposto nos §§ 2º e 3º do art. 36.

Art. 73. O auxílio-doença do segurado que exercer mais de uma atividade abrangida pela previdência social será devido mesmo no caso de incapacidade apenas para o exercício de uma delas, devendo a perícia médica ser conhecedora de todas as atividades que o mesmo estiver exercendo.

§ 1º Na hipótese deste artigo, o auxílio-doença será concedido em relação à atividade para a qual o segurado estiver incapacitado, considerando-se para efeito de carência somente as contribuições relativas a essa atividade.

§ 2º Se nas várias atividades o segurado exercer a mesma profissão, será exigido de imediato o afastamento de todas.

§ 3º Constatada, durante o recebimento do auxílio-doença concedido nos termos deste artigo, a incapacidade do segurado para cada uma das demais atividades, o valor do benefício deverá ser revisto com base nos respectivos salários-de-contribuição, observado o disposto nos incisos I a III do art. 72.

§ 4º Ocorrendo a hipótese do § 1º, o valor do auxílio-doença poderá ser inferior ao salário mínimo desde que somado às demais remunerações recebidas resultar valor superior a este. *(Parágrafo acrescentado pelo Decreto n. 4.729, de 9/06/2003)*

Art. 74. Quando o segurado que exercer mais de uma atividade se incapacitar definitivamente para uma delas, deverá o auxílio-doença ser mantido indefinidamente, não cabendo sua transformação em aposentadoria por invalidez, enquanto essa incapacidade não se estender às demais atividades.

Parágrafo único. Na situação prevista no caput, o segurado somente poderá transferir-se das demais atividades que exerce após o conhecimento da reavaliação médico-pericial.

Art. 75. Durante os primeiros quinze dias consecutivos de afastamento da atividade por motivo de doença, incumbe à empresa pagar ao segurado empregado o seu salário. *(Redação dada pelo Decreto n. 3.265, de 29/11/99)*

§ 1º Cabe à empresa que dispuser de serviço médico próprio ou em convênio o exame médico e o abono das faltas correspondentes aos primeiros quinze dias de afastamento.

§ 2º Quando a incapacidade ultrapassar quinze dias consecutivos, o segurado será encaminhado à perícia médica do Instituto Nacional do Seguro Social.

§ 3º Se concedido novo benefício decorrente da mesma doença dentro de sessenta dias contados da cessação do benefício anterior, a empresa fica desobrigada do pagamento relativo aos quinze primeiros dias de afastamento, prorrogando-se o benefício anterior e descontando-se os dias trabalhados, se for o caso.

§ 4º Se o segurado empregado, por motivo de doença, afastar-se do trabalho durante quinze dias, retornando à atividade no décimo sexto dia, e se dela voltar a se afastar dentro de sessenta dias desse retorno, em decorrência da mesma doença, fará jus ao auxílio doença a partir da data do novo afastamento. *(Redação dada pelo Decreto nº 5.545, de 2005)*

§ 5º Na hipótese do § 4º, se o retorno à atividade tiver ocorrido antes de quinze dias do afastamento, o segurado fará jus ao auxílio-doença a partir do dia seguinte ao que completar aquele período. *(Parágrafo acrescentado pelo Decreto n. 4.729, de 9/06/2003)*

Art. 76. A previdência social deve processar de ofício o benefício, quando tiver ciência da incapacidade do segurado sem que este tenha requerido auxílio-doença.

Art. 76-A. É facultado à empresa protocolar requerimento de auxílio-doença ou documento dele originário de seu empregado ou de contribuinte individual a ela vinculado ou a seu serviço, na forma estabelecida pelo INSS. *(Incluído pelo Decreto nº 5.699, de 2006)*

Parágrafo único. A empresa que adotar o procedimento previsto no caput terá acesso às decisões administrativas a ele relativas. *(Incluído pelo Decreto nº 5.699, de 2006)*

Art. 77. O segurado em gozo de auxílio-doença está obrigado, independentemente de sua idade e sob pena de suspensão do benefício, a submeter-se a exame médico a cargo da previdência social, processo de reabilitação profissional por ela prescrito e custeado e tratamento dispensado gratuitamente, exceto o cirúrgico e a transfusão de sangue, que são facultativos.

Art. 78. O auxílio-doença cessa pela recuperação da capacidade para o trabalho, pela transformação em aposentadoria por invalidez ou auxílio-acidente de qualquer natureza, neste caso se resultar seqüela que implique redução da capacidade para o trabalho que habitualmente exercia.

§ 1º O INSS poderá estabelecer, mediante avaliação médico-pericial, o prazo que entender suficiente para a recuperação da capacidade para o trabalho do segurado, dispensada nessa hipótese a realização de nova perícia. *(Incluído pelo Decreto nº 5.844 de 2006)*

§ 2º Caso o prazo concedido para a recuperação se revele insuficiente, o segurado poderá solicitar a realização de nova perícia médica, na forma estabelecida pelo Ministério da Previdência Social. *(Incluído pelo Decreto nº 5.844 de 2006)*

§ 3º O documento de concessão do auxílio-doença conterá as informações necessárias para o requerimento da nova avaliação médico-pericial. *(Incluído pelo Decreto nº 5.844 de 2006)*

Art. 79. O segurado em gozo de auxílio-doença, insuscetível de recuperação para sua atividade habitual, deverá submeter-se a processo de reabilitação profissional para exercício de outra atividade, não cessando o benefício até que seja dado como habilitado para o desempenho de nova atividade que lhe garanta a subsistência ou, quando considerado não recuperável, seja aposentado por invalidez.

Art. 80. O segurado empregado em gozo de auxílio-doença é considerado pela empresa como licenciado.

Parágrafo único. A empresa que garantir ao segurado licença remunerada ficará obrigada a pagar-lhe durante o período de auxílio-doença a eventual diferença entre o valor deste e a importância garantida pela licença.

Subseção VI
Do Salário-família

Art. 81. O salário-família será devido, mensalmente, ao segurado empregado, exceto o doméstico, e ao trabalhador avulso que tenham salário-de-contribuição inferior ou igual a R$ 360,00 (trezentos e sessenta reais), na proporção do respectivo número de filhos ou equiparados, nos termos do art. 16, observado o disposto no art. 83.

Nota: A última atualização para o critério baixa renda foi por meio da Portaria Interministerial n. 13/2015 a partir de janeiro de 2015. Para segurado com salário-de-contribuição igual ou inferior a R$ 1.089,72.

Art. 82. O salário-família será pago mensalmente:

I - ao empregado, pela empresa, com o respectivo salário, e ao trabalhador avulso, pelo sindicato ou órgão gestor de mão-de-obra, mediante convênio;

II - ao empregado e trabalhador avulso aposentados por invalidez ou em gozo de auxílio-doença, pelo Instituto Nacional do Seguro Social, juntamente com o benefício;

III - ao trabalhador rural aposentado por idade aos sessenta anos, se do sexo masculino, ou cinqüenta e cinco anos, se do sexo feminino, pelo Instituto Nacional do Seguro Social, juntamente com a aposentadoria; e

IV - aos demais empregados e trabalhadores avulsos aposentados aos sessenta e cinco anos de idade, se do sexo masculino, ou sessenta anos, se do sexo feminino, pelo Instituto Nacional do Seguro Social, juntamente com a aposentadoria.

§ 1º No caso do inciso I, quando o salário do empregado não for mensal, o salário-família será pago juntamente com o último pagamento relativo ao mês.

§ 2º O salário-família do trabalhador avulso independe do número de dias trabalhados no mês, devendo o seu pagamento corresponder ao valor integral da cota.

§ 3º Quando o pai e a mãe são segurados empregados ou trabalhadores avulsos, ambos têm direito ao salário-família.

§ 4º As cotas do salário-família, pagas pela empresa, deverão ser deduzidas quando do recolhimento das contribuições sobre a folha de salário.

Art. 83. A partir de 1º de maio de 2004, o valor da cota do salário-família por filho ou equiparado de qualquer condição, até quatorze anos de idade ou inválido, é de: *(Redação dada pelo Decreto nº 5.545, de 2005)*

I - R$ 20,00 (vinte reais), para o segurado com remuneração mensal não superior a R$ 390,00 (trezentos e noventa reais); e *(Incluído pelo Decreto nº 5.545, de 2005)*

II - R$ 14,09 (quatorze reais e nove centavos), para o segurado com remuneração mensal superior a R$ 390,00 (trezentos e noventa reais) e igual ou inferior a R$ 586,19 (quinhentos e oitenta e seis reais e dezenove centavos). *(Incluído pelo Decreto nº 5.545, de 2005)*

Nota: Atualização de valores por meio da Portaria Interministerial n. 13/2015:

Art. 4º O valor da cota do salário-família por filho ou equiparado de qualquer condição, até quatorze anos de idade, ou inválido de qualquer idade, a partir de 1º de janeiro de 2015, é de:

I - R$ 37,18 (trinta e sete reais e dezoito centavos) para o segurado com remuneração mensal não superior a R$ 725,02 (setecentos e vinte e cinco reais e dois centavos);

II - R$ 26,20 (vinte e seis reais e vinte centavos) para o segurado com remuneração mensal superior a R$ 725,02 (setecentos e vinte e cinco reais e dois centavos); e igual ou inferior a R$ 1.089,72 (mil e oitenta e nove reais e setenta e dois centavos).

Art. 84. O pagamento do salário-família será devido a partir da data da apresentação da certidão de nascimento do filho ou da documentação relativa ao equiparado, estando condicionado à apresentação anual de atestado de vacinação obrigatória, até seis anos de idade, e de comprovação semestral de freqüência à escola do filho ou equiparado, a partir dos sete anos de idade. *(Redação dada pelo Decreto n. 3.265, de 29/11/99)*

§ 1º A empresa deverá conservar, durante dez anos, os comprovantes dos pagamentos e as cópias das certidões correspondentes, para exame pela fiscalização do Instituto Nacional do Seguro Social, conforme o disposto no §7º do art. 225. *(Parágrafo remunerado pelo Decreto n. 3.265, de 29/11/99)*

§ 2º Se o segurado não apresentar o atestado de vacinação obrigatória e a comprovação de freqüência escolar do filho ou equiparado, nas datas definidas pelo Instituto Nacional do Seguro Social, o benefício do salário-família será suspenso, até que a documentação seja apresentada. *(Parágrafo acrescentado pelo Decreto n. 3.265, de 29/11/99)*

§ 3º Não é devido salário-família no período entre a suspensão do benefício motivada pela falta de comprovação da freqüência escolar e o seu reativamento, salvo se provada a freqüência escolar regular no período. *(Parágrafo acrescentado pelo Decreto n. 3.265, de 29/11/99)*

§ 4º A comprovação de freqüência escolar será feita mediante apresentação de documento emitido pela escola, na forma de legislação própria, em nome do aluno, onde consta o registro de freqüência regular ou de atestado do estabelecimento de ensino, comprovando a regularidade da matrícula e freqüência escolar do aluno. *(Parágrafo acrescentado pelo Decreto n. 3.265, de 29/11/99)*

Art. 85. A invalidez do filho ou equiparado maior de quatorze anos de idade deve ser verificada em exame médico-pericial a cargo da previdência social.

Art. 86. O salário-família correspondente ao mês de afastamento do trabalho será pago integralmente pela empresa, pelo sindicato ou órgão gestor de mão-de-obra, conforme o caso, e o do mês da cessação de benefício pelo Instituto Nacional do Seguro Social.

Art. 87. Tendo havido divórcio, separação judicial ou de fato dos pais, ou em caso de abandono legalmente caracterizado ou perda do pátrio-poder, o salário-família passará a ser pago diretamente àquele a cujo cargo ficar o sustento do menor, ou a outra pessoa, se houver determinação judicial nesse sentido.

Art. 88. O direito ao salário-família cessa automaticamente:

I - por morte do filho ou equiparado, a contar do mês seguinte ao do óbito;

II - quando o filho ou equiparado completar quatorze anos de idade, salvo se inválido, a contar do mês seguinte ao da data do aniversário;

III - pela recuperação da capacidade do filho ou equiparado inválido, a contar do mês seguinte ao da cessação da incapacidade; ou

IV - pelo desemprego do segurado.

Art. 89. Para efeito de concessão e manutenção do salário-família, o segurado deve firmar termo de responsabilidade, no qual se comprometa a comunicar à empresa ou ao Instituto Nacional do Seguro Social qualquer fato ou circunstância que determine a perda do direito ao benefício, ficando sujeito, em caso do não cumprimento, às sanções penais e trabalhistas.

Art. 90. A falta de comunicação oportuna de fato que implique cessação do salário-família, bem como a prática, pelo empregado, de fraude de qualquer natureza para o seu recebimento, autoriza a empresa, o Instituto Nacional do Seguro Social, o sindicato ou órgão gestor de mão-de-obra, conforme o caso, a descontar dos pagamentos de cotas devidas com relação a outros filhos ou, na falta delas, do próprio salário do empregado ou da renda mensal do seu benefício, o valor das cotas indevidamente recebidas, sem prejuízo das sanções penais cabíveis, observado o disposto no § 2º do art. 154.

Art. 91. O empregado deve dar quitação à empresa, sindicato ou órgão gestor de mão-de-obra de cada recebimento mensal do salário-família, na própria folha de pagamento ou por outra forma admitida, de modo que a quitação fique plena e claramente caracterizada.

Art. 92. As cotas do salário-família não serão incorporadas, para qualquer efeito, ao salário ou ao benefício.

Subseção VII
Do Salário-maternidade

Art. 93. O salário-maternidade é devido à segurada da previdência social, durante cento e vinte dias, com início vinte e oito dias antes e término noventa e um dias depois do parto, podendo ser prorrogado na forma prevista no § 3º.*(Nova redação dada pelo Decreto n. 4.862 de 21/10/2003)*

§ 1º Para a segurada empregada, inclusive a doméstica, observar-se-á, no que couber, as situações e condições previstas na legislação trabalhista relativas à proteção à maternidade.

§ 2º Será devido o salário-maternidade à segurada especial, desde que comprove o exercício de atividade rural nos últimos dez meses imediatamente anteriores à data do parto ou do requerimento do benefício, quando requerido antes do parto, mesmo que de forma descontínua, aplicando-se, quando for o caso, o disposto no parágrafo único do art. 29. *(Redação dada pelo Decreto nº 5.545, de 2005)*

§ 3º Em casos excepcionais, os períodos de repouso anterior e posterior ao parto podem ser aumentados de mais duas semanas, mediante atestado médico específico. *(Redação dada pelo Decreto n. 3.668, de 22/11/2000)*

§ 4º Em caso de parto antecipado ou não, a segurada tem direito aos cento e vinte dias previstos neste artigo.

§ 5º Em caso de aborto não criminoso, comprovado mediante atestado médico, a segurada terá direito ao salário-maternidade correspondente a duas semanas. *(Redação dada pelo Decreto n. 3.668, de 22/11/2000)*

§ 6º *(Revogado pelo Decreto n. 4.032, de 26/11/2001)*

Art. 93-A. O salário-maternidade é devido à segurada da Previdência Social que adotar ou obtiver guarda judicial para fins de adoção de criança com idade: (Artigo, incisos e parágrafos acrescentados pelo *Decreto n. 4.729, de 9/06/2003*)

I - até um ano completo, por cento e vinte dias;

II - a partir de um ano até quatro anos completos, por sessenta dias; ou

III - a partir de quatro anos até completar oito anos, por trinta dias.

§ 1º O salário-maternidade é devido à segurada independentemente de a mãe biológica ter recebido o mesmo benefício quando do nascimento da criança.

§ 3º Para a concessão do salário-maternidade é indispensável que conste da nova certidão de nascimento da criança, ou do termo de guarda, o nome da segurada adotante ou guardiã, bem como, deste último, tratar-se de guarda para fins de adoção.

§ 4º Quando houver adoção ou guarda judicial para adoção de mais de uma criança, é devido um único salário-maternidade relativo à criança de menor idade, observado o disposto no art. 98.

§ 5º A renda mensal do salário-maternidade é calculada na forma do disposto nos arts. 94, 100 ou 101, de acordo com a forma de contribuição da segurada à Previdência Social.

§ 6º O salário-maternidade de que trata este artigo é pago diretamente pela previdência social.

Art. 94. O salário-maternidade para a segurada empregada consiste numa renda mensal igual à sua remuneração integral e será pago pela empresa, efetivando-se a compensação, observado o disposto no art. 248 da Constituição, quando do recolhimento das contribuições incidentes sobre a folha de salários e demais rendimentos pagos ou creditados, a qualquer título, à pessoa física que lhe preste serviço, devendo aplicar-se à renda mensal do benefício o disposto no art. 198. *(Redação dada pelo Decreto n. 4.862 de 21/10/2003)*

§ 1º *(Revogado pelo Decreto n. 3.265, de 29/11/99)*

§ 2º *(Revogado pelo Decreto n. 3.265, de 29/11/99)*

§ 3º A empregada deve dar quitação à empresa dos recolhimentos mensais do salário-maternidade na própria folha de pagamento ou por outra forma admitida, de modo que a quitação fique plena e claramente caracterizada. *(Redação incluída pelo Decreto n. 4.862 de 21/10/2003)*

§ 4º A empresa deve conservar, durante dez anos, os comprovantes dos pagamentos e os atestados ou certidões correspondentes para exame pela fiscalização do INSS, conforme o disposto no § 7º do art. 225.*(Redação incluída pelo Decreto n. 4.862 de 21/10/2003)*

Art. 95. Compete à interessada instruir o requerimento do salário-maternidade com os atestados médicos necessários. *(Redação dada pelo Decreto n. 3.668, de 22/11/2000)*

Parágrafo único. Quando o benefício for requerido após o parto, o documento comprobatório é a Certidão de Nascimento, podendo, no caso de dúvida, a segurada ser submetida à avaliação pericial junto ao Instituto Nacional do Seguro Social. *(Redação dada pelo Decreto n. 3.668, de 22/11/2000)*

Art. 96. O início do afastamento do trabalho da segurada empregada será determinado com base em atestado médico ou certidão de nascimento do filho.*(Nova Redação dada pelo Decreto n. 4.862 de 21/10/2003)*

§ 1º *(Revogado tacitamente pelo Decreto n. 3.668, de 22/11/2000, e expressamente pelo Decreto n. 4.729, de 9/06/2003)*

§ 2º *(Revogado tacitamente pelo Decreto n. 3.668, de 22/11/2000, e expressamente pelo Decreto n. 4.729, de 9/06/2003)*

Art. 97. O salário-maternidade da segurada empregada será devido pela previdência social enquanto existir relação de emprego, observadas as regras quanto ao pagamento desse benefício pela empresa. *(Redação dada pelo Decreto nº 6.122, de 2007)*

Parágrafo único. Durante o período de graça a que se refere o art. 13, a segurada desempregada fará jus ao recebimento do salário-maternidade nos casos de demissão antes da gravidez, ou, durante a gestação, nas hipóteses de dispensa por justa causa ou a pedido, situações em que o benefício será pago diretamente pela previdência social. *(Incluído pelo Decreto nº 6.122, de 2007)*

Art. 98. No caso de empregos concomitantes, a segurada fará jus ao salário-maternidade relativo a cada emprego.

Art. 99. Nos meses de início e término do salário-maternidade da segurada empregada, o salário-maternidade será proporcional aos dias de afastamento do trabalho.

Art. 100. O salário-maternidade da segurada trabalhadora avulsa, pago diretamente pela previdência social, consiste numa renda mensal igual à sua remuneração integral equivalente a um mês de trabalho, devendo aplicar-se à renda mensal do benefício o disposto no art. 198. *(Nova Redação dada pelo Decreto n. 4.862 de 21/10/2003)*

Art. 101. O salário-maternidade, observado o disposto nos arts. 35, 198, 199 ou 199-A, pago diretamente pela previdência social, consistirá: *(Redação dada pelo Decreto nº 6.722, de 2008)*.

I - em valor correspondente ao do seu último salário-de-contribuição, para a segurada empregada doméstica; *(Incluído pelo Decreto nº 3.265, de 1999)*

II - em um salário mínimo, para a segurada especial; *(Incluído pelo Decreto nº 3.265, de 1999)*

III - em um doze avos da soma dos doze últimos salários-de-contribuição, apurados em período não superior a quinze meses, para as seguradas contribuinte individual, facultativa e para as que mantenham a qualidade de segurada na forma do art. 13. *(Redação dada pelo Decreto nº 6.122, de 2007)*

§ 1º *(Revogado pelo Decreto n. 3.265, de 29/11/99)*

§ 2º *(Revogado pelo Decreto n. 3.265, de 29/11/99)*

§ 3º O documento comprobatório para requerimento do salário-maternidade da segurada que mantenha esta qualidade é a certidão de nascimento do filho, exceto nos casos de aborto espontâneo, quando deverá ser apresentado atestado médico, e no de adoção ou guarda para fins de adoção, casos em que serão observadas as regras do art. 93-A, devendo o evento gerador do benefício ocorrer, em qualquer hipótese, dentro do período previsto no art. 13. *(Incluído pelo Decreto nº 6.122, de 2007)*

Art. 102. O salário-maternidade não pode ser acumulado com benefício por incapacidade.

Parágrafo único. Quando ocorrer incapacidade em concomitância com o período de pagamento do salário-maternidade, o benefício por incapacidade, conforme o caso, deverá ser suspenso enquanto perdurar o referido pagamento, ou terá sua data de início adiada para o primeiro dia seguinte ao término do período de cento e vinte dias.

Art. 103. A segurada aposentada que retornar à atividade fará jus ao pagamento do salário-maternidade, de acordo com o disposto no art. 93.

Subseção VIII
Do Auxílio-acidente

Art. 104. O auxílio-acidente será concedido, como indenização, ao segurado empregado, exceto o doméstico, ao trabalhador avulso e ao segurado especial quando, após a consolidação das lesões decorrentes de acidente de qualquer natureza, resultar seqüela definitiva, conforme as situações discriminadas no anexo III, que implique: *(Redação dada pelo Decreto n. 4.729, de 9/06/2003)*

I - redução da capacidade para o trabalho que habitualmente exerciam; *(Redação dada pelo Decreto n. 4.729, de 9/06/2003)*

II - redução da capacidade para o trabalho que habitualmente exerciam e exija maior esforço para o desempenho da mesma atividade que exerciam à época do acidente; ou

III - impossibilidade de desempenho da atividade que exerciam à época do acidente, porém permita o desempenho de outra, após processo de reabilitação profissional, nos casos indicados pela perícia médica do Instituto Nacional do Seguro Social.

§ 1º O auxílio-acidente mensal corresponderá a cinqüenta por cento do salário-de-benefício que deu origem ao auxílio-doença do segurado, corrigido até o mês anterior ao do início do auxílio-acidente e será devido até a véspera de início de qualquer aposentadoria ou até a data do óbito do segurado.

§ 2º O auxílio-acidente será devido a contar do dia seguinte ao da cessação do auxílio-doença, independentemente de qualquer remuneração ou rendimento auferido pelo acidentado, vedada sua acumulação com qualquer aposentadoria.

§ 3º O recebimento de salário ou concessão de outro benefício, exceto de aposentadoria, não prejudicará a continuidade do recebimento do auxílio-acidente.

§ 4º Não dará ensejo ao benefício a que se refere este artigo o caso:

I - que apresente danos funcionais ou redução da capacidade funcional sem repercussão na capacidade laborativa; e

II - de mudança de função, mediante readaptação profissional promovida pela empresa, como medida preventiva, em decorrência de inadequação do local de trabalho.

§ 5º A perda da audição, em qualquer grau, somente proporcionará a concessão do auxílio-acidente quando, além do reconhecimento do nexo entre o trabalho e o agravo, resultar, comprovadamente, na redução ou perda da capacidade para o trabalho que o segurado habitualmente exercia. *(Redação dada pelo Decreto nº 6.939, de 2009)*

§ 6º No caso de reabertura de auxílio-doença por acidente de qualquer natureza que tenha dado origem a auxílio-acidente, este será suspenso até a cessação do auxílio-doença reaberto, quando será reativado.

§ 7º Cabe a concessão de auxílio-acidente oriundo de acidente de qualquer natureza ocorrido durante o período de manutenção da qualidade de segurado, desde que atendidas às condições inerentes à espécie. *(Redação dada pelo Decreto nº 6.722, de 2008).*

§ 8º Para fins do disposto no **caput** considerar-se-á a atividade exercida na data do acidente. *(Parágrafo acrescentado pelo Decreto n. 4.729, de 9/06/2003)*

Subseção IX
Da Pensão por Morte

Art. 105. A pensão por morte será devida ao conjunto dos dependentes do segurado que falecer, aposentado ou não, a contar da data:

I - do óbito, quando requerido até trinta dias depois deste; *(Redação dada pelo Decreto nº 5.545, de 2005)*

a) pelo dependente maior de dezesseis anos de idade, até trinta dias depois; e *(Acrescentada pelo Decreto n. 4.032, de 26/11/2001)*

b) pelo dependente menor até dezesseis anos de idade, até trinta dias após completar essa idade; *(Alínea acrescentada pelo Decreto n. 4.032, de 26/11/2001)*

II - do requerimento, quando requerida após o prazo previsto no inciso I; ou

III - da decisão judicial, no caso de morte presumida.

§ 1º No caso do disposto no inciso II, a data de início do benefício será a data do óbito, aplicados os devidos reajustamentos até a data de início do pagamento, não sendo devida qualquer importância relativa ao período anterior à data de entrada do requerimento. *(Redação dada pelo Decreto nº 5.545, de 2005)*

§ 2º *(Revogado pelo Decreto nº 5.545, de 2005)*

Art. 106. A pensão por morte consiste numa renda mensal calculada na forma do § 3º do art. 39.

Parágrafo único. O valor da pensão por morte devida aos dependentes do segurado recluso que, nessa condição, exercia atividade remunerada será obtido mediante a realização de cálculo com base no novo tempo de contribuição e salários-de-contribuição correspondentes, neles incluídas as contribuições recolhidas enquanto recluso, facultada a opção pela pensão com valor correspondente ao do auxílio-reclusão, na forma do disposto no § 3º do art. 39. *(Parágrafo acrescentado pelo Decreto n. 4.729, de 9/06/2003)*

Art. 107. A concessão da pensão por morte não será protelada pela falta de habilitação de outro possível dependente, e qualquer habilitação posterior que importe em exclusão ou inclusão de dependente somente produzirá efeito a contar da data da habilitação.

Art. 108. A pensão por morte somente será devida ao filho e ao irmão cuja invalidez tenha ocorrido antes da emancipação ou de completar a idade de vinte e um anos, desde que reconhecida ou comprovada, pela perícia médica do INSS, a continuidade da invalidez até a data do óbito do segurado. *(Redação dada pelo Decreto nº 6.939, de 2009)*

Parágrafo único. *(Revogado pelo Decreto nº 6.722, de 2008).*

Art. 109. O pensionista inválido está obrigado, independentemente de sua idade e sob pena de suspensão do benefício, a submeter-se a exame médico a cargo da previdência social, processo de reabilitação profissional por ela prescrito e custeado e tratamento dispensado gratuitamente, exceto o cirúrgico e a transfusão de sangue, que são facultativos.

Art. 110. O cônjuge ausente somente fará jus ao benefício a partir da data de sua habilitação e mediante prova de dependência econômica, não excluindo do direito a companheira ou o companheiro.

Art. 111. O cônjuge divorciado ou separado judicialmente ou de fato, que recebia pensão de alimentos, receberá a pensão em igualdade de condições com os demais dependentes referidos no inciso I do art. 16.

Art. 112. A pensão poderá ser concedida, em caráter provisório, por morte presumida:

I - mediante sentença declaratória de ausência, expedida por autoridade judiciária, a contar da data de sua emissão; ou

II - em caso de desaparecimento do segurado por motivo de catástrofe, acidente ou desastre, a contar da data da ocorrência, mediante prova hábil.

Parágrafo único. Verificado o reaparecimento do segurado, o pagamento da pensão cessa imediatamente, ficando os dependentes desobrigados da reposição dos valores recebidos, salvo má-fé.

Art. 113. A pensão por morte, havendo mais de um pensionista, será rateada entre todos, em partes iguais.

Parágrafo único. Reverterá em favor dos demais dependentes a parte daquele cujo direito à pensão cessar.

Art. 114. O pagamento da cota individual da pensão por morte cessa:

I - pela morte do pensionista;

II - para o pensionista menor de idade, ao completar vinte e um anos, salvo se for inválido, ou pela emancipação, ainda que inválido, exceto, neste caso, se a emancipação for decorrente de colação de grau científico em curso de ensino superior; ou *(Redação dada pelo Decreto n. 3.265, de 29/11/99)*

III - para o pensionista inválido, pela cessação da invalidez, verificada em exame médico-pericial a cargo da previdência social.

IV - pela adoção, para o filho adotado que receba pensão por morte dos pais biológicos. *(Incluído pelo Decreto nº 5.545, de 2005)*

§ 1º Com a extinção da cota do último pensionista, a pensão por morte será encerrada. *(Incluído pelo Decreto nº 5.545, de 2005)*

§ 2º Não se aplica o disposto no inciso IV do **caput** quando o cônjuge ou companheiro adota o filho do outro. *(Incluído pelo Decreto nº 5.545, de 2005)*

Art. 115. O dependente menor de idade que se invalidar antes de completar vinte e um anos deverá ser submetido a exame médico-pericial, não se extinguindo a respectiva cota se confirmada a invalidez.

Subseção X
Do Auxílio-reclusão

Art. 116. O auxílio-reclusão será devido, nas mesmas condições da pensão por morte, aos dependentes do segurado recolhido à prisão que não receber remuneração da empresa nem estiver em gozo de auxílio-doença, aposentadoria ou abono de permanência em serviço, desde que o seu último salário-de-contribuição seja inferior ou igual a R$ 360,00 (trezentos e sessenta reais).

Nota: De acordo com a Portaria Interministerial n. 13/2015: Art. 5º O auxílio-reclusão, a partir de 1º de janeiro de 2015, será devido aos dependentes do segurado cujo salário-de-contribuição seja igual ou inferior a R$ 1.089,72 (mil e oitenta e nove reais e setenta e dois centavos), independentemente da quantidade de contratos e de atividades exercidas.

§ 1º É devido auxílio-reclusão aos dependentes do segurado quando não houver salário-de-contribuição na data do seu efetivo recolhimento à prisão, desde que mantida a qualidade de segurado.

§ 2º O pedido de auxílio-reclusão deve ser instruído com certidão do efetivo recolhimento do segurado à prisão, firmada pela autoridade competente.

§ 3º Aplicam-se ao auxílio-reclusão as normas referentes à pensão por morte, sendo necessária, no caso de qualificação de dependentes após a reclusão ou detenção do segurado, a preexistência da dependência econômica.

§ 4º A data de início do benefício será fixada na data do efetivo recolhimento do segurado à prisão, se requerido até trinta dias depois desta, ou na data do requerimento, se posterior, observado, no que couber, o disposto no inciso I do art. 105. *(Redação dada pelo Decreto n. 4.729, de 9/06/2003)*

§ 5º O auxílio-reclusão é devido, apenas, durante o período em que o segurado estiver recolhido à prisão sob regime fechado ou semi-aberto. *(Parágrafo acrescentado pelo Decreto n. 4.729, de 9/06/2003)*

§ 6º O exercício de atividade remunerada pelo segurado recluso em cumprimento de pena em regime fechado ou semi-aberto que contribuir na condição de segurado de que trata a alínea "o" do inciso V do art. 9º ou do inciso IX do § 1º do art. 11 não acarreta perda do direito ao recebimento do auxílio-reclusão pelos seus dependentes. *(Parágrafo acrescentado pelo Decreto n. 4.729, de 9/06/2003)*

Art. 117. O auxílio-reclusão será mantido enquanto o segurado permanecer detento ou recluso.

§ 1º O beneficiário deverá apresentar trimestralmente atestado de que o segurado continua detido ou recluso, firmado pela autoridade competente.

§ 2º No caso de fuga, o benefício será suspenso e, se houver recaptura do segurado, será restabelecido a contar da data em que esta ocorrer, desde que esteja ainda mantida a qualidade de segurado.

§ 3º Se houver exercício de atividade dentro do período de fuga, o mesmo será considerado para a verificação da perda ou não da qualidade de segurado.

Nota: De acordo com a Portaria Interministerial n. 13/2015: Art. 5º O auxílio-reclusão, a partir de 1º de janeiro de 2015, será devido aos dependentes do segurado cujo salário-de-contribuição seja igual ou inferior a R$ 1.089,72 (mil e oitenta e nove reais e setenta e dois centavos), independentemente da quantidade de contratos e de atividades exercidas.

Art. 118. Falecendo o segurado detido ou recluso, o auxílio-reclusão que estiver sendo pago será automaticamente convertido em pensão por morte.

Parágrafo único. Não havendo concessão de auxílio-reclusão, em razão de salário-de-contribuição superior a R$ 360,00 (trezentos e sessenta reais), será devida pensão por morte aos dependentes se o óbito do segurado tiver ocorrido dentro do prazo previsto no inciso IV do art. 13.

Art. 119. É vedada a concessão do auxílio-reclusão após a soltura do segurado.

Subseção XI
Do Abono Anual

Art. 120. Será devido abono anual ao segurado e ao dependente que, durante o ano, recebeu auxílio-doença, auxílio-acidente, aposentadoria, salário-maternidade, pensão por morte ou auxílio-reclusão. *(Redação dada pelo Decreto n. 4.032, de 26/11/2001)*

§ 1º O abono anual será calculado, no que couber, da mesma forma que a gratificação natalina dos trabalhadores, tendo por base o valor da renda mensal do benefício do mês de dezembro de cada ano. *(Parágrafo renumerado pelo Decreto n. 4.032, de 26/11/2001)*

§ 2º O valor do abono anual correspondente ao período de duração do salário-maternidade será pago, em cada exercício, juntamente com a última parcela do benefício nele devida. *(Parágrafo acrescentado pelo Decreto n. 4.032, de 26/11/2001)*

CAPÍTULO III
DO RECONHECIMENTO DA FILIAÇÃO
Seção Única
Do Reconhecimento do Tempo de Filiação

Art. 121. Reconhecimento de filiação é o direito do segurado de ter reconhecido, em qualquer época, o tempo de exercício de atividade anteriormente abrangida pela previdência social.

Subseção I
Da Indenização

Art. 122. O reconhecimento de filiação no período em que o exercício de atividade remunerada não exigia filiação obrigatória à previdência social somente será feito mediante indenização das contribuições relativas ao respectivo período, conforme o disposto nos §§ 7º a 14 do art. 216 e § 8º do art. 239.

§ 1º O valor a ser indenizado poderá ser objeto de parcelamento mediante solicitação do segurado, de acordo com o disposto no art. 244, observado o § 1º do art. 128.

§ 2º Para fins de concessão de benefício constante das alíneas "a" a "e" e "h" do inciso I do art. 25, não se admite o parcelamento de débito.

Art. 123. Para fins de concessão dos benefícios deste Regulamento, o tempo de serviço prestado pelo trabalhador rural anteriormente à competência novembro de 1991 será reconhecido, desde que devidamente comprovado.

Parágrafo único. Para fins de contagem recíproca, o tempo de serviço a que se refere o **caput** somente será reconhecido mediante a indenização de que trata o § 13 do art. 216, observado o disposto no § 8º do art. 239.

Subseção II
Da Retroação da Data do Início das Contribuições

Art. 124. Caso o segurado contribuinte individual manifeste interesse em recolher contribuições relativas a período anterior à sua inscrição, a retroação da data do início das contribuições será autorizada, desde que comprovado o exercício de atividade remunerada no respectivo período, observado o disposto nos §§7º a 14 do art. 216 e no §8º do art. 239. *(Redação dada pelo Decreto n. 3.265, de 29/11/99)*

Parágrafo único. O valor do débito poderá ser objeto de parcelamento mediante solicitação do segurado junto ao setor de arrecadação e fiscalização do Instituto Nacional do Seguro Social, observado o disposto no § 2º do art. 122, no § 1º do art. 128 e no art. 244.

CAPÍTULO IV
DA CONTAGEM RECÍPROCA DE TEMPO DE CONTRIBUIÇÃO

Art. 125. Para efeito de contagem recíproca, hipótese em que os diferentes sistemas de previdência social compensar-se-ão financeiramente, é assegurado:

I - o cômputo do tempo de contribuição na administração pública, para fins de concessão de benefícios previstos no Regime Geral de Previdência Social, inclusive de aposentadoria em decorrência de tratado, convenção ou acordo internacional; e *(Redação dada pelo Decreto nº 6.042, de 2007).*

II - para fins de emissão de certidão de tempo de contribuição, pelo INSS, para utilização no serviço público, o cômputo do tempo de contribuição na atividade privada, rural e urbana, observado o disposto no § 4º deste artigo e no parágrafo único do art. 123, § 13 do art. 216 e § 8º do art. 239. *(Redação dada pelo Decreto nº 6.042, de 2007).*

§ 1º Para os fins deste artigo, é vedada: *(Redação dada pelo Decreto nº 8.145, de 2013)*

I - conversão do tempo de contribuição exercido em atividade sujeita à condições especiais, nos termos dos arts. 66 e 70; *(Redação dada pelo Decreto nº 8.145, de 2013)*

II - conversão do tempo cumprido pelo segurado com deficiência, reconhecida na forma do art. 70-D, em tempo de contribuição comum; e *(Redação dada pelo Decreto nº 8.145, de 2013)*

III - a contagem de qualquer tempo de serviço fictício. *(Redação dada pelo Decreto nº 8.145, de 2013)*

§ 2º Admite-se a aplicação da contagem recíproca de tempo de contribuição no âmbito dos tratados, convenções ou acordos internacionais de previdência social. *(Redação dada pelo Decreto nº 6.042, de 2007).*

§ 3º É permitida a emissão de certidão de tempo de contribuição para períodos de contribuição posteriores à data da aposentadoria no Regime Geral de Previdência Social. *(Parágrafo acrescentado pelo Decreto n. 4.729, de 9/06/2003)*

§ 4º Para efeito de contagem recíproca, o período em que o segurado contribuinte individual e o facultativo tiverem contribuído na forma do art. 199-A só será computado se forem complementadas as contribuições na forma do § 1º do citado artigo. *(Incluído pelo Decreto nº 6.042, de 2007).*

§ 5º A certidão referente ao tempo de contribuição com deficiência deverá identificar os períodos com deficiência e seus graus. *(Incluído pelo Decreto nº 8.145, de 2013)*

Art. 126. O segurado terá direito de computar, para fins de concessão dos benefícios do Regime Geral de Previdência Social, o tempo de contribuição na administração pública federal direta, autárquica e fundacional. *(Redação dada pelo Decreto n. 3.112, de 6.7.99)*

Parágrafo único. Poderá ser contado o tempo de contribuição na administração pública direta, autárquica e fundacional dos Estados, do Distrito Federal e dos Municípios, desde que estes assegurem aos seus servidores, mediante legislação própria, a contagem de tempo de contribuição em atividade vinculada ao Regime Geral de Previdência Social.

Art. 127. O tempo de contribuição de que trata este Capítulo será contado de acordo com a legislação pertinente, observadas as seguintes normas:

I - não será admitida a contagem em dobro ou em outras condições especiais;

II - é vedada a contagem de tempo de contribuição no serviço público com o de contribuição na atividade privada, quando concomitantes;

III - não será contado por um regime o tempo de contribuição utilizado para concessão de aposentadoria por outro regime;

IV - o tempo de contribuição anterior ou posterior à obrigatoriedade de filiação à previdência social somente será contado mediante observância, quanto ao período respectivo, do disposto nos arts. 122 e 124; e

V - o tempo de contribuição do segurado trabalhador rural anterior à competência novembro de 1991 será computado, desde que observado o disposto no parágrafo único do art. 123, no § 13 do art. 216 e no § 8º do art. 239.

Art. 128. A certidão de tempo de contribuição anterior ou posterior à filiação obrigatória à previdência social somente será expedida mediante a observância do disposto nos arts. 122 e 124.

§ 1º A certidão de tempo de contribuição, para fins de averbação do tempo em outros regimes de previdência, somente será expedida pelo Instituto Nacional do Seguro Social após a comprovação da quitação de todos os valores devidos, inclusive de eventuais parcelamentos de débito.

§ 2º *(Revogado pelo Decreto n. 3.265, de 29/11/99)*

§ 3º Observado o disposto no § 6º do art. 62, a certidão de tempo de contribuição referente a período de atividade rural anterior à competência novembro de 1991 somente será emitida mediante comprovação do recolhimento das contribuições correspondentes ou indenização nos termos dos §§ 13 e 14 do art. 216, observado o disposto no § 8º do art. 239.

Art. 129. O segurado em gozo de auxílio-acidente, auxílio-suplementar ou abono de permanência em serviço terá o benefício encerrado na data da emissão da certidão de tempo de contribuição.

Art. 130. O tempo de contribuição para regime próprio de previdência social ou para Regime Geral de Previdência Social deve ser provado com certidão fornecida: *(Redação dada pelo Decreto nº 6.722, de 2008).*

I - pela unidade gestora do regime próprio de previdência social ou pelo setor competente da administração federal, estadual, do Distrito Federal e municipal, suas autarquias e fundações, desde que devidamente homologada pela unidade gestora do regime próprio, relativamente ao tempo de contribuição para o respectivo regime próprio de previdência social; ou *(Redação dada pelo Decreto nº 6.722, de 2008).*

II - pelo setor competente do Instituto Nacional do Seguro Social, relativamente ao tempo de contribuição para o Regime Geral de Previdência Social. *(Redação dada pelo Decreto n. 3.668, de 22/11/2000)*

a) *(Revogado pelo Decreto n. 3.668, de 22/11/2000)*

b) *(Revogado pelo Decreto n. 3.668, de 22/11/2000)*

c) *(Revogado pelo Decreto n. 3.668, de 22/11/2000)*

§ 1º O setor competente do Instituto Nacional do Seguro Social deverá promover o levantamento do tempo de filiação ao Regime Geral de Previdência Social à vista dos assentamentos internos ou das anotações na Carteira do Trabalho ou na Carteira de Trabalho e Previdência Social, ou de outros meios de prova admitidos em direito. *(Redação dada pelo Decreto n. 3.668, de 22/11/2000)*

§ 2º O setor competente do órgão federal, estadual, do Distrito Federal ou municipal deverá promover o levantamento do tempo de contribuição para o respectivo regime próprio de previdência social à vista dos assentamentos funcionais.

§ 3º Após as providências de que tratam os §§ 1º e 2º, e observado, quando for o caso, o disposto no § 9º, os setores competentes deverão emitir certidão de tempo de contribuição, sem rasuras, constando, obrigatoriamente: *(Redação dada pelo Decreto n. 3.668, de 22/11/2000)*

I - órgão expedidor;

II - nome do servidor, seu número de matrícula, RG, CPF, sexo, data de nascimento, filiação, número do PIS ou PASEP, e, quando for o caso, cargo efetivo, lotação, data de admissão e data de exoneração ou demissão; *(Redação dada pelo Decreto nº 6.722, de 2008).*

III - período de contribuição, de data a data, compreendido na certidão;

IV - fonte de informação;

V - discriminação da freqüência durante o período abrangido pela certidão, indicadas as várias alterações, tais como faltas, licenças, suspensões e outras ocorrências;

VI - soma do tempo líquido;

VII - declaração expressa do servidor responsável pela certidão, indicando o tempo líquido de efetiva contribuição em dias, ou anos, meses e dias;

VIII - assinatura do responsável pela certidão e do dirigente do órgão expedidor e, no caso de ser emitida por outro órgão da administração do ente federativo, homologação da unidade gestora do regime próprio de previdência social; *(Redação dada pelo Decreto nº 6.722, de 2008).*

IX - indicação da lei que assegure, aos servidores do Estado, do Distrito Federal ou do Município, aposentadorias por invalidez, idade, tempo de contribuição e compulsória, e pensão por morte, com aproveitamento de tempo de contribuição prestado em atividade vinculada ao Regime Geral de Previdência Social.

§ 4º A certidão de tempo de contribuição deverá ser expedida em duas vias, das quais a primeira será fornecida ao interessado, mediante recibo passado na segunda via, implicando sua concordância quanto ao tempo certificado.

§ 5º *(Revogado pelo Decreto nº 6.722, de 2008).*

§ 6º *(Revogado pelo Decreto nº 6.722, de 2008).*

§ 7º Quando solicitado pelo segurado que exerce cargos constitucionalmente acumuláveis, é permitida a emissão de certidão única com destinação do tempo de contribuição para, no máximo, dois órgãos distintos.

§ 8º Na situação do parágrafo anterior, a certidão de tempo de contribuição deverá ser expedida em três vias, das quais a primeira e a segunda serão fornecidas ao interessado, mediante recibo passado na terceira via, implicando sua concordância quanto ao tempo certificado.

§ 9º A certidão só poderá ser fornecida para os períodos de efetiva contribuição para o Regime Geral de Previdência Social, devendo ser excluídos aqueles para os quais não tenha havido contribuição, salvo se recolhida na forma dos §§ 7º a 14 do art. 216. *(Parágrafo acrescentado pelo Decreto n. 3.668, de 22/11/2000)*

§ 10. Poderá ser emitida, por solicitação do segurado, certidão de tempo de contribuição para período fracionado. *(Parágrafo acrescentado pelo Decreto n. 3.668, de 22/11/2000)*

§ 11. Na hipótese do parágrafo anterior, a certidão conterá informação de todo o tempo de contribuição ao Regime Geral de Previdência Social e a indicação dos períodos a serem aproveitados no regime próprio de previdência social. *(Parágrafo acrescentado pelo Decreto n. 3.668, de 22/11/2000)*

§ 12. É vedada a contagem de tempo de contribuição de atividade privada com a do serviço público ou de mais de uma atividade no serviço público, quando concomitantes, ressalvados os casos de acumulação de cargos ou empregos públicos admitidos pela Constituição. *(Redação dada pelo Decreto nº 6.722, de 2008).*

§ 13. Em hipótese alguma será expedida certidão de tempo de contribuição para período que já tiver sido utilizado para a concessão de aposentadoria, em qualquer regime de previdência social.

§ 14. A certidão de que trata o § 3º deverá vir acompanhada de relação dos valores das remunerações, por competência, que serão utilizados para fins de cálculo dos proventos da aposentadoria. *(Incluído pelo Decreto nº 6.722, de 2008).*

§ 15. O tempo de serviço considerado para efeito de aposentadoria e cumprido até 15 de dezembro de 1998 será contado como tempo de contribuição. *(Incluído pelo Decreto nº 6.722, de 2008).*

§ 16. Caberá revisão da certidão de tempo de contribuição, inclusive de ofício, quando constatado erro material, vedada à destinação da certidão a órgão diverso daquele a que se destinava originariamente. *(Incluído pelo Decreto nº 6.722, de 2008).*

Art. 131. Concedido o benefício, caberá:

I - ao Instituto Nacional do Seguro Social comunicar o fato ao órgão público emitente da certidão, para as anotações nos registros funcionais e/ou na segunda via da certidão de tempo de contribuição; e

II - ao órgão público comunicar o fato ao Instituto Nacional do Seguro Social, para efetuar os registros cabíveis.

Art. 132. O tempo de contribuição na administração pública federal, estadual, do Distrito Federal ou municipal de que trata este Capítulo será considerado para efeito do percentual de acréscimo previsto no inciso III do art. 39.

Art. 133. O tempo de contribuição certificado na forma deste Capítulo produz, no Instituto Nacional do Seguro Social e nos órgãos ou autarquias federais, estaduais, do Distrito Federal ou municipais, todos os efeitos previstos na respectiva legislação pertinente.

Art. 134. As aposentadorias e demais benefícios resultantes da contagem de tempo de contribuição na forma deste Capítulo serão concedidos e pagos pelo regime a que o interessado pertencer ao requerê-los e o seu valor será calculado na forma da legislação pertinente.

Art. 135. *(Revogado pelo Decreto nº 5.545, de 2005)*

CAPÍTULO V
DA HABILITAÇÃO E DA REABILITAÇÃO PROFISSIONAL

Art. 136. A assistência (re)educativa e de (re)adaptação profissional, instituída sob a denominação genérica de habilitação e reabilitação profissional, visa proporcionar aos beneficiários, incapacitados parcial ou totalmente para o trabalho, em caráter obrigatório, independentemente de carência, e às pessoas portadoras de deficiência, os meios indicados para proporcionar o reingresso no mercado de trabalho e no contexto em que vivem.

§ 1º Cabe ao Instituto Nacional do Seguro Social promover a prestação de que trata este artigo aos segurados, inclusive aposentados, e, de acordo com as possibilidades administrativas, técnicas, financeiras e as condições locais do órgão, aos seus dependentes, preferencialmente mediante a contratação de serviços especializados.

§ 2º As pessoas portadoras de deficiência serão atendidas mediante celebração de convênio de cooperação técnico-financeira.

Art. 137. O processo de habilitação e de reabilitação profissional do beneficiário será desenvolvido por meio das funções básicas de:

I - avaliação do potencial laborativo; *(Redação dada pelo Decreto n. 3.668, de 22/11/2000)*

II - orientação e acompanhamento da programação profissional;

III - articulação com a comunidade, inclusive mediante a celebração de convênio para reabilitação física restrita a segurados que cumpriram os pressupostos de elegibilidade ao programa de reabilitação profissional, com vistas ao reingresso no mercado de trabalho; e *(Redação dada pelo Decreto n. 4.729, de 9/06/2003)*

IV - acompanhamento e pesquisa da fixação no mercado de trabalho.

§ 1º A execução das funções de que trata o **caput** dar-se-á, preferencialmente, mediante o trabalho de equipe multiprofissional especializada em medicina, serviço social, psicologia, sociologia, fisioterapia, terapia ocupacional e outras afins ao processo, sempre que possível na localidade do domicílio do beneficiário, ressalvadas as situações excepcionais em que este terá direito à reabilitação profissional fora dela.

§ 2º Quando indispensáveis ao desenvolvimento do processo de reabilitação profissional, o Instituto Nacional do Seguro Social fornecerá aos segurados, inclusive aposentados, em caráter obrigatório, prótese e órtese, seu reparo ou substituição, instrumentos de auxílio para locomoção, bem como equipamentos necessários à habilitação e à reabilitação profissional, transporte urbano e alimentação e, na medida das possibilidades do Instituto, aos seus dependentes.

§ 3º No caso das pessoas portadoras de deficiência, a concessão dos recursos materiais referidos no parágrafo anterior ficará condicionada à celebração de convênio de cooperação técnico-financeira.

§ 4º O Instituto Nacional do Seguro Social não reembolsará as despesas realizadas com a aquisição de órtese ou prótese e outros recursos materiais não prescritos ou não autorizados por suas unidades de reabilitação profissional.

Art. 138. Cabe à unidade de reabilitação profissional comunicar à perícia médica a ocorrência de que trata o § 2º do art. 337.

Art. 139. A programação profissional será desenvolvida mediante cursos e/ou treinamentos, na comunidade, por meio de contratos, acordos e convênios com instituições e empresas públicas ou privadas, na forma do art. 317.

§1ºO treinamento do reabilitando, quando realizado em empresa, não estabelece qualquer vínculo empregatício ou funcional entre o reabilitando e a empresa, bem como entre estes e o Instituto Nacional do Seguro Social.

§ 2º Compete ao reabilitando, além de acatar e cumprir as normas estabelecidas nos contratos, acordos ou convênios, pautar-se no regulamento daquelas organizações.

Art. 140. Concluído o processo de reabilitação profissional, o Instituto Nacional do Seguro Social emitirá certificado individual indicando a função para a qual o reabilitando foi capacitado profissionalmente, sem prejuízo do exercício de outra para a qual se julgue capacitado.

§ 1º Não constitui obrigação da previdência social a manutenção do segurado no mesmo emprego ou a sua colocação em outro para o qual foi reabilitado, cessando o processo de reabilitação profissional com a emissão do certificado a que se refere o **caput**.

§ 2º Cabe à previdência social a articulação com a comunidade, com vistas ao levantamento da oferta do mercado de trabalho, ao direcionamento da programação profissional e à possibilidade de reingresso do reabilitando no mercado formal.

§ 3º O acompanhamento e a pesquisa de que trata o inciso IV do art. 137 é obrigatório e tem como finalidade a comprovação da efetividade do processo de reabilitação profissional.

Art. 141. A empresa com cem ou mais empregados está obrigada a preencher de dois por cento a cinco por cento de seus cargos com beneficiários reabilitados ou pessoas portadoras de deficiência, habilitadas, na seguinte proporção:

I - até duzentos empregados, dois por cento;

II - de duzentos e um a quinhentos empregados, três por cento;

III - de quinhentos e um a mil empregados, quatro por cento; ou

IV - mais de mil empregados, cinco por cento.

§ 1º A dispensa de empregado na condição estabelecida neste artigo, quando se tratar de contrato por tempo superior a noventa dias e a imotivada, no contrato por prazo indeterminado, somente poderá ocorrer após a contratação de substituto em condições semelhantes.

§ 2º *(Revogado pelo Decreto n. 3.298, de 20/12/99)*

CAPÍTULO VI
DA JUSTIFICAÇÃO ADMINISTRATIVA

Art. 142. A justificação administrativa constitui recurso utilizado para suprir a falta ou insuficiência de documento ou produzir prova de fato ou circunstância de interesse dos beneficiários, perante a previdência social.

§ 1º Não será admitida a justificação administrativa quando o fato a comprovar exigir registro público de casamento, de idade ou de óbito, ou de qualquer ato jurídico para o qual a lei prescreva forma especial.

§ 2º O processo de justificação administrativa é parte de processo antecedente, vedada sua tramitação na condição de processo autônomo.

Art. 143. A justificação administrativa ou judicial, no caso de prova exigida pelo art. 62, dependência econômica, identidade e de relação de parentesco, somente produzirá efeito quando baseada em início de prova material, não sendo admitida prova exclusivamente testemunhal.

§ 1º No caso de prova exigida pelo art. 62 é dispensado o início de prova material quando houver ocorrência de motivo de força maior ou caso fortuito.

§ 2º Caracteriza motivo de força maior ou caso fortuito a verificação de ocorrência notória, tais como incêndio, inundação ou desmoronamento, que tenha atingido a empresa na qual o segurado alegue ter trabalhado, devendo ser comprovada mediante registro da ocorrência policial feito em época própria ou apresentação de documentos contemporâneos dos fatos, e verificada a correlação entre a atividade da empresa e a profissão do segurado.

§ 3º Se a empresa não estiver mais em atividade, deverá o interessado juntar prova oficial de sua existência no período que pretende comprovar.

§ 4º No caso dos segurados empregado doméstico e contribuinte individual, após a homologação do processo, este deverá ser encaminhado ao setor competente de arrecadação para levantamento e cobrança do crédito. *(Redação dada pelo Decreto n. 3.265, de 29/11/99)*

Art. 144. A homologação da justificação judicial processada com base em prova exclusivamente testemunhal dispensa a justificação administrativa, se complementada com início razoável de prova material.

Art. 145. Para o processamento de justificação administrativa, o interessado deverá apresentar requerimento expondo, clara e minuciosamente, os pontos que pretende justificar, indicando testemunhas idôneas, em número não inferior a três nem superior a seis, cujos depoimentos possam levar à convicção da veracidade do que se pretende comprovar.

Parágrafo único. As testemunhas, no dia e hora marcados, serão inquiridas a respeito dos pontos que forem objeto da justificação, indo o processo concluso, a seguir, à autoridade que houver designado o processante, a quem competirá homologar ou não a justificação realizada.

Art. 146. Não podem ser testemunhas:

I - os loucos de todo o gênero;

II - os cegos e surdos, quando a ciência do fato, que se quer provar, dependa dos sentidos, que lhes faltam;

III - os menores de dezesseis anos; e

IV - o ascendente, descendente ou colateral, até o terceiro grau, por consangüinidade ou afinidade.

Art. 147. Não caberá recurso da decisão da autoridade competente do Instituto Nacional do Seguro Social que considerar eficaz ou ineficaz a justificação administrativa.

Art. 148. A justificação administrativa será avaliada globalmente quanto à forma e ao mérito, valendo perante o Instituto Nacional do Seguro Social para os fins especificamente visados, caso considerada eficaz.

Art. 149. A justificação administrativa será processada sem ônus para o interessado e nos termos das instruções do Instituto Nacional do Seguro Social.

Art. 150. Aos autores de declarações falsas, prestadas em justificações processadas perante a previdência social, serão aplicadas as penas previstas no art. 299 do Código Penal.

Art. 151. Somente será admitido o processamento de justificação administrativa na hipótese de ficar evidenciada a inexistência de outro meio capaz de configurar a verdade do fato alegado, e o início de prova material apresentado levar à convicção do que se pretende comprovar.

CAPÍTULO VII
DAS DISPOSIÇÕES DIVERSAS RELATIVAS ÀS PRESTAÇÕES DO REGIME GERAL DE PREVIDÊNCIA SOCIAL

Art. 152. Nenhum benefício ou serviço da previdência social poderá ser criado, majorado ou estendido, sem a correspondente fonte de custeio total.

Art. 153. O benefício concedido a segurado ou dependente não pode ser objeto de penhora, arresto ou seqüestro, sendo nula de pleno direito a sua venda ou cessão, ou a constituição de qualquer ônus sobre ele, bem como a outorga de poderes irrevogáveis ou em causa própria para seu recebimento, ressalvado o disposto no art. 154.

Art. 154. O Instituto Nacional do Seguro Social pode descontar da renda mensal do benefício:

I - contribuições devidas pelo segurado à previdência social;

II - pagamentos de benefícios além do devido, observado o disposto nos §§ 2º ao 5º;

III - imposto de renda na fonte;

IV - alimentos decorrentes de sentença judicial; e

V - mensalidades de associações e demais entidades de aposentados legalmente reconhecidas, desde que autorizadas por seus filiados, observado o disposto no § 1º.

VI - pagamento de empréstimos, financiamentos e operações de arrendamento mercantil concedidos por instituições financeiras e sociedades de arrendamento mercantil, públicas ou privadas, quando expressamente autorizado pelo beneficiário, até o limite de trinta por cento do valor do benefício. :*(Redação incluída pelo Decreto n. 4.862 de 21/10/2003)*

§ 1º O desconto a que se refere o inciso V do **caput** ficará na dependência da conveniência administrativa do setor de benefícios do Instituto Nacional do Seguro Social.

§ 2º A restituição de importância recebida indevidamente por beneficiário da previdência social, nos casos comprovados de dolo, fraude ou má-fé, deverá ser atualizada nos moldes do art. 175, e feita de uma só vez ou mediante acordo de parcelamento na forma do art. 244, independentemente de outras penalidades legais. *(Redação dada pelo Decreto nº 5.699, de 2006)*

§ 3º Caso o débito seja originário de erro da previdência social, o segurado, usufruindo de benefício regularmente concedido, poderá devolver o valor de forma parcelada, atualizado nos moldes do art. 175, devendo cada parcela corresponder, no máximo, a trinta por cento do valor do benefício em manutenção, e ser descontado em número de meses necessários à liquidação do débito.

§ 4º Se o débito for originário de erro da previdência social e o segurado não usufruir de benefício, o valor deverá ser devolvido, com a correção de que trata o parágrafo anterior, da seguinte forma:

I - no caso de empregado, com a observância do disposto no art. 365; e

II - no caso dos demais beneficiários, será observado:

a) se superior a cinco vezes o valor do benefício suspenso ou cessado, no prazo de sessenta dias, contados da notificação para fazê-lo, sob pena de inscrição em Dívida Ativa; e

b) se inferior a cinco vezes o valor do benefício suspenso ou cessado, no prazo de trinta dias, contados da notificação para fazê-lo, sob pena de inscrição em Dívida Ativa.

§ 5º No caso de revisão de benefícios em que resultar valor superior ao que vinha sendo pago, em razão de erro da previdência social, o valor resultante da diferença verificada entre o pago e o devido será objeto de atualização nos mesmos moldes do art. 175.

§ 6º O INSS disciplinará, em ato próprio, o desconto de valores de benefícios com fundamento no inciso VI do **caput**, observadas as seguintes condições: *(Redação incluída pelo Decreto n. 4.862 de 21/10/2003)*

I - a habilitação das instituições consignatárias deverá ser definida de maneira objetiva e transparente; *(Redação incluída pelo Decreto n. 4.862 de 21/10/2003)*

II - o desconto somente poderá incidir sobre os benefícios de aposentadoria, qualquer que seja sua espécie, ou de pensão por morte, recebidos pelos seus respectivos titulares; *(Redação incluída pelo Decreto n. 4.862 de 21/10/2003)*

III - a prestação de informações aos titulares de benefícios em manutenção e às instituições consignatárias necessária à realização do desconto deve constar de rotinas próprias; *(Redação incluída pelo Decreto n. 4.862 de 21/10/2003)*

IV - os prazos para o início dos descontos autorizados e para o repasse das prestações às instituições consignatárias devem ser definidos de forma justa e eficiente; *(Redação incluída pelo Decreto n. 4.862 de 21/10/2003)*

V - o valor dos encargos a serem cobrados pelo INSS deverá corresponder, apenas, ao ressarcimento dos custos operacionais, que serão absorvidos integralmente pelas instituições consignatárias; *(Redação incluída pelo Decreto n. 4.862 de 21/10/2003)*

VI - o próprio titular do benefício deverá firmar autorização expressa para o desconto; *(Redação incluída pelo Decreto n. 4.862 de 21/10/2003)*

VII - o valor do desconto não poderá exceder a trinta por cento do valor disponível do benefício, assim entendido o valor do benefício após a dedução das consignações de que tratam os incisos I a V do **caput**, correspondente a última competência paga, excluída a que contenha o décimo terceiro salário, estabelecido no momento da contratação; *(Redação incluída pelo Decreto n. 4.862 de 21/10/2003)*

VIII - o empréstimo poderá ser concedido por qualquer instituição consignatária, independentemente de ser ou não responsável pelo pagamento de benefício; *(Alterado pelo Decreto n. 5.180, de 13 de Agosto de 2004)*

IX - os beneficiários somente poderão realizar as operações previstas no inciso VI do caput se receberem o benefício no Brasil; *(Alterado pelo Decreto nº 5.180, de 13 de Agosto de 2004)*

X - a retenção recairá somente sobre as parcelas mensais fixas integrais, vedada a administração de eventual saldo devedor; *(Redação incluída pelo Decreto n. 4.862 de 21/10/2003)*

XI - o titular de benefício poderá autorizar mais de um desconto em favor da mesma instituição consignatária, respeitados o limite consignável e a prevalência de retenção em favor dos contratos mais antigos; *(Redação incluída pelo Decreto n. 4.862 de 21/10/2003)*

XII - a eventual modificação no valor do benefício ou das consignações de que tratam os incisos I a V do **caput** que resulte margem consignável inferior ao valor da parcela pactuada, poderá ensejar a reprogramação da retenção, alterando-se o valor e o prazo do desconto, desde que solicitado pela instituição consignatária e sem acréscimo de custos operacionais; e *(Redação incluída pelo Decreto n. 4.862 de 21/10/2003)*

XIII - outras que se fizerem necessárias. *(Redação incluída pelo Decreto n. 4.862 de 21/10/2003)*

§ 7º Na hipótese de coexistência de descontos relacionados nos incisos II e VI do **caput**, prevalecerá o desconto do inciso II.

§ 8º É facultado ao titular do benefício solicitar a substituição da instituição financeira pagadora do benefício por outra, para pagamento de benefício mediante crédito em conta corrente, exceto se já tiver realizado operação com a instituição pagadora na forma do § 9º e enquanto houver saldo devedor em amortização. *(Redação dada pelo Decreto nº 5.699, de 2006)*

§ 9º O titular de benefício de aposentadoria, qualquer que seja a sua espécie, ou de pensão por morte do regime deste Regulamento, poderá autorizar, de forma irrevogável e irretratável, que a instituição financeira na qual receba seu benefício retenha valores referentes ao pagamento mensal de empréstimos, financiamentos e operações de arrendamento mercantil por ela concedidos, para fins de amortização. *(Redação dada pelo Decreto nº 5.699, de 2006)*

§ 10. O INSS não responde, em nenhuma hipótese, pelos débitos contratados pelos segurados, restringindo-se sua responsabilidade: *(Incluído pelo Decreto nº 5.699, de 2006)*

I - à retenção dos valores autorizados pelo beneficiário e seu repasse à instituição consignatária, em relação às operações contratadas na forma do inciso VI do caput; e *(Incluído pelo Decreto nº 5.699, de 2006)*

II - à manutenção dos pagamentos na mesma instituição financeira enquanto houver saldo devedor, desde que seja por ela comunicado, na forma estabelecida pelo INSS, e enquanto não houver retenção superior ao limite de trinta por cento do valor do benefício, em relação às operações contratadas na forma do § 9º. *(Incluído pelo Decreto nº 5.699, de 2006)*

Art. 154-A. O INSS poderá arredondar, para a unidade de real imediatamente superior, os valores em centavos dos benefícios de prestação continuada pagos mensalmente a seus beneficiários. *(Artigo acrescentado pelo Decreto n. 4.032, de 26/11/2001)*

Parágrafo único. Os valores recebidos a maior pelo beneficiário serão descontados no pagamento do abono anual ou do último valor do pagamento do benefício, na hipótese de sua cessação." *(Parágrafo único acrescentado pelo Decreto n. 4.032, de 26/11/2001)*

Art. 155. Será fornecido ao beneficiário demonstrativo minucioso das importâncias pagas, discriminando-se o valor da mensalidade, as diferenças eventualmente pagas, com o período a que se referem, e os descontos efetuados.

Art. 156. O benefício será pago diretamente ao beneficiário, salvo em caso de ausência, moléstia contagiosa ou impossibilidade de locomoção, quando será pago a procurador, cujo mandato não terá prazo superior a doze meses, podendo ser renovado ou revalidado pelos setores de benefícios do Instituto Nacional do Seguro Social.

Parágrafo único. O procurador do beneficiário deverá firmar, perante o Instituto Nacional do Seguro Social, termo de responsabilidade mediante o qual se comprometa a comunicar ao Instituto qualquer evento que possa anular a procuração, principalmente o óbito do outorgante, sob pena de incorrer nas sanções criminais cabíveis.

Art. 157. O Instituto Nacional do Seguro Social apenas poderá negar-se a aceitar procuração quando se manifestar indício de inidoneidade do documento ou do mandatário, sem prejuízo, no entanto, das providências que se fizerem necessárias.

Art. 158. Na constituição de procuradores, observar-se-á subsidiariamente o disposto no Código Civil.

Art. 159. Somente será aceita a constituição de procurador com mais de uma procuração, ou procurações coletivas, nos casos de representantes credenciados de leprosários, sanatórios, asilos e outros estabelecimentos congêneres, nos casos de parentes de primeiro grau, ou, em outros casos, a critério do Instituto Nacional do Seguro Social.

Art. 160. Não poderão ser procuradores:

I - os servidores públicos civis ativos e os militares ativos, salvo se parentes até o segundo grau; e

II - os incapazes para os atos da vida civil, ressalvado o disposto no art. 666 do Código Civil. *(Redação dada pelo Decreto n. 4.729, de 9/06/2003)*

Parágrafo único. Podem outorgar procuração as pessoas maiores ou emancipadas, no gozo dos direitos civis.

Art. 161. O serviço social constitui atividade auxiliar do seguro social e visa prestar ao beneficiário orientação e apoio no que concerne à solução dos problemas pessoais e familiares e à melhoria da sua inter-relação com a previdência social, para a solução de questões referentes a benefícios, bem como, quando necessário, à obtenção de outros recursos sociais da comunidade.

§ 1º Será dada prioridade de atendimento a segurados em benefício por incapacidade temporária e atenção especial a aposentados e pensionistas. *(Incluído pelo Decreto nº 6.722, de 2008).*

§ 2º Para assegurar o efetivo atendimento aos beneficiários, poderão ser utilizados mecanismos de intervenção técnica, ajuda material, recursos sociais, intercâmbio com empresas, inclusive mediante celebração de convênios, acordos ou contratos, ou pesquisa social. *(Incluído pelo Decreto nº 6.722, de 2008).*

§ 3º O serviço social terá como diretriz a participação do beneficiário na implementação e fortalecimento da política previdenciária, em articulação com associações e entidades de classes. *(Incluído pelo Decreto nº 6.722, de 2008).*

§ 4º O serviço social prestará assessoramento técnico aos estados, Distrito Federal e municípios na elaboração de suas respectivas propostas de trabalho relacionadas com a previdência social. *(Incluído pelo Decreto nº 6.722, de 2008).*

§ 5º O Ministro de Estado da Previdência Social editará atos complementares para a aplicação do disposto neste artigo. *(Incluído pelo Decreto nº 6.722, de 2008).*

Art. 162. O benefício devido ao segurado ou dependente civilmente incapaz será pago ao cônjuge, pai, mãe, tutor ou curador, admitindo-se, na sua falta e por período não superior a seis meses, o pagamento a herdeiro necessário, mediante termo de compromisso firmado no ato do recebimento.

§ 1º *(Revogado pelo Decreto nº 5.699, de 2006)*

§ 2º *(Revogado pelo Decreto nº 5.699, de 2006)*

Parágrafo único. O período a que se refere o **caput** poderá ser prorrogado por iguais períodos, desde que comprovado o andamento regular do processo legal de tutela ou curatela. *(Incluído pelo Decreto nº 6.214, de 2007)*

Art. 163. O segurado e o dependente, após dezesseis anos de idade, poderão firmar recibo de benefício, independentemente da presença dos pais ou do tutor. *(Redação dada pelo Decreto n. 4.079, de 9/01/2002)*

Art. 164. A impressão digital do beneficiário incapaz de assinar, aposta na presença de servidor da previdência social ou representante desta, vale como assinatura para quitação de pagamento de benefício.

Art. 165. O valor não recebido em vida pelo segurado somente será pago aos seus dependentes habilitados à pensão por morte ou, na falta deles, aos seus sucessores na forma da lei civil, independentemente de inventário ou arrolamento.

Art. 166. Os benefícios poderão ser pagos mediante depósito em conta corrente bancária em nome do beneficiário. *(Redação dada pelo Decreto n. 4.729, de 9/06/2003)*

§ 1º *(Revogado pelo Decreto n. 3.265, de 29/11/99)*

§ 2º *(Revogado pelo Decreto n. 4.729, de 9/06/2003)*

§ 3º Na hipótese da falta de movimentação relativo a saque em conta corrente cujos depósitos sejam decorrentes exclusivamente de pagamento de benefícios, por prazo superior a sessenta dias, os valores dos benefícios remanescentes serão estornados e creditados à Conta Única do Tesouro Nacional, com a identificação de sua origem.

Art. 167. Salvo no caso de direito adquirido, não é permitido o recebimento conjunto dos seguintes benefícios da previdência social, inclusive quando decorrentes de acidente do trabalho:

I - aposentadoria com auxílio-doença;

II - mais de uma aposentadoria;

III - aposentadoria com abono de permanência em serviço;

IV - salário-maternidade com auxílio-doença;

V - mais de um auxílio-acidente;

VI - mais de uma pensão deixada por cônjuge;

VII - mais de uma pensão deixada por companheiro ou companheira;

VIII - mais de uma pensão deixada por cônjuge e companheiro ou companheira; e

IX - auxílio-acidente com qualquer aposentadoria.

§ 1º No caso dos incisos VI, VII e VIII é facultado ao dependente optar pela pensão mais vantajosa.

§ 2º É vedado o recebimento conjunto do seguro-desemprego com qualquer benefício de prestação continuada da previdência social, exceto pensão por morte, auxílio-reclusão, auxílio-acidente, auxílio-suplementar ou abono de permanência em serviço.

§ 3º É permitida a acumulação dos benefícios previstos neste Regulamento com o benefício de que trata a Lei n. 7.070, de 20 de dezembro de 1982, que não poderá ser reduzido em razão de eventual aquisição de capacidade laborativa ou de redução de incapacidade para o trabalho ocorrida após a sua concessão.

§ 4º O segurado recluso, ainda que contribua na forma do § 6º do art. 116, não faz jus aos benefícios de auxílio-doença e de aposentadoria durante a percepção, pelos dependentes, do auxílio-reclusão, permitida a opção, desde que manifestada, também, pelos dependentes, pelo benefício mais vantajoso.

Art. 168. Salvo nos casos de aposentadoria por invalidez ou especial, observado quanto a esta o disposto no parágrafo único do art. 69, o retorno do aposentado à atividade não prejudica o recebimento de sua aposentadoria, que será mantida no seu valor integral. *(Redação dada pelo Decreto n. 4.729, de 9/06/2003)*

Art. 169. Os pagamentos dos benefícios de prestação continuada não poderão ser antecipados.

§ 1º Excepcionalmente, nos casos de estado de calamidade pública decorrente de desastres naturais, reconhecidos por ato do Governo Federal, o INSS poderá, nos termos de ato do Ministro de Estado da Previdência Social, antecipar aos beneficiários domiciliados nos respectivos municípios: *(Incluído Decreto nº 7.223, de 2010)*

I - o cronograma de pagamento dos benefícios de prestação continuada previdenciária e assistencial, enquanto perdurar o estado de calamidade; e *(Incluído Decreto nº 7.223, de 2010)*

II - o valor correspondente a uma renda mensal do benefício devido, excetuados os temporários, mediante opção dos beneficiários. *(Incluído Decreto nº 7.223, de 2010)*

§ 2º O valor antecipado de que trata o inciso II do § 1º será ressarcido de forma parcelada, mediante desconto da renda do benefício, para esse fim equiparado ao crédito de que trata o inciso II do **caput** do art. 154, nos termos do ato a que se refere o § 1º. *(Incluído Decreto nº 7.223, de 2010)*

Art. 170. Compete privativamente aos servidores de que trata o art. 2º da Lei nº 10.876, de 2 de junho de 2004, a realização de exames médico-periciais para concessão e manutenção de benefícios e outras atividades médico-periciais inerentes ao regime de que trata este Regulamento, sem prejuízo do disposto no mencionado artigo. *(Redação dada pelo Decreto nº 6.939, de 2009)*

Parágrafo único. Os servidores de que trata o **caput** poderão solicitar ao médico assistente do beneficiário que forneça informações sobre antecedentes médicos a este relativas, na forma a ser disciplinada pelo INSS, para fins do disposto nos § 2º do art. 43 e § 1º do art. 71 ou para subsidiar emissão de laudo médico pericial conclusivo. *(Incluído pelo Decreto nº 6.939, de 2009)*

Art. 171. Quando o segurado ou dependente deslocar-se por determinação do Instituto Nacional do Seguro Social para submeter-se a exame médico-pericial ou a processo de reabilitação profissional em localidade diversa da de sua residência, deverá a instituição custear o seu transporte e pagar-lhe diária no valor de R$ 24,57 (vinte e quatro reais e cinqüenta e sete centavos), ou promover sua hospedagem mediante contratação de serviços de hotéis, pensões ou similares.

Nota: Valor atualizado a partir de janeiro de 2015 pela Portaria Interministerial n. 13/2015:
Art. 8º A partir de 1º de janeiro de 2015:
II - o valor da diária paga ao segurado ou dependente pelo deslocamento, por determinação do Instituto Nacional do Seguro Social - INSS, para submeter-se a exame médico-pericial ou processo de reabilitação profissional, em localidade diversa da de sua residência, é de R$ 77,94 (setenta e sete reais e noventa e quatro centavos);

§ 1º Caso o beneficiário, a critério do Instituto Nacional do Seguro Social, necessite de acompanhante, a viagem deste poderá ser autorizada, aplicando-se o disposto neste artigo.

§ 2º Quando o beneficiário ficar hospedado em hotéis, pensões ou similares contratados ou conveniados pelo Instituto Nacional do Seguro Social, não caberá pagamento de diária.

Art. 172. Fica o Instituto Nacional do Seguro Social obrigado a emitir e a enviar aos beneficiários aviso de concessão de benefício, além da memória de cálculo do valor dos benefícios concedidos.

Art. 173. O segurado em gozo de aposentadoria por tempo de contribuição, especial ou por idade, que voltar a exercer atividade abrangida pelo Regime Geral de Previdência Social, somente terá direito ao salário-família e à reabilitação profissional, quando empregado ou trabalhador avulso, observado o disposto no art. 168 e, nos casos de aposentadoria especial, a proibição de que trata o parágrafo único do art. 69.

Art. 174. O primeiro pagamento do benefício será efetuado até quarenta e cinco dias após a data da apresentação, pelo segurado, da documentação necessária à sua concessão. *(Redação dada pelo Decreto nº 6.722, de 2008).*

Parágrafo único. O prazo fixado no **caput** fica prejudicado nos casos de justificação administrativa ou outras providências a cargo do segurado, que demandem a sua dilatação, iniciando-se essa contagem a partir da data da conclusão das mesmas.

Art. 175. O pagamento de parcelas relativas a benefícios efetuado com atraso, independentemente de ocorrência de mora e de quem lhe deu causa, deve ser corrigido monetariamente desde o momento em que restou devido, pelo mesmo índice utilizado para os reajustamentos dos benefícios do RGPS, apurado no período compreendido entre o mês que deveria ter sido pago e o mês do efetivo pagamento. *(Redação dada pelo Decreto nº 6.722, de 2008).*

Art. 176. A apresentação de documentação incompleta não constitui motivo para recusa do requerimento de benefício. *(Redação dada pelo Decreto n. 3.668, de 22/11/2000)*

Art. 177. *(Revogado pelo Decreto n. 3.668, de 22/11/2000)*

Art. 178. O pagamento mensal de benefícios de valor superior a vinte vezes o limite máximo de salário-de--contribuição deverá ser autorizado expressamente pelo Gerente-Executivo do Instituto Nacional do Seguro Social, observada a análise da Divisão ou Serviço de Benefícios. *(Redação dada pelo Decreto nº 5.545, de 2005)*

Nota: Valor atualizado a partir de janeiro de 2015 pela Portaria Interministerial n. 13/2015:
Art. 9º. A partir de 1º de janeiro de 2015, o pagamento mensal de benefícios de valor superior a R$ 93.275,00 (noventa e três mil reais e duzentos e setenta e cinco reais) deverá ser autorizado expressamente pelo Gerente-Executivo do INSS, observada a análise da Divisão ou Serviço de Benefícios.

Parágrafo único. Os benefícios de valor inferior ao limite estipulado no **caput**, quando do reconhecimento do direito da concessão, revisão e manutenção de benefícios, serão supervisionados pelas Agências da Previdência Social e Divisões ou Serviços de Benefícios, sob critérios pré-estabelecidos pela Direção Central.

Nota: De acordo com a Portaria Interministerial n. 13/2015:
Parágrafo único. Os benefícios de valor inferior ao limite estipulado no caput, quando do reconhecimento do direito da concessão, revisão e manutenção de benefícios serão supervisionados pelas Agências da Previdência Social e Divisões ou Serviços de Benefícios, sob critérios aleatórios pré-estabelecidos pela Presidência do INSS.

Art. 179. O Ministério da Previdência e Assistência Social e o Instituto Nacional do Seguro Social manterão programa permanente de revisão da concessão e da manutenção dos benefícios da previdência social, a fim de apurar irregularidades e falhas existentes.

§ 1º Havendo indício de irregularidade na concessão ou na manutenção do benefício ou, ainda, ocorrendo a hipótese prevista no § 4º, a previdência social notificará o beneficiário para apresentar defesa, provas ou documentos de que dispuser, no prazo de dez dias. *(Redação dada pelo Decreto nº 5.699, de 2006)*

§ 2º A notificação a que se refere o § 1º far-se-á por via postal com aviso de recebimento e, não comparecendo o beneficiário nem apresentando defesa, será suspenso o benefício, com notificação ao beneficiário.

§ 3º Decorrido o prazo concedido pela notificação postal, sem que tenha havido resposta, ou caso seja considerada pela previdência social como insuficiente ou improcedente a defesa apresentada, o benefício será cancelado, dando-se conhecimento da decisão ao beneficiário.

§ 4º O recenseamento previdenciário relativo ao pagamento dos benefícios do Regime Geral de Previdência Social de que tratam o § 4º do art. 69 e o **caput** do art. 60 da Lei nº 8.212, de 1991, deverá ser realizado pelo menos uma vez a cada quatro anos.

§ 5º A coleta e transmissão de dados cadastrais de titulares de benefícios, com o objetivo de cumprir o disposto no § 4º, serão realizados por meio da rede bancária contratada para os fins do art. 60 da Lei nº 8.212, de 1991.

§ 6º Na impossibilidade de notificação do beneficiário ou na falta de atendimento à convocação por edital, o pagamento será suspenso até o comparecimento do beneficiário e regularização dos dados cadastrais ou será adotado procedimento previsto no § 1º.

Art. 180. Ressalvado o disposto nos §§ 5º e 6º do art. 13, a perda da qualidade de segurado importa em caducidade dos direitos inerentes a essa qualidade.

§ 1º A perda da qualidade de segurado não prejudica o direito à aposentadoria para cuja concessão tenham sido preenchidos todos os requisitos, segundo a legislação em vigor à época em que estes requisitos foram atendidos.

§ 2º Não será concedida pensão por morte aos dependentes do segurado que falecer após a perda desta qualidade, nos termos dos arts. 13 a 15, salvo se preenchidos os requisitos para obtenção de aposentadoria na forma do parágrafo anterior, observado o disposto no art. 105.

§ 3º No cálculo da aposentadoria de que trata o § 1º, será observado o disposto no § 9º do art. 32 e no art. 52.

Art. 181. Todo e qualquer benefício concedido pelo Instituto Nacional do Seguro Social, ainda que à conta do Tesouro Nacional, submete-se ao limite a que se refere o § 5º do art. 214.

Parágrafo único. Aos beneficiários de que trata o art. 150 da Lei n. 8.213, de 1991, aplicam-se as disposições previstas neste Regulamento, vedada a adoção de critérios diferenciados para a concessão de benefícios.

Art. 181-A. Fica garantido ao segurado com direito à aposentadoria por idade a opção pela não aplicação do fator previdenciário, devendo o Instituto Nacional do Seguro Social, quando da concessão do benefício, proceder ao cálculo da renda mensal inicial com e sem o fator previdenciário.

Art. 181-B. As aposentadorias por idade, tempo de contribuição e especial concedidas pela previdência social, na forma deste Regulamento, são irreversíveis e irrenunciáveis.

Parágrafo único. O segurado pode desistir do seu pedido de aposentadoria desde que manifeste esta intenção e requeira o arquivamento definitivo do pedido antes da ocorrência do primeiro de um dos seguintes atos: *(Redação dada pelo Decreto nº 6.208, de 2007)*

I - recebimento do primeiro pagamento do benefício; ou

II - saque do respectivo Fundo de Garantia do Tempo de Serviço ou do Programa de Integração Social.

Art. 181-C. Na hipótese de o inventariante não tomar a iniciativa do pagamento das contribuições devidas pelo segurado falecido o Instituto Nacional do Seguro Social deverá requerer, no inventário ou arrolamento de bens por ele deixado, o pagamento da dívida.

Parágrafo único. Na hipótese de ter sido feita a partilha da herança sem a liquidação das contribuições devidas pelo segurado falecido, respondem os herdeiros, cada qual em proporção da parte que na herança lhe coube, aplicando-se, em relação aos herdeiros dependentes, o disposto no art. 154, inciso I, combinado com o § 3º do mesmo artigo.

CAPÍTULO VIII
DAS DISPOSIÇÕES TRANSITÓRIAS RELATIVAS ÀS PRESTAÇÕES DO REGIME GERAL DE PREVIDÊNCIA SOCIAL

Art. 182. A carência das aposentadorias por idade, tempo de contribuição e especial para os segurados inscritos na previdência social urbana até 24 de julho de 1991, bem como para os trabalhadores e empregadores rurais amparados pela previdência social rural, obedecerá à seguinte tabela, levando-se em conta o ano em que o segurado implementou todas as condições necessárias à obtenção do benefício:

Ano de Implementação das Condições	Meses de Contribuição Exigidos
1998	102 meses
1999	108 meses
2000	114 meses
2001	120 meses
2002	126 meses
2003	132 meses
2004	138 meses
2005	144 meses
2006	150 meses
2007	156 meses
2008	162 meses
2009	168 meses
2010	174 meses
2011	180 meses

Parágrafo único. Não se aplica a tabela de que trata o caput para os benefícios de aposentadoria por tempo de contribuição e por idade garantida aos segurados com deficiência, de que tratam os arts. 70-B e 70-C. *(Incluído pelo Decreto nº 8.145, de 2013)*

Art. 183. O trabalhador rural enquadrado como segurado obrigatório do RGPS, na forma da alínea "a" do inciso I ou da alínea "j" do inciso V do **caput** do art. 9º, pode requerer a aposentadoria por idade, no valor de um salário mínimo, até 31 de dezembro de 2010, desde que comprove o exercício de atividade rural, ainda que de forma descontínua, no período imediatamente anterior ao requerimento do benefício ou, conforme o caso, ao mês em que cumpriu o requisito etário, em número de meses idêntico à carência do referido benefício. *(Redação dada pelo Decreto nº 6.722, de 2008).*

Art. 183-A. Na concessão de aposentadoria por idade do empregado rural, em valor equivalente ao salário mínimo, serão contados para efeito de carência: *(Incluído pelo Decreto nº 6.722, de 2008).*

I - até 31 de dezembro de 2010, o período de atividade comprovado na forma do inciso II, letra "a", do § 2º do art. 62, observado o disposto no art. 183; *(Incluído pelo Decreto nº 6.722, de 2008).*

II - de janeiro de 2011 a dezembro de 2015, cada mês comprovado de emprego, multiplicado por três, limitado a doze meses dentro do respectivo ano civil; e *(Incluído pelo Decreto nº 6.722, de 2008).*

III - de janeiro de 2016 a dezembro de 2020, cada mês comprovado de emprego, multiplicado por dois, limitado a doze meses dentro do respectivo ano civil. *(Incluído pelo Decreto nº 6.722, de 2008).*

Parágrafo único. Aplica-se o disposto no **caput** e respectivo inciso I ao trabalhador rural enquadrado na categoria de segurado contribuinte individual que comprovar a prestação de serviço de natureza rural, em caráter eventual, a uma ou mais empresas, sem relação de emprego. *(Incluído pelo Decreto nº 6.722, de 2008).*

Art. 184. O segurado que recebe aposentadoria por idade, tempo de contribuição ou especial do Regime Geral de Previdência Social que permaneceu ou retornou à atividade e que vinha contribuindo até 14 de abril de 1994, véspera da vigência da Lei n. 8.870, de 15 de abril de 1994, receberá o pecúlio, em pagamento único, quando do desligamento da atividade que vinha exercendo.

§ 1º O pecúlio de que trata este artigo consistirá em pagamento único de valor correspondente à soma das importâncias relativas às contribuições do segurado, remuneradas de acordo com o índice de remuneração básica dos depósitos de poupança com data de aniversário no dia primeiro.

§ 2º O disposto no parágrafo anterior aplica-se a contar de 25 de julho de 1991, data da vigência da Lei n. 8.213, de 1991, observada, com relação às contribuições anteriores, a legislação vigente à época do seu recolhimento.

Art. 185. Serão mantidos, de acordo com a respectiva legislação específica, as prestações e o seu financiamento, referentes aos benefícios de ferroviário servidor público ou autárquico federal ou em regime especial que não optou pelo regime da Consolidação das Leis do Trabalho, na forma da Lei n. 6.184, de 11 de dezembro de 1974, bem como de seus dependentes.

Art. 186. *(Revogado pelo Decreto n. 4.079, de 9/01/2002)*

Art. 187. É assegurada a concessão de aposentadoria, a qualquer tempo, nas condições previstas na legislação anterior à Emenda Constitucional n. 20, de 1998, ao segurado do Regime Geral de Previdência Social que, até 16 de dezembro de 1998, tenha cumprido os requisitos para obtê-la.

Parágrafo único. Quando da concessão de aposentadoria nos termos do **caput**, o tempo de serviço será considerado até 16 de dezembro de 1998, e a renda mensal inicial será calculada com base nos trinta e seis últimos salários-de-contribuição anteriores àquela data, reajustada pelos mesmos índices aplicados aos benefícios, até a data da entrada do requerimento, não sendo devido qualquer pagamento relativamente a período anterior a esta data, observado, quando couber, o disposto no § 9º do art. 32 e nos §§ 3º e 4º do art. 56.

Art. 188. O segurado filiado ao Regime Geral de Previdência Social até 16 de dezembro de 1998, cumprida a carência exigida, terá direito a aposentadoria, com valores proporcionais ao tempo de contribuição, quando, cumulativamente:

I - contar cinqüenta e três anos ou mais de idade, se homem, e quarenta e oito anos ou mais de idade, se mulher; e

II - contar tempo de contribuição igual, no mínimo, à soma de:

a) trinta anos, se homem, e vinte e cinco anos, se mulher; e *(Redação dada pelo Decreto n. 4.729, de 9/06/2003)*

b) um período adicional de contribuição equivalente a, no mínimo, quarenta por cento do tempo que, em 16 de dezembro de 1998, faltava para atingir o limite de tempo constante da alínea "a".

§ 1º *(Revogado pelo Decreto n. 4.729, de 9/06/2003)*

§ 2º O valor da renda mensal da aposentadoria proporcional será equivalente a setenta por cento do valor da aposentadoria a que se referem as alíneas "a" e "b" do inciso IV do art. 39, acrescido de cinco por cento por ano de contribuição que supere a soma a que se refere o inciso II até o limite de cem por cento.

§ 3º O segurado que, até 16 de dezembro de 1998, tenha cumprido os requisitos para obter a aposentadoria proporcional somente fará jus ao acréscimo de cinco por cento a que se refere o § 2º se cumprir o requisito previsto no inciso I, observado o disposto no art. 187 ou a opção por aposentar-se na forma dos arts. 56 a 63.

§ 4º O professor que, até 16 de dezembro de 1998, tenha exercido atividade de magistério, em qualquer nível, e que opte por se aposentar na forma do disposto nas alíneas "a" e "b" do inciso IV do art. 39, terá o tempo de serviço exercido até aquela data contado com o acréscimo de dezessete por cento, se homem, e de vinte por cento, se mulher, desde que se aposente, exclusivamente, com tempo de efetivo exercício de atividade de magistério, sem prejuízo do direito à aposentadoria na forma do § 1º do art. 56. *(Redação dada pelo Decreto nº 5.545, de 2005)*

Art. 188-A. Para o segurado filiado à previdência social até 28 de novembro de 1999, inclusive o oriundo de regime próprio de previdência social, que vier a cumprir as condições exigidas para a concessão dos benefícios do Regime Geral de Previdência Social, no cálculo do salário-de-benefício será considerada a média aritmética simples dos maiores salários-de-contribuição, correspondentes a, no mínimo, oitenta por cento de todo o período contributivo decorrido desde a competência julho de 1994, observado o disposto nos incisos I e II do **caput** e §14 do art. 32. *(Artigo e parágrafos acrescentados pelo Decreto n. 3.265, de 29/11/99)*

§ 1º No caso das aposentadorias por idade, tempo de contribuição e especial, o divisor considerado no cálculo da média a que se refere o **caput** não poderá ser inferior a sessenta por cento do período decorrido da competência julho de 1994 até a data de início do benefício, limitado a cem por cento de todo o período contributivo.

§ 2º Para a obtenção do salário-de-benefício, o fator previdenciário de que trata o art. 32 será aplicado de forma progressiva, incidindo sobre um sessenta avos da média aritmética de que trata o **caput**, por competência que se seguir a 28 de novembro de 1999, cumulativa e sucessivamente, até completar sessenta sessenta avos da referida média, na competência novembro de 2004.

§ 3º *(Revogado pelo Decreto nº 5.399, de 2005)*

§ 4º Nos casos de auxílio-doença e de aposentadoria por invalidez, o salário-de-benefício consiste na média aritmética simples dos maiores salários-de-contribuição correspondentes a oitenta por cento do período contributivo decorrido desde a competência julho de 1994 até a data do início do benefício. *(Redação dada pelo Decreto nº 6.939, de 2009)*

Art. 188-B. Fica garantido ao segurado que, até o dia 28 de novembro de 1999, tenha cumprido os requisitos para a concessão de benefício, o cálculo do valor inicial segundo as regras até então vigentes, considerando-se como período básico de cálculo os trinta e seis meses imediatamente anteriores àquela data, observado o §2º do art. 35, e assegurada a opção pelo cálculo na forma do art. 188-A, se mais vantajoso. *(Artigo acrescentado pelo Decreto n. 3.265, de 29/11/99)*

Art. 188-C. *(Revogado pelo Decreto n. 4.729, de 9/06/2003)*

Art. 188-D. *(Revogado pelo Decreto n. 4.729, de 9/06/2003)*

Art. 188-E. O cálculo das aposentadorias concedidas mediante a utilização do critério estabelecido nos §§ 5º e 6º do art. 13 obedecerá ao disposto no art. 188-A e, quando inexistirem salários-de-contribuição a partir de julho de 1994, serão concedidas no valor mínimo do salário-de-benefício. *(Artigo acrescentado pelo Decreto n. 4.729, de 9/06/2003)*

Art. 188-F. Aplica-se o disposto no § 2º do art. 56 aos pedidos de benefícios requeridos a partir de 11 de maio de 2006, levando-se em consideração todo o período de exercício nas atividades citadas. *(Incluído pelo Decreto nº 6.722, de 2008).*

Art. 189. Os benefícios de legislação especial pagos pela previdência social à conta do Tesouro Nacional e de ex-combatentes, iniciados até 16 de dezembro de 1998, serão reajustados com base nos mesmos índices aplicáveis aos benefícios de prestação continuada da previdência social.

Art. 190. A partir de 14 de outubro de 1996, não serão mais devidos os benefícios de legislação específica do jornalista profissional, do jogador profissional de futebol e do telefonista.

Parágrafo único. A aposentadoria especial do aeronauta nos moldes do Decreto-lei n. 158, de 10 de fevereiro de 1967, está extinta a partir de 16 de dezembro de 1998, passando a ser devida ao aeronauta os benefícios deste Regulamento.

Art. 191. É vedada a inclusão em regime próprio de previdência social do servidor de que tratam as alíneas "i", "l" e "m" do inciso I do **caput** do art. 9º, sendo automática sua filiação ao Regime Geral de Previdência Social a partir de 16 de dezembro de 1998.

Art. 192. Aos menores de dezesseis anos filiados ao Regime Geral de Previdência Social até 16 de dezembro de 1998 são assegurados todos os direitos previdenciários.

Art. 193. O Instituto Nacional do Seguro Social deverá rever:

I - as aposentadorias concedidas no período de 29 de abril de 1995 até a data da publicação deste Regulamento, com conversão de tempo de atividade sob condições especiais em tempo de atividade comum, considerando-se a legislação vigente quando do cumprimento dos requisitos necessários à concessão das referidas aposentadorias; e

II - as aposentadorias por tempo de serviço e especial e as certidões de tempo de serviço com cômputo de tempo de serviço rural concedidas ou emitidas a partir de 24 de julho de 1991 até a data da publicação deste Regulamento.

LIVRO III
DO CUSTEIO DA SEGURIDADE SOCIAL
TÍTULO I
DO FINANCIAMENTO DA SEGURIDADE SOCIAL
CAPÍTULO I
INTRODUÇÃO

Art. 194. A seguridade social é financiada por toda a sociedade, de forma direta e indireta, mediante recursos provenientes dos orçamentos da União, dos Estados, do Distrito Federal, dos Municípios e de contribuições sociais.

Art. 195. No âmbito federal, o orçamento da seguridade social é composto de receitas provenientes:

I - da União;

II - das contribuições sociais; e

III - de outras fontes.

Parágrafo único. Constituem contribuições sociais:

I - as das empresas, incidentes sobre a remuneração paga, devida ou creditada aos segurados e demais pessoas físicas a seu serviço, mesmo sem vínculo empregatício;

II - as dos empregadores domésticos, incidentes sobre o salário-de-contribuição dos empregados domésticos a seu serviço;

III - as dos trabalhadores, incidentes sobre seu salário-de-contribuição;

IV - as das associações desportivas que mantêm equipe de futebol profissional, incidentes sobre a receita bruta decorrente dos espetáculos desportivos de que participem em todo território nacional em qualquer modalidade desportiva, inclusive jogos internacionais, e de qualquer forma de patrocínio, licenciamento de uso de marcas e símbolos, publicidade, propaganda e transmissão de espetáculos desportivos;

V - as incidentes sobre a receita bruta proveniente da comercialização da produção rural;

VI - as das empresas, incidentes sobre a receita ou o faturamento e o lucro; e

VII - as incidentes sobre a receita de concursos de prognósticos.

CAPÍTULO II
DA CONTRIBUIÇÃO DA UNIÃO

Art. 196. A contribuição da União é constituída de recursos adicionais do Orçamento Fiscal, fixados obrigatoriamente na Lei Orçamentária anual.

Parágrafo único. A União é responsável pela cobertura de eventuais insuficiências financeiras da seguridade social, quando decorrentes do pagamento de benefícios de prestação continuada da previdência social, na forma da Lei Orçamentária anual.

Art. 197. Para pagamento dos encargos previdenciários da União poderão contribuir os recursos da seguridade social referidos no inciso VI do parágrafo único do art. 195, na forma da Lei Orçamentária anual, assegurada a destinação de recursos para as ações de saúde e assistência social.

CAPÍTULO III
DA CONTRIBUIÇÃO DO SEGURADO

Seção I
Da Contribuição do Segurado Empregado, Empregado Doméstico e Trabalhador Avulso

Art. 198. A contribuição do segurado empregado, inclusive o doméstico, e do trabalhador avulso é calculada mediante a aplicação da correspondente alíquota, de forma não cumulativa, sobre o seu salário-de-contribuição mensal, observado o disposto no art. 214, de acordo com a seguinte tabela:

Parágrafo único. A contribuição do segurado trabalhador rural a que se refere à alínea "r" do inciso I do art. 9º é de oito por cento sobre o respectivo salário-de-contribuição definido no inciso I do art. 214. *(Incluído pelo Decreto nº 6.722, de 2008).*

TABELA DE CONTRIBUIÇÃO DOS SEGURADOS EMPREGADO, EMPREGADO DOMÉSTICO E TRABALHADOR AVULSO - Portaria MPS e MF 13/2015 VIGENTE A PARTIR DE 01.01.2015

SALÁRIO-DE-CONTRIBUIÇÃO (R$)	ALÍQUOTAS %
Até 1.399,12	8,00
de 1.399,13 até 2.331,88	9,00
de 2.331,89 até 4.663,75	11,00

Notas:
- Sempre que ocorrer **mais de um vínculo empregatício** para os segurados empregado e doméstico, as remunerações deverão ser somadas para o correto enquadramento na tabela acima, respeitando-se o limite máximo de contribuição. Esta mesma regra se aplica às remunerações do trabalhador avulso.
- Quando houver pagamento de remuneração relativa **a décimo terceiro salário**, este não deve ser somado a remuneração mensal para efeito de enquadramento na tabela de salários-de-contribuição, ou seja, aplicar-se-á a alíquota sobre os valores em separado.

Seção II
Da Contribuição dos Segurados Contribuinte Individual e Facultativo

(Redação dada pelo Decreto nº 3.265, de 29/11/99)

Art. 199. A alíquota de contribuição dos segurados contribuinte individual e facultativo é de vinte por cento aplicada sobre o respectivo salário-de-contribuição, observado os limites a que se referem os §§3º e 5º do art. 214. *(Redação dada pelo Decreto n. 3.265, de 29/11/99)*

Art. 199-A. A partir da competência em que o segurado fizer a opção pela exclusão do direito ao benefício de aposentadoria por tempo de contribuição, é de onze por cento, sobre o valor correspondente ao limite mínimo mensal do salário-de-contribuição, a alíquota de contribuição: *(Incluído pelo Decreto nº 6.042, de 2007).*

I - do segurado contribuinte individual, que trabalhe por conta própria, sem relação de trabalho com empresa ou equiparado; *(Incluído pelo Decreto nº 6.042, de 2007).*

II - do segurado facultativo; e *(Incluído pelo Decreto nº 6.042, de 2007).*

III - do MEI de que trata a alínea "p" do inciso V do art. 9º, cuja contribuição deverá ser recolhida na forma regulamentada pelo Comitê Gestor do Simples Nacional. *(Redação dada pelo Decreto nº 6.722, de 2008).*

§ 1º O segurado, inclusive aquele com deficiência, que tenha contribuído na forma do caput e pretenda contar o tempo de contribuição correspondente, para fins de obtenção da aposentadoria por tempo de contribuição ou de contagem recíproca do tempo de contribuição, deverá complementar a contribuição mensal. *(Redação dada pelo Decreto nº 8.145, de 2013)*

§ 2º A complementação de que trata o § 1º dar-se-á mediante o recolhimento sobre o valor correspondente ao limite mínimo mensal do salário-de-contribuição em vigor na competência a ser complementada da diferença entre o percentual pago e o de vinte por cento, acrescido dos juros moratórios de que trata o § 3º do art. 5º da Lei nº 9.430, de 27 de dezembro de 1996. *(Redação dada pelo Decreto nº 8.145, de 2013)*

§ 3º A contribuição complementar a que se refere os §§ 1º e 2º será exigida a qualquer tempo, sob pena do indeferimento ou cancelamento do benefício. *(Incluído pelo Decreto nº 8.145, de 2013)*

Seção III
Da Contribuição do Produtor Rural Pessoa Física e do Segurado Especial

Art. 200. A contribuição do empregador rural pessoa física, em substituição à contribuição de que tratam o inciso I do art. 201 e o art. 202, e a do segurado especial, incidente sobre a receita bruta da comercialização da produção rural, é de: *(Redação dada pelo Decreto n. 4.032, de 26/11/2001)*

I - dois por cento para a seguridade social; e

II - zero vírgula um por cento para o financiamento dos benefícios concedidos em razão do grau de incidência de incapacidade laborativa decorrente dos riscos ambientais do trabalho.

§ 1º *(Revogado pelo Decreto n. 4.032, de 26/11/2001)*

§ 2º O segurado especial referido neste artigo, além da contribuição obrigatória de que tratam os incisos I e II do **caput**, poderá contribuir, facultativamente, na forma do art. 199. *(Redação dada pelo Decreto nº 6.042, de 2007).*

§ 3º O produtor rural pessoa física de que trata a alínea "a" do inciso V do **caput** do art. 9º contribui, também, obrigatoriamente, na forma do art. 199, observando ainda o disposto nas alíneas "a" e "b" do inciso I do art. 216.

§ 4º Integra a receita bruta de que trata este artigo, além dos valores decorrentes da comercialização da produção relativa aos produtos a que se refere o § 5º, a receita proveniente: *(Redação dada pelo Decreto nº 6.722, de 2008).*

I - da comercialização da produção obtida em razão de contrato de parceria ou meação de parte do imóvel rural; *(Incluído pelo Decreto nº 6.722, de 2008).*

II - da comercialização de artigos de artesanato de que trata o inciso VII do § 8º do art. 9º; *(Incluído pelo Decreto nº 6.722, de 2008).*

III - de serviços prestados, de equipamentos utilizados e de produtos comercializados no imóvel rural, desde que em atividades turística e de entretenimento desenvolvidas no próprio imóvel, inclusive hospedagem, alimentação, recepção, recreação e atividades pedagógicas, bem como taxa de visitação e serviços especiais; *(Incluído pelo Decreto nº 6.722, de 2008).*

IV - do valor de mercado da produção rural dada em pagamento ou que tiver sido trocada por outra, qualquer que seja o motivo ou finalidade; e *(Incluído pelo Decreto nº 6.722, de 2008).*

V - de atividade artística de que trata o inciso VIII do § 8º do art. 9º. *(Incluído pelo Decreto nº 6.722, de 2008).*

§ 5º Integram a produção, para os efeitos dos incisos I e II do **caput**, observado o disposto no § 25 do art. 9º, os produtos de origem animal ou vegetal, em estado natural ou submetidos a processos de beneficiamento ou industrialização rudimentar, assim compreendidos, entre outros, os processos de lavagem, limpeza, descaroçamento, pilagem, descascamento, lenhamento, pasteurização, resfriamento, secagem, socagem, fermentação, embalagem, cristalização, fundição, carvoejamento, cozimento, destilação, moagem e torrefação, bem como os subprodutos e os resíduos obtidos por meio desses processos. *(Redação dada pelo Decreto nº 6.722, de 2008).*

§ 6º *(Revogado pelo Decreto nº 6.722, de 2008).*

I - o produto vegetal destinado ao plantio e reflorestamento;

II - o produto vegetal vendido por pessoa ou entidade que, registrada no Ministério da Agricultura e do Abastecimento, se dedique ao comércio de sementes e mudas no País;

III - o produto animal destinado à reprodução ou criação pecuária ou granjeira; e

IV - o produto animal utilizado como cobaia para fins de pesquisas científicas no País.

§ 7º A contribuição de que trata este artigo será recolhida:

I - pela empresa adquirente, consumidora ou consignatária ou a cooperativa, que ficam sub-rogadas no cumprimento das obrigações do produtor rural pessoa física de que trata a alínea "a" do inciso V do **caput** do art. 9º e do segurado especial, independentemente de as operações de venda ou consignação terem sido realizadas diretamente com estes ou com intermediário pessoa física, exceto nos casos do inciso III;

II - pela pessoa física não produtor rural, que fica sub-rogada no cumprimento das obrigações do produtor rural pessoa física de que trata a alínea "a" do inciso V do **caput** do art. 9º e do segurado especial, quando adquire produção para venda, no varejo, a consumidor pessoa física; ou

III - pela pessoa física de que trata alínea "a" do inciso V do **caput** do art. 9º e pelo segurado especial, caso comercializem sua produção com adquirente domiciliado no exterior, diretamente, no varejo, a consumidor pessoa física, a outro produtor rural pessoa física ou a outro segurado especial.

§ 8º O produtor rural pessoa física continua obrigado a arrecadar e recolher ao Instituto Nacional do Seguro Social a contribuição do segurado empregado e do trabalhador avulso a seu serviço, descontando-a da respectiva remuneração, nos mesmos prazos e segundo as mesmas normas aplicadas às empresas em geral.

§ 9º Sem prejuízo do disposto no inciso III do § 7º, o produtor rural pessoa física e o segurado especial são obrigados a recolher, diretamente, a contribuição incidente sobre a receita bruta proveniente: *(Incluído pelo Decreto nº 6.722, de 2008).*

I - da comercialização de artigos de artesanato elaborados com matéria-prima produzida pelo respectivo grupo familiar; *(Incluído pelo Decreto nº 6.722, de 2008).*

II - de comercialização de artesanato ou do exercício de atividade artística, observado o disposto nos incisos VII e VIII do § 8º do art. 9º; e *(Incluído pelo Decreto nº 6.722, de 2008).*

III - de serviços prestados, de equipamentos utilizados e de produtos comercializados no imóvel rural, desde que em atividades turística e de entretenimento desenvolvidas no próprio imóvel, inclusive hospedagem, alimentação, recepção, recreação e atividades pedagógicas, bem como taxa de visitação e serviços especiais. *(Incluído pelo Decreto nº 6.722, de 2008).*

§ 10. O segurado especial é obrigado a arrecadar a contribuição de trabalhadores a seu serviço e a recolhê-la no prazo referido na alínea "b" do inciso I do art. 216. *(Incluído pelo Decreto nº 6.722, de 2008).*

Art. 200-A. Equipara-se ao empregador rural pessoa física o consórcio simplificado de produtores rurais, formado pela união de produtores rurais pessoas físicas, que outorgar a um deles poderes para contratar, gerir e demitir trabalhadores rurais, na condição de empregados, para prestação de serviços, exclusivamente, aos seus integrantes, mediante documento registrado em cartório de títulos e documentos. *(Artigo acrescentado pelo Decreto n. 4.032, de 26/11/2001)*

§ 1º O documento de que trata o **caput** deverá conter a identificação de cada produtor, seu endereço pessoal e o de sua propriedade rural, bem como o respectivo registro no Instituto Nacional de Colonização e Reforma Agrária ou informações relativas à parceria, arrendamento ou equivalente e à matrícula no INSS de cada um dos produtores rurais. *(Parágrafo acrescentado pelo Decreto n. 4.032, de 26/11/2001)*

§ 2º O consórcio deverá ser matriculado no INSS, na forma por este estabelecida, em nome do empregador a quem hajam sido outorgados os mencionados poderes. *(Parágrafo acrescentado pelo Decreto n. 4.032, de 26/11/2001)*

Art. 200-B. As contribuições de que tratam o inciso I do art. 201 e o art. 202, bem como a devida ao Serviço Nacional Rural, são substituídas, em relação à remuneração paga, devida ou creditada ao trabalhador rural contratado pelo consórcio simplificado de produtores rurais de que trata o art. 200-A, pela contribuição dos respectivos produtores rurais. *(Artigo acrescentado pelo Decreto n. 4.032, de 26/11/2001)*

CAPÍTULO IV
DAS CONTRIBUIÇÕES DA EMPRESA E DO EMPREGADOR DOMÉSTICO

Seção I
Das Contribuições da Empresa

Art. 201. A contribuição a cargo da empresa, destinada à seguridade social, é de:

I - vinte por cento sobre o total das remunerações pagas, devidas ou creditadas, a qualquer título, no decorrer do mês, aos segurados empregado e trabalhador avulso, além das contribuições previstas nos arts. 202 e 204; *(Redação dada pelo Decreto n. 3.265, de 29/11/99)*

II - vinte por cento sobre o total das remunerações ou retribuições pagas ou creditadas no decorrer do mês ao segurado contribuinte individual; *(Redação dada pelo Decreto n. 3.265, de 29/11/99)*

III - quinze por cento sobre o valor bruto da nota fiscal ou fatura de prestação de serviços, relativamente a serviços que lhes são prestados por cooperados por intermédio de cooperativas de trabalho, observado, no que couber, as disposições dos §§7º e 8º do art. 219; *(Redação dada pelo Decreto n. 3.265, de 29/11/99)*

IV - dois vírgula cinco por cento sobre o total da receita bruta proveniente da comercialização da produção rural, em substituição às contribuições previstas no inciso I do **caput** e no art. 202, quando se tratar de pessoa jurídica que tenha como fim apenas a atividade de produção rural. *(Redação dada pelo Decreto n. 4.032, de 26/11/2001)*

§ 1º São consideradas remuneração as importâncias auferidas em uma ou mais empresas, assim entendida a totalidade dos rendimentos pagos, devidos ou creditados a qualquer título, durante o mês, destinados a retribuir o trabalho, qualquer que seja a sua forma, inclusive os ganhos habituais sob a forma de utilidades, ressalvado o disposto no § 9º do art. 214 e excetuado o lucro distribuído ao segurado empresário, observados os termos do inciso II do § 5º.

§ 2º Integra a remuneração para os fins do disposto nos incisos II e III do **caput**, a bolsa de estudos paga ou creditada ao médico-residente participante do programa de residência médica de que trata o art. 4º da Lei n. 6.932, de 7 de julho de 1981, na redação dada pela Lei n. 10.405, de 9 de janeiro de 2002. *(Redação dada pelo Decreto n. 4.729, de 9/06/2003)*

§ 3º Não havendo comprovação dos valores pagos ou creditados aos segurados de que tratam as alíneas "e" a "i" do inciso V do art. 9º, em face de recusa ou sonegação de qualquer documento ou informação, ou sua apresentação deficiente, a contribuição da empresa referente a esses segurados será de vinte por cento sobre: *(Redação dada pelo Decreto n. 3.452, de 9/05/2000)*

I - o salário-de-contribuição do segurado nessa condição; *(Inciso acrescentado pelo Decreto n. 3.452, de 9/05/2000)*

II - a maior remuneração paga a empregados da empresa; ou *(Inciso acrescentado pelo Decreto n. 3.452, de 9/05/2000)*

III - o salário mínimo, caso não ocorra nenhuma das hipóteses anteriores. *(Inciso acrescentado pelo Decreto n. 3.452, de 9/05/2000)*

§ 4º A remuneração paga ou creditada a condutor autônomo de veículo rodoviário, ou ao auxiliar de condutor autônomo de veículo rodoviário, em automóvel cedido em regime de colaboração, nos termos da Lei n. 6.094, de 30 de agosto de 1974, pelo frete, carreto ou transporte de passageiros, realizado por conta própria, corresponde a vinte por cento do rendimento bruto. *(Redação dada pelo Decreto n. 4.032, de 26/11/2001)*

§ 5º No caso de sociedade civil de prestação de serviços profissionais relativos ao exercício de profissões legalmente regulamentadas, a contribuição da empresa referente aos segurados a que se referem as alíneas "g" a "i" do inciso V do art. 9º, observado o disposto no art. 225 e legislação específica, será de vinte por cento sobre: *(Redação dada pelo Decreto n. 3.265, de 29/11/99)*

I - a remuneração paga ou creditada aos sócios em decorrência de seu trabalho, de acordo com a escrituração contábil da empresa; ou

II - os valores totais pagos ou creditados aos sócios, ainda que a título de antecipação de lucro da pessoa jurídica, quando não houver discriminação entre a remuneração decorrente do trabalho e a proveniente do capital social ou tratar-se de adiantamento de resultado ainda não apurado por meio de demonstração de resultado do exercício. *(Redação dada pelo Decreto n. 4.729, de 9/06/2003)*

§ 6º No caso de banco comercial, banco de investimento, banco de desenvolvimento, caixa econômica, sociedade de crédito, financiamento e investimento, sociedade de crédito imobiliário, inclusive associação de poupança e empréstimo, sociedade corretora, distribuidora de títulos e valores mobiliários, inclusive bolsa de mercadorias e de valores, empresa de arrendamento mercantil, cooperativa de crédito, empresa de seguros privados e de capitalização, agente autônomo de seguros privados e de crédito e entidade de previdência privada, aberta e fechada, além das contribuições referidas nos incisos I e II do **caput** e nos arts. 202 e 204, é devida a contribuição adicional de dois vírgula cinco por cento sobre a base de cálculo definida nos incisos I e II do **caput**. *(Redação dada pelo Decreto n. 3.265, de 29/11/99)*

§ 7º A pessoa jurídica enquadrada na condição de microempresa ou de empresa de pequeno porte, na forma do art. 2º da Lei n. 9.317, de 5 de dezembro de 1996, que optar pela inscrição no Sistema Integrado de Pagamento de Impostos e Contribuições das Microempresas e Empresas de Pequeno Porte, contribuirá na forma estabelecida no art. 23 da referida Lei, em substituição às contribuições de que tratam os incisos I a IV do **caput** e os arts. 201-A, 202 e 204. *(Redação dada pelo Decreto n. 4.032, de 26/11/2001)*

§ 8º A contribuição será sempre calculada na forma do inciso II do **caput** quando a remuneração ou retribuição for paga ou creditada a pessoa física, quando ausentes os requisitos que caracterizem o segurado como empregado, mesmo que não esteja inscrita no Regime Geral de Previdência Social. *(Redação dada pelo Decreto n. 3.265, de 29/11/99)*

§ 9º *(Revogado pelo Decreto n. 3.265, de 29/11/99)*

§ 10. *(Revogado pelo Decreto n. 3.265, de 29/11/99)*

§ 11. *(Revogado pelo Decreto n. 3.265, de 29/11/99)*

§ 12. *(Revogado pelo Decreto n. 3.265, de 29/11/99)*

§ 13. *(Revogado pelo Decreto n. 3.265, de 29/11/99)*

§ 14. *(Revogado pelo Decreto n. 3.265, de 29/11/99)*

§ 15. Para os efeitos do inciso IV do **caput** e do § 8º do art. 202, considera-se receita bruta o valor recebido ou creditado pela comercialização da produção, assim entendida a operação de venda ou consignação, observadas as disposições do § 5º do art. 200.

§ 16. A partir de 14 de outubro de 1996, as contribuições de que tratam o inciso IV do **caput** e o § 8º do art. 202 são de responsabilidade do produtor rural pessoa jurídica, não sendo admitida a sub-rogação ao adquirente, consignatário ou cooperativa.

§ 17. O produtor rural pessoa jurídica continua obrigado a arrecadar e recolher ao Instituto Nacional do Seguro Social a contribuição do segurado empregado e do trabalhador avulso a seu serviço, descontando-a da respectiva remuneração, nos mesmos prazos e segundo as mesmas normas aplicadas às empresas em geral.

§ 18. *(Revogado pelo Decreto n. 4.032, de 26/11/2001)*

§ 19. A cooperativa de trabalho não está sujeita à contribuição de que trata o inciso II do **caput,** em relação às importâncias por ela pagas, distribuídas ou creditadas aos respectivos cooperados, a título de remuneração ou retribuição pelos serviços que, por seu intermédio, tenham prestado a empresas. *(Redação dada pelo Decreto n. 3.452, de 9/05/2000)*

§ 20. A contribuição da empresa, relativamente aos serviços que lhe são prestados por cooperados por intermédio de cooperativas de trabalho na atividade de transporte rodoviário de carga ou passageiro, é de quinze por cento sobre a parcela correspondente ao valor dos serviços prestados pelos cooperados, que não será inferior a vinte por cento do valor da nota fiscal ou fatura. *(Parágrafo acrescentado pelo Decreto n. 4.032, de 26/11/2001)*

§ 21. O disposto no inciso IV do **caput** não se aplica às operações relativas à prestação de serviços a terceiros, cujas contribuições previdenciárias continuam sendo devidas na forma deste artigo e do art. 202. *(Parágrafo acrescentado pelo Decreto n. 4.032, de 26/11/2001)*

§ 22. A pessoa jurídica, exceto a agroindústria, que, além da atividade rural, explorar também outra atividade econômica autônoma, quer seja comercial, industrial ou de serviços, no mesmo ou em estabelecimento distinto, independentemente de qual seja a atividade preponderante, contribuirá de acordo com os incisos I, II e III do art. 201 e art. 202. *(Parágrafo acrescentado pelo Decreto n. 4.032, de 26/11/2001)*

Art. 201-A. A contribuição devida pela agroindústria, definida como sendo o produtor rural pessoa jurídica cuja atividade econômica seja a industrialização de produção própria ou de produção própria e adquirida de terceiros, incidente sobre o valor da receita bruta proveniente da comercialização da produção, em substituição às previstas no inciso I do art. 201 e art. 202, é de: *(Artigo acrescentado pelo Decreto n. 4.032, de 26/11/2001)*

I - dois vírgula cinco por cento destinados à Seguridade Social; e *(Inciso acrescentado pelo Decreto n. 4.032, de 26/11/2001)*

II - zero vírgula um por cento para o financiamento do benefício previsto nos arts. 64 a 70, e daqueles concedidos em razão do grau de incidência de incapacidade para o trabalho decorrente dos riscos ambientais da atividade. *(Inciso acrescentado pelo Decreto n. 4.032, de 26/11/2001)*

§ 1º Para os fins deste artigo, entende-se por receita bruta o valor total da receita proveniente da comercialização da produção própria e da adquirida de terceiros, industrializada ou não. *(Parágrafo acrescentado pelo Decreto n. 4.032, de 26/11/2001)*

§ 2º O disposto neste artigo não se aplica às operações relativas à prestação de serviços a terceiros, cujas contribuições previdenciárias continuam sendo devidas na forma do art. 201 e 202, obrigando-se a empresa a elaborar folha de salários e registros contábeis distintos. *(Parágrafo acrescentado pelo Decreto n. 4.032, de 26/11/2001)*

§ 3º Na hipótese do § 2º, a receita bruta correspondente aos serviços prestados a terceiros não integram a base de cálculo da contribuição de que trata o **caput**. *(Parágrafo acrescentado pelo Decreto n. 4.032, de 26/11/2001)*

§ 4º O disposto neste artigo não se aplica: *(Nova Redação pelo Decreto n. 4.862 de 21/10/2003)*

I - às sociedades cooperativas e às agroindústrias de piscicultura, carcinicultura, suinocultura e avicultura; e(Redação incluída pelo *Decreto n. 4.862 de 21/10/2003*)

II - à pessoa jurídica que, relativamente à atividade rural, se dedique apenas ao florestamento e reflorestamento como fonte de matéria-prima para industrialização própria mediante a utilização de processo industrial que modifique a natureza química da madeira ou a transforme em pasta celulósica. *(Redação incluída pelo Decreto n. 4.862 de 21/10/2003)*

§ 5º Aplica-se o disposto no inciso II do § 4º ainda que a pessoa jurídica comercialize resíduos vegetais ou sobras ou partes da produção, desde que a receita bruta decorrente dessa comercialização represente menos de um por cento de sua receita bruta proveniente da comercialização da produção. *(Redação incluída pelo Decreto n. 4.862 de 21/10/2003)*

Art. 201-B. Aplica-se o disposto no artigo anterior, ainda que a agroindústria explore, também, outra atividade econômica autônoma, no mesmo ou em estabelecimento distinto, hipótese em que a contribuição incidirá sobre o valor da receita bruta dela decorrente. *(Artigo acrescentado pelo Decreto n. 4.032, de 26/11/2001)*

Art. 201-C. Quando a cooperativa de produção rural contratar empregados para realizarem, exclusivamente, a colheita da produção de seus cooperados, as contribuições de que tratam o art. 201, I, e o art. 202, relativas à folha de salário destes segurados, serão substituídas pela contribuição devida pelos cooperados, cujas colheitas sejam por eles realizadas, incidentes sobre a receita bruta da comercialização da produção rural, na forma prevista no art. 200, se pessoa física, no inciso IV do **caput** do art. 201 e no § 8º do art. 202, se pessoa jurídica. *(Artigo acrescentado pelo Decreto n. 4.032, de 26/11/2001)*

§ 1° A cooperativa deverá elaborar folha de salários distinta e apurar os encargos decorrentes da contratação de que trata o caput separadamente dos relativos aos seus empregados regulares, discriminadamente por cooperado, na forma definida pelo INSS. *(Parágrafo acrescentado pelo Decreto n. 4.032, de 26/11/2001)*

§ 2° A cooperativa é diretamente responsável pela arrecadação e recolhimento da contribuição previdenciária dos segurados contratados na forma deste artigo. *(Parágrafo acrescentado pelo Decreto n. 4.032, de 26/11/2001)*

§ 3º O disposto neste artigo aplica-se à contribuição devida ao Serviço Nacional Rural. *(Parágrafo acrescentado pelo Decreto n. 4.032, de 26/11/2001)*

Art. 201-D. As alíquotas de que tratam os incisos I e II do art. 201, em relação às empresas que prestam serviços de tecnologia da informação - TI e de tecnologia da informação e comunicação - TIC, ficam reduzidas de acordo com a aplicação sucessiva das seguintes operações: *(Incluído pelo Decreto nº 6.945, de 2009)*

I - subtrair do valor da receita bruta total de venda de bens e serviços relativa aos doze meses imediatamente anteriores ao trimestre-calendário o valor correspondente aos impostos e às contribuições incidentes sobre venda; *(Incluído pelo Decreto nº 6.945, de 2009)*

II - identificar, no valor da receita bruta total resultante da operação prevista no inciso I, a parte relativa aos serviços mencionados nos §§ 3º e 4º que foram exportados; *(Incluído pelo Decreto nº 6.945, de 2009)*

III - dividir a receita bruta de exportação resultante do inciso II pela receita bruta total resultante do inciso I; *(Incluído pelo Decreto nº 6.945, de 2009)*

IV - multiplicar a razão decorrente do inciso III por um décimo; *(Incluído pelo Decreto nº 6.945, de 2009)*

V - multiplicar o valor encontrado de acordo com a operação do inciso IV por cem, para que se chegue ao percentual de redução; *(Incluído pelo Decreto nº 6.945, de 2009)*

VI - subtrair de vinte por cento o percentual resultante do inciso V, de forma que se obtenha a nova alíquota percentual a ser aplicada sobre a base de cálculo da contribuição previdenciária. *(Incluído pelo Decreto nº 6.945, de 2009)*

§ 1º A alíquota apurada na forma do inciso VI do **caput** será aplicada uniformemente nos meses que compõem o trimestre-calendário. *(Incluído pelo Decreto nº 6.945, de 2009)*

§ 2º No caso de empresa em início de atividades ou sem receita de exportação até a data de publicação da Lei nº 11.774, de 17 de setembro de 2008, a apuração de que trata o **caput** poderá ser realizada com base em período inferior a doze meses, observado o mínimo de três meses anteriores. *(Incluído pelo Decreto nº 6.945, de 2009)*

§ 3º Para efeito do **caput**, consideram-se serviços de TI e TIC: *(Incluído pelo Decreto nº 6.945, de 2009)*

I - análise e desenvolvimento de sistemas; *(Incluído pelo Decreto nº 6.945, de 2009)*

II - programação; *(Incluído pelo Decreto nº 6.945, de 2009)*

III - processamento de dados e congêneres; *(Incluído pelo Decreto nº 6.945, de 2009)*

IV - elaboração de programas de computadores, inclusive de jogos eletrônicos; *(Incluído pelo Decreto nº 6.945, de 2009)*

V - licenciamento ou cessão de direito de uso de programas de computação; *(Incluído pelo Decreto nº 6.945, de 2009)*

VI - assessoria e consultoria em informática; *(Incluído pelo Decreto nº 6.945, de 2009)*

VII - suporte técnico em informática, inclusive instalação, configuração e manutenção de programas de computação e bancos de dados; e *(Incluído pelo Decreto nº 6.945, de 2009)*

VIII - planejamento, confecção, manutenção e atualização de páginas eletrônicas. *(Incluído pelo Decreto nº 6.945, de 2009)*

§ 4º O disposto neste artigo aplica-se também a empresas que prestam serviços de **call center.** *(Incluído pelo Decreto nº 6.945, de 2009)*

§ 5º No caso das empresas que prestam serviços referidos nos §§ 3º e 4º, os valores das contribuições devidas a terceiros, denominados outras entidades ou fundos, com exceção do Fundo Nacional de Desenvolvimento da Educação - FNDE, ficam reduzidos no percentual resultante das operações referidas no **caput** e de acordo com a aplicação sucessiva das seguintes operações: *(Incluído pelo Decreto nº 6.945, de 2009)*

I - calcular a contribuição devida no mês a cada entidade ou fundo, levando em consideração as regras aplicadas às empresas em geral; *(Incluído pelo Decreto nº 6.945, de 2009)*

II - aplicar o percentual de redução, resultante do inciso V do **caput**, sobre o valor resultante do inciso I; *(Incluído pelo Decreto nº 6.945, de 2009)*

III - subtrair, do valor apurado na forma do inciso I, o valor obtido no inciso II, o que resultará no valor a ser recolhido a cada entidade ou fundo no mês. *(Incluído pelo Decreto nº 6.945, de 2009)*

§ 6º As reduções de que tratam o **caput** e o § 5º pressupõem o atendimento ao seguinte: *(Incluído pelo Decreto nº 6.945, de 2009)*

I - até 31 de dezembro de 2009, a empresa deverá implementar o Programa de Prevenção de Riscos Ambientais e de Doenças Ocupacionais previsto em lei, caracterizado pela plena execução do Programa de Prevenção de Riscos Ambientais - PPRA e do Programa de Controle Médico de Saúde Ocupacional - PCMSO, conforme disciplinado nas normas regulamentadoras do Ministério do Trabalho e Emprego, devendo ainda estabelecer metas de melhoria das condições e do ambiente de trabalho que reduzam a ocorrência de benefícios por incapacidade decorrentes de acidentes do trabalho ou doenças ocupacionais em pelo menos cinco por cento em relação ao ano anterior; *(Redação dada pelo Decreto nº 7.331, de 2010)*

II - até 31 de dezembro de 2010, a empresa que comprovar estar executando o programa de prevenção de riscos ambientais e de doenças ocupacionais implantado nos prazo e forma estabelecidos no inciso I, terá presumido o atendimento à exigência fixada no inciso I do § 9º do art. 14 da Lei nº 11.774, de 2008; *(Incluído pelo Decreto nº 6.945, de 2009)*

III - a partir de 1º de janeiro de 2011, a empresa deverá comprovar a eficácia do respectivo programa de prevenção de riscos ambientais e de doenças ocupacionais, por meio de relatórios que atestem o atendimento da meta de redução de sinistralidade nele estabelecida; *(Incluído pelo Decreto nº 6.945, de 2009)*

IV - *(Revogado pelo Decreto nº 7.331, de 2010)*

§ 7º Sem prejuízo do disposto no § 6º, as empresas dos setores de TI e de TIC só farão jus às reduções de que tratam o **caput** e o § 5º se aplicarem montante igual ou superior a dez por cento do benefício auferido, alternativa ou cumulativamente em despesas: *(Incluído pelo Decreto nº 6.945, de 2009) (Produção de efeito)*

I - para capacitação de pessoal, relacionada a aspectos técnicos associados aos serviços de TI e TIC, referidos no § 3º, bem como a serviços de **call centers**, aí incluída a capacitação em temas diretamente relacionados com qualidade de produtos, processos ou sistemas, bem como a proficiência em línguas estrangeiras; *(Incluído pelo Decreto nº 6.945, de 2009)*

II - relacionadas ao desenvolvimento de atividades de avaliação de conformidade, incluindo certificação de produtos, serviços e sistemas, realizadas com entidades ou especialistas do País ou do exterior; *(Incluído pelo Decreto nº 6.945, de 2009)*

III - realizadas com desenvolvimento tecnológico de produtos, processos e serviços, sendo consideradas atividades de pesquisa e desenvolvimento em TI aquelas dispostas nos arts. 24 e 25 do Decreto nº 5.906, de 26 de setembro de 2006; ou *(Incluído pelo Decreto nº 6.945, de 2009)*

IV - realizadas no apoio a projetos de desenvolvimento científico ou tecnológico, por instituições de pesquisa e desenvolvimento, conforme definidos nos arts. 27 e 28 do Decreto nº 5.906, de 2006, devidamente credenciadas pelo Comitê da Área de Tecnologia da Informação - CATI ou pelo Comitê das Atividades de Pesquisa e Desenvolvimento da Amazônia - CAPDA. *(Incluído pelo Decreto nº 6.945, de 2009)*

§ 8º O valor do benefício e a especificação das contrapartidas referidos no § 7º deverão ser declarados formalmente pelas empresas beneficiárias, a cada exercício, ao Ministério da Ciência e Tecnologia, na forma a ser definida em ato daquele Ministério. *(Incluído pelo Decreto nº 6.945, de 2009)*

§ 9º Para fins do § 8º, as empresas beneficiadas pela Lei nº 8.248, de 23 de outubro de 1991, poderão deduzir do montante previsto no § 7º as despesas efetivamente realizadas, no atendimento às exigências da referida Lei, observado o disposto no § 10. *(Incluído pelo Decreto nº 6.945, de 2009)*

§ 10. O disposto no § 9º aplica-se exclusivamente às despesas de mesma natureza das previstas no § 7º. *(Incluído pelo Decreto nº 6.945, de 2009)*

§ 11. A União compensará, mensalmente, o Fundo do Regime Geral de Previdência Social, de que trata o art. 68 da Lei Complementar nº 101, de 4 de maio de 2000, no valor correspondente à renúncia previdenciária decorrente da desoneração de que trata este artigo, de forma a não afetar a apuração do resultado financeiro do Regime Geral de Previdência Social. *(Incluído pelo Decreto nº 6.945, de 2009)*

§ 12. A renúncia de que trata o § 11 consistirá na diferença entre o valor da contribuição que seria devido, como se não houvesse incentivo, e o valor da contribuição efetivamente recolhido. *(Incluído pelo Decreto nº 6.945, de 2009)*

§ 13. O valor estimado da renúncia será incluído na Lei Orçamentária Anual, sem prejuízo do repasse enquanto não constar na mencionada Lei. *(Incluído pelo Decreto nº 6.945, de 2009)*

§ 14. O não-cumprimento das exigências de que tratam os §§ 6º e 7º implica a perda do direito das reduções de que tratam o **caput** e o § 5º, ensejando o recolhimento da diferença de contribuições com os acréscimos legais cabíveis. *(Incluído pelo Decreto nº 6.945, de 2009)*

Art. 202. A contribuição da empresa, destinada ao financiamento da aposentadoria especial, nos termos dos arts. 64 a 70, e dos benefícios concedidos em razão do grau de incidência de incapacidade laborativa decorrente dos riscos ambientais do trabalho corresponde à aplicação dos seguintes percentuais, incidentes sobre o total da remuneração paga, devida ou creditada a qualquer título, no decorrer do mês, ao segurado empregado e trabalhador avulso:

I - um por cento para a empresa em cuja atividade preponderante o risco de acidente do trabalho seja considerado leve;

II - dois por cento para a empresa em cuja atividade preponderante o risco de acidente do trabalho seja considerado médio; ou

III - três por cento para a empresa em cuja atividade preponderante o risco de acidente do trabalho seja considerado grave.

§ 1º As alíquotas constantes do **caput** serão acrescidas de doze, nove ou seis pontos percentuais, respectivamente, se a atividade exercida pelo segurado a serviço da empresa ensejar a concessão de aposentadoria especial após quinze, vinte ou vinte e cinco anos de contribuição.

§ 2º O acréscimo de que trata o parágrafo anterior incide exclusivamente sobre a remuneração do segurado sujeito às condições especiais que prejudiquem a saúde ou a integridade física.

§ 3º Considera-se preponderante a atividade que ocupa, na empresa, o maior número de segurados empregados e trabalhadores avulsos.

§ 4º A atividade econômica preponderante da empresa e os respectivos riscos de acidentes do trabalho compõem a Relação de Atividades Preponderantes e correspondentes Graus de Risco, prevista no Anexo V.

§ 5º É de responsabilidade da empresa realizar o enquadramento na atividade preponderante, cabendo à Secretaria da Receita Previdenciária do Ministério da Previdência Social revê-lo a qualquer tempo. *(Redação dada pelo Decreto nº 6.042, de 2007).*

§ 6º Verificado erro no auto-enquadramento, a Secretaria da Receita Previdenciária adotará as medidas necessárias à sua correção, orientará o responsável pela empresa em caso de recolhimento indevido e procederá à notificação dos valores devidos. *(Redação dada pelo Decreto nº 6.042, de 2007).*

§ 7º O disposto neste artigo não se aplica à pessoa física de que trata a alínea "a" do inciso V do **caput** do art. 9º.

§ 8º Quando se tratar de produtor rural pessoa jurídica que se dedique à produção rural e contribua nos moldes do inciso IV do **caput** do art. 201, a contribuição referida neste artigo corresponde a zero vírgula um por cento incidente sobre a receita bruta proveniente da comercialização de sua produção.

§ 9º *(Revogado pelo Decreto n. 3.265, de 29/11/99)*

§ 10. Será devida contribuição adicional de doze, nove ou seis pontos percentuais, a cargo da cooperativa de produção, incidente sobre a remuneração paga, devida ou creditada ao cooperado filiado, na hipótese de exercício de atividade que autorize a concessão de aposentadoria especial após quinze, vinte ou vinte e cinco anos de contribuição, respectivamente. *(Parágrafo acrescentado pelo Decreto n. 4.729, de 9/06/2003)*

§ 11. Será devida contribuição adicional de nove, sete ou cinco pontos percentuais, a cargo da empresa tomadora de serviços de cooperado filiado a cooperativa de trabalho, incidente sobre o valor bruto da nota fiscal ou fatura de prestação de serviços, conforme a atividade exercida pelo cooperado permita a concessão de aposentadoria especial após quinze, vinte ou vinte e cinco anos de contribuição, respectivamente. *(Parágrafo acrescentado pelo Decreto n. 4.729, de 9/06/2003)*

§ 12. Para os fins do § 11, será emitida nota fiscal ou fatura de prestação de serviços específica para a atividade exercida pelo cooperado que permita a concessão de aposentadoria especial. *(Parágrafo acrescentado pelo Decreto n. 4.729, de 9/06/2003)*

§ 13. A empresa informará mensalmente, por meio da Guia de Recolhimento do Fundo de Garantia do Tempo de Serviço e Informações à Previdência Social - GFIP, a alíquota correspondente ao seu grau de risco, a respectiva atividade preponderante e a atividade do estabelecimento, apuradas de acordo com o disposto nos §§ 3º e 5º. *(Incluído pelo Decreto nº 6.042, de 2007).*

Art. 202-A. As alíquotas constantes nos incisos I a III do art. 202 serão reduzidas em até cinqüenta por cento ou aumentadas em até cem por cento, em razão do desempenho da empresa em relação à sua respectiva atividade, aferido pelo Fator Acidentário de Prevenção - FAP. *(Incluído pelo Decreto nº 6.042, de 2007).*

§ 1º O FAP consiste num multiplicador variável num intervalo contínuo de cinco décimos (0,5000) a dois inteiros (2,0000), aplicado com quatro casas decimais, considerado o critério de arredondamento na quarta casa decimal, a ser aplicado à respectiva alíquota. *(Redação dada pelo Decreto nº 6.957, de 2009)*

§ 2º Para fins da redução ou majoração a que se refere o **caput**, proceder-se-á à discriminação do desempenho da empresa, dentro da respectiva atividade econômica, a partir da criação de um índice composto pelos índices de gravidade, de frequência e de custo que pondera os respectivos percentis com pesos de cinquenta por cento, de trinta cinco por cento e de quinze por cento, respectivamente. *(Redação dada pelo Decreto nº 6.957, de 2009)*

§ 3º *(Revogado pelo Decreto nº 6.957, de 2009)*

§ 4º Os índices de freqüência, gravidade e custo serão calculados segundo metodologia aprovada pelo Conselho Nacional de Previdência Social, levando-se em conta: *(Incluído pelo Decreto nº 6.042, de 2007).*

I - para o índice de freqüência, os registros de acidentes e doenças do trabalho informados ao INSS por meio de Comunicação de Acidente do Trabalho - CAT e de benefícios acidentários estabelecidos por nexos técnicos pela perícia médica do INSS, ainda que sem CAT a eles vinculados; *(Redação dada pelo Decreto nº 6.957, de 2009)*

II - para o índice de gravidade, todos os casos de auxílio-doença, auxílio-acidente, aposentadoria por invalidez e pensão por morte, todos de natureza acidentária, aos quais são atribuídos pesos diferentes em razão da gravidade da ocorrência, como segue: *(Redação dada pelo Decreto nº 6.957, de 2009)*

a) pensão por morte: peso de cinquenta por cento; *(Incluído pelo Decreto nº 6.957, de 2009)*

b) aposentadoria por invalidez: peso de trinta por cento; e *(Incluído pelo Decreto nº 6.957, de 2009)*

c) auxílio-doença e auxílio-acidente: peso de dez por cento para cada um; e *(Incluído pelo Decreto nº 6.957, de 2009)*

III - para o índice de custo, os valores dos benefícios de natureza acidentária pagos ou devidos pela Previdência Social, apurados da seguinte forma: *(Redação dada pelo Decreto nº 6.957, de 2009)*

a) nos casos de auxílio-doença, com base no tempo de afastamento do trabalhador, em meses e fração de mês; e *(Incluído pelo Decreto nº 6.957, de 2009)*

b) nos casos de morte ou de invalidez, parcial ou total, mediante projeção da expectativa de sobrevida do segurado, na data de início do benefício, a partir da tábua de mortalidade construída pela Fundação Instituto Brasileiro de Geografia e Estatística - IBGE para toda a população brasileira, considerando-se a média nacional única para ambos os sexos. *(Incluído pelo Decreto nº 6.957, de 2009)*

§ 5º O Ministério da Previdência Social publicará anualmente, sempre no mesmo mês, no Diário Oficial da União, os róis dos percentis de frequência, gravidade e custo por Subclasse da Classificação Nacional de Atividades Econômicas - CNAE e divulgará na rede mundial de computadores o FAP de cada empresa, com as respectivas ordens de freqüência, gravidade, custo e demais elementos que possibilitem a esta verificar o respectivo desempenho dentro da sua CNAE-Subclasse. *(Redação dada pelo Decreto nº 6.957, de 2009)*

~~§ 6º O FAP produzirá efeitos tributários a partir do primeiro dia do quarto mês subseqüente ao de sua divulgação. (Incluído pelo Decreto nº 6.042, de 2007).~~

§ 7º Para o cálculo anual do FAP, serão utilizados os dados de janeiro a dezembro de cada ano, até completar o período de dois anos, a partir do qual os dados do ano inicial serão substituídos pelos novos dados anuais incorporados. *(Redação dada pelo Decreto nº 6.957, de 2009)*

§ 8º Para a empresa constituída após janeiro de 2007, o FAP será calculado a partir de 1º de janeiro do ano ano seguinte ao que completar dois anos de constituição. *(Redação dada pelo Decreto nº 6.957, de 2009)*

§ 9º Excepcionalmente, no primeiro processamento do FAP serão utilizados os dados de abril de 2007 a dezembro de 2008. *(Redação dada pelo Decreto nº 6.957, de 2009)*

§ 10. A metodologia aprovada pelo Conselho Nacional de Previdência Social indicará a sistemática de cálculo e a forma de aplicação de índices e critérios acessórios à composição do índice composto do FAP. *(Incluído pelo Decreto nº 6.957, de 2009)*

Art. 202-B. O FAP atribuído às empresas pelo Ministério da Previdência Social poderá ser contestado perante o Departamento de Políticas de Saúde e Segurança Ocupacional da Secretaria Políticas de Previdência Social do Ministério da Previdência Social, no prazo de trinta dias da sua divulgação oficial. *(Incluído pelo Decreto nº 7.126, de 2010)*

§ 1º A contestação de que trata o **caput** deverá versar, exclusivamente, sobre razões relativas a divergências quanto aos elementos previdenciários que compõem o cálculo do FAP. *(Incluído pelo Decreto nº 7.126, de 2010)*

§ 2º Da decisão proferida pelo Departamento de Políticas de Saúde e Segurança Ocupacional, caberá recurso, no prazo de trinta dias da intimação da decisão, para a Secretaria de Políticas de Previdência Social, que examinará a matéria em caráter terminativo. *(Incluído pelo Decreto nº 7.126, de 2010)*

§ 3º O processo administrativo de que trata este artigo tem efeito suspensivo. *(Incluído pelo Decreto nº 7.126, de 2010)*

Art. 203. A fim de estimular investimentos destinados a diminuir os riscos ambientais no trabalho, o Ministério da Previdência e Assistência Social poderá alterar o enquadramento de empresa que demonstre a melhoria das condições do trabalho, com redução dos agravos à saúde do trabalhador, obtida através de investimentos em prevenção e em sistemas gerenciais de risco.

§ 1º A alteração do enquadramento estará condicionada à inexistência de débitos em relação às contribuições devidas ao Instituto Nacional do Seguro Social e aos demais requisitos estabelecidos pelo Ministério da Previdência e Assistência Social.

§ 2º O Instituto Nacional do Seguro Social, com base principalmente na comunicação prevista no art. 336, implementará sistema de controle e acompanhamento de acidentes do trabalho.

§ 3º Verificado o descumprimento por parte da empresa dos requisitos fixados pelo Ministério da Previdência e Assistência Social, para fins de enquadramento de que trata o artigo anterior, o Instituto Nacional do Seguro Social procederá à notificação dos valores devidos.

Art. 204. As contribuições a cargo da empresa, provenientes do faturamento e do lucro, destinadas à seguridade social, são arrecadadas, normatizadas, fiscalizadas e cobradas pela Secretaria da Receita Federal. *(Redação dada pelo Decreto n. 4.729, de 9/06/2003)*

§ 1º *(Revogado pelo Decreto n. 4.729, de 9/06/2003)*

§ 2º *(Revogado pelo Decreto n. 4.729, de 9/06/2003)*

§ 3º *(Revogado pelo Decreto n. 4.729, de 9/06/2003)*

Art. 205. A contribuição empresarial da associação desportiva que mantém equipe de futebol profissional, destinada à seguridade social, em substituição às previstas no inciso I do **caput** do art. 201 e no art. 202, corresponde a cinco por cento da receita bruta decorrente dos espetáculos desportivos de que participe em todo território nacional, em qualquer modalidade desportiva, inclusive jogos internacionais, e de qualquer forma de patrocínio, licenciamento de uso de marcas e símbolos, publicidade, propaganda e transmissão de espetáculos desportivos.

§ 1º Cabe à entidade promotora do espetáculo a responsabilidade de efetuar o desconto de cinco por cento da receita bruta decorrente dos espetáculos desportivos e o respectivo recolhimento ao Instituto Nacional do Seguro Social, no prazo de até dois dias úteis após a realização do evento.

§ 2º Cabe à associação desportiva que mantém equipe de futebol profissional informar à entidade promotora do espetáculo desportivo todas as receitas auferidas no evento, discriminando-as detalhadamente.

§ 3º Cabe à empresa ou entidade que repassar recursos a associação desportiva que mantém equipe de futebol profissional, a título de patrocínio, licenciamento de uso de marcas e símbolos, publicidade, propaganda e transmissão de espetáculos, a responsabilidade de reter e recolher, no prazo estabelecido na alínea "b" do inciso I do art. 216, o percentual de cinco por cento da receita bruta, inadmitida qualquer dedução.

§ 4º O Conselho Deliberativo do Instituto Nacional de Desenvolvimento do Desporto informará ao Instituto Nacional do Seguro Social, com a antecedência necessária, a realização de todo espetáculo esportivo de que a associação desportiva referida no **caput** participe no território nacional.

§ 5º O não-recolhimento das contribuições a que se referem os §§ 1º e 3º nos prazos estabelecidos no § 1º deste artigo e na alínea "b" do inciso I do art. 216, respectivamente, sujeitará os responsáveis ao pagamento de atualização monetária, quando couber, juros moratórios e multas, na forma do art. 239.

§ 6º O não-desconto ou a não-retenção das contribuições a que se referem os §§ 1º e 3º sujeitará a entidade promotora do espetáculo, a empresa ou a entidade às penalidades previstas no art. 283.

§ 7º O disposto neste artigo não se aplica às demais entidades desportivas, que continuam a contribuir na forma dos arts. 201, 202 e 204, a partir da competência novembro de 1991.

§ 8º O disposto no **caput** e §§ 1º a 6º aplica-se à associação desportiva que mantém equipe de futebol profissional e que se organize na forma da Lei n. 9.615, de 24 de março de 1998.

Seção II
Da Isenção de Contribuições

Art. 206. *(Revogado pelo Decreto nº 7.237, de 2010).*

Art. 207. *(Revogado pelo Decreto nº 7.237, de 2010)*

Art. 208. *(Revogado pelo Decreto nº 7.237, de 2010)*

Art. 209. *(Revogado pelo Decreto nº 7.237, de 2010)*

Art. 210. *(Revogado pelo Decreto nº 7.237, de 2010)*

Seção III
Da Contribuição do Empregador Doméstico

Art. 211. A contribuição do empregador doméstico é de doze por cento do salário-de-contribuição do empregado doméstico a seu serviço.

CAPÍTULO V
DA CONTRIBUIÇÃO SOBRE A RECEITA DE CONCURSOS DE PROGNÓSTICOS

Art. 212. Constitui receita da seguridade social a renda líquida dos concursos de prognósticos, excetuando-se os valores destinados ao Programa de Crédito Educativo.

§ 1º Consideram-se concurso de prognósticos todo e qualquer concurso de sorteio de números ou quaisquer outros símbolos, loterias e apostas de qualquer natureza no âmbito federal, estadual, do Distrito Federal ou municipal, promovidos por órgãos do Poder Público ou por sociedades comerciais ou civis.

§ 2º A contribuição de que trata este artigo constitui-se de:

I - renda líquida dos concursos de prognósticos realizados pelos órgãos do Poder Público destinada à seguridade social de sua esfera de governo;

II - cinco por cento sobre o movimento global de apostas em prado de corridas; e

III - cinco por cento sobre o movimento global de sorteio de números ou de quaisquer modalidades de símbolos.

§ 3º Para o efeito do disposto no parágrafo anterior, entende-se como:

I - renda líquida - o total da arrecadação, deduzidos os valores destinados ao pagamento de prêmios, de impostos e de despesas com administração;

II - movimento global das apostas - total das importâncias relativas às várias modalidades de jogos, inclusive o de acumulada, apregoadas para o público no prado de corrida, subsede ou outra dependência da entidade; e

III - movimento global de sorteio de números - o total da receita bruta, apurada com a venda de cartelas, cartões ou quaisquer outras modalidades, para sorteio realizado em qualquer condição.

CAPÍTULO VI
DAS OUTRAS RECEITAS DA SEGURIDADE SOCIAL

Art. 213. Constituem outras receitas da seguridade social:

I - as multas, a atualização monetária e os juros moratórios;

II - a remuneração recebida pela prestação de serviços de arrecadação, fiscalização e cobrança prestados a terceiros;

III - as receitas provenientes de prestação de outros serviços e de fornecimento ou arrendamento de bens;

IV - as demais receitas patrimoniais, industriais e financeiras;

V- as doações, legados, subvenções e outras receitas eventuais;

VI - cinqüenta por cento da receita obtida na forma do parágrafo único do art. 243 da Constituição Federal, repassados pelo Instituto Nacional do Seguro Social aos órgãos responsáveis pelas ações de proteção à saúde e a ser aplicada no tratamento e recuperação de viciados em entorpecentes e drogas afins;

VII - quarenta por cento do resultado dos leilões dos bens apreendidos pela Secretaria da Receita Federal; e

VIII - outras receitas previstas em legislação específica.

Parágrafo único. As companhias seguradoras que mantém seguro obrigatório de danos pessoais causados por veículos automotores de vias terrestres, de que trata a Lei n. 6.194, de 19 de dezembro de 1974, deverão repassar à seguridade social cinqüenta por cento do valor total do prêmio recolhido, destinados ao Sistema Único de Saúde, para custeio da assistência médico-hospitalar dos segurados vitimados em acidentes de trânsito. *(Redação dada pelo Decreto n. 3.265, de 29/11/99)*

CAPÍTULO VII
DO SALÁRIO-DE-CONTRIBUIÇÃO

Art. 214. Entende-se por salário-de-contribuição:

I - para o empregado e o trabalhador avulso: a remuneração auferida em uma ou mais empresas, assim entendida a totalidade dos rendimentos pagos, devidos ou creditados a qualquer título, durante o mês, destinados a retribuir o trabalho, qualquer que seja a sua forma, inclusive as gorjetas, os ganhos habituais sob a forma de utilidades e os adiantamentos decorrentes de reajuste salarial, quer pelos serviços efetivamente prestados, quer pelo tempo à disposição do empregador ou tomador de serviços, nos termos da lei ou do contrato ou, ainda, de convenção ou acordo coletivo de trabalho ou sentença normativa;

II - para o empregado doméstico: a remuneração registrada na Carteira Profissional e/ou na Carteira de Trabalho e Previdência Social, observados os limites mínimo e máximo previstos nos §§ 3º e 5º;

III-para o contribuinte individual: a remuneração auferida em uma ou mais empresas ou pelo exercício de sua atividade por conta própria, durante o mês, observados os limites a que se referem os §§3º e 5º; *(Redação dada pelo Decreto n. 3.265, de 29/11/99)*

IV - para o dirigente sindical na qualidade de empregado: a remuneração paga, devida ou creditada pela entidade sindical, pela empresa ou por ambas; e

V - para o dirigente sindical na qualidade de trabalhador avulso: a remuneração paga, devida ou creditada pela entidade sindical.

VI - para o segurado facultativo: o valor por ele declarado, observados os limites a que se referem os §§3º e 5º; *(Inciso acrescentado pelo Decreto n. 3.265, de 29/11/99)*

§ 1º Quando a admissão, a dispensa, o afastamento ou a falta do empregado, inclusive o doméstico, ocorrer no curso do mês, o salário-de-contribuição será proporcional ao número de dias efetivamente trabalhados, observadas as normas estabelecidas pelo Instituto Nacional do Seguro Social.

§ 2º O salário-maternidade é considerado salário-de-contribuição.

§3º O limite mínimo do salário-de-contribuição corresponde: *(Redação dada pelo Decreto n. 3.265, de 29/11/99, com inclusão de incisos)*

I - para os segurados contribuinte individual e facultativo, ao salário mínimo; e

II - para os segurados empregado, inclusive o doméstico, e trabalhador avulso, ao piso salarial legal ou normativo da categoria ou, inexistindo este, ao salário mínimo, tomado no seu valor mensal, diário ou horário, conforme o ajustado e o tempo de trabalho efetivo durante o mês.

§ 4º A remuneração adicional de férias de que trata o inciso XVII do art. 7º da Constituição Federal integra o salário-de-contribuição.

§ 5º O valor do limite máximo do salário-de-contribuição será publicado mediante portaria do Ministério da Previdência e Assistência Social, sempre que ocorrer alteração do valor dos benefícios.

§ 6º A gratificação natalina - décimo terceiro salário - integra o salário-de-contribuição, exceto para o cálculo do salário-de-benefício, sendo devida a contribuição quando do pagamento ou crédito da última parcela ou na rescisão do contrato de trabalho.

§ 7º A contribuição de que trata o § 6º incidirá sobre o valor bruto da gratificação, sem compensação dos adiantamentos pagos, mediante aplicação, em separado, da tabela de que trata o art. 198 e observadas as normas estabelecidas pelo Instituto Nacional do Seguro Social.

§ 8º O valor das diárias para viagens, quando excedente a cinqüenta por cento da remuneração mensal do empregado, integra o salário-de-contribuição pelo seu valor total.

§ 9º Não integram o salário-de-contribuição, exclusivamente:

I - os benefícios da previdência social, nos termos e limites legais, ressalvado o disposto no § 2º;

II - a ajuda de custo e o adicional mensal recebidos pelo aeronauta, nos termos da Lei n. 5.929, de 30 de outubro de 1973;

III - a parcela **in natura** recebida de acordo com programa de alimentação aprovado pelo Ministério do Trabalho e Emprego, nos termos da Lei n. 6.321, de 14 de abril de 1976;

IV - as importâncias recebidas a título de férias indenizadas e respectivo adicional constitucional, inclusive o valor correspondente à dobra da remuneração de férias de que trata o art. 137 da Consolidação das Leis do Trabalho;

V - as importâncias recebidas a título de:

a) indenização compensatória de quarenta por cento do montante depositado no Fundo de Garantia do Tempo de Serviço, como proteção à relação de emprego contra despedida arbitrária ou sem justa causa, conforme disposto no inciso I do art. 10 do Ato das Disposições Constitucionais Transitórias;

b) indenização por tempo de serviço, anterior a 5 de outubro de 1988, do empregado não optante pelo Fundo de Garantia do Tempo de Serviço;

c) indenização por despedida sem justa causa do empregado nos contratos por prazo determinado, conforme estabelecido no art. 479 da Consolidação das Leis do Trabalho;

d) indenização do tempo de serviço do safrista, quando da expiração normal do contrato, conforme disposto no art. 14 da Lei nº 5.889, de 8 de junho de 1973;

e) incentivo à demissão;

f) *(Revogado pelo Decreto nº 6.727, de 2009)*

g) indenização por dispensa sem justa causa no período de trinta dias que antecede a correção salarial a que se refere o art. 9º da Lei n. 7.238, de 29 de outubro de 1984;

h) indenizações previstas nos arts. 496 e 497 da Consolidação das Leis do Trabalho;

i) abono de férias na forma dos arts. 143 e 144 da Consolidação das Leis do Trabalho;

j)ganhos eventuais e abonos expressamente desvinculados do salário por força de lei; *(Redação dada pelo Decreto n. 3.265, de 29/11/99)*

l) licença-prêmio indenizada; e

m) outras indenizações, desde que expressamente previstas em lei;

VI - a parcela recebida a título de vale-transporte, na forma da legislação própria;

VII - a ajuda de custo, em parcela única, recebida exclusivamente em decorrência de mudança de local de trabalho do empregado, na forma do art. 470 da Consolidação das Leis do Trabalho;

VIII - as diárias para viagens, desde que não excedam a cinqüenta por cento da remuneração mensal do empregado;

IX - a importância recebida a título de bolsa de complementação educacional de estagiário, quando paga nos termos da Lei n. 6.494, de 1977;

X - a participação do empregado nos lucros ou resultados da empresa, quando paga ou creditada de acordo com lei específica;

XI - o abono do Programa de Integração Social/Programa de Assistência ao Servidor Público;

XII - os valores correspondentes a transporte, alimentação e habitação fornecidos pela empresa ao empregado contratado para trabalhar em localidade distante da de sua residência, em canteiro de obras ou local que, por força da atividade, exija deslocamento e estada, observadas as normas de proteção estabelecidas pelo Ministério do Trabalho e Emprego;

XIII - a importância paga ao empregado a título de complementação ao valor do auxílio-doença desde que este direito seja extensivo à totalidade dos empregados da empresa;

XIV - as parcelas destinadas à assistência ao trabalhador da agroindústria canavieira de que trata o art. 36 da Lei n. 4.870, de 1º de dezembro de 1965;

XV - o valor das contribuições efetivamente pago pela pessoa jurídica relativo a programa de previdência complementar privada, aberta ou fechada, desde que disponível à totalidade de seus empregados e dirigentes, observados, no que couber, os arts. 9º e 468 da Consolidação das Leis do Trabalho;

XVI - o valor relativo à assistência prestada por serviço médico ou odontológico, próprio da empresa ou com ela conveniado, inclusive o reembolso de despesas com medicamentos, óculos, aparelhos ortopédicos, despesas médico-hospitalares e outras similares, desde que a cobertura abranja a totalidade dos empregados e dirigentes da empresa;

XVII - o valor correspondente a vestuários, equipamentos e outros acessórios fornecidos ao empregado e utilizados no local do trabalho para prestação dos respectivos serviços;

XVIII - o ressarcimento de despesas pelo uso de veículo do empregado, quando devidamente comprovadas; *(Redação dada pelo Decreto n. 3.265, de 29/11/99)*

XIX - o valor relativo a plano educacional que vise à educação básica, nos termos do art. 21 da Lei n. 9.394, de 1996, e a cursos de capacitação e qualificação profissionais vinculados às atividades desenvolvidas pela empresa, desde que não seja utilizado em substituição de parcela salarial e que todos os empregados e dirigentes tenham acesso ao mesmo;

XX - *(Revogado pelo Decreto n. 3.265, de 29/11/99)*

XXI - os valores recebidos em decorrência da cessão de direitos autorais; e

XXII - o valor da multa paga ao empregado em decorrência da mora no pagamento das parcelas constantes do instrumento de rescisão do contrato de trabalho, conforme previsto no § 8º do art. 477 da Consolidação das Leis do Trabalho.

XXIII - o reembolso creche pago em conformidade com a legislação trabalhista, observado o limite máximo de seis anos de idade da criança, quando devidamente comprovadas as despesas; *(Inciso acrescentado pelo Decreto n. 3.265, de 29/11/99)*

XXIV - o reembolso babá, limitado ao menor salário-de-contribuição mensal e condicionado à comprovação do registro na Carteira de Trabalho e Previdência Social da empregada, do pagamento da remuneração e do recolhimento da contribuição previdenciária, pago em conformidade com a legislação trabalhista, observado o limite máximo de seis anos de idade da criança; e *(Inciso acrescentado pelo Decreto n. 3.265, de 29/11/99)*

XXV - o valor das contribuições efetivamente pago pela pessoa jurídica relativo a prêmio de seguro de vida em grupo, desde que previsto em acordo ou convenção coletiva de trabalho e disponível à totalidade de seus empregados e dirigentes, observados, no que couber, os arts. 9º e 468 da Consolidação das Leis do Trabalho. *(Inciso acrescentado pelo Decreto n. 3.265, de 29/11/99)*

§ 10. As parcelas referidas no parágrafo anterior, quando pagas ou creditadas em desacordo com a legislação pertinente, integram o salário-de-contribuição para todos os fins e efeitos, sem prejuízo da aplicação das cominações legais cabíveis.

§ 11. Para a identificação dos ganhos habituais recebidos sob a forma de utilidades, deverão ser observados:

I - os valores reais das utilidades recebidas; ou

II - os valores resultantes da aplicação dos percentuais estabelecidos em lei em função do salário mínimo, aplicados sobre a remuneração paga caso não haja determinação dos valores de que trata o inciso I.

§ 12. O valor pago à empregada gestante, inclusive à doméstica, em função do disposto na alínea "b" do inciso II do art. 10 do Ato das Disposições Constitucionais Transitórias da Constituição Federal, integra o salário-de-contribuição, excluídos os casos de conversão em indenização previstos nos arts. 496 e 497 da Consolidação das Leis do Trabalho.

§ 13. Para efeito de verificação do limite de que tratam o § 8º e o inciso VIII do § 9º, não será computado, no cálculo da remuneração, o valor das diárias.

§ 14. A incidência da contribuição sobre a remuneração das férias ocorrerá no mês a que elas se referirem, mesmo quando pagas antecipadamente na forma da legislação trabalhista.

§ 15. O valor mensal do auxílio-acidente integra o salário-de-contribuição, para fins de cálculo do salário-de-benefício de qualquer aposentadoria, observado, no que couber, o disposto no art. 32.

§ 16. Não se considera remuneração direta ou indireta os valores despendidos pelas entidades religiosas e instituições de ensino vocacional com ministro de confissão religiosa, membros de instituto de vida consagrada, de congregação ou de ordem religiosa em face do seu mister religioso ou para sua subsistência, desde que fornecidos em condições que independam da natureza e da quantidade do trabalho executado. *(Parágrafo acrescentado pelo Decreto n. 4.032, de 26/11/2001)*

Art. 215. *(Revogado pelo Decreto n. 3.265, de 29/11/99)*

CAPÍTULO VIII
DA ARRECADAÇÃO E RECOLHIMENTO DAS CONTRIBUIÇÕES

Seção I
Das Normas Gerais de Arrecadação

Art. 216. A arrecadação e o recolhimento das contribuições e de outras importâncias devidas à seguridade social, observado o que a respeito dispuserem o Instituto Nacional do Seguro Social e a Secretaria da Receita Federal, obedecem às seguintes normas gerais:

I - a empresa é obrigada a:

a) arrecadar a contribuição do segurado empregado, do trabalhador avulso e do contribuinte individual a seu serviço, descontando-a da respectiva remuneração; *(Redação dada pelo Decreto n. 4.729, de 9/06/2003)*

b) recolher o produto arrecadado na forma da alínea "a" e as contribuições a seu cargo incidentes sobre as remunerações pagas, devidas ou creditadas, a qualquer título, inclusive adiantamentos decorrentes de reajuste salarial, acordo ou convenção coletiva, aos segurados empregado, contribuinte individual e trabalhador avulso a seu serviço, e sobre o valor bruto da nota fiscal ou fatura de serviço, relativo a serviços que lhe tenham sido prestados por cooperados, por intermédio de cooperativas de trabalho, até o dia vinte do mês seguinte àquele a que se referirem as remunerações, bem como as importâncias retidas na forma do art. 219, até o dia vinte do mês seguinte àquele da emissão da nota fiscal ou fatura, antecipando-se o vencimento para o dia útil imediatamente anterior quando não houver expediente bancário no dia vinte; *(Redação dada pelo Decreto nº 6.722, de 2008).*

c) recolher as contribuições de que trata o art. 204, na forma e prazos definidos pela legislação tributária federal; *(Redação dada pelo Decreto n. 4.729, de 9/06/2003)*

II - os segurados contribuinte individual, quando exercer atividade econômica por conta própria ou prestar serviço a pessoa física ou a outro contribuinte individual, produtor rural pessoa física, missão diplomática ou repartição consular de carreira estrangeiras, ou quando tratar-se de brasileiro civil que trabalha no exterior para organismo oficial internacional do qual o Brasil seja membro efetivo, ou ainda, na hipótese do § 28, e o facultativo estão obrigados a recolher sua contribuição, por iniciativa própria, até o dia quinze do mês seguinte àquele a que as contribuições se referirem, prorrogando-se o vencimento para o dia útil subseqüente quando não houver expediente bancário no dia quinze, facultada a opção prevista no § 15; *(Redação dada pelo Decreto n. 4.729, de 9/06/2003)*

III - a empresa adquirente, consumidora ou consignatária ou a cooperativa são obrigadas a recolher a contribuição de que trata o art. 200 no prazo referido na alínea "b" do inciso I, no mês subseqüente ao da operação de venda ou consignação da produção rural, independentemente de estas operações terem sido realizadas diretamente com o produtor ou com o intermediário pessoa física;

IV - o produtor rural pessoa física e o segurado especial são obrigados a recolher a contribuição de que trata o art. 200 no prazo referido na alínea "b" do inciso I, no mês subseqüente ao da operação de venda, caso comercializem a sua produção com adquirente domiciliado no exterior, diretamente, no varejo, a consumidor pessoa física, a outro produtor rural pessoa física ou a outro segurado especial;

V - *(Revogado pelo Decreto n. 3.452, de 9/05/2000)*

VI - a pessoa física não produtor rural que adquire produção para venda, no varejo, a consumidor pessoa física é obrigada a recolher a contribuição de que trata o art. 200 no prazo referido na alínea "b" do inciso I, no mês subseqüente ao da operação de venda;

VII - o produtor rural pessoa jurídica é obrigado a recolher a contribuição de que trata o inciso IV do **caput** do art. 201 e o § 8º do art. 202 no prazo referido na alínea "b" do inciso I, no mês subseqüente ao da operação de venda; *(Redação dada pelo Decreto n. 3.452, de 9/05/2000)*

VIII - o empregador doméstico é obrigado a arrecadar a contribuição do segurado empregado doméstico a seu serviço e recolhê-la, assim como a parcela a seu cargo, no prazo referido no inciso II, cabendo-lhe durante o período da licença-maternidade da empregada doméstica apenas o recolhimento da contribuição a seu cargo, facultada a opção prevista no § 16;

IX - a empresa que remunera empregado licenciado para exercer mandato de dirigente sindical é obrigada a recolher a contribuição deste, bem como as parcelas a seu cargo, na forma deste artigo;

X - a entidade sindical que remunera dirigente que mantém a qualidade de segurado empregado, licenciado da empresa, ou trabalhador avulso é obrigada a recolher a contribuição destes, bem como as parcelas a seu cargo, na forma deste artigo; e

XI - a entidade sindical que remunera dirigente que mantém a qualidade de segurado contribuinte individual é obrigada a recolher a contribuição prevista no inciso II do **caput** do art. 201 na forma deste artigo, observado o disposto no § 26; *(Redação dada pelo Decreto n. 4.729, de 9/06/2003)*

XII - a empresa que remunera contribuinte individual é obrigada a fornecer a este comprovante do pagamento do serviço prestado consignando, além dos valores da remuneração e do desconto feito, o número da inscrição do segurado no Instituto Nacional do Seguro Social; *(Redação dada pelo Decreto n. 4.729, de 9/06/2003)*

XIII - cabe ao empregador, durante o período de licença-maternidade da empregada, recolher apenas a parcela da contribuição a seu cargo. *(Inciso acrescentado pelo Decreto n. 3.452, de 9/05/2000)*

§ 1º O desconto da contribuição do segurado incidente sobre o valor bruto da gratificação natalina - décimo terceiro salário - é devido quando do pagamento ou crédito da última parcela e deverá ser calculado em separado, observado o § 7º do art. 214, e recolhida, juntamente com a contribuição a cargo da empresa, até o dia vinte do mês de dezembro, antecipando-se o vencimento para o dia útil imediatamente anterior se não houver expediente bancário no dia vinte. *(Redação dada pelo Decreto n. 4.729, de 9/06/2003)*

§ 1º-A. O empregador doméstico pode recolher a contribuição do segurado empregado a seu serviço e a parcela a seu cargo relativas à competência novembro até o dia 20 de dezembro, juntamente com a contribuição referente à gratificação natalina - décimo terceiro salário - utilizando-se de um único documento de arrecadação. *(Incluído pelo Decreto nº 6.722, de 2008).*

§ 2º Se for o caso, a contribuição de que trata o § 1º será atualizada monetariamente a partir da data prevista para o seu recolhimento, utilizando-se o mesmo indexador definido para as demais contribuições arrecadadas pelo Instituto Nacional do Seguro Social.

§ 3º No caso de rescisão de contrato de trabalho, as contribuições devidas serão recolhidas no mesmo prazo referido na alínea "b" do inciso I, do mês subseqüente à rescisão, computando-se em separado a parcela referente à gratificação natalina - décimo terceiro salário.

§ 4º A pessoa jurídica de direito privado beneficiada pela isenção de que tratam os arts. 206 ou 207 é obrigada a arrecadar a contribuição do segurado empregado e do trabalhador avulso a seu serviço, descontando-a da respectiva remuneração, e recolhê-la no prazo referido na alínea "b" do inciso I.

§ 5º O desconto da contribuição e da consignação legalmente determinado sempre se presumirá feito, oportuna e regularmente, pela empresa, pelo empregador doméstico, pelo adquirente, consignatário e cooperativa a isso obrigados, não lhes sendo lícito alegarem qualquer omissão para se eximirem do recolhimento, ficando os mesmos diretamente responsáveis pelas importâncias que deixarem de descontar ou tiverem descontado em desacordo com este Regulamento.

§ 6º Sobre os valores das contribuições arrecadadas pelo Instituto Nacional do Seguro Social e não recolhidas até a data de seu vencimento serão aplicadas na data do pagamento as disposições dos arts. 238 e 239.

§ 7º Para apuração e constituição dos créditos a que se refere o § 1º do art. 348, a seguridade social utilizará como base de incidência o valor da média aritmética simples dos maiores salários-de-contribuição correspondentes a oitenta por cento de todo o período contributivo decorrido desde a competência julho de 1994, ainda que não recolhidas as contribuições correspondentes, corrigidos mês a mês pelos mesmos índices utilizados para a obtenção do salário-de-benefício na forma deste Regulamento, observado o limite máximo a que se refere o § 5º do art. 214. *(Redação dada pelo Decreto nº 6.042, de 2007).*

§ 8º *(Revogado pelo Decreto nº 6.722, de 2008).*

§ 9º No caso de o segurado manifestar interesse em indenizar contribuições relativas a período em que o exercício de atividade remunerada não exigia filiação obrigatória à previdência social, aplica-se, desde que a atividade tenha se tornado de filiação obrigatória, o disposto no § 7º. *(Redação dada pelo Decreto nº 6.722, de 2008).*

§ 10. O disposto no § 7º não se aplica aos casos de contribuições em atraso de segurado contribuinte individual não alcançadas pela decadência do direito de a previdência social constituir o respectivo crédito, obedecendo-se, em relação a elas, às disposições do **caput** e §§ 2º a 6º do art. 239. *(Redação dada pelo Decreto nº 6.722, de 2008).*

§ 11. Para o segurado recolher contribuições relativas a período anterior à sua inscrição, aplica-se o disposto nos §§ 7º a 10.

§12. Somente será feito o reconhecimento da filiação nas situações referidas nos §§7º, 9º e 11 após o efetivo recolhimento das contribuições relativas ao período em que for comprovado o exercício da atividade remunerada. *(Redação dada pelo Decreto n. 3.265, de 29/11/99)*

§13. No caso de indenização relativa ao exercício de atividade remunerada para fins de contagem recíproca correspondente a período de filiação obrigatória ou não, na forma do inciso IV do art. 127, a base de incidência será a remuneração da data do requerimento sobre a qual incidem as contribuições para o regime próprio de previdência social a que estiver filiado o interessado, observados os limites a que se referem os §§3º e 5º do art. 214. *(Redação dada pelo Decreto n. 3.265, de 29/11/99)*

§ 14. Sobre os salários-de-contribuição apurados na forma dos §§ 7º a 11 e 13 será aplicada a alíquota de vinte por cento, e o resultado multiplicado pelo número de meses do período a ser indenizado, observado o disposto no § 8º do art. 239.

§ 15. É facultado aos segurados contribuinte individual e facultativo, cujos salários-de-contribuição sejam iguais ao valor de um salário mínimo, optarem pelo recolhimento trimestral das contribuições previdenciárias, com vencimento no dia quinze do mês seguinte ao de cada trimestre civil, prorrogando-se o vencimento para o dia útil subseqüente quando não houver expediente bancário no dia quinze. *(Redação dada pelo Decreto n. 3.265, de 29/11/99)*

§ 16. Aplica-se o disposto no parágrafo anterior ao empregador doméstico relativamente aos empregados a seu serviço, cujos salários-de-contribuição sejam iguais ao valor de um salário mínimo, ou inferiores nos casos de admissão, dispensa ou fração do salário em razão de gozo de benefício. *(Redação dada pelo Decreto n. 3.265, de 29/11/99)*

§ 17. A inscrição do segurado no segundo ou terceiro mês do trimestre civil não altera a data de vencimento prevista no § 15, no caso de opção pelo recolhimento trimestral.

§ 18. Não é permitida a opção prevista no §16 relativamente à contribuição correspondente à gratificação natalina - décimo terceiro salário - do empregado doméstico, observado o disposto no § 1º e as demais disposições que regem a matéria.

§ 19. Fica autorizada, nos termos deste Regulamento, a compensação de contribuições devidas ao Instituto Nacional do Seguro Social, pelos hospitais contratados ou conveniados com o Sistema Único de Saúde com parcela dos créditos correspondentes a faturas emitidas para recebimento de internações hospitalares, cujo valor correspondente será retido pelo órgão pagador do Sistema Único de Saúde para amortização de parcela do débito, nos termos da Lei n. 8.870, de 1994.

§ 20. Na hipótese de o contribuinte individual prestar serviço a outro contribuinte individual equiparado a empresa ou a produtor rural pessoa física ou a missão diplomática e repartição consular de carreira estrangeiras, poderá deduzir, da sua contribuição mensal, quarenta e cinco por cento da contribuição patronal do contratante, efetivamente recolhida ou declarada, incidente sobre a remuneração que este lhe tenha pago ou creditado, no respectivo mês, limitada a nove por cento do respectivo salário-de-contribuição. *(Redação dada pelo Decreto n. 4.729, de 9/06/2003)*

§ 21. Para efeito de dedução, considera-se contribuição declarada a informação prestada na Guia de Recolhimento do Fundo de Garantia do Tempo de Serviço e Informações à Previdência Social ou declaração fornecida pela empresa ao segurado, onde conste, além de sua identificação completa, inclusive com o número no Cadastro Nacional de Pessoas Jurídicas, o nome e o número da inscrição do contribuinte individual, o valor da retribuição paga e o compromisso de que esse valor será incluído na citada Guia de Recolhimento do Fundo de Garantia do Tempo de Serviço e Informações à Previdência Social e efetuado o recolhimento da correspondente contribuição. *(Parágrafo acrescentado pelo Decreto n. 3.265, de 29/11/99)*

§ 22. *(Revogado pelo Decreto n. 4.729, de 9/06/2003)*

§ 23. O contribuinte individual que não comprovar a regularidade da dedução de que tratam os §§ 20 e 21 terá glosado o valor indevidamente deduzido, devendo complementar as contribuições com os acréscimos legais devidos. *(Redação dada pelo Decreto n. 4.729, de 9/06/2003)*

§ 24. *(Revogado pelo Decreto nº 6.722, de 2008).*

§ 25.Relativamente aos que recebem salário variável, o recolhimento da contribuição decorrente de eventual diferença da gratificação natalina (13º salário) deverá ser efetuado juntamente com a competência dezembro do mesmo ano. *(Parágrafo acrescentado pelo Decreto n. 3.265, de 29/11/99)*

§ 26. A alíquota de contribuição a ser descontada pela empresa da remuneração paga, devida ou creditada ao contribuinte individual a seu serviço, observado o limite máximo do salário-de-contribuição, é de onze por cento no caso das empresas em geral e de vinte por cento quando se tratar de entidade beneficente de assistência social isenta das contribuições sociais patronais. *(Parágrafo acrescentado pelo Decreto n. 4.729, de 9/06/2003)*

§ 27. O contribuinte individual contratado por pessoa jurídica obrigada a proceder à arrecadação e ao recolhimento da contribuição por ele devida, cuja remuneração recebida ou creditada no mês, por serviços prestados a ela, for inferior ao limite mínimo do salário-de-contribuição, é obrigado a complementar sua contribuição mensal, diretamente, mediante a aplicação da alíquota estabelecida no art. 199 sobre o valor resultante da subtração do valor das remunerações recebidas das pessoas jurídicas do valor mínimo do salário-de-contribuição mensal. *(Parágrafo acrescentado pelo Decreto n. 4.729, de 9/06/2003)*

§ 28. Cabe ao próprio contribuinte individual que prestar serviços, no mesmo mês, a mais de uma empresa, cuja soma das remunerações superar o limite mensal do salário-de-contribuição, comprovar às que sucederem à primeira o valor ou valores sobre os quais já tenha incidido o desconto da contribuição, de forma a se observar o limite máximo do salário-de-contribuição. *(Parágrafo acrescentado pelo Decreto n. 4.729, de 9/06/2003)*

§ 29. Na hipótese do § 28, o Instituto Nacional do Seguro Social poderá facultar ao contribuinte individual que prestar, regularmente, serviços a uma ou mais empresas, cuja soma das remunerações seja igual ou superior ao limite mensal do salário-de-contribuição, indicar qual ou quais empresas e sobre qual valor deverá proceder o desconto da contribuição, de forma a respeitar o limite máximo, e dispensar as demais dessa providência, bem como atribuir ao próprio contribuinte individual a responsabilidade de complementar a respectiva contribuição até o limite máximo, na hipótese de, por qualquer razão, deixar de receber remuneração ou receber remuneração inferior às indicadas para o desconto. *(Parágrafo acrescentado pelo Decreto n. 4.729, de 9/06/2003)*

§ 30. Aplica-se o disposto neste artigo, no que couber e observado o § 31, à cooperativa de trabalho em relação à contribuição devida pelo seu cooperado. *(Parágrafo acrescentado pelo Decreto n. 4.729, de 9/06/2003)*

§ 31. A cooperativa de trabalho é obrigada a descontar onze por cento do valor da quota distribuída ao cooperado por serviços por ele prestados, por seu intermédio, a empresas e vinte por cento em relação aos serviços prestados a pessoas físicas e recolher o produto dessa arrecadação no dia vinte do mês seguinte ao da competência a que se referir, antecipando-se o vencimento para o dia útil imediatamente anterior quando não houver expediente bancário no dia vinte. *(Redação dada pelo Decreto nº 6.722, de 2008).*

§ 32. São excluídos da obrigação de arrecadar a contribuição do contribuinte individual que lhe preste serviço o produtor rural pessoa física, a missão diplomática, a repartição consular e o contribuinte individual. *(Parágrafo acrescentado pelo Decreto n. 4.729, de 9/06/2003)*

§ 33. Na hipótese prevista no § 32, cabe ao contribuinte individual recolher a própria contribuição, sendo a alíquota, neste caso, de vinte por cento, observado o disposto nos §§ 20, 21 e 23. *(Redação dada pelo Decreto nº 6.722, de 2008).*

§ 34. O recolhimento da contribuição do produtor rural pessoa física ou produtor rural pessoa jurídica, quando houver, será efetuado pela Companhia Nacional de Abastecimento - CONAB, à conta do Programa de Aquisição de Alimentos, instituído pelo art. 19 da Lei nº 10.696, de 2 de julho de 2003, na aquisição de produtos agropecuários no âmbito do referido Programa. *(Incluído pelo Decreto nº 6.722, de 2008).*

Art. 216-A. Os órgãos da administração pública direta, indireta e fundações públicas da União, bem como as demais entidades integrantes do Sistema Integrado de Administração Financeira do Governo Federal ao contratarem pessoa física para prestação de serviços eventuais, sem vínculo empregatício, inclusive como integrante de grupo-tarefa, deverão obter dela a respectiva inscrição no Instituto Nacional do Seguro Social, como contribuinte individual, ou providenciá-la em nome dela, caso não seja inscrita, e proceder ao desconto e recolhimento da respectiva contribuição, na forma do art. 216. *(Redação dada pelo Decreto n. 4.729, de 9/06/2003)*

§ 1º Aplica-se o disposto neste artigo mesmo que o contratado exerça concomitantemente uma ou mais atividades abrangidas pelo Regime Geral de Previdência Social ou por qualquer outro regime de previdência social ou seja aposentado por qualquer regime previdenciário. *(Parágrafo acrescentado pelo Decreto n. 4.032, de 26/11/2001)*

§ 2º O contratado que já estiver contribuindo para o Regime Geral de Previdência Social na condição de empregado ou trabalhador avulso sobre o limite máximo do salário-de-contribuição deverá comprovar esse fato e, se a sua contribuição nessa condição for inferior ao limite máximo, a contribuição como contribuinte individual deverá ser complementar, respeitando, no conjunto, aquele limite, procedendo-se, no caso, de conformidade com o disposto no § 28 do art. 216. *(Redação dada pelo Decreto n. 4.729, de 9/06/2003)*

§ 3º *(Revogado pelo Decreto n. 4.729, de 9/06/2003)*

§ 4º Aplica-se o disposto neste artigo às contratações feitas por organismos internacionais, em programas de cooperação e operações de mútua conveniência entre estes e o governo brasileiro. *(Parágrafo acrescentado pelo Decreto n. 4.032, de 26/11/2001)*

Art. 217. Na requisição de mão-de-obra de trabalhador avulso efetuada em conformidade com as Leis n.s 8.630, de 1993, e 9.719, de 27 de novembro de 1998, o responsável pelas obrigações previstas neste Regulamento, em relação aos segurados que lhe prestem serviços, é o operador portuário, o tomador de mão-de-obra, inclusive o titular de instalação portuária de uso privativo, observadas as normas fixadas pelo Instituto Nacional do Seguro Social.

§ 1º O operador portuário ou titular de instalação de uso privativo repassará ao órgão gestor de mão-de-obra, até vinte e quatro horas após a realização dos serviços: *(Redação dada pelo Decreto n. 4.032, de 26/11/2001)*

I - o valor da remuneração devida aos trabalhadores portuários avulsos, inclusive a referente às férias e à gratificação natalina; e *(Redação dada pelo Decreto n. 4.032, de 26/11/2001)*

II - o valor da contribuição patronal previdenciária correspondente e o valor daquela devida a terceiros conforme o art. 274. *(Redação dada pelo Decreto n. 4.032, de 26/11/2001)*

§ 2º O órgão gestor de mão-de-obra é responsável: *(Redação dada pelo Decreto n. 4.032, de 26/11/2001)*

I - pelo pagamento da remuneração ao trabalhador portuário avulso; *(Redação dada pelo Decreto n. 4.032, de 26/11/2001)*

II - pela elaboração da folha de pagamento; *(Redação dada pelo Decreto n. 4.032, de 26/11/2001)*

III - pelo preenchimento e entrega da Guia de Recolhimento do Fundo de Garantia do Tempo de Serviço e Informações à Previdência Social; e *(Redação dada pelo Decreto n. 4.032, de 26/11/2001)*

IV - pelo recolhimento das contribuições de que tratam o art. 198, o inciso I do **caput** do art. 201 e os arts. 202 e 274, incidentes sobre a remuneração paga, devida ou creditada aos trabalhadores portuários avulsos, inclusive sobre férias e gratificação natalina, no prazo previsto na alínea "b" do inciso I do art. 216. *(Redação dada pelo Decreto n. 4.032, de 26/11/2001)*

§ 3º *(Revogado pelo Decreto n. 4.032, de 26/11/2001)*

§ 4º O prazo previsto no § 1º pode ser alterado mediante convenção coletiva firmada entre entidades sindicais representativas dos trabalhadores e operadores portuários, observado o prazo legal para recolhimento dos encargos previdenciários. *(Redação dada pelo Decreto n. 4.032, de 26/11/2001)*

§ 5º A contribuição do trabalhador avulso, relativamente à gratificação natalina, será calculada com base na alíquota correspondente ao seu salário-de-contribuição mensal. *(Redação dada pelo Decreto n. 4.032, de 26/11/2001)*

§ 6º O salário-família devido ao trabalhador portuário avulso será pago pelo órgão gestor de mão-de-obra, mediante convênio, que se incumbirá de demonstrá-lo na folha de pagamento correspondente.

Art. 218. A empresa tomadora ou requisitante dos serviços de trabalhador avulso, cuja contratação de pessoal não for abrangida pelas Leis n.s 8.630, de 1993, e 9.719, de 1998, é responsável pelo cumprimento de todas as obrigações previstas neste Regulamento, bem como pelo preenchimento e entrega da Guia de Recolhimento do Fundo de Garantia do Tempo de Serviço e Informações à Previdência Social em relação aos segurados que lhe prestem serviços, observadas as normas fixadas pelo Instituto Nacional do Seguro Social.

§ 1º O salário-família devido ao trabalhador avulso mencionado no **caput** será pago pelo sindicato de classe respectivo, mediante convênio, que se incumbirá de elaborar as folhas correspondentes.

§ 2º O tomador de serviços é responsável pelo recolhimento das contribuições de que tratam o art. 198, o inciso I do **caput** do art. 201 e os arts. 202 e 274, incidentes sobre a remuneração paga, devida ou creditada ao trabalhador avulso, inclusive sobre férias e gratificação natalina, no prazo previsto na alínea "b" do inciso I do art. 216. *(Redação dada pelo Decreto n. 4.032, de 26/11/2001)*

Seção II
Da Retenção e da Responsabilidade Solidária

Art. 219. A empresa contratante de serviços executados mediante cessão ou empreitada de mão-de-obra, inclusive em regime de trabalho temporário, deverá reter onze por cento do valor bruto da nota fiscal, fatura ou recibo de prestação de serviços e recolher a importância retida em nome da empresa contratada, observado o disposto no § 5º do art. 216. *(Redação dada pelo Decreto n. 4.729, de 9/06/2003)*

§ 1º Exclusivamente para os fins deste Regulamento, entende-se como cessão de mão-de-obra a colocação à disposição do contratante, em suas dependências ou nas de terceiros, de segurados que realizem serviços contínuos, relacionados ou não com a atividade fim da empresa, independentemente da natureza e da forma de contratação, inclusive por meio de trabalho temporário na forma da Lei n. 6.019, de 3 de janeiro de 1974, entre outros.

§ 2º Enquadram-se na situação prevista no **caput** os seguintes serviços realizados mediante cessão de mão-de-obra:

I - limpeza, conservação e zeladoria;

II - vigilância e segurança;

III - construção civil;

IV - serviços rurais;

V - digitação e preparação de dados para processamento;

VI - acabamento, embalagem e acondicionamento de produtos;

VII - cobrança;
VIII - coleta e reciclagem de lixo e resíduos;
IX - copa e hotelaria;
X - corte e ligação de serviços públicos;
XI - distribuição;
XII - treinamento e ensino;
XIII - entrega de contas e documentos;
XIV - ligação e leitura de medidores;
XV - manutenção de instalações, de máquinas e de equipamentos;
XVI - montagem;
XVII - operação de máquinas, equipamentos e veículos;
XVIII - operação de pedágio e de terminais de transporte;
XIX - operação de transporte de passageiros, inclusive nos casos de concessão ou sub-concessão; *(Redação dada pelo Decreto n. 4.729, de 9/06/2003)*
XX - portaria, recepção e ascensorista;
XXI - recepção, triagem e movimentação de materiais;
XXII - promoção de vendas e eventos;
XXIII - secretaria e expediente;
XXIV - saúde; e
XXV - telefonia, inclusive **telemarketing**.

§ 3º Os serviços relacionados nos incisos I a V também estão sujeitos à retenção de que trata o **caput** quando contratados mediante empreitada de mão-de-obra.

§ 4º O valor retido de que trata este artigo deverá ser destacado na nota fiscal, fatura ou recibo de prestação de serviços, sendo compensado pelo respectivo estabelecimento da empresa contratada quando do recolhimento das contribuições destinadas à seguridade social devidas sobre a folha de pagamento dos segurados.

§ 5º O contratado deverá elaborar folha de pagamento e Guia de Recolhimento do Fundo de Garantia do Tempo de Serviço e Informações à Previdência Social distintas para cada estabelecimento ou obra de construção civil da empresa contratante do serviço.

§ 6º A empresa contratante do serviço deverá manter em boa guarda, em ordem cronológica e por contratada, as correspondentes notas fiscais, faturas ou recibos de prestação de serviços, Guias da Previdência Social e Guias de Recolhimento do Fundo de Garantia do Tempo de Serviço e Informações à Previdência Social com comprovante de entrega.

§ 7º Na contratação de serviços em que a contratada se obriga a fornecer material ou dispor de equipamentos, fica facultada ao contratado a discriminação, na nota fiscal, fatura ou recibo, do valor correspondente ao material ou equipamentos, que será excluído da retenção, desde que contratualmente previsto e devidamente comprovado.

§ 8º Cabe ao Instituto Nacional do Seguro Social normatizar a forma de apuração e o limite mínimo do valor do serviço contido no total da nota fiscal, fatura ou recibo, quando, na hipótese do parágrafo anterior, não houver previsão contratual dos valores correspondentes a material ou a equipamentos.

§ 9º Na impossibilidade de haver compensação integral na própria competência, o saldo remanescente poderá ser compensado nas competências subseqüentes, inclusive na relativa à gratificação natalina, ou ser objeto de restituição, não sujeitas ao disposto no § 3º do art. 247. *(Redação dada pelo Decreto n. 4.729, de 9/06/2003)*

§ 10. Para fins de recolhimento e de compensação da importância retida, será considerada como competência aquela a que corresponder à data da emissão da nota fiscal, fatura ou recibo.

§ 11. As importâncias retidas não podem ser compensadas com contribuições arrecadadas pelo Instituto Nacional do Seguro Social para outras entidades.

§ 12. O percentual previsto no **caput** será acrescido de quatro, três ou dois pontos percentuais, relativamente aos serviços prestados pelos segurados empregado, cuja atividade permita a concessão de aposentadoria especial, após quinze, vinte ou vinte e cinco anos de contribuição, respectivamente. *(Parágrafo acrescentado pelo Decreto n. 4.729, de 9/06/2003)*

Art. 220. O proprietário, o incorporador definido na Lei n. 4.591, de 1964, o dono da obra ou condômino da unidade imobiliária cuja contratação da construção, reforma ou acréscimo não envolva cessão de mão-de-obra, são solidários com o construtor, e este e aqueles com a subempreiteira, pelo cumprimento das obrigações para com a seguridade social, ressalvado o seu direito regressivo contra o executor ou contratante da obra e admitida a retenção de importância a este devida para garantia do cumprimento dessas obrigações, não se aplicando, em qualquer hipótese, o benefício de ordem.

§ 1º Não se considera cessão de mão-de-obra, para os fins deste artigo, a contratação de construção civil em que a empresa construtora assuma a responsabilidade direta e total pela obra ou repasse o contrato integralmente.

§ 2º O executor da obra deverá elaborar, distintamente para cada estabelecimento ou obra de construção civil da empresa contratante, folha de pagamento, Guia de Recolhimento do Fundo de Garantia do Tempo de Serviço e Informações à Previdência Social e Guia da Previdência Social, cujas cópias deverão ser exigidas pela empresa contratante quando da quitação da nota fiscal ou fatura, juntamente com o comprovante de entrega daquela Guia.

§ 3º A responsabilidade solidária de que trata o **caput** será elidida:
I - pela comprovação, na forma do parágrafo anterior, do recolhimento das contribuições incidentes sobre a remuneração dos segurados, incluída em nota fiscal ou fatura correspondente aos serviços executados, quando corroborada por escrituração contábil; e
II - pela comprovação do recolhimento das contribuições incidentes sobre a remuneração dos segurados, aferidas indiretamente nos termos, forma e percentuais previstos pelo Instituto Nacional do Seguro Social.
III - pela comprovação do recolhimento da retenção permitida no **caput** deste artigo, efetivada nos termos do art. 219. *(Inciso acrescentado pelo Decreto n. 4.032, de 26/11/2001)*

§ 4º Considera-se construtor, para os efeitos deste Regulamento, a pessoa física ou jurídica que executa obra sob sua responsabilidade, no todo ou em parte.

Art. 221. Exclui-se da responsabilidade solidária perante a seguridade social o adquirente de prédio ou unidade imobiliária que realize a operação com empresa de comercialização ou com incorporador de imóveis definido na Lei n. 4.591, de 1964, ficando estes solidariamente responsáveis com o construtor, na forma prevista no art. 220.

Art. 222. As empresas que integram grupo econômico de qualquer natureza, bem como os produtores rurais integrantes do consórcio simplificado de que trata o art. 200-A, respondem entre si, solidariamente, pelas obrigações decorrentes do disposto neste Regulamento. *(Redação dada pelo Decreto n. 4.032, de 26/11/2001)*

Art. 223. O operador portuário e o órgão gestor de mão-de-obra são solidariamente responsáveis pelo pagamento das contribuições previdenciárias e demais obrigações, inclusive acessórias, devidas à seguridade social, arrecadadas pelo Instituto Nacional do Seguro Social, relativamente à requisição de mão-de-obra de trabalhador avulso, vedada a invocação do benefício de ordem.

Art. 224. Os administradores de autarquias e fundações públicas, criadas ou mantidas pelo Poder Público, de empresas públicas e de sociedades de economia mista sujeitas ao controle da União, dos Estados, do Distrito Federal ou dos Municípios, que se encontrarem em mora por mais de trinta dias, no recolhimento das contribuições previstas neste Regulamento, tornam-se solidariamente responsáveis pelo respectivo pagamento, ficando ainda sujeitos às proibições do art. 1º e às sanções dos arts. 4º e 7º do Decreto-lei n. 368, de 19 de dezembro de 1968.

Art. 224-A. O disposto nesta Seção não se aplica à contratação de serviços por intermédio de cooperativa de trabalho. *(Artigo acrescentado pelo Decreto n. 3.265, de 29/11/99)*

Seção III
Das Obrigações Acessórias

Art. 225. A empresa é também obrigada a:

I - preparar folha de pagamento da remuneração paga, devida ou creditada a todos os segurados a seu serviço, devendo manter, em cada estabelecimento, uma via da respectiva folha e recibos de pagamentos;

II - lançar mensalmente em títulos próprios de sua contabilidade, de forma discriminada, os fatos geradores de todas as contribuições, o montante das quantias descontadas, as contribuições da empresa e os totais recolhidos;

III - prestar ao Instituto Nacional do Seguro Social e à Secretaria da Receita Federal todas as informações cadastrais, financeiras e contábeis de interesse dos mesmos, na forma por eles estabelecida, bem como os esclarecimentos necessários à fiscalização;

IV - informar mensalmente ao Instituto Nacional do Seguro Social, por intermédio da Guia de Recolhimento do Fundo de Garantia do Tempo de Serviço e Informações à Previdência Social, na forma por ele estabelecida, dados cadastrais, todos os fatos geradores de contribuição previdenciária e outras informações de interesse daquele Instituto;

V - encaminhar ao sindicato representativo da categoria profissional mais numerosa entre seus empregados, até o dia dez de cada mês, cópia da Guia da Previdência Social relativamente à competência anterior; e

VI - afixar cópia da Guia da Previdência Social, relativamente à competência anterior, durante o período de um mês, no quadro de horário de que trata o art. 74 da Consolidação das Leis do Trabalho.

VII - informar, anualmente, à Secretaria da Receita Federal do Brasil, na forma por ela estabelecida, o nome, o número de inscrição na previdência social e o endereço completo dos segurados de que trata o inciso III do § 15 do art. 9º, por ela utilizados no período, a qualquer título, para distribuição ou comercialização de seus produtos, sejam eles de fabricação própria ou de terceiros, sempre que se tratar de empresa que realize vendas diretas. *(Incluído pelo Decreto nº 6.722, de 2008).*

§ 1º As informações prestadas na Guia de Recolhimento do Fundo de Garantia do Tempo de Serviço e Informações à Previdência Social servirão como base de cálculo das contribuições arrecadadas pelo Instituto Nacional do Seguro Social, comporão a base de dados para fins de cálculo e concessão dos benefícios previdenciários, bem como constituir-se-ão em termo de confissão de dívida, na hipótese do não-recolhimento.

2º A entrega da Guia de Recolhimento do Fundo de Garantia do Tempo de Serviço e Informações à Previdência Social deverá ser efetuada na rede bancária, conforme estabelecido pelo Ministério da Previdência e Assistência Social, até o dia sete do mês seguinte àquele a que se referirem as informações. *(Redação dada pelo Decreto n. 3.265, de 29/11/99)*

§ 3º A Guia de Recolhimento do Fundo de Garantia do Tempo de Serviço e Informações à Previdência Social é exigida relativamente a fatos geradores ocorridos a partir de janeiro de 1999.

§ 4º O preenchimento, as informações prestadas e a entrega da Guia de Recolhimento do Fundo de Garantia do Tempo de Serviço e Informações à Previdência Social são de inteira responsabilidade da empresa.

§ 5º A empresa deverá manter à disposição da fiscalização, durante dez anos, os documentos comprobatórios do cumprimento das obrigações referidas neste artigo, observados o disposto no § 22 e as normas estabelecidas pelos órgãos competentes. *(Redação dada pelo Decreto n. 4.729, de 9/06/2003)*

§ 6º O Instituto Nacional do Seguro Social e a Caixa Econômica Federal estabelecerão normas para disciplinar a entrega da Guia de Recolhimento do Fundo de Garantia do Tempo de Serviço e Informações à Previdência Social, nos casos de rescisão contratual.

§ 7º A comprovação dos pagamentos de benefícios reembolsados à empresa também deve ser mantida à disposição da fiscalização durante dez anos.

§ 8º O disposto neste artigo aplica-se, no que couber, aos demais contribuintes e ao adquirente, consignatário ou cooperativa, sub-rogados na forma deste Regulamento.

§ 9º A folha de pagamento de que trata o inciso I do **caput**, elaborada mensalmente, de forma coletiva por estabelecimento da empresa, por obra de construção civil e por tomador de serviços, com a correspondente totalização, deverá:

I - discriminar o nome dos segurados, indicando cargo, função ou serviço prestado;

II - agrupar os segurados por categoria, assim entendido: segurado empregado, trabalhador avulso, contribuinte individual; *(Redação dada pelo Decreto n. 3.265, de 29/11/99)*

III - destacar o nome das seguradas em gozo de salário-maternidade;

IV - destacar as parcelas integrantes e não integrantes da remuneração e os descontos legais; e

V - indicar o número de quotas de salário-família atribuídas a cada segurado empregado ou trabalhador avulso.

§ 10. No que se refere ao trabalhador portuário avulso, o órgão gestor de mão-de-obra elaborará a folha de pagamento por navio, mantendo-a disponível para uso da fiscalização do Instituto Nacional do Seguro Social, indicando o operador portuário e os trabalhadores que participaram da operação, detalhando, com relação aos últimos:

I - os correspondentes números de registro ou cadastro no órgão gestor de mão-de-obra;

II - o cargo, função ou serviço prestado;

III - os turnos em que trabalharam; e

IV - as remunerações pagas, devidas ou creditadas a cada um dos trabalhadores e a correspondente totalização.

§ 11. No que se refere ao parágrafo anterior, o órgão gestor de mão-de-obra consolidará as folhas de pagamento relativas às operações concluídas no mês anterior por operador portuário e por trabalhador portuário avulso, indicando, com relação a estes, os respectivos números de registro ou cadastro, as datas dos turnos trabalhados, as importâncias pagas e os valores das contribuições previdenciárias retidas.

§ 12. Para efeito de observância do limite máximo da contribuição do segurado trabalhador avulso, de que trata o art. 198, o órgão gestor de mão-de-obra manterá resumo mensal e acumulado, por trabalhador portuário avulso, dos valores totais das férias, do décimo terceiro salário e das contribuições previdenciárias retidas.

§ 13. Os lançamentos de que trata o inciso II do **caput**, devidamente escriturados nos livros Diário e Razão, serão exigidos pela fiscalização após noventa dias contados da ocorrência dos fatos geradores das contribuições, devendo, obrigatoriamente:

I - atender ao princípio contábil do regime de competência; e

II - registrar, em contas individualizadas, todos os fatos geradores de contribuições previdenciárias de forma a identificar, clara e precisamente, as rubricas integrantes e não integrantes do salário-de-contribuição, bem como as contribuições descontadas do segurado, as da empresa e os totais recolhidos, por estabelecimento da empresa, por obra de construção civil e por tomador de serviços.

§ 14. A empresa deverá manter à disposição da fiscalização os códigos ou abreviaturas que identifiquem as respectivas rubricas utilizadas na elaboração da folha de pagamento, bem como os utilizados na escrituração contábil.

§ 15. A exigência prevista no inciso II do **caput** não desobriga a empresa do cumprimento das demais normas legais e regulamentares referentes à escrituração contábil.

§16. São desobrigadas de apresentação de escrituração contábil: *(Redação dada pelo Decreto n. 3.265, de 29/11/99)*

I - o pequeno comerciante, nas condições estabelecidas pelo Decreto-lei n. 486, de 3 de março de 1969, e seu Regulamento;

II - a pessoa jurídica tributada com base no lucro presumido, de acordo com a legislação tributária federal, desde que mantenha a escrituração do Livro Caixa e Livro de Registro de Inventário; e

III - a pessoa jurídica que optar pela inscrição no Sistema Integrado de Pagamento de Impostos e Contribuições das Microempresas e Empresas de Pequeno Porte, desde que mantenha escrituração do Livro Caixa e Livro de Registro de Inventário.

§17. A empresa, agência ou sucursal estabelecida no exterior deverá apresentar os documentos comprobatórios do cumprimento das obrigações referidas neste artigo à sua congênere no Brasil, observada a solidariedade de que trata o art. 222.

§ 18. Para o cumprimento do disposto no inciso V do **caput** serão observadas as seguintes situações:

I - caso a empresa possua mais de um estabelecimento localizado em base geográfica diversa, a cópia da Guia da Previdência Social será encaminhada ao sindicato representativo da categoria profissional mais numerosa entre os empregados de cada estabelecimento;

II - a empresa que recolher suas contribuições em mais de uma Guia da Previdência Social encaminhará cópia de todas as guias;

III - a remessa poderá ser efetuada por qualquer meio que garanta a reprodução integral do documento, cabendo à empresa manter, em seus arquivos, prova do recebimento pelo sindicato; e

IV - cabe à empresa a comprovação, perante a fiscalização do Instituto Nacional do Seguro Social, do cumprimento de sua obrigação frente ao sindicato.

§ 19. O órgão gestor de mão-de-obra deverá, quando exigido pela fiscalização do Instituto Nacional do Seguro Social, exibir as listas de escalação diária dos trabalhadores portuários avulsos, por operador portuário e por navio.

§ 20. Caberá exclusivamente ao órgão gestor de mão-de-obra a responsabilidade pela exatidão dos dados lançados nas listas diárias referidas no parágrafo anterior.

§ 21. Fica dispensado do cumprimento do disposto nos incisos V e VI do **caput** o contribuinte individual, em relação a segurado que lhe presta serviço. *(Redação dada pelo Decreto n. 3.265, de 29/11/99)*

§ 22. A empresa que utiliza sistema de processamento eletrônico de dados para o registro de negócios e atividades econômicas, escrituração de livros ou produção de documentos de natureza contábil, fiscal, trabalhista e previdenciária é obrigada a arquivar e conservar, devidamente certificados, os respectivos sistemas e arquivos, em meio digital ou assemelhado, durante dez anos, à disposição da fiscalização. *(Parágrafo acrescentado pelo Decreto n. 4.729, de 9/06/2003)*

§ 23. A cooperativa de trabalho e a pessoa jurídica são obrigadas a efetuar a inscrição no Instituto Nacional do Seguro Social dos seus cooperados e contratados, respectivamente, como contribuintes individuais, se ainda não inscritos. *(Parágrafo acrescentado pelo Decreto n. 4.729, de 9/06/2003)*

§ 24. A empresa ou cooperativa adquirente, consumidora ou consignatária da produção fica obrigada a fornecer ao segurado especial cópia do documento fiscal de entrada da mercadoria, onde conste, além do registro da operação realizada, o valor da respectiva contribuição previdenciária. *(Incluído pelo Decreto nº 6.722, de 2008).*

Art. 226. O Município, por intermédio do órgão competente, fornecerá ao Instituto Nacional do Seguro Social, para fins de fiscalização, mensalmente, relação de todos os alvarás para construção civil e documentos de **habite-se** concedidos, de acordo com critérios estabelecidos pelo referido Instituto.

§ 1º A relação a que se refere o **caput** será encaminhada ao INSS até o dia dez do mês seguinte àquele a que se referirem os documentos.

§ 2º O encaminhamento da relação fora do prazo ou a sua falta e a apresentação com incorreções ou omissões sujeitará o dirigente do órgão municipal à penalidade prevista na alínea "f" do inciso I do art. 283.

Art. 227. *(Revogado pelo Decreto n. 8.302, de 4/09/2014)*

Art. 228. O titular de cartório de registro civil e de pessoas naturais fica obrigado a comunicar, até o dia dez de cada mês, na forma estabelecida pelo Instituto Nacional do Seguro Social, o registro dos óbitos ocorridos no mês imediatamente anterior, devendo da comunicação constar o nome, a filiação, a data e o local de nascimento da pessoa falecida.

Parágrafo único. No caso de não haver sido registrado nenhum óbito, deverá o titular do cartório comunicar esse fato ao Instituto Nacional do Seguro Social, no prazo estipulado no **caput**.

Seção IV
Da Competência para Arrecadar, Fiscalizar e Cobrar

Art. 229. O Instituto Nacional do Seguro Social é o órgão competente para:

I - arrecadar e fiscalizar o recolhimento das contribuições sociais previstas nos incisos I, II, III, IV e V do parágrafo único do art. 195, bem como as contribuições incidentes a título de substituição; *(Redação dada pelo Decreto n. 4.032, de 26/11/2001)*

II - constituir seus créditos por meio dos correspondentes lançamentos e promover a respectiva cobrança;

III - aplicar sanções; e

IV - normatizar procedimentos relativos à arrecadação, fiscalização e cobrança das contribuições referidas no inciso I.

§ 1º Os Auditores Fiscais da Previdência Social terão livre acesso a todas as dependências ou estabelecimentos da empresa, com vistas à verificação física dos segurados em serviço, para confronto com os registros e documentos da empresa, podendo requisitar e apreender livros, notas técnicas e demais documentos necessários ao perfeito desempenho de suas funções, caracterizando-se como embaraço à fiscalização qualquer dificuldade oposta à consecução do objetivo. *(Redação dada pelo Decreto n. 3.265, de 29/11/99)*

§ 2º Se o Auditor Fiscal da Previdência Social constatar que o segurado contratado como contribuinte individual, trabalhador avulso, ou sob qualquer outra denominação, preenche as condições referidas no inciso I do **caput** do art. 9º, deverá desconsiderar o vínculo pactuado e efetuar o enquadramento como segurado empregado. *(Redação dada pelo Decreto n. 3.265, de 29/11/99)*

§ 3º A fiscalização das entidades fechadas de previdência privada, estabelecida na Lei n. 6.435, de 15 de julho de 1977, será exercida pelos Fiscais de Contribuições Previdenciárias do Instituto Nacional do Seguro Social, devidamente credenciados pelo órgão próprio, sem prejuízo das atribuições e vantagens a que fazem jus, conforme disposto no Decreto n. 1.317, de 29 de novembro de 1994.

§ 4º A fiscalização dos regimes próprios de previdência social dos servidores públicos e dos militares da União, dos Estados, do Distrito Federal e dos Municípios, nos termos da Lei n. 9.717, de 27 de novembro de 1998, será exercida pelos Fiscais de Contribuições Previdenciárias do Instituto Nacional do Seguro Social, devidamente credenciados pelo órgão próprio, sem prejuízo das atribuições e vantagens a que fazem jus, conforme orientação expedida pelo Ministério da Previdência e Assistência Social.

§ 5º Aplica-se à fiscalização de que tratam os §§ 3º e 4º o disposto na Lei n. 8.212, de 1991, neste Regulamento e demais dispositivos da legislação previdenciária, no que couber e não colidir com os preceitos das Leis n.s 6.435, de 1977, e 9.717, de 1998.

Art. 230. A Secretaria da Receita Federal é o órgão competente para:

I - arrecadar e fiscalizar o recolhimento das contribuições sociais previstas nos incisos VI e VII do parágrafo único do art. 195;

II - constituir seus créditos por meio dos correspondentes lançamentos e promover a respectiva cobrança;

III - aplicar sanções; e

IV - normatizar procedimentos relativos à arrecadação, fiscalização e cobrança das contribuições de que trata o inciso I.

Seção V
Do Exame da Contabilidade

Art. 231. É prerrogativa do Ministério da Previdência e Assistência Social, do Instituto Nacional do Seguro Social e da Secretaria da Receita Federal o exame da contabilidade da empresa, não prevalecendo para esse efeito o disposto nos arts. 17 e 18 do Código Comercial, ficando obrigados a empresa e o segurado a prestarem todos os esclarecimentos e informações solicitados.

Art. 232. A empresa, o servidor de órgão público da administração direta e indireta, o segurado da previdência social, o serventuário da Justiça, o síndico ou seu representante legal, o comissário e o liquidante de empresa em liquidação judicial ou extrajudicial são obrigados a exibir todos os documentos e livros relacionados com as contribuições previstas neste Regulamento.

Art. 233. Ocorrendo recusa ou sonegação de qualquer documento ou informação, ou sua apresentação deficiente, o Instituto Nacional do Seguro Social e a Secretaria da Receita Federal podem, sem prejuízo da penalidade cabível nas esferas de sua competência, lançar de ofício importância que reputarem devida, cabendo à empresa, ao empregador doméstico ou ao segurado o ônus da prova em contrário.

Parágrafo único. Considera-se deficiente o documento ou informação apresentada que não preencha as formalidades legais, bem como aquele que contenha informação diversa da realidade, ou, ainda, que omita informação verdadeira.

Art. 234. Na falta de prova regular e formalizada, o montante dos salários pagos pela execução de obra de construção civil pode ser obtido mediante cálculo da mão-de-obra empregada, proporcional à área construída e ao padrão de execução da obra, de acordo com critérios estabelecidos pelo Instituto Nacional do Seguro Social, cabendo ao proprietário, dono da obra, incorporador, condômino da unidade imobiliária ou empresa co-responsável o ônus da prova em contrário.

Art. 235. Se, no exame da escrituração contábil e de qualquer outro documento da empresa, a fiscalização constatar que a contabilidade não registra o movimento real da remuneração dos segurados a seu serviço, da receita ou do faturamento e do lucro, esta será desconsiderada, sendo apuradas e lançadas de ofício as contribuições devidas, cabendo à empresa o ônus da prova em contrário.

Art. 236. Deverá ser dado tratamento especial ao exame da documentação que envolva operações ou assuntos de caráter sigiloso, ficando o fiscal responsável obrigado à guarda da informação e à sua utilização exclusivamente nos documentos elaborados em decorrência do exercício de suas atividades.

Art. 237. A autoridade policial prestará à fiscalização, mediante solicitação, o auxílio necessário ao regular desempenho dessa atividade.

Seção VI
Das Contribuições e Outras Importâncias não Recolhidas até o Vencimento

Art. 238. Os créditos de qualquer natureza da seguridade social, constituídos ou não, vencidos até 31 de dezembro de 1991 e não pagos até 2 de janeiro de 1992, serão atualizados monetariamente com base na legislação aplicável e convertidos, nessa data, em quantidade de Unidade Fiscal de Referência diária.

§ 1º Os juros de mora calculados até 2 de janeiro de 1992 serão, também, convertidos em Unidade Fiscal de Referência, na mesma data.

§ 2º Sobre a parcela correspondente à contribuição, convertida em quantidade de Unidade Fiscal de Referência, incidirão juros moratórios à razão de um por cento, ao mês-calendário ou fração, a partir de fevereiro de 1992, inclusive, além da multa variável pertinente.

§ 3º Os créditos calculados e expressos em quantidade de Unidade Fiscal de Referência conforme o disposto neste artigo serão reconvertidos para moeda corrente, com base no valor da Unidade Fiscal de Referência na data do pagamento.

Art. 239. As contribuições sociais e outras importâncias arrecadadas pelo Instituto Nacional do Seguro Social, incluídas ou não em notificação fiscal de lançamento, pagas com atraso, objeto ou não de parcelamento, ficam sujeitas a:

I - atualização monetária, quando exigida pela legislação de regência;

II - juros de mora, de caráter irrelevável, incidentes sobre o valor atualizado, equivalentes a:

a) um por cento no mês do vencimento;

b) taxa referencial do Sistema Especial de Liquidação e de Custódia nos meses intermediários; e

c) um por cento no mês do pagamento; e

III - multa variável, de caráter irrelevável, nos seguintes percentuais, para fatos geradores ocorridos a partir de 28 de novembro de 1999: *(Redação dada pelo Decreto n. 3.265, de 29/11/99)*

a) para pagamento após o vencimento de obrigação não incluída em notificação fiscal de lançamento:

1. oito por cento, dentro do mês de vencimento da obrigação; *(Redação dada pelo Decreto n. 3.265, de 29/11/99)*

2. quatorze por cento, no mês seguinte; ou *(Redação dada pelo Decreto n. 3.265, de 29/11/99)*

3. vinte por cento, a partir do segundo mês seguinte ao do vencimento da obrigação; *(Redação dada pelo Decreto n. 3.265, de 29/11/99)*

b) para pagamento de obrigação incluída em notificação fiscal de lançamento:

1. vinte e quatro por cento, até quinze dias do recebimento da notificação; *(Redação dada pelo Decreto n. 3.265, de 29/11/99)*

2. trinta por cento, após o décimo quinto dia do recebimento da notificação; *(Redação dada pelo Decreto n. 3.265, de 29/11/99)*

3. quarenta por cento, após apresentação de recurso desde que antecedido de defesa, sendo ambos tempestivos, até quinze dias da ciência da decisão do Conselho de Recursos da Previdência Social; ou *(Redação dada pelo Decreto n. 3.265, de 29/11/99)*

4. cinqüenta por cento, após o décimo quinto dia da ciência da decisão do Conselho de Recursos da Previdência Social, enquanto não inscrita em Dívida Ativa; e *(Redação dada pelo Decreto n. 3.265, de 29/11/99)*

c) para pagamento do crédito inscrito em Dívida Ativa:

1. sessenta por cento, quando não tenha sido objeto de parcelamento; *(Redação dada pelo Decreto n. 3.265, de 29/11/99)*

2. setenta por cento, se houve parcelamento; *(Redação dada pelo Decreto n. 3.265, de 29/11/99)*

3. oitenta por cento, após o ajuizamento da execução fiscal, mesmo que o devedor ainda não tenha sido citado, se o crédito não foi objeto de parcelamento; ou *(Redação dada pelo Decreto n. 3.265, de 29/11/99)*

4. cem por cento, após o ajuizamento da execução fiscal, mesmo que o devedor ainda não tenha sido citado, se o crédito foi objeto de parcelamento. *(Redação dada pelo Decreto n. 3.265, de 29/11/99)*

§ 1º *(Revogado pelo Decreto nº 6.224, de 2007).*

§ 2º Nas hipóteses de parcelamento ou de reparcelamento, incidirá um acréscimo de vinte por cento sobre a multa de mora a que se refere o inciso III.

§ 3º Se houver pagamento antecipado à vista, no todo ou em parte, do saldo devedor, o acréscimo previsto no parágrafo anterior não incidirá sobre a multa correspondente à parte do pagamento que se efetuar.

§ 4º O valor do pagamento parcial, antecipado, do saldo devedor de parcelamento ou do reparcelamento somente poderá ser utilizado para quitação de parcelas na ordem inversa do vencimento, sem prejuízo da que for devida no mês de competência em curso e sobre a qual incidirá sempre o acréscimo a que se refere o § 2º.

§ 5º É facultada a realização de depósito à disposição da seguridade social, sujeito ao mesmo percentual do item 1 da alínea "b" do inciso III, desde que dentro do prazo legal para apresentação de defesa.

§ 6º À correção monetária e aos acréscimos legais de que trata este artigo aplicar-se-á a legislação vigente em cada competência a que se referirem.

§ 7º Às contribuições de que trata o art. 204, devidas e não recolhidas até as datas dos respectivos vencimentos, aplicam-se multas e juros moratórios na forma da legislação pertinente.

§ 8º Sobre as contribuições devidas e apuradas com base no § 1º do art. 348 incidirão juros moratórios de cinco décimos por cento ao mês, capitalizados anualmente, limitados ao percentual máximo de cinqüenta por cento, e multa de dez por cento. *(Redação dada pelo Decreto nº 6.042, de 2007).*

§ 9º Não se aplicam as multas impostas e calculadas como percentual do crédito por motivo de recolhimento fora do prazo das contribuições, nem quaisquer outras penas pecuniárias, às massas falidas de que trata o art. 192 da Lei nº 11.101, de 9 de fevereiro de 2005, e às missões diplomáticas estrangeiras no Brasil e aos membros dessas missões quando assegurada a isenção em tratado, convenção ou outro acordo internacional de que o Estado estrangeiro ou organismo internacional e o Brasil sejam partes. *(Redação dada pelo Decreto nº 6.042, de 2007).*

§ 10. O disposto no §8º não se aplica aos casos de contribuições em atraso a partir da competência abril de 1995, obedecendo-se, a partir de então, às disposições aplicadas às empresas em geral. *(Parágrafo acrescentado pelo Decreto n. 3.265, de 29/11/99)*

§ 11. Na hipótese de as contribuições terem sido declaradas no documento a que se refere o inciso IV do art. 225, ou quando se tratar de empregador doméstico ou de empresa ou segurado dispensados de apresentar o citado documento, a multa de mora a que se refere o **caput** e seus incisos será reduzida em cinqüenta por cento. *(Parágrafo acrescentado pelo Decreto n. 3.265, de 29/11/99)*

Art. 240. Os créditos de qualquer natureza da seguridade social, constituídos ou não, que forem objeto de parcelamento serão consolidados na data da concessão e expressos em moeda corrente.

§ 1º Os valores referentes a competências anteriores a 1º de janeiro de 1995 e expressos em Unidade Fiscal de Referência serão reconvertidos para moeda corrente, com base no valor da Unidade Fiscal de Referência na data do pagamento.

§ 2º O valor do crédito consolidado será dividido pela quantidade de parcelas mensais concedidas na forma da legislação pertinente.

§ 3º O valor de cada parcela mensal, por ocasião do pagamento, será acrescido de juros na forma da legislação pertinente.

§ 4º A parcela mensal com valores relativos a competências anteriores a janeiro de 1995 será determinada de acordo com as disposições do § 1º, acrescida de juros conforme a legislação pertinente.

Art. 241. No caso de parcelamento concedido administrativamente até o dia 31 de dezembro de 1991, cujo saldo devedor foi expresso em quantidade de Unidade Fiscal de Referência diária a partir de 1º de janeiro de 1992, mediante a divisão do débito, atualizado monetariamente, pelo valor da Unidade Fiscal de Referência diária no dia 1º de janeiro de 1992, terá o valor do débito ou da parcela expresso em Unidade Fiscal de Referência reconvertido para moeda corrente, multiplicando-se a quantidade de Unidade Fiscal de Referência pelo valor desta na data do pagamento.

Art. 242. Os valores das contribuições incluídos em notificação fiscal de lançamento e os acréscimos legais, observada a legislação de regência, serão expressos em moeda corrente.

§1º Os valores das contribuições incluídos na Guia de Recolhimento do Fundo de Garantia do Tempo de Serviço e Informações à Previdência Social, não recolhidos ou não parcelados, serão inscritos na Dívida Ativa do Instituto Nacional do Seguro Social, dispensando-se o processo administrativo de natureza contenciosa.

§ 2º Os juros e a multa serão calculados com base no valor da contribuição.

Art. 243. Constatada a falta de recolhimento de qualquer contribuição ou outra importância devida nos termos deste Regulamento, a fiscalização lavrará, de imediato, notificação fiscal de lançamento com discriminação clara e precisa dos fatos geradores, das contribuições devidas e dos períodos a que se referem, de acordo com as normas estabelecidas pelos órgãos competentes.

§ 1º Aplica-se o disposto neste artigo em caso de falta de pagamento de benefício reembolsado ou em caso de pagamento desse benefício sem observância das normas pertinentes estabelecidas pelo Instituto Nacional do Seguro Social.

§ 2º Recebida a notificação, o empregador doméstico, a empresa ou o segurado terão o prazo de trinta dias para efetuar o pagamento ou apresentar impugnação. *(Redação dada pelo Decreto n. 6.103, de 2007)*

§ 3º Decorrido esse prazo, será automaticamente declarada a revelia, considerado, de plano, procedente o lançamento, permanecendo o processo no órgão jurisdicionante, pelo prazo de trinta dias, para cobrança amigável.

§ 4º Após o prazo referido no parágrafo anterior, o crédito será inscrito em Dívida Ativa.

§ 5º Apresentada a defesa, o processo formado a partir da notificação fiscal de lançamento será submetido à autoridade competente, que decidirá sobre a procedência ou não do lançamento, cabendo recurso na forma da Subseção II da Seção II do Capítulo Único do Título I do Livro V.

§ 6º Ao lançamento considerado procedente aplicar-se-á o disposto no § 1º do art. 245, salvo se houver recurso tempestivo na forma da Subseção II da Seção II do Capítulo Único do Título I do Livro V.

§ 7º A liquidação de crédito incluído em notificação deve ser feita em moeda corrente, mediante documento próprio emitido exclusivamente pelo Instituto Nacional do Seguro Social.

Art. 244. As contribuições e demais importâncias devidas à seguridade social e não recolhidas até seu vencimento, incluídas ou não em notificação fiscal de lançamento, após verificadas e confessadas, poderão ser objeto de acordo, para pagamento parcelado em moeda corrente, em até sessenta meses sucessivos, observado o número de até quatro parcelas mensais para cada competência a serem incluídas no parcelamento.

§ 1º Não poderão ser objeto de parcelamento as contribuições descontadas dos segurados empregado, inclusive o doméstico, trabalhador avulso e contribuinte individual, as decorrentes da sub-rogação de que tratam os incisos I e II do § 7º do art. 200 e as importâncias retidas na forma do art. 219. *(Redação dada pelo Decreto n. 4.729, de 9/06/2003)*

§ 2º A empresa ou segurado que tenha sido condenado criminalmente por sentença transitada em julgado, por obter vantagem ilícita em prejuízo da seguridade social ou de suas entidades, não poderá obter parcelamento de seus débitos, nos cinco anos seguintes ao trânsito em julgado da sentença.

§ 3º *(Revogado pelo Decreto nº 6.722, de 2008).*

§ 4º O disposto neste artigo aplica-se às contribuições arrecadadas pelo Instituto Nacional do Seguro Social para outras entidades e fundos, na forma prevista no art. 274, bem como às relativas às cotas de previdência devidas na forma da legislação anterior à Lei n. 8.212, de 1991.

§ 5º Sobre o valor de cada prestação mensal decorrente de parcelamento serão acrescidos, por ocasião do pagamento, juros equivalentes à taxa referencial do Sistema Especial de Liquidação e Custódia, a que se refere o art. 13 da Lei n. 9.065, de 20 de junho de 1995, para títulos federais, acumulada mensalmente, calculados a partir do primeiro dia do mês da concessão do parcelamento até o mês anterior ao do pagamento e de um por cento relativamente ao mês do pagamento.

§ 6º O deferimento do parcelamento pelo Instituto Nacional do Seguro Social fica condicionado ao pagamento da primeira parcela.

§ 7º Na hipótese do parágrafo anterior, não sendo paga a primeira parcela, proceder-se-á à inscrição da dívida confessada, salvo se já tiver sido inscrita, na Dívida Ativa do Instituto Nacional do Seguro Social e à sua cobrança judicial.

§ 8º O acordo de parcelamento será imediatamente rescindido, aplicando-se o disposto no § 1º do art. 245, salvo se a dívida já tiver sido inscrita, procedendo-se a sua cobrança judicial, caso ocorra uma das seguintes situações:

I - falta de pagamento de qualquer parcela nos termos acordados;

II - perecimento, deterioração ou depreciação da garantia oferecida para obtenção da Certidão Negativa de Débito, se o devedor, avisado, não a substituir ou reforçar, conforme o caso, no prazo de trinta dias contados do recebimento do aviso; ou

III - descumprimento de qualquer outra cláusula do acordo de parcelamento.

§ 9º Será admitido o reparcelamento por uma única vez.

§ 10. As dívidas inscritas, ajuizadas ou não, poderão ser objeto de parcelamento, no qual se incluirão, no caso das ajuizadas, honorários advocatícios, desde que previamente quitadas as custas judiciais.

§ 11. A amortização da dívida parcelada deve ser contínua e uniforme em relação ao número total das parcelas.

§ 12. O acordo celebrado com o Estado, o Distrito Federal ou o Município conterá cláusula em que estes autorizem a retenção do Fundo de Participação dos Estados ou do Fundo de Participação dos Municípios e o repasse ao Instituto Nacional do Seguro Social do valor correspondente a cada prestação mensal, por ocasião do vencimento desta.

§ 13. O acordo celebrado com o Estado, o Distrito Federal ou o Município conterá, ainda, cláusula em que estes autorizem, quando houver o atraso superior a sessenta dias no cumprimento das obrigações previdenciárias correntes, a retenção do Fundo de Participação dos Estados ou do Fundo de Participação dos Municípios e o repasse ao Instituto Nacional do Seguro Social do valor correspondente à mora, por ocasião da primeira transferência que ocorrer após a comunicação da autarquia previdenciária ao Ministério da Fazenda.

§ 14. Não é permitido o parcelamento de dívidas de empresa com falência decretada.

Art. 245. O crédito da seguridade social é constituído por meio de notificação fiscal de lançamento, auto-de-infração, confissão ou documento declaratório de valores devidos apresentado pelo contribuinte ou outro instrumento previsto em legislação própria.

§ 1º As contribuições, a atualização monetária, os juros de mora, as multas, bem como outras importâncias devidas e não recolhidas até o seu vencimento devem ser lançados em livro próprio destinado à inscrição em Dívida Ativa do Instituto Nacional do Seguro Social e da Fazenda Nacional, após a constituição do respectivo crédito.

§ 2º A certidão textual do livro de que trata este artigo serve de título para que o órgão competente, por intermédio de seu procurador ou representante legal, promova em juízo a cobrança da Dívida Ativa, segundo o mesmo processo e com as mesmas prerrogativas e privilégios da Fazenda Nacional, nos termos da Lei n. 6.830, de 22 de setembro de 1980.

§ 3º Os órgãos competentes podem, antes de ajuizar a cobrança da Dívida Ativa, promover o protesto de título dado em garantia de sua liquidação, ficando, entretanto, ressalvado que o título será sempre recebido **pro solvendo**.

§ 4º Considera-se Dívida Ativa o crédito proveniente de fato jurídico gerador das obrigações legais ou contratuais, desde que inscrito no livro próprio, de conformidade com os dispositivos da Lei n. 6.830, de 1980.

§ 5º As contribuições arrecadadas pelo Instituto Nacional do Seguro Social poderão, sem prejuízo da respectiva liquidez e certeza, ser inscritas em Dívida Ativa.

Art. 246. O crédito relativo a contribuições, atualização monetária, juros de mora, multas, bem como a outras importâncias, está sujeito, nos processos de falência, concordata ou concurso de credores, às disposições atinentes aos créditos da União, aos quais é equiparado.

Parágrafo único. O Instituto Nacional do Seguro Social reivindicará os valores descontados pela empresa do segurado empregado e trabalhador avulso, as decorrentes da sub-rogação de que tratam os incisos I e II do § 7º do art. 200 e as importâncias retidas na forma do art. 219 e não recolhidos, sendo que esses valores não estão sujeitos ao concurso de credores.

Seção VII
Da Restituição e da Compensação de Contribuições e Outras Importâncias

Art. 247. Somente poderá ser restituída ou compensada contribuição para a seguridade social, arrecadada pelo Instituto Nacional do Seguro Social, na hipótese de pagamento ou recolhimento indevido.

§ 1º Na hipótese de pagamento ou recolhimento indevido, a contribuição será atualizada monetariamente, nos períodos em que a legislação assim determinar, a contar da data do pagamento ou recolhimento até a da efetiva restituição ou compensação, utilizando-se os mesmos critérios aplicáveis à cobrança da própria contribuição em atraso, na forma da legislação de regência.

§ 2º A partir de 1º de janeiro de 1996, a compensação ou restituição é acrescida de juros equivalentes à taxa referencial do Sistema Especial de Liquidação e de Custódia, acumulada mensalmente, calculados a partir da data do pagamento indevido ou a maior até o mês anterior ao da compensação ou restituição e de um por cento relativamente ao mês em que estiver sendo efetuada.

§ 3º Somente será admitida a restituição ou a compensação de contribuição a cargo da empresa, recolhida ao Instituto Nacional do Seguro Social, que, por sua natureza, não tenha sido transferida ao preço de bem ou serviço oferecido à sociedade.

Art. 248. A restituição de contribuição ou de outra importância recolhida indevidamente, que comporte, por sua natureza, a transferência de encargo financeiro, somente será feita àquele que provar ter assumido esse encargo ou, no caso de tê-lo transferido a terceiro, estar por este expressamente autorizado a recebê-la.

Art. 249. Somente poderá ser restituído ou compensado, nas contribuições arrecadadas pelo Instituto Nacional do Seguro Social, valor decorrente das parcelas referidas nos incisos I, II, III, IV e V do parágrafo único do art. 195.

Parágrafo único. A restituição de contribuição indevidamente descontada do segurado somente poderá ser feita ao próprio segurado, ou ao seu procurador, salvo se comprovado que o responsável pelo recolhimento já lhe fez a devolução.

Art. 250. O pedido de restituição ou de compensação de contribuição ou de outra importância recolhida à seguridade social e recebida pelo Instituto Nacional do Seguro Social será encaminhado ao próprio Instituto.

§1º No caso de restituição de contribuições para terceiros, vinculada à restituição de contribuições previdenciárias, será o pedido recebido e decidido pelo Instituto Nacional do Seguro Social, que providenciará a restituição, descontando-a obrigatoriamente do valor do repasse financeiro seguinte ao da restituição, comunicando o fato à respectiva entidade.

§ 2º O pedido de restituição de contribuições que envolver somente importâncias relativas a terceiros será formulado diretamente à entidade respectiva e por esta decidido, cabendo ao Instituto Nacional do Seguro Social prestar as informações e realizar as diligências solicitadas.

Art. 251. A partir de 1º de janeiro de 1992, nos casos de pagamento indevido ou a maior de contribuições, mesmo quando resultante de reforma, anulação, revogação ou rescisão de decisão condenatória, o contribuinte pode efetuar a compensação desse valor no recolhimento de importâncias correspondentes a períodos subseqüentes.

§ 1º A compensação, independentemente da data do recolhimento, não pode ser superior a trinta por cento do valor a ser recolhido em cada competência, devendo o saldo remanescente em favor do contribuinte ser compensado nas competências subseqüentes, aplicando-se as normas previstas nos §§ 1º e 2º do art. 247.

§ 2º A compensação somente poderá ser efetuada com parcelas de contribuição da mesma espécie.

§ 3º É facultado ao contribuinte optar pelo pedido de restituição.

§ 4º Em caso de compensação de valores nas situações a que se referem os arts. 248 e 249, os documentos comprobatórios da responsabilidade assumida pelo encargo financeiro, a autorização expressa de terceiro para recebimento em seu nome, a procuração ou o recibo de devolução de contribuição descontada indevidamente de segurado, conforme o caso, devem ser mantidos à disposição da fiscalização, sob pena de glosa dos valores compensados.

§ 5º Os órgãos competentes expedirão as instruções necessárias ao cumprimento do disposto neste artigo.

Art. 252. No caso de recolhimento a maior, originário de evidente erro de cálculo, a restituição será feita por rito sumário estabelecido pelo Instituto Nacional do Seguro Social, reservando-se a este o direito de fiscalizar posteriormente a regularidade das importâncias restituídas.

Art. 253. O direito de pleitear restituição ou de realizar compensação de contribuições ou de outras importâncias extingue-se em cinco anos, contados da data:
I - do pagamento ou recolhimento indevido; ou
II - em que se tornar definitiva a decisão administrativa ou passar em julgado a sentença judicial que tenha reformado, anulado ou revogado a decisão condenatória.
Art. 254. Da decisão sobre pedido de restituição de contribuições ou de outras importâncias, cabe recurso na forma da Subseção II da Seção II do Capítulo Único do Título I do Livro V.

Seção VIII
Do Reembolso de Pagamento

Art. 255. A empresa será reembolsada pelo pagamento do valor bruto do salário-maternidade, observado o disposto no art. 248 da Constituição, incluída a gratificação natalina proporcional ao período da correspondente licença e das cotas do salário-família pago aos segurados a seu serviço, de acordo com este Regulamento, mediante dedução do respectivo valor, no ato do recolhimento das contribuições devidas, na forma estabelecida pelo INSS.*(Nova Redação pelo Decreto n. 4.862 de 21/10/2003)*
§ 1° Se da dedução prevista no **caput** resultar saldo favorável, a empresa receberá, no ato da quitação, a importância correspondente.
§ 2° *(Revogado pelo Decreto n. 3.265, de 29/11/99)*
§ 3° O reembolso de pagamento obedecerá aos mesmos critérios aplicáveis à restituição prevista no art. 247.

CAPÍTULO IX
DA MATRÍCULA DA EMPRESA, DO PRODUTOR RURAL PESSOA FÍSICA E DO SEGURADO ESPECIAL

(Redação dada pelo Decreto nº 6.722, de 2008)

Art. 256. A matrícula da empresa será feita:
I - simultaneamente com a inscrição no Cadastro Nacional da Pessoa Jurídica; ou
II - perante o Instituto Nacional do Seguro Social, no prazo de trinta dias contados do início de suas atividades, quando não sujeita a inscrição no Cadastro Nacional da Pessoa Jurídica.
§ 1° Independentemente do disposto neste artigo, o Instituto Nacional do Seguro Social procederá à matrícula:
I - de ofício, quando ocorrer omissão; e
II - de obra de construção civil, mediante comunicação obrigatória do responsável por sua execução, no prazo do inciso II do **caput**.
§ 2° A unidade matriculada na forma do inciso II do **caput** e do § 1° receberá certificado de matrícula com número cadastral básico, de caráter permanente.
§ 3° O não cumprimento do disposto no inciso II do **caput** e no inciso II do § 1° sujeita o responsável à multa prevista no art. 283.
§ 4° O Departamento Nacional de Registro do Comércio, por intermédio das juntas comerciais, bem como os cartórios de registro civil de pessoas jurídicas, prestarão obrigatoriamente ao Instituto Nacional do Seguro Social todas as informações referentes aos atos constitutivos e alterações posteriores relativos a empresas neles registradas, sem ônus para o Instituto.
§ 5° São válidos perante o Instituto Nacional do Seguro Social os atos de constituição, alteração e extinção de empresa registrados nas juntas comerciais.
§ 6° O Ministério da Previdência e Assistência Social estabelecerá as condições em que o Departamento Nacional de Registro do Comércio, por intermédio das juntas comerciais, e os cartórios de registro civil de pessoas jurídicas cumprirão o disposto no § 4°.
Art. 256-A. A matrícula atribuída pela Secretaria da Receita Federal do Brasil ao produtor rural pessoa física ou segurado especial é o documento de inscrição do contribuinte, em substituição à inscrição no Cadastro Nacional de Pessoa Jurídica - CNPJ, a ser apresentado em suas relações: *(Incluído pelo Decreto nº 6.722, de 2008).*
I - com o Poder Público, inclusive para licenciamento sanitário de produtos de origem animal ou vegetal submetidos a processos de beneficiamento ou industrialização artesanal; *(Incluído pelo Decreto nº 6.722, de 2008).*
II - com as instituições financeiras, para fins de contratação de operações de crédito; e *(Incluído pelo Decreto nº 6.722, de 2008).*
III - com os adquirentes de sua produção ou fornecedores de sementes, insumos, ferramentas e demais implementos agrícolas. *(Incluído pelo Decreto nº 6.722, de 2008).*
§ 1° Para fins de recolhimento das contribuições previdenciárias, a matrícula de que trata o **caput** será atribuída ao grupo familiar no ato de sua inscrição. *(Incluído pelo Decreto nº 6.722, de 2008).*
§ 2° O disposto no **caput** não se aplica ao licenciamento sanitário de produtos sujeitos à incidência do IPI ou ao contribuinte cuja inscrição no CNPJ seja obrigatória. *(Incluído pelo Decreto nº 6.722, de 2008).*

CAPÍTULO X
DA PROVA DE INEXISTÊNCIA DE DÉBITO

Art. 257. *(Revogado pelo Decreto n. 8.302, de 4/09/2014)*
Art. 258. *(Revogado pelo Decreto n. 8.302, de 4/09/2014)*
Art. 259. *(Revogado pelo Decreto n. 8.302, de 4/09/2014)*
Art. 260. Serão aceitas as seguintes modalidades de garantia:
I - depósito integral e atualizado do débito em moeda corrente;
II - hipoteca de bens imóveis com ou sem seus acessórios;
III - fiança bancária;
IV - vinculação de parcelas do preço de bens ou serviços a serem negociados a prazo pela empresa;
V - alienação fiduciária de bens móveis; ou
VI - penhora.
Parágrafo único. A garantia deve ter valor mínimo de cento e vinte por cento do total da dívida, observado, em qualquer caso, o valor de mercado dos bens indicados, em conformidade com os critérios estabelecidos pelo Instituto Nacional do Seguro Social.

Art. 261. A autorização do órgão competente para outorga de instrumento em que se estipule o pagamento do débito da empresa no ato, ou apenas parte no ato e o restante em parcelas ou prestações do saldo do preço do bem a ser negociado pela empresa, com vinculação ao cumprimento das obrigações assumidas na confissão de dívida fiscal desta perante a seguridade social, na forma do inciso IV do art. 260, será dada mediante interveniência no instrumento.

Parágrafo único. A autorização para lavratura de instrumento de interesse da empresa em que a garantia oferecida pelo devedor não tem relação com o bem transacionado será dada mediante alvará.

Art. 262. *(Revogado pelo Decreto n. 8.302, de 4/09/2014)*

Art. 263. *(Revogado pelo Decreto n. 8.302, de 4/09/2014)*

Art. 264. A inexistência de débito em relação às contribuições devidas ao Instituto Nacional do Seguro Social é condição necessária para que os Estados, o Distrito Federal e os Municípios possam receber as transferências dos recursos do Fundo de Participação dos Estados e do Distrito Federal e do Fundo de Participação dos Municípios, celebrar acordo, contrato, convênio ou ajuste, bem como receber empréstimo, financiamento, aval ou subvenção em geral de órgão ou entidade da administração direta e indireta da União.

Parágrafo único. Para recebimento do Fundo de Participação dos Estados e do Distrito Federal e do Fundo de Participação dos Municípios e para a consecução dos demais instrumentos citados no **caput**, os Estados, o Distrito Federal e os Municípios deverão apresentar aos órgãos ou entidades responsáveis pela liberação dos fundos, celebração de acordos, contratos, convênios ou ajustes, concessão de empréstimos, financiamentos, avais ou subvenções em geral os comprovantes de recolhimento das suas contribuições ao Instituto Nacional do Seguro Social referentes aos três meses imediatamente anteriores ao mês previsto para a efetivação daqueles procedimentos.

Art. 265. Os Estados, o Distrito Federal e os Municípios serão, igualmente, obrigados a apresentar, para os fins do disposto no art. 264, comprovação de pagamento da parcela mensal referente aos débitos com o Instituto Nacional do Seguro Social objeto do parcelamento.

TÍTULO II
DAS DISPOSIÇÕES DIVERSAS RELATIVAS AO CUSTEIO DA SEGURIDADE SOCIAL

Art. 266. Os sindicatos poderão apresentar denúncia contra a empresa, junto ao Instituto Nacional do Seguro Social, nas seguintes hipóteses:

I - falta de envio da Guia da Previdência Social para o sindicato, na forma do inciso V do **caput** do art. 225;

II - não afixação da Guia da Previdência Social no quadro de horário, na forma do inciso VI do **caput** do art. 225;

III - divergência entre os valores informados pela empresa e pelo Instituto Nacional do Seguro Social sobre as contribuições recolhidas na mesma competência; ou

IV - existência de evidentes indícios de recolhimento a menor das contribuições devidas, constatados pela comparação com dados disponíveis sobre quantidade de empregados e de rescisões de contrato de trabalho homologadas pelo sindicato.

§ 1º As denúncias formuladas pelos sindicatos deverão identificar com precisão a empresa infratora e serão encaminhadas por seu representante legal, especificando nome, número no Cadastro Nacional da Pessoa Jurídica e endereço da empresa denunciada, o item infringido e outros elementos indispensáveis à análise dos fatos.

§ 2º A constatação da improcedência da denúncia apresentada pelo sindicato implicará a cessação do seu direito ao acesso às informações fornecidas pelas empresas e pelo Instituto Nacional do Seguro Social, pelo prazo de:

I - um ano, quando fundamentada nos incisos I, II e III do **caput**; e

II - quatro meses, quando fundamentada no inciso IV do **caput**.

§ 3º Os prazos mencionados no parágrafo anterior serão duplicados a cada reincidência, considerando-se esta a ocorrência de nova denúncia improcedente, dentro do período de cinco anos contados da data da denúncia não confirmada.

Art. 267. *(Revogado pelo Decreto n. 4.032, de 26/11/2001)*

Art. 268. O titular da firma individual e os sócios das empresas por cotas de responsabilidade limitada respondem solidariamente, com seus bens pessoais, pelos débitos junto à seguridade social.

Parágrafo único. Os acionistas controladores, os administradores, os gerentes e os diretores respondem solidariamente e subsidiariamente, com seus bens pessoais, quanto ao inadimplemento das obrigações para com a seguridade social, por dolo ou culpa.

Art. 269. Os orçamentos das entidades da administração pública direta e indireta devem consignar as dotações ao pagamento das contribuições devidas à seguridade social, de modo a assegurar a sua regular liquidação dentro do exercício.

Parágrafo único. O pagamento das contribuições devidas ao Instituto Nacional do Seguro Social terá prioridade absoluta nos cronogramas financeiros de desembolso dos órgãos da administração pública direta, das entidades de administração indireta e suas subsidiárias e das demais entidades sob controle acionário direto ou indireto da União, dos Estados, do Distrito Federal e dos Municípios, bem como de suas autarquias, e fundações instituídas ou mantidas pelo Poder Público.

Art. 270. A existência de débitos junto ao Instituto Nacional do Seguro Social, não renegociados ou renegociados e não saldados, nas condições estabelecidas em lei, importará na indisponibilidade dos recursos existentes, ou que venham a ingressar nas contas dos órgãos ou entidades devedoras de que trata o artigo anterior, abertas em quaisquer instituições financeiras, até o valor equivalente ao débito apurado na data de expedição de solicitação do Instituto Nacional do Seguro Social ao Banco Central do Brasil, incluindo o principal, corrigido monetariamente nos períodos em que a legislação assim dispuser, as multas e os juros.

Parágrafo único. Os Ministros da Fazenda e da Previdência e Assistência Social expedirão as instruções para aplicação do disposto neste artigo.

Art. 271. As contribuições referentes ao período de que trata o § 2º do art. 26, vertidas desde o início do vínculo do servidor com a administração pública ao Plano de Seguridade Social do Servidor Público, nos termos dos arts. 8º e 9º da Lei n. 8.162, de 1991, serão atualizadas monetariamente e repassadas de imediato ao Instituto Nacional do Seguro Social.

Art. 272. As alíquotas a que se referem o inciso II do art. 200 e os incisos I, II, III e § 8º do art. 202 são reduzidas em cinqüenta por cento de seu valor, a partir de 22 de janeiro de 1998, por sessenta meses, nos contratos de trabalho por prazo determinado, nos termos da Lei n. 9.601, de 21 de janeiro de 1998. *(Redação dada pelo Decreto n. 4.032, de 26/11/2001)*

Art. 273. A empresa é obrigada a preparar folha de pagamento dos trabalhadores contratados com base na Lei n. 9.601, de 1998, na forma do art. 225, agrupando-os separadamente.

Art. 274. O Instituto Nacional do Seguro Social poderá arrecadar e fiscalizar, mediante remuneração de três vírgula cinco por cento sobre o montante arrecadado, contribuição por lei devida a terceiros, desde que provenha de empresa, segurado, aposentado ou pensionista a ele vinculado, aplicando-se a essa contribuição, no que couber, o disposto neste Regulamento.

§ 1º O disposto neste artigo aplica-se às contribuições que tenham a mesma base utilizada para o cálculo das contribuições incidentes sobre a remuneração paga, devida ou creditada a segurados, bem como sobre as contribuições incidentes sobre outras bases a título de substituição. *(Redação dada pelo Decreto n. 4.032, de 26/11/2001)*

§ 2º As contribuições previstas neste artigo ficam sujeitas aos mesmos prazos, condições, sanções e privilégios das contribuições da seguridade social, inclusive no que se refere à cobrança judicial.

Art. 275. O Instituto Nacional do Seguro Social divulgará, trimestralmente, lista atualizada dos devedores com débitos inscritos na Dívida Ativa relativos às contribuições previstas nos incisos I, II, III, IV e V do parágrafo único do art. 195, acompanhada de relatório circunstanciado das medidas administrativas e judiciais adotadas para a cobrança e execução da dívida.

§ 1º O relatório a que se refere o **caput** será encaminhado aos órgãos da administração federal direta e indireta, às entidades controladas direta ou indiretamente pela União, aos registros públicos, cartórios de registro de títulos e documentos, cartórios de registro de imóveis e ao sistema financeiro oficial, para os fins do § 3º do art. 195 da Constituição Federal e da Lei n. 7.711, de 22 de dezembro de 1988.

§ 2º O Ministério da Previdência e Assistência Social fica autorizado a firmar convênio com os governos estaduais, do Distrito Federal e municipais para extensão, àquelas esferas de governo, das hipóteses previstas no art. 1º da Lei n. 7.711, de 1988.

Art. 276. Nas ações trabalhistas de que resultar o pagamento de direitos sujeitos à incidência de contribuição previdenciária, o recolhimento das importâncias devidas à seguridade social será feito no dia dois do mês seguinte ao da liquidação da sentença.

§ 1º No caso do pagamento parcelado, as contribuições devidas à seguridade social serão recolhidas na mesma data e proporcionalmente ao valor de cada parcela.

§ 2º Nos acordos homologados em que não figurarem, discriminadamente, as parcelas legais de incidência da contribuição previdenciária, esta incidirá sobre o valor total do acordo homologado.

§ 3º Não se considera como discriminação de parcelas legais de incidência de contribuição previdenciária a fixação de percentual de verbas remuneratórias e indenizatórias constantes dos acordos homologados, aplicando-se, nesta hipótese, o disposto no parágrafo anterior.

§ 4º A contribuição do empregado no caso de ações trabalhistas será calculada, mês a mês, aplicando-se as alíquotas previstas no art. 198, observado o limite máximo do salário-de-contribuição.

§ 5º Na sentença ou acordo homologado, cujo valor da contribuição previdenciária devida for inferior ao limite mínimo permitido para recolhimento na Guia da Previdência Social, é autorizado o recolhimento dos valores devidos cumulativamente com as contribuições normais de mesma competência. *(Parágrafo acrescentado pelo Decreto n. 4.032, de 26/11/2001)*

§ 6º O recolhimento das contribuições do empregado reclamante deverá ser feito na mesma inscrição em que são recolhidas as contribuições devidas pela empresa. *(Parágrafo acrescentado pelo Decreto n. 4.032, de 26/11/2001)*

§ 7º Se da decisão resultar reconhecimento de vínculo empregatício, deverão ser exigidas as contribuições, tanto do empregador como do reclamante, para todo o período reconhecido, ainda que o pagamento das remunerações a ele correspondentes não tenham sido reclamadas na ação, tomando-se por base de incidência, na ordem, o valor da remuneração paga, quando conhecida, da remuneração paga a outro empregado de categoria ou função equivalente ou semelhante, do salário normativo da categoria ou do salário mínimo mensal, permitida a compensação das contribuições patronais eventualmente recolhidas.

§ 8º Havendo reconhecimento de vínculo empregatício para empregado doméstico, tanto as contribuições do segurado empregado como as do empregador deverão ser recolhidas na inscrição do trabalhador. *(Parágrafo acrescentado pelo Decreto n. 4.032, de 26/11/2001)*

§ 9º É exigido o recolhimento da contribuição previdenciária de que trata o inciso II do art. 201, incidente sobre o valor resultante da decisão que reconhecer a ocorrência de prestação de serviço à empresa, mas não o vínculo empregatício, sobre o valor total da condenação ou do acordo homologado, independentemente da natureza da parcela e forma de pagamento. *(Parágrafo acrescentado pelo Decreto n. 4.032, de 26/11/2001)*

Art. 277. A autoridade judiciária deverá velar pelo fiel cumprimento do disposto no artigo anterior, executando, de ofício, quando for o caso, as contribuições devidas, fazendo expedir notificação ao Instituto Nacional do Seguro Social, para dar-lhe ciência dos termos da sentença, do acordo celebrado ou da execução.

Parágrafo único. O Instituto Nacional do Seguro Social fornecerá, quando solicitados, as orientações e dados necessários ao cumprimento do que dispõe este artigo.

Art. 278. Nenhuma contribuição é devida à seguridade social se a construção residencial for unifamiliar, com área total não superior a setenta metros quadrados, destinada a uso próprio, do tipo econômico e tiver sido executada sem a utilização de mão-de-obra assalariada.

Parágrafo único. Comprovado o descumprimento de qualquer das disposições do **caput**, tornam-se devidas as contribuições previstas neste Regulamento, sem prejuízo das cominações legais cabíveis.

TÍTULO III
DAS DISPOSIÇÕES TRANSITÓRIAS RELATIVAS AO CUSTEIO DA SEGURIDADE SOCIAL

(Título acrescentado pelo Decreto n. 3.265, de 29/11/99)

Art. 278-A. *(Revogado pelo Decreto n. 4.729, de 9/06/2003)*

LIVRO IV
DAS PENALIDADES EM GERAL
TÍTULO I
DAS RESTRIÇÕES

Art. 279. A empresa que transgredir as normas deste Regulamento, além de outras sanções previstas, sujeitar-se-á às seguintes restrições:

I - suspensão de empréstimos e financiamentos, por instituições financeiras oficiais;

II - revisão de incentivo fiscal de tratamento tributário especial;

III - inabilitação para licitar e contratar com qualquer órgão ou entidade da administração pública direta ou indireta federal, estadual, do Distrito Federal ou municipal;

IV - interdição para o exercício do comércio, se for sociedade mercantil ou comerciante individual;

V - desqualificação para impetrar concordata; e

VI - cassação de autorização para funcionar no País, quando for o caso.

Art. 280. A empresa em débito para com a seguridade social não pode:

I - distribuir bonificação ou dividendo a acionista; e

II - dar ou atribuir cota ou participação nos lucros a sócio cotista, diretor ou outro membro de órgão dirigente, fiscal ou consultivo, ainda que a título de adiantamento.

TÍTULO II
DAS INFRAÇÕES E DAS PENALIDADES
CAPÍTULO I
DOS CRIMES

Art. 281. *(Revogado pelo Decreto n. 4.032, de 26/11/2001)*

CAPÍTULO II
DA APREENSÃO DE DOCUMENTOS

Art. 282. A seguridade social, por meio de seus órgãos competentes, promoverá a apreensão de comprovantes de arrecadação e de pagamento de benefícios, bem como de quaisquer documentos pertinentes, inclusive contábeis, mediante lavratura do competente termo, com a finalidade de apurar administrativamente a ocorrência dos crimes previstos em lei.

Parágrafo único. O Instituto Nacional do Seguro Social e a Secretaria da Receita Federal estabelecerão normas específicas para:

I - apreensão de comprovantes e demais documentos;

II - apuração administrativa da ocorrência de crimes;

III - devolução de comprovantes e demais documentos;

IV - instrução do processo administrativo de apuração;

V - encaminhamento do resultado da apuração referida no inciso IV à autoridade competente; e

VI - acompanhamento de processo judicial.

CAPÍTULO III
DAS INFRAÇÕES

Art. 283. Por infração a qualquer dispositivo das Leis n°s 8.212 e 8.213, ambas de 1991, e 10.666, de 8 de maio de 2003, para a qual não haja penalidade expressamente cominada neste Regulamento, fica o responsável sujeito a multa variável de R$ 636,17 (seiscentos e trinta e seis reais e dezessete centavos) a R$ 63.617,35 (sessenta e três mil, seiscentos e dezessete reais e trinta e cinco centavos), conforme a gravidade da infração, aplicando-se-lhe o disposto nos arts. 290 a 292, e de acordo com os seguintes valores: *(Nova Redação pelo Decreto n. 4.862 de 21/10/2003)*

Nota: Valor atualizado a partir de janeiro de 2015 pela Portaria Interministerial n. 13/2015:
Art. 8º A partir de 1º de janeiro de 2015:
IV - o valor da multa pela infração a qualquer dispositivo do Regulamento da Previdência Social - RPS, para a qual não haja penalidade expressamente cominada (art. 283), varia, conforme a gravidade da infração, de R$ 1.925,81 (um mil novecentos e vinte e cinco reais e oitenta e um centavos) a R$ 192.578,66 (cento e noventa e dois mil, quinhentos e setenta e oito reais e sessenta e seis centavos);

I - a partir de R$ 636,17 (seiscentos e trinta e seis reais e dezessete centavos) nas seguintes infrações:

a) deixar a empresa de preparar folha de pagamento das remunerações pagas, devidas ou creditadas a todos os segurados a seu serviço, de acordo com este Regulamento e com os demais padrões e normas estabelecidos pelo Instituto Nacional do Seguro Social;

b) deixar a empresa de se matricular no Instituto Nacional do Seguro Social, dentro de trinta dias contados da data do início de suas atividades, quando não sujeita a inscrição no Cadastro Nacional da Pessoa Jurídica;
c) deixar a empresa de descontar da remuneração paga aos segurados a seu serviço importância proveniente de dívida ou responsabilidade por eles contraída junto à seguridade social, relativa a benefícios pagos indevidamente;
d) deixar a empresa de matricular no Instituto Nacional do Seguro Social obra de construção civil de sua propriedade ou executada sob sua responsabilidade no prazo de trinta dias do início das respectivas atividades;
e) deixar o Titular de Cartório de Registro Civil de Pessoas Naturais de comunicar ao Instituto Nacional do Seguro Social, até o dia dez de cada mês, a ocorrência ou a não-ocorrência de óbitos, no mês imediatamente anterior, bem como enviar informações inexatas, conforme o disposto no art. 228;
f) deixar o dirigente dos órgãos municipais competentes de prestar ao Instituto Nacional do Seguro Social as informações concernentes aos alvarás, **habite-se** ou documento equivalente, relativos a construção civil, na forma do art. 226; e
g) deixar a empresa de efetuar os descontos das contribuições devidas pelos segurados a seu serviço; *(Nova Redação pelo Decreto n. 4.862 de 21/10/2003)*
h) deixar a empresa de elaborar e manter atualizado perfil profissiográfico abrangendo as atividades desenvolvidas pelo trabalhador e de fornecer a este, quando da rescisão do contrato de trabalho, cópia autêntica deste documento; e *(Redação incluída pelo Decreto n. 4.862 de 21/10/2003)*
II - a partir de R$ 6.361,73 (seis mil trezentos e sessenta e um reais e setenta e três centavos) nas seguintes infrações:

Nota: Valor atualizado a partir de janeiro de 2015 pela Portaria Interministerial n. 13/2015:
Art. 8º A partir de 1º de janeiro de 2015:
V - o valor da multa indicado no inciso II do art. 283 do RPS e de R$ 19.257,83 (dezenove mil duzentos e cinquenta e sete reais e oitenta e três centavos);

a) deixar a empresa de lançar mensalmente, em títulos próprios de sua contabilidade, de forma discriminada, os fatos geradores de todas as contribuições, o montante das quantias descontadas, as contribuições da empresa e os totais recolhidos;
b) deixar a empresa de apresentar ao Instituto Nacional do Seguro Social e à Secretaria da Receita Federal os documentos que contenham as informações cadastrais, financeiras e contábeis de interesse dos mesmos, na forma por eles estabelecida, ou os esclarecimentos necessários à fiscalização;
c) deixar o servidor, o serventuário da Justiça ou o titular de serventia extrajudicial de exigir documento comprobatório de inexistência de débito, quando da contratação com o poder público ou no recebimento de benefício ou de incentivo fiscal ou creditício;
d) deixar o servidor, o serventuário da Justiça ou o titular de serventia extrajudicial de exigir o documento comprobatório de inexistência de débito, quando da alienação ou oneração, a qualquer título, de bem imóvel ou direito a ele relativo;
e) deixar o servidor, o serventuário da Justiça ou o titular de serventia extrajudicial de exigir a apresentação do documento comprobatório de inexistência de débito na alienação ou oneração, a qualquer título, de bem móvel incorporado ao ativo permanente da empresa, de valor superior a R$ 15.904,18 (quinze mil novecentos e quatro reais e dezoito centavos);

Nota: Valor atualizado a partir de janeiro de 2015, pela Portaria Interministerial n. 13/2015:
Art. 8º...
VI - é exigida Certidão Negativa de Débito CND da empresa na alienação ou oneração, a qualquer título, de bem móvel incorporado ao seu ativo permanente de valor superior a R$ 48.144,19 (quarenta e oito mil cento e quarenta e quatro reais e dezenove centavos)

f) deixar o servidor, o serventuário da Justiça ou o titular de serventia extrajudicial de exigir documento comprobatório de inexistência de débito no registro ou arquivamento, no órgão próprio, de ato relativo a baixa ou redução de capital de firma individual, redução de capital social, cisão total ou parcial, transformação ou extinção de entidade ou sociedade comercial ou civil e transferência de controle de cotas de sociedades de responsabilidade limitada;
g) deixar o servidor, o serventuário da Justiça ou o titular de serventia extrajudicial de exigir documento comprobatório de inexistência de débito do proprietário, pessoa física ou jurídica, de obra de construção civil, quando da averbação de obra no Registro de Imóveis;
h) deixar o servidor, o serventuário da Justiça ou o titular de serventia extrajudicial de exigir documento comprobatório de inexistência de débito do incorporador, quando da averbação de obra no Registro de Imóveis, independentemente do documento apresentado por ocasião da inscrição do memorial de incorporação;
i) deixar o dirigente da entidade da administração pública direta ou indireta de consignar as dotações necessárias ao pagamento das contribuições devidas à seguridade social, de modo a assegurar a sua regular liquidação dentro do exercício;
j) deixar a empresa, o servidor de órgão público da administração direta e indireta, o segurado da previdência social, o serventuário da Justiça ou o titular de serventia extrajudicial, o síndico ou seu representante, o comissário ou o liquidante de empresa em liquidação judicial ou extrajudicial, de exibir os documentos e livros relacionados com as contribuições previstas neste Regulamento ou apresentá-los sem atender às formalidades legais exigidas ou contendo informação diversa da realidade ou, ainda, com omissão de informação verdadeira;

l) deixar a entidade promotora do espetáculo desportivo de efetuar o desconto da contribuição prevista no § 1º do art. 205;
m) deixar a empresa ou entidade de reter e recolher a contribuição prevista no § 3º do art. 205;
n) deixar a empresa de manter laudo técnico atualizado com referência aos agentes nocivos existentes no ambiente de trabalho de seus trabalhadores ou emitir documento de comprovação de efetiva exposição em desacordo com o respectivo laudo; e *(Redação dada pelo Decreto nº 6.722, de 2008).*
o) deixar a empresa de elaborar e manter atualizado perfil profissiográfico abrangendo as atividades desenvolvidas pelo trabalhador e de fornecer a este, quando da rescisão do contrato de trabalho, cópia autêntica deste documento.
§ 1º Considera-se dirigente, para os fins do disposto neste Capítulo, aquele que tem a competência funcional para decidir a prática ou não do ato que constitua infração à legislação da seguridade social.
§ 2º A falta de inscrição do segurado sujeita o responsável à multa de R$ 1.254,89 (mil, duzentos e cinqüenta e quatro reais e oitenta e nove centavos), por segurado não inscrito. *(Redação dada pelo Decreto nº 6.722, de 2008).*
§ 3º As demais infrações a dispositivos da legislação, para as quais não haja penalidade expressamente cominada, sujeitam o infrator à multa de R$ 636,17 (seiscentos e trinta e seis reais e dezessete centavos).

Nota: Valor atualizado a partir de janeiro de 2015 pela Portaria Interministerial n. 13/2015:
Art. 8º A partir de 1º de janeiro de 2015:
IV - o valor da multa pela infração a qualquer dispositivo do Regulamento da Previdência Social - RPS, para a qual não haja penalidade expressamente cominada (art. 283), varia, conforme a gravidade da infração, de R$ 1.925,81 (um mil novecentos e vinte e cinco reais e oitenta e um centavos) a R$ 192.578,66 (cento e noventa e dois mil, quinhentos e setenta e oito reais e sessenta e seis centavos);

Art. 284. A infração ao disposto no inciso IV do **caput** do art. 225 sujeitará o responsável às seguintes penalidades administrativas:
I - valor equivalente a um multiplicador sobre o valor mínimo previsto no **caput** do art. 283, em função do número de segurados, pela não apresentação da Guia de Recolhimento do Fundo de Garantia do Tempo de Serviço e Informações à Previdência Social, independentemente do recolhimento da contribuição, conforme quadro abaixo:

0 a 5 segurados	½ valor mínimo
6 a 15 segurados	1 x o valor mínimo
16 a 50 segurados	2 x o valor mínimo
51 a 100 segurados	5 x o valor mínimo
101 a 500 segurados	10 x o valor mínimo
501 a 1000 segurados	20 x o valor mínimo
1001 a 5000 segurados	35 x o valor mínimo
Acima de 5000 segurados	50 x o valor mínimo

II - cem por cento do valor devido relativo à contribuição não declarada, limitada aos valores previstos no inciso I, pela apresentação da Guia de Recolhimento do Fundo de Garantia do Tempo de Serviço e Informações à Previdência Social com dados não correspondentes aos fatos geradores, seja em relação às bases de cálculo, seja em relação às informações que alterem o valor das contribuições, ou do valor que seria devido se não houvesse isenção ou substituição, quando se tratar de infração cometida por pessoa jurídica de direito privado beneficente de assistência social em gozo de isenção das contribuições previdenciárias ou por empresa cujas contribuições incidentes sobre os respectivos fatos geradores tenham sido substituídas por outras; e
III - cinco por cento do valor mínimo previsto no **caput** do art. 283, por campo com informações inexatas, incompletas ou omissas, limitada aos valores previstos no inciso I, pela apresentação da Guia de Recolhimento do Fundo de Garantia do Tempo de Serviço e Informações à Previdência Social com erro de preenchimento nos dados não relacionados aos fatos geradores.
§ 1º A multa de que trata o inciso I, a partir do mês seguinte àquele em que o documento deveria ter sido entregue, sofrerá acréscimo de cinco por cento por mês calendário ou fração.
§ 2º O valor mínimo a que se refere o inciso I será o vigente na data da lavratura do auto-de-infração.
Art. 285. A infração ao disposto no art. 280 sujeita o responsável à multa de cinqüenta por cento das quantias que tiverem sido pagas ou creditadas, a partir da data do evento.
Art. 286. A infração ao disposto no art. 336 sujeita o responsável à multa variável entre os limites mínimo e máximo do salário-de-contribuição, por acidente que tenha deixado de comunicar nesse prazo.
§ 1º Em caso de morte, a comunicação a que se refere este artigo deverá ser efetuada de imediato à autoridade competente.
§ 2º A multa será elevada em duas vezes o seu valor a cada reincidência.
§ 3º A multa será aplicada no seu grau mínimo na ocorrência da primeira comunicação feita fora do prazo estabelecido neste artigo, ou não comunicada, observado o disposto nos arts. 290 a 292.
Art. 287. Pelo descumprimento das obrigações contidas nos incisos V e VI do **caput** do art. 225, e verificado o disposto no inciso III do caput do art. 266, será aplicada multa de R$ 99,74 (noventa e nove reais e setenta e quatro centavos) a R$ 9.974,34 (nove mil, novecentos e setenta e quatro reais e trinta e quatro centavos), para cada competência em que tenha havido a irregularidade.

Nota: Valor atualizado a partir de janeiro de 2015, pela Portaria Interministerial n. 13/2015:
Art. 8º A partir de 1º de janeiro de 2015:
a) caput do art. 287 do Regulamento da Previdência Social RPS, varia de R$ 253,36 (duzentos e cinquenta e três reais e trinta e seis centavos) a R$ 25.337,44 (vinte e cinco mil e trezentos e trinta e sete reais e quarenta e quatro centavos);

Parágrafo único. O descumprimento das disposições constantes do art. 227 e dos incisos V e VI do **caput** do art. 257, sujeitará a instituição financeira à multa de:

I - R$ 22.165,20 (vinte e dois mil, cento e sessenta e cinco reais e vinte centavos), no caso do art. 227; e

Nota: Valor atualizado a partir de janeiro de 2015, pela Portaria Interministerial n. 13/2015:
Art. 8º A partir de 1º de janeiro de 2015:
b) inciso I do parágrafo único do art. 287, é de R$ 56.305,39 (cinquenta e seis mil e trezentos e cinco reais e trinta e nove centavos); e

II - R$ 110.826,01 (cento e dez mil, oitocentos e vinte e seis reais e um centavo), no caso dos incisos V e VI do **caput** do art. 257.

Nota: Valor atualizado a partir de janeiro de 2015, pela Portaria Interministerial n. 13/2015:
Art. 8º A partir de 1º de janeiro de 2014:
c) inciso II do parágrafo único do art. 287, é de R$ 281.526,96 (duzentos e oitenta e um mil quinhentos e vinte e seis reais e noventa e seis centavos);

Art. 288. O descumprimento do disposto nos §§ 19 e 20 do art. 225 sujeitará o infrator à multa de:

I - R$ 173,00 (cento e setenta e três reais) a R$ 1.730,00 (um mil setecentos e trinta reais), no caso do § 19; e

II - R$ 345,00 (trezentos e quarenta e cinco reais) a R$ 3.450,00 (três mil quatrocentos e cinqüenta reais), no caso do § 20.

Art. 289. O dirigente de órgão ou entidade da administração federal, estadual, do Distrito Federal ou municipal responde pessoalmente pela multa aplicada por infração a dispositivos deste Regulamento, sendo obrigatório o respectivo desconto em folha de pagamento, mediante requisição dos órgãos competentes e a partir do primeiro pagamento que se seguir à requisição.

Parágrafo único. Ao disposto neste artigo não se aplica a multa de que trata o inciso III do art. 239.

CAPÍTULO IV
DAS CIRCUNSTÂNCIAS AGRAVANTES DA PENALIDADE

Art. 290. Constituem circunstâncias agravantes da infração, das quais dependerá a gradação da multa, ter o infrator:

I - tentado subornar servidor dos órgãos competentes;

II - agido com dolo, fraude ou má-fé;

III - desacatado, no ato da ação fiscal, o agente da fiscalização;

IV - obstado a ação da fiscalização; ou

V - incorrido em reincidência.

Parágrafo único. Caracteriza reincidência a prática de nova infração a dispositivo da legislação por uma mesma pessoa ou por seu sucessor, dentro de cinco anos da data em que se tornar irrecorrível administrativamente a decisão condenatória, da data do pagamento ou da data em que se configurou a revelia, referentes à autuação anterior. *(Redação dada pelo Decreto nº 6.032, de 2007)*

CAPÍTULO V
DAS CIRCUNSTÂNCIAS ATENUANTES DA PENALIDADE

Art. 291. *(Revogado pelo Decreto nº 6.727, de 2009)*

CAPÍTULO VI
DA GRADAÇÃO DAS MULTAS

Art. 292. As multas serão aplicadas da seguinte forma:

I - na ausência de agravantes, serão aplicadas nos valores mínimos estabelecidos nos incisos I e II e no § 3º do art. 283 e nos arts. 286 e 288, conforme o caso;

II - as agravantes dos incisos I e II do art. 290 elevam a multa em três vezes;

III - as agravantes dos incisos III e IV do art. 290 elevam a multa em duas vezes;

IV - a agravante do inciso V do art. 290 eleva a multa em três vezes a cada reincidência no mesmo tipo de infração, e em duas vezes em caso de reincidência em infrações diferentes, observados os valores máximos estabelecidos no **caput** dos arts. 283 e 286, conforme o caso; e

V - *(Revogado pelo Decreto nº 6.727, de 2009)*

Parágrafo único. Na aplicação da multa a que se refere o art. 288, aplicar-se-á apenas as agravantes referidas nos incisos III a V do art. 290, as quais elevam a multa em duas vezes.

Art. 293. Constatada a ocorrência de infração a dispositivo deste Regulamento, será lavrado auto-de-infração com discriminação clara e precisa da infração e das circunstâncias em que foi praticada, contendo o dispositivo legal infringido, a penalidade aplicada e os critérios de gradação, e indicando local, dia e hora de sua lavratura, observadas as normas fixadas pelos órgãos competentes. *(Redação dada pelo Decreto n. 6.103, de 2007)*

§ 1º Recebido o auto-de-infração, o autuado terá o prazo de trinta dias, a contar da ciência, para efetuar o pagamento da multa de ofício com redução de cinqüenta por cento ou impugnar a autuação. *(Redação dada pelo Decreto n. 6.103, de 2007)*

§ 2º Impugnada a autuação, o autuado, após a ciência da decisão de primeira instância, poderá efetuar o pagamento da multa de ofício com redução de vinte e cinco por cento, até a data limite para interposição de recurso. *(Redação dada pelo Decreto n. 6.103, de 2007)*

§ 3º O recolhimento do valor da multa, com redução, implica renúncia ao direito de impugnar ou de recorrer. *(Redação dada pelo Decreto n. 4.032, de 26/11/2001)*

§ 4º Apresentada impugnação, o processo será submetido à autoridade competente, que decidirá sobre a autuação, cabendo recurso na forma da Subseção II da Seção II do Capítulo Único do Título I do Livro V deste Regulamento. *(Redação dada pelo Decreto nº 6.032, de 2007)*

§ 5º *(Revogado pelo Decreto n. 6.032, de 2007)*

§ 6º *(Revogado pelo Decreto n. 6.032, de 2007)*

LIVRO V
DA ORGANIZAÇÃO DA SEGURIDADE SOCIAL
TÍTULO I
DO SISTEMA NACIONAL DE SEGURIDADE SOCIAL

Art. 294. As ações nas áreas de saúde, previdência social e assistência social, conforme o disposto no Capítulo II do Título VIII da Constituição Federal, serão organizadas em Sistema Nacional de Seguridade Social.

Parágrafo único. As áreas de que trata este artigo organizar-se-ão em conselhos setoriais, com representantes da União, dos Estados, do Distrito Federal, dos Municípios e da sociedade civil.

CAPÍTULO ÚNICO
DOS ÓRGÃOS COLEGIADOS
Seção I
Do Conselho Nacional de Previdência Social

Art. 295. O Conselho Nacional de Previdência Social, órgão superior de deliberação colegiada, terá como membros:

I - seis representantes do Governo Federal; e

II - nove representantes da sociedade civil, sendo:

a) três representantes dos aposentados e pensionistas;

b) três representantes dos trabalhadores em atividade; e

c) três representantes dos empregadores.

§ 1º Os membros do Conselho Nacional de Previdência Social e seus respectivos suplentes serão nomeados pelo Presidente da República, tendo os representantes titulares da sociedade civil mandato de dois anos, podendo ser reconduzidos, de imediato, uma única vez.

§ 2º Os representantes dos trabalhadores em atividade, dos aposentados, dos empregadores e seus respectivos suplentes serão indicados pelas centrais sindicais e confederações nacionais.

§ 3º O Conselho Nacional de Previdência Social reunir-se-á, ordinariamente, uma vez por mês, por convocação de seu Presidente, não podendo ser adiada a reunião por mais de quinze dias se houver requerimento nesse sentido da maioria dos conselheiros.

§ 4º Poderá ser convocada reunião extraordinária por seu Presidente ou a requerimento de um terço de seus membros, conforme dispuser o regimento interno do Conselho Nacional de Previdência Social.

Art. 296. Compete ao Conselho Nacional de Previdência Social:

I - estabelecer diretrizes gerais e apreciar as decisões de políticas aplicáveis à previdência social;

II - participar, acompanhar e avaliar, sistematicamente, a gestão previdenciária;

III - apreciar e aprovar os planos e programas da previdência social;

IV - apreciar e aprovar as propostas orçamentárias da previdência social, antes de sua consolidação na proposta orçamentária da seguridade social;

V - acompanhar e apreciar, mediante relatórios gerenciais por ele definidos, a execução dos planos, programas e orçamentos no âmbito da previdência social;

VI - acompanhar a aplicação da legislação pertinente à previdência social;

VII - apreciar a prestação de contas anual a ser remetida ao Tribunal de Contas da União, podendo, se for necessário, contratar auditoria externa;

VIII - estabelecer os valores mínimos em litígio, acima dos quais será exigida a anuência prévia do Procurador-Geral ou do Presidente do Instituto Nacional do Seguro Social para formalização de desistência ou transigência judiciais, conforme o disposto no art. 353;

IX - elaborar e aprovar seu regimento interno;

X - aprovar os critérios de arrecadação e de pagamento dos benefícios por intermédio da rede bancária ou por outras formas; e

XI - acompanhar e avaliar os trabalhos de implantação e manutenção do Cadastro Nacional de Informações Sociais.

Art. 296-A. Ficam instituídos, como unidades descentralizadas do Conselho Nacional de Previdência Social - CNPS, Conselhos de Previdência Social - CPS, que funcionarão junto às Gerências-Executivas do INSS. *(Redação dada pelo Decreto nº 5.699, de 2006)*

§ 1º Os CPS serão compostos por dez conselheiros e respectivos suplentes, designados pelo titular da Gerência Executiva na qual for instalado, assim distribuídos: *(Redação dada pelo Decreto nº 5.699, de 2006)*

I - quatro representantes do Governo Federal; e

II - seis representantes da sociedade, sendo:

a) dois dos empregadores;

b) dois dos empregados; e

c) dois dos aposentados e pensionistas.

§ 2º O Governo Federal será representado:

I - nas cidades onde houver mais de uma Gerência-Executiva: *(Redação dada pelo Decreto nº 5.699, de 2006)*

a) pelo Gerente-Executivo da Gerência-Executiva a que se refere o § 1º; e *(Redação dada pelo Decreto nº 6.722, de 2008).*

b) outros Gerentes-Executivos; ou *(Redação dada pelo Decreto nº 6.722, de 2008).*

c) servidores da Divisão ou do Serviço Benefícios ou de Atendimento ou da Procuradoria Federal Especializada junto ao INSS de Gerência-Executiva sediadas na cidade, ou de representante da Secretaria da Receita Federal do Brasil, ou de representante da DATAPREV; *(Redação dada pelo Decreto nº 6.722, de 2008).*

d) *(Revogado pelo Decreto nº 6.722, de 2008).*

II - nas cidades onde houver apenas uma Gerência-Executiva: *(Redação dada pelo Decreto nº 5.699, de 2006)*

a) pelo Gerente-Executivo; *(Redação dada pelo Decreto nº 5.699, de 2006)*

b) servidores da Divisão ou do Serviço de Benefícios ou de Atendimento ou da Procuradoria Federal Especializada junto ao INSS da Gerência-Executiva, ou de representante da Secretaria da Receita Federal do Brasil, ou de representante da DATAPREV. *(Redação dada pelo Decreto nº 6.722, de 2008).*

c) *(Revogado pelo Decreto nº 6.722, de 2008).*

d) *(Revogado pelo Decreto nº 6.722, de 2008).*

III - *(Revogado pelo Decreto nº 5.699, de 2006)*

a) *(Revogado pelo Decreto nº 5.699, de 2006)*

b) *(Revogado pelo Decreto nº 5.699, de 2006)*

§ 3º As reuniões serão mensais ou bimensais, a critério do respectivo CPS, e abertas ao público, cabendo a sua organização e funcionamento ao titular da Gerência-Executiva na qual for instalado o colegiado. *(Redação dada pelo Decreto nº 5.699, de 2006)*

§ 4º Os representantes dos trabalhadores, dos aposentados e dos empregadores serão indicados pelas respectivas entidades sindicais ou associações representativas. *(Redação dada pelo Decreto nº 6.722, de 2008).*

§ 5º Os CPS terão caráter consultivo e de assessoramento, competindo ao CNPS disciplinar os procedimentos para o seu funcionamento, suas competências, os critérios de seleção dos representantes da sociedade e o prazo de duração dos respectivos mandatos, além de estipular por resolução o regimento dos CPS.

§ 6º As funções dos conselheiros dos CPS não serão remuneradas e seu exercício será considerado serviço público relevante.

§ 7º A Previdência Social não se responsabilizará por eventuais despesas com deslocamento ou estada dos conselheiros representantes da sociedade.

§ 8º Nas cidades onde houver mais de uma Gerência-Executiva, o Conselho será instalado naquela indicada pelo Gerente Regional do INSS cujas atribuições abranjam a referida cidade. *(Redação dada pelo Decreto nº 6.722, de 2008).*

§ 9º Cabe ao Gerente-Executivo a designação dos conselheiros. *(Incluído pelo Decreto nº 6.722, de 2008).*

§ 10. É facultado ao Gerente Regional do INSS participar das reuniões do CPS localizados em região de suas atribuições e presidi-las. *(Incluído pelo Decreto nº 6.722, de 2008).*

Art. 297. Compete aos órgãos governamentais:

I - prestar toda e qualquer informação necessária ao adequado cumprimento das competências do Conselho Nacional de Previdência Social, fornecendo inclusive estudos técnicos; e

II - encaminhar ao Conselho Nacional de Previdência Social, com antecedência mínima de dois meses do seu envio ao Congresso Nacional, a proposta orçamentária da previdência social, devidamente detalhada.

Art. 298. As resoluções tomadas pelo Conselho Nacional de Previdência Social deverão ser publicadas no Diário Oficial da União.

Art. 299. As reuniões do Conselho Nacional de Previdência Social serão iniciadas com a presença da maioria absoluta de seus membros, sendo exigida para deliberação a maioria simples de votos.

Art. 300. As ausências ao trabalho dos representantes dos trabalhadores em atividade, decorrentes das atividades do Conselho Nacional de Previdência Social, serão abonadas, computando-se como jornada efetivamente trabalhada para todos os fins e efeitos legais.

Art. 301. Aos membros do Conselho Nacional de Previdência Social, enquanto representantes dos trabalhadores em atividade, titulares e suplentes, é assegurada a estabilidade no emprego, da nomeação até um ano após o término do mandato de representação, somente podendo ser demitidos por motivo de falta grave, regularmente comprovada mediante processo judicial.

Art. 302. Compete ao Ministério da Previdência e Assistência Social proporcionar ao Conselho Nacional de Previdência Social os meios necessários ao exercício de suas competências, para o que contará com uma Secretaria Executiva do Conselho Nacional de Previdência Social.

Seção II
Do Conselho de Recursos da Previdência Social
Subseção I
Da Composição

Art. 303. O Conselho de Recursos da Previdência Social - CRPS, colegiado integrante da estrutura do Ministério da Previdência Social, é órgão de controle jurisdicional das decisões do INSS, nos processos referentes a benefícios a cargo desta Autarquia. *(Redação dada pelo Decreto nº 6.722, de 2008).*

§ 1º O Conselho de Recursos da Previdência Social compreende os seguintes órgãos:

I - vinte e nove Juntas de Recursos, com a competência para julgar, em primeira instância, os recursos interpostos contra as decisões prolatadas pelos órgãos regionais do INSS, em matéria de interesse de seus beneficiários; *(Redação dada pelo Decreto nº 7.126, de 2010)*

II - quatro Câmaras de Julgamento, com sede em Brasília, com a competência para julgar, em segunda instância, os recursos interpostos contra as decisões proferidas pelas Juntas de Recursos que infringirem lei, regulamento, enunciado ou ato normativo ministerial; *(Redação dada pelo Decreto nº 6.722, de 2008).*

III - *(Revogado pelo Decreto n. 3.668, de 22/11/2000)*

IV - Conselho Pleno, com a competência para uniformizar a jurisprudência previdenciária mediante enunciados, podendo ter outras competências definidas no Regimento Interno do Conselho de Recursos da Previdência Social. *(Redação dada pelo Decreto nº 6.857, de 2009).*

§ 2º O CRPS é presidido por representante do Governo, com notório conhecimento da legislação previdenciária, nomeado pelo Ministro de Estado da Previdência Social, cabendo-lhe dirigir os serviços administrativos do órgão. *(Redação dada pelo Decreto nº 6.722, de 2008).*

§ 3º *(Revogado pelo Decreto n. 3.668, de 22/11/2000)*

§ 4º As Juntas e as Câmaras, presididas por representante do Governo, são compostas por quatro membros, denominados conselheiros, nomeados pelo Ministro de Estado da Previdência e Assistência Social, sendo dois representantes do Governo, um das empresas e um dos trabalhadores.

§ 5º O mandato dos membros do Conselho de Recursos da Previdência Social é de dois anos, permitida a recondução, atendidas às seguintes condições: *(Redação dada pelo Decreto nº 5.699, de 2006)*

I - os representantes do Governo são escolhidos entre servidores federais, preferencialmente do Ministério da Previdência Social ou do INSS, com curso superior em nível de graduação concluído e notório conhecimento da legislação previdenciária, que prestarão serviços exclusivos ao Conselho de Recursos da Previdência Social, sem prejuízo dos direitos e vantagens do respectivo cargo de origem; *(Redação dada pelo Decreto nº 5.699, de 2006)*

II - os representantes classistas, que deverão ter escolaridade de nível superior, exceto representantes dos trabalhadores rurais, que deverão ter nível médio, são escolhidos dentre os indicados, em lista tríplice, pelas entidades de classe ou sindicais das respectivas jurisdições, e manterão a condição de segurados do Regime Geral de Previdência Social; e

III - o afastamento do representante dos trabalhadores da empresa empregadora não constitui motivo para alteração ou rescisão contratual.

§ 6º A gratificação dos membros de Câmara de Julgamento e Junta de Recursos será definida pelo Ministro de Estado da Previdência e Assistência Social. *(Redação dada pelo Decreto n. 3.668, de 22/11/2000)*

I - *(Revogado pelo Decreto n. 3.668, de 22/11/2000)*

II - *(Revogado pelo Decreto n. 3.668, de 22/11/2000)*

III - *(Revogado pelo Decreto n. 3.668, de 22/11/2000)*

§ 7º Os servidores do Instituto Nacional do Seguro Social, mediante ato do Ministro de Estado da Previdência Social, poderão ser cedidos para terem exercício no Conselho de Recursos da Previdência Social, sem prejuízo dos direitos e das vantagens do respectivo cargo de origem, inclusive os previstos no art. 61 da Lei nº 8.112, de 11 de dezembro de 1990.

§ 8º *(Revogado pelo Decreto n. 3.452, de 9/05/2000)*

§ 9º O conselheiro afastado por qualquer das razões elencadas no Regimento Interno do Conselho de Recursos da Previdência Social, exceto quando decorrente de renúncia voluntária, não poderá ser novamente designado para o exercício desta função antes do transcurso de cinco anos, contados do efetivo afastamento. *(Redação dada pelo Decreto nº 5.699, de 2006)*

§ 10. O limite máximo de composições por Câmara de Julgamento ou Junta de Recursos, do Conselho de Recursos da Previdência Social, será definido em ato do Ministro de Estado da Previdência Social, por proposta fundamentada do presidente do referido Conselho, em função da quantidade de processos em tramitação em cada órgão julgador. *(Redação dada pelo Decreto nº 6496, de 2008)*

§ 11. *(Revogado pelo Decreto nº 6.857, de 2009).*

Art. 304. Compete ao Ministro de Estado da Previdência Social aprovar o Regimento Interno do CRPS. *(Redação dada pelo Decreto nº 6.722, de 2008).*

Subseção II
Dos Recursos

Art. 305. Das decisões do INSS nos processos de interesse dos beneficiários caberá recurso para o CRPS, conforme o disposto neste Regulamento e no regimento interno do CRPS. *(Redação dada pelo Decreto nº 7.126, de 2010)*

§ 1º É de trinta dias o prazo para interposição de recursos e para o oferecimento de contra-razões, contados da ciência da decisão e da interposição do recurso, respectivamente.

§ 2º *(Revogado pelo Decreto n. 3.265, de 29/11/99)*

§ 3º O Instituto Nacional do Seguro Social e a Secretaria da Receita Previdenciária podem reformar suas decisões, deixando, no caso de reforma favorável ao interessado, de encaminhar o recurso à instância competente. *(Redação dada pelo Decreto nº 6.032, de 2007)*

§ 4º Se o reconhecimento do direito do interessado ocorrer na fase de instrução do recurso por ele interposto contra decisão de Junta de Recursos, ainda que de alçada, ou de Câmara de Julgamento, o processo, acompanhado das razões do novo entendimento, será encaminhado:

I - à Junta de Recursos, no caso de decisão dela emanada, para fins de reexame da questão; ou

II - à Câmara de Julgamento, se por ela proferida a decisão, para revisão do acórdão, na forma que dispuser o seu Regimento Interno.

§ 5º *(Revogado pelo Decreto nº 6.722, de 2008).*

Art. 306. *(Revogado pelo Decreto nº 6.722, de 2008).*

Art. 307. A propositura pelo beneficiário de ação judicial que tenha por objeto idêntico pedido sobre o qual versa o processo administrativo importa renúncia ao direito de recorrer na esfera administrativa e desistência do recurso interposto. *(Redação dada pelo Decreto nº 6.722, de 2008).*

Art. 308. Os recursos tempestivos contra decisões das Juntas de Recursos do Conselho de Recursos da Previdência Social têm efeito suspensivo e devolutivo. *(Redação dada pelo Decreto nº 5.699, de 2006)*

§ 1º Para fins do disposto neste artigo, não se considera recurso o pedido de revisão de acórdão endereçado às Juntas de Recursos e Câmaras de Julgamento. *(Incluído pelo Decreto nº 5.699, de 2006)*

§ 2º É vedado ao INSS escusar-se de cumprir as diligências solicitadas pelo CRPS, bem como deixar de dar cumprimento às decisões definitivas daquele colegiado, reduzir ou ampliar o seu alcance ou executá-las de modo que contrarie ou prejudique seu evidente sentido. *(Redação dada pelo Decreto nº 6.722, de 2008).*

Art. 309. Havendo controvérsia na aplicação de lei ou de ato normativo, entre órgãos do Ministério da Previdência e Assistência Social ou entidades vinculadas, ou ocorrência de questão previdenciária ou de assistência social de relevante interesse público ou social, poderá o órgão interessado, por intermédio de seu dirigente, solicitar ao Ministro de Estado da Previdência e Assistência Social solução para a controvérsia ou questão.

§ 1º A controvérsia na aplicação de lei ou ato normativo será relatada **in abstracto** e encaminhada com manifestações fundamentadas dos órgãos interessados, podendo ser instruída com cópias dos documentos que demonstrem sua ocorrência.

§ 2º A Procuradoria Geral Federal Especializada/INSS deverá pronunciar-se em todos os casos previstos neste artigo.

Art. 310. *(Revogado pelo Decreto nº 6.722, de 2008).*

TÍTULO II
DOS CONVÊNIOS, CONTRATOS, CREDENCIAMENTOS E ACORDOS

Art. 311. A empresa, o sindicato ou entidade de aposentados devidamente legalizada poderá, mediante convênio, encarregar-se, relativamente a seu empregado ou associado e respectivos dependentes, de processar requerimento de benefício, preparando-o e instruindo-o de maneira a ser despachado pela previdência social. *(Redação dada pelo Decreto nº 6.722, de 2008).*

Parágrafo único. Somente poderá optar pelo encargo de pagamento, as convenentes que fazem a complementação de benefícios, observada a conveniência administrativa do INSS. *(Redação dada pelo Decreto nº 6.939, de 2009)*

Art. 312. A concessão e manutenção de prestação devida a beneficiário residente no exterior devem ser efetuadas nos termos do acordo entre o Brasil e o país de residência do beneficiário ou, na sua falta, nos termos de instruções expedidas pelo Ministério da Previdência e Assistência Social.

Art. 313. Os convênios, credenciamentos e acordos da linha do seguro social deverão ser feitos pelos setores de acordos e convênios do Instituto Nacional do Seguro Social.

Parágrafo único. O Instituto Nacional do Seguro Social poderá ainda colaborar para a complementação das instalações e equipamentos de entidades de habilitação e reabilitação profissional, com as quais mantenha convênio, ou fornecer outros recursos materiais para a melhoria do padrão de atendimento aos beneficiários.

Art. 314. A prestação de serviços da entidade que mantém convênio, contrato, credenciamento ou acordo com o Instituto Nacional do Seguro Social não cria qualquer vínculo empregatício entre este e o prestador de serviço.

Art. 315. Os órgãos da administração pública direta, autárquica e fundacional dos Estados, do Distrito Federal e dos Municípios poderão, mediante convênio com a previdência social, encarregar-se, relativamente aos seus funcionários, de formalizar processo de pedido de certidão de tempo de contribuição para fins de contagem recíproca, preparando-o e instruindo-o de forma a ser despachado pelo Instituto Nacional do Seguro Social.

Art. 316. O Instituto Nacional do Seguro Social, de acordo com as possibilidades administrativas e técnicas das unidades executivas de reabilitação profissional, poderá estabelecer convênios e/ou acordos de cooperação técnico-financeira, para viabilizar o atendimento às pessoas portadoras de deficiência.

Art. 317. Nos casos de impossibilidade de instalação de órgão ou setor próprio competente do Instituto Nacional do Seguro Social, assim como de efetiva incapacidade física ou técnica de implementação das atividades e atendimento adequado à clientela da previdência social, as unidades executivas de reabilitação profissional poderão solicitar a celebração de convênios, contratos ou acordos com entidades públicas ou privadas de comprovada idoneidade financeira e técnica, ou seu credenciamento, para prestação de serviço, por delegação ou simples cooperação técnica, sob coordenação e supervisão dos órgãos competentes do Instituto Nacional do Seguro Social.

TÍTULO III
DA DIVULGAÇÃO DOS ATOS E DECISÕES DA PREVIDÊNCIA SOCIAL

Art. 318. A divulgação dos atos e decisões dos órgãos e autoridades da previdência social, sobre benefícios, tem como objetivo:

I - dar inequívoco conhecimento deles aos interessados, inclusive para efeito de recurso;

II - possibilitar seu conhecimento público; e

III - produzir efeitos legais quanto aos direitos e obrigações deles derivados.

Art. 319. O conhecimento da decisão do Instituto Nacional do Seguro Social deve ser dado ao beneficiário por intermédio do órgão local, mediante assinatura do mesmo no próprio processo.

Parágrafo único. Quando a parte se recusar a assinar ou quando a ciência pessoal é impraticável, a decisão, com informações precisas sobre o seu fundamento, deve ser comunicada por correspondência sob registro, com Aviso de Recebimento.

Art. 320. O conhecimento das decisões e demais atos dos órgãos do Ministério da Previdência e Assistência Social deve ser dado mediante publicação no Diário Oficial da União, boletim de serviço ou outro órgão de divulgação oficialmente reconhecido, ou na forma do art. 319.

Art. 321. Devem ser publicados em boletim de serviço, em síntese, o contrato, o convênio, o credenciamento e o acordo celebrados, e a sentença judicial que implique pagamento de benefícios.

Art. 322. O órgão do Instituto Nacional do Seguro Social, especialmente o pagador, só pode cumprir ato ou decisão de publicação obrigatória em boletim de serviço depois de atendida essa formalidade.

Parágrafo único. O administrador que determina e o servidor que realiza pagamento sem observar o disposto neste artigo são civilmente responsáveis por ele, ficando sujeitos também às penalidades administrativas cabíveis.

Art. 323. Os atos de que trata este Título serão publicados também no Diário Oficial da União, quando houver obrigação legal nesse sentido.

Art. 324. Os atos normativos ministeriais obrigam a todos os órgãos e entidades integrantes do Ministério da Previdência e Assistência Social, inclusive da administração indireta a ele vinculados.

Art. 325. Os atos e decisões normativas sobre benefícios dos órgãos e entidades da previdência social devem ser publicados na íntegra em boletim de serviço da entidade interessada, só tendo validade depois dessa publicação.

Parágrafo único. Os pareceres somente serão publicados quando aprovados pelas autoridades competentes e por determinação destas.

TÍTULO IV
DAS DISPOSIÇÕES DIVERSAS RELATIVAS À ORGANIZAÇÃO DA SEGURIDADE SOCIAL

Art. 326. O Instituto Nacional do Seguro Social, na forma da legislação específica, fica autorizado a contratar auditoria externa, periodicamente, para analisar e emitir parecer sobre demonstrativos econômico-financeiros e contábeis, arrecadação, cobrança e fiscalização de contribuições, bem como pagamento de benefícios, submetendo os resultados obtidos à apreciação do Conselho Nacional de Previdência Social.

Art. 327. A Auditoria e a Procuradoria do Instituto Nacional do Seguro Social deverão, a cada trimestre, elaborar relação das auditorias realizadas e dos trabalhos executados, bem como dos resultados obtidos, enviando-a à apreciação do Conselho Nacional de Previdência Social.

Art. 328. O Instituto Nacional do Seguro Social deverá implantar programa de qualificação e treinamento sistemático de pessoal, bem como promover reciclagem e redistribuição de funcionários conforme demandas dos órgãos regionais e locais, visando à melhoria da qualidade do atendimento, ao controle e à eficiência dos sistemas de arrecadação e fiscalização de contribuições, bem como de pagamento de benefícios.

Art. 329. O Cadastro Nacional de Informações Sociais é destinado a registrar informações de interesse da Administração Pública Federal e dos beneficiários da previdência social.

Parágrafo único. As contribuições aportadas pelos segurados e empresas terão o registro contábil individualizado, conforme dispuser o Ministério da Previdência e Assistência Social.

Art. 329-A. O Ministério da Previdência Social desenvolverá e manterá programa de cadastramento dos segurados especiais, observado o disposto nos §§ 7º e 8º do art. 18, podendo para tanto firmar convênio com órgãos federais, estaduais ou do Distrito Federal e dos municípios, bem como com entidades de classe, em especial as respectivas confederações ou federações. *(Incluído pelo Decreto nº 6.722, de 2008).*

§ 1º O Ministério da Previdência Social disciplinará a forma de manutenção e de atualização do cadastro, observada a periodicidade anual a contar do ano seguinte ao do efetivo cadastramento dos segurados especiais. *(Incluído pelo Decreto nº 6.722, de 2008).*

§ 2º As informações contidas no cadastro de que trata o caput não dispensam a apresentação dos documentos previstos no inciso II, letra "a", do § 2º do art. 62, exceto as que forem obtidas e acolhidas pela previdência social diretamente de banco de dados disponibilizados por órgãos do poder público. *(Incluído pelo Decreto nº 6.722, de 2008).*

§ 3º Da aplicação do disposto neste artigo não poderá resultar nenhum ônus para os segurados, sejam eles filiados ou não às entidades conveniadas. *(Incluído pelo Decreto nº 6.722, de 2008).*

Art. 329-B. As informações obtidas e acolhidas pelo INSS diretamente de bancos de dados disponibilizados por órgãos do poder público serão utilizadas para validar ou invalidar informação para o cadastramento do segurado especial, bem como, quando for o caso, para deixar de reconhecer no segurado essa condição. *(Incluído pelo Decreto nº 6.722, de 2008).*

Art. 330. Com a implantação do Cadastro Nacional de Informações Sociais, todos os segurados serão identificados pelo Número de Identificação do Trabalhador, que será único, pessoal e intransferível, independentemente de alterações de categoria profissional e formalizado pelo Documento de Cadastramento do Trabalhador.

Parágrafo único. Ao segurado já cadastrado no Programa de Integração Social/Programa de Assistência ao Servidor Público não caberá novo cadastramento.

Art. 331. O Instituto Nacional do Seguro Social fica autorizado a efetuar permuta de informações, em caráter geral ou específico, com qualquer órgão ou entidade da administração direta ou indireta da União, Estados, Distrito Federal ou Municípios, com a prestação, quando for o caso, de assistência mútua na fiscalização dos respectivos tributos.

§ 1º A permuta de informações sobre a situação econômica ou financeira dos sujeitos passivos ou de terceiros e sobre a natureza e o estado dos seus negócios ou atividades somente poderá ser efetivada com a Secretaria da Receita Federal ou com a Fazenda Pública dos Estados, do Distrito Federal ou dos Municípios.

§ 2º Até que seja totalmente implantado o Cadastro Nacional de Informações Sociais, as instituições e órgãos federais, estaduais, do Distrito Federal e municipais, detentores de cadastros de empresas e de contribuintes em geral, deverão colocar à disposição do Instituto Nacional do Seguro Social, mediante convênio, todos os dados necessários à permanente atualização dos seus cadastros.

§ 3º O convênio de que trata o parágrafo anterior estabelecerá, entre outras condições, a forma e a periodicidade de acesso ao cadastro e às alterações posteriores.

Art. 332. O setor de benefícios do Instituto Nacional do Seguro Social deverá estabelecer indicadores qualitativos e quantitativos para acompanhamento e avaliação das concessões de benefícios realizadas pelos órgãos locais de atendimento.

Art. 333. Os postos de benefícios deverão adotar como prática o cruzamento das informações declaradas pelos segurados com os dados das empresas e de contribuintes em geral quando da concessão de benefícios.

Art. 334. Haverá, no âmbito da previdência social, uma Ouvidoria-Geral, cujas atribuições serão definidas em regulamento específico.

Art. 335. Deverão ser enviadas ao Congresso Nacional, anualmente, acompanhando a proposta orçamentária da seguridade social, projeções atuariais relativas à seguridade social, abrangendo um horizonte temporal de, no mínimo, vinte anos, considerando hipóteses alternativas quanto às variações demográficas, econômicas e institucionais relevantes.

LIVRO VI
DAS DISPOSIÇÕES GERAIS

Art. 336. Para fins estatísticos e epidemiológicos, a empresa deverá comunicar à previdência social o acidente de que tratam os arts. 19, 20, 21 e 23 da Lei n. 8.213, de 1991, ocorrido com o segurado empregado, exceto o doméstico, e o trabalhador avulso, até o primeiro dia útil seguinte ao da ocorrência e, em caso de morte, de imediato, à autoridade competente, sob pena da multa aplicada e cobrada na forma do art. 286.

§ 1º Da comunicação a que se refere este artigo receberão cópia fiel o acidentado ou seus dependentes, bem como o sindicato a que corresponda a sua categoria.

§ 2º Na falta do cumprimento do disposto no **caput**, caberá ao setor de benefícios do Instituto Nacional do Seguro Social comunicar a ocorrência ao setor de fiscalização, para a aplicação e cobrança da multa devida.

§ 3º Na falta de comunicação por parte da empresa, ou quando se tratar de segurado especial, podem formalizá-la o próprio acidentado, seus dependentes, a entidade sindical competente, o médico que o assistiu ou qualquer autoridade pública, não prevalecendo nestes casos o prazo previsto neste artigo.

§ 4º A comunicação a que se refere o § 3º não exime a empresa de responsabilidade pela falta do cumprimento do disposto neste artigo.

§ 5º *(Revogado pelo Decreto n. 3.265, de 29/11/99)*

§ 6º Os sindicatos e entidades representativas de classe poderão acompanhar a cobrança, pela previdência social, das multas previstas neste artigo.

Art. 337. O acidente do trabalho será caracterizado tecnicamente pela perícia médica do INSS, mediante a identificação do nexo entre o trabalho e o agravo. *(Redação dada pelo Decreto nº 6.042, de 2007)*

I - o acidente e a lesão;

II - a doença e o trabalho; e

III - a **causa mortis** e o acidente.

§ 1º O setor de benefícios do Instituto Nacional do Seguro Social reconhecerá o direito do segurado à habilitação do benefício acidentário.

§ 2º Será considerado agravamento do acidente aquele sofrido pelo acidentado quando estiver sob a responsabilidade da reabilitação profissional.

§ 3º Considera-se estabelecido o nexo entre o trabalho e o agravo quando se verificar nexo técnico epidemiológico entre a atividade da empresa e a entidade mórbida motivadora da incapacidade, elencada na Classificação Internacional de Doenças - CID em conformidade com o disposto na Lista C do Anexo II deste Regulamento. *(Redação dada pelo Decreto nº 6.957, de 2009)*

§ 4º Para os fins deste artigo, considera-se agravo a lesão, doença, transtorno de saúde, distúrbio, disfunção ou síndrome de evolução aguda, subaguda ou crônica, de natureza clínica ou subclínica, inclusive morte, independentemente do tempo de latência. *(Incluído pelo Decreto nº 6.042, de 2007).*

§ 5º Reconhecidos pela perícia médica do INSS a incapacidade para o trabalho e o nexo entre o trabalho e o agravo, na forma do § 3º, serão devidas as prestações acidentárias a que o beneficiário tenha direito. *(Incluído pelo Decreto nº 6.042, de 2007).*

§ 6º A perícia médica do INSS deixará de aplicar o disposto no § 3º quando demonstrada a inexistência de nexo entre o trabalho e o agravo, sem prejuízo do disposto nos §§ 7º e 12. *(Redação dada pelo Decreto nº 6.939, de 2009)*

§ 7º A empresa poderá requerer ao INSS a não aplicação do nexo técnico epidemiológico ao caso concreto mediante a demonstração de inexistência de correspondente nexo entre o trabalho e o agravo. *(Redação dada pelo Decreto nº 6.939, de 2009)*

§ 8º O requerimento de que trata o § 7º poderá ser apresentado no prazo de quinze dias da data para a entrega, na forma do inciso IV do art. 225, da GFIP que registre a movimentação do trabalhador, sob pena de não conhecimento da alegação em instância administrativa. *(Incluído pelo Decreto nº 6.042, de 2007).*

§ 9º Caracterizada a impossibilidade de atendimento ao disposto no § 8º, motivada pelo não conhecimento tempestivo do diagnóstico do agravo, o requerimento de que trata o § 7º poderá ser apresentado no prazo de quinze dias da data em que a empresa tomar ciência da decisão da perícia médica do INSS referida no § 5º. *(Incluído pelo Decreto nº 6.042, de 2007).*

§ 10. Juntamente com o requerimento de que tratam os §§ 8º e 9º, a empresa formulará as alegações que entender necessárias e apresentará as provas que possuir demonstrando a inexistência de nexo entre o trabalho e o agravo. *(Redação dada pelo Decreto nº 6.939, de 2009)*

§ 11. A documentação probatória poderá trazer, entre outros meios de prova, evidências técnicas circunstanciadas e tempestivas à exposição do segurado, podendo ser produzidas no âmbito de programas de gestão de risco, a cargo da empresa, que possuam responsável técnico legalmente habilitado. *(Incluído pelo Decreto nº 6.042, de 2007).*

§ 12. O INSS informará ao segurado sobre a contestação da empresa para que este, querendo, possa impugná-la, obedecendo, quanto à produção de provas, ao disposto no § 10, sempre que a instrução do pedido evidenciar a possibilidade de reconhecimento de inexistência do nexo entre o trabalho e o agravo. *(Redação dada pelo Decreto nº 6.939, de 2009)*

§ 13. Da decisão do requerimento de que trata o § 7º cabe recurso, com efeito suspensivo, por parte da empresa ou, conforme o caso, do segurado ao Conselho de Recursos da Previdência Social, nos termos dos arts. 305 a 310. *(Incluído pelo Decreto nº 6.042, de 2007).*

Art. 338. A empresa é responsável pela adoção e uso de medidas coletivas e individuais de proteção à segurança e saúde do trabalhador sujeito aos riscos ocupacionais por ela gerados.

§ 1º É dever da empresa prestar informações pormenorizadas sobre os riscos da operação a executar e do produto a manipular.

§ 2º Os médicos peritos da previdência social terão acesso aos ambientes de trabalho e a outros locais onde se encontrem os documentos referentes ao controle médico de saúde ocupacional, e aqueles que digam respeito ao programa de prevenção de riscos ocupacionais, para verificar a eficácia das medidas adotadas pela empresa para a prevenção e controle das doenças ocupacionais.

§ 3º O INSS auditará a regularidade e a conformidade das demonstrações ambientais, incluindo-se as de monitoramento biológico, e dos controles internos da empresa relativos ao gerenciamento dos riscos ocupacionais, de modo a assegurar a veracidade das informações prestadas pela empresa e constantes do CNIS, bem como o cumprimento das obrigações relativas ao acidente de trabalho. *(Alterado pelo Decreto n.. 4.882, de 18 de novembro de 2003)*

§ 4º Os médicos peritos da previdência social deverão, sempre que constatarem o descumprimento do disposto neste artigo, comunicar formalmente aos demais órgãos interessados na providência, inclusive para aplicação e cobrança da multa devida. *(Incluído pelo Decreto nº 5.545, de 2005)*

Art. 339. O Ministério do Trabalho e Emprego fiscalizará e os sindicatos e entidades representativas de classe acompanharão o fiel cumprimento do disposto nos arts. 338 e 343.

Art. 340. Por intermédio dos estabelecimentos de ensino, sindicatos, associações de classe, Fundação Jorge Duprat Figueiredo de Segurança e Medicina do Trabalho, órgãos públicos e outros meios, serão promovidas regularmente instrução e formação com vistas a incrementar costumes e atitudes prevencionistas em matéria de acidentes, especialmente daquele referido no art. 336.

Art. 341. Nos casos de negligência quanto às normas de segurança e saúde do trabalho indicadas para a proteção individual e coletiva, a previdência social proporá ação regressiva contra os responsáveis.

Parágrafo único. O Ministério do Trabalho e Emprego, com base em informações fornecidas trimestralmente, a partir de 1º de março de 2011, pelo Ministério da Previdência Social relativas aos dados de acidentes e doenças do trabalho constantes das comunicações de acidente de trabalho registradas no período, encaminhará à Previdência Social os respectivos relatórios de análise de acidentes do trabalho com indícios de negligência quanto às normas de segurança e saúde do trabalho que possam contribuir para a proposição de ações judiciais regressivas. *(Incluído pelo Decreto nº 7.331, de 2010)*

Art. 342. O pagamento pela previdência social das prestações decorrentes do acidente a que se refere o art. 336 não exclui a responsabilidade civil da empresa ou de terceiros.

Art. 343. Constitui contravenção penal, punível com multa, deixar a empresa de cumprir as normas de segurança e saúde do trabalho.

Art. 344. Os litígios e medidas cautelares relativos aos acidentes de que trata o art. 336 serão apreciados:

I - na esfera administrativa, pelos órgãos da previdência social, segundo as regras e prazos aplicáveis às demais prestações, com prioridade para conclusão; e

II - na via judicial, pela Justiça dos Estados e do Distrito Federal, segundo o rito sumaríssimo, inclusive durante as férias forenses, mediante petição instruída pela prova de efetiva notificação do evento à previdência social, através da Comunicação de Acidente do Trabalho.

Parágrafo único. O procedimento judicial de que trata o inciso II é isento do pagamento de quaisquer custas e de verbas relativas à sucumbência.

Art. 345. As ações referentes às prestações decorrentes do acidente de que trata o art. 336 prescrevem em cinco anos, observado o disposto no art. 347, contados da data:

I - do acidente, quando dele resultar a morte ou a incapacidade temporária, verificada esta em perícia médica a cargo da previdência social; ou

II - em que for reconhecida pela previdência social a incapacidade permanente ou o agravamento das seqüelas do acidente.

Art. 346. O segurado que sofreu o acidente a que se refere o art. 336 tem garantida, pelo prazo mínimo de doze meses, a manutenção do seu contrato de trabalho na empresa, após a cessação do auxílio-doença acidentário, independentemente da percepção de auxílio-acidente.

Art. 347. É de dez anos o prazo de decadência de todo e qualquer direito ou ação do segurado ou beneficiário para a revisão do ato de concessão de benefício, a contar do dia primeiro do mês seguinte ao do recebimento da primeira prestação ou, quando for o caso, do dia em que tomar conhecimento da decisão indeferitória definitiva no âmbito administrativo. *(Redação dada pelo Decreto nº 5.545, de 2005)*

§ 1º Prescreve em cinco anos, a contar da data em que deveriam ter sido pagas, toda e qualquer ação para haver prestações vencidas ou quaisquer restituições ou diferenças devidas pela previdência social, salvo o direito dos menores, incapazes e ausentes, na forma do Código Civil. *(Parágrafo renumerado pelo Decreto n. 4.729, de 9/06/2003)*

§ 2º Não é considerado pedido de revisão de decisão indeferitória definitiva, mas de novo pedido de benefício, o que vier acompanhado de outros documentos além dos já existentes no processo. *(Parágrafo acrescentado pelo Decreto n. 4.729, de 9/06/2003)*

§ 3º Não terá seqüência eventual pedido de revisão de decisão indeferitória definitiva de benefício confirmada pela última instância do Conselho de Recursos da Previdência Social, aplicando-se, no caso de apresentação de outros documentos, além dos já existentes no processo, o disposto no § 2º.

§ 4º No caso de revisão de benefício em manutenção com apresentação de novos elementos extem-poraneamente ao ato concessório, os efeitos financeiros devem ser fixados na data do pedido de revisão. *(Incluído pelo Decreto nº 6.722, de 2008).*

Art. 347-A. O direito da Previdência Social de anular os atos administrativos de que decorram efeitos favoráveis para os seus beneficiários decai em dez anos, contados da data em que foram praticados, salvo comprovada má-fé. *(Incluído pelo Decreto nº 5.545, de 2005)*

§ 1º No caso de efeitos patrimoniais contínuos, o prazo decadencial contar-se-á da percepção do primeiro pagamento. *(Incluído pelo Decreto nº 5.545, de 2005)*

§ 2º Considera-se exercício do direito de anular qualquer medida de autoridade administrativa que importe impugnação à validade do ato. *(Incluído pelo Decreto nº 5.545, de 2005)*

Art. 348. O direito da seguridade social de apurar e constituir seus créditos extingue-se após dez anos, contados:

I - do primeiro dia do exercício seguinte àquele em que o crédito poderia ter sido constituído; ou

II - da data em que se tornar definitiva a decisão que houver anulado, por vício formal, a constituição de crédito anteriormente efetuado.

§ 1º Para comprovar o exercício de atividade remunerada, com vistas à concessão de benefícios, será exigido do contribuinte individual, a qualquer tempo, o recolhimento das correspondentes contribuições, observado o disposto nos §§7º a 14 do art. 216.

§ 2º Na hipótese de ocorrência de dolo, fraude ou simulação, a seguridade social pode, a qualquer tempo, apurar e constituir seus créditos.

§ 3º O direito de pleitear judicialmente a desconstituição de exigência fiscal fixada pelo Instituto Nacional do Seguro Social no julgamento de litígio em processo administrativo fiscal extingue-se com o decurso do prazo de cento e oitenta dias, contado da intimação da referida decisão.

Art. 349. O direito da seguridade social de cobrar seus créditos, constituídos na forma do artigo anterior, prescreve em dez anos.

Art. 350. Será de responsabilidade da Procuradoria-Geral do Instituto Nacional do Seguro Social manter entendimentos com o Ministério Público, objetivando a agilização das causas judiciais necessárias à concessão e manutenção de benefícios.

Art. 351. O pagamento de benefícios decorrente de sentença judicial far-se-á com a observância da prioridade garantida aos créditos alimentícios.

Art. 352. O Ministro da Previdência e Assistência Social poderá autorizar o Instituto Nacional do Seguro Social a formalizar a desistência ou abster-se de propor ações e recursos em processos judiciais sempre que a ação versar matéria sobre a qual haja declaração de inconstitu-cionalidade proferida pelo Supremo Tribunal Federal, súmula ou jurisprudência consolidada do Supremo Tribunal Federal ou dos tribunais superiores.

Parágrafo único. O Ministro da Previdência e Assistência Social disciplinará os procedimentos a serem adotados nas hipóteses em que a previdência social, relativamente aos créditos apurados com base em dispositivo declarado inconstitucional por decisão definitiva do Supremo Tribunal Federal, possa:

I - abster-se de constituí-los;

II - retificar o seu valor ou declará-los extintos, de ofício, quando houverem sido constituídos anteriormente, ainda que inscritos em Dívida Ativa; e

III - formular desistência de ações de execução fiscal já ajuizadas, bem como deixar de interpor recursos de decisões judiciais.

Art. 353. A formalização de desistência ou transigência judiciais, por parte de procurador da previdência social, será sempre precedida da anuência, por escrito, do Procurador-Geral do Instituto Nacional do Seguro Social ou do Presidente deste órgão, quando os valores em litígio ultrapassarem os limites definidos pelo Conselho Nacional de Previdência Social.

Parágrafo único. Os valores, a partir dos quais se exigirá a anuência do Procurador-Geral ou do Presidente do Instituto Nacional do Seguro Social, serão definidos periodicamente pelo Conselho Nacional de Previdência Social, mediante resolução própria.

Art. 354. O Instituto Nacional do Seguro Social, nas causas em que seja interessado na condição de autor, réu, assistente ou oponente, gozará das mesmas prerrogativas e privilégios assegurados à Fazenda Pública, inclusive quanto à inalienabilidade e impenhorabilidade de seus bens.

§ 1º O Instituto Nacional do Seguro Social é isento do pagamento de custas, traslados, preparos, certidões, registros, averbações e quaisquer outros emolumentos, nas causas em que seja interessado na condição de autor, réu, assistente ou oponente, inclusive nas ações de natureza trabalhista, acidentária e de benefício.

§ 2º O Instituto Nacional do Seguro Social antecipará os honorários periciais nas ações de acidentes do trabalho.

Art. 355. O Instituto Nacional do Seguro Social poderá requisitar a qualquer órgão ou entidade da administração direta ou indireta da União, dos Estados, do Distrito Federal e dos Municípios, bem como das demais entidades sob seu controle, elementos de fato e de direito relativos às alegações e ao pedido do autor de ação proposta contra a previdência social, bem assim promover diligências para localização de devedores e apuração de bens penhoráveis, que serão atendidas prioritariamente e sob regime de urgência.

Art. 356. Nos casos de indenização na forma do art. 122 e da retroação da data do início das contribuições, conforme o disposto no art. 124, após a homologação do processo pelo setor de benefícios do Instituto Nacional do Seguro Social, este deverá ser encaminhado ao setor de arrecadação e fiscalização, para levantamento e cobrança do débito.

Art. 357. Fica o Instituto Nacional do Seguro Social autorizado a designar servidores para a realização de pesquisas externas necessárias à concessão, manutenção e revisão de benefícios, bem como ao desempenho das atividades de

serviço social, perícias médicas, habilitação e reabilitação profissional e arrecadação, junto a beneficiários, empresas, órgãos públicos, entidades representativas de classe, cartórios e demais entidades e profissionais credenciados.
Parágrafo único.Para efeito do disposto no **caput**, os servidores designados receberão, a título de indenização, o valor correspondente a um onze avos do valor mínimo do salário-de-contribuição do contribuinte individual, por deslocamento com pesquisa concluída.
Art. 358. Na execução judicial da Dívida Ativa da União, suas autarquias e fundações públicas, será facultado ao exeqüente indicar bens à penhora, a qual será efetivada concomitantemente com a citação inicial do devedor.
§ 1º Os bens penhorados nos termos deste artigo ficam desde logo indisponíveis.
§ 2º Efetuado o pagamento integral da dívida executada, com seus acréscimos legais, no prazo de dois dias úteis contados da citação, independentemente da juntada aos autos do respectivo mandado, poderá ser liberada a penhora, desde que não haja outra execução pendente.
§ 3º O disposto neste artigo aplica-se também às execuções já processadas.
§ 4º Não sendo opostos embargos, no prazo legal, ou sendo eles julgados improcedentes, os autos serão conclusos ao juiz do feito, para determinar o prosseguimento da execução.
Art. 359. O Instituto Nacional do Seguro Social poderá contratar leiloeiros oficiais para promover a venda administrativa dos bens, adjudicados judicialmente ou que receber em dação de pagamento.
Parágrafo único. O Instituto Nacional do Seguro Social, no prazo de sessenta dias, providenciará alienação do bem por intermédio do leiloeiro oficial.
Art. 360. Nas execuções fiscais da Dívida Ativa do Instituto Nacional do Seguro Social, o leilão judicial dos bens penhorados realizar-se-á por leiloeiro oficial, indicado pelo credor, que procederá à hasta pública:
I - no primeiro leilão, pelo valor do maior lance, que não poderá ser inferior ao da avaliação; ou
II - no segundo leilão, por qualquer valor, excetuado o vil.
§ 1º Poderá o juiz, a requerimento do credor, autorizar seja parcelado o pagamento do valor da arrematação, na forma prevista para os parcelamentos administrativos de débitos previdenciários.
§ 2º Todas as condições do parcelamento deverão constar do edital de leilão.
§ 3º O débito do executado será quitado na proporção do valor de arrematação.
§ 4º O arrematante deverá depositar, no ato, o valor da primeira parcela.
§ 5º Realizado o depósito, será expedida carta de arrematação, contendo as seguintes disposições:
I - valor da arrematação, valor e número de parcelas mensais em que será pago;
II - constituição de hipoteca do bem adquirido, ou de penhor, em favor do credor, servindo a carta de título hábil para registro da garantia;
III - indicação do arrematante como fiel depositário do bem móvel, quando constituído penhor; e
IV - especificação dos critérios de reajustamento do saldo e das parcelas, que será sempre o mesmo vigente para os parcelamentos de créditos previdenciários.
§ 6º Se o arrematante não pagar no vencimento qualquer das parcelas mensais, o saldo devedor remanescente vencerá antecipadamente e será acrescido em cinqüenta por cento de seu valor a título de multa, devendo, de imediato, ser inscrito em Dívida Ativa e executado.
§ 7º Se no primeiro ou no segundo leilões a que se refere o **caput** não houver licitante, o Instituto Nacional do Seguro Social poderá adjudicar o bem por cinqüenta por cento do valor da avaliação.
§ 8º Se o bem adjudicado não puder ser utilizado pelo Instituto Nacional do Seguro Social e for de difícil venda, poderá ser negociado ou doado a outro órgão ou entidade pública que demonstre interesse na sua utilização.
§ 9º Não havendo interesse na adjudicação, poderá o juiz do feito, de ofício ou a requerimento do credor, determinar sucessivas repetições da hasta pública.
§ 10. O leiloeiro oficial, a pedido do credor, poderá ficar como fiel depositário dos bens penhorados e realizar a respectiva remoção.
Art. 361. O Instituto Nacional do Seguro Social poderá concordar com valores divergentes, para pagamento da dívida objeto de execução fiscal, quando a diferença entre os cálculos de atualização da dívida por ele elaborados ou levados a efeito pela contadoria do Juízo e os cálculos apresentados pelo executado for igual ou inferior a cinco por cento.
§ 1º O disposto neste artigo aplica-se somente a dívidas cuja petição inicial da execução tenha sido protocolada em Juízo até 31 de março de 1997.
§ 2º A extinção de processos de execução, em decorrência da aplicação do disposto neste artigo, não implicará condenação em honorários, custas e quaisquer outros ônus de sucumbência contra o exeqüente, oferecidos ou não embargos à execução, e acarretará a desistência de eventual recurso que tenha por razão a divergência de valores de atualização nos limites do percentual referido.
Art. 362. O Instituto Nacional do Seguro Social e a Secretaria da Receita Federal estabelecerão critérios para a dispensa de constituição ou exigência de crédito de valor inferior ao custo dessas medidas.
Art. 363. A arrecadação das receitas prevista nos incisos I, II, III, IV e V do parágrafo único do art. 195, bem como as contribuições incidentes a título de substituição, e o pagamento dos benefícios da seguridade social serão realizados pela rede bancária ou por outras formas, nos termos e condições aprovados pelo Conselho Nacional de Previdência Social.

Art. 364. As receitas provenientes da cobrança de débitos dos Estados, do Distrito Federal e dos Municípios e da alienação, arrendamento ou locação de bens móveis ou imóveis pertencentes ao patrimônio do Instituto Nacional do Seguro Social deverão constituir reserva técnica, de longo prazo, que garantirá o seguro social instituído no Plano de Benefícios da Previdência Social.

Parágrafo único. É vedada a utilização dos recursos de que trata este artigo para cobrir despesas de custeio em geral, inclusive as decorrentes de criação, majoração ou extensão dos benefícios ou serviços da previdência social, admitindo-se sua utilização, excepcionalmente, em despesas de capital, conforme definido na lei orçamentária.

Art. 365. Mediante requisição do Instituto Nacional do Seguro Social, a empresa é obrigada a descontar, da remuneração paga aos segurados a seu serviço, a importância proveniente de dívida ou responsabilidade por eles contraída junto à seguridade social, relativa a benefícios pagos indevidamente, observado o disposto no art. 154.

Art. 366. O Presidente de Turma de Julgamento da Delegacia da Receita Federal do Brasil recorrerá de ofício sempre que a decisão: *(Redação dada pelo Decreto nº 6.224, de 2007).*

I - declarar indevida contribuição ou outra importância apurada pela fiscalização; e *(Redação dada pelo Decreto nº 6.224, de 2007).*

II - relevar ou atenuar multa aplicada por infração a dispositivos deste Regulamento. *(Redação dada pelo Decreto nº 6.224, de 2007).*

§ 1º(Revogado pelo Decreto nº 6.224, de 2007).

§ 2º O recurso de que trata o **caput** será interposto ao Segundo Conselho de Contribuintes do Ministério da Fazenda. *(Redação dada pelo Decreto nº 6.224, de 2007).*

§ 3º O Ministro de Estado da Fazenda poderá estabelecer limite abaixo do qual será dispensada a interposição do recurso de ofício previsto neste artigo. *(Incluído pelo Decreto nº 6.224, de 2007).*

Art. 367. O Instituto Nacional do Seguro Social e a Empresa de Processamento de Dados da Previdência Social confrontarão a relação dos óbitos com os cadastros da previdência social, determinando o cancelamento dos pagamentos, a partir da data do falecimento dos beneficiários identificados na comunicação a que se refere o art. 228.

Art. 368. Fica o Instituto Nacional do Seguro Social obrigado a:

I - enviar às empresas e aos contribuintes individuais, quando por eles solicitado, extrato de recolhimento das suas contribuições;

II - emitir automaticamente e enviar às empresas avisos de cobrança de débitos;

III - emitir e enviar aos beneficiários carta de concessão de benefícios, além da memória de cálculo do valor dos benefícios concedidos;

IV - reeditar versão atualizada da Carta dos Direitos dos Segurados;

V - divulgar, com a devida antecedência, pelos meios de comunicação, alterações das contribuições das empresas e dos segurados em geral;

VI - descentralizar, progressivamente, o processamento eletrônico das informações, mediante extensão dos programas de informatização aos Postos de Atendimento e às Gerências Regionais de Arrecadação e Fiscalização; e

VII - garantir a integração dos sistemas de processamento eletrônico de informações e sua compatibilidade com o Cadastro Nacional de Informações Sociais.

VIII - tornar disponível ao público, inclusive por meio de rede pública de transmissão de dados, informações atualizadas sobre as despesas do Regime Geral de Previdência Social, bem como os critérios e parâmetros adotados para garantir o seu equilíbrio financeiro e atuarial. *(Incluído pelo Decreto nº 5.545, de 2005)*

Art. 369. Os depósitos judiciais e extrajudiciais referentes a contribuições sociais e outras importâncias arrecadadas pelo Instituto Nacional do Seguro Social serão efetuados na Caixa Econômica Federal mediante guia de recolhimento específica para essa finalidade, conforme modelo a ser aprovado pelo Instituto Nacional do Seguro Social e confeccionado e distribuído pela Caixa Econômica Federal.

§ 1º Quando houver mais de um interessado na ação, o depósito será efetuado, à ordem e disposição do Juízo, em nome de cada contribuinte, individualizadamente.

§ 2º A guia de recolhimento conterá, além de outros elementos fixados em ato normativo da autoridade competente, os dados necessários à identificação do órgão judicial em que tramita a ação.

§ 3º No caso de recebimento de depósito judicial, a Caixa Econômica Federal remeterá uma via da guia de recolhimento ao órgão judicial em que tramita a ação.

§ 4º A Caixa Econômica Federal tornará disponível para o Instituto Nacional do Seguro Social, por meio magnético, os dados referentes aos depósitos.

Art. 370. O valor dos depósitos recebidos será creditado pela Caixa Econômica Federal à Subconta da Previdência Social da Conta Única do Tesouro Nacional junto ao Banco Central do Brasil, no mesmo prazo fixado para recolhimento das contribuições arrecadadas pelo Instituto Nacional do Seguro Social.

Art. 371. Mediante ordem da autoridade judicial ou, no caso de depósito extrajudicial, da autoridade administrativa competente, o valor do depósito, após o encerramento da lide ou do processo litigioso, será:

I - devolvido ao depositante pela Caixa Econômica Federal, no prazo máximo de vinte e quatro horas, quando a sentença ou decisão lhe for favorável ou na proporção em que o for, acrescido de juros equivalentes à taxa referencial do Sistema Especial de Liquidação e de Custódia, para títulos federais, acumulada mensalmente, calculados a partir do mês subseqüente ao da efetivação do depósito até o mês anterior ao de seu levantamento, e de juros de um por cento relativamente ao mês em que estiver sendo efetivada a devolução; ou

II - transformado em pagamento definitivo, proporcionalmente à exigência do correspondente crédito, quando se tratar de sentença ou decisão favorável ao Instituto Nacional do Seguro Social.

§ 1º O documento contendo os dados relativos aos depósitos devolvidos ou transformados em pagamento definitivo, a ser confeccionado e preenchido pela Caixa Econômica Federal, deverá ser aprovado pelo Instituto Nacional do Seguro Social.

§ 2º O valor dos depósitos devolvidos pela Caixa Econômica Federal será debitado à Subconta da Previdência Social da Conta Única do Tesouro Nacional junto ao Banco Central do Brasil, a título de restituição, no mesmo dia em que ocorrer a devolução.

§ 3º O Banco Central do Brasil creditará, na conta de reserva bancária da Caixa Econômica Federal, no mesmo dia, os valores devolvidos.

§ 4º Os valores das devoluções, inclusive dos juros acrescidos, serão contabilizados como estorno da respectiva espécie de receita em que tiver sido contabilizado o depósito.

§ 5º No caso de transformação do depósito em pagamento definitivo, a Caixa Econômica Federal efetuará a baixa em seus controles e comunicará a ocorrência ao Instituto Nacional do Seguro Social.

§ 6º A Caixa Econômica Federal manterá controle dos valores depositados, devolvidos e transformados em pagamento definitivo, por contribuinte e por processo, devendo, relativamente aos valores depositados e respectivos acréscimos de juros, tornar disponível o acesso aos registros, emitir extratos mensais e remetê-los ao Instituto Nacional do Seguro Social.

§ 7º Os extratos referidos neste artigo conterão dados que permitam identificar o depositante, o processo administrativo ou judicial, a movimentação dos depósitos durante o mês, além de outros elementos considerados indispensáveis.

Art. 372. Pelo recebimento dos depósitos e pela prestação dos demais serviços previstos nos arts. 369 a 371, a Caixa Econômica Federal será remunerada pela tarifa fixada pelo Ministro de Estado da Fazenda, na forma do disposto no Decreto n. 2.850, de 27 de novembro de 1998.

Art. 373. Os valores expressos em moeda corrente referidos neste Regulamento, exceto aqueles referidos no art. 288, são reajustados nas mesmas épocas e com os mesmos índices utilizados para o reajustamento dos benefícios de prestação continuada da previdência social.

Art. 374. Serão aceitos os números de inscrição no Cadastro Geral de Contribuintes, até que seja concluída, pela Secretaria da Receita Federal, a implantação do Cadastro Nacional da Pessoa Jurídica.

Art. 375. Ficam anistiados, por força do art. 3º da Lei n. 9.476, de 23 de julho de 1997, os agentes políticos e os dirigentes de órgãos públicos estaduais, do Distrito Federal ou municipais, a quem foram impostas penalidades pecuniárias pessoais até 24 de julho de 1997, em decorrência do disposto no art. 289.

Art. 376. A multa de que trata a alínea "e" do inciso I do art. 283 retroagirá a 16 de abril de 1994, na que for mais favorável.

Art. 377. Os recursos a que se refere o Decreto n. 2.536, de 6 de abril de 1998, não têm efeito suspensivo.

Art. 378. *(Revogado pelo Decreto n. 4.729, de 9/06/2003)*

Art. 379. A pessoa jurídica de direito privado já beneficiária da isenção ou que já a tenha requerido e que atenda ao disposto nos arts. 206 ou 207 está dispensada do requerimento previsto no art. 208, devendo, até 30 de maio de 1999:

I - comunicar ao Instituto Nacional do Seguro Social que está enquadrada nos arts. 206 ou 207; e

II - apresentar ao Instituto Nacional do Seguro Social o plano de ação de atividades a serem desenvolvidas durante o ano em curso.

Parágrafo único. O Conselho Nacional de Assistência Social, mediante resolução que observe a natureza dos serviços assistenciais, poderá, por proposição da Secretaria de Estado de Assistência Social, considerar atendido o requisito de gratuidade, à vista de doações ou contribuições voluntárias feitas por terceiros, pelos responsáveis ou pelos próprios beneficiários dos serviços, desde que garantido o livre acesso a esses serviços, independentemente dessas doações e contribuições, não se lhes aplicando o disposto nos §§ 2º e 3º do art. 206.

Art. 380. Fica cancelada, a partir de 1º de abril de 1999, toda e qualquer isenção de contribuição para a seguridade social concedida, em caráter geral ou especial, em desacordo com os arts. 206 ou 207.

Art. 381. As normas deste Regulamento de natureza procedimental aplicam-se imediatamente a todos os processos pendentes no Ministério da Previdência e Assistência Social e no Instituto Nacional do Seguro Social.

Art. 382. Os tratados, convenções e outros acordos internacionais de que Estado estrangeiro ou organismo internacional e o Brasil sejam partes, e que versem sobre matéria previdenciária, serão interpretados como lei especial. *(Artigo acrescentado pelo Decreto n. 3.265, de 29/11/99)*

---

20. Lei n. 9.983, de 14 de Julho de 2000

Altera o Decreto-Lei nº 2.848, de 7 de dezembro de 1940 – Código Penal e dá outras providências

O PRESIDENTE DA REPÚBLICA
Faço saber que o Congresso Nacional decreta e eu sanciono a seguinte Lei:

Art. 1º São acrescidos à Parte Especial do Decreto-Lei n. 2.848, de 7 de dezembro de 1940 – Código Penal, os seguintes dispositivos:

"Apropriação indébita previdenciária"

"Art. 168-A. Deixar de repassar à previdência social as contribuições recolhidas dos contribuintes, no prazo e forma legal ou convencional:"

"Pena – reclusão, de 2 (dois) a 5 (cinco) anos, e multa."

"§ 1º Nas mesmas penas incorre quem deixar de:"

"I – recolher, no prazo legal, contribuição ou outra importância destinada à previdência social que tenha sido descontada de pagamento efetuado a segurados, a terceiros ou arrecadada do público;"

"II – recolher contribuições devidas à previdência social que tenham integrado despesas contábeis ou custos relativos à venda de produtos ou à prestação de serviços;"

"III - pagar benefício devido a segurado, quando as respectivas cotas ou valores já tiverem sido reembolsados à empresa pela previdência social."

"§ 2º É extinta a punibilidade se o agente, espontaneamente, declara, confessa e efetua o pagamento das contribuições, importâncias ou valores e presta as informações devidas à previdência social, na forma definida em lei ou regulamento, antes do início da ação fiscal."

"§ 3º É facultado ao juiz deixar de aplicar a pena ou aplicar somente a de multa se o agente for primário e de bons antecedentes, desde que:"

"I – tenha promovido, após o início da ação fiscal e antes de oferecida a denúncia, o pagamento da contribuição social previdenciária, inclusive acessórios; ou"

"II – o valor das contribuições devidas, inclusive acessórios, seja igual ou inferior àquele estabelecido pela previdência social, administrativamente, como sendo o mínimo para o ajuizamento de suas execuções fiscais."

"Inserção de dados falsos em sistema de informações"

"Art. 313-A. Inserir ou facilitar, o funcionário autorizado, a inserção de dados falsos, alterar ou excluir indevidamente dados corretos nos sistemas informatizados ou bancos de dados da Administração Pública com o fim de obter vantagem indevida para si ou para outrem ou para causar dano:"

"Pena – reclusão, de 2 (dois) a 12 (doze) anos, e multa."

"Modificação ou alteração não autorizada de sistema de informações"

"Art. 313-B. Modificar ou alterar, o funcionário, sistema de informações ou programa de informática sem autorização ou solicitação de autoridade competente:"

"Pena – detenção, de 3 (três) meses a 2 (dois) anos, e multa."

"Parágrafo único. As penas são aumentadas de um terço até a metade se da modificação ou alteração resulta dano para a Administração Pública ou para o administrado."

"Sonegação de contribuição previdenciária"

"Art. 337-A. Suprimir ou reduzir contribuição social previdenciária e qualquer acessório, mediante as seguintes condutas:"

"I – omitir de folha de pagamento da empresa ou de documento de informações previsto pela legislação previdenciária segurados empregado, empresário, trabalhador avulso ou trabalhador autônomo ou a este equiparado que lhe prestem serviços;"

"II – deixar de lançar mensalmente nos títulos próprios da contabilidade da empresa as quantias descontadas dos segurados ou as devidas pelo empregador ou pelo tomador de serviços;"

"III – omitir, total ou parcialmente, receitas ou lucros auferidos, remunerações pagas ou creditadas e demais fatos geradores de contribuições sociais previdenciárias:"

"Pena – reclusão, de 2 (dois) a 5 (cinco) anos, e multa."

"§ 1º É extinta a punibilidade se o agente, espontaneamente, declara e confessa as contribuições, importâncias ou valores e presta as informações devidas à previdência social, na forma definida em lei ou regulamento, antes do início da ação fiscal."

"§ 2º É facultado ao juiz deixar de aplicar a pena ou aplicar somente a de multa se o agente for primário e de bons antecedentes, desde que:"

"I – (VETADO)"

"II – o valor das contribuições devidas, inclusive acessórios, seja igual ou inferior àquele estabelecido pela previdência social, administrativamente, como sendo o mínimo para o ajuizamento de suas execuções fiscais."

"§ 3º Se o empregador não é pessoa jurídica e sua folha de pagamento mensal não ultrapassa R$ 1.510,00 (um mil, quinhentos e dez reais), o juiz poderá reduzir a pena de um terço até a metade ou aplicar apenas a de multa."

Explicação: Valor atualizado a partir de Janeiro/2015 pela Portaria Interministerial n. 13/2015:
Art. 8º A partir de 1º de janeiro de 2015:

VIII - o valor de que trata o § 3º do art. 337-A do Código Penal, aprovado pelo Decreto nº 2.848, de 1940, é de R$ 4.117,35 (quatro mil, cento e dezessete reais e trinta e cinco centavos);

"§ 4º O valor a que se refere o parágrafo anterior será reajustado nas mesmas datas e nos mesmos índices do reajuste dos benefícios da previdência social."

Art. 2º Os arts. 153, 296, 297, 325 e 327 do Decreto-Lei n. 2.848, de 1940, passam a vigorar com as seguintes alterações:

"Art. 153. ...."

"§ 1º-A. Divulgar, sem justa causa, informações sigilosas ou reservadas, assim definidas em lei, contidas ou não nos sistemas de informações ou banco de dados da Administração Pública:"

"Pena – detenção, de 1 (um) a 4 (quatro) anos, e multa."

"§ 1º (parágrafo único original) ...."

"§ 2º Quando resultar prejuízo para a Administração Pública, a ação penal será incondicionada."

"Art. 296. ...."

"§ 1º ...."

"III – quem altera, falsifica ou faz uso indevido de marcas, logotipos, siglas ou quaisquer outros símbolos utilizados ou identificadores de órgãos ou entidades da Administração Pública."

"..."

"Art. 297. ...."

"§ 3º Nas mesmas penas incorre quem insere ou faz inserir:"

"I – na folha de pagamento ou em documento de informações que seja destinado a fazer prova perante a previdência social, pessoa que não possua a qualidade de segurado obrigatório;"

"II – na Carteira de Trabalho e Previdência Social do empregado ou em documento que deva produzir efeito perante a previdência social, declaração falsa ou diversa da que deveria ter sido escrita;"

"III – em documento contábil ou em qualquer outro documento relacionado com as obrigações da empresa perante a previdência social, declaração falsa ou diversa da que deveria ter constado."

"§ 4º Nas mesmas penas incorre quem omite, nos documentos mencionados no § 3º, nome do segurado e seus dados pessoais, a remuneração, a vigência do contrato de trabalho ou de prestação de serviços."

"Art. 325. ...."

"§ 1º Nas mesmas penas deste artigo incorre quem:"

"I – permite ou facilita, mediante atribuição, fornecimento e empréstimo de senha ou qualquer outra forma, o acesso de pessoas não autorizadas a sistemas de informações ou banco de dados da Administração Pública;"

"II – se utiliza, indevidamente, do acesso restrito."

"§ 2º Se da ação ou omissão resulta dano à Administração Pública ou a outrem:"

"Pena – reclusão, de 2 (dois) a 6 (seis) anos, e multa."

"Art. 327. ...."

"§ 1º Equipara-se a funcionário público quem exerce cargo, emprego ou função em entidade paraestatal, e quem trabalha para empresa prestadora de serviço contratada ou conveniada para a execução de atividade típica da Administração Pública."

"..."

Art. 3º O art. 95 da Lei n. 8.212, de 24 de julho de 1991, passa a vigorar com a seguinte redação:

"Art. 95. *Caput.* Revogado."

"a) revogada;"

"b) revogada;"

"c) revogada;"

"d) revogada;"

"e) revogada;"

"f) revogada;"

"g) revogada;"

"h) revogada;"

"i) revogada;"

"j) revogada."

"§ 1º Revogado."

"§ 2º ...."

"a) ...."

"b) ...."

"c) ...."

"d) ...."

"e) ...."

"f) ...."

"§ 3º Revogado."

"§ 4º Revogado."

"§ 5º Revogado."

Art. 4º Esta Lei entra em vigor noventa dias após a data de sua publicação.

Brasília, 14 de julho de 2000;
179º da Independência e 112º da República.

FERNANDO HENRIQUE CARDOSO

21. Lei n. 10.666, de 8 de Maio de 2003

Dispõe sobre a concessão da aposentadoria especial ao cooperado de cooperativa de trabalho ou de produção e dá outras providências

O PRESIDENTE DA REPÚBLICA Faço saber que o Congresso Nacional decreta e eu sanciono a seguinte Lei:

Art. 1º As disposições legais sobre aposentadoria especial do segurado filiado ao Regime Geral de Previdência Social aplicam-se, também, ao cooperado filiado à cooperativa de trabalho e de produção que trabalha sujeito a condições especiais que prejudiquem a sua saúde ou a sua integridade física.

§ 1º Será devida contribuição adicional de nove, sete ou cinco pontos percentuais, a cargo da empresa tomadora de serviços de cooperado filiado a cooperativa de trabalho, incidente sobre o valor bruto da nota fiscal ou fatura de prestação de serviços, conforme a atividade exercida pelo cooperado permita a concessão de aposentadoria especial após quinze, vinte ou vinte e cinco anos de contribuição, respectivamente.

§ 2º Será devida contribuição adicional de doze, nove ou seis pontos percentuais, a cargo da cooperativa de produção, incidente sobre a remuneração paga, devida ou creditada ao cooperado filiado, na hipótese de exercício de atividade que autorize a concessão de aposentadoria especial após quinze, vinte ou vinte e cinco anos de contribuição, respectivamente.

§ 3º Considera-se cooperativa de produção aquela em que seus associados contribuem com serviços laborativos ou profissionais para a produção em comum de bens, quando a cooperativa detenha por qualquer forma os meios de produção.

Art. 2º O exercício de atividade remunerada do segurado recluso em cumprimento de pena em regime fechado ou semi-aberto que contribuir na condição de contribuinte individual ou facultativo não acarreta a perda do direito ao recebimento do auxílio-reclusão para seus dependentes.

§ 1º O segurado recluso não terá direito aos benefícios de auxílio-doença e de aposentadoria durante a percepção, pelos dependentes, do auxílio-reclusão, ainda que, nessa condição, contribua como contribuinte individual ou facultativo, permitida a opção, desde que manifestada, também, pelos dependentes, ao benefício mais vantajoso.

§ 2º Em caso de morte do segurado recluso que contribuir na forma do § 1º, o valor da pensão por morte devida a seus dependentes será obtido mediante a realização de cálculo, com base nos novos tempo de contribuição e salários-de-contribuição correspondentes, neles incluídas as contribuições recolhidas enquanto recluso, facultada a opção pelo valor do auxílio-reclusão.

Art. 3º A perda da qualidade de segurado não será considerada para a concessão das aposentadorias por tempo de contribuição e especial.

§ 1º Na hipótese de aposentadoria por idade, a perda da qualidade de segurado não será considerada para a concessão desse benefício, desde que o segurado conte com, no mínimo, o tempo de contribuição correspondente ao exigido para efeito de carência na data do requerimento do benefício.

§ 2º A concessão do benefício de aposentadoria por idade, nos termos do § 1º, observará, para os fins de cálculo do valor do benefício, o disposto no art. 3º, caput e § 2º, da Lei n. 9.876, de 26 de novembro de 1999, ou, não havendo salários de contribuição recolhidos no período a partir da competência julho de 1994, o disposto no art. 35 da Lei n. 8.213, de 24 de julho de 1991.

Art. 4º Fica a empresa obrigada a arrecadar a contribuição do segurado contribuinte individual a seu serviço, descontando-a da respectiva remuneração, e a recolher o valor arrecadado juntamente com a contribuição a seu cargo até o dia 20 (vinte) do mês seguinte ao da competência, ou até o dia útil imediatamente anterior se não houver expediente bancário naquele dia. *(Redação dada pela Lei nº 11.933, de 2009). (Produção de efeitos).*

§ 1º As cooperativas de trabalho arrecadarão a contribuição social dos seus associados como contribuinte individual e recolherão o valor arrecadado até o dia 20 (vinte) do mês subsequente ao de competência a que se referir, ou até o dia útil imediatamente anterior se não houver expediente bancário naquele dia. *(Redação dada pela Lei nº 11.933, de 2009). (Produção de efeitos).*

§ 2º A cooperativa de trabalho e a pessoa jurídica são obrigadas a efetuar a inscrição no Instituto Nacional do Seguro Social - INSS dos seus cooperados e contratados, respectivamente, como contribuintes individuais, se ainda não inscritos.

§ 3º O disposto neste artigo não se aplica ao contribuinte individual, quando contratado por outro contribuinte individual equiparado a empresa ou por produtor rural pessoa física ou por missão diplomática e repartição consular de carreira estrangeiras, e nem ao brasileiro civil que trabalha no exterior para organismo oficial internacional do qual o Brasil é membro efetivo.

Art. 5º O contribuinte individual a que se refere o art. 4º é obrigado a complementar, diretamente, a contribuição até o valor mínimo mensal do salário-de-contribuição, quando as remunerações recebidas no mês, por serviços prestados a pessoas jurídicas, forem inferiores a este.

Art. 6º O percentual de retenção do valor bruto da nota fiscal ou fatura de prestação de serviços relativa a serviços prestados mediante cessão de mão-de-obra, inclusive em regime de trabalho temporário, a cargo da empresa contratante, é acrescido de quatro, três ou dois pontos percentuais, relativamente aos serviços prestados pelo segurado empregado cuja atividade permita a concessão de aposentadoria especial após quinze, vinte ou vinte e cinco anos de contribuição, respectivamente.

Art. 7º Não poderão ser objeto de parcelamento as contribuições descontadas dos empregados, inclusive dos domésticos, dos trabalhadores avulsos, dos contribuintes individuais, as decorrentes da sub-rogação e as demais importâncias descontadas na forma da legislação previdenciária.

Art. 8º A empresa que utiliza sistema de processamento eletrônico de dados para o registro de negócios e atividades econômicas, escrituração de livros ou produção de documentos de natureza contábil, fiscal, trabalhista e previdenciária é obrigada a arquivar e conservar, devidamente certificados, os respectivos sistemas e arquivos, em meio digital ou assemelhado, durante dez anos, à disposição da fiscalização.

Art. 9º Fica extinta a escala transitória de salário-base, utilizada para fins de enquadramento e fixação do salário-de-contribuição dos contribuintes individual e facultativo filiados ao Regime Geral de Previdência Social, estabelecida pela Lei n. 9.876, de 26 de novembro de 1999.

Art. 10. A alíquota de contribuição de um, dois ou três por cento, destinada ao financiamento do benefício de aposentadoria especial ou daqueles concedidos em razão do grau de incidência de incapacidade laborativa decorrente dos riscos ambientais do trabalho, poderá ser reduzida, em até cinqüenta por cento, ou aumentada, em até cem por cento, conforme dispuser o regulamento, em razão do desempenho da empresa em relação à respectiva atividade econômica, apurado em conformidade com os resultados obtidos a partir dos índices de freqüência, gravidade e custo, calculados segundo metodologia aprovada pelo Conselho Nacional de Previdência Social.

Art. 11. O Ministério da Previdência Social e o INSS manterão programa permanente de revisão da concessão e da manutenção dos benefícios da Previdência Social, a fim de apurar irregularidades e falhas existentes.

§ 1º Havendo indício de irregularidade na concessão ou na manutenção de benefício, a Previdência Social notificará o beneficiário para apresentar defesa, provas ou documentos de que dispuser, no prazo de dez dias.

§ 2º A notificação a que se refere o § 1º far-se-á por via postal com aviso de recebimento e, não comparecendo o beneficiário nem apresentando defesa, será suspenso o benefício, com notificação ao beneficiário.

§ 3º Decorrido o prazo concedido pela notificação postal, sem que tenha havido resposta, ou caso seja considerada pela Previdência Social como insuficiente ou improcedente a defesa apresentada, o benefício será cancelado, dando-se conhecimento da decisão ao beneficiário.

Art. 12. Para fins de compensação financeira entre o Regime Geral de Previdência Social (RGPS) e o Regime Próprio de Previdência Social (RPPS) da União, dos Estados, do Distrito Federal e dos Municípios, os regimes instituidores apresentarão aos regimes de origem os dados relativos aos benefícios em manutenção em 5 de maio de 1999 concedidos a partir de 5 de outubro de 1988. *(Redação dada pela Lei nº 13.135, de 2015)*

Art. 13. Aplicam-se ao disposto nesta Lei, no que couber, as disposições legais pertinentes ao Regime Geral de Previdência Social.

Art. 14. O Poder Executivo regulamentará o art. 10 desta Lei no prazo de trezentos e sessenta dias.

Art. 15. Esta Lei entra em vigor na data de sua publicação, produzindo efeitos, quanto aos §§ 1º e 2º do art. 1º e aos arts. 4º a 6º e 9º, a partir de 1º de abril de 2003.

Brasília, 8 de maio de 2003;
182º da Independência e 115º da República.

LUIZ INÁCIO LULA DA SILVA

22. LEI N. 11.457, DE 16 DE MARÇO DE 2007

Dispõe sobre a Administração Tributária Federal; altera as Leis nos 10.593, de 6 de dezembro de 2002, 10.683, de 28 de maio de 2003, 8.212, de 24 de julho de 1991, 10.910, de 15 de julho de 2004, o Decreto-Lei nº 5.452, de 1º de maio de 1943, e o Decreto nº 70.235, de 6 de março de 1972; revoga dispositivos das Leis nos 8.212, de 24 de julho de 1991, 10.593, de 6 de dezembro de 2002, 10.910, de 15 de julho de 2004, 11.098, de 13 de janeiro de 2005, e 9.317, de 5 de dezembro de 1996; e dá outras providências.

O PRESIDENTE DA REPÚBLICA Faço saber que o Congresso Nacional decreta e eu sanciono a seguinte Lei:

Capítulo I
Da Secretaria da Receita Federal do Brasil

Art. 1º A Secretaria da Receita Federal passa a denominar-se Secretaria da Receita Federal do Brasil, órgão da administração direta subordinado ao Ministro de Estado da Fazenda.

Art. 2º Além das competências atribuídas pela legislação vigente à Secretaria da Receita Federal, cabe à Secretaria da Receita Federal do Brasil planejar, executar, acompanhar e avaliar as atividades relativas a tributação, fiscalização, arrecadação, cobrança e recolhimento das contribuições sociais previstas nas alíneas *a*, *b* e *c* do parágrafo único do art. 11 da Lei nº 8.212, de 24 de julho de 1991, e das contribuições instituídas a título de substituição. *(Vide Decreto nº 6.103, de 2007).*

§ 1º O produto da arrecadação das contribuições especificadas no **caput** deste artigo e acréscimos legais incidentes serão destinados, em caráter exclusivo, ao pagamento de benefícios do Regime Geral de Previdência Social e creditados diretamente ao Fundo do Regime Geral de Previdência Social, de que trata o art. 68 da Lei Complementar nº 101, de 4 de maio de 2000.

§ 2º Nos termos do art. 58 da Lei Complementar nº 101, de 4 de maio de 2000, a Secretaria da Receita Federal do Brasil prestará contas anualmente ao Conselho Nacional de Previdência Social dos resultados da arrecadação das contribuições sociais destinadas ao financiamento do Regime Geral de Previdência Social e das compensações a elas referentes.

§ 3º As obrigações previstas na Lei nº 8.212, de 24 de julho de 1991, relativas às contribuições sociais de que trata o **caput** deste artigo serão cumpridas perante a Secretaria da Receita Federal do Brasil.

§ 4º Fica extinta a Secretaria da Receita Previdenciária do Ministério da Previdência Social.

Art. 3º As atribuições de que trata o art. 2º desta Lei se estendem às contribuições devidas a terceiros, assim entendidas outras entidades e fundos, na forma da legislação em vigor, aplicando-se em relação a essas contribuições, no que couber, as disposições desta Lei. *(Vide Decreto nº 6.103, de 2007).*

§ 1º A retribuição pelos serviços referidos no **caput** deste artigo será de 3,5% (três inteiros e cinco décimos por cento) do montante arrecadado, salvo percentual diverso estabelecido em lei específica.

§ 2º O disposto no **caput** deste artigo abrangerá exclusivamente contribuições cuja base de cálculo seja a mesma das que incidem sobre a remuneração paga, devida ou creditada a segurados do Regime Geral de Previdência Social ou instituídas sobre outras bases a título de substituição.

§ 3º As contribuições de que trata o **caput** deste artigo sujeitam-se aos mesmos prazos, condições, sanções e privilégios daquelas referidas no art. 2º desta Lei, inclusive no que diz respeito à cobrança judicial.

§ 4º A remuneração de que trata o § 1º deste artigo será creditada ao Fundo Especial de Desenvolvimento e Aperfeiçoamento das Atividades de Fiscalização - FUNDAF, instituído pelo Decreto-Lei nº 1.437, de 17 de dezembro de 1975.

§ 5º Durante a vigência da isenção pelo atendimento cumulativo aos requisitos constantes dos incisos I a V do **caput** do art. 55 da Lei nº 8.212, de 24 de julho de 1991, deferida pelo Instituto Nacional do Seguro Social - INSS, pela Secretaria da Receita Previdenciária ou pela Secretaria da Receita Federal do Brasil, não são devidas pela entidade beneficente de assistência social as contribuições sociais previstas em lei a outras entidades ou fundos.

§ 6º Equiparam-se a contribuições de terceiros, para fins desta Lei, as destinadas ao Fundo Aeroviário - FA, à Diretoria de Portos e Costas do Comando da Marinha - DPC e ao Instituto Nacional de Colonização e Reforma Agrária - INCRA e a do salário-educação.

Art. 4º São transferidos para a Secretaria da Receita Federal do Brasil os processos administrativo-fiscais, inclusive os relativos aos créditos já constituídos ou em fase de constituição, e as guias e declarações apresentadas ao Ministério da Previdência Social ou ao Instituto Nacional do Seguro Social - INSS, referentes às contribuições de que tratam os arts. 2º e 3º desta Lei.

Art. 5º Além das demais competências estabelecidas na legislação que lhe é aplicável, cabe ao INSS:

I - emitir certidão relativa a tempo de contribuição;

II - gerir o Fundo do Regime Geral de Previdência Social;

III - calcular o montante das contribuições referidas no art. 2º desta Lei e emitir o correspondente documento de arrecadação, com vistas no atendimento conclusivo para concessão ou revisão de benefício requerido.

Art. 6º Ato conjunto da Secretaria da Receita Federal do Brasil e do INSS definirá a forma de transferência recíproca de informações relacionadas com as contribuições sociais a que se referem os arts. 2º e 3º desta Lei.
Parágrafo único. Com relação às informações de que trata o **caput** deste artigo, a Secretaria da Receita Federal do Brasil e o INSS são responsáveis pela preservação do sigilo fiscal previsto no art. 198 da Lei nº 5.172, de 25 de outubro de 1966.

Art. 7º Fica criado o cargo de Natureza Especial de Secretário da Receita Federal do Brasil, com a remuneração prevista no parágrafo único do art. 39 da Lei nº 10.683, de 28 de maio de 2003.
Parágrafo único. O Secretário da Receita Federal do Brasil será escolhido entre brasileiros de reputação ilibada e ampla experiência na área tributária, sendo nomeado pelo Presidente da República.

Art. 7º- A As atribuições e competências anteriormente conferidas ao Secretário da Receita Federal ou ao Secretário da Receita Previdenciária, relativas ao exercício dos respectivos cargos, transferem-se para o Secretário da Receita Federal do Brasil. *(Incluído pela Lei nº 11.490, de 2007).*

Art. 8º Ficam redistribuídos, na forma do § 1º do art. 37 da Lei nº 8.112, de 11 de dezembro de 1990, dos Quadros de Pessoal do Ministério da Previdência Social e do INSS para a Secretaria da Receita Federal do Brasil os cargos ocupados e vagos da Carreira Auditoria-Fiscal da Previdência Social, de que trata o art. 7º da Lei nº 10.593, de 6 de dezembro de 2002.

Art. 9º A Lei nº 10.593, de 6 de dezembro de 2002, passa a vigorar com a seguinte redação:

"Art. 3º O ingresso nos cargos das Carreiras disciplinadas nesta Lei far-se-á no primeiro padrão da classe inicial da respectiva tabela de vencimentos, mediante concurso público de provas ou de provas e títulos, exigindo-se curso superior em nível de graduação concluído ou habilitação legal equivalente.

....

§ 3º Sem prejuízo dos requisitos estabelecidos neste artigo, o ingresso nos cargos de que trata o **caput** deste artigo depende da inexistência de:
I - registro de antecedentes criminais decorrentes de decisão condenatória transitada em julgado de crime cuja descrição envolva a prática de ato de improbidade administrativa ou incompatível com a idoneidade exigida para o exercício do cargo;
II - punição em processo disciplinar por ato de improbidade administrativa mediante decisão de que não caiba recurso hierárquico."

"Art. 4º...
§ 3º O servidor em estágio probatório será objeto de avaliação específica, sem prejuízo da progressão funcional durante o período, observados o interstício mínimo de 12 (doze) e máximo de 18 (dezoito) meses em cada padrão e o resultado de avaliação de desempenho efetuada para esta finalidade, na forma do regulamento."

"Carreira de Auditoria da Receita Federal do Brasil.
Art. 5º Fica criada a Carreira de Auditoria da Receita Federal do Brasil, composta pelos cargos de nível superior de Auditor-Fiscal da Receita Federal do Brasil e de Analista-Tributário da Receita Federal do Brasil.
Parágrafo único. (Revogado)."
"Art. 6º São atribuições dos ocupantes do cargo de Auditor-Fiscal da Receita Federal do Brasil:
I - no exercício da competência da Secretaria da Receita Federal do Brasil e em caráter privativo:
a) constituir, mediante lançamento, o crédito tributário e de contribuições;
b) elaborar e proferir decisões ou delas participar em processo administrativo-fiscal, bem como em processos de consulta, restituição ou compensação de tributos e contribuições e de reconhecimento de benefícios fiscais;
c) executar procedimentos de fiscalização, praticando os atos definidos na legislação específica, inclusive os relacionados com o controle aduaneiro, apreensão de mercadorias, livros, documentos, materiais, equipamentos e assemelhados;
d) examinar a contabilidade de sociedades empresariais, empresários, órgãos, entidades, fundos e demais contribuintes, não se lhes aplicando as restrições previstas nos arts. 1.190 a 1.192 do Código Civil e observado o disposto no art. 1.193 do mesmo diploma legal;
e) proceder à orientação do sujeito passivo no tocante à interpretação da legislação tributária;
f) supervisionar as demais atividades de orientação ao contribuinte;
II - em caráter geral, exercer as demais atividades inerentes à competência da Secretaria da Receita Federal do Brasil.
§ 1º O Poder Executivo poderá cometer o exercício de atividades abrangidas pelo inciso II do **caput** deste artigo em caráter privativo ao Auditor-Fiscal da Receita Federal do Brasil.
§ 2º Incumbe ao Analista-Tributário da Receita Federal do Brasil, resguardadas as atribuições privativas referidas no inciso I do **caput** e no § 1º deste artigo:
I - exercer atividades de natureza técnica, acessórias ou preparatórias ao exercício das atribuições privativas dos Auditores-Fiscais da Receita Federal do Brasil;
II - atuar no exame de matérias e processos administrativos, ressalvado o disposto na alínea *b* do inciso I do **caput** deste artigo;

III - exercer, em caráter geral e concorrente, as demais atividades inerentes às competências da Secretaria da Receita Federal do Brasil.

§ 3º Observado o disposto neste artigo, o Poder Executivo regulamentará as atribuições dos cargos de Auditor-Fiscal da Receita Federal do Brasil e Analista-Tributário da Receita Federal do Brasil.

§ 4º (VETADO)

"Art. 20-A. O Poder Executivo regulamentará a forma de transferência de informações entre a Secretaria da Receita Federal do Brasil e a Secretaria de Inspeção do Trabalho para o desenvolvimento coordenado das atribuições a que se referem os arts. 6º e 11 desta Lei."

Art. 10. Ficam transformados:

I - em cargos de Auditor-Fiscal da Receita Federal do Brasil, de que trata o art. 5º da Lei nº 10.593, de 6 de dezembro de 2002, com a redação conferida pelo art. 9º desta Lei, os cargos efetivos, ocupados e vagos de Auditor-Fiscal da Receita Federal da Carreira Auditoria da Receita Federal prevista na redação original do art. 5º da Lei nº 10.593, de 6 de dezembro de 2002, e de Auditor-Fiscal da Previdência Social da Carreira Auditoria-Fiscal da Previdência Social, de que trata o art. 7º da Lei nº 10.593, de 6 de dezembro de 2002;

II - em cargos de Analista-Tributário da Receita Federal do Brasil, de que trata o art. 5º da Lei nº 10.593, de 6 de dezembro de 2002, com a redação conferida pelo art. 9º desta Lei, os cargos efetivos, ocupados e vagos, de Técnico da Receita Federal da Carreira Auditoria da Receita Federal prevista na redação original do art. 5º da Lei nº 10.593, de 6 de dezembro de 2002.

§ 1º Aos servidores titulares dos cargos transformados nos termos deste artigo fica assegurado o posicionamento na classe e padrão de vencimento em que estiverem enquadrados, sem prejuízo da remuneração e das demais vantagens a que façam jus na data de início da vigência desta Lei, observando-se, para todos os fins, o tempo no cargo anterior, inclusive o prestado a partir da publicação desta Lei.

§ 2º O disposto neste artigo aplica-se aos servidores aposentados, bem como aos pensionistas.

§ 3º A nomeação dos aprovados em concursos públicos para os cargos transformados na forma do **caput** deste artigo cujo edital tenha sido publicado antes do início da vigência desta Lei far-se-á nos cargos vagos alcançados pela respectiva transformação.

§ 4º Ficam transportados para a folha de pessoal inativo do Ministério da Fazenda os proventos e as pensões decorrentes do exercício dos cargos de Auditor-Fiscal da Previdência Social transformados nos termos deste artigo.

§ 5º Os atuais ocupantes dos cargos a que se refere o § 4º deste artigo e os servidores inativos que se aposentaram em seu exercício, bem como os respectivos pensionistas, poderão optar por permanecer filiados ao plano de saúde a que se vinculavam na origem, hipótese em que a contribuição será custeada pelo servidor e pelo Ministério da Fazenda.

§ 6º Ficam extintas a Carreira Auditoria da Receita Federal, mencionada na redação original do art. 5º da Lei nº 10.593, de 6 de dezembro de 2002, e a Carreira Auditoria-Fiscal da Previdência Social, de que trata o art. 7º daquela Lei.

Art. 11. Os Auditores-Fiscais da Receita Federal do Brasil cedidos a outros órgãos que não satisfaçam as condições previstas nos incisos I e II do § 8º do art. 4º da Lei nº 10.910, de 15 de julho de 2004, deverão entrar em exercício na Secretaria da Receita Federal do Brasil no prazo de 180 (cento e oitenta) dias da vigência desta Lei.

§ 1º Excluem-se do disposto no **caput** deste artigo cessões para o exercício dos cargos de Secretário de Estado, do Distrito Federal, de prefeitura de capital ou de dirigente máximo de autarquia no mesmo âmbito.

§ 2º O Poder Executivo poderá fixar o exercício de até 385 (trezentos e oitenta e cinco) Auditores-Fiscais da Receita Federal do Brasil no Ministério da Previdência Social ou na Superintendência Nacional de Previdência Complementar - PREVIC, garantidos os direitos e vantagens inerentes ao cargo, lotação de origem, remuneração e gratificações, ainda que na condição de ocupante de cargo em comissão ou função de confiança. *(Redação dada pela Lei nº 12.154, de 2009).*

§ 3º Os Auditores-Fiscais da Receita Federal do Brasil a que se refere o § 2º executarão, em caráter privativo, os procedimentos de fiscalização das atividades e operações das entidades fechadas de previdência complementar, de competência da Previc, assim como das entidades e fundos dos regimes próprios de previdência social. *(Redação dada pela Lei nº 12.154, de 2009).*

§ 4º No exercício da competência prevista no § 3º deste artigo, os Auditores-Fiscais da Receita Federal do Brasil poderão, relativamente ao objeto da fiscalização:

I - praticar os atos definidos na legislação específica, inclusive os relacionados com a apreensão e guarda de livros, documentos, materiais, equipamentos e assemelhados;

II - examinar registros contábeis, não se lhes aplicando as restrições previstas nos arts. 1.190 a 1.192 do Código Civil e observado o disposto no art. 1.193 do mesmo diploma legal.

III - lavrar ou propor a lavratura de auto de infração; *(Incluído pela Lei nº 12.154, de 2009).*

IV - aplicar ou propor a aplicação de penalidade administrativa ao responsável por infração objeto de processo administrativo decorrente de ação fiscal, representação, denúncia ou outras situações previstas em lei. *(Incluído pela Lei nº 12.154, de 2009).*

§ 5º Na execução dos procedimentos de fiscalização referidos no § 3º, ao Auditor-Fiscal da Receita Federal do Brasil é assegurado o livre acesso às dependências e às informações dos entes objeto da ação fiscal, de acordo com as respectivas áreas de competência, caracterizando-se embaraço à fiscalização, punível nos termos da lei, qualquer dificuldade oposta à consecução desse objetivo. *(Incluído pela Lei nº 12.154, de 2009).*

§ 6º É facultado ao Auditor-Fiscal da Receita Federal do Brasil a que se refere o § 2º exercer, em caráter geral e concorrente, outras atividades inerentes às competências do Ministério da Previdência Social e da Previc. *(Incluído pela Lei nº 12.154, de 2009).*

§ 7º Caberá aos Auditores-Fiscais da Receita Federal do Brasil em exercício na Previc constituir em nome desta, mediante lançamento, os créditos pelo não recolhimento da Taxa de Fiscalização e Controle da Previdência Complementar - TAFIC e promover a sua cobrança administrativa. *(Incluído pela Lei nº 12.154, de 2009).*

Art. 12. Sem prejuízo do disposto no art. 49 desta Lei, são redistribuídos, na forma do disposto no art. 37 da Lei nº 8.112, de 11 de dezembro de 1990, para a Secretaria da Receita Federal do Brasil, os cargos dos servidores que, na data da publicação desta Lei, se encontravam em efetivo exercício na Secretaria de Receita Previdenciária ou nas unidades técnicas e administrativas a ela vinculadas e sejam titulares de cargos integrantes:

I - do Plano de Classificação de Cargos, instituído pela Lei nº 5.645, de 10 de dezembro de 1970, ou do Plano Geral de Cargos do Poder Executivo de que trata a Lei nº 11.357, de 19 de outubro de 2006;

II - das Carreiras:

a) Previdenciária, instituída pela Lei nº 10.355, de 26 de dezembro de 2001;

b) da Seguridade Social e do Trabalho, instituída pela Lei nº 10.483, de 3 de julho de 2002;

c) do Seguro Social, instituída pela Lei nº 10.855, de 1º de abril de 2004;

d) da Previdência, da Saúde e do Trabalho, instituída pela Lei nº 11.355, de 19 de outubro de 2006.

§ 1º (VETADO)

§ 2º (VETADO)

§ 3º (VETADO)

§ 4º Os servidores referidos neste artigo poderão, no prazo de 180 (cento e oitenta) dias contado da data referida no inciso II do caput do art. 51 desta Lei, optar por sua permanência no órgão de origem. *(Incluído pela Lei nº 11.501, de 2007) (Regulamento)*

§ 5º Os servidores a que se refere este artigo perceberão seus respectivos vencimentos e vantagens como se em exercício estivessem no órgão de origem, até a vigência da Lei que disporá sobre suas carreiras, cargos, remuneração, lotação e exercício. *(Incluído pela Lei nº 11.501, de 2007) (Vide Decreto nº 6.248, de 2007)*

Art. 13. Ficam transferidos os cargos em comissão e funções gratificadas da estrutura da extinta Secretaria da Receita Previdenciária do Ministério da Previdência Social para a Secretaria da Receita Federal do Brasil.

Art. 14. Fica o Poder Executivo autorizado a proceder à transformação, sem aumento de despesa, dos cargos em comissão e funções gratificadas existentes na Secretaria da Receita Federal do Brasil.

Parágrafo único. Sem prejuízo das situações existentes na data de publicação desta Lei, os cargos em comissão a que se refere o **caput** deste artigo são privativos de servidores:

I - ocupantes de cargos efetivos da Secretaria da Receita Federal do Brasil ou que tenham obtido aposentadoria nessa condição;

II - alcançados pelo disposto no art. 12 desta Lei.

Art. 15. Os incisos XII e XVIII do **caput** do art. 29 da Lei nº 10.683, de 28 de maio de 2003, passam a vigorar com a seguinte redação:

"Art. 29...

XII - do Ministério da Fazenda o Conselho Monetário Nacional, o Conselho Nacional de Política Fazendária, o Conselho de Recursos do Sistema Financeiro Nacional, o Conselho Nacional de Seguros Privados, o Conselho de Recursos do Sistema Nacional de Seguros Privados, de Previdência Privada Aberta e de Capitalização, o Conselho de Controle de Atividades Financeiras, a Câmara Superior de Recursos Fiscais, os 1º, 2º e 3º Conselhos de Contribuintes, o Conselho Diretor do Fundo de Garantia à Exportação - CFGE, o Comitê Brasileiro de Nomenclatura, o Comitê de Avaliação de Créditos ao Exterior, a Secretaria da Receita Federal do Brasil, a Procuradoria-Geral da Fazenda Nacional, a Escola de Administração Fazendária e até 5 (cinco) Secretarias;

....

XVIII - do Ministério da Previdência Social o Conselho Nacional de Previdência Social, o Conselho de Recursos da Previdência Social, o Conselho de Gestão da Previdência Complementar e até 2 (duas) Secretarias;

...."

Capítulo II

Da Procuradoria-Geral da Fazenda Nacional

Art. 16. A partir do 1º (primeiro) dia do 2º (segundo) mês subseqüente ao da publicação desta Lei, o débito original e seus acréscimos legais, além de outras multas previstas em lei, relativos às contribuições de que tratam os arts. 2º e 3º desta Lei, constituem dívida ativa da União.

§ 1º A partir do 1º (primeiro) dia do 13º (décimo terceiro) mês subseqüente ao da publicação desta Lei, o disposto no **caput** deste artigo se estende à dívida ativa do Instituto Nacional do Seguro Social - INSS e do Fundo Nacional de Desenvolvimento da Educação - FNDE decorrente das contribuições a que se referem os arts. 2º e 3º desta Lei.

§ 2º Aplica-se à arrecadação da dívida ativa decorrente das contribuições de que trata o art. 2º desta Lei o disposto no § 1º daquele artigo.

§ 3º Compete à Procuradoria-Geral Federal representar judicial e extrajudicialmente:

I - o INSS e o FNDE, em processos que tenham por objeto a cobrança de contribuições previdenciárias, inclusive nos que pretendam a contestação do crédito tributário, até a data prevista no § 1º deste artigo;

II - a União, nos processos da Justiça do Trabalho relacionados com a cobrança de contribuições previdenciárias, de imposto de renda retido na fonte e de multas impostas aos empregadores pelos órgãos de fiscalização das relações do trabalho, mediante delegação da Procuradoria-Geral da Fazenda Nacional.

§ 4º A delegação referida no inciso II do § 3º deste artigo será comunicada aos órgãos judiciários e não alcançará a competência prevista no inciso II do art. 12 da Lei Complementar nº 73, de 10 de fevereiro de 1993.

§ 5º Recebida a comunicação aludida no § 4º deste artigo, serão destinadas à Procuradoria-Geral Federal as citações, intimações e notificações efetuadas em processos abrangidos pelo objeto da delegação.

§ 6º Antes de efetivar a transferência de atribuições decorrente do disposto no § 1º deste artigo, a Procuradoria-Geral Federal concluirá os atos que se encontrarem pendentes.

§ 7º A inscrição na dívida ativa da União das contribuições de que trata o art. 3º desta Lei, na forma do **caput** e do § 1º deste artigo, não altera a destinação final do produto da respectiva arrecadação.

Art. 17. O art. 39 da Lei nº 8.212, de 24 de julho de 1991, passa a vigorar com a seguinte redação:

> "Art. 39. O débito original e seus acréscimos legais, bem como outras multas previstas em lei, constituem dívida ativa da União, promovendo-se a inscrição em livro próprio daquela resultante das contribuições de que tratam as alíneas *a*, *b* e *c* do parágrafo único do art. 11 desta Lei.
>
> ....
>
> § 2º É facultado aos órgãos competentes, antes de ajuizar a cobrança da dívida ativa de que trata o **caput** deste artigo, promover o protesto de título dado em garantia, que será recebido **pro solvendo**.
>
> § 3º Serão inscritas como dívida ativa da União as contribuições que não tenham sido recolhidas ou parceladas resultantes das informações prestadas no documento a que se refere o inciso IV do art. 32 desta Lei."

Art. 18. Ficam criados na Carreira de Procurador da Fazenda Nacional 1.200 (mil e duzentos) cargos efetivos de Procurador da Fazenda Nacional.

Parágrafo único. Os cargos referidos no **caput** deste artigo serão providos na medida das necessidades do serviço e das disponibilidades de recursos orçamentários, nos termos do § 1º do art. 169 da Constituição Federal.

Art. 18-A. Compete ao Advogado-Geral da União e ao Ministro de Estado da Fazenda, mediante ato conjunto, distribuir os cargos de Procurador da Fazenda Nacional pelas 3 (três) categorias da Carreira. *(Redação dada pela Lei nº 11.518, de 2007)*

Art. 19. Ficam criadas, na Procuradoria-Geral da Fazenda Nacional, 120 (cento e vinte) Procuradorias Seccionais da Fazenda Nacional, a serem instaladas por ato do Ministro de Estado da Fazenda em cidades-sede de Varas da Justiça Federal ou do Trabalho.

Parágrafo único. Para estruturação das Procuradorias Seccionais a que se refere o **caput** deste artigo, ficam criados 60 (sessenta) cargos em comissão do Grupo-Direção e Assessoramento Superiores DAS-2 e 60 (sessenta) DAS-1, a serem providos na medida das necessidades do serviço e das disponibilidades de recursos orçamentários, nos termos do § 1º do art. 169 da Constituição Federal.

Art. 20. (VETADO)

Art. 21. Sem prejuízo do disposto no art. 49 desta Lei e da percepção da remuneração do respectivo cargo, será fixado o exercício na Procuradoria-Geral da Fazenda Nacional, a partir da data fixada no § 1º do art. 16 desta Lei, dos servidores que se encontrarem em efetivo exercício nas unidades vinculadas ao contencioso fiscal e à cobrança da dívida ativa na Coordenação Geral de Matéria Tributária da Procuradoria-Geral Federal, na Procuradoria Federal Especializada junto ao INSS, nos respectivos órgãos descentralizados ou nas unidades locais, e forem titulares de cargos integrantes:

I - do Plano de Classificação de Cargos instituído pela Lei nº 5.645, de 10 dezembro de 1970, ou do Plano Geral de Cargos do Poder Executivo de que trata a Lei nº 11.357, de 19 de outubro de 2006; *(Redação dada pela Lei nº 11.501, de 2007)*

II - das Carreiras:

a) Previdenciária, instituída pela Lei nº 10.355, de 26 de dezembro de 2001;

b) da Seguridade Social e do Trabalho, instituída pela Lei nº 10.483, de 3 de julho de 2002;

c) do Seguro Social, instituída pela Lei nº 10.855, de 1º de abril de 2004;

d) da Previdência, da Saúde e do Trabalho, instituída pela Lei nº 11.355, de 19 de outubro de 2006.

Parágrafo único. Fica o Poder Executivo autorizado, de acordo com as necessidades do serviço, a fixar o exercício dos servidores a que se refere o **caput** deste artigo no órgão ou entidade ao qual estiverem vinculados.

Art. 22. As autarquias e fundações públicas federais darão apoio técnico, logístico e financeiro, pelo prazo de 24 (vinte e quatro) meses a partir da publicação desta Lei, para que a Procuradoria-Geral Federal assuma, de forma centralizada, nos termos dos §§ 11 e 12 do art. 10 da Lei nº 10.480, de 2 de julho de 2002, a execução de sua dívida ativa.

Art. 23. Compete à Procuradoria-Geral da Fazenda Nacional a representação judicial na cobrança de créditos de qualquer natureza inscritos em Dívida Ativa da União.

Art. 24. É obrigatório que seja proferida decisão administrativa no prazo máximo de 360 (trezentos e sessenta) dias a contar do protocolo de petições, defesas ou recursos administrativos do contribuinte.
§ 1º (VETADO)
§ 2º (VETADO)

Capítulo III
Do Processo Administrativo Fiscal

Art. 25. Passam a ser regidos pelo Decreto nº 70.235, de 6 de março de 1972:
I - a partir da data fixada no § 1º do art. 16 desta Lei, os procedimentos fiscais e os processos administrativo-fiscais de determinação e exigência de créditos tributários referentes às contribuições de que tratam os arts. 2º e 3º desta Lei;
II - a partir da data fixada no **caput** do art. 16 desta Lei, os processos administrativos de consulta relativos às contribuições sociais mencionadas no art. 2º desta Lei.
§ 1º O Poder Executivo poderá antecipar ou postergar a data a que se refere o inciso I do **caput** deste artigo, relativamente a:
I - procedimentos fiscais, instrumentos de formalização do crédito tributário e prazos processuais;
II - competência para julgamento em 1ª (primeira) instância pelos órgãos de deliberação interna e natureza colegiada.
§ 2º O disposto no inciso I do **caput** deste artigo não se aplica aos processos de restituição, compensação, reembolso, imunidade e isenção das contribuições ali referidas.
§ 3º Aplicam-se, ainda, aos processos a que se refere o inciso II do **caput** deste artigo os arts. 48 e 49 da Lei nº 9.430, de 27 de dezembro de 1996.

Art. 26. O valor correspondente à compensação de débitos relativos às contribuições de que trata o art. 2º desta Lei será repassado ao Fundo do Regime Geral de Previdência Social no máximo 2 (dois) dias úteis após a data em que ela for promovida de ofício ou em que for deferido o respectivo requerimento.
Parágrafo único. O disposto no art. 74 da Lei nº 9.430, de 27 de dezembro de 1996, não se aplica às contribuições sociais a que se refere o art. 2º desta Lei.

Art. 27. Observado o disposto no art. 25 desta Lei, os procedimentos fiscais e os processos administrativo-fiscais referentes às contribuições sociais de que tratam os arts. 2º e 3º desta Lei permanecem regidos pela legislação precedente.

Art. 28. Ficam criadas, na Secretaria da Receita Federal do Brasil, 5 (cinco) Delegacias de Julgamento e 60 (sessenta) Turmas de Julgamento com competência para julgar, em 1ª (primeira) instância, os processos de exigência de tributos e contribuições arrecadados pela Secretaria da Receita Federal do Brasil, a serem instaladas mediante ato do Ministro de Estado da Fazenda.
Parágrafo único. Para estruturação dos órgãos de que trata o **caput** deste artigo, ficam criados 5 (cinco) cargos em comissão do Grupo-Direção e Assessoramento Superiores DAS-3 e 55 (cinqüenta e cinco) DAS-2, a serem providos na medida das necessidades do serviço e das disponibilidades de recursos orçamentários, nos termos do § 1º do art. 169 da Constituição Federal.

Art. 29. Fica transferida do Conselho de Recursos da Previdência Social para o 2º Conselho de Contribuintes do Ministério da Fazenda a competência para julgamento de recursos referentes às contribuições de que tratam os arts. 2º e 3º desta Lei.
§ 1º Para o exercício da competência a que se refere o **caput** deste artigo, serão instaladas no 2º Conselho de Contribuintes, na forma da regulamentação pertinente, Câmaras especializadas, observada a composição prevista na parte final do inciso VII do **caput** do art. 194 da Constituição Federal.
§ 2º Fica autorizado o funcionamento das Câmaras dos Conselhos de Contribuintes nas sedes das Regiões Fiscais da Secretaria da Receita Federal do Brasil.

Art. 30. No prazo de 30 (trinta) dias da publicação do ato de instalação das Câmaras previstas no § 1º do art. 29 desta Lei, os processos administrativo-fiscais referentes às contribuições de que tratam os arts. 2º e 3º desta Lei que se encontrarem no Conselho de Recursos da Previdência Social serão encaminhados para o 2º Conselho de Contribuintes.
Parágrafo único. Fica prorrogada a competência do Conselho de Recursos da Previdência Social durante o prazo a que se refere o **caput** deste artigo.

Art. 31. São transferidos, na data da publicação do ato a que se refere o **caput** do art. 30 desta Lei, 2 (dois) cargos em comissão do Grupo-Direção e Assessoramento Superiores DAS-101.2 e 2 (dois) DAS-101.1 do Conselho de Recursos da Previdência Social para o 2º Conselho de Contribuintes.

Capituli IV
Do Parcelamento dos Débitos Previdenciários dos Estados e do Distrito Federal

Art. 32. Os débitos de responsabilidade dos Estados e do Distrito Federal, de suas autarquias e fundações, relativos às contribuições sociais de que tratam as alíneas *a* e *c* do parágrafo único do art. 11 da Lei nº 8.212, de 24 de julho de 1991, com vencimento até o mês anterior ao da entrada em vigor desta Lei, poderão ser parcelados em até 240 (duzentas e quarenta) prestações mensais e consecutivas.
§ 1º Os débitos referidos no **caput** deste artigo são aqueles originários de contribuições sociais e obrigações acessórias,

constituídos ou não, inscritos ou não em dívida ativa, incluídos os que estiverem em fase de execução fiscal ajuizada, e os que tenham sido objeto de parcelamento anterior não integralmente quitado ou cancelado por falta de pagamento.

§ 2º Os débitos ainda não constituídos deverão ser confessados de forma irretratável e irrevogável.

§ 3º Poderão ser parcelados em até 60 (sessenta) prestações mensais e consecutivas os débitos de que tratam o **caput** e os §§ 1º e 2º deste artigo com vencimento até o mês anterior ao da entrada em vigor desta Lei, relativos a contribuições não recolhidas:

I - descontadas dos segurados empregado, trabalhador avulso e contribuinte individual;

II - retidas na forma do art. 31 da Lei nº 8.212, de 24 de julho de 1991;

III - decorrentes de sub-rogação.

§ 4º Caso a prestação mensal não seja paga na data do vencimento, serão retidos e repassados à Secretaria da Receita Federal do Brasil recursos do Fundo de Participação dos Estados e do Distrito Federal suficientes para sua quitação, acrescidos de juros equivalentes à taxa referencial do Sistema Especial de Liquidação e de Custódia - Selic para títulos federais, acumulada mensalmente a partir do primeiro dia do mês subseqüente ao da consolidação do débito até o mês anterior ao do pagamento, acrescido de 1% (um por cento) no mês do pagamento da prestação.

Art. 33. Até 90 (noventa) dias após a entrada em vigor desta Lei, a opção pelo parcelamento será formalizada na Secretaria da Receita Federal do Brasil, que se responsabilizará pela cobrança das prestações e controle dos créditos originários dos parcelamentos concedidos. (Prorrogação).

Art. 34. A concessão do parcelamento objeto deste Capítulo está condicionada:

I - à apresentação pelo Estado ou Distrito Federal, na data da formalização do pedido, do demonstrativo referente à apuração da Receita Corrente Líquida Estadual, na forma do disposto na Lei Complementar nº 101, de 4 de maio de 2000, referente ao ano-calendário imediatamente anterior ao da entrada em vigor desta Lei;

II - ao adimplemento das obrigações vencidas a partir do primeiro dia do mês da entrada em vigor desta Lei.

Art. 35. Os débitos serão consolidados por Estado e Distrito Federal na data do pedido do parcelamento, reduzindo-se os valores referentes a juros de mora em 50% (cinqüenta por cento).

Art. 36. Os débitos de que trata este Capítulo serão parcelados em prestações mensais equivalentes a, no mínimo, 1,5% (um inteiro e cinco décimos por cento) da média da Receita Corrente Líquida do Estado e do Distrito Federal prevista na Lei Complementar nº 101, de 4 de maio de 2000.

§ 1º A média de que trata o **caput** deste artigo corresponderá a 1/12 (um doze avos) da Receita Corrente Líquida do ano anterior ao do vencimento da prestação.

§ 2º Para fins deste artigo, os Estados e o Distrito Federal se obrigam a encaminhar à Secretaria da Receita Federal do Brasil o demonstrativo de apuração da Receita Corrente Líquida de que trata o inciso I do art. 53 da Lei Complementar nº 101, de 4 de maio de 2000, até o último dia útil do mês de fevereiro de cada ano.

§ 3º A falta de apresentação das informações a que se refere o § 2º deste artigo implicará, para fins de apuração e cobrança da prestação mensal, a aplicação da variação do Índice Geral de Preços, Disponibilidade Interna - IGP-DI, acrescida de juros de 0,5% (cinco décimos por cento) ao mês, sobre a última Receita Corrente Líquida publicada nos termos da legislação.

§ 4º Às prestações vencíveis em janeiro, fevereiro e março aplicar-se-á o valor mínimo do ano anterior.

Art. 37. As prestações serão exigíveis no último dia útil de cada mês, a contar do mês subseqüente ao da formalização do pedido de parcelamento.

§ 1º No período compreendido entre a formalização do pedido e o mês da consolidação, o ente beneficiário do parcelamento deverá recolher mensalmente prestações correspondentes a 1,5% (um inteiro e cinco décimos por cento) da média da Receita Corrente Líquida do Estado e do Distrito Federal prevista na Lei Complementar nº 101, de 4 de maio de 2000, sob pena de indeferimento do pleito, que só se confirma com o pagamento da prestação inicial.

§ 2º A partir do mês seguinte à consolidação, o valor da prestação será obtido mediante a divisão do montante do débito parcelado, deduzidos os valores das prestações recolhidas nos termos do § 1º deste artigo, pelo número de prestações restantes, observado o valor mínimo de 1,5% (um inteiro e cinco décimos por cento) da média da Receita Corrente Líquida do Estado e do Distrito Federal prevista na Lei Complementar no 101, de 4 de maio de 2000.

Art. 38. O parcelamento será rescindido na hipótese do inadimplemento:

I - de 3 (três) meses consecutivos ou 6 (seis) meses alternados, prevalecendo o que primeiro ocorrer;

II - das obrigações correntes referentes às contribuições sociais de que trata este Capítulo;

III - da parcela da prestação que exceder à retenção dos recursos do Fundo de Participação dos Estados e do Distrito Federal promovida na forma deste Capítulo.

Art. 39. O Poder Executivo disciplinará, em regulamento, os atos necessários à execução do disposto neste Capítulo.

Parágrafo único. Os débitos referidos no **caput** deste artigo serão consolidados no âmbito da Secretaria da Receita Federal do Brasil.

Capitulo V
Disposições Gerais

Art. 40. Sem prejuízo do disposto nas Leis n°s 4.516, de 1º de dezembro de 1964, e 5.615, de 13 de outubro de 1970, a Empresa de Tecnologia e Informações da Previdência Social - DATAPREV fica autorizada a prestar serviços de tecnologia da informação ao Ministério da Fazenda, necessários ao desempenho das atribuições abrangidas por esta Lei, observado o disposto no inciso VIII do art. 24 da Lei nº 8.666, de 21 de junho de 1993, nas condições estabelecidas em ato do Poder Executivo.

Art. 41. Fica autorizada a transferência para o patrimônio da União dos imóveis que compõem o Fundo do Regime Geral de Previdência Social identificados pelo Poder Executivo como necessários ao funcionamento da Secretaria da Receita Federal do Brasil e da Procuradoria-Geral da Fazenda Nacional.

Parágrafo único. No prazo de 3 (três) anos, de acordo com o resultado de avaliação realizada nos termos da legislação aplicável, a União compensará financeiramente o Fundo do Regime Geral de Previdência Social pelos imóveis transferidos na forma do **caput** deste artigo.

Art. 42. A Consolidação das Leis do Trabalho - CLT, aprovada pelo Decreto-Lei nº 5.452, de 1º de maio de 1943, passa a vigorar com a seguinte redação:

"Art.832...

§ 4º A União será intimada das decisões homologatórias de acordos que contenham parcela indenizatória, na forma do art. 20 da Lei nº 11.033, de 21 de dezembro de 2004, facultada a interposição de recurso relativo aos tributos que lhe forem devidos.

§ 5º Intimada da sentença, a União poderá interpor recurso relativo à discriminação de que trata o § 3º deste artigo.

§ 6º O acordo celebrado após o trânsito em julgado da sentença ou após a elaboração dos cálculos de liquidação de sentença não prejudicará os créditos da União.

§ 7º O Ministro de Estado da Fazenda poderá, mediante ato fundamentado, dispensar a manifestação da União nas decisões homologatórias de acordos em que o montante da parcela indenizatória envolvida ocasionar perda de escala decorrente da atuação do órgão jurídico."

"Art. 876...

Parágrafo único. Serão executadas **ex-officio** as contribuições sociais devidas em decorrência de decisão proferida pelos Juízes e Tribunais do Trabalho, resultantes de condenação ou homologação de acordo, inclusive sobre os salários pagos durante o período contratual reconhecido."

"Art. 879. ....

§ 3º Elaborada a conta pela parte ou pelos órgãos auxiliares da Justiça do Trabalho, o juiz procederá à intimação da União para manifestação, no prazo de 10 (dez) dias, sob pena de preclusão.

....

§ 5º O Ministro de Estado da Fazenda poderá, mediante ato fundamentado, dispensar a manifestação da União quando o valor total das verbas que integram o salário-de-contribuição, na forma do art. 28 da Lei nº 8.212, de 24 de julho de 1991, ocasionar perda de escala decorrente da atuação do órgão jurídico."

"Art. 880. Requerida a execução, o juiz ou presidente do tribunal mandará expedir mandado de citação do executado, a fim de que cumpra a decisão ou o acordo no prazo, pelo modo e sob as cominações estabelecidas ou, quando se tratar de pagamento em dinheiro, inclusive de contribuições sociais devidas à União, para que o faça em 48 (quarenta e oito) horas ou garanta a execução, sob pena de penhora.

....

"Art. 889-A...

§ 1º Concedido parcelamento pela Secretaria da Receita Federal do Brasil, o devedor juntará aos autos a comprovação do ajuste, ficando a execução da contribuição social correspondente suspensa até a quitação de todas as parcelas.

§ 2º As Varas do Trabalho encaminharão mensalmente à Secretaria da Receita Federal do Brasil informações sobre os recolhimentos efetivados nos autos, salvo se outro prazo for estabelecido em regulamento."

Art. 43. A Lei nº 10.910, de 15 de julho de 2004, passa a vigorar com a redação seguinte, dando-se aos seus Anexos a forma dos Anexos I e II desta Lei:

"Art. 1º As Carreiras de Auditoria da Receita Federal do Brasil e Auditoria-Fiscal do Trabalho compõem-se de cargos efetivos agrupados nas classes A, B e Especial, compreendendo a 1ª (primeira) 5 (cinco) padrões, e as 2 (duas) últimas, 4 (quatro) padrões, na forma do Anexo I desta Lei."

"Art. 3º A Gratificação de Desempenho de Atividade Tributária - GDAT de que trata o art. 15 da Lei nº 10.593, de 6 de dezembro de 2002, devida aos integrantes das Carreiras de Auditoria da Receita Federal do Brasil e Auditoria-Fiscal do Trabalho, é transformada em Gratificação de Atividade Tributária - GAT, em valor equivalente a 75% (setenta e cinco por cento) do vencimento básico do servidor.

I - (revogado pela Lei nº 11.356, de 2006);

II - (revogado pela Lei nº 11.356, de 2006).

...."

"Art. 4º Fica criada a Gratificação de Incremento da Fiscalização e da Arrecadação - GIFA, devida aos ocupantes dos cargos efetivos das Carreiras de Auditoria da Receita Federal do Brasil e Auditoria-Fiscal do Trabalho, de que trata a Lei nº 10.593, de 6 de dezembro de 2002, no percentual de até 95%

(noventa e cinco por cento), incidente sobre o maior vencimento básico de cada cargo das Carreiras.

§ 1º A Gifa será paga aos Auditores-Fiscais da Receita Federal do Brasil e aos Analistas-Tributários da Receita Federal do Brasil de acordo com os seguintes parâmetros:

....

II - 2/3 (dois terços), no mínimo, em decorrência da avaliação do resultado institucional do conjunto de unidades da Secretaria da Receita Federal do Brasil no cumprimento de metas de arrecadação, computadas em âmbito nacional e de forma individualizada para cada órgão.

§ 8º ....

....

II - ocupantes dos cargos efetivos da Carreira de Auditoria da Receita Federal do Brasil, em exercício nos seguintes órgãos do Ministério da Fazenda:

....

III - ocupantes dos cargos de Auditor-Fiscal da Receita Federal do Brasil da Carreira de Auditoria da Receita Federal do Brasil, em exercício no Ministério da Previdência Social e órgãos vinculados;

IV - ocupantes dos cargos efetivos da Carreira Auditoria-Fiscal do Trabalho, em exercício no Ministério do Trabalho e Emprego, exclusivamente nas unidades não integrantes do Sistema Federal de Inspeção do Trabalho definidas em regulamento."

"Art. 6º (VETADO)"

Art. 44. O art. 23 do Decreto nº 70.235, de 6 de março de 1972, passa a vigorar acrescido dos §§ 7º, 8º e 9º, com a seguinte redação:

"Art. 23. ....

....

§ 7º Os Procuradores da Fazenda Nacional serão intimados pessoalmente das decisões do Conselho de Contribuintes e da Câmara Superior de Recursos Fiscais, do Ministério da Fazenda na sessão das respectivas câmaras subseqüente à formalização do acórdão.

§ 8º Se os Procuradores da Fazenda Nacional não tiverem sido intimados pessoalmente em até 40 (quarenta) dias contados da formalização do acórdão do Conselho de Contribuintes ou da Câmara Superior de Recursos Fiscais, do Ministério da Fazenda, os respectivos autos serão remetidos e entregues, mediante protocolo, à Procuradoria da Fazenda Nacional, para fins de intimação.

§ 9º Os Procuradores da Fazenda Nacional serão considerados intimados pessoalmente das decisões do Conselho de Contribuintes e da Câmara Superior de Recursos Fiscais, do Ministério da Fazenda, com o término do prazo de 30 (trinta) dias contados da data em que os respectivos autos forem entregues à Procuradoria na forma do § 8º deste artigo."

Art. 45. As repartições da Secretaria da Receita Federal do Brasil deverão, durante seu horário regular de funcionamento, dar vista dos autos de processo administrativo, permitindo a obtenção de cópias reprográficas, assim como receber requerimentos e petições

Parágrafo único. A Secretaria da Receita Federal do Brasil adotará medidas para disponibilizar o atendimento a que se refere o **caput** deste artigo por intermédio da rede mundial de computadores e o recebimento de petições e requerimentos digitalizados.

Capítulo VI
Disposições Transitórias e Finais

Art. 46. A Fazenda Nacional poderá celebrar convênios com entidades públicas e privadas para a divulgação de informações previstas nos incisos II e III do § 3º do art. 198 da Lei nº 5.172, de 25 de outubro de 1966 - Código Tributário Nacional - CTN.

Art. 47. Fica o Poder Executivo autorizado a:

I - transferir, depois de realizado inventário, do INSS, do Ministério da Previdência Social e da Procuradoria-Geral Federal para a Secretaria da Receita Federal do Brasil e para a Procuradoria-Geral da Fazenda Nacional acervos técnicos e patrimoniais, inclusive bens imóveis, obrigações, direitos, contratos, convênios, processos administrativos e demais instrumentos relacionados com as atividades transferidas em decorrência desta Lei;

II - remanejar e transferir para a Secretaria da Receita Federal do Brasil dotações em favor do Ministério da Previdência Social e do INSS aprovadas na Lei Orçamentária em vigor, mantida a classificação funcional-programática, subprojetos, subatividades e grupos de despesas.

§ 1º Até que sejam implementados os ajustes necessários, o Ministério da Previdência Social e o INSS continuarão a executar as despesas de pessoal e de manutenção relativas às atividades transferidas, inclusive as decorrentes do disposto no § 5º do art. 10 desta Lei.

§ 2º Enquanto não ocorrerem as transferências previstas no **caput** deste artigo, o Ministé rio da Previdência Social, o INSS e a Procuradoria-Geral Federal prestarão à Secretaria da Receita Federal do Brasil e à Procuradoria-Geral da Fazenda Nacional o necessário apoio técnico, financeiro e administrativo.

§ 3º Inclui-se no apoio de que trata o § 2º deste artigo a manutenção dos espaços físicos atualmente ocupados.

Art. 48. Fica mantida, enquanto não modificados pela Secretaria da Receita Federal do Brasil, a vigência dos convênios celebrados e dos atos normativos e administrativos editados:

I - pela Secretaria da Receita Previdenciária;

II - pelo Ministério da Previdência Social e pelo INSS relativos à administração das contribuições a que se referem os arts. 2º e 3º desta Lei;

III - pelo Ministério da Fazenda relativos à administração dos tributos e contribuições de competência da Secretaria da Receita Federal do Brasil;
IV - pela Secretaria da Receita Federal.

Art. 49. (VETADO)

Art. 50. No prazo de 1 (um) ano da data de publicação desta Lei, o Poder Executivo encaminhará ao Congresso Nacional projeto de lei orgânica das Auditorias Federais, dispondo sobre direitos, deveres, garantias e prerrogativas dos servidores integrantes das Carreiras de que trata a Lei nº 10.593, de 6 de dezembro de 2002.

Art. 51. Esta Lei entra em vigor:
I - na data de sua publicação, para o disposto nos arts. 40, 41, 47, 48, 49 e 50 desta Lei;
II - no primeiro dia útil do segundo mês subseqüente à data de sua publicação, em relação aos demais dispositivos desta Lei.

Art. 52. Ficam revogados:
I - (VETADO)
II - a partir da data da publicação desta Lei, o parágrafo único do art. 5º da Lei nº 10.593, de 6 dezembro de 2002.

Brasília, 16 de março de 2007;
186º da Independência e 119º da República.

LUIZ INÁCIO LULA DA SILVA

Anexo I

(Anexo I da Lei nº 10.910, de 15 de julho de 2004)

Anexo I
Estrutura de Cargos

CARGOS	CLASSE	PADRÃO
Auditor-Fiscal da Receita Federal do Brasil Analista-Tributário da Receita Federal do Brasil Auditor-Fiscal do Trabalho	ESPECIAL	IV
		III
		II
		I
	B	IV
		III
		II
		I
	C	V
		IV
		III
		II
		I

ANEXO II

(Anexo II da Lei no 10.910, de 15 de julho de 2004)

ANEXO II
TABELAS DE VENCIMENTO BÁSICO

a) cargos de Auditor-Fiscal da Receita Federal do Brasil e Auditor-Fiscal do Trabalho:

CATEGORIA	PADRÃO	VENCIMENTO BÁSICO
ESPECIAL	IV	4.934,22
	III	4.790,50
	II	4.650,97
	I	4.515,52
B	IV	4.142,67
	III	4.022,00
	II	3.904,86
	I	3.791,13
A	V	3.478,10
	IV	3.376,79
	III	3.278,45
	II	3.182,95
	I	3.090,25

b) cargo de Analista-Tributário da Receita Federal do Brasil:

CATEGORIA	PADRÃO	VENCIMENTO BÁSICO
ESPECIAL	IV	2.561,11
	III	2.486,51
	II	2.414,09
	I	2.343,78
B	IV	2.150,25
	III	2.087,61
	II	2.026,83
	I	1.967,78
A	V	1.805,31
	IV	1.752,74
	III	1.701,68
	II	1.652,11
	I	1.603,99

23. DECRETO N. 6.214, DE 26 DE SETEMBRO DE 2007

Regulamenta o benefício de prestação continuada da assistência social devido à pessoa com deficiência e ao idoso de que trata a Lei no 8.742, de 7 de dezembro de 1993, e a Lei n. 10.741, de 1º de outubro de 2003, acresce parágrafo ao art. 162 do Decreto n. 3.048, de 6 de maio de 1999, e dá outras providências.

O PRESIDENTE DA REPÚBLICA, no uso da atribuição que lhe confere o art. 84, inciso IV, da Constituição, e tendo em vista o disposto no art. 20 da Lei n. 8.742, de 7 de dezembro de 1993, e no art. 34 da Lei n. 10.741, de 1º de outubro de 2003,

DECRETA:

Art. 1º Fica aprovado, na forma do Anexo deste Decreto, o Regulamento do Benefício de Prestação Continuada instituído pelo art. 20 da Lei n. 8.742, de 7 de dezembro de 1993.

Art. 2º O art. 162 do Regulamento da Previdência Social, aprovado pelo Decreto nº 3.048, de 6 de maio de 1999, passa a vigorar acrescido do seguinte parágrafo:

"Parágrafo único. O período a que se refere o caput poderá ser prorrogado por iguais períodos, desde que comprovado o andamento regular do processo legal de tutela ou curatela." (NR)

Art. 3º Este Decreto entra em vigor na data de sua publicação.

Art. 4º Ficam revogados os Decretos nos 1.744, de 8 de dezembro de 1995, e 4.712, de 29 de maio de 2003.

Brasília, 26 de setembro de 2007;
186º da Independência e 189º da República.

LUIZ INÁCIO LULA DA SILVA
Luiz Marinho
Patrus Ananias

ANEXO

REGULAMENTO DO BENEFÍCIO DE PRESTAÇÃO CONTINUADA

CAPÍTULO I
DO BENEFÍCIO DE PRESTAÇÃO CONTINUADA E DO BENEFICIÁRIO

Art. 1º O Benefício de Prestação Continuada previsto no art. 20 da Lei nº 8.742, de 7 de dezembro de 1993, é a garantia de um salário mínimo mensal à pessoa com deficiência e ao idoso, com idade de sessenta e cinco anos ou mais, que comprovem não possuir meios para prover a própria manutenção e nem de tê-la provida por sua família.

§ 1º O Benefício de Prestação Continuada integra a proteção social básica no âmbito do Sistema Único de Assistência Social - SUAS, instituído pelo Ministério do Desenvolvimento Social e Combate à Fome, em consonância com o estabelecido pela Política Nacional de Assistência Social - PNAS.

§ 2º O Benefício de Prestação Continuada é constitutivo da PNAS e integrado às demais políticas setoriais, e visa ao enfrentamento da pobreza, à garantia da proteção social, ao provimento de condições para atender contingências sociais e à universalização dos direitos sociais, nos moldes definidos no parágrafo único do art. 2º da Lei nº 8.742, de 1993.

§ 3º A plena atenção à pessoa com deficiência e ao idoso beneficiário do Benefício de Prestação Continuada exige que os gestores da assistência social mantenham ação integrada às demais ações das políticas setoriais nacional, estaduais, municipais e do Distrito Federal, principalmente no campo da saúde, segurança alimentar, habitação e educação.

Art. 2º Compete ao Ministério do Desenvolvimento Social e Combate à Fome, por intermédio da Secretaria Nacional de Assistência Social, a implementação, a coordenação-geral, a regulação, financiamento, o monitoramento e a avaliação da prestação do benefício, sem prejuízo das iniciativas compartilhadas com Estados, Distrito Federal e Municípios, em consonância com as diretrizes do SUAS e da descentralização político-administrativa, prevista no inciso I do art. 204 da Constituição e no inciso I do art. 5º da Lei nº 8.742, de 1993.

Art. 3º O Instituto Nacional do Seguro Social - INSS é o responsável pela operacionalização do Benefício de Prestação Continuada, nos termos deste Regulamento.

Art. 4º Para os fins do reconhecimento do direito ao benefício, considera-se:

I - idoso: aquele com idade de sessenta e cinco anos ou mais;

II - pessoa com deficiência: aquela que tem impedimentos de longo prazo de natureza física, mental, intelectual ou sensorial, os quais, em interação com diversas barreiras, podem obstruir sua participação plena e efetiva na sociedade em igualdade de condições com as demais pessoas; *(Redação dada pelo Decreto nº 7.617, de 2011)*

III - incapacidade: fenômeno multidimensional que abrange limitação do desempenho de atividade e restrição da participação, com redução efetiva e acentuada da capacidade de inclusão social, em correspondência à interação entre a pessoa com deficiência e seu ambiente físico e social;

IV - família incapaz de prover a manutenção da pessoa com deficiência ou do idoso: aquela cuja renda mensal bruta familiar dividida pelo número de seus integrantes seja inferior a um quarto do salário mínimo;

V - família para cálculo da renda per capita: conjunto de pessoas composto pelo requerente, o cônjuge, o companheiro, a companheira, os pais e, na ausência de um deles, a madrasta ou o padrasto, os irmãos solteiros, os filhos e enteados solteiros e os menores tutelados, desde que vivam sob o mesmo teto; e *(Redação dada pelo Decreto nº 7.617, de 2011)*

VI - renda mensal bruta familiar: a soma dos rendimentos brutos auferidos mensalmente pelos membros da família composta por salários, proventos, pensões, pensões alimentícias, benefícios de previdência pública ou privada, seguro-desemprego, comissões, pro-labore, outros rendimentos do trabalho não assalariado, rendimentos do mercado informal ou autônomo, rendimentos auferidos do patrimônio, Renda Mensal Vitalícia e Benefício de Prestação Continuada, ressalvado o disposto no parágrafo único do art. 19. *(Redação dada pelo Decreto nº 7.617, de 2011)*

§ 1º Para fins de reconhecimento do direito ao Benefício de Prestação Continuada às crianças e adolescentes menores de dezesseis anos de idade, deve ser avaliada a existência da deficiência e o seu impacto na limitação do desempenho de atividade e restrição da participação social, compatível com a idade. *(Redação dada pelo Decreto nº 7.617, de 2011)*

§ 2º Para fins do disposto no inciso VI do caput, não serão computados como renda mensal bruta familiar: *(Redação dada pelo Decreto nº 7.617, de 2011)*

I - benefícios e auxílios assistenciais de natureza eventual e temporária; *(Incluído pelo Decreto nº 7.617, de 2011)*

II - valores oriundos de programas sociais de transferência de renda; *(Incluído pelo Decreto nº 7.617, de 2011)*

III - bolsas de estágio curricular; *(Incluído pelo Decreto nº 7.617, de 2011)*

IV - pensão especial de natureza indenizatória e benefícios de assistência médica, conforme disposto no art. 5º; *(Incluído pelo Decreto nº 7.617, de 2011)*

V - rendas de natureza eventual ou sazonal, a serem regulamentadas em ato conjunto do Ministério do Desenvolvimento Social e Combate à Fome e do INSS; e *(Incluído pelo Decreto nº 7.617, de 2011)*

VI - remuneração da pessoa com deficiência na condição de aprendiz. *(Incluído pelo Decreto nº 7.617, de 2011)*

§ 3º Considera-se impedimento de longo prazo aquele que produza efeitos pelo prazo mínimo de dois anos. *(Redação dada pelo Decreto nº 7.617, de 2011)*

Art. 5º O beneficiário não pode acumular o Benefício de Prestação Continuada com qualquer outro benefício no âmbito da Seguridade Social ou de outro regime, inclusive o seguro-desemprego, ressalvados o de assistência médica e a pensão especial de natureza indenizatória, bem como a remuneração advinda de contrato de aprendizagem no caso da pessoa com deficiência, observado o disposto no inciso VI do caput e no § 2º do art. 4º. *(Redação dada pelo Decreto nº 7.617, de 2011)*

Parágrafo único. A acumulação do benefício com a remuneração advinda do contrato de aprendizagem pela pessoa com deficiência está limitada ao prazo máximo de dois anos. *(Incluído pelo Decreto nº 7.617, de 2011)*

Art. 6º A condição de acolhimento em instituições de longa permanência, como abrigo, hospital ou instituição congênere não prejudica o direito do idoso ou da pessoa com deficiência ao Benefício de Prestação Continuada. *(Redação dada pelo Decreto nº 7.617, de 2011)*

Art. 7º É devido o Benefício de Prestação Continuada ao brasileiro, naturalizado ou nato, que comprove domicílio e residência no Brasil e atenda a todos os demais critérios estabelecidos neste Regulamento. *(Redação dada pelo Decreto nº 7.617, de 2011)*

CAPÍTULO II
DA HABILITAÇÃO, DA CONCESSÃO, DA MANUTENÇÃO, DA REPRESENTAÇÃO E DO INDEFERIMENTO

Seção I
Da Habilitação e da Concessão

Art. 8º Para fazer jus ao Benefício de Prestação Continuada, o idoso deverá comprovar:

I - contar com sessenta e cinco anos de idade ou mais;

II - renda mensal bruta familiar, dividida pelo número de seus integrantes, inferior a um quarto do salário mínimo; e

III - não possuir outro benefício no âmbito da Seguridade Social ou de outro regime, inclusive o seguro-desemprego, salvo o de assistência médica e a pensão especial de natureza indenizatória, observado o disposto no inciso VI do caput e no § 2º do art. 4º. *(Redação dada pelo Decreto nº 7.617, de 2011)*

Parágrafo único. A comprovação da condição prevista no inciso III poderá ser feita mediante declaração do idoso ou, no caso de sua incapacidade para os atos da vida civil, do seu curador.

Art. 9º Para fazer jus ao Benefício de Prestação Continuada, a pessoa com deficiência deverá comprovar:

I - a existência de impedimentos de longo prazo de natureza física, mental, intelectual ou sensorial, os quais, em interação com diversas barreiras, obstruam sua participação plena e efetiva na sociedade em igualdade de condições com as demais pessoas, na forma prevista neste Regulamento; *(Redação dada pelo Decreto nº 7.617, de 2011)*

II - renda mensal bruta familiar do requerente, dividida pelo número de seus integrantes, inferior a um quarto do salário mínimo; e

III - não possuir outro benefício no âmbito da Seguridade Social ou de outro regime, inclusive o seguro-desemprego, salvo o de assistência médica e a pensão especial de natureza indenizatória, bem como a remuneração advinda de contrato de aprendizagem, observado o disposto no inciso VI do caput e no § 2º do art. 4º. *(Redação dada pelo Decreto nº 7.617, de 2011)*

Parágrafo único. A comprovação da condição prevista no inciso III poderá ser feita mediante declaração da pessoa com deficiência ou, no caso de sua incapacidade para os atos da vida civil, do seu curador ou tutor.

Art. 10. Para fins de identificação da pessoa com deficiência e do idoso e de comprovação da idade do idoso, deverá o requerente apresentar um dos seguintes documentos:
I - certidão de nascimento;
II - certidão de casamento;
III - certificado de reservista;
IV - carteira de identidade; ou
V - carteira de trabalho e previdência social.
Art. 11. Para fins de identificação da pessoa com deficiência e do idoso e de comprovação da idade do idoso, no caso de brasileiro naturalizado, deverão ser apresentados os seguintes documentos:
I - título declaratório de nacionalidade brasileira; e
II - carteira de identidade ou carteira de trabalho e previdência social.
Art. 12. A inscrição no Cadastro de Pessoa Física é condição para a concessão do benefício, mas não para o requerimento e análise do processo administrativo. *(Redação dada pelo Decreto nº 7.617, de 2011)*
Art. 13. A comprovação da renda familiar mensal per capita será feita mediante Declaração da Composição e Renda Familiar, em formulário instituído para este fim, assinada pelo requerente ou seu representante legal, confrontada com os documentos pertinentes, ficando o declarante sujeito às penas previstas em lei no caso de omissão de informação ou declaração falsa.
§ 1º Os rendimentos dos componentes da família do requerente deverão ser comprovados mediante a apresentação de um dos seguintes documentos:
I - carteira de trabalho e previdência social com as devidas atualizações;
II - contracheque de pagamento ou documento expedido pelo empregador;
III - guia da Previdência Social - GPS, no caso de Contribuinte Individual; ou
IV - extrato de pagamento de benefício ou declaração fornecida por outro regime de previdência social público ou previdência social privada.
§ 2º O membro da família sem atividade remunerada ou que esteja impossibilitado de comprovar sua renda terá sua situação de rendimento informada na Declaração da Composição e Renda Familiar.
§ 3º O INSS verificará, mediante consulta a cadastro específico, a existência de registro de benefício previdenciário, de emprego e renda do requerente ou beneficiário e dos integrantes da família.
§ 4º Compete ao INSS e aos órgãos autorizados pelo Ministério do Desenvolvimento Social e Combate à Fome, quando necessário, verificar junto a outras instituições, inclusive de previdência, a existência de benefício ou de renda em nome do requerente ou beneficiário e dos integrantes da família.
§ 5º Havendo dúvida fundada quanto à veracidade das informações prestadas, o INSS ou órgãos responsáveis pelo recebimento do requerimento do benefício deverão elucidá-la, adotando as providências pertinentes.
§ 6º Quando o requerente for pessoa em situação de rua deve ser adotado, como referência, o endereço do serviço da rede sócioassistencial pelo qual esteja sendo acompanhado, ou, na falta deste, de pessoas com as quais mantém relação de proximidade.
§ 7º Será considerado família do requerente em situação de rua as pessoas elencadas no inciso V do art. 4º, desde que convivam com o requerente na mesma situação, devendo, neste caso, ser relacionadas na Declaração da Composição e Renda Familiar.
§ 8º Entende-se por relação de proximidade, para fins do disposto no § 6º, aquela que se estabelece entre o requerente em situação de rua e as pessoas indicadas pelo próprio requerente como pertencentes ao seu ciclo de convívio que podem facilmente localizá-lo. *(Incluído pelo Decreto nº 6.564, de 2008)*
Art. 14. O Benefício de Prestação Continuada deverá ser requerido junto às agências da Previdência Social ou aos órgãos autorizados para este fim.
Parágrafo único. Os formulários utilizados para o requerimento do benefício serão disponibilizados pelo Ministério do Desenvolvimento Social e Combate à Fome, INSS, órgãos autorizados ou diretamente em meios eletrônicos oficiais, sempre de forma acessível, nos termos do Decreto nº 5.296, de 2 de dezembro de 2004.
Art. 15. A habilitação ao benefício dependerá da apresentação de requerimento, preferencialmente pelo requerente, juntamente com os documentos necessários.
§ 1º O requerimento será feito em formulário próprio, devendo ser assinado pelo requerente ou procurador, tutor ou curador.
§ 2º Na hipótese de não ser o requerente alfabetizado ou de estar impossibilitado para assinar o pedido, será admitida a aposição da impressão digital na presença de funcionário do órgão recebedor do requerimento.
§ 3º A existência de formulário próprio não impedirá que seja aceito qualquer requerimento pleiteando o benefício, desde que nele constem os dados imprescindíveis ao seu processamento.
§ 4º A apresentação de documentação incompleta não constitui motivo de recusa liminar do requerimento do benefício.
Art. 16. A concessão do benefício à pessoa com deficiência ficará sujeita à avaliação da deficiência e do grau de impedimento, com base nos princípios da Classificação Internacional de Funcionalidades, Incapacidade e Saúde - CIF, estabelecida pela Resolução da Organização Mundial da Saúde no 54.21, aprovada pela 54ª Assembleia Mundial da Saúde, em 22 de maio de 2001. *(Redação dada pelo Decreto nº 7.617, de 2011)*
§ 1º A avaliação da deficiência e do grau de impedimento será realizada por meio de avaliação social e avaliação médica. *(Redação dada pelo Decreto nº 7.617, de 2011)*

§ 2º A avaliação social considerará os fatores ambientais, sociais e pessoais, a avaliação médica considerará as deficiências nas funções e nas estruturas do corpo, e ambas considerarão a limitação do desempenho de atividades e a restrição da participação social, segundo suas especificidades. *(Redação dada pelo Decreto nº 7.617, de 2011)*

§ 3º As avaliações de que trata o § 1º serão realizadas, respectivamente, pelo serviço social e pela perícia médica do INSS, por meio de instrumentos desenvolvidos especificamente para este fim, instituídos por ato conjunto do Ministério do Desenvolvimento Social e Combate à Fome e do INSS. *(Redação dada pelo Decreto nº 7.617, de 2011)*

§ 4º O Ministério do Desenvolvimento Social e Combate à Fome e o INSS garantirão as condições necessárias para a realização da avaliação social e da avaliação médica para fins de acesso ao Benefício de Prestação Continuada. *(Redação dada pelo Decreto nº 7.617, de 2011)*

§ 5º A avaliação da deficiência e do grau de impedimento tem por objetivo: *(Incluído pelo Decreto nº 7.617, de 2011)*

I - comprovar a existência de impedimentos de longo prazo de natureza física, mental, intelectual ou sensorial; e *(Incluído pelo Decreto nº 7.617, de 2011)*

II - aferir o grau de restrição para a participação plena e efetiva da pessoa com deficiência na sociedade, decorrente da interação dos impedimentos a que se refere o inciso I com barreiras diversas. *(Incluído pelo Decreto nº 7.617, de 2011)*

§ 6º O benefício poderá ser concedido nos casos em que não seja possível prever a duração dos impedimentos a que se refere o inciso I do § 5º, mas exista a possibilidade de que se estendam por longo prazo. *(Incluído pelo Decreto nº 7.617, de 2011)*

§ 7º Na hipótese prevista no § 6º, os beneficiários deverão ser prioritariamente submetidos a novas avaliações social e médica, a cada dois anos. *(Incluído pelo Decreto nº 7.617, de 2011)*

Art. 17. Na hipótese de não existirem serviços pertinentes para avaliação da deficiência e do grau de impedimento no município de residência do requerente ou beneficiário, fica assegurado o seu encaminhamento ao município mais próximo que contar com tal estrutura, devendo o INSS realizar o pagamento das despesas de transporte e diárias com recursos oriundos do Fundo Nacional de Assistência Social. *(Redação dada pelo Decreto nº 7.617, de 2011)*

§ 1º Caso o requerente ou beneficiário necessite de acompanhante, a viagem deste deverá ser autorizada pelo INSS, aplicando-se o disposto no caput.

§ 2º O valor da diária paga ao requerente ou beneficiário e seu acompanhante será igual ao valor da diária concedida aos beneficiários do Regime Geral de Previdência Social.

§ 3º Caso o requerente ou beneficiário esteja impossibilitado de se apresentar no local de realização da avaliação da deficiência e do grau de impedimento a que se refere o caput, os profissionais deverão deslocar-se até o interessado. *(Redação dada pelo Decreto nº 7.617, de 2011)*

Art. 18. A concessão do Benefício de Prestação Continuada independe da interdição judicial do idoso ou da pessoa com deficiência.

Art. 19. O Benefício de Prestação Continuada será devido a mais de um membro da mesma família enquanto atendidos os requisitos exigidos neste Regulamento.

Parágrafo único. O valor do Benefício de Prestação Continuada concedido a idoso não será computado no cálculo da renda mensal bruta familiar a que se refere o inciso VI do art. 4º, para fins de concessão do Benefício de Prestação Continuada a outro idoso da mesma família.

Art. 20. O Benefício de Prestação Continuada será devido com o cumprimento de todos os requisitos legais e regulamentares exigidos para a sua concessão, devendo o seu pagamento ser efetuado em até quarenta e cinco dias após cumpridas as exigências.

Parágrafo único. Para fins de atualização dos valores pagos em atraso, serão aplicados os mesmos critérios adotados pela legislação previdenciária. *(Redação dada pelo Decreto nº 7.617, de 2011)*

Art. 21. Fica o INSS obrigado a emitir e enviar ao requerente o aviso de concessão ou de indeferimento do benefício, e, neste caso, com indicação do motivo.

Seção II
Da manutenção e da representação

Art. 22. O Benefício de Prestação Continuada não está sujeito a desconto de qualquer contribuição e não gera direito ao pagamento de abono anual.

Art. 23. O Benefício de Prestação Continuada é intransferível, não gerando direito à pensão por morte aos herdeiros ou sucessores.

Parágrafo único. O valor do resíduo não recebido em vida pelo beneficiário será pago aos seus herdeiros ou sucessores, na forma da lei civil.

Art. 24. O desenvolvimento das capacidades cognitivas, motoras ou educacionais e a realização de atividades não remuneradas de habilitação e reabilitação, dentre outras, não constituem motivo de suspensão ou cessação do benefício da pessoa com deficiência.

Art. 25. A cessação do Benefício de Prestação Continuada concedido à pessoa com deficiência, inclusive em razão do seu ingresso no mercado de trabalho, não impede nova concessão do benefício desde que atendidos os requisitos exigidos neste Decreto.

Art. 26. O benefício será pago pela rede bancária autorizada e, nas localidades onde não houver estabelecimento bancário, o pagamento será efetuado por órgãos autorizados pelo INSS.

Art. 27. O pagamento do Benefício de Prestação Continuada poderá ser antecipado excepcionalmente, na hipótese prevista no § 1º do art. 169 do Decreto nº 3.048, de 6 de maio de 1999. *(Redação dada pelo Decreto nº 7.617, de 2011)*

Art. 28. O benefício será pago diretamente ao beneficiário ou ao procurador, tutor ou curador.

§ 1º O instrumento de procuração poderá ser outorgado em formulário próprio do INSS, mediante comprovação do motivo da ausência do beneficiário, e sua validade deverá ser renovada a cada doze meses.

§ 2º O procurador, tutor ou curador do beneficiário deverá firmar, perante o INSS ou outros órgãos autorizados pelo Ministério do Desenvolvimento Social e Combate à Fome termo de responsabilidade mediante o qual se comprometa a comunicar qualquer evento que possa anular a procuração, tutela ou curatela, principalmente o óbito do outorgante, sob pena de incorrer nas sanções criminais e civis cabíveis.

Art. 29. Havendo indícios de inidoneidade acerca do instrumento de procuração apresentado para o recebimento do Benefício de Prestação Continuada ou do procurador, tanto o INSS como qualquer um dos órgãos autorizados pelo Ministério do Desenvolvimento Social e Combate à Fome, poderão recusá-los, sem prejuízo das providências que se fizerem necessárias para a apuração da responsabilidade e aplicação das sanções criminais e civis cabíveis.

Art. 30. Para fins de recebimento do Benefício de Prestação Continuada, é aceita a constituição de procurador com mais de um instrumento de procuração, nos casos de beneficiários representados por parentes de primeiro grau e nos casos de beneficiários representados por dirigentes de instituições nas quais se encontrem acolhidos, sendo admitido também, neste último caso, o instrumento de procuração coletiva. *(Redação dada pelo Decreto nº 7.617, de 2011)*

Art. 31. Não poderão ser procuradores:

I - o servidor público civil e o militar em atividade, salvo se parentes do beneficiário até o segundo grau; e

II - o incapaz para os atos da vida civil, ressalvado o disposto no art. 666 do Código Civil.

Parágrafo único. Nas demais disposições relativas à procuração observar-se-á, subsidiariamente, o Código Civil.

Art. 32. No caso de transferência do beneficiário de uma localidade para outra, o procurador fica obrigado a apresentar novo instrumento de mandato na localidade de destino.

Art. 33. A procuração perderá a validade ou eficácia nos seguintes casos:

I - quando o outorgante passar a receber pessoalmente o benefício, declarando, por escrito que cancela a procuração existente;

II - quando for constituído novo procurador;

III - pela expiração do prazo fixado ou pelo cumprimento ou extinção da finalidade outorgada;

IV - por morte do outorgante ou do procurador;

V - por interdição de uma das partes; ou

VI - por renúncia do procurador, desde que por escrito.

Art. 34. Não podem outorgar procuração o menor de dezoito anos, exceto se assistido ou emancipado após os dezesseis anos, e o incapaz para os atos da vida civil que deverá ser representado por seu representante legal, tutor ou curador.

Art. 35. O benefício devido ao beneficiário incapaz será pago ao cônjuge, pai, mãe, tutor ou curador, admitindo-se, na sua falta, e por período não superior a seis meses, o pagamento a herdeiro necessário, mediante termo de compromisso firmado no ato do recebimento.

§ 1º O período a que se refere o caput poderá ser prorrogado por iguais períodos, desde que comprovado o andamento do processo legal de tutela ou curatela.

§ 2º O tutor ou curador poderá outorgar procuração a terceiro com poderes para receber o benefício e, nesta hipótese, obrigatoriamente, a procuração será outorgada mediante instrumento público.

§ 3º A procuração não isenta o tutor ou curador da condição original de mandatário titular da tutela ou curatela.

Art. 35-A. O beneficiário, ou seu representante legal, deve informar ao INSS alterações dos dados cadastrais correspondentes à mudança de nome, endereço e estado civil, a fruição de qualquer benefício no âmbito da Seguridade Social ou de outro regime, a sua admissão em emprego ou a percepção de renda de qualquer natureza elencada no inciso VI do caput do art. 4º. *(Incluído pelo Decreto nº 7.617, de 2011)*

Seção III
Do Indeferimento

Art. 36. O não atendimento das exigências contidas neste Regulamento pelo requerente ensejará o indeferimento do benefício.

§ 1º Do indeferimento do benefício caberá recurso à Junta de Recursos do Conselho de Recursos da Previdência Social, no prazo de trinta dias, a contar do recebimento da comunicação.

§ 2º A situação prevista no art. 24 também não constitui motivo para o indeferimento do benefício.

CAPÍTULO III
DA GESTÃO

Art. 37. Constituem garantias do SUAS o acompanhamento do beneficiário e de sua família, e a inserção destes à rede de serviços socioassistenciais e de outras políticas setoriais.

§ 1º O acompanhamento do beneficiário e de sua família visa a favorecer-lhes a obtenção de aquisições materiais, sociais, socieducativas, socioculturais para suprir as necessidades de subsistência, desenvolver capacidades e talentos para a convivência familiar e comunitária, o protagonismo e a autonomia.

§ 2º Para fins de cumprimento do disposto no caput, o acompanhamento deverá abranger as pessoas que vivem sob o mesmo teto com o beneficiário e que com este mantém vínculo parental, conjugal, genético ou de afinidade.

§ 3º Para o cumprimento do disposto no caput, bem como para subsidiar o processo de reavaliação bienal do benefício, os beneficiários e suas famílias deverão ser cadastrados no Cadastro Único para Programas Sociais do Governo Federal - CadÚnico, previsto no Decreto nº 6.135, de 26 de junho de 2007, observada a legislação aplicável. *(Incluído pelo Decreto nº 7.617, de 2011)*

Art. 38. Compete ao Ministério do Desenvolvimento Social e Combate à Fome, por intermédio da Secretaria Nacional da Assistência Social, sem prejuízo do previsto no art. 2º deste Regulamento:

I - acompanhar os beneficiários do Benefício de Prestação Continuada no âmbito do SUAS, em articulação com o Distrito Federal, Municípios e, no que couber, com os Estados, visando a inseri-los nos programas e serviços da assistência social e demais políticas, em conformidade com o art. 11 da Lei nº 8.742, de 1993;

II - considerar a participação dos órgãos gestores de assistência social nas ações de monitoramento e avaliação do Benefício de Prestação Continuada, bem como de acompanhamento de seus beneficiários, como critério de habilitação dos municípios e Distrito Federal a um nível de gestão mais elevado no âmbito do SUAS;

III - manter e coordenar o Programa Nacional de Monitoramento e Avaliação do Benefício de Prestação Continuada, instituído na forma do art. 41, com produção de dados e análise de resultados do impacto do Benefício de Prestação Continuada na vida dos beneficiários, em conformidade com o disposto no art. 24 da Lei nº 8.742, de 1993;

IV - destinar recursos do Fundo Nacional de Assistência Social para pagamento, operacionalização, gestão, informatização, pesquisa, monitoramento e avaliação do Benefício de Prestação Continuada;

V - descentralizar recursos do orçamento do Fundo Nacional de Assistência Social ao INSS para as despesas de pagamento, operacionalização, sistemas de informação, monitoramento e avaliação do Benefício de Prestação Continuada;

VI - fornecer subsídios para a formação de profissionais envolvidos nos processos de concessão, manutenção e revisão dos benefícios, e no acompanhamento de seus beneficiários, visando à facilidade de acesso e bem-estar dos usuários desses serviços.

VII - articular políticas intersetoriais, intergovernamentais e interinstitucionais que afiancem a completude de atenção às pessoas com deficiência e aos idosos, atendendo ao disposto no § 2º do art. 24 da Lei nº 8.742, de 1993; e

VIII - atuar junto a outros órgãos, nas três esferas de governo, com vistas ao aperfeiçoamento da gestão do Benefício de Prestação Continuada.

Art. 39. Compete ao INSS, na operacionalização do Benefício de Prestação Continuada:

I - receber os requerimentos, conceder, manter, revisar, suspender ou fazer cessar o benefício, atuar nas contestações, desenvolver ações necessárias ao ressarcimento do benefício e participar de seu monitoramento e avaliação;

II - verificar o registro de benefícios previdenciários e de emprego e renda em nome do requerente ou beneficiário e dos integrantes do grupo familiar, em consonância com a definição estabelecida no inciso VI do art. 4º;

III - realizar a avaliação médica e social da pessoa com deficiência, de acordo com as normas a serem disciplinadas em atos específicos;

IV - realizar o pagamento de transporte e diária do requerente ou beneficiários e seu acompanhante, com recursos oriundos do FNAS, nos casos previstos no art. 17.

V - realizar comunicações sobre marcação de perícia médica, concessão, indeferimento, suspensão, cessação, ressarcimento e revisão do benefício;

VI - analisar defesas, receber recursos pelo indeferimento e suspensão do benefício, instruir e encaminhar os processos à Junta de Recursos;

VII - efetuar o repasse de recursos para pagamento do benefício junto à rede bancária autorizada ou entidade conveniada;

VIII - participar juntamente com o Ministério do Desenvolvimento Social e Combate à Fome da instituição de sistema de informação e alimentação de bancos de dados sobre a concessão, indeferimento, manutenção, suspensão, cessação, ressarcimento e revisão do Benefício de Prestação Continuada, gerando relatórios gerenciais e subsidiando a atuação dos demais órgãos no acompanhamento do beneficiário e na defesa de seus direitos;

IX - submeter à apreciação prévia do Ministério do Desenvolvimento Social e Combate à Fome quaisquer atos em matéria de regulação e procedimentos técnicos e administrativos que repercutam no reconhecimento do direito ao acesso, manutenção e pagamento do Benefício de Prestação Continuada;

X - instituir, em conjunto com o Ministério do Desenvolvimento Social e Combate à Fome, formulários e modelos de documentos necessários à operacionalização do Benefício de Prestação Continuada; e

XI - apresentar ao Ministério do Desenvolvimento Social e Combate à Fome relatórios periódicos das atividades desenvolvidas na operacionalização do Benefício de Prestação Continuada e na execução orçamentária e financeira dos recursos descentralizados.

Art. 40. Compete aos órgãos gestores da assistência social dos Estados, do Distrito Federal e dos Municípios, de acordo com o disposto no § 2º do art. 24 da Lei nº 8.742, de 1993, promover ações que assegurem a articulação do Benefício de Prestação Continuada com os programas voltados ao idoso e à inclusão da pessoa com deficiência.

CAPÍTULO IV
DO MONITORAMENTO E DA AVALIAÇÃO

Art. 41. Fica instituído o Programa Nacional de Monitoramento e Avaliação do Benefício de Prestação Continuada da Assistência Social, que será mantido e coordenado pelo Ministério do Desenvolvimento Social e Combate à Fome, por intermédio da Secretaria Nacional de Assistência Social, em parceria com o Instituto Nacional do Seguro Social, Estados, Distrito Federal e Municípios, como parte da dinâmica do SUAS.

§ 1º O Programa Nacional de Monitoramento e Avaliação do Benefício de Prestação Continuada, baseado em um conjunto de indicadores e de seus respectivos índices, compreende:
I - o monitoramento da incidência dos beneficiários e dos requerentes por município brasileiro e no Distrito Federal;
II - o tratamento do conjunto dos beneficiários como uma população com graus de risco e vulnerabilidade social variados, estratificada a partir das características do ciclo de vida do requerente, sua família e da região onde vive;
III - o desenvolvimento de estudos intersetoriais que caracterizem comportamentos da população beneficiária por análises geo-demográficas, índices de mortalidade, morbidade, entre outros, nos quais se inclui a tipologia das famílias dos beneficiários e das instituições em que eventualmente viva ou conviva;
IV - a instituição e manutenção de banco de dados sobre os processos desenvolvidos pelos gestores dos estados, do Distrito Federal e dos municípios para inclusão do beneficiário ao SUAS e demais políticas setoriais;
V - a promoção de estudos e pesquisas sobre os critérios de acesso, implementação do Benefício de Prestação Continuada e impacto do benefício na redução da pobreza e das desigualdades sociais;
VI - a organização e manutenção de um sistema de informações sobre o Benefício de Prestação Continuada, com vistas ao planejamento, desenvolvimento e avaliação das ações; e
VII - a realização de estudos longitudinais dos beneficiários do Benefício de Prestação Continuada.
§ 2º As despesas decorrentes da implementação do Programa a que se refere o caput correrão à conta das dotações orçamentárias consignadas anualmente ao Ministério do Desenvolvimento Social e Combate à Fome.
Art. 42. O Benefício de Prestação Continuada deverá ser revisto a cada dois anos, para avaliação da continuidade das condições que lhe deram origem, conforme dispõe o art. 21 da Lei nº 8.742, de 1993, passando o processo de reavaliação a integrar o Programa Nacional de Monitoramento e Avaliação do Benefício de Prestação Continuada.
Parágrafo único. A reavaliação do benefício de que trata o caput será feita na forma disciplinada em ato conjunto específico do Ministério do Desenvolvimento Social e Combate à Fome e do Ministério da Previdência Social, ouvido o INSS.

CAPÍTULO V
DA DEFESA DOS DIREITOS E DO CONTROLE SOCIAL

Art. 43. O Ministério do Desenvolvimento Social e Combate à Fome deverá articular os Conselhos de Assistência Social, do Idoso, da Pessoa com Deficiência, da Criança e do Adolescente e da Saúde para que desenvolvam o controle e a defesa dos direitos dos beneficiários do Benefício de Prestação Continuada.
Art. 44. Qualquer pessoa física ou jurídica de direito público ou privado, especialmente os Conselhos de Direitos, os Conselhos de Assistência Social e as Organizações Representativas de pessoas com deficiência e de idosos, é parte legítima para provocar a iniciativa das autoridades do Ministério do Desenvolvimento Social e Combate à Fome, do Ministério da Previdência Social, do INSS, do Ministério Público e órgãos de controle social, fornecendo-lhes informações sobre irregularidades na aplicação deste Regulamento, quando for o caso.
Art. 45. Qualquer cidadão que observar irregularidade ou falha na prestação de serviço referente ao Benefício de Prestação Continuada poderá comunicá-las às Ouvidorias do Ministério do Desenvolvimento Social e Combate à Fome e do Ministério da Previdência Social, observadas as atribuições de cada órgão e em conformidade com as disposições específicas de cada Pasta.
Parágrafo único. Eventual restrição ao usufruto do Benefício de Prestação Continuada mediante retenção de cartão magnético ou qualquer outra medida congênere praticada por terceiro será objeto das medidas cabíveis.
Art. 46. Constatada a prática de infração penal decorrente da concessão ou da manutenção do Benefício de Prestação Continuada, o INSS aplicará os procedimentos cabíveis, independentemente de outras penalidades legais.

CAPÍTULO VI
DA SUSPENSÃO E DA CESSAÇÃO

Art. 47. O Benefício de Prestação Continuada será suspenso se identificada qualquer irregularidade na sua concessão ou manutenção, ou se verificada a não continuidade das condições que deram origem ao benefício. *(Redação dada pelo Decreto nº 7.617, de 2011)*
§ 1º Ocorrendo as situações previstas no caput será concedido ao interessado o prazo de dez dias, mediante notificação por via postal com aviso de recebimento, para oferecer defesa, provas ou documentos de que dispuser.
§ 2º Na impossibilidade de notificação do beneficiário por via postal com aviso de recebimento, deverá ser efetuada notificação por edital e concedido o prazo de quinze dias, contado a partir do primeiro dia útil seguinte ao dia da publicação, para apresentação de defesa, provas ou documentos pelo interessado. *(Redação dada pelo Decreto nº 7.617, de 2011)*
§ 3º O edital a que se refere o § 2º deverá ser publicado em jornal de grande circulação na localidade do domicílio do beneficiário. *(Redação dada pelo Decreto nº 7.617, de 2011)*
§ 4º Esgotados os prazos de que tratam os §§ 1º e 2º sem manifestação do interessado ou não sendo a defesa acolhida, será suspenso o pagamento do benefício e, notificado o beneficiário, será aberto o prazo de trinta dias para interposição de recurso à Junta de Recursos do Conselho de Recursos da Previdência Social. *(Redação dada pelo Decreto nº 7.617, de 2011)*
§ 5º Decorrido o prazo concedido para interposição de recurso sem manifestação do beneficiário, ou caso não seja o recurso provido, o benefício será cessado, comunicando-se a decisão ao interessado. *(Incluído pelo Decreto nº 7.617, de 2011)*

Art. 47-A. O Benefício de Prestação Continuada será suspenso em caráter especial quando a pessoa com deficiência exercer atividade remunerada, inclusive na condição de microempreendedor individual, mediante comprovação da relação trabalhista ou da atividade empreendedora. *(Incluído pelo Decreto nº 7.617, de 2011)*

§ 1º O pagamento do benefício suspenso na forma do caput será restabelecido mediante requerimento do interessado que comprove a extinção da relação trabalhista ou da atividade empreendedora, e, quando for o caso, o encerramento do prazo de pagamento do seguro-desemprego, sem que tenha o beneficiário adquirido direito a qualquer benefício no âmbito da Previdência Social. *(Incluído pelo Decreto nº 7.617, de 2011)*

§ 2º O benefício será restabelecido: *(Incluído pelo Decreto nº 7.617, de 2011)*

I - a partir do dia imediatamente posterior, conforme o caso, da cessação do contrato de trabalho, da última competência de contribuição previdenciária recolhida como contribuinte individual ou do encerramento do prazo de pagamento do seguro-desemprego; ou *(Incluído pelo Decreto nº 7.617, de 2011)*

II - a partir da data do protocolo do requerimento, quando requerido após noventa dias, conforme o caso, da cessação do contrato de trabalho, da última competência de contribuição previdenciária recolhida como contribuinte individual ou do encerramento do prazo de pagamento do seguro-desemprego. *(Incluído pelo Decreto nº 7.617, de 2011)*

§ 3º Na hipótese prevista no caput, o prazo para a reavaliação bienal do benefício prevista no art. 42 será suspenso, voltando a correr, se for o caso, a partir do restabelecimento do pagamento do benefício. *(Incluído pelo Decreto nº 7.617, de 2011)*

§ 4º O restabelecimento do pagamento do benefício prescinde de nova avaliação da deficiência e do grau de impedimento, respeitado o prazo para a reavaliação bienal. *(Incluído pelo Decreto nº 7.617, de 2011)*

§ 5º A pessoa com deficiência contratada na condição de aprendiz terá seu benefício suspenso somente após o período de dois anos de recebimento concomitante da remuneração e do benefício, nos termos do § 2º do art. 21-A da Lei nº 8.742, de 7 de dezembro de 1993. *(Incluído pelo Decreto nº 7.617, de 2011)*

Art. 48. O pagamento do benefício cessa:

I - no momento em que forem superadas as condições que lhe deram origem; *(Redação dada pelo Decreto nº 7.617, de 2011)*

II - em caso de morte do beneficiário; *(Redação dada pelo Decreto nº 7.617, de 2011)*

III - em caso de morte presumida ou de ausência do beneficiário, declarada em juízo; ou *(Redação dada pelo Decreto nº 7.617, de 2011)*

IV - em caso de constatação de irregularidade na sua concessão ou manutenção. *(Incluído pelo Decreto nº 7.617, de 2011)*

Parágrafo único. O beneficiário ou seus familiares são obrigados a informar ao INSS a ocorrência das situações descritas nos incisos I a III do caput. *(Incluído pelo Decreto nº 7.617, de 2011)*

Art. 48-A. Ato conjunto do Ministério do Desenvolvimento Social e Combate à Fome e do INSS disporá sobre a operacionalização da suspensão e cessação do Benefício de Prestação Continuada. *(Incluído pelo Decreto nº 7.617, de 2011)*

Art. 49. Cabe ao INSS, sem prejuízo da aplicação de outras medidas legais, adotar as providências necessárias à restituição do valor do benefício pago indevidamente, em caso de falta de comunicação dos fatos arrolados nos incisos I a III do caput do art. 48, ou em caso de prática, pelo beneficiário ou terceiros, de ato com dolo, fraude ou má-fé. *(Redação dada pelo Decreto nº 7.617, de 2011)*

§ 1º O montante indevidamente pago será corrigido pelo mesmo índice utilizado para a atualização mensal dos salários de contribuição utilizados para apuração dos benefícios do Regime Geral de Previdência Social, e deverá ser restituído, sob pena de inscrição em Dívida Ativa e cobrança judicial. *(Redação dada pelo Decreto nº 7.617, de 2011)*

§ 2º Na hipótese de o beneficiário permanecer com direito ao recebimento do Benefício de Prestação Continuada ou estar em usufruto de outro benefício previdenciário regularmente concedido pelo INSS, poderá devolver o valor indevido de forma parcelada, atualizado nos moldes do § 1º, em tantas parcelas quantas forem necessárias à liquidação do débito de valor equivalente a trinta por cento do valor do benefício em manutenção.

§ 3º A restituição do valor devido deverá ser feita em única parcela, no prazo de sessenta dias contados da data da notificação, ou mediante acordo de parcelamento, em até sessenta meses, na forma do art. 244 do Regulamento da Previdência Social, aprovado pelo Decreto nº 3.048, de 1999, ressalvado o pagamento em consignação previsto no § 2º. *(Redação dada pelo Decreto nº 7.617, de 2011)*

§ 4º Vencido o prazo a que se refere o § 3º, o INSS tomará providências para inclusão do débito em Dívida Ativa.

§ 5º O valor ressarcido será repassado pelo INSS ao Fundo Nacional de Assistência Social.

§ 6º Em nenhuma hipótese serão consignados débitos originários de benefícios previdenciários em Benefícios de Prestação Continuada. *(Incluído pelo Decreto nº 7.617, de 2011)*

CAPÍTULOVII
DAS DISPOSIÇÕES GERAIS E TRANSITÓRIAS

Art. 50. O Ministério do Desenvolvimento Social e Combate à Fome e o INSS terão prazo até 31 de maio de 2009 para implementar a avaliação da deficiência e do grau de incapacidade prevista no art. 16. *(Redação dada pelo Decreto nº 6.564, de 2008)*

Parágrafo único. A avaliação da deficiência e da incapacidade, até que se cumpra o disposto no § 4º do art. 16, ficará restrita ao exame médico pericial e laudo realizados pelos serviços de perícia médica do INSS *(Redação dada pelo Decreto nº 6.564, de 2008)*

24. Lei Complementar n. 150 de 1º de Junho de 2015

Dispõe sobre o contrato de trabalho doméstico; altera as Leis n. 8.212, de 24 de julho de 1991, n. 8.213, de 24 de julho de 1991, e no 11.196, de 21 de novembro de 2005; revoga o inciso I do art. 3º da Lei n. 8.009, de 29 de março de 1990, o art. 36 da Lei n. 8.213, de 24 de julho de 1991, a Lei n. 5.859, de 11 de dezembro de 1972, e o inciso VII do art. 12 da Lei n. 9.250, de 26 de dezembro 1995; e dá outras providências.

A PRESIDENTA DA REPÚBLICA Faço saber que o Congresso Nacional decreta e eu sanciono a seguinte Lei Complementar:

CAPÍTULO I
DO CONTRATO DE TRABALHO DOMÉSTICO

Art. 1º Ao empregado doméstico, assim considerado aquele que presta serviços de forma contínua, subordinada, onerosa e pessoal e de finalidade não lucrativa à pessoa ou à família, no âmbito residencial destas, por mais de 2 (dois) dias por semana, aplica-se o disposto nesta Lei.

Parágrafo único. É vedada a contratação de menor de 18 (dezoito) anos para desempenho de trabalho doméstico, de acordo com a Convenção n. 182, de 1999, da Organização Internacional do Trabalho (OIT) e com o Decreto n. 6.481, de 12 de junho de 2008.

Art. 2º A duração normal do trabalho doméstico não excederá 8 (oito) horas diárias e 44 (quarenta e quatro) semanais, observado o disposto nesta Lei.

§ 1º A remuneração da hora extraordinária será, no mínimo, 50% (cinquenta por cento) superior ao valor da hora normal.

§ 2º O salário-hora normal, em caso de empregado mensalista, será obtido dividindo-se o salário mensal por 220 (duzentas e vinte) horas, salvo se o contrato estipular jornada mensal inferior que resulte em divisor diverso.

§ 3º O salário-dia normal, em caso de empregado mensalista, será obtido dividindo-se o salário mensal por 30 (trinta) e servirá de base para pagamento do repouso remunerado e dos feriados trabalhados.

§ 4º Poderá ser dispensado o acréscimo de salário e instituído regime de compensação de horas, mediante acordo escrito entre empregador e empregado, se o excesso de horas de um dia for compensado em outro dia.

§ 5º No regime de compensação previsto no § 4º:

I - será devido o pagamento, como horas extraordinárias, na forma do § 1º, das primeiras 40 (quarenta) horas mensais excedentes ao horário normal de trabalho;

II - das 40 (quarenta) horas referidas no inciso I, poderão ser deduzidas, sem o correspondente pagamento, as horas não trabalhadas, em função de redução do horário normal de trabalho ou de dia útil não trabalhado, durante o mês;

III - o saldo de horas que excederem as 40 (quarenta) primeiras horas mensais de que trata o inciso I, com a dedução prevista no inciso II, quando for o caso, será compensado no período máximo de 1 (um) ano.

§ 6º Na hipótese de rescisão do contrato de trabalho sem que tenha havido a compensação integral da jornada extraordinária, na forma do § 5º, o empregado fará jus ao pagamento das horas extras não compensadas, calculadas sobre o valor da remuneração na data de rescisão.

§ 7º Os intervalos previstos nesta Lei, o tempo de repouso, as horas não trabalhadas, os feriados e os domingos livres em que o empregado que mora no local de trabalho nele permaneça não serão computados como horário de trabalho.

§ 8º O trabalho não compensado prestado em domingos e feriados deve ser pago em dobro, sem prejuízo da remuneração relativa ao repouso semanal.

Art. 3º Considera-se trabalho em regime de tempo parcial aquele cuja duração não exceda 25 (vinte e cinco) horas semanais.

§ 1º O salário a ser pago ao empregado sob regime de tempo parcial será proporcional a sua jornada, em relação ao empregado que cumpre, nas mesmas funções, tempo integral.

§ 2º A duração normal do trabalho do empregado em regime de tempo parcial poderá ser acrescida de horas suplementares, em número não excedente a 1 (uma) hora diária, mediante acordo escrito entre empregador e empregado, aplicando-se-lhe, ainda, o disposto nos §§ 2º e 3º do art. 2º, com o limite máximo de 6 (seis) horas diárias.

§ 3º Na modalidade do regime de tempo parcial, após cada período de 12 (doze) meses de vigência do contrato de trabalho, o empregado terá direito a férias, na seguinte proporção:

I - 18 (dezoito) dias, para a duração do trabalho semanal superior a 22 (vinte e duas) horas, até 25 (vinte e cinco) horas;

II - 16 (dezesseis) dias, para a duração do trabalho semanal superior a 20 (vinte) horas, até 22 (vinte e duas) horas;

III - 14 (quatorze) dias, para a duração do trabalho semanal superior a 15 (quinze) horas, até 20 (vinte) horas;

IV - 12 (doze) dias, para a duração do trabalho semanal superior a 10 (dez) horas, até 15 (quinze) horas;

V - 10 (dez) dias, para a duração do trabalho semanal superior a 5 (cinco) horas, até 10 (dez) horas;

VI - 8 (oito) dias, para a duração do trabalho semanal igual ou inferior a 5 (cinco) horas.

Art. 4º É facultada a contratação, por prazo determinado, do empregado doméstico:

I - mediante contrato de experiência;

II - para atender necessidades familiares de natureza transitória e para substituição temporária de empregado doméstico com contrato de trabalho interrompido ou suspenso.

Parágrafo único. No caso do inciso II deste artigo, a duração do contrato de trabalho é limitada ao término do evento que motivou a contratação, obedecido o limite máximo de 2 (dois) anos.

Art. 5º O contrato de experiência não poderá exceder 90 (noventa) dias.

§ 1º O contrato de experiência poderá ser prorrogado 1 (uma) vez, desde que a soma dos 2 (dois) períodos não ultrapasse 90 (noventa) dias.

§ 2º O contrato de experiência que, havendo continuidade do serviço, não for prorrogado após o decurso de seu prazo previamente estabelecido ou que ultrapassar o período de 90 (noventa) dias passará a vigorar como contrato de trabalho por prazo indeterminado.

Art. 6º Durante a vigência dos contratos previstos nos incisos I e II do art. 4º, o empregador que, sem justa causa, despedir o empregado é obrigado a pagar-lhe, a título de indenização, metade da remuneração a que teria direito até o termo do contrato.

Art. 7º Durante a vigência dos contratos previstos nos incisos I e II do art. 4º, o empregado não poderá se desligar do contrato sem justa causa, sob pena de ser obrigado a indenizar o empregador dos prejuízos que desse fato lhe resultarem.

Parágrafo único. A indenização não poderá exceder aquela a que teria direito o empregado em idênticas condições.

Art. 8º Durante a vigência dos contratos previstos nos incisos I e II do art. 4º, não será exigido aviso prévio.

Art. 9º A Carteira de Trabalho e Previdência Social será obrigatoriamente apresentada, contra recibo, pelo empregado ao empregador que o admitir, o qual terá o prazo de 48 (quarenta e oito) horas para nela anotar, especificamente, a data de admissão, a remuneração e, quando for o caso, os contratos previstos nos incisos I e II do art. 4º.

Art. 10. É facultado às partes, mediante acordo escrito entre essas, estabelecer horário de trabalho de 12 (doze) horas seguidas por 36 (trinta e seis) horas ininterruptas de descanso, observados ou indenizados os intervalos para repouso e alimentação.

§ 1º A remuneração mensal pactuada pelo horário previsto no caput deste artigo abrange os pagamentos devidos pelo descanso semanal remunerado e pelo descanso em feriados, e serão considerados compensados os feriados e as prorrogações de trabalho noturno, quando houver, de que tratam o art. 70 e o § 5º do art. 73 da Consolidação das Leis do Trabalho (CLT), aprovada pelo Decreto-Lei n. 5.452, de 1º de maio de 1943, e o art. 9º da Lei n. 605, de 5 de janeiro de 1949.

§ 2º (VETADO).

Art. 11. Em relação ao empregado responsável por acompanhar o empregador prestando serviços em viagem, serão consideradas apenas as horas efetivamente trabalhadas no período, podendo ser compensadas as horas extraordinárias em outro dia, observado o art. 2º.

§ 1º O acompanhamento do empregador pelo empregado em viagem será condicionado à prévia existência de acordo escrito entre as partes.

§ 2º A remuneração-hora do serviço em viagem será, no mínimo, 25% (vinte e cinco por cento) superior ao valor do salário-hora normal.

§ 3º O disposto no § 2º deste artigo poderá ser, mediante acordo, convertido em acréscimo no banco de horas, a ser utilizado a critério do empregado.

Art. 12. É obrigatório o registro do horário de trabalho do empregado doméstico por qualquer meio manual, mecânico ou eletrônico, desde que idôneo.

Art. 13. É obrigatória a concessão de intervalo para repouso ou alimentação pelo período de, no mínimo, 1 (uma) hora e, no máximo, 2 (duas) horas, admitindo-se, mediante prévio acordo escrito entre empregador e empregado, sua redução a 30 (trinta) minutos.

§ 1º Caso o empregado resida no local de trabalho, o período de intervalo poderá ser desmembrado em 2 (dois) períodos, desde que cada um deles tenha, no mínimo, 1 (uma) hora, até o limite de 4 (quatro) horas ao dia.

§ 2º Em caso de modificação do intervalo, na forma do § 1º, é obrigatória a sua anotação no registro diário de horário, vedada sua prenotação.

Art. 14. Considera-se noturno, para os efeitos desta Lei, o trabalho executado entre as 22 horas de um dia e as 5 horas do dia seguinte.

§ 1º A hora de trabalho noturno terá duração de 52 (cinquenta e dois) minutos e 30 (trinta) segundos.

§ 2º A remuneração do trabalho noturno deve ter acréscimo de, no mínimo, 20% (vinte por cento) sobre o valor da hora diurna.

§ 3º Em caso de contratação, pelo empregador, de empregado exclusivamente para desempenhar trabalho noturno, o acréscimo será calculado sobre o salário anotado na Carteira de Trabalho e Previdência Social.

§ 4º Nos horários mistos, assim entendidos os que abrangem períodos diurnos e noturnos, aplica-se às horas de trabalho noturno o disposto neste artigo e seus parágrafos.

Art. 15. Entre 2 (duas) jornadas de trabalho deve haver período mínimo de 11 (onze) horas consecutivas para descanso.

Art. 16. É devido ao empregado doméstico descanso semanal remunerado de, no mínimo, 24 (vinte e quatro) horas consecutivas, preferencialmente aos domingos, além de descanso remunerado em feriados.

Art. 17. O empregado doméstico terá direito a férias anuais remuneradas de 30 (trinta) dias, salvo o disposto no § 3º do art. 3º, com acréscimo de, pelo menos, um terço do salário normal, após cada período de 12 (doze) meses de trabalho prestado à mesma pessoa ou família.

§ 1º Na cessação do contrato de trabalho, o empregado, desde que não tenha sido demitido por justa causa, terá direito à remuneração relativa ao período incompleto de férias, na proporção de um doze avos por mês de serviço ou fração superior a 14 (quatorze) dias.

§ 2º O período de férias poderá, a critério do empregador, ser fracionado em até 2 (dois) períodos, sendo 1 (um) deles de, no mínimo, 14 (quatorze) dias corridos.

§ 3º É facultado ao empregado doméstico converter um terço do período de férias a que tiver direito em abono pecuniário, no valor da remuneração que lhe seria devida nos dias correspondentes.

§ 4º O abono de férias deverá ser requerido até 30 (trinta) dias antes do término do período aquisitivo.

§ 5º É lícito ao empregado que reside no local de trabalho nele permanecer durante as férias.

§ 6º As férias serão concedidas pelo empregador nos 12 (doze) meses subsequentes à data em que o empregado tiver adquirido o direito.

Art. 18. É vedado ao empregador doméstico efetuar descontos no salário do empregado por fornecimento de alimentação, vestuário, higiene ou moradia, bem como por despesas com transporte, hospedagem e alimentação em caso de acompanhamento em viagem.

§ 1º É facultado ao empregador efetuar descontos no salário do empregado em caso de adiantamento salarial e, mediante acordo escrito entre as partes, para a inclusão do empregado em planos de assistência médico-hospitalar e odontológica, de seguro e de previdência privada, não podendo a dedução ultrapassar 20% (vinte por cento) do salário.

§ 2º Poderão ser descontadas as despesas com moradia de que trata o caput deste artigo quando essa se referir a local diverso da residência em que ocorrer a prestação de serviço, desde que essa possibilidade tenha sido expressamente acordada entre as partes.

§ 3º As despesas referidas no caput deste artigo não têm natureza salarial nem se incorporam à remuneração para quaisquer efeitos.

§ 4º O fornecimento de moradia ao empregado doméstico na própria residência ou em morada anexa, de qualquer natureza, não gera ao empregado qualquer direito de posse ou de propriedade sobre a referida moradia.

Art. 19. Observadas as peculiaridades do trabalho doméstico, a ele também se aplicam as Leis n. 605, de 5 de janeiro de 1949, n. 4.090, de 13 de julho de 1962, n. 4.749, de 12 de agosto de 1965, e n. 7.418, de 16 de dezembro de 1985, e, subsidiariamente, a Consolidação das Leis do Trabalho (CLT), aprovada pelo Decreto-Lei n. 5.452, de 1º de maio de 1943.

Parágrafo único. A obrigação prevista no art. 4º da Lei n. 7.418, de 16 de dezembro de 1985, poderá ser substituída, a critério do empregador, pela concessão, mediante recibo, dos valores para a aquisição das passagens necessárias ao custeio das despesas decorrentes do deslocamento residência-trabalho e vice-versa.

Art. 20. O empregado doméstico é segurado obrigatório da Previdência Social, sendo-lhe devidas, na forma da Lei n. 8.213, de 24 de julho de 1991, as prestações nela arroladas, atendido o disposto nesta Lei e observadas as características especiais do trabalho doméstico.

Art. 21. É devida a inclusão do empregado doméstico no Fundo de Garantia do Tempo de Serviço (FGTS), na forma do regulamento a ser editado pelo Conselho Curador e pelo agente operador do FGTS, no âmbito de suas competências, conforme disposto nos arts. 5º e 7º da Lei n. 8.036, de 11 de maio de 1990, inclusive no que tange aos aspectos técnicos de depósitos, saques, devolução de valores e emissão de extratos, entre outros determinados na forma da lei.

Parágrafo único. O empregador doméstico somente passará a ter obrigação de promover a inscrição e de efetuar os recolhimentos referentes a seu empregado após a entrada em vigor do regulamento referido no caput.

Art. 22. O empregador doméstico depositará a importância de 3,2% (três inteiros e dois décimos por cento) sobre a remuneração devida, no mês anterior, a cada empregado, destinada ao pagamento da indenização compensatória da perda do emprego, sem justa causa ou por culpa do empregador, não se aplicando ao empregado doméstico o disposto nos §§ 1º a 3º do art. 18 da Lei n. 8.036, de 11 de maio de 1990.

§ 1º Nas hipóteses de dispensa por justa causa ou a pedido, de término do contrato de trabalho por prazo determinado, de aposentadoria e de falecimento do empregado doméstico, os valores previstos no caput serão movimentados pelo empregador.

§ 2º Na hipótese de culpa recíproca, metade dos valores previstos no caput será movimentada pelo empregado, enquanto a outra metade será movimentada pelo empregador.

§ 3º Os valores previstos no caput serão depositados na conta vinculada do empregado, em variação distinta daquela em que se encontrarem os valores oriundos dos depósitos de que trata o inciso IV do art. 34 desta Lei, e somente poderão ser movimentados por ocasião da rescisão contratual.

§ 4º À importância monetária de que trata o caput, aplicam-se as disposições da Lei n. 8.036, de 11 de maio de 1990, e da Lei n. 8.844, de 20 de janeiro de 1994, inclusive quanto a sujeição passiva e equiparações, prazo de recolhimento, administração, fiscalização, lançamento, consulta, cobrança, garantias, processo administrativo de determinação e exigência de créditos tributários federais.

Art. 23. Não havendo prazo estipulado no contrato, a parte que, sem justo motivo, quiser rescindi-lo deverá avisar a outra de sua intenção.

§ 1º O aviso prévio será concedido na proporção de 30 (trinta) dias ao empregado que conte com até 1 (um) ano de serviço para o mesmo empregador.

§ 2º Ao aviso prévio previsto neste artigo, devido ao empregado, serão acrescidos 3 (três) dias por ano de serviço prestado para o mesmo empregador, até o máximo de 60 (sessenta) dias, perfazendo um total de até 90 (noventa) dias.

§ 3º A falta de aviso prévio por parte do empregador dá ao empregado o direito aos salários correspondentes ao prazo do aviso, garantida sempre a integração desse período ao seu tempo de serviço.

§ 4º A falta de aviso prévio por parte do empregado dá ao empregador o direito de descontar os salários correspondentes ao prazo respectivo.

§ 5º O valor das horas extraordinárias habituais integra o aviso prévio indenizado.

Art. 24. O horário normal de trabalho do empregado durante o aviso prévio, quando a rescisão tiver sido promovida pelo empregador, será reduzido de 2 (duas) horas diárias, sem prejuízo do salário integral.

Parágrafo único. É facultado ao empregado trabalhar sem a redução das 2 (duas) horas diárias previstas no caput deste artigo, caso em que poderá faltar ao serviço, sem prejuízo do salário integral, por 7 (sete) dias corridos, na hipótese dos §§ 1º e 2º do art. 23.

Art. 25. A empregada doméstica gestante tem direito a licença-maternidade de 120 (cento e vinte) dias, sem prejuízo do emprego e do salário, nos termos da Seção V do Capítulo III do Título III da Consolidação das Leis do Trabalho (CLT), aprovada pelo Decreto-Lei n. 5.452, de 1º de maio de 1943.

Parágrafo único. A confirmação do estado de gravidez durante o curso do contrato de trabalho, ainda que durante o prazo do aviso prévio trabalhado ou indenizado, garante à empregada gestante a estabilidade provisória prevista na alínea "b" do inciso II do art. 10 do Ato das Disposições Constitucionais Transitórias.

Art. 26. O empregado doméstico que for dispensado sem justa causa fará jus ao benefício do seguro-desemprego, na forma da Lei n. 7.998, de 11 de janeiro de 1990, no valor de 1 (um) salário-mínimo, por período máximo de 3 (três) meses, de forma contínua ou alternada.

§ 1º O benefício de que trata o caput será concedido ao empregado nos termos do regulamento do Conselho Deliberativo do Fundo de Amparo ao Trabalhador (Codefat).

§ 2º O benefício do seguro-desemprego será cancelado, sem prejuízo das demais sanções cíveis e penais cabíveis:

I - pela recusa, por parte do trabalhador desempregado, de outro emprego condizente com sua qualificação registrada ou declarada e com sua remuneração anterior;

II - por comprovação de falsidade na prestação das informações necessárias à habilitação;

III - por comprovação de fraude visando à percepção indevida do benefício do seguro-desemprego; ou

IV - por morte do segurado.

Art. 27. Considera-se justa causa para os efeitos desta Lei:

I - submissão a maus tratos de idoso, de enfermo, de pessoa com deficiência ou de criança sob cuidado direto ou indireto do empregado;

II - prática de ato de improbidade;

III - incontinência de conduta ou mau procedimento;

IV - condenação criminal do empregado transitada em julgado, caso não tenha havido suspensão da execução da pena;

V - desídia no desempenho das respectivas funções;

VI - embriaguez habitual ou em serviço;

VII - (VETADO);

VIII - ato de indisciplina ou de insubordinação;

IX - abandono de emprego, assim considerada a ausência injustificada ao serviço por, pelo menos, 30 (trinta) dias corridos;

X - ato lesivo à honra ou à boa fama ou ofensas físicas praticadas em serviço contra qualquer pessoa, salvo em caso de legítima defesa, própria ou de outrem;

XI - ato lesivo à honra ou à boa fama ou ofensas físicas praticadas contra o empregador doméstico ou sua família, salvo em caso de legítima defesa, própria ou de outrem;

XII - prática constante de jogos de azar.

Parágrafo único. O contrato de trabalho poderá ser rescindido por culpa do empregador quando:

I - o empregador exigir serviços superiores às forças do empregado doméstico, defesos por lei, contrários aos bons costumes ou alheios ao contrato;

II - o empregado doméstico for tratado pelo empregador ou por sua família com rigor excessivo ou de forma degradante;

III - o empregado doméstico correr perigo manifesto de mal considerável;

IV - o empregador não cumprir as obrigações do contrato;

V - o empregador ou sua família praticar, contra o empregado doméstico ou pessoas de sua família, ato lesivo à honra e à boa fama;

VI - o empregador ou sua família ofender o empregado doméstico ou sua família fisicamente, salvo em caso de legítima defesa, própria ou de outrem;

VII - o empregador praticar qualquer das formas de violência doméstica ou familiar contra mulheres de que trata o art. 5º da Lei n. 11.340, de 7 de agosto de 2006.

Art. 28. Para se habilitar ao benefício do seguro-desemprego, o trabalhador doméstico deverá apresentar ao órgão competente do Ministério do Trabalho e Emprego:

I - Carteira de Trabalho e Previdência Social, na qual deverão constar a anotação do contrato de trabalho doméstico e a data de dispensa, de modo a comprovar o vínculo empregatício, como empregado doméstico, durante pelo menos 15 (quinze) meses nos últimos 24 (vinte e quatro) meses;

II - termo de rescisão do contrato de trabalho;

III - declaração de que não está em gozo de benefício de prestação continuada da Previdência Social, exceto auxílio-acidente e pensão por morte; e

IV - declaração de que não possui renda própria de qualquer natureza suficiente à sua manutenção e de sua família.

Art. 29. O seguro-desemprego deverá ser requerido de 7 (sete) a 90 (noventa) dias contados da data de dispensa.

Art. 30. Novo seguro-desemprego só poderá ser requerido após o cumprimento de novo período aquisitivo, cuja duração será definida pelo Codefat.

CAPÍTULO II
DO SIMPLES DOMÉSTICO

Art. 31. É instituído o regime unificado de pagamento de tributos, de contribuições e dos demais encargos do empregador doméstico (Simples Doméstico), que deverá ser regulamentado no prazo de 120 (cento e vinte) dias a contar da data de entrada em vigor desta Lei.

Art. 32. A inscrição do empregador e a entrada única de dados cadastrais e de informações trabalhistas, previdenciárias e fiscais no âmbito do Simples Doméstico dar-se-ão mediante registro em sistema eletrônico a ser disponibilizado em portal na internet, conforme regulamento.

Parágrafo único. A impossibilidade de utilização do sistema eletrônico será objeto de regulamento, a ser editado pelo Ministério da Fazenda e pelo agente operador do FGTS.

Art. 33. O Simples Doméstico será disciplinado por ato conjunto dos Ministros de Estado da Fazenda, da Previdência Social e do Trabalho e Emprego que disporá sobre a apuração, o recolhimento e a distribuição dos recursos recolhidos por meio do Simples Doméstico, observadas as disposições do art. 21 desta Lei.

§ 1º O ato conjunto a que se refere o caput deverá dispor também sobre o sistema eletrônico de registro das obrigações trabalhistas, previdenciárias e fiscais e sobre o cálculo e o recolhimento dos tributos e encargos trabalhistas vinculados ao Simples Doméstico.

§ 2º As informações prestadas no sistema eletrônico de que trata o § 1º:

I - têm caráter declaratório, constituindo instrumento hábil e suficiente para a exigência dos tributos e encargos trabalhistas delas resultantes e que não tenham sido recolhidos no prazo consignado para pagamento; e

II - deverão ser fornecidas até o vencimento do prazo para pagamento dos tributos e encargos trabalhistas devidos no Simples Doméstico em cada mês, relativamente aos fatos geradores ocorridos no mês anterior.

§ 3º O sistema eletrônico de que trata o § 1º deste artigo e o sistema de que trata o caput do art. 32 substituirão, na forma regulamentada pelo ato conjunto previsto no caput, a obrigatoriedade de entrega de todas as informações, formulários e declarações a que estão sujeitos os empregadores domésticos, inclusive os relativos ao recolhimento do FGTS.

Art. 34. O Simples Doméstico assegurará o recolhimento mensal, mediante documento único de arrecadação, dos seguintes valores:

I - 8% (oito por cento) a 11% (onze por cento) de contribuição previdenciária, a cargo do segurado empregado doméstico, nos termos do art. 20 da Lei n. 8.212, de 24 de julho de 1991;

II - 8% (oito por cento) de contribuição patronal previdenciária para a seguridade social, a cargo do empregador doméstico, nos termos do art. 24 da Lei n. 8.212, de 24 de julho de 1991;

III - 0,8% (oito décimos por cento) de contribuição social para financiamento do seguro contra acidentes do trabalho;

IV - 8% (oito por cento) de recolhimento para o FGTS;

V - 3,2% (três inteiros e dois décimos por cento), na forma do art. 22 desta Lei; e

VI - imposto sobre a renda retido na fonte de que trata o inciso I do art. 7º da Lei n. 7.713, de 22 de dezembro de 1988, se incidente.

§ 1º As contribuições, os depósitos e o imposto arrolados nos incisos I a VI incidem sobre a remuneração paga ou devida no mês anterior, a cada empregado, incluída na remuneração a gratificação de Natal a que se refere a Lei n. 4.090, de 13 de julho de 1962, e a Lei n. 4.749, de 12 de agosto de 1965.

§ 2º A contribuição e o imposto previstos nos incisos I e VI do caput deste artigo serão descontados da remuneração do empregado pelo empregador, que é responsável por seu recolhimento.

§ 3º O produto da arrecadação das contribuições, dos depósitos e do imposto de que trata o caput será centralizado na Caixa Econômica Federal.

§ 4º A Caixa Econômica Federal, com base nos elementos identificadores do recolhimento, disponíveis no sistema de que trata o § 1º do art. 33, transferirá para a Conta Única do Tesouro Nacional o valor arrecadado das contribuições e do imposto previstos nos incisos I, II, III e VI do caput.

§ 5º O recolhimento de que trata o caput será efetuado em instituições financeiras integrantes da rede arrecadadora de receitas federais.

§ 6º O empregador fornecerá, mensalmente, ao empregado doméstico cópia do documento previsto no caput.

§ 7º O recolhimento mensal, mediante documento único de arrecadação, e a exigência das contribuições, dos depósitos e do imposto, nos valores definidos nos incisos I a VI do caput, somente serão devidos após 120 (cento e vinte) dias da data de publicação desta Lei.

Art. 35. O empregador doméstico é obrigado a pagar a remuneração devida ao empregado doméstico e a arrecadar e a recolher a contribuição prevista no inciso I do art. 34, assim como a arrecadar e a recolher as contribuições, os depósitos e o imposto a seu cargo discriminados nos incisos II, III, IV, V e VI do caput do art. 34, até o dia 7 do mês seguinte ao da competência.

§ 1º Os valores previstos nos incisos I, II, III e VI do caput do art. 34 não recolhidos até a data de vencimento sujeitar-se-ão à incidência de encargos legais na forma prevista na legislação do imposto sobre a renda.

§ 2º Os valores previstos nos incisos IV e V, referentes ao FGTS, não recolhidos até a data de vencimento serão corrigidos e terão a incidência da respectiva multa, conforme a Lei n. 8.036, de 11 de maio de 1990.

CAPÍTULO III
DA LEGISLAÇÃO PREVIDENCIÁRIA E TRIBUTÁRIA

Art. 36. O inciso V do art. 30 da Lei n. 8.212, de 24 de julho de 1991, passa a vigorar com a seguinte redação:

"Art.30...

....

V - o empregador doméstico é obrigado a arrecadar e a recolher a contribuição do segurado empregado a seu serviço, assim como a parcela a seu cargo, até o dia 7 do mês seguinte ao da competência;

...." (NR)

Art. 37. A Lei n. 8.213, de 24 de julho de 1991, passa a vigorar com as seguintes alterações:

"Art.18...

....

§ 1º Somente poderão beneficiar-se do auxílio-acidente os segurados incluídos nos incisos I, II, VI e VII do art. 11 desta Lei.

...." (NR)

"Art. 19. Acidente do trabalho é o que ocorre pelo exercício do trabalho a serviço de empresa ou de empregador doméstico ou pelo exercício do trabalho dos segurados referidos no inciso VII do art. 11 desta Lei, provocando lesão corporal ou perturbação funcional que cause a morte ou a perda ou redução, permanente ou temporária, da capacidade para o trabalho.

...." (NR)

"Art. 21-A. A perícia médica do Instituto Nacional do Seguro Social (INSS) considerará caracterizada a natureza acidentária da incapacidade quando constatar ocorrência de nexo técnico epidemiológico entre o trabalho e o agravo, decorrente da relação entre a atividade da empresa ou do empregado doméstico e a entidade mórbida motivadora da incapacidade elencada na Classificação Internacional de Doenças (CID), em conformidade com o que dispuser o regulamento.

....

§ 2º A empresa ou o empregador doméstico poderão requerer a não aplicação do nexo técnico epidemiológico, de cuja decisão caberá recurso, com efeito suspensivo, da empresa, do empregador doméstico ou do segurado ao Conselho de Recursos da Previdência Social." (NR)

"Art. 22. A empresa ou o empregador doméstico deverão comunicar o acidente do trabalho à Previdência Social até o primeiro dia útil seguinte ao da ocorrência e, em caso de morte, de imediato, à autoridade competente, sob pena de multa variável entre o limite mínimo e o limite máximo do salário de contribuição, sucessivamente aumentada nas reincidências, aplicada e cobrada pela Previdência Social.

...." (NR)

"Art. 27. Para cômputo do período de carência, serão consideradas as contribuições:

I - referentes ao período a partir da data de filiação ao Regime Geral de Previdência Social (RGPS), no caso dos segurados empregados, inclusive os domésticos, e dos trabalhadores avulsos;

II - realizadas a contar da data de efetivo pagamento da primeira contribuição sem atraso, não sendo consideradas para este fim as contribuições recolhidas com atraso referentes a competências anteriores, no caso dos segurados contribuinte individual, especial e facultativo, referidos, respectivamente, nos incisos V e VII do art. 11 e no art. 13." (NR)

"Art. 34. No cálculo do valor da renda mensal do benefício, inclusive o decorrente de acidente do trabalho, serão computados:

I - para o segurado empregado, inclusive o doméstico, e o trabalhador avulso, os salários de contribuição referentes aos meses de contribuições devidas, ainda que não recolhidas pela empresa ou pelo empregador doméstico, sem prejuízo da respectiva cobrança e da aplicação das penalidades cabíveis, observado o disposto no § 5º do art. 29-A;

II - para o segurado empregado, inclusive o doméstico, o trabalhador avulso e o segurado especial, o valor mensal do auxílio-acidente, considerado como salário de contribuição para fins de concessão de qualquer aposentadoria, nos termos do art. 31;

...." (NR)

"Art. 35. Ao segurado empregado, inclusive o doméstico, e ao trabalhador avulso que tenham cumprido todas as condições para a concessão do benefício pleiteado, mas não possam comprovar o valor de seus salários de contribuição no período básico de cálculo, será concedido o benefício de valor mínimo, devendo esta renda ser recalculada quando da apresentação de prova dos salários de contribuição." (NR)

"Art. 37. A renda mensal inicial, recalculada de acordo com o disposto no art. 35, deve ser reajustada como a dos benefícios correspondentes com igual data de início e substituirá, a partir da data do requerimento de revisão do valor do benefício, a renda mensal que prevalecia até então." (NR)

"Art. 38. Sem prejuízo do disposto no art. 35, cabe à Previdência Social manter cadastro dos segurados com todos os informes necessários para o cálculo da renda mensal dos benefícios." (NR)

"Art. 63. O segurado empregado, inclusive o doméstico, em gozo de auxílio-doença será considerado pela empresa e pelo empregador doméstico como licenciado.

...." (NR)

"Art. 65. O salário-família será devido, mensalmente, ao segurado empregado, inclusive o doméstico, e ao segurado trabalhador avulso, na proporção do respectivo número de filhos ou equiparados nos termos do § 2º do art. 16 desta Lei, observado o disposto no art. 66.

...." (NR)

"Art.67...

Parágrafo único. O empregado doméstico deve apresentar apenas a certidão de nascimento referida no caput." (NR)

"Art. 68. As cotas do salário-família serão pagas pela empresa ou pelo empregador doméstico, mensalmente, junto com o salário, efetivando-se a compensação quando do recolhimento das contribuições, conforme dispuser o Regulamento.

§ 1º A empresa ou o empregador doméstico conservarão durante 10 (dez) anos os comprovantes de pagamento e as cópias das certidões correspondentes, para fiscalização da Previdência Social.

...." (NR)

Art. 38. O art. 70 da Lei n. 11.196, de 21 de novembro de 2005, passa a vigorar com a seguinte redação:

"Art.70..

I - ....

....

d) até o dia 7 do mês subsequente ao mês de ocorrência dos fatos geradores, no caso de pagamento de rendimentos provenientes do trabalho assalariado a empregado doméstico; e

e) até o último dia útil do segundo decêndio do mês subsequente ao mês de ocorrência dos fatos geradores, nos demais casos;

...." (NR)

CAPÍTULO IV
DO PROGRAMA DE RECUPERAÇÃO PREVIDENCIÁRIA DOS EMPREGADORES DOMÉSTICOS (REDOM)

Art. 39. É instituído o Programa de Recuperação Previdenciária dos Empregadores Domésticos (Redom), nos termos desta Lei.

Art. 40. Será concedido ao empregador doméstico o parcelamento dos débitos com o Instituto Nacional do Seguro Social (INSS) relativos à contribuição de que tratam os arts. 20 e 24 da Lei n. 8.212, de 24 de julho de 1991, com vencimento até 30 de abril de 2013.

§ 1º O parcelamento abrangerá todos os débitos existentes em nome do empregado e do empregador, na condição de contribuinte, inclusive débitos inscritos em dívida ativa, que poderão ser:

I - pagos com redução de 100% (cem por cento) das multas aplicáveis, de 60% (sessenta por cento) dos juros de mora e de 100% (cem por cento) sobre os valores dos encargos legais e advocatícios;

II - parcelados em até 120 (cento e vinte) vezes, com prestação mínima no valor de R$ 100,00 (cem reais).

§ 2º O parcelamento deverá ser requerido no prazo de 120 (cento e vinte) dias após a entrada em vigor desta Lei.

§ 3º A manutenção injustificada em aberto de 3 (três) parcelas implicará, após comunicação ao sujeito passivo, a imediata rescisão do parcelamento e, conforme o caso, o prosseguimento da cobrança.

§ 4º Na hipótese de rescisão do parcelamento com o cancelamento dos benefícios concedidos:

I - será efetuada a apuração do valor original do débito, com a incidência dos acréscimos legais, até a data de rescisão;

II - serão deduzidas do valor referido no inciso I deste parágrafo as parcelas pagas, com a incidência dos acréscimos legais, até a data de rescisão.

Art. 41. A opção pelo Redom sujeita o contribuinte a:

I - confissão irrevogável e irretratável dos débitos referidos no art. 40;

II - aceitação plena e irretratável de todas as condições estabelecidas;

III - pagamento regular das parcelas do débito consolidado, assim como das contribuições com vencimento posterior a 30 de abril de 2013.

CAPÍTULO V
DISPOSIÇÕES GERAIS

Art. 42. É de responsabilidade do empregador o arquivamento de documentos comprobatórios do cumprimento das obrigações fiscais, trabalhistas e previdenciárias, enquanto essas não prescreverem.

Art. 43. O direito de ação quanto a créditos resultantes das relações de trabalho prescreve em 5 (cinco) anos até o limite de 2 (dois) anos após a extinção do contrato de trabalho.

Art. 44. A Lei n. 10.593, de 6 de dezembro de 2002, passa a vigorar acrescida do seguinte art. 11-A:

"Art. 11-A. A verificação, pelo Auditor-Fiscal do Trabalho, do cumprimento das normas que regem o trabalho do empregado doméstico, no âmbito do domicílio do empregador, dependerá de agendamento e de entendimento prévios entre a fiscalização e o empregador.

§ 1º A fiscalização deverá ter natureza prioritariamente orientadora.

§ 2º Será observado o critério de dupla visita para lavratura de auto de infração, salvo quando for constatada infração por falta de anotação na Carteira de Trabalho e Previdência Social ou, ainda, na ocorrência de reincidência, fraude, resistência ou embaraço à fiscalização.

§ 3º Durante a inspeção do trabalho referida no caput, o Auditor-Fiscal do Trabalho far-se-á acompanhar pelo empregador ou por alguém de sua família por este designado."

Art. 45. As matérias tratadas nesta Lei Complementar que não sejam reservadas constitucionalmente a lei complementar poderão ser objeto de alteração por lei ordinária.

Art. 46. Revogam-se o inciso I do art. 3º da Lei n. 8.009, de 29 de março de 1990, e a Lei n. 5.859, de 11 de dezembro de 1972.

Art. 47. Esta Lei entra em vigor na data de sua publicação.

Brasília, 1º de junho de 2015;
194º da Independência e 127º da República.

DILMA ROUSSEFF

Obrigações do empregador	Descrição	Prazo
Aviso prévio	30 dias, devendo se acrescer 3 dias para cada ano trabalhado, até o máximo de 60 dias, perfazendo um total de 90 dias.	Imediata
Comunicação de Acidente do Trabalho	Deverá ser providenciada pelo empregador até o primeiro dia útil seguinte ao da ocorrência.	
Contrato de trabalho - prazo determinado	É possível nos casos de: a) experiência (90 dias, em até dois períodos de 45 dias); b) para atender necessidade transitória da família ou substituição temporária, por até dois anos; c) Caso o contrato por prazo determinado seja rescindido antecipadamente e sem justa causa, deverá ser paga indenização correspondente a metade do valor devido até seu término.	Imediata
Contrato de trabalho - Registro	Em caso de prestação de serviço superior a 2 dias na semana.	Em 48 horas da admissão.
Descontos salariais	São vedados em caso de fornecimento de alimentação, vestuário, higiene ou moradia (esta poderá ocorrer se o local for diverso ao da prestação de serviços e mediante acordo) e, em caso de acompanhamento em viagens, despesas com transporte, hospedagem e alimentação. São permitidos os descontos relativos a adiantamentos, planos de assistência médico-hospitalar e odontológica, seguro e previdência privada. Sempre limitados a 20%.	Imediata
Férias	As férias são devidas anualmente e serão acrescidas de um terço. As férias relativas ao contrato por tempo parcial observarão tabela própria e constante da Lei.	Imediata
FGTS	É obrigatório o recolhimento, a razão de 8% sobre o salário, acrescido de 3,2%, a título de multa indenizatória, que será recebida pelo empregado em caso de dispensa injustificada ou rescisão indireta ou pelo empregador em caso de pedido de demissão ou dispensa por justa causa. Será repartida igualmente, em caso de rescisão por culpa recíproca.	Imediata
Horas extras - adicional	O adicional de horas extras é de 50% sobre a hora normal.	Imediata
Jornada de Trabalho	8 horas diárias e 44 semanais (veja compensação de horas e controle de jornada).	Imediata
Jornada de trabalho - 12x36	É permitida, mediante acordo escrito entre as partes, podendo-se indenizar os intervalos para repouso e alimentação.	Imediata
Jornada de trabalho - acompanhamento em viagens	Serão consideradas apenas as horas efetivamente trabalhadas que deverão ser acrescidas de adicional de 25%.	Imediata
Jornada de trabalho - controle	É obrigatório, por qualquer meio manual, mecânico ou eletrônico.	Imediata
Jornada de trabalho - descanso semanal remunerado	Deverá ser de 24 horas, preferencialmente aos domingos.	Imediata
Jornada de Trabalho - divisor	O divisor para se determinar o salário-hora é 220, para o horista, e 30 para o mensalista.	Imediata
Jornada de trabalho - intervalo entre jornadas	Deverá ser de, no mínimo 11 horas.	Imediata
Jornada de Trabalho - intervalos	Não são computados como jornada. Para o que residem no local de trabalho, também não serão computados todos os intervalos, domingos e feriados em que permanecer no local de trabalho sem trabalhar.	Imediata
Jornada de Trabalho - tempo parcial	Poderá ser estabelecida jornada de até 25 horas semanais, pagando-se o salário proporcionalmente.	Imediata
Jornada de trabalho - trabalho noturno	É o trabalho realizado entre 22 e 5 horas, sendo computada cada hora a razão de 52 minutos e 30 segundos e deverá ser acrescido de adicional de 20%.	Imediata
Jornada de Trabalho - compensação de horas	a) É permitida, mediante acordo escrito entre empregado e empregador. b) As primeiras 40 horas deverão ser pagas como extraordinárias ou poderão ser compensadas dentro do mesmo mês. c) As horas que ultrapassarem as primeiras 40 horas, poderão ser compensadas no prazo de até um ano. d) Em caso de rescisão as horas deverão ser pagas como extras.	Imediata
Jornada de trabalho - intervalo para refeição e descanso	Deverá ser concedido pelo período mínimo de 1 hora ou máximo de 2 horas e poderá ser reduzido para 30 minutos em caso de acordo entre as partes. B) se o empregado residir no local de trabalho, poderão ser concedidos 2 intervalos, sendo um deles de, no mínimo 1 hora, até o limite de 4 horas.	Imediata
Justa Causa	Pode ser aplicada em caso de: I - maus tratos de idoso, de enfermo, de pessoa com deficiência ou de criança sob cuidado direto ou indireto do empregado; II - prática de ato de improbidade; III - incontinência de conduta ou mau procedimento; IV - condenação criminal do empregado transitada em julgado, caso não tenha havido suspensão da execução da pena; V - desídia no desempenho das respectivas funções; VI - embriaguez habitual ou em serviço; VII ato de indisciplina ou e insubordinação; IX - abandono de emprego, assim considerada a ausência injustificada ao serviço por, pelo menos, 30 (trinta) dias corridos; X - ato lesivo à honra ou à boa a fama ou ofensas físicas praticadas em serviço contra qualquer pessoa, salvo em caso de legítima defesa, própria ou de outrem; XI - ato lesivo à honra ou à boa fama ou ofensas físicas praticadas contra o empregador doméstico ou sua família, salvo em caso de legítima defesa, própria ou de outrem; XII - prática constante de jogos de azar.	Imediata
Licença-maternidade	120 dias de licença e estabilidade da data da confirmação da gravidez até cinco meses após o parto.	Imediata
Menor	É vedada a contratação de menores de 18 anos	Imediata
REDOM - Recuperação Previdenciária dos empregadores domésticos	É possível o parcelamento de débitos previdenciários em até 120 parcelas, com redução do valor das multas e juros de mora.	Imediata

Bibliografia Indicada

ALEXANDRE, Ricardo. **Direito Tributário Esquematizado**. São Paulo: Metodo, 2014.

BECKER, Carmem. **VADE MECUM**. Niteroi: Impetus, 2015.

BRASIL. Congresso. Senado. Constituição (1988). **Constituição Federal**. Disponível em: <https://planalto.gov.br>. Acesso em: 30 de jul. 2015.

BRASIL. Congresso. Senado. Lei nº 8212, de 25 de janeiro de 1991. **Plano de Organização e Financiamento da Seguridade Social**. Disponível em: <https://planalto.gov.br>. Acesso em: 30 jul. 2015.

BRASIL. Congresso. Senado. Lei nº 8213, de 25 de janeiro de 1991. **Plano de benefícios da Previdência Social.** Disponível em: <https://planalto.gov.br>. Acesso em: 30 jul. 2015.

BRASIL. Lei Complementar nº 84, de 18 de janeiro de 1996. **Fonte de Custeio Para A Manutenção da Seguridade Social**. Disponível em: <https://planalto.gov.br>. Acesso em: 30 jul. 2015.

BRASIL. Lei Ordinária nº 9876, de 26 de janeiro de 1999. **Dispõe Sobre A Contribuição Previdenciária do Contribuinte Individual**. Disponível em: <https://planalto.gov.br>. Acesso em: 30 jul. 2015.

BRASIL. Stf. Recurso Extraordinário nº 595838. Brasília, 18 de janeiro de 2014. Brasilia, 25 fev. 2015. Disponível em: <https://stf.gov.br>. Acesso em: 30 jul. 2015.

IBRAHIM, Fabio Zambitte. Curso de Direito Previdenciário. Rio de Janeiro: Impetus, 2014.
KERTZMAN, Ivan. Curso Prático de Direito Previdenciário. Salvador: Edições Juspodivm, 2014.

Cód.: 0445
Direito Previdenciário
ESP.: Matéria Básica
01/16

Caro(a) leitor(a),

Sua opinião é fundamental para que possamos corrigir eventuais falhas e continuar melhorando sempre a qualidade de nosso material didático, de modo a atender cada vez mais às suas expectativas, como é o nosso objetivo.
Assim sendo, gostaríamos de saber o que você achou desta apostila e, para isto, solicitamos-lhe a gentileza de preencher o formulário abaixo e entregá-lo em qualquer agência dos Correios. A postagem é gratuita.

Agradecemos a sua colaboração.

Atenção: Esta carta não será respondida.

Para entrar em contato conosco, envie um e-mail para: *faleconosco@degraucultural.com.br*

Os Editores

Nome: ______________________________

Formação: ______________ Atividade profissional: ______________

Endereço: ______________________ Bairro: __________

Cidade: ______________ UF: ______ CEP: __________

Telefone residencial: ______________ Telefone comercial: ______________

E-mail: ______________ Fax: ______________

Título da apostila:	
Edição:	**Código (favor ver na última página):**

Quais são os aspectos mais positivos desta apostila e como eles lhe foram úteis?

____

____

Que aspectos desta apostila você acha que poderiam ser melhorados e qual seria a sua sugestão?

____

____

Espaço reservado para outras observações que você queira fazer sobre este material:

____

____

corte aqui

cole aqui

dobre aqui

DEGRAU CULTURAL

Carta Resposta

099122107-9/2003-DR/RJ

Editora Degrau Cultural

CORREIOS

CARTA RESPOSTA

NÃO É NECESSÁRIO SELAR

O selo será pago por

EDITORA DEGRAU CULTURAL

AG. AFONSO CAVALCANTI

20299-999 Rio de Janeiro - RJ